Ernst Engelberg
Bismarck

Bismarck 1884
Gemälde von Franz v. Lenbach. Es ist eines jener zahlreichen Porträts, durch die der „Malerfürst“ der Mit- und Nachwelt eine reich variierte Anschauung des Kanzlers vermittelte.

Ernst Engelberg

Bismarck

Das Reich in der Mitte Europas

Akademie-Verlag Berlin

Meiner lieben Frau,
der selbstlosen Mitarbeiterin

Inhalt

Vorwort

Wie versprochen, lege ich jetzt den zweiten Band meiner Bismarck-Biographie vor, hoffend, er möge die Erwartungen nicht enttäuschen. „So eine Arbeit wird eigentlich nie fertig“, schrieb Goethe einmal über seine „Iphigenie“. Ähnliche Gefühle bewegten mich bisweilen während der Auseinandersetzung mit Otto v. Bismarck, der uns bis zum heutigen Tag nicht losläßt.

Im Frühjahr 1895 sprach Bismarck von der „Erfahrung und Erzählung der letztvorangegangenen Generationen“, die er in sich aufgenommen habe. „Von allem, was aus mündlicher Schilderung der Altvorderen sich ihm eingeprägt habe, besitze er die allerfesteste Vorstellung“ – weil er es „mit Respekt empfangen“ habe. Was er damals sagte, kann jeder bestätigen, der in einem geschichtsbewußten Elternhaus aufgewachsen ist. Auch der Autor hatte dieses Glück, das ihm beim Erfassen der Zeitatmosphäre des letzten Drittels des 19. Jahrhunderts zugute kam. Es mag sich nicht alles, was man erfährt, später als hieb- und stichfest gegenüber einer historischen Kritik erweisen. Aber der durch den persönlichen Erinnerungsträger überkommene Erlebnisbereich bleibt dennoch lebendig.

Was ich mir zunächst gefühlsmäßig, dann empirisch, schließlich wissenschaftlich aneignete, lehrte mich beizeiten, daß die positiven Gegenkräfte zu den zweifellos undemokratischen Erscheinungen und Entwicklungen nicht übersehen werden dürfen. Zur Entwicklung des Militarismus gehörte eben auch die des Antimilitarismus. Und wenn auch der Reichstag gegenüber der Regierung nicht sehr mächtig war – so ohnmächtig, wie er oft dargestellt wird, war er nicht; nach unten hin stellte er insofern eine beachtliche Macht dar, als er und die in ihm wirkenden Parteien in hohem Maße dazu beitrugen, das politische Bewußtsein im Volk zu entwickeln.

Zu Bismarck gehörte eben auch Bebel. Mochte innerhalb des

Parlaments der wichtigste Gegenspieler des Reichskanzlers der Zentrumsmann Windthorst sein, im gesamtgesellschaftlichen Leben war es doch der sozialdemokratische Parteiführer. Das hat auf seine Weise der sozialliberale Friedrich Naumann erkannt, der 1913 schrieb: „Lange Zeit hingen in meinem Zimmer die Bilder Bismarcks und Bebels nebeneinander, denn in beiden lebte gegensätzlich und oft zusammengehörig die deutsche Reichsgründungszeit. Der Todfeind der bürgerlichen Gesellschaft gehörte zur Gesamterscheinung der Bismarckschen und Nachbismarckschen Zeit." Von ähnlichen Auffassungen ausgehend, sah ich mich genötigt, Bebel und seine immer zahlreicher werdenden Anhänger in dem hier vorliegenden Teil meiner Bismarck-Biographie immer wieder zu Wort kommen zu lassen.

Gerade weil ich mich Otto v. Bismarck von einer Gegenposition aus näherte, fühlte ich mich besonders verpflichtet, sine ira et studio, so gerecht wie möglich zu arbeiten, was nicht bedeutet, daß ich meine auf Kenntnis beruhenden Auffassungen und Empfindungen unterdrückte.

Bereits im ersten Band habe ich dem privaten und familiären Bereich Aufmerksamkeit geschenkt. Das ist in dem hier vorliegenden zweiten Band so geblieben. Ging es mir doch um die Erhellung der Wesensart eines Menschen. Es ließ mich aufhorchen, als ich bei Friedrich Engels in seiner Schrift über Ludwig Feuerbach, die während der Zeit des Sozialistengesetzes erschien, den Satz las: „Die Möglichkeit rein menschlicher Empfindung im Verkehr mit anderen Menschen wird uns heutzutage schon genug verkümmert durch die auf Klassengegensatz und Klassenherrschaft gegründete Gesellschaft, in der wir uns bewegen müssen". Hier versuchte ich in meiner Forschung und Darstellung allzu enge Sichtweisen zu vermeiden.

Die Arbeit an diesem Band wurde mir durch wissenschaftliche Untersuchungen aus der von mir 1956 gegründeten und einige Jahre geleiteten Leipziger Abteilung Geschichte von 1871 bis 1898 an der Akademie der Wissenschaften erleichtert. Besonders verpflichtet bin ich den Arbeiten von Prof. Dr. Gustav Seeber und Prof. Dr. Heinz Wolter, deren Quellenstudien aus den Zentralarchiven in Potsdam und Merseburg ich benutzen konnte. Außerdem halfen mir die beiden Sammelbände „Gestalten der Bismarckzeit" und die Spezialstudien von Prof. Dr. Konrad Canis. Frau Dr. Kumpf-Korfes gab mir bereitwillig Einblick in ihr Manuskript über Bismarcks Beziehungen zu Rußland.

Verpflichtet für freundliche Unterstützung bin ich, wie bereits beim ersten Band, folgenden Archiven: dem Bismarck-Archiv in Friedrichsruh, dem Politischen Archiv des Auswärtigen Amtes in Bonn, dem Österreichischen Staatsarchiv in Wien, dem Archiv für Auswärtige Angelegenheiten in Moskau und dem dortigen Archiv für Geschichte der Oktoberrevolution, wo ich Materialien aus dem Gortschakow-Nachlaß einsehen konnte. Weiter half man mir dankenswerterweise im Bundesarchiv in Koblenz.

Dr. Karl-Heinz Noack war wie beim ersten Band überaus hilfreich beim Anmerkungsapparat, dem Literaturverzeichnis, der Literaturbeschaffung und den Abbildungen. Herr Manfred Karras arbeitete mit Akribie bei der Lektorierung des Manuskripts.

Ich habe des Vertrauens meiner Freunde bedurft, ihrer Zuversicht, daß ich das schwere Werk zum Abschluß bringen würde, und ich sage ihnen herzlich Dank dafür. Wolf Jobst Siedler begleitete die Manuskriptseiten kritisch, aber auch freundschaftlich ermutigend; in ihm fand ich eine ungewöhnliche Verlegerpersönlichkeit, die dem Verlauf der Arbeit einfühlsame Aufmerksamkeit schenkte.

Wiederum hat meine Frau, Dr. Waltraut Engelberg, regen Anteil an meiner Arbeit genommen und mich in die Archive begleitet. Der damit verbundene ständige Gedankenaustausch und ihre sprachliche Überarbeitung des Manuskripts haben mir und der Sache sehr gedient. Mit besonderer Intensität arbeitete sie mir bei der Darstellung der familiären Bereiche zu. Es freut mich, daß sie nun mit einer eigenen Schrift über das Verhältnis von Otto und Johanna v. Bismarck an die Öffentlichkeit tritt.

Indem ich mich ans historisch Gegebene und Überprüfbare hielt, hoffe ich, den Diskussionen der Gegenwart durch Sachkunde nützen zu können. Allzu rasch und subjektiv wird heute oft geurteilt und verurteilt. Möge dieses Werk dazu beitragen, die Eigenart und den Ernst deutscher Geschichte besser erkennen zu lassen.

Mai 1990 Ernst Engelberg

I. Einleitung

Die deutsche Reichseinigung von 1864 bis 1871 vollzog sich am Ende einer Epoche sozialer Erschütterungen, Kriege und Revolutionen: da waren zwischen 1830 und 1848/49 die nationalrevolutionären Erhebungen der Polen, der Schweizerische Sonderbundskrieg, die ungarischen Freiheitskämpfe und ab 1859 die italienischen Einigungskriege sowie die Überwindung der südstaatlichen Sezession im nordamerikanischen Bürgerkrieg, dem blutigsten aller damaligen Kriege. Aber auch das Elend auf oberitalienischen Schlachtfeldern war so herzzerreißend, daß der schweizerische Philanthrop Henri Dunant eine Bewegung ins Leben rief, aus der schließlich das Rote Kreuz hervorging. Otto v. Bismarck brachte all die Turbulenz jener Jahrzehnte zu Beginn seiner Ministerpräsidentschaft in Preußen 1862 auf die Sentenz, daß die großen Fragen der Zeit durch „Eisen und Blut" entschieden würden. Das brachte Aufregung, doch im Grunde sprach er damit nur pointiert aus, was zunächst außerhalb Deutschlands geschehen war.

Nicht so sehr diese geschichtliche Reflexion war es, die allgemein erschreckte, sondern die damit verbundene Ankündigung einer neuen Politik in Preußen-Deutschland. Bismarck bedeutete damit dem offiziellen Preußen, das die Hegemonie in Deutschland anstrebte, als auch dem Liberalismus, der für die Nationalstaatsidee eintrat, wie diese Ziele – der Zeit entsprechend – praktisch zu erreichen seien. Tatsächlich hatte er schon vor 1862 unermüdlich gegen die „Leere an positiven Zwecken und Ideen"[1] und gegen die „passive Planlosigkeit"[2] der preußischen Regierung angekämpft. Es entsprach seinem Charakter wie seiner Politik, wenn er vor der Unschlüssigkeit warnte, die Preußen 1806 zugrunde gerichtet hätte, und hinzufügte: „Wir werden Amboß, wenn wir nichts tun, um Hammer zu werden".[3] Der liberalen Fortschrittspartei warf er vor, daß sie im parlamentarischen Kretinismus befangen sei, keine konkreten Vorstellungen habe und keine gangbaren Wege weise.

Gewiß, das deutsche Bürgertum hatte im September 1859 den Deutschen Nationalverein gegründet, der die staatliche Einigung Deutschlands im Rahmen des bereits seit 1834 bestehenden, das Habsburgerreich ausschließenden Zollvereins propagierte. Dieser Nationalverein war zwar eine bürgerliche Honoratiorenorganisation, die bewußt Arbeiter und Studenten von sich fernhielt, hatte aber dennoch eine beachtliche Ausstrahlung. Die liberale Presse erschien täglich in einer Auflage, die die konservative um mehr als das Fünffache übertraf, mit 250000 Exemplaren gegenüber 45000. Die Möglichkeiten des Bürgertums, seine nationalen und ökonomischen Ziele wie seine politischen Machtansprüche zu propagieren, waren also nicht gering.

Doch die Widersprüchlichkeiten innerhalb des Liberalismus lähmten seine historische Tatkraft. Am wesentlichsten war, daß die Liberalen das Volk nur in begrenztem Maße und mit ängstlichem Zaudern gegen die Dynastien und ihre Ministerien ausnutzten, zugleich aber gegen die Revolution von unten waren, die die Volksmassen mobilisiert hätte.

Hier erkannte Otto v. Bismarck seine Chance. Nach der Niederlage des zaristischen Rußlands, der wichtigsten Stütze der preußischen Urkonservativen, im Krimkrieg erarbeitete er sich von 1856 ab in kritischer Auseinandersetzung mit Leopold v. Gerlach, dem Adjutanten Friedrich Wilhelms IV., eine neue politische Strategie. Er hielt fest an der Unabhängigkeit der Krongewalt und der Begrenzung parlamentarischer Mitbestimmung. In dieser Hinsicht machte er keinerlei Konzessionen; das zeigte auch der preußische Heeres- und Verfassungskonflikt in den Jahren von 1861 bis 1866. Aber Bismarck trachtete immer bewußter danach, den preußischen Hegemonieanspruch in Deutschland mit dem Verlangen der Liberalen nach Bildung eines Nationalstaates zu verbinden. Er hatte erkannt, daß in national- und wirtschaftspolitischen Fragen ein Bündnis mit den Liberalen durchaus möglich sei und Preußen bei unbeweglichem Festhalten an konservativ-legitimistischen Grundsätzen niemals seine Großmachtstellung sichern und erweitern könne.

Die Freiheit der Entscheidung eines Politikers ist schließlich nur in der Gebundenheit an außer ihm liegende Umstände zu begreifen; und diese waren damals durch die internationale Entwicklung des Industrie- und Agrarkapitalismus bestimmt. Die von England ausgehende industrielle Revolution hatte die modernen Produktivkräfte allmählich auch in die Agrarländer gebracht, wo man sie brauchte, um international bestehen zu können.

Die aufkommende Industrialisierung war so stark geworden, daß selbst feudalabsolutistische Kräfte sie berücksichtigen mußten. Ihre Konterrevolution vom Herbst 1848 bis zum Sommer 1849 konnte nicht nur durch Waffengewalt gegen die demokratischen Kräfte erkämpft, sondern mußte auch durch Konzessionen an das Besitzbürgertum erkauft werden. So dürftig und tückenreich diese Zugeständnisse auch sein mochten, sie förderten dennoch den industriell-bürgerlichen Fortschritt. Die Unternehmer hatten es fortan leichter bei der Gründung von Aktiengesellschaften, es gab auch ein relativ liberales Bergbaugesetz. Im Jahre 1850 waren überdies die letzten Ablösungsgesetze erlassen worden, die noch vorhandene feudale Verpflichtungen der Bauern entweder aufhoben oder in kapitalistische Renten verwandelten.

Trotz der Niederlage der demokratischen Bewegung und des Mißerfolges der Bildungs- und Besitzbürger, einen liberalen Nationalstaat auf der Basis einer konstitutionellen Monarchie zu errichten, blieb nach 1849 kaum etwas beim alten in den deutschen Ländern, am wenigsten in Preußen. Es gab merkliche Veränderungen im Ökonomischen, im Sozialen, Verfassungspolitischen und Geistigen.

Otto v. Bismarck, nach Herkunft und Wesensart im preußischen Landadel verwurzelt, zeigte sich zunehmend aufgeschlossen gegenüber den neuen Entwicklungstendenzen der Zeit. Er verstand es, das Gegebene, Notwendige und Mögliche zu erfassen und seine politischen Ziele mit Umsicht, Zähigkeit und im geeigneten Moment mit Energie durchzusetzen. Dabei ließ er sich von dem Grundsatz leiten: „Wir müssen mit den Realitäten wirtschaften und nicht mit Fiktionen“.[4] Auch die sich im Laufe des Jahres 1863 in neuen Formen entwickelnde Volksbewegung, die bis zu verschiedenen Arbeiterorganisationen führte, nahm Bismarck zur Kenntnis, besonders als er Kontakt mit Lassalle hatte, dem Leiter des Allgemeinen Deutschen Arbeitervereins.

Außenpolitisch sah er sich schon im Frühjahr 1863 sowohl durch den Aufstand im benachbarten Kongreßpolen als auch durch das erneute Hochkommen der Schleswig-Holstein-Frage vor eine schwierige Bewährungsprobe gestellt. Durch den Thronwechsel in Kopenhagen lief Deutschland Gefahr, Schleswig-Holstein endgültig zu verlieren.

Nun stand Bismarck vor der Wahl, entweder Preußen an die Spitze der nationalen Bewegung zu stellen, die durch die schleswig-holsteinsche Krise neue Impulse gewonnen hatte, oder eine waffenmäßige Großmachtpolitik zu betreiben. Im ersten Falle hätte er riskiert, vom Liberalismus oder gar der Demokratie abhängig zu werden, um so stärker, je mehr sich die europäischen Mächte gegen Preußen verbündeten. Im zweiten Fall mußte er sich auf die Kraft des preußischen Heeres verlassen, einen Verbündeten finden und zugleich die großen Mächte auseinander zu manövrieren und zu neutralisieren versuchen.

All das gelang ihm. Preußen und Österreich führten 1864 gemeinsam und erfolgreich den Krieg gegen Dänemark, das die deutschsprechenden und deutschgesinnten Herzogtümer Schleswig, Holstein und Lauenburg abtreten mußte. Nahezu im Alleingang und mit politischem Raffinement favorisierte Bismarck eine solche Verwaltungskombination, die ihm zu jeder beliebigen Zeit die Möglichkeit zu weitertreibenden Konflikten mit seinem Verbündeten Österreich gab, dessen Hegemonie im Deutschen Bund er nach wie vor beseitigen wollte. In der Tat nahmen die Spannungen zwischen Preußen und Österreich bald nach dem Friedensschluß mit Dänemark so zu, daß auch Wilhelm I. und die Mehrheit der Minister im Mai 1865 die Möglichkeit einer militärischen Auseinandersetzung und der Annexion der Herzogtümer erwogen.

Verbunden mit dieser außenpolitischen Zuspitzung, bei der es immer deutlicher um die Neugestaltung Deutschlands ging, verstärkte sich seit Beginn des Jahres 1866 eine antidynastische Volksbewegung, wenn auch „eine große, geschlossene Organisation fehlte", wie Bebel in seinen Lebenserinnerungen schrieb.[5] Weite Kreise des Kleinbürgertums konnten sich von dem in der jahrhundertelangen Zersplitterung Deutschlands wurzelnden Partikularismus nicht lösen. Sonderbündeleien der kleinbürgerlichen Demokraten verbanden sich mit dem Widerwillen der großbürgerlichen Liberalen gegen eine Volksrevolution von unten, so daß eine von Preußen ausgehende Revolution von oben nicht verhindert werden konnte. Der Druck dieser Bewegung war aber immerhin so stark, daß sich Bismarck gezwungen sah, im April 1866 das allgemeine, gleiche, direkte und geheime Wahlrecht für ein deutsches Parlament offiziell vorzuschlagen.

Das war die innenpolitische Vorbereitung für den militärischen Konflikt mit Österreich im Sommer 1866. Die siegreiche Kriegführung erlaubte es Preußen, drei Fürsten zu entthronen und Hannover, Nassau, Kurhessen, Schleswig-Holstein und Frankfurt am Main Preußen zu annektieren. Mit der Auflösung des Deutschen Bundes von 1815, der nur ein die Souveränität der deutschen Fürsten wahrender Staatenbund gewesen war, wurde die habsburgische Hegemonie innerhalb Deutschlands auch formal beseitigt und 1867 der Norddeutsche Bund gegründet.

Was Bismarck tat, widersprach allen Prinzipien der Legitimität und des Gottesgnadentums. Es war ein Rechtsbruch, den seine Freunde wie Feinde als „Revolution von oben" bezeichneten, so verschieden sie diesen Begriff auch bewerten mochten. Diese Revolution stand nicht allein am Ende eines alten Staatensystems, sondern bahnte auch den Weg zum Industriekapitalismus der freien Konkurrenz, der in den Jahren 1866 bis 1873 international seinen Höhepunkt erreichte.

Vollendet wurde diese „Revolution von oben" im Deutsch-Französischen Krieg von 1870/71, der mit dem Sturz Napoleons III. noch nicht zum Frieden führte. Während die junge französische Republik in Übereinstimmung mit der Nation vor allem wegen der Annexion Elsaß-Lothringens weiterkämpfte, brachte Bismarck nach mühsamen Verhandlungen und mancherlei Konzessionen den Zusammenschluß der süddeutschen Staaten mit dem Norddeutschen Bund zustande. Nach langen Streitereien über Titel, Wappen, Flagge, Benennungen kam die Kaiserproklamation am 18. Januar 1871 im Spiegelsaal des Versailler Schlosses zustande; es war die feierliche Form der Reichsgründung auf fremdem Boden, die staatsrechtlich in Deutschland durch den am 3. März gewählten konstituierenden Reichstag vollzogen wurde.

Hinter allen Ereignissen von 1866 bis 1871 stand als leitender Kopf der „königlich-preußische Revolutionär" Bismarck, der damit, wie ihm selbst Karl Marx zugestand, Testamentsvollstrecker der Revolution von 1848 wurde, zugleich aber auch Bewahrer ihrer Konterrevolution, insofern er die Prärogative der Krone stets entschlossen verteidigt hatte und auch weiterhin verteidigen würde.

*

Was Bismarck erreichte, ist um so erstaunlicher, wenn man bedenkt, woher er kam. Als Sohn eines keineswegs den Durchschnitt überragenden Landedelmannes geboren, allerdings von mütterlicher Seite her einem gelehrt-höfischen Geschlecht entstammend, hatte er einst herausgewollt aus der Enge seiner Kreise. Die routinemäßige Beamten- oder Offizierslaufbahn hatte ihn nie befriedigen können, sondern zu suchender Unrast getrieben, denn auch in der Landwirtschaft empfand er sich bald unausgefüllt. Bismarck liebte zwar den Gutsbesitz, aber nicht den Gutsbetrieb.

Seine politische Befähigung hatten zuerst die Pietisten erkannt, die ihn auch förderten. Lange Zeit galt er als Zögling der einflußreichen Brüder Gerlach, denen er zwar in der Zeit der Revolution als „Adjutant" gedient hatte, die er aber, einmal auf sein ureigenes Gebiet, die Politik, gebracht, bald überflügelte. Als Bundestagsgesandter in Frankfurt absolvierte er in den fünfziger Jahren seine politischen Gesellenjahre, rasch erkennend, daß die Welt schon vom Frankfurter Bundestag her anders aussah als von der pommerschen Ackerfurche.

Als diplomatischer Vertreter 1859 nach Petersburg entsandt, empfand er sich zunächst „kaltgestellt an der Newa"; doch er wußte aus seinem Amt politisch etwas zu machen und knüpfte ein enges Verhältnis zum damals noch mächtigen russischen Außenminister Gortschakow an, der darüber schrieb, er wäre mit Bismarck so eng verbunden wie die Hand und der Handschuh. Auf jeden Fall hatte er sich in Petersburg und auch während einer kurzen Delegierung als Botschafter in Paris so bekannt gemacht, daß Kriegsminister Roon in der äußerst gespannten Krisensituation während des preußischen Heeres- und Verfassungskonflikts seine Berufung zum Ministerpräsidenten betreiben konnte. Nun mit dem anfangs widerstrebenden Wilhelm I. liiert, war Bismarck keineswegs zufällig, sondern so, wie er es immer gewollt hatte, durch „Notwendigkeit avanciert". Er wußte nicht nur, was er wollte, sondern auch, wie es durchzusetzen war. Dazu gehörte seine Fähigkeit, mit Menschen umgehen zu können, nicht zuletzt mit Wilhelm I., seinem Souverän. In konfliktreichen Auseinandersetzungen verstand es Bismarck immer wieder, dem König seine Ansichten zu „suggerieren" oder zumindest mit Hilfe anderer Verbündeter aus den regierenden Kreisen Widerstände zu überwinden.

Alle Kräfte und Fähigkeiten einer reichen Persönlichkeit konnte er zur Entfaltung bringen: seine Energie wie seine Sensibilität, seine literarische Bildung wie seine sprachliche Ausdruckskraft und sein realpolitisches Geschichtsverständnis, das er in abwägende, einfallsreiche und auch raffinierte Politik umzusetzen verstand. Er trug den ökonomischen Bedürfnissen der Industrie durchaus Rechnung und verhalf ihr zu dem Spielraum, den sie für ihre beschleunigte Entwicklung brauchte; aber was da alles in den verschiedenen Wirtschaftszweigen vor sich ging, war nicht seine Welt. Erst recht waren und blieben ihm die Arbeiter und Handwerker in den Städten fremd.

Dennoch wuchs er zu einer geschichtsmächtigen Persönlichkeit heran, deren Welterfahrenheit und Weitsicht die Mit- und Nachwelt immer wieder faszinierten. Am erstaunlichsten ist das Urteil Karl Radeks,[6] eines Publizisten aus dem Umkreis Lenins, aus dem Jahre 1923: „Die deutsche Bourgeoisie war nicht imstande, Deutschland zu einigen, aber irgendwo in einem kleinen Gutshause schuf ein Gott oder ein Teufel, will sagen die Molekular-Arbeit der Geschichte, jenen Bismarck, der diese Aufgabe löste. Wenn man seine ersten Berichte liest, wenn man die Entwicklung seiner Politik Schritt für Schritt verfolgt, dann schlägt man die Hände über dem Kopf zusammen und fragt sich: Woher dieses überwältigende Erfassen der europäischen Wirklichkeit bei einem preußischen Junker?“

II. Epochenwechsel

Friedensschlüsse und Pariser Kommune

Fünf Wochen nach der Proklamation König Wilhelms I. von Preußen zum Deutschen Kaiser am 18. Januar 1871 im Spiegelsaal des Versailler Schlosses wurde Frankreich ein Vorfrieden aufgenötigt, der ihm eine Entschädigung in Höhe von fünf Milliarden Franken und die Abtretung Elsaß-Lothringens abverlangte. Damit ging Otto v. Bismarck als harter Sieger in das allgemeine Weltverständnis ein – gefeiert, bewundert, auf jeden Fall respektiert, aber auch gehaßt.

Wie aber war dem Sieger selbst zumute? An der endgültigen Festlegung der Grundforderungen des Vorfriedens – des Präliminarvertrages, wie man damals sagte – brauchte er nicht zu zweifeln, noch hatte er eine Wiederaufnahme des französischen Widerstandes zu befürchten; selbst die Pariser Kommune sollte bald die Präliminarien akzeptieren.[1] Nicht einmal eine Einmischung der europäischen Großmächte in die deutsch-französischen Verhandlungen war zu erwarten. Im März 1871 ging zudem noch die Londoner Pontuskonferenz zu Ende, die die im Pariser Frieden von 1856 Rußland auferlegte Entmilitarisierung des Schwarzen Meeres wieder aufhob, also dem quasi Verbündeten Preußen-Deutschlands einen beachtlichen Erfolg brachte.

Mit gutem Grunde erschienen die allernächsten Zeitläufe als risikolos für das eben gegründete Reich. Bismarck konnte demnach kaltblütig gleich einem, der *groß*-mächtig geworden ist, die Rechnung auf fünf Milliarden Goldfranken präsentieren und nun die Gelegenheit ergreifen, die Begleichung jener Kriegskontributionen zu fordern, die Napoleon I. von den Deutschen immer wieder erpreßt hatte, wie Bismarck aus Familienerinnerungen nur zu genau wußte. Nein, in der Geld- und Goldfrage war er durch keinerlei politische und moralische Bedenken irritiert. Und dennoch: es gab genug Skrupel, die ihn quälten und seine Siegesstimmung sehr zu trüben vermochten. Vor allem beunruhigte ihn die Annexion Elsaß-Lothringens.

Noch wenige Tage vor dem Abschluß des Vorfriedensvertrages vom 26. Februar 1871 hatte der Kanzler versucht, den König und die Generalstäbler wenigstens zum Verzicht auf Metz zu bewegen – vergeblich.[2] Und einen Tag nach dem besiegelten Vertragswerk klagte Bismarck, der seinen Hauptkontrahenten Thiers für „achtbar und liebenswürdig" hielt und dessen „gute altfranzösische Formen" lobte: „... es wurde mir sehr schwer so hart gegen ihn zu sein wie ich mußte".

Kein frohgemuter Sieger also, sondern ein bedenkenüberladener Mann war es, der da seiner Frau bekannte: „Gestern haben wir endlich unterzeichnet, mehr erreicht als ich für meine persönliche politische Berechnung für nützlich halte. Aber ich muß nach oben und nach unten Stimmungen berücksichtigen, die eben *nicht* rechnen. Wir nehmen Elsaß und Deutsch-Lothringen, dazu auch Metz mit sehr unverdaulichen Elementen, und über 1300 Millionen Thaler."[3]

Rücksicht also nach oben und nach unten. Hier redete sich Bismarck nicht auf billige Weise aus einer Affäre heraus, die ihn zum Angeklagten machen konnte. Und überdies: wenn er seiner Frau über Politik schrieb, dann erwartete er kein sachverständiges Echo, da lag ihm nur daran, sein Herz auszuschütten, sich unverhohlen und ohne Bedenken mitzuteilen.

Besorgt hatte er Johanna gegenüber bereits Mitte November gemeint, daß sogar dem „guten und klugen alten Moltke ... der Erfolg kaiserwahnsinnig in die Krone gefahren" sei. Und er setzte hinzu: „... ich ängstige mich oft, daß diese anmaßende Selbstüberschätzung an uns noch gestraft werden wird".[4]

*

Kein Zweifel, die Zukunftsbelastung der deutschen Politik durch die Annexion zweier Provinzen empfand Otto v. Bismarck sehr stark. Die elsaß-lothringische Frage zog auch in der Tat weite Kreise.

Die deutsche Publizistik versuchte, das Annexionsverlangen als Wiedergutmachung des Raubes an deutschem Land durch Ludwig XIV. zu rechtfertigen und als Sicherung vor neuen Angriffen durch französische Heere. Historisch war in der Tat zumindest das Elsaß ursprünglich deutsches Kulturgebiet gewesen; es war das

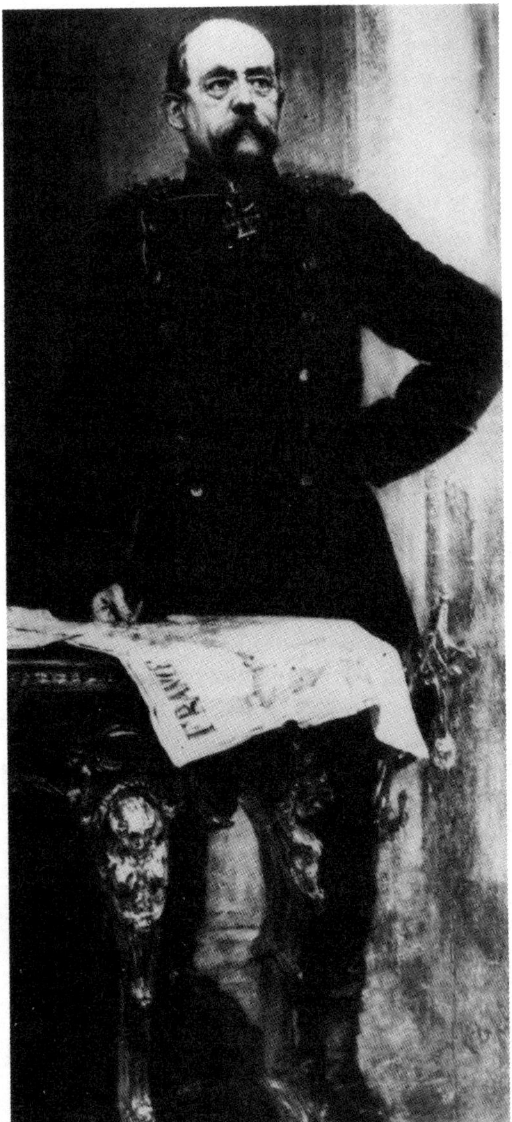

Otto v. Bismarck
(1815–1898)
Kronprinz Friedrich im August 1870 über Bismarck: „. . . das Augenmerk auf alles scharf gerichtet, kaltblütig beobachtend und keineswegs durch unsere bisherigen Erfolge sanguinisch gestimmt.“

Land Gottfrieds von Straßburg, des Münstererbauers Erwin von Steinbach, des deutschen Mystikers Johannes Tauler, Sebastian Brants und Thomas Murners, Jacob Sturms und Johannes Fischarts.[5] Auch die großen Maler Baldung-Grien, Schongauer und das Genie Matthias Grünewald verbrachten Jahre in dieser oberrheinischen Region.

Doch das Elsaß ging Deutschland letztlich nicht durch Ludwig XIV., sondern durch zwei Revolutionen verloren, durch eine besiegte in Deutschland und eine siegreiche in Frankreich. Die Niederschlagung des Bauernkrieges 1525, der von den Vogesen bis zur Elbe entbrannt war und eines seiner Zentren im Elsaß hatte, schwächte Deutschland und stärkte seine zentrifugalen Kräfte. Die Möglichkeit, seinen westlichsten Teil im Feuer der frühbürgerlichen Revolution fest mit dem Reich zusammenzuschweißen, war vertan. Und obwohl sich Herder und Goethe im 18. Jahrhundert von Straßburg angezogen gefühlt hatten, war es dann die Große Französische Revolution, die die elsässischen Bauern und Bürger fester denn je mit Frankreich verband. Das Elsaß gab der Ersten Republik und dem Ersten Kaiserreich Dutzende von Generälen, voran Kleber und Kellermann, die im Geiste der Revolution fochten. Straßburg wurde die Geburtsstadt der Marseillaise.

Diese historische Entwicklung konnte jedoch den kulturellen Zwittercharakter des Elsaß nicht aufheben. Unwiederbringlich waren jene Zeiten dahin, in denen sich im Spätmittelalter und in der Reformationsperiode auf der linken Rheinebene von Straßburg über Schlettstedt, Kolmar, Mühlhausen bis hin zum schweizerischen Basel eines jener Kulturzentren nördlich der Alpen herausgebildet hatte. Nicht verwunderlich also, daß führende Mitglieder der Internationalen Arbeiterassoziation während des Deutsch-Französischen Krieges in ihrem Zentralorgan kritisch vermerkten: „Die ganze Zivilisation im Elsaß und Deutsch-Lothringen ist eine Treibhauspflanze, und ist das Volk von der Mitwirkung zur Errichtung höherer Kulturzwecke gleichsam ausgeschlossen."

Das schrieb einer der politischen Vertrauten von Marx und Engels, nämlich Johann Philipp Becker, und gegenüber diesem intimen Kenner des alemannischen und welsch-schweizerischen Kulturkreises meinte wiederum ein Freund aus Zürich, daß die Elsässer „von der deutschen Kultur ausgeschlossen sind, die französische Kulturbewegung aber auch nicht mitgemacht haben".[6] So kritisch aber auch die Sozialdemokraten in den Nachbargebieten des Elsaß und Deutsch-Lothringens über die kulturelle und politische Lage der beiden Provinzen urteilen mochten, gegen das „Verschlucken von Land und Leuten" waren sie auf jeden Fall.

Über den kulturellen Habitus maßgebender Schichten des Elsaß und die Unfähigkeit preußisch-deutscher Instanzen, die Vereinigung mit Deutschland dem einfachen Volke „mundgerechter" zu machen, urteilte Friedrich Engels später mit unmißverständlicher Schärfe: „Der Elsässer Bourgeois mit seinem oberdeutsch ausgesprochenen Französisch, dieser halbschlächtige Geck, der sich französischer gebärdet als irgendein Stockfranzose, der auf Goethe herabsieht und für Racine schwärmt, der dabei das böse Gewissen seiner geheimen Deutschheit doch nicht los wird und eben deshalb über alles Deutsche wegwerfend schwadronieren muß, so daß er nicht einmal zum Vermittler zwischen Deutschland und Frankreich taugt – dieser Elsässer Bourgeois ist allerdings ein verächtlicher Kerl, sei er nun Mühlhauser Fabrikant oder Pariser Journalist."

Diesen „‚Notabeln', d. h. den durchaus französierten Adeligen und Bourgeois", wurde nun, wie Engels meinte, von den Preußen geschmeichelt, man „schützte sie in ihrer Aussaugung der wenn auch nicht deutschgesinnten, aber doch deutschredenden Bauern und Arbeiter – die das einzige Element bildeten, an das ein Aussöhnungsversuch anknüpfen konnte."[7] Hier eben war Bismarck voll verantwortlich, unfähig, innenpolitisch das zu korrigieren, was er außenpolitisch selbst für verhängnisvoll hielt.

In der Frage der außenpolitischen Sicherung des Reiches waren sich alle Sozialdemokraten einig, im Süden wie im Norden. Auch Karl Marx schrieb in der von ihm verfaßten zweiten Adresse des Generalrats der Ersten Internationale, Straßburg gefährde „Süddeutschland nur, solange dieses eine von Norddeutschland getrennte Macht ist".[8] Er sagte voraus: Deutschland werde durch die Annexion in einem hohen Maße abhängig vom zaristischen Rußland, das sich jederzeit mit einem deutschfeindlichen Frankreich verbünden könnte – wie es später dann auch geschah.

In diesem Punkte trafen sich Marx und Bismarck, sosehr sie ansonsten Antipoden waren in ihren Zielen und Mitteln. Beide waren auf ihre Weise überzeugt davon, daß Frankreich nach Wiedererlangung der Elsässer und Lothringer streben werde, solange diese es wollten, und deshalb nach Bundesgenossen Ausschau halte. Der „cauchemar des coalitions", der Alptraum der Koalitionen, entstand bei Bismarck bereits beim Übergang vom Krieg zum Frieden im Jahre 1871.

Dieses außenpolitische Kalkül fand weniger Eingang in das Bewußtsein der deutschen Grenzbevölkerung, die wohl wußte, daß die Elsaß-Lothringer rundum renitent gegenüber den Deutschen waren und keineswegs die unzähligen Fäden zerreißen wollten, die sie mit der französischen Nation verbanden, zumal sehr konkrete materielle Interessen hineinspielten, etwa die Entwertung der Grundstücke und Hypotheken oder das Sinken der französischen Staatspapiere, die in den Schreibsekretären verwahrt waren. Gegenüber diesem elsässisch-lothringischen Aufbegehren wogen in der Erinnerung der Badener und Pfälzer die Ängste schwerer, die sie vor französischen Ein- und Ausfällen seit dem 17. Jahrhundert auszustehen gehabt hatten.

Der Karlsruher Historiker Hermann Baumgarten schilderte in der Augsburger „Allgemeinen Zeitung"[9] die Stimmung der Menschen, die zu Beginn des Krieges eine „vollständige Überflutung" durch französische Truppen befürchteten und die deutsche Grenze am Oberrhein als „eine bare Unmöglichkeit" empfanden. Man wollte nun befreit sein von der Drohung durch die „Kanonen von Straßburg".

Mündliche Überlieferungen über erlittene Unbilden und Brandschatzungen, sehr oft in Form von Familienerinnerungen, waren noch sehr verbreitet, so daß für die Städte und Dörfer rechts des Rheins Straßburg teils Anziehungspunkt war, teils Ausfallstor für all die Streifzüge in die süddeutschen Nachbargebiete. Selbst in den Liedschatz der Zeit ging die Problematik Straßburgs ein:

„O Straßburg, o Straßburg, du wunderschöne Stadt
Darinnen liegt begraben so mannicher Soldat",

so klagt das Lied, in dem sich der wehmütige Zwiespalt im Volksempfinden des Grenzlandgebietes offenbart. Da ist es nicht verwunderlich, daß die liberalen Honoratioren, übrigens in voller Übereinstimmung mit den Klerikalen,[10] im Spätsommer 1870 mit ihrer Propaganda für die Annexion von Elsaß und Lothringen zuerst in Südwestdeutschland Erfolg hatten. Oft genug waren die echten Empfindungen der einfachen Menschen durch eine chauvinistische Hetze so pervertiert worden, daß eine Annäherung zwischen beiden Völkern als unmöglich erschien. Gegenüber dem angeblich fieberkranken und moralisch verrotteten Volk der Franzosen ließ man das deutsche Wesen selbstgerecht hochpreisen.[11]

*

Lange vor den Vorfriedensverhandlungen im Februar 1871 war Otto v. Bismarck in eine historisch vertrackte Situation geraten. Mit dem Sieg über Frankreich anerkannten breite Volksschichten durchaus seine politische Leistung. Zugleich wurde mit dem allgemeinen Triumphgefühl die Position des Kanzlers im gesellschaftlichen und staatlichen Machtgetriebe des werdenden deutschen Reiches nicht leichter, sondern eher schwieriger, denn nun erwartete man auch etwas von ihm und stellte konkrete Forderungen, nicht zuletzt bei der Frage der Grenzen. Politische Ideologen, wirtschaftliche Interessenten und militärische Planer meldeten sich zu Wort.

Die radikaldemokratische und sozialistische Opposition, immer noch in einer anscheinend unbedeutenden Minderheit, kümmerte Bismarck wenig; allenfalls hatte er sich im laufenden Geschäftsgang mit Unannehmlichkeiten zu befassen, die etwa durch die Verhaftung des populären Johann Jacoby hervorgerufen worden waren.[12] Wie aber stand es mit der öffentlichen Meinung, die in der liberalen, klerikalen und konservativen Presse ihr Sprachrohr hatte oder von ihr manipuliert wurde? Je mehr die Zeitungen verbreitete Meinungen und Forderungen wiedergaben oder solche schürten,[13] desto weniger konnte der verantwortliche Minister negieren, was „unten" und „draußen" vor sich ging.

Während jedoch Parlamentarier und Publizisten nur vereinzelt in persönlichen Kontakt mit Bismarck kamen, hatte dieser sehr viel mit dem Generalstab zu tun, mit dem Monarchen, dem Kronprinzen und, wie er sich gelegentlich ausdrückte, mit „unbeschäftigten Fürsten". Zu diesen Kreisen, denen es vor allem um militärische Belange ging, gesellten sich, weniger auffällig, doch umsichtig und mit zäher Energie agierend, Vertreter der Stahlindustrie, die Erzlagerstätten auf französischem Gebiet begehrten.

Als verantwortlicher Politiker durfte sich Bismarck nicht von Emotionen leiten lassen. So notierte der Kronprinz am 20. August 1870 in sein Kriegstagebuch: „Graf Bismarck fand ich gemäßigt und sehr vernünftig redend, ich möchte sagen, das Augenmerk auf alles scharf gerichtet, kaltblütig beobachtend und keineswegs durch unsere bisherigen Erfolge sanguinisch gestimmt."[14]

Die Unterredung des Kanzlers mit dem Kronprinzen war schon deswegen wichtig, weil dieser einige Tage zuvor, nämlich am 14. August, eine Denkschrift überreicht hatte, in der er unter anderem den Rückerwerb des deutschen Elsaß als eine Herzenssache des deutschen Volkes darstellte, welcher die Politik nur schwer

Helmuth v. Moltke
(1800–1891)
Bismarck Mitte November 1870: sogar dem „guten und klugen alten Moltke ist der Erfolg kaiserwahnsinnig in die Krone gefahren“.

widerstehen könne. Und da diese Denkschrift auch von dem liberalen Schriftsteller Gustav Freytag beeinflußt worden war, kamen in ihr sowohl bürgerliche wie höfische Meinungen zum Ausdruck. Anlaß genug also für Bismarck, den Kronprinzen und die ihn umgebenden Literaten vor Übereifer zu warnen.

Bereits am 15. August hatte der Kanzler das Auswärtige Amt veranlaßt, dem kronprinzlichen Hauptquartier Ausschnitte aus der englischen, russischen, österreichischen und italienischen Presse zu übersenden, damit es „eine klarere Anschauung von den dortigen Stimmungen und der herrschenden Gefahr einer für Preußen unfreundlichen Einmischung gewinne“.[15] Lothar Bucher besorgte diese Zusammenstellung, die sicherlich am 21. August Gegenstand der Erörterungen zwischen Bismarck und dem Kronprinzen war.

Die Berufung auf die frühere Reichszugehörigkeit und die deutsche Umgangssprache der Elsässer und Lothringer wertete Bismarck nicht sehr hoch, er tat sie schließlich als „Professorenidee“[16] ab; von einer „Vindikation alten Besitzes“[17], also von einem historischen Anspruch darauf, wollte er gleichfalls nicht mehr viel wissen.

Trotz aller Zweifel an der politischen Zweckmäßigkeit der Annexion[18] forderte er im August in diplomatischen Dokumenten[19] und inspirierten Artikeln[20] Elsaß und Lothringen zur „Deckung gegen den nächsten Angriff“, der noch einmal von Frankreich ausgehen könne. Das war wahrscheinlich das Ergebnis des Kriegsrates, der am 14. August in Herny[21] tagte, wo sich der Generalstab mit seinen speziellen militärischen Sicherheitsforderungen zu Worte gemeldet hatte. Danach folgten administrative Maßnahmen.

Im bedeutungsschweren Monat August 1870 hatte sich bei Bismarck im Hauptquartier auch der schlesische Magnat und Eisenindustrielle Guido Henckel v. Donnersmarck eingefunden,[22] mit ihm der Reichstagsabgeordnete Graf Renard. Beide Grandseigneurs gehörten zur Prominenz der Freikonservativen Partei und mußten schon deswegen einem den Altkonservativen entfremdeten Bismarck genehm sein. Henckel wurde unverzüglich Präfekt in Metz, und Renard erhielt die gleiche Position in Nancy.

Der Kanzler gab ihnen keine Instruktionen, wie Ludwig Bamberger, der nationalliberale Mitbegründer der Deutschen Bank, während seines Aufenthalts im Hauptquartier erfuhr; er notierte dort in sein Tagebuch: „Zu Henckel, Renard, Kühlwetter etc. sagt er (Bismarck): ‚Fragen Sie mich nichts.‘ Man soll sich selbst helfen."[23] Das gab den Herren nicht nur freie Hand in der Verwaltung, sondern auch bei der Wahrnehmung ihrer speziellen Interessen. Unmittelbar nach der Ernennung Henckel v. Donnersmarcks zum Präfekten von Metz reichte der Direktor der Bergakademie Berlin, Wilhelm Hauchecorne, deutscher Nationalist hugenottischer Herkunft, eine an den Handelsminister adressierte Denkschrift ein; in ihr legte er dar, daß infolge der Wechselwirkung zwischen deutscher Saarkohle und französischem Moselerz bei fortfallender Zollgrenze die Eisenindustrie in beiden Gebieten zu einer Blüte kommen könnte wie kaum an einer zweiten Stelle des Kontinents.

Bismarck hatte sich während der Wintermonate kaum detailliert um die Grenzangelegenheit gekümmert.[24] Erst als ihn Ende März 1871 die Stahlindustriellen noch einmal bedrängten, entsandte er Wilhelm Hauchecorne als Bevollmächtigten für Grenzregulierungen nach Brüssel zu den Verhandlungen über die endgültige Festlegung des Friedensvertrages. Nicht bei der Frage der Annexion ganz Lothringens stand Bismarck unter dem Druck der Schwerindustrie, aber ohne Zweifel bei der für sie günstigen Grenzziehung, die reiche Erzlagerstätten in deutsches Hoheitsgebiet einbezog.[25]

Bei der Einverleibung französischer Provinzen wurde Bismarck nicht allein von den Militärs und der sogenannten öffentlichen Meinung gedrängt, sondern auch von süddeutschen Regierungskreisen, ja sogar von bayerischen Partikularisten. So schrieb J. N. Sepp von der bayerischen Patriotenpartei bereits am 5. August an den preußischen Gesandten v. Werthern: „Der Hohenzoller, welcher Elsaß dem Reich zurückerobert, soll Deutscher Kaiser werden."[26] Diesem Schreiben folgten im Laufe des August noch weitere zur Annexion antreibende Zuschriften.

Solche Stimmen waren ernster zu nehmen, als es zunächst erscheinen mag. Darum darf man es nicht als leichthin gesprochen oder als demagogisch abtun, wenn Bismarck später, am 2. Mai 1871, im Reichstag erklärte, der Knotenpunkt „liegt in Straßburg, denn so lange das nicht deutsch ist, wird es immer ein Hindernis für Süddeutschland bilden, sich der deutschen Einheit, einer deutsch-nationalen Politik ohne Rückhalt hinzugeben".[27] Hier berücksichtigte Bismarck weniger die Stimmung in süddeutschen Volksschichten als die Haltung regierender Kreise. An Höfen und in Ministerien stand mancher der Meinung des badischen Ministers Reitzenstein vom Beginn des 19. Jahrhunderts nicht so fern, sein Land habe sich nach Frankreich zu orientieren, solange Elsaß diesem gehöre. Da das Problem des militärischen Schutzes vor Frankreich eifrig diskutiert und darüber viel und leidenschaftlich publiziert wurde, bekam der Anschluß Süddeutschlands an den Norddeutschen Bund zusätzlich den Charakter einer Annexionsgemeinschaft verbündeter Staaten.[28]

Bismarck wußte sehr wohl, daß er angesichts dieser politischen Wandlungen in Deutschland aufmerksam das außenpolitische Kräftespiel beobachten mußte. So verschickte er am 13. und 16. September 1870 Runderlasse an die preußischen Missionen im neutralen Ausland, in denen er anwies, die deutschen Forderungen als „materielle Bürgschaften" gegenüber „Frankreichs künftigen Angriffe(n)" zu begründen.[29] An eine Versöhnung glaubte er nicht, sondern argwöhnte: „Es ist die Niederlage an sich, es ist unsere siegreiche Abwehr ihres frevelhaften Angriffs, welche die französische Nation uns nie verzeihen wird."

Schwer zu sagen, was hier vorgegebene oder wirkliche Überzeugung war. In einem zweiten Runderlaß, der drei Tage später an die preußischen Missionen in München, Stuttgart und Karlsruhe folgte, betonte er erneut den defensiven Charakter von Straßburg und Metz im deutschen Besitz und verwies darauf, daß Frankreich „in mehr als 20 Kriegen" der Angreifer gewesen sei. Schließlich berichtete er in einem dritten Runderlaß Ende September über seine Unterredung mit dem französischen Außenminister Jules Favre, in der dieser die französischen Landabtretungen als „für Frankreich erniedrigend, ja sogar entehrend" bezeichnet haben soll.[30] Daran scheiterte in der Tat der Abschluß eines Waffenstillstandes im Herbst 1870, nach dem Sturz Napoleons III.

Bismarcks Argumente waren noch ganz im Geiste des Aufrechnens und Abrechnens gehalten. Er erinnerte Favre an jene „Bedingungen, deren Erfüllung Frankreich von Italien erlangt, von Deutschland gefordert habe, ohne mit einem der beiden Länder im Kriege gewesen zu sein, Bedingungen, welche Frankreich ganz zweifellos uns auferlegt haben würde, wenn wir besiegt worden wären, und welche das Ergebnis fast jeden Krieges auch der neuesten Zeit gewesen wären". Er rief also die Abtretung des italienischen Savoyen an Frankreich ins Gedächtnis und dessen Begehrlichkeiten nach dem linken Rheinufer. Im übrigen war für ihn „die Ehre Frankreichs", wie er kühl konstatierte, „nicht von anderer Beschaffenheit als diejenige aller anderen Länder". Und doch fiel es diesem Frankreich unendlich schwer, sich von der Vorstellung zu lösen, daß es nicht, wie der große Sozialist Jean Jaurès später einmal formulierte, *die* große Nation, sondern nur *eine* große Nation sei.

Nicht in seinen gegenüber Jules Favre vorgebrachten Argumenten lag Bismarcks Schwäche, sondern in dem, was er wohlweislich verschwieg, nämlich dem Widerwillen der Elsässer und Lothringer, Deutsche zu werden. Die Zeit der deutsch-französischen Aussöhnung, ja Versöhnung, war noch längst nicht gekommen; am ehesten dämmerte die Erkenntnis, daß es unmöglich sei, eine der beiden Nationen auf die Dauer niederzuhalten. Noch waren die alten historisch-psychologischen Belastungen zu schwerwiegend, und es kamen neue hinzu. Je länger der Krieg die Wintermonate hindurch dauerte und je größer die Zahl der Opfer wurde, desto weniger konnte Bismarck die Begehrlichkeiten auf Elsaß und Lothringen und die von allen großen Parteien geschürten Stimmungen enttäuschen.

War der Kanzler somit vielfach nach unten gebunden, dann erst recht nach oben gegenüber dem Generalstab, bei dem er stets auch mit dem Kaiser und dessen höfischer, ihm keineswegs wohlgesonnener Umgebung rechnen mußte. Die Generäle dachten vorwiegend an Festungen und Aufmarschbasen. Doch Bismarck, der sich mit dem Oberkommando schon bei der Frage der Bombardierung von Paris und des Waffenstillstandes angelegt hatte, konnte einen weiteren Konflikt mit der Generalität einfach nicht mehr verkraften, zumal er dabei in eine hoffnungslose Isolierung zu geraten drohte.

Die rein militärischen Erwägungen waren zudem schwer zu ignorieren. Kam doch selbst ein so entschiedener Bismarckgegner, aber militärisch versierter Mann wie Friedrich Engels zu der Schlußfolgerung: „Durch Metz und Straßburg erhält Deutschland eine Verteidigungsfront von ungeheurer Stärke. Solange Belgien und die Schweiz neutral, kann ein französischer Massenangriff nirgends anders ansetzen als auf dem schmalen Strich zwischen Metz und den Vogesen; und dazu bilden Koblenz, Metz, Straßburg, Mainz das stärkste und größte Festungsviereck der Welt . . . Der strategische Vorteil ist also der einzige Punkt, der die Annexion entschuldigen kann. Aber", so fragte Engels, „steht dieser Gewinn in irgendwelchem Verhältnis zu dem Schaden, den man sich dadurch antat?"[31]

Dieser Schaden konnte in der Tat gefährlich werden, da die Sicherheit des Landes vornehmlich unter militärischen Aspekten aufgefaßt und praktiziert wurde. Noch so solide und umfassende Festungsplanungen und -bauten – auf annektiertem Gebiet – mußten gerade dadurch Gegenkräfte in Gestalt starker Bündnisse heraufbeschwören und das moralisch-politische Ansehen des neuerstandenen Reiches mindern.

Vom politischen Schaden einer vorwiegend militärischen Denk- und Handlungsweise bekam Bismarck bereits in den Wintermonaten 1870/71 einiges zu spüren, als die Regierenden wie Regierten des Auslands den Übergang Preußen-Deutschlands vom Verteidigungs- zum Eroberungskrieg mit wachsender Antipathie verfolgten. So verstärkten sich seine schwerwiegenden Zweifel an der Zweckmäßigkeit der Annexionen. Aber er wußte, daß er als ein in der Verantwortung stehender Politiker mit solchen Zweifeln nicht leben und wirken könne.

So nutzte er denn eine Lebenserfahrung, die ihm schon des öfteren geholfen hatte: mit Gegebenheiten, die er nicht zu ändern vermochte und die nun einmal grundsätzlich festgelegt waren, brachte er sich psychologisch und politisch in Übereinstimmung, wobei er sich zudem bemühte, das Geschehene religiös zu bewältigen. Gott müßte ja wohl mitwirken, den Frieden „fest" zu machen, für den so viele Menschen gefallen seien. Wie einst in jungen Mannesjahren rief er den „Vortrupp seiner Zweifel" zurück und brachte sich wieder in Einklang.

Keiner, der seine Reichstagsrede hörte, hätte vermuten können, daß Bismarcks entschlossene Haltung eine erworbene war. Die Elsässer und Lothringer, so meinte er, würden sich in einem allmählichen Prozeß schon ihres ehemaligen Deutschtums wieder besinnen und sich an den neuen Staatsverband gewöhnen. Von der politischen Zweckmäßigkeit der Annexion war nicht mehr die Rede. Er erwartete vom Reichstag, daß dieser denselben „empirischen Weg" gehe, den die Regierungen gegangen sind, und „die Verhältnisse" nehme, „wie sie liegen, und nicht, wie sie vielleicht wünschenswert wären". In einem solchen Falle solle man „der Schwerkraft der Ereignisse ihre Wirkung" lassen.[32]

Dieser Prozeß verlief allerdings nicht im gewünschten Sinne, weil Bismarck von seiner inneren Einstellung und äußeren Position her den einzigen Weg, auf dem man die Elsässer und Lothringer mit dem Deutschtum hätte versöhnen können, nicht beschreiten konnte: den der Liberalisierung des Reiches.

*

Das zivile Hauptquartier in Uniform
Bundes- und bald Reichskanzler v. Bismarck mit seinem Beamtenstab in Versailles. Nur Rudolph Delbrück, Präsident des Bundeskanzleramtes und Leiter einer liberalen Wirtschaftspolitik, ist in Frack und Zylinder. Rechts neben ihm Lothar Bucher.

Die französische Nationalversammlung, bereits am 8. Februar 1871 gewählt, kurze Zeit nach dem Abschluß des Waffenstillstands und noch vor dem Präliminarfrieden, bestand in ihrer Mehrheit aus monarchistischen Fraktionen der Bonapartisten, Orleanisten und Legitimisten, aus Adligen mit großem Namen, neureichen Großagrariern und Industriellen.[33] Ein solches Parlament konnte Frankreich, das immerhin drei Revolutionen hinter sich hatte, auf die Dauer nicht repräsentieren, aber es war geeignet, die Besitzenden zunächst vor der sozialen Revolution zu schützen.

An die Spitze der französischen Republik wurde Adolphe Thiers gewählt, der auf der Seite der besiegten Macht der bedeutendste Kontrahent Bismarcks werden sollte. Er war ein Mann, der seit den zwanziger Jahren als Journalist, als Minister in wechselnden Ressorts unter dem Bürgerkönig Philippe, dann als oppositioneller Parlamentarier unter Napoleon III. über reiche Erfahrungen verfügte und überdies ein historiographisches Werk von imponierendem Umfang geschrieben hatte. Wie sein Freund Mignet, wie Thierry und Guizot gehörte er zu jenen Historikern der Restaurationszeit, die es in ihrer Geschichtsschreibung bewußtmachten, daß in den politischen Kämpfen Herrschaftsansprüche von Klassen – oder ihren Fraktionen – ausgetragen wurden.[34]

Von 1823 bis 1827 veröffentlichte Thiers zehn Bände einer

Geschichte der Französischen Revolution im Geiste eines gemäßigten Liberalismus. Und während der zwei Jahrzehnte von 1845 bis 1869 brachte er neunundzwanzig Bände heraus, die die Geschichte des Konsulats und des Kaiserreichs Napoleons I. darstellten und – heroisierten. Diesem Monumentalwerk einer publizistisch geübten Feder war die politische Tat vorausgegangen: Als Ministerpräsident und Außenminister, im März 1840 berufen, ließ Thiers die Leiche Napoleons I. von St. Helena nach Paris in den Invalidendom überführen, regte die Befestigung von Paris an, unterstützte im Gegensatz zu den übrigen Großmächten den Vizekönig Mehemed Ali von Ägypten gegen die Türkei und war bereit, den Orientkonflikt zur Entfesselung eines europäischen Krieges auszunutzen – mit dem Ziel der Wiedergewinnung des linken Rheinufers, was wiederum eine patriotische Abwehrbewegung in Deutschland auslöste, die ihren Ausdruck in dem damals entstandenen und populär gewordenen Lied fand: „Sie sollen ihn nicht haben, den freien deutschen Rhein."

Zweifellos, es muß dem alten Thiers schier unerträglich gewesen sein, der Abtretung der beiden letzten linksrheinischen Provinzen Frankreichs an das neu-deutsche Reich zustimmen zu müssen.

Bismarck hatte es also im ausgehenden Winter 1870 und im darauffolgenden Frühjahr 1871 mit einem Kontrahenten zu tun, der durchaus im Geiste der Grande nation gewirkt und literarisch wie politisch gewissermaßen auf großem Fuße gelebt hatte. Körperlich, psychisch und sozial konnte es kaum größere Gegensätze als die zwischen Thiers und Bismarck geben. Dem kleinen, quicklebendigen, aus einer Kaufmannsfamilie stammenden und sich immer wieder zwischen dem Literarischen und Politischen bewegenden Südfranzosen trat der große, massige, um fast zwanzig Jahre jüngere Junker aus dem ostelbischen Preußen entgegen, der erst seit 1847 seine Erfahrungen sammeln konnte, was er allerdings allseitig und – anders als Thiers – kontinuierlich getan hatte.

Sensibel gegenüber Natur und Menschen, überdies literarisch, historisch und linguistisch gebildet, hatte Bismarck eine hohe Sprachkultur entwickelt, die er seinem politischen Wirken dienstbar machte, wobei er sie immer auf die jeweiligen menschlichen Beziehungen einzustimmen verstand, ein Musiker literarischer Prosa, der alle Schwingungen seines Instruments wahrnahm. Dabei gingen ihm jedoch Anlage wie Ehrgeiz ab, gleich Thiers vielbändige Werke zu verfassen.

Thiers' Bücherschreiben hat Bismarck kaum beeindruckt; aber

er achtete seinen französischen Kontrahenten als Persönlichkeit und meinte sogar, es hätte gewiß keinen Krieg gegeben, wenn Thiers Ministerpräsident unter Napoleon III. gewesen wäre.[35] Zudem brachte Bismarck, wie bereits erwähnt, mitfühlendes Verständnis auf für die verzweiflungsvolle Lage, in der sich Thiers bei den Verhandlungen über den Vorfriedensvertrag befand, allerdings setzte er sarkastisch hinzu, zum Unterhändler habe er nicht getaugt, „nicht einmal zum Pferdehändler“.[36] Vor allem ging dem Preußen die spontane, breitausladende Gesprächsweise des Südfranzosen auf die Nerven; so schrieb er seiner Frau einmal über Thiers: „Der Gedankenschaum quillt aus ihm unaufhaltsam wie aus einer geöffneten Flasche, und ermüdet die Geduld weil er hindert zu dem trinkbaren Stoff zu gelangen auf den es ankommt.“[37] Für Thiers hingegen, der sich in einer jahrtausendealten romanischen Kultur verwurzelt fühlte, war dieser Nur-Politiker Bismarck aus dem wilden Osten ja doch nur ein „Barbar“, wenn auch überraschenderweise ein „liebenswürdiger“.[38] Beide Repräsentanten der feindlichen Mächte sollten im Frühjahr 1871 während der dramatischen Ereignisse in und um Paris sowohl gegeneinander wie miteinander Handelnde werden.

Nachdem das deutsche Hauptquartier am 6. März 1871, also nach dem Vorfriedensvertrag vom 26. Februar, Versailles verlassen hatte, zog die französische Nationalversammlung in die Königsstadt Ludwigs XIV. ein. Ihre Mehrheit wollte dort und nicht in dem sich revolutionierenden Paris tagen, also ohne Furcht vor „Pflastersteinen des Aufstandes“, wie Thiers erklärt hatte.[39] Dieser Entschluß der „Versailler“, der allen Vermittlungen der Pariser Bürgermeister[40] widersprach, war die erste Provokation gegen die in der Zeit der Belagerung leid- und kampfgeprüfte Hauptstadt; die zweite folgte in der Nacht zum 18. März, als Thiers Trupps wie Diebe ausschicken ließ, um der Pariser Nationalgarde, die in ihrer Mehrheit aus bewaffneten Arbeitern bestand, die Kanonen wegzunehmen. Das drängte die Pariser nachgerade dazu, die schon lange propagierte Gemeindefreiheit, die Kommune von Paris, vom Wort in die Tat umzusetzen. Binnen kurzem entstand eine Regierung kampferfahrener, mit dem Kleinbürgertum eng verbundener Manufakturarbeiter – eine Regierung, die eine Wende in der internationalen Arbeiterbewegung markierte und für Jahrzehnte wie ein Fanal wirkte.

So standen die Verhandlungen um den endgültigen Frieden, die ab 24. März in Brüssel unter Experten geführt wurden, im Zeichen des Bürgerkrieges in Frankreich. Während um einen relativ günstigen Zahlungsmodus der Kontribution und um die Grenzziehung im einzelnen gefeilscht wurde, verband Bismarck auf verschiedenen Ebenen geschickt die mißtrauische Hartherzigkeit des Siegers und die antirevolutionäre Solidarität mit der Regierung Thiers.

Bereits wenige Tage nach der Kommune-Erhebung vom 18. März erlaubte Bismarck der französischen Regierung, die 40000 Soldaten, die sie auf Grund des Vorfriedens um Paris stationieren durfte, um 20000 zu erhöhen, um den anfänglich zahlenmäßig überlegenen Kommunarden wenigstens notdürftig widerstehen zu können.[41] Vier Wochen danach, als der Versailler Regierung noch weiter Tausende von Soldaten aus deutscher Gefangenschaft zur Verfügung gestellt wurden, gab Bismarck dem Generalgouverneur der okkupierten französischen Gebiete, dem Generalleutnant v. Fabrice, sehr offenherzige Instruktionen.

Die französische Regierung in Versailles, so erklärte er unverhohlen, die die deutsche Unterstützung im Kampf gegen die Pariser Kommune verlangte und „sich offen zu ihrer Anlehnung an uns" bekannte, müsse sich „dadurch bis zu einem gewissen Grade in unsere Hand geben". Und er fuhr fort: „Es scheint mir eine einfältige, um nicht zu sagen unverschämte Zumutung, daß wir jene Regierung in der Art stützen und kräftigen sollen, daß sie ihre durch unser Wohlwollen gewonnene Stärke demnächst gegen uns wenden und sich darauf stützen könne, um uns möglichst ungünstige Bedingungen für den definitiven Frieden aufzunötigen ... Die schroffe Unnachgiebigkeit der französischen Regierung in Brüssel steht in einem eigentümlichen Kontrast mit der hilfebedürftigen Begehrlichkeit, mit welcher sie seit sechs Wochen eine Konzession nach der anderen von uns wie ein Recht fordern".[42]

Es war offensichtlich: Um die französische Regierung in Versailles unter Druck zu setzen, unterhielt Bismarck weiterhin Verbindung mit dem gestürzten Napoleon III., der bereits am 19. März Wilhelmshöhe bei Kassel, den Ort seiner Gefangenschaft, verlassen und sich nach England zur Kaiserin Eugénie begeben konnte. Bismarck spielte mit dem Gedanken, die bonapartistische Herrschaft in Frankreich durch die Einberufung des bestehenden Corps Législatif oder der Generalräte wiederzuerrichten.[43] Auf der anderen Seite ließ er es zu, daß v. Holstein Ende April mit dem „délégué de guerre" der Pariser Kommune, also dem „Kriegsdelegierten" General Cluseret, im Fort Aubervilliers verhandelte.

Der damals 47jährige Cluseret sah schon auf ein bewegtes Leben zurück. Als junger Offizier der Mobilgarde hatte er während der Junikämpfe 1848 elf Barrikaden der Pariser Proletarier stürmen lassen und für diese konterrevolutionäre Tat das Kreuz der Ehrenlegion erhalten; er war dann abenteuernder Napoleonide und als solcher 1859 zunächst an der Seite Garibaldis und dann im Generalstab der italienischen Armee tätig gewesen; in den sechziger Jahren hatte er während des Nordamerikanischen Bürgerkrieges auf der Seite der Unionsarmee gestanden, wo er den nie recht anerkannten Generalstitel erhielt; er mischte sich schließlich in die irische Fenier-Bewegung gegen England ein, liierte sich mit der halb anarchistischen, halb proudhonistischen Gruppe in der Ersten Internationale und sah seine große Stunde in der Pariser Kommune gekommen. Nach ihrer Niederlage setzte er sein zwielichtiges Tun als Bankier, Maler, Kunsthändler in New York, Konstantinopel und seit den achtziger Jahren wieder in Paris fort. Wie in einem Kreislauf kehrte er im Alter wieder auf die reaktionäre Position seiner Jugend zurück, indem er 1896 wüst gegen die „jüdisch-deutschen Doktrinen“ des Sozialismus polemisierte und während der Dreyfus-Affäre Partei für die reaktionäre Militärjustiz nahm.[44]

Mit solch einem Abenteurertyp, der in einer spontanen Revolution, wie es die Pariser Kommune nun einmal war, vorübergehend leicht hochkommt, hatte es nun der Vertreter des neuen deutschen Reiches zu tun. Cluseret gestand ihm unverhohlen, daß er gegen die „sozialistischen Ausschreitungen“ der Kommune sei und, ohne einen Staat im Staat zu wollen, nur die munizipale (kommunale) Selbständigkeit anstrebe. Er wollte sogar erreichen, daß Bismarck eine Vermittlerrolle übernähme,[45] was dieser, ein erfahrener Verhandlungstaktiker, als Möglichkeit nicht in Abrede stellte: „Die communale Unabhängigkeit nach Art unserer Städteordnung ist an sich keine unverständliche Forderung, wenn nicht etwa weiteres communistisches Beiwerk damit verknüpft ist. Vielleicht lassen sich die verständigen communalen Bestrebungen von denen der internationalen Revolution trennen.“[46] Wieweit das taktische Redensart oder sachliche Überzeugung war, muß offenbleiben. Jedenfalls tat August Bebel, der sich damals immer mehr als prinzipieller Gegner Bismarcks hervortat, die Behauptung, wonach die preußische Städteordnung etwas mit Gemeindefreiheit zu tun habe, im Reichstag mit Hohn ab.

Während Bismarck noch acht Tage vor den Verhandlungen mit

Gegen die Pariser Kommune: die Bürgerkriegsfurie
Federzeichnung von Gustave Doré

Cluseret, ganz im Sinne von Thiers, gegen „falsche Hoffnungen auf gütliche Beilegung“ auftrat, „wo nur Gewalt und rasche Gewalt zum Ziele führen konnte“[47], posierte er am 28. April als einer, der „den inneren Frieden Frankreichs mit hoher Hand vermitteln“[48] möchte. Indem er sich im französischen Bürgerkrieg als Friedensbringer anbot, versuchte er einmal, die Kommune zu spalten, zum anderen, die Regierung Thiers unter Druck zu setzen; er wollte „neue Bürgschaften gegen die unredlichen Bestrebungen von Versailles“ gewinnen und gab Generalleutnant v. Fabrice die für jenen Augenblick gültige Weisung: „Vermeiden Sie in dieser Sachlage jede Parteinahme gegen Paris.“[49]

Anfang Mai waren die diplomatischen Positionskämpfe zwischen den Kontrahenten und die militärischen Kämpfe zwischen den Versailler Truppen und den Kommunarden in Paris so weit gediehen, daß es der Regierung Thiers-Favre ratsam erschien, nicht länger abzutasten, wie weit sie gehen könne. Sie konnte von Bismarck keine wesentlichen Konzessionen mehr erhandeln und mußte berücksichtigen, daß seit dem Bürgerkrieg die während der Wintermonate bekundeten Sympathien für Frankreich in der bürgerlichen Publizistik der europäischen Länder merklich abgeflaut waren.[50] Nur durch einen Friedensvertrag konnte der Sieg über die Pariser Kommune beschleunigt werden.

Gemäß einem mündlichen Geheimabkommen in Frankfurt erlaubte das Oberkommando der deutschen Truppen von Paris am Tage nach der Unterzeichnung des definitiven Friedensvertrages, daß die Versailler Truppen Paris über St-Denis von Norden her mitten durch die deutschen Linien angreifen könnten.[51] Bismarck brach jedoch die Verbindungen mit der Pariser Kommune erst endgültig ab, nachdem die Versailler Nationalversammlung den Frankfurter Friedensvertrag ratifiziert hatte.[52] Dies war am 18. Mai der Fall. Der Weg war frei geworden für die „Blutwoche" vom 21. bis 28. Mai.

Die Zahl der von den „Versaillern" in dieser einen Woche exekutierten Gefangenen und als verdächtig Aufgespürten – 17000 gab man offiziell zu[53] – übertraf diejenige der auf den Barrikaden und im Kampf Gefallenen. Es war ein Massenmord mit Gewehrsalven und Mitrailleusen, ausgeführt von einer entfesselten und aufgehetzten Soldateska – auf offener Straße, in weiten Parks, an Friedhofsmauern, nur wenige Meter vom vorgesehenen Massengrab entfernt. Schließlich hemmte die Angst vor der Pest, die von Leichenhaufen ausgehen könnte, das Morden;[54] 38565 Gefangene[55] – man zählte sie genau – wurden im Schnellverfahren „nach den Gesetzen" abgeurteilt, also „legal" und „mit geistlichem Beistand" exekutiert, bisweilen auch freigesprochen, in großer Zahl deportiert, etwa nach Neukaledonien, weit weg im Stillen Ozean. Während der Maiwoche des Jahres 1871 kamen weit mehr Menschen ums Leben als in all den Jahren der Großen Französischen Revolution,[56] wo auch, wie sich Anatole France ausdrückte, „die Götter dürsteten".

Selbst Graf Waldersee, den Bismarck zum ersten Geschäftsträger des Deutschen Reiches in dem von Thierstruppen eroberten Paris bestimmt hatte, schrieb – in Übereinstimmung mit anderen preußischen Offizieren – über die Verbrechen der Soldateska: „Nachdem sie in der fast zweimonatigen Belagerung sich erbärmlich gezeigt hat, so daß man niemals wagte, sie zu einem energischen Angriff zu verwenden, ist sie jetzt von der entsetzlichsten Grausamkeit gegen ihre Gegner und kühlt ihre Rache an den Gefangenen."[57] Auch die gegen das aufrührerische Paris ansonsten aufgebrachte Presse in Deutschland war überwiegend über den „weißen Schrecken“ bestürzt. Die Berliner „Staatsbürger-Zeitung“ bezeichnete die „Männer von Versailles“ als „Scheusale der krassesten Gattung“, ja als „menschliche Bestien“.[58]

Gustave Doré hinterließ nicht allein satirische Konterfeis von Abgeordneten in Versailles, er zeichnete auch gefangene Kommunarden, die abgemergelt in langen Zügen auf den Avenuen nach Versailles zogen, und sah in manchen Gesichtern neben Hunger und Entbehrung auch Unwissen und moralische Verelendung. Dennoch: Der Wahrheitsdrang des Künstlers hielt nicht wenige Arbeitergesichter fest, die von der Entschlossenheit geprägt waren, ihre Not im Kampf zu überwinden.[59]

*

In vielen deutschen Arbeitervierteln und -bezirken fanden Versammlungen statt, auf denen gemeinsame Grußbotschaften lebhaft die Solidarität zwischen deutschen und französischen Arbeitern im Kampf gegen das Bündnis Bismarcks mit der Versailler Bourgeois-Regierung bekundeten. Ob Lassalleaner oder Marx-Anhänger, sie alle blickten gebannt und gespannt auf das revolutionäre Geschehen in Paris, das für sie zum nachhaltigen Erlebnis wurde. Diffamierungen der Pariser Kommune als eines Willkürregiments des frivolsten Großstadtgelichters fruchteten bei den radikalen Arbeitern wenig, im Gegenteil, sie erregten eher ihr Mißtrauen.

Dabei war es nicht leicht für sie, bei den Pressekampagnen, die die öffentliche Meinung anheizten, unbeirrt zu bleiben. Wo sollten sie jene persönliche Souveränität und Argumentationskraft hernehmen, über die etwa ein Friedrich Engels verfügte, der seiner besorgten Mutter bei allem liebevollem Respekt, den er ihr zeitlebens entgegenbrachte, in einem Brief nach Engelskirchen beherzte Worte schrieb: „Ihr seid auf die ‚Kölner‘ und ‚Elberfelder Zeitung‘ angewiesen, die Lügen werden Euch förmlich eingetrichtert. Indes hast Du nun doch in Deinem Leben schon manche Leute als wahre Menschenfresser verschreien hören – die Tugendbündler unter dem alten Napoleon, die Demagogen von 1817 und 1831, die Leute von 1848, und nachher hat es sich doch immer herausgestellt, daß sie so arg nicht waren und daß interessierte Verfolgungswut ihnen am Anfang all die Schreckensgeschichten nachgesagt hatte, die sich nachher in Dunst auflösten. Ich hoffe, liebe Mutter, daß Du Dich daran erinnern wirst und dies auch den Leuten von 1871 zugute kommen lassen wirst, wenn Du diese imaginären Schandtaten in der Zeitung liest.“[60]

August Bebel, der 31jährige Reichstagsabgeordnete, sah in seiner berühmt gewordenen Rede vom 25. Mai 1871 in der Pariser Kommune eine Vorbotin revolutionärer Umwälzung und eine Hoffnung auf jene Zeit, da „die Völker Europas in der republikanischen Staatsform das Ziel ihrer Bestrebungen erblicken".[61]

In der Tat warf die Pariser Kommune ein bedeutsames Problem auf: das Verhältnis von bürgerlicher Demokratie und Arbeiterregierung. Jenen Berliner Arbeitern, die alljährlich zum Gedenken an die Gräber der März-Gefallenen in den Friedrichshain zogen, drängte sich der Vergleich zwischen den Straßenkämpfen des 18. März 1848 in Berlin und dem Kommune-Aufstand am 18. März 1871 in Paris geradezu auf. Dies veranlaßte den lassalleanischen „Neuen Social-Demokrat" noch im Jahre 1873, sowohl die sozialhistorischen Unterschiede zwischen beiden Ereignissen zu kennzeichnen als auch ihre inneren Gemeinsamkeiten. Der Artikel endete mit den Worten: „Zurückschauend auf den *politischen* Freiheitskampf von 1848, als erste Volksregung, macht die deutsche Arbeiterklasse auch den Ruf von 1871 nach *socialer* Freiheit zu ihrem Feldgeschrei."[62] Soziale Freiheit? Das war zwar eine vorwärtsweisende Losung – eine journalistische Floskel, der aber keine Anstrengung des Begriffs vorausging.

Karl Marx hatte 1871 in seiner Schrift „Der Bürgerkrieg in Frankreich", die ökonomisch-philosophische Problematik seiner Jugendzeit wieder aufnehmend, in der Pariser Kommune embryonal Züge einer Regierung gesehen, die die „Verselbständigung der Staatsmacht gegenüber der Gesellschaft" beseitigt und die Staatsorgane aus Herren der Gesellschaft zu Dienern der Gesellschaft macht.[63] Das praktische Problem des Verständnisses von Staat und Revolution trug auch das der sozialen Umwälzung in sich. In dieser Hinsicht bemerkte Marx 1881 gegenüber dem holländischen Sozialisten Niewenhues, die Mehrheit der Kommune sei „keineswegs sozialistisch" gewesen und hätte „es auch nicht sein" können. Dabei machte er auf eine damals gegebene Möglichkeit aufmerksam, die ungenutzt blieb: „Mit geringem Quantum common sense hätte sie (die Pariser Kommune, E. E.) . . . einen der ganzen Volksmasse nützlichen Kompromiß mit Versailles – das allein damals Erreichbare – erreichen können. Die Appropriation der Banque de France allein hätte der Versailler Großtuerei ein Ende mit Schrecken gemacht".[64] Friedrich Engels hat diesen Gedanken zehn Jahre später aufgegriffen und dazu ausgeführt: „Am schwersten begreiflich ist . . . der heilige Respekt, womit man vor den

Toren der Bank von Frankreich ehrerbietig stehenblieb. Das war auch ein schwerer politischer Fehler. Die Bank in den Händen der Kommune – das war mehr wert als zehntausend Geiseln. Das bedeutete den Druck der ganzen französischen Bourgeoisie auf die Versailler Regierung im Interesse des Friedens mit der Kommune."[65] Von welchem Blickpunkt her auch betrachtet, die kurze Herrschaft revolutionärer Arbeiter und radikaler Kleinbürger in Paris warf zahlreiche Gegenwarts- und Zukunftsprobleme auf.

Auf jeden Fall markierte die Pariser Kommune neben der deutschen Reichsgründung das Ende einer alten und den Beginn einer neuen Epoche. Auf dem Boden des herausgebildeten Industriekapitalismus verlagerte sich der Schwerpunkt des historisch-politischen Geschehens von der nationalen zur sozialen Frage. Selbst General Moltke schrieb damals an seinen Bruder: „Die große Gefahr aller Länder liegt wohl jetzt im Sozialismus."[66] So mußte sich auch Bismarck in den folgenden zwei Jahrzehnten seiner Reichskanzlerschaft zunehmend mit der erstarkenden Arbeiterbewegung auseinandersetzen.

Die sozialen Probleme spielten weit in die außenpolitischen Aktivitäten hinein, die damals in hohem Maße auf den Abschluß des endgültigen Friedensvertrages am 10. Mai 1871 gerichtet waren.

Um ihn zu unterzeichnen, kamen in Frankfurt am Main die deutschen und französischen Bevollmächtigten zusammen. Auf deutscher Seite waren neben dem Reichskanzler Otto v. Bismarck, der Ende März in den Fürstenstand erhoben worden war, Harry v. Arnim anwesend, bislang preußischer Gesandter im Kirchenstaat zu Rom und 1870 als besonderer Günstling des Kaisers mit dem Grafentitel ausgezeichnet, ferner Bismarcks Vertrauter Henckel v. Donnersmarck, der als schlesischer Magnat insbesondere die Interessen der Schwerindustrie vertrat. Die französischen Vertreter waren vor allem Jules Favre, Advokat und Außenminister der Regierung, ferner Augustin Pouyer-Quertier, Großindustrieller und bonapartistisch gesinnter Finanzminister. Adolphe Thiers war nicht nach Frankfurt gekommen. Schon seines Alters wegen vermied er wohl die beschwerliche Reise und zog es vor, sich auf die Auseinandersetzungen mit den revolutionären Kräften im Innern Frankreichs zu konzentrieren.

Die wesentlichen Bestimmungen des Vorfriedens vom 26. Februar in Versailles wurden in Frankfurt im Kern unverändert festgelegt; nur der Zahlungsmodus der damals geforderten Kriegskontribution von rund 5,3 Milliarden Franken oder 4,2 Milliarden

Wandgemälde in Goslar
Auf dem Wandgemälde steht Bismarck zusammen mit Moltke an der Seite; im Mittelpunkt und hoch zu Roß die Hohenzollern und über ihnen die kaiserlichen Ahnherrn des Mittelalters.

Mark war noch zu präzisieren. Diese sollten nämlich in Gold und Silber und vornehmlich in gesicherten Wechseln zu zahlen sein, nicht in Renten oder Schatzbons, wie die Franzosen es gewollt hatten. Unnachsichtig blieb es auch bei der Annexion der beiden

Hotel „Zum Schwanen“
Das Ende des Deutsch-Französischen Krieges wurde nicht, wie der Krimkrieg 1856, auf einer großen internationalen Konferenz, sondern in bilateralem, relativ bescheidenem Rahmen völkerrechtlich besiegelt.

französischen Provinzen Elsaß und Lothringen. Korrekturen bei der endgültigen Grenzziehung hatte die Industrie noch durchgesetzt. Bismarck verzichtete schließlich auf ein im Vorfrieden noch als „Pfand“ einbehaltenes größeres Gebiet um Belfort für den Fall, wie er noch am 9. Mai an den Kaiser telegrafierte, „daß Frankreich die Grenzdörfer westlich Thionville von Radingen bis Moyenore abtritt, in denen reiche Erzlager“.[67] Später erschien die Grenze hier, als sei sie „nicht nach einem topographischen Plan, sondern nach einer geologischen Karte gezogen worden“.[68]

So konnten wenige Bevollmächtigte innerhalb weniger Tage und ohne spektakulären Kongreß im Salon des Hotels „Zum Schwanen“ in Frankfurt am Main die Friedensbestimmungen zu Papier bringen, während sich jene Verhandlungen, die ab 24. März in Brüssel den Vorfriedensvertrag präzisieren und ergänzen sollten, zähflüssig dahingeschleppt hatten.

Bismarck hatte während der vergangenen Monate darüber gewacht, daß die Großmächte wie Rußland, Österreich-Ungarn und England kein Mitspracherecht bei der staatlichen Neugestaltung in der Mitte Europas geltend machten. Doch dieser Vorteil hatte auch seine Schattenseiten. Keine Macht nämlich gewährte dem neuen Deutschen Reich eine formelle Garantie seines staatlichen Bestandes und sanktionierte seine territoriale Grenzziehung, damit auch die völkerrechtliche Annexion Elsaß-Lothringens. Alles blieb der Macht des Faktischen überlassen.[69]

Bismarck zu Hause

Der im März 1871 aus dem Kriege heimkehrende Bismarck hatte die schwerste seiner militärisch-politischen Auseinandersetzungen durchstehen müssen; nie, auch 1866 nicht, waren die Friktionen selbst in den eigenen Reihen so groß gewesen. „Wir haben beide mit unsrer Gesundheit die Durchsetzung der Belagerung erkauft", schrieb er im Januar 1871 über Roon.[70] Dann hatte es nicht geringe Spannungen mit Wilhelm I. gegeben, der aus preußischem Traditionsbewußtsein nicht den Titel „Deutscher Kaiser" tragen wollte. Schließlich war Bismarck ständig durch Sorgen um das Leben der Söhne Herbert und Bill und die Gesundheit der stets kummervollen, angstgeplagten und kränkelnden Johanna belastet gewesen.

Allerdings fehlte es nun nicht an Anerkennungen. Zunächst: Im März 1871 wurde der Kanzler in den erblichen Fürstenstand erhoben; dann folgte im Sommer des gleichen Jahres die Dotation des Sachsenwaldes. Sollte das nicht Anlaß zu Freude und Genugtuung sein? Nicht so ganz; vor allem der Fürstentitel machte ihm zu schaffen. In gewohntem Freimut sprach er es gegenüber dem Vortragenden Rat Professor Ludwig Aegidi am 30. Juli 1871 in Varzin aus: „. . . er habe Seiner Majestät vorgestellt, daß er mit Annahme der Fürstenwürde ‚aus dem Rahmen seiner Standesgenossen heraustrete', was mit dem Grafentitel nicht der Fall gewesen".[71]

Johanna empfand und dachte nicht anders. So berichtete sie Frau v. Eisendecher, einer guten Bekannten aus ihren acht glücklichen Frankfurter Jahren: „Unsere Theezimmer sind jetzt allabendlich überfüllt von allen Möglichen, die nie da waren und sich verpflichtet fühlen, zum Fürsten zu gratulieren, den ich jeden Augenblick vergesse und immer ganz verblüfft drein schaue, wenn die wohlgesetzten Phrasen von Stapel gelassen werden. . . . Bism(arck) wollte die Geschichte mit allerhöflichster Untertänigkeit ablehnen – weil's uns zu sehr gegen den Strich, aber Se. M. ließ ihn gar nicht zu Worte kommen mit Umarmen und Küssen. So saßen und sitzen wir drin und fühlen uns nicht sehr glücklich."[72] Nein, von Eitelkeit ließ sich Johanna nicht leiten.

Was Bismarck bewegte, war die Diskrepanz zwischen seinem hohen Titel und der keineswegs adäquaten finanziellen Lage, in der er sich befand. „Ich denke, der arme Mann wird diesem Mangel abzuhelfen wissen", vermerkte bissig Bronsart von Schellendorff, einer der „Halbgötter" vom Großen Generalstab, schon Ende März in sein Tagebuch.[73]

Im Juli 1871, als der neuen Würde schon der Sachsenwald im Herzogtum Lauenburg hinzugefügt worden war, gab Bismarck seinem Bruder Bernhard eine Art Finanzbericht, der ein Zahlengestrüpp von Einnahmen und Ausgaben, von Zuschüssen und Zukäufen, von Pachten und Zinsen enthielt. Unmöglich, auseinanderzuhalten, was da realistisch oder übertrieben ist. Echt ist auf jeden Fall, wenn der Junker in ihm grollt: „. . . und die Jagd kann ich doch nicht dauernd den Hamburgern lassen." Schließlich resümiert er: „Die Einnahmen stehn mir erst vom 1. Jan. 72 an zu. Bis dahin mache ich Schulden. Immer wären 30000 Thlr. eine schöne Revenüe, nur muß man nicht Fürst dabei sein. Auf diesen Schwindel werde ich mich wohl nicht mehr recht einleben; wenn Herbert mit Gottes Hülfe lebt und mehr Talent dafür hat, so ist die Revenüe für eine *fürstliche* doch von der Art, daß sie sehr zu Rath gehalten sein will".[74]

Wenn im Familienkreis auf die Schenkung nüchtern-rechnerisch, mitunter mit einigem Unbehagen reagiert wird, so ist der Dankesbrief an Kaiser Wilhelm I. vom 11. Juni 1871 doch im üblichen Stil romantischen Vasallentums gehalten: „Der Besitz, den Eurer Majestät Gnade mir verleihen will, ist seiner Beschaffenheit nach ein Ideal meiner Träume, ein schöner Wald, und doch erreichbar, und mein Stolz und meine Freude ist, ihn *nur* Eurer Majestät zu verdanken. . . . Mit mir selbst wollen Eure Majestät in Gnaden fortfahren Nachsicht zu haben, wenn körperliche Schwäche mir die Ruhe geschäftlicher Auffassungen mitunter beeinträchtigt; mit einigen Monaten Ruhe hoffe ich Eurer Majestät wieder einen *gesunden* Diener herzustellen."[75] Im Herbst des gleichen Jahres drängt es Bismarck nochmals, dem Kaiser für den Sachsenwald zu danken: „Ich wüßte keine Besitzung zu finden, die so sehr meinen Neigungen und Idealen entspräche und zugleich eine so würdige Unterlage des neuen Standes darstellte."[76] Dabei blieb, das verrät Johanna in aller Treuherzigkeit zu wiederholten Malen, Varzin noch für lange Zeit der „heimatliche" Aufenthalt

Schloß Varzin, vom Park aus gesehen

für Bismarck,[77] auch wenn er für seine Frau durch die „doktorlose Einsamkeit“ beeinträchtigt war.[78]

In Varzin – im Hinterpommerschen gelegen, mit Hügeln, Kiefern- und Laubwäldern, unterbrochen von Seen – fand Bismarck die Ruhe und Entspannung, die er brauchte, durch räumliche und damit auch seelische Distanzierung von der Mühsal der Staatsgeschäfte. Hier hatte er seine „depeschensicheren Plätze“ auf schmalen Seitenwegen, auf denen er sich gegen alle Beunruhigungen der hohen Politik, wie er selbst meinte, schützen und ungestört an seine Forstkulturen denken konnte.[79]

Ein „nettes, puckliges Ländchen“ nennt es Johanna, der schließlich auch der große Park hinter dem Hause gefällt; im südöstlichen Teil war er reichlich mit Eichen, Buchen und Kiefern bestanden. Bismarck widmete sich der Jagd und war stunden- und tagelang in Begleitung von Pferd und Hunden unterwegs. Und dabei – das beklagte Johanna am 29. Mai 1877 in Kissingen – ist es keineswegs so, daß er überall entspannenden Zugang zur Natur fand: „Ich begreife nicht“, so schrieb sie, „wie Papachen es langweilig finden kann, wo solch Frühling ihm in die Fenster schaut – aber leider, ihm ist ja alles schlimm, was nicht Sachsenwald und Varzin heißt“.[80]

Bismarck liebte Ebenen und Hügellandschaften, den Konturen der Berchtesgadener Berge aber, die Johanna begeisterten, konnte er kaum etwas abgewinnen. Sogar etwas ärgerlich berichtete

Johanna, daß er „jegliche Ebenen – ich glaube sogar die Magdeburger infamen Rübenfelder ihnen vorzieht, während mir das Herz bei jedem Gebirge weit aufgeht".[81] Daß es keine Berge, sondern Ebenen und Hügel sein sollen, mag individueller Geschmack, Prägung durch starke Jugendeindrücke sein; daß es in zunehmendem Maße eigener Besitz sein muß, verrät Gebundensein in altadligem Besitzdenken; Bäume seien Ahnen, hat er einmal gesagt[82] und sich als einen „Baumnarren" bezeichnet, aber es sollten *seine* Ahnen und *seine* Bäume sein.

Das Eigentumsdenken Bismarcks nahm bisweilen skurrile Formen an. So bemerkte der Sohn Herbert, sein Vater könne auch angesichts eines schönen und großen Parks sagen: „Was mir nicht gehört, interessiert mich nicht."[83] Deutlicher drückte das Bismarck einmal selbst aus: „Es liegt mir wenig daran, ein schönes Haus zu bewohnen, in schönen Parks spazieren zu gehen, in guten Betten zu schlafen und an feinen Tafeln zu speisen. Ich finde in dem allen keinen Reiz, wenn das Haus nicht mein Haus, diese Bäume nicht meine Bäume, wenn es nicht mein Bett und mein Tisch ist."[84]

Hatte er aber einen Besitz, so verhielt sich Bismarck sogleich auch expansiv. Als sein Freund Keyserling 1868 zu Gast in Varzin weilte, gestand er ihm in Hinblick auf die Nachbargüter, jeden Abend bekäme er einen Heißhunger nach dem Annektieren dieser Güter, am Morgen könne er sie ruhig betrachten.[85] Sein „Heißhunger" wurde insoweit gestillt, als sein Herrschaftsbereich in Varzin in den folgenden Jahren durch Zukauf um 10000 Morgen anwuchs. Mehr noch: Keyserling wußte im Juli 1871 aus Varzin von einem weiteren Ausbau des dortigen Besitzkomplexes zu berichten. Bismarck sei „in seinen Fabrikanlagen glücklich. Aus seinem Walde konnte er keine Renten ziehen. Nun hat er eine Anlage, die zwar über 100000 Thaler kostet, aber jeden Tannenbaum bis zum Abend in eine große Anzahl Papierblätter verwandeln kann. Dann hat er eine sehr hübsche Dampfsägeeinrichtung, große Drainfabriken. Kurz ein rastloser Schöpfer ist er auch auf seinen Landgütern. Das giebt aber viel Sorgen, und er klagt, daß es ihm ginge wie dem lustigen Seifensieder. Sonst hatte er wenig Sorgen und stets Geld. Seitdem er so reich dotiert ist, hat er zwar Vermögen, aber kein Geld und dazu viele Sorgen."[86]

*

Wenn Bismarck keineswegs ohne gesundheitliche Schädigungen aus dem letzten seiner Kriege zurückkehrte, dann hatte auch seine Frau Johanna nicht wenig gelitten. Bismarck hat für den familiären Kummer seiner Frau immer viel Verständnis und tröstlichen Zuspruch gehabt, ihr mitunter auch manches verschwiegen, was sie beunruhigen konnte; ihre maßlosen politischen Übertreibungen und Überzogenheiten aber belächelte er souverän, wohlwissend, daß sie – wie sie selbst von sich sagte – eine „unpolitische Creatur" war, die „nicht oder jedenfalls nur sehr spärlich" Zeitungen las.[87]

Während des Deutsch-Französischen Krieges war Johanna durch die beständige Sorge um den Ehegemahl und die beiden Söhne geplagt. Es gab auch sonst Aufregungen genug, so daß Johanna „nervös im höchsten Grade angegriffen" war, wie Bismarck auf teilnehmende Fragen antworten mußte.[88] Auch Dr. Lucius berichtete im Februar 1872: „Die Fürstin sah recht elend aus, war aber elastisch und lebhaft in der Unterhaltung und in Bewegungen."[89] Und einige Monate später schrieb Bismarcks amerikanischer Freund Motley an seine Frau über Johanna: „. . . und wenn ich Dir sage, daß sie von Natur eine so ängstliche Person ist wie Du, und immer in Alarm war, wenn das unbedeutendste Kranksein ihren Gemahl oder die Kinder befiel, so kannst Du Dir vorstellen, was sie während all der Feldzüge ausgestanden haben muß."[90]

Größeren Gesellschaften wich Johanna gern aus, wohl spürend, daß sie ihnen wenig gewachsen war, im kleinen Kreis aber konnte sie sich voll und ganz erschließen, und in ihren Briefen an vertraute und nahestehende Personen registrierte sie jede kleine Seelenregung, vermochte dann aber auch so derb vom Leder zu ziehen, wie es kaum jemand der frommen Pietistin zugetraut hätte. Wäre nicht ihr immer wieder entwaffnendes Bekenntnis zum Unpolitischen, ihre tiefwurzelnde Mutter- und Frauenangst um die Angehörigen, man müßte sie wildester Chauvinismen zeihen. „Alles um dieser Höllenbrut von Franzosen willen", schrieb sie dem gleichfalls frommen Moritz v. Blanckenburg im September 1870, „die ich so verfluche, wie desgl. noch nie ausgedacht worden!"[91] Billchen schreibt nicht, so klagt sie im gleichen Monat, sie sind weitergerückt, „ganz in die Nähe des scheußlichen Paris, welches mir mit der leibhaftigen Hölle gleich bedeutend ist!"[92] Ihr apolitischer Franzosenkoller steigerte sich bis zu dem Ausbruch, daß sie sich Bismarcks „Gesundheit so bombenfest und stark" wünschte wie die Bomben, „welche wir in das verfluchte Sündennest schleudern; – wenn wir's nur endlich so klein zertrümmert hätten, daß kein Stein auf dem anderen bliebe und die vermaledeite Menschheit mit – das wäre ein Segen und eine Wonne ohne Gleichen!"[93]

Bei diesen Ausfällen wirkt es schon fast tröstlich, daß auch das „schmierige Berlin" und der „duslige Reichstag" ein Jahr später nicht viel besser wegkommen, und das alles deswegen, weil sie ihren „Wurm", daß heißt Bismarck, „bestimmt wieder Tag und Nacht quälen und ärgern" werden, was sie jetzt schon „in hellste Wuth bringt".[94] Und nachdem sie städtemordend schon Paris in Klump und Brei gewünscht hat, soll es später auch noch Berlin ereilen. Weh über alle Städte, die ihr „Bismärckchen" ärgern! Noch im Jahr 1892 fand sie Berlin, „das alte Nest so schrecklich, so höllisch"; nur „wenige Gerechte" ließ sie drinnen gelten, „sonst wäre es wohl längst in Pech und Schwefel untergegangen, meine ich und gönne es ihm."[95] Und der Reichstag war natürlich auch aus einer „Teufelshorde" zusammengesetzt.[96]

Nachdem ihr Arzt, Dr. Struck, bemerkt hatte, daß sie „recht verkümmert" aussähe, schrieb sie ihrem „Billchen" – sie liebte Diminutive, ein heimatliches Relikt aus Pommern – : „Erwartet er eigentlich, daß ich nach *solchen* 14 Tagen in dauernder, herzzerstückelter, Seele zerknasternder Angst um Dich, mein Liebstes, und um's arme geliebte Papachen wie ein Posaunenengel aussehen und im Polkaschritt herumhüpfen soll? Es scheint fast. Ich aber finde, wer nach solcher Jammerzeit hüben und drüben nicht schneeweiß wird in Haaren, klapperdürr in Kleidern hängt – der ist fisch-blütig, gefühllos und hat nur Sinn für sich und sündliche Liebhabereien."[97] Trotz aller „Wutpfeile", die sie immer wieder verschoß, war sie keine Menschenfresserin, diese Johanna v. Puttkamer. Doch war sie jene Frau geworden, die Bismarck sich in heißem Bemühen einst formen und heranbilden wollte? Und wie war es denn jetzt, auf dem Gipfel seiner Macht, um ihn selbst bestellt?

Bismarck, der mit kräftezehrender Energie die Realisierung seiner politischen Ziele verfolgte, brauchte zu Hause Ruhe, Entspannung, Harmonie, und er war tief dankbar dafür, daß Johanna das Versprechen aus einem ihrer Brautbriefe hielt: „Ich werde zu *biegen* versuchen, was ich nicht *brechen* kann; – und sollte das auch nicht gehen, so werde ich still sein und tun – was Du willst."[98] Und er, der sonst so vielen leicht mißtraute, er wußte, daß er ihr bedingungslos vertrauen konnte. Der mit der Bismarckschen Familie seit langem bekannte v. Keudell erklärte gelegentlich, die Haltung der Damen des Hauses sei auf eine „einfache Politik“ zu reduzieren, „sie teilen die Leute in zwei Klassen, die *für* Bismarck und die *gegen* ihn, und gegen letztere seien sie unversöhnlich.“[99]

Das Feuer einer Marie v. Thadden glühte gewiß nicht in Johanna, das wußte einst schon Marie, und das sagte Johanna in einem Brautbrief selbst: „Dich lieb ich ja nicht mit Leidenschaft, ... nur so tief und warm und fest und innig, daß es jetzt Niemand wieder gelingen soll, mich mit irrigen Zweifeln über Deine Treue zu verwildern.“[100] Leidenschaft – das war schon ein sündhaftes Wort für ein frommes Pietistengemüt. Viele Parallelen zum kleinbürgerlichen Eheidyll drängen sich auf: „Und drinnen waltet die züchtige Hausfrau, die Mutter der Kinder“, während der Mann hinausstürmt ins feindliche Leben, um sich dann wieder am häuslichen Herd umsorgt, umhegt, behutsam gepflegt zu erholen.

Ein ganzes Menschenleben lang lebte Johanna innig zugetan ihrem Otto, dessen politische Anliegen sie kaum verstand, auch nicht annähernd verstehen zu müssen glaubte, ein Eheidyll aus historisch vergangenen Zeiten: die Frau allein dem Manne dienstbar und untertan. Die Lockerungen aus pietistischer Enge, um die Bismarck sich früher bei ihr bemühte, hatte er längst aufgegeben; gelegentliche Hinweise in jüngeren Jahren, sie möchte nicht zuwenig Garderobe mitbringen, dies oder jenes lesen und dergleichen mehr, wurden immer seltener. Er nahm sie hin, wie sie war, denn auch er wollte nicht mehr zu neuen Ufern, blieb eingespannt und gebunden an die zahlreichen Konfliktsituationen der Politik, von denen er mit Vorliebe in Varzin und später in Friedrichsruh Entspannung suchte, meist in Gesellschaft von Gleichgesinnten, Mit- und Zuarbeitern. Die Bürde des Erreichten war schwer genug zu tragen, Neues konnte und wollte er nicht mehr verkraften, selbst Hinwendungen zur Musik und zur Literatur wurden spärlicher. Ließen die Kräfte nach? Jedenfalls wurde der Beziehungsreichtum eingeschränkter, die überwiegende Konzentration auf das Politische erforderte Opfer und Einbußen.

*

Bismarck wußte „ die friedliche Wohlfahrt im Hause, das geistige und körperliche Gedeihen der Kinder“ als segensreich zu schätzen, wie er einmal seinem Bruder schrieb: „... wenn mir das bleibt, wie ich zu Gott hoffe, so sind alle anderen Sorgen leicht und alle Klagen frivol. In dem Sinne nur erwähne ich, daß meine amtliche

Stellung bei allem äußeren Glanze, dornenvoller ist, als irgend jemand außer mir weiß, und meine *körperliche* Fähigkeit, alle die Galle zu verdauen, die mir das Leben hinter den Coulissen ins Blut treibt, ist nahezu erschöpft, meine Arbeitskraft den Ansprüchen nicht mehr gewachsen".[101]

Schon im Mai 1870 hatte Johanna aus Varzin geschrieben, daß sie „wochenlang" ihren „lieben Bismarck in großen Leiden" gepflegt hätte.[102] „Bombenfest", wie sie sich seine Gesundheit wünschte, wurde sie nie wieder. Zu viele Spannungen und Widerstände wirkten auf ihn ein, raubten ihm die Nachtruhe und beschäftigten ihn des Tages. Selbstlos vergaß Johanna ihre eigenen Kränklichkeiten, wenn sie nur ihrer Familie beistehen konnte. Der Glanz der großen Gesellschaft vermochte sie nie zu blenden, sie ging auf im Dienst und in der Sorge für die Ihren und den kleinen Kreis ihrer nächsten Freunde.

Drei Kinder waren der Ehe Bismarcks entsprossen. In Schönhausen kam am 21. August 1848 die Tochter Marie zur Welt, am 28. Dezember 1849 wurde Herbert v. Bismarck in Berlin geboren, Wilhelm v. Bismarcks Geburt am 1. August 1852 kündigte die „Neue Preußische Zeitung" aus Frankfurt am Main an. Die Geburtsorte der Kinder: Schönhausen, Berlin, Frankfurt, markieren die ersten Stufen der politischen Karriere des Vaters.

Auch wenn man die damalige Zeitmeinung von der Zweitrangigkeit der Mädchen nicht teilt, muß man zugeben, daß Otto v. Bismarcks Erstgeborene, die Tochter Marie, die Farbloseste der ganzen Familie war. Johannas „gutes Kind" verfügte nicht einmal über die mitunter temperamentvolle Urwüchsigkeit der Mutter, sondern lebte ganz und gar in den häuslichen Gegebenheiten. Maries erster Verlobter, der als begabt geltende Wend zu Eulenburg, war schon im Verlobungsjahr 1876 gestorben. Am 6. November 1878 heiratete Marie schließlich den Legationssekretär Graf Kuno von Rantzau, der sich der Familie Bismarck eng anschloß und ein fleißig-biederer Privatsekretär des Kanzlers wurde, ihm im wahrsten Sinne des Wortes „zur Hand" ging.

Freunde und Bekannte nahmen durchaus wahr, daß Marie ihre Möglichkeiten nicht nutzte. Sie war bloß „leiblich" Bismarcks Kind, meinte die mit der Familie wohlvertraute Freifrau v. Spitzemberg, „geistig probierte sie gar nicht, mit ihm zu leben, teilte nichts von seinen Interessen, nichts von seinen Bestrebungen".[103] Blindlings und ohne Kenntnis der Zusammenhänge, nach dem simplen Schema von Pro oder Contra für den Vater Partei ergreifend, konnte Marie zwar der väterlichen Liebe, doch weniger der väterlichen Wertschätzung sicher sein. So meinte dieser einmal, es sei ein „großes Kunststück", eine Tochter zu erziehen. Mit der oft so gewinnenden Freimütigkeit, deren Bismarck fähig war, sprach er es im April 1888 einmal aus: „Ich bin mit Marie oft hart zusammengeraten, sie hat für ihren natürlichen Verstand einen merkwürdig engen Interessenkreis: Mann, Kinder, wir erfüllen sie, aber fast kein Mensch, geschweige denn die Menschheit interessieren sie. Sie ist innerlich essentiell faul, darin liegt es."[104]

Vom jüngsten Sohn Wilhelm, im Familien- und Bekanntenkreis Bill genannt, konnte der Vater – das erkannte dessen scharfer Blick bei aller Zuneigung sehr genau – nicht so viel aktive Hilfe erwarten wie von Herbert. Im Gegenteil, Bill wich früh aus und suchte sich andernorts eine untergeordnete Tätigkeit. Bedauerlicherweise gingen Wilhelm von Bismarcks Briefe zum großen Teil verloren; was überliefert ist, erhebt sich kaum über Durchschnittliches. Kein Satz, der aufhorchen läßt. Selbst wenn man darauf verzichtet, die phantasievoll-anschauliche Sprache Otto v. Bismarcks zum Vergleich heranzuziehen, auch Herbert von Bismarck, der Bruder, schrieb anders: politisch eigenständiger, sprachgewandter, ja auch warmherziger. Bill mag in manchem schlauer als Herbert gewesen sein, was half es, wenn auch er, zur Bequemlichkeit und Verantwortungsscheu neigend, ganz bewußt unter seinen Möglichkeiten blieb.[105]

Die Brüder standen auf gutem Fuß miteinander; beide wählten die Universität Bonn, wo sie Rechtswissenschaften belegten, ins Corps Borussia eintraten und mit Billigung des Vaters, der sich offenbar eigener Reiselust in seiner Jugendzeit erinnerte, eine längere Studienreise nach England, Schottland, Paris und Brüssel antraten. Beide machten den Frankreichfeldzug mit. „In der Schlacht von Mars la Tour vom 16. August 1870", so erzählte später Bismarck, „hatten beide Söhne als Leutnants im 1. Garde-Dragoner-Regimente an dessen verlustvoller Attacke teilgenommen; der ältere, Herbert, war schwer verwundet worden und wurde wieder längere Zeit von der Mutter gepflegt, der jüngere, Wilhelm, war nur mit dem Pferde gestürzt und mußte deshalb nur einige Zeit lahmen".[106] Wilhelm avancierte zum Ordonnanzoffizier bei General v. Manteuffel, mit dem er auch den Winterfeldzug nach der Schweiz absolvierte und sich dabei – nach Otto v. Bismarcks Ansicht – das schwere Gichtleiden holte, von dem ihn auch wiederholte Kuren in Marienbad, Kissingen und Gastein nicht befreien konnten. In den siebziger Jahren war Wilhelm v. Bismarck nur gelegentlich Helfer seines Vaters, was nicht allein mit seiner instabilen Gesundheit zusammenhing, sondern auch mit seiner Abneigung, sich politisch von ihm einspannen zu lassen.

Der älteste Sohn Bismarcks hatte in Erinnerung an Vorfahren die Namen Nikolaus, Heinrich, Herbert erhalten. Nach dem russisch-österreichischen Diktat, das Preußen Ende 1850 auferlegt worden war, vermied jedoch die Familie wegen des Anklangs an den russischen Zaren den Gebrauch des ersten Vornamens; aus dem kleinen Nikolaus wurde der heranwachsende Herbert. Von Hauslehrern entsprechend vorgebildet, konnte er dann 1869 sein Abitur ablegen und war somit wie sein Bruder Wilhelm zum Universitätsstudium vorbereitet. Obwohl Herbert nur ein kurzes, wenn auch schweres Kriegserlebnis hatte, war seine Schilderung des Gefechtsverlaufs sachlich exakt, wie kundige Beobachter bestätigten.

Wie einstens den Vater zog ihn die militärische Laufbahn keineswegs an, er mochte sie nicht, die „Gamaschenknöpfe, die eng geworden waren im Mikrokosmos der Kaserne und ihre begrenzten Ideen von Weltauffassung tonangebend zu machen versuchten“.[107] Er wollte aber auch keine rein verwaltungsmäßig-bürokratische Laufbahn und wandte sich, kaum 24 Jahre alt geworden, dem diplomatischen Bereich zu. Vom Vater behutsam gelenkt, arbeitete er kurze Zeit bei den Gesandtschaften in Dresden, München, Wien und Bern. Sein Staatsexamen legte er etwas verspätet erst im März 1876 ab. Gleich seinem Vater interessierte er sich in besonderem Maße für Geschichte, was seiner späteren diplomatischen Arbeit sehr zugute kam.[108]

Nicht ohne Neid schrieb ihm der Pariser Botschaftssekretär v. Holstein im September 1875, er werde „nie die Ochsentour zu gehen brauchen“. Und weiter: „Daß Sie in interessante Lebensstellungen kommen werden, ist nicht zweifelhaft. Zweifelhaft ist nur, wie Sie dieselben ausfüllen. . . . Mit Bestimmtheit ist anzunehmen, daß Sie nie wieder in irgendeiner Stellung so viel lernen werden wie jetzt; denn natürlich gibt sich Ihr Vater mit Ihnen auch noch etwas Mühe. Hatzfeld sagte mir, daß Sie sehr heranmüssen. Diese Beschäftigung unter Ihrem Vater gibt Ihnen aber als Geschäftsmann ein Prestige für die Zukunft. Die Alte Wiener Presse sprach neulich von Ihnen und meinte, ‚Sie hätten jetzt die beste Gelegenheit, sich zu einem leidlichen Diplomaten auszubilden. Dazu kommt, daß niemand Ihrem Vater Ihre Gesellschaft ersetzen kann'".[109] Holstein traf hier durchaus ins Schwarze, wohl kaum ahnend, daß diese von ihm erwähnte Angewiesenheit des Vaters auf den Sohn Konfliktstoff enthielt, der sechs Jahre später mit aller Heftigkeit zum Ausbruch kommen sollte.

Herbert akzeptierte die Verpflichtung, den Vater, den Krankheiten und Nervenkrisen plagten, zu entlasten.[110] Dem Vertrauen des Vaters entsprach die Ergebenheit des Sohnes – ein seltener Fall. Keine Phase der Opposition, des Sich-lösen-Wollens oder gar rebellischer Behauptung individueller Eigenständigkeit, nein, der Vergleich mit der ihn umgebenden Gesellschaft verwies Herbert immer wieder auf den einen: den Vater. Wieviel Heuchelei und Liebedienerei hatten doch beide Kanzlersöhne schon als Heranwachsende kennengelernt! Herbert hatte sich nun entschieden, er fand es bestätigt und – er blieb dabei.

Von Verdiensten, die wir zu schätzen wissen, tragen wir den Keim in uns, sagt Goethe; in dieser Richtung muß es wohl gelegen haben. Denn lediglich ausführendes Organ war Herbert v. Bismarck nicht, er war willig, nicht willenlos, und es waren gerade seine zweifellos vorhandenen eigenen Fähigkeiten, die ihm auch Konflikte brachten. Latent war da freilich stets etwas vorhanden, nicht zuletzt das Wissen, daß er sich zuschanden arbeitete.

Otto v. Bismarck hat es sehr genau gewußt, daß ihm der Sohn als Stütze und Vertrauter bereits Mitte der siebziger Jahre *unentbehrlich* war. Heiße Angst überkam ihn mitunter in schlaflosen Nächten, wenn ihn der Gedanke erschreckte, diesen Sohn verlieren zu können. Davon zeugte auch ein Brief vom 15. Oktober 1875, in dem es hieß: „Ich weiß nicht, mein lieber Junge, ob dieser dich noch in Berlin trifft, aber er mag immer nicht zu spät kommen. Mich beunruhigt in schlaflosen Stunden der Gedanke, daß dem bösen Feind der sein Hauptquartier jenseits der Alpen hat, allerhand welsche Traditionen eigen sind. Thu mir den Gefallen und iß und trink dort nichts, was *besonders für Dich* bereitet werden könnte. Dein Leben ist ihnen bisher nicht schädlich aber sie wissen, daß der Pfeil *mich* treffen würde. Sieh das nicht als krankhafte Sorge an, sondern hüte Dich, mir zur Liebe".[111]

Nur wenn man dieses Von-Angst-gepeinigt-sein Otto v. Bismarcks recht versteht, seine tiefe Sorge um Herbert, der auch im politischen Sinne ein Stück von ihm war, begreift man die überempfindlichen Reaktionen des Vaters bei allem, was seinen Sohn betraf.

*

Wie nach 1866 hatte Bismarck auch nach 1870 das Bedürfnis nach freimütiger und ungezwungener politischer Aussprache. Nach den immensen Kraftanstrengungen lud Bismarck gern und mit Herzlichkeit seine ehemaligen Studienfreunde Motley und Keyserling zu Gast, und Johanna nahm es mit Befriedigung hin, wenn er geselligen Umgang hatte, der ihm wohltat. Arbeitsteilung also: Johanna für die kleine, die Freunde für die Belange der großen Welt. Mit offenkundiger Freude empfing Bismarck im Sommer 1872 die Besuchsankündigung Motleys. „You are thousand times welcome", schrieb er ihm sogleich und bereitete detailliert die Ankunft des hochwillkommenen Gastes vor.[112]

Bismarck zeigte ihm gegenüber all jene Liebenswürdigkeit, die auch kritisch Gesonnene immer wieder mit Erstaunen bei ihm wahrnahmen, weil man sie dem oft bärbeißig wirkenden Mann kaum zutrauen wollte. Und so schrieb Freund Motley denn auch schon am 25. Juli 1872 an seine Frau: „Nach Tisch machte Bismarck mit mir einen Spaziergang in den Wald, wobei er die ganze Zeit in der einfachsten, lustigsten und interessantesten Weise über Alles sprach, was sich in diesen furchtbaren Jahren ereignet hat, aber er sprach davon wie alltägliche Leute von den alltäglichsten Begebenheiten sprechen, ohne jede Affektation . . . Von allen Männern, die ich je gesehen, klein oder groß, ist er am wenigsten poseur."[113] Und ergänzend dazu berichtete er am 1. August 1872 ebenfalls nach Hause: „Was Bismarck selbst betrifft, so hat sich mir der Eindruck seiner Größe nicht vermindert, sondern noch erhöht bei dieser erneuten Intimität. Und da ich eine ganze Woche hindurch täglich vierzehn bis fünfzehn Stunden mit ihm zugebracht habe, war mir Gelegenheit genug geboten, darüber mit mir einig zu werden".[114]

„Bismarck ist ein Mann von hohen Gaben und eisernem Willen", so hatte Motley schon im Juni 1866 seiner Tochter geschrieben,[115] und davon nahm er auch später nichts zurück. Damals setzte er noch hinzu: „Auch er glaubt an seinen Beruf so felsenfest wie Mohammed oder Karl der Große, und wie auch, Typen der Tyrannei, unsere puritanischen Vorfahren an ihn glaubten." Daß Motley noch kühn behauptete: „Wahrscheinlich lebt Niemand, der Bismarck so genau kennt wie ich", mag verblüffen. Doch der so sprach, hatte bereits in seiner Jugend den Studienfreund Bismarck in einem Schlüsselroman als Entfaltungssüchtigen und zu Großem Berufenen geschildert.[116] Was dann im Jahrzehnt der Reichsgründung folgte, sollte das bestätigen.

Bismarck einmal lächelnd, Scheffels „Gaudeamus“ lesend

Natürlich – wie konnte es auch anders sein – sprach Bismarck mit seinem Gast in Varzin ausgiebig über Politik, etwa über die Nikolsburger Konferenz und seine Zurückhaltung nach dem Siege über Österreich[117], also über Geschehnisse, während der Motley immerhin Gesandter der USA in Wien gewesen war. Im übrigen berichtete der amerikanische Freund über Interna, die er während der Varziner Gespräche erfuhr, viel unbefangener und freimütiger an seine Angehörigen als Keyserling, der Balte, der im Dienste des Zaren stand und offensichtlich vorsichtiger sein mußte.

Eines aber nahmen beide Freunde in gleicher Weise mit unverhohlener Achtung wahr: Bismarck sprach ohne jeglichen Anflug von Eitelkeit schlicht und offenherzig über die großen Ereignisse der Welt. Die Mächte- und Kräftekonstellationen, denen er sich ausgesetzt sah, ließen keinerlei Anmaßung in ihm aufkommen. Ganz im Gegenteil: in vertrauter Freundesmanier erzählte er Motley, daß er sich für einen ganz klugen Burschen gehalten habe, als er noch jünger war,[118] aber er habe sich allmählich überzeugt, „daß Niemand den Ereignissen gebieten könne, daß also Niemand wirklich mächtig und groß sei, und er müsse darüber lachen, wenn er sich preisen höre als weise, vorhersehend, und als übe er große Macht aus in der Welt. Ein Mann in seiner Stellung wäre genöthigt, während Unbeteiligte zum Beispiel erwögen, ob es Morgen Regen oder Sonnenschein geben würde, prompt zu entscheiden: es wird regnen oder es wird schön Wetter sein, und demgemäß zu handeln mit allen ihm zu Gebot stehenden Mitteln. Hatte er recht gerathen, rief alle Welt: Welche Weisheit, welche Prophetengabe! Hatte er Unrecht, so möchten alle alten Weiber mit Besenstielen nach ihm schlagen. Wenn er weiter nichts gelernt hätte, sagte er, so hätte er Bescheidenheit gelernt." Ganz gewiß, so fügte Motley hinzu, „lebte nie ein Sterblicher, der so unaffektiert war".[119]

In der Tat fehlte es nicht an überzeugenden Beweisen für Bismarcks höchst nüchterne Art, politisch zu agieren. Durchaus glaubhaft, weil übereinstimmend mit seinen sonstigen Reaktionen, erzählt er etwa dem Freunde von Jules Favres Affektionen während der Friedensverhandlungen, er hätte laut gesprochen, auch „sehr pathetisch und heldenmüthig". Da sagte Bismarck, „er möge ihn doch nicht heranguiren, als wäre er eine Versammlung, sie sprächen Beide zusammen von Geschäften, und er wäre gegen jede Art von Beredsamkeit vollkommen abgehärtet. Favre bat ihn, nicht zu erwähnen, daß er so schwach gewesen war, zu weinen, und es belustigte Bismarck nicht wenig, nachher in dem gedruckten Bericht, den Favre veröffentlichte, zu finden, daß er selbst mit den vergossenen Tränen Parade gemacht". Für Bismarck war die sogenannte „hohe Politik" ein „Geschäft" oder, wie er es ein andermal ausdrückte, ein „Gewerbe".

Natürlich bemerkten die Freunde, daß die Geschäfte Bismarck quälten und seine Frau ihn gern in ländliche Stille zurückgezogen sähe,[120] doch Keyserling erkannte, daß ihm das nicht helfen würde; Bismarck brauchte bei seiner rastlosen Natur ein regeres Leben; hier leide er von der Meeresstille, freilich dort von zu gewaltigen Stürmen; das sei eine Natur, die „das Leben verzehrt, aber die Ruhe tödtet".[121] Ein wahres Wort von einem Freunde, der ihn jahrzehntelang kannte. Auch Keudell nahm Bismarcks Worte ernst, gesprochen im Oktober 1872 bei der Einfahrt nach Varzin: „Nach Gottes Willen ist ja für Deutschland das Notwendige erreicht worden. Aber es treten immer neue Gefahren und Schäden hervor,

Schäden, die zu heilen man versuchen muß, wenn man auch nicht wissen kann, ob die Heilung gelingen wird. Ich sehne mich oft nach Ruhe, aber für mich kann es keine Ruhe geben".[122]

Des Kanzlers Macht und ihre Grenzen

Noch vor dem Kaiser und seinem Hauptquartier verließ Bismarck das besiegte Frankreich und kehrte am 9. März 1871 nach Berlin zurück. Zunächst mußte er sich auf die ersten Sitzungen des am 3. März gewählten Deutschen Reichstages vorbereiten, der am 21. März zusammentreten und die Reichsverfassung beraten sollte. Der Entwurf beruhte auf der Verfassung des Norddeutschen Bundes und den Novemberverträgen mit den süddeutschen Staaten.

Von vornherein fanden sich die Nationalliberalen und die Freikonservativen, die über eine knappe Mehrheit verfügten, bereit, die von Bismarck geprägte Verfassung anzunehmen. Die Deutsche Fortschrittspartei hingegen, die noch in den linksliberalen Traditionen aus der Zeit des preußischen Heeres- und Verfassungskonfliktes der sechziger Jahre lebte, sah die Freiheit in der Verfassung nur teilweise zugestanden, weil sie nicht in der erstrebten Parlamentarisierung des geeinten Deutschlands ihren Ausdruck gefunden habe. Die Altkonservativen aber tendierten schon zur Opposition, die aus der katholisch-partikularistischen Zentrumspartei, der welfischen, polnischen und dänischen Fraktion bestand.

So kam es denn dazu, daß der Antrag der Zentrumsfraktion, in die Reichsverfassung Grundrechte wie die Meinungs- und Versammlungsfreiheit oder die Bekenntnis- und Kultusfreiheit aufzunehmen, von den Liberalen nach heftigen Debatten und im Widerspruch zu ihren eigenen Prinzipien abgelehnt wurde. August Bebel verwies mit gutem Recht in der Debatte auf diese Inkonsequenz.[123] Worin sie ihre Ursache hatte, verriet Treitschkes Argumentation, derzufolge sich das Zentrum durch seinen Antrag „auf einem Seitenwege der katholischen Kirche eine selbständige Stellung dem Staate gegenüber zu verschaffen" versuchte, also keineswegs die Magna Charta der deutschen Nation sichern wolle.[124] Die Atmosphäre war auch deswegen gereizt, weil die Zentrumsfraktion gegen den in der Thronrede ausgesprochenen Grundsatz der Nichtintervention in die Angelegenheiten anderer Länder in der unausgesprochenen Erwartung opponiert hatte, die deutsche Reichsregie-

Der Reichstag in der Leipziger Straße

rung werde in der Frage des Kirchenstaates zugunsten des Papstes eingreifen. Schon wetterleuchtete es aus der Richtung des bald einsetzenden Kulturkampfes.

In der Parlamentsdebatte offenbarte sich jedoch noch etwas anderes: Die Sprecher der Mehrheit lehnten den Zentrumsantrag auch mit der Begründung ab, er gehe über die bloß formelle Neuredaktion der Verfassung hinaus und wolle eine inhaltliche Verfassungsrevision, für die die Zeit noch nicht gekommen sei.[125]

Damit gaben vor allem die Nationalliberalen und die Freikonservativen zu, daß sie sich in der Verfassungsfrage an die Bismarcksche Ansicht von Weg und Ziel gebunden fühlten. Eben weil sie ihre ureigene Nationalstaatsidee seit dem Vormärz nur zu propagieren, aber nicht zu realisieren verstanden hatten, mußten sie sich auf einen Kompromiß einlassen, der das preußische Hegemoniestreben in Deutschland mit dem bürgerlichen Verlangen nach moderner Industrie und einem zeitentsprechenden Nationalstaat verband. Da Bismarck dieses Ziel mit Hilfe der überkommenen Gewalten, insbesondere der Armee, durch alle innen- und außenpolitischen Fährnisse hindurch verfolgte und schließlich erreichte, konnte er zum maßgebenden Inspirator der Verfassung werden, zunächst der des Norddeutschen Bundes, dann der des Kaiserreiches.

Bei der Schlußabstimmung am 14. April 1871 nahm der Reichstag die redigierte, aber im Wesen unveränderte Vorlage mit nur sieben Gegenstimmen an. Selbst die Zentrumspartei, deren verfassungsändernder Antrag abgelehnt worden war, fühlte sich zur Zustimmung genötigt. Angesichts der eklatanten Wahlniederlage, die die bayerischen und württembergischen Partikularisten am 3. März erlitten hatten, konnte es keine Partei wagen, die Einheit des Reiches als Bundesstaat öffentlich in Frage zu stellen. Traten doch auch die Sozialdemokraten – konsequente Gegner der antidemokratischen Politik Bismarcks – für die Reichseinheit ein.

Die Debatten und Abstimmungen im Reichstag waren schon insofern bedeutungsvoll, als die Reichsverfassung nicht mehr ein Vertrag zwischen dem Norddeutschen Bund und den süddeutschen Staaten war, sondern ein wirkliches Grundgesetz, das nur nach Zustimmung des Parlaments geändert werden konnte.

Bereits der erste Reichstag im neuen Reich zeigte sich demnach als Institution, die die nationale Einheit repräsentierte. Dennoch: Er war nicht verfassungsgebend, sondern konnte die Vorlage allenfalls redaktionell ohne Substanzveränderungen bearbeiten und dann nur Zustimmung oder Ablehnung bekunden.

*

Das neue deutsche Kaiserreich bildete, formal betrachtet, einen Bundesstaat, dem 25 Einzelstaaten (4 Königreiche, 6 Großherzogtümer, 4 Herzogtümer, 8 Fürstentümer und 3 Freie Städte) und das Reichsland Elsaß-Lothringen angehörten. Auch galt der Bundesrat, Vertretungsorgan der Fürsten und Freien Städte, als oberste Regierung des Reichs und zugleich gesetzgebendes Organ, als Exekutive und Legislative in einem. Preußen hatte von den 58 Bundesratssitzen nur 17 inne; das sah nicht nach Übergewicht aus. Den Mittelstaaten, die in den sechziger Jahren dem aufstrebenden Preußen immer wieder Schwierigkeiten gemacht hatten, standen gleichfalls siebzehn Stimmen zu. Doch war unschwer vorauszusehen, daß Preußen kraft seines ökonomisch-sozialen und politisch-moralischen Gewichts die kleinen Staaten und die drei Freien Städte mit ihren insgesamt 21 Stimmen im Notfall auf seine Seite und die Mittelstaaten in die Minderheit bringen konnte.[126] Das faktische Übergewicht Preußens war in dezent-verschleierter Form gewahrt.

Bismarck konnte als preußischer Außenminister seine siebzehn Bundesratsbevollmächtigten instruieren und dirigieren und die der kleinen Staaten über diplomatische Kanäle beeinflussen. Wie im alten Bundestag durften nämlich die Bevollmächtigten der einzelnen Staaten im Bundesrat nicht frei entscheiden, sondern waren an regierungsamtliche Instruktionen gebunden. Da Bismarck zudem in seiner Eigenschaft als Bundes- oder Reichskanzler den Vorsitz dieses Gremiums innehatte, konnte er seinen Einfluß erst recht geltend machen, selbst wenn er sich, was oft der Fall war, vertreten ließ. Die Machtausübung des reichsdeutschen Majordomus war also sowohl durch die Ämterkumulation – Reichskanzler, preußischer Ministerpräsident und Außenminister, später noch Handelsminister – als auch durch den besonderen, vom alten Bundestag übernommenen Mechanismus des Bundesrates gesichert. Bismarck wehrte deshalb entschieden alle jene Vorschläge ab, die den Bundesrat in einen Reichsrat, also in ein Oberhaus mit von Regierungen unabhängigen Pairs oder gar in eine Versammlung der deutschen Fürsten verwandeln wollten.

Hellsichtige Zeitgenossen bemerkten sehr wohl, daß der Bundesrat keineswegs selbständig regieren konnte. Wenn er schon als Organ der Exekutive in seinen Regierungsbefugnissen ein Scheingebilde war, so stand es nicht viel besser mit seiner Funktion als Legislative. Das dem Bundesrat in gleicher Weise wie dem Reichstag zugestandene Gesetzgebungs- und Budgetrecht konnten die Bundesbevollmächtigten, wenn sie in Berlin zusammenkamen, nicht in erforderlicher Weise wahrnehmen, denn es gab Hindernisse und Unzulänglichkeiten in Fülle, Mangel an Sachbearbeitern, ungenügende Unterstützung durch die heimischen Ministerien und anderes mehr.[127] Darum meinte der badische Minister Jolly schon 1871, „daß der Bundesrat qua Institution eine mit einem gewissen Prunk behandelte Form, im übrigen aber gleich Null ist“. Ein Jahr später wurde sein Urteil nicht freundlicher: „Im übrigen ist die Tätigkeit des Bundesrates eine Farce, an der sich zu beteiligen die Mühe nicht lohnt“.[128]

Die Fiktion, daß die im Bundesrat vertretenen Fürsten die eigentlichen Schöpfer und Träger des Reiches seien, war nützlich, um einen der Regierung opponierenden Reichstag in Krisenfällen in seine Schranken verweisen zu können. In diesem Sinne konnte man vom Bundesrat das sagen, was Wilhelm Liebknecht vom ganzen Reich meinte, er sei eine „fürstliche Versicherungsanstalt gegen die Demokratie“.[129]

Wenn Bismarck auch von vornherein die Machtbefugnisse des Parlaments einschränkte, historisch bedeutsam war es doch, daß der Reichstag aus allgemeinen, gleichen, direkten und geheimen Wahlen hervorgegangen war. In dieser Hinsicht repräsentierte er ein Stück bürgerlich-demokratischer Freiheit und verkörperte im Vergleich zum Bundesrat eben doch die Institution der nationalen Einheit. Seine Macht war aber in mehrfacher Hinsicht prekär; so zeigte sich das allgemeine Wahlrecht wiederholt gefährdet, zumal es die Vertreter der Großbourgeoisie nur mit unverhohlenem Mißbehagen hinnahmen.[130] Auch verringerte sich seine demokratische Wirksamkeit dadurch, daß die Frauen von ihm ausgeschlossen blieben; überdies waren die Wahlkreise, die stets nur einen Reichstagsabgeordneten zu wählen hatten, derart ungleich eingeteilt, daß sich die am dichtesten bevölkerten, vorwiegend proletarischen Wahlkreise im Nachteil gegenüber bevölkerungsschwächeren befanden. Aber solche Einschränkungen waren keine deutsche Eigenart, sondern auch in westlichen, wegen ihres Parlamentarismus hochgelobten Ländern anzutreffen.

Die Liberalen kritisierten immer wieder die Schwäche des Reichstages gegenüber der Exekutive. Und in der Tat, das deutsche Parlament konnte den Reichskanzler, der allein vom Kaiser ein- und abgesetzt wurde, durch kein Mißtrauensvotum stürzen. Nicht einmal über ein Selbstversammlungs- und Selbstvertagungsrecht verfügte der Reichstag; die Berufung des Parlaments oblag dem Kaiser und damit praktisch dem Kanzler. Die historisch-politische Praxis entwickelte sich allerdings dann doch nach Eigengesetzen. Der Reichstag konnte den Kanzler durch Petitionen, Interpellationen und Adressen, schließlich durch die Ablehnung von Gesetz- und Haushaltsvorlagen unter politischen Druck setzen. Die Reichsregierung konnte auch die Kritik in der öffentlichen Parlamentsdebatte nicht unbeachtet lassen; schließlich waren die Parteien in der Lage, die Reden während der Reichstagsverhandlungen in der Presse oder in Broschüren zu veröffentlichen, ohne daß die Polizei oder die Gerichte dagegen einschreiten konnten. Davon haben verständlicherweise besonders die Sozialdemokraten ausgiebig Gebrauch gemacht. Wie ernst Bismarck den Reichstag nehmen mußte, zeigen seine zahlreichen Parlamentsreden und -interventionen. Gewiß hat er mitunter durch Auflösung des Reichstages Neuwahlen erzwungen, die ihm mit Hilfe von antisozialistischer Demagogie oder durch Verbreitung von Kriegsfurcht genehme Mehrheiten verschafften. Doch als er nach Auf-

Reichskanzlerpalais in der Wilhelmstraße

lösung des Reichstags bei Neuwahlen im Jahr 1890 unterlag, folgte bald seine Entlassung.

Immerhin: Zwei Jahrzehnte lang konnte Bismarck durch gelegentliche Neuwahlen von plebiszitär-bonapartistischem Charakter mit dem Reichstag leben und wirken. Schwierigkeiten bei Fragen der Innenpolitik hatte der Kanzler allerdings genug. Hingegen kann man bei der Außenpolitik geradezu von einer Selbstentmachtung des Reichstages sprechen. Die Nationalliberalen wie die Fortschrittler waren angesichts der historischen Leistung Bismarcks so von Respekt erfüllt, daß sie es nicht wagten, den Reichstag zur Tribüne außenpolitischer Debatten zu machen. Der liberale Abgeordnete Lasker, der noch im Frühjahr 1870 versucht hatte, durch einen Antrag über die Aufnahme Badens in den Norddeutschen Bund in die außenpolitische Domäne vorzustoßen und der von Bismarck damals hart zurückgewiesen worden war,[131] sprach sich 1874 gegenüber den Sozialdemokraten noch schärfer aus; er erklärte deren Versuch, Außenpolitik zum Gegenstand von Auseinandersetzungen im Reichstag zu machen, als ein „Verbrechen am Vaterland“.[132]

Im allgemeinen war die dominierende Stellung Bismarcks gegenüber der Legislative trotz aller juristischen Verklausulierungen und ungeachtet aller Friktionen gewahrt, und auch innerhalb der Exekutive hatte er noch lange Zeit großen Einfluß, obwohl er verfassungsrechtlich dem deutschen Kaiser und preußischen König unterstand. Dieser hatte den Reichskanzler zu ernennen und über die Grundfragen der Außenpolitik, insbesondere über Krieg und Frieden, zu entscheiden. Doch alle Verfügungen des Kaisers bedurften der Gegenzeichnung des Kanzlers. Wer also von wem abhängig war, ist in diesem Fall leicht zu erkennen; gefährlich für den Kanzler konnte jedoch die Befugnis des Kaisers werden, ihn zu entlassen. Darum achtete Bismarck stets auf feindliche Intrigen am kaiserlichen Hof.

Den preußischen Traditionen entsprechend, war dem Kaiser selbstverständlich der Oberbefehl über Armee und Flotte überantwortet; die kaiserliche Kommandogewalt bezog sich vor allem auf die Armeekorps, gleich, welchem Lande oder „Bundeskontingent" sie angehörten. Alle kommandierenden Generale, mit Ausnahme der beiden bayerischen, alle Festungskommandanten und die Inspekteure der Waffen- und Truppengattungen hatten im Verhältnis zu ihrem Oberbefehlshaber eine Immediatstellung. Jeder kommandierende General war Truppenführer seines Armeekorps und zugleich Militärbefehlshaber in seinem Korpsbezirk, wodurch er Einfluß auf die gesellschaftliche Atmosphäre gewann und in Krisenfällen den Ausnahmezustand erklären und mit militärischer Gewalt eingreifen konnte. Diese Machtkonstellation behinderte Bismarck keineswegs, sondern erschien ihm sogar zweckmäßig, wenn er in späteren Jahren den Einsatz der kaiserlichen Armee gegen die innere Opposition erwog.

Aus der Vorherrschaft Preußens bei der Reichsgründung resultierte noch eine besondere Verwaltungsstruktur im Militärbereich. Es gab nämlich kein Reichskriegsministerium; der preußische Kriegsminister vertrat als Bundesratsbevollmächtigter Preußens vor dem Reichstag die militärischen Belange bei der Debatte der Militärbudgets und der Militärgesetze. Damit übernahmen der preußische Kriegsminister und der preußische Generalstab Aufgaben, die eigentlich den Reichsinstitutionen hätten obliegen müssen.

Der Generalstab hatte seit 1866 seinen Einfluß gegenüber dem Kriegsministerium verstärken können, zumal sich sein Chef, Helmuth Graf von Moltke, in zwei großen Kriegen als Feldherr von weltgeschichtlichem Rang erwiesen hatte. Seine persönliche Autorität und sachliche Zwänge überwanden partikularistisch-dynastische Widerstände, so daß sich schließlich die formal selbständigen Generalstäbe der sächsischen, württembergischen und sogar die bayerischen Bundeskontingente doch dem preußischen Generalstab unterwerfen mußten.

Im Kompetenzgeflecht der Reichsexekutive hatte also Bismarck, der Reichskanzler, Außenminister und langjährige Ministerpräsident Preußens, mit den beiden anderen Mächtigen der Reichsexekutive, dem Chef des Großen Generalstabs und dem Deutschen Kaiser, zu tun. Die schweren Zerwürfnisse zwischen Moltke und Bismarck in den Wintermonaten 1870/71 waren nicht zuletzt darauf zurückzuführen, daß beide versuchten, ihre Kompetenzen zu erweitern. Bis Ende der achtziger Jahre waren dann die Beziehungen zwischen ihnen kühl und sachlich, aber nicht ohne gegenseitigen Respekt.

Das Verhältnis Bismarcks zum achtzehn Jahre älteren Kaiser war menschlich und amtlich weit schwieriger. Nicht allein, daß der politische Realist im Kanzleramt mit dem legitimistischen Moralisten auf dem Thron seine liebe Not hatte, oft genug erschwerte auch der Altersunterschied die politische Verständigung. So bemerkte Bismarck einmal: „Die Gewohnheit hat in unserem Königshause eine gewaltige Kraft, der Trieb zum Beharren wächst mit dem Alter und wehrt sich gegen das Erkennen unbestrittenen Wechsels der Außenwelt“.[133] Der Kanzler hatte zudem immer wieder die schwer kontrollierbaren Einflüsse zu berücksichtigen, die seine Stellung beim Monarchen untergraben konnten. Kein Wunder, wenn er vom „Leben hinter den Coulissen“ sprach, das ihm die Galle ins Blut treibe und ihn erschöpfe,[134] und wenn er argwöhnte, daß sein Einfluß bei Seiner Majestät schwinde,[135] oder im Dezember 1872 klagte: „Ich bin nachgerade in Ungnade bei *allen* Gliedern des Königlichen Hauses, und das Vertrauen des Königs zu mir ist im Abnehmen“.[136] Dennoch gab es für ihn keinen anderen Weg, als immer wieder um seine politisch beherrschende Stellung in nervenzermürbender Mühsal zu ringen.

*

Zur Verfassungswirklichkeit gehörte auch jenes Verhältnis von Staat und Gesellschaft, das sich in den Parteien manifestierte. Auch wenn sie im Parlament am vorgelegten Text der Reichsverfassung nichts Grundsätzliches zu ändern vermochten, entwickelten sie dennoch das Verfassungsleben in einem Maße, daß sich alle Klassen und Schichten des deutschen Volkes politisch aktivierten. Schon 1871 waren die ideologische Physiognomie und politische Haltung der verschiedenen Parteien in Grundzügen ausgeprägt.

Im ersten Deutschen Reichstag machte sich die im Winter 1870/71 entstandene Zentrumspartei[137] sogleich mit programmatischen Anträgen unliebsam bemerkbar. Die neue, jedoch von alterfahrenen Politikern gegründete Partei war gleichsam ein Amalgam von politischem Katholizismus und antipreußischem Partikularismus.[138] Die führenden Köpfe waren Hermann v. Mallinckrodt, Peter Reichensperger und, immer vorherrschender, Ludwig Windthorst,[139] ersterer um einige Jahre jünger, die anderen älter als Bismarck. Zunächst wollte die Zentrumspartei mit politischen Mitteln die katholische Papst-Kirche wieder stärken, die durch die bürgerliche Nationalbewegung seit der Großen Französischen Revolution schwer erschüttert worden war und sich 1870, als die italienischen Patrioten den Kirchenstaat beseitigten und später Rom zur Hauptstadt Italiens erklärten, bedroht fühlte.

Die deutschen Katholiken konnten nicht außer acht lassen, daß von der im Jahr 1870 einundvierzig Millionen zählenden Bevölkerung Deutschlands auf sie nur knapp fünfzehn Millionen, also nur sechsunddreißig Prozent, entfielen. Der rein religiöse Katholizismus, der sich mit Kultus und Seelsorge begnügen wollte, erschien da machtlos; allein schon das Ziel, die gesamte Schule und nicht nur den Religionsunterricht in den katholischen Gegenden zu beherrschen, bedurfte der politischen Aktion. Die einzige Chance, hier erfolgreich zu sein, sahen die streitbaren Klerikalen in der möglichst weitgehenden „Selbstbestimmung und Selbständigkeit der einzelnen Staaten", die die programmatische Zentrumserklärung vom März 1871 forderte.[140] Es gab in Deutschland verschiedene von Katholiken ziemlich dicht besiedelte Gegenden, wo und von wo aus man im Sinne der politisierten Kirche mitreden konnte und wollte.

Den Charakter des Reiches als Bundesstaat betonte die Zentrumspartei um so mehr, als sie mit Recht argwöhnte, daß die formalen Verfassungsbestimmungen die preußische Hegemonie und die Machtstellung Bismarcks geschickt verdeckten. Auf der anderen Seite war der politische Katholizismus durchaus bereit, die partikularistischen Reservatrechte bis zum letzten auszunutzen, gegebenenfalls auf Kosten der formal anerkannten „Interessen des Ganzen",[141] wie man es vor 1870 in der Bewegung gegen die

Reichseinigung bewiesen hatte. Beide, sowohl der preußisch-deutsche Machthaber Bismarck als auch die zur Gegenattacke rüstenden Klerikalen, hatten ihre Hintergedanken und traten einander mit dem Dolch im Gewande entgegen.

Anhang hatte die Zentrumspartei vornehmlich unter den Kleinbürgern und Bauern in katholischen Gegenden in Südbayern, Südbaden und im Rheinland. Da gab es trotz des „tollen Jahres" von 1848/49 genug der Krähwinkelei und des Hinterwäldlertums; unberührt und unmotiviert vom protestantischen Arbeitsethos, waren die alten Meister und Bauern auch in ihrer Mentalität der Industrialisierung und Marktwirtschaft unterlegen. Während katholische Volksschriftsteller Sehnsucht nach patriarchalischen und agrarischen Zuständen, nach guter alter Sitte und überkommenen Bräuchen pflegten, schlugen Zentrumsführer mitunter ganz andere Töne an. So erklärte Ludwig Windthorst einmal ganz unverhohlen, die Katholiken seien faul, und fügte hinzu: „Unsere Geistlichen predigen zuviel von den Vögeln und Blumen des Feldes, die nicht säen und ernten und doch ihren Lebensunterhalt haben".[142] Jedenfalls mußte sich die Zentrumspartei auf soziale Schichten stützen, die sowohl in ihrer ökonomischen Existenz als auch in ihrer Mentalität noch rückständig waren und für die katholischen Führer im protestantisch beherrschten und sich industrialisierenden Reich sozialpädagogische Probleme schufen. Vorrangig blieb jedoch für den Klerikalismus, die Selbständigkeit der Kirche und ihrer Organisationen, aber auch ihren Einfluß auf staatliche Institutionen, vor allem auf die Schule, und alle partikularen Machtbereiche zu verteidigen.

Bisweilen wurde als altpreußisch-partikularistisches, protestantisch-orthodoxes Pendant zum Zentrum die alte Konservative Partei angesehen. Das gilt jedoch nur begrenzt. Von jeher auf Ostelbien konzentriert, war die Konservative Partei seit dem großpreußischen Norddeutschen Bund und erst recht seit der Reichsgründung im Vergleich mit anderen Parteien zu einem regionalen Gebilde zusammengeschrumpft. Ihre Abgeordneten wurden, von einem thüringischen Standesherrn abgesehen, ausnahmslos in altpreußischen Wahlkreisen gewählt, kein einziger in Berlin. Politische Köpfe hatten die Konservativen nicht mehr. Ludwig v. Gerlach war ausgeschert und schickte sich an, Hospitant der Zentrumsfraktion zu werden; Moritz v. Blanckenburg, zunehmend resignierend, stimmte sich auf politische Larmoyanz ein. Hans v. Kleist-Retzow blieb in seinem Altpreußentum so eichenfest und knorrig, daß sich die anderen, durch die neue Zeit des preußisch-deutschen Reiches ratlos gewordenen Junker-Politiker vor ihm „graulten“, wie ihm Moritz v. Blanckenburg treuherzig gestand.

Festgefahren, nur noch auf ihren unmittelbaren Interessen beharrend, wußten sie alle nicht mehr, wie sie es mit dem deutschen Beruf Preußens halten sollten. Ihr geliebtes Altpreußen schien in dem größeren Ganzen unterzugehen, in diesem zu einer wirklichen Großmacht gewordenen Reich mit seinen Unternehmern, den Bankiers und auch mit den Arbeitern, die sich sogar in der Hauptstadt des Hohenzollernreiches höchst unehrerbietig benahmen.

Bei solcher Zerfahrenheit war es schwer, an eine Reorganisation der Konservativen Partei zu glauben. Und dennoch war auch Bismarck selber daran interessiert. Da nun ein Reichsparlament existierte und nicht mehr aus der Welt zu schaffen war, brauchte er als parlamentarische Stützen solide organisierte und politisch klar ausgerichtete Parteien. Zunächst durchaus willens und fähig, den Liberalen wirtschafts- und nationalpolitische Konzessionen zu machen, konnte Bismarck doch schwerlich an ein dauerhaftes Bündnis mit ihnen glauben. Nur eine reorganisierte Konservative Partei schien ein Gegengewicht zum Liberalismus sein zu können, zumindest geeignet, ihn künftig zu disziplinieren.

Zum Problem der „Neubildung einer conservativen und Regierungspartei“ hatte der alte Vertraute Hermann Wagener schon im Juni 1869 eine Denkschrift verfaßt,[143] die sich mit einer Bismarck gemäßen und genehmen Regierungspartei befaßte. Dieser las das ihm übersandte Dokument aufmerksam durch und versah es, anscheinend in gelöster Stimmung und gut gelaunt, mit Randnotizen in russischer Sprache mit kyrillischen Buchstaben, damit Reminiszenzen an die Petersburger Zeit auffrischend.

Einen besonders empfindlichen Punkt bei Bismarck berührend, verwies Wagener darauf, daß „die Klassen der Handelsleute und Industriellen, mit denen die Regierung sich bis dahin vorzugsweise beschäftigt hat, am wenigsten geeignet sind, einen dauernden Stützpunkt zu gewähren“. Ihm erschien es illusionär, zu glauben, daß die „National-Liberalen länger fügsam bleiben, als sie durch die Wucht der Thatsachen gezwungen sind“, worauf Bismarck am Rande in russisch „и после?“ notierte, also „und danach?“ fragte.

Unter diesen Aspekten müßte sich die Regierung, so Wagener weiter, den arbeitenden Klassen zuwenden und deshalb sozialpolitische Maßnahmen, beispielsweise Fabrikinspektionen, anregen.

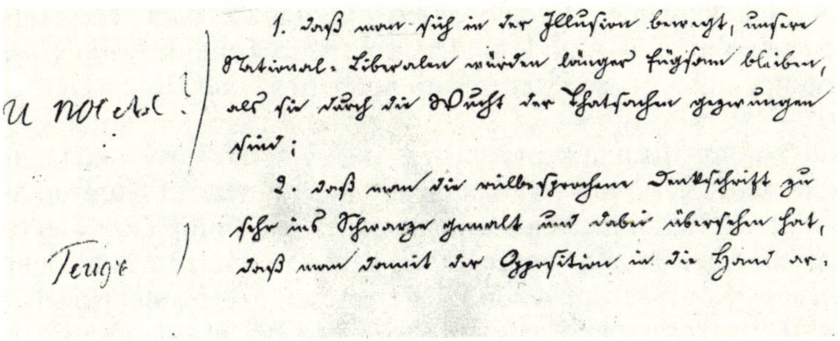

1. daß man sich in der Illusion bewegt, unsere National-Liberalen würden länger fügsam bleiben, als sie durch die Wucht der Thatsachen gezwungen sind;
2. daß man die vielbesprochene Denkschrift zu sehr ins Schwarze gemalt und dabei übersehen hat, daß man damit der Opposition in die Hand ar.

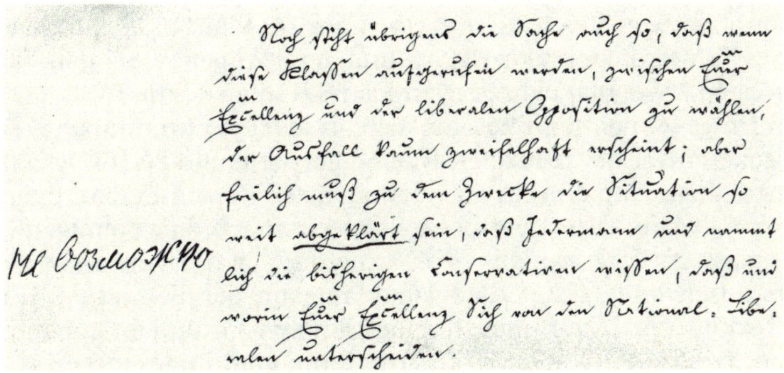

не возможно

Doch steht übrigens die Sache auch so, daß wenn diese Klassen aufgerufen werden, zwischen Euer Excellenz und der liberalen Opposition zu wählen, der Ausfall kaum zweifelhaft erscheint; aber freilich muß zu dem Zwecke die Situation so weit abgeklärt sein, daß Jedermann und namentlich die bisherigen Conservativen wissen, daß und worin Euer Excellenz Sich von den National. Liberalen unterscheiden.

Bismarcks russische Randbemerkungen

Hermann Wagener glaubte ernstlich an die „Interessen-Gemeinschaft des Grundbesitzes, der Handwerker und der arbeitenden Klassen“ als Grundlage einer neuen konservativen Regierungspartei und war überzeugt, daß alle diese sozialen Schichten gegebenenfalls für den Kanzler und gegen die „liberale Opposition“ stimmen würden; aber, so setzte er hinzu, „freilich muß zu dem Zwecke die Situation so weit *abgeklärt* sein, daß Jedermann und namentlich die bisherigen Conservativen wissen, daß und worin Euer Excellenz Sich von den National-Liberalen unterscheiden“. Bismarck unterstrich das „abgeklärt“ und notierte an den Rand „невозможно“, also: „nicht möglich“.

Als politischer Praktiker konnte Bismarck schwerlich in dieser Form für realisierbar halten, was Wagener theoretisch für möglich hielt. Der Mahnung, sich eindeutig von den Nationalliberalen zu unterscheiden, folgten am Schluß der Denkschrift noch eindringlichere Worte: „Bündnisse auf soliderer Grundlage dürften unter Umständen wirksamer und nachhaltiger sein, als der bisher nicht sonderlich gelungene Versuch, den nationalliberalen Thon als deutschen Kitt zu verwenden.“ Die politische Tonerde, mit der zu arbeiten war, sollte also weder nationalliberal noch altkonservativ sein.

Auch wenn Bismarck nach 1871 angesichts des desolaten Zustandes der Konservativen Partei und der beginnenden Konfrontation mit der katholischen Zentrumspartei auf eine Zusammenarbeit mit den Liberalen vorerst nicht verzichten konnte, eine neue politische Kombination – darin war er mit Hermann Wagener einig – schloß er in naher oder ferner Zukunft nicht aus. Deswegen nahm er auch Einfluß auf das im Entwurf vorliegende Programm der konservativen Reichstagsfraktion vom 14. Mai 1872, ja er „hat es Satz für Satz durchkorrigiert und mit Wagener en détaille besprochen“, wie Blanckenburg an Kleist-Retzow schrieb.[144]

Der Programmentwurf betonte als vorrangigen Grundsatz: „Als politische Partei im deutschen Reiche hat sie deutsche Interessen zu vertreten und erkennt es als Notwendigkeit an, die gleichartigen Bestrebungen in allen deutschen Staaten in sich zu vereinigen“. Das bedeutete eine Abkehr vom ostelbischen Provinzialismus, geographisch wie geistig. Die Hauptaufgabe der Konservativen Partei sollte sein, „auf einer fest bestimmten Grundlage mit der Regierung zu stehen und mit ihr Hand in Hand in gegenseitigem Vertrauen zu handeln“. Schon die Denkschrift Wageners von 1869 hatte das gefordert, in Übereinstimmung mit Bismarcks Wünschen, durch eine konservative Regierungspartei den preußisch-junkerlichen Partikularismus zu überwinden.

Wirtschafts- und sozialpolitische Grundsätze Bismarcks sind erkennbar in Programmforderungen wie etwa: „Gleichmäßige Rücksichtnahme auf die Interessen aller Berufs- und Erwerbszweige“ und insbesondere „Beseitigung der Ungleichheit ... für den *Grundbesitz*, das landwirtschaftliche Gewerbe und die produktive Arbeit“. Schließlich wurde für die „nachdrückliche Bekämpfung aller sozialen Bestrebungen“ plädiert, „welche sich nicht auf der Basis der gegenwärtigen Staats- und Gesellschaftsordnung oder im Gegensatz gegen die Nationalität vollziehen wollen“. Positiv gefaßt hieß es: „Die *Arbeiterbewegung* insbesondere erfordert das Eingreifen der Staatsgewalt, um die Geltendmachung berechtigter Interessen des Arbeiterstandes in gesetzliche Bahnen zu lenken“.[145] Damit war die Doppelstrategie für die Zeit des Sozialistengesetzes nach 1878 schon vorgezeichnet: repressives Ausnahmegesetz und besänftigende Sozialversicherung.

Das unter Bismarcks Mithilfe ausgearbeitete Programm für eine „monarchisch-nationale Partei" setzte sich jedoch keineswegs in der gesamten Partei durch, obwohl es in der konservativen Reichstagsfraktion gegen nur zwei Stimmen angenommen wurde. Es scheiterte am Widerstand der Kreise um Kleist-Retzow und die „Kreuz-Zeitung", die zwar zu schwach waren, um die Konservative Partei neu zu beleben, aber stark genug, um ihre Reformierung zu verhindern. Diese Urkonservativen wollten den Liberalismus nicht „äußerlich in der Revolution von oben" besiegen, sondern „durch eine großartige Reaktion".[146] Von einer die bonapartistische Herrschaft Bismarcks unterstützenden Regierungspartei wollten sie nichts wissen, eher eine „Sr. Majestät allergetreueste Opposition werden".[147] Sie lehnten sogar jenen Sozialkonservatismus ab, der einige Jahre später als „Staatssozialismus" angepriesen wurde.

Nach dem Scheitern jenes neukonservativen Programmentwurfs vom Mai 1872 steigerten sich die Gegensätze zwischen Bismarck und den Urkonservativen. Zunächst ging es für die sechs östlichen Provinzen Preußens um eine neue Kreisordnung, deren Institutionen der Kreistag, der Kreisausschuß und das Landratsamt waren. In der vorgesehenen Reorganisation der Verwaltung sahen die Gutsbesitzer und Altkonservativen Gefahren für ihre überkommenen Machtpositionen. Am wenigsten problematisch war die Wahl des Kreistages, da die Gutsherren in den Landgegenden durch wirtschaftlichen Druck und gesellschaftlichen Einfluß immer noch eine ihnen genehme Mehrheit zustande bringen konnten. Diese wählte dann den sechsköpfigen Kreisausschuß, der unter dem Vorsitz des Landrates die Geschäfte führte. Der Landrat alter Art, der in seinem Kreise als Rittergutsbesitzer eingesessen war, sollte nun nach der Gesetzesvorlage von einem Verwaltungsjuristen abgelöst werden,[148] der auf Vorschlag des Reichstages von der Regierung ernannt wurde. Gegenüber dem Patriarchalismus des unmittelbar und unkontrolliert herrschenden Gutsherrn machte damit ein juristisch geregeltes Verwaltungssystem, also die Bürokratie, weitere Fortschritte.

Die Reorganisation der Kreisordnung, die auch Rücksicht nehmen mußte auf Städte und Gemeinden, schaltete keineswegs den Einfluß der Gutsbesitzer aus, zumal die Landratsämter von jeher die erste Stufe der Karriere adliger Assessoren bildeten. Aber auf der anderen Seite war alles nun stärker gewissen Zwängen bürokratischer Regelungen und – ein Beispiel sind die Kreistagswahlen – den Mühen politischer Agitations- und Organisationsarbeit ausgesetzt. Angesichts solcher Entwicklungen verteidigten die Herren auf dem Lande ihre gutsherrliche Polizei- und Dorfverwaltung, die eben auch Schule und Kirche beherrschte. Im Beharren auf möglichst allseitiger Machtausübung innerhalb des unmittelbaren Lebensbereiches, also in einem unverhohlenen Patriarchalismus, trafen sich die protestantisch-konservativen Junker am ehesten mit den katholisch-klerikalen Honoratioren.

Dies alles beobachtete auch der österreichische Botschafter Károlyi, der über die „Junkerpartei" meinte, daß sie „sich niemals auf die Höhe einer politischen Aristokratie emporzuschwingen vermag, hingegen von dem reinen Sondergeiste des Kastenwesens ausgehend, persönliche, mit dem Besitz von Rittergütern verbundene Lokalprivilegien als das höchste Ideal der Vorteile ansieht, welche eine adlige Geburt gewährt".[149]

Die Opposition des Herrenhauses, von den „streng conservativen und ultramontanen Blättern"[150] verteidigt, wurde schließlich durch einen Pairschub gebrochen, der übrigens Bismarck nicht weit genug gegangen war. Während des ganzen Streites um die Kreisordnung zeigte es sich besonders deutlich, daß sich der Reichskanzler „gegen die konservativen Staatselemente" wenden und „auf die liberalen Parteien stützen" mußte.[151]

Die politischen Spannungen mit den Urkonservativen belasteten auch Bismarcks Beziehungen zu ehemaligen Freunden und Mitstreitern schwer. Lediglich Roons Kritik an Bismarck, dem „großen Zauberer", wahrte ein respektables Niveau der politischen und psychologischen Sicht. Er bezweifelte, wie Moritz v. Blanckenburg, daß Bismarck die Reichsverfassung im konservativen Sinne reformieren wolle, weil ihm „die Rolle des Großwesirs" mehr und mehr gefalle.[152] Drei Jahre später schrieb er gleichfalls an Blanckenburg: „Bismarck ist – wenn er es auch nie eingestehen wird – innerlich ein *unfehlbarer* politischer Papst; er ist eben seiner von ihm ‚gehaßten' Mutter Sohn. Dennoch kann und werde ich ihm meine Sympathien nicht entziehen. Ich wüßte nicht, an wen sonst sich meine patriotischen Wünsche und Gefühle anlehnen sollten. Seiner mächtigen Persönlichkeit die gebührende Anerkennung zu verweigern, könnte wohl nur einem Narren einfallen, der sich auf seinem Piedestal sehen möchte. aber zu der blinden Menge, die ihn heute vergöttert und ihn morgen vielleicht kreuzigen möchte, gehören wir beide wohl nicht, und, je mehr wir ihm herzlich zugeneigt sind, desto tiefer und schmerzlicher empfinden wir die sittlichen Lücken seiner gewaltigen Natur."[153] Bismarck selbst wußte und fühlte es, daß Roon, anders als ein Ludwig Gerlach oder Kleist-Retzow, niemals mit ihm brechen werde. Ihm hatte er daher von den aufrührerischen Vettern, vom „neidischen Junkerdünkel", von der „Fahnenflucht unserer Junker" geschrieben und unter Berufung auf die Bibel gemeint, er sähe „im Kampf mit Kleist, Waldow und Gerlach wie mit den ehrgeizigen Priestern des römischen Götzendienstes", die Hoffart im feindlichen Lager. Zur politischen Bitterkeit kam der persönliche Kummer: „Die alten Freunde sterben oder werden Feinde und neue erwirbt man nicht mehr."[154] Diese zorn- und schmerzerfüllte Klage gegenüber einem Manne wie Roon war historisch symbolträchtig, war er es doch gewesen, der 1862 als preußischer Kriegsminister die Berufung Bismarcks zum Ministerpräsidenten und Außenminister betrieben und damit Voraussetzungen für die „Geschichtsjahre" bis zur Reichsgründung geschaffen hatte. Die „neue Zeit", das wußte Bismarck, war 1871 angebrochen, aber viele ehemalige Freunde stellten sich ihr und ihm entgegen.

*

Von der traditionellen Konservativen Partei hatten sich schon in den Jahren vor der Reichsgründung die Freikonservativen getrennt, die dann im März 1871 die Deutsche Reichspartei bildeten. Mit dieser Neubenennung wollten die Freikonservativen, die eine immer nur lose gefügte, programmatisch nie fest umrissene Honoratiorenpartei bildeten, ihre Ablehnung eines unflexibel gewordenen altpreußischen Partikularismus bekunden. Die Prominenten dieser Partei waren vornehmlich Hocharistokraten aus Schlesien, die von ihrem Latifundienbesitz her zum Bergbau und Hüttenwesen kamen. Im Frühjahr 1867 hatte es in der freikonservativen Reichstagsfraktion zwei Herzöge, drei Fürsten, neun Grafen sowie elf Barone gegeben, unter ihnen der Herzog von Ujest, Heinrich Fürst von Pleß, Fred Graf von Frankenberg.[155] Außerdem standen viele aus dem Adel oder gar Hochadel kommende Ministerialbeamte und Diplomaten höheren Ranges den Freikonservativen nahe. So ergab es sich, daß viele Repräsentanten der Deutschen Reichspartei über vertrauliche Beziehungen zu den Ministerien verfügten und deshalb als ebenso gut informiert wie einflußreich galten.

Den Vorsitz der freikonservativen Reichstagsfraktion hatte zwar Otto Graf zu Stolberg-Wernigerode inne. Doch als führende Köpfe der Partei erwiesen sich bald der Schlesier Wilhelm v. Kardorff und der Saarindustrielle Karl Stumm. Jedenfalls begann mit der Bildung der Freikonservativen Deutschen Reichspartei die soziale Symbiose aristokratischer Latifundienbesitzer und staatlicher Würdenträger mit dem industriellen Großbürgertum.

Obwohl die ursprünglich lose Gruppierung der Freikonservativen aus dem „nationalpolitischen Umschwung des Jahres 1866“[156] hervorgegangen war und danach strebte, ein nationales deutsches Staatswesen um den preußischen Staat auszubilden, verhielt sich Bismarck zunächst distanziert ihr gegenüber; ungeachtet aller Friktionen hielt er seine Kontakte mit den junkerlichen Konservativen aufrecht, war es doch ohnehin nie seine Art, ohne Not Verbindungen aufzugeben. Am allerwenigsten wollte er das bei einem Manne wie Hermann Wagener, der ihm vom Herbst 1865 an geholfen hatte, die Konservative Partei auf die Revolution von oben einzustimmen. Auch war Bismarck weiterhin daran interessiert, den Einfallsreichtum des politisch erfahrenen und kenntnisreichen Hermann Wagener zu nutzen. Selbst den rechten preußisch-partikularistischen Flügel der Konservativen Partei, dem der König Sympathien entgegenbrachte, durfte er nicht provozieren, jedenfalls nicht vorzeitig.

Erst der Deutsch-Französische Krieg und die Reichsgründung brachten Bismarck in näheren Kontakt mit Freikonservativen. So hatte er Henckel v. Donnersmarck und dem Grafen Renard Verwaltungsämter im besetzten Lothringen anvertraut und sprach mit ihnen ganz ungeniert von der „merkwürdigen Beschränktheit und Hartnäckigkeit des Königs“.[157] Im Jahr 1872 bekundete Bismarck recht pointiert Einverständnis mit Überzeugungen der freikonservativen Magnaten und Großindustriellen, als er gegenüber dem Publizisten Moritz Busch meinte, sie bildeten eine „Partei der Erhaltung“, die sich nicht „in Opposition gegen die neue Zeit“ befände und deshalb eine „Partei der Gegenwart“ sei.[158] Die Freikonservativen betrachteten die preußische Staatsgeschichte als „die Vorzeit des neuen Deutschland“[159] und strebten bei allem Festhalten am Bundesstaat den Ausbau der Reichseinheit an. Obwohl Bismarck mit ihnen politisch weitgehend konform ging, wußte er doch: Diese Grandseigneurs würden niemals eine Klassenpartei bilden können. Und er konnte nicht darauf verzichten, sich politisch auf möglichst breite Kreise des Besitz- und Bildungsbürgertums zu stützen.

Am weitesten von Bismarck entfernt war nach wie vor die 1861 gegründete Deutsche Fortschrittspartei, die sowohl Schichten der Bourgeoisie als auch des Kleinbürgertums vertrat. In ihr waren neben mittleren Unternehmern viele Intellektuelle, etwa Rechtsanwälte, Ärzte und Beamte vertreten. Das Ziel der Fortschrittspartei war nach wie vor ein politisches System, in dem das Bürgertum die Führung haben sollte; darum verlangte sie volles Ausgabebewilligungsrecht auch in Militärfragen, ein verantwortliches Ministerium und eine freihändlerische Wirtschaftspolitik. Aber da der Linksliberalismus seine Ziele nicht im Bunde mit dem Volk erkämpfen, sondern erhandeln wollte, mußte er nicht nur erliegen, sondern schließlich doch wieder in das Schlepptau des herrschenden Systems kommen.[160]

Die großen Erfolge Bismarcks haben die Zuversicht der führenden Männer in der Fortschrittspartei sehr gedämpft; davon zeugt ein Brief von Hermann Schulze-Delitzsch vom Februar 1871, mitten im Wahlkampf geschrieben: „In der deutschen Frage wird nicht viel anderes zu erreichen sein, fürchte ich, als daß wir mit den Süddeutschen womöglich unter Dach kommen. An den inneren Ausbau des Reiches wird eine spätere Zeit gehen müssen."[161] Da mit ihm viele Liberale die Zuversicht auf einen baldigen Sieg parlamentarischer Herrschaft in Deutschland verloren hatten und nur noch auf einen langwierigen Prozeß liberaler Aufklärung im Volke hofften, lag es nahe, zunächst die Klerikalen zu bekämpfen; reizten diese doch ohnehin viele, eine Ulrich-Hutten-Rolle von Kämpfern wider Pfaffenherrschaft und nationale Entwürdigung zu übernehmen. Begreiflich also, daß die Fortschrittspartei Bismarck während des Kulturkampfes unterstützte.

Repräsentativ für das Großbürgertum war die 1867 von der Fortschrittspartei abgespaltene Nationalliberale Partei. Wenn sie im Frühjahr 1871 mit ihren 125 Parlamentssitzen die stärkste Partei des Reiches bildete, dann entsprach dies einmal ihrer wirtschaftlichen Stärke, zum anderen dem sichtbaren Erfolg ihrer Politik. Jede Regierung in Preußen wollte sie unterstützen, „soweit sie die deutsche Einheit gegen fremden Eingriff und heimische Sonderinteressen vorzubereiten und die Stärke der gesamtdeutschen Macht zu erhöhen bestrebt ist".[162] Nach der Proklamation des preußisch-deutschen Kaiserreiches sah sie, wie es in ihrem Wahlaufruf vom 25. Januar 1871 hieß, ihre Grundaufgabe darin, „den anerkannten Mängeln der Verfassung abzuhelfen und unser öffentliches Wirken einer Reform zu widmen, welche, bei der ehrlichen Achtung des Bundesstaates, die Zentralgewalt des Reiches bis zur

Machtfülle einer wirksamen und wohlgeordneten Staatslenkung stärkt, die Freiheit auf dem gesicherten und fruchtbaren Boden des deutschen Staates ununterbrochen fortbildet".[163] In der Verfassungsfrage erwies sich die Nationalliberale Partei wenige Wochen nach den Wahlen als ohnmächtig. Ohnehin war sie über den Grad der politischen Zusammenarbeit mit den überkommenen Mächten und Kräften Preußen-Deutschlands nie ganz einig.

Der rechte Flügel, der sich im wesentlichen auf die Großindustrie und einige Großbanken stützte, war vornehmlich an einer den Industriekapitalismus fördernden Gesetzgebung interessiert und in allen Fragen liberaler Prinzipien recht kompromißbereit; der linke Flügel setzte sich vor allem aus ehemaligen preußischen Beamten, Advokaten und anderen nicht unmittelbar mit dem Großkapital verbundenen Abgeordneten zusammen, die noch einiges vom Geiste des klassischen Liberalismus verspürten.[164] Führer des linken Flügels in der Nationalliberalen Partei war Eduard Lasker; Prototyp der Rechten war Johannes Miquel, vermittelnd wirkte der Fraktionsvorsitzende Rudolph v. Bennigsen.

*

Mit der „neuen Zeit" des Nationalstaates und des Industriekapitalismus, in der harte soziale Gegensätze aufbrachen, kamen sowohl revolutionäre als auch reformerische Vorstellungen auf. Wenngleich mit unterschiedlichen Sehschärfen, der Epochenwechsel mit seiner Schwerpunktverlagerung von der nationalen zur sozialen Frage wurde von allen erkannt. Er hatte sich explosiv in der Pariser Kommune gezeigt, die für die proletarischen Avantgardisten in Deutschland ein steter Ansporn im Kampf um die „demokratisch-soziale" Republik, für die bürgerlichen Ideologen und Politiker hingegen eine Warnung und eine sozialpolitische Herausforderung war. Anfang 1871 hielt der bald offiziös werdende Geschichtsschreiber Heinrich v. Sybel in Barmen vor den „erfahrensten Praktikern der Industrie"[165] einen Vortrag über „Die Lehren des heutigen Socialismus und Communismus". Die weitgespannte Thematik blieb weiterhin Gegenstand der Debatten und Polemiken, vor allem zwischen den im „Verein für Sozialpolitik" organisierten linksliberalen „Kathedersozialisten" und ihren rechtsliberalen Gegnern um Heinrich v. Treitschke, die nahezu alles von den sogenannten Selbstheilungskräften der kapitalistischen Marktwirtschaft erhofften.

Karikatur. Bebel und Bismarck : David und Goliath

Aus der Bewegung für die „demokratisch-soziale" Republik erwuchs Bismarck die einzige Opposition prinzipieller Natur. Was am Ende seiner Herrschaft zur stärksten Partei des Reiches werden sollte, begann recht bescheiden. Bei den ersten Reichstagswahlen am 3. März 1871 – mitten im Siegesstolz und -taumel breiter Volksschichten, angefeindet von allen Parteien und Organisationen, bedrängt von der Regierung – errangen beide Fraktionen der deutschen Arbeiterbewegung, die Lassalleaner und die sogenannten Eisenacher (also die Marx-Anhänger), 3 Prozent der gültig abgegebenen Stimmen. In den städtischen Wahlkreisen lag der prozentuale Durchschnitt allerdings um vieles höher: er betrug 17,1 Prozent.[166] Während August Bebel, der Führer „der Bismarck am feindlichsten gegenüberstehenden Partei",[167] einziger Arbeitervertreter im ersten Deutschen Reichstag wurde, kündigte Schweitzer, der Präsident des lassalleanischen Allgemeinen Deutschen Arbeitervereins, unmittelbar nach seiner Wahlniederlage den Rücktritt von der Leitung des ADAV an,[168] kapitulierte also vor den zahlreichen, auch finanziellen Schwierigkeiten. Schon dadurch erhielten die Marx-Anhänger, Wilhelm Liebknecht und August Bebel, die auch nicht auf Rosen gebettet waren, eine moralisch-politische Überlegenheit.

Die Reichseinigung schaffte einen der wesentlichsten Streitpunkte innerhalb der Arbeiterbewegung, nämlich den über die einzuschlagenden Wege zum deutschen Nationalstaat, aus der Welt. Mit der Gründung des Deutschen Reiches war ein Faktum geschaffen, das weder geleugnet noch ungeschehen gemacht werden konnte. Auch die Arbeiter mußten das „Faktum akzeptieren, ohne es zu billigen".[169] So wie er es bereits unmittelbar nach Ausbruch des Deutsch-Französischen Krieges vorausgesehen hatte,[170] konnte Engels rückschauend 1882 – trotz aller Repressionen durch das Sozialistengesetz – an Kautsky schreiben: „Erst als das Jahr 1866 die großpreußische Einheit Kleindeutschlands tatsächlich entschieden hatte, kam sowohl die lassalleanische wie die sogenannte Eisenacher Partei zur Bedeutung, und erst seit 1870 ... kam Schwung in die Sache ... Um kämpfen zu können, muß man erst einen Boden haben, Licht, Luft und Ellenbogenraum".[171]

Die Arbeiterbewegung stellte sich sogleich auf die Bedingungen ein, die ihr mit der Reichseinigung gegeben worden waren, ohne die undemokratische Art der Einigung zu billigen und ohne die Klassensymbiose von Aristokratie und Großbürgertum im neuen Reich zu übersehen. Friedrich Engels faßte das später in den Worten zusammen: „Wir haben nicht die 1866 und 1870 gemachte Revolution von oben wieder rückgängig zu machen, sondern ihr die nötige Ergänzung und Verbesserung zu geben durch eine Bewegung von unten".[172] Man wollte die Nation und die Demokratie miteinander verbinden und weitergehen bis zur „sozialen Revolution", wie es Wilhelm Liebknecht 1872 unumwunden aussprach.

Im Gründerrausch zur wirtschaftlichen Großmacht

Das Mit- und Gegeneinander der sozialen und politischen Kräfte im werdenden, Alt-Preußen zersetzenden Deutschen Reich ist erst vom Wirtschaftlichen her annähernd zu verstehen. Eigentlich datiert der Aufschwung seit der Überwindung der Krise von 1866, der Deutsch-Französische Krieg unterbrach ihn nur; dann setzte sich der Aufwärtstrend in Industrie und Landwirtschaft in einer Steilkurve fort. Überdies wurde die Konjunktur überhitzt durch die im Friedensvertrag von Frankreich geforderten und wider Erwarten schnell ins Land geflossenen rund 5 Milliarden Goldfranken; die umgerechnet 4,2 Milliarden Mark erreichten eine dreimal so hohe Summe wie das Umlaufgeld im Deutschen Reich.[173] Über die Hälfte dieser Reparationen, rund 2,2 Milliarden Mark, wurde ausgegeben, um das Landheer und die Kriegsmarine Preußen-Deutschlands modern auszurüsten, die Festungen zu erweitern und neu zu bestücken.

Von dem Geld aus Frankreich profitierten vor allem die Unternehmer in Deutschland, die ganz oder teilweise in der Rüstungsindustrie engagiert waren: der „Kanonenkönig" Krupp in Essen, aber auch Gruson in Magdeburg und Hartmann in Chemnitz, ferner solche Berliner Industriellen wie Borsig, der strategische Eisenbahnlinien baute, und Schwartzkopf, der neben Maschinen auch Torpedos produzierte; schließlich Siemens und Halske, deren Telegraphen ihren Nutzen für das Heer bewiesen hatten.

Auch auf dem Wege der Begleichung von Staatsschulden und Kriegsanleihen flossen in die Wirtschaft hohe Summen, die das disponible Kapital vermehrten. Die Bildung solcher Reichsfonds wurde mit der gesetzlichen Bestimmung verbunden, die Summen industriell anzulegen. Deutsche Bankhäuser, allen voran die Hansemannsche Disconto-Gesellschaft, taten das, indem sie diese Fonds durch Schuldverschreibungen und Eisenbahnprioritäten verwerteten.

Parallel mit der profitablen Umsetzung der französischen Milliarden wurde die wirtschaftspolitische Gesetzgebung des Norddeutschen Bundes weiter ausgebaut. Damit sich die ökonomische Dynamik in Richtung eines modernen, konkurrenzfähigen, gewissermaßen großmachtwürdigen Industrielandes durchsetzen konnte, mußten alle aus der Zeit des Absolutismus und der Zersplitterung Deutschlands herrührenden Hemmnisse beseitigt werden; darauf drangen vor allem die Nationalliberalen. Die Planung und Durchführung dieses gesetzgeberischen Werkes wurde dem „Generalstabschef der Freihändler", Rudolph v. Delbrück, übertragen. Als Präsident des Bundeskanzleramtes seit 1868 und des Reichskanzleramtes seit 1871 war er Stellvertreter und engster Mitarbeiter Bismarcks.

Preußische Traditionen der Staatsergebenheit und des Wirtschaftsliberalismus verkörpernd, war Rudolph v. Delbrück wie geschaffen dafür, den Liberalen zwar nicht Herrschaft, aber „einflußreiche Beratung" zu gewährleisten. Er stammte nicht aus der ländlichen Junkerwelt, sondern aus dem hauptstädtisch-protestantischen Beamtenmilieu. Nur zwei Jahre jünger als Bismarck, 1817 in Berlin als Sohn des Superintendenten und Prinzenerziehers Friedrich Delbrück geboren, befaßte er sich auf den Universitäten mit historischen und juristischen Studien. Daneben hielt er zeitlebens Umschau in der schönen Literatur und den Künsten; doch seine Bildungsbeflissenheit zeigte recht philiströse Züge und konnte sich daher im Unterschied zu Moltke oder gar zu Bismarck nie in originellem Stil äußern.

Von früh an nahm Delbrück, wie er in seinen Lebenserinnerungen gestand,[174] den Vorteil wahr, „welchen das Festhalten an einem abstrakten Prinzip" gewährt. Als sittliche Grundlage seines Handelns sah er die Pflichten. „Ich verstand darunter nicht", schrieb er, „daß ich, was ohnehin nicht anders sein konnte, als Beamter meine Schuldigkeit tat, sondern daß ich dem Staatswesen, in welches ich gestellt war, mich unterordnete, so daß dessen Zwecke die meinigen wurden und meinen Willen bestimmten. In der bewußten Hingabe meiner Persönlichkeit an die im Staat verkörperte Allgemeinheit sah ich meine Pflicht; und in der Erfüllung dieser Pflicht die Aufgabe meines Lebens."[175]

Delbrücks Hingabe an das Staatswesen wurde mitbestimmt vom Geist des preußischen Handelsministeriums, in das er 1842 eintrat. In diesem Hause herrschte schon damals jener Machtwille vor, der im Ringen mit Österreich den Zollverein von 1834 bis zur deutschen Wirtschafts- und Verkehrseinheit unter preußischer Hegemonie und im Zeichen des Freihandels weiterführen wollte.[176] Von all dem war der arbeitsbesessene Delbrück tief geprägt, als er schließlich ins Kanzleramt berufen wurde. Bismarck schrieb seiner Frau Johanna Ende 1870 über Delbrück: „Sage ihm, der Wahrheit entsprechend, wie dankbar ich seine rastlose und erfolgreiche Arbeitskraft bewundre. Du weißt, daß meine Anerkennungsfähigkeit nicht groß ist, aber dieser kommt mir durch, so daß ich sogar im Brief an Dich davon spreche, den gewöhnlich andre Gedanken als geschäftliche füllen."[177] In der Tat war Delbrück, der sich durch jahrzehntelange Lektüre der Fachliteratur und durch vielfältige praktische Erfahrungen in allen Einzelheiten der Industrie- und Handelspolitik Deutschlands und Europas auskannte, der geeignete Adlatus für Bismarck, besonders in den Jahren unmittelbar vor und nach der Reichsgründung.

In Zusammenarbeit mit den Liberalen und den Freikonservativen, auch mit dem preußischen Finanzminister Otto Camphausen, setzte Bismarcks Stellvertreter die wirtschaftspolitische Gesetzgebungsarbeit mit solcher Intensität fort, daß in der geschichtlichen Wertung über diese Jahre bisweilen das Signum „Delbrücksches Deutschland“ gesetzt wird. Als wichtigste Neuerung in der Reihe dieser Gesetze datiert aus der Zeit kurz vor Ausbruch des Deutsch-Französischen Krieges eine Gesetzesnovelle vom Juni 1870, die jene Bestimmung aufhob, wonach die Errichtung einer Aktiengesellschaft der behördlichen Genehmigung bedurfte; des weiteren erlaubte sie die Freizügigkeit des Aktienwesens.

Damit wurden die letzten Reste einer feudalabsolutistischen Gängelung des Kapitalverkehrs beseitigt. Diese und ähnliche Neuerungen im Norddeutschen Bund wurden nach 1871 meist durch Gesetze auf das gesamte Reich übertragen. Allerdings bemängelten später selbst die Liberalen, daß das neue Aktiengesetz keine klare Bestimmung enthielt, die den Aktionär gegen Hochstapler und Schwindler einigermaßen absicherte.

Der Entwicklung des Handels und des Kreditwesens in Deutschland dienten auch die reichsgesetzlichen Regelungen des Währungs- und Münzwesens und im Zusammenhang damit des Bankwesens.[178] Bereits im Herbst 1871 wurde eine entsprechende Gesetzesvorlage im Reichstag diskutiert. Bismarck kümmerte sich kaum um die zur Debatte stehende Problematik. Gelegentlich gestand er, er sei während der Reichstagsverhandlungen über das Münzgesetz spazieren geritten, „denn er verstehe absolut nichts davon und könne nichts andres drin tun als sich bei dem beruhigen, was sein dafür gewissenhafterweise verantwortlich gemachter Delbrück bestimme.“[179] In der Tat meldete sich Bismarck nur zweimal zu kurzen Interventionen zu Wort. Es ging ihm dabei lediglich darum, volkstümliche Gewohnheiten und dynastisches Prestige zu berücksichtigen. Erfolgreich opponierte er dem Antrag, daß auf alle Reichsmünzen das Bildnis des Kaisers geprägt würde. Den naiven Monarchismus überkommener Landesherrlichkeit führte er recht anschaulich vor Augen: „Wenn eine Goldmünze, auf der steht: Wilhelm, Deutscher Kaiser, König von Preußen, in die Hütten außerhalb Preußens wirklich eindringt, so hängt der Eindruck, den das macht, von der Stimmung dessen ab, der die Hütte bewohnt. Es gibt weite Bezirke, in denen man sagen wird: da seht den, der unsern Fürsten mediatisieren will, und wie er mit ihm umgegangen ist, daß hier preußische Münzen wider seinen Willen und wider seine Stimme im Reiche ihm aufgezwungen werden!“[180] Es sollten eben keine „Zentrifugalinstinkte“ geweckt werden.

Gerade weil Bismarck auf landsmannschaftliche Empfindlichkeiten Rücksicht nahm und dabei vor allem Bayern im Auge hatte, konnte er Partikularismen abbauen, ja notfalls hart bekämpfen. Nach Inkrafttreten des Münzgesetzes vom Dezember 1871, dem eines im Juli 1873 und ein Bankgesetz im März 1875 folgten, ging es mit den sieben verschiedenen Währungsgebieten und 33 Notenbanken allmählich zu Ende;[181] die Mark galt als Währungseinheit in ganz Deutschland, bis 1878 wurden die verschiedenen Landesmünzen eingezogen. Gleichzeitig leitete man den Übergang zur Goldwährung ein, der auch durch den Zufluß der französischen Goldkontributionen erleichtert worden war. Durch Umwandlung der Preußischen Bank in die Reichsbank wurde die Münzhoheit des Reiches gesichert. Zu den Zentralisationstendenzen gehörte auch die einheitliche Regelung des Handels- und Strafrechts.

Hervorragend beteiligt an der Münz- und Bankgesetzgebung war der Nationalliberale Ludwig Bamberger, einst Teilnehmer an der 48er Revolution, dann in seiner Pariser Emigrationszeit zum reichen Bankier geworden und 1870 schließlich Mitbegründer der Deutschen Bank. Er hatte bereits 1867 eine französisch verfaßte Studie „Monsieur de Bismarck" veröffentlicht und diesen königlich-preußischen Politiker – allen illiberalen Zügen seines Wesens zum Trotz – als letzten Endes im Dienste der 1789 begonnenen bürgerlich-kapitalistischen Revolution gesehen.[182] So hatte er sich – wohlüberlegt – Bismarck genähert, der die Chance erkannte und Ludwig Bamberger im August 1870 und noch einmal im Spätherbst ins preußisch-deutsche Hauptquartier einlud, um dort mit ihm unter anderem journalistische Arbeiten zu verabreden.[183]

Die Zusammenarbeit dieser sonst ideologisch verschiedenen Politiker war während und nach dem Kriege möglich geworden, weil beide aktuelle Probleme in gleicher Weise lösen wollten; sie berücksichtigten konkrete Interessen und gingen dabei von der unmittelbaren, durch Erfahrung geschärften Anschauung aus, nicht von theoretischen Abstraktionen.

Ganz anders gestaltete sich das Verhältnis Bismarcks zu Eduard Lasker, der nationalliberaler Abgeordneter war wie Ludwig Bamberger, aber dennoch einen ganz anderen Politikertyp verkörperte. Bamberger, in der Geschäftspraxis erfahren und reich geworden, warf dem mäßig begüterten Juristen Lasker 1872, also auf dem Höhepunkt des Gründerrausches, vor, er betrachte „die Gesamtheit des Großgewerbes und des Finanzgebarens ... mit einem gewissen Argwohn".[184] In der Tat vertrat Lasker keine großkapitalistischen Sonderinteressen, sondern verfocht die liberale Ideologie im Sinne der Repräsentanten der bürgerlichen Gesamtklasse. Als ideologiebesessener Parlamentarier behandelte er die jeweiligen Gesetzesvorlagen nicht pragmatisch, sondern stets unter den allgemeinen Gesichtspunkten der Rechtsstaatstheorie und der Erweiterung der Reichskompetenz in Fragen des Rechts. Das gehörte sicherlich zum geistig-politischen Gemeingut aller Liberalen, aber Lasker hielt an ihm im Reichstag mit einer Konsequenz fest, die glauben machen konnte, er wolle direkten Weges zur parlamentarischen Alleinherrschaft gelangen.

Da Bismarck bei aller Konzessionsbereitschaft gerade das nicht wollte, sah er von Anfang an in dem vierzehn Jahre jüngeren Lasker einen Mann, mit dem er keine politischen Geschäfte machen konnte und durch dessen parlamentarische Interventionen er sich zunehmend bedroht fühlte. Es ist tatsächlich mitunter schwer zu sagen, ob man Laskers parlamentarischen Eifer mehr bewundern oder belächeln soll; er versäumte von den 1142 Sitzungen des Reichstages, die bis zu seinem Tode im Januar 1884 stattfanden, nur ganze 17, wie zuverlässig verbürgt ist.[185] Bismarck meinte in einer recht abschätzigen Rede, die wenige Wochen nach dem Tode seines Gegners allgemein als skandalös empfunden wurde, sarkastisch dazu, in den vergangenen Jahren hätte keine Regierungsvorlage angenommen werden können, „wenn nicht der Stempel Laskers darauf gesetzt war".[186]

Wie immer mit dem scharfen Blick fürs Negative begabt, fehlte ihm jeglicher Respekt dafür, daß es nicht zuletzt durch Eduard Laskers Energie gelungen war, die bürgerliche Gesetzgebung in die Kompetenz des Reiches zu übertragen; endgültig geschah das durch das verfassungsändernde Gesetz vom 20. Dezember 1873. Im darauffolgenden Jahr wurde unter maßgeblicher Beteiligung Gottlieb Plancks, eines Onkels des berühmten Physikers Max Planck, ein Ausschuß eingesetzt, der ein bürgerliches Gesetzbuch für Deutschland ausarbeiten sollte. Das BGB trat dann 1900 in Kraft.

Sicherlich war die deutsche Legislatur in den Jahren um die Reichsgründung im Vergleich mit der französischen in der Periode von 1789 bis zum Code Napoleon von 1804 historisch nicht originell, sie förderte aber dennoch die ökonomische Dynamik eines sich modernisierenden Deutschlands in erheblichem Maße.

*

Während des Aufschwungs von 1871–1873 wurden massenhaft Aktiengesellschaften gegründet und dabei vornehmlich alte Unternehmen in solche umgewandelt. Darüber schrieben die Ältesten der Berliner Kaufmannschaften in ihrem Bericht für 1871: „Als sich nach dem Abschluß der Friedenspräliminarien Handel und Wandel belebten und der Konsum an die Fabrikation außerordentlich große, noch nicht dagewesene Anforderungen stellte, überstiegen dieselben sehr oft die Leistungsfähigkeit der Fabrikanten". Das „trieb die Besitzer naturgemäß dahin, auf Vergrößerung ihrer Etablissements bedacht zu sein. Hierbei zeigten sich Schwierigkeiten mancherart; man entging ihnen am sichersten, wenn sie sich entschlossen, ihre Fabriken an Aktiengesellschaften zu verkaufen, an Gesellschaften, welche, ausgestattet mit größeren Mitteln, die Etablissements den an sie gestellten Forderungen entsprechend zu erweitern" vermochten.[187]

In der Tat, viele Gründungen gingen von einem realen Bedürfnis aus und wurden möglich, weil in der Gesamtwirtschaft so viel Kapital frei geworden war, daß es in Gestalt von Aktien in anderen Unternehmen angelegt werden konnte. Oft genug aber war eine sogenannte Gründung auch Vorwand zu schamloser Börsenspekulation. Das Entscheidende waren dann nicht die produktiven Anlagen, sondern die hohen Aktienkurse. In der Regel wandte sich ein geldsuchender Unternehmer an ein Bankhaus, das die einzelnen Ermittlungen (Zweck, Termin, Provision, Gewinn) anstellte und dann die Börse und die Presse für freie Aktien interessierte. Um die Kurse hochzutreiben, mußten sowohl der Wirtschafts- wie der Inseratenteil der Zeitungen für reißerische Empfehlungen der aufgelegten Werte herhalten. So war für die Aktienemission das Zusammenwirken des Dreigestirns: Bank – Börse – Presse unentbehrlich. Die Agiotage, also die Ausnutzung des über dem nominellen Wert einer Aktie stehenden Betrages zur Börsenspekulation, war der eigentliche Zweck vieler Beteiligungen am Gründergewinn.

Allein im Jahre 1872 wurden in Preußen fast doppelt soviel Aktiengesellschaften gegründet wie in den Jahrzehnten von 1801 bis 1870. Diese rasante Zunahme läßt schon vermuten, daß hier Quantität in Qualität insofern umschlug, als von jetzt an die Aktiengesellschaft gleichsam die erste Potenz der späteren Monopolvereinigungen wurde.[188]

Wenn die Form der Aktiengesellschaft bisher nur für Eisenbahnen, Versicherungen und größere Montanunternehmen üblich war, so verbreitete sie sich jetzt auf die ganze Industrie und das Bankwesen. Bei Gründern und Spekulanten dieser Zeit rückten die Bankiers an die erste Stelle. In Preußen allein entstanden 1872, in einem einzigen Jahr also, 49 Banken und Kreditinstitute mit einem Kapital von 345,6 Millionen Mark.[189] Die bedeutendsten Banken in Deutschland in zeitlicher Reihenfolge ihrer Gründung waren: die Disconto-Gesellschaft (1851), die Darmstädter Bank (1853), die Deutsche Bank (1870) und die Dresdner Bank (1872). Neben diesen sogenannten D-Banken, die alle unabhängig von ihrem juristischen Sitz ihre Verwaltungszentrale in Berlin hatten, besaßen die Privatbank Gerson Bleichröder und später die Berliner Handels-Gesellschaft beträchtlichen Einfluß.

Diese Großbanken hatten engste Beziehungen zu Regierungsvertretern wie auch zu Abgeordneten, zur Exekutive wie zur Legislative. Bleichröder war nach der Reichsgründung mehr denn je das finanzpolitische Faktotum Bismarcks, beriet alle Pläne mit dem Kanzler und verwaltete den Welfenfonds,[190] also die Zinsen, die das 1868 von der preußischen Regierung beschlagnahmte Vermögen des entthronten Königs Georg von Hannover einbrachte und die auch der Korrumpierung von Zeitungen dienten. Nachdem Bismarck angeblich oder wirklich bestechliche Journalisten als „Reptilien“ bezeichnet hatte, gab er das Stichwort für die abschätzige Bezeichnung des Welfenfonds als „Reptilienfonds“.

Im übrigen spezialisierte sich Bleichröders Bank, von wenigen Industriebeteiligungen abgesehen, auf die Unterbringung von ausländischen Regierungsanleihen, die hohen und raschen Gewinn abwarfen und gelegentlich auch Bismarcks diplomatischen Kombinationen entgegenkamen. Da sich also Bleichröder vornehmlich „mit den Bedürfnissen von Regierungen“ beschäftigte[191] und nicht mit denen der modernen Industrie, etwa auf dem Gebiet der Elektrotechnik und Chemie, wurde er spätestens in den achtziger Jahren „altmodisch“ und verlor neben den großen Aktienbanken als Privatbankier an Bedeutung.

Aufwind bekam jedoch die im Frühjahr 1870 ins Leben gerufene Deutsche Bank, die das Streben des deutschen Handels und der Industrie ausnutzte, um auf dem Weltmarkt stärker und selbständiger als bisher aufzutreten. Allein schon durch den Norddeutschen Bund fühlte man sich jetzt im Ausland staatlich besser als bisher geschützt. Das Gründerkonsortium der Deutschen Bank, zu dem auch Ludwig Bamberger gehörte, sah eine neue bankgeschäftliche Organisation für den auswärtigen Handelsverkehr vor.[192]

Bleichröder und seine Unterschrift

Einer der beiden Direktoren aus der Frühzeit der Deutschen Bank, Hermann Wallich, schrieb in seinen Erinnerungen, Zweck der Bankgründung sei nicht zuletzt gewesen, „Deutschlands überseeischen Handel von Englands Vermittlung zu befreien". Dazu erklärte er weiter: „Bis 1870 konnte kein Ballen Baumwolle nach Deutschland eingeführt werden, der nicht durch englische Vermittlung finanziert wurde. Ähnlich ging es mit allen üblichen Rohprodukten, die zur Alimentierung der deutschen Industrie dienten. Auch der deutsche Export fand seinen Hauptweg nur über England. Diese überflüssige Vermittlungsgebühr kostete Deutschland jährlich viele Millionen und es war ein glücklicher Gedanke, unser Vaterland von diesem Tribut zu befreien und unseren Handel selbständig zu machen."[193]

An der Gründerhektik jener ersten Jahre des neuen Reichs beteiligte sich die Deutsche Bank kaum, aber sie pflegte wohlweislich die Verbindung mit der hohen Politik. Da die staatliche Konzessionspflicht für die Aktiengesellschaften erst im Sommer 1870 aufgehoben wurde, hatte das Gründerkonsortium mit der saumseligen, krittelnd-mißtrauischen Bürokratie zu tun. Anscheinend um deren Prozedur abzukürzen, schrieb der provisorische Verwaltungsrat der Deutschen Bank am 8. Februar 1870 an Bismarck[194] und verwies auf die Neugestaltung der nationalen Verhältnisse, die dem Weltverkehr der deutschen Kaufleute Schutz gewähren könnten. Da die neu zu gründende „deutsch-überseeische Bank" ihren „Hauptsitz gerade in Berlin" habe, seien die Gründer im Unterschied zu Unternehmern in anderen Staaten „erst eine oberste Genehmigung abzuwarten genötigt". In höflich verklausulierter Form äußerten die „gehorsamst Unterzeichneten" die Zuversicht, daß „Euer Exzellenz" dafür Sorge trage, den „Nachteil, in welchen sie auf diese Weise gekommen sind, auf das Maß des Unvermeidlichen" zu beschränken. Bismarck und wahrscheinlich auch sein Adlatus Delbrück reagierten offensichtlich positiv, da nach einem Schreiben vom 9. Februar bereits am 10. März das endgültige Statut der Deutschen Bank genehmigt wurde. Die Bank eröffnete vier Wochen später, am 9. April 1870, in der Französischen Straße ihre ersten Geschäftsräume.

Im Vergleich zum gelernten Bankier Hermann Wallich erwies sich in der Direktion der Deutschen Bank Georg Siemens,[195] der ursprünglich keineswegs Bankfachmann war, als wesentlich dynamischer und risikofreudiger. 1874 ließ er sich als nationalliberaler Abgeordneter in den Reichstag wählen. Banken und Politik gehörten nun einmal zusammen.

Das war in der zwanzig Jahre älteren Disconto-Gesellschaft schon klassisch ausgeprägt. In eigentümlicher Verkettung der Ereignisse könnte Otto v. Bismarck sogar unfreiwillig zu ihrer Gründung beigetragen haben. Gehörte der damalige Abgeordnete v. Bismarck-Schönhausen doch zu jenen höchst aktiven Konservativen, die durch trickreiche Umgestaltung der Preußischen Staatsbank deren Präsidenten, den Liberalen David Hansemann, loswerden wollten, nachdem sie ihn schon 1848 als Minister aus dem preußischen Staatsministerium verdrängt hatten.[196] Zwei Wochen nach der gesteuerten Intervention Bismarcks im Abgeordnetenhaus wurde David Hansemann per Kabinettsorder als Leiter der Staatsbank gekündigt und er dadurch geradezu genötigt, private Initiative zu entwickeln. Nach Überwindung bürokratischer Widerstände legte er am 3. Juni 1851 einer Generalversammlung von Interessenten den Plan zur Gründung einer Disconto-Gesellschaft vor, die im Oktober des gleichen Jahres, wenn auch noch in bescheidenen Räumen, in Berlin die Geschäfte aufnahm. Hanse-

Vater David Hansemann und Sohn Adolph von Hansemann: der großbürgerliche Kämpfer mit widerborstigem Haarschopf und der geldmächtig etablierte, gepflegte Neuadlige

mann nutzte den industriellen Aufschwung der fünfziger Jahre aus, um aus der ursprünglichen Kreditgenossenschaft klein- und mittelgewerblichen Zuschnitts eine Kreditbank großen Stils zu machen.[197]

Politisch blieb David Hansemann weiterhin ein opponierender Geist, kritisch gegenüber den Junkern und ihrem damaligen Freihandelssystem, aber aufgeschlossen gegenüber dem Großdeutschtum. Er starb 1864. Sein Sohn Adolph Hansemann, der nun, im Jahre des siegreichen Krieges um Schleswig-Holstein, alleiniger Direktor der Disconto-Gesellschaft wurde, schwenkte ohne Bedenken und Oppositionsgelüste auf den Bismarckschen Kurs ein, er beteiligte sich an der Kriegsfinanzierung 1866 und 1870 und wurde dafür 1872 mit dem Adelsprädikat belohnt.

Noblesse oblige, Adel verpflichtet; der neugeadelte Großbankier erwarb zwei Magnatgüter im preußisch-deutschen Reich, eines auf Rügen und eines im Posener Gebiet. So verkörperte er in geradezu beispielhafter Weise die Symbiose von Großbourgeoisie und Aristokratie. Im Unterschied zu seinem Vater, der noch um seine Position als Großbürger zu kämpfen hatte, bewältigte er das Verhältnis von Geschäft und Politik so, daß er gewissermaßen in großbetrieblicher Arbeitsteilung einen Kreis einflußreicher Abgeordneter und Mitglieder der Regierung um sich scharte, die ihm Dienste leisteten.

Sein Einflußbereich umfaßte nationalliberale Abgeordnete aus dem preußischen Abgeordnetenhaus ebenso wie Mitglieder des preußischen Herrenhauses und des deutschen Reichstages. Der bedeutendste unter ihnen war Johannes Miquel, der seinen politischen Aufstieg als Mitbegründer des Nationalvereins begonnen hatte, 1865 schließlich Bürgermeister von Osnabrück geworden war und 1867 zum nationalliberalen Reichstags- und Landtagsabgeordneten in Preußen avancierte. Der Sprung ins große Geschäft gelang ihm 1869, als er in die Leitung der Hansemannschen Disconto-Gesellschaft eintrat und 1870 den Direktorposten des neugegründeten Tochterunternehmens, der „Provinzial-Disconto-Gesellschaft", übernahm.[198]

Der Politiker Miquel verstand es, beträchtlichen Nutzen aus seinen zahlreichen Verbindungen zu ziehen, die den Einfluß der Disconto-Gesellschaft auf wesentliche Gründungs- und Spekulationsgeschäfte ausdehnten. Bei Bismarck auf der Regierungsebene allerdings richtete Miquel politisch wenig und geschäftlich gar nichts aus. Während der Kanzler Lothar Bucher und Ludwig Bamberger trotz ihrer revolutionären Tätigkeit 1848 und ihrer langjährigen Emigration aufnahm, traute er Johannes Miquel wegen seiner früheren Verbindung mit dem Bund der Kommunisten und seiner bis 1857 währenden Korrespondenz mit Karl Marx nicht über den Weg.[199] Wahrscheinlich war Bismarck weniger durch Bebels diesbezügliche Enthüllungen mißtrauisch gemacht worden als durch seinen eigenen Spürsinn, der ihn Miquels gelegentliche Neigung zum Doppelspiel ahnen ließ. In der Tat schickte dieser noch im Mai 1871 an Karl Marx eine vertrauliche Mitteilung über die geheime, gegen die Pariser Kommune gerichtete Absprache zwischen Bismarck und Jules Favre.[200]

Solche und ähnliche Manöver, gleich welche Motive ihnen zugrunde liegen mochten – viele blieben sogar geheim –, machten Miquel zu einem Mann, den Bismarck beargwöhnen mußte. So meinte er einmal, Miquel sei zwar ein angenehmer und geistreicher Mann, aber keineswegs zuverlässig: „... bei ihm rutscht plötzlich die Erde weg, auf die man bauen zu können glaubte".[201] Im übrigen zog sich Miquel 1876, als sich der wirtschaftspolitische Umschwung ankündigte, von der „Reichszentrale" zurück, er wurde zunächst wieder Bürgermeister in Osnabrück, dann 1879 in Frankfurt am Main. Dadurch konnte er seinen Einfluß in der Nationalliberalen Partei erhalten.

Ohnehin hatte seine Stärke nicht in seinen Beziehungen zum Staatsapparat gelegen, deshalb suchte und fand Adolph v. Hansemann andere Mittelsmänner, sogar in unmittelbarer Nähe des Kaisers.[202] Die Vortragenden Räte Wehrmann und später Schuhmann kamen beide aus dem Verwaltungsrat der Disconto-Gesellschaft. Zu ihnen gesellten sich noch der preußische Finanzminister Camphausen sowie der Geheime Oberfinanzrat Scheele. Alle diese zum Kreis der Disconto-Gesellschaft gehörenden Personen waren selbst Aufsichtsräte und Gründer oder Mitinhaber von Gesellschaften.

Natürlich gab es daneben noch eine beträchtliche Zahl anderer Aktiengesellschaften, die sich der „politischen Gründer" bedienten, also jener Politiker und Beamten, die die Fäden zwischen den Werks- und Bankdirektoren, zwischen den Parlamentscouloirs und Staatskanzleien zogen. Zu den Beamten, Militärs und „Notabilitäten aus Kunst und Wissenschaft"[203] gesellten sich gewählte Abgeordnete. Jede bürgerliche Parlamentsfraktion hatte namhafte Vertreter, die durch mindestens einen oder zwei Aufsichtsratsposten mit dem Wohl und Wehe von Aktiengesellschaften verbunden waren: so der Zentrumführer Windthorst, der in der Hannoverschen Bank vertreten war, der Führer der demokratischen Volkspartei Leopold Sonnemann, der sich an vielen Gründungen beteiligte, der Abgeordnete der Fortschrittspartei Adolph Hagen, der als Direktor der Deutschen Union-Bank und Gründer oder Aufsichtsrat vieler Gesellschaften fungierte, und nicht zu vergessen einer der führenden Konservativen, Hermann Wagener. Sein Fall war in mehr als einer Hinsicht instruktiv.

Im Februar 1873 enthüllte Eduard Lasker vor dem preußischen Landtag in einer dreistündigen Rede Manipulationen zwischen Beamten im Handelsministerium und in Eisenbahnunternehmen. Dabei kam heraus, daß Hermann Wagener bei der Gründung der Pommerschen Centralbahn in dubioser Weise mitgewirkt hatte. Laskers Rede, der erste Großangriff auf das Gründertum, kam bei dem liberalen Verleger Duncker in zwei Wochen in vier Auflagen heraus. Sie erregte die Öffentlichkeit und erschütterte die Ministerien. Der Handelsminister Itzenplitz demissionierte, Hermann Wagener ersuchte um seine Pensionierung.[204]

Der linke Liberale agierte mit eiferndem Doktrinarismus, ohne zu merken, daß er dabei die Geschäfte liberal-konservativer Großunternehmer betrieb. Ihnen war der „rötliche" Einfluß Hermann Wageners auf Bismarck in allen Fragen der Sozialreform verdächtig. Hatte doch der Saarindustrielle Karl Stumm schon im November 1872, knapp acht Wochen vor Laskers Sensationsrede, an den späteren Handelsminister Achenbach geschrieben: „Übrigens wäre mir ganz lieb, wenn Wagener ... beseitigt würde: Denn der Mann spielt auf sozialem Gebiet eine ganz gefährliche Rolle und ist durch seine jetzige Stellung doch sehr einflußreich".[205]

Bismarck erkannte sofort, was da gespielt wurde, auch ohne die Intrigen im einzelnen zu durchschauen. Als er Lasker zur Rede stellte und dieser sich zu rechtfertigen versuchte, er habe ihn ja gar nicht angegriffen, erwiderte Bismarck zornig: „Aber Sie haben so nahe bei mir vorbeigeschossen, daß Sie mich auch auf ein Haar getroffen hätten".[206] Schlimmer für Bismarck war, daß sein Vertrauter und Mitarbeiter tatsächlich fiel. Ein Jahr vor Laskers Attacke hatte Bismarck Wagener geschrieben: „Sie sind der Einzige in meiner Umgebung, mit dem ich rückhaltlos offen mich ausspreche, und wenn ich das nicht mehr kann, so ersticke ich an meiner Galle."[207] Unmittelbar nach dem erzwungenen Ausscheiden Wageners aus dem Amt klagte Bismarck: „Die tüchtigste Arbeitskraft hat man mir genommen."[208] Und im März 1873 sagte er einem konservativen Reichstagsabgeordneten: „Wagener ist ein ... Mann, dessen Taten ich nicht alle vertreten will, der aber höchstens das getan hat, was hunderte und aberhunderte in allen Ehren stehende Männer auch getan haben. – Ich habe in aller Absicht in voller Uniform am hellen Tage vor allen Leuten ihm einen Besuch gemacht, als die böse Nachrede über ihn hereinbrach, um ihm dadurch einige Genugtuung werden zu lassen."[209]

Eduard Lasker hat durch seine Enthüllungen wenige Monate vor den Börsen- und Bankenkrachs die Öffentlichkeit auf das Gründerunwesen aufmerksam gemacht, auf das Ausnutzen politischer Machtpositionen für persönliche Geschäftsinteressen; das war sein Verdienst, und dennoch konnte er seines Erfolges nicht froh werden. Nicht nur daß er den unversöhnlichen Haß Bismarcks auf sich gelenkt hatte, belastender für ihn war der von vielen geteilte Verdacht, er habe mit zweierlei Maß gemessen und „aberhunderte" aus seinem liberalen Lager geschont, die viel militantere Gründer und geschicktere Spekulanten waren als Wagener. Am ökonomisch-sozialen Gesamtsystem aber konnte und wollte Lasker ohnehin nichts ändern. Das war nun einmal so geartet, daß

Bild von Menzel
Zur Gründerzeit gehörte auch die rege Bautätigkeit

Geld und Macht sich zusammentaten, um sich wechselseitig zu unterstützen und zu potenzieren.

„Das deutsche Reich in seiner heutigen Gestalt", so faßte der konservative Sozialkritiker Rudolf Meyer[210] seine zeitgenössischen Betrachtungen zusammen, „ist nicht der Gesamtausdruck aller in der Nation schlummernden Kräfte. Diese werden vielmehr unterdrückt und an der Entfaltung gehindert durch den furchtbaren Druck, den der Kapitalismus auf uns übt."[211] Meyer hatte zwar nicht recht, wenn er meinte, daß die Entstehung der Kapitalherrschaft „allein dem Umstand dankt, daß Fürst Bismarck ihr seinen gewaltigen Arm lieh".[212] Aber zweifellos förderte Bismarcks Herrschaft den Kapitalismus mit allen seinen ökonomischen und sozialen Fortschritten, aber auch seinen moralisch-politischen Verderbnissen.

*

Bau einer Großstadtvilla
Man baute anspruchsvoller als die Gutsherren und demonstrierte die soziale Hegemonie der Großbürger.

Durch die vielfachen Gründungen solider und unsolider Unternehmungen erweiterte sich das Produktionsvolumen der deutschen Industrie beträchtlich. Von 1870 bis 1872 erhöhte sich die Industrieproduktion um rund ein Drittel, die Produktion von Roheisen um mehr als vierzig, die von Stahl um 80 Prozent.[213] Am

Bau der Grenadierstraße (Arbeiterviertel)

Wachstum der Steinkohlenproduktion wurde die Intensität der Industrialisierung besonders deutlich. Das Ruhrgebiet weitete seine Grubenfelder nach Osten und Norden aus. Größere Teufen wurden notwendig. Die höhere Produktion erreichte man weniger durch technische Verbesserungen als durch die Erweiterung der Belegschaft.

Der Maschinenbau stand noch am Anfang seiner großindustriellen Produktion; zunächst galt es, die englischen Lizenzbauten zu überwinden, also eigene Konstruktionen zu entwickeln. In der Textilindustrie stammte der Zuwachs an Kapazitäten nach 1871 aus Annexionsgewinnen, nämlich aus der Baumwollindustrie des Oberelsaß. Sie brachte der deutschen Textilindustrie 56 Prozent mehr Spindeln, 88 Prozent mehr Webstühle und 100 Prozent mehr Druckmaschinen für Baumwollstoffe.[214] Außerhalb des Elsaß vergrößerten die Spinnereien und Webereien in Deutschland ihren Maschinenbestand auf der Grundlage der bisher bekannten Technik. Die Spinnereien erhöhten die Spindelzahlen und beschleunigten den Umlauf. In keinem anderen Industriezweig war jedoch die Hausindustrie so weit verbreitet wie in der Textilindustrie. Die

Zahl der hier Beschäftigten übertraf um die Hälfte die der in mittleren und Großbetrieben Arbeitenden.

Innerhalb der Gesamtentwicklung der deutschen Industric war schon damals zu erkennen, daß die Produktionsgüterindustrie schneller wuchs als die der Konsumgüter. Deutschland war unwiderruflich in die Phase des kapitalistischen Welthandels und der großen Industrie eingetreten.

Diese Entwicklung trug wesentlich dazu bei, daß der Kapitalismus der freien Konkurrenz in den Jahren 1866 bis 1873 auch international seinen Höhepunkt erreichte. Die ökonomischen Prozesse gehörten ebenso zum Epochenwechsel wie die politischen und sozialen Veränderungen nach 1871. Die Reichsgründung schloß politisch jenes mit 1789 begonnene Zeitalter des Kampfes um nationalstaatliche Einheit und Unabhängigkeit für die nächsten Jahrzehnte ab; zugleich eröffnete sie die Periode der sozialen Hegemonie des industriellen Unternehmertums West- und Mitteleuropas. Mit ihm entwickelte sich die internationale Arbeiterbewegung, deren politischer, organisatorischer und ideologischer Schwerpunkt sich gerade in der Bismarckzeit nach Deutschland verlagerte.

Orientierung im europäischen Kräftefeld

Die wirtschaftliche Stärke des eben geeinten und von Österreich abgegrenzten Deutschland und sein militärischer Vorsprung gegenüber den anderen europäischen Mächten waren nicht dazu angetan, die Gemüter in Europa trotz der ehrlich gemeinten wiederholten Erklärungen Bismarcks von der Saturiertheit Deutschlands zu überzeugen. Schon Anfang der siebziger Jahre zeigten sich Diplomaten und Journalisten in verschiedenen Ländern beunruhigt. Mit Sorgen vor der drohenden Hegemonie eines sich geradezu parvenühaft entwickelnden Reiches verbanden sich Ängste vor sozialen Erschütterungen. Seit der Zeit der Pariser Kommune und der deutsch-französischen Friedensverhandlungen verflochten sich nationalstaatliche Interessenkonflikte mit bürgerlicher Solidarität. Inwieweit diese praktiziert wurde, hing von der Dynamik der Beziehungen zwischen den Klassen und Staaten in Europa ab.

Diplomaten und Minister, die etwa in Österreich, Rußland oder

England über die Pariser Revolution mit ehrlichem oder gespieltem Schrecken sprachen, taten dies kaum ohne Beteuerungen, daß die Regierungsautorität, also die staatliche Ordnung, gestärkt werden müsse.[215] Auch der deutsche Botschafter in Wien, v. Schweinitz, berichtete nach Berlin, daß sich der ungarische Ministerpräsident Andrássy für eine „auf Gegenseitigkeit begründete Assekuranz" ausgesprochen habe.[216]

Alle diese Erklärungen der um Ordnung und Autorität besorgten Diplomaten kamen den bonapartistischen Vorstellungen Bismarcks sicherlich sehr gelegen. Trotzdem reagierte der Reichskanzler auf diplomatische Anregungen, die nicht zuletzt von Gortschakow ausgingen, Deutschland möge die Initiative für antisozialistische Abwehrmaßnahmen der europäischen Mächte ergreifen, mit wenig Eifer.[217] Das entsprach einer alten Taktik, die er bereits Anfang der fünfziger Jahre als Bundestagsgesandter in Frankfurt angewandt hatte. Er ließ revolutionär-demokratische oder gar sozialistische Organisationen zunächst anwachsen und wartete ab, bis er im geeigneten Moment durch wohlvorbereiteten harten Zugriff als Staatsretter spektakulär auftreten konnte. Dabei kamen ihm anhaltende republikanische Turbulenzen im eben besiegten und dennoch gefürchteten Frankreich durchaus gelegen, um es diplomatisch zu isolieren.

Im Sommer 1871 gab es überhaupt viel diplomatische Geschäftigkeit unter dem sich monoton wiederholenden Motto „Ordnung und Autorität". Das war auch bezeichnend für die Wende zur neuen Epoche, in der die Arbeiterfrage eindringlicher denn je auf der historischen Tagesordnung stand. Zugleich bemühten sich die verschiedenen Regierungen darum, möglichst günstige Positionen bei der Neugruppierung der europäischen Mächtekonstellation zu erlangen. In diesem mitunter dreisten Wettstreit wollte insbesondere die französische Regierung, Bismarcks lauernde Passivität ausnutzend, als konservativer Ordnungshüter Preußen-Deutschland übertreffen. Jules Favre schlug in einem Zirkular im Juli 1871 die Einberufung einer europäischen Regierungskonferenz vor, die über ein antisozialistisches Ausnahmegesetz beraten sollte; er konnte sogar mit einem Gesetzentwurf aufwarten, der die Einschränkung der Vereins-, Versammlungs- und Pressefreiheit vorsah.[218] Bismarck gestand zwar dem konservativ-legitimistisch gesinnten französischen Botschafter Gontaut-Biron, daß das in Paris entworfene Spezialgesetz gegen die Internationale auch für Deutschland ein „Vorbild" sein könnte; dennoch dachte er nicht daran, Frankreich allzufrüh in diplomatische Kombinationen einzubeziehen.[219]

Zunächst wollte er das Verhältnis zu Österreich-Ungarn neu gestalten. Ende der fünfziger Jahre hatte Bismarck auf seinem Programm zwar die Ausschließung der Habsburgermonarchie aus dem Deutschen Bund und dessen Auflösung gehabt, war aber gleichzeitig darauf bedacht gewesen, die territoriale Integrität der alten Kaisermacht zu erhalten und deren weitere Ausbildung als Donaumonarchie zu fördern, mit der dann – völkerrechtlich – zusammenzuarbeiten sei. Der erste Teil des Programms wurde 1866 realisiert, der zweite Teil 1867 zumindest teilweise durch den österreichisch-ungarischen Ausgleich. Aber die völkerrechtliche Zusammenarbeit scheiterte an den Revanchebestrebungen regierender Kreise in Wien. Erst die Reichsgründung zwang die Doppelmonarchie an der Donau zum Umdenken und Einlenken.

Wenige Tage nach dem Frankfurter Friedensvertrag mit Frankreich sandte Graf Beust, der österreichisch-ungarische Außenminister, am 18. Mai 1871 von Gastein aus an Kaiser Franz Joseph eine Denkschrift über die „allgemein-politische Constellation und die nunmehr für Österreich-Ungarn gegebene politische Orientierung, mit der Conclusion: Vorläufige Verständigung Österreich-Ungarns und Deutschlands in allen brennenden Tagesfragen“.[220] Offensichtlich war Beust in der Formulierung der Überschrift des Memorandums mit dem Erwähnen des „Vorläufigen“ und der „Tagesfragen“ noch sehr vorsichtig. Wahrscheinlich hielt er es für ratsam, in einem solch hochoffiziellen Dokument einmal Rücksicht auf Hofkreise zu nehmen, die ein Jahr vorher gegenüber dem Bismarckschen Preußen wegen 1866 noch recht revanchelüstern waren, zum anderen eigene Vorbehalte in vorsichtiger Form zu notifizieren. Im Text selbst wurde er allerdings deutlicher, indem er unumwunden die Anerkennung der Ergebnisse von 1870/71 verlangte und zunächst auf den „deutsch-nationalen Zündstoff“ in Österreich wies. Diese Gefahr für die Habsburgermonarchie sei nur durch Annäherung an Preußen-Deutschland zu bannen. Der Hohenzollernstaat wiederum müßte gleichfalls an einer Verständigung interessiert sein; denn „seine politische Lage hat sich keineswegs auf gleiche Stufe mit der militärischen gehoben und ist durchaus nicht so gesichert, daß es dem Berliner Kabinette gleichgültig sein könnte, wie wir unsere Beziehungen zu demselben auffassen“.[221] Beust verwies auf antideutsche Strömungen in Rußland, wo Deutschlands wirtschaftliche Entwicklung gefürchtet werde.

Das alte Ischl und die Kaiservilla; vom Park aus aufgenommen

Vom Fürsten Bismarck könne doch nicht übersehen werden, „daß nunmehr voraussichtlich Rußland die Rolle des fordernden, Preußen-Deutschland jene des gewährenden Theils in jener europäischen Complikation zufällt.“[222]

In seiner tour d'horizon fortfahrend, meinte Beust: Da Bismarck „von Seiten Frankreichs nur wüthenden Haß und Streben nach Wiedervergeltung, von England Gleichgültigkeit, von Italien – vereinzelte Kreise ausgenommen – Abneigung zu erwarten hat, so ist es natürlich, daß er seine Blicke nach Wien richtet und trachtet mit Österreich-Ungarn nicht nur theoretisch, sondern auch practisch auf einen besseren Fuß zu gelangen“.[223]

Eine solche Verständigung, sei sie „vorläufig“ oder nicht, verlange den Verzicht Wiens auf ein Bündnis mit Frankreich. Dieses könne für Österreich „ein befreundeter in Wahrheit aber sehr gefährlicher Gesellschafter . . . werden, sofern zwischen Deutschland und Österreich Kälte und Spannung anstatt Freundschaft und Zusammengehen hervortreten.“[224] Diese Stelle versah Kaiser Franz Joseph mit einem roten Strich am Rande. In der Tat, sowenig Bismarck damals und auch später an der Annexion ultramontan, liberal oder gar demokratisch eingestellter deutscher Bevölkerungsteile Österreichs interessiert war, er hätte dennoch in einem Existenzkampf mit Frankreich, wenn es von Österreich-Ungarn in irgendeiner Weise unterstützt worden wäre, den hier liegenden „deutsch-nationalen Zündstoff" zur Entladung gebracht. Eine solche Möglichkeit eröffnete er zwei Jahre später dem österreichisch-ungarischen Botschafter recht offenherzig in kurzen, provokatorisch hingeworfenen Sätzen.[225] Das war aber nur Bismarcks Ultima ratio. In Wien konnte der Weg der Verständigung von dem Moment an ins Auge gefaßt werden, da Kaiser Franz Joseph das Beustsche Memorandum am 25. Mai „genehmigend zur Kenntnis"[226] genommen hatte.

Kaiser Wilhelm I. reiste zum ersten Mal seit 1865 wieder nach Bad Gastein zur Kur und traf am 11. August in Ischl sowie am 7. September in Salzburg mit dem österreichisch-ungarischen Monarchen Franz Joseph zusammen. In einem Runderlaß erklärte Bismarck, daß mit diesem Besuch das gestörte Verhältnis zwischen Wien und Berlin „als eine abgeschlossene und beseitigte Episode angesehen werden" dürfe.[227] Die Monarchenbegegnungen wurden politisch auch dadurch gewichtig, daß zwei alte Gegner, nämlich Bismarck und Beust, in ihrer Eigenschaft als Außenminister zweimal zu ausführlichen Gesprächen zusammenkamen, in Bad Gastein und in Salzburg.

Die beiden Minister hatten einen umfangreichen Themenkreis zu absolvieren und sprachen dabei notwendigerweise auch über die Arbeiterinternationale, die von den Diplomaten zum vielberedeten Popanz gemacht worden war; doch so klarsichtig waren die beiden natürlich, die damit zusammenhängende „soziale Frage" auf jeden Fall ernst zu nehmen. Wußten sie doch, daß in dieser Zeit des vollausgebildeten Gegensatzes zwischen Bourgeoisie und Proletariat mit der bloßen Repressionstechnik, „wie sie zur Zeit der Karlsbader Beschlüsse und der Mainzer Zentralkommission herrschend war",[228] nichts auszurichten sei.

Damals entstand bereits jene Doppelstrategie, über die Bismarck im Oktober den preußischen Handelsminister Graf v. Itzenplitz unterrichtete: Repressionen, welche „staatsgefährliche Agitationen durch Verbots- und Strafgesetze hemmen" würden, sollten durch sozialpolitische Maßnahmen ergänzt werden, „um denjenigen Wünschen der arbeitenden Klassen ..., welche in den Wandlungen der Produktions-, Verkehrs- und Preisverhältnisse eine Berechtigung haben, durch die Gesetzgebung und die Verwaltung entgegen(zu)kommen, soweit es mit den allgemeinen Staatsinteressen verträglich ist".[229]

Der Handelsminister schreckte jedoch vor einer reformerischen Initiative zurück, dabei Argumente vorbringend, die Bismarck in einem zweiten Schreiben nicht gelten ließ.[230] Schwerwiegender für den Kanzler war jedoch die Erkenntnis, daß ein sozialpolitisches Gesetzgebungswerk in einer Zeit, in der er auf die Liberalen im Reichstag Rücksicht nehmen mußte, nicht zu verwirklichen war. Hatten diese doch schon außerhalb des Parlaments solche Volkswirtschaftler wie Gustav Schmoller, die über die soziale Frage vor allem im „Verein für Sozialpolitik" diskutierten, mit dem Stigma „Kathedersozialisten" versehen und einen Mann wie Eduard Lasker so eingeschüchtert, daß er es nicht wagen konnte, zu den Tagungen der so Verunglimpften auch nur als Gast zu kommen.[231]

Angesichts dieser Intoleranz der Liberalen taten Beust und Bismarck genau das, was alle Diplomaten in solchen und ähnlichen Situationen tun: Sie beauftragten eine gemeinsame Expertenkommission mit vorbereitenden Studien. Indem die Sozialpolitik bedenkenreich hin und her erwogen, also auf die lange Bank geschoben wurde, degradierte man sie zu einem Mittel, um die Beziehungen zwischen Berlin und Wien auch zu anderen Zwecken in Gang zu halten.[232]

Für die beiden Monarchien war es weit bedeutungsvoller, zunächst wieder gegenseitiges Vertrauen zu schaffen und zur Erkenntnis zu kommen, „daß die staatlichen Interessen beider Teile nicht weiter kollidieren." Bismarck nannte es „eine schülerhafte Politik", auf eine Gewinnung der deutsch-österreichischen Provinzen zu spekulieren: „Dänemark und Holland – welche man nicht erobern wolle – wären gleichwohl eher ein brauchbarer Gewinn, aber mit österreichischen Ländern eine slawische Bevölkerung und einen Herd katholischer Opposition einzuführen, sei barer Unsinn und die sichere Auflösung des eben gegründeten Deutschen Reiches".[233] Die Zurückweisung aller deutschtümelnden Bestrebungen in Österreich wurde geradezu ein Leitmotiv der Bismarckschen Politik.

Er betonte erneut, daß Preußen-Deutschland eine „Erstarkung der österreichisch-ungarischen Monarchie wünsche und brauche", anerkannte österreichisch-ungarische Expansionswünsche auf dem Balkan, insbesondere angesichts der zu erwartenden Auflösung des Türkischen Reiches. Andererseits aber mußte Beust konstatieren: „In Berlin will man nicht durch uns in eine feindliche Haltung gegen Rußland gezogen werden, aber man hofft durch das gute Verhältnis zu uns Rußland gegenüber eine freiere Stellung zu gewinnen".[234] In der Tat: Zusammenarbeit mit Rußland, ohne von ihm abhängig zu werden, und zwar gerade durch den vertraulichen Kontakt mit Wien davor bewahrt – das gehörte auch zu einem der Leitmotive Bismarckscher Außenpolitik.

Wie aber sollte das Vertrauensverhältnis zu dem expandierenden Rußland aufrechterhalten werden, wenn man das gleiche zu dessen Balkanrivalen, eben Österreich-Ungarn, anstrebte? Gortschakow ließ mißtrauisch beobachten, welche Fäden da zwischen der hohenzollerschen und der habsburgischen Monarchie gesponnen wurden,[235] was die deutsche Diplomatie schon nach den ersten Gipfeltreffen im Salzkammergut zu der wahrheitsgemäßen Beteuerung veranlaßte, die Verständigung zwischen Berlin und Wien sei nicht gegen Petersburg gerichtet. Über seine ständigen engen Beziehungen zu Petersburg ließ Bismarck das Wiener Kabinett nicht im Zweifel, er wollte es sogar als gleichberechtigten Dritten in den Bund bringen. So konnte Oubril seinem Vorgesetzten Gortschakow berichten: „Bismarck ersehne die Wiedererrichtung der Entente der drei Höfe, die ihm, den Frieden in Europa aufrechterhaltend, die seit 1864 erzielten Ergebnisse sichert. Mir scheint, daß dieses Programm für uns nichts Schreckliches enthält, aber es nötigt uns, Österreich mehr zu beachten, als wir dies die letzten Jahre taten."[236]

Gortschakow kam den sozial und politisch konservativen Allianzplänen Bismarcks durchaus entgegen; aber wenn dieser von einem Dreierbund eine größere Bewegungsfreiheit im Verhältnis zu Rußland erhoffte, so erwartete Gortschakow geradezu das Gegenteil. Schon weil Deutschland durch seinen Antagonismus zu Frankreich in seinen Beziehungen eingeengt war, glaubte er, Rußland könnte in einer neuen, Österreich-Ungarn einbeziehenden Mächtekombination die Vorhand gewinnen. Mochten seine Spekulationen nicht des rationalen Kernes entbehren, Rußlands ökonomische und soziale Rückständigkeit widersprach seinen Hegemonieansprüchen.

Natürlich waren auch die österreichisch-ungarischen Diplomaten nicht ohne Hintergedanken; sie hofften schon Anfang der siebziger Jahre, „dereinst im gegebenen kritischen Moment" die Bundesgenossenschaft mit Deutschland im Interesse der Donaumonarchie „ordentlich verwerten" zu können.[237]

Wenn russische und deutsche Diplomaten sich immer wieder der gegenseitigen Freundschaft versicherten, an deren Felsen alle Intrigen brechen müßten,[238] dann war neben dem bissele Lieb' und dem bissele Treu das bissele Falschheit halt allweil dabei. Mitunter kam das sogar in den Erlassen zum Ausdruck, so, wenn es in einem des zaristischen Außenministeriums hieß, daß „unser Tête-à-Tête mit Preußen ein wenig den Charakter des intimen Vertrauens durch die Einführung eines Dritten verlieren wird, dessen Verhältnis zu uns viel weniger zuverlässig und dessen Gesinnung sehr verdächtig ist".[239] Das russische Mißtrauen gegenüber Österreich erlosch nie.

Im November 1871 wurde in Wien das Kabinett Hohenwart – Beust wegen seiner verfassungspolitischen Pläne gestürzt, die das Ziel hatten, einmal die Autonomie Galiziens, also des vornehmlich polnisch bewohnten Landesteils, zu erweitern, zum andern das tschechische Böhmen staatsrechtlich mit Ungarn gleichzustellen, also den slawischen Nationalitäten innerhalb der Habsburgermonarchie eine ähnliche Position zu verschaffen, wie sie die ungarische innehatte. Bismarcks Direktiven an die Botschaft in Wien verlangten Zurückhaltung gegenüber dem Streit innerhalb der habsburgischen Monarchie, aber der deutsche Reichskanzler war sich mit dem ungarischen Ministerpräsidenten Andrássy in dem Bedenken einig, „daß sich die Regierung bei dem Versuche, ihre Autorität zu bekräftigen, statt auf konservative Grundsätze auf leidenschaftliche Nationalitäten stützt."[240] Dieses Zurückweisen nationaler Selbständigkeitsbestrebungen im Osten und Südosten Europas war weiterhin bestimmend für die Bismarcksche Politik der kommenden Jahrzehnte.

Nach dem Sturz des Kabinetts Hohenwart – Beust und der Berufung Adolf Auerspergs zum Ministerpräsidenten wechselte Gyula Graf Andrássy vom Budapester Regierungssitz ins Wiener Außenministerium am Ballhausplatz über. Sein Lebenslauf war repräsentativ für die politische Entwicklung eines bedeutenden Teils der ungarischen Aristokratie. Sproß einer alten Großgrundbesitzerfamilie, hatte sich Andrássy 1848/49 am ungarischen Freiheitskampf beteiligt, wurde nach seiner Niederschlagung in Abwesenheit zum Tode verurteilt und „in effigie" (also symbolisch) gehenkt, lebte infolgedessen bis zur Amnestie 1857 in Paris; nach seiner Rückkehr in die Heimat schloß er sich der gemäßigten Richtung Deáks an und beteiligte sich an der staatsrechtlichen Festlegung des österreichisch-ungarischen Ausgleichs von 1867, also an der Begründung der k. und k. Monarchie, des Kaiserlichen Gesamtreiches und des königlichen Ungarns in Personalunion von Franz Joseph I. Vor und während des Deutsch-Französischen Krieges trat Andrássy für eine entschiedene Neutralität der habsburgischen Doppelmonarchie ein, und ab November 1871 wurde er als ihr Außenminister neben Gortschakow in Petersburg zum wichtigsten Partner Bismarcks in der internationalen Arena der siebziger Jahre. Die bereits im Sommer eingeleitete Orientierung auf Preußen-Deutschland setzte er zwar fort, strebte jedoch als härtester Vertreter österreichisch-ungarischer Balkaninteressen eine gegen Rußland gerichtete Vereinbarung mit Berlin an. Károlyi, der Botschafter Wiens in Berlin, dämpfte sogleich derartige Erwartungen Andrássys, erst recht, nachdem Mitte April 1872 der Gegenbesuch des österreichischen Monarchen in Berlin für den kommenden Herbst angekündigt worden war.[241]

Andrássys Wunsch nach einer Separatverständigung mit Berlin wurde endgültig zunichte gemacht, nachdem der Zar dem deutschen Botschafter Prinz Reuß seinen Wunsch nach Anwesenheit beim hohenzollersch-habsburgischen Kaisertreffen in Berlin zu verstehen gegeben hatte; salbungsvoll ließ er Wilhelm I. sagen, sein bester Freund werde wohl ohne ihn nicht neue Freundschaften schließen.[242] Auch andere Russen verkündeten unverblümt ihre Absicht, die Deutschen und die Österreicher nicht allein zu lassen. Überdies, so hieß es bald, werde der Außenminister Gortschakow in Berlin auch dabeisein.

Von jeher als eitel geltend, habe Gortschakow, so wird immer wieder behauptet, aus Eifersucht auf Bismarcks weltgeschichtliche Erfolge, der deutschen Politik fortan Schwierigkeiten bereitet. Wie immer es mit diesen persönlichen Motiven beschaffen sein mochte, jedenfalls drängten sich dem russischen Staatsmann auch sachliche Erfordernisse auf: Die nationalstaatliche Einigung und Kraftentfaltung Deutschlands, die Schwächung Frankreichs und die Neuorientierung Österreich-Ungarns zwangen das Zarenreich nach 1871, im sozialen und nationalen Kräftespiel Europas seinen Platz neu zu finden und zu bestimmen. Da tauchten zunächst Probleme auf, die der deutschen Politik keineswegs genehm sein konnten, etwa das der außenpolitischen Aspekte der sozialen Frage, das des sogenannten Kulturkampfes und jenes des dänischen Nordschleswigs.

Dem allen setzte Bismarck entgegen, daß Gespräche über „spezielle Fragen und politische Details ausgeschlossen sein sollten und das einfache Übereinkommen, in Zukunft bei der Bewahrung des Friedens zusammenzuarbeiten, die Grundlage des Treffens bilden sollte“.[243] Die Wünsche und Überlegungen von verschiedenen Seiten machten ein österreichisch-deutsches Sondertreffen ebenso unmöglich wie russisch-deutsche Vertraulichkeiten.

Die österreichische Diplomatie ließ klugerweise keine Verstimmung erkennen und erklärte sich mit dem Dreiertreffen einverstanden. Wenn schon der Zar in Berlin als dritte Majestät dabeisein wollte, dann nutzte Bismarck das natürlich aus, um nach dem Sieg über Frankreich in der Hauptstadt des neugegründeten Reiches die Eintracht der Dreikaisermächte vor aller Welt gebührend zur Schau zu stellen, zumal es ihm auch innenpolitisch gelegen kam, wenn sich schon vor dem Dreikaisertreffen offiziell Stimmen gegen die subversiven Elemente erhoben, damit das „Geschrei der Roten" übertönt werden könne; immerhin war die Welt der konservativen Aristokratie und der liberalen Bürger gerade erst genug aufgeschreckt worden durch die Pariser Kommune.

Wenn auch die der Welt gezeigte Zusammenarbeit der drei Kaisermächte unter der maßgeblichen Schirmherrschaft des neuen Reiches und seines Kanzlers sehr vorbedacht erschien, in Wirklichkeit verlief manches spontaner. Die diplomatische Kunst Bismarcks bestand darin, daß er unerwartete Initiativen anderer sogleich machtpolitisch auszunutzen verstand.

Was jetzt in Gang gekommen war, sollte weitergeführt werden; das betonte auch die offiziöse „Provinzial-Correspondenz", die insbesondere „den Boden für eine Annäherung zwischen Österreich und Rußland geebnet" wissen wollte.[244] Behutsamkeit war allerdings vonnöten, und so ging Bismarck, getreu seinen Überlegungen, allen konkreten Gesprächen, die Widersprüche offenbaren konnten, aus dem Wege, ungeachtet dessen, daß seine Amtskollegen aus Wien und Petersburg im Gefolge ihrer Majestäten in Berlin weilten. Aber daß das militärische und höfische Schaugepränge in der Reichshauptstadt in den Tagen vom 6. bis zum 11. September 1872 über die Bühne rollte und der Welt den Eindruck einer historischen Sensation vermittelte, war ihm schon viel wert, wenn er auch keineswegs vom Schauer eines lebendig waltenden Weltgeistes erfaßt war, sondern – wie stets – ironischen Abstand zu den feierlichen Geschehnissen wahrte, wohlwissend, wie alles zustande gekommen war.

Aber Bismarck konnte, wie schon oft, wieder einmal den Mund nicht halten und spöttelte gegenüber dem britischen Botschafter Odo Russel, es sei ihm darauf angekommen, daß die Monarchen „gleich den drei Grazien" eine schweigende, aber bewunderte „zärtliche Gruppe" bildeten, zu der Europa „als lebendiges Symbol des Friedens aufblicken und Vertrauen haben kann".[245] So ließ er seine Puppen, die hohen Majestäten, auf der weltpolitischen Schaubühne tanzen; der eingefleischte Monarchist hatte vor den Monarchen nie sonderlichen Respekt.

Das Demonstrativ-Theatralische des Dreikaisertreffens war derart zum Hauptzweck geworden, daß die anstehenden Themen schließlich nur am Rande besprochen wurden. Zunächst versicherte man sich gegenseitig, „im Interesse von Ordnung und Moral in Zentraleuropa" gegen die „revolutionäre und subversive Aktion der Internationale" einzuschreiten und zur Lösung der sozialen Gegensätze sowohl repressive wie präventive Mittel anzuwenden.[246] Dabei brauchte man nicht in die Ferne zu schweifen, die Reichshauptstadt selbst bot genug. Kaiser Wilhelm I. war in Briefen an seine Gemahlin Augusta aufgebracht über die „Wohnungskrawalle" in Berliner Arbeitervierteln, denen sich viele Streiks der Metallarbeiter hinzugesellten, und das alles „so kurz vor oder wohl gar noch während der Kaiserzeit".[247]

Zu einer öffentlichen Verlautbarung über den sozialpolitischen Fragenkomplex konnte man sich beim Berliner Treffen nicht verständigen. Bismarck war an einer solchen Resolution auch nicht mehr interessiert: die „soziale Frage" als ein Mittel, um zu einem spektakulären Treffen zu gelangen, zog nicht mehr; innenpolitisch konnte die Sache, wie ihm dies schon vor einem Jahr während der Gespräche mit den Österreichern bewußt geworden war, nur unangenehm werden angesichts der liberalen Parlamentsmehrheit, die in der Hoch-Zeit des Gründerrausches alles sozial Krankhafte dem Gang der Wirtschaft überlassen und von Staatsinterventionen nichts wissen wollte. Und außenpolitisch trachtete Bismarck danach, nicht zum Handlanger Gortschakows zu werden, der sich bemühte, England, den weltpolitischen Rivalen des russischen Zarismus, zu beschuldigen, es würde die Macht der Arbeiter-Internationale unterschätzen. Nur die beiden Mitarbeiter der Außenminister in Berlin und Wien, v. Thile und v. Hofmann, kamen überein, es bei der deutsch-österreichischen Expertenrunde zu belassen, deren Ergebnissen sich dann die russische Regierung anschließen könnte. Da war nichts Weltbewegendes zu erwarten.

Wenn man schon in Berlin auch mit dem erklärten Ziel einer russisch-österreichischen Annäherung zusammenkam, dann war das Orient- und Balkanthema nicht zu umgehen. Bismarck hielt sich hier erst recht zurück und überließ es Gortschakow und

Andrássy, ein Gespräch miteinander zu führen; sie erklärten sich für das Prinzip der Nichteinmischung in Angelegenheiten des Osmanischen Reiches und der unter seiner Herrschaft stehenden Balkanvölker, was durchaus im Sinne der Politik Andrássys auszulegen war, die für die Integrität der Türkei eintrat, also für eine slawenfeindliche Türkenfreundschaft. Das ließ nichts Gutes ahnen, zumal man zugab, daß „Verwicklungen im Orient" nicht immer zu verhindern seien.

Auch ohne Vertragsabschlüsse war das Dreikaisertreffen in Berlin insofern für alle Beteiligten ein Erfolg, als es zum Ausgangspunkt für eine neue, wenn auch immer wieder prekäre Mächtekonstellation in Europa wurde. Bismarck hatte vor allem Frankreich im Auge, dem es verwehrt bleiben sollte, bei einem größeren Konflikt Verbündete für einen Revanchekrieg zu finden.

*

Hatte Otto v. Bismarck zu jener Zeit innenpolitisch mit altkonservativen Opponenten im preußischen Landtag zu tun, so war er auf außenpolitischem Gebiet mit Frondeuren gleichen Geistes konfrontiert, die am Hofe und im diplomatischen Dienst agierten. Zu ihnen gehörten – wie seit eh und je – die Kaiserin Augusta, ferner die politisierenden Militärs Edwin v. Manteuffel und Albrecht v. Stosch; am meisten aber bedrängten ihn Widersacher wie der Staatssekretär v. Thile, der Botschafter in Petersburg Prinz Reuß, schließlich der Botschafter in Paris Harry Graf v. Arnim. Sie alle erfreuten sich der höchsten Gunst Wilhelms I., der gerade im September 1872, im Monat des Dreikaisertreffens, aus tiefstem Herzen wünschte: „Wir müssen wieder auf den konservativen Boden zurückkehren, so wie es jetzt ist, kann es nicht weitergehen".[248]

Gerade weil hier der Kaiser das innenpolitische, gegen die Klerikalen und Partikularisten gerichtete Bündnis Bismarcks mit den Liberalen im Auge hatte, glaubte und hoffte er, daß wenigstens die drei Kaiser im Geiste des Altkonservatismus zusammenrücken und in einer neugestalteten Heiligen Allianz den alten missionarischen Elan entfalten könnten: Frankreich eine Monarchie aufzudrängen, England konservativ zu beeinflussen und im Deutschen Reich altpreußische Kräfte wiederzubeleben. Bismarck wußte natürlich, daß er bei seinen Intentionen immer wieder mit dem Liberalismus rechnen konnte und zeitweilig auch Bündnisse abschließen mußte. Auf keinen Fall konnte er ihn frontal angreifen, dazu war die ökonomische Entwicklung in Industrie und Landwirtschaft zu weit fortgeschritten und die Parteienbildung zu ausgeprägt.

Da sich nun die diplomatischen und höfischen Frondeure im Aufwind des Dreikaisertreffens fühlten, mußte Bismarck entschlossen handeln. Schließlich ging es um seine Politik wie um seine Stellung. Erstes Opfer seiner internen Gegenoffensive war der Staatssekretär Hermann v. Thile, der noch im September 1872, unmittelbar nach dem Dreikaisertreffen, gehen mußte. Seine Karriere hatte ihn vom Unterstaatssekretär im Jahre 1862 bis zum Staatssekretär im Januar 1870 geführt, wo er in der Leitung der diplomatischen Zentrale in Berlin gewesen war, aber stets innere Distanz zu seinem Chef gewahrt hatte. Als Hochkonservativer hatte er Bismarcks Politik 1866 als „teils unmoralisch . . . teils höchst gefährlich" empfunden.[249] Da die Konservativen aber 1866 und auch später die Revolution von oben trotz antiliberaler Vorbehalte im Interesse der Hegemonie Preußens unterstützten, konnte v. Thile nicht gegen Bismarck konspirieren, ohne sich zu isolieren. Dieser wiederum wollte den König, indem er zu früh die Entlassung Thiles forderte, nicht „irre machen". Erst nach der Reichsgründung und dem weiteren Prestigegewinn im September 1872 konnte und mußte er es tun, denn Thile hatte innerhalb der sich formierenden Kamarilla außenpolitischer Opponenten eine wichtige Position inne. Mit einer rein politischen Begründung für die Verabschiedung eines langjährigen Mitarbeiters wäre Bismarck beim Kaiser allerdings nicht durchgekommen; vielmehr mußte eine belanglose Protokollkompetenz herhalten, um den Bruch herbeizuführen. Nachdem Thile bei einer Ordensverleihung an ausländische Diplomaten die Meinung seines Chefs mißachtet hatte, teilte ihm Bismarck kühl mit, daß ein weiteres Zusammenarbeiten kaum möglich sein werde, womit unerbittlich die Kabinettsfrage gestellt war. Der Kaiser war zum Nachgeben gezwungen, und die Kaiserin konnte nur wehklagen, daß in „unserem engeren Kreise" dadurch eine weitere „Lücke" gerissen sei, die „nicht zu füllen" wäre.[250]

Diesen ersten Streich zur Bereinigung seines außenpolitischen Operationsfeldes konnte Bismarck relativ leicht führen. In jeder Hinsicht schwieriger und langwieriger war es, den zweiten konservativen Frondeur in Gestalt des deutschen Botschafters Harry v. Arnim außer Gefecht zu setzen. Immerhin hatte ihn Wilhelm I. 1870 in den Grafenstand erhoben und zum Mitglied der deutschen

Delegation ernannt, die den endgültigen Friedensvertrag mit Frankreich abzuschließen hatte. Vom Missionschef am Vatikan war er zum Botschafter des Deutschen Reiches in Paris aufgerückt. Es liegt nahe, daß Arnim für seine Intrigen nicht allein konservative Stimmungen am Berliner Hof ausnutzte, sondern auch die Opposition des Herrenhauses, das die Regierungsvorlage über die Kreisordnung im Oktober 1872 abgelehnt hatte. Denn von dieser Zeit an begann Arnim mit allem Nachdruck in seinen rasch folgenden Berichten aus Paris eine Bismarck konträre, restaurativ-legitimistische Frankreichpolitik zu verfolgen.

Immer wieder hielt der Kanzler Arnim und anderen Konservativen vor, Frankreich könne durch eine geordnete Monarchie konsolidiert und bündnisfähig für andere Mächte werden; die abschreckende Wirkung eines „republikanischen Torpedos gegen das übrige Europa" läge durchaus im Interesse des Deutschen Reiches. Vermutlich ließ sich Bismarck noch von anderen Überlegungen leiten. Er wollte sich vorsichtig an das Gegebene halten, und das war eben die konservative Republik eines Thiers, dessen Politik er kennengelernt hatte und einzuschätzen wußte.

Eine Regierungsänderung von deutscher Seite aus mit dem Risiko einer ungewissen Zukunft im besiegten Nachbarland zu forcieren und damit das im Frühjahr 1871 in der kaiserlichen Thronrede verkündete Prinzip der Nichteinmischung zu verletzen, erschien Bismarck höchst gewagt. Über die formale Erklärung hinaus, man müsse die Entwicklung der inneren französischen Angelegenheiten sich selbst überlassen, gab er nur zu, daß man unter Umständen die Elemente begünstigen könne, deren Tätigkeit den Interessen des offiziellen Deutschland zusage, aber „dazu müssen wir . . . abwarten, daß sie auf der Bühne erscheinen, nicht aber sie konspiratorisch benutzen wollen".[251]

Auch in dieser Situation machte er geltend, daß man nur unter ausgereiften Verhältnissen agieren könne. Die Frage, welche Monarchie denn wünschenswert sei, die bourbonische, die orleanistische oder die bonapartistische, war auf jeden Fall höchst brisant für ihn. Solche Erwägungen drängten sich zwar auf, lagen aber im unsicheren Bereich einer monarchistischen Prinzipienpolitik, auf die sich Bismarck nicht einlassen wollte. Sicher war er nur in einem: Das Deutsche Reich konnte die französischen Legitimisten, die immer päpstlich gesinnt waren, nicht begünstigen, „so lange unser Kampf mit der Kurie dauert, dessen Ende nicht abzusehen ist".[252]

Alle Überlegungen führten ihn zur Erkenntnis, daß die feudal-absolutistische Restaurations- und Einmischungspolitik aus den Zeiten der Karlsbader Beschlüsse endgültig vergangen sei. Die von ihm erstrebte „monarchische Solidarität" der siebziger Jahre hatte einen anderen historischen Charakter, nämlich den der aristokratisch-bourgeoisen Klassensymbiose. Unter diesen Gesichtspunkten – das wußte Bismarck sehr wohl – konnte man einem Thiers, der seine Prüfung als großbürgerlicher Interessenverfechter zur Zeit der Pariser Kommune vorzüglich bestanden hatte, durchaus vertrauen und ihm zugleich, wenn er ernsthaft Revanchegedanken verfolgen wollte, durch die Dreierkombination der östlichen Monarchien in Schach halten. Im ganzen gesehen waren die Kräfte der antisozialistischen Repression auch in Frankreich mit und ohne Thiers so stark, daß Bismarck das Wagnis einer Einmischung in die verfassungspolitischen Angelegenheiten anderer Länder nicht riskieren wollte. Noch in späteren Jahren äußerte er sich in diesem Sinne, unter anderem 1883 in einem Erlaß an den Botschafter in Wien: „Wir haben seit dem Frankfurter Frieden, ich kann sagen, seit dem ersten Waffenstillstande, das Princip der Nichteinmischung auf das Strengste befolgt".[253]

Harry v. Arnim, der altkonservative Frondeur, war nicht zu überzeugen, weil er nicht überzeugt werden wollte. Er fühlte sich im Vertrauen der kaiserlichen Majestäten geborgen, wohl auch als möglicher Kanzlernachfolger in Betracht gezogen. Als sich der allzu ehrgeizige Grandseigneur während der in Paris geführten Gespräche über eine Schlußkonvention zur finanziellen Abwicklung des Friedensvertrages instruktionswidrig verhielt und sich zudem als Börsenspekulant verdächtig machte, verlegte Bismarck kurzerhand die Verhandlungen nach Berlin. Der Kanzler selbst unterzeichnete am 15. März 1873 jene Konvention, in der die Zahlung der letzten Kriegsentschädigungsmilliarde und im Gegenzug die Räumung des französischen Territoriums von deutschen Truppen bis Anfang September 1873 vereinbart wurden.[254]

Nachdem der deutsche Botschafter in Paris bei der Schlußakte in den deutsch-französischen Auseinandersetzungen ausgeschaltet worden war, richtete er eine Beschwerde über die ihm durch Bismarck widerfahrene „Kränkung" an den Kaiser, der dadurch in eine unangenehme Lage geriet, zumal der Kanzler Mitte April erklärte, daß er nicht länger gewillt sei, „neben den Kämpfen im Landtage und Reichstage, im Ministerium und mit fremden Kabinetten, gegen soziale Einflüsse und gegen die Einflüsse der Presse auch noch die dienstliche Autorität, deren ich zur Führung der Geschäfte bedarf, im Wege der schriftlichen Diskussion mir zu erkämpfen."[255] Bismarck konnte unmittelbar nach der deutsch-französischen Abschlußkonvention nicht desavouiert werden, aber er vermochte auch noch nicht die Entlassung Arnims zu fordern.

Der Botschafter gab noch lange nicht auf; vielmehr beteiligte er sich in bewußtem Gegensatz zu Bismarck im Mai 1873 an dem Sturz von Thiers. Selbst ein solch konservativer Mann wie der Botschafter v. Schweinitz gab dem Kanzler und Außenminister in dem entscheidenden Punkt recht, daß das Reich die Wiederherstellung der Monarchie in Frankreich nicht begünstigen dürfe. Was Arnim weiterhin tat und wie er es tat, entsprang nicht charakterfestem Freimut, sondern skrupellosem Übermut; er inspirierte antibismarcksche Zeitungsartikel unter Mißbrauch privater Briefe und unter Verletzung von Dienstgeheimnissen. Kein Außenminister konnte konspirative Disziplinlosigkeit im Korps seiner Botschafter und Gesandten einreißen lassen. Unter solchen Umständen mußte in der Auseinandersetzung mit Arnim der Zeitpunkt kommen, wo Bismarck den Kaiser vor die Frage stellte: „Er oder ich".

Der ganze Aberwitz der moralisch-politischen Situation kam jetzt zutage. Was wog schon gegenüber dem sicherlich nicht leicht zu nehmenden Reichsgründer der von der Hybris befallene, auch in diplomatischen Kreisen nicht sonderlich geachtete Botschafter! Wilhelm mußte nachgeben, zunächst nur halbherzig. Durch Allerhöchste Order wurde Arnim im Februar 1874 als Botschafter aus Paris abberufen, aber im diplomatischen Dienst belassen und als Gesandter nach Konstantinopel versetzt.

Der so als Diplomat noch nicht Abgesetzte, aber Herabgesetzte, zeigte Stolz vor Königsthronen und nahm den Posten im fernen Konstantinopel nicht an. Da er glaubte, sich einer höheren Bestimmung vorbehalten zu müssen, tat er sich durch Zeitungsartikel hervor, die durch Veröffentlichung entwendeter und aus dem Zusammenhang gerissener Aktenstücke sensationellen Zuspruch erhielten. Damit rollte der zu jener Zeit größte diplomatische Skandal weiter: Nach Ermahnungen und Anforderungen durch das Auswärtige Amt, Prozessen und Verurteilungen emigrierte Arnim in die Schweiz und veröffentlichte dort die Schrift „Pro nihilo". Ihren Eindruck faßte der schweizerische Gesandte beredt und wahrheitsgemäß zusammen: „Ein solches mit Blindheit Geschlagensein, ein solcher mit dem Dolche der wahnsinnigen

Eitelkeit, Bosheit und giftiger Niederträchtigkeit aufgeführter Selbstmord".[256] Die Arnim in Abwesenheit auferlegte Zuchthausstrafe von fünf Jahren empfand Bismarck später selbst als „übertrieben streng". Dennoch war Arnim nicht der Gehetzte, sondern ein Mensch, der sich in altkonservativer Vermessenheit selbst in den moralischen Selbstmord manövriert hatte, dem 1881 der physische Tod folgte.

Der Kampf gegen den Altkonservatismus mußte noch auf einer anderen Ebene geführt werden. In Petersburg nämlich hatte der deutsche Botschafter, Prinz Heinrich VII. Reuß, die Bedenken des Zaren und Gortschakows gegenüber Bismarcks innenpolitischem Kurs genährt; jedenfalls sprachen dafür verschiedene Anzeichen, zumal das Zusammenspiel konservativer Kamarillen mit dem Zarentum seine Tradition hatte, die Bismarck schon aus der Zeit von 1848 und danach sehr wohl kannte. Der österreichisch-ungarische Botschafter wollte gar wissen, daß sein deutscher Kollege an Plänen mitgearbeitet habe, welche mit der Kaiserin Augusta besprochen worden seien und darauf abzielten, den Reichskanzler zu verdrängen. Das Intrigenspiel mußte für Reuß noch einen besonderen Reiz haben, weil er unter den Frondeuren als zukünftiger Außenminister im Gespräch war. Bismarck mußte allein durch die Diktion der amtlichen Berichte von Reuß gewarnt sein.[257] Zunächst ließ er, und zwar durch amtlichen Erlaß an Reuß selbst, den regierenden Kreisen an der Newa mitteilen, daß es sich bei der Opposition im Herrenhaus nicht um eine konservative Partei handle, „sondern um eine Anzahl malcontenter Intriganten, welche Minister gewesen oder zu ihrem Bedauern nie geworden sind".[258]

Was darüber hinaus zwischen Berlin und Petersburg zu klären war, und da gab es vieles, besorgte Bismarck selbst, als er Ende April 1873 zusammen mit Wilhelm I. und Moltke in die russische Hauptstadt reiste. Wenn man den Aufzeichnungen des österreichischen Botschafters v. Langenau glauben kann, bestand eine Diskrepanz zwischen der Großartigkeit, mit der Kaiser Wilhelm empfangen wurde, und der Sympathie, die man ihm simulierend entgegentrug. Im Grunde existierte sie „hier für Deutschland durchaus nicht, und ich habe von Russen viele Klagen über alle anbefohlenen Huldigungen hören müssen".[259] Insbesondere hätten der Thronfolger und seine Gemahlin das ganze Getriebe „nur mit einem gewissen Widerwillen" mitgemacht.

Während des zwölftägigen Besuchs mit seinen ermüdenden Festlichkeiten stand der Abschluß einer deutsch-russischen Militärkonvention auf dem Programm; aber für Bismarck ging es noch darum, seine Stellung im konservativen Lager auch außerhalb Preußen-Deutschlands zu festigen. Nach der Weisheit Torquato Tassos, daß die Gegenwart eine mächtige Göttin sei, wollte er dabeisein, „um die Einflüsterungen aller alten Weiber von Europa, die auf den Kaiser losgelassen würden und in Petersburg auf ihn warteten, zu paralysieren".[260] Bismarck schien hierin erfolgreich zu sein, und die persönliche Auseinandersetzung mit Prinz Reuß war wohl derart, daß diesem das Komplottieren fernerhin verging.

Im übrigen wachte der Kanzler diplomatisch darüber, daß die Militärkonvention nur gelten sollte, wenn ihr auch die Donaumonarchie beitrete. Davor schreckte diese aber aus Angst zurück, sie könnte in einen Orientkonflikt zwischen England und Rußland automatisch hineingezogen werden. Immerhin erreichte Bismarck eine solche Annäherung zwischen Österreich und Rußland, daß schon im Juni 1873 Alexander II. und Gortschakow nach Wien fuhren. Dieser erste Besuch des Zaren in der österreichischen Hauptstadt nach dem Krimkrieg erhielt überdies durch die Unterzeichnung einer Willenserklärung in Schönbrunn am 6. Juni einen demonstrativen Charakter. Wilhelm I. konnte wegen seines angegriffenen Gesundheitszustandes, über den der österreichische Botschafter Károlyi ausführlich, „streng geheim und bloß für unseren allergnädigsten Herrn bestimmt", berichtete, nicht nach Wien reisen.[261]

Erst am 23. Oktober trat Wilhelm I. der Übereinkunft zwischen Alexander II. und Franz Joseph bei; damit erweiterte sie sich zum Dreikaiserabkommen. In allgemeinen Formulierungen verpflichteten sich die Monarchen zur Zusammenarbeit bei der „Aufrechterhaltung des europäischen Friedens gegen alle Erschütterungen, von welcher Seite sie auch kommen mögen", und versprachen, im Falle eines Angriffs durch andere Mächte, „ohne Aufsuchung oder Abschließung neuer Bündnisse, sich zunächst untereinander zu verständigen, um sich so über eine gemeinsam zu verfolgende Linie zu einigen".

Obwohl die allgemeinen Formulierungen des Abkommens keine antifranzösische Spitze enthielten, war das Vertragswerk des Jahres 1873 für Bismarck nicht ohne Wert. Das Festlegen des Zaren auf eine wohlwollende Haltung gegenüber Deutschland hemmte zumindest diejenigen russischen Kreise, die eine profranzösische

Politik ins Auge faßten oder gar mehr oder weniger verfolgten. Damit war aber Bismarck keineswegs befreit vom vielzitierten „cauchemar des coalitions“, vom Alptraum gerade jener Koalitionen, die Frankreich eines Tages gegen Deutschland ausnutzen konnte.

War das Dreierverhältnis auch nicht mehr feudalabsolutistisch wie zu Zeiten der Heiligen Allianz, sondern dem sich weiter entwickelnden Kapitalismus und damit einem verblaßten Liberalismus angepaßt, so verstand sich die gemeinsame Feindschaft gegen alles Radikal-Demokratische und erst recht gegen den Sozialismus von selbst. Im Prinzip bekämpften alle drei Mächte die nationalen Unabhängigkeitsbewegungen in Ost- und Südosteuropa, wenn sie sie auch in der Praxis im Interesse ihrer Expansions- und Hegemoniebestrebungen bisweilen mißbrauchten. Das Dreikaiserabkommen war durch die gegensätzlichen Balkaninteressen Österreich-Ungarns und Rußlands belastet, verhinderte aber auch wieder den direkten Zusammenstoß zwischen diesen beiden Mächten. Auch die Beziehungen zwischen Deutschland und Rußland gestalteten sich bisweilen recht friktionsreich. Schon in der Entstehungszeit des Dreikaiserverhältnisses stand das Mißtrauen Pate; so wurde die gegenseitige Assekuranz immer wieder gefährdet.

III. Staat und Kirche. Das disharmonische Zusammenspiel mit dem Liberalismus

Die Entstehung des Konflikts

Während Bismarck den Gründerrausch erlebte, international eine neue Kräftekonstellation und national den inneren Reichsausbau zu bewältigen hatte, geriet er im Bunde mit den Liberalen in den politischen Waffengang mit den Klerikalen. Die Motive und Ziele, von denen sich die beiden antiklerikalen Verbündeten leiten ließen, waren keineswegs deckungsgleich. Bismarck interessierte sich weit weniger für das Ideologische als für das Politische, das heißt für alles, was den Machtbereich des Staates und seine eigene Position als Kanzler berührte.

Er konnte bedrückende Erfahrungen aus der Zeit nach 1866 nicht vergessen. Waren doch die damals abgeschlossenen Schutz- und Trutzbündnisse mit den süddeutschen Staaten von partikularistischen Kräften zunehmend in Frage gestellt worden, und abgesehen von Württemberg waren die süddeutschen Partikularisten vom katholischen Klerikalismus beeinflußt gewesen. Was bisweilen als fixe Idee Bismarcks abgetan wurde, nämlich die Möglichkeit einer katholischen Liga gegen das preußisch-protestantische Reich, erschien dem Kanzler nach 1871 bald wieder als Gefahr der Gegenwart; ließ er sich doch stets von der Verpflichtung leiten: „Wenn man für die Geschicke eines großen Reiches verantwortlich ist, so muß man auf die Symptome, welche Bedrohungen derselben andeuten, sehr aufmerksam sein und ihnen rechtzeitig entgegenarbeiten.“[1]

Sicherlich, die partikularistischen und ultramontanen Quertreibereien waren auch für die Liberalen relevant im heraufziehenden Kirchenkampf. Doch darüber hinaus waren sie als Vertreter der modernen Industrie und rationalen Wissenschaft durch den Syllabus und die Enzyklika von 1864 und schließlich durch das I. Vatikanische Konzil 1869/70 in hohem Maße aufgebracht. So ist es durchaus verständlich, daß ein Gelehrter aus liberalen Kreisen,

Rudolf Virchow, den ganzen Konflikt mit dem einprägsamen und bis heute lebendig gebliebenen Begriff „Kulturkampf“ versah, den auch Bismarck übernehmen mußte, wobei er mitunter distanzierend ein „sogenannt“ davorsetzte.

Die beiden vatikanischen Dokumente von 1864, die durch ihre zahlreichen Übersetzungen große Publizität gewannen,[2] hatte Papst Pius IX. erlassen, der am Vorabend der internationalen Revolution von 1848/49 auf den Apostolischen Stuhl gekommen war. Mochte bei Pius IX. zunächst eine Diskrepanz zwischen seinem patriotischen Gefühl für Italien und seiner kosmopolitischen Verpflichtung als Haupt der katholischen Kirche spürbar sein, sein Antiliberalismus war originär und ungeteilt. Schon 1846, unmittelbar nach seiner Wahl, sprach er von der „lebendigen und unfehlbaren Autorität“ und ordnete die Vernunft dem Glauben unter.[3] Fast zwanzig Jahre später, als er den „Syllabus errorum“ verkündete, erklärte er dem preußischen Gesandten v. Arnim: „Die Wahrheit ist Wahrheit nicht, weil sie durch genügend Beweisgründe bewiesen ist, sondern sie ist wahr, weil ich sie verkündigte.“[4]

Der „Syllabus errorum“ enthielt achtzig sogenannte Irrlehren, die die Kurienkardinäle selbst formuliert hatten, ohne bei all ihren Negierungen unmißverständlich und positiv auszusprechen, was die Kirche nun wirklich wolle. Wogegen sie sich wandte, zeigen bereits die Überschriften zu den einzelnen Abschnitten des Syllabus, wie etwa: „Pantheismus, Naturalismus und unbedingter Rationalismus“, „Gemäßigter Rationalismus“, „Indifferentismus“, „Sozialismus, Communismus, Geheime Gesellschaften, liberale geistliche Vereine“, „Irrtümer hinsichtlich der irdischen Machtstellung des römischen Pontifex“ und schließlich, als End- und Höhepunkt, „Irrtümer, die auf den heutigen Liberalismus zurückgeführt werden.“

Aus den achtzig strikt zu verwerfenden Auffassungen seien nur die letzten zwei herausgegriffen: In Paragraph X. 79. wird die liberale Meinung über „die staatliche Freiheit für einen jeden Cultus und auch die allen vollständig zugeteilte Freiheit, alle seine Gedanken und Meinungen zu veröffentlichen“, als verdammungswürdig angesehen. Schließlich weist der letzte Paragraph X. 80. das Ansinnen zurück, daß sich der Papst mit dem „Fortschritt, mit dem Liberalismus und mit der modernen Bildung“ aussöhnen und vertragen solle. Diese wohl bewußt im abschließenden Paragraphen plazierte Absage an die Bildungsideale des liberalen Bürgertums war das Leitmotiv aller päpstlich-kurialen Verlautbarungen gegen alles Aufklärerische, was die Epoche seit der Großen Französischen Revolution hervorgebracht hatte.

Allerdings machte der Syllabus auch vorübergehende Rückzüge und Umwege möglich. Indem die Kurie die gegnerischen Thesen selbst bezeichnete und die eigene katholische Auffassung nicht präzis ausdrückte, konnten die Priester auf allen Ebenen ihre kontradiktorischen Meinungen ganz nach Bedarf auslegen. Kein Wunder, daß die Liberalen dies alles als jesuitische Demagogie ansahen, derer sich auch die päpstliche Diplomatie bediente. Überdies war für viele Gebildete die katholische Theologie in eine „Traktätchenwissenschaft" entartet. Friedrich Engels meinte gerade in den siebziger Jahren, daß nur die protestantische Theologie ernst zu nehmen sei und die katholische sich seit dem 18. Jahrhundert unter aller Kritik befände.[5]

Während sich der Syllabus gegen die moderne Entwicklung in Gesellschaft, Staat und Wissenschaft wandte, war die zu gleicher Zeit erschienene Enzyklika geeignet, den Fanatismus der Priester und militanten Laien anzustacheln. Da sprach der Papst von den „ruchlosen Unternehmungen schlechtgesinnter Menschen", von dem „Abschaum ihrer Verwirrungen", von den „Sclaven . . . ihres verdorbenen Sinnes". Mochten seine Klagen über die „traurigen Zeitläufe" noch hingehen, so war es doch schier unerträglich, wenn er „alle geliebten Söhne der katholischen Kirche" ermahnte, „daß sie die Ansteckung dieses pestartigen Verderbens verabscheuen und meiden sollten". Schließlich eiferte die Enzyklika gegen diejenigen, die der Kirche nicht das Recht zugestehen wollten, „die Übertreter der kirchlichen Gesetze mit zeitlichen Strafen zu belegen". Dieses Verlangen mußte zwangsläufig die Erinnerung an die schlimmsten Verfolgungen in und nach der Bartholomäusnacht 1572 und an die der Inquisition heraufbeschwören; überdies war wohl bekannt, daß der Kirchenstaat für Zuchthäuser und Gefängnisse sechsmal mehr ausgegeben hatte als für das Bildungswesen. Die Zahl der Analphabeten im Kirchenstaat war wesentlich größer als im Königreich beider Sizilien.[6]

Inhalt und Sprache der Enzyklika und des Syllabus eröffneten die vatikanische Offensive aus der historischen Defensive heraus. Sie schufen im Zusammenhang mit der erhöhten Aktivität der verschiedenen Orden, insbesondere jener der Jesuiten, der Kongregationen, der Knaben- und Priesterseminare, schließlich der Volksmissionen[7] jene aggressiven Kampfformen, die die gesellschaftliche

Atmosphäre belasten mußten. Es wuchsen nun Priester heran, die gemeinsam mit kirchlich gleichgesinnten Lehrern vor allem in Dörfern, Klein- und Mittelstädten Alleinherrschaft über das Gemeindeleben und die Seelen der Menschen ausüben wollten und vielfach auch ausübten. Um sie auch politisch voll zu nutzen, bediente sich der politische Katholizismus sogar der an sich demokratischen Forderung nach „Selbstverwaltung in Gemeinde, Kreis und Provinz“.[8]

Mitten im Kulturkampf schrieb Heinrich v. Sybel an Eduard Lasker: „Sobald wir gewählte, d. h. klerikale Orts- und Amtsvorsteher haben, wagt trotz aller Präsidenten und Schulinspektoren kein Lehrer anders als im Sinne des Klerus zu unterrichten“.[9] Zur Bekräftigung seiner Ansichten verwies Sybel auf seine praktischen Erfahrungen; mit Ausnahme von elf Jahren habe er sein Leben lang unter Katholiken gelebt und stets „mit den Klerikalen zu tun“ gehabt. Er fürchtete sogar um die „militärische Herrschaft auf das 8. Armeekorps“, wenn im Rheinlande die Polizei- und Verwaltungsämter „und damit die Schule in klerikale Hände“ gerieten; das sage ihm eine „Unzahl genauer Beobachtungen in allen Teilen der Provinz“.[10] So schrieb kein Altpreuße, sondern ein liberaler Rheinländer, der sich auskannte.

Der Klerikalismus verfügte über ein besonders wirksames Instrument in der Provinzpresse, die in katholischen Gegenden weit verbreitet war. In Bayern bediente sie sich eines solch rüden Tones, daß Bischöfe bisweilen zur Mäßigung mahnten, meist vergeblich. Die Kurie desavouierte sie in solchen Fällen demonstrativ.[11] Selbst der katholische Geschichtsschreiber des Kulturkampfes, Johannes Kipling, schrieb von „verhetzender Winkelpresse“ und stellte ihr als positive Gegenbeispiele solche Organe wie die „Historisch-politischen Blätter“ gegenüber,[12] wobei er allerdings übersah, daß gerade die „Winkelblätter“ auf die Masse des katholischen Kirchenvolkes wirkten und dort das hinterwäldlerische Schimpfwort vom „Saupreissn“ für Jahrzehnte prägten.

Bismarck erklärte anläßlich des Besuches eines päpstlichen Geheimkämmerers unverhohlen: „Wenn süddeutsche Blätter wie der ‚Bayrische Volksbote‘ und andere ähnlichen Charakters in den lügenhaften und feindseligen Diatriben gegen Preußen von der dortigen Geistlichkeit geschützt und gefördert wurden; wenn von Rom aus nicht nur nichts geschähe, um eine Mißbilligung dieses Treibens zu dokumentieren, sondern sogar einzelne Journalisten in Rom Unterstützung und offene Begünstigung sogar *gegen* ihre geistlichen Oberhirten fanden, so wäre es uns unmöglich, an die sonst so vielfach geäußerten freundlichen Gesinnungen Roms zu glauben und auf die Dauer unsererseits ein freundliches Verhältnis mit Rom aufrecht zu erhalten."[13]

Auf einigen Widerstand stießen die Klerikalen nur in solchen Gegenden, wo noch Traditionen der Revolution von 1848/49 lebendig waren oder wo als Folge ehemals territorialstaatlicher Zersplitterung protestantische Nachbargemeinden existierten und bei zunehmendem Verkehr einen freieren Geist infiltrierten. Schließlich hatten im Einigungskrieg gegen Frankreich in manchen Regimentern Protestanten und Katholiken gemeinsam gekämpft und waren sich dabei auch menschlich nähergekommen. Trotzdem vermochten die der römischen Papstkirche hörigen Welt- und Ordensgeistlichen bis ins zwanzigste Jahrhundert hinein noch manche Trennungslinien im Volk zu ziehen.

Schwerer als Ordensbrüder und Gemeindepfarrer ließ sich von der Kurie das deutsche Episkopat disziplinieren, das im Ursprungsland der Reformation in einem anderen historischen Milieu zu wirken hatte als die Bischöfe in den rein katholischen Ländern. Der Freund des Kriegsministers Roon und Bonner Professor Kl. Th. Perthes war über die Differenzen im Domkapitel zu Köln wohlinformiert; er unterschied zwischen der ultramontanen und cisalpinen Richtung und hob hervor, daß die Cisalpiner im preußischen Staat Hilfe und Halt suchten, nicht gegen die katholische Kirche, aber gegen den Ultramontanismus. „Sie können ... für oder gegen das jetztige Ministerium sein, aber für Preußen sind sie immer, und immer sind sie gegen Österreich und Belgien."[14]

Das war eine strikte Gegenposition zum Ultramontanismus, der die im preußischen Staat praktizierte Toleranz zwischen den Religionsgemeinschaften nicht honorierte, sondern in ihm den Feind sah, der die im Geiste der Enzyklika und des Syllabus gestellten Forderungen nicht zu erfüllen gewillt war. In dieser dogmatischen Verranntheit waren die klerikalen Dunkelmänner unfähig, die liberal-lichteren Seiten des Preußentums anzuerkennen.

Alle Machtbereiche der katholischen Kirche wurden gegen die moderne Entwicklung von Gesellschaft, Staat und Kultur weiter aktiviert, als im Sommer 1868 das I. Vatikanische Konzil zum 8. Dezember 1869 nach Rom einberufen wurde. Das war um so bemerkenswerter, als das letzte Konzil, das Tridentinische, vor über dreihundert Jahren stattgefunden und die Gegenreformation eingeleitet hatte. Mit der Einberufung des I. Vatikanischen Konzils verfolgte die Kurie offensichtlich zwei Hauptziele: einmal die Erweiterung der innerkirchlichen Machtbefugnisse das Papsttums, zum anderen die stärkere Behauptung der kirchlichen Rechte gegenüber dem Staat.

*

Die europäischen Staaten hatten also eine streitbarere Haltung der katholischen Kirche zu erwarten. Das veranlaßte den bayerischen Ministerpräsidenten, Fürst Chlodwig zu Hohenlohe-Schillingsfürst, zu einer Zirkularnote vom 9. April 1869 an die bayerischen Vertreter bei den europäischen Mächten,[15] in der er gemeinsame Positionen der Mächte gegenüber dem Konzil anstrebte. Daß es sich nur „mit reinen Glaubensfragen, mit Gegenständen der reinen Theologie" beschäftigen werde, wurde mit Fug und Recht bezweifelt. Das Problem der Unfehlbarkeit des Papstes, so hieß es, reiche weit über das religiöse Gebiet hinaus und sei hochpolitischer Natur, da hiermit auch die Gewalt der Päpste über alle Fürsten und Völker in weltlichen Dingen durch einen Glaubenssatz entschieden werden solle. Natürlich blieb die Depesche Hohenlohes kein diplomatisches Geheimnis; sie wurde veröffentlicht und erregte einiges Aufsehen.

Möglicherweise hatte der gelehrte Münchner Stiftspropst Döllinger den Fürsten Hohenlohe zu dieser Zirkularnote angeregt, die mehr war als ein Staatsdokument. Stellte sie doch zugleich den letzten Versuch der liberal-konservativen, europäisch versippten Hocharistokratie dar, innerhalb des Katholizismus ihre Unabhängigkeit gegenüber dem „Straßen-Ultramontanismus" zu wahren. In höchst aufschlußreicher Weise, wie in einer romanhaften künstlerischen Verdichtung, die das Leben selber hervorbrachte, spiegeln sich Standesprobleme aus einer widerspruchsvollen Zeit in eben den Verwandtschaftsbeziehungen des Ministerpräsidenten Hohenlohe und seiner drei Brüder.[16]

Da war zunächst der Kardinal Prinz Gustav Adolf zu Hohenlohe-Schillingsfürst, ein Gegner der Jesuiten und der päpstlichen Unfehlbarkeit, der dennoch dem höchsten kirchlichen Würdenträger am Tage nach der Annahme des Dogmas seine volle Zustimmung bekundete. Als einziger Kurienkardinal verließ er Rom unmittelbar vor der Besetzung durch italienische Truppen, blieb jahrelang der päpstlichen Residenz fern, bis er 1876 unerwartet wieder zurückkehrte. Er bezog seinen früheren Wohnsitz, die Villa

Epitaphe im Mainzer Dom: Die einstige Macht der Kirche über weltliche Zentren
Erzbischof Peter von Aspelt († 1320)
Das Zepter des Reiches gab er Heinrich VII. († 1313), dann Ludwig dem Bayern, das Königreich Böhmen verlieh er Heinrichs Sohn Johann.

Erzbischof Siegfried III. v. Eppstein († 1249) setzt den beiden Gegenkönigen des Staufers Friedrich II. die Kronen auf: Wilhelm von Holland (rechts) und Heinrich Raspe von Thüringen, Schwager der heiligen Elisabeth (links)

d'Este in Tivoli, wo in seinem Amtszimmer nicht nur das Bild des Fürsten Bismarck hing, sondern auch eines von Cavour.

Ein anderer Bruder des bayerischen Ministerpräsidenten war der Herzog von Ratibor, der bei den Reichstagswahlen im Jahre 1871 im schlesischen Wahlkreis Pleß-Rybnik als überzeugter Katholik gegen das Zentrum kandidierte und dabei unterlag. Als Wilhelm I. noch während des Kulturkampfes Breslau besuchte, führte der Herzog von Ratibor – von einigen Frondeuren abgesehen – eine Delegation der „vornehmsten und bedeutendsten katholischen Adelsgeschlechter" der schlesischen Provinz an.[17]

Der dritte Bruder, Prinz Constantin von Hohenlohe-Schillingsfürst, bekleidete in Wien bei Franz Joseph das höchste Hofamt und hatte im österreichischen Herrenhaus für die Aufhebung des Konkordats gestimmt. Kein Zweifel: Die Hohenlohes gehörten zu jenen Hochadligen, die die Treue zur Papstkirche mit der zur weltlichen Staatsautorität verbinden wollten.

Bismarck hat die Demarche des bayerischen Ministerpräsidenten, die trotz des öffentlichen Widerhalls keine diplomatischen Folgen hatte, zurückhaltend gebilligt. Er wollte keineswegs weiter gehen als die deutschen Bischöfe und die anderen europäischen Mächte; doch beauftragte er erneut seinen Gesandten bei der Kurie, von ihr besänftigendes Einwirken auf die Preußenfeindlichkeit der katholischen Geistlichkeit in Süddeutschland zu erlangen, worauf Rom nie einging. Das bestärkte ihn in der Überzeugung, daß von dort, wie er an den deutschen Botschafter in London schrieb, feindselige Inspirationen und Konspirationen ausgingen: „Wenn wir die klerikalen Organe in Oesterreich, in Süddeutschland, in Belgien, in Frankreich, in Polen und in Amerika genau in demselben Tone und nur in der Anständigkeit und Feinheit des Ausdruckes etwas verschieden in Preußen und dem Norddeutschen Bund auftreten sehen, so müssen wir unbedingt annehmen, daß die Stimmgabel für diesen Ton in Rom zu suchen ist."[18]

Schon ein Jahr vor diesem Erlaß hatte Bismarck den Grundsatz formuliert: „Für Preußen gibt es verfassungsmäßig wie politisch nur *einen* Standpunkt: den der *vollen* Freiheit der Kirche in kirchlichen Dingen und der entschiedenen Abwehr jedes Übergriffs auf das staatliche Gebiet."[19] Diese von ihm deutlich ausgesprochene Abgrenzung der Kompetenzen von Kirche und Staat barg jedoch eine schwerwiegende Frage in sich: Konnte, besonders nach dem Syllabus und der Enzyklika von 1864, die kurial-jesuitische Partei in der Kirche mit ihren theokratischen Tendenzen, also mit ihrem

Anspruch auf Oberherrschaft im Staate kraft des angeblichen göttlichen Rechts, jemals zugeben, daß sie sich eines Übergriffs auf das staatliche Gebiet schuldig mache? Weiter: Hatte diese Partei, von ihrer grundsätzlichen Haltung abgesehen, nicht recht, wenn sie in der Abgrenzung von Kompetenzen die Tendenz nach Trennung von Kirche und Staat witterte?

Im Grunde enthielt die innere Logik dieser Fragenkomplexe bereits den kommenden Konflikt. Dogmatische Fragen, die Bismarck gern beiseite schob, reichten eben doch ins Hochpolitische hinein, wie Hohenlohe in seiner Zirkulardepesche richtig vorausgesehen hatte. Und auf diesem Felde der Politik wurden Bismarck und die Liberalen während der kommenden Jahre zu Verbündeten – trotz der Verschiedenheit ihrer praktischen und ideologischen Ausgangspositionen.

Nachdem Bismarck seine Positionen umrissen hatte, bemühte er sich, mit anderen Regierungen „gemeinsame Einwirkungen auf die Kurie zu versuchen, welche ihr die Gewißheit geben würden, daß sie bei etwa beabsichtigten Ausschreitungen einem entschiedenen Widerstande der deutschen Regierungen begegnen werde".[20] Doch diplomatische Demarchen, das wußte er sehr wohl, konnten gegenüber einem Jahrhundertereignis wie dem I. Vatikanischen Konzil zu keinem Erfolg führen. Deshalb verlangte der Kanzler in einem Erlaß vom 28. Mai 1869 an den preußischen Gesandten in München, daß die Stellung des Konzils in der Presse behandelt werden solle, „um das Interesse der öffentlichen Meinung zu gewinnen". Dadurch könnte „den gemäßigten und besonnenen Elementen in der katholischen Kirche selbst, welche der Anlehnung und des Vertrauens auf einen Rückhalt bedürftig sind, eine Ermutigung gewährt werden."[21] Damit waren wohl weniger die liberalisierenden Hocharistokraten als die kompromißbereiten Bischöfe gemeint. Was der Bonner Professor Perthes dem Kriegsminister Roon 1864 mitgeteilt hatte, stimmte mit manchem überein, was Bismarck aus Gesandtenberichten erfuhr.

*

Tatsächlich waren die deutschen Bischöfe, als sie im September 1869 in Fulda zusammenkamen, in ihrer Mehrzahl nicht bereit, den ultramontanen Rigorismus zu vertreten; ihr dort erlassener Hirtenbrief verriet die Besorgnis, daß die Kirche sich isolieren und Vertrauen verlieren könnte. Man berücksichtigte durchaus die deutschen Besonderheiten in der religiösen Entwicklung und in den philosophischen Traditionen. Dennoch war das deutsche Episkopat einem doppelten Druck ausgesetzt: von unten dem ultramontaner Geistlicher und Laien, von oben dem der römischen Kurie. Es wurde schließlich auf den historischen Prüfstand gestellt, nachdem der Papst am 8. Dezember 1869 das I. Vatikanische Konzil mit dem seit Jahrhunderten zelebrierten Pomp eröffnete und die kuriale Regie es fertiggebracht hatte, von den 692 in Rom anwesenden Bischöfen 369 zu bewegen, bereits am 3. Januar 1870 feierlich um die Verkündung des Dogmas päpstlicher Unfehlbarkeit zu bitten.

Die Ungeheuerlichkeit dieses Anspruchs ließ die meisten Zeitgenossen übersehen, daß das am 10. Dezember 1869 als amtlich-kuriale Drucksache verteilte Schema „Über die Kirche Christi" dezidierte Forderungen an den modernen Staat stellte.[22] Alle Befürchtungen, die Ministerpräsident Hohenlohe in seiner Zirkulardepesche geäußert habe, so meinte der bayerische Gesandte am Vatikan, seien noch übertroffen worden.[23] War man in Rom – unausgesprochen natürlich – einig mit der protestantischen Orthodoxie im Verurteilen der Trennung von Kirche und Staat und der konfessionslosen Schule, so ging man nun noch weiter, indem man sich gegen die Gleichstellung mehrerer Religionen in einem Staat aussprach – also im Kern die Lessingsche Toleranzidee verwarf. Das dem Konzil vorgelegte Schema wurde zwar nach scharfer Kritik in der Generalkongregation umgestaltet und in gestraffter Form als erste dogmatische Konstitution vom Konzil angenommen,[24] aber der Geist der Unduldsamkeit und des Machtanspruchs der Papstkirche blieb erhalten. Diese Konstitution enthielt bereits alle Hauptthemen der kommenden Auseinandersetzung zwischen Kirche, Staat und Gesellschaft.

Bismarck ließ sich auch in dieser Zeit auf keine ideologischen Streitpunkte ein. Der wichtige, auch vom König genehmigte Erlaß vom 5. Januar 1870[25] enthielt nicht einmal eine flüchtige Bemerkung über die Frage der päpstlichen Unfehlbarkeit, obwohl sich die Gebildeten ganz Europas darüber heftig erregten. Vielmehr beschäftigte den Kanzler die andere Hauptfrage des Konzils, nämlich die nach dem Verhältnis der päpstlichen Primatialgewalt zur bischöflichen Gewalt, also nach der inneren Organisation der Kirche und nach den Kompetenzen ihrer herausragenden Instanzen. Erst zwei Monate nach diesem, für den Gesandten in Rom bestimmten Erlaß sprach Bismarck gegenüber dem Grafen Bernstorff, dem Botschafter in London, vom „absolutistischen Staatsstreich, mit welchem der Papst die Verfassung der Kirche zu brechen droht".[26]

Für den Staatsmann war nicht die bevorstehende Verkündung des Unfehlbarkeitsdogmas und anderer dogmatischer Ansprüche entscheidend, sondern der machtpolitische Aspekt des hierarchischen Gefüges der Kirche und die Frage, auf wen er sich künftig in erster Linie zu orientieren hatte, auf die Bischöfe oder den Papst. Aus Bismarcks Sicht waren die Bischöfe nun einmal der Regierung gegenüber „die nächsten Vertreter und Organe der Kirche". Würde die bischöfliche Macht gegenüber dem Papst stark reduziert, dann sei eine „veränderte Behandlung in legislatorischer und administrativer Hinsicht" notwendig, so hieß es daher in seinem Erlaß vom 5. Januar 1870, in dem ein leises politisches Grollen bereits das herannahende Gewitter des Kulturkampfes ankündigt.

Vor allem befürchtete der Kanzler, die deutschen Bischöfe, verbunden „mit geistiger Freiheit und wissenschaftlichem Streben" in Deutschland, könnten in Rom auf dem Konzil „durch die numerische Majorität unterdrückt und vergewaltigt werden".[27] Und so kam es auch. Als sechs Wochen nach Eröffnung des Konzils 46 deutsche und österreichische Bischöfe, in Anknüpfung an den Fuldaer Hirtenbrief, eine Petition an den Papst richteten, er möge von der Verkündigung des Dogmas der Unfehlbarkeit absehen, wurde kurz danach die Geschäftsordnung derart geändert, daß Debatten leicht abgetan werden konnten, indem ein Abstimmungsmodus durch Aufstehen oder Sitzenbleiben zu Überrumpelungen geradezu einlud. Das war raffiniert ausgeklügelt, zumal auch der „Deputation für Glaubensfragen", die das jeweilige Plenum der Konzilväter vorbereitete, kein einziger Gegner der päpstlichen Unfehlbarkeit und des damit eng verbundenen „kurialen Absolutismus" (Bismarck) angehörte.[28]

Das Verhältnis der päpstlichen Primatialgewalt zur bischöflichen war seit den Konzilien des 15. Jahrhunderts stets umstritten gewesen. Auf dem römischen Konzil von 1869/70 aber wurden alle Kompromißvorschläge, die auf ein Nebeneinander der beiden Gewalten hinausliefen, zu Fall gebracht. So drückte die dort angenommene Primatdefinition deutlich aus, „daß der Heilige Apostolische Stuhl und der Papst zu Rom den Vorrang innehabe über den ganzen Erdball" und daß demselben „die volle Gewalt, die ganze Kirche zu waiden, zu regieren und zu verwalten, von unserem Herrn Jesus Christus übertragen sei". Die Bischöfe hingegen, vom Papst, „dem obersten und allgemeinen Hirten geschützt, gefestigt und verteidigt", besitzen ihre Jurisdiktion lediglich über ihren unmittelbaren Verwaltungsbereich, ihre Diözese.[29] Damit fiel im Jahre 1870 die Entscheidung endgültig zugunsten der absoluten Gewalt des Römischen Stuhls. Schließlich wurde es allen Bischöfen ein für allemal unmöglich gemacht, nationalpolitische Selbständigkeitsbestrebungen zu unterstützen, sofern sie nicht der Papst duldete, billigte oder im Interesse des Kirchenkampfes ermunterte.

Diese auf die innere Organisation der Kirche bezogene Primatdefinition erschien in den fünfziger Jahren unseres Jahrhunderts dem katholischen Kirchenhistoriker Hubert Jedin als „historisch gesehen die bei weitem wichtigste" Entscheidung des Konzils.[30] Mag dieses Urteil auch übertrieben sein, indirekt anerkannte es den Scharfblick des zeitgenössischen Beobachters Bismarck. Für den Staatsmann war der schon früh erwartete „Sieg des Kurial- oder Papal-Systems der katholischen Kirche"[31] in vieler Hinsicht politisch entscheidender als das ideologische Fanal der päpstlichen Unfehlbarkeit und des Glaubensdekrets, die wie eine Kriegserklärung an die aufklärerische Vernunft wirkten.

Einen Tag vor Ausbruch des Deutsch-Französischen Krieges nahm das durch vorherige Abreise einer Reihe von Bischöfen reduzierte Konzil mit 531 gegen 2 Stimmen das Dogma an, der Papst sei, „in Sachen des Glaubens oder der Sitten" ex cathedra urteilend, auf Grund des göttlichen Beistandes unfehlbar. Da sich dieser Anspruch über den Glauben hinaus auch auf die Sitten erstreckte – was sogar zwei Mal erwähnt wurde –, wirkte das Dogma bis in Grenzgebiete zwischen Staat und Kirche hinein.[32] Dennoch telegraphierte Bismarck am 20. Juli 1870 an v. Arnim, den preußischen Gesandten in Rom: „Enthalten Sie sich jeder ostensiblen Demonstration. Die Infallibilität ist uns augenblicklich ohne Interesse."[33] In der Tat: Der Krieg schob das alles in den Hintergrund.

Als sich dann die deutschen Bischöfe im August auf ihrer Konferenz zu Fulda den Konzilsbeschlüssen unterwarfen und in einem Hirtenbrief erklärten, „daß alle Katholiken die Entscheidung über die Unfehlbarkeit des Papstes als geoffenbarte Wahrheit mit festem Glauben und freudigem Herzen hinnehmen müßten",[34] rückte jener Zeitpunkt immer näher, wo das Verhältnis von Staat und Kirche geregelt werden mußte. Das wurde noch zwingender nach der Besetzung Roms durch piemontesisch-italienische Nationaltruppen Ende September. Die italienische Revolution von oben vollendete sich, der Kirchenstaat, also die weltliche Herrschaft des

Papstes, hörte auf zu existieren. Pius IX. erklärte sich zum „Gefangenen im Vatikan".

Merkwürdigerweise kamen Spekulationen auf, der Papst könnte um Asyl in Preußen nachsuchen, worauf Bismarck am 21. September 1870 vom Hauptquartier aus ans Auswärtige Amt telegraphierte: „Nein, Übersiedlung des Papstes nach Preußen würde Verlegenheit und politische Gefahr für uns sein, daher jedenfalls keine Initiative dazu zu ergreifen."[35] Und am 30. September erklärte er gleichfalls telegraphisch: „In unserem Interesse liegt es, daß er in Rom bleibe."[36] Diese schriftlichen Anweisungen sind derart bestimmt, daß man jene Überlieferungen nicht recht ernst nehmen kann, nach denen Bismarck sich in Gesprächen mit dem badischen Großherzog und auch mit dem preußischen Kronprinzen keineswegs abgeneigt gezeigt haben soll, dem Papst etwa in Fulda oder in Köln Asyl zu gewähren.

Parallel zu den Geschehnissen in Rom und in Italien, der Abschlußphase des Konzils und dem Zusammenbruch des Kirchenstaates, regten sich in Deutschland bestimmter denn je die politischen Kräfte des Klerikalismus oder, mit größerer Berechtigung gesagt, des Ultramontanismus und zeigten Flagge. Bereits im Sommer 1870 verlangten westfälische Katholiken, geführt von Peter Reichensperger, in einem Programmentwurf weiterhin die konfessionelle Schule und die Beibehaltung des föderativen Charakters des Norddeutschen Bundes, was in erster Linie gegen die Liberalen und nicht gegen Bismarck gerichtet war.

Im praktischen Verhalten der katholischen Abgeordneten schlug vieles, was theoretisch noch als Föderalismus gelten konnte, in Partikularismus um. Die beiden künftigen Zentrumsführer Windthorst und Mallinckrodt lehnten am 9. Dezember 1870 im Norddeutschen Reichstag eben die Verträge mit den süddeutschen Staaten ab, durch die das Reich begründet worden war; demokratische Vorbehalte wie bei Wilhelm Liebknecht spielten dabei keine Rolle. Im bayerischen Abgeordnetenhaus widersetzten sich die klerikalen Opponenten, die in der „Patriotenpartei" organisiert waren, derart hartnäckig einem Anschluß an den Norddeutschen Bund, daß die Zustimmung erst nach der Kaiserproklamation in Versailles errungen werden konnte.[37] Auch alle weiteren Wahlaufrufe der Zentrumspartei, besonders die zur Reichstagswahl im März 1871, plädierten gegen eine sich stärkende Reichseinheit und traten für eine möglichst weitgehende bundesstaatliche Dezentralisation ein. Kaiser und Reich lehnte man schon wegen mittelalterlicher Reminiszenzen nicht ab, aber beide sollten so schwach wie nur möglich gegenüber den Ländern sein.

Der Gegensatz zur Regierung und zu den Liberalen verschärfte sich, als die Zentrumsfraktion im konstituierenden Deutschen Reichstag gegen die Parlamentsadresse zur Thronrede gestimmt hatte. Man wollte dem Grundsatz der Nichteinmischung des Deutschen Reiches in die Angelegenheiten anderer Länder nicht zustimmen. Offensichtlich erwarteten Klerikale innerhalb und außerhalb des Parlaments in der Frage des Kirchenstaates zumindest das moralisch-politische Eingreifen der deutschen Reichsregierung zugunsten des Papstes. Dabei hätten die erfahrenen Zentrumspolitiker wissen müssen, daß eine demonstrative Parteinahme für den Kirchenstaat das Reich in Gegensatz zum neuen Italien gebracht, die profranzösischen Kräfte in Italien gestärkt und letztlich seine allianzähnliche Zusammenarbeit mit Frankreich gefördert hätte. Kein Wunder, daß die Zentrumsfraktion ihre Partei in den Ruf brachte, reichsfeindlich und papsthörig zu sein.

Natürlich interessierte es Bismarck, ob und inwieweit eine Übereinstimmung zwischen der Kurie und der Zentrumspartei bestünde und ob diese gar von jener gelenkt werde. Deshalb veranlaßte er diplomatische Sondierungen beim Kardinalstaatssekretär Antonelli, der in Gesprächen sowohl mit dem bayerischen Gesandten, dem Grafen von Tauffkirchen, als auch mit dem österreichischen Botschafter, dem Grafen Kálnoky, den parlamentarischen Übereifer des Zentrums bedauerte. So Antonelli Ende April 1871, wohlgemerkt, während der Pariser Kommuneherrschaft, als Frankreichs moralisch-politisches Ansehen im konservativen und liberalen Europa stark gesunken war und der seiner weltlichen Herrschaft beraubte Vatikan von der Regierung Thiers keinerlei Unterstützung erwarten konnte, mehr denn je also Rücksicht zu nehmen hatte auf Berlin.

Gelassen wartete Bismarck ab, wann er die zurückhaltende Politik Antonellis gegenüber dem Zentrum publizistisch am besten ausnutzen konnte; er tat es schließlich in dem am 23. Juli veröffentlichten Brief an den schlesischen Freikonservativen Graf von Frankenberg und in einem wahrscheinlich von dem Vertrauten Hermann Wagener verfaßten polemischen Kreuzzeitungsartikel vom 22. Juli 1871.[38] In beiden Fällen zielte er darauf hin, die Zentrumspartei von Rom zu isolieren.

Doch dieses Manöver durchkreuzte der listige Kardinalstaatssekretär Antonelli in einem an Bischof Ketteler gerichteten Brief, der die ungenaue Wiedergabe seiner vertraulichen Unterredungen betonte und mit einem „grundsätzlichen Lobe der grundsätzlichen Gedanken der katholischen Abgeordneten“ endete.[39] Die Eintracht zwischen dem deutschen Klerikalismus und der römischen Kurie war damit nicht mehr in Zweifel zu ziehen. Überdies schien es dem Kardinalstaatssekretär angebracht, in einer Unterredung mit dem österreichischen Botschafter, wahrscheinlich auch mit anderen Diplomaten, zu bestreiten, daß der Papst jemals zur Reichsgründung Stellung genommen habe, weder in zustimmendem noch in ablehnendem Sinne.[40] Erneut verweigerte sich der Vatikan dem Bismarckschen Ansinnen, beschwichtigend auf den politischen Katholizismus in Deutschland einzuwirken.

Das entschied schließlich die Sachlage: Die Vorgeschichte des Kirchen- und Kulturkampfes war zu Ende, auch wenn die staatlichen Maßnahmen in der zweiten Hälfte des Jahres 1871 noch zögernd waren. Bismarck konnte später einem Vertrauten gegenüber mit Recht sagen: „Gegen das Zentrum und seine Auftraggeber habe ich und nur ich den Kampf aufgenommen“.[41] Die Zentrumspartei zeigte sich nun einmal als politischer Vortrupp der aggressiv gewordenen Papstkirche, die alle zentrifugalen Kräfte im Reich förderte und mit Feinden außerhalb des Reiches sympathisierte. In einer ähnlichen Situation befand sich die föderalistisch organisierte Schweiz. Auch dort mußten die Liberalen bestrebt sein, die Bundesgewalt gegen die klerikalen Geister aus der Zeit des Sonderbundkrieges zu stärken und den Kampf auf die politische Ebene zu verlagern.[42]

Die Konfliktzeit

In der Auseinandersetzung mit dem Klerikalismus sah Bismarck die sogenannten Altkatholiken, also die das Unfehlbarkeitsdogma ablehnenden Dissidenten, keineswegs als Verbündete an. Als im Erzbistum Köln, im Fürstbistum Breslau und im Bistum Ermland die Kirchenbehörden jenen Theologieprofessoren und Religionslehrern, die im Sinne des Altkatholizismus lehrten, die Missio canonica, also die Unterrichtserlaubnis, entzogen, ließ Bismarck die Streitigkeiten mit den auf Rom eingeschworenen Bischöfen den konservativen Kultusminister v. Mühler führen und interessierte sich nur beiläufig dafür, zumal es auch um juristische Auslegungen ging.[43]

Was er vom Altkatholizismus hielt, erfährt man aus der Niederschrift des Redakteurs Dr. Julius Lang, der am 4. Juli 1871 eine Unterredung mit Bismarck hatte. Lang spielte in seinem Dissidenteneifer eine Marquis-Posa-Rolle und wurde darum auch wie ein „sonderbarer Schwärmer" behandelt. Unverhohlen sagte ihm der Kanzler: „Ich erwarte gar nichts von dieser Bewegung . . . das Volk hat sich im großen und ganzen wenig oder gar nicht daran beteiligt, es ist indifferent geblieben, und nur Professoren, Advokaten, Literaten und einige wenige Geistliche haben das große Wort geführt, ohne die Massen für sich zu gewinnen. Ich habe mich niemals der Täuschung hingegeben, daß der Katholizismus überhaupt reformfähig ist, ich meine, daß derselbe ein längst abgeschlossenes System ist, das, sobald man überhaupt etwas daran ändern will, aufhört, *das* zu sein, was es ist."

Döllinger, der gelehrte Initiator des Altkatholizismus, würde „die Zeit und ihre Zeitgenossen nicht genau kennen und über die Grundstimmungen schlecht oder gar nicht orientiert sein". Die katholische Kirche brauche nämlich keine kirchlichen Bewegungen zu fürchten, doch sehr wohl politische Bestrebungen wie den Nationalismus des 19. Jahrhunderts, vor allem in Gestalt der italienischen und der deutschen Einheitsbewegungen.

Als Bismarck während des Gesprächs offensichtlich schon ungeduldig wurde und gerade noch die zusätzliche Frage nach der Möglichkeit einer Nationalkirche gestattete, beschied er dem Journalisten sehr dezidiert: „Lassen Sie mich nun mit Zukunftsfragen zufrieden, wir haben mit der Gegenwart genug zu tun. Eine Nationalkirche erleben wir nicht, dazu fehlen alle Prämissen. Nein, nein, daran kann man nicht ernstlich denken."[44] Der Kanzler erwies sich auch in diesem Gespräch als Realist und hat keineswegs, wie gelegentlich behauptet wird, die Macht des Papsttums unterschätzt. Darum gab er sich auch nicht Spekulationen über eine Nationalkirche hin; und Fragen des Dogmas und der Liturgie waren von jeher nicht seine Sache. Er wollte, wie er selbst einmal im April 1871 betonte, seitens der Reichsgewalt „zurückhaltende Neutralität in katholisch-dogmatischen Fragen"[45] gewahrt wissen.

Bismarcks Interesse an der Kirche begann bei deren Organisation und steigerte sich, sobald es sich um Zonen der „gemischten Dinge" handelte, wo Konflikte zwischen staatlichen, religiösen und kulturellen Institutionen verborgen waren oder sogar schon aufbrachen, etwa im Bereich der Schule, der Ehe, der sozialen und politischen Aktivität. Auch wenn Bismarck von einer anderen Weltsicht kam als die Liberalen, wollte er wie diese die Beziehungen zwischen Kirche und Staat im Interesse der Einheit und Sicherheit des Reichs neu gestaltet haben.

*

Der erste Schlag gegen den militanten Klerikalismus wurde durch die Auflösung der einst im Jahre 1841, bald nach der Thronbesteigung Friedrich Wilhelms IV. begründeten Katholischen Abteilung im Ministerium für Geistliche und Unterrichtsangelegenheiten geführt. Unmittelbaren Anlaß für diesen Beschluß vom 8. Juli 1871 boten die Krawalle im oberschlesischen Königshütte, wo Ende Juni soziale, klerikale und national-polnische Interessengegensätze explosiv zum Ausbruch gekommen waren. Bismarck lastete dies alles in hohem Maße der „Clique Kraetzig" an, also dem Mitarbeiterstab um den Direktor der Katholischen Abteilung des Kultusministeriums.

Was da bei seiner Anklage Überzeugung und was Demagogie war, ist schwer auszumachen. Jedenfalls ging es ihm nicht nur um Oberschlesien und die dort prekären Fragen wie die der polnischen Nationalität, sondern um weit mehr: Wollte er Gesetzesvorlagen im Geiste eines neuen Verhältnisses von Kirche und Staat im Abgeordnetenhaus wie auch im schwierigen Herrenhaus durchbringen, dann konnte er im Kultusministerium keine Personen dulden, die seinen Kurs nicht mitsteuern wollten. Mit der Auflösung der Katholischen Abteilung nahm Bismarck also, personalpolitisch gesehen, die erste Hürde auf seinem antiklerikalen Weg.

Danach stand seinen Absichten vor allem der preußische Kultusminister v. Mühler entgegen, ein streng orthodoxer Protestant. Seit 1862 im Amt, gehörte er zur alten Ministergarde, die seinerzeit den antiliberalen Verfassungskonflikt mit Bismarck durchgekämpft hatte. Die Meinungsverschiedenheiten zwischen den einstigen Kampfgefährten Mühler und Bismarck entzündeten sich jetzt nicht an der katholischen Frage, sondern an den evangelischen Kirchenverhältnissen in den Provinzen der annektierten Länder, also im früheren Hannover, dann in Nassau, Kurhessen, Schleswig-Holstein, und in Alt-Preußen selbst.[46]

Mühler schwebte eine möglichst einheitliche Kirchenverfassung für ganz Preußen und darüber hinaus vor, ferner die Beibehaltung, ja Stärkung des landesherrlichen Kirchenregiments mit dem König als Summus episcopus; ihm sollten in der evangelischen Kirche mit Hilfe der Konsistorien die legislative und richterliche Gewalt, auch die oberste Verwaltung weiterhin zustehen. Hier ging es gleichsam um den christlichen Staat im Staate, vor allem um die Beherrschung der Schule, um Einfluß auf offizielle Entscheidungen und das gesellschaftliche Leben.

Demgegenüber wollte Bismarck eine weitgehende Selbständigkeit der einzelnen Provinzialkirchen ohne landesherrliche Obergewalt, also keine Zentralisierung der protestantischen Kirche und Stärkung der priesterlichen Orthodoxie im Staate. Das hieß letzten Endes, daß er seine Majordomus-Stellung innerhalb des gouvernementalen Getriebes durch keine Kirche, ob protestantisch oder katholisch, gefährdet sehen wollte. So gestalteten sich die Beziehungen Bismarcks zu Mühler immer konfliktreicher, zumal dieser vom König und von der Königin, der alten Feindin des Kanzlers, gestützt wurde; man teilte am Hofe die Abneigung des Kultusministers gegen das Bündnis Bismarcks mit dem Liberalismus.[47]

Auf zwei Ebenen kämpfte der Kanzler gegen die immer noch starke Stellung des Kultusministers an: Einmal nutzte er die publizistischen Angriffe der Liberalen gegen seinen Ministerkollegen aus, zum anderen trachtete er danach, ihn innerhalb des Staatsministeriums zu isolieren. Unter den Gegnern v. Mühlers waren Männer von Rang und Namen: Heinrich v. Treitschke, Wilhelm Wehrenpfennig, Gustav Freytag, Hermann Baumgarten waren ergrimmt über Mühlers Schul- und Universitätspolitik. Treitschke kritisierte dessen Unfähigkeit, „die unabweisbaren Ansprüche von Kunst und Wissenschaft zu vertreten". Ihm erschien der Kultusminister „fast wie das fleischgewordene böse Prinzip des preußischen Staates".[48] Während der verschiedenen Zeitungskampagnen traten Bismarck und sein Pressebüro nie für den Kultusminister ein, der Kanzler sorgte eher dafür, daß seine abfälligen Bemerkungen über ihn durch Indiskretionen bekannt wurden. Schließlich kam es ihm gelegen, wenn in Sitzungen des Abgeordnetenhauses über v. Mühler gemurrt und seinen Abgang spekuliert wurde.

In den Auseinandersetzungen um neue Beziehungen von Staat, Kirche und Kultur können also die Gegensätze zum orthodoxen Protestantismus, den Mühler personifizierte, nicht übersehen werden. Sie waren intern schon früher ausgefochten worden als die mit dem politischen Katholizismus. Bis in den Frühsommer 1871 hinein hatte Bismarck trotz vielfacher Enttäuschungen noch gehofft, er könne die Kurie und mit ihr das Episkopat für mäßigende

Einwirkungen auf die klerikalen Organisationen und deren Presse gewinnen. Erst die öffentliche Solidarisierung des Vatikans mit der Zentrumspartei hatte ihn kampfentschlossen gemacht. Nun wurden seine Gedanken über das Verhältnis von Kirche und Staat konkreter, nahm er ernster, was an Feindseligkeiten in katholischen Organen wie Civiltà Cattolica und in den Couloirgesprächen des Konzils verlautete, wo man ganz offen darüber sprach, wie Konflikte zu schüren seien, bis durch große Umwälzungen und Kämpfe die Kirche endlich siegen könne.[49]

Jahrelang hatte Bismarck in Berlin Aussprachen mit dem Kultusminister gemieden; erst während des Sommerurlaubs im August 1871 suchte er ihn in Bad Gastein auf. Von dieser Unterredung liegt eine Niederschrift v. Mühlers vor, in der es heißt: „Er (das heißt der Kanzler) enthüllte nun sein ganzes Spiel und System, das er mir doch nicht mehr verbergen konnte, unzweideutig. Seine Ziele seien: Kampf gegen die ultramontane Partei, insbesondere in den polnischen Gebieten, Westpreußen, Posen, Oberschlesien – *Trennung von Kirche und Staat, von Kirche und Schule überhaupt.* Übergabe der Schulinspektion an Nichtgeistliche. Hinausweisung des Religionsunterrichts aus der Schule, nicht nur aus den Gymnasien, sondern auch aus der Volksschule." So glaubwürdig da vieles erscheint, sicherlich sah v. Mühler bei der erwähnten Trennung von Kirche und Staat überscharf, denn der Kanzler hat dieses Prinzip sonst nie eindeutig formuliert und auch nie konsequent verfolgt. Er tendierte eher nach der Unterordnung der Kirche unter den Staat.

Im weiteren Verlauf des Gesprächs soll Bismarck auf Mühlers Frage, ob er alles dem Kaiser klar gesagt hätte oder sagen würde, da er doch genau dessen Standpunkt kenne, ganz außer sich vor Aufregung geantwortet haben: „‚*Nein*, ich weiß wie der Kaiser steht, wenn Sie ihn mir aber nicht scheu machen, werde ich ihn trotzdem führen, wohin ich will.' ... Bismarck kennzeichnete den Gegensatz, der zwischen uns bestehe, – äußerlich wieder in etwas ruhigerem Tone – sehr richtig mit den Worten: ‚Sie behandeln die Dinge vom *religiösen*, ich dagegen vom *politischen* Standpunkt aus.'"[50]

Über all das wurde in den gleichen Tagen gesprochen, in denen der deutsche Kaiser von Gastein aus Kaiser Franz Joseph in seinem Sommersitz in Bad Ischl aufsuchte und Bismarck dem österreichischen Ministerpräsidenten und Außenminister v. Beust ebenfalls sein Kulturkampfprogramm darlegte.[51]

Während der folgenden Monate wurde die Position des Kultusministers v. Mühler immer hoffnungsloser. In der letzten Phase seiner Amtsführung mußte er sogar den umstrittenen „Kanzelparagraphen“ hinnehmen, der den Geistlichen verbot, während des Gottesdienstes Angelegenheiten des Staates „in einer den öffentlichen Frieden gefährdenden Weise“ zu erörtern. Diese Ergänzung des Strafgesetzbuches hatte Bayern, inspiriert von der bereits im Juni in Italien beschlossenen Gesetzesbestimmung gegen den Mißbrauch der Kanzel, im Bundesrat beantragt. Da dieser Paragraph jedoch dazu angetan war, das Denunziantenwesen zu begünstigen, stimmten ihm viele Liberale nur mit größten Bedenken zu. Doch das Präventivziel, die staatlichen Institutionen kirchlicher Kritik zu entziehen, wurde erreicht, wenn auch der Kanzelparagraph vor Gericht nur selten zur Anwendung kam; immerhin existierte er im deutschen Strafgesetzbuch über Jahrzehnte hinaus weiter, bis er in der Bundesrepublik erst im Jahre 1953 aufgehoben wurde.[52]

Bismarck war während der Reichstagsverhandlungen über den Kanzelparagraphen nicht anwesend. Möglicherweise war er damals tatsächlich krank, aber die Sache war für ihn auch nicht von so prinzipieller Bedeutung wie spätere Gesetzes- und Verwaltungsmaßnahmen. Die Tatsache aber, daß sich die bayerische Regierung zur Durchsetzung ihrer Wünsche an gesetzgeberische Institutionen des Reiches gewandt hatte, verschaffte ihm zusätzliche politische Genugtuung. Bemerkte doch auch der Zentrumsführer Windthorst sarkastisch, „daß der stolze bayrische Löwe aus Furcht vor selbstgemachten Gespenstern unter die Fittiche des Adlers flüchtete“.[53] Und der österreichische Botschafter in Berlin meinte in seinem Bericht nach Wien: „Die Selbständigkeit Bayerns hat durch diesen Schritt seiner Regierung zweifellos einen harten Schlag erlitten, gleichwie die Versailler Reservatrechte sich mehr und mehr als haltlos herausstellen.“[54] Die Autorität des Reiches war gestärkt.

Das ermutigte Bismarck erst recht, auf seinem Weg weiterzugehen. Sein nächstes Ziel war das Schulaufsichtsgesetz, das sich gegen die konservative Idee vom christlichen Staat richtete. Mühler ließ es wohl oder übel noch in seinem Ministerium ausarbeiten und dem Abgeordnetenhaus vorlegen, aber er war nicht mehr der Mann, es durchzusetzen. Der Linksliberale Ludolf Parisius hatte zwei sarkastische Broschüren gegen ihn veröffentlicht, die eine mit dem Titel: „Excellenz, warum so mißvergnügt?“, die andere: „Ein preußischer Kultusminister, der seinen Beruf verfehlt hat . . .“. Der enorme Widerhall dieser publizistischen Streitschriften war aus fünfzehn Auflagen zu ersehen. Orthodoxe, ob sie protestantisch oder katholisch waren, hatten in dem durch das Vaticanum aufgewühlten Deutschland einen schlechten Stand. Als v. Mühler in konservativem Starrsinn schließlich die Anstellung des liberalen Museumsrats Hettner, eines Kandidaten des Kronprinzen, in despektierlicher Weise verweigerte, war auch sein Rückhalt beim Kaiser dahin.

Er mußte am 12. Januar 1872 sein Entlassungsgesuch einreichen, das am 17. Januar vom König genehmigt wurde. Wenige Tage danach schrieb Staatssekretär v. Thile über die „Katastrophe Mühler": „Selten ist ein Minister so schmählich gefallen. Er ist nicht eher gegangen, bis er es schriftlich vom Kaiser direkt und von Bismarck im Namen des Staatsministeriums erhalten hat, daß er weder das allerhöchste Vertrauen noch das seiner Kollegen genieße".[55] Von der liberalen Öffentlichkeit gehaßt, in den eigenen Reihen isoliert und von Bismarck als lästig abgetan, stürzte v. Mühler und machte damit eine raschere und härtere Gangart in der Kirchenpolitik möglich.

*

Sein Nachfolger wurde Dr. Adalbert Falk, der in Schlesien 1827 als Sohn eines evangelisch-lutherischen Konsistorialrats geboren worden war. Religiöser Eiferer war sein Vater nicht, eher zu manchen Kompromissen bereit, so wenn er 1861 seinem Sohn schrieb, er sei entgegen der protestantischen Orthodoxie „entschieden für die obligatorische Zivilehe".[56] Die pastorale und dennoch aufgeschlossene Atmosphäre des Elternhauses wurde mitbestimmend für die gemäßigt liberale Haltung Adalbert Falks. Begabt, dazu ordentlich und fleißig, bezog er nach der Ausbildung an einem Breslauer Gymnasium mit sechzehneinhalb Jahren die Universität, legte mit neunzehn Jahren das juristische Doktorexamen ab und bestand in Berlin das Assessorenexamen mit Auszeichnung; ein Musterstudent und später Referendar ohne Fehl und Tadel. Mit vierundzwanzig Jahren heiratete er die gebildete Tochter eines Professors für klassische Philologie. Strebsam und immer das juste milieu einhaltend, machte er Karriere als Beamter und Politiker, war Staatsanwalt in Ostpreußen und in Berlin, jüngster Landtagsabgeordneter, der sich der rechtsliberalen Fraktion Mathys anschloß, dann Vortragender Rat im Justizministerium, zwischendurch Appellationsgerichtsrat in Glogau. In den Norddeutschen Reichstag

Adalbert Falk (1827–1900)
Der Mann, der an die Allmacht der Gesetze glaubte.

gewählt, stand er der Nationalliberalen Partei nahe, ohne sich fest zu binden.

Als Kultusminister brachte Adalbert Falk juristische Berufserfahrung mit, einige Routine im parlamentarischen Bereich und eine dem liberalen Bürgertum eigene Bildung, zu der auch die Bibelkritik gehörte, von der er aus seiner Universitätszeit manches wußte. Eingeschworen auf jenen konventionellen Geist, in dem sich hohenzollersches Preußentum mit liberalem Konstitutionalismus verband, genoß er zunächst das Wohlwollen des kronprinzlichen Paares, hatte jedoch mit dem Mißtrauen des Kaisers und der zunehmenden Feindschaft der Kaiserin Augusta zu rechnen.

Bismarck sah in Falk den energiegeladenen und fachlich versierten Minister, fähig, die Forderungen des bestehenden Staates gegenüber den Kirchen durchzusetzen. Deshalb gewährte er ihm im Rahmen des vorgesehenen Programms eine fast gleich große Handlungsfreiheit wie Rudolph v. Delbrück auf wirtschaftspolitischem Gebiet. Ende 1873 schrieb er, daß er Herrn Falk im Streit mit der Kirche „auf dem Gebiete des Preußischen Staates ... als den wesentlich notwendigen und deshalb notwendig selbständigen Führer" ansehe.[57] Allerdings griff der Kanzler in den sogenannten Kulturkampf, wo er es mit politischen Feinden zu tun hatte, weit stärker ein als in die Wirtschaftspolitik. Das Schulaufsichtsgesetz[58] bestimmte die Ersetzung der geistlichen durch staatliche Aufsicht über „alle öffentlichen und Privatunterrichtsanstalten"; die Lokal- und Kreisschulinspektoren sollten demgemäß – auf jederzeitigen Widerruf hin – durch Institutionen des Staates ernannt werden.

Da sich die wenigen Paragraphen des Gesetzentwurfes auf eine Kernfrage in den Beziehungen zwischen Staat und Kirche bezogen, haben alle Fraktionen des preußischen Abgeordnetenhauses während der Parlamentsdebatte im Februar 1872 ihre führenden Männer auf die Rednertribüne geschickt. Auf liberaler Seite war wiederum am herausragendsten Rudolf Virchow, der große Gelehrte der Berliner Charité; er sprach der katholischen Kirche, auf die Zustände in Spanien und im Kirchenstaat hinweisend, die Fähigkeit ab, noch eine Kulturmission zu erfüllen. Allerdings mußte er in seiner Rede eingestehen, daß das Schulaufsichtsgesetz für eine gewisse Zeit eine „ministerielle Diktatur" schaffe.[59]

Eben deshalb hatten alle Liberalen gemeinsam mit Bismarck die Entlassung Mühlers noch vor der Eröffnung der Parlamentssession durchgesetzt. Der Nationalliberale Eduard Lasker ließ sich von dem fast hymnisch vorgetragenen Grundsatz leiten, daß alles Recht vom Staat und nur vom Staat abzuleiten sei und daher dieser die Aufgabe habe, den Bildungs-, Religions- und Kulturstand der Nation durch entsprechende Gesetze zu sichern. Das vorliegende beseitige den „Schulaufseher aus eigenem Recht, der die Vermessenheit hat, dem Staat zu erwidern: Du hast mir nicht vorzuschreiben, in welcher Weise ich die Schule beaufsichtigen und führen soll".[60]

Kein Zweifel, die Liberalen lieferten den Zentrumsführern manches Stichwort für ihre Polemik. So denunzierte Mallinckrodt den Gesetzentwurf als eine Proklamation der Diktatur auf dem Gebiet des Schulwesens; der gemäßigtere Peter Reichensperger prophezeite, daß die Volksschule konfessionslos, ja schließlich religionslos werde, und überließ es dem aggressiveren Windthorst, nicht nur die zukünftige Schule anzuklagen, sondern auch vom religionslosen, heidnischen Staat zu sprechen, vom Staat ohne Gott, der sich selbst zum Gott mache und einen Triumph der Hegelschen Staatsidee darstellte.[61]

Die Konservativen hielten sich während der Debatte des Abgeordnetenhauses zurück und sparten ihre Attacken gegen das Schulaufsichtsgesetz bis zu der Zeit auf, da es dem Herrenhaus vorgelegt wurde. Nur der Freikonservative Bethusy-Huc sekundierte Bismarck und versuchte, die Erinnerung an den großen Kampf zwischen Kaisertum und Papsttum in der Stauferzeit wachzurufen.

Heiß ging es oft her in den parlamentarischen Reden und Widerreden. Da rief etwa Windthorst dem Anatomen Virchow zu: „Mit einer Religion, die an der Spitze des Seziermessers endet, kann ich nicht disputieren".[62] Als Bismarck das Zentrum aufforderte, sich von seinem im hannoveranischen Wahlkreis Meppen gewählten Fraktionsführer, Windthorst, „dieser annektierten Perle von zweifelhaftem Wert", zu trennen, erwiderte ihm Mallinckrodt: „Wir sind stolz darauf, in unserer Mitte ein so hervorragendes Mitglied zu haben wie den Abgeordneten für Meppen ... man hat eine Perle annektiert, und wir haben diese Perle in die richtige Fassung gebracht". Darauf tönte Bismarck: „... für mich aber hängt der Wert einer Perle sehr von ihrer Farbe ab, ich bin darin etwas wählerisch".[63]

Der Kanzler nahm überhaupt lebhaft teil an den Debatten, besonders am 30. Januar 1872; schließlich konnte er den neuernannten Kultusminister nicht allein lassen. Dabei erging er sich weder in staats- und rechtstheoretischen Betrachtungen noch religions- und geschichtsphilosophischen Spekulationen wie die Liberalen und die Klerikalen, sondern blieb auf praktisch-politischem Boden. Er griff das Zentrum wegen dessen Grundhaltung zum preußisch-deutschen Reich an und schonte dabei Ludwig Windthorst nicht. Er sei vor Jahren ein großer General ohne Armee gewesen: „... indessen wie Wallenstein ist es ihm gelungen, eine Armee aus der Erde zu stampfen und sich damit zu umgeben".[64] Der Abgeordnete Windthorst beteiligt sich viel an den Debatten, meinte Bismarck, „aber das Oel seiner Worte ist nicht von der Sorte, die Wunden heilt, sondern von der, die Flammen nährt, Flammen des Zorns".[65]

Schon vor diesen persönlichen Angriffen hatte Bismarck in seiner großen Rede vom 30. Januar 1872 über das Zentrum gesagt: „Ich habe, als ich aus Frankreich zurückkam, die Bildung dieser Fraktion nicht anders betrachten können, als im Lichte einer Mobilmachung der Partei gegen den Staat."[66] In der Fraktion hätten alle reichsfeindlichen Kräfte, unabhängig von ihrer Konfession, Unterschlupf gefunden; er beschuldigte das in Berlin erscheinende Zentrumsblatt „Germania“, sich mit der bayerisch-klerikalen Presse zu solidarisieren, die „man bei uns die deutschfeindliche Franzosenpresse, die alte Rheinbundpresse unter katholischem Gewande nennen kann“.[67]

Auf den prinzipiellen Kern der Schulgesetzvorlage hinweisend, sprach Bismarck öffentlich aus, was er in internen Dokumenten seit Jahren geäußert hatte: „Dogmatische Streitigkeiten über die Wandlung oder Deklaration, welche innerhalb des Dogmas der katholischen Kirche vorgegangen sein können, zu beginnen, liegt der Regierung sehr fern und muß ihr fern liegen, jedes Dogma, auch das von uns nicht geglaubte, welches so und so viel Millionen Landsleute teilen, muß für ihre Mitbürger und für die Regierung jedenfalls heilig sein. – – Aber wir können den dauernden Anspruch auf eine Ausübung eines Teiles der Staatsgewalt den geistlichen Behörden nicht einräumen, und so weit sie dieselben besitzen, sehen wir im Interesse des Friedens uns genötigt, sie einzuschränken . . ., damit wir nebeneinander Platz haben, damit wir in Ruhe miteinander leben können, damit wir so wenig wie möglich genötigt werden, uns hier um Theologie zu bekümmern.“[68] Und eben dieses Miteinanderleben entsprach nicht dem Geiste der Enzyklika von 1864 und des Konzils von 1870.

Bismarck hatte sich noch mit den Konservativen im Herrenhaus auseinanderzusetzen, die ihre protestantisch-orthodoxe Kirche und ihren Oberkirchenrat verteidigten. Doch während er das Papsttum noch als geschichtsmächtig anerkannte, imponierte ihm das höchste Gremium seiner eigenen Kirche keineswegs, wahrscheinlich dachte er da ähnlich wie Virchow, für den der Oberkirchenrat ein „Wechselbalg des Absolutismus und der Klerisei“ war.[69] Die von der Kommission des Herrenhauses vorgeschlagenen Änderungen an dem vom Abgeordnetenhaus bereits angenommenen Schulaufsichtsgesetz bedeuteten die Beibehaltung des kirchlichen Einflusses auf das Schulwesen.

Der im Kommissionsbericht erhobene Hauptvorwurf stimmte mit dem der Zentrumsführer überein, die Staatsregierung würde durch das Gesetz die Tore öffnen, „durch welche die wilden Wasser des Unglaubens seiner Zeit von dem entchristlichten Staat aus die Schulen überfluten werden“.[70] Sprecher des Herrenhauses war der erzkonservative, junkerbewußte, auch in Sachen Kreisordnung aufsässige Kleist-Retzow, auf den Bismarck persönlich hinzielte, als er in seiner parlamentarischen Intervention bemerkte, der Staat könne „seine Stellung nicht herabziehen in das Niveau einzelständischer Anschauungen, wo das Interesse für ein Schulpatronat oder für eine Gerichtsobrigkeit, die gesetzlich aufgehoben ist, den Schwerpunkt bildet".[71]

Damit traf er einen Jugendfreund, dem er schon 1866 wegen politischer Quertreibereien und amtlicher Indiskretionen hatte mit dem Staatsanwalt drohen müssen. Mit Kleist-Retzow sprach der Kanzler nun überhaupt nicht mehr, nur noch mit dem anderen konservativ-pietistischen Jugendgefährten, mit Moritz v. Blankenburg, der allerdings seiner Frau Ende 1871, als Kultusminister v. Mühler schon im Stürzen war, berichtete: „Bismarck wirft mir vor, daß ich mich von lutherischen Pfaffen hätte verführen lassen. Diese seien ebenso schlimm wie die Ultramontanen."[72]

Von besonderem politischen Gewicht waren die Ausführungen Bismarcks über das Verhalten polnischer Adliger und Geistlicher, die Deutsch im Unterricht bewußt vernachlässigt haben wollten. Der Kanzler befürchtete durch weitere Konfessionalisierung des Schulsystems eine Schwächung der politischen Einheit des Reiches, die insbesondere Frankreich gegenüber gefährlich werden könnte. Argumente dieser Art blieben nicht ohne Wirkung auf konservative Abgeordnete wie etwa den früheren preußischen Ministerpräsidenten v. Manteuffel. Sie traten schließlich für das Schulaufsichtsgesetz ein und brachten es im Herrenhaus mit großer Mehrheit zur Annahme.

Auch nach Inkrafttreten dieses Gesetzes bemühte sich die katholische Kirche, ihren Einfluß auf die Schulen zu behalten. Dem Kultusministerium wurde bekannt, daß Gemeinden Verträge abschlossen, die es Mitgliedern von Orden und Kongregationen ermöglichten, als Lehrer an Schulen tätig zu sein. Es war nicht zuletzt die Ausgabenscheu der Gemeinden, die dieses Seelengeschäft erleichterte. So mußte der Minister durch eine Verfügung vom 15. Juni 1872 Ordenspersonen verbieten, an öffentlichen Volksschulen zu arbeiten. Nachdem das Abgeordnetenhaus den Antrag Mallinckrodts, wonach diese Ministerverfügung verfassungswidrig sein sollte, mit großer Mehrheit abgelehnt hatte, telegraphierte Bismarck noch am selben Abend an Adalbert Falk: „Herzlichen Glückwunsch zu heutiger und gestriger Debatte."[73] Die Autorität des Ministers war gestärkt, die Trennung von Kirche und Schule gesetzlich postuliert. Weiterhin blieb jedoch der kirchliche Einfluß auf die Schule beachtlich; der Religionsunterricht war umfangreich und wurde vielfach, wenigstens in protestantischen Gegenden, von Pastoren bestritten. Und was der Staat zu den Bildungsinhalten beitrug, war alles andere als demokratisch.

Die historische Bedeutung dieses wohl wichtigsten Kulturkampfgesetzes erkannten die deutschen Bischöfe sehr wohl und reagierten darauf in ihrer Weise. Im Hirtenbrief vom 11. April 1872 erklärten sie die Schule von ihrem Ursprung an in allen christlichen Ländern für „eine Tochter der Kirche“, und am gleichen Tag bedauerten sie in einer Eingabe an das Staatsministerium, „daß der organische Verband, welcher zwischen Volksschule und Kirche mehr denn ein Jahrtausend bestand“, durch das Schulaufsichtsgesetz verletzt werde.[74] Zur gleichen Zeit, da die Katholiken öffentlich klagten, schrieb der Protestant v. Mühler in einem Privatbrief an den Grafen Viktor v. Schwerin: „Am liebsten möchte er (Bismarck) die Kirche und die religiösen Ideen ganz aus dem öffentlichen Leben verbannen und zu einer bloßen Privatsache machen“.[75]

Religion als Privatsache – das klingt sozialdemokratisch, ist es aber in diesem Fall nicht, denn im Grunde vollzog sich die Trennung von Kirche und Schule durchaus nicht mit aller Konsequenz. Des Kanzlers Art, die Schule von konfessioneller Aufsicht zu befreien, entsprach noch lange nicht den Forderungen etwa des großen aufklärerischen Pädagogen Diesterweg nach Fachaufsicht, die sich weder einer Kirchen- noch Staatsdiktatur unterwirft. Ein Ausbruch aus jahrhundertelangen Bindungen machte freier, zur Demokratie aber war noch ein weiter Weg.[76]

*

Nach dem Schulaufsichtsgesetz, das – trotz allem – zur Modernisierung des gesellschaftlichen und staatlichen Lebens beitrug, kam die Zeit einer vornehmlich durch Repression gekennzeichneten Gesetzgebung. Sie war begleitet von diplomatischen und rhetorischen Proklamationen, die sich Bismarck und Pius IX. in schönem Wechselspiel lieferten.

Im Frühjahr 1872 veranlaßte der Kanzler diplomatische Schritte, deren Widerhall bis in den Reichstag und in die Publizistik reichte; er schlug nämlich den Kardinal und Prinzen zu Hohenlohe-Schillingsfürst zum preußischen Gesandten beim Vatikan vor. Hätte Bismarck, wie so oft behauptet wurde, damit tatsächlich einen Keil zwischen die Zentrumspartei und die Kurie treiben wollen, wäre dies ein ziemlich dilettantisches Unterfangen gewesen; Kardinal Hohenlohe konnte als erklärter Jesuitengegner und staatskirchlich gesinnter Mann für die von Jesuiten stark beeinflußte, wenn nicht gar beherrschte Kurie keineswegs akzeptabel sein. Zudem hatte er verständlicherweise das Vertrauen des Papstes eingebüßt, nachdem er Rom kurz vor der Besetzung durch italienische Truppen verlassen hatte und als einziger Kurienkardinal der Stadt ferngeblieben war. Schließlich war ersichtlich, daß er in seiner Doppelrolle als römischer Kardinal und preußischer Gesandter auf jeden Fall in Konflikt geraten wäre zwischen der Subordination unter den Papst und der unter den deutschen Kaiser. Abgesehen davon, daß es also für die Kurie prinzipiell unmöglich war, den Bismarckschen Vorschlag zu akzeptieren, war dieser auch noch in einer Weise vorgebracht worden, die diplomatischem Brauch widersprach.[77] Anstatt zunächst vertraulich nachzufragen, ob der zu akkreditierende Gesandte Persona grata, also genehm sei, wurde dem Vatikan die bereits vom preußischen König und deutschen Kaiser vollzogene Ernennung Hohenlohes kurzerhand mitgeteilt. Überdies schrieb Hohenlohe selbst noch einen anmaßenden Brief an den Papst.

Sinn und Verstand findet man in dieser ganzen Angelegenheit nur, wenn der Reichskanzler die Ablehnung bewußt provozieren wollte, um sie innenpolitisch ausnutzen zu können. Dem prestigebedachten und mit den diplomatischen Usancen nicht vertrauten Kaiser konnte er leicht einreden, daß ihn die Kurie durch die Ablehnung eines Prinzen und Kardinals als preußisch-deutschen Gesandten beleidigt und überdies ein Zeichen der Versöhnungsbereitschaft mißachtet habe – immer wieder verfing bei Majestät die alte Methode: Nicht genügend respektiert und in seinem friedlich-edelmütigen Bestreben verkannt worden zu sein, das konnte Kaiser Wilhelm nicht ertragen.

Wie Bismarck den Nationalliberalen v. Bennigsen schon 1867 in der Luxemburgfrage zu einer parlamentarischen Intervention veranlaßt hatte, so benutzte er ihn auch jetzt wieder, um am 14. Mai 1872 das Verhalten der Kurie im Reichstag zur Sprache zu bringen. Bei Beratungen über den Etat des Auswärtigen Amtes stellte Bennigsen die Frage, ob der Posten der Gesandtschaft am Vatikan nicht gestrichen werden könnte. Immerhin habe die Kurie das deutsche Entgegenkommen mißachtet und so die Würde der Reichsregierung, ihres Leiters und des Kaisers verletzt.[78] Damit war das Leitmotiv für die öffentliche Stimmungsmache angeschlagen.

Natürlich ging Bismarck darauf in einer mit wohlüberlegter Demagogie verfaßten Rede ein, die unmittelbar wirkte und be-

Karikatur aus dem „Kladderadatsch“: Bismarck und Pius IX.

rühmt wurde durch die geflügelten Worte: „Nach Canossa gehen wir nicht – weder körperlich noch geistig!“ Diesen geradezu zitierpflichtig gewordenen Satz verstand dazumal jeder ältere Schulbub', dem in der Geschichtsstunde etwas vom Bußgang Heinrichs IV. anno 1077 auf die Burgfeste zu Papst Gregor VII. beigebracht worden war.

Am gleichen Tag, da der Kanzler im Reichstag sprach, richtete er an die preußischen Missionen in Petersburg, Wien, London, Rom und anderen Städten eine geheime Zirkulardepesche, in der er die diplomatischen Vertreter anwies, angesichts des hohen Alters Pius' IX. bei den entsprechenden Regierungen notwendige Überlegungen zur kommenden Papstwahl anzuregen. In dieser „Papstwahldepesche“ hieß es unter anderem: „Staatsinteresse aufs höchste gesteigert, seit durch Vatikanum der Papst in jeder Diözese die bischöflichen Rechte in die Hand nehmen und die päpstliche Gewalt der bischöflichen substituieren kann und die Bischöfe nur noch Werkzeuge sind“.[79]

Der erwartete Ideenaustausch der Regierungen über Bedingungen, von denen eventuell die Anerkennung der Papstwahl abhängig zu machen wäre, kam offiziell nicht zustande. Aber in den verschiedenen Hauptstädten spekulierte man doch, wer unter den Kardinälen wohl der aussichtsreichste Kandidat nach dem Tode Pius' IX. sein könnte, besonders in Wien,[80] wo der habsburgische

Kaiser als „Apostolische Majestät“ bis 1903 bei der Papstwahl noch ein Vetorecht hatte.

Zwei Tage nach diesem parlamentarisch und diplomatisch ereignisreichen 14. Mai 1872 nahm der Reichstag einen zwischen den Nationalliberalen, Konservativen und Freikonservativen ausgehandelten Antrag an, in dem die Regierung um einen Gesetzentwurf ersucht wurde, der die rechtliche Stellung der religiösen Orden regele und deren staatsgefährliche Tätigkeit – namentlich die des Ordens der Gesellschaft Jesu – unter Strafe stelle. Das Arrangement war perfekt; nach außen hin war es der Reichstag, der als Initiator des bereits im darauffolgenden Monat beschlossenen Ausnahmegesetzes gegen die Jesuiten erschien. Während das Gesetz von den Regierungsinstanzen ausgearbeitet wurde, wirkte Bismarck durch Telegramme und Schreiben aus Varzin an die Minister Delbrück und Falk rege daran mit,[81] hatte er es doch diplomatisch vorbereitet, parlamentarisch angeregt und auch publizistisch unterstützt.

Das Gesetz bestimmte, daß binnen sechs Monaten die Niederlassungen der Jesuiten und der ihnen verwandten Orden aufzulösen und die ausländischen Mitglieder auszuweisen seien, wobei den deutschen Jesuiten bestimmte Aufenthaltsorte versagt oder auch zugewiesen werden konnten. Mit dieser letzteren Verfügung war schon einiges vom späteren Sozialistengesetz vorweggenommen. Nicht verwunderlich, daß die Ausnahmebestimmungen auch manche Liberale beunruhigten, etwa den Leipziger Karl Biedermann, der an Eduard Lasker schrieb, er würde das Gesetz ablehnen, obwohl seinen Wählern nichts schlimm genug sein könne, was gegen die Jesuiten gerichtet sei.[82] Und Lasker bekannte, er opponiere gegen das Jesuitengesetz im vollen Bewußtsein, daß er sich „gegen die stark strömende Tagesmeinung“ stemme.[83]

Der freikonservativ gesinnte Pressedezernent im Auswärtigen Amt, Aegidi, war ohne solche rechtsstaatlichen Skrupel. Er schrieb an jenem 14. Mai, als im Reichstag durch den antijesuitischen Antrag wie auch im Auswärtigen Amt wegen Bismarcks Papstwahldepesche eine kämpferische Aufbruchstimmung herrschte, voller Groll über die Jesuiten an Treitschke: „Man muß am Rhein gelebt haben, um diese Pest zu kennen. Nimm diese *Zentnerlast* von der Brust der katholischen Kirche und niemand wird Dir inniger danken als der *freigewordene* Pfarrer, der jetzt nicht zu atmen wagt, und auch nicht atmen kann“.[84] Auch wenn man Übertreibungen und Illusionen Aegidis auf ein realistisches

Maß reduzieren muß, sind seine Ausführungen schon deswegen interessant, weil sie Grundgedanken Bismarcks aussprechen. Der Kanzler unterschied stets zwischen dem katholisch-religiösen Leben und der römisch-politischen, insbesondere jesuitischen Aktivität.[85]

Gegen letztere richteten sich seine Angriffe. War für Bismarck schon das Zentrum „eine Breschbatterie gegen den Staat", so sah er in der straff organisierten, international verzweigten, auf den Gehorsam gegenüber dem Papst verpflichteten Gesellschaft Jesu, deren Ordensgeneral seinen Sitz in Rom hatte, eine weitere innen- und außenpolitische Gefahr für den Bestand des Reiches. Und wenn er schon den Kampf gegen den politischen Klerikalismus aufnahm, dann war es taktisch geschickt, eine weitverbreitete, nicht nur auf Deutschland beschränkte Jesuitenfeindschaft auszunutzen. Der Ingrimm über klerikale Unduldsamkeit, der sich in Briefen von Liberalen und Dissidenten Luft machte, war echt.[86] Die Verteufelung Andersdenkender, die seit der Enzyklika von 1864 die Sprache vieler militanter Katholiken beherrschte, und die Rücksichtslosigkeit, mit der klerikale Macht im gesellschaftlichen und, wo es irgend anging, auch im politischen Leben ausgeübt wurde, lastete man vornehmlich den Jesuiten an; besonders sie wurden von den Gegnern des katholischen Dogmas und der klerikalen Politik nicht bloß kritisiert, sondern prinzipiell abgelehnt.

Zehn Tage vor Annahme des Jesuitengesetzes tat Papst Pius IX. das Seinige, um die Erregung weiter zu schüren. Während des Empfangs einer Abordnung des „Deutschen katholischen literarischen Vereins" ließ er sich von biblischem Eifer hinreißen und erklärte in Anlehnung an eine Stelle im zweiten Kapitel des Propheten Daniel drohend: „Wer weiß, ob nicht bald sich das Steinchen von der Höhe loslöst, das den Fuß des Kolosses zertrümmert".[87] Damit konnten sowohl Bismarck als auch das Reich gemeint sein. Vergeblich, daß Kardinäle daraufhin den Heiligen Vater zu entschuldigen versuchten und beschwörend meinten, man solle mit den in Erregung gesprochenen Worten eines alten Mannes nicht rechten. In Berlin blieb man, durch interne Berichte bestärkt, der Überzeugung, daß hier jesuitischer Einfluß am Werke war.

Jetzt wollte Bismarck erst recht nicht beim Jesuitengesetz stehenbleiben, sondern den Kampf gegen den politischen Katholizismus in breitem Ausmaß weiterführen. Allerdings überließ er die

Ausarbeitung der entsprechenden Gesetzgebung fast ausschließlich dem Kultusminister und dessen Mitarbeitern und teilte nur gelegentlich durch Lothar Bucher sein Votum über einen Gesetzentwurf mit. Zu jener Zeit kam er schon aus Gesundheitsgründen selten von Varzin nach Berlin.

Der kulturkämpferisch angestachelte Juristeneifer im Kultusministerium bereitete bis zum Frühjahr 1873 ein umfangreiches Paragraphenwerk vor. In schneller Folge wurden dann die einschlägigen Gesetze beraten und verabschiedet. Durch die am 5. April 1873 beschlossene Abänderung der die Kirche betreffenden Artikel der preußischen Verfassung wurden die Voraussetzungen für jene mehr aufregenden als historisch bedeutsamen Gesetze vom 11. bis 14. Mai 1873 geschaffen.[88]

Das erste Gesetz betraf die Ausbildung der künftigen Geistlichen; sie sollten gemeinsam mit Protestanten das Gymnasium absolvieren, also während ihrer Schulzeit nicht mehr in Knabenkonvikten abgesondert aufwachsen. Dann sollte ein dreijähriges Studium auf einer der deutschen Universitäten folgen, auf denen der deutsch-liberale Geist vorherrschte und Kontakte mit andersgläubigen Kommilitonen möglich waren. Die katholischen Theologiestudenten hatten neben ihrem Fachexamen nach badischem Vorbild das sogenannte Kulturexamen in Philosophie, Geschichte und deutscher Literatur zu absolvieren. Die Ausbildung auf den von Jesuiten oder anderen Ordensleuten geleiteten Bildungsstätten wurde nicht mehr anerkannt, am wenigsten die auf dem exklusiven „Germanicum“ in Rom; auch Priesterseminare kamen unter staatliche Aufsicht. Das nationalpolitische Erziehungsziel des Gesetzes war leicht erkennbar und mußte angesichts der durch das Vaticanum geschaffenen Geistesverfassung in der katholischen Kirche auf Widerstand stoßen.

Noch folgenschwerer für die gesellschaftliche Atmosphäre waren Gesetzesbestimmungen über die bischöfliche Anzeigepflicht, wonach Geistliche erst nach der Zustimmung durch die Staatsbehörden angestellt oder auch versetzt werden durften. Der jeweilige Oberpräsident konnte Einspruch erheben, wenn ein Geistlicher nicht den vorgeschriebenen Bildungsgang durchlaufen hatte oder wenn vermutet werden konnte, daß er den Staatsgesetzen entgegenwirken könnte. Außerdem sollte in Jahresfrist jedes frei gewordene Pfarramt wieder besetzt werden.

Die kirchliche Disziplinargewalt außerdeutscher Kirchenbehörden, insbesondere des Papstes, wurde aufgehoben. Nur die deutschen Bischöfe konnten bis zu einem gewissen Grade disziplinarische Gewalt ausüben; sie mußten allerdings den Oberpräsidenten die verhängten Strafen mitteilen. Angeblich um die Geistlichen vor zu weit gehenden Maßnahmen ihrer Oberen zu schützen, wurde ein aus Laien gebildeter Staatsgerichtshof gegründet, bei dem gegen bischöfliche Entscheidungen Berufung eingelegt werden konnte.

Ein viertes Gesetz erleichterte den Austritt aus der Kirche, sowohl aus der katholischen wie aus der protestantischen. Es entsprach am ehesten dem sozialen Geist der sich entfaltenden Industriegesellschaft.

*

Mit den Maigesetzen von 1873 war eine neue Phase des Kirchenkampfes eingeleitet worden. Hatte das Schulaufsichtsgesetz von 1872 objektiv die Tendenz gehabt, Staat und Kirche voneinander zu trennen, auf jeden Fall die Bande zwischen den beiden Institutionen zu lockern, so lief die innere Logik der Maigesetze darauf hinaus, die Kirche in eine Staatsanstalt, den Geistlichen in einen Staatsbeamten umzuwandeln. Zumindest sollte die staatliche Kontrolle über die priesterliche Hierarchie gewährleistet sein. Weder das Schulaufsichtsgesetz, das aus dem Mittelalter stammende Rechte aufhob, noch die Unterdrückung des Jesuitenordens hatten die gläubigen Katholiken so solidarisch zusammenrücken lassen, wie es die Gesetze des Jahres 1873 bewirkten. In ihrer Mischung von Erziehungseifer und Reglementierungssucht erwiesen sie sich nicht als nützlich, sondern eher schädlich für das neue Deutsche Reich.

Auch wenn Bismarck später verschiedentlich erklärte, er hätte sich um die Details und die juristische Ausführung der Gesetze nicht kümmern können, mußte er wohl oder übel die Verantwortung für die Gesamtrichtung übernehmen, über deren Nutzlosigkeit er sich dann auch öffentlich aussprach. „Den Gedanken“, so meinte er, „auf das künftige Verhalten der Priester zu den Laien und ihre Toleranz gegen Andersgläubige auf dem Wege der Erziehung und Vorbildung einwirken zu wollen, halte ich für verfehlt, es hängt von der Erziehung gar nicht so ab wie von den späteren Erlebnissen, von den Einwirkungen der Vorgesetzten, ich möchte sagen, von der ganzen Witterung, die in Bezug auf diese Dinge in der Zeit herrscht, in der einer lebt.“ Den Wert der Anzeigepflicht könne man leicht überschätzen. „Man steckt in dem angestellten

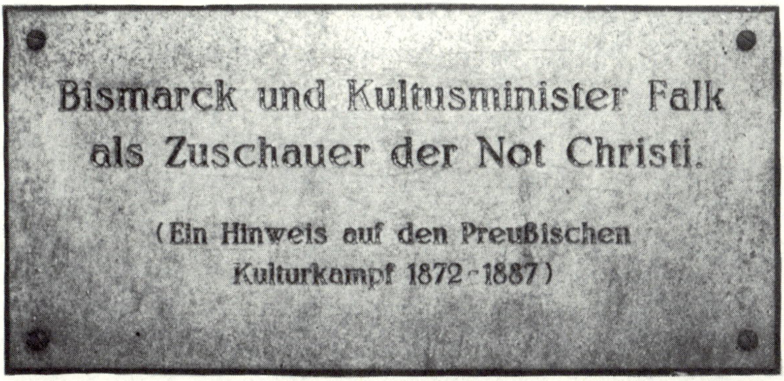

Aus einer 1877 geschaffenen Kreuzwegstation im ehemaligen Wallfahrtsort Kiedrich (Rheingau): Bismarck in Landknechtsuniform mit einer Hellebarde; im Hintergrund, aus einer Fensternische schauend, der Kultusminister Falk

Priester doch nicht drin, und mit dem Papst und der Kirche eine Art von Wettlauf um die Beeinflussung der angestellten Priester anzustellen, halte ich eben auch für ein verfehltes Unternehmen." Ein andermal nannte er den katholischen Priester einen „einregimentierten Offizier des Papstes". Deshalb wäre es ein vergebliches Bemühen, einen Priester in seinem Widerstande gegen den Vorgesetzten bestärken zu wollen.[89]

Nachdem die katholischen Bischöfe am 26. Mai 1873 erklärt hatten, daß die Maigesetze von ihnen nicht anerkannt werden könnten,[90] erwiesen sich diese als undurchführbar. Die katholischen Absolventen der theologischen Fakultäten legten kein Kulturexamen ab, sondern verzichteten lieber auf die staatliche Anerkennung ihrer Vorbildung. Die Neubesetzung von Pfarreien wurde durch die Bischöfe den zuständigen Oberpräsidenten nicht angezeigt, wofür sie zu hohen Geldbußen und, so sie die Zahlungen verweigerten, zu Gefängnisstrafen verurteilt wurden.

Wenn die Gläubigen ihre Pfarrer unter Polizeiaufsicht ins Gefängnis gehen sahen, kam es bisweilen auch zu Widersetzlichkeiten; die Gendarmen hatten dann ihre Not, die Verhafteten durch den Menschenauflauf abzuführen. Schlimmer noch war es für die Staatsgewalt, wenn sie sich lächerlich machte. Bismarck selbst hat das so empfunden, wenn er einmal vom Staat sprach, der sich „als schwer Geharnischter hinter leichten Reitern her, als Gendarm mit dem Schleppsäbel hinter leichtfüßigen Übertretern" zeigte.[91]

Jedenfalls rückten die gläubigen Katholiken enger denn je zusammen; selbst die lauen und halben gewahrten jetzt, daß es nicht mehr um Verhinderungen irgendwelcher klerikaler Machtausübung ging, sondern um Religionsfreiheit. Es war schon etwas dran an der Behauptung, daß die katholische Volksseele koche, wenn auch von „diokletianischer Christenverfolgung" ernstlich keine Rede sein konnte.

Der Widerstand der katholischen Kirche ist in seiner Intensität und in seinen Formen noch lange nicht erforscht, doch in etwa an dem Stimmenzuwachs des Zentrums bei den preußischen Landtagswahlen 1873 und den Reichstagswahlen 1874 abzulesen. Bei den preußischen Landtagswahlen im November 1873 stieg die Mandatzahl des Zentrums und seines welfischen Anhangs von 59 auf 88, die der Nationalliberalen von 123 auf 178 und der Fortschrittsparteiler von 50 auf 72. Die Konservativen, die Bismarck Widerstand leisteten, ihn aber zähneknirschend unterstützten, erlitten eine blamable Niederlage. Noch aufschlußreicher für die gesamtdeutsche Stimmungslage waren die Ergebnisse der Reichstagswahlen vom Januar 1874; die Stimmenzahl des Zentrums verdoppelte sich, von 718000 im Jahre 1871 auf 1439000 oder von 18,4 Prozent auf 27,7 Prozent der abgegebenen Stimmen. Das war gemeinsam mit den Welfen ein Zuwachs bis auf 95 Mandate. Die Nationalliberalen nahmen von 119 auf 152 Vertreter zu, die Fortschrittler von 45 auf 49. Im Reichstag und im Abgeordnetenhaus konnten beide liberale Parteien ihre Mehrheit wahren.

Die Ergebnisse beider Wahlen, die Erfolge für die Klerikalen wie für die Liberalen brachten, zeigten eine Polarisierung unter den bürgerlichen und kleinbürgerlichen Schichten, deren gemeinsame Feindschaft gegenüber der organisierten Arbeiterbewegung erst später stärker und prononcierter wurde. Es war eigenartig: Entgegengesetzte Parteien, Liberalismus und Klerikalismus, konnten sich durchaus gestärkt fühlen, ohne daß für die eine oder andere Seite ein Sieg in Sicht war, nicht einmal ein Kompromiß zeichnete sich ab.

Wenn man dem Sekretär des Kronprinzen glauben kann, dann war Bismarck über die Erfolge der Liberalen „grimmig verstimmt",[92] aber noch war die Zeit des Bruches mit ihnen nicht gekommen. Den Kampf mit den Klerikalen konnte und wollte er zu dieser Zeit nicht abschwächen, geschweige denn aufgeben. Im Gegenteil, die Maigesetze von 1874 sollten die von 1873 noch verschärfen. Nach ihnen konnte die Vermögensverwaltung unbe-

Attentat Kullmanns auf Bismarck in Kissingen

setzter Bistümer von staatlichen Behörden übernommen und ein Geistlicher, der ohne Erfüllung der bischöflichen Anzeigepflicht seines Amtes waltete, aus seiner Pfarrei ausgewiesen werden. Das griff tief ein ins kirchliche Leben der Gemeinde, denn regelmäßige Gottesdienste, Taufen, Trauungen und Begräbnisse, auch die Spende der Sakramente in den verwaisten Pfarrstellen waren in Frage gestellt, wenn nicht unmöglich gemacht. Pfarrer wurden in dieser Situation leicht zu Märtyrern, das Kirchenvolk reagierte mit wachsender Erbitterung auf die Repressionen.

Kein Wunder, wenn sich in dieser gereizten Atmosphäre ein psychisch labiler Mann hinreißen ließ und zum Revolver griff. Am 13. Juli 1874, einige Wochen nach den zweiten Maigesetzen, schoß der einundzwanzigjährige Magdeburger Böttchergeselle Kullmann in Bad Kissingen auf Bismarck und verletzte ihn leicht an der Hand. Dieser, der auf frühere Attentate und Morddrohungen mit einigem Gleichmut reagiert hatte, nutzte das sogleich aus, um im Reichstag der Zentrumsfraktion effektheischend gleich zweimal die Worte entgegenzuschleudern: „Verstoßen Sie den Mann, wie Sie wollen! Er hängt sich doch an Ihre Rockschöße!“[93]

Politisch und psychologisch besonders aufschlußreich ist, daß sich Bismarck in den folgenden Monaten mit Nachdruck auf Martin Luther berief, privat wie auch öffentlich. Ende Juli 1874 beklagte er sich in einem Brief an den Staatssekretär Bernhard Ernst v. Bülow über die ungenügende Unterstützung durch die Protestanten, um schließlich anzuregen, „daß der Herr Cultusminister die Frage erwöge, ob an der Handhabe des obersten Kirchenregimentes Leben in die Haltung der evangelischen Kirche zu bringen und dem Staat eine Unterstützung zugeführt werden kann“.[94] Dessen Politik sei doch nicht antichristlich. Damit gewann der Brief fast amtlichen Charakter; es war deutlich, daß Bismarck in der Auseinandersetzung mit dem katholischen Klerikalismus zusätzliche, wenn nicht gar neue Bundesgenossen suchte. Einige Zeit später sprach er im Herrenhaus jene Konservativen demonstrativ an, die „ein freies, fröhliches Bekenntnis zu unserem Evangelium der Reformation“ ablegten.[95]

Des öfteren berief sich Bismarck von nun an auf Luthers Schriften und beschuldigte den Papst, „ein Feind des Evangeliums und infolge davon ein Feind des bestehenden preußischen Staates“ zu sein.[96] Sicherlich wollte Bismarck schon in früheren Jahren – gelegentlich sprach er es aus – seine geistig-moralische Kampfkraft „vorwiegend aus protestantischen Elementen ziehen“[97] und nicht aus der „Macht der liberalen Ideen von 1789“, die er am ehesten den französischen Antiklerikalen zugestand.[98] Aber jetzt, Mitte der siebziger Jahre, aktivierte er das Protestantische in sich viel stärker und zielbewußter.

Ausbrüche wie die gegen den Zentrumsabgeordneten Freiherrn von Schorlemer-Alst waren nicht vereinzelt; der Kanzler wetterte ihm gegenüber im Stil eines Glaubensstreiters: „Wenn man den Herrn Vorredner hört, so sollte man glauben, es habe Syllabus, es habe Folter und Scheiterhaufen für Ketzer, es habe Dragonaden, es habe Gegenreformationen ... überall da wo die päpstliche Herrschaft jemals unbeschränkt und unbestritten eintrat, niemals gegeben; selbst noch lange nach dem Dreißigjährigen Krieg ist man zu Aehnlichem geschritten.“[99] In seinem Kampfeseifer hätte er das Zentrum am liebsten zu einer dem Papste gehorsamen Institution erklärt.

Sicherlich sprach aus Bismarck der Unmut über Pius IX., der im Februar 1875 die Maigesetze ganz einfach für ungültig erklärt hatte; auch mußte seine Argumentation zu einer Zeit aggressiver werden, in der sich die Regierung anschickte, noch schärfere Gesetze einzubringen. Das „Brotkorbgesetz“ zum Beispiel entzog der Kirche jegliche finanzielle Unterstützung des Staates, bis sich die Geistlichen zum Gehorsam gegenüber den Staatsgesetzen verpflichten würden.[100] Im selben Jahr 1875 wurden nach der Verfolgung der Jesuiten die Niederlassungen aller anderen Orden und der ihnen verwandten Kongregationen, mit Ausnahme der reinen Krankenpflegeorden, aufgelöst.[101] Das traf mehr als tausend Mönche und nahezu achttausend Nonnen.[102]

*

Das Protestantisch-Lutherische, das Bismarck in seinen öffentlichen Äußerungen im Unterschied zu früher so stark betonte, war nicht allein ideologische Begleitung neuer staatlicher Maßnahmen; in ihm grollte wohl noch etwas anderes: Je deutlicher er die reichlich verfahrene Lage im Kirchenkampf erkannte, desto unbehaglicher wurde ihm sein Bündnis mit den Liberalen. An den vollen Erfolg des Gesetzgebungswerkes, das die Kirche kontrollieren sollte, glaubte er nicht mehr; deshalb erklärte er auch unumwunden während der Beratung über das „Brotkorbgesetz":

„Von der Geldentziehung erwarte ich . . . keinen Erfolg, aber wir thun einfach unsere Pflicht, indem wir die Unabhängigkeit unseres Staates und der Nation gegen fremden Einfluß schützen, indem wir die geistige Freiheit gegen Unterdrückung durch den Jesuitenorden und durch einen jesuitischen Papst sicherstellen."[103] Ebenso wie Pius IX. wegen seiner „Oberherrlichkeitsansprüche"[104] nicht nachgeben konnte, war auch bei Bismarck an einen Canossagang nicht zu denken.

Vertrackt wie die Lage war, schlug er den Weg einer Doppelstrategie ein. In der gleichen Rede, in der er die Schrecken der Gegenreformation beschwor und damit die Verstärkung der Repression gegen die streitbaren Diener der Papstkirche ideologisch begründete, drückte er am Ende die Erwartung aus, es werde „doch auch wieder einmal demnächst die Reihe an einen friedlichen Papst kommen, der nicht lediglich das Produkt der Wahl des italienischen Klerus zur Weltherrschaft erheben will, sondern der bereit ist, auch andere Leute leben zu lassen nach ihrer Art und mit dem sich Friede schließen lassen wird".[105] Damit war ein Fingerzeig gegeben, wie die Kurie unter einem neuen Papst ihr Gesicht wahren konnte, indem sie wichtige Thesen des Syllabus von 1864 im Sinne des Kompromisses interpretierte.

Da Bismarck trotz verschärfter Gesetze ein Übereinkommen mit der Kurie ins Auge gefaßt hatte, mußte ihm auch bewußt werden, daß dies kaum im liberalen Geiste möglich sein würde. So war ein Bruch mit den Liberalen auch in der Kirchenpolitik angelegt.

Dabei hatten viele von ihnen ihre ursprüngliche Vorstellung einer Trennung von Staat und Kirche längst aufgegeben. Wiederum war es Heinrich v. Treitschke, der dies aussprach, indem er behauptete, eine solche Trennung habe „in der deutschen Geschichte keinen Boden".[106] Demgegenüber hielt ein solch urliberaler Großbürger aus der Vormärzzeit wie Gustav v. Mevissen, seinerzeit Mitarbeiter an der „Rheinischen Zeitung", am Grundsatz der Trennung von Kirche und Staat fest und vermißte „inbezug auf die Behandlung der religiösen Fragen in Berlin die klare und konsequente Auffassung".[107]

Vollständige Trennung von Kirche und Staat war im modernen Europa nur in Frankreich mit seinen großen Traditionen der Volksrevolutionen möglich, und auch erst im Jahre 1905 durch das berühmte Gesetz vom 9. Dezember, das die Organisierung und Finanzierung des kirchlichen Lebens, wie in den USA, der privaten Initiative überließ. Zu einem solchen Radikalismus war Bismarck nicht in der Lage, hätte er doch damit nicht allein die katholische Kirche getroffen, sondern auch das landesherrliche Kirchenregiment der Protestanten mit dem König als Summus episcopus. Das Äußerste, was er sich leisten konnte, war die Trennung der Kirche von der Schule. Und da hatte es genug Spannungen mit der protestantischen Orthodoxie und ihrem konservativen Anhang gegeben. Ein kluger Beobachter und scharfsinniger Kopf wie Franz Mehring schrieb deshalb später, daß die Revolution von oben auch im Kampf gegen die partikularistischen Kräfte des katholischen Klerikalismus dazu verdammt gewesen sei, „an den ganzen Konsequenzen ihrer halben Anläufe zu scheitern".[108]

Doch gerade in dem Jahr, da sich die Krise des ganzen antiklerikalen Gesetzgebungswerkes offenbarte, wurde ein Gesetz beschlossen, das den modernen Zeitverhältnissen adäquat war, nämlich das vom Januar 1874 über die obligatorische Zivilehe, das ein Jahr später auf das ganze Reich ausgedehnt wurde. Bismarck hatte es nicht angeregt, er ließ sich vielmehr vom Kultusminister Falk und dessen engeren Mitarbeitern drängen. In seinem an den Minister gerichteten Votum vom 3. November 1873[109] fehlen daher die großen historischen Gesichtspunkte, vielleicht auch aus Taktik, um den Widerstand des Kaisers gegen die Zivilehe leichter überwinden zu können.

Auch sonst fühlte sich Bismarck gehemmt; schon wenige Tage vor diesem Votum hatte er Bucher einige Zeilen für Falk diktiert: „Da ich mich zu einer anderen Zeit und unter anderen Verhält-

Die Ziviltrauung, Bild von Albert Anker, im Kunsthaus Zürich
Bismarck 1849 im Abgeordnetenhaus: „Indem Sie die Zivilehe einführen, ordnen Sie an, daß der kirchliche Segen, der bisher die Gültigkeit der Ehe allein vollständig bewirkte, als unnützes Zubehör beiseite geschoben werden soll; Sie verordnen, daß der Pfarrer dem Schreiber, der Altar dem Polizeibüro Platz machen soll."
Bismarck 1872 an Minister Falk: „Ich würde wohl nicht in Verlegenheit sein, meine heutige Ansicht zu begründen, aber das Decorum bringt es mit sich, daß ich mich nicht schärfer meiner früheren Äußerung gegenüberstelle als absolut nothwendig. Mein principielles Einverständniß mit dem Gesetze braucht deshalb kein Geheimniß zu bleiben".

nissen gegen die Zivilehe öffentlich ausgesprochen habe, so ist es eine Schicklichkeitsfrage, wie weit und wie lebhaft ich mich persönlich an diesem Gesetz beteilige ... Mein principielles Einverständnis mit dem Gesetze braucht deshalb kein Geheimniß zu bleiben."[110]

Diese bei Bismarck sonst ungewohnte Scheu ist leicht erklärlich, wenn man weiß, daß ihm der alte Gerlach ein Jahr vorher einen hübschen Streich gespielt hatte. Dieser ließ auf den Umschlag seiner Broschüre „Kaiser und Papst" folgendes Motto setzen: „‚Ich hoffe es noch zu erleben, daß das Narrenschiff der Zeit an dem Felsen der christlichen Kirche scheitert'. So sprach am 15. November 1849 in einer Rede gegen die Civilehe in der Preußischen Zweiten Kammer Herr von Bismarck, der jetzige Reichskanzler." Auch wenn der österreichische Botschaftsrat Münch feststellte, daß die Gerlachsche Broschüre von der Berliner Presse, selbst von der „Kreuzzeitung", totgeschwiegen werde,[111] wurde sie dennoch den

Parlamentariern und Diplomaten bekannt; Bismarck hatte eben doch die peinliche „Schicklichkeitsfrage" zu berücksichtigen.

Eine fortschrittliche Maßnahme wie die Zivilehe wurde mit wenig innerem Schwung eingeführt; das zeigt die Abstimmung über das diesbezügliche Reichsgesetz. Im Bundesrat stimmten die Vertreter des Königreichs Sachsen dagegen, weiter die des Großherzogtums Sachsen-Weimar, beider Mecklenburgs, Oldenburgs, Braunschweigs, aber auch die der sich sonst so meeres- und weltoffen gebärdenden Freien Hansestadt Hamburg, alle mit der Begründung, daß die große Masse ihrer fast ausnahmslos evangelischen Bevölkerung kein nationales Bedürfnis zur Einführung der Zivilehe erkennen könne.[112] Dazu bemerkte Károlyi in seinem Bericht nach Wien mit treffender Ironie: „Was werden wohl diejenigen zu jener Motivierung sagen, welche vor allem die Katholiken für jede Vereitelung moderner Ideen verantwortlich machen wollen?"[113]

Der Ausklang der Kulturkampfgesetzgebung verlief in manchem beelendend pragmatisch. Mit der Auflösung der religiösen Ordenseinrichtungen mußten auch die Schulorden ihre Tätigkeit einstellen. Das schuf Mißhelligkeiten. Statt ihnen mit dem Aus- und weiteren Aufbau weltlicher Schulen zu begegnen und dort den liberal-laizistischen Geist zu fördern, brachte es der Kultusminister Falk fertig, an die Oberpräsidenten von Ostpreußen, Posen, Schlesien und der Rheinprovinz einen Erlaß von seltener bürokratischer Engherzigkeit zu schicken. Bei der Behebung des Mangels an Schulen und ihrer Unzulänglichkeiten werde „mit der größten Vorsicht wie mit der möglichen Schonung des Staatsfonds vorzugehen sein und demnach zunächst von der Einrichtung rein staatlicher Anstalten sowie von kostspieligen Einrichtungen, welche der Bevölkerung die äußeren Vorteile der klösterlichen Anstalten ersetzen sollen, Abstand zu nehmen sein."[114]

Wahrscheinlich kam der Kultusminister gar nicht auf den Gedanken, daß man von den fünf Milliarden französischer Kriegsentschädigungen den notwendigen Betrag für Schulzwecke abzweigen könnte. Aber auch keiner der liberalen Kulturkämpfer stellte eine solche Forderung. Dabei waren gerade in der Anfangsphase des Deutschen Reiches Gelehrte und Literaten darum bemüht, der soeben staatlich geeinten Nation eine dogmenfreie und zugleich traditionsbewußte Nationalkultur zu vermitteln. Selbst wenige Streiflichter können dies beleuchten.

*

Im Jahre der Reichsgründung sprach Rudolf Virchow auf der Naturforscherversammlung zu Rostock über die „Aufgaben der Naturwissenschaften im neuen nationalen Leben Deutschlands“.[115] Die Rede war beherrscht von dem Gedanken der inneren Einheit des Reiches, die der äußeren folgen müsse. Es ging ihm um „die wirkliche *Einigung der Geister*“, um eine Gesellschaft, in der man „im Geiste zusammenlebt und auf ein gemeinschaftliches inneres Wesen kommt“.[116] Der Liberale war also nicht um den Pluralismus der Meinungen besorgt, sondern vielmehr um den „gemeinsamen Boden geistigen Lebens“. Es ist, als ob Virchow den mittelalterlichen Gedanken der weltanschaulichen und kulturellen Einheit in säkularisierter Form übernommen habe. Er bedauerte, daß es in der Gegenwart immer noch „die vollständigste Differenz der Grundanschauungen“ gäbe, die dadurch sichtbar demonstriert werde, daß der jährlichen Naturforscherversammlung seit eineinhalb Jahrzehnten stets die Versammlung der katholischen Vereine um acht oder vierzehn Tage vorausgehe. Und wenn sich „inmitten der Nation zwei Kreise von Vorstellungen nebeneinander entwikkeln, führe dies zu immer größeren Differenzen“.[117] Virchow beschwor geradezu die Gefahr gewaltsamer Zusammenstöße und erinnerte an die Religionskriege im allgemeinen und an den Dreißigjährigen Krieg im besonderen.

Die Voraussetzung für eine einheitliche Nationalkultur sei auch Übereinstimmung im methodischen Denken. Virchow sah sie im „genetischen Gedanken“, nämlich „die Dinge nicht mehr . . . bloß als gegebene anzusehen, sondern sie in ihrer Geschichte, in ihrem Werden, kennenzulernen“.[118] Zum methodischen Denken gehörte nach Virchow auch die materialistische Auffassung vom engen Zusammenhang zwischen Geist und Körper, Seele und Organ.[119] Das Wissen der meisten Gebildeten bestehe aus einem Gemenge, es habe etwas Porphyrartiges. Deshalb müsse man dafür sorgen, „daß das Wissen wieder ein gleichmäßiges, ein homogenes, ein aus gleichmäßiger Quelle fließendes werde“.[120]

Der Fortschritt der Nation beruhe jedenfalls nicht allein darauf, daß sie einzelne eminente Geister hervorbringe. Vielmehr sei „das Volk mit gemeinsamem Wissen zu durchdringen“, auch müsse ihm „in den Methoden des Denkens“ eine allgemein anerkannte Grundlage gegeben werden. „Wenn der obligatorische Unterricht in einem Volke besteht . . . wenn man auf dem Wege der Gesetzgebung sagt, was jedermann zumindesten lernen muß: dann, meine ich, ist die erste Konsequenz, daß man verlangt, es müsse eine gewisse Reihe gleichmäßiger Grundlagen des Wissens gegeben werden." Es sollten in Zukunft keine „absurde Differenzen bestehen, wie sie gegenwärtig in den meisten Kulturnationen vorhanden sind".[121]

Dieses tiefere Anliegen, von der Ministerialbürokratie ignoriert, erwies sich rasch als Illusion. Im Widerschein zu einem solch streitbaren Manne wie Virchow erhellt es sich von neuem, daß es Bismarck im sogenannten Kulturkampf nicht um Erneuerung der nationalen Kultur, sondern um die Sicherung der Staatsmacht ging. Es blieb ihm fremd, wenn Virchow als Mitherausgeber „Gemeinverständlicher Wissenschaftlicher Vorträge" die Forderung nach dem Normalarbeitstag unterstützte, damit der aufgeschlossene Arbeiter genügend freie Kräfte für sein Bildungsstreben habe. Der liberale Gelehrte kämpfte in den „Schlachten des Humanismus" insbesondere gegen die katholische Kirche und protestantische Orthodoxie immer im Bewußtsein, daß sich seit Jahrzehnten „der Übergang aus dem philosophischen in das naturwissenschaftliche Zeitalter" vollzogen habe, ohne der Verluste an wertvollen Gedankengütern, etwa der Dialektik, auf diesem Wege des Fortschritts gewahr zu werden.

Mit dem Grundanliegen Virchows deckte sich das von David Friedrich Strauss, so verschieden beide Männer in ihren fachlichen Voraussetzungen, publizistischen Mitteln und ihrer politischen Haltung auch waren. Strauss hatte seine literarische Laufbahn 1835 mit seinem Buch: „Das Leben Jesu" eröffnet und sie 1872 mit der Schrift „Der alte und der neue Glaube" beendet. Sein Jugendwerk war der Auftakt für eine ganze Periode der Bibel- und Religionskritik in Deutschland gewesen, über deren Publikationen sich Bismarck noch in den vierziger Jahren durchaus informiert hatte. Die Altersschrift von Strauss wollte nun Antwort geben auf die weit und breit beunruhigende Frage, wie sich das Weltbild und Lebensideal der Kirche zu dem der modernen Wissenschaft verhalte.

Strauss schrieb gern von einem „Wir", das heißt von der Menge derer, „die von dem alten Glauben, der alten Kirche, sei es der evangelischen oder katholischen, sich nicht mehr befriedigt finden".[122] Seine Schreibweise war so suggestiv, daß diese Menge sogar größer erschien, als sie tatsächlich war. Strauss selbst beschränkte sie auf das Bürgertum mit seinen besonderen Werten von Sitte, Wohlstand, Wissenschaft und Kunst und schloß dabei den „vierten Stand" aus; in den – wie er es nannte – von „vorzugsweise französischen Quacksalbern" verführten Arbeitern sah er „die Hunnen und Vandalen unserer modernen Kultur"[123] heranwachsen. Wenn sich Strauss hier von gängigen Vorurteilen und Diffamierungen leiten ließ, so ist es auch nicht verwunderlich, daß das in seiner Schrift dargebotene Welt- und Lebensbild eklektisch blieb. Weil die Kirchen nicht mehr genügten, empfahl er am Schluß seiner Schrift private Erbauungs- und Bildungslektüre und bot gewissermaßen als lukullischen Ersatz eine breite Tafelplatte kulturgeschichtlicher und naturwissenschaftlicher Lesefrüchte.

In das alles fuhr nun Friedrich Nietzsche 1873 in seiner ersten „Unzeitgemässen Betrachtung" gleichsam wie ein Fundamentalist des Geistes unerbittlich hinein, ohne taktische Rücksicht auf einen Mann, der trotz allem bildungssüchtigen Quietismus vielleicht doch ein Verbündeter im Kampf gegen Kirche und Religion sein könnte. Tatsächlich wollte Nietzsche nichts mit Strauss, dem „Philisterhäuptling", zu tun haben, prägte vielmehr, unverlierbar und unvergessen, den Begriff des „Bildungsphilisters". Die Schrift gegen Strauss gipfelt in dem hellsichtig warnenden Satz, der militärische Sieg könnte sich „in die Niederlage, ja Extirpation des deutschen Geistes zu Gunsten des ‚deutschen Reiches'" verwandeln.[124]

Nietzsche bekundete durchaus seinen Respekt vor dem jungen David Friedrich Strauss; da gab es, so meinte er, „einen wackeren, strengen und straffgeschürzten Gelehrten, der uns eben so sympathisch war, wie jeder, der in Deutschland mit Ernst und Nachdruck der Wahrheit dient und innerhalb seiner Grenzen zu herrschen versteht; der, welcher jetzt in der öffentlichen Meinung als David Strauss berühmt ist, ist ein Anderer geworden: die Theologen mögen es verschuldet haben, daß er dieser Andere geworden ist; genug, sein jetziges Spiel mit der Genie-Maske ist uns eben so verhaßt oder lächerlich, als uns sein früherer Ernst zum Ernste und zur Sympathie zwang".[125]

Was Nietzsche an der Schreibweise des alten Strauss haßte, war „diese Vereinigung von Dreistigkeit und Schwäche, tollkühnen Worten und feigem Sich-Anbequemen, dieses feige Abwägen, wie und mit welchen Sätzen man einmal dem Philister imponieren, mit welchem man ihn streicheln kann, . . . dieser Defekt an Weisheit bei aller Affektation der Überlegenheit und Reife der Erfahrung".[126]

Auch in den anderen „Unzeitgemässen Betrachtungen", denen „Vom Nutzen und Nachtheil der Historie für das Leben" und

„Schopenhauer als Erzieher“, schoß Nietzsche seine kritischen Pfeile gegen die neudeutsche, überhaupt die moderne Gesellschaft. Er wandte sich gegen die „Lehre, daß der Staat das höchste Ziel der Menschheit“ sei,[127] gegen die „großartig verächtliche Geldwirtschaft“, den „Egoismus der Erwerbenden und der militärischen Gewaltherrscher“.[128] Nicht zuletzt lehnte er die Auffassung ab, die Kultur sei „wesentlich Förderung der Wissenschaft“, und ging kritisch ins Gericht mit einem nicht seltenen Typus des Gelehrten, dem er vor allem vorwarf, es sei ihm der „Trieb beigemischt, gewisse ‚Wahrheiten‘ zu finden, nämlich aus Untertänigkeit gegen gewisse herrschende Personen, Kasten, Meinungen, Kirchen, Regierungen, weil er fühlt, daß er sich nützt, indem er die ‚Wahrheit‘ auf ihre Seite bringt“.[129]

Es gibt in diesen „Unzeitgemässen Betrachtungen“ noch viele solcher überraschenden Einblicke in soziale Phänomene oder Beziehungen, wodurch sich Nietzsche immer wieder als Sozialpsychologe mit dem Scharfblick und der Ausdruckskraft des Künstlers erweist. Damit war aber bei ihm zugleich eine verhängnisvolle Schwäche verbunden, indem er den Gedanken eines gesamtgesellschaftlichen Prozesses, vor allem den Hegelscher Provenienz, fanatisch ablehnte. So meinte er: „Es wird die Zeit sein, in der man sich aller Konstruktionen des Weltprozesses oder auch der Menschheits-Geschichte weislich enthält, eine Zeit, in der man überhaupt nicht mehr die Massen betrachtet, sondern wieder die Einzelnen, die eine Art von Brücke über den wüsten Strom des Werdens bilden. Diese setzen nicht etwa einen Prozeß fort, sondern leben zeitlos-gleichzeitig, Dank der Geschichte, die ein solches Zusammenwirken zuläßt, sie leben als die Genialen-Republik, von der einmal Schopenhauer erzählt; ein Riese ruft dem andern durch die öden Zwischenräume der Zeiten zu, und ungestört durch mutwilliges lärmendes Gezwerge, welches unter ihnen wegkriecht, setzt sich das hohe Geistergespräch fort . . . Nein, das *Ziel der Menschheit* kann nicht am Ende liegen, sondern nur *in ihren höchsten Exemplaren*“.[130]

Da Nietzsche einen Geschichtsprozeß, jedenfalls im Sinne einer Höherentwicklung, ablehnt, ist er nicht imstande, die von ihm sozialpsychologisch oft treffend gekennzeichneten Phänomene in ihrem jeweiligen Struktur- und Entwicklungszusammenhang ursächlich zu erklären.

Aus den praktischen und geistigen Grundpositionen, die Nietzsche in den Jahren seiner „Unzeitgemässen Betrachtungen“

einnahm, folgte all das, was später bei ihm noch prononcierter zum Ausdruck kam: Antidemokratismus und damit auch Antisozialismus, aristokratischer Individualismus im Sinne des Übermenschen, dem die Herdenmenschen gegenüberstehen, die Lehre vom Willen zur Macht, seine Feindschaft sowohl gegen das Christentum als auch gegen das aufklärerische Humanitätsideal, sein auf die Totalität von Natur und Gesellschaft bezogener Irrationalismus.

Scharfsinnig und tieflotend in der sozialpsychologischen Beobachtungs- und Charakterisierungskunst, was eigentlich künstlerische Kriterien sind, war Nietzsche weder willens noch fähig, im eigentlich Politischen die jeweiligen Kräfteverhältnisse zu beurteilen, Verbündete zu erkennen und in ihren jeweiligen Möglichkeiten einzuschätzen; er lehnte auch die Möglichkeit der Erkenntnis geschichtlicher Entwicklungstendenzen ab. Das führte zu Schlußfolgerungen, die in der Folgezeit von rechts her aufgegriffen und, wenn auch mit Verfälschungen, an die der Autor nicht gedachte hatte, dem imperialistischen Herrschaftssystem dienstbar gemacht werden konnten.

Es war gerade in jener Umbruchzeit Anfang der siebziger Jahre notwendig geworden, auf Veränderungen sozialer Zustände einzugehen. Das aber waren Aufgaben, die von anderen gesellschaftlichen Kräften übernommen werden mußten. In eben der „Masse“, der Nietzsche mit Nichtachtung oder gar Verachtung begegnete, regte sich nicht nur das, was als Streik oder Krawall bekannt wurde, sondern auch ein geistiger Hunger. Es kamen wahrhaft „von unten auf“ Menschen, die sich unter großen Schwierigkeiten geistig-politischen Zeitproblemen stellten, sich um die Bewältigung von Gegenwarts- und Zukunftsinteressen breiter Volksschichten bemühten, sich zu Arbeiterführern entwickelten.

Wilhelm Liebknecht trat mit Vorträgen auf, die unter dem Titel „Wissen ist Macht – Macht ist Wissen“[131] weite Verbreitung fanden, denn sie gaben Antwort auf das, was insbesondere in Arbeiterbildungsvereinen diskutiert wurde: das Verhältnis von kapitalistischer Industriegesellschaft und Staat, Schule, Kaserne und Presse; Wilhelm Liebknecht klagte sie als bildungsfeindlich an, und August Bebel griff in der Schrift „Christentum und Sozialismus“,[132] die er während der Festungshaft in Hubertusburg um die Jahreswende 1873/74 verfaßte, unmittelbar in den Kulturkampf ein. Er setzte sich mit dem katholischen Geistlichen Wilhelm Hohoff auseinander, der sich übrigens um Verständnis der Sozialdemokratie bemühte.

Zwar gab Bebel zu, daß die Bibel „auf ihren kulturhistorischen Wert bis heute noch verhältnismäßig wenig geprüft worden“ sei, dennoch führte er einen außerordentlich heftigen Frontalangriff gegen das Christentum, sowohl als Ideologie wie als Institution. Selbstverständlich, hier kam manches autodidaktisch Angelesene zum Ausdruck, aber auch auf diesem Wege wurde die weltanschauliche Selbständigkeit der sich ihrer sozialen Besonderheit immer bewußter werdenden Arbeiter errungen.

Die bescheidenen Pfennigbroschüren, auf Zeitungspapier gedruckt, verfaßt von führenden Sozialdemokraten, wirkten mit ihren zahlreichen Auflagen geschichtsmächtig, Schritt für Schritt. Der Autodidakt August Bebel hatte mit dem Gelehrten Rudolf Virchow Berührungspunkte. Beide waren Politiker, die sich vom Antiklerikalismus leiten ließen und bemüht waren, das Bildungsniveau der Arbeiter zu heben. Selbst einem Strauss stand Bebel insofern nahe, als er vieles von den Ergebnissen der Bibel- und Religionskritik aufnahm und propagandistisch verwertete. Dennoch kamen sie in der Tagespolitik, etwa auf dem Boden eines kulturpolitischen Minimalprogramms, zu keinem Zusammenwirken. Damit bekam die antiklerikale Bewegung weder die nötige Stoßkraft gegen die Kirche noch Einfluß auf die Ministerialbürokratie.

Otto v. Bismarck aber nahm das geistige Ringen in dieser Zeit nicht einmal zur Kenntnis; er, überall führend im Kulturkampf genannt, blieb hier außerhalb der Debatten. Die Zeiten, in denen er sich für Religions- und Bibelkritik interessiert hatte – so in den vierziger Jahren –, waren vorüber. Und abgesehen davon, daß ihm Polemiken auf geistig-kulturellem Gebiet nicht lagen, gingen sie auch über seine physischen Kräfte. So blieb es dabei, daß er die ideologische Seite des Kulturkampfes weitgehend unbeachtet ließ und sich auf den rein politischen Machtkampf konzentrierte.

IV. Mannigfache Krisen

Der Gründerkrach

Mitten in der Vorbereitung der antiklerikalen Maigesetze und des Reichsmilitärgesetzes brach im Jahre 1873 eine Wirtschaftskrise von bis dahin unbekannter Intensität aus. Zwar stand sie in keinem ursächlichen Zusammenhang mit diesen politischen Ereignissen, aber die Spannungen in den gesellschaftlichen Beziehungen verstärkten sich dadurch erheblich.

Am 9. Mai 1873 veröffentlichte die Wiener Börse einen Kurszettel, der statt der Notierungen nur Striche enthielt, was peinlich zur gleichzeitigen Weltausstellung in der Donaumetropole kontrastierte. Die in Österreich beginnende „Gründerkrise" erfaßte nacheinander Italien und Rußland und bezog am 20. September mit dem Zusammenbruch des New-Yorker Bankhauses Jay Cook u. Co. – des Bankiers der Regierung – auch Nordamerika ein. Anfang Oktober griff sie schließlich auch auf Deutschland über, was übrigens gleich nach dem Wiener Börsenkrach der Finanzintimus Bleichröder Bismarck als wahrscheinlich vorausgesagt hatte.[1]

Die Berliner Quistorpsche Vereinsbank mußte als erste ihre Zahlungen einstellen. Sie hatte die Aktien von 29 Bau-, Transport- und anderen industriellen Gesellschaften in Umlauf gebracht, die – am 1. April 1873 noch mit 191 Punkten an der Berliner Börse notiert – rapide ins Fallen kamen, bis sie im Oktober einen Kursstand von 25 erreichten.

Heinrich Quistorp war Bodenspekulant in Charlottenburg gewesen, wo er in der Schloßgegend Grundstücke aufgekauft und sie dann mit solch überhöhten Preisen angeboten hatte, daß er sie nicht rechtzeitig vor der Geschäftsflaute loswurde. Mit den geschäftlichen Beziehungen zur kaiserlich-königlichen Familie waren ihm durchaus standesgemäße Ehrungen zuteil geworden, so, wenn an seinem Geburtstag der Domchor in Frack und weißer Binde antrat. Doch mit dem Bankrott war der Glanz die-

Börsenkrach in Wien (Holzschnitt)

ser Welt dahin; Quistorp ging nur in die Skandal-Geschichte ein.[2] Dem Zusammenbruch der Quistorpschen Bank folgten die Mamrothsche Zettelbank und die Preußische Zentral-Boden-Kreditanstalt. Allein diese drei Banken mußten einen Kapitalverlust von 150 Millionen Mark hinnehmen.[3] Dem Berliner Börsensturz folgten dann weitere an allen Börsen in Deutschland. Was einzelne Beobachter vorausgesagt hatten, bewahrheitete sich: Wenn auch die Ausdehnung der Industrieproduktion nach 1871 zum Teil echten Bedürfnissen entsprochen haben mochte, waren diese doch durch die kurzsichtigen Interessen „der Aktionäre, soweit sie Geldhändler" waren,[4] forciert worden. Dabei hatten die Börsenkönige in ihrem Gründer- und Spekulationseifer Menschen aus allen besitzenden Klassen und Schichten, von der kaiserlich-königlichen Familie bis zu Besitzern von Tante-Emma-Läden, in ihre Geschäfte hineingezogen und auch jene Stimmen überhört, die davor gewarnt hatten, die französischen Milliarden allzu rasch und unbedacht in den Kreislauf der Wirtschaft zu pumpen, wo sie wie Drogen wirkten, die die Produktion weit über den Bedarf hinaus stimulierten.[5] 1873 trat dann der große Kollaps ein.

Panik ergriff adlige und nichtadlige Spekulanten; große und kleine Geldjäger sahen sich plötzlich in ein für sie unverständliches Unglück oder gar in die Schande des Bankrotts gestürzt,

Das Börsengebäude in der Burgstraße
Es war schon imponierender als jedes der Amtsgebäude in der Wilhelmstraße.

nicht selten kam allerlei Betrug ans Licht. Schuld erheischte Sühne! Vor allem Angestellte bekamen es zu spüren, die in der Zeit des Milliardenfiebers der Verlockung nicht widerstanden hatten, von den Gewinnen der Großen durch Unterschlagungen und Fälschungen auch etwas abzubekommen; sie wurden am ehesten gefaßt, so daß Kassierer, Bankbeamte und Prokuristen in einer bis dahin noch nie dagewesenen Zahl ihr Leben mit Selbstmord oder ihre Karriere mit Gefängnis beendeten.[6] Nur auf die großen Spekulanten konnte der Betrugsparagraph des Reichsstrafgesetzbuches nicht angewandt werden. Liberale Juristen zeigten sich erbötig, ihnen durch spitzfindige Erörterungen ehrbares Tun zu bestätigen.[7]

Viele Gründer, die vor Ausbruch des Banken- und Börsenkrachs jegliche gouvernementale Intervention entrüstet zurückgewiesen hätten, riefen nun nach Staatshilfe, verlangten die Wiedereinführung der von der Kriegszeit noch in Erinnerung gebliebenen Vorschußkasse oder die Ermächtigung für die Preußische Bank, wertgeminderte Aktien beleihen zu dürfen. Doch vorerst konnten nur „notleidende Institute" unterstützt werden. Am ehesten intervenierte man, ganz im Sinne der Staatsregierung, zugunsten von Eisenbahngesellschaften.[8] Handelte es sich noch dazu um verwegene Bahnunternehmungen im Auslande, wie die des Bethel Henry Strousberg, ehemals Bartel Heinrich Strausberg, in Rumänien, dann trat bei Schwierigkeiten der diplomatische Dienst in Aktion, etwa der Generalkonsul Joseph Maria v. Radowitz in Bukarest und der Reichskanzler selbst.[9]

So erwies man sich bereits vor dem Ausbruch des Gründerkrachs gefällig; Bismarck nahm auch einen Brief des Herzogs von Ratibor vom 3. Juli, also zwei Monate nach den Wiener Kurseinbrüchen, zur Kenntnis, worin er gebeten wurde, beim Kaiser dafür einzutreten, Strousberg Steuergelder in Höhe von 90000 Talern zu stunden. Durch die eben hereingebrochene „Geldkrise" drohe Strousberg eine „Katastrophe", die sich auf den gesuchstellenden Briefschreiber wie auch auf dessen Schwager, Herzog v. Ujest, und Graf Lehndorff-Steinort, alle Mitkonzessionäre der Rumänischen Eisenbahnen, verhängnisvoll auswirken müßte.[10]

Als im Herbst dann in Berlin die ganze Flut der Bankzusammenbrüche kam, war es der Preußischen Bank nicht mehr möglich, für alle Bedrohten und Betroffenen Stützdämme zu bauen, weder materiell noch moralisch-politisch. Mit Recht sah die öffentliche Meinung in den zahlungsunfähigen Bankiers nicht Notleidende, sondern Spekulanten, die keine Staatshilfe verdienten. Waren doch kurze Zeit vor dem großen Krach die Ergebnisse einer parlamentarischen Untersuchungskommission bekanntgeworden, die die von Eduard Lasker in seinen berühmten Februarreden erhobenen Anklagen vollauf bestätigten.[11] Die meisten der Gescheiterten blieben sich selbst überlassen und wurden auf die vielgepriesenen Selbstheilungskräfte der Wirtschaft verwiesen, was durchaus in der Logik des Kapitalismus der freien Konkurrenz lag.

Viele Unternehmer waren gezwungen, zunächst die Produktion zu reduzieren, auf neue Kapitalanlagen weitgehend zu verzichten oder sich auf alte Projekte zurückzuziehen, die keine neuen Investitionen notwendig machten. Bauunternehmer wiederum, mit Bodenspekulanten vom Schlage eines Heinrich Quistorp verbunden, die nicht mehr zahlen konnten, entließen die Arbeiter und kündigten den Handwerkern, ließen also die Gebäude unfertig stehen. Im ganzen war dennoch der Kapitalrückgang durch Produktionsdrosselung geringer als der durch Preisverfall. Während die Produktionsmenge von 1873 bis 1874 um 5 Prozent sank, fiel der Wert der Produktion um 15 Prozent.[12]

Daß Otto v. Bismarck den Krisenverlauf mit Aufmerksamkeit verfolgte, kann man als sicher annehmen. Standen ihm doch neben den Zeitungen, die er ständig verfolgte, auch die Berichte der Regierungspräsidien und der Ministerialbeamten zur Verfügung; schließlich gewann er auch durch seinen Bankier Gerson Bleichröder gewisse Einblicke ins Börsenmilieu,[13] wenn das auch nicht überschätzt werden sollte. Anders als nach dem Wiener Krach gab sich Bleichröder Ende Juli 1874 in einem Brief an Bismarck recht optimistisch: „Im geschäftlichen Leben ist es außerordentlich still, die Börsen wollen sich noch immer nicht erholen; doch ich denke, zum Spätherbst müssen die Course anziehen, weil das Publikum im Allgemeinen die Gewohnheit angenommen hat, lieber gut zu essen und zu trinken, als gut schlafen zu wollen."[14]

Das hier erwähnte „Publikum" war offenbar der Kreis jener hartgesottenen Börsenjobber, von denen Bleichröder neue Aktivitäten erwartete – eine doch recht personalistische und impressionistische Sicht, die nicht auf die bewegenden, nur durch Analyse zu erfassenden Kräfte der ökonomischen Dynamik gerichtet war. Im Grunde war Bleichröder kein Wirtschaftspolitiker, sondern nur ein Geschäftsmann mit vielen Verbindungen, der zeitweilig auch diplomatische Dienste leisten konnte. In diesem Sinne war er Bismarck von Nutzen.

Die Hoffnung auf eine baldige Besserung des Konjunkturverlaufs erfüllte sich nicht. Von der Börse her war das überhaupt nicht möglich; vielmehr mußten die Relationen von Verbrauch, Preisniveau und Produktion in Ordnung gebracht werden. Ab 1873 sank beispielsweise der Roheisenverbrauch in Deutschland von Jahr zu Jahr, bis er schließlich 1879 fast um die Hälfte geringer geworden war, was etwa auch dem Rückgang des Maschinen- und Apparatebaus entsprach. Wenn die Einschränkung der Roheisenproduktion dennoch in Grenzen blieb, war das zwei Umständen zu verdanken: einmal war es den Großhändlern in Zusammenarbeit mit den Industriellen gelungen, innerhalb von sechs Jahren den Import von Roheisen noch vor Einführung der Zölle um fünfzig Prozent zu senken, zum anderen seinen Export fast zu verdreifachen, wenn auch mit Hilfe von Dumpingpreisen, wie in einer Enquêtekommission des Bundesrats offen zugegeben wurde.[15] Da der Binnenmarkt nur noch ungenügend aufnahmefähig war, mußte der Außenhandel mit schwerindustriellen Produkten forciert werden: Bei Roheisen stieg die Ausfuhr von 1872 bis 1878 von 151000 auf 419000 Tonnen, bei Schienen von 70700 auf 207000 Tonnen und bei Maschinen von 37300 auf 72300.[16]

Schon dieses Streiflicht auf einen Sektor der Schwerindustrie läßt erkennen, daß die Krisenerscheinungen vielgestaltig und durch Handlungen von Menschen zu modifizieren waren. Das zeigt auch ein Blick auf die Steinkohlenproduktion, die nur vorübergehend um eine halbe Million Tonnen sank; ihr Wert ging jedoch auch bei erhöhter Produktion bis 1879 beständig zurück.[17] Der lang anhaltende Preisverfall für Steinkohle trieb die Unternehmer an, die Arbeit unter Tage mit den raffiniertesten Methoden zu intensivieren.[18]

Auch außerhalb der Produktionsgüterindustrie versuchten die Unternehmer, ihre Fabriken zu modernisieren, die Arbeit zu intensivieren, die Löhne zu senken und Arbeiter zu entlassen. Diese trugen in jeder Hinsicht die Lasten des „Gesundschrumpfens“ in der Wirtschaft. Die Arbeitslosigkeit stieg von Jahr zu Jahr, so daß sie am Ende der Krisenphase 1873–1879 in den Städten etwa fünfundzwanzig Prozent betrug.[19]

Wenn insgesamt gesehen der Rückgang der Produktion um fünf bis sechs Prozent nicht sonderlich spektakulär war, dann war dies in hohem Maße dem Außenhandel zu verdanken, der von 1870 bis 1879 einen kaum unterbrochenen Aufschwung verzeichnete. Allerdings schätzten zeitgenössische Beobachter die Qualität der großen Masse deutscher Ausfuhrartikel niedrig ein. Das Hektische und Parvenühafte in der Entwicklung der Industrie gerade in der Zeit des Gründerrausches war nicht dazu angetan, die Beschaffenheit und Gestaltung der Produkte, insbesondere der Verbrauchsgüterindustrie, auf einem achtbaren Niveau zu halten.

Friedrich Engels, der sich als ehemaliger Fabrikant in der internationalen Geschäftswelt gut auskannte, schrieb noch 1884 an August Bebel: „Im ganzen bleibt die deutsche Industrie, was sie war: sie macht die Artikel, die den Engländern zu kleinlich, den Franzosen zu ordinär sind, aber endlich auf großem Maßstab; ihre Lebensquellen bleiben 1. das Musterstehlen vom Ausland und 2. die Wegschenkung des eigentlichen Mehrwerts an den Käufer, wodurch allein sie konkurrenzfähig wird, und die Herauspressung eines mißbräuchlichen Mehrwerts durch Druck auf den Arbeitslohn, wovon allein sie lebt.“[20]

Ehrenwert waren also die drei Methoden, mit denen sich die deutschen Unternehmer auf dem Weltmarkt zu behaupten suchten, keineswegs, handelte es sich doch um Verstöße gegen so etwas wie Urheberrechte, um Dumpingpreise und schließlich Billigpreise durch Lohndruck.

Acht Jahre vor den internen Feststellungen von Engels hatte ein ebenso sachverständiger wie gut bürgerlicher Beobachter, der Berliner Professor Franz Reuleaux, die deutschen Produkte auf der Weltausstellung in Philadelphia 1876 mit dem berühmt gewordenen Urteil abgestempelt: Billig und schlecht! Daß die Überheblichkeit des Siegers von 1870/71 die ungenügende Qualität der Erzeugnisse verursachte, umriß Reuleaux mit folgenden Worten: „Aber das neue Deutschland ist verwöhnt von seinen Schmeichlern, die Phrase von Deutschlands Bestimmung und Stellung ist ihm oft ins Gesicht gesagt worden, das Lied seines Ruhmes so oft vorgetrillert worden, daß es die Fühlung mit den Forderungen verloren hat, welche ein internationaler Wettkampf an seine Kräfte stellt.“[21]

Kein Zweifel, auch solche Kritiken wie die von Reuleaux, der ein hervorragender Forscher und Erzieher des technischen Nachwuchses war, führten dazu, daß sich auf der Grundlage der Rationalisierung und Mechanisierung, aber auch von Innovationen in der Produktion neben der Quantität auch die Qualität deutschen Industrieschaffens allmählich verbesserte. Damit ging die Senkung der Preise, technologisch begründet, Hand in Hand.

Die Wirtschaftskrise, im akuten und engen Sinne (1873–1879) innerhalb einer ungewöhnlich langen Depression (1873–1896)[22], beschleunigte zugleich die Konzentration der Produktion und des Kapitals weit mehr noch als ihre Vorgänger.[23] Es bildeten sich Großunternehmen heraus, die mit einer umfangreichen Produktion auch mehr Arbeiter in ihren Fabrikationsstätten vereinigten. Zugleich wurden durch Kapitalkonzentration die Großbanken noch mächtiger, während kleinere, weniger entwickelte, verschwanden.

Nur zwei Beispiele: Die in den fünfziger Jahren gegründete Disconto-Gesellschaft verfügte über einen festen Kundenstamm und über genügend Verbindungen zu politischen Machtzentren, sie hatte gewissermaßen „das Gründen gelernt“; die junge Deutsche Bank wiederum war mehr am Außenhandelsgeschäft als am Gründen beteiligt, sie konnte den Krisenschock mit relativ wenig Verlusten überstehen und war in der Lage, geeignete Objekte der schwachen und vom Bankrott bedrohten Banken zu inkorporieren. Von den 130 Kreditbanken mit zusammen 1122 Millionen Mark

Kapital mußten immerhin 73 mit 432 Millionen Mark Kapital liquidieren.

Jetzt begann also die „Entgründung“, wie es im Bankenjargon hieß; fast ist man versucht, dem Wortklang folgend, von Entrümpelung zu sprechen. Jedenfalls mußten sich viele der zwischen 1871 und 1873 entstandenen Aktienbanken[24] infolge ihrer hohen Verluste sowie ihrer zweifelhaften Außenstände und nicht realisierbaren Effekten den finanzkräftigen Instituten, insbesondere den großen D-Banken, unterwerfen; schönfärberisch hieß dies auch „unter ihren Schutz begeben“. Diese machten beim „Entgründen“ oder „Gesundschrumpfen“, wie Bankfachleute zugaben, „oft ein gewinnbringendes Geschäft“.[25] Kein Wunder, daß sich zwischen 1870 und 1880 das Aktienkapital der Deutschen Bank verdreifachte und das der Disconto-Gesellschaft verdoppelte; die Darmstädter Bank und die Dresdner Bank konnten ähnliche Kapitalvermehrungen melden.

Über die Bankensphäre hinaus war noch eine weitere Entwicklung zu beobachten: Vollzog sich die Herausbildung von Großbetrieben im allgemeinen bei harter Konkurrenz untereinander, so gab es auch schon damals Bestrebungen, sich zu Kartellen zusammenzuschließen, das heißt, in gewissem Sinne die Konkurrenz untereinander aufzuheben. Doch die monopolartigen Vereinigungen dieser Zeit waren bekanntlich keine dauernden, sondern nur vorübergehende Erscheinungen. Die ersten Monopolisierungstendenzen zeigten sich vor allem im Bergbau, der von den sinkenden Preisen besonders stark betroffen war.

Die Industriekrise wurde durch die seit 1875 wirkende Agrarkrise verstärkt. Mit der amerikanischen Getreideproduktion und ihrem Eindringen auf den europäischen Markt geriet die deutsche Landwirtschaft in wachsende Absatzschwierigkeiten. Von 1875 bis in die neunziger Jahre sanken die Getreidepreise, und die preußischen Großgrundbesitzer waren unfähig, ihre landwirtschaftliche Produktion rentabler zu gestalten, wobei blamabel war, daß die preußischen Hektarerträge für Getreide, Kartoffeln und Heu unter denen des Reiches blieben.[26] Erst die Abwanderung vieler Arbeitskräfte in die Industriegebiete und ins Ausland zwang die Junker zu rationelleren Produktionsverfahren. Im allgemeinen aber zogen sie es vor, der Notlage nicht durch vermehrte Verwendung von Maschinen, sondern durch Gewinnung von Saisonkräften, vor allem polnischer Wanderarbeiter, zu begegnen.

*

Im ganzen gesehen traf die Weltwirtschaftskrise Deutschland in einer so entwickelten Phase des Kapitalismus, daß im Vergleich zu der von 1857 weit mehr Schichten und Personen (Groß- und Kleinbürger, Junker, Kapitalisten und Proletarier) in ihr Gefälle hineingerissen wurden. Doch nach Gründertum, Krise und Depression wurde Deutschland durch starke Konzentration von Produktion und Kapital zu einer Industrienation, die zusammen mit den USA das bisherige Industriemonopol Englands brach. Diese Jahre waren wohl doch eine „große, aber miese Zeit", um Worte des witzigen Großbankiers Carl Fürstenberg aufzugreifen.[27]

Erschüttert jedenfalls war die liberale Ideologie, die an die Selbstheilungskräfte der freien Konkurrenz geglaubt hatte und die Einmischung des Staates in das Wirtschaftsleben verabscheute. Noch 1873 hatten der Saarindustrielle v. Stumm und der schlesische Magnat v. Kardorff vergeblich die Beibehaltung der noch existierenden Eisenzölle und ihre Erhöhung gefordert. Sie waren an der Mehrheit der Nationalliberalen und der Vertreter der damals noch freihändlerisch gesinnten Getreideexporteure im Reichstag gescheitert. Kardorff veröffentlichte dann 1875 eine sensationell wirkende Schrift „Gegen den Strom", worin er die Umkehr der deutschen Wirtschaftspolitik zum Schutzzollsystem verlangte.

Noch ehe sie darangingen, Interessenverbände zu bilden, nahmen die Protagonisten des Schutzzolls Kontakt mit Bismarck auf; zu ihnen gehörten v. Stumm, v. Kardorff, Henckel von Donnersmarck, v. Varnbüler und Bleichröder, der 1872 auf Antrag Bismarcks geadelt worden war; Ratgeber wie Tiedemann und Hermann Wagener besaßen direkte Verbindungen zu den Spitzen der deutschen Eisenindustrie. Die Zusammenarbeit zwischen Bleichröder und Kardorff war besonders eng, wie neuerdings festgestellt wurde. Ob allerdings der Bankier gegenüber dem Magnaten der „Gönner und Lehrmeister" gewesen sei oder sich gar, wie Franz Mehring später behauptete, wie der Chef zum „Kommis"[28] verhalten habe, mag bezweifelt werden. Treffender erscheint die Annahme, daß Bleichröder angesichts der lebhaft werdenden Protektionismus-Agitation „nicht mehr abseits stehen konnte".[29] Im November 1875 schrieb er an Bismarck, daß unsere Handelspolitik eine Änderung erfahren müsse, „wenn nicht die Industrie in Deutschland vollends zugrunde gehen" solle.[30]

Selbst nach Empfang dieses in alarmierendem Ton gehaltenen Briefes meinte der Kanzler Lucius v. Ballhausen gegenüber, er werde sich „in der vorhandenen wirtschaftlichen Kalamität... vorläufig nicht engagieren“.[31] Auch eine Eisenindustriellen-Deputation, bestehend aus dem Krupp-Vertreter Carl Meyer und Hugo Haniel von der „Gutehoffnungshütte“ zu Oberhausen, hatte nach ihrer Audienz beim Reichskanzler am 1. Dezember 1875 feststellen müssen, daß er „vorläufig seine passive Haltung in wirtschaftlichen Fragen nicht aufgeben werde, daß aber, wenn überhaupt, nur von der Initiative des Fürsten eine Änderung in der eingeschlagenen neueren Richtung unserer Wirtschaftspolitik zu erhoffen sei“.[32]

Die Herren vom Ruhrpott erfuhren, wie andere auch, daß sich Bismarck nie rasch für eine grundsätzliche Änderung seines politischen Kurses entschied. Zunächst wollte er immer genau beobachten, ob sich die Kräfteverhältnisse auch wirklich im Sinne der Ideen und Interessen, die ihm vorgebracht wurden, entwickelten. Nie war er der Mann, der leichtfertig „unreife Früchte“ abschlug. Aber er behielt nun im Auge, in welchem Ausmaße die schutzzöllnerisch eingestellten Interessenorganisationen tatsächlich Kraft und Einfluß gewannen. Dazu hatte er noch die Parteienverhältnisse zu berücksichtigen. So unbehaglich er sich auch im Zusammenspiel mit den Liberalen gefühlt haben mochte, er konnte nichts aufkündigen, solange er von politischen Vertretern und Ideologen seiner Standesgenossen, den Konservativen, so viel Feindschaft erfuhr.

Doch bevor sich Bismarck mit der Wirtschaftspolitik intensiver befassen konnte, mußte er seine Aufmerksamkeit auf all das richten, was er unter Sicherheitspolitik verstand, und zwar sowohl in der Auseinandersetzung mit den Parteien im Reich als auch mit der Diplomatie der europäischen Großmächte.

Die Militärfrage. Um ein Übereinkommen mit den Liberalen

In den Hauptjahren des sogenannten Kulturkampfes blieb die staatsrechtliche Lösung der Militärfrage immer noch offen. Wenn auch der deutsche Kaiser und König von Preußen in den Fragen der inneren Organisation des Heeres und der Besetzung einzelner Kommandoposten auf Grund der Reichsverfassung freie Hand hatte, war immer noch nicht festgelegt, ob und in welcher Weise das Parlament Einfluß auf das Heerwesen im Deutschen Reich nehmen konnte. Die Liberalen strebten danach, das Budgetrecht des Reichstages auf den Militäretat zu erweitern, um als Vertreter des Bürgertums ihr politisches Gewicht gegenüber der Reichsregierung zu erhöhen; die Friedenspräsenzstärke des Heeres und die Dienstzeit der Soldaten sollten vom Parlament alljährlich überprüft und bestätigt werden. Demgegenüber beharrten die mit der Armee traditionell verbundenen und in der Konservativen Partei organisierten Junker auf der Forderung nach dem „eisernen" Militäretat; der Reichstag sollte also nicht alljährlich, sondern für unbeschränkte Zeit die Friedenspräsenzstärke und die entsprechenden finanziellen Mittel bewilligen. Diese von den Militärs vertretene Forderung figurierte unter dem politischen Schlagwort des Aeternats.

Angesichts dieser konträren Auffassungen, die leicht zu einem neuen Heeres- und Verfassungskonflikt führen konnten, ähnlich dem in Preußen Anfang der sechziger Jahre, hielt Bismarck einen Kompromiß für angebracht. Schon 1867, zur Zeit des Norddeutschen Bundes, hatte er sich mit dem Reichstagsbeschluß begnügt, der für die Zeit bis 1871 ein jährliches Pauschalquantum von 675 Mark pro Soldat und Unteroffizier festlegte. Die Friedenspräsenzstärke des Heeres, also die Gesamtzahl der in deutschen Garnisionen auszubildenden und marschbereiten Soldaten aller Waffengattungen, war auf ein Prozent der Bevölkerung berechnet.

Dieses Provisorium galt bis 1871 und wurde dann bis 1874 verlängert. Die damals vom Reichstag bewilligte Friedenspräsenzstärke von rund 402000 Mann wurde jedoch durch die Beurlaubung von Soldaten des dritten, zum Teil auch des zweiten Dienstjahres, nie erreicht, sondern um etwa zehn Prozent unterschritten.[33] Aber während der drei Jahre von 1871 bis 1874 gliederte die Heeresleitung neben den mecklenburgischen Truppen die badischen und hessischen, deren Kriegsministerien aufgelöst wurden, dem preußischen Heer ein, modernisierte die Kriegsausrüstung, indem sie ein neues Feldgeschütz einführte und bei der Infanterie das Zündnadel- durch das Mausergewehr ersetzte, schließlich gründete sie auch neue militärische Schulen. Zur Finanzierung reichten die bewilligten 270 Millionen bei weitem nicht aus; dem Kriegsministerium stand deshalb über die Hälfte der rund 4,2 Milliarden Mark französischer Kriegskontributionen zur Verfügung.

Ungeachtet der Beurlaubungspraxis wuchsen das Heer und seine Einrichtungen in einem Maße an, wie das in Deutschland bis dahin noch nie der Fall gewesen war. Zur gut ausgerüsteten Armee gehörte auch der altpreußische Geist von „Zucht und Ordnung"; so sollte der Offizier nicht nur Staatsbürger sein, sondern auch Angehöriger einer Kaste, der besondere Ehren, Rechte und Moralbegriffe eigen waren. Um diese Stellung auch materiell attraktiv zu machen, bedachte man eine Reihe von Generalen mit Dotationen, die insgesamt zwölf Millionen Mark ausmachten. Die gleiche Summe erhielten, um Bedenken zu zerstreuen, rund fünfhunderttausend Reservisten und Landwehrmänner, die während des Krieges geschäftliche Einbußen erlitten hatten, als sogenannte Beihilfe in Form von unverzinslichen Darlehen.[34]

Das bereits im Juni 1871 beschlossene Militärpensionsgesetz machte das Mißverhältnis zwischen den Pensionen für die Offiziere und den Almosen für die Soldaten, die sogenannten Gemeinen, die als Invaliden und Krüppel aus dem Krieg zurückgekehrt waren, besonders provozierend. Die „Vossische Zeitung", das weitverbreitete Berliner Organ des linksliberalen Bürgertums, fühlte sich mehrmals zu kritischen Einwänden veranlaßt: „Preußen hat immer als Militärstaat gegolten, und zwar nicht bloß wegen seiner allgemeinen Wehrpflicht und seiner Landwehr, sondern weil das Gleichgewicht zwischen der Stellung der Militärbeamten und den Zivilbeamten schon lange in einer Weise gestört war, daß eine große Bevorzugung nicht bloß in dem Glanz und der äußeren Ehre, sondern auch in der Entschädigung für geleistete Dienste, d. h. in dem Gehalte und in den Pensionsbedingungen stattfand. Diesen Charakter hat jetzt Preußen auch auf das neue deutsche Reich übertragen".[35]

Die materielle Bevorzugung der Offiziere verfolgte neben deren sozialer Höherstellung noch weitere Zwecke, die sich durch die Vergrößerung des preußisch-deutschen Heeres ergeben hatten. Das ostelbische Junkertum, das zwar immer noch entscheidende Positionen im Offizierskorps besetzte, konnte den Bedarf an Offiziersanwärtern nicht mehr voll decken. Unter diesen Umständen war ein materieller Anreiz für Söhne aus dem Bürgertum notwendig, die man auf diese Weise als zukünftige Offiziere auch ideologisch leichter im „alten Geiste" formen konnte.

Für die Disziplin des Heeres im allgemeinen sollte das 1872 verabschiedete Militärstrafgesetzbuch die gesetzlichen Grundlagen schaffen. Dazu meinte Abeken, der enge Mitarbeiter Bismarcks, das verfassungsmäßig geeinigte Deutschland solle „auch innerlich organisch, lebendig geeinigt werden; es muß dafür gesorgt werden, dass der stramme, feste, energische Geist Preußens auch das übrige Deutschland, besonders im Heere und in den militärischen Einrichtungen ... durchdringe und dem lässigen und loddrigen Wesen, das in der Kleinstaaterei herrscht, ein Ende mache."[36]

Die Offiziere wurden also neben den Schulmeistern und den Gelehrten, soweit diese sich überhaupt Gehör verschaffen konnten und wollten, als Erzieher der Nation angemeldet. Diesen Anspruch erhob dann zwei Jahre später, gewissermaßen mit höchster Autorität, Generalfeldmarschall v. Moltke, als er während der Reichstagsdebatte die Kaserne als jene Anstalt ansah, die „zu körperlicher Rüstigkeit und geistiger Frische, zu Ordnung und Pünktlichkeit" erziehe. Daher könne der Staat, so meinte er weiter, die Armee, „und zwar in ihrer vollen Stärke, schon im Inneren nicht entbehren für die Erziehung der Nation".[37] In der militaristischen Enge dieser Sicht übersah Moltke völlig die Erziehungskraft im zivilen Leben mit seinen Zwängen zu Exaktheit in der Produktion und im Ablauf der geschäftlichen Zirkulation.

Bismarck hatte sich bereits im November 1872 in einem langen Brief an Roon zu der noch immer schwebenden Frage geäußert, wie das Militärgesetz aus dem Provisorium herauskommen und einen dauerhaften Charakter annehmen könne. Seine Hauptsorge war, das Gesetz noch vor den Reichstagswahlen vom Januar 1874 durchzubringen, damit es im Wahlkampf keine Rolle spiele, denn er befürchtete zweierlei: einmal, daß die sogenannten Reichsfeinde – Zentrum und Sozialdemokratie – ihre Stimmenzahl und Mandate erhöhen könnten, denn die Gegner der Regierung hätten mit dem Gesetz weit bessere Waffen für den Wahlkampf als die Regierung. „Ew. pp. werden die Überzeugung teilen", so schrieb er, „daß zu den für den Wahlkampf brauchbarsten Waffen der Eindruck gehört, welchen die Aussicht auf Herabsetzung der Präsenzstärke und des Militär-Etats auf die Massen ausübt. Verminderung des Heeres und der Ausgaben für das Heer wird bei dem Wahlkampf das Feldgeschrei unserer Gegner werden." Zweitens befürchtete Bismarck aber auch, daß der Massendruck nicht spurlos an den „Freunden der Regierung" – damit meinte er vor allem die Nationalliberalen – vorübergehen könne. Dieser Druck werde die „Freunde" nötigen, „ihre Wiederwahl durch Verpflichtungen zu erkaufen, welche es ihnen schwer machen würden, uns in den Militärfragen zu unterstützen".[38]

Die Angst vor den Wählern bewog Bismarck auch, in einem Brief vom 28. Februar 1873[39] vorzuschlagen, den Abschnitt über die polizeilichen Funktionen des Heeres aus dem Entwurf zu entfernen, da diese Paragraphen nur das Zustandekommen des gesamten Gesetzes erschweren würden. Tatsächlich tauchten diese Bestimmungen nie wieder auf.

Nachdem der Entwurf zum Militärgesetz am 11. Mai vom Bundesrat gebilligt worden war, wurde er dem Reichstag zugeleitet, der ihn unter dem Vorwande der Arbeitsüberlastung liegenließ. Vor allem wünschten die Nationalliberalen aus Furcht vor parteiinternen Auseinandersetzungen eine Vertagung der Verhandlung bis nach der Neuwahl. Setzten doch die Partei-Linken um Lasker der Regierungsvorlage Widerstand entgegen, indem sie im Sinne des klassischen Parlamentarismus anstelle des Aeternats die jährliche Budgetbewilligung auch auf den Militäretat erstreckt wissen wollten. Selbst Bennigsen, mehr zum rechten Flügel der Nationalliberalen neigend, konnte das Aeternat nicht akzeptieren und suchte erneut einen Kompromiß. Deshalb wollte er die Nationalliberale Partei auch möglichst unbelastet in den Reichstagswahlkampf führen.

In geheimen Verhandlungen, von denen selbst Roon nichts wußte, hatte Bismarck die Haltung Bennigsens bereits gebilligt und sogar entgegen seinen ursprünglichen Wünschen der Vertagung der Reichstagsdebatten über den Gesetzentwurf des Kriegsministeriums zugestimmt. Mit Unbehagen hatten die Konservativen und besonders die Generale diese Vertagung aufgenommen, hätten sie doch gern alles rasch über die Runden gebracht. Die bürgerlichen Parteien hingegen brauchten sich noch nicht festzulegen und nutzten diesen Vorteil.

Innerhalb der Arbeiterbewegung legten die „Eisenacher" um Bebel und Liebknecht großes Gewicht auf die antimilitaristische Aktion und drängten damit auch die Führer der Lassalleaner in diese Richtung. Beide Strömungen der sozialistischen Bewegung näherten sich einander. Auch wenn die Liberalen bei den Januarwahlen, nicht zuletzt dank der Kulturkampfstimmung, im Reichstag die absolute Mehrheit errangen, so hatten die Sozialdemokraten kraft ihrer vornehmlich antimilitaristischen Propaganda den größten Erfolg insofern zu verzeichnen, als sie mit über 350000 Stimmen ihre Wählerzahl seit 1871 verdreifachen konnten.

Bismarck gewann den Erfolgen seiner schärfsten Gegner auch eine positive Seite ab, indem er den Aufschwung der Arbeiterbewegung als Druckmittel gegenüber den bürgerlichen Parteien benutzte, insbesondere gegenüber den Nationalliberalen. Schon zehn Tage nach den Wahlen ließ er in der offiziösen „Provinzial-Correspondenz“ verkünden, der Erfolg der Sozialdemokraten werde dazu beitragen, alle Anhänger des Privateigentums enger um die Regierung zusammenzuschließen. Das waren Stich- und Leitworte für die anderen gouvernementalen Organe und die des Großbürgertums. Dazu sollte Bismarck einige Wochen später noch andere Eisen ins publizistische Feuer legen.

Vorerst wartete er die Diskussion im Reichstag ab, die am 5. Februar 1874 begann. Graf Moltke sprach für die Konservativen in einer aufsehenerregenden Rede für die Annahme des Gesetzentwurfes. „Was wir in einem halben Jahr mit den Waffen errungen“, so führte er aus, „das müssen wir ein halbes Jahrhundert mit den Waffen schützen, damit es uns nicht wieder entrissen wird. Wir haben seit unseren glücklichen Kriegen an Achtung überall, an Liebe nirgends gewonnen.“[40] Natürlich lehnte Moltke die Verkürzung der Dienstzeit und die Herabsetzung der Friedenspräsenzstärke des Heeres ab und trat für das Aeternat ein.

Die erwartete Wirkung hatte seine Rede allerdings nicht. Abgesehen von den sozialdemokratischen Abgeordneten, lehnten auch die Fortschrittspartei, das Zentrum und einige Splittergruppen den so wichtigen Paragraphen 1 des Gesetzentwurfes ab, der bestimmte, daß die Friedenspräsenzstärke des Heeres „bis zum Erlaß einer anderweitigen gesetzlichen Bestimmung“, also im Grunde ein für allemal, festgelegt werden sollte, womit das Ausgabebewilligungsrecht des Reichstages zu einer Farce geworden wäre. Die Nationalliberalen waren gespalten. Ein Teil wollte zustimmen, ein anderer unter Führung Laskers forderte eine Neufassung des Paragraphen.

Der Militärgesetzentwurf wurde, wie üblich in der parlamentarischen Praxis, nach der ersten Lesung im Reichstag einer Kommission überwiesen, deren Beratungen bald von einer außerparlamentarischen Kampagne zugunsten der Regierungsforderungen begleitet waren. Da war die offiziöse und die aus dem „Reptilienfonds“, das heißt aus dem enteigneten Welfenbesitz, unterstützte Presse, die einschüchternde Spekulationen anstellten: französische Gefahr, Rücktritt des Kanzlers, Reichstagsauflösung und ähnliches mehr. Die öffentliche Meinung wurde jedoch nicht nur journalistisch beeinflußt, sondern auch so weit gesellschaftlich mobilisiert, daß man vielerorts Resolutionen verfaßte, die die Annahme des Reichsmilitärgesetzes forderten. Dabei konnten die Erinnerungen an die Waffenerfolge des preußisch reorganisierten Heeres wirkungsvoll wachgerufen werden neben Gefühlen der Dankbarkeit, von denen eine staatlich geeinte Nation erfüllt war.

Die fast generalstabsmäßig geführte Kampagne beeindruckte viele Nationalliberale derart, daß sie zunehmend kompromißbereit wurden. Die „Magdeburger Zeitung", eines ihrer großen Blätter, schrieb dann auch: „Wir wollen endlich den Alp loswerden, der uns die Brust bedrückt; so lange diese Vorlage nicht erledigt ist, droht uns beständig die Gefahr eines Konfliktes, und wir meinen, die ganze Situation ist denn doch der Art, daß wir nicht die geringste Veranlassung haben können, uns nach irgendwelchen ernstlichen Streitigkeiten mit der Regierung, deren Politik ganz und gar die unsrige ist, zu sehnen."[41]

Neben den Auseinandersetzungen in der Öffentlichkeit gingen die Beratungen in der Reichstagskommission weiter. Aber sie waren schon nicht mehr so wichtig wie die geheimen Besprechungen, die um den 8. April 1874 begannen. Zwar hatte sich an diesem Tage die „Provinzial-Correspondenz" recht unnachgiebig gezeigt und nur die Meinung der „militärischen Autoritäten" anerkannt,[42] aber Bismarck, obwohl von einer mehrwöchigen Krankheit noch nicht erholt, führte schon am Abend ein durch Lothar Bucher vermitteltes Gespräch mit dem Rechtsliberalen Johannes Miquel. Zunächst drohte er wieder mit Rücktritt und damit, daß dann ein Kanzler folgen werde, der sich mit Kirche, Zentrum und Konservativen verständigen könnte. Miquel lenkte daraufhin, ganz im Sinne Bennigsens, mit der Versicherung ein, die Nationalliberalen würden gewiß die verlangte Friedenspräsenzstärke genehmigen, wenn sie nicht für dauernd, sondern nur für einige Jahre, also eine begrenzte Zeit, gefordert würde.[43]

Auch Bismarck war aus verschiedenen Gründen an einem Kompromiß interessiert; auf keinen Fall konnte er mitten im Kulturkampf und in einer Zeit, in der als Antwort auf die ökonomische Krise noch keine neue Wirtschaftspolitik ausgearbeitet war, den Bruch mit den Nationalliberalen riskieren. In fast hektischer Eile folgte der Verhandlung mit Miquel die entscheidende Absprache mit Bennigsen am Nachmittag des 9. April; noch am gleichen Abend war die nationalliberale Fraktionssitzung.[44] Einstimmig wurde in ihr der mit Bismarck verabredete Kompromiß angenommen: Anstelle des Aeternats sah man das Septennat vor; der Reichstag sollte zumindest alle sieben Jahre Beschlüsse über den Militäretat fassen können. Am 10. April schickte der Reichskanzler Lothar Bucher mit der Nachricht zu Bennigsen, der Kanzler nehme den Kompromiß unter der Bedingung an, daß die Nationalliberalen den Beschluß, die Kommunalsteuerfreiheit der Offiziere aufzuheben, wieder rückgängig machten, was anderntags prompt erfolgte.

In der Fraktion herrschte nun, wie alle überlieferten Berichte bezeugen, volle Zufriedenheit, ja eitel Freude, wahrscheinlich weniger über das sachliche Ergebnis, sondern weil eine Parteispaltung vermieden worden war. Auch Eduard Lasker, der Sprecher des linken Flügels, hatte schließlich dem Kompromiß zugestimmt.[45] Dennoch blieb bei manchem der liberalen Häupter bei allem Gefühl der Erleichterung ein Stachel zurück. Spottete doch selbst ein Mann wie Wehrenpfennig, der zusammen mit dem furiosen Bismarckianer Treitschke die „Preußischen Jahrbücher" herausgab, ein Jahr später über die „Nationalservilen".[46] Von der Fortschrittspartei, die sich intransigent gab, spaltete sich eine Gruppe um Löwe-Calbe ab, die dem Militärkompromiß zustimmte. Ihre soziale Interessenrichtung wird schon personell dadurch veranschaulicht, daß Löwe mit Baare, dem Generaldirektor der Bochumer Gußstahlwerke, verschwägert war und zu den Aufsichtsräten dieses Werkes gehörte.[47]

Die weiteren Diskussionen im Reichstag hatten nun keinen wesentlichen Einfluß mehr auf das Gesetz, denn schließlich war das Septennat schon vor den Parlamentsdebatten geboren. Nach längeren Auseinandersetzungen wurde es am 20. April 1874 mit 214 gegen 123 Stimmen in dritter Lesung angenommen. Dem Reichstag war für sieben Jahre der Einfluß auf die Stärke des Heeres genommen, zog doch die Festlegung der Präsenzziffer die unbedingte Bewilligung der entsprechenden finanziellen Mittel nach sich. Die Militärführung hatte ein Gesetz durchgebracht, das dem Reichstag die Kontrolle über die Militärverwaltung materiell wie personell entzog.

Und trotzdem grollten einige Junker und Militärs wegen des Septennats. Der alte Roon aber, der den Heereskonflikt in den sechziger Jahren zusammen mit Bismarck durchgefochten hatte, kannte sich besser aus. Ein Aeternat wäre freilich besser gewesen, meinte er. Aber: „Was sieben Jahre gesetzlich bestanden hat, das kann man hinterher nicht abstreifen wie einen Handschuh ... Nach sieben Jahren, während welcher man den Budget-Diskussionen entrückt war und die Armeeverwaltung aufs Zweckmäßigste einrichten konnte, haben wir entweder unsichere politische Verhältnisse, wie heute – und wie könnte dann der Reichstag

Reductionen beschließen? Oder wir sind vielleicht gar am Vorabend oder am lendemain eines großen Krieges und dann haben wir noch weniger zu besorgen; oder das alte Europa ist wirklich in eine constante Friedens-Ära eingetreten – aber wer glaubt das?"[48] Wer glaubt an den Frieden? Diese blasiert-provozierende Frage enthüllte nicht allein die militaristische, sondern bei Roon auch die pietistische Denkweise über eine verderbte Welt, in der der Frieden als illusorisch erschien. Sehr bald sahen auch die verstockteren Ultras den Vorteil des für sie risikolosen Kompromisses; das Militärgesetz bildete somit einen wichtigen Anstoß zur späteren Rekonstruktion der Konservativen Partei.

Der Rückzug der Nationalliberalen 1874 war nur ein Schritt auf dem Wege zu weiteren Kompromissen. Der linke Flügel der Partei um Lasker, der eine schrittweise Parlamentarisierung des preußisch-deutschen Reiches anstrebte, erlitt eine entscheidende Niederlage, von der er sich nicht mehr erholen konnte. Leute vom Schlage Miquels, der als Vertreter der Disconto-Bank die Großgeschäfte, auch mit Waffen, zu schätzen wußte, setzten sich immer mehr durch.

Bismarck konnte auch durch das Militärgesetz seine Machtposition stärken, da er sowohl dem liberalen Großbürgertum wie auch den Generalen bewiesen hatte, daß er „unentbehrlich" sei. Er schuf sich mit der zeitlich begrenzten Festlegung der Friedenspräsenzstärke eine größere Bewegungsfreiheit. Im „Septennat" erkannte er einen „allgemeinen Wert für den Staat, in welchem die Armee einen Staat für sich bilde und schwer zu behandeln sei für jeden Minister".[49] Schließlich hatte er das im Winter 1870/71 selbst erlebt. So blieb er zwar nach seinen eigenen Worten „militärfromm" und demonstrierte dies auch dadurch, daß er während seiner amtlichen Tätigkeit zumeist in der Uniform eines Kürassiergenerals auftrat. Doch Werkzeug des Militärs wollte er nicht werden, vielmehr sollte die Armee das Instrument seiner Außenpolitik sein und bleiben. Wenn auf diesem Terrain die Generale nicht mitgingen, wie sich Ende der achtziger Jahre zeigen sollte, war der interne Konflikt unvermeidlich.

Noch bevor das neue Militärgesetz unter Dach und Fach gekommen war, zeigten sich Friktionen innerhalb des Dreikaiserverhältnisses, die Bismarck einige Sorgen machten.

Das prekäre Dreikaiserverhältnis

Im April 1873 passierte Strémoouchow, ein hoher Beamter des russischen Außenministeriums, von Paris kommend, auch Berlin. Durch Vermittlung des Prinzen Reuß wurde ihm eine zweistündige Unterredung mit Bismarck gewährt, der sich in einem historischen Exkurs über die Politik von Nikolaus I. und über den Krimkrieg ausließ.[50] Wie Strémoouchow berichtete, bemühte sich der Kanzler zu erklären, warum Nikolaus I. und „darum auch Rußland" in Deutschland unpopulär wären. Er wies auf das Scheitern der preußischen Unionspläne im Jahr 1850 durch das russisch-österreichische Diktat von Olmütz hin und bemerkte, „daß im Einvernehmen mit Rußland eine friedliche Vergrößerung Preußens möglich gewesen wäre". Mit dieser, heute würde man sagen „konstruktiven Kritik" warb Bismarck um ein kontinuierlich gutes Verhältnis zwischen Berlin und Petersburg. Schließlich ging es ihm darum, den Russen deutlich zu machen, daß auch er mit einer öffentlichen Meinung in Gestalt entwickelter Parteien zu tun habe. Und die Liberalen, Klerikalen und Sozialdemokraten waren nun mal in der einen oder anderen Weise antizaristisch.

Natürlich kamen die beiden Gesprächspartner auch auf Gortschakow zu sprechen, wobei Bismarck vor allem einen Charakterzug bei ihm hervorhob, um den er ihn beneide. Er besäße, was für einen Staatsmann von unschätzbarem Wert sei, nämlich Gleichmut. Ihm selbst, so fügte er freimütig hinzu, würde diese Eigenschaft leider fehlen; die Galle rege sich bei ihm, reibe ihn auf und quäle ihn, und, was am schwerwiegendsten sei, sie trübe bisweilen selbst sein Urteil.[51]

Schließlich rühmte Bismarck auch Adolphe Thiers' politische Vernunft. Jene Franzosen, die dies nicht anerkennen wollten, verhielten sich nach seiner Ansicht absurd. Er sei überzeugt, daß es keinen Krieg gegeben hätte, wenn Thiers Ministerpräsident bei Napoleon III. gewesen wäre.

Fünf Wochen nach diesem Gespräch zwischen Bismarck und dem russischen Diplomaten entstand in Frankreich parallel zu den ersten kräftigen Signalen einer Weltwirtschaftskrise jene politische Krise, in der eben der französische Präsident Adolphe Thiers von der klerikal-monarchistischen Mehrheit der Nationalversammlung zum Rücktritt gezwungen wurde und schließlich Marschall MacMahon auf seinen Posten kam. Bismarck mußte neue, für das Reich ungünstige Entwicklungen in Europa befürchten. Schon im

Juni schrieb er an seinen Kaiser, daß die russische Politik „anspruchsvoller werden, uns auszunutzen suchen, im Orient, auch Oesterreich gegenüber eine unruhigere Haltung einnehmen wird, als uns bequem ist".[52] Erst recht war der Kanzler in Sorge, als er bemerkte, wie Rußland auf Tendenzen in Frankreich reagierte, Revanche und Religion miteinander zu verquicken.

Nachdem Anfang August 1873 der Bischof von Nancy in einem Hirtenbrief die Gläubigen seiner Diözese zu Gebeten für die Wiedervereinigung Elsaß-Lothringens mit Frankreich aufgefordert hatte, versicherte Gortschakow in seinem Schweizer Urlaubsort einem französischen Diplomaten, „Europa" werde keine antifranzösischen Repressionen Berlins zulassen. Es blieb auch nicht unvermerkt, daß sich Gortschakows Sohn, der Diplomat in Bern war, von Zeit zu Zeit bismarckfeindliche Ausfälle erlaubte und sich in Spekulationen über russische Optionen zugunsten Frankreichs erging.[53] Da lag es nahe, von der Haltung des Jungen in Bern auf die des Alten in Petersburg zu schließen. Auf jeden Fall war Gortschakows diplomatisches Wirken im August 1873 der Beginn einer profranzösischen Orientierung, die zwar noch lange nicht zu einem antideutschen Bündnis führte, Bismarck aber vom „Alpdruck der Koalitionen" nicht befreite.

Dem Vorgehen des Bischofs von Nancy folgten bald andere französische Bischöfe nach und auf ihre Weise auch die klerikale Presse. Da sich zudem die Verhandlungen mit dem Außenministerium in Paris ergebnislos dahinschleppten, fühlte sich Bismarck veranlaßt, in seinem Protest drängender zu werden und konkrete Forderungen zu stellen. Der an den damals noch in Paris amtierenden Botschafter v. Arnim gerichtete Erlaß vom 30. Oktober 1873[54] begann mit der scheinbar mäßigenden Mahnung, von Außenminister de Broglie nicht zuviel zu verlangen, keineswegs die öffentliche Erklärung, daß er „die gegenwärtige politische Verfassung Europas als definitiv betrachte". Man könne, so fuhr Bismarck fort, „einer Großmacht, die mit Gebietsverlust aus dem Kriege hervorgegangen ist, nicht so bald eine solche Entsagung zutrauen, und der Verzichterklärung eines einzelnen Ministers wäre nicht mehr Aufrichtigkeit und Bestand zuzuschreiben als der sonst üblichen Klausel der Friedensverträge, daß zwischen den kontrahierenden Teilen immerwährende Freundschaft bestehen werde". Bismarck befürchtete also, aus dem Zuviel werde am Ende ein Zuwenig und wollte deshalb die deutsche Beschwerde „enger formuliert" und gerade damit härter gefaßt wissen. Der deutsche Botschafter habe zu fordern, „daß der Presse das Handwerk gelegt und das Mandement des Bischofs von Nancy öffentlich geahndet, wenigstens gerügt werde".[55]

Das immer wieder von der französischen Regierung vorgebrachte Argument, sie müsse sich gegenüber der Presse und der Bischofsgewalt amtlich zurückhalten, ließ Bismarck nicht gelten; vielmehr schlug er nun einen herrischen Ton an; wenn nichts geschehe, dann „wollen wir die Abweisung unseres gerechten Verlangens wenigstens unzweideutig konstatiert sehen und wissen dann, was wir von den Absichten der französischen Regierung und ihrer Anhänger zu denken haben". Was Bismarck verlangte, entsprang sicherlich keinem liberalen Geiste, verfolgte jedoch die Absicht, das klerikal-chauvinistische Zusammenspiel gouvernementaler und gesellschaftlicher Institutionen im damaligen Frankreich deutlich zu machen. Der Erlaß endete mit drohenden Worten: Dem Feinde dürfe man für seinen Angriff nicht „die Wahl von Zeit und Gelegenheit" überlassen. Und wenige Monate nach Ausbruch der europäischen Wirtschaftskrise unterließ Bismarck auch nicht, auf die „deutsche Geschäftswelt" hinzuweisen. Sie „verlange einen klaren politischen Horizont und habe schon vor dem Kriege von 1870 vielfach die Ansicht vernehmen lassen, daß der Ausbruch eines Krieges für sie weniger schädlich sein werde als die nicht endende Bedrohung mit einem solchen".[56]

Dies alles schrieb Bismarck, acht Tage nachdem das Dreikaiserverhältnis die völkerrechtliche Gestalt eines Dreikaiserabkommens angenommen hatte, wobei man sich „die Aufrechterhaltung des europäischen Friedens" zum Ziel setzte. Was sollte also in dieser Situation das Gerede von einer „nicht endenden Bedrohung" mit einem Kriege? Traute Bismarck trotz des Dreikaiserabkommens dem Frieden doch nicht?

Auf jeden Fall war er mißtrauisch in verschiedener Richtung. Trachtete doch auch Rußland, das sich bislang durch den preußisch-österreichischen Gegensatz entlastet gefühlt hatte, nun danach, ein neues Gegengewicht zu finden zum preußisch geeinten und darum erstarkten Deutschland. Allein schon die Annexion Elsaß-Lothringens verwies das Zarenreich auf Frankreich als möglichen Partner oder gar Alliierten, wie sich das in kleinen Anzeichen andeutete. Bismarck war voller Unruhe; auf der Gegenseite hielten manche französische Diplomaten das Dreikaiserabkommen nur für eine Maske, hinter der die Mächte die trennenden Gegensätze versteckten.[57]

Das Auswärtige Amt in der Wilhelmstraße
Es war in der Wilhelmstraße 76 in einem ehemaligen Stadtpalais untergebracht. Das Palais blieb der Amtssitz des Ministers des Auswärtigen bis zum Jahre 1877, als Otto v. Bismarck das in Richtung Wilhelmsplatz anschließende Palais Radziwill bezog, das bis zu seinem Abbruch als Reichskanzlerpalais diente.

Allerdings wurden richtige Aspekte so ausschließlich gesehen, daß die Wirkungen der vertragsmäßigen Bindungen der drei Mächte fast unbeachtet blieben. Immerhin war ja auch Rußland völkerrechtlich so weit gebunden, daß es sich den durchaus willkommenen Werbungen Frankreichs gegenüber doch reserviert verhalten mußte. So zeigte sich die russische Diplomatie den Franzosen gegenüber freundlich, bisweilen fast lockend, um dann wieder spröde zu werden. Das spürte auch Graf Bourgoing sehr deutlich, der einen längeren Aufenthalt in Petersburg benutzte, „um sich über die Stimmung in Rußland gegenüber Frankreich zu orientieren“,[58] ohne offiziell dazu beauftragt worden zu sein.

Prinz Reuß, der deutsche Botschafter in Petersburg, konnte also durchaus beruhigende Berichte ans Auswärtige Amt schicken, dennoch ständig ermahnt von Bismarck, ein wachsames Auge dafür zu haben, „daß Frankreich tätig sein wird, um sich die wenn auch noch so entfernte Möglichkeit einer russischen Allianz auf dem Boden gemeinsamer Aktion im Oriente Schritt vor Schritt näher-

Leberström, der „schwarze Reiter“,
Überbringer der Depeschen zwischen Königl. Palais und Reichskanzleramt

zuführen“.[59] Die Erwähnung des Orients als eines möglichen Ausgangspunktes neuer, Frankreich einbeziehender Allianzen nahm etwas von jenen Gedankengängen vorweg, die Bismarck ein Jahr später veranlassen sollten, publizistisch und diplomatisch einiges in Szene zu setzen.

Aus solcher Beunruhigung und nicht aus Aggressionslust erwog er gelegentlich den Gedanken eines Präventivkrieges. Dem Oktober-Erlaß an v. Arnim zum diplomatisch-internen Gebrauch war bereits am 4. November 1871 eine öffentliche Erklärung in der Reichsttagssitzung vorausgegangen, in der Bismarck es unter Umständen für notwendig hielt, „dem Beispiele Friedrich des Großen vor dem Siebenjährigen Kriege zu folgen, der nicht wartete, bis das Netz, das ihn umspinnen sollte, ihm über den Kopf wuchs, sondern mit raschem Vorstoße es zerriß“.[60] Im allgemeinen war Bismarck im diplomatischen Verkehr vorsichtig mit Präventivkriegsdrohungen. Als er in abgeschwächter Form Ende Januar 1874 darüber in einem Erlaß an den Prinzen Reuß nach St. Petersburg schrieb, gab er zugleich an die übrigen Botschafter, die von diesem Schriftstück eine Kopie erhielten, die Weisung, „daraus keinen Anlaß zu Äußerungen Ihrerseits zu entnehmen“.[61] Daß diese Zurückhaltung keinen moralischen Skrupeln, sondern politischen Bedenken entsprang, liegt auf der Hand. Der Kanzler wußte sehr wohl, daß er Frankreich, das trotz seiner Niederlage eine Großmacht blieb und immer noch den Stolz ruhmreicher Traditionen bewahrte, nicht einschüchtern konnte. Im übrigen war es für ihn schwer geworden, in Europa zuverlässige Freunde zu gewinnen. In diesen Zusammenhang gehören Moltkes Worte, daß Deutschland „an Achtung überall, an Liebe nirgends gewonnen“ habe.[62] Und auch der Kronprinz schrieb Anfang 1875: „Geliebt sind wir ja nirgends und von niemand . . .“[63]

Da die militärischen Drohungen wenig fruchteten, versuchte Bismarck, den Kampf gegen französische Revanchegelüste auf der ideologischen Ebene des Antiklerikalismus auszutragen. Danach sollte der Urfeind nicht Frankreich, sondern die kirchenstaatliche Theokratie sein. Sie wäre es, die internationale Unruhe stifte, nicht das Deutschland nachgesagte Machtstreben. Davon ging der Kanzler aus, als er in dem als Rundschreiben benutzten Erlaß an den Prinzen Reuß Ende Januar 1874 über die Gefahr schrieb, daß „die weltliche Regierung Frankreichs der politischen Leitung jenes herrschsüchtigen Priestertums anheimfiele, welches wir als den geborenen Feind des Friedens und der staatlichen Ordnung kennen. Wenn die französische Politik sich den uns feindlichen Bestrebungen der römischen Kurie dienstbar macht, so werden wir uns für bedroht erachten und auf die Abwehr Bedacht nehmen müssen“.[64] Abschließend versicherte Bismarck, es sei der „lebhafteste Wunsch“, mit dem „mächtigen Nachbarstaate“ in Frieden zu leben, und er werde „kein Mittel unversucht lassen, um die französische Regierung für die gleiche Anschauung zu gewinnen“.

Man kann ihm glauben, daß er an einen militärischen Alleingang gegen Frankreich nicht dachte und vernünftigerweise auch nicht denken konnte. Würde doch auch Frankreich in einen Revanchekrieg nicht ohne Verbündete gehen können. Argwöhnisch erwog er, ob diese nicht unter der Flagge des streitbaren Katholizismus zu finden und zu sammeln wären. Seine Befürchtungen seien zu fixen Ideen geworden, meinten manche Zeitgenossen und auch spätere Historiker. Doch ein verantwortlicher Politiker mußte wohl in Betracht ziehen, daß der katholische Klerikalismus in vielen Ländern Europas über Kräfte verfügte, die früher oder später das internationale Bündnissystem verändern konnten, zumal es möglich war, daß sich die klerikal-monarchistische Richtung in Frankreich unter Mac-Mahon verstärkte. Umfassende und intensive Anstrengungen im Sinne der Reaktion gab es dort in den folgenden Jahren durchaus: So wurden vor allem alle republikanisch gesinnten Präfekten, Unterpräfekten und Bürgermeister entlassen und durch solche konservativ-klerikaler Couleur ersetzt. Es folgten Schikanen gegen republikanische Zeitungen und Parteitätigkeiten.[65] Manches blieb nur ein Intermezzo, aber der Wille zu reaktionärer Umformung blieb durchaus erkennbar.[66]

Insbesondere fürchtete Bismarck, daß sich die französischen Streitkräfte, einmal erholt, in „Einer sichern Hand befinden werden“, eben in der Marschall Mac-Mahons, der seine ultramontane „Neigung und seinen Haß gegen uns so wenig zu beherrschen“ vermochte, „daß er es nicht hat über sich gewinnen können, dem Feldmarschall von Manteuffel nach geschlossenem Frieden auch nur die gewöhnlichsten Höflichkeiten zu erwidern.“[67] In einem weiteren, am 28. Februar 1874 datierten Schreiben an den deutschen Botschafter in Petersburg bemühte sich Bismarck, nochmals zu verdeutlichen, wie gefährlich „eine das ganze Frankreich zusammenfassende und für andere Mächte bündnisfähige Organisation dieses Nachbarstaates“ wäre, der, so fügte er hinzu, Deutschland „seit 250 Jahren in jedem Menschenalter mindestens einmal überfallen hat“.[68] Das schrieb er in einer Stimmung, in der die Vergangenheit die Gegenwart wieder einmal überschattete und die Zukunft verdüsterte.

Im übrigen führte Bismarck den Briefwechsel mit dem Prinzen Reuß unmittelbar nachdem Kaiser Franz Joseph und sein Außenminister Andrássy in der zweiten Februarhälfte 1874 dem offiziellen Petersburg einen Besuch abgestattet hatten. Beide Regierungen, die österreichische wie die russische, zeigten wenige Monate nach dem Abschluß des Dreikaiserabkommens deutlich ihre Unabhängigkeit von Deutschland. Nicht ohne Erfolg hatte die französische Diplomatie die Bismarckschen Bemühungen um eine Verständigung der Dreikaisermächte gegen den Ultramontanismus als Ausdruck deutscher Hegemoniebestrebungen auszulegen verstanden. Der französische Außenminister verglich recht abwegig Bismarck, der die „Gefolgschaft in seinem Kreuzzug gegen den Katholizismus beansprucht“,[69] mit Napoleon I., der mit seiner Kontinentalsperre die Unterwerfung Europas unter seine Allmacht verlangt hatte. Das war gut berechnete Demagogie, um so wirksamer, als sie sich gleichsam mit französischer Selbstkritik verband.

Der objektiven Sachlage nach mußte Bismarck im Vergleich zu Napoleon I. wesentlich bescheidenere Ziele verfolgen. Auch wenn er ein Erstarken des klerikal-monarchistischen Regimes in Frankreich verhindern wollte, war ihm doch bewußt, daß für die Regierungen in Wien und Petersburg dieses Land, wie immer es auch geartet sein mochte, als Gegengewicht gegen das neue Reich in der Mitte Europas recht nützlich war. Im Hinblick auf Wien meinte Bismarck: „Daß freilich jedem Leiter der österreichischen Politik das restaurierte Frankreich ein nützlicher Anlehnungspunkt sein und als eine auch gegen uns verwendbare Figur auf dem Schachbrett erscheinen würde, kann mich nicht befremden.“[70] Was Petersburg betraf, so registrierte der deutsche Kanzler sehr aufmerksam die „anerkennenden Äußerungen russischer Staatsmänner über die gegenwärtige französische Regierung“, auch ihre Hoffnungen auf ein künftiges wirksames Gewicht Frankreichs gegen Deutschland.[71] Die Haltung von Österreich und Rußland erklärte er auch daraus, daß diese Länder keine Nachbarn Frankreichs seien, während Deutschland „das Stoßpolster Europas gegen die Invasion“ französischer Heere bilde.[72]

Rußland nahm auch in den kommenden Monaten des Jahres 1874 eine in vieler Hinsicht unfreundliche Haltung gegen Deutschland ein. Als in Spanien gegen die linksradikale Republik wie auch gegen den ultramontanen Aufstand der Karlisten die Militärdiktatur unter General Serrano errichtet wurde, wollte Bismarck dieses konservativ-republikanische Regime diplomatisch anerkennen. Sein in einem Runderlaß an die deutschen Missionen formulierter Vorschlag wurde von London, Rom und sogar Paris angenommen, von Wien zunächst zurückhaltend behandelt, von Petersburg entschieden abgelehnt. Das eigentliche Motiv dieser Weigerung enthüllte der Zar, indem er dem deutschen Botschafter erklärte, „er trenne sich nicht von uns, sondern wir trennen uns von ihm, indem wir anstatt uns vorgängig mit der russischen Regierung zu verständigen, unsere Proposition gleichzeitig an alle Kabinette der Großmächte gerichtet hätten“.[73] Die östliche Großmacht hatte sich offensichtlich noch nicht daran gewöhnt, daß das zum Deutschen Reich erweiterte und damit veränderte Preußen nicht mehr, wie Marx einmal spottete, Vorder-Rußland war.

Nachdem Andrássy eine Kompromißformel angeregt hatte, wonach in Spanien die Exekutivgewalt als solche, nicht aber die Republik anerkannt werden sollte, ging Bismarck sofort darauf ein und kündigte im August 1874 die offizielle Akkreditierung des deutschen Gesandten in Madrid an. Die Reichsregierung mußte schon deswegen Partei ergreifen für den Militärdiktator Serrano und gegen den Ultramontanen Don Carlos, weil dessen Anhänger einige Wochen vorher einen die republikanische Armee begleitenden Kriegsberichterstatter, den ehemaligen preußischen Hauptmann Schmidt, gefangengenommen und standrechtlich erschossen hatten. Petersburg war keineswegs entsetzt über die, wie Bismarck grollte, „Scharfrichter-Wirtschaft" des klerikalen Don Carlos.[74] Der Reichskanzler war tief getroffen, daß ihm das Gortschakowsche Rußland als einzige Großmacht den diplomatischen Beistand versagte, „obschon er ohne Verletzung eines russischen Interesses hätte gewährt werden können", wie er sich gegenüber einem hohen Beamten im Auswärtigen Amt äußerte.[75]

Auch nach einem anderen Zwischenfall in Spanien zeigte sich Gortschakow recht spröde gegenüber dem Verlangen der Reichsregierung nach Entschädigung für die Plünderung eines deutschen Schiffes. Die russische Haltung unterschied sich kraß von den Antworten, die aus Wien, Rom und London kamen. Ständig warfen diplomatische Zwischenfälle Blitzlichter auf russische Diplomaten, die Deutschland gegenüber eine teils hochmütige, teils übelwollende Haltung einnahmen. In einer lächerlichen Titel- und Protokollfrage verhielt sich der russische Konsul in Belgrad nahezu beleidigend gegenüber seinem deutschen Kollegen, dem auch als gelehrten Orientalisten bekannten Georg Rosen.[76]

*

Die antideutsche Stimmung unter den russischen Vertretern im Ausland hatte mehrere Ursachen. Da war, wie Kaiser Wilhelm einmal unter einen Botschafterbericht notierte, die „bis zur Karikatur sich steigernde Vorliebe der Russen für Alles, was französisch ist"; das sei doch „weltbekannt" und dauere fort trotz aller „Umwälzungen der Regierungsformen in Frankreich."[77] Französisch wurde nicht allein im diplomatischen Verkehr gesprochen und geschrieben, sondern auch im Familienkreis der russischen Aristokratie. Undenkbar, daß Bismarck mit seinen Söhnen anders als in ihrer Muttersprache korrespondiert hätte. Der junge Michail Alexandrowitsch Gortschakow aber, dessen Privatbriefe zu Hunderten im Nachlaß liegen, schrieb seinem Vater Alexander Michailowitsch in Französisch,[78] wenn man von wenigen bisweilen ins Russische übergehenden Partien absieht.

Die traditionell der französischen Kultur verbundenen russischen Hochfeudalen wurden nach 1871 zunehmend antideutsch. Schließlich war doch jetzt das früher dynastisch aufgeteilte und beherrschte, von Petersburg aus durch Heirats- und Verwandtschaftskonnexionen immer wieder beeinflußte Deutschland ein Reich geworden, das bei aller inneren Unruhe von außen nicht mehr zu lenken war. Man fragte sich sogar, ob man es nicht etwa fürchten müsse. Auch wenn die russischen Aristokraten keine statistischen Daten über den Produktionsstand in Deutschland und den in Rußland miteinander verglichen, war die ökonomische Überlegenheit der Deutschen doch deutlich genug geworden.[79]

Zwar war das russische Außenhandelsvolumen noch imponierend, doch schien es bedenklich, daß sich der Anteil landwirtschaftlicher Produkte im Jahre 1871 auf etwa 97 Prozent belief; die Monostruktur des Außenhandels war durch den starken Getreideexport besonders ausgeprägt.[80] Das zaristische Rußland blieb in der kapitalistischen Industrialisierung gegenüber den europäischen Hauptländern, insbesondere gegenüber dem benachbarten Deutschland, weit zurück. Und die Resultate der sogenannten Bauernbefreiung waren so kläglich, daß sie nur die extremsten Formen persönlicher und rechtlicher Abhängigkeit beseitigten. Immer noch litten Millionen von Bauern unter zu kleinem Landanteil, hoher Ablösungszahlung und verstärktem Steuerdruck. Auf der anderen Seite erwies sich die Masse der adligen Grundbesitzer als unfähig, eine kapitalistische Agrarwirtschaft großen Stils zu entwickeln. Noch lebten fünfzehn Jahre nach Aufhebung der Leibeigenschaft 85 Prozent der Bevölkerung Rußlands von der Landwirtschaft; Bourgeoisie und Proletariat waren schwach entwikkelt.

Jeder russische Aristokrat, der das Ausland kennenlernte, wurde der beschämenden Rückständigkeit Rußlands gewahr. Doch das stärkte nicht den Willen, die nach dem Krimkrieg eingeleiteten Reformen energisch fortzuführen, um den Anschluß an das industrialisierte Europa zu erreichen; vielmehr setzten sich Frustrationen in Ressentiments gegen das Deutsche Reich um. Sehr leicht war man da geneigt, in ihm einen bedrohlichen Emporkömmling zu sehen. Bei einer solchen politischen Seelenlage hatte es Bismarck schwer, russische Diplomaten von seinem Wunsch nach einem dauerhaften Übereinkommen mit Rußland, ja nach Frieden in Europa, zu überzeugen; es nützte ihm kaum, wenn er – man denke an das Gespräch mit Strémoouchow – in historischen Exkursen daran erinnerte, wie sehr es Rußlands Ansehen in Deutschland geschadet hatte, daß Nikolaus I. zusammen mit Österreich die preußischen Unionsbestrebungen im Diktat von Olmütz 1850 zunichte gemacht hatte.

Gortschakows frankophiles Verhalten war also nach 1870 verbunden mit Mißtrauen gegenüber dem eben gegründeten Deutschen Reich, das obendrein das russisch-aristokratische Selbstgefühl in mancher Hinsicht verletzte. Jedenfalls kann man mit der immer wieder angeführten Eitelkeit Gortschakows, die Bismarcks weltgeschichtliche Erfolge nur schwer ertragen hätte, die deutlichen Akzentverschiebungen in der russischen Politik nach 1871 nicht erklären. Das Außenministerium in Petersburg war auch durch Alexander II. und einige Hofkreise gehemmt.[81] Selbst wenn sich der Zar nicht ohne weiteres von verwandtschaftlichen Gefühlen gegenüber seinem Onkel, dem Kaiser Wilhelm I., leiten lassen konnte und unüberprüft in den traditionellen Beziehungen zu Berlin zu verharren vermochte, dachte er nicht daran, das eben zustande gekommene Dreikaiserabkommen zu sprengen und sich Frankreich als präsumtivem Bündnispartner zuzuwenden. Unter diesen Umständen bemühte sich Gortschakow, seine Diplomaten so zu lenken, daß ihre Berichte den Zaren verunsicherten und gegen die Bismarcksche Politik einnähmen.

Der russische Botschafter in Berlin Oubril war ein seinem Petersburger Vorgesetzten besonders williges Werkzeug. Insgesamt war seine Berichterstattung langweilig, trocken, das Geschehen in der Presse, im Parlament und auf diplomatischem Parkett fast nur registrierend statt analysierend. Nur gelegentlich erlaubte er sich, seine „bescheidene Meinung" auszusprechen, auch über Bismarck, wohl wissend, daß Gortschakow, der gleichfalls wie Strémoouchow im April 1873 in Berlin war, die soziale und religiöse Lage in Deutschland als „sehr wenig beruhigend" ansah.[82] Im Januar 1874 warf dann Oubril in einem „persönlichen und sehr geheimen" Bericht[83] die Frage auf, ob Bismarck „kriegerische Absichten" verfolge, verneinte das zwar „für den Augenblick", hielt es jedoch in dem Fall für möglich, „wo seine innere Politik in eine auswegslose Situation hineingetrieben wäre". Der Zar vermerkte am Rande, daß er dies auch glaube, was insofern einen Mangel an Urteilsvermögen offenbarte, als bei aller Unruhe in Deutschland an eine ausweglose, gleichsam revolutionäre Situation für absehbare Zukunft nicht ernstlich zu denken war.

„Ganz Geheim", wie dies der russische Botschafter wünschte, konnte die Art der Berichterstattung allerdings nicht bleiben, denn Bismarck beklagte sich darüber seit Jahren. In einem Erlaß an seinen Botschafter Reuß in Petersburg meinte er im Februar 1874, „daß mündliche Unterredungen mit Herrn v. Oubril ihr Bedenken haben. Ihre Gefährlichkeit liegt darin, daß seine Besuche sehr lange dauern. Ich kann kaum glauben, daß es ihm möglich ist, am

Kaiser Wilhelm bei seinem Neffen, dem Zaren Alexander II. in Petersburg

Ende einer Stunde, während deren ununterbrochen geredet wird, noch den Wortlaut der ersten, gewöhnlich wichtigsten Äußerungen mit hinreichender Genauigkeit zu behalten und zu Hause niederzuschreiben. Dadurch wird es erklärlich, daß zuweilen Äußerungen, die ihn frappiert haben, in seinen Berichten losgelöst von dem Zusammenhang und den Beziehungen erscheinen, in denen ich sie getan habe."[84] Eine ähnliche Klage hatte Bismarck schon 1868 geführt: „Oubril ist ... ohne jede politische Idee und mißbraucht mich lediglich als Bericht-Citrone, die gedrückt wird, solange sie einen Tropfen gibt und sollte er zwei Stunden bei mir sitzen und ich auf Kohlen".[85] Noch drastischer urteilte Bismarck im Jahre 1872, als er meinte, das russisch-deutsche Einvernehmen müsse doch recht gut sein, wenn Fürst Gortschakow ein „solches Rindvieh" wie Oubril ohne Schaden für die Sache in Berlin belassen könne.[86] Und ab 1873 wollte der russische Reichskanzler seinem politischen und persönlichen Rivalen in Berlin erst recht nicht den Gefallen tun, Oubril abzuberufen. Dem Zaren erklärte er, es sei unvereinbar mit der Würde Rußlands, sich seine Vertreter von Bismarck ein- und absetzen zu lassen.[87] Erst im Januar 1880, als Gortschakow nicht mehr aktionsfähig war, wurde Oubril von Berlin nach Wien versetzt, wo er sich gleichfalls das Prädikat „unfähig“ erwarb.[88]

Der mächtige Mann in der Petersburger Reichskanzlei hielt, solange er bei Kräften war, nicht allein Bismarckgegner in ihrem Amt, sondern tat auch das Seinige, um wohlwollende Interpreten der Bismarckschen Politik aus der Umgebung des Zaren zu verdrängen. Ein solcher war Pjotr Andrejewitsch Schuwalow,[89] der als Chef der Geheimpolizei in den Jahren von 1866 bis 1873 (!) Alexander II. nicht allein in der Innen-, sondern auch in der Außenpolitik beraten hatte. Mit Hilfe einer Frauenintrige, wie es schien, wurde Schuwalow im Sommer 1874 vom Petersburger Hof nach London als Botschafter weggelobt. In England aber konnte seine Tätigkeit durch ein probates Mittel gehemmt werden: Das Außenministerium gab ihm nur mangelhafte Informationen. So einfach und effektiv konnte man Schuwalows bismarckfreundlichen Einfluß unterbinden.

Der frostige Wind von der Newa wehte kräftig in der renommierten „Sankt Petersburger Zeitung“, die vom „trunkenen Deutschland“ schrieb und mutmaßte, „daß wir in einer Periode rascher und unerwarteter Umschläge und Veränderungen leben“.[90] Das alles mußte unter dem Anschein weltpolitischer Betrachtungen wie eine Drohung erscheinen, so als wollte man zwischen den Zeilen zu erkennen geben: Wir können auch anders!

*

Angesichts der ungünstigen Entwicklung der deutsch-russischen Beziehungen im allgemeinen und der geschäftlichen Schwierigkeiten im besonderen war es mißlich, daß der deutsche Botschafter Prinz Reuß für längere Zeit erkrankte und sein Vertreter, der Botschaftsrat Johann v. Alvensleben, gegenüber dem bevormundenden Gebaren Gortschakows nahezu machtlos war. Deshalb entschloß sich Bismarck, einen erfahrenen Diplomaten nach Petersburg zu schicken, der während der Krankheit des Prinzen Reuß die Unstimmigkeiten zwischen den russischen und deutschen Vertretern auf dem Balkan in mündlichen Aussprachen prinzipiell und praktisch klären, aber auch, wie es Bismarck umschreibend, doch deutlich genug Oubril sagte, Gortschakows diplomatischen Methoden entgegentreten sollte.[91] Bismarcks Sonderbeauftragter war der Verantwortliche für orientalische Angelegenheiten im Auswärtigen Amte, Joseph Maria v. Radowitz. Sein Vater, der den gleichen Namen trug, war jener preußische Staatsmann, der 1849 die von Bismarck erbittert als illusionär bekämpfte und durch das österreichisch-russische Diktat von Olmütz schmachvoll beendete Unionspolitik betrieben hatte.

Gleich am Tage nach seiner Ankunft in Petersburg wurde Radowitz von Gortschakow empfangen. „Dreimal kam er im Verlauf der Konversation“, so berichtete Radowitz in seinen Erinnerungen, „auf die angebliche Irritabilität und Nervosität von Bismarck zurück, und jedesmal unterbrach ich ihn mit der höflichen Bemerkung, daß wir davon in Berlin nicht das geringste spürten.“ Hatte Gortschakow in gezielter Weise übertrieben, so untertrieb Radowitz pflichtgemäß. Der ihn begleitende v. Alvensleben soll nach dem Gespräch erstaunt gewesen sein, wie der Neuankömmling aus Berlin dem „Alten“ im Petersburger Außenministerium immer wieder in die Parade gefahren sei. „Daraus konnte ich entnehmen“, so berichtete Radowitz weiter, „wie es gekommen, daß wir mit Gortschakow auf falschen Fuß geraten waren. Unsere Vertretung hatte sich an seine absprechende Redeweise und an die persönlichen Spitzen gegen Bismarck gewöhnt, statt ihm darin entgegenzutreten.“ Radowitz jedenfalls wollte Gortschakow merken lassen, „daß die Natur unserer politischen Beziehungen ein größeres Maß von Rücksichten auf seiner Seite verlange.“[92]

Die hohen Herrschaften in Petersburg schienen Radowitz mit einiger Spannung erwartet zu haben, denn in der Antrittsaudienz stellte ihm Zar Alexander sogleich die Frage, ob er einen speziellen Auftrag hätte; er möge diesen ohne Umschweife darlegen. Höflich umschreibend verneinte Radowitz zur Überraschung des Zaren und sprach lediglich davon, daß Kaiser Wilhelm und der deutsche Reichskanzler „einen fortgesetzten Austausch über die gegenseitigen Anschauungen auf dem gesamten Gebiete der politischen Interessen“ als Voraussetzung engsten Einvernehmens zwischen Deutschland und Rußland ansähen. Während der Erörterung der diplomatischen Friktionen auf dem Balkan und verschiedener „Mißverständnisse“, beispielsweise in der spanischen Frage und in der Polenpolitik, wurde es Radowitz klar, daß Zar Alexander teilweise falsch informiert worden war, nicht zuletzt, wie es sich später herausstellte, durch Berichte des Gortschakow hörigen Botschafters Oubril.[93] Das Gespräch erstreckte sich auch auf den Kirchenkampf in Deutschland; mit keinem Wort aber wurde Frankreich erwähnt. Der Kern dessen, was Radowitz instruktionsgemäß vorzutragen hatte, war die Forderung nach voller politischer Gleichberechtigung als eine für Berlin unverzichtbare Voraussetzung der beiderseitigen Beziehungen.

In den weiteren Gesprächen mit Gortschakow kam Radowitz immer wieder auf das deutsche Verlangen nach „Reziprozität", nach Gleichberechtigung im diplomatischen Verkehr, zurück und erklärte unter anderem, Deutschland bemühe sich, „in Fragen, die besonders für Rußland groß seien, der hiesigen Auffassung sich anzuschließen – aber es sei wohl nicht unbillig, dafür in den selteneren und kleineren Fällen, die uns beträfen, umso sicherer auf die wohlwollendste russische Assistenz zu zählen".[94] Ein solch kleinerer Fall war, wie Radowitz ausdrücklich hinzufügte, die Statusfrage des deutschen Konsuls in Belgrad. Damals gab es, woran erinnert sei, keine russische Assistenz, sondern Resistenz.

Nachdem ein Zirkular vereinbart worden war, das die Vertreter der drei Kaisermächte auf dem Balkan und im Nahen Orient anwies, stets ihre politische Eintracht sowohl im gesellschaftlichen wie diplomatischen Verkehr zu bekunden, brachte Bismarck noch einen weiteren Wunsch vor. Am 27. Februar 1875 schickte er an Radowitz die Instruktion, es „verdiene sicher Erwägung, ob für die russische Vertretung bei unserem westlichen Nachbarn nicht auch eine Erinnerung jenes Circulars ... nützlich sein würde". Er war der Ansicht, „daß nichts in Frankreich die Kriegsgedanken mehr ermuthige als der durch manche russische Einflüsse genährte Glaube an russische Sympathien für Frankreich. Auch bei unseren westlichen Nachbarn sei der feste Glaube an die Harmonie Deutschlands und Rußlands die sicherste Bürgschaft für den Frieden".[95] Bisweilen hat auch die nachbetrachtende Geschichtswissenschaft aus diesem Erlaß mehr herausgelesen, als er wirklich enthielt; nichts mehr und nichts weniger wollte er, als Stellung nehmen gegen jene Art von Sympathiebekundungen russischer Diplomaten für Frankreich, die, wie man in Berlin argwöhnte, dem Geist des Dreikaiserabkommens widersprach.

Bismarck wußte natürlich, daß er mit seinem Verlangen ein zentrales Anliegen seines Gegenspielers in Petersburg empfindlich traf, ja dessen Eröffnungszüge auf dem Schachbrett der internationalen Diplomatie zu durchkreuzen imstande war. Routiniert versuchte Gortschakow, zunächst mit modifizierenden Vorschlägen den Vorstoß aus Berlin zu parieren, und bekannte offen, er „habe immer Sympathien für Frankreich gehabt und habe dieselben auch nie verleugnet. Aber er glaube bewiesen zu haben, daß er die Schranken dieser Empfindungen kenne und daß dieselben sein politisches Handeln absolut unbeeinflußt ließen. Das wisse man übrigens nirgends besser, als in Paris selbst."[96] Ungeachtet dieses freimütigen Bekenntnisses glaubte jedoch Radowitz zu bemerken, „daß Fürst Gortschakow besonders ungern dieses Thema erörtert sieht und es fast wie einen Mangel an Rücksicht betrachtet, wenn man ihn veranlaßt, von seiner Politik gegenüber Frankreich zu reden."[97] Das deutsche Unbehagen gegenüber der politischen Ausrichtung Gortschakows und der ihm unterstellten Diplomaten blieb also bestehen.

Dem russischen Reichskanzler war die ganze Mission Radowitz höchst zuwider, weil sie versuchte, dessen vom Zaren unterschiedener Sonderpolitik Einhalt zu gebieten und Gegenseitigkeit in den deutsch-russischen Beziehungen forderte. Auch die Art, wie diplomatische Mißhelligkeiten, vor allem die zwischen dem deutschen und russischen Konsul in Belgrad, bereinigt werden sollten, war in Berlin und Petersburg recht verschieden. Gortschakow sprach gern von „Mißverständnissen", während Bismarck darauf drang, „die chronologische Zeitfolge des gesamten Hergangs ... nicht verdunkeln zu lassen".[98] Das junge deutsche Reich mußte sich eben auch auf diplomatischem Parkett erst noch durchsetzen.

Sensationelles gab es während des ganzen Aufenthaltes des deutschen Sonderbeauftragten in Sankt Petersburg überhaupt nicht. Das war auch dem österreichischen Botschafter, Freiherrn von Langenau, schon früh bekannt, der in einem Privatbrief an Andrássy schrieb: „Meine Überzeugung ist und bleibt, daß dieser Mission kein specieller Gegenstand zu Grunde lag; der deutsche Reichskanzler wollte nur eine mit seinen innersten Gedanken vollkommen vertraute und sehr gewandte Persönlichkeit hierhersenden, um die ... Personen, so wie das Terrain hier genau zu studieren".[99] Auch Oubril glaubte von Berlin aus noch Ende März bestätigen zu können, daß Radowitz kein eng umrissenes Verhandlungsobjekt mit auf den Weg nach Petersburg gegeben worden sei, was der Zar mit „Ja" als Randbemerkung bestätigte,[100] wohlverstanden nach dessen Abreise.

Das in vielen Punkten von Radowitz zur Rechtfertigung veranlaßte offizielle Petersburg befand sich in der Defensive. Schon aus diesem Grunde war es bestrebt, wieder offensiv zu werden, zunächst dadurch, daß es der neugierigen Diplomatenwelt beibringen wollte, Radowitz sei mit einem außergewöhnlichen Sondierungsversuch gekommen; er habe die Neutralität von Rußland für die Eventualität eines erneuten deutschen Krieges gegen Frankreich gesucht und als Gegendienst deutsche Unterstützung angeboten, damit russische Wünsche im Orient erfüllt würden, unter Umständen gegen die Interessen Österreich-Ungarns. Natürlich gehörte zu den Ohrenbläsereien aus den Petersburger Amtsstuben auch die Versicherung, die Demarche des Bismarckschen Abgesandten sei resolut zurückgewiesen worden.[101] Außerdem heftete man Radowitz wie einem gefährlich-lockenden Versucher den aus dem antiken Sagenkreis herrührenden Spitznamen „la Sirène" an, den Gortschakow für ihn ausgesucht hatte. Was man zunächst als ein gegen die Mission gerichtetes Intrigenstück nur innerhalb der Diplomatie in Szene setzte, wurde später, in den achtziger Jahren, Gegenstand publizistischer Eskapaden, die Radowitz in seinen „Aufzeichnungen und Erinnerungen" überzeugend widerlegt hat.[102]

Heute braucht die Geschichtswissenschaft nicht mehr darüber zu rätseln, wessen Version der historischen Wahrheit entspricht. Die Quelle der Unwahrheit ist gefunden, nämlich in einem „höchst vertraulichen" Brief, den Gortschakow an Oubril schickte, nachdem Radowitz Petersburg verlassen hatte.[103] Dieser sei sowohl in seinen Formen als auch in seinen Prinzipien tadelsfrei gewesen. Man hätte sich ausschließlich auf „dem Terrain der allgemeinen Ideen" bewegt. Gortschakow wollte jedoch nicht glauben, daß Radowitz die ihm aufgegebene Mission ganz erfüllt hätte. Da hieß es: „Hätte Herr v. Bismarck, als er zu uns einen solch listigen und ihm eng vertrauten Mann schickte, etwa im Auge gehabt, herausfinden zu lassen, ob wir nicht einige persönliche Hintergedanken im Hinblick auf den Orient hätten? Und wenn er einen solchen gefaßt hätte, wäre dann Radowitz nicht beauftragt gewesen, uns den vollständigen und absoluten Beistand Deutschlands in allem, was den Orient betrifft, zuzusichern, dabei sich einen gleichermaßen vollständigen Beistand von unserer Seite in all dem, was Deutschland im Occident interessiert, auszubedingen?"

Die zwei Fragezeichen nach diesen hintergründigen Sätzen forderten geradezu bejahende Ausrufezeichen heraus. Auch wenn Gortschakow als Gentleman versicherte, er wolle nur eine persönliche Mutmaßung vertrauensvoll mitteilen, so wußte er als erfahrener Politiker doch, daß sie von anderen als Gewißheit kolportiert würde. Bekanntlich gingen auch von Strémoouchow, der in den kommenden Monaten die Geschäfte im Außenministerium führte, die von seinem Chef insinuierten Desinformationen über die sogenannte „Mission Radowitz" aus, sie beeinflußten zeitweilig auch den österreichischen Botschafter v. Langenau, aber wohl doch nicht Andrássy in Wien.

Was russische Diplomaten dem deutschen Sonderbeauftragten da andichteten, war ebenso hergeholt wie unglaubhaft. Das geht sowohl aus Radowitz' unmittelbaren Berichten als auch aus seinen nachträglichen Äußerungen hervor. In einem Gespräch, das er mit dem österreichischen Diplomaten Széchényi 1879 führte, nahm er sowohl gegen den Panslawismus wie gegen den Pangermanismus Stellung. Die Größe Bismarcks, so führte Radowitz aus, läge darin, daß er von jeher den Pangermanismus als einen besonders gefährlichen Feind Deutschlands verstanden habe. „Eine Vergrößerung Deutschlands über seine gegenwärtigen Grenzen hinaus so wie das Erniedrigen und Verstümmeln des besiegten und dabei stets auf seine revanche sinnenden Gegners, hält er, Eines wie das Andere, für das größte Unglück, das Deutschland hätte treffen können. Er baut fest auf den Bestand seines Werkes ... Wenn es nach ihm gegangen wäre, so hätten wir Frankreich nicht allein Metz samt Lothringen, sondern auch das Elsaß gelassen. Bezüglich dieses sah er wohl gleich ein, daß er gegen die Stimme der öffentlichen Meinung und der Armee nicht werde aufkommen können ..." Radowitz schloß seine Ausführungen mit der Bemerkung, wer die Geschichte Bismarcks schreiben wolle, dürfte sich nicht mit der Erzählung dessen begnügen, was er leistete, er müsse auch schildern, was er verhinderte.[104]

Auch sachlich widersprachen die von Petersburg im Frühjahr 1875 ausgehenden Insinuationen sowohl den aktuellen Absichten als den grundsätzlichen Anschauungen Bismarcks. Des Kanzlers Forderungen, die Radowitz in Petersburg vorzubringen hatte, mußten sich beschränken auf gleichberechtigte Gestaltung der diplomatischen Beziehungen zwischen Berlin und Petersburg und auf den russischen Verzicht, eine allianzähnliche Zusammenarbeit mit Frankreich anzustreben; das alles entsprach durchaus dem Geiste des Dreikaiserabkommens. Weiter konnte Bismarck angesichts der antideutschen Stimmung in der Diplomatie und Publizistik des schon bürgerlich durchsetzten Rußlands nicht gehen. Gortschakow, der zwar noch von einer allianzähnlichen Zusammenarbeit mit Paris abzuhalten war, konnte und wollte sich nach 1871 aber zu keiner antifranzösischen Politik bewegen lassen. Das wußte Bismarck und dachte deshalb gar nicht daran, Sondierungen zu veranlassen, die von vornherein zum Scheitern verurteilt waren. Es war überhaupt nicht sein Ziel, Frankreich noch einmal zu schlagen; er wollte ihm nur Allianzen auf dem Kontinent unmöglich machen.

Was den Orient betraf, so konnte Bismarck Rußland dort nicht ohne weiteres Handlungsfreiheit zugestehen, ohne Österreich zu verärgern und die weitere Annäherung an Wien zu gefährden. Vielmehr trachtete er danach, daß auf diesem Operationsfeld der europäischen Großmächte die beiden anderen Partner des Dreikaiserabkommens, Österreich und Rußland, zusammen agierten, was ihm von Zeit zu Zeit den Vorwurf der „Vermittlungsmanie" einbrachte.

Wenn in diplomatischen Kreisen in Sankt Petersburg, wie gleichfalls v. Langenau berichtete, die Meinung kursierte, Bismarck sei unruhig, weil er seine Führerschaft in Europa bedroht sehe und „ihm Rußland durch seine aktive Politik im Orient gewissermaßen den Rang abgelaufen habe", dann war dies abwegig.[105] Das preußisch-deutsche Reich wollte zwar im Orient Handel treiben, aber sich auf keinen machtpolitischen Wettlauf – wenigstens vorläufig nicht – einlassen. Es ging Bismarck lediglich um die Sicherung seiner Schöpfung und um die Abwehr feindlicher Koalitionen, die sich bilden könnten – um nichts anderes. Sicherheitspolitik, nicht Machtpolitik, so formulierte er kurz und bündig, was man ihm glauben konnte, wenn auch die politische Dynamik später über seine persönliche Absicht hinausging.

Die offizielle Atmosphäre in Wien unterschied sich wesentlich von der in Petersburg. Andrássy mochte gegenüber Berlin seine Unabhängigkeit – man denke an seinen Besuch in der zaristischen Hauptstadt – durchaus betonen, auch unangenehme Fragen aufwerfen, wie etwa das seit dem Prager Frieden von 1866 noch unerledigte Dänenproblem von Nordschleswig, aber er hatte, zuletzt in der Spanienangelegenheit, den Willen gezeigt, die eingeleitete Annäherung an das neue Reich fortzusetzen. Dieser politischen Linie folgte im großen und ganzen das diplomatische Corps des Habsburgerreiches, insbesondere Károlyi, der Botschafter in Berlin, der Bismarck seit 1862 sehr genau in seinen persönlichen Eigenarten und politischen Überzeugungen kennengelernt hatte. Zu diesen gehörte die schon in den sechziger Jahren Károlyi gegenüber geäußerte Vorstellung der völkerrechtlichen Zusammenarbeit zwischen einem unter preußischer Führung zustande gekommenen deutschen Nationalstaat und einem Habsburgerreich, das seinen hegemonialen Schwerpunkt donauabwärts verlegen könnte. Da jedoch Österreich nach der Reichsgründung seinen Einfluß auf dem Balkan und im Nahen Osten nicht zu einer Konfrontation mit Rußland ausdehnen sollte, ließ Bismarck Ende Januar 1875 dem deutschen Botschafter in Konstantinopel, Werther, durch den Staatssekretär einschärfen: „Für unsere Haltung ist nach wie vor der Wunsch bestimmend, dem Einvernehmen zwischen Rußland und Österreich-Ungarn förderlich zu sein und da, wo dasselbe thatsächlich sich ausspricht, auch die Unterstützung unseres eigenen politischen Einflusses eintreten zu lassen.“[106]

Anders als am Wiener Ballhausplatz, dem Sitz des Außenministeriums, behandelte die Wiener Presse den deutschen Reichskanzler oft genug recht unfreundlich; während des Strafverfahrens gegen Harry v. Arnim beschuldigte sie ihn gar des „Cäsaren-Wahnsinns“. Auch manifestierten sich Revanchegedanken österreichischer Hof- und Militärkreise, als im Januar 1875 eine Denkschrift des Erzherzogs Johann Salvator veröffentlicht wurde. Nicht verwunderlich, daß Bismarck unter solchen Umständen zu der Befürchtung neigte, ein Ministerwechsel in der Habsburgermonarchie könnte zu einem Regime „jesuitischer Beichtväter und militärischer Heißsporne“ führen. Es war ja auch die Zeit, da der Papst in einer Enzyklika „mit der Autorität göttlichen Rechts“ die in Preußen erlassenen Kulturkampfgesetze für ungültig erklärte und über alle, die sich diesen Gesetzen unterwürfen, die Exkommunikation verhängte. Die Vorstellungen und Aktivitäten der zumindest lose miteinander kooperierenden Kreise am Wiener Hof, im Heer und in der Geistlichkeit liefen auf eine Umwandlung des österreichisch-ungarischen Dualismus in ein klerikal und slawisch geprägtes Föderativsystem im Habsburgerstaat hinaus. Es war nicht ohne weiteres von der Hand zu weisen, daß solche Bestrebungen zum Erfolg führen könnten, zumal in der ungarischen Reichshälfte die Finanzen damals in einem katastrophalen Zustand waren. General v. Schweinitz, der deutsche Botschafter in Wien, hat alle diese meist unterschwelligen Vorgänge aufmerksam beobachtet und manchmal überscharf seziert. Das blieb Andrássy und Károlyi nicht unbekannt, die darob recht ungehalten waren und bei Bismarck vorstellig wurden. Der Kanzler beruhigte die Wiener, desavouierte aber auch nicht Schweinitz.[107]

Berlin war jedoch darüber betroffen, daß Wien das Zusammentreffen Kaiser Franz Josephs mit dem italienischen König Viktor Emanuel in Venedig erst kurz vorher ankündigte. Die Lagunenstadt, die bis 1866 unter habsburgischer Herrschaft stand, war als Ort dreitägiger Besprechungen und Festlichkeiten Anfang April

1875 ein besonderes Symbol der Aussöhnung zwischen Österreich und Italien, wogegen Bismarck an sich nichts hatte. Aber da die Wiener die Vorbereitung dieses Venedig-Treffens so lange verschwiegen, war man in Berlin erst recht geneigt, sich die Zweifelsfrage zu stellen, ob das alles nicht der Anfang einer Entwicklung sei, an deren Ende eine antideutsche Koalition stehen könnte. Andrássy am Ballhausplatz, der vielleicht selbst von der Wiener Hofburg über das Zusammenkommen der Majestäten lange Zeit im unklaren gelassen worden war, beeilte sich, in einem Privatschreiben Károlyi über die wahre Sachlage zu informieren und ihn zu bitten, allen journalistischen Spekulationen, ob der angekündigte Besuch in Venedig gegen Deutschland gerichtet sei, entgegenzutreten, ebenso „etwaigen irrtümlichen Vorstellungen oder argwöhnischen Regungen“ im amtlichen Berlin.[108] Zehn Tage später, am 31. März, drängte Andrássy seinen Botschafter und Freund Károlyi, er möge ein Zusammentreffen mit Bismarck, über den wieder einmal Rücktrittsgerüchte umliefen, suchen, um ihm „unsere vollsten Sympathien“ zu übermitteln und zu sagen, „welch hohes Gewicht wir darauf legen müßten, daß er sich zu einem Ausharren auf seinem hohen Posten und zur ferneren Leitung der Geschicke Deutschlands und Preußens entschlösse“.[109] Diese Bekundung der persönlichen Interessengemeinschaft zwischen den politischen Leitern Österreich-Ungarns und des preußisch-deutschen Reiches wurde bald auch von Berlin aus erwidert.

Allerdings waren Andrássy und Károlyi noch gezwungen, dem mißtrauischen Bismarck gegenüber zu bekräftigen, daß das Staatsinteresse eines katholischen Landes keineswegs identisch sein müsse mit der katholisch-klerikalen Politik.[110] Der Kanzler wußte das selbstverständlich auch aus der Geschichte. Aber demonstrierte das damalige Frankreich Mac-Mahons nicht gerade diese Identität? Und trug Kaiser und König Franz Joseph den Titel „Apostolische Majestät“ nur formal wie ein Erbstück, wo doch die Geistlichkeit, hoch und niedrig, noch unbestreitbar eine Macht darstellte? Mußte Bismarck nicht, die Situation in Italien betrachtend, starke profranzösische Kräfte in Rechnung stellen, die unter Umständen doch ein antideutsches Arrangement mit dem Papst, dem „Gefangenen im Vatikan“, zustande brächten? Schließlich konnte der Kanzler des so stark beargwöhnten neudeutschen Reiches den französischen Pressejubel über das Treffen in Venedig nicht überhören, der zugleich ein publizistisches Echo zu der im

März in der Kammer angenommenen Militärreorganisation war. Sie stellte gewiß keine unmittelbare Bedrohung Deutschlands dar, aber erhöhte Frankreichs Macht in naher oder ferner Zukunft in einer möglichen antideutschen Koalition. Alles in allem genommen: Bismarck konnte nicht vergessen haben, daß wenige Jahre vorher, von 1867 bis 1870, das werdende Deutschland durch die katholischen Mächte Österreich, Italien und Frankreich bedroht war und nur die raschen Siege des preußisch-deutschen Heeres eine gemeinsame Aktion verhindert hatten.

Der historische Nachbetrachter kann heute leicht die Vorgänge, die sich in den Jahren nach der Reichsgründung an der Oberfläche und unterschwellig abspielten, auf das richtige Ausmaß reduzieren, aber der in Berlin verantwortliche Politiker mußte seine unmittelbare Gegenwart wachsam und besorgt beobachten. Die Zustände in Österreich-Ungarn boten sich als unsicher dar, und die politische Atmosphäre in Rußland war so geartet, wie die Mission Radowitz erwiesen hatte, daß zwar diplomatische Friktionen im einzelnen zu bereinigen waren, aber insgesamt das frühere Vertrauen zwischen Berlin und Petersburg reichlich Schaden gelitten hatte. Unter diesen Umständen mußte das Dreikaiserabkommen, obwohl noch nicht lange abgeschlossen, auf seinen Wert oder Unwert geprüft werden. Bismarck war nicht der Mann, der – wie er sich später ausdrückte – „eine Frage versumpfen" ließ. Vielmehr fühlte er sich gedrängt, die Lage so oder so zu klären. Schon im Februar 1874 hatte er in einem Gespräch mit Oubril erklärt, Deutschland könne gegenüber den feindlichen Aktivitäten in Frankreich keine blamable und schädliche Passivität an den Tag legen. Nur der Hase bleibe schweigsam. Man würde ihn jedoch weniger jagen, wenn er dem Jäger laut entgegentreten würde.[111] Es ging also Bismarck um die eine oder andere Form abwehrender Antworten auf feindselige Manifestationen.

Die Mittel der Geheimdiplomatie schienen ihm 1875 zunächst ausgeschöpft; so verlegte er die Auseinandersetzungen in die Öffentlichkeit, ohne sich allerdings selbst zu exponieren. Im Versteck zu bleiben, gebot allein schon die Rücksicht auf Kaiser Wilhelm, der auf seinen kaiserlichen Neffen in Petersburg, Alexander II., vertraute und keineswegs eine öffentliche oder gar internationale Aufregung heraufbeschwören wollte. Unter diesen Auspizien war für Bismarck nicht das Parlament, sondern die Presse der Ort, um einiges in Szene zu setzen. In ihrer Benutzung war man auch im Ausland nicht zimperlich, wie die Wiener und Pariser Zeitungen

bewiesen. Zuletzt hatte man noch im russisch-offiziösen „Nord“ provokatorisch Andrássy die Absicht unterstellt, „die österreichisch-russisch-deutsche Entente durch eine österreichisch-russisch-italienische Allianz zu ersetzen“.[112] Auch russischerseits war man schnell gewillt, Spekulationen über Veränderungen im internationalen Bündnissystem anzustellen, wie das im Herbst 1874 die „Sankt Petersburger Zeitung“ getan hatte.

Kriegsgelärm und Bündnisängste im Frühjahr 1875

Wie Hohenlohe-Schillingsfürst berichtete, hatte Bismarck mit ihm Ende März 1875 die „verschiedenen Allianzen“, die sich um das auf- und umrüstende Frankreich gegen Deutschland gruppieren könnten, eingehend erörtert.[113] Wenige Tage danach schickte Professor Ludwig Aegidi, Pressedezernent im Auswärtigen Amt, dem Chefredakteur der „Kölnischen Zeitung“ einen Beitrag in der fingierten Form eines Schreibens aus Wien und bemerkte dazu, es sei „ein jedes Wort abgewogen wie in einer Staatsschrift“.[114]

Am 5. April 1875 erschien schließlich der Leitartikel „Neue Allianzen“, in dem es hieß, daß die Lage der Dinge in Europa weniger Zuversicht verdiene, als man im allgemeinen hege. Dem europäischen Frieden drohe immer noch Gefahr, und sie käme von Frankreich, das eben eine Reorganisation seiner Armee eingeleitet habe. Vielleicht sei diese Gefahr näher, als man glaube. Dabei wolle Frankreich einen Krieg, sei es in ungewisser Zukunft, sei es zu einem baldmöglichen Zeitpunkt, nie allein führen; es schaue also nach Allianzen aus. Die große katholische Liga, an die es sich anschließen könne, bleibe allerdings eine Chimäre, solange der österreichisch-ungarische Ausgleich fortbestehe und sein Vertreter, Graf Andrássy, am Ruder sei. Stürze er, dann wäre ein Abschwenken der österreichischen Politik zu Frankreich und zu einem mit dem Papst versöhnten Italien möglich. Und Österreich, Italien, Frankreich und der Papst im Bunde miteinander wären die zweite Auflage jener Verschwörung, „die mit den Schlachten bei Wörth und Weißenburg in die Nacht zurückkroch“.[115] Damit wurde an jene Absprache im Frühjahr und Frühsommer des Jahres 1870 zwischen Wien und Paris erinnert, die ein militärisches Eingreifen Österreichs und Italiens vorsah, sobald die französische Armee in einem Krieg gegen Preußen-Deutschland im süddeutschen Raum siegreich vordringe.

In der Tat hatte sich damals eine Verschwörung gebildet, die 1875 noch so in der Erinnerung lebte, daß Spekulationen über ihre Erneuerung keineswegs abwegig waren, zumal Berlin nicht mehr mit dem gleichen Wohlwollen Rußlands wie 1870 rechnen konnte. Bismarck hatte im März-Gespräch mit Hohenlohe-Schillingsfürst sogar eine Allianz Frankreich–Rußland für möglich gehalten. Man kann als sicher annehmen, daß der Kanzler das Manuskript des Artikels in der „Kölnischen Zeitung" nicht gelesen hatte. Aber die politische Direktive des publizistischen Manövers ging von ihm aus, dafür stand die Tatsache, daß das Veröffentlichte im Auswärtigen Amt entstand und Aegidi kein Mann eigener Initiative auf so heiklem Gebiet war. Indem man durch einen scheinbar aus Wien stammenden Artikel die Habsburgermonarchie ins Visier nahm, warnte man indirekt Kaiser Franz Joseph, den politischen Status nicht durch Nachgeben gegenüber klerikalen und militärischen Kreisen zu ändern.

Der Artikel in der „Kölnischen Zeitung" erregte noch kein sonderliches Aufsehen. Wer so staatsmännisch gemessen wie Aegidi blieb und bisweilen sogar in den Ton akademischer Betrachtungsweise verfiel, konnte die internationale Politik kaum in Bewegung bringen. Durchaus möglich also, daß ein Mann wie Lothar Bucher,[116] gleichermaßen erfahren in der Publizistik wie in der Diplomatie, insgeheim journalistisch herausfordernde Töne verlangte. Diese Erwartung erfüllte der politische Schriftsteller Konstantin Rößler[117] in der freikonservativen und darum schon fast als offiziös geltenden „Post", wo am 8. April ein Beitrag mit der aufreizenden Überschrift „Ist der Krieg in Sicht?" erschien.[118] Die Lektüre mußte schon einigen Schrecken erregen: Seit Wochen, hieß es da, wäre der politische Horizont mit „dunklem Gewölk" bezogen. Es wurden „die starken Pferdeankäufe" auf französische Rechnung genannt, auch die „Cadres des französischen Heeres" zeigten angeblich eine starke Vermehrung. Der Jubel der französischen Presse anläßlich des Treffens des Kaisers von Österreich und des Königs von Italien wurde maliziös als „unverhohlen" registriert. Das „dunkle Gewölk" im Einleitungssatz paßte genau zu den „ernsten Farben", mit denen man gleich das Gesamtbild tönte. Da sah man die Gefahr eines „baldigen Krieges", die „unmittelbare Vorbereitung des Revanchekrieges". Zwar wurde Graf Andrássy „unerschütterlich" auf deutscher Seite gesehen. Wie aber, wenn in Österreich eine „mächtige Partei im Heere und am Hofe" an einem „Rachebündnis mit Frankreich" arbeitete, das

„unter päpstlicher Aegide" zu einer gegen Deutschland gerichteten Tripleallianz führen könnte? In Italien wäre „der größte Teil der höheren Klassen" zu einem Bündnis gegen Deutschland durchaus bereit, wenn das Papsttum, diese „Weltherrschaft der italienischen Prälatur", auf „italienischen Landbesitz" verzichtete.

Überhaupt erschien die ganze Kriegsgefahr in engem Zusammenhang mit dem angeblich verschwörerischen Ultramontanismus. Das wird in den Passagen über Frankreich geradezu penetrant: „Wir denken nicht so gering von der Einsicht der republikanischen Führer, um zu glauben, daß diese Männer sich nicht sagen, was ein unter klerikalen Auspizien durch klerikale Diplomatie und klerikale Generäle zum Ziel geleiteter Revanchekrieg aus der Republik machen würde." Und da der Artikelschreiber eine republikanische, also keine kriegswütige Mehrheit im kommenden Parlament erwartet, fürchtet er, „daß die Kriegspartei in Frankreich den Ausbruch des Krieges sogar vor der Auflösung der jetzigen Nationalversammlung ins Auge faßt".[119] Schließlich leitete er zu den vielzitierten Sätzen über: „Der Krieg ist allerdings in Sicht, was aber nicht ausschließt, daß die Wolke sich zerstreut." Es gehe darum, gefährliche Bundesgenossenschaften zu vereiteln und die deutsche Nation vor den Gefahren zu warnen, denen sich die Staatsleitung gegenübersehe.

In weiteren Teilen dieses Sensationsartikels kam die von Bismarck auf dem Höhepunkt des Kulturkampfes mehrfach geäußerte Überzeugung zum Ausdruck, daß der eigentliche „Antagonist" des Reiches das „geistliche Rom" sei und Frankreich dann zum geschworenen Feind Deutschlands werde, wenn es sich mit jenem identifiziere.[120] Doch nicht die außenpolitische Kulturkampfstimmung im „Post"-Artikel machte Eindruck; vielmehr war es das Kriegsgelärme, das die französische und nicht minder die englische Presse und Diplomatie schockierte.[121]

Spätestens auf den zweiten Blick hin sah man deutlich, daß das journalistische Schreckgespenst mit der Wirklichkeit nichts zu tun hatte. Das am 12. März in Frankreich angenommene Cadregesetz, das mit der Errichtung eines vierten Bataillons bei jedem der 144 Regimenter die Erhöhung der Kriegsstärke des französischen Heeres um 144000 Mann ermöglichte, war die einer großen Nation durchaus angemessene Reorganisation. Drei Tage nach der Attacke der „Post" betonte der deutsche Militärattaché in Paris, Major v. Bülow, in einem längeren Bericht, daß die von der Nationalversammlung beschlossenen Maßnahmen keinen bedrohlichen

Charakter trügen; es gäbe auch keine „Kriegspartei", die „ohne Überlegung und ohne Bundesgenossen auf einen sofortigen Wiederausbruch der Feindseligkeiten hinarbeite, wie dies vor dem Krieg und unmittelbar nach demselben der Fall war".[122]

Diese ruhige und unabhängige Lagebeurteilung war um so bemerkenswerter, als der Abteilungschef im Großen Generalstab, Oberst Krause, bereits am 18. März, also vor den publizistischen Fanfarenstößen, die französische Heeresreorganisation im Hinblick auf die deutsche Kriegsbereitschaft etwas ernster angesehen hatte, was insofern irrelevant wurde, als ein halbes Jahr später durch einen neuen deutschen Mobilmachungsplan der ohnehin problematische Vorsprung Frankreichs rasch und leicht eingeholt werden konnte.[123]

Wie der Staatssekretär in Berlin dem deutschen Botschafter in Paris, dem Fürsten zu Hohenlohe-Schillingsfürst, mitteilte, wollte „der Herr Reichskanzler . . . in keiner Weise das militärische Urteil des Majors v. Bülow . . . in Zweifel ziehen". Aber, so argumentierte man in Berlin weiter: „Solange die gesamte französische, und nicht minder die im französischen Sinne tätige auswärtige Presse im Verein mit der ultramontanen es sich zur Aufgabe macht, . . . Deutschland als den allgemeinen Friedensstörer in Europa zu denunzieren, haben wir zunächst die Pflicht der Abwehr zu üben und dafür zu sorgen, daß andere nicht durch Verdunkelung des wahren Tatbestandes in Irrtum geraten."[124] Sicher gab es seit langem eine französische und erst recht eine ultramontane Hetzpresse; dennoch war in den Aprilwochen des Jahres 1875 das Verhältnis von Ursache und Wirkung anders, als es der Staatssekretär offensichtlich im Sinne Bismarcks darstellte.

Wenn die politische Strategie des Kanzlers defensiv auf das Erhalten des Reiches gerichtet war, die ihr dienende Taktik dagegen offensiv und militant aussah,[125] dann war die Gefahr der Mißverständnisse und Fehldeutungen natürlich groß. Leicht konnten Zweifel aufkommen, ob man den feierlichen Thronreden und diplomatisch-amtlichen Versicherungen, das Reich sei saturiert, glauben dürfe. Viele fragten sich, ob es der Versuchung widerstehen würde, die deutschsprachigen Gebiete Österreichs, dann Holland und schließlich das flämische Belgien an sich zu reißen. Wie Bismarck die österreichisch-französischen Allianzbestrebungen gegen das werdende Preußen-Deutschland im Jahr 1870 nicht vergessen hatte, so lebten noch die Einigungskriege von 1864, 1866 und 1870/71, die schließlich mit der Annexion von Elsaß-

Lothringen endeten, stark im Bewußtsein der europäischen Völker. Da in Frankreich niemand daran dachte, in einen „baldigen Krieg" aufzubrechen, fühlte man sich auch in Deutschland zu keiner militärischen Gegenwehr gezwungen. Der deutsche Kaiser, also der oberste Kriegsherr, war überrascht und entsetzt, als er von den journalistischen Rodomontaden erfuhr. Kein Kriegsrat tagte, keine Festung wurde für den Ernstfall umgerüstet, nicht ein einziges Bataillon in Marsch gesetzt oder zur Grenze beordert. Außerhalb der militärischen Arena gab es keinen pseudopatriotischen oder etwa demokratisch-protestierenden Straßenauflauf, nicht einmal einen Saaltumult; die Volksseele kochte nicht, sondern blieb gelassen. Mobil wurden nur Journalisten und Diplomaten, von denen sich gar manche auf die Tummelwiese der Eitelkeiten begaben, wo sie das Gras wachsen hören und Gespenster sehen wollten, vielleicht auch Katz und Maus miteinander spielen. Aber die ganze Affäre hatte eben nur zum Teil ihre komisch-komödiantische Seite.

Ernst daran war, daß Bismarck mitten in der letztlich von ihm provozierten Aufregung das Verhältnis zu den verschiedenen Staaten Europas überprüfen wollte. War er doch von immerwährender Sorge vor einer Bündniskombination geplagt, in der Frankreichs von ihm stets unterstelltes Rachebedürfnis befriedigt werden könnte, zu dieser Zeit möglicherweise durch eine Liaison mit dem Klerikalismus.

Im Grunde gab der erste, im Auswärtigen Amte entstandene und „Neue Allianzen" betitelte Aufsatz in der „Kölnischen Zeitung" das Anliegen Bismarcks genauer wieder als der spektakuläre „Krieg in Sicht"-Artikel in der „Post". Aber dieser machte nun einmal Sensation, was Bismarck zunächst keineswegs so ungelegen kam. Da hatte Károlyi schon recht, wenn er nach Wien schrieb: „Es kommt dem Fürsten hauptsächlich darauf an, den Grundton seiner Ideen in die Welt zu schleudern und seiner Politik ... in Form einer Mahnung oder Verwarnung Nachdruck zu verschaffen, und dieses wird auf solche Art ohne Compromission eingeleitet und erreicht".[126]

Für diese Interpretation spricht auch das, was der damals im Hause Bismarcks verkehrende Lucius v. Ballhausen[127] erfuhr, der am 11. April die Meinung des Kanzlers notierte, der „Post"-Artikel wäre – wenn auch ohne sein Zutun erschienen – doch geeignet, einen nützlichen, friedlichen Einfluß auszuüben. Er könnte ernüchternd auf diejenigen in Wien wirken, die glaubten,

Frankreichs kriegerische Gelüste begünstigen zu dürfen. Allerdings gab es nicht nur Wien, sondern auch Paris, London und Petersburg, die aufgeschreckt reagierten, was Bismarck offenbar in der Überzeugung hinnahm, daß man die Dinge hochspielen müsse, um sie dann auf neue Weise ordnen zu können. Es lag in seiner Natur, einen Eklat dem vorzuziehen, was er später „Versumpfung einer Frage" nannte. Hatte er doch schon ein Jahr vorher dem russischen Botschafter Oubril auseinandergesetzt, er wolle nämlich nicht hasenfüßig stille bleiben, sondern laut und vernehmlich ripostieren, wenn er sich umstellt und bedroht fühle.

Selbst in den um Beruhigung bemühten Erklärungen am 11. Mai in der „Norddeutschen Allgemeinen Zeitung" und am 14. Mai in der „Provincial-Correspondenz", also in zwei offiziösen Organen, wurde noch behauptet, daß Frankreich „Rüstungen ad hoc (zu einem bestimmten Zwecke) mit Konsequenz betreibe".[128] Erst als der Phantomkriegslärm in der Öffentlichkeit verebbte, begann in der Heimlichkeit der Kabinette das hohe Spiel der Diplomatie. Frankreich, auf das sich die publizistische Attacke konzentriert hatte, konnte nun politisch in die Offensive kommen. Als Leflô, der französische Botschafter in Petersburg, bei Gortschakow und Alexander II. vorstellig wurde, bestätigten ihm beide, daß nur eine weitere Stärkung Frankreichs die Einschüchterungsversuche aus Berlin beantworten könne und die russische Diplomatie alles tun werde, „um dort den Ideen des Friedens und der Mäßigung zum Durchbruch zu verhelfen".[129] Das war die Grundposition und Handlungsmaxime Rußlands. Fürst Bismarck übergehend, nahm Zar Alexander durch den deutschen Militärbevollmächtigten, Generalleutnant von Werder, Kontakt auf mit dem Deutschen Kaiser, der ohnehin den Gedanken an einen Krieg weit von sich wies und nicht im entferntesten vermutete, daß hinter der ganzen Journalistenfarce letzten Endes Bismarck stecken könnte. Der gewiß nicht böswillige Károlyi meinte, daß Seine Majestät ungemein geschwächt sei, weil er die offiziösen Inspirierungen der Zeitungen „gar nicht zu ahnen" scheine.[130]

Am 21. April 1875 zog der über die Haltung der beiden Kaiser wohlinformierte französische Botschafter in Berlin, Gontaut-Biron, Joseph Maria v. Radowitz nach einem Dinner bei Lord Russel in ein Gespräch, dessen Atmosphäre Radowitz drei Wochen später in einem eigenhändig darüber geschriebenen Bericht an das Auswärtige Amt als entspannt schilderte. Gontaut-Biron erschien ihm ganz beruhigt.[131] Ganz anders aber lautete dessen Mitteilung nach Paris wie auch die Version, die er in seinen 1887 veröffentlichten „Denkwürdigkeiten" gab.[132] Danach hätte Radowitz Spekulationen angestellt, die auf eine moralische und juristische Rechtfertigung eines deutschen Präventivkrieges hinausliefen, falls Frankreich das finden würde, was es noch nicht habe, nämlich Allianzen. Was immer auch gesprochen sein mochte, wie auch die Akzente gesetzt worden waren, auf jeden Fall konnte Gontaut-Birons Berichterstattung größtes politisches Interesse erwecken. Hatte doch auch der russische Botschafter in Berlin, Oubril, bereits einen Tag vor dem Gespräch zwischen Gontaut-Biron und Radowitz nach Petersburg geschrieben, ungeachtet des nunmehr besänftigenden Wirkens der Presse greife „in Militärkreisen und bei gewissen angesehenen politischen Persönlichkeiten" der Gedanke um sich, „daß Deutschland Grund hätte, rechtzeitig den Gefahren zuvorzukommen, die ihm soeben von seiten Frankreichs signalisiert wurden".[133]

An der Spitze der von Oubril erwähnten Militärkreise, die Präventivkriegsgedanken jedenfalls nicht grundsätzlich ablehnten, stand Generalstabschef Moltke, der sich in diesem Sinne Ende April und Anfang Mai gegenüber dem englischen Botschafter Odo Russel und dem belgischen Gesandten Nothomb geäußert hatte. Es waren keine zufälligen Gespräche; immerhin hatte der berühmte Heerführer nicht bei sich empfangen, sondern Odo Russel in der englischen Botschaft aufgesucht; vermutlich war das eine Arbeitsteilung zwischen Moltke und Bismarck, zumal dieser damals unter einer physisch-nervlichen Schwäche und Reizbarkeit litt. Sicherlich konnte Moltke die damaligen Kräfteverhältnisse in der französischen Armee genauso nüchtern berechnen wie der deutsche Militärattaché in Paris. Er verneinte sogar die Frage Odo Russels, ob die europäischen Mächte auf Frankreich einwirken sollten, die Rüstungen zu beschränken. Moltke meinte, dies könne man keiner großen Nation zumuten; ein solches Verlangen wäre auch deplaziert, da Deutschland auch rüste.[134] In der Tat hat die Reichsführung nie eine Zurücknahme der Armeereorganisation von Frankreich verlangt. Für alle gegenteiligen Behauptungen gibt es keine Quellenbelege, weder ein zuverlässig überliefertes Gespräch noch gar ein amtliches Dokument. Die Überlegung einer kollektiven Vereinbarung der europäischen Mächte, durch Rüstungbeschränkung die nationalstaatliche Sicherheit zu gewährleisten, trat überhaupt nicht in den Gesichts- und Gedankenkreis von Moltke und Bismarck.

Nur militärische Stärke und Bündniskombinationen erwägend, waren beide von der Sorge bewegt, die Armeereorganisation Frankreichs könnte den Anfang einer Entwicklung bilden, die in der Zukunft bei einem Zusammenwirken mit verbündeten Armeen für das Reich gefährlich werde; man müsse dem also möglichst zuvorkommen. In den Gesprächen darüber war Moltkes Diktion wahrscheinlich härter, als es die Diplomaten gewohnt waren; von dieser allzu direkten, bisweilen mißverständlichen Form distanzierte sich Bismarck später, nicht aber von der Sache. Moltke selbst liebte es zu betonen, er spräche natürlich als Soldat, nicht als Politiker.

Moltkes Gespräch mit dem Gesandten Nothomb war durch die Auseinandersetzung mit der belgischen Regierung veranlaßt, von der das Auswärtige Amt schon zu Beginn des Jahres 1875 Maßnahmen gegen die antideutsche Agitation der Klerikalen verlangt hatte. Nachdem Belgien das deutsche Ansinnen unter dem schadenfrohen Beifall Gortschakows abgelehnt hatte, ließ das Auswärtige Amt Mitte April in Brüssel erneut vorstellig werden; man erklärte, „daß die exzeptionelle Lage, in der sich Belgien vermöge des Privilegiums der Neutralität befinde, von diesem Königreich auch eine besondere Sorgfalt in der Pflege guter internationaler Beziehungen erwarten läßt, namentlich den Mächten gegenüber, welche diese Neutralität verbürgen“.[135] In der damals diplomatisch angespannten Situation konnte man in diesen Text etwas hineinlesen, was nicht drinstand, nämlich eine indirekte Kriegsdrohung.

Auch England war damals leicht mißtrauisch zu machen, zumal mancher bismarckfeindliche Klatsch aus den Hofkreisen um den Kronprinzen und die Kronprinzessin – die Tochter der englischen Königin Victoria – ohnehin bis zum Buckingham Palace drang und von dort in das Foreign Office gelangte. Einer der bösartigsten Intriganten war Heinrich Geffcken, Vertrauter sowohl des deutschen Kronprinzenpaares wie auch des englischen Geschäftsträgers in München, Sir Robert Morier, dem er beibringen wollte, daß Bismarck entschlossen sei, Belgien zu vernichten.[136] Auch Graf Beust, früher sächsischer, nach 1866 österreichischer Staatsminister und 1875 Botschafter in London, nutzte seine Position aus, um seine alte politische Aversion gegen Bismarck zu beleben und entsprechend zu agieren.[137] Der politisch erfahrene Beust wußte natürlich, daß beide, Frankreich und Deutschland, zu jenem Zeitpunkt insbesondere um den Beistand Englands warben. Nur so ist auch der ungewöhnliche Besuch Moltkes in der englischen Botschaft zu erklären.

Die rasche Folge, in der Moltke Gespräche mit Diplomaten führte, legt auch die Annahme nahe, daß in der zweiten Hälfte des April eine protokollarisch nicht fixierte, interne Beratung stattfand, in der die bisherigen politischen Aktivitäten hinsichtlich der französischen Armeereform überprüft und neue Schritte festgelegt wurden. Nach einer solchen „Geheimkonferenz“, wie Bismarck bei solchen Gelegenheiten zu sagen pflegte, zog man wahrscheinlich erneut Publizisten ins Vertrauen und instruierte sie über eine offensive Argumentation, die alles Marktschreierische vermeiden sollte. Im Maiheft der rechtsliberalen „Preußischen Jahrbücher“ erschien eine vom Herausgeber Wehrenpfennig geschriebene Korrespondenz, die unter Berufung auf Friedrichs II. Einfall in Sachsen 1756 einen Präventivkrieg rechtfertigte, wenn er einer feindlichen Allianz zuvorkomme. Und bereits am 27. April waren in der berüchtigten „Post“ über mögliche Alliierte Frankreichs allgemeingehaltene Betrachtungen erschienen, die in dem Satz gipfelten: „Paris allein schlägt nicht los: mit Bundesgenossen würde bald genug das Geschrei überwiegen: à Berlin“.[138] Gerade in diesem Publikationsorgan wurde jetzt die modifizierte und moderate Argumentation offensichtlich: keine Alarmrufe mehr über angebliche Kriegsgefahr, sondern indirekte Warntöne vor künftigen, Frankreich einbeziehenden Koalitionen.

In dem Moment nun, da sich Berlin einer gemäßigteren Sprache bediente, wurde der französische Außenminister, Duc Decazes, diplomatisch wie publizistisch besonders rege. Am 29. April verschickte er, Berlin ausschließend, an die bei den Großmächten und den Regierungen Hollands, Belgiens, schließlich beim Papst akkreditierten Vertreter Frankreichs Abschriften des Berichtes von Gontaut-Biron über seine Unterredung mit Radowitz, wies dabei kommentierend auf die vom Deutschen Reich ausgehende Präventivkriegsgefahr hin, die unterschwellig als aktuell hingestellt wurde – was sie eben nicht war. Wenn bei Konstantin Rößler der Kriegsalarm grobschlächtig war, so erschien er bei Duc Decazes mit hocharistokratischer Finesse.

Decazes beließ es nicht bei diplomatischen Demarchen, er „flüchtete in die Öffentlichkeit“, wie er in Anspielung auf Bismarcks Methode süffisant bemerkte. Tatsächlich war dies ein Gegenschlag, den er mit dem Leiter des Pariser Büros der Londoner „Times“, Henri Stephan de Blowitz, verabredet hatte. Dieser

Journalist mit dem hochstilisierten Namen war ursprünglich ein Adolf Opper aus dem böhmischen Städtchen Blowitz bei Pilsen.[139] Opper alias de Blowitz setzte sich nun in einem an die „Times“ geschickten und dort am 6. Mai 1875 veröffentlichten „Pariser Brief“ mit der „deutschen Theorie des unvermeidlichen Präventivkrieges“ auseinander, ohne die amtliche Politik Berlins direkt anzugreifen. Zugleich sprach er die Zuversicht aus, daß allein Rußland der Beunruhigung noch ein Ende machen könne.[140]

Zwar versuchte in der gleichen Nummer der Chefredakteur, Delane, im Leitartikel abschwächend zu kommentieren, aber Blowitzens Korrespondenz erregte doch europaweites Aufsehen. Das russische Außenministerium heizte die Atmosphäre weiter an; so ließ es am 9. Mai in dem ihm nahestehenden Brüsseler „Nord“ etwas von jenem zusammenphantasierten Angebot einer deutsch-russischen Interessensphärenteilung, das Radowitz während einer „Mission“ in Petersburg unterbreitet haben sollte, verlauten und wies es mit der Geste edelmütiger Gelassenheit zurück: „Rußland hat aus der Frage der Aufrechterhaltung des Friedens niemals ein Tauschgeschäft gemacht und wird es niemals tun“.[141]

Die Pariser Korrespondenz sollte bei allem an Rußland gerichteten Appellieren vornehmlich auch auf die ohnehin von anderer Seite schon beeinflußte englische Regierung wirken. Und das geschah mit Erfolg. Der Außenminister Lord Derby meinte entrüstet: „Entweder will Bismarck wirklich den Krieg, oder er will nur glauben machen, daß er ihn wolle“.[142] Disraeli, Premier des konservativen Kabinetts, der noch am 21. April 1875 vor einem allzu engen Zusammengehen mit Frankreich gewarnt hatte,[143] modifizierte seine Haltung. Als bekannt wurde, daß der Zar seine schon lange geplante Reise nach Bad Ems bald antreten und dabei in Begleitung seines Kanzlers Berlin passieren würde, wies er seinen Berliner Botschafter Russel am 8. Mai an, die Bemühungen der russischen Politiker um den Frieden nachdrücklich zu unterstützen; er teilte zugleich mit, daß die englischen Vertreter in Wien und Rom bei den dortigen Regierungen ein ähnliches Vorgehen ihrer Diplomaten in Berlin anregen sollten.[144] Die englische Königin gab ihre Zustimmung zu dem Erlaß, setzte jedoch hinzu, die Annahme, Frankreich sinne nicht auf Rache, entspräche keineswegs den Tatsachen, sie verlangte damals wie auch einige Tage später, daß man auch die Franzosen vor Revanchedrohungen und -vorbereitungen warne.[145]

Disraeli wollte mit diesem politischen Schritt wohl weniger

Frankreich helfen als die Beziehungen zwischen Berlin und Petersburg zusätzlich stören. Die russische Regierung wiederum sah die Gefahr, ins Schlepptau Englands zu geraten und schloß sich der Londoner Initiative nur mit Unbehagen an.[146] Schließlich sollte durch die Einbeziehung Wiens in eine antibismarcksche Demarche das Dreikaiserabkommen, dem England nie gewogen war, Erschütterungen erfahren. Das war allerdings zu kühn spekuliert, denn Andrássy versagte sich da, hatte er doch bereits am 6. Mai Károlyi zur Zurückhaltung ermahnt; er sollte sich nicht an der Debatte über die Frage beteiligen, ob und durch wessen Verschulden der Frieden in letzter Zeit bedroht wäre.[147] Zwei alte und bald wieder neue Rivalen, Rußland und England, demonstrierten plötzlich Eintracht, um einen ungefährdeten Frieden zu retten – und jeder verfolgte seine Nebenabsichten dabei.

Als sich Alexander II. und Gortschakow vom 10. bis 13. Mai in Berlin aufhielten, zeigten sie sich recht paternal gegenüber Bismarck. Freiherr v. Langenau hatte schon Mitte April aus Petersburg nach Wien zu berichten gewußt, daß der Zar die Begleitung des russischen Reichskanzlers wünsche, damit dieser „seinem deutschen Kollegen etwas den Kopf zurecht setzen möge“,[148] wozu sich dieser, siebzehn Jahre älter als Bismarck, berechtigt glaubte. Im übrigen war der Zar der Meinung, man „müsse nicht die Hälfte von dem glauben was er (Bismarck, E. E.) sage, denn er sage Sachen, die nicht in seiner Absicht liegen und nur Ausfluß seiner Leidenschaft und momentanen nervösen Erregbarkeit sind. Man müsse ihn nie ‚au pied de la lettre‘ nehmen“.[149] Im übrigen beschwor Alexander II. Bismarck, nicht auf seinem Rücktrittsgesuch zu bestehen, das er schon am 4. Mai, also wenige Tage vor Ankunft des Besuches aus Petersburg, Wilhelm I. eingereicht hatte.

Der deutsche Reichskanzler hatte damit also gleich zwei Kaiser in Bedrängnis gebracht. Daß er einen Dämpfer bekam, lag durchaus im Sinne der hohen Majestät von der Newa, aber den Mann, den man seit fünfzehn Jahren kannte, seit der Zeit, da er als Gesandter in Petersburg erfolgreich gearbeitet hatte, wollte man in der internationalen Politik doch nicht missen. Wer wußte, was sich alles ohne ihn komplizieren würde. Am Dreikaiserabkommen wollte Alexander II. jedenfalls festhalten, wenn auch Gortschakow zündeln mochte; die Courage, dagegen frontal anzugehen, hatte er doch nicht.

Während der Begegnung mit Gortschakow und dem englischen Botschafter Lord Russel in den Räumen des Auswärtigen Amtes weigerte sich Bismarck, schriftlich zu versichern, „den Frieden erhalten zu wollen, da dies die Absicht implizieren würde, daß Deutschland bis jetzt ähnliche Friedensbestrebungen nicht verfolgt oder gar den Krieg gewünscht hätte“.[150] Da Gortschakow dennoch und auf jeden Fall erfolgreich erscheinen wollte, schickte er vor seiner Abreise aus Berlin am 13. Mai 1875 ein für die Veröffentlichung bestimmtes Rundtelegramm an die russischen Vertretungen, das zwar die noch lange in den Geschichtsbüchern kolportierte vereinfachte Formulierung „*jetzt* ist der Frieden gesichert“ nicht enthielt, aber diplomatisch umschreibend erklärte: „Der Zar verläßt Berlin, völlig überzeugt von der versöhnlichen Stimmung, die dort herrscht und die Erhaltung des Friedens sichert“.[151]

Damit hatten sich die hohen Herren aus Petersburg, insbesondere Gortschakow, mit der Gloriole von Friedensmissionaren geschmückt und zugleich ihre Unabhängigkeit von der Initiative Englands gezeigt. Bis zum heutigen Tage bewertet die Nachwelt dieses Telegramm als so etwas wie einen diplomatischen Geniestreich. Tatsächlich aber trug Gortschakow einen Pyrrhussieg davon. Die unfreundliche Politik, die er gegenüber dem jungen Reich seit spätestens 1873 eingeschlagen hatte, veranlaßte nun Bismarck, sich stärker als früher auf Österreich-Ungarn zu orientieren und damit innerhalb des Dreikaiserverhältnisses andere Prioritäten zu setzen.

Noch während ihres Berliner Aufenthalts hatten die hohen Herrschaften von der Newa versucht, die Österreicher zu verunsichern. Auf einem Empfang zog der Zar den Wiener Botschafter Károlyi ins Gespräch und fragte ihn, ob er von einem „Kriegsgerede“ auch gegen Österreich-Ungarn gehört hätte. Bismarck habe doch gegenüber Lord Odo Russel die Bemerkung hingeworfen, „daß er allenfalls zuerst nach Wien und dann nach Paris marschieren würde“.[152] Wenn auch die Bismarcksche Äußerung von Károlyi als „perfid“ und von Andrássy als eine „Impertinenz“ empfunden wurde, so erkannten sie doch ihren politischen Gehalt, der auf der Annahme beruhte, die österreichische Politik könnte unter klerikal-militärischem Einfluß zu einer deutschfeindlichen Koalition umschwenken. Da aber Wien gerade in einer Krisensituation das Gegenteil beweiskräftig versichern konnte, ja Andrássy seinem Botschafter wiederholt einschärfte, die guten Beziehungen zwischen Österreich-Ungarn und Deutschland beruhten „nicht in erster Linie auf seiner Person“, sondern seien „sachlich bedingt“,[153] faßte der mißtrauische Bismarck doch Vertrauen.

Schon am 28. Mai schrieb der Kanzler aus Friedrichsruh an Károlyi in freundschaftlichem Ton: „Ich verließ Berlin unter dem Eindruck der Freude darüber, daß Wien der einzige Hof war, wo der falsche Lärm über unsere ‚Erregtheit' keinen Anklang, jedenfalls kein Echo gefunden hat."[154] Darauf reagierte Károlyi seinem Duzfreund Andrássy gegenüber in einem vertraulichen Privatbrief bereits am 4. Juni 1875 und meinte, der Reichskanzler habe „rosige Zukunftspläne bezüglich einer noch intimeren Gestaltung des gegenseitigen guten Einvernehmens mit Österreich-Ungarn" entwickelt. Er lehne das „Streben einer deutschtümlichen Partei in Österreich" entschieden ab. Einen Anschluß deutscher Provinzen Österreichs an das Reich unterstütze er nicht. Das würde „den Bestand der österreichisch-ungarischen Monarchie gefährden und Deutschland bloß schwächen." Dagegen erscheine es ihm bei der Gleichartigkeit der allgemeinen Interessen innerhalb des Bereichs der Eventualitäten und sogar der Probabilitäten gelegen, daß sich zwischen Deutschland und Österreich-Ungarn ein natürlich auf völkerrechtlicher Grundlage beruhendes Verhältnis einer gegenseitigen Assekuranz entwickele. Andrássy unterstrich die Wendung „völkerrechtliche Grundlage" und „gegenseitige Assekuranz" und vermerkte am Rande: „Ich habe mir erlaubt, E. Majestät anzudeuten, daß ich es für möglich hielte, einen Antrag von Bismarck zu erreichen – derselbe erscheine schon in der Ferne".[155]

Zehn Tage später kam Károlyi auf diese Angelegenheit in einem Privatschreiben noch einmal zurück, teilweise mit wörtlicher Wiederholung dessen, was er bereits mitgeteilt hatte. Nur fügte er hinzu, Bismarck halte es für notwendig, „daß ein solches Verhältnis von selbst heranreife, dabei seiner natürlichen Entwicklung überlassen und nicht voreilig und zu schnell angebahnt werde". Károlyi habe Bismarck da voll und unbedingt zugestimmt und versicherte Andrássy, man müsse an der Idee Bismarcks festhalten, denn sie würde unzweifelhaft Früchte tragen.[156] Hier klang offensichtlich die Grundidee des Bündnisvertrages von 1879 schon an.

Rückblickend auf die „kriegerischen Kundgebungen" in den Berliner offiziösen Zeitungen, interpretierte die Wiener „Neue Freie Presse" vom 5. Juni 1875 das Grundanliegen des Artikels, den Bismarck am 5. April initiiert hatte, einigermaßen treffend: Alles hätte wohl hauptsächlich den Zweck gehabt, „der Sicherheit der Allianzen Deutschlands auf den Zahn zu fühlen". Insgesamt hatten sich die Krisenwochen vom April bis Mai 1875 nur günstig auf das Verhältnis zwischen Österreich-Ungarn und Deutschland ausgewirkt.

Während Andrássy auf Bismarck zuging, bewegte sich der englische Außenminister, Lord Derby, in umgekehrter Richtung. Am 31. Mai hielt er im Oberhaus eine Rede, in der er die während der Krisenwochen gegen Deutschland erhobenen Vorwürfe wiederholte und eindeutig für Frankreich Partei ergriff. Dem Reuter-Berichterstatter zufolge behauptete Derby, auch Graf Münster, der deutsche Botschafter, habe sich wiederholt im Sinne eines Präventivkrieges geäußert. Diese gegen den in London akkreditierten Botschafter erhobene Kritik wurde zwar im offiziellen Parlamentsbericht gestrichen, aber die ganze Rede, die zudem die Stimmung unter den herrschenden Schichten Englands ziemlich getreu wiedergab, war so alarmierend, daß der „Reichsanzeiger" gezwungen war, am 1. Juni eine Richtigstellung zu veröffentlichen: Die Vermehrung der Cadres in Frankreich habe zwar eine „gewisse Beunruhigung" in Deutschland erzeugt; dennoch „hat bei der Reichsregierung zu keiner Zeit die Absicht bestanden, eine Aufforderung zur Reduktion der Streitkräfte oder auch nur zur Sistierung der Armee-Reorganisation an die französische Regierung zu richten".[157] Was hier erklärt wurde, stimmte mit den Tatsachen überein und war kein diplomatischer Rückzug.

Bismarck, der anfänglich dem Reuterschen Nachrichtenbüro einen unrichtigen und verschärfenden Bericht über Derbys Rede unterstellt hatte, wurde bald durch Lothar Bucher eines anderen belehrt. Nach dessen Erfahrungen während seines „Londoner Aufenthaltes" in den fünfziger Jahren habe er bei Reuter zwar gefärbte Berichte, aber „nie eine so grobe Fälschung, wie einen *Zusatz* wahrgenommen".[158] Lord Derby, der offenkundig ein parlamentarisches Nachhutgefecht gegen die deutsche Politik lieferte, war auch von dem Vorwurf diplomatischer Taktlosigkeit kaum mehr freizusprechen. Schuwalow, der Gortschakow-Gegner in der russischen Diplomatie, meinte, auf Lord Derbys Reichtum anspielend: „80000 Livres Sterling jährliche Einkünfte machen allein noch keine große Staatsmänner".[159]

In Berlin registrierte man wahrscheinlich aufmerksamer als früher, daß Derby schon vor 1870 den Aufstieg Preußens als eine gefährliche Störung der europäischen Verhältnisse gesehen hatte und sich, anders als Disraeli, von ressentimentgeladenen Einflüssen leiten und verleiten ließ, so im antideutschen Sinne von dänischen Hofkreisen und von der holländischen Königin.[160] Auf Veranlassung Bismarcks wies das Auswärtige Amt die deutsche Botschaft in London an, Derby „auch im persönlichen Verkehr" zu zeigen, „daß er das Vertrauen der hiesigen Regierung in seinen politischen Takt und in seine Zuverlässigkeit eingebüßt hat". In Zukunft sei der Kontakt mit ihm auf das Notwendigste zu beschränken und „der Ideenaustausch über politische Fragen" zu vermeiden.[161]

Eine solche boykottähnliche Zurückhaltung der diplomatischen Vertreter in der Londoner Botschaft konnte der Außenminister des Empire amtlich und gesellschaftlich nur eine gewisse Zeit ertragen, da die britische Politik drei Jahre später doch auf das Wohlwollen des Deutschen Reiches angewiesen war. Lord Derby trat Ende März 1878 von seinem Amt zurück, nachdem es fast beschlossene Sache war, daß der internationale Kongreß zur Beendigung des Orientkonflikts in Berlin stattfinden sollte. Unter all den Motiven seines Rücktritts muß auch die Überlegung eine Rolle gespielt haben, daß ein Lord Derby als Adlatus des Premierministers Disraeli dort nicht auftreten könne und dem Kongreßpräsidenten und deutschen Reichskanzler nicht zuzumuten sei. Nach Gortschakow war Derby der zweite europäische Staatsmann, der im Frühjahr 1875 einen Pyrrhussieg davongetragen hatte.

*

Das Zusammenspiel von Diplomatie und Publizistik im April und Mai 1875 bezeichnen die Historiker seit Jahrzehnten als „Krieg-in-Sicht-Krise", ohne zu bemerken, wie leicht sie sich durch dieses dem Sensationsartikel in der „Post" vom 8. April entlehnte Signum gedanklich zu Gefangenen machen können. Einige, von Worten hypnotisiert, redeten allen Ernstes über die Kriegsgefahr im Frühjahr 1875. Wenn man sich auch von dieser Vorstellung inzwischen gelöst hat, so werden bis zum heutigen Tage die Bismarckschen Motive bei der Inszenierung der publizistischen Offensive im allgemeinen nicht nach dem ersten, im Auswärtigen Amt entstandenen und am 5. April in der „Kölnischen Zeitung" erschienenen Beitrag beurteilt, obwohl schon dessen Überschrift auf das entscheidende Problem der Allianzen hinweist, sondern nach dem zweiten Artikel in der „Post", der deutlich auf Sensationsmache ausgeht.

Wenn man gegen Grundprinzipien der Quellenforschung derart verstößt, geht man leicht am Wesen einer Erscheinung vorbei. Als der Kanzler nämlich Ende März mit Hohenlohe-Schillingsfürst sprach, den Pressechef Aegidi direkt oder indirekt instruierte und dem Presselärm zunächst freien Lauf ließ, ging es ihm ausschließlich darum, in einer von ihm in Gang gesetzten Krise die wirkliche Stellung der Partner im Dreikaiserabkommen gegenüber Deutschland einem Test zu unterziehen. Man erinnert sich, was Bismarck ein Jahr zuvor dem russischen Botschafter Oubril auseinandersetzte: Deutschland dürfe bei möglichen Bedrohungen nicht untätig und schweigsam sein, sondern müsse sich laut vernehmbar machen.

Das publizistische und diplomatische Gerangel begann mit der öffentlichen Verkündung des Mißtrauens gegenüber Österreich-Ungarn und endete mit der internen Bekundung des Vertrauens. Und was Frankreich betraf, so sah Bismarck in der französischen Armeereorganisation zwar keine unmittelbare Gefahr, aber einen möglichen Ausgangspunkt neuer, Deutschland gefährdender Bündniskombinationen. Es gab ja innerhalb des Dreikaiserverhältnisses ein verdecktes Spiel der russischen Diplomatie und in Frankreich verstärkte Anstrengungen, eine klerikal-militärische Diktatur zu errichten, was in Berlin außenpolitisch Argwohn erwecken mußte. Da sich die Habsburgermonarchie der russisch-englischen Demarche zugunsten Frankreichs nicht anschloß, wußte das Gortschakowsche Rußland einmal mehr, daß es aus dem Dreikaiserverhältnis nicht ohne weiteres ausbrechen konnte, schon im Hinblick auf die sich durch das Massaker von Podgorica bereits im Oktober 1874 ankündigende Orientkrise. Damit hatte auch das keineswegs bedrohte Frankreich nur begrenzte Erfolge, zumal wenige Monate später England, sein angeblicher Beschützer, in Konkurrenz zu ihm die Suezkanalaktien aufkaufte. Das russisch-englische Zusammenspiel vom Frühjahr 1875 blieb jedoch nur ein „überraschendes Momentbild", wie Hermann Onkken richtig erkannte.[162]

Was Bismarck also mit dem Kriegsgelärm anstrebte, ist ihm doch wohl gelungen: die Klärung der Sachlage im internationalen Kräftespiel. Und das war schließlich der Sinn des ganzen im April 1875 inszenierten Manövers. Selbst in jenen Wochen, da er eine harte Sprache führen ließ, strebte er weder Expansion an noch gar Hegemonie im Sinne Napoleons I., wie man ihm gelegentlich unterstellte. In diesem Sinne glaubte er auch keine Machtpolitik zu treiben wie etwa England und Rußland, sondern nur eine auf dem Boden der geschaffenen Realitäten operierende Sicherheitspolitik. Da diese Politik der Saturiertheit aber weiterhin auf Elsaß-Lothringen, auf polnischen Landesteilen und auf dem dänisch sprechenden Nordschleswig bestand, barg sie Probleme, die mit Bismarcks europäischer Bündnispolitik allein nicht zu lösen waren. Sie wiesen hin auf Fragen der Autonomie und der Neutralisierung von Gebieten, auf historische Kompromisse im internationalen Rahmen, ja auf Rüstungsstopp und Abrüstung.

Hier entstand im kommenden Jahrzehnt eine Alternativpolitik zu Bismarck, vertreten durch die sozialistische Arbeiterbewegung, die sich im Ausklang der sogenannten Krieg-in-Sicht-Krise parteipolitisch neu konstituierte – sicherlich ohne sachlichen Zusammenhang mit ihr, aber als Ausdruck einer neuen Phase der innen- und außenpolitischen Umbruchzeit.

Lassalleaner und Marx-Anhänger vereint gegen Bismarck

Ende Mai 1875 kamen Delegierte des lassalleanischen Allgemeinen Deutschen Arbeitervereins und der Sozialdemokratischen Arbeiterpartei Bebels und Liebknechts zum Vereinigungskongreß in Gotha zusammen. Hatten sich doch während der vergangenen fünf Jahre des Wirtschaftsauf- und -abschwungs die Beziehungen der verschiedenen Klassen untereinander und zu den regierenden Kreisen des preußisch-deutschen Reiches derart entwickelt, daß die beiden Arbeiterparteien immer mehr dazu gedrängt wurden, ihre Zwietracht zu begraben. Nun aber war die Frage nach der Situation und den sich daraus ergebenden Bedingungen einer Einigungsbewegung gestellt.

Noch eine ganze Zeit nach der Reichsgründung hatte Bismarck die Möglichkeit erwogen, „der sozialistischen Bewegung in ihrer gegenwärtigen Verirrung Halt zu gebieten“ und sie „in heilsamere Wege zu leiten“. Aus diesem Grunde wollte er, daß sich der Staat um die „brennendsten Fragen von Arbeitszeit und Arbeitslohn, Wohnungsnoth und dergleichen“ kümmere. Im Hinblick auf den Allgemeinen Deutschen Arbeiter-Verein (ADAV) erklärte er: „Hier ist nicht allein eine sachliche Verständigung noch möglich, sondern es wird beim rechten Eingreifen des Staates zur Zeit auch noch gelingen, die Mehrzahl der Arbeiter mit der bestehenden Staatsordnung auszusöhnen und die Interessen von Arbeitern und Arbeitgebern wiederum in Harmonie zu bringen.“

Wenn Bismarck vorhatte, den lassalleanischen ADAV nach rechts zum Regierungslager hin zu drängen, erkannte er von vornherein, daß solche Bemühungen gegenüber der 1869 in Eisenach von August Bebel und Wilhelm Liebknecht gegründeten Sozialdemokratischen Deutschen Arbeiterpartei (SDAP) aussichtslos waren; denn diese „Eisenacher“, wie sie kurz genannt wurden, wiesen „jede Unterstützung und Kooperation der bestehenden Regierungen prinzipiell auf das entschiedenste“ zurück. So rechnete Bismarck auch weiterhin mit „dem Gegensatz der Lassalleanischen Partei gegen die mit der Internationalen in Verbindung stehende Bebel-Liebknechtsche“, wie er im Herbst 1871 schrieb.[163]

Indessen erwies sich die seit 1871 wirksam gewordene ökonomisch-soziale, politische und ideologische Dynamik stärker als alle Spekulationen. Bismarck selbst hatte durch seine Art der Reichsgründung den alten Streit zwischen den Lassalleanern und Marx-Anhängern über Art und Umfang der nationalstaatlichen Einigung – auf demokratisch-antidynastische oder bonapartistische Weise; mit oder ohne Einschluß Österreichs – aus der Welt geschafft. In den nun entstandenen Verhältnissen konnten die Arbeiterparteien besser wirken, leichter als im partikularistisch zerrissenen Deutschland. Bei aller Bewahrung radikal-demokratischer Ideale mußte für längere Zeit das alte Ziel einer antidynastisch-großdeutschen Staatsbildung aufgegeben werden.

Bebels Freund Julius Motteler trat 1874 in seiner Reichstagsrede zum Militärgesetz durchaus ein für die Verteidigung der 1871 errungenen nationalstaatlichen Einheit, wenn auch mit einem höchst charakteristischen Vorbehalt: „Wie sind Gegner des Reiches, insofern das Reich bestimmte Einrichtungen repräsentiert, unter denen wir uns gedrückt fühlen, und unter denen wir leiden; wie sind aber *nicht* Gegner des Reiches als eines solchen, als eines nationalen, als eines staatlichen Ganzen, sondern wir sind Gegner *jener Einrichtungen* im Reich, die uns am meisten beschweren, die uns am gewaltigsten drücken.“ Zu den Beschwernissen für das Volk zählte er den Militarismus.[164]

Weil Julius Motteler die nationalstaatliche Realität von 1871 als Ausgangsbasis für den sozialdemokratischen Kampf akzeptierte, wurde ihm aus den eigenen Reihen vorgeworfen, er verwische den Gegensatz zu den Lassalleanern, worauf Motteler seinem Widersacher entgegenhielt, in ihm habe der Partikularist den Sozialisten erdrückt. Doch im allgemeinen waren das jetzt schon nicht mehr Diskussionspunkte. Es ging zwischen Lassalleanern und Marx-Anhängern nun nicht mehr um die Frage, ob das Bismarcksche

Reich zu akzeptieren oder etwa rückgängig zu machen sei, sondern darum, wie und auf welche Weise es um- und auszugestalten wäre. Wenn Toelcke, ein einflußreiches Vorstandsmitglied des ADAV, öffentlich erklärte, die Lassalleaner wollten nur auf dem friedlichen Wege der Gesetzgebung vorgehen,[165] so war dies natürlich gegen Bebel und Liebknecht gerichtet, die im März 1872 während des Leipziger Hochverratsprozesses für eine radikal-sozialistische Perspektive fochten. Es war Wilhelm Liebknechts Wort vom „Soldaten der Revolution", von dem der zündende Funke übersprang.[166]

Sicherlich, die Lassalleaner hatten noch einen starken Anhang, insbesondere in Berlin und Hamburg. Doch gerade in diesen größten, Industrie und Handel repräsentierenden Städten Deutschlands widersprach die ökonomische Entwicklung den dogmatischen Stichworten und taktischen Schlußfolgerungen des Lassalleanismus. Seine Anhänger sprachen im Sinne des Begründers vom „ehernen Lohngesetz", nach dem der durchschnittliche Arbeitslohn immer auf einen zur Fristung der Existenz und der Fortpflanzung erforderlichen Lebensunterhalt reduziert bleibe, weshalb sie nicht an eine durch organisierten Kampf veränderbare Lohnhöhe glaubten.

Die Praxis jedoch überholte ihre Theorie, denn durch die die Hochkonjunktur begleitende Teuerung waren die Arbeiter allenthalben gezwungen, für die Erhöhung ihrer Löhne, die Verkürzung ihrer Arbeitszeit und sonstige Erleichterungen im Arbeitsverhältnis zu kämpfen. In Berlin streikten die Schuhmacher, die Tischler, die Bierbrauereiarbeiter und mit besonderer Entschiedenheit die Maurer und versuchten, sich gewerkschaftlich zu organisieren. In Chemnitz legten im November 1871 etwa 8000 und in Nürnberg etwa 3000 Maschinenbauarbeiter die Arbeit nieder. Ein halbes Jahr später traten 16000 Bergarbeiter mehrere Wochen hindurch in den Ausstand, um die achtstündige Schicht und fünfundzwanzig Prozent Lohnerhöhung zu erringen. Die Löhne stiegen zwar in der hochkonjunkturellen „Milliardenzeit", gleichzeitig aber auch die Lebenshaltungskosten, insbesondere die Wohnungsmieten. Wegen erpresserischer Lebensmittelpreise entlud sich der Groll in Unruhen, in „Krawallen", wie man damals sagte, in Mannheim, Frankfurt am Main, München, Stuttgart und anderen Städten. Die 1873 einsetzende Wirtschaftskrise belastete die Arbeiter durch sinkende Löhne und Arbeitslosigkeit in ihren Lebensnöten und Existenzsorgen noch mehr.[167]

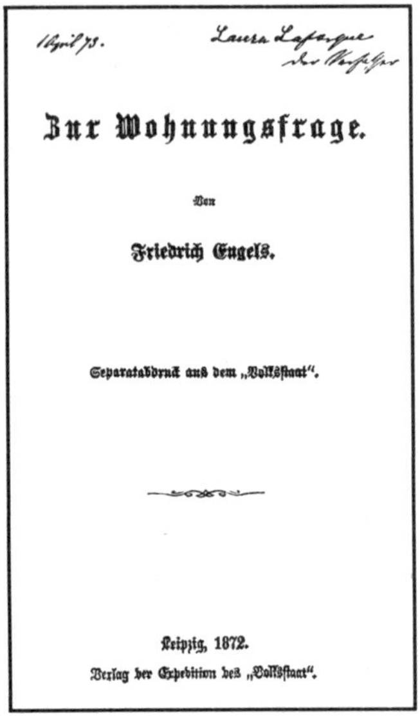

Zur Wohnungsfrage.

Von

Friedrich Engels.

Separatabdruck aus dem „Volksstaat".

Leipzig, 1872.

Verlag der Expedition des „Volksstaat".

Schrift von Friedrich Engels mit Widmung für Laura Lafargue, der Tochter von Karl Marx

Zu allen Bedrängnissen innerhalb der Arbeitsverhältnisse kam noch das Wohnungselend. Es nahm verzweiflungsvolle Formen an, als im Fieber der Gründerzeit Arbeiter zusätzlich vom Lande in die Industriezentren strömten und hier ein neues Auskommen suchten. In Berlin, wo die Bodenspekulanten den märkischen Sand in Goldgruben verwandelten, verfielen die Arbeiter, die keine Unterkunft mehr fanden oder die Wucherpreise nicht bezahlen konnten, auf den einzig möglichen, wenn auch ordnungswidrigen Ausweg. Sie zogen nämlich an den Stadtrand und zimmerten sich dort Baracken zusammen. Es war, so berichtete Dr. Engel, der Direktor des Preußischen Statistischen Büros, 1872 auf einem Kongreß des Vereins für Sozialpolitik, „eine bunte Reihe der jammervollen Hütten aus den wertlosesten Ausschußbrettern und Abbruchgegenständen zusammengenagelt, überall mit großen und kleinen Öffnungen, durch welche der kalte Wind den Regen peitschte und das Fundament dieser Hütten, den rohen Erdboden, in Brei und Schlamm verwandelt".[168]

Während Hunderte luxuriöser Wohnungen leerstanden, wütete in den Arbeitervierteln der Exekutor; Exmittierungen unter den nichtigsten Vorwänden sollten den Hausbesitzern Mieterhöhungen verschaffen. „Man behauptet", so führte Dr. Engel weiter aus,

Obdachlosenquartier
Hütten aus wertlosen Ausschußbrettern zusammengenagelt, mit Öffnungen, durch welche der kalte Wind den Regen peitschte, der den rohen Erdboden in Schlamm verwandelte (vgl. Bericht von Dr. Engel)

„daß mehr als 200000 Menschen durch die unbarmherzige Mietschraube zur Räumung ihrer bisherigen Wohnungen gezwungen gewesen seien. Nicht wenige Häuser erlitten in der Tat einen solchen Wechsel vom Keller bis zum Dache“.

Als in der Blumenstraße in Berlin eine Familie exmittiert wurde, brach sich schließlich der angestaute Volkszorn Bahn. Die Polizei war machtlos gegenüber 4000–5000 empörten Menschen, die einem besonders verhaßten Hausbesitzer die Fensterscheiben einwarfen. Als sich die Nachricht verbreitete, daß die Obdachlosenbaracken vor dem Frankfurter Tor niedergerissen worden seien, dehnte sich die Unruhe auf ein ganzes Stadtviertel aus: die Weber-, Frankfurter-, Blumen-, Krautstraße sowie die Strausbergstraße waren in hellem Aufruhr. Nur mit Mühe konnte die Polizei „Herr der Situation“ werden; im Februar 1873, nachdem weitere Barakkensiedlungen niedergerissen worden waren, wurden im gerichtlichen Nachspiel 37 Angeklagte zu insgesamt 47 Jahren Zuchthaus verurteilt.[169]

Angesichts der vielseitigen und brisanten Probleme dieses Überlebenskampfes konnten die lassalleanischen Funktionäre, wenn sie sich nicht isolieren wollten, auf die immer wieder verpönte Gewerkschaftsarbeit nicht verzichten, die die Marx-Anhänger schon

Exmittierung

lange als unerläßlich erkannt hatten. So brachten die Erfordernisse des Tages eine Annäherung zwischen den beiden Flügeln der Arbeiterbewegung zustande. Unfreiwillig trugen dazu sogar die Unternehmer bei, die auch rein wirtschaftliche Forderungen der Arbeiter als Anmaßung und Einmischung in ihre Geschäfte zurückwiesen. Was blieb ihnen anderes übrig, als gegen sie zusammenzuhalten, gewerkschaftlich und politisch.

Gegen diese Entwicklungen wehrten sich die Fabrikanten, die ihren „Herr-im-Hause-Standpunkt" bedroht sahen, mit einer Erbitterung, die vor nichts haltmachte, nicht einmal vor den liberalen Hirsch-Dunckerschen Gewerkschaften. Kurz und bündig erklärte ein Mann wie Alfred Krupp: „Forderungen müssen bei uns eine Unmöglichkeit sein."[170] Die patriarchalische Mentalität der Unternehmer, in der sich Brutalität mit Sentimentalität vermischte, drückte Krupp mit klassischer Klarheit aus: „Wir wollen nur treue Arbeiter haben, die dankbar im Herzen und in der Tat dafür sind, daß wir ihnen das Brot bieten, wir wollen sie mit aller Menschenliebe behandeln und für sie wie für ihre Familien sorgen, sie sollen das Maximum bei uns verdienen, was eine Industrie bieten kann, oder wir geben solche Industrie auf, bei der die Leute hungern müssen. Dagegen soll aber niemand wagen, gegen ein wohlwollendes Regiment sich zu erheben, und eher ist alles in die

Luft zu sprengen, alles zu opfern, als Arbeiterbegehr nachzugeben unter dem Druck von Streiks".[171]

Eher ist alles in die Luft zu sprengen? Wer so spricht, und sei es auch nur im momentanen Unmut, zeigt eine Sinnesart, die gesellschaftliche Beziehungen ungemein zu verschärfen imstande ist. Kein Wunder, daß damals der Ausdruck vom „Schlotbaron" aufkam. Andere Unternehmer, wie Gustav von Mevissen und Friedrich Hammacher, die sich nicht so draufgängerisch wie Krupp zeigten, waren dennoch im Geiste eines die Arbeiter bevormundenden Herrenstandpunktes befangen. Selbst die Erziehung der Arbeiter in Fortbildungsschulen zur „Sparsamkeit" und „Ordentlichkeit" war ein Teil jener Unternehmerpolitik, deren Rückgrat recht zweifelhafte Wohlfahrtseinrichtungen waren wie Pensions- und Fabrikkrankenkassen, Werkskonsumanstalten und Betriebswohnungen, dazu angetan, wie oft genug zugegeben wurde, die Arbeiter vom Unternehmer abhängig zu machen.[172]

Ähnlich wie die Industrieherren benahmen sich die Gutsherren, deren Wirtschaften nicht zuletzt durch Auflösung des alten Instverhältnisses und die gleichzeitige Herausbildung eines modernen Proletariertypus auf dem Lande endgültig zu agrarkapitalistischen Unternehmen wurden.[173] Als in den Jahren der Hochkonjunktur nach 1870 eine Massenabwanderung von Landarbeitern aus den östlichen Provinzen in die industriellen Bezirke einsetzte, da wußten die Grundbesitzer und ihre konservativen Interpellanten im Reichstag dieser elementaren Erscheinung nicht anders zu begegnen als durch Androhung von Strafen in einer Kontraktbruchvorlage.[174] Das empörte selbst konservative Ideologen wie Rudolf Meyer derart, daß er die Antragsteller als „staatsgefährliche Menschen" brandmarkte.[175]

Es war Bismarck, der die Kontraktbruchvorlage ausarbeiten ließ.[176] Von dieser Zeit an, also etwa seit der Wirtschaftskrise von 1873, wurde er ein hartnäckiger Gegner von Arbeiterschutzmaßnahmen und blieb es. Statt dessen trat er, wie bald der Saarindustrielle Stumm und unter seinem Einfluß der Zentralverband Deutscher Industrieller, für die Alters- und Invalidenversicherung ein.[177] Doch politisch immer noch an die Liberalen gebunden, mußte Bismarck auch auf diesem Gebiet gesetzgeberische Zurückhaltung üben. So erschien ihm vorerst die Repression als das einzige Mittel, um der selbständigen Arbeiterbewegung Herr werden zu können.[178]

Hatten sich die Unternehmer und die Regierenden mit den Forderungen der Arbeiter in der Praxis auseinanderzusetzen, so mußten das die Ideologen in der sozialpolitischen Theorie tun. Nachdem die nationale Frage vornehmlich im Sinne des Großbürgertums gelöst war, rückte – nicht zuletzt durch die ökonomisch-soziale Wirkung der Reichsgründung – die soziale Frage in den Vordergrund. In dieser Zeit trat Sybel für sozialpolitische Maßnahmen zugunsten der Arbeiter ein; auch Treitschke war damals noch reformfreundlich eingestellt.[179]

Die beiden führenden Köpfe der kleindeutschen Schule hatten kollegiale Beziehungen zum Kreis der jüngeren historischen Schule der Nationalökonomie und damit auch zum 1872 gegründeten „Verein für Sozialpolitik", deren maßgebende Vertreter Gustav Schmoller (1838–1917), Adolf Wagner (1835–1917) und Lujo Brentano (1844–1931) waren.

Adolf Wagner, eher konservativ, trat vornehmlich für staatliche Gesetzgebung im Sinne der Alters- und Krankenversicherung und für eine Überwachung der freien Konkurrenz ein, während Lujo Brentano gerade für die freie Konkurrenz plädierte, zugleich aber für die Freiheit der Gewerkschaftsbewegung, also auch für das Streikrecht, das immerhin seit der Gewerbeordnung von 1868 existierte, wobei allerdings – bezeichnend genug – Landarbeiter, Gesinde, Schiffsleute und Eisenbahner ausgenommen waren. Gustav Schmoller nahm eine Mittelstellung zwischen Adolf Wagner und Lujo Brentano ein, die in seinem berühmt gewordenen Aufsatz „Die soziale Lage und der preußische Staat", veröffentlicht 1874 in den „Preußischen Jahrbüchern", zum Ausdruck kam.

Schmoller glaubte, die kapitalistische Gesellschaftsordnung könne den „sozialen Gefahren" nur dadurch begegnen, „daß das Königliche Beamtentum, daß diese berufensten Vertreter des Staatsgedankens, diese einzig neutralen Elemente im sozialen Klassenkampf, versöhnt mit dem Gedanken des liberalen Staates, ergänzt durch die besten Elemente des Parlamentarismus, entschlossen und sicher die Initiative zu einer großen sozialen Reformgesetzgebung ergreifen".[180]

Mit diesen Worten wurde der Charakter des preußisch-deutschen Staates, den Karl Marx als parlamentarisch verbrämten, bürokratisch gezimmerten und polizeilich gehüteten Militärdespotismus umriß, apologetisch umgedeutet. Ganz aufrichtig war Schmoller freilich nicht, wenn er die königlichen Beamten als die „einzig neutralen Elemente im sozialen Klassenkampf" bezeich-

nete. Denn er hatte immerhin einige Jahre vorher, am 23. Mai 1871, offenbar unter unmittelbarem Eindruck der Pariser Kommune, an Friedrich Hammacher geschrieben: „Kein Staat in der Welt ist davon frei, daß er der einen oder anderen Klasse dient. Immer gelangen wirtschaftliche Klasseninteressen in der Gesetzgebung da oder dort zum Ausdruck. Und ich glaube, es sind im heutigen Staate nur zu oft die Interessen der Besitzenden, die die Gesetze schreiben."[181] Seitdem aber ließ sich Schmoller von der Vorstellung beherrschen, es wären die Hohenzollern, die nach der Erfüllung der nationalen Mission die soziale übernähmen.

In welcher Weise eine solche Mission auch zu erfüllen gewesen wäre, auf jeden Fall hätte sie die Verpflichtung einbeziehen müssen, Konzessionen an die in der unmittelbaren Gegenwart von den Arbeitern erhobenen Tagesforderungen zu machen. Aber dazu war die Mehrzahl der Unternehmer mitten in der Wirtschaftskrise nicht bereit. Auch glaubten sie wohl, sie müßten den seit den Januarwahlen zum Reichstag sich deutlich zeigenden Anfängen einer – gesamtdeutschen – Arbeiterbewegung kräftig wehren.

Damit trat der Bismarckianer Treitschke, der für die „Kathedersozialisten" anfänglich Sympathien gehegt hatte, mit der ihm eigenen Vehemenz in die publizistische Arena. Sein im Juli 1874 erschienener, von der offiziösen und liberalen Presse zustimmend aufgenommener Aufsatz mit dem demagogischen Titel: „Der Sozialismus und seine Gönner" war voll banaler und schäbiger Haßtiraden gegen die deutsche Sozialdemokratie und rief zur „notwendigen Strenge" gegen die Arbeiter auf.[182] Den Kathedersozialisten unterstellte Treitschke, sie würden „nur als bequeme Flankendeckung für die Bestrebungen der Sozialisten dienen". Gerade damit aber unterstützte er in der nun beginnenden „Ära Tessendorff" die verschärfte Verfolgung aller politischen und gewerkschaftlichen Richtungen der Arbeiterbewegung.[183]

Der aus Magdeburg stammende Staatsanwalt Tessendorff hatte schon seit 1871 in scharfmacherischer Weise gedrängt, wohingegen der Berliner Polizeipräsident v. Madai ursprünglich noch für ein mildes Vorgehen gegen den ADAV eingetreten war, weil dieser, „fest an den Lehren Lassalles hängend, deshalb nicht jedes vernünftigen Gedanken bar ... im allgemeinen der minder gefährliche Teil der Partei" sei.[184] Nach dem Wahlsieg der beiden Arbeiterparteien im Januar 1874 drang jedoch Tessendorff mit seiner harten Politik durch.

Die politisch bewußten und aktiven Arbeiter waren in der „Ära

Tessendorff" Überwachungs- und Unterdrückungsmaßnahmen ausgesetzt, und Bismarck billigte dies. Der starr zentralistisch organisierte Allgemeine Deutsche Arbeiterverein war davon sogar stärker betroffen als die elastischere Organisation der Partei Bebels und Liebknechts, die der Eigeninitiative mehr Spielraum gab. Der Ausschließlichkeitsanspruch der Lassalleaner war nach den Reichstagswahlen von 1874 nicht mehr zu halten, denn die Gesamtzahl der für jede der beiden Arbeiterparteien abgegebenen Stimmen differierte nur noch gering. Rund 171 000 Wähler stimmten für die Kandidaten der SDAP, etwa 180 000 für die des ADAV. Das waren mit 351 000 Stimmen etwa 6,8 Prozent der gültig abgegebenen Votierungen.

Nur verständlich, daß dies und die gemeinsame Verfolgung den Willen der Parteimitglieder zum politischen wie gewerkschaftlichen Zusammenschluß stärkte. Nachdem im Dezember 1874 im „Volksstaat" der Marx-Anhänger und im lassalleanischen „Neuen Social-Demokrat" gleichlautende Erklärungen über die Vereinigungsbestrebungen erschienen waren, entstand in den Lokalorganisationen beider Parteien eine Bewegung, in der der gefühlsmäßige Drang alles überwog. Da wurde es schwer, einen Meinungsstreit über programmatische Grundsätze zu führen. Das Gefühl der Einheit schlechthin siegte über das theoretische Denken. Zahlreiche Versammlungen, die diese Einheit in bisweilen feierlichen Erklärungen verlangten, begannen in Hamburg-Altona und Berlin und setzten sich in vielen anderen Städten Mittel- und Süddeutschlands fort. Die belesenen Arbeiter in beiden Parteien waren stolz auf Männer wie Marx und Lassalle, auf den Verfasser des grundgelehrten „Kapitals" und führenden Denker der Internationale, aber auch auf den preußisch-deutschen Volkstribunen, dessen Reden und Schriften die Herzen entflammten und intellektuell beeindruckten. Marx und Lassalle – beide zusammen wurden akzeptiert; aber auf ein Entweder-Oder wollte sich die Mehrheit nicht einlassen.

Vor die Alternative gestellt, entweder die lassalleanischen Programmpunkte weitgehend zu akzeptieren oder die Einigung scheitern zu lassen, wählte auch die marxistische Richtung den realpolitischen Weg. So wurde im März 1875 ein mit lassalleanischen Formulierungen reichlich versehener Programmentwurf veröffentlicht, der Bebel, der noch in Haft saß, „wie aus allen Wolken" fallen ließ.[185] Engels schimpfte wieder einmal über Liebknecht, der die Londoner zu spät von allem unterrichtet hätte.[186]

Die Serie ihrer kritischen Briefe schloß Marx mit den berühmt gewordenen „Randglossen zum Programm der deutschen Arbeiterpartei“, die er Anfang Mai 1875 an die Führer der Sozialdemokratischen Arbeiterpartei sandte. In ihnen zerpflückte er zunächst kritisch die logischen Unzulänglichkeiten und Widersprüche des Textes und zeigte dann die großen geschichtlichen Perspektiven auf: die sozialistische Revolution, den Übergang vom Kapitalismus zum Sozialismus, Fragen der Produktion und Neuverteilung des gesellschaftlichen Gesamtproduktes, das Verhältnis von Patriotismus und Internationalismus. Damit wurde diese Kritik des Gothaer Programms wie das Kommunistische Manifest und die Inauguraladresse der I. Internationale zu den bedeutendsten Parteidokumenten des Marxismus.

Da eine Änderung des Programmentwurfs ohnehin nicht mehr möglich war, mußte man auf eine kritische Auseinandersetzung in der Öffentlichkeit zunächst verzichten. Friedrich Engels meinte dazu: „Solange unsere Gegner und ebenso die Arbeiter diesem Programm unsere Ansichten unterschieben, ist es uns erlaubt, darüber zu schweigen“.[187] Erst 1891 erfolgte die Publikation der „Randglossen“.

Eine Reihe demokratischer und sozialpolitischer Forderungen des in Gotha angenommenen Kompromißprogramms waren immerhin geeignet, die Massen gegen den Bismarckschen Staat und die in ihm Herrschenden zu mobilisieren; gefordert wurden vor allem das allgemeine, gleiche, geheime und direkte Wahl- und Stimmrecht auch in den Ländern und Gemeinden des Deutschen Reiches, ferner die Volkswehr anstelle des stehenden Heeres, die politische Gleichberechtigung der Frau und schließlich die von Bismarck und den Unternehmern energisch abgelehnten Arbeiterschutzgesetze.

Wenn auch in der Programmfrage ins Hintertreffen geraten, konnten sich die „Eisenacher“ doch bei wichtigen Organisationsprinzipien durchsetzen und den bürokratischen Zentralismus der Lassalleaner mit seiner Präsidialdiktatur, seinem Personenkult und seiner Gängelung der Mitglieder zugunsten eines wirklich demokratischen Zentralismus überwinden, was der Elastizität der Partei sehr zustatten kam. Auch in der Gewerkschaftsfrage war man vorangekommen. Die Notwendigkeit des organisierten Kampfes unter den noch bestehenden gesellschaftlichen Verhältnissen hatte die starre Hauptthese des Lassalleschen „ehernen Lohngesetzes“ überholt.

Gedenkblatt zum Vereinigungsparteitag 1875, hing eingerahmt jahrzehntelang in vielen Vereinslokalen der Sozialdemokratie

Am 26. Mai 1875 wurde die Sozialistische Arbeiterpartei Deutschlands für konstituiert erklärt, die jedoch mit der Kurzform als „Deutsche Sozialdemokratie“ in die Geschichte einging.

Otto v. Bismarck war zu dieser Zeit persönlich wie auch politisch in einer so prekären Lage, daß er das Geschehen in Gotha kaum wahrnahm. Es schien für ihn zu den „kleinen Sachen“ zu gehören, die er anderen, Innenministern, Staatsanwälten und Polizeipräsidenten, überließ. Zu den „großen Sachen“[188] gehörten die eben überstandene außenpolitische Krise, aber auch die Auswirkung der ökonomischen Krise im Innern, die bei ihm erste Zweifel aufkommen ließ, ob die liberale Wirtschaftspolitik noch fortgesetzt werden sollte.

So befangen und gefangen in vielfachen Entscheidungssituationen, schien er den Zusammenschluß der beiden Flügel der Arbeiterbewegung in seiner geschichtsträchtigen Bedeutsamkeit und Langzeitwirkung nicht zu erkennen. Auf jeden Fall aber verlor Otto v. Bismarck eine mögliche Stütze, auf die er im lassalleanischen Allgemeinen Deutschen Arbeiterverein des öfteren spekuliert hatte. Es war ihm von nun an auch unmöglich, die beiden sozialistischen Fraktionen gegen die Liberalen auszuspielen. Statt dessen traten ihm erstarkende gewerkschaftliche und politische Organisationen entgegen.

Es dauerte nicht lange, bis die Bürokratie mit härteren Maßnahmen und mit neuen Gesetzesvorlagen reagierte. So verlangte der preußische Innenminister v. Eulenburg vom Reichstag eine solche Verschärfung des Strafgesetzparagraphen 130, daß mit Gefängnis bestraft werden konnte, wer „in einer den öffentlichen Frieden gefährdenden Weise verschiedene Klassen der Bevölkerung gegeneinander öffentlich aufreizt, oder wer in gleicher Weise die Institute der Ehe, der Familie oder des Eigentums öffentlich durch Rede oder Schrift angreift".[189] Gefährdung des öffentlichen Friedens und des Eigentums, Aufreizung zum Klassenhaß – das waren Stichworte, die jedem Gendarmen, Untersuchungs- und Strafrichter das Einschreiten ermöglichen konnten. Der ministerielle Vorschlag war jedoch so formuliert, daß der Reichstag nicht mitmachen konnte; die Liberalen fürchteten nämlich eine Willkürherrschaft, die auch sie treffen könnte, erst recht opponierten die im „Kulturkampf" stehenden Klerikalen. Die Konservativen wiederum wollten eine gesetzliche Zuchtrute, die zuverlässiger und kräftiger gehandhabt werden konnte.

Die ablehnende Haltung des Reichstages beantwortete der Innenminister am 27. Januar 1876 mit der Drohung, „daß wir vor der Hand nicht anders können, als uns mit dem schwachen Gesetzesparagraphen so lange zu behelfen, bis die Flinte schießt und der Säbel haut".[190] Das war auch eine Erinnerung an den Militäreinsatz vom 18. März 1848 in Berlin und an die Blutwoche vom Ende Mai 1871 in Paris. Die Sozialdemokratie war nun gewarnt und schlug eine so elastische Taktik ein, daß eine politische Offensive möglich blieb, ohne dem Gegner Anlaß zu geben, Flinte und Säbel zu gebrauchen.

Knapp zwei Wochen nach dem Auftreten des Innenministers sprach der Kanzler im Reichstag über den angeblichen Mißbrauch der Presse. Das Interesse der Historiker konzentrierte sich bislang nur auf seine Attacke gegen die Hochkonservativen um die

Kreuzzeitung, nicht aber auf die gegen die Sozialdemokratie. Mitten in der Wirtschaftskrise, als Schuldige gesucht werden mußten, machte Bismarck die „sozialistisch-demokratischen Umtriebe" dafür verantwortlich, sie hätten „wesentlich mit dazu beigetragen, den geschäftlichen Druck, unter dem wir uns befinden, zu schaffen"; daher warf er den Führern der Sozialisten vor, „an der Not, in der sich der Arbeiterstand heutzutage befindet, wesentlich mit schuldig" zu sein.[191]

Natürlich fehlten in Bismarcks Ausführungen nicht das Gerede vom „utopistischen Unsinn, daß irgend jemand die gebratenen Tauben in den Mund fliegen", auch nicht die Empörung, „daß die Mörder und Mordbrenner der Pariser Kommune hier eine öffentliche Lobeserhebung vor dem Reichstag erhalten haben",[192] womit vor allem August Bebel gemeint war.

Historisch und moralisch besonders bemerkenswert an dem, was hier gesagt wurde, ist die ebenso hochmütige wie aggressive Ignoranz. Man kann Bismarck nur insofern mildernde Umstände zubilligen, als sich ein Historiker wie Heinrich Treitschke in Sachen Sozialismus keineswegs besser unterrichtet zeigte. Immerhin hatte diesem sein jüngerer Kollege Gustav Schmoller schon 1874 geschrieben: „Ihr Protest, daß Sie der sozialistischen Literatur nichts danken, mag persönlich absolut begründet sein; sachlich begründet ist er damit für mich nicht."[193] Schmoller verwies dabei auf Lassalles „System der erworbenen Rechte" und auf Marxens „Kapital", das „entschieden zu den größten Leistungen der wissenschaftlichen Nationalökonomie trotz aller gehässigen Tendenz gehört" – ein Urteil, das Marxens analytische Kraft anerkannte und die Zeitgenossen auf jeden Fall mehr befähigte, die Dynamik der Wirtschaftskrise zu erklären, als Otto v. Bismarcks sachunkundige Angriffe.

V. Kriegswolken aus dem Orient. Spannungen im Innern

Der aufständische Balkan und die drei Kaisermächte

Immer noch währten die ökonomische Krise und der Kirchenkampf inmitten politischer Neuformierung von Parteien und Verbänden, aber auch kultureller Zerrissenheit – das war die Lage, als wenige Wochen nach dem publizistischen und diplomatischen Theaterdonner vom April und Mai 1875 jene Orientkrise begann, in deren weiterem Verlauf nun wirkliche Kriege deutlich in Sicht kamen.

Auf die Dauer konnten die slawischen Nationalitäten auf dem Balkan das Joch der halbbankrotten und darum erpresserischen Türkei nicht widerstandslos ertragen. Die Würdenträger und Grundherren des Osmanenreiches waren von jeher gewohnt, von den Bauern hohe Steuern und Abgaben einzutreiben, also von der Arbeit der unterworfenen christlichen Völker zu leben. Als dann der türkische Staat nach dem Krimkrieg und dem Pariser Frieden von 1856 seine Streitkräfte modern bewaffnete und damit in Schulden und Zinszahlung schier versank, zogen die Steuerpächter die Schraube noch mehr an, die noch unerträglicher wurde durch den Wortbruch des Sultans und seiner Paschas, die die zugesicherten Reformen nicht einführten, weil sie es einfach nicht konnten. Abtragung des Schuldenberges und Steuererleichterungen für die Untertanen waren eben nicht miteinander zu vereinbaren.

In den verarmten, ausgesogenen und jeglicher Willkür unterworfenen Landstrichen des Balkans bedurfte es nur noch geringer Anlässe, um den dumpfen Groll zu hellem Aufruhr zu entfachen. Da waren die Mißernte des Jahres 1874 in dem öden Karstlande der noch türkischen Herzegowina und Ende Oktober das Massaker an Montenegrinern in Podgorica – Stoff genug für die panslawistischen Agitatoren. Andererseits erweckte Kaiser Franz Joseph während eines Dalmatienbesuches im März 1875 recht trügerische Hoffnungen. Damals hatte der Kaiser in einem Trinkspruch den Geburtstag „seines Freundes“, des Zaren, gefeiert. Tagelang hatte man illuminiert und Deputationen an der Grenze zwischen dem österreichischen Küstenstreifen Dalmatiens und dem türkisch beherrschten Hinterland ausgetauscht. Das alles hatte das Gerücht genährt, der Sultan könnte mit Einverständnis des Zaren die Herzegowina an Österreich gegen Übernahme eines Teiles der türkischen Staatsschuld abtreten. Verzweiflung und Hoffnung bewirkten gemeinsam, daß sich die Herzegowiner im Juli zum Aufstand gegen die türkischen Statthalter und mohammedanischen Grundherren hinreißen ließen. Das benachbarte Bosnien folgte bald nach.

Der deutsche Botschafter in Wien, General v. Schweinitz, klagte „über die verflixte Situation, in welche Österreich hineingerannt ist“.[1] Und in der Tat, die Sympathiewerbungen von Dalmatien aus sollten die Herzegowiner und Bosnier geneigt machen, auf friedlich-diplomatischem Wege Untertanen des Habsburgerreiches zu werden, also keineswegs, wie es dann geschah, zum Aufstand reizen. Eine nationalrevolutionäre Erhebung brachte nicht nur zukünftige Gefahren für die Habsburgermonarchie, sondern auch eine unmittelbare Plage: Schließlich mußten viele nach Dalmatien oder Kroatien zur Flucht gezwungene Aufständische – es waren zusammen mit ihren Angehörigen etwa 100000 Menschen – auf österreichische Kosten verpflegt werden. Überdies schickten österreichisch-ungarische Südslawen den Aufständischen bereitwillig Geld, Waffen und Freiwillige.[2]

Diese Solidarität über die Grenzen hinweg förderte auch den Gedanken, früher oder später könnten sich die Südslawen, gleich ob sie unter österreichisch-ungarischer oder türkischer Herrschaft wären, in selbständigen Staaten oder gar in einer großen Föderation vereinen. Darin lag Sprengkraft für den österreichisch-ungarischen Nationalitätenstaat mit seinen Magnaten, die ihren Reichtum gleichfalls auf Kosten südslawischer Bauern erwarben, wenn auch im Vergleich zu den türkischen Paschas in zivilisierteren Formen.

Um die Aufstandsgebiete zu beruhigen, arbeitete der österreichisch-ungarische Außenminister Andrássy ein Programm der Reformen für die Herzegowina und Bosnien aus, das von den europäischen Mächten in einer gemeinsamen Note der „Pforte“, dem Außenministerium in Konstantinopel, überreicht werden sollte. Die russische Regierung stimmte der Demarche Andrássys zwar zu, verfolgte aber damit andere Ziele. Während Wien mit den Reformen die Voraussetzung für eine spätere Annexion Bosniens und der Herzegowina an Österreich-Ungarn schaffen wollte, hatten zaristische Politiker erste Schritte hin zu einer künftigen Autonomie der beiden Provinzen im Auge – Schritte, die weiterführen sollten zu einer politischen Neuordnung des gesamten Balkans unter – versteht sich – direktem oder indirektem Protektorat Rußlands.[3]

Nach Ausbruch der Orientkrise war Bismarck besorgt wegen der „Erhaltung des auf freier Entschließung beruhenden Drei-Kaiser-Bündnisses";[4] es war ihm aber auch an der Eindämmung der nationalrevolutionären, auf die Bildung kleiner Nationalstaaten gerichteten Bewegung auf dem Balkan gelegen. Dabei mußte das preußisch-deutsche Desinteresse am Orient immer wieder betont werden; seinen Diplomaten schärfte Bismarck deswegen ein, „daß wir mit Wien und Petersburg gehen, soweit beide Kabinette einig sind".[5] Von Berlin aus sei „keine Initiative ratsam, auch nicht die der Kritik unserer beiden Bundesgenossen, so lange die Situation nicht eine ernstere Färbung annimmt".[6] Was hier als möglich angedeutet wurde, nämlich eine Verschärfung der Orientkrise, wurde bald Wirklichkeit und machte eine absolute Zurückhaltung auf deutscher Seite unmöglich.

Unparteilichkeit war ohnehin schwer, zumal Bismarck gerade zu Beginn der Balkanwirren noch stark unter dem Eindruck der diplomatischen Vorgänge vom Mai 1875 stand. Was bei ihm als Erfahrung zurückblieb, war ein verstärktes Mißtrauen gegenüber Gortschakow. Im weiteren Verlauf der Orientkrise wehrte er sich gegen dessen Versuch, wie er meinte, „das politische Gewicht Deutschlands für unausgesprochene russische Zwecke zu gewinnen und uns zu bewegen, einen Wechsel in blanko zu zeichnen, den Rußland ausfüllen und Oesterreich wie England gegenüber verwerten oder doch benutzen will".[7] Gortschakow sei bestrebt, „Europa als eine einheitliche Macht, als eine Art Bundesstaat hinzustellen, dessen Interessen Rußland opferwillig zu vertreten bereit sei, so daß es danach in unserem Interesse als Europäer läge, die übrigen Europäer zu bewegen, daß sie nicht nur an Rußlands Uneigennützigkeit glauben, sondern sich auch entschließen, die russischen Pläne durch ein europäisches Kommissorium zu decken".[8]

Bismarck, der die verlogene Sprachregelung der Diplomatie sehr wohl kannte, diktierte damals den oft zitierten Satz: „Ich habe das Wort ‚Europa' immer im Munde derjenigen Politiker gefunden, die von anderen Mächten etwas verlangen, was sie im eigenen Namen nicht zu fordern wagten."[9]

Es entsprach Bismarcks Bemühen um die Erhaltung des Dreikaiserabkommens und der Logik seiner Neutralitätspolitik, wenn er für einen möglichst allseitig zu akzeptierenden Kompromiß eintrat, in der Art, „daß eine oder mehrere der interessierten Mächte den andern Konzessionen macht, indem sie entweder ihre Ansprüche oder ihr gegenseitiges Mißtrauen herabmindern".[10] In diesem Bemühen sollten die immer mehr in die Orientkrise verstrickten Großmächte auf die scheinheilige Fiktion von dem „solidarisch beleidigten und verpflichteten Europa" verzichten,[11] vielmehr ihre besonderen Interessen und Absichten offen darlegen.

Im allgemeinen reagierte Bismarck mit Sarkasmus, wenn die Vertreter der Großmächte deren Absichten schweigend übergingen oder mit durchsichtigen Phrasen verhüllten. Daß die österreichisch-ungarische Diplomatie ihr Verlangen nach der Okkupation von Bosnien und der Herzegowina nicht offen aussprach, nahm er geradezu übel. Als der russische Botschafter in Berlin noch Monate nach Ausbruch des russisch-türkischen Krieges erklärte, sein Land „verlange für sich nichts, Eroberungen in Asien beabsichtige man schwerlich", und es gehe Zar Alexander II. neben der allenfalls beanspruchten Rückgabe Südbessarabiens vor allem um das „Los der Christen", schrieb Bismarck an den Rand der Aufzeichnung des Staatssekretärs Bülow: „Wozu die Heuchelei im vertraulichen Verkehr?"[12]

Neutralität bedeutete für Bismarck keineswegs Passivität, zudem noch in einer sich ständig zuspitzenden Situation. Das geheimnisvolle Schweigen Englands, das am Orient wahrhaftig interessiert sein mußte, wollte er durchbrechen. Darum veranlaßte er ein Gespräch mit Odo Russel, das am 3. Januar 1876 über eine mögliche „Lösung der Komplikation"[13] stattfand. Als Bismarck erwog, ob denn Österreich die aufständischen Provinzen Bosnien und Herzegowina nicht okkupieren oder gar annektieren sollte, bezeichnete Russel eine solche Verfahrensweise „als die England vielleicht am wenigsten unerwünschte". Ermutigt durch diese Antwort, fühlte Bismarck auch wegen sogenannter Kompensationen zugunsten Rußlands vor. Bosnien könnte an Österreich-Ungarn fallen, Bessarabien an Rußland und Ägypten an England – das waren die Vorstellungen des deutschen Reichskanzlers.

Kein Wunder, daß Gortschakow über Bismarck als den „großen Versucher auf dem Berge" spöttelte.[14] Und der österreichische Botschafter gab sicherlich die Stimmung in Petersburg wider, als er von dort schrieb, daß der deutsche Reichskanzler „es einmal aus alter Gewohnheit nicht lassen“ könne, „von Zeit zu Zeit die Karte von Europa wenigstens auf dem Papier umzugestalten, nachdem es ihm schon wiederholt auch in der Wirklichkeit gelungen ist“. Mit gutem Grund mag man Bismarck des zynischen Länderschachers beschuldigen, der dem allgemeinen Streben nach nationaler Staatsbildung und Unabhängigkeit widersprach, doch oft sprach er nur aus, was andere insgeheim dachten und planten.

Mitte Mai 1876 trafen sich auf Vorschlag Rußlands die Vertreter der drei Kaisermächte in Berlin, genau ein Jahr nach dem diplomatischen Theatercoup Gortschakows, der damals den Frieden gerettet haben wollte. Dieses Mal kam der russische Kanzler in die deutsche Hauptstadt mit dem entschiedenen Verlangen nach Autonomie für die slawischen Balkangebiete, was den Interessen Österreich-Ungarns strikt widersprach. Merkwürdig, Gortschakow hatte nicht vorausgesehen,[15] daß Bismarck nicht gewillt war, ihn zu unterstützen. Einmal deckte sich dessen prinzipielles Widerstreben gegen die Autonomie oder gar Nationalstaatlichkeit der Balkanvölker mit den Interessen der Habsburgermonarchie; zum anderen begann Bismarck seit seinen Erfahrungen mit der russischen Diplomatie in der ersten Hälfte des vergangenen Jahres, Österreich-Ungarn innerhalb des Dreikaiserverhältnisses zu bevorzugen, wo immer es anging. Im Berliner Dreiergespräch 1876 zog er sich auf die Ausflucht zurück, „man könne sich innerhalb der drei Mächte nicht majorisieren. Man möge daher Deutschland nicht in die Verlegenheit bringen, sich zwischen den beiden entscheiden zu müssen.“[16] Tatsächlich aber war es der russische Kanzler, der indirekt majorisiert wurde; indem sich nämlich Bismarck im diplomatischen Spiel scheinbar zurückzog, konnte Andrássy mit Gortschakow leicht fertig werden. Was herauskam, war das Berliner Memorandum vom 13. Mai 1876, das im wesentlichen der Reformnote Andrássys entsprach.

Eigentlich leistete das Dreiergespräch in Berlin nur Vorarbeit für das, was sich sieben Wochen später auf dem böhmischen Schloß Reichstadt abspielen sollte. Dort trafen sich am 3. Juli 1876 der österreichische und der russische Monarch, jeweils von ihren Außenministern begleitet. Das war zu einer Zeit, als auch noch in Bulgarien die Aufstandsbewegung in vollen Gang gekommen war und wenige Tage vorher Serbien und Montenegro der Türkei den Krieg erklärt hatten. Selbst wenn die hohen Herrschaften nach außen hin das Prinzip der Nichtintervention aufrechterhielten, so waren sie doch gezwungen, sich für den Fall des Zusammenbruchs der türkischen Herrschaft auf dem Balkan über die Neuordnung der dortigen Machtverhältnisse zu verständigen. Den Balkanvölkern die Gestaltung ihrer Geschicke selbst zu überlassen, war keine der Großmächte gewillt – am wenigsten die am Balkangeschehen unmittelbar interessierten Mächte wie Österreich-Ungarn und Rußland.

Eine förmliche Konvention kam zwar in Reichstadt nicht zustande; aber die Absprachen legten, trotz aller Widersprüchlichkeiten der nachträglichen Protokollniederschriften beider Seiten, hinsichtlich der territorialen und imperialen Aspirationen des Habsburger- und des Zarenreiches endlich einiges offen. Man sah vor, daß Österreich-Ungarn den größten Teil von Bosnien und der Herzegowina annektieren dürfe, während einige Grenzdistrikte an Serbien und Montenegro angeschlossen werden sollten. Für Rußland war die Wiederherstellung der Grenzen von 1854 vorgesehen; ihm sollte also das südliche Bessarabien zufallen, und darüber hinaus wollte man ihm die Möglichkeit geben, sich auch in Richtung der asiatischen Türkei auszudehnen. Dem südlichen Teil Bulgariens war Autonomie zugestanden und für Konstantinopel der Status einer Freien Stadt in Aussicht gestellt.

Schon in ihrer äußeren Form trugen die Abmachungen in Reichstadt den Stempel des Vorläufigen; bald wurden sie auch durch die Dynamik des Geschehens in Frage gestellt. In mancher Hinsicht führten die Serben gegen die Türken einen kaum verhüllten Stellvertreterkrieg; immerhin zählte zu den russischen Freiwilligen der General Tschernjajew, der zum Oberbefehlshaber der serbischen Armee ernannt wurde. Trotz dieser Hilfe blieb das militärische Übergewicht der Türkei erhalten, so daß nach einigen Wochen der serbische Fürst Milan die Großmächte um Vermittlung eines Waffenstillstandes ersuchen mußte. In Rußland selbst forderten die Panslawisten, die echtes Mitgefühl aller Schichten des russischen Volkes mit den um ihre Befreiung kämpfenden Balkanvölkern ausnutzten, immer eindringlicher ein entschiedenes und offenes Eingreifen der zaristischen Vormacht. In einer drangvollen Situation, da Rußland den großen Krieg gegen die Türkei ernsthaft in Erwägung zog, fühlte es sich gerade wegen der Absprache in Reichstadt gehemmt und eingeschränkt durch die zweite Macht im Dreikaiserbund, Österreich-Ungarn.

Als im August 1876 der bisher in Wien amtierende deutsche Botschafter, General v. Schweinitz, nach Petersburg versetzt wurde, hielt ihm Gortschakow vor, die deutsche Stellung verpflichte zu mehr als zu der stereotypen Erklärung, „das unterstützen zu wollen, worüber Rußland und Oesterreich einig seien“.[17] Auf den Vorschlag Gortschakows, das Deutsche Reich möge die Initiative für die Einberufung einer Orient-Konferenz der sechs europäischen Großmächte ergreifen, ließ sich jedoch Bismarck nicht ein. Keineswegs überzeugt vom Erfolg eines solchen Kongresses, fürchtete er vielmehr, daß durch ihn das Dreikaiserverhältnis weiteren Schaden erleiden und sich antideutsche Gruppierungen herausbilden könnten. Natürlich dachte er erneut, wie ein Jahr zuvor, an Frankreich, das „als Werber um die Intimität Rußlands“ dessen „Ansprüche und Gortschakows persönliches Auftreten steigern“ würde.[18] Er wollte nicht, daß durch einen großen Kongreß das in Bewegung gebracht würde, was er im Frühjahr 1875 durch publizistischen Aktionismus zu verhindern getrachtet hatte, nämlich eine Neugruppierung der europäischen Koalition, in die Frankreich zum Schaden Deutschlands mit Hilfe Gortschakows einbezogen wäre.

Aus Rücksicht auf den Zaren Alexander II. wollte Bismarck die Ablehnung des Gortschakowschen Konferenzvorschlages allerdings sehr vorsichtig, in der Pose der Bescheidenheit, formuliert wissen; die Deutschen, so wollte er im diplomatischen Gespräch vorbringen lassen, seien nicht berufen, nun plötzlich aus ihrer „bisherigen Zurückhaltung zur Rolle der Führung Europas überzugehen“.[19]

Um der Verstimmung Petersburgs über seinen „Indifferentismus“ in Sachen Orient zu begegnen, schickte Bismarck den Generalfeldmarschall Edwin v. Manteuffel mit einem Handschreiben Kaiser Wilhelms I. nach Warschau zur Begrüßung des dort aus Anlaß eines Militärmanövers weilenden Zaren Alexander II. Wie üblich, war das von Bismarck entworfene Schreiben des kaiserlichen Onkels in Berlin an den Zaren-Neffen in der Form familiär, im Inhalt ein „Achtungsbeweis von europäischer Bedeutung“,[20] wie sein Autor kommentierte. Der Kernsatz lautete: „Die Erinnerung an Ihre Haltung mir und meinem Lande gegenüber von 1864 bis 1870/71 wird, was auch kommen mag, meine Politik Rußland gegenüber leiten“.[21]

„Was auch kommen mag“ – mit dieser Formulierung im Zusammenhang mit den erwähnten Kriegsjahren verwies Berlin den russischen Aktivismus in die ihm genehmen Bahnen, nämlich auf eine kriegerische Auseinandersetzung mit der Türkei, ohne daß es sich zu mehr als zu wohlwollender Neutralität zu verpflichten brauchte. In militärischer Hinsicht äußerte sich Manteuffel in Warschau sehr direkt. Krieg gegen die Türkei sei sein persönlicher Wunsch, so erklärte er Gortschakow, setzte jedoch hinzu, daß Deutschland ihn nicht führen könne, ohne daß seine eigenen Interessen es geböten; „Krieg habe ja auch Rußland 64, 66 und 70 nicht für uns geführt".[22] Manteuffels Ausführungen waren insofern von Wert für die politische Führung Rußlands, als sie nun wußte, daß sie zu gegebener Zeit in einem kriegerischen Alleingang gegen die Türkei wenigstens moralisch-politisch von Deutschland unterstützt würde.

Doch der deutsche Sonderbotschafter lenkte mit allgemeinen Versicherungen und Erörterungen vom unmittelbaren Anliegen Gortschakows ab; Petersburg erwartete schließlich von Deutschland politischen Druck auf Österreich, das bei allem Interesse am Balkan und am Orient keine solchen territorialen Vorbedingungen wie in Reichstadt an Rußland stellen sollte. Auch nach der Warschauer Zusammenkunft erhielt Oubril, der von Gortschakow beauftragte russische Botschafter in Berlin, auf diesbezügliche Fragen keine Antwort. Alles wurde im Auswärtigen Amt dilatorisch behandelt, und Bismarck zog sich – wie so oft – nach Varzin zurück, keineswegs willens, sich innerhalb des Dreikaiserverhältnisses im Dienste des russischen Partners gegen den österreichischen zu wenden. Dafür hätte ihm Rußland schon jene förmliche, bisher verweigerte Anerkennung der Annexion Elsaß-Lothringens zugestehen müssen,[23] die Frankreichs Revanchestreben zügeln würde.

Etwa drei Wochen nach dem Warschauer Treffen machte der Generaladjutant des Zaren auftragsgemäß in Wien den Vorschlag, Rußland und Österreich sollten in gemeinsamen Operationen die Pforte zur Beendigung des türkisch-serbischen Krieges zwingen. Selbst wenn die höflich verklausulierte Ablehnung[24] den Zaren und seine Umgebung verärgert haben mag, hatte es schon etwas Groteskes, als nach der erfolglosen Demarche in Wien Zar Alexander II. aus seiner Sommerresidenz bei Jalta, Livadia, über den preußisch-deutschen Bevollmächtigten v. Werder am 1. Oktober 1876 in Berlin unumwunden anfragen ließ, wie sich denn Deutschland bei einem Krieg zwischen Rußland und Österreich verhalten würde.[25] „Zum ersten Mal", so empörte sich Bismarck, war mit der Anfrage aus Livadia amtlich „vom Kriege ‚gegen Oestreich' gesprochen, während man bisher noch das Drei-Kaiser-Bündnis formell salviren und Neutralität zunächst nur im Krieg gegen Türken zu meinen behaupten konnte".[26]

Bismarck grollte auch über den Militärbevollmächtigten v. Werder, weil er sich in Livadia „als russisches Werkzeug“ hergegeben habe, „um von uns eine unbequeme und unzeitige Erklärung erpressen zu helfen“. Natürlich sah der Kanzler hier auch eine Gortschakowsche Falle. Deshalb erboste er sich: „Antworten wir ‚nein‘ so hetzt er bei Kaiser Alexander, antworten wir ‚ja‘ so benutzt er es in Wien“.[27] Die von Gortschakow gebaute „Zwickmühle“ war offensichtlich; dennoch bedurfte es für das Ungeheuerliche der nach Berlin gelangten Anfrage aus Livadia noch weiterer Erklärungen.

Anfang Oktober 1876 hatte Andrássy den Freiherrn v. Münch in besonderer Mission nach Varzin geschickt. In den dortigen ausführlichen und ungezwungenen Aussprachen Münchs mit Bismarck ließen beide verschiedene Varianten des möglichen Geschehens auf dem Balkan Revue passieren.[28] Ein besonders heikler Diskussionspunkt war die eventuelle Besetzung Bulgariens durch russische Truppen. Bismarck habe begriffen, so schrieb Münch an Andrássy, „daß Oesterreich-Ungarn ... die Frage ins Auge fasse, ob es ein dauerndes Festsetzen der Russen dort zulassen könne, oder nicht“. Er schien in der Tat „von den Consequenzen betroffen, die eine Besetzung Bulgariens durch Rußland für die Donaufürstentümer und für den europäischen Handel an der unteren Donau nach sich ziehen werden und auf die ich, Eurer Exzellenz Auftrage zur Folge, ihn aufmerksam gemacht hatte“. Bismarck sei sehr nachdenklich geworden, hätte jedoch gemeint, „daß die Russen eine Annexion Bulgariens nicht ernstlich erstreben könnten, daß sie durch zu große Ausdehnung ihrer Grenzen sich schwächen würden“.[29] Schließlich habe er zu bedenken gegeben, daß eine Annexion Bulgariens auch die Feindschaft Englands hervorrufen würde. Etwas diabolisch meinte er, Österreich solle sich nicht „zwischen den natürlichen russisch-englischen Antagonismus in diesen Ländern (des Balkans) ohne Nothwendigkeit“ hineindrängen.

Was hier besprochen wurde, läßt Gortschakows Argwohn wegen eines eventuellen Eingreifens Österreich-Ungarns gegen Rußlands Vormarsch auf dem Balkan nicht ganz abwegig erscheinen; auch von solchen Erwägungen her ist die drängende Anfrage aus Livadia zu erklären. Dabei hatte dieser heikle diplomatische Schritt wohl kaum die reale Vorbereitung eines russischen Angriffs auf Österreich im Auge, er sollte vielmehr Bismarck aus seiner vermeintlichen Inaktivität aufschrecken und damit auch Wien über

Berlin wissen lassen, daß sich Petersburg in Habachtstellung befände. Der unmittelbare Adressat war dabei nicht schlecht gewählt, denn Gortschakow wußte sehr wohl, daß Bismarck zwar Österreich-Ungarns Schwächung nicht zulassen konnte, aber auch Rußland schonen mußte, also zum Vermitteln gezwungen war, was er in dem ausführlichen Gespräch mit dem österreichischen Sonderbeauftragten Münch und sechs Wochen später in einer „sehr vertraulichen" Unterredung mit Károlyi auch tat. Das Zarenreich, so argumentierte der deutsche Reichskanzler, habe nicht die Kraft, neben einem Krieg gegen die Türkei und eventuell gegen England auch noch einen solchen gegen Österreich zu führen.[30]

Angesichts der objektiven Kräfteverhältnisse wirkte Bismarck aus innerer Überzeugung vermittelnd. Zugleich aber grollte er weiter gegen Gortschakow, was in allen Diktaten, Schreiben, Randglossen und auch Gesprächen zum Ausdruck kam. Stärker als persönliche Empfindlichkeiten über Illoyalitäten des russischen Kanzlers bewegten Bismarck sachliche Sorgen, dieser könnte Entwicklungen fördern, die deutschen Sicherheitsinteressen zuwiderliefen. Wie Münch berichtete, zog Bismarck in Erwägung, „daß in einer späteren Phase der orientalischen Frage Rußland, Frankreich und Italien auf der einen, und Deutschland, Oesterreich-Ungarn und England sich auf der andern Seite befinden" könnten.

Das war die einzige Stelle in seinem Bericht, die Andrássy mit einem dicken Anmerkstrich versah. Ein Wechsel der Koalitionen, in dem Frankreich eine wichtige Rolle spielen würde, war nun einmal ein Alpdruck, den Bismarck nie los wurde. In diesem Sinne knüpfte er im Herbst 1876 sorgenvoll an Überlegungen vom Frühjahr 1875 an, auch wenn er jetzt an eine noch gefährlichere Mächtekombination dachte, die dem Deutschen Reich den russisch-französischen Zweifrontenkrieg aufzwingen würde.

Hatte er schon früher Mißtrauen gegen Italien gehegt, so steigerte sich das jetzt noch mehr. Im Verlaufe der Orientkrise sprach er sich österreichischen Diplomaten gegenüber heftig über die das Habsburgerreich bedrohende italienische „Ländergier" aus und unterstellte „perfide Absichten". Diese negative Perspektive nutzte er positiv für die Beziehung mit der k. und k. Monarchie aus. Erneut erwähnte Bismarck in der Unterredung mit Münch die Eventualität eines Bündnisses mit Österreich: „Es sei dieses ein ‚organisches Bündniß', sanktioniert durch Beschlüsse der Volksvertretungen". Daß Bismarck es für äußerst bedeutungsvoll hielt, ließ er verschiedentlich anklingen, wenn auch im Herbst 1876 die

Zeit dafür noch nicht herangereift war. Ein solches Bündnis könne nämlich „nicht das Ergebnis einer aufgeregten Zeit sein, weil es dann nur für den Fall ad hoc, den jedes Land zunächst im Auge habe, praktisch werde und dann wieder hinfällig zu werden drohe“.[31]

Mit diesem zeitgewinnenden und reichlich verklausulierten Vorbehalt wollte der deutsche Kanzler auch zu verstehen geben, daß selbst ein parlamentarisch sanktioniertes Sonderbündnis mit Österreich keineswegs Rußland bedrohe, sondern es zum Verharren innerhalb des Dreikaiserbündnisses zwingen sollte. Diese Allianz zu erhalten war und blieb der Grundtenor seiner Politik. Deshalb verübelte Bismarck Gortschakow im Grunde am meisten dessen „unruhige Fruchtbarkeit“, die „auf den Mangel eines Planes“ hindeute[32] und sich in allerlei Geschäftigkeiten erschöpfe. Ein Politiker ohne Plan, also ohne strategische Konzeption, imponierte Bismarck schon seit den fünfziger Jahren nicht, wie aus seinen Diskussionen mit Leopold v. Gerlach nach dem Krimkrieg hervorgeht. Dabei war der „Plan“ bei ihm immer so gehalten, daß er taktische Varianten durchaus zuließ.

Dieser methodischen Grundauffassung folgend, ließ er auch für den deutschen Botschafter General v. Schweinitz die Direktive für die längst fällige Antwort auf die Anfrage aus Livadia abfassen, und zwar vom Staatssekretär v. Bülow, der offensichtlich auch mündliche Formulierungen Bismarcks übernahm, wenn er etwa die von Gortschakow und Miljutin inspirierte und vom deutschen Militärbevollmächtigten v. Werder übermittelte Anfrage des Zaren als eine Zumutung „unter dem Scheine freundschaftlicher Formlosigkeit“ bezeichnete.[33]

Schon früher hatte der russische Kanzler, den in der Diplomatie üblichen Geschäftsverkehr absichtsvoll mißachtend, heikle Fragen mitunter nicht durch den russischen Botschafter in Berlin stellen lassen, sondern dazu deutsche Vertreter gleichsam als Werkzeuge des Petersburger Kabinetts benutzt. Auf diese Weise blieb der Frager ohne Verantwortung im Hintergrunde, während der Befragte, wenn er antwortete, durchaus kompromittiert werden konnte. Daher wurde dem Botschafter v. Schweinitz eingeschärft, sich im Sinne der ihm übermittelten Direktive nur mündlich zu äußern; es wurde ihm nicht einmal erlaubt, aus der ihm übergebenen Direktive, wie es bisweilen in der Diplomatie üblich war, diese oder jene Passage vorzulesen.

Mit Rücksicht „auf die freundschaftlichen Beziehungen der drei

Kaiser untereinander", wie es in der Direktive formelhaft begann, werde sich Berlin „zunächst den Versuch vorbehalten müssen, Oesterreich zu bewegen, daß es auch im Falle eines russisch-türkischen Krieges mit Rußland Frieden halte, und diese Bemühungen würden nach dem, was bisher über Oesterreichs Absichten bekannt ist, nicht aussichtslos sein".[34] Nach dieser Versicherung hieß es dann unmißverständlich: „Wenn wir den Bruch zwischen Rußland und Oesterreich trotz aller unserer Bemühungen nicht hindern könnten, so läge an sich noch kein Grund für Deutschland vor, aus seiner Neutralität herauszutreten".[35]

Bismarck behielt dabei im Falle einer Ausweitung des Konfliktes im Orient das Verhalten des westlichen Nachbars durchaus im Auge, wie es bereits in Gesprächen mit den österreichischen Diplomaten zum Ausdruck gekommen war. Weniger den Zaren als Gortschakow warnte er: „Ob ein solcher Krieg, namentlich wenn sich Italien und Frankreich an ihm beteiligten, nicht Ergebnisse haben könnte, die uns die Pflicht auferlegen, für unsere eigenen Interessen einzutreten, das läßt sich nicht vorhersagen". Wie sehr Bismarck einen Zweifrontenkrieg, in den das Reich verwickelt werden könnte, schon damals in Rechnung stellte, ist durch ein Gespräch mit dem österreichisch-ungarischen Botschafter bezeugt.

Vier Wochen nach der Abfassung der Direktive für Schweinitz berichtete Károlyi nach Wien: „Als von den Intrigen des Fürsten Gortchacow, sowie von seinem Liebäugeln mit Frankreich die Rede war, trug Fürst Bismarck ein solches Machtgefühl zur Schau, daß er die Ansicht aussprach, Deutschland habe keinen Grund, sogar vor einem vereinten Angriffe Frankreichs und Rußlands mit Befürchtungen erfüllt zu sein und könne, namentlich in defensiver Hinsicht, mit Ruhe demselben entgegensehen". Allen äußeren Widrigkeiten und inneren Friktionen zum Trotz hielt der deutsche Reichskanzler an seinem „Plan" fest, das Dreikaiserabkommen nicht nur zu erhalten, sondern sogar zu festigen. Erschien es ihm doch als der beste Schutz einmal vor feindlichen Koalitionen gegen das Reich, zum anderen vor sozial- und nationalrevolutionären Entwicklungen.

Die Furcht vor einer sozialrevolutionären Bedrohung, die von Industrieländern wie Frankreich und Deutschland ausging, hatte nach 1871 in den Entstehungsprozeß des Dreikaiserabkommens zweifellos hineingespielt. Jetzt nach 1875 waren die verschiedenen, teilweise entgegengesetzten Machtinteressen von Österreich-Ungarn und Rußland durch die nationalrevolutionäre Befreiungsbewegung in den Agrarländern des europäischen Südostens ganz unmittelbar betroffen. Auch das veranlaßte Bismarck, seine Bündnispartner an ihre konservative Solidarität zu mahnen. Jedoch ließ er sich auch in dieser Zeit in erster Linie von außenpolitischen Gesichtspunkten leiten. So hieß es in der Direktive an Schweinitz: „Unseren Interessen kann es nicht entsprechen, durch eine Koalition des gesamten übrigen Europas, wenn das Glück den russischen Waffen ungünstig wäre, die Machtstellung Rußlands wesentlich und dauernd geschädigt zu sehen; ebenso tief aber würde es die Interessen Deutschlands berühren, wenn die österreichische Monarchie in ihrem Bestande als europäische Macht oder in ihrer Unabhängigkeit derart gefährdet würde, daß einer der Faktoren, mit denen wir im europäischen Gleichgewicht zu rechnen haben, für die Zukunft auszufallen drohte.“[36]

Die Parteienkonstellation in Deutschland selbst befand sich Mitte der siebziger Jahre in einer solch kritischen Phase des Umbruchs, daß Bismarck gezwungen war, seine Politik im Orientkonflikt den Parlamentariern und damit auch der deutschen Öffentlichkeit auf verschiedene Weise auseinanderzusetzen.

Seit der Zeit des Norddeutschen Reichstages war Bismarck bemüht, außerhalb der Parlamentssitzungen zwanglosen Kontakt mit Abgeordneten zu haben. Die parlamentarischen Diners oder, in einem größeren Rahmen, die Soireen wurden zu einer auch von der Presse beachteten Einrichtung. In Tischgesprächen oder beim Stehkonvent löste sich leichter die Zunge als in förmlichen Beratungen. Da konnte der kundige Mann aus dem Reichskanzleramt mit seinem geübten Blick für Menschen gewissermaßen hautnah erkennen, wes Geistes Kinder diese Abgeordneten waren; überdies vermochte er in Tischreden manches ungezwungener an- und vorzubringen als in Parlamentsreden, die in den Stenographischen Berichten gedruckt und amtlich fixiert wurden. Die parlamentarischen Diners und Soireen – allmählich zur Gewohnheit geworden – bereiteten im allgemeinen der Kanzlersohn Graf Wilhelm v. Bismarck, der Schwiegersohn Graf v. Rantzau und der Vertraute Dr. v. Rottenburg recht sorgfältig vor.

Zum wohlerwogenen Kreis der Eingeladenen gehörten neben Ministern, hohen Beamten und einigen dem fürstlichen Hause nahestehenden Damen der Gesamtvorstand des Reichstages, des Abgeordneten- oder Herrenhauses, ausgesuchte prominente Abgeordnete und Mitglieder des Bankenkuratoriums.[37] Nach dem Essen, bei dem eine vom Kanzler vorher überprüfte Sitzordnung

Parlamentarische Soiree im Palais des Reichskanzlers
Zwangloser Kontakt mit Abgeordneten. In Tischgesprächen oder beim Stehkonvent löste sich leichter die Zunge als in förmlichen Beratungen. Da konnte Bismarck mit geübtem Blick leicht erkennen, wes Geistes Kind die Abgeordneten waren.

eingenommen wurde, bildeten sich bunte Gruppen zu zwangloser Unterhaltung.

Bismarck benutzte am 1. Dezember 1876 ein parlamentarisches Diner, um seine Orientpolitik, insbesondere Deutschlands Stellung zu Österreich und Rußland, den Abgeordneten verschiedener Fraktionen, auch drei Vertretern des Zentrums, darzulegen. Darüber berichtete der österreichische Botschafter Károlyi nach Wien, der intern und durch die Presse gut unterrichtet war.[38]

Bismarck hätte dargelegt, daß sich die Orientfrage wohl in drei Stadien entwickeln würde. Der Krieg mit der Türkei wäre kaum zu vermeiden, wobei Rußland einen schweren Stand haben würde. Es kursierte auch eine saloppe Bemerkung Bismarcks, wonach Rußland ihm jetzt vorkäme „wie ein Mann, der sich ein Cotelett bestellt und bis es serviert worden, den Appetit verloren hat; weil er es aber doch zahlen muß, so ißt er es in Gottes Namen auf".

Im zweiten Stadium der Orientkrise wäre ein Eingreifen Englands zu erwarten, was nicht Krieg gegen Rußland bedeuten müsse; vielmehr könne er sich ganz gut vorstellen, „daß England vorerst zur Sicherung seiner Interessen gewisse Gebietsteile des türkischen Reiches militärisch besetze". Schließlich könnte es im dritten Stadium des Orientkonfliktes einen Krieg Rußlands gegen Österreich-Ungarn geben. „Für diesen Fall, da die Integrität der habsburgischen Monarchie gefährdet werden sollte, müßte Deutschland eingreifen. Diese Integrität und der Bestand der Monarchie sei eine Nothwendigkeit nicht bloß wegen des europäischen Gleichgewichts", sie entspräche „auch den Sympathien und historischen Traditionen der Nation".

Noch vor seinem schriftlichen Bericht faßte Károlyi diese deutlichen Worte des Kanzlers in einem Chiffre-Telegramm vom 4. Dezember mit den Worten zusammen: Die ganze über eine halbe Stunde dauernde Tischrede Bismarcks war eine „nicht diplomatische Form" der Warnung an Rußland. In seinem Bericht hob er dazu noch hervor: „Der Eindruck, daß der Grundton dieser Äußerungen ein Oesterreich-Ungarn sehr freundlicher und sympathischer gewesen, war unter den Anwesenden ein allgemeiner". Dem Kanzler war, wie er ausdrücklich bemerkte, sehr daran gelegen, daß seine Bemerkungen weiterverbreitet würden. Im Reichstage könne er, so verstand ihn Károlyi richtig, „aus Rücksichten, die er auf die fremden Mächte zu nehmen habe, nicht so unumwunden sprechen und es sei ihm daher ganz erwünscht, daß die Vertreter der Nation wissen, wie er über diese Frage denke".

In seiner Reichstagsrede vom 5. Dezember setzte Bismarck Petersburg zuliebe die Akzente etwas anders, ohne in Widerspruch zur Tischrede vom 1. Dezember zu geraten. Er betonte, daß es nicht gelingen werde, „unser gutes und solides Verhältnis zu Rußland irgendwie zu alterieren und in die erprobte hundertjährige Freundschaft, die zwischen beiden Regierungen besteht, einen Riß zu machen".[39] Doch diesmal wiederholte er in diplomatischer Form die Warnung an Petersburg, falls „irgendeiner unserer Freunde von uns verlangte, unsere stärkere Freundschaft zu ihm dadurch zu bestätigen, daß wir den andern Freund, der uns ebenfalls nichts getan hat, der im Gegenteil unser Freund bleiben will, feindlich behandeln und unsere stärkere Liebe zu dem einen beweisen durch den Haß gegen den anderen".[40]

Er fand nichts einzuwenden, falls „Rußland auf eigene Hand vorgehen werde, um mit den Waffen der Pforte abzukämpfen, was sie friedlich nicht bewilligen würde".[41] Andererseits ließ er keinen Zweifel an seinem Bemühen, die guten Beziehungen zu allen nächstbeteiligten Mächten – und damit auch zu England – „ungetrübt oder doch möglichst wenig getrübt" zu bewahren. Bismarcks Rede gipfelte in dem berühmten Satz, daß er zu irgendwelcher deutschen Beteiligung im Orientkonflikt nicht raten könne, solange er „in dem Ganzen für Deutschland kein Interesse sehe, welches auch nur die gesunden Knochen eines einzigen pommerschen Musketiers wert wäre“.[42]

Entgegen Wiener Pressestimmen, die meinten, Bismarck habe sich im Reichstag eine Art Vormundschaft gegenüber Österreich angemaßt, war Károlyi überzeugt, daß sich die Reden vom 1. und 5. Dezember ergänzten. Sie bildeten „ein einheitliches Ganzes, welches bloß durch die Form getrennt wird. Derselbe Gedankengang und dieselben Voraussetzungen liegen beiden zum Grund. Nach Lage der Dinge würden sich deren Consequenzen in erster Linie zu unsern Gunsten äußern.“[43] Weitere Bestätigung seiner Ansicht gewann Károlyi in einer Unterhaltung mit Bismarck am 12. Dezember, in der dieser gleichfalls die Möglichkeit eines aktiven Eingreifens Deutschlands bei einer Gefährdung Österreichs erwähnte.

Als Fazit all dieser Reden und Gespräche wird deutlich, daß weiterhin zur deutschen Außenpolitik die Neutralität im Orientkonflikt, die Aufrechterhaltung des Dreikaiserabkommens und in dessen Rahmen der Ausgleich zwischen den Interessen Österreich-Ungarns und Rußlands gehörten. Bismarck pflegte die traditionellen Bindungen mit dem Zarenreich trotz aller Friktionen mit dem „Gortschakowschen Rußland“, er erwog jedoch seit 1875 immer bewußter einen deutsch-österreichischen Zweibund innerhalb des Dreikaiserverhältnisses, der auch das Interesse des Deutschen Reiches an der Wahrung der Integrität des Habsburgerreiches und der Berücksichtigung seiner Balkaninteressen zum Ausdruck bringen sollte.

Unter diesen Gesichtspunkten kam es ihm durchaus gelegen, daß Österreich-Ungarn und Rußland in der Budapester Konvention vom 15. Januar 1877 übereinkamen, ihr militärisches und diplomatisches Vorgehen für den Fall eines russisch-türkischen Krieges miteinander abzustimmen. Über die Abmachungen vom Juli 1876 in Reichstadt hinausgehend, gestand Rußland zu, daß Österreich-Ungarn das gesamte Gebiet Bosniens und der Herzegowina annektieren dürfe; ferner legte man sich fest, daß ein „großslawischer Staat“ auf der Balkanhalbinsel nicht errichtet werden solle. Dabei verpflichtete sich das Habsburgerreich lediglich zu wohlwollendster Neutralität im Falle eines russisch-türkischen Krieges.

Bevor sich jedoch die zaristische Regierung dazu entschloß,

schickte sie den bis dahin in Konstantinopel residierenden Botschafter Ignatiew zu letzten Verhandlungen in die europäischen Hauptstädte, natürlich auch nach Berlin. Obwohl Bismarck vorsichtig war, um nicht als Ratgeber Petersburgs zu erscheinen, ermunterte er es indirekt doch zu einem Krieg gegen die Türkei. Dabei wollte er Rußland nicht geschwächt haben, sondern es vielmehr vom Westen ablenken und von innenpolitischer Mißstimmung befreien. Fürchtete er doch, daß es „auf der europäischen Situation schwer lasten würde", wenn Rußland unbefriedigt aus der orientalischen Frage herausginge.[44] Als Bismarck schließlich einem Gespräch mit Ignatiew entnahm, daß sowohl die sogenannte Friedens- wie Kriegspartei in Petersburg darin einig seien, „daß der Zustand der Ungewißheit nicht länger zu ertragen ist"[45], bekräftigte er, was er in Übereinstimmung mit Österreich-Ungarn schon immer zugesichert hatte, nämlich die wohlwollende Neutralität Deutschlands im Falle eines russischen Angriffs auf die Türkei.

Auch Bleichröder ließ er in diesem Zusammenhang agieren.[46] Russische Anleihen flossen vom englischen und französischen Kapitalmarkt in die deutsche Reichshauptstadt ab, wodurch die Kriegsfinanzierung in Abhängigkeit von der Berliner Wertpapier- und Rubelbörse geriet.[47] Diplomatisch und finanziell schien so die Lokalisierung des Krieges gesichert. Das hatte die zaristische Regierung dadurch erreicht, daß sie in der Budapester Konvention gegenüber Österreich und vier Wochen später nach der Kriegserklärung an die Türkei auch gegenüber England Verpflichtungen einging, die weit unter den Kriegszielerwartungen der Panslawisten lagen.

Es sollte sich erst später zeigen, welche politischen Schwierigkeiten durch diese Diskrepanz entstehen mußten.

Der russisch- türkische Krieg und die Großmächte

Nachdem Rußland am 24. April 1877 der Türkei den Krieg erklärt hatte, schien es zunächst moralisch-politisch wie auch militärisch im Aufwind zu sein. Hatten doch die europäischen Großmächte mit diplomatischen Mitteln, ob gemeinsam in Konferenzen oder einzeln in verschiedenen Demarchen, nichts für die staatsbürgerlichen Rechte der Balkanvölker erreichen können. Gegenüber dem Sultan und seinen Würdenträgern, die alle Reformforderungen entweder mit huldvollen Scheinmanövern weggeschoben oder

K. A. Sawitzki: In den Krieg

brüsk zurückgewiesen hatten, konnte die zaristische Regierung, sowohl das großrussische Machtinteresse wie den dynastischen Ehrgeiz der Fürsten von Serbien und Montenegro vorerst verbergend, die Fahne der Freiheit, des Rechts und der europäischen Zivilisation gegen die orientalische Despotie erheben.

Der Aufmarsch der Truppenverbände, der russischen ebenso wie der türkischen, litt gleichermaßen unter der Schwäche der Staatsfinanzen, dem Mangel an Eisenbahnen, dem Schlendrian der Militärverwaltungen und der Bestechlichkeit ihrer Beamten. Was die politischen und militärischen Administrationen verbrochen und verschlampt hatten, wurde in manchem allerdings durch die Ausdauer und Genügsamkeit sowohl der russischen wie auch der türkischen Soldaten wettgemacht.

Noch profitierte die russische Armeeführung von der unübertroffenen Sorglosigkeit ihres Gegners; so hatten die Türken jene Vorkehrungen versäumt, die der russischen Armee den schwierigen Übergang vom nördlichen Flachufer der breiten Donau auf das südliche Steilufer verwehrt oder nur nach schweren Blutopfern ermöglicht hätten. Unter dem Befehl des fünfunddreißigjährigen Generals Skobelew konnten so die Russen Ende Juni relativ leicht die Donau in Richtung Mittelbulgarien überqueren. Bereits am

W. W. Werestschagin: General Skobelew am Schipka-Paß

W. W. Werestschagin: Apotheose des Krieges
Das Bild entstand schon 1871/72; es blieb eine einzigartige Anklage gegen den Krieg. Die sarkastische Inschrift auf dem Rahmen lautete: „Allen großen Eroberern der Vergangenheit, der Gegenwart und Zukunft gewidmet".Seine Ausstellungen in mehreren europäischen Städten, 1881 in Berlin, erregten großes Aufsehen. Baronin v. Spitzemberg berichtet im Februar 1882 von den vielen Bildern aus dem russisch-türkischen Krieg, die eine „Sensation für die Gesellschaft" seien.

19. Juli besetzten sie den Schipka-Paß, den wichtigsten Übergang über die Bergkette des Balkans.

Alles schien nach russischem Wunsch zu verlaufen. Doch gerade in dieser kritischen Situation zeigte es sich, daß die kriegerischen Traditionen und Erfahrungen des seit Jahrhunderten bestehenden Osmanischen Reiches noch lebendig waren. Genau am Tage der russischen Eroberung des Schipka-Passes setzten sich unter Leitung von Osman Pascha türkische Abteilungen in Plewna fest und verschanzten diesen wichtigen Straßenknotenpunkt so festungsartig, daß sie ihn fünf Monate lang zu verteidigen vermochten. Das russische Belagerungsheer unter der Leitung des Balten Todleben, des berühmten Verteidigers von Sewastopol im Krimkrieg, hatte unter den Auswirkungen des hereinbrechenden Winters schwerste Verluste. Nachdem die Türken den starken Batterien Todlebens getrotzt hatten, mußten sie sich nach einem vergeblichen Ausbruchversuch am 10. Dezember, vor Hunger erschöpft, ergeben.

Damit war die türkische Widerstandskraft insgesamt gebrochen. Die russischen Heeresteile drangen über die Gebirgsketten durch Schnee und Eis vor und zwangen die Türken zu einem Waffenstillstand, der am 31. Januar 1878 in Adrianopel (Edirne) zusammen mit der Festlegung der „vorläufigen Friedensgrundlagen" unterzeichnet wurde. Diese waren für die Türken ebenso demütigend wie für Österreich und England provozierend. Geist und Buchstaben jener Abkommen, die beide Mächte vor oder unmittelbar nach Beginn der Feindseligkeiten mit Rußland abgeschlossen hatten, wurden mißachtet. Dieser Bruch vertraglich eingegangener Verpflichtungen wurde bald Gegenstand diplomatischer Auseinandersetzungen.

Doch zunächst konzentrierten sich England und Österreich darauf, den russischen Siegeslauf vor Erreichen des Endzieles, der Meerengen und Konstantinopels, zu bremsen. Nicht zuletzt das Einlaufen der englischen Flotte ins Marmarameer war für diesen Zweck sehr wirkungsvoll. Zwar drangen russische Truppen unter Bruch des Waffenstillstandes von Adrianopel bis in die Vororte Konstantinopels vor, aber sie hüteten sich, die offen daliegende Hauptstadt und die Ufer des Bosporus wie auch die Dardanellen in Besitz zu nehmen. Die vielzitierten Hausschlüssel zum Zarenreich blieben unberührt.

Es erschien dem Zaren und seiner Umgebung allzu riskant, die panslawischen Traumziele Wirklichkeit werden zu lassen. Leicht hätte man das Eingreifen der englischen Flotte provozieren und sich damit vor die Alternative stellen können, entweder eine in der politischen Vorstellungswelt der russischen Gesellschaft begehrte Region, kaum daß sie besetzt war, wieder räumen zu müssen oder einen Krieg gegen das Empire mit allen Gefahren eines europäischen Kriegsbrandes zu verursachen.[48]

Im ersteren Fall hätte sich die Krisensituation im Innern des Zarenreiches ungemein verschärft, wo ein politisch vielfarbiges Spektrum vom bürgerlichen Liberalismus über den Volkstümlerradikalismus bis zu einem recht heterogenen Sozialismus reichte – alles mehr oder weniger vermischt mit Panslawismus[49] oder auch Gefühlen der Solidarität mit der nationalrevolutionären Bewegung auf dem Balkan.[50] In allen kritischen Situationen wurde zudem der Vorwurf im Lande unüberhörbar, der Zarismus sei auch militärisch unfähig. Als sich die Belagerung von Plewna in die Länge zog, meinte im August 1877 der Leiter der russischen Geheimpolizei, Generaladjutant Mezenzow: „Wenn wir gezwungen sein sollten, 1878 eine neue Kampagne zu beginnen, könnte es Rußland nur Hand in Hand mit der Revolution tun, faute de moyens“.[51] Revolution – das hätte auf jeden Fall eine neue Qualität der kapitalistischen Agrarreform und darüber hinaus bürgerlichen Einfluß, wenn nicht gar Herrschaft im Staat bedeutet.

Als die zaristische Monarchie die ganze Problematik der Besetzung Konstantinopels in ihrem Für und Wider erwog, befand sie sich im Grunde in einer für die Dynastien und Regierungen des 19. Jahrhunderts typischen Lage. Sie stand vor der Frage, wie sie sich jeweils zu den vom Geist der bürgerlichen Revolution beeinflußten oder gar beherrschten nationalen Einigungs- und Befreiungsbewegungen innerhalb und außerhalb der gegebenen Staatsgrenzen verhalten sollte. Man konnte sie unterdrücken oder demagogisch ausnutzen und dann preisgeben, man konnte aber auch versuchen, sie durch einen historischen Kompromiß zu moderieren. Für jede dieser Möglichkeiten gibt es genug geschichtliche Beispiele: Der polnische Freiheitskampf wurde immer wieder niedergeschlagen; Preußen unterstützte zunächst militärisch die schleswig-holsteinische Unabhängigkeitsbewegung 1848 und gab sie dann aus Furcht, zum Komplizen der Revolution zu werden, im Waffenstillstand zu Malmö preis; Cavour und Bismarck lenkten die nationalen Einigungsbewegungen in Italien und Preußen in ihre Bahnen und führten sie dann ihren Zwecken gemäß zum Ziel.

In den siebziger Jahren war Petersburg noch imstande, auf das Weiterführen bürgerlicher Reformen zu verzichten. Es tröstete sich und andere mit einer quasi-nationalen Politik nach außen. Der Zarismus brauchte in dem vom Panslawismus ideologisch geprägten Kriege „selbstverständlich einige eklatante Siege", wie Bismarck schon im Mai 1877 bemerkte; denn „ohne dieselben könne die russische Armee nicht nach Hause zurückkehren."[52]

Es dürfte auch Petersburg nicht verborgen geblieben sein, daß die deutsche Neutralität während der russisch-türkischen Kriegshandlungen nicht ohne Falsch gewesen war. Mochte Bismarck seine konservative Solidarität mit dem Zarismus auch durchaus ehrlich gemeint haben, so wünschte er doch auch, „daß den Russen der Sieg nicht allzu leicht gemacht werde".[53] Als im Herbst 1877 die russischen Truppen vor Plewna unter schwierigen Bedingungen aufgehalten wurden, kolportierte man in Diplomatenkreisen, Bismarcks ruhige Stimmung und gutes Aussehen seien wohl darauf zurückzuführen, daß der „mögliche Alliierte Frankreichs" einem Schwächezustand entgegengehe.[54]

Ansonsten hielt sich der Kanzler während der Kriegsereignisse mit Bedacht zurück, mit dem Berliner Kabinett einig im Wunsche, daß der Orientkrieg, wie sich Staatssekretär v. Bülow ausdrückte, „gewisse Grenzen nicht überschreite", denn sonst würden in Europa „neue Gruppierungen und Allianzen entstehen, welche doch auch ihre bedenklichen Seiten haben könnten".[55] Hinter alledem steckte natürlich auch die Furcht, Frankreich bekäme Gelegenheit, international wieder ins Spiel zu kommen.

Jedenfalls mußte Rußland für den Fall einer kriegerischen Auseinandersetzung mit England damit rechnen, daß Deutschlands Neutralität kaum unter wohlwollendem Zeichen stehen werde, war doch die öffentliche Meinung zunehmend aufgebracht über den zaristischen Expansionismus und sogar bereit, darüber muselmanische Despotie mit all ihren Untaten zu vergessen. Schon kam eine Broschüre heraus über „Die Grausamkeiten der Russen in Bulgarien und Armenien im Jahre 1877".[56] Noch bedenklicher als die üblichen Propagandalügen, die während eines Krieges immer üppig gedeihen, war für Rußland die zunehmende Sympathie selbst der deutschen Protestanten, nicht nur Katholiken, für Österreich-Ungarn.

Die deutsche Reichsführung ließ bei aller Neutralitätspolitik keinen Zweifel darüber aufkommen, daß sie eine entscheidende Schwächung des Habsburgerreiches nicht zulassen könnte und gegebenenfalls militärisch intervenieren würde. Wie Bismarck geartet war, ließ er sich bei diesem Vorbehalt nicht in erster Linie von der Rücksicht auf die Volksstimmung, sondern von machtpolitischen Überlegungen leiten. Deutschland sollte, selbst wenn es aus der Erbmasse der k. und k. Monarchie gewinnen würde, auf keinen Fall in die Lage versetzt werden, Rußland allein gegenüberzustehen, das sich dann erst recht mit Frankreich verbünden könnte.

Die deutsche Rückendeckung für Österreich, falls es um Sein oder Nichtsein gehen sollte, zeigte schon an, daß es außenpolitisch in einer besseren Lage war als Rußland. Neben dem vertrauensvollen Kontakt zwischen Wien und Berlin war eine allianzähnliche Zusammenarbeit der Donaumonarchie mit dem finanzkräftigen England keineswegs ausgeschlossen. In einem Gespräch mit Károlyi bezweifelte Bismarck zwar, daß sich Österreich-Ungarn auf „eine active englische Allianz verlassen" könnte, meinte jedoch, „englische Subsidien wären allerdings ein gewaltiges Kriegsmittel", darüber hätte er auch mit dem Prinzen von Wales gesprochen.[57]

Sicherlich wollte Bismarck keine Ausweitung des Orientkonfliktes, für alle Fälle jedoch erkundete er das diplomatische Terrain und gab Österreich „sehr vertrauliche", wenn auch unverbindliche Hinweise. Freundlich gegenüber Petersburg war es auf keinen Fall, was der deutsche Reichskanzler sagte und trieb. Von nun an zeigte sich immer mehr, wie unterschiedlich Bismarcks Verhältnis zu den beiden kaiserlichen Großmächten geworden war: Österreich gegenüber hegte er Wohlwollen; Rußland gegenüber dominierte mißtrauische und bisweilen sogar mißgünstige Rücksichtnahme auf eine Macht, die unter Umständen bedrohlich werden könnte.

*

Da Rußland das Äußerste, die Besetzung Konstantinopels und der Meerengen, nicht gewagt hatte, wurden die „vorläufigen Friedensgrundlagen", die im Waffenstillstand zu Adrianopel am 31. Januar festgelegt und dann in den „Friedenspräliminarien" zu San Stefano am 3. März 1878 erweitert worden waren, bald Hauptgegenstand der europäischen Diplomatie. Österreich empörte sich vor allem darüber, daß entgegen den Abmachungen in Reichstadt und Budapest ein bis zum Ägäischen Meer reichendes Großbulgarien vorgesehen war. England wiederum war getäuscht worden, weil die Frage der Meerengen nicht mehr, wie vertraglich festgelegt, durch Übereinkunft der Großmächte, sondern durch den Sultan geregelt werden sollte, der die dortigen „Rechte und Interessen Rußlands“ zu schützen habe. Andrássy nannte schon Ende Januar recht entschieden die Alternative: „Conflict mit Rußland oder Conferenz“.[58]

Als Konferenzort schlug er Wien oder Berlin vor, und zur „Orientierung“ teilte er Károlyi die entscheidenden Gesichtspunkte des Ministeriums am Ballhausplatz mit: „Eine russische Besetzung Bulgariens über den definitiven Friedensschluß hinaus werden wir keinesfalls zugeben und ebensowenig einen dem Rechte Europas und unseren speziellen Interessen als Groß- und Grenzmacht präjudizierenden russisch-türkischen Separatfrieden“.[59] In der Tat hätte ein von Petersburg gelenktes Großbulgarien eine Schlüsselstellung auf dem Balkan eingenommen und zugleich Druck auf das nahe Konstantinopel ausgeübt. Bulgarien wurde zum Reizthema österreichischer Diplomatie.

Der Konferenzvorschlag war Bismarck zunächst gar nicht erwünscht; mußte er doch befürchten, daß diplomatische Komplikationen und eventuell auch neue Mächtekombinationen entstehen könnten. Um sie zu vermeiden, hatte er schon während des russisch-türkischen Krieges einer Ausweitung des Konfliktes entgegengewirkt, vor allem einem militärischen Zusammenstoß zwischen Österreich-Ungarn und Rußland. Ihm lag daran, die Diskrepanzen zwischen den beiden Mächten zu überwinden und wieder eine „Annäherung und Ausgleichung“ im Geiste des Dreikaiserabkommens zustandezubringen. Deshalb fand er, wie Staatssekretär v. Bülow vom Auswärtigen Amt im „strengsten Vertrauen“ Károlyi mitteilte, „daß die so hoch gepriesene Klugheit des Petersburger Kabinetts sich nicht bewährte, denn die gewöhnliche Klugheit hätte geboten, daß Rußland ‚den türkischen Frieden‘ in Zusammenarbeit mit Österreich abgeschlossen hätte“.

In dieser Lage suchte Bismarck nach dem besten Weg für eine erneute Verständigung zwischen Wien und Petersburg; die amtliche Verhandlung hielt er für sachdienlicher als den Briefwechsel zwischen den drei Majestäten. Andrássy könnte, so schlug er vor, mit dem deutschen und russischen Botschafter „die russischen Friedenspropositionen förmlich durchberaten“ und in solchen „Geheim-Conferenzen á trois ... Punkt für Punkt den status contro-versiae“ feststellen, „um zu einem klaren Bild der vorhandenen Differenzen zu gelangen“.[60]

Während Bismarck bestrebt war, das Dreikaiserverhältnis erneut in Ordnung zu bringen, mühte sich Andrássy, das Verhältnis zwischen Berlin und London wieder vertrauensvoller zu gestalten.

Das hatte allerdings seine Schwierigkeiten. Herrschende Kreise in England, vor allem Königin Victoria selber, waren ungehalten, weil Deutschland nicht durch seinen Einspruch den russisch-türkischen Krieg überhaupt verhindert hatte.[61] Sie übersah dabei, daß Bismarck dadurch nur seine Beziehungen zu Rußland aufs Spiel gesetzt hätte.[62] Niemals förderte jedoch der deutsche Reichskanzler einen Krieg zwischen Rußland und England, war vielmehr zu vermittelnden Diensten zwischen den beiden Ländern bereit. Er wünschte, daß England sein „etwaiges aktives Auftreten ... auf das Besitzergreifen eines Pfandobjektes“ beschränke. Das aber konnte nur auf Kosten der Türkei geschehen.

Wien war zu dieser Zeit beunruhigt, weil England die österreichische Forderung nach Beschränkung Bulgariens auf die Balkanlinie mit Rücksicht auf Rußland noch nicht unterstützte. Für Bismarck war das nicht überraschend, denn er hatte sich schon im Gespräch mit Károlyi Ende Februar über die Inselmacht „ziemlich abfällig und geringschätzend“ ausgesprochen und gerügt, daß England bisher „Schritt für Schritt vor Rußland zurückgewichen“ sei.[63] Wahrscheinlich war dies Lord Derby zu verdanken, der erst im März 1878 als Außenminister zurücktrat.

Nachdem Österreich nachdrücklich die Einberufung einer internationalen Friedenskonferenz vorgeschlagen hatte, ging es nun um den Ort der Zusammenkunft. Wien wurde von Gortschakow sofort abgelehnt. Dann standen Brüssel, Baden-Baden, Wiesbaden und auch Berlin zur Debatte. Zurückhaltend in der Sache, ließ Bismarck im Reichstag am 19. Februar 1878 verlauten, daß auf deutschem Boden auch ein deutsches Präsidium sein müsse.[64] Dabei sollte Deutschland als Vermittler auf dem Kongreß nicht Schiedsrichter sein, der bei divergierenden Ansichten bestimmt. Den „napoleonischen Weg“ der Hegemonie ebenso ablehnend wie die Rolle des „Schulmeisters in Europa“, umriß er die Aufgabe eines deutschen Politikers auf der zu erwartenden Konferenz in einem Satz, der – lange von ihm überlegt – zum geflügelten Wort geworden ist; sie sei „die eines ehrlichen Maklers, der das Geschäft wirklich zustande bringen will“.[65] Er hob die „befreundeten Grenznachbarn ... auf langgedehnten Grenzstrecken“ ebenso hervor wie das „vertraute Verhältnis“ zu anderen Ländern. Deutschland, so meinte er, könne zwischen England und Rußland ebenso Vertrauensperson sein wie zwischen Österreich und Rußland, falls diese sich nicht selbst einigen könnten.

Trotz der insgesamt günstigen Lage, in der sich das Reich diplomatisch befand, hatte der deutsche Reichskanzler einige Widersprüche besonderer Art zu überwinden. Die öffentliche Meinung in Deutschland, einschließlich die der Militärkreise,[66] drängte ihn zur einseitigen Parteinahme für Österreich; doch Bismarck wollte trotz aller Friktionen der vergangenen Jahre die überkommenen Verbindungen und Bindungen mit Rußland, dem möglichen Allianzpartner Frankreichs, nicht ohne Not aufgeben. Daher betonte er in der Reichstagsrede zwar sein Vertrauensverhältnis zu den maßgeblichen Politikern Österreich-Ungarns, Andrássy und Károlyi, aber er mußte eben auch mehr politische Rücksicht auf das „Gortschakowsche Rußland" nehmen, als ihm und den Österreichern recht sein konnte. Im übrigen wachten über Freundschaftsbezeigungen gegenüber Petersburg aufmerksam Kaiser Wilhelm und sein Hof, deren Meinung Bismarck, wie kritisch er auch dazu stehen mochte, doch in Rechnung stellen mußte.

Károlyi erkannte das und warnte das Wiener Kabinett, Bismarcks Rede vom 19. Februar ohne weiteres als russophil einzuschätzen. Wenn man die Situation in ihrer Totalität überblicke, komme man zu keiner solchen Interpretation. Allerdings war er wegen Bismarcks Stillschweigen über die russische Besetzung Bulgariens noch nach Kriegsende und seine Konzessionsbereitschaft hinsichtlich der Ausdehnung Großbulgariens[67] doch betroffen.

Noch vor der Reichstagsrede hatte Bismarck Károlyis Aufmerksamkeit auf die Möglichkeit gelenkt, daß nach Beendigung der Kriegshandlungen über längere Zeit ein vertragloser Zustand andauern könnte, eine „Versumpfung der Frage", wie er es bezeichnete. Das wäre vielleicht gar nicht ungünstig; denn bei einer fehlenden europäischen Sanktion der Kriegsergebnisse könnte sich eine sehr unbequeme Lage für Rußland entwickeln, für Österreich-Ungarn allerdings eine „mächtige Stellung" ergeben.[68] Andrássy versah diese Berichtsstelle am Rande mit einem großen Ausrufe- und Fragezeichen. In einer zweiten Unterredung, nach der Reichstagssitzung, führte Bismarck noch weiter aus, daß die „Versumpfung der Frage" keineswegs Inaktivität einschließe; Österreich könnte durchaus Bosnien und die Herzegowina, dann auch Serbien besetzen, wobei letzteres hauptsächlich als „strategische Stellung Rußland gegenüber" dienen müßte. Auch hier steht als Marginale zu Károlyis Bericht ein großes Fragezeichen von Andrássys Hand, er reagierte auf das listige Vorfühlen Bismarcks also skeptisch.

Immerhin wagte sich Bismarck während seines lauten Denkens

in den zwei Gesprächen mit dem österreichischen Botschafter ziemlich weit vor. Wenn er in diesem Zusammenhang von „strategischer Stellung" sprach, so erschien ihm also der Krieg der unmittelbaren Balkangegner gegen Rußland als durchaus möglich. Sehr bedenkenswert ist im übrigen auch, was Herbert v. Bismarck, der die intimen Gedanken seines Vaters sehr genau kannte, Ende April an den Staatssekretär v. Bülow schrieb, es käme im ganzen „ja überhaupt mehr darauf an, daß wir *bemüht* erscheinen, den Frieden zu sichern, als ihn *wirklich* zu erhalten".[69] Der deutsche Reichskanzler erfuhr allerdings sehr bald, daß England bei allem harten Gegensatz zu Rußland einen „Zustand der Erwartung und Unsicherheit", der „Handel und Erwerb auf geradezu unerträgliche Weise schädige"[70], baldmöglichst beenden wollte. Überdies mahnte die innenpolitische Krise in Rußland zur Vorsicht und gegebenenfalls zur konservativen Solidarität. Als Vera Sassulitsch, die am 5. Februar auf den Petersburger Stadtpräfekten General F. F. Trepow ein Attentat verübt hatte, am 12. April von einem Geschworenengericht freigesprochen wurde, war das ein Zeichen der Zeit, das in einem erneuten Krieg für den Fall der Niederlage des Zarismus die Gefahr einer Revolution deutlich anzeigte. Wenn sich also in den kommenden Wochen Bismarck um die Erhaltung des Friedens und um einen für alle annehmbaren Kompromiß bemühte, war dies das Ergebnis nüchternen Überlegens und Abwägens.

In den Wochen vom März bis Anfang Juli waren noch Spannungen und Friktionen zu meistern. Geradezu gefahrvoll war die gegenseitige Habachtstellung der Streitkräfte in der Nähe Konstantinopels: Russische Armee-Einheiten hielten einige Streifen am Marmarameer besetzt; britische Schlachtschiffe wiederum ankerten bei den Prinzeninseln, auf denen auch Landetruppen Gefechtsübungen machten. Die britischen Panzerschiffe leuchteten mit den damals höchst modernen elektrischen Scheinwerfern das Marmarameer ab, um unter Umständen russische Torpedoboote auszumachen. Das alles schuf eine unheilschwangere Atmosphäre, in der Heißsporne unversehens Zwischenfälle provozieren und damit einen Brand zu entfachen vermochten, den England nicht wollte und Rußland nicht durchstehen konnte.

Hier ergriff Bismarck am 9. April 1878 die Initiative und schlug sowohl London wie Petersburg ein Auseinanderrücken der Streitkräfte vor: Rückzug der Briten möglichst durch die Dardanellen und den der Russen vom Marmarameer. Nachdem Bismarcks Vorschlag aufgegriffen worden war, kamen „Waffenstillstandsverhandlungen ohne wirklichen Krieg“ zustande, wie Lord Salisbury sarkastisch formulierte.[71] Das ermöglichte Bismarck, noch auf einem weiteren Felde aktiv zu werden, auf dem er sich mit Schuwalow traf, dem russischen Botschafter in Großbritannien, der im Mai auf der Durchreise von London nach Petersburg wie auch auf seiner Rückreise Bismarck in Friedrichsruh aufsuchte.

Beide Politiker, die von jeher in grundsätzlichen Fragen übereingestimmt hatten, hielten einige Konzessionen des Zarismus an England für unvermeidlich. Zugleich besorgte Bismarck, daß die russische Konzessionsbereitschaft vorläufig nur gegenüber England wirksam sein könnte und forderte deshalb Schuwalow auf, Petersburg bewußtzumachen, „daß unsere Interessen Rußlands Verständigung mit Österreich uns noch wertvoller machten als die mit England“.[72] Zugleich wurde der deutsche Botschafter in Petersburg, v. Schweinitz, beauftragt zu mahnen: „Rußland möge von demjenigen, was ihm nicht gehöre, soviel an Österreich abtreten, daß diesem die englische Allianz entbehrlich werde“.[73]

Es war offensichtlich, daß Bismarck in erster Linie Österreich behilflich sein wollte. Dieses wiederum verlangte von Bismarck zusätzlich eine Vermittlung in England. Im Mai ließ Andrássy Bismarck bitten, auf England „im Sinne der Berücksichtigung unserer Punkte und speziell in Betreff Bosniens“ einzuwirken. Des Fürsten Wort würde „empfänglichen Boden finden, denn England hat ... sein traditionelles Mißtrauen gegen die deutschen Rathschläge, welches wir so lange bekämpft, endlich fallengelassen und wir können mit Genugtuung sagen, daß wir hierzu beigetragen haben“.[74]

Mehr Vertrauen in London hatte Bismarck allerdings nicht so sehr durch die Fürsprache Österreichs als durch seine zurückhaltende Taktik im internationalen Kräftespiel gewonnen; und damit hatte er eine Position erreicht, in der ihm die Vermittlerrolle mit Notwendigkeit zufallen mußte. Ende Mai wurde schließlich Berlin als Tagungsort für den internationalen Kongreß allgemein akzeptiert, so daß der 13. Juni als Eröffnungstag, wie London es vorschlug, fixiert werden konnte.[75]

In der Schlußphase der Kongreßvorbereitung kamen zwei wichtige Übereinkünfte zustande. Rußland und England einigten sich darüber, daß das in San Stefano projektierte bulgarische Staatsgebiet erheblich verkleinert und zudem in zwei getrennte politische Gebilde mit unterschiedlichem politischen Status geteilt werden sollte. Über die konkrete Form dieser allgemeinen Abmachung sollte noch der Kongreß befinden. Sonst durfte Rußland an den vorgesehenen asiatischen Eroberungen festhalten.

Österreich-Ungarn und England stimmten wenige Tage vor Kongreßbeginn in der bulgarischen Frage und hinsichtlich der Ansprüche Wiens auf Bosnien und die Herzegowina überein. Damit war der Kongreß außenpolitisch genügend vorgearbeitet. Doch mitten in seiner letzten organisatorischen und protokollarischen Vorbereitungsphase nahmen die wirtschafts- und innenpolitischen Gegensätze im Bismarckschen Deutschland dramatische Formen an.

Schritte und Wege zur innen- und wirtschaftspolitischen Wende

Spätestens seit 1875 umwarben den Reichskanzler schutzzöllnerisch gewordene Schwerindustrielle und Großbankiers, die wußten, was sie wollten. Den ostelbischen Junkern hingegen war in dieser krisenhaften Zeit eigentlich nur klar, wogegen sie waren, und da sie nicht kompromißbereit gegenüber dem Großkapital waren, konnten sie es auch nicht gegenüber Bismarck sein.

Von Ende Juni bis Juli 1875 erschien in der von Nathusius-Ludom geleiteten „Kreuz-Zeitung“ eine Artikelfolge unter dem Titel „Die Aera Bleichröder–Delbrück–Camphausen“,[76] was schon anzeigte, daß enge Gefolgsleute und Mitarbeiter Bismarcks ins Visier genommen werden sollten. Das vom Chefredakteur kräftig redigierte Elaborat eines Franz Perrot hatte politische Wirkung, weil es im traditionellen Organ der Altkonservativen erschien, den allgemeinen Unmut über die Folgen des Gründerkrachs ausnutzte und – nicht zuletzt – auf Bismarck zielte. Er sollte beim Leser als Helfershelfer oder gar als Werkzeug des angeblich jüdisch beherrschten „Banquier-Liberalismus“ denunziert werden.

Perrot schrieb, als hätte er die spätere Unterscheidung der Nazis zwischen „raffendem und schaffendem“ Kapital gelesen. Um das kritische Feuer voll auf das Bankkapital richten zu können, warf er den Ministern Delbrück und Camphausen ihre Verwandtschaft mit Bankiers vor. Sie wären zudem im „Millionär-Club“ in der Behrenstraße zu Hause, also bei Bleichröder, dem jüdischen Bankier, den man zum „intellektuellen Urheber“ der neudeutschen Wirtschaftspolitik erklärte, was auf jeden Fall falsch war, ob diese Meinung nun von seinen Anklägern oder seinen Lobrednern vertreten wurde. Von der absichtsvollen Überhöhung seines politischen Einflusses abgesehen, wurde Bleichröder mit dem vergifteten Lob bedacht, er habe sich um des Kanzlers Vermögenslage zu einer Zeit Verdienste erworben, als Bismarck, „um mit spärlichem preußischen Gesandtengehalt und ohne erhebliches Vermögen seinen Souverän in Petersburg, Paris und Frankfurt repräsentieren zu können, allerdings guten Rat in finanziellen Dingen haben mußte". Und über die Gegenwart notierte der Artikelschreiber: „Es ist bekannt, dass Herr v. Bleichröder mit dem Fürsten-Reichskanzler vielfach verkehrt". Diese Beziehungen wurden in den fünf Artikeln wie ein Thema mit Variationen behandelt. An anderer Stelle war vom reichen „Mitbürger semitischer Race und mosaischen Glaubens" die Rede, vom Bankier, der „das Ohr und das Vertrauen des leitenden deutschen Staatsmannes und seiner Minister besaß".[77]

Attackiert wurden nicht allein die Minister-Dioskuren Delbrück und Camphausen, sondern auch ein solches Abgeordnetentrio wie „die Herren Oppenheim–Miquel–von Kardorff". Die ganze Artikelserie endete mit einer Polemik gegen v. Kardorff, den schlesischen Magnaten und Schutzzöllner, vor dem die damals immer noch freihändlerischen Junker warnten. Sahen sie doch voraus, „daß die mächtige Coalition der großindustriellen Schutzzöllner mit der jüdischen hohen Finanz in nicht sehr ferner Zeit ihr Ziel erreichen dürfte".[78]

Bismarck reagierte auf den persönlichen und politischen Angriff zunächst gar nicht. Erst einige Monate später, am 9. Februar 1876, warf er der „Kreuz-Zeitung", die politischen Gesichtspunkte übergehend, „ehrlose Verleumdung" vor und verlangte, daß niemand „mit einem Abonnement sich indirekt daran beteiligen"[79] solle. Daraufhin antworteten sechsundvierzig Urkonservative, unter ihnen auch der alte Adolf v. Thadden, in einer „Deklaration", in der Bismarcks Anschuldigungen und seine „Belehrungen über Ehre und Anstand" im Tone beleidigten Aristokratenstolzes zurückgewiesen wurden und die Unterzeichner sich für zuverlässige Stützen des Thrones erklärten. Ihre Zahl verdoppelte sich in den nächsten Wochen. Voller Grimm stempelte Bismarck diese „Deklaranten" als Übeltäter ab und veranlaßte die Veröffentlichung ihrer Namen im „Reichsanzeiger". Ließ er sich hier ausschließlich vom persönlichen Groll, von der „Reizbarkeit seines Charakters", wie Károlyi nach Wien schrieb,[80] leiten? Gegen eine solche Interpretation spricht schon die Tatsache, daß der Kanzler nach dem Angriff der „Kreuz-Zeitung“ einige Monate bis zum Gegenangriff verstreichen ließ, bis er nämlich wußte, daß sich unter Industriellen und Agrariern ein organisierter Antiliberalismus heranbildete, der jedoch mit dem urpreußischen Konservatismus nicht identisch war.

Nicht vornehmlich der persönliche Groll, sondern eine politische Überlegung veranlaßte Bismarck, die „Deklaranten“ auf eine Art Proskriptionsliste setzen zu lassen. Ihre Geisteshaltung hatte sich nämlich als ein ernst zu nehmendes Hindernis für die Neuformierung einer konservativen Partei erwiesen, die das zunehmende Gewicht des Industrie- und Bankkapitals zu berücksichtigen imstande war. Die Modernisierung einer solchen Partei im Sinne des Anpassens an die ökonomisch-soziale Entwicklung der „neuen Zeit“, wie sich Bismarck gelegentlich ausdrückte, war die Voraussetzung für die politische Übereinkunft und Zusammenarbeit zwischen Agrariern und Industriellen, zwischen Konservativen und rechten Liberalen. Nur ein derartiges Bündnis machte eine neue Ausrichtung der Finanz- und Wirtschaftspolitik des Reiches möglich.

Bei der Umgruppierung der ökonomisch-sozialen und politischen Kräfte war Bismarck sowohl Treiber wie Getriebener. Nach der schon früher erwähnten Eisenindustriellen-Deputation am 1. Dezember 1875 beim Reichskanzler schrieb Louis Baare, der Generaldirektor des „Bochumer Vereins für Bergbau und Gußstahlfabrikation“ und überzeugte Schutzzöllner, am 9. Dezember 1875 an den Verbandssekretär des „Vereins deutscher Eisen- und Stahlindustrieller“: „Wenn wir eine großangelegte Agitation beginnen wollen, die darauf gerichtet sein müßte, den Kaiser, das heißt Bismarck, zu zwingen, die Minister zu wechseln, . . . so können wir solche Macht nur erlangen, wenn wir uns mit anderen Elementen vereinigen“.[81] Mit anderen Elementen? Das bedeutete, daß man sich zunächst bemühen wollte, möglichst viele Industrielle, gleichgültig, welche wirtschaftspolitische Auffassung sie hatten, in eine große Organisation zu bringen, um in ihr und von ihr aus für den Schutzzoll zu wirken.

Diesem zielbewußten Ratschlag folgte auch Wilhelm v. Kardorff, als er für den 14. Dezember zu einer Versammlung von Vertretern des „Vereins deutscher Eisen- und Stahlindustrieller“, des „Vereins süddeutscher Baumwollindustrieller“ und einiger Fabrikanten anderer Branchen einlud. Bei dieser Zusammenkunft waren sich die Industriellen über die Frage der zukünftigen Wirtschaftspolitik und insbesondere über Charakter und Ausmaß des Schutzzolles noch längst nicht einig. Man erkannte nur die Notwendigkeit, sich zusammenzuschließen, denn immerhin hatten sich jetzt Industrielle aus dem Süden wie dem Norden, von Oberschlesien bis nach Berlin und dem Ruhrgebiet eingefunden. Diese gesamtdeutsche Zusammenkunft sollte die Gründung eines zentralen Verbandes vorbereiten. Als tüchtige Geschäftsleute gingen sie ohne Zeitverlust ans Werk.

Bereits am 15. Februar 1876 wurde der „Zentralverband deutscher Industrieller" aus der Taufe gehoben, wohlgemerkt, sechs Tage nach Bismarcks Angriff auf die „Kreuz-Zeitung", der die Deklarantenaffäre ausgelöst hatte. Dieser neugegründete Zentralverband, der den Schutzzoll als Losungswort immer noch nicht offen proklamieren konnte, förderte jedoch schon damals alles, was eine Dezimierung der freihändlerischen nationalliberalen Mehrheit im Reichstag bewirken konnte, und suchte deshalb des Bündnis mit jenen Großgrundbesitzern, die vom Freihandel abzufallen begannen.

In dem Maß nämlich, wie nach Ausbruch der Agrarkrise von 1875 die deutschen Getreideproduzenten den englischen Absatzmarkt verloren und sich zugleich auf dem Binnenmarkt der ausländischen Konkurrenz gegenübersahen, wuchsen auch jene Kräfte unter den Junkern, die, ähnlich wie ein zunehmender Teil der Industriellen, nach einem „Schutz der nationalen Arbeit" riefen. Da der traditionelle „Kongreß deutscher Landwirte" nur den freihändlerischen Interessen der Getreideexporteure diente, gründeten Rittergutsbesitzer und Agrarpublizisten sieben Tage nach der Konstituierung des „Zentralverbandes deutscher Industrieller", also Ende Februar 1876, die Vereinigung „Deutsche Steuer- und Wirtschaftsreformer" als zunächst noch schüchternen Auftakt zur großagrarischen Zollagitation. Schließlich war die Masse der Agrarier von ihrer traditionellen Freihandelsdoktrin und -praxis nicht so rasch abzubringen. Der Beginn einer neuen Bewegung unter den Großagrariern aber war von den Eisenindustriellen im Zentralverband sofort honoriert worden, indem sie auf die Gründungsversammlung der großagrarischen Vereinigung einen Vertreter schickten.

Sieht man Bismarcks Auftreten im Reichstag gegen die „Kreuz-Zeitung" und die hinter ihr stehenden Junker, die Gründung des „Zentralverbandes deutscher Industrieller" und der Vereinigung „Deutsche Steuer- und Wirtschaftsreformer" in ihrem chronologischen Zusammenhang, dann könnte man geradezu von einer Februarwende in Richtung auf eine neue Wirtschafts- und darüber hinaus Innenpolitik sprechen. Seit dieser Wende, die jene von 1878/79 gleichsam ankündigte, begannen sowohl ein Differenzierungsprozeß unter den Altkonservativen wie auch die Zersetzung des Beamtenliberalismus. Sichtbares Zeichen dafür war der Rücktritt Rudolph von Delbrücks als Präsident des Bundeskanzleramtes am 25. April 1876. Der „Generalstabschef des Freihandels“ war in dem berüchtigten Kreuzzeitungsartikel sozusagen Mitangeklagter der Kardorff und Bleichröder, die aber eine seiner bisherigen Wirtschaftspolitik entgegengesetzte Aktivität entfalteten, der sich der Reichskanzler im Zeichen der Februarwende deutlich genug zuwandte. Delbrück kannte Bismarck viel zu gut, um nicht vorauszusehen, daß es mit ihm früher oder später zu einem eklatanten Bruch kommen müsse. Deshalb wollte er rechtzeitig gehen, anstatt gegangen zu werden. Sein Rücktritt kam auch für besteingeweihte Politiker überraschend, nicht zuletzt für den Reichskanzler selbst, der nun Zuflucht zu den verschiedensten Erklärungen für das Vorgefallene nahm. In solchen Fällen konnte Bismarck auch larmoyant werden; so beklagte er sich über den alten Kaiser, er habe ihm „Delbrück genommen“,[82] womit er darauf anspielte, daß Majestät das Demissionsgesuch des liberalen Beamten rasch angenommen hatte.

Jedenfalls kam Delbrücks Amtsniederlegung Bismarck in diesem Augenblick ungelegen, weil er trotz seines intern geäußerten Unmuts über die Liberalen das Zusammenspiel mit ihnen so lange nicht aufkündigen wollte, bis die Konservative Partei neu formiert war. Schon drängte sich aus ihren Reihen eine neue Führungsfigur hervor, der thüringische Rittergutsbesitzer v. Helldorf-Bedra.

Nach umsichtigen Verhandlungen, zu denen auch enger Kontakt mit Bismarck gehörte, kamen konservative Parteipolitiker am 6. Juni 1876 in Frankfurt am Main zusammen und beschlossen einen Gründungsaufruf der Deutschkonservativen Partei. Der Ort der Zusammenkunft und der vorgeschlagene Parteiname zeigten bereits an, daß der preußische Partikularismus der Altkonservativen überwunden werden sollte. Überdies befanden sich unter den siebenundzwanzig Unterzeichnern neben elf Konservativen aus dem ostelbischen Preußen auch solche aus Bayern, Sachsen, Baden und Hessen. Naturgemäß kamen auch die Neukonservativen vornehmlich aus dem agrarischen Ostelbien. Indem sie sich jedoch mit anderen auf dem nationalstaatlichen Boden zusammenfanden, zeigten sie schon größere Aufgeschlossenheit, um mit den politisch sich gleichfalls neu bildenden Kräften des Industrie- und Bankkapitals einen Kompromiß einzugehen. Dazu war man bereit, auch wenn der Gründungsaufruf für die Deutschkonservative Partei gegen die „Bevorzugung des großen Geldkapitals" und das „Überwuchern der Spekulationen und des Aktienunwesens" opponierte und damit politisch Tuchfühlung mit den Kreuzzeitungsleuten bewahrte.

Im wirtschaftspolitischen Teil des Gründungsaufrufs rückten die Deutschkonservativen vorsichtig vom Freihandelsstandpunkt ab, indem sie erklärten: „Gegenüber der schrankenlosen Freiheit nach liberaler Theorie wollen wir im Erwerbs- und Verkehrsleben eine geordnete wirtschaftliche Freiheit". Es verstand sich von selbst, daß man für eine „kräftige obrigkeitliche Gewalt" eintrat und gegen die „Ausschreitungen der sozialistischen Irrlehren" wetterte.

Im gesamten machte sich die Auflockerung der altkonservativen Verstocktheit, die Abkehr vom urpreußischen Partikularismus und der Wille zum Zusammenwirken mit besitzbürgerlichen Kräften unter der eingängigen Losung: „Schutz der nationalen Arbeit" politisch bezahlt. Bei den Reichstagswahlen vom 10. Januar 1877 konnten die neuformierten, deutschnational gewordenen Konservativen ihre Mandate gegenüber 1874 nahezu verdoppeln; mit 9,8 Prozent der Stimmen gewannen sie vierzig Mandate, die Freikonservativen erhielten nur 38. Das war Ausdruck eines allgemeinen Rechtsrucks. Die Nationalliberale Partei mit ihren 128 Abgeordneten stellte zwar immer noch die weitaus stärkste Fraktion, aber ihr linker Flügel verlor mehr und mehr an Einfluß. Das Schlagwort vom „Schutz der nationalen Arbeit" beeinflußte die gesellschaftliche und politische Atmosphäre so stark, daß die Zentrumspartei mit ihren 93 Mandaten die Chance spürte, durch Eintreten für die Schutzzollpolitik einen Abbau des Kulturkampfes zu erreichen, zumal es in der Kirchenpolitik manche Berührungspunkte mit den Konservativen gab.

Die in Gotha 1875 vereinigte Sozialdemokratie war mit 9,1 Prozent der abgegebenen Stimmen zur viertstärksten Partei geworden, brachte allerdings durch die bürgerliche Einheitsfront bei den Stichwahlen nur 12 Abgeordnete in den Reichstag. Somit war mit dem Rechtsruck zugleich eine Polarisierung der innenpolitischen Kräfte verbunden. Der Antisozialismus wurde jetzt noch militanter als vorher, und zwar in der Presse aller Parteirichtungen. Der

Führer der linksliberalen Fortschrittspartei, Eugen Richter, hielt im Mai 1877 einen Vortrag, in dem es hieß: „Lassen Sie uns den Kampf der Fortschrittspartei mit den anderen politischen Parteien nach rechts hin immer als Nebensache betrachten, und verweisen wir unsere Freunde, wie andere politische Parteien, darauf, daß es unsere Hauptaufgabe ist, den uns allen gemeinsamen Gegner, die Sozialdemokratie, zu besiegen“.[83]

Die Januarwahlen gaben den Befürwortern des Schutzzolls neuen Auftrieb. Bereits Mitte Februar 1877 erklärte der „Zentralverband deutscher Industrieller“ als Nahziel seiner Aktivitäten die Partnerschaft mit den landwirtschaftlichen Vereinen. Zu gleicher Zeit tagte die Generalversammlung der „Steuer- und Wirtschaftsreformer“, die in der Zollfrage eine weitere Annäherung an die Vorstellungen der Industriellen erkennen ließ. Nachdem die industriellen und landwirtschaftlichen Schutzzöllner im Laufe des Jahres 1877 immer näher aneinandergerückt waren, veranlaßte Bismarck Ende des Jahres, daß im Reichskanzleramt zunächst streng geheim eine Zollreformvorlage ausgearbeitet werde. Der Öffentlichkeit konnte es hingegen nicht geheim bleiben, daß er den Vortragenden Rat Christoph Tiedemann auf die Generalversammlung schickte, die beide protektionistische Interessenverbände Mitte Februar 1878 nach Berlin einberufen hatten.

*

Daß Bismarck nicht nur Getriebener, sondern auch Treiber war, zeigte er in immer umfassenderem Sinne. Was ihn den Schutzzöllnern näherbrachte, war, abgesehen von seinem persönlichen Gewinnstreben als Grundbesitzer, das politische Interesse, seine bonapartistische Majordomus-Stellung auch im Reichsmaßstab zu sichern und möglichst auszubauen.

Etwa in der gleichen Zeit, da die Schutzzollagitation in Gang kam, forderte die prekäre Finanzlage des Reiches und das umständlich gewordene Finanzierungssystem zur Diskussion heraus. Die Wirtschaftskrise brachte weniger Steuern ein; die französische Milliardenkontribution war verbraucht. Unter solchen Umständen erwies es sich als besonders lästig, daß das Reich keine oberste Finanzverwaltung hatte, vielmehr von den sogenannten Matrikularbeiträgen der Einzelstaaten abhängig war, die wiederum durch die einzelnen Landtage und den Reichstag beschlossen werden mußten. Damit waren auch Fragen der Herrschaftsmethoden, also des Staats- und Verfassungsrechts, verbunden.

Bismarck, der nach der außenpolitischen Frühjahrsaufregung des Jahres 1875 Berlin verlassen hatte, er hielt sich weit weg im hinterpommerschen Varzin auf, mußte nach Monaten wieder einmal im Reichstag erscheinen. Am 22. November, also noch vor der Februarwende 1876, hatte er in die Debatte über die Erhöhung der Brausteuer eingegriffen, um generell zur Steuerreform einige seiner Vorstellungen zu erläutern.

Die systematische oder gar wissenschaftlich fundierte Darlegung seiner Gedanken entsprach nicht seiner Wesensart und darum auch nicht dem Stil seiner Reden. Der innere Impuls seiner Parlamentsreden ging nahezu immer von seinen jeweiligen politischen Interessen aus, die er in wenigen, bisweilen scharf pointierten Sätzen zum Ausdruck brachte, manchmal sogar in lockeren, geradezu im Plauderton gehaltenen Bemerkungen über seine politischen und ministeriellen Erfahrungen, oft mit humorvoll-sarkastischen Anspielungen auf seine Gegner, meist geistreich und von urwüchsiger Bildkraft, mitunter aber auch von erstaunlicher Banalität, besonders wenn er es mit solchen Gegnern wie den Sozialdemokraten zu tun hatte, die für ihn eben im wahrsten Sinne des Wortes indiskutabel waren.

Mit letzteren hatte er es in der Rede vom 22. November nicht zu tun, vielmehr mit dem sich linksliberal gebärdenden Eugen Richter, der in der Debatte geäußert hatte, für den Reichstag sei Bismarck durch seine lange Abwesenheit mehr und mehr eine mythische Person geworden, der nachgerade zu viel Verantwortlichkeit aufgebürdet würde.

Zur Sache selbst verwies Bismarck auf den Zusammenhang zwischen der Zollreform und der „totalen Steuerreform". Er trat für eine Verminderung oder gar vollständige Abschaffung der Matrikularbeiträge ein und lehnte die direkten Steuern als „einen harten und plumpen Notbehelf" strikt ab. Damit wurde die ganze Problematik der Einkommens- und Grundsteuer vom Tisch gewischt. Schwerlich kann man hier horrenden Eigennutz des junkerlichen Grundrentenprofiteurs übersehen. Sein „Ideal" sah er darin, „möglichst ausschließlich durch indirekte Steuern den Staatsbedarf aufzubringen".[84] Damit kam er relativ ausführlich auf die „Verzehrungsgegenstände" zu sprechen, für deren Genuß „Beiträge zum öffentlichen Steuersäckel" zu entrichten wären, so beim Kaffee und vor allen Dingen beim Tabak; „ich kann", so fuhr er fort, „die Zeit kaum erwarten, daß der Tabak höhere Summen steuere, so sehr ich jedem Raucher das Vergnügen gönne.

Analog steht es auch mit dem Bier, dem Branntwein, dem Zucker, dem Petroleum und allen diesen großen Verzehrungsgegenständen, gewissermaßen den Luxusgegenständen der großen Masse.“[85]

Am Ende kam eine Banalität, bei der sich schwer unterscheiden läßt, was Überzeugung und was Demagogie war. Bismarck erklärte nämlich: „Die Luxusgegenstände der Reichen würde ich sehr hoch zu besteuern geneigt sein; sie bringen aber nicht viel: Trüffeln und Equipagen, was können sie bringen? Da kommen wir in eine Menge kleinlicher Gegenstände, ausländische Toilettengegenstände und dergleichen; ich würde sie mit dem Zoll unter Umständen sehr hoch fassen; sie sind ja eigentlich noch würdiger wie der Tabak, recht schwer belastet zu werden“.[86] Hier sprach aus dem Kanzler ein fast naiver Junkeregoismus, der ihm kleinlich-ausführliche Aufrechnung beim kleinen Mann und generöse Negierung der Lebens- und Luxuskosten der Reichen eingab, für die – daran sei noch einmal erinnert – keine progressiven Einkommenssteuern in Frage kommen sollten, jene von ihm so schneidig abgelehnten direkten Steuern.

Es wird fast durchweg zuwenig beachtet, daß Bismarck in dieser lang erwarteten Rede vom 22. November 1875 auf die Staatsrechtsfragen fast genausolange einging wie auf Steuerfragen. Ohne diplomatische Umschreibung erklärte er den Liberalen: „Zu einer so undankbaren Rolle, wie die eines Ministerpräsidenten in einem kollegialisch wirkenden Ministerium ist, würde ich mich . . . unter keinen Umständen weiter hergeben, so undankbar, so machtlos, so ohnmächtig und dabei doch so schwer verantwortlich ist diese Rolle“.[87]

In dem von ihm so oft geübten Stil grotesker Übertreibung meinte er noch, in einer liberal-kollegialen Idealregierung selbständiger Ressortminister könne der Ministerpräsident nicht einmal einen Nachtwächter ernennen, er habe „immer nur zu bitten, zu beschwören und zu vermitteln, wenn Meinungsverschiedenheiten sind, aber zu sagen hat er eben gar nichts“.[88] Zur Groteske gehörte auch ein Schuß Demagogie, so etwa wenn er den Reichstagsabgeordneten scheinbar besorgt zu bedenken gab, seine Regierung würde „nie imstande sein, Ihnen das Reichsbudget zur rechten Zeit vorzulegen, auch in diesem Jahr nicht, wenn wir nicht das Entscheidungsrecht eines allein verantwortlichen Kanzlers hätten“.[89]

Bismarck erinnerte die Liberalen, die den Zeitpunkt nahe sahen, an dem sie durch parlamentarische Obstruktion und öffentlichen Druck die „Reichskanzlerische Verfassung“ Stück für Stück abbauen könnten, an die Kraft der überkommenen Gewalten. Halb als berechnende Warnung, halb als überzeugte Mahnung hielt er ihnen vor: „Das Reich ist wirklich, ich wiederhole es, noch nicht in sich verwachsen genug, um der Boden zu sein, auf dem Kraftproben angestellt werden können“.[90] In der Tat: Die Niederlage der demokratischen Revolution von 1848/49 und die ungenügende Wirksamkeit der Volksbewegung von 1865/66, die durch die Bismarcksche Revolution von oben sozusagen aufgefangen wurde, ließen im politischen Reichsausbau nach 1870 noch manches Retardierende weiterwirken.

Von der Parteienkonstellation mit ihren teilweise kirchlich bedingten Gegensätzen einmal abgesehen, waren die partikularistischen Kräfte auch nach der Reichsgründung noch so stark, daß politische Vorsicht selbst für einen Bismarck geboten war. Er mußte nicht nur Rücksicht nehmen auf die nach 1866 noch verbliebenen Dynastien, sondern auch auf die mannigfachen Sonderinteressen in den einzelnen Ländern, kurz, auf deren historisch gewordenes Milieu mit allen seinen Eigenheiten.

Das machte sich auch bei der notwendigen Neuordnung des Eisenbahnwesens, die mit der Finanzreform im Reich zusammenhing, sehr deutlich bemerkbar. Seit 1873 war das Reich bemüht gewesen, seine Kompetenzen in diesem reichlich zersplitterten Verkehrsbereich zu erweitern. Dennoch konnte das damals errichtete Reichseisenbahnamt nicht viel ausrichten; das Reichseisenbahngesetz von 1874 scheiterte am Widerstand der größeren Einzelstaaten wie an den zahlreichen Privatbahnen. Vorerst blieb noch die Zersplitterung im Eisenbahnwesen in ihren wunderlichen und verwunderlichen Formen. Im November 1875 wurde allein in Preußen das Bahnnetz mit knapp 16700 km in 63 Einzelgebieten von 50 Vorständen verwaltet; darunter waren 49 Privatbahnen mit mehr oder minder selbständigen Vorständen. Ein Schrecken für die Kaufleute waren die nahezu 14000 verschiedenen Tarife, die im Reich existierten, selbst ohne Bayern.[91]

Bismarck wollte nun trotz aller bisherigen Fehlschläge diesen Wirrwarr durch eine umfassende Verstaatlichung des Privateisenbahnsystems und Überführung aller Staatsbahnen in die Reichsverwaltung beenden. Daran war auch der Generalstab interessiert, der auf eine möglichst reibungslose Mobilmachung bedacht sein mußte. Doch für den Kanzler war das Kalkül noch wichtiger, durch die Reichseisenbahnen zusätzliche Finanzquellen zu erschließen, die ihn vom Reichstag mit seinen Budgetkompetenzen unabhängiger machen könnten.

Natürlich wußte Bismarck, daß er angesichts der mannigfachen Widerstände seine Reichseisenbahnpläne bestenfalls in Etappen verwirklichen könnte. Wenn auch im Jahr 1876 das Abgeordneten- und Herrenhaus dem Verkauf der preußischen Staatsbahnen an das Reich zustimmte, war er auf dem beschwerlichen Wege parlamentarischer Beschlüsse und ministerieller Durchführungsbestimmungen noch längst nicht am Ende. Da brachten der Finanzminister v. Camphausen und der Handelsminister v. Achenbach im preußischen Staatsministerium einen Mehrheitsbeschluß zustande, nach dem Bismarcks Eisenbahnvorlage nur unter dem Vorbehalt gebilligt wurde, daß die übrigen Bundesstaaten dem preußischen Beispiel folgten. Die beiden Minister verkörperten in merkwürdiger Weise partikularistischen Staatsegoismus preußischer Observanz und marktwirtschaftlichen Liberalismus.

Die Renitenz im preußischen Staatsministerium, also im eigenen Haus, war für Bismarck bitterer als der zu erwartende Widerstand der nichtpreußischen Länder; sie konnten ja im Bundesrat mitreden und mitbeschließen, falls Bismarck dort den Antrag stellen ließe, das Reich solle die von Preußen angebotenen Bahnen kaufen. Die Ablehnung eines etwaigen Antrages wurde um so wahrscheinlicher, als die Klein- und Mittelstaaten, insbesondere Bayern und Sachsen, voraussahen, wie sie nacheinander zum Verkauf ihrer Verkehrseinrichtungen gezwungen werden könnten, falls das Reich sein Gesetzgebungs- und Beaufsichtigungsrecht durch den Besitz der preußischen Staats- und Privatbahnen voll realisierte. Bismarcks Absichten widerstrebend, verbanden sich mit den staatlichen Partikulargewalten und privaten Aktionären eine Anzahl liberaler Parlamentarier.[92] Der Abgeordnete Ludwig Bamberger gehörte zu den liberalen Skeptikern, die sich von den Doktrinen der freien Konkurrenz leiten ließen und die bonapartistische Staatsallmacht fürchteten.

Auf politische und ökonomische Vorteile durch eine einheitliche Verkehrspolitik hoffend, war hingegen die Mehrheit der Nationalliberalen bereit, Bismarck entgegenzukommen. Eduard Lasker, der linke Flügelmann der nationalliberalen Fraktion, war diesmal im preußischen Abgeordnetenhaus der Hauptverteidiger der Bismarckschen Eisenbahnpläne. Aber wie stets lag ihm neben dem Ausbau der unitarischen Institutionen auch an dem der Parlamentsrechte. Da aber Bismarck gerade das letztere nicht wollte, konnte er sich der Zustimmung Laskers und der Mehrheit seiner Fraktion doch nicht recht freuen. Es schien ihm, alles in allem genommen, doch geraten, seine Reichseisenbahnpläne trotz anfänglicher parlamentarischer Erfolge in Preußen vorerst nicht weiter zu verfolgen.

*

Im Laufe des Jahres 1876 erwiesen sich die für die bisherige Wirtschaftspolitik maßgebenden Persönlichkeiten im preußischen Staatsministerium und die Mehrheitsverhältnisse im Reichstag als ernstes Hindernis für die Verwirklichung der Bismarckschen Steuer- und Verkehrspläne ebenso wie für die Einführung der Schutzzölle, denen er mehr und mehr zuneigte. Der Kanzler geriet in eine krisenhafte Situation, die er durch Inszenierung von Sonderkonflikten zu bewältigen versuchte.

Zuerst legte er sich mit den liberalisierenden Staatsbeamten an. Die – anders als Rudolph von Delbrück – keineswegs zur Resignation neigenden und sehr geschickt lavierenden Staatsminister Camphausen und Achenbach gaben ihm zunächst keinen Anlaß, demonstrativ ihre Demissionen zu verlangen. Den glaubte er bei General Albrecht von Stosch zu finden, der als Chef der Kaiserlichen Admiralität auch dem preußischen Staatsministerium angehörte. Bismarck nahm hier einen Mann aufs Korn, der sich politisch im Dunstkreis des liberalisierenden Kronprinzen und solcher Ratgeber wie des Freiherrn von Roggenbach, des Schriftstellers Gustav Freytag und des Danziger Reichstagsabgeordneten Rickert bewegte und der zudem als Kanzlerkandidat des zukünftigen Kaisers galt.

Wie konnte er aber diesen „parlamentarischen General" und potentiellen Nebenbuhler von der politischen Bühne bringen? Was war des Kanzlers Regiekonzept? Veränderte es sich während des In-Szene-Setzens? Es begann, völlig überraschend, mit einem parlamentarischen Degenstoß. Am 10. März 1877 beschuldigte Bismarck in einer Reichstagsrede den Chef der Marineverwaltung und Ministerkollegen, er habe im vorigen Jahr auf einen Teil seiner Budgetforderungen, die vorher mit größter Mühe dem Präsidenten des Reichskanzleramtes abgerungen worden waren, auf Wunsch des linksliberalen Abgeordneten Eugen Richter verzichtet. Das lieferte Bismarck die Stich-Worte, um maliziös zu erklären: „Ich konnte nicht erwarten, daß die Autorität oder die Überredungsgabe des Herrn Richter um so viel stärker wie die meinige auf die Marineverwaltung wirken würde".[93]

Wie das alles auch im einzelnen gewesen sein mochte, der spektakuläre Überfall auf einen Ministerkollegen war persönlich und politisch ein Skandal, der die beabsichtigte Wirkung zeitigte. Stosch antwortete, wie das die dienstliche Gepflogenheit erforderte, mit einem Abschiedsgesuch. Doch der Kaiser lehnte es ab, denn für ihn war Stosch allen liberalen Neigungen zum Trotz ein in zwei Kriegen bewährter General. Und schließlich ließ sich Wilhelm auch von einem Bismarck in seiner ureigenen Domäne, Heer und Marine, nicht unter Druck setzen.

Die Liberalen hatten ein Paradebeispiel erlebt, wie rücksichtslos und jeglichem Ehrenkodex zuwider Bismarck handeln konnte, wenn es um politische Machtfragen ging. Gustav Freytag, Stoschs Freund, schrieb empört über diesen „Ausfall des Kanzlers", „die überall durchscheinende Gewissenlosigkeit, welche um augenblicklicher Vorteile willen die Wahrheit preisgibt, werde unleidlich".[94]

Bismarck aber war nicht so geartet, eine Niederlage ohne weiteres einzustecken. Er reagierte damit, daß er seinerseits ein Abschiedsgesuch an den Kaiser schickte und dabei auf seine zerrüttete Gesundheit verwies. Labil war sie sicherlich; aber dieses Ersuchen, über das die Presse, besonders eindringlich die offiziöse, sofort berichtete, war vornehmlich politisch motiviert. Fraglich ist nur, ob sein Rücktrittsgesuch auch schriftlich formuliert worden war, denn bis zum heutigen Tage ist es in den sonst wohlgeordneten Akten nicht aufzufinden. Alles spricht dafür, daß Bismarck das Gesuch mündlich in der Audienz beim Kaiser vorgetragen und dieser sein vielzitiertes „Niemals" nur gesprochen, nicht unter ein Schriftstück gesetzt hat. Auch mit dieser spontanen Reaktion war der Kaiser festgelegt.

Um der ganzen Angelegenheit einen melodramatischen Effekt zu geben, brachte Bismarck unter Beamten und Diplomaten das Geschichtchen in Umlauf, es habe bei seinem Zusammentreffen mit dem Kaiser „ergreifende" Momente gegeben, „wobei auch das Wort ‚Abdication' fallen gelassen worden wäre für die Eventualität, daß der Kanzler auf immer sich zurückziehen würde".[95] Tatsächlich dachte er zu dieser Zeit keineswegs daran, seinen Abschied zu nehmen. Vielmehr wollte er den Kaiser, der ihm in der Angelegenheit des Generals v. Stosch nicht gefolgt war, derart in

Verlegenheit bringen, daß alle Welt von einer „Kanzler-Krisis" sprach.

Die Presse des In- und Auslandes beschäftigte sich mit ihr, die Liberalen beantragten eine Debatte im Reichstag, und Bennigsen sprach in seiner Rede von der „großen Aufregung in Europa", weil Bismarcks Abschiedsgesuch schwerwiegende „Fragen staatsrechtlicher, politischer und persönlicher Art" aufgeworfen habe. Die Mehrheit der öffentlichen Äußerungen war auf den Ton des Bedauerns und des Beschwörens gestimmt. Am Geburtstage des Fürsten-Reichskanzlers beglückwünschten ihn der Kaiser, der Kronprinz und der Großherzog von Baden und suchten ihn umzustimmen. Aus dem Abschiedsgesuch wurde in den folgenden Tagen unversehens ein Urlaubsgesuch, das für den Kaiser einen Ausweg aus dem Dilemma schuf, das er am Vorabend des russisch-türkischen Krieges zu bewältigen hatte. In einem Moment, da die europäischen Mächte unter Umständen in den Orientkonflikt hineingezogen werden konnten, mußte es für jeden, der auf dem Boden des Hohenzollernstaates stand, als unmöglich erscheinen, den Reichsgründer und erfahrenen Außenpolitiker in den Ruhestand gehen zu lassen. Nur die Kaiserin war blind in ihrem Haß, sie wollte die Annahme des Bismarckschen Abschiedsersuchens.[96]

Am 15. April 1877 konnte sich der Fürst für viele Monate auf seine Güter zurückziehen, befreit von den laufenden Amtsgeschäften, doch mit der Maßgabe, daß er nötigenfalls zu Rate gezogen werde und seine Rechte und Pflichten bei der Gegenzeichnung kaiserlicher Erlasse voll wahren könne.

Da Graf Herbert, der älteste Sohn Otto von Bismarcks, schon seit Januar 1877 neben seiner interimistischen Tätigkeit in der Wiener Botschaft zumeist bei seinem Vater in Berlin Dienst tat,[97] konnte er während dessen langer Urlaubszeit immer wieder im Reichskanzleramt nach dem Rechten sehen. Das war um so mehr geboten, als Bismarcks formeller Vertreter, der frühere hessische Minister v. Hofmann, erst seit Delbrücks Abgang im Amte war.

Daß es dem alternden Bismarck unmöglich sein würde, sich politisch zur Ruhe zu setzen, war bereits Ende 1875 klug beobachtet worden. Damals, als Friedrich von Holsteins Urteile noch nicht von antibismarckschen Ressentiments verzerrt waren, schrieb er an den Kanzlersohn Herbert mit politisch-psychologischem Scharfsinn, auf Rücktrittsabsichten Bismarcks anspielend: „Ich glaube, *geistigen* Abschied von seinem bisherigen historischen Wirkungskreis nimmt er *nicht*. Und bloßes Beobachten ohne mögliches Eingreifen ist für einen Mann von seinen Gewohnheiten vielleicht auch angreifend. Er ist aus dem Rahmen der Minister heraus – in den der Souveräne hineingestiegen. Ein Souverän dankt nicht ab, er tritt nur einen Teil der Regierungslast ab, wenn er älter wird. Ihr Vater ist eben der Souverän der deutschen öffentlichen Meinung."[98] In der Tat machte eben dies die schier unangreifbare Stellung Bismarcks in der sogenannten Kanzlerkrisis aus. Sein Rücktrittsgesuch war nicht mehr das eines beamteten Ministers, sondern einer historischen Persönlichkeit.

In der Außenpolitik konnte der Reichskanzler beruhigt sein; hier hatte er vorgesorgt, Rußland war vom Westen und damit von eventuellen Kombinationen mit Frankreich abgelenkt. Und was den Orientkonflikt und die Stellung Deutschlands in Europa betraf, so hatte er sich programmatisch in seinem berühmten Kissinger Diktat vom 15. Juni 1877 geäußert. Doch das Wichtigste war jetzt die Innen- und Personalpolitik, deren Ziele er bald durch die offiziöse Presse vom Urlaub aus in aller Offenheit verkünden ließ.

Die seit dem „Krieg-in-Sicht"-Artikel vom April 1875 wohlbekannte „Post" verwies in ihrem Beitrag „Zur Kanzlerkrisis" auf Bismarcks Reformpläne, die sich auf Gebiete bezogen wie die sozialpolitische Gesetzgebung, das Steuersystem im Reich wie in den Einzelstaaten, die Eisenbahnfrage.[99] Zum ersten Mal wurde in der Öffentlichkeit unter den Bismarck beschäftigenden Hauptthemen auch die Sozialpolitik genannt. Auf die persönlichen und politischen Schwierigkeiten, die in Aussicht genommenen Reformen zu verwirklichen, verwies der Artikel besonders eindringlich: „Die nothwendigen Reformen stückweise, unter Mißverständnissen und Aergernissen aller Art, vielleicht ohne genügende Enderfolge im Ganzen, erkämpfen zu müssen: das ist die Aussicht, welche den Fürsten zur Einreichung seiner Entlassung bewogen hat, weil er auf keinen Fall dieser Aufgabe seine Kräfte noch gewachsen hoffen darf... Ganz anders wäre die Lage, wenn der Fürst entweder Helfer zur Seite hätte, die auf seine Intentionen in den gedachten Beziehungen völlig, willig und wirksam eingingen, oder aber, wenn eine Mehrheit des Reichstages sich bilden könnte, welche für die selben Intentionen mit geschlossener Kraft ohne Schwanken eintreten, die Leiter der betreffenden Dienstzweige von ihren Skrupeln befreien, und dieselben zu einem schnellen Gang der Reformarbeit in die nach der Überzeugung des Fürsten richtige Bahn drängen würde."[100]

Was die „Post“ behandelt hatte, nahm dann das „Berliner Tageblatt“ in einem vielbeachteten Artikel auf, in dem die politische Motivierung der Krisis besonders deutlich hervorgehoben wurde. Wiederholt erwähnte man zuerst „die Verstimmungen“, dann erst die „Erschöpfungen des Reichskanzlers“. Als „Kollegen im preußischen Ministerrath“, die sich Bismarcks Intentionen widersetzten, wurden Camphausen und Achenbach namentlich genannt. Damit war vor aller Welt die Kabinettsfrage deutlich gemacht. Dieser gleichfalls offiziöse Artikel spitzte die Kanzlerkrise sogar zur „Verfassungskrise“ zu. Wie es Bismarck bereits in seiner Reichstagsrede getan hatte, stellte der „Tageblatt“-Beitrag das „Kollegialverhältnis“ im preußischen Ministerrat als unerträglich, „jede freie und kühne Initiative“ ungemein erschwerend dar. Deshalb müsse die Regierungsgewalt so umgestaltet werden, daß Bismarck nicht mehr „bloß Erster unter Gleichen wäre“.[101]

Ging dieser Artikel relativ ausführlich auf Bismarcks Absichten ein, in der staatlichen Exekutive organisatorisch und personell einiges zu ändern, so war seine Kritik an den Beziehungen der Parteien untereinander und zur Regierung sehr zurückhaltend. Die Verhältnisse zwischen Legislative und Exekutive konnten eben nicht ohne weiteres von hoher Hand geregelt werden. Deshalb waren Bismarck und seine offiziösen Schreiber sogar gezwungen, so zu tun, als ob es darum ginge, in der Exekutive „ein wahres Kabinett nach wirklich konstitutionellem Zuschnitt“, ja, ein „wirkliches parlamentarisches Kabinett“ zu schaffen.[102] Die Macht der Parteien war offensichtlich nicht mehr zu brechen.[103]

Zu den kritischen, mit der Kanzlerkrisis zusammenhängenden Fragen gehörte neben dem Personalwechsel in höchsten Beamtenstellen und der Neuorganisation der Behörden die „Hofopposition“ gegen den Reichskanzler. Auch sie sollte öffentlich zur Sprache kommen. Bismarcks publizistischer Adlatus, Moritz Busch, veröffentlichte im Leipziger „Grenzboten“ seine „Friktions-Artikel“.[104] In ihnen erschien „eine hohe Dame“, nämlich die Kaiserin Augusta, als Mittelpunkt der bismarckfeindlichen Hofintrigen. An dem von ihr beherrschten Hofe fließe „der Bodensatz der Kreuzzeitungsgesellschaft und der eingewurzelten Herrenhausopposition mit dem ultramontanen Gifte aus den Kanälen Roms“ und den polnischen und welfischen Mißvergnügten zusammen, um „eine Bonbonniere voll Kreuzzeitungskonfekt und Jesuitenkonfitüre“ herzustellen. Alle erdenklichen Schwierigkeiten würden Bismarck bereitet, indem man sich in die Geschäfte des

Auswärtigen Amtes einmische und das Widerstreben von Ministern gegen seine Politik ermuntere.

Die von Moritz Busch verwendeten Sprachbilder waren derart forciert, daß die Auseinandersetzungen mit der Kaiserin ins Rüde abglitten und die sarkastische Eleganz eines Bismarck vermissen ließen. Zweifellos hatte aber der Kanzler seinen publizistischen Handlanger mit Material versorgt und ihn inspiriert. Davon zeugen genügend interne, damals noch nicht veröffentlichte Schriftstücke, in denen grollend vom „weiblichen Hofkriegsrat" die Rede war.[105]

Auf der diplomatischen Ebene konnte Bismarck – wie oft – sehr offenherzig sein, so dem österreichischen Botschafter gegenüber, den er Ende Mai 1877 zu sich eingeladen hatte. Károlyi berichtete nach Wien, die Kanzlerkrisis sei durch den längeren Urlaub Bismarcks nicht beseitigt, schon weil der Reichskanzler „unbedingt auf gewissen *Bedingungen* bestehen wird, bevor er aktiv wieder in die Geschäfte einzutreten sich entschließt". Auch andere Persönlichkeiten, wie Christoph Tiedemann,[106] sprachen von solchen Bedingungen; zu ihnen gehörte eben das Ausschalten höfischer Einflüsse, wie Károlyi bestätigte: „Die Kaiserin, so sagte mir der Fürst, werde ihm zu omnipotent, ihr Einfluß auf den Kaiser mache sich, in seiner politischen Richtung und seinen Absichten widerstrebendem Sinne, geltend". So mißfiel Bismarck der viel zu enge Kontakt des Kaiserlichen Ehepaares mit dem französischen Botschafter Vicomte de Gontaut-Biron, der diesen zu der falschen Annahme berechtigen könnte, ein monarchisch-konservativer Umschwung der Dinge in Frankreich würde sich der Zustimmung Deutschlands erfreuen. Bismarck erreichte zwar, auch mit Hilfe offiziöser und liberaler Pressepolemik, die Demission Gontaut-Birons noch vor Ablauf des Jahres 1877.[107] Indessen verfolgte er in dem ober- und unterirdischen Kampf gegen die Kaiserin umfassendere Ziele, also „erweiterte Machtbefugnisse"; er wollte sich selbst „zum absoluten Beherrscher des politischen Terrains" machen, negativ ausgedrückt: „die Königlichen Prärogative" wesentlich schmälern.[108]

Im Unterschied zu Napoleon I. und III. mußte Bismarck seine bonapartistische Macht mit dem Kaiser und dem Generalstabschef teilen. Trotz der Autorität durch seine historische Leistung befand er sich so stets in der Zwangslage, staatliche Institutionen und politische Organisationen gegeneinander ausspielen zu müssen, um Herr der Situation zu bleiben. Wenn er nun die „Königlichen Prärogative" schmälern wollte, bedurfte er als Gegengewicht des Reichstages und der Parteien, die allerdings auch nicht übermächtig werden durften. Vieles in seiner Handlungsweise, was als diabolisch erschien, war nur der subjektive Ausdruck der objektiven Logik in der dreigeteilten Macht des preußisch-deutschen Bonapartismus. Um möglichst lange darin in überragender Stellung zu bleiben, war Bismarck gehalten, Dynastie, Armee, Minister, Reichstag, Parteien, Organisationen einerseits niederzuhalten, andererseits so zu erhalten, daß er sie je nach Bedarf als Gegengewicht im Kräftespiel des staatlichen und gesellschaftlichen Lebens benutzen konnte.

*

Die Festigung seiner politischen Position innerhalb des hohenzollerschen Staatsgetriebes sah Bismarck 1877 im Zusammenhang mit seinem Streben, jene Vorhaben zu verwirklichen, an denen er in den vergangenen Monaten gescheitert war. Nichts wurde aufgegeben; immer von seinen Zielen und Zwecken ausgehend und von ihnen durchdrungen, informierte er sich während seines langen Urlaubs durch Lektüre und Gespräche, zugestandenermaßen als Dilettant in der Sache, aber als erfahrener Politiker, indem er sich auf neue Interessen innerhalb der breiten Schichtung der besitzenden Klassen orientierte. Hauptthemen blieben Steuer- und Zollreform. Hinzu kam die Reorganisation der Reichsverwaltung.

Das bisherige Reichskanzleramt hatte solche Ausmaße angenommen, daß es in selbständige Ressorts aufgeteilt werden mußte. So dachte man an ein Reichsjustizamt, Reichsschatzamt und Handelsamt. Die Vormacht Preußens im Deutschen Reich sollte auch in der Organisationsstruktur der Reichsbehörden zum Ausdruck kommen. So wie seit Bestehen des Reiches der Deutsche Kaiser zugleich König von Preußen, der Reichskanzler, von einer kurzen Unterbrechung abgesehen, auch preußischer Ministerpräsident war, so sollten an die Spitze der Reichsämter die jeweiligen preußischen Fachminister treten.

In dieser „Ausdehnung des Systems der Personal-Union" sah Bismarck ein „Heilmittel".[109] Die Reichsämter hatten verfassungsrechtlich einen merkwürdigen Charakter; sie waren einerseits so etwas wie Reichsministerien, andererseits aber durch Personalunion mit den preußischen Ministerien verbunden und ausschließlich dem Reichskanzler gegenüber verantwortlich. Nur er war dem

Parlament rechenschaftspflichtig, und so sollte es bleiben.[110] Mit einem derartig die parlamentarische Kontrolle einschränkenden Behördenaufbau konnten sich die Liberalen nicht abfinden. Die Bundesstaaten wiederum nahmen an der Verbindung der Reichsämter mit der preußischen Staatsbürokratie Anstoß.

Bismarcks Überlegungen während des monatelangen Fernseins von den Amtsgeschäften, gewissermaßen in seinem Arbeitsurlaub, bezogen sich notwendigerweise nicht allein auf die Reformen und Umgestaltungen selbst, sondern auch auf die Möglichkeiten ihrer Durchsetzung. Weg und Ziele müssen zwar unterschieden, können aber nie voneinander getrennt werden. Auf dem Weg zum Ziel waren nicht zuletzt die parlamentarischen Mehrheitsverhältnisse zu beachten. Da lag es nahe, daß Bismarck zunächst mit dem führenden Mann der stärksten Reichstagsfraktion, dem Nationalliberalen Rudolf von Bennigsen, Kontakt aufnahm mit der Absicht, ihm so etwas wie die Regierungsverantwortung anzubieten. Die erste Sondierung war schon Anfang April 1877, dann folgte Mitte Juli die Einladung nach Varzin; nach einer Begegnung Anfang Oktober fand die entscheidende Beratung Ende des Jahres statt. Die beiden Politiker haben wohl besonders ausführlich über Fragen der inneren Reichsorganisation gesprochen.[111]

Die Verhandlungen konnten nicht zum Erfolg führen, weil die Positionen und Ziele der beiden Politiker in entscheidenden Punkten verschieden waren. Bennigsen mußte sofort erkennen, daß das Angebot des Kanzlers seine Tücken hatte; übernahm er nämlich ein Ressortministerium im Zeichen der Bismarckschen Reformvorstellungen, dann war eine Zerreißprobe der Nationalliberalen Partei unvermeidlich. Als Führer der stärksten Fraktion im Reichstag war er moralisch-politisch verpflichtet, ihre Spaltung zu vermeiden, ja sogar integrierend zu wirken in einer krisenhaften Zeit, da die Nationalliberalen glaubten, ein gutes Stück in der Parlamentarisierung Preußen-Deutschlands vorankommen zu können, wenigstens durch Einführung verantwortlicher Reichsminister.

Nicht willens, sich vom linken Flügel seiner Partei zu trennen, stellte Bennigsen die Bedingung, daß noch zwei andere Liberale, Forckenbeck und Stauffenberg, ins Kabinett aufgenommen werden. Das wiederum konnte Bismarck nicht annehmen; abgesehen davon, daß er das Gegenteil einer weiteren Parlamentarisierung wünschte, auch nicht die Zusammenarbeit mit den Nationalliberalen verstärken, sondern ihre Spaltung herbeiführen wollte, sah er den Widerstand des alten Kaisers gegen solche Berufungen voraus.

Der hohe Herr war schon ungehalten, als er von den Verhandlungen zwischen Bismarck und Bennigsen erfuhr. In seinem Dynastenkopf ging es bisweilen recht kraus zu; Wilhelm I. annektierte zwar 1866 Hannover und entthronte den blinden Welfenkönig, sicherlich weinerlich und mit Gewissensbissen, aber dem Hannoveraner v. Bennigsen nahm er es übel, daß er dem angestammten Herrscherhaus nicht die Treue hielt und als Abtrünniger ein guter Preuße wurde.

Die langen Verhandlungen mit Bennigsen waren typisch für Bismarck. Nie hat er Verbindungen und Bindungen rasch abgebrochen; stets gingen dem vollen Eklat längere Zeiten des Verhandelns, des Abtastens, mitunter auch der Friktionen voraus. So war es im Falle der Konservativen, so sollte es mit den Nationalliberalen geschehen. Den Abbruch der Verhandlungen mit Bennigsen provozierte Bismarck erst in der Reichstagssitzung vom 22. Februar 1878, als er den Finanzminister von Camphausen, der die Erhöhung der Tabaksteuer widerwillig zu vertreten hatte, ohne vorherige Absprache übertrumpfte.[112] Der Kanzler erklärte nämlich, diese Steuervorlage sei nur ein Durchgangspunkt zum Tabakmonopol, also zu etwas, was die Liberalen niemals annehmen konnten. Bennigsen blieb nichts anderes übrig, als Bismarck nach der Reichstagssitzung mitzuteilen, er müsse die Verhandlungen über einen Eintritt ins Ministerium nunmehr als gescheitert ansehen.

Der von Bismarck desavouierte und obendrein auch von den Nationalliberalen kritisierte Finanzminister Camphausen konnte nicht mehr zwischen den politischen Lagern lavieren; er mußte seinen Abschied einreichen. Ihm folgte bald der Handelsminister Achenbach. Nun hatte der Kanzler sie niedergestreckt, diese beiden liberalisierenden und auch einmal frondierenden Minister – frei geworden war der Weg für die Umbildung des preußischen Ministerrates, und zwar im Finanz-, Handels- und Innenministerium. Mit der Vertretung Bismarcks im Reich und in Preußen wurde der bisherige Botschafter in Wien, Graf Otto Stolberg-Wernigerode, beauftragt. Als Magnat, der über riesigen Grundbesitz und industrielle Unternehmungen verfügte, war er ein typischer Freikonservativer.[113]

Das Verhalten Bismarcks am 22. Februar 1878 brachte man in Verbindung zu der Wahl Papst Leos XIII. zwei Tage zuvor. Mag sein, daß dieser Papstwechsel in Bismarck die Hoffnung nährte, es könnte auch ein Arrangement mit den Ultramontanen zustande kommen, nicht zuletzt im Zeichen des Schutzzolles. Weit mehr muß jedoch beachtet werden, daß am 21. und 22. Februar 1878 die Generalversammlung des Zentralverbandes deutscher Industrieller einen ausgearbeiteten Zolltarifentwurf annahm. Außerdem gab sie die Erklärung ab, daß die landwirtschaftlichen Interessenvertretungen, die im Entwurf unberücksichtigt blieben, Agrarzölle fordern sollten. Der Zolltarifentwurf des Zentralverbandes diente später der amtlich eingesetzten Tarifkommission zur Grundlage ihrer Arbeit.

So verflochten sich Regierungs- und Geschäftsinteressen. In dieser Hinsicht war eine Unterredung am 31. März zwischen dem Mitbegründer des Zentralverbandes Deutscher Industrieller, dem Schutzzollpropagandisten und führenden Politiker der Deutschen Reichspartei, Wilhelm von Kardorff, und dem Reichskanzler Bismarck politisch sehr bedeutsam. Bismarck hielt die Auflösung des damaligen Reichstages, dessen Mehrheit in Fragen des Zolles und der Monopole ihm noch nicht willens war, für unausbleiblich. Bei der politischen Planung, die beide Politiker diskutierten, spielten ganz persönliche Gewinninteressen mit. Davon zeugt folgender von Kardorff aufgezeichneter Dialog zwischen ihm, dem schlesischen Eisenmagnaten, und dem Waldbesitzer Bismarck[114]:

„So plauderte er ununterbrochen, und ich warf zuletzt ein: ‚Warum wollen Sie nicht noch einmal die Eisenzollvorlage bringen?‘

Er (Bismarck, E. E.): ‚Ich kann das nicht selbst arbeiten, und wer soll es mir machen?‘

Ich (Kardorff, E. E.): ‚Es kommt ja nur die einfache Aufhebung des Gesetzes von 1873 in Frage, und es bedarf gar keiner Arbeit.‘

Er: ‚Glauben Sie an eine Majorität?‘

Ich: ‚Warum nicht? Jedenfalls wird die Sache doch nicht verschlimmert durch eine nochmalige Niederlage. Übrigens haben Eure Durchlaucht mit den Holzpreisen insofern nicht recht, als in Schlesien die Holzpreise durch noch andere Kalamitäten mit herabgezogen sind.‘

Er: ‚Wieso?‘

Ich: ‚Durch die Aufhebung der Eisenzölle.‘

Er: ‚Das verstehe ich nicht.‘

Ich: ‚Ganz einfach. Erstens, der stärkste Konsument für Holz ist der Kohlenbergbau; dieser stockt, folglich auch der Holzabsatz. Der zweitstärkste Konsument ist der Holzkohlenhochofen. Da nun die Hochöfen zu zwei Drittel ausgeblasen sind, weil wir die Eisenzölle verloren haben, so ist das Holz wertlos, und das ist der Zusammenhang zwischen Holz und Eisen.'

Er: ,Hm, das ist richtig – ich will Ihnen noch kein Versprechen geben, aber ich werde die Sache überlegen; wenn es noch geht, werde ich noch einmal den Versuch machen mit dem Eisenzoll . . .'"[115]

So dachte und redete man während der entscheidungsvollen Geheimbesprechungen in den höchsten Spitzen des Staates. Die politische Willensbildung vollzog sich hier ohne jegliche ideologisierende Überlagerungen; persönliche Interessenpolitik und offizielle Staatspolitik gingen unvermittelt ineinander über.[116] Solche Zusammenhänge beobachtend, notierte ein Jahr später Ludwig Bamberger in sein Tagebuch:

„Der Gang des Gedankens bei Bismarck führte zum Schutzzoll offenbar von der agrarischen Protektion aus. Die industriellen Schutzzölle wurden als Vorspann genommen. Unter den agrarischen Zöllen standen wieder die Holzzölle. Er ist vor allem Waldbesitzer. Senator Plessind von Hamburg war (in Vertretung Krügers) im Bundesrat frappiert von der Exuberanz Bismarcks, wenn er auf dieses Thema kam. Dann war er immer selbst bei der Hand in den Beratungen, unerschöpflich im Reden, wußte Bescheid in allen Details des Holzhandels wie ein Kommis. Nach den Schilderungen des Hamburgers wütete die Axt in seinen Lauenburger Wäldern und waren ungeheure Vorräte aufgestapelt . . ."

Wenige Tage nach der Unterredung Bismarcks mit Kardorff, am 5. April 1878, fand eine Geheimsitzung des preußischen Staatsministeriums statt, in der die Ausarbeitung eines Gesetzentwurfes über die Revision des Zolltarifs auf der Grundlage indirekter Steuern beschlossen wurde. Kühn gemacht durch die Unterredung mit Bismarck und durch die vielleicht doch nicht ganz geheime Sitzung vom 5. April, schrieb Kardorff schon am 8. April an den Chef der Reichskanzlei, Tiedemann,[117] im Ton eines Vorgesetzten: „Wenn die Eisenzollvorlage noch kommen sollte, so habe ich den dringenden Wunsch, daß dieselbe vorher mit Motiven Stumm oder mir mitgeteilt wird, da auf die richtige Formulierung und die geschickte Abfassung der Motive ein großer Wert gelegt werden muß und wir in dieser Beziehung, was die Qualifikation der Reichsministerien betrifft, von höchstem Mißtrauen erfüllt sind."[118]

Tiedemann war sich offensichtlich bewußt, daß Kardorff, wie er selbst schrieb, „bei Bismarck jetzt einen großen Stein im Brett" hatte.[119] Kardorff nicht willens zu sein, bedeutete, sich gegen Bismarck aufzulehnen, und das war keinem strebsamen Beamten anzuraten. Deshalb konnte Kardorff schon wenige Tage nach der Mahnung an Tiedemann seiner Frau mitteilen: „Ich muß jeden Tag so viel schreiben für Tiedemanns Instruktion und für die schutzzöllnerische Presse, daß ich ganz tot davon bin."[120] Das Einverständnis zwischen Bismarck und Kardorff am 31. März führte also rasch zu interessanten Konsequenzen: Der schutzzöllnerische Interessenvertreter konnte ganz unmittelbar in die Verwaltungsgeschäfte eingreifen.

*

Jetzt galt es nur noch, das Parlament zu gewinnen oder aufzulösen. Diesen taktischen Plänen Bismarcks und seiner Verbündeten kamen zwei Attentate auf den Kaiser sehr zustatten. Bis zum heutigen Tage ist es nicht gelungen, in deren Hintergründe hineinzuleuchten.

Am 11. Mai 1878, noch nicht sechs Wochen nach der entscheidenden Unterredung Bismarcks mit Kardorff, gab der zwanzigjährige Klempnergeselle Hödel, ein verkommenes Subjekt, mit einem schadhaften Revolver zwei Schüsse ab, als der Kaiser Unter den Linden vorbeifuhr.

Der sogenannte Attentäter war Mitte April in Leipzig aus der Leipziger Sozialdemokratischen Partei ausgeschlossen worden und hatte sich dann in Berlin zusammen mit anderen schmarotzenden Existenzen in der Christlich-Sozialen Partei des Hofpredigers Stoecker herumgetrieben und die Aufmerksamkeit auf sich gezogen.[121] Franz Mehring schrieb in seiner „Geschichte der deutschen Sozialdemokratie" mit Recht, daß dieses Attentat, wenn es wirklich eins war, zu den harmlosesten des Jahrhunderts gehörte.[122]

Aber gehörte es im Hinblick auf seinen politischen Kern zu den harmlosesten? Gab es keine Einflüsterer? Wir wissen es nicht. Waren die Wochen vor den Attentaten politisch überhitzt, wodurch Neurastheniker zu spontanen Handlungen gereizt werden konnten? Gewiß nicht. Hat die Sozialdemokratie, mit der der Attentäter immerhin Kontakt gehabt hatte, innerhalb oder außerhalb ihrer Reihen eine Atmosphäre anarchistischen Terrorismus verbreitet? Sie sprach – nicht nur offiziell – eher zuviel von Gewaltlosigkeit. Welche Kreise hatten dann an einem irgendwie gespielten Attentat ein Interesse?

Als Bismarck von dem unter so verdächtigen Umständen vollzogenen Anschlag erfuhr, rief er aus: „Jetzt haben wir sie!" „Die Sozialdemokraten, Durchlaucht?" fragte einer aus Bismarcks Umgebung. „Nein, die Liberalen", erwiderte er.[123] Und sofort ging er daran, solche Schläge gegen die Sozialdemokraten zu führen, die auch die Nationalliberalen treffen und mürbe machen sollten. In wenigen Tagen entwarf man ein Ausnahmegesetz gegen die Sozialdemokratie, dessen Bestimmungen derart vage und flüchtig formuliert waren, daß selbst der bürgerliche Reichstag nicht zustimmen wollte. Der nationalliberale Abgeordnete für Leipzig, Stephani, erklärte sogar, die Vorlage sei in Wahrheit gegen die Nationalliberalen gerichtet. Am 24. Mai 1878 lehnte der Reichstag das Gesetz ab.

Am 2. Juni, also eine Woche später, schoß ein Dr. Nobiling, verkrachte Existenz und Neurastheniker, mit zwei Schrotschüssen auf den Kaiser und verletzte ihn. Mehr, als daß Nobiling sozialistischen Ideen gehuldigt haben sollte, wurde von seinen angeblichen oder wirklichen Aussagen nicht bekannt. Auch er soll sich, wie Hödel, in der Christlich-Sozialen Partei Stoeckers bemerkbar gemacht haben.[124] Als Bismarck in Friedrichsruh von diesem Attentat erfuhr, war seine erste Reaktion: „Jetzt lösen wir den Reichstag auf". In dieser Art Reflexhandlung ordnete er also zuerst die seit Wochen erstrebte Auflösung des ihm hinderlichen Reichstages an. Dann erst, wie gut verbürgt ist, erkundigte er sich nach dem Befinden seines kaiserlichen Herrn.[125]

In dem nun anhebenden Wahlkampf ließ Bismarck alle Register der Stimmungsmache und des moralischen Terrors ziehen. Die Verhetzung gegen die Sozialdemokratie und ihre Wahlbehinderung nahmen groteske Formen an. Wie sehr diese Verfolgung gegen die „subversiven Subjekte" und „Kaisermörder" von Behörden und vielen Unternehmern systematisch betrieben wurde, zeigen zahlreiche amtliche Berichte an das Innenministerium. So brüstete sich der Oberstaatsanwalt von Hamm mit über achtzig Verhaftungen und Verurteilungen wegen Majestätsbeleidigung, und er berichtete weiter, daß sozialdemokratische Arbeiter aus Fabriken (Krupp, Dortmunder Union u. a.) ausgeschlossen wurden.[126] Stolz verkündete der Regierungspräsident von Münster, er habe die Landräte und Oberbürgermeister darauf hingewiesen, sich „mit den Industriellen ihrer Kreise betreffs Ergreifung von erfolgreichen Maßregeln zur Bekämpfung sozialdemokratischer Agitationen in Verbindung zu setzen".[127]

Auch die junkerlichen und großbürgerlichen Schutzzöllner griffen in umfassender Weise in den Wahlkampf ein: Gelder flossen für die ihnen genehmen Kandidaten; freihändlerische Kandidaten wurden diffamiert.[128] Der Zentralverband deutscher Industrieller und der Verein deutscher Eisen- und Stahlindustrieller bildeten sogar ein „wirtschaftliches Zentralwahlcomité" in Berlin, das hundert Abgeordnete unterstützte, deren „unbedingte Treue zur Industrie" erwiesen war. Einhundertfünfzig weitere Abgeordnete nahm man näher unter die Lupe, und fünfzig von ihnen wurden hart bekämpft.[129] Die Agitation der Industriellen stand unter der bekannten Parole: „Schutz der gesamten nationalen Arbeit". Die Junker, die jahrzehntelang Getreide exportiert hatten und immer noch nach Möglichkeit exportierten, tönten: „Nahrungsmitteleinfuhr – Tributpflicht gegenüber dem Ausland". Marktschreierisch ließ ein schutzzöllnerischer Reichstagskandidat verkünden: „Geben Sie mir Ihre Stimme; denn ich trete ein für Verdrängen des Ausländers vom deutschen Markt".[130]

Mit solchen und ähnlichen Losungen und Machinationen wurde der Wahlkampf geführt. Er war noch nicht zu Ende, als der „Berliner Kongreß" tagte, der Bismarck in den Mittelpunkt der internationalen Politik stellte.

Der Berliner Kongreß und das deutsch-österreichische Bündnis

Noch ehe der Kongreß am 13. Juni 1878 in Berlin zusammentrat, ging das Gerücht um, die Vertreter Deutschlands und Rußlands erstrebten über das vorgesehene Programm hinaus eine Übereinkunft gegen die revolutionäre und sozialistische Bewegung, die ihnen bedrohlich erschien.[131] Wahrscheinlich gingen solche Spekulationen von der russischen Diplomatie aus, die damit von der Auseinandersetzung um den Friedensvertrag von San Stefano etwas ablenken und auf die innenpolitischen Schwierigkeiten des Deutschen Reiches hinweisen wollte. Bismarck war gegen eine Erweiterung des Kongreßthemas, weil man es dadurch auch anderen erleichtert hätte, ihre speziellen Anliegen, etwa „dänische, holländische oder polnische Wünsche",[132] vorzubringen.

Berlin hatte zwar nicht das Flair solcher traditionsreicher, die europäische Kultur stark prägender Städte wie Paris und Wien, doch es erweckte schon Aufmerksamkeit als Aktionszentrum eines

Reichskanzlerpalais. Tagungsort des Kongresses

Mannes, der in der jüngsten Zeit Weltgeschichte gemacht hatte. Und als aufstrebende Industrie-, Handels- und Bankstadt, die zweitgrößte Europas nach London, entsprach die deutsche Reichshauptstadt als Konferenzort durchaus dem Charakter des neuen Zeitalters. Keine Kaiser und Könige, wie auf früheren internationalen Kongressen, kamen hier zusammen, aber die Regierungschefs und Außenminister der Hauptmächte.

Wie erwartet, führte Bismarck den Vorsitz, ihm zur Seite standen Fürst Chlodwig zu Hohenlohe-Schillingsfürst, der deutsche Botschafter in Paris und frühere bayerische Ministerpräsident; dann der Staatssekretär des Auswärtigen v. Bülow. Als Sekretäre wirkten der Gesandte v. Radowitz, neben ihm Graf Herbert v. Bismarck und Bernhard v. Bülow, der Sohn des Staatssekretärs – später Bismarcks dritter Nachfolger im Reichskanzleramt –, schließlich der Legationssekretär v. Holstein, nach Bismarcks Sturz die „Graue Eminenz“ des Auswärtigen Amtes. Unter den Mitarbeitern Bismarcks auf dem Kongreß waren also schon Männer, die zu Beginn des zwanzigsten Jahrhunderts die Außenpolitik Deutschlands mitbestimmen sollten.

Aus England kam der vierundsiebzigjährige Premierminister Disraeli, der als linker Tory Jahrzehnte fruchtbarer Schriftstellerei und politischer Aktivität hinter sich hatte und zwei Jahre vorher zum Earl of Beaconsfield erhoben worden war. Ihm assistierte der Staatssekretär des Foreign Office, der Marquis von Salisbury, der

Tagungsraum nach Sitzordnung

nach Disraelis Tod Führer der englischen Konservativen wurde. Privatsekretär Disraelis war Arthur Balfour, der nach Salisbury die Leitung der Konservativen Partei übernehmen sollte. Wie üblich, war den ausländischen Delegationen immer der jeweilige Berliner Botschafter beigegeben, so der englischen Odo Russel.

Rußland war vertreten durch den achtzigjährigen Reichskanzler Fürst Gortschakow, der in seiner körperlichen und geistigen Spannkraft schon sehr geschwächt war, und durch den Grafen Peter Schuwalow, der als russischer Botschafter in London eine wichtige Rolle beim englisch-russischen Übereinkommen in der Vorbereitungsphase des Kongresses gespielt hatte. Überzeugt, daß die russische Diplomatie in San Stefano überzogen hatte, tat er alles, um durch Kompromisse vor allem in der Bulgarienfrage das Zustandekommen des Kongresses zu ermöglichen. Er war der Mann, der durch Tatkraft wie nüchterne Einsicht der eigentliche Kopf der russischen Delegation war, was ihm später in Rußland durch die intrigante Opposition panslawistischer Kreise zum politischen Verhängnis werden sollte.

Das Haupt der österreichisch-ungarischen Delegation war der Außenminister Graf Julius v. Andrássy. Ihm war der Botschafter in

Ankunft des Fürsten Gortschakow

Rom beigegeben, Freiherr von Haymerle, der bald in die Leitung der österreichischen Außenpolitik nachfolgte. Frankreich und Italien ließen sich durch die Minister des Äußeren, Waddington und Graf Corti, vertreten.

Die Delegierten der besiegten Türkei zeigten einen typisch levantinischen Kosmopolitismus: da war der Minister des Äußeren Caratheodory-Pascha, Grieche nach Herkunft und Glauben; ferner Marschall Mehemed Ali mit dem ursprünglichen Namen Karl Détroit, aus einer Magdeburger Hugenottenfamilie stammend und als Schiffsjunge von einem deutschen Schiff in Konstantinopel weggelaufen, zum Islam übergetreten und im türkischen Heer rasch emporgekommen – ein Abenteurer großen Stils, der im folgenden September einem Mordanschlag zum Opfer fiel.

Bezeichnenderweise waren die Vertreter der Balkanstaaten nicht vollberechtigte Kongreßteilnehmer, was deutlich machte: Es ging nicht in erster Linie um deren nationales Anliegen, sondern um Interessenkonflikte von Großmächten, die sich wenigstens vorübergehend einigen wollten.

Da tagte ein Kongreß, der nicht tanzte wie sein glanzvoller Vorgänger in Wien 1815, sondern unter der geschickten Leitung Bis-

Abschlußsitzung des Berliner Kongresses (Anton v. Werner)

Bismarcks Urteil über Anton v. Werners Darstellung (1891) lautete: „Lenbach ist mir ein ungemein ansprechender Gesellschafter; auch künstlerisch stelle ich seine Werke hoch; dagegen findet Werners Bild vom Berliner Kongreß, wo ich sprechend dargestellt werde, meinen Beifall nicht.“

Dennoch ist interessant, wie in diesem Auftragswerk die politischen Akzente gesetzt sind: Um Bismarck die beiden Hauptkontrahenten auf dem Kongreß; links von ihm steht der österreich-ungarische Minister Andrássy; nach rechts gewandt, reicht der Kanzler dem russischen Vertreter Schuwalow die Hand. Links im Bild spricht Disraeli mit Gortschakow, hinter dem der Österreicher Károlyi steht. Alle anderen Kongreßteilnehmer sind im Hintergrund oder stehen an der Seite; ganz rechts ist der türkische Bevollmächtigte Mehemed Ali-Pascha.

marcks hart arbeitete und sein Hauptpensum in den vier Wochen vom 13. Juni bis zum 13. Juli absolvierte. Obwohl Bismarck die Fäden in der Hand behielt, ließ er den Teilnehmern in hohem Maße die Freiheit der Verhandlungen. Hatte er doch von vornherein durchgesetzt, daß strittige Punkte auf Sonderzusammenkünften der englischen, österreichischen und russischen Vertreter geklärt wurden, bevor man sich auf dem Kongreßplenum in einem Beschluß recht und schlecht einigte. Detailfragen sollten ohnehin Spezialkommissionen vorbehalten bleiben, die nach dem Kongreß zusammentraten. Das erlaubte Bismarck, die zwanzig Plenarsitzungen des Kongresses straff zu leiten, mit „der bekannten militärischen Knappheit, die bei niemand Unwillen auslöste und der sich die Vertreter aller Mächte beugten“,[133] wie Schuwalow berichtete. Im übrigen waren Bismarck, sein Sohn Herbert und Schuwalow die einzigen Kongreßteilnehmer, die während der Beratungen Uniformen trugen.[134]

Trotz des englisch-russischen Vorabkommens über die Dreiteilung des von Bulgaren bewohnten Gebietes war diese Balkanfrage am schwierigsten. Ging doch der Streit hier vor allem um die genaue Grenzziehung zugunsten des bulgarischen Fürstentums, das von der Donau bis zum Balkangebirge reichen sollte. Mit Erfolg unterstützte Bismarck die Forderung der russischen Vertreter, daß der Nordabhang des Gebirges bis zur Kammhöhe den Bulgaren überlassen werde, was den Türken die Befestigung der Pässe unmöglich machte; auch die Hochebene von Sofia sollte in den Besitz des neuen Fürstentums gelangen. Der Herrscher des zwischen Donau und Balkangebirge gelegenen Fürstentums sollte von politischen Honoratioren gewählt und nach Zustimmung der Mächte von der Pforte bestätigt werden. Während die Oberhoheit des Sultans formal weiterbestand, wurde der russische Einfluß praktisch vorherrschend.

Das südlich des neuen bulgarischen Fürstentums gelegene Territorium, das vom Balkan bis zu den Rhodopen reichte, wurde zwar für autonom erklärt, aber dennoch der politischen und militärischen Autorität des Sultans unterstellt. Um die Identität mit der bulgarischen Nationalität der hier lebenden Bevölkerung zu verwischen, wurde das Gebiet „Ostrumelien“ genannt. Die übrigen bulgarischen Gebiete, wie Mazedonien und ein Teil Westthrakiens, blieben ohne Autonomie unter der Herrschaft der Türkei.

Indem England und Österreich auf dem Berliner Kongreß die Bildung eines großbulgarischen, von der Donau bis ans Ägäische

Karikatur aus dem „Punch“:
Disraeli bietet der Königin von England
die indische Kaiserkrone an

Meer reichenden Staates verhinderten, dämmten sie die Einflußsphäre des Zarismus beträchtlich ein. Das Ziel, die Meerengen zu beherrschen und zum Mittelmeer vorzudringen, war nicht erreicht – für das zaristische Rußland eine besonders schwere Niederlage; nur in der asiatischen Türkei gewann es einige Gebiete wie die um Kars, Ardahan und Batum. Außerdem wurde ihm bessarabisches Gebiet, das es durch den Pariser Frieden von 1856 verloren hatte, von Rumänien zurückgegeben, nicht freiwillig, Rumänien mußte durch die Dobrudscha entschädigt werden.

Das alles war ein dem Berliner Kongreß durchaus gemäßer Länderschacher, der unter dem Druck der Großmächte vonstatten ging und sich als staatsweise ausgab. Und da man schon einmal beim Schachern war, ließ sich England für seine Dienste zugunsten der Türkei, die bei weitem nicht soviel Land verloren hatte, wie in San Stefano vorgesehen war, auch noch mit der Insel Zypern bezahlen. Sie diente künftig als Flottenstützpunkt zur Sicherung des britischen Seeweges nach Indien. Was so unter der Ägide Disraelis, des Vaters des britischen Neoimperialismus, für England herausgekommen war, konnte sich sehen lassen: 1875 die Erwerbung der Suezkanalaktien, 1877 die Übernahme des Titels „Kaiserin von Indien“ durch Königin Victoria und 1878 schließlich der Gewinn von Zypern.

Dagegen wirkte es geradezu stümperhaft, wenn die österreichisch-ungarische Monarchie die schon lange begehrten Provinzen Bosnien und Herzegowina okkupieren wollte. Stieß sie doch bei deren Besetzung einmal auf den militärischen Widerstand von Aufständischen, zum anderen auf die politische Opposition von Deutsch-Liberalen in Wien, die ein slawisches Übergewicht in der Gesamtmonarchie befürchteten.

Schließlich hob die Berliner Kongreßakte die formale Oberhoheit des Sultans über Rumänien, Serbien und Montenegro auf und gewährte damit den drei Ländern ihre volle staatliche Souveränität. Dennoch hatten die nach nationaler Einheit und Selbständigkeit drängenden Balkanvölker ihr Hauptziel nur bruchstückweise erreicht. Es gab noch Rumänen in Siebenbürgen, Serben innerhalb österreichischer und türkischer Staatsmacht und andere Nationalitäten unter Fremdherrschaft. Otto v. Bismarck drückte damals nur freimütig aus, was auch die anderen Großmächte dachten, nämlich daß „zunächst die großen Kriegs- und Friedensfragen entschieden werden müssen, das Andere, worunter auch das Los der Bevölkerung subsumiert", sei ihm „gleichgültig und nicht Aufgabe des Kongresses".[135] Gelegentlich meinte er noch salopper, daß ihn das Wohlbefinden „der Leute da unten" nichts angehe. Zehn Jahre später bedauerte der deutsche Reichskanzler während einer Unterredung mit dem österreichischen Sektionschef v. Szögyényi, daß der sonst von ihm hochgeschätzte Graf Andrássy die „Vergrößerungsgelüste der kleinen Balkanländer zu sehr begünstigt und gefördert" habe.[136]

Einen Tag nach Beendigung des Kongresses kommentierte die offiziöse „Norddeutsche Allgemeine Zeitung", daß von den in Berlin versammelten Staatsmännern wohl keiner der Meinung gewesen sei, „ein Werk geschaffen zu haben, welches auch nur ein Menschenalter fortdauern wird".[137] Am 17. Juli gestand dann die amtliche „Provinzial-Correspondenz" ein, „daß dem Kongreß überhaupt nicht die Aufgabe zufiel und zufallen konnte, eine volle und absolute Lösung der orientalischen Frage zu finden".[138] So wurde der Balkan, wie man später achselzuckend zu sagen pflegte, ein „Pulverfaß".

Ganz in der Vorstellungs- und Interessenwelt der Großmächte, hielt es Bismarck für einen Erfolg deutscher Staatskunst, wenn es gelänge, „das orientalische Geschwür offen zu halten und dadurch die Einigkeit der Großmächte zu vereiteln und unseren eigenen Frieden zu sichern".[139] Was Bismarck hier in einem internen

Schreiben vom November 1878 äußerte, war eine neue Variante jener im Juni 1877 formulierten Maxime, wonach das Reich keinen Ländererwerb anstrebe, jedoch eine solche politische Gesamtsituation, in welcher durch die Interessengegensätze zwischen den Mächten schwerlich eine antideutsche Koalition zustande kommen könne.[140]

Da das Deutsche Reich beim großen Länderschacher vor und während des Berliner Kongresses nichts für sich erhaschte und Bismarck um eine ebenso straffe wie umsichtige Verhandlungsführung bemüht war, konnte das Mißtrauen europäischer Kabinette gegenüber der preußisch-deutschen Politik abgebaut werden.[141] Unverkennbar erhöhte sich damit das moralisch-politische Ansehen des deutschen Reichskanzlers. Auch die Beziehungen zu den Westmächten verbesserten sich. Nachdem sich das Verhältnis zu Frankreich schon seit der innenpolitischen Niederlage aller klerikal-monarchistischen Restaurationsbestrebungen im Mai 1877 entkrampft hatte, schien es jetzt möglich, seinen Drang nach kolonialen Erwerbungen, etwa von Tunis, auch von deutscher Seite aus zu fördern und damit den Wunsch nach Wiedererlangen Elsaß-Lothringens zumindest zu dämpfen. Bismarcks diplomatische Phantasie erging sich darüber hinaus in der Hoffnung, die beiden Westmächte könnten einander politisch so nahekommen, daß England, der weltpolitische Gegner Rußlands, Frankreich von Rußland fernzuhalten vermöge.[142]

Während sich damals die deutsch-französischen Beziehungen entspannten, gestaltete sich das Verhältnis zwischen Berlin und Petersburg problemgeladen. Gerade weil sich das Deutsche Reich im Aufwind befand, mußte Rußland um seine Position im europäischen Mächtekonzert fürchten, auch darum, vielleicht noch in Abhängigkeit von Deutschland zu geraten, vor allem auf wirtschaftlichem Gebiet. Auf der Basis dieser objektiven Diskrepanzen entstanden dann natürlich die subjektiven Spannungen mit russischen Diplomaten. In ihren Verhaltensweisen vermischten sich Empfindlichkeiten und Ungerechtigkeiten mit durchaus verständlichen Reaktionen.

Obwohl die Russen sich darüber im klaren waren, daß sie auf einer Konferenz der europäischen Großmächte auf manches in San Stefano Errungene verzichten müßten, wollten sie sehr bald nicht mehr Bismarcks Bemühungen zugunsten Rußlands, etwa im Hinblick auf Bulgarien, anerkennen. Schnell war man geneigt, dem deutschen Reichskanzler vorzuwerfen, er sei mitverantwortlich dafür, daß Rußland auf bedeutende Ergebnisse seines Sieges über die Türkei wieder verzichten mußte. Schuwalow wurde bezichtigt, auf dem Kongreß nur der „Gimpel Bismarcks" gewesen zu sein. Zugleich machte sich nationalistisch-panslawistische Enttäuschung in der Presse gegen Deutschland Luft.

Der gegenseitige Vertrauensschwund zwischen Berlin und Petersburg hatte allerdings schon bald nach dem Abschluß des Dreikaiserabkommens begonnen, verstärkte sich in der Frühjahrskrise 1875 und dann im Herbst 1876, als man vom zaristischen Sommersitz Livadia aus dem deutschen Reichskanzler einen antiösterreichischen Konfrontationskurs zumutete. Es war nicht sehr weitsichtig von der Gortschakowschen Diplomatie gewesen, in den vergangenen Jahren so oft direkt oder indirekt den Trumpf des möglichen Bündnispartners Frankreich auszuspielen.

Bismarck reagierte nach dem Prinzip: Auf einen Schelmen anderthalbe und wagte recht hinterhältige Sondierungen. Nachdem er in zwei Gesprächen mit Károlyi im Februar 1878 von der „Versumpfung" der orientalischen Frage gesprochen hatte, also gar keinen formellen Abschluß eines Friedensvertrages wollte, und die Besetzung Serbiens als „strategische Stellung" gegen Rußland vorschlug,[143] mußte wohl auch jene Möglichkeit ernst genommen werden, die Bismarck später, 1889, gesprächsweise erwähnte. Danach sei er 1878 gelegentlich der Ansicht gewesen, „daß es eigentlich im Interesse Österreich-Ungarns war, den Kongreß zu sprengen und den Krieg mit Rußland damals aufzunehmen, wo er unter günstigeren Chancen zu führen war, als sie je gegeben waren und je wiederkehren werden".[144] Er hätte als Reichskanzler seine Auffassung der Sachlage dem Grafen Andrássy nicht „mit gar zu großer Intensität" aufdrängen können, aber sie ihm doch „wiederholt" nahegelegt, „sowohl vor, als auf dem Kongresse".[145]

Selbst wenn nach reichlich elf Jahren die Dinge hier vielleicht pointierter gesagt wurden, als Bismarck sie mit aller gebotenen Vorsicht seinerzeit gegenüber Andrássy vorgebracht hatte, lag es durchaus in seiner politischen Methodik, wenn er neben der für die Öffentlichkeit wohlerwogenen Devise, er wolle nichts als ein „ehrlicher Makler" sein, intern für eine Alternative sondierte, die sich keineswegs friedfertig und schon gar nicht „ehrlich" anhörte. Und so könnte er durchaus Österreich die Rolle zugedacht haben, Rußland wenn auch nicht als konservative Großmacht zu stürzen, so doch als möglichen Verbündeten Frankreichs empfindlich zu schwächen.[146]

Er fand allerdings bei Österreich für seine Vorstellungen kein Gehör, und England gegenüber konnte er sich nicht erlauben, solche heiklen Themen zur Sprache zu bringen, so weit ging dort die Intimität nicht. Folglich steuerte er den Kurs des „ehrlichen Maklers" mit der ihm eigenen Folgerichtigkeit weiter. So wurde es geradezu notwendig, daß Bismarck vielfach auch Rußland unterstützte. Dennoch erkannte Petersburg erbittert die Hilfe mit sozusagen beschränkter Haftung, sosehr Bismarck auch alles, was er getan hatte, in kräftigen Farben erscheinen lassen wollte.

*

Die öffentlich und intern bekundete Unzufriedenheit über die Haltung Bismarcks gegenüber den Anliegen Rußlands leitete eine neue Phase des Machtkampfes zwischen Deutschland und Rußland ein. Rußland war trotz aller ihm auf dem Berliner Kongreß zugestandenen Erfolge nicht allein außenpolitisch geschwächt, sondern befand sich auch im Innern in einer schweren Krise.

Der deutsche Botschafter v. Schweinitz schrieb über den „zunehmenden Marasmus der Staatsgewalt", weshalb „die Dreistigkeit der nihilistischen Sekte und die Unzufriedenheit aller Gebildeten" wachse.[147] Sichtbares Zeichen für diesen Zustand war das anarchistische Attentat, dem im August 1878 in Petersburg der Chef der politischen Geheimpolizei zum Opfer fiel. In diesem Zusammenhang hatte das deutsche Ausnahmegesetz gegen die Sozialdemokratie auch eine außenpolitische Signalfunktion; Rußland sollte wieder eine konservative „Ordnungs"macht werden. Schließlich war auch Gortschakow gezwungen zu beteuern, „daß jetzt alle Meinungsverschiedenheiten zwischen den Mächten verstummen müßten, um einer gemeinsamen Bekämpfung der Sozialdemokratie Raum zu geben".[148]

Doch Bismarck hatte von jeher verstanden, konservative Solidarität der Staaten mit dem Machtkampf untereinander zu verbinden. Da sich nach dem Kongreß die Beziehungen Deutschlands zu den Westmächten verbesserten, ging er daran, die innen- und außenpolitische Schwäche Rußlands erst recht auszunutzen, um Druck auf den „Verbündeten" im formal immer noch bestehenden Dreikaiserverhältnis auszuüben. Mit der Methode der Pression und nicht durch Entgegenkommen strebte er danach, die Ostmacht wieder zur Zusammenarbeit im Dreikaiserverhältnis zu bringen.

Es entspann sich ein dramatischer Kampf auf verschiedenen Ebenen und in verschiedenen Dimensionen. Die ersten Auseinandersetzungen bezogen sich auf die Verhandlungen der auf dem Berliner Kongreß beschlossenen Sonderkommissionen, die nachträglich Detailfragen zu regeln hatten. Die deutschen Vertreter zeigten sich recht passiv und keineswegs geneigt, sich für Rußland zu engagieren, nachdem Bismarck ihnen in scharfer Diktion hatte sagen lassen, die russische Diplomatie dürfe sich nicht daran gewöhnen, „ohne weiteres Folgsamkeit von unseren Vertretern zu verlangen“.[149]

Dann ging er auf ein anderes Feld über, indem er das Abkommen zwischen Deutschland und Österreich publizierte, das jenen Artikel des Friedensvertrages von 1866 außer Kraft setzte, wonach eine Volksabstimmung über die Abtretung der nördlichen Distrikte von Schleswig an Dänemark entscheiden sollte. Dieses Abkommen, das die endgültige Annexion Nordschleswigs an das Reich festlegte, war weniger seinem Inhalt nach bedeutsam als durch die Demonstration des guten Einvernehmens zwischen Wien und Berlin.

Zu den machtpolitischen Friktionen zwischen Rußland und Deutschland kamen dessen Zollpolitik und Quarantäneaktion gegen Seuchengefahr durch russisches Vieh. Beides wirkte restriktiv auf die russische Agrarausfuhr und war dazu angetan, weitere unheilvolle Kreise zu ziehen. Der deutsche Botschafter sprach später vom „Wendepunkt der Stimmung der Russen gegen die Deutschen“.[150]

Was diplomatisch und handelspolitisch geschah, drückte sich auch im „Zwei-Kanzler-Krieg“ zwischen Berlin und Petersburg aus. Im August gab Bismarck in einer ausführlichen Randbemerkung zu einem Bericht von Radowitz die Richtlinie seines Pressekampfes gegen den russischen Reichskanzler: „Gortschakow ist eine Calamität für Rußland und für dessen Freunde; der beste Wille der letzteren reicht nicht hin, um die Folgen seiner Thorheiten gutzumachen. Was man darüber schreibt, muß aber höflich und wohlwollend für *Rußland*, besonders den Kaiser sein. Letzterer war befähigt Besseres zu erreichen, wenn seine auswärtige Politik seit 3 Jahren geschickter geführt wurde; die Fähigkeit, Freunde mißtrauisch zu machen, Gegner zu reizen, ohne die Mittel zu deren Bekämpfung zu haben oder bei Freunden zu gewinnen, hat Fürst Gortschakow in hohem Maße bewiesen. Bei Frankreich hat er gebettelt, Österreich ungeschickt und uns mit Überhebung behandelt“. Bismarck schloß seine Anweisung mit einer für ihn charakteristischen Formulierung: „Mit diesen Worten kann das natür-

Bismarck in seinem Arbeitszimmer im Reichskanzlerpalais

lich nicht öffentlich gesagt werden. Sie geben nur das mit Grazie zu variierende Thema in kürzester Fassung".[151]

Auf der anderen Seite der Pressebarrikade ließ Gortschakow Anfang Februar im „Golos" rundheraus erklären, das Dreikaiserverhältnis existiere nicht mehr. Und dem russischen Botschafter in Wien Nowikow schrieb er: Nachdem „in unseren Augen der Dreikaiserbund durch das Verhalten unserer beiden Bundesgenossen zerrissen" ist, „besteht unsere Hauptaufgabe gegenwärtig darin, die Liquidation der Vergangenheit zu vollenden und unsere Stütze künftig nur in uns selbst zu suchen".[152] So auf sich selbst gestellt sollte Rußland allerdings nicht bleiben. Gortschakows Presseorgan „Golos" schrieb wenig später, daß der Zeitpunkt günstig sei, „um sich Frankreichs Dankbarkeit zu sichern, indem man es aus seiner Isolierung befreit".[153] In dieser Atmosphäre ließ Bismarck durch seinen Sohn Herbert das Auswärtige Amt anweisen, in Artikeln der russischen Presse die Frage zu stellen, „ob wir die Hand dazu bieten sollten, Österreich und England zu bekämpfen und nachher es abzuwarten, ob sich die russische Politik von 1875 in Gestalt eines französischen Bündnisses nach Gelegenheit verwirklichte oder die Drohung damit doch als Pression gegen uns angewendet würde".[154]

Damit wurde deutlich, daß es 1879 noch unverhohlener als 1875 um die Frage ging, ob das Dreikaiserverhältnis wieder zu kräftigen sei oder ob neue Allianzen entstünden. Andrássy in Wien sprach von dem „innerlich kranken Rußland" und wollte vom Dreikaiserbund nichts mehr wissen, er hätte keine Lust, „weiter von dieser Speise zu kosten".[155] Disraeli in London wiederum frohlockte, das Dreikaiserabkommen, von England immer mit Mißtrauen angesehen, existierte nicht mehr. Das Verhältnis zwischen Berlin und Petersburg wurde in der Tat noch kritischer als in den vergangenen Jahren.

Während sich Bismarck jedoch auf ein Zusammenstimmen und -wirken von diplomatischer Aktion, journalistischer Polemik und ökonomischer Pression verlassen konnte, war Gortschakow in seinem Kampf gegen das Übergewicht des Deutschen Reiches politisch sehr eingeengt. Die russischen Vertreter in den vom Berliner Kongreß eingesetzten Sonderkommissionen waren gegenüber den deutschen, ihre Anträge niederstimmenden Kollegen ziemlich machtlos; den ökonomischen Pressionen Deutschlands konnte Rußland nichts anderes als ohnmächtige Proteste entgegensetzen. Der militärische Druck, den der zaristische Kriegsminister Miljutin durch Heeresvermehrung und Verlagerung neu aufgestellter Truppenteile an die russische Westgrenze ausübte, war auch nicht dazu angetan, den Generalstab in Berlin zu beeindrucken; man fand sehr leicht Gegenmaßnahmen und wußte, daß die Auf- und Umrüstung des Zarenreiches ihre Grenze in der deplorablen Lage der russischen Finanzen finden würde. Bismarck war darüber unterrichtet, daß Petersburg von auswärtigen Bankhäusern erklärt worden war, die dortige Zeitungspolemik gegen Deutschland würde alles Vertrauen auf dem Geldmarkt erschüttern, weshalb für russische Rechnung keine Geschäfte mehr gemacht werden könnten, wenn das so fortdauere.[156]

Mit neuen Allianzen vermochte Rußland damals nicht zu drohen. Sicherlich konnte Gortschakow das bisher in versteckter Form angestrebte Bündnis mit Frankreich nun zum öffentlich erörterten Thema machen, gleichsam als sein politisches Vermächtnis verkünden, aber aktuell war es noch lange nicht. In anscheinend unbekümmerter Gemütsverfassung empfing deshalb Bismarck zwei französische Diplomaten und sprach mit jener Offenheit, die bisweilen zu seinen stärksten politischen Waffen gehörte, im März 1879 mit General Chanzy, der als Botschafter nach Petersburg ging und ihn auf der Durchreise aufsuchte, und im Juni mit St. Vallier, der Gontaut-Biron als Botschafter in Berlin abgelöst hatte. Mit lustvollem Sarkasmus erging sich der Kanzler in der Schilderung russischer Zustände und Machthaber und verschonte dabei auch nicht den Zaren, an das französische Sprichwort anknüpfend: „Grattez le Russe et vous trouverez le Tatare." Das alles trug Bismarck so beißend-geistreich vor, daß das Gespräch mit St. Vallier, der ausführlich darüber berichtete, „jeder Sammlung satirischer Literatur zum Schmuckstück gereichen" würde, wie der keineswegs bismarckfreundliche Erich Eyck meinte.[157]

Seine Charakterisierungskunst diente gerade in diesen Gesprächen einem politischen Zweck; *unverhohlen* bekannte er dem Berliner Botschafter Frankreichs, daß er die Intimität mit Österreich mehr und mehr zur Basis seiner ganzen Politik machen werde. Damit war das diplomatische Hauptthema des Jahres angeschlagen: Das seit dem Mai 1875 ins Auge gefaßte Sonderbündnis mit Österreich innerhalb des Dreikaiserabkommens war gedanklich und praktisch-politisch so weit ausgereift, daß Bismarck es baldmöglichst zum Abschluß bringen wollte. Und das kündigte er ausgerechnet französischen Diplomaten an, noch bevor er darüber mit seinem kaiserlichen Herrn gesprochen hatte.

Zunächst hatte der Kanzler allerdings bis in den Sommer 1879 hinein damit zu tun, den Zolltarif im Reichstag durchzubringen, der auch seine handelspolitische, Rußland berührende Komponente hatte. Damit im Zusammenhang näherte er sich dem rußlandfeindlichen Zentrum und unterstützte die Wahl des Zentrumsmannes Freiherr zu Franckenstein, von dem man sagte, er sei ein bayerischer Magnat mit österreichischen Sympathien,[158] zum Ersten Vizepräsidenten des Reichstages. Auch das war ein Zeichen, wie von der Innenpolitik her die noch engere außenpolitische Zusammenarbeit mit Österreich unterstützt wurde.

Erst im August begann die kritische Entscheidungsphase, in der Bismarck – zuerst von seinem Kurort Kissingen, dann von Gastein aus – das von ihm schon lange Angestrebte durchsetzen konnte, ja, auch mußte. Da verknüpfte der Zar am 6. August zum ersten Mal seine Klage über die Vertreter des Reiches in den Sonderkommissionen dem deutschen Botschafter gegenüber mit einer Drohung: „Wenn Sie wollen, daß die Freundschaft, welche uns hundert Jahre lang verbunden hat, fortdauere, dann sollten Sie dies ändern. Es ist ganz natürlich, daß sich hier der Gegenstoß entwickelt. Sie lesen die Sprache, die die Zeitungen führen; das wird ein sehr ernstes Ende nehmen".[159]

Bismarck nahm den Bericht über die Demarche des Zaren nach der für ihn alarmierenden Nachricht vom 10. August zur Kenntnis, daß der österreichisch-ungarische Außenminister Andrássy, dessen Stellung vor allem wegen der blutigen Opfer bei der Okkupation Bosniens erschüttert war, die Absicht habe zurückzutreten. Mit dem Ausscheiden Andrássys drohte in Bismarcks Augen die deutsch-österreichische Zusammenarbeit Schaden oder gar ein Ende zu nehmen. Kurz entschlossen und ohne sich vorher mit Kaiser Wilhelm in Verbindung zu setzen, ließ Bismarck bei Andrássy sondieren, ob eine Zusammenkunft in Gastein möglich sei. Doch noch bevor von diesem eine Antwort eintraf, kam ein neuer Vorstoß aus Petersburg: In Berlin war der sogenannte „Ohrfeigenbrief" angekommen, den der Zar Alexander am 15. August seinem Onkel, dem Kaiser Wilhelm, geschickt hatte. Darin beklagte er sich bitter über Bismarck wie über die deutsche Undankbarkeit und schloß mit der Drohung, eben der „Ohrfeige": Die Umstände wären zu ernst, als daß er, der Zar, seine Befürchtungen verbergen könnte; „die Konsequenzen können verheerend für unsere beiden Länder werden".[160]

Noch vor seinem inzwischen verabredeten Zusammentreffen mit Andrássy nahm der Kanzler am 24. August von Gastein aus Stellung zu diesem drohenden und dilettantisch-undiplomatischen Zarenbrief, der das Werk des Kriegsministers Miljutin zu sein schien, da Gortschakow sich in der Schweiz aufhielt; auch sei dieser, so meinte Bismarck, „zu sehr Politiker vom Fach", um Briefe wie den vorliegenden „gutzuheißen".[161] Zur Sache selbst erklärte der Kanzler: „Mit dem Staate Österreich haben wir mehr Momente der Gemeinsamkeit als mit Rußland. Die deutsche Stammesverwandtschaft, die geschichtlichen Erinnerungen, die deutsche Sprache, das Interesse der Ungarn für uns, tragen dazu bei, ein österreichisches Bündnis in Deutschland populärer, vielleicht auch haltbarer zu machen als ein russisches."[162] Es schien, als ob Bismarck manche der gewichtigen Argumente derer, die 1866 für Österreich optierten, jetzt, im Jahre 1879, in einem neuen historischen Zusammenhang zu akzeptieren und in seine Gesamtkonzeption zu integrieren bereit war.

In taktischer Hinsicht warnte Bismarck vor dem Glauben, „Rußland durch Nachgiebigkeit gewinnen zu wollen"; er empfahl aber, Feldmarschall von Manteuffel solle beim Zusammentreffen mit dem Zaren während der Manöver bei Warschau die drohenden Stellen des sogenannten Ohrfeigenbriefes „*ganz ignorieren* und im alten freundschaftlichen Tone für die Verständigung zwischen Rußland und Österreich unsere guten Dienste in Aussicht stellen, dabei aber durchblicken lassen, daß wir ... uns Österreich und England nicht verfeinden können für Fragen, die außerhalb unseres Kreises liegen. Wir könnten dies um so weniger, als der Kaiser Alexander scheinbar unser einziger Freund in Rußland sei, und die öffentliche Meinung in diesem Lande durch die Presse mehr und mehr gegen uns aufgeregt werde."[163] Überdies meinte Bismarck, die Art, wie Kaiser Alexander sein Recht auf Dankbarkeit für 1870 geltend machte, sei nicht gerade delikat, zumal „alles in allem" Rußland seit fünfzig Jahren mehr Vorteil von dem Bündnis gehabt habe als Preußen.[164]

Knapp zwei Wochen nach dem Zarenbrief, am 27. und 28. August, konferierte Bismarck in Gastein mit Andrássy. Im Bericht, den der Reichskanzler über diese Zusammenkunft an den Kaiser schrieb, ist auffällig, daß jetzt das Mißtrauen gegen Kaiser Alexander im Unterschied zur ersten Reaktion auf den „Ohrfeigenbrief" viel prononcierter war. Der erste Teil des Berichtes hatte den Charakter einer politischen Denkschrift mit dem Kernsatz: „Rußland wird Frieden halten, wenn es die deutschen Mächte ohne aggressive Tendenz zur Abwehr geeinigt weiß: es wird aber in absehbarer Frist den Frieden brechen, wenn diese Einigung unterbleibt".[165] Also sei, wie Bismarck meinte, eine Defensivallianz zwischen Österreich und Deutschland notwendig – ein ähnliches „Assekuranzbündnis" wie jenes zwischen Preußen und Österreich „in Gestalt des früheren Deutschen Bundes". Wie damals könnte „auch künftig Rußland jederzeit der Dritte in diesem Bunde der beiden deutschen Mächte wiederum werden ..., wenn es sich nur entschließen kann, ebenso wie zur Zeit des Deutschen Bundes, auf seiner Westgrenze Frieden zu halten."

Unverkennbar gab Bismarck seinem Bericht auch eine nostalgische Tönung: Österreich – eine „deutsche Macht" schlechthin; im übrigen wurde der „Deutsche Bund" als friedenserhaltend angesehen, ungeachtet dessen, daß er die nationalen Bewegungen in Mittel- und Osteuropa niedergehalten oder bisweilen niedergeschlagen hatte. Und was das deutsch-österreichische Bündnis in der Gegenwart betraf, so sollte es, was Kaiser Wilhelm schwerlich begriff, Rußland veranlassen, in das wiederzubelebende Dreikaiserverhältnis einzutreten.

Während der Gasteiner Unterredung schlug Bismarck ein allgemeines Verteidigungsbündnis gegen jeden denkbaren Angriff auf beide Mittelmächte vor. Auf eine solche weitumfassende Allianz wollte jedoch Andrássy nicht eingehen. Sie hätte sich gegen Frankreich gerichtet und damit Deutschland den Besitz von Elsaß-Lothringen garantiert, was auch der deutschfreundliche Andrássy wie jeder andere europäische Staatsmann nicht wollte. Österreich könne auch, so machte Andrássy weiter geltend, nicht England irritieren, weil es seiner Meinung nach gegenwärtig Frankreichs bedürfe.[166]

Andrássys Gegenvorschlag lief auf ein Bündnis hinaus, das sich auf die gemeinsame Abwehr eines russischen Angriffes beschränkte. In dem Bericht an Kaiser Wilhelm tat Bismarck so, als ob er dazu keine Meinung geäußert habe, wohl wissend, daß das Vorhaben eines ausschließlich gegen Rußland gerichteten Defensivbündnisses erbitterten Widerstand bei diesem finden würde. Der notierte auch wirklich am Kopfe des Berichtes: „Den Minister von Bülow beauftragt, dem Fürsten Bismarck mitzuteilen, daß ich dieses Schreiben als non avenu betrachtete, bis ich den Kaiser Alexander übermorgen in Alexandrowo gesprochen haben würde".[167] Die Einladung dazu hatte der inzwischen vom Zaren zurückgekehrte Feldmarschall v. Manteuffel mitgebracht.

Das Treffen in dem nahe bei Thorn gelegenen Grenzstädtchen Alexandrowo am 3. und 4. September 1879 verlief ganz nach dem Herzen Kaiser Wilhelms. Der Zar bekundete Reue über seinen verunglückten Brief vom 15. August, den er als nicht geschrieben angesehen haben wollte. Auch hatte die russische Presse die Weisung erhalten, ihre antideutschen Angriffe einzustellen. Das alles konnte einen Kaiser Wilhelm rühren, aber nicht einen Bismarck, denn der nervenschwache Zar, der allen möglichen Impressionen und Einflüssen unterlag, konnte weniger denn je Sicherheit für eine zuverlässige Zusammenarbeit bieten. Jetzt wollte der deutsche Reichskanzler nicht mehr allein akute Schwierigkeiten überwinden, sondern aus den friktionsreichen deutsch-russischen Beziehungen der letzten fünf Jahre Schlußfolgerungen ziehen.

So setzte Bismarck die Reihe der an den Kaiser gerichteten Denkschriften fort. Ausführlich erläuterte er seine diplomatischen Gespräche und Demarchen, um kein Mißtrauen bei Wilhelm aufkommen zu lassen, denn die neue Bündniskombination, die Bismarck mit Österreich-Ungarn einzuleiten gedachte, war dem alten Monarchen schwer beizubringen. Erneut und immer wieder, auch variationsreich in der Begründung, kam die Versicherung, daß es nicht um den Verzicht auf das Dreikaiserverhältnis gehe, sondern um eine neue Gewichtsverteilung und Zielsetzung in ihm. „Das *Drei*kaiserbündnis im Sinne einer friedlichen und erhaltenden Politik bleibt ein ideales Ziel der Politik . . .; untrennbar von derselben aber ist der Grundsatz, daß keiner der drei befreundeten Monarchen Eroberungen zum Schaden eines anderen erstrebe oder einen der beiden anderen mit Gewalt bedrohe, um ihn zum Anschluß an seine Separatpolitik zu zwingen. Letzteres ist leider von seiten des Kaisers Alexander geschehen, unterbleibt aber wahrscheinlich für die Zukunft, wenn Seine Majestät sich überzeugt, daß eine solche Politik der Drohung mit Gewalt die beiden anderen Mächte *in der Abwehr einig finden würde.*“[168]

Bismarck verwies vor allem auf die Unberechenbarkeit des damaligen Rußlands, absichtsvoll orakelnd, daß sogar der „Einfluß revolutionärer Ratgeber“ auf den Zaren nicht ausgeschlossen sei, noch weniger die „Eruptionen revolutionärer Elemente im Innern des großen Reiches“.[169] In der umfangreichen Denkschrift vom 7. September häuften sich in geradezu ein- und aufdringlicher Weise Ausdrücke wie „slawische Revolution“, „slawischer Nationalismus“, „slawophiles Rußland“ und schließlich „panslawistische Kriegslust Rußlands“. In typisch Bismarckscher Diktion hieß es dazu: „Die Hoffnung, welche ich vor zwei Jahren hegte und aussprach, daß Siege und Beförderungen, Georgenkreuze, Tedeum, eroberte Roßschweife das Tatenbedürfnis des russischen Heeres befriedigen würden, ist unerfüllt geblieben. Nur die anspruchsvolle Selbstüberschätzung der Russen hat sich gesteigert und zwingt Europa, gegen die Gefahren auf der Hut zu bleiben, die der Chauvinismus des slawischen Cäsarentums für unseren Frieden heraufbeschwören kann.“[170]

Natürlich wußte Bismarck, daß Rußland in naher Zukunft keinen Krieg führen konnte und wollte. Aber, so war er überzeugt, es vermochte einen moralisch-politischen Druck auszuüben und mit dem französischen Bündnis zu drohen. Die Beziehungen Rußlands zu Deutschland, aber auch zu Österreich, waren so labil geworden, daß letzteres ein engeres Bündnis innerhalb des wieder zu erneuernden Dreikaiserverhältnisses anstreben mußte. Darum beschwor der Kanzler seinen Kaiser, sich mit Österreich – jetzt und nicht später – zu verbünden, um es nicht auch in die Versuchung zu bringen, Sicherheit bei Frankreich zu suchen. Eine Entscheidung sei dringlich, so mahnte er, denn „die Geschichte beweist, daß versäumte Gelegenheiten in der Regel nicht wiederkehren".[171] Erst Ende September 1879 konnte Bismarck nach Wien reisen, um dort das Defensivbündnis endgültig auszuhandeln. Alles war schon über die reine Kabinettspolitik hinausgegangen, vieles schon an die Öffentlichkeit gedrungen. Die Wiener Bevölkerung empfing den deutschen Reichskanzler mit freudiger, ja jubelnder Zustimmung. Der am 24. September unterschriebene Entwurf des Defensivbündnisses sah gegenseitige Hilfe bei einem russischen Angriff auf eine der beiden Mächte vor, wohlwollende Neutralität bei Angriffen anderer Mächte, also vor allem Frankreichs auf Deutschland oder Italiens auf Österreich. Sollte jedoch Rußland auch in diese Konflikte eingreifen, so war der eine Bundesgenosse dem anderen zur Hilfe verpflichtet.

Bisher fehlte die offizielle Unterzeichnung und Ratifizierung durch den deutschen Monarchen. Immer noch leistete Kaiser Wilhelm, der die eindeutige Ausrichtung gegen Rußland als „Perfidie" empfand, hartnäckigen Widerstand. Da bäumte sich vieles in ihm auf: Gefühle der Verwandtschaft gegenüber seinem kaiserlichen Neffen an der Newa, das monarchische Bewußtsein einer von den Vätern überlieferten und geheiligt empfundenen Freundschaft, die doch gerade in Alexandrowo erneuert worden war. Bismarck sprach von den „allerhöchsten Herzensempfindungen".[172] Wie immer war der preußisch-deutsche Monarch gefühlsselig und zugleich dogmatisch festgefahren. In seinem dynastischen Traditionsbewußtsein sträubte er sich gegen das nüchterne Denken der sich an neue Verhältnisse anpassenden Staatsräson.

Bismarck wußte aus der Erfahrung von 1866 und aus genauer Kenntnis des Monarchen um „die Schwierigkeiten, allerhöchste Meinungen im Wege der Diskussion zu überwinden".[173] Deshalb mußte er den Kaiser im internen Machtgetriebe isolieren. Und das gelang ihm wieder. Nicht verwunderlich, da der Kronprinz Friedrich, Schwiegersohn der Königin Victoria und ohne romantische Verehrung für die Romanows, das Defensivbündnis mit Österreich billigte, dem vielleicht auch eine Zusammenarbeit mit England folgen könnte. Sogar die alte Feindin Bismarcks, die Kaiserin Augusta, stimmte ihrem Gatten nicht zu. Ohne Vorbehalt begrüßten das Auswärtige Amt und die Diplomatie das Anliegen ihres Chefs, den preußischen Ministerrat brachte Bismarck in der Sitzung vom 28. September auf seine Seite. Er führte dort aus: „Österreich wird, wenn das deutsche Bündnis nicht zu haben ist, notwendigerweise in andere, für Deutschland direkt bedrohliche

Koalitionen getrieben werden müssen. Ist dagegen durch eine Defensivallianz mit Deutschland Österreich aus den europäischen Koalitionsmöglichkeiten in der Mitte herausgeschnitten, so beseitigt sich die Gefahr, daß eine die Kräfte Deutschlands überwältigende Gruppierung gegen uns sich finden könnte." Denn „mit Österreich ist England von selbst wie ein drittes Glied im Bunde, mit oder ohne Vertrag. Mit Rußland bleibt man zu zweien."[174] Der Hinweis auf England war eine Übertreibung, zumal Bismarck selber die Sondierungen in London über vertragliche Abmachungen nicht energisch betrieben hatte und abrupt stoppte.[175]

Es blieb dem Kanzler nur noch übrig, die Heeresführung zu gewinnen, was schon angesichts der vom russischen Kriegsminister Miljutin veranlaßten Truppenverschiebungen nicht schwer war. Moltke, der Generalstabschef, trat für eine verstärkte Anlehnung an Österreich ebenso ein wie Generalmajor Graf v. Lehndorff und der Chef des Militärkabinetts, v. Albedyll. Nur Generalfeldmarschall Edwin v. Manteuffel, ein Fossil aus der längst entschwundenen Hoch-Zeit der urkonservativen Kamarilla um Ludwig und Leopold v. Gerlach, hielt „in Treue fest" zu seinem Monarchen.

Was sollte der Kaiser in seiner hoffnungslosen Isolierung eigentlich tun? Im Szenarium solcher staatskriselnden Dramen fehlten natürlich nicht die Rücktrittsdrohung des Kanzlers und das Abdankungsgehabe des Monarchen, der larmoyant alles dem „Verrat" am Zaren vorziehen wollte. Und am Ende gab er doch nach. In echter Seelennot fügte er seiner Genehmigung des Bündnisvertrages die Worte hinzu: „Die, welche mich zu diesem Schritt veranlaßt, mögen es dereinst dort oben verantworten."[176] Und noch am gleichen Tage, dem 2. Oktober, schrieb er dem erkrankten Staatsminister v. Bülow: „Seit vier Wochen kämpfe ich gegen eine Stipulierung in Wien, die meinem Ehrgefühl und meiner Pflicht widerstrebt, und welchem Kampf ich nur unter der Bedingung endlich nach Erschöpfung aller Gegenvorstellungen gestern Nacht nachgegeben habe, ... meine ganze moralische Kraft ist gebrochen!"[177]

In der Tat, in den noch verbleibenden neun Jahren vermochte er sich nicht mehr zu irgendeinem Widerstande gegen die Bismarcksche Politik aufzuraffen. Nachdem Botschafter Reuß in Wien das Defensivbündnis mit Österreich unterzeichnet hatte, ratifizierte Kaiser Wilhelm den Vertrag am 15. Oktober 1879.

Mit dem Abschluß dieses Bündnisses hat Bismarck sein außenpolitisches Sicherungssystem neu gestaltet. Zum ersten Mal ist er eine feste Bindung eingegangen; im Vergleich zum Dreikaiserabkommen ging das Deutsche Reich von der Konsultationspflicht gegenüber seinen Vertragspartnern von 1873 zur Beistandspflicht gegenüber Österreich über. Der deutsch-österreichische Zweibund wurde der Ausgangspunkt für die weitere Gestaltung des Bündnissystems in den nächsten Jahren.[178]

Bismarck hatte in der ersten Verhandlungsphase über das Bündnis den Vorschlag gemacht, es am Ende durch die Parlamente beider Staaten billigen zu lassen. Das entsprach auch seinen Überlegungen, die er bereits 1875 in Gesprächen mit Károlyi angedeutet hatte. Aber eine solche staatsrechtliche Sanktionierung hätte im habsburgischen Vielvölkerstaat seine besonderen Schwierigkeiten gehabt, denen sich Andrássy offensichtlich nicht aussetzen wollte, zumal er kurz vor seinem Rücktritt stand.

Wenn Bismarck damals unter Berufung auf die „tausendjährige Gemeinsamkeit der gesamtdeutschen Geschichte"[179] dem parlamentarisch gebilligten Bündnisvertrag mit Österreich auch einen staatsrechtlichen Charakter geben wollte, dann bedeutete dies keine grundsätzliche Abkehr von der Kabinettspolitik. Es war vielmehr ein Zeichen dafür, daß die außenpolitische Wende auch der innenpolitischen dienen sollte. Der Bündnisvertrag mit seinen historischen Reminiszenzen gesamtdeutscher Natur konnte auch dazu beitragen, diejenigen Kräfte zu integrieren, die den Ruck nach rechts in der Wirtschafts- und Innenpolitik von 1878/79 nicht unterstützten.

VI. Der Umschwung in der Innen- und Wirtschaftspolitik

Sozialistengesetz und Schutzzollgesetze

Über die Zeit des Berliner Kongresses hinaus warben die Reichstagsparteien mit einem Eifer wie nie zuvor um die Gunst der Wähler, bis am 30. Juli 1878 die Wahl entschied. Mit allem Aufwand an Demagogie und Einschüchterung erreichten die regierungstreuen „Ordnungsparteien" dennoch nicht ein wichtiges Ziel, nämlich die Sozialdemokratie von ihren bisherigen Wählern zu isolieren. Sie erhielt 437000 Stimmen (einen Anteil von 7,6 Prozent) und erlitt im Vergleich zu 1877 eine Einbuße von nur rund 56000. Von den früheren zwölf kamen immerhin noch neun sozialdemokratische Abgeordnete in den Reichstag, die dann im Herbst während der Beratungen über das Sozialistengesetz auftreten konnten. Die deutsche Sozialdemokratie erwies sich, der repressiven Kampagne zum Trotz, als eine im städtischen Proletariat verwurzelte Kraft.

Neben dem Ruf nach Rettung der gesellschaftlichen Ordnung benutzten die Regierungsparteien noch eine andere Beschwörungsformel, nämlich die vom „Schutz der nationalen Arbeit". Das blieb nicht ohne Wirkung. Beide konservativen Parteien wurden – wie 1877 – erneut gestärkt. Die Deutschkonservativen konnten die Mandate von 40 auf 59 erhöhen, die Freikonservativen von 38 auf 57. Die in Fragen des Schutzzolles gespaltenen und in denen des Ausnahmegesetzes gegen die Sozialdemokratie unsicheren Nationalliberalen hatten 28 Mandate verloren; die Fraktionsstärke der linksliberalen Fortschrittspartei sank von 35 auf 26 Abgeordnete. Das immer noch kulturkämpferische, aber mit dem Schutzzoll liebäugelnde Zentrum konnte mit 99 (also sechs mehr) Abgeordneten in den Reichstag einziehen.

Trotz der allgemeinen Entwicklung nach rechts und Stärkung der auf sie eingeschworenen Parteien war für Bismarck die Wahl doch nicht ganz nach Wunsch gelaufen. Im Hinblick auf seine Ge-

Der Pfeil ist auf die Sozialdemokraten gerichtet; wie aber, wenn er über das Ziel hinausschießt?

setzesvorhaben – Unterdrückung der Sozialdemokratie sowie Zoll- und Finanzreform – war die parlamentarische Parteienkonstellation für die Regierung recht schwierig geworden. Sorge mußte ihr vornehmlich das Zentrum machen, das nun dritte Kraft zwischen den etwa gleichstarken Blöcken geworden war, in denen sich die beiden konservativen Fraktionen und die trotz der Verluste immer noch stärkste Fraktion der Nationalliberalen gegenüberstanden. Auf die reorganisierten Konservativen, gleich welcher Schattierung, konnte sich Bismarck auf alle Fälle verlassen; aber die Nationalliberalen waren noch nicht so „national-servil“ – um mit dem liberalen Publizisten Wehrpfennig zu sprechen –, daß sie alles ohne Einwand hinnahmen. Für die Vorlage des Sozialistengesetzes waren sie in ihrer Gesamtheit zu gewinnen, wenn ihnen einige liberale, im Grunde unwesentliche Korrekturen zugestanden wurden. Da brauchte das Zentrum als stimmengebende Hilfstruppe nicht herangezogen zu werden; ohnehin war es trotz seiner Feindschaft gegen den Sozialismus für kein Gesetz zu gewinnen, das mitten in dem noch nicht abgebrochenen Kulturkampf zumindest prinzipiell seine Parteiinteressen zu beeinträchtigen vermochte. Ein antisozialistisches Ausnahmegesetz konnte durchaus im antiklerikalen Sinne ausgelegt, praktiziert und früher oder später ergänzt werden.

Anders war die Sachlage bei der schon lange vorbereiteten Zoll- und Finanzreform. Da gab es in der nationalliberalen Fraktion noch eine beachtliche Zahl von Freihändlern, die nicht zuletzt die rohstoffabhängige Exportindustrie im Auge hatten, während sich im Zentrum agrarprotektionistische und ohnehin antiliberale Interessen geltend machten.

Doch vordringlich ging es um das „Gesetz gegen die gemeingefährlichen Bestrebungen der Sozialdemokratie", das am 9. September dem Reichstag zur Beratung und Beschlußfassung vorgelegt wurde. Auf jeden Fall mußten da die Nationalliberalen zur Einsicht und Zustimmung gebracht werden. Um ihnen die Kompromißbereitschaft zu erleichtern, hatte Bismarck sogleich nach der Wahl alle Angriffe auf die Nationalliberale Partei einstellen lassen. Bennigsen, ihr Vorsitzender, wiederum verzichtete in einer Rede vom 18. August 1878 auf eine grundsätzliche Opposition gegen die Ausnahmegesetzgebung, indem er erklärte, es müßten eben „die Forderungen der Ordnung die der Freiheit überwiegen". Er rief zu einem „Zusammengehen der maßvollen Liberalen und der gemäßigt konservativen Richtung mit der Regierung" auf, „damit kein Stocken und Bruch in die deutsche Politik" komme.[1]

Die sozialdemokratischen Reichstagsabgeordneten wehrten sich gegen die bürokratisch penibel ausgearbeitete Vorlage eines Ausnahmegesetzes nach der alten Kriegsregel, daß der Hieb die beste Deckung ist. Der revolutionäre Trotz gegen die Junker- und Bürgergewalt gipfelte in dem Satz, den Wilhelm Bracke in den Saal schleuderte: „Meine Herren, ich will Ihnen sagen, wir pfeifen auf das ganze Gesetz!" Und Bebel sagte den „Sozialistentötern" voraus, daß sie sich vergebliche Mühe gäben; nicht die Sozialdemokraten, sondern ihre Gegner würden die Besiegten sein.

Schließlich nahm der Reichstag am 19. Oktober 1878 in namentlicher Abstimmung mit 221 gegen 149 Stimmen das Sozialistengesetz an. Für das Gesetz stimmten die beiden konservativen Fraktionen, sämtliche Nationalliberale und die Gruppe um den früher linksliberalen und jetzt mit der Schwerindustrie verbandelten[2] Abgeordneten Löwe. Dagegen waren die große Mehrheit der Fortschrittspartei, das gesamte Zentrum und mit ihm die Partikularisten und Polen und selbstverständlich die Sozialdemokraten.

Vereine, Druckschriften und Versammlungen, die – wie es in der offiziellen Phraseologie hieß – „durch sozialdemokratische, sozialistische oder kommunistische Bestrebungen den Umsturz der bestehenden Staats- oder Gesellschaftsordnung bezwecken",[3] wurden verboten. Damit waren auch die sozialistisch beeinflußten Gewerkschaften getroffen. Zuständig für das Verbot von Vereinen und Druckschriften waren nicht die ordentlichen Gerichte, sondern die Landespolizeibehörden. Der berüchtigte § 28 sah für den Fall der angeblichen Gefährdung der öffentlichen Sicherheit Beschränkungen vor, die unter dem Namen „Kleiner Belagerungszustand" bekanntwurden. Aus dem von ihm betroffenen Bezirk oder der Stadt konnten sozialdemokratische Funktionäre ausgewiesen werden. Wer wegen Zuwiderhandlung gegen die Bestimmungen des Sozialistengesetzes verurteilt wurde, den konnte die Landespolizeibehörde aus bestimmten Bezirken oder Ortschaften verweisen (§ 22). Auf Antrag des nationalliberalen Abgeordneten Lasker beschränkte man die Gültigkeit des Sozialistengesetzes auf zweieinhalb Jahre, so daß es danach immer wieder vom Reichstag erneuert werden mußte.

Für die Sozialdemokraten blieb nur die Möglichkeit, zu gegebener Zeit Wahlvereine zu bilden, die Kandidaten für die Reichs-, Länder- und Stadtparlamente nominieren konnten. Doch es war schwer, diese Rechte unter den Bedingungen des Ausnahmegesetzes geltend zu machen. Die Verbreitung von Flugblättern, das Abhalten von Versammlungen, das Austeilen der Stimmzettel wurden auf Schritt und Tritt von der Polizei behindert. Schikanen, Ausweisungen und Verhaftungen machten vielen sozialdemokratischen Kandidaten ein persönliches Auftreten im Wahlkampf unmöglich. Am schlimmsten waren die moralische Verfemung und die Existenzbedrohung derjenigen Wähler, die im Verdacht standen, sozialdemokratisch zu wählen.

Angenommen werden konnte das Gesetz nur deswegen, weil die Nationalliberalen dem Druck Bismarcks und der von ihm angestachelten Erregung der deutschen Spießbürger nachgegeben hatten. Die Korrespondenz der Nationalliberalen Partei drückte ihren inneren Zwiespalt recht deutlich aus in den Worten: „Niemand täuscht sich darüber, daß die Zurückdämmung der revolutionären Bestrebungen nicht ohne Rückwirkung bleiben kann auf den Zustand der bürgerlichen Freiheit überhaupt. Solange wir im Kampfe gegen den sozialistischen Todfeind stehen, wird zum mindesten nicht auf den weiteren Ausbau des Rechtsstaates zu rechnen sein."[4] Dieser Ausbau war nicht nur aufgehalten, sondern der gesamte Staatsapparat wurde in den folgenden Jahren noch stärker im antiliberalen Sinne umgestaltet. Soweit höheres Justizpersonal zum Liberalismus neigte, ging man zum beliebten Mittel der vorzeitigen Pensionierung über.[5] Selbst im Kriegsministerium gab es Veränderungen.

In der vorherrschenden Staatsrechtslehre, vor allem durch Laband vertreten, merzte man die humanistisch-naturrechtlichen Elemente aus. Auch in anderen gesellschaftlichen Disziplinen, wie in der Geschichtswissenschaft, nahm die Tendenz überhand, ähnlich wie im Staatsrecht, die Macht allein schon als etwas Sittliches darzustellen. Die Erziehung der Studenten, also der späteren Beamten, wurde in diesem Sinne forciert, so durch die von Bismarck seit 1880 bewußt geförderten Vereine deutscher Studenten. Das Kyffhäusertreffen von 1881 stand in Geist und Wirkung weit hinter dem Wartburgfest von 1817 zurück. Nichts mehr war zu spüren von jenem aufsässigen, die Nation erfassenden Vorwärtsstreben aus der dumpfen Gegenwart heraus; es gab nur noch strammes Übereinstimmen mit dem gegebenen Reich und die Verehrung ihres Helden Bismarck; ein Treffen also von Staatsfrommen und gesellschaftlich Etablierten, das nicht mehr ins Geschichtsbewußtsein der Nation eingehen sollte.[6]

Die parlamentarische Entwicklung nach rechts, die sich seit 1877 in den Wahlen zeigte, setzte sich in der Staatspolitik und Ideologie verstärkt fort. Hier machte sich schon eine der Funktionen des Sozialistengesetzes geltend. Nach alter Erfahrung, die bis zum heutigen Tage gültig ist und sich nahezu zu einem historisch-politischen Gesetz verdichtet hat, muß jeder Politiker, der einen autoritären Kurs steuern will, mit Schlägen gegen die konsequenteste Opposition beginnen. So war es bei der Verhaftung Wilhelm Weitlings in Zürich 1843; dann beim Kölner Kommunistenprozeß 1852 und auch später 1933 bei der Hetzjagd gegen die Arbeiterparteien.

*

Eine unmittelbare Gefahr für Staat und Gesellschaft hat Bismarck in der Sozialdemokratie sicherlich nicht gesehen, auch wenn er sich im Sommer und Herbst 1878 mitunter in gesellschaftsrettender Demagogie geradezu überschlug. Die Schlußworte seiner Rede am 17. September im Reichstag hören sich noch heute wie Schlachtrufe an: Man sei gewarnt „vor dem nihilistischen Messer und der Nobilingschen Schrotflinte. Ja, meine Herren, wenn wir in einer solchen Weise unter der Tyrannei einer Gesellschaft von Banditen existieren sollen, dann verliert jede Existenz ihren Wert

(Bravo! rechts), und ich hoffe, daß der Reichstag den Regierungen, dem Kaiser, ... zur Seite stehen werde! Daß bei der Gelegenheit vielleicht einige Opfer des Meuchelmordes unter uns noch fallen werden, das ist ja wohl möglich, aber jeder, dem das geschehen könnte, mag eingedenk sein, daß er zum Nutzen, zum großen Nutzen seines Vaterlandes auf dem Schlachtfeld der Ehre bleibt! (Lebhaftes Bravo rechts)."[7]

Mochte diese Demagogie auch zweckbewußt theatralische Effekte einsetzen, dennoch ging sie davon aus, daß die Sozialdemokratie, neue soziale Schichten repräsentierend, sich grundsätzlich von anderen Parteien unterschied; sie verfolgte nach des Kanzlers Ansicht solche revolutionären Ziele, die – das sprach er wiederholt und mit Nachdruck aus – nur negativ-destruktiv sein könnten. Daß sie auch positiv konstruktive Ziele verfolge, gestand er nicht zu. Allenfalls ahnte er dann und wann, daß sie systemübergreifende Umwälzungen sozialer und politischer Natur anstrebe, die aber in seinen Augen nichts anderes als gesellschaftsvernichtend waren. Unter diesen für ihn gefahrvollen Aspekten verfolgte Bismarck mit dem Sozialistengesetz das Ziel, die Sozialdemokratie als politische Bewegung zu vernichten. Nie änderte er seine Meinung, daß sie die staatliche Ordnung negiere, woraus sich für den Staat das Recht und die Pflicht ergebe, „einerseits die Sozialdemokratie nicht nur in ihren Wirkungen, sondern in ihrer Berechtigung zur Existenz im Staate zu bekämpfen".[8]

Als revolutionäre Partei war die Sozialdemokratie nicht mehr zu manipulieren; sogar Bismarck stellte ihr in der Brandrede vom 17. September „das Zeugnis aus, daß sie nie gebuhlt hat mit der ministeriellen Macht, um sich zum Werkzeuge gegen andere Parteien gebrauchen zu lassen".[9] Bebel hatte in der Debatte die Kontakte Bismarcks mit Lassalle, also mit einem der Gründungsväter der Partei, zur Sprache gebracht, worauf der Kanzler ausführlich einging. Seine Beziehung zu Lassalle, so erklärte er, „konnte gar nicht die Natur einer politischen Verhandlung haben. Was hätte mir Lassalle bieten und geben können? Er hatte nichts hinter sich. In allen politischen Verhandlungen ist das do ut des eine Sache, die im Hintergrund steht, auch wenn man anstandshalber einstweilen nicht davon spricht. (Heiterkeit) Wenn man sich aber sagen muß: was kannst du armer Teufel geben? – er hatte nichts, was er mir als Minister hätte geben können. Was er hatte, war etwas, das mich als Privatmann außerordentlich anzog: er war einer der geistreichsten und liebenswürdigsten Menschen, mit denen ich je verkehrt habe,

... ein Mann, der ehrgeizig im großen Stil war, durchaus nicht Republikaner; er hatte eine sehr ausgeprägte nationale und monarchische Gesinnung, seine Idee, der er zustrebte, war das Deutsche Kaisertum, und darin hatten wir einen Berührungspunkt."[10]

Bismarck sagte noch mehr Schmeichelhaftes über Ferdinand Lassalle, natürlich in der Absicht, ihn leuchtend abzuheben von seinen Nachfolgern. Erst recht betonte er „die verständigen Bestrebungen, die damals noch den Hauptkern in der Socialdemokratie bildeten"[11] – das wieder, selbstverständlich, mit scharfer polemischer Spitze.

Der Wille zum „Vernichtungskrieg" gegen die Bebel-Liebknechtsche Sozialdemokratie war bei Bismarck so stark, daß er mit dem Ausnahmegesetz von 1878 keineswegs zufrieden war und es nur als einen ersten Schritt im Kampfe gegen sie ansah. Auf dem Wege der Vernichtung der Arbeiterpartei hatte er gleichsam zwei Etappen im Auge: zunächst die polizeiliche Zerschlagung ihrer Organisation oder gar ihre militärische Niederschlagung, dann die Einleitung von systemimmanenten Reformen, die die Bildung einer neuen revolutionären Partei verhindern, allenfalls eine systemkonforme ermöglichen sollten. In einer Reichstagsrede erinnerte Bismarck an Frankreich, das jetzt auf einen Standpunkt gekommen sei, mit dem die Regierung und die Gesellschaft es aushalten könne. Nicht durch Überzeugung sei dies erreicht worden, sondern durch „gewaltsame Repressionen". Im gleichen Zusammenhang bedauerte er, daß sich der „Vorort des Sozialismus" von Frankreich nach Deutschland verlagert habe.[12]

Zur Ergänzung der Repressionen gegen die Sozialdemokratie kam Bismarck während der Reichstagsdebatte auch auf Bestrebungen zu sprechen, die Lage der Arbeiter zu verbessern, auf Vereine, die sich den Zweck gesetzt haben, „den Arbeitern einen höheren Anteil an den Erträgnissen der Industrie zu gewähren und die Arbeitszeit nach Möglichkeit zu verkürzen, soweit die Grenzen, die durch die Konkurrenz und die absatzfähige Fabrikation gegeben sind, beide Bestrebungen noch gestatten".[13] Die sozialpolitischen Bemerkungen Bismarcks machten da und dort schon einigen Eindruck, so daß sich russische Journalisten zu einem recht verführerischen Vergleich verleiten ließen. Wie die deutsche Botschaft in Petersburg berichtete, schrieb am 27. September der „Golos": Bismarck „wünscht die Lösung der socialen Frage der Revolution zu entreißen, wie er aus den revolutionären, republikanischen Händen die Frage der Einigung Deutschlands entrissen hat".[14] Verführerisch wie dieser Gedanke auch war, so falsch war er.

In den Jahren 1866–1870, so sei rekapituliert, hatte Bismarck im Zuge der nationalstaatlichen Einigung alte politische Gebilde wie den Deutschen Bund resolut beseitigt, Fürsten entthront, Länder annektiert, schließlich dem Industriekapitalismus der freien Konkurrenz zum endgültigen Durchbruch verholfen, also eine wirkliche Revolution durchgeführt, wenn auch eine von oben. 1878 hingegen war er weder objektiv noch subjektiv in der Lage, im Hinblick auf die damals bestehende soziale Frage, die im Kern eben eine Arbeiterfrage geworden war, mehr in Aussicht zu nehmen als systemimmanente Reformen, die auch noch begleitet waren von antirevolutionären Repressionen gegen Arbeiterorganisationen. Als agrarkapitalistisch wirtschaftender Grundbesitzer war Bismarck in den sechziger Jahren willens und fähig gewesen, einen historischen Kompromiß mit Vertretern des Industriekapitalismus einzugehen. Aber in den siebziger Jahren lagen systemübergreifende Reformen völlig außerhalb seiner Überlegungen. Die Zeit, da sich Bismarck als „weißer" oder „königlich-preußischer" Revolutionär betätigte, war endgültig vorüber; er war kein Mann der permanenten Revolution. Und so blieb es bei der undifferenzierten und rücksichtslosen Erklärung des antisozialistischen „Vernichtungskrieges".

*

Welches waren nun die ersten Wirkungen des Ausnahmegesetzes gegen die Sozialdemokratie? Wie wurde, um nochmals mit Bismarck zu sprechen, „aufgeräumt"? Nach Inkrafttreten des Sozialistengesetzes am 21. Oktober entgingen von den 47 bestehenden sozialistischen Blättern nur zwei dem sofortigen Verbot. Arbeitervereine, Gewerkschaften und freie Hilfskassen wurden aufgelöst, ebenso Genossenschaftsdruckereien, an denen 2500 Arbeiter mit ihren wenigen Ersparnissen beteiligt waren.[15]

Die deutsche Sozialdemokratie hatte eine zwar nicht ganz unerwartete, aber doch bisher nicht erlebte Belastung zu überstehen. Zum ersten Mal stand eine Massenpartei vor der Aufgabe, in die Illegalität gehen zu müssen. Zweifellos war unmittelbar nach Erlaß des Sozialistengesetzes die Verwirrung innerhalb der Führung der Sozialdemokratie wie auch unter den Arbeitern sehr groß. Bereits am 19. Oktober erklärte sich das Hamburger Zentralwahlkomitee

Auflösung einer Versammlung
Auf Grund des Ausnahmegesetzes gegen die Sozialdemokratie waren für die Verbote und sonstigen Maßnahmen gegen Vereine, Zeitungen und Druckschriften die Landespolizeibehörden zuständig. Gerichtliche Beschlüsse zu den Verboten waren nicht mehr notwendig. So konnte selbst ein simpler Polizeiwachtmeister nach Gutdünken eine Versammlung auflösen oder einen Redner verbieten.

unter der Leitung des schwerkranken, bereits vom Tode gezeichneten August Geib gegen den Willen Bebels und Liebknechts für aufgelöst. Schon vorher hatte Bebel erreicht, daß ihm wenigstens die Funktion des Kassierers übertragen wurde, zunächst die einzige Funktion in der Partei überhaupt. Die ersten Ausweisungen aus Berlin am 28. November 1878 beantworteten die Parteimitglieder mit Sammlungen für die Verjagten; der „Finanzminister" der Partei, August Bebel, verteilte das Geld, vermittelte Arbeit und unterstützte die Familien.

Die harten Maßnahmen der Polizei hatten aber auch ihre Wirkung auf die den Klassenkampfgedanken ablehnenden Arbeiterorganisationen, wie etwa die Hirsch-Dunckerschen Gewerkschaften, die sich unter dem Druck eines drohenden Verbotes fühlten. Ebenso war die Lage bei den christlich-sozialen Arbeitervereinen katholischer Richtung. Immerhin hatten bereits 1877 zur Reichstagswahl katholische Arbeiter in zwei wichtigen Industriestädten im Gegensatz zu den offiziellen Zentrumskandidaten eigene

Hausdurchsuchungen waren, ob es nun ein gerichtliches Nachspiel gab oder nicht, stets nachhaltige Erlebnisse für die Betroffenen, insbesondere für die Kinder. So wurden oppositionelle, ja revolutionäre Traditionen geschaffen.

Kandidaten aufgestellt[16]: in Aachen den Kaplan Laaf, in Essen den früheren Metalldreher und damaligen Redakteur Stötzel, der sogar mit Hilfe der Sozialdemokraten in der Stichwahl gewählt wurde. Nach der Verhängung des Sozialistengesetzes kapitulierte Stötzel vor dem Zentrum, und die christlich-sozialen Arbeitervereine verloren ihre Selbständigkeit. Das Organisationsleben der Arbeiter war für eine geraume Zeit lahmgelegt. In Berlin beispielsweise wurde bis Ende des Jahres 1878 nur eine einzige Gewerkschaftsversammlung einberufen – eine öffentliche Tischlerversammlung, die gleich bei der Eröffnung aufgelöst wurde, angeblich wegen Überfüllung des Lokals. Während des ganzen Jahres 1879 war es mit dem Gewerkschaftsleben kaum besser.[17]

Für die Entwicklung der allgemeinen Arbeiterbewegung war entscheidend, wie sich die Sozialdemokratie nach den ersten Schlägen des Ausnahmegesetzes politisch und organisatorisch wiederfinden würde. Bald zeichneten sich verschiedene Strömungen innerhalb der Partei ab. Da war die Gruppe, die allmählich zum

Anarchismus überging, geführt von dem Redakteur Hasselmann und dem früheren Buchbinder und nachmaligen Arbeiterliteraten Johann Most, der seit Januar 1879 die Zeitung „Die Freiheit“ in London heraugab und nach Deutschland verschickte. Die mit dem Anarchismus sympathisierende Gruppe hatte durch ihre Aktivität und durch Ausnutzung von Schwächen der offiziellen Parteileitung anfänglich einige Resonanz gefunden.[18] Etwas später als die ultralinke Richtung machte sich die reformistische Gruppierung bemerkbar. Sie strebte die Umwandlung der klassenkämpferischen Arbeiterpartei in eine demokratisch-reformistische an. Ihr gehörten Intellektuelle an, Kaufleute und zu Führern gewordene Arbeiter, Lassalleaner wie Hasenclever, aber auch frühere Eisenacher.

Das sichtbarste Zeichen für das ideologische und organisatorische Zurechtfinden war das Erscheinen des neuen Parteiorgans im September 1879 unter dem Titel „Der Sozialdemokrat“. Das Wochenblatt, im marxistischen Sinne redigiert, erschien in Zürich und wurde illegal über die Grenze gebracht. Es diente nicht nur der politisch-ideologischen Orientierung, sondern auch der organisatorischen Sammlung der Parteimitglieder im Reich. Schon vor dem Erscheinen des „Sozialdemokrat“ fand im Juli 1879 eine erste größere illegale Zusammenkunft von Berliner Parteimitgliedern statt, auf der sie unter Leitung Bebels über die anarchistischen Eskapaden Hasselmanns diskutierten. Im August 1879 mußte der Berliner Polizeipräsident eingestehen, die „Verbissenheit der Sozialdemokraten hat eher zu- als abgenommen“.[19]

*

Gewiß, die radikalen Arbeiterorganisationen waren gegenüber den vier Millionen Lohnarbeitern in Industrie und Bergbau[20] zahlenmäßig noch schwach. Aber kraft ihrer politischen Intelligenz, ihrer Energie und ihres Selbstbewußtseins waren die Sozialisten und revolutionären Gewerkschaftler fähig, allmählich die übrigen Proletarier zu beeinflussen. Sie waren eben keine gewissenlosen Schreier, keine „Banditen“, als die sie Bismarck denunzierte, keine Abkömmlinge von „Barbaren“, wie sie noch 1945 von Neoliberalen diffamiert wurden.[21] Wiederum war es der Polizeipräsident v. Madai, der die sozialistischen Arbeiter als „nüchtern, arbeitsam, ohne persönliche Bedürfnisse, sparsam für sich, freigiebig für die Partei“ schilderte.[22]

Diese Charaktereigenschaften waren ihnen nicht zufällig eigen. Zu ihren sozialökonomischen Wurzeln führen zeitgenössische

Übersichten[23] über die Berufsorganisationen. Die am besten organisierten Berufe waren die Buchdrucker, die Tabakarbeiter, die Tischler, Zimmerer und Maurer, die Metallarbeiter und die Schuhmacher – Berufe also, die vielfach an die alten Gesellenverbindungen anknüpfen konnten. Die zünftlerischen Traditionen hemmten nicht bloß, sie wirkten auch fördernd. Manchmal waren es die Überreste von alten Gesellenbünden, die die Organisierung von Gewerkschaften erleichterten.[24] Noch wichtiger war jedoch der seit Jahrhunderten ausgebildete Geist der Solidarität,[25] der die Gesellen wieder in einer Zeit zusammenführte, in der sie deutlich die durch den Kapitalismus hervorgerufene Veränderung ihrer Berufsverhältnisse spürten.[26] Und es war ihr Glück, daß diese Umwandlung nicht unter solch quälendem und demoralisierendem Druck ökonomischer Verelendung vor sich ging, wie es zum Beispiel bei der Masse der Handweber der Fall war.[27] Sie hatten noch oder schon die Kraft, um sich gegen Willkür oder allzu harte Ausbeutung zur Wehr zu setzen; sie waren fähig zu stetiger und geduldiger Organisations- und Agitationsarbeit, nicht durch überlange Arbeitszeit und kargen Lohn heruntergekommen und für öffentliche Arbeit stumpf geworden, wie beispielsweise die Bäcker- und Metzgergesellen.[28]

Die seit den Gründerjahren fortgesetzte Technisierung des Produktionsprozesses machte auch die Einstellung von ungelernten Arbeitskräften, von Landarbeitern, Bauerntöchtern und -söhnen, nötig. Sie waren eine lohndrückende Reservearmee, was sich besonders während der Agrarkrise der achtziger Jahre auswirken sollte. Aber die zum Teil aus rückständigen Gegenden zusammengewürfelten, ständig wechselnden und bedürfnislosen Arbeitskräfte waren unerfahren, unbeholfen, ohne Selbstbewußtsein, ohne Gemeingefühl und deshalb auch ohne Widerstandskraft.[29] Sie standen daher unter dem bevormundenden Druck der Unternehmer, die mit Fabrikkassen, Arbeitsordnungen, Bildungsvereinen und auch mit der Entlassung rebellischer Elemente operieren konnten. In manchen Industrien, speziell in Spinnereien, waren besonders viele Arbeiterinnen beschäftigt, doch selbst ihre gewerkschaftliche Organisierung war ungemein erschwert, oft unmöglich gemacht, da sich die Polizeibehörden auf das preußische Vereinsgesetz, das die Mitgliedschaft von Frauen in politischen Vereinen verbot, berufen konnten und das Kriterium der politischen Betätigung sehr weit und auch sehr willkürlich faßten.[30]

In Fabrikstädten zeigten sich bisweilen auffallende Unterschiede zwischen den Sympathien für die Sozialdemokratie und der Organisationsfähigkeit des Proletariats. So wurde in Chemnitz bei Wahlen zu einem hohen Prozentsatz sozialdemokratisch gewählt, aber die Arbeiterorganisationen kamen dort lange Zeit nicht voran.[31]

Im allgemeinen läßt sich sagen, daß die gelernten Arbeiter im Großgewerbe und in der Klein- und Mittelindustrie in den achtziger Jahren des 19. Jahrhunderts politisch am aktivsten, am besten organisiert und auch am selbstbewußtesten waren.[32] Sie waren auch diejenigen, die nach einiger Zeit der Erstarrung unter dem Sozialistengesetz das Organisationsleben in lokalen Fachgruppen wieder erweckten und die ersten Streikkämpfe organisierten.

*

Das Sozialistengesetz war noch nicht endgültig in dritter Lesung angenommen, da setzte schon die parlamentarische Vorbereitung der sogenannten Reform des Zolltarifs ein, und zwar im Sinne der Abkehr vom Freihandel und der Einführung des industriellen und agrarischen Schutzzolles. Es ging Schlag auf Schlag: Am 17. Oktober 1878 erklärten sich 204 Reichstagsabgeordnete als „Freie Wirtschaftliche Vereinigung" für die schutzzöllnerische Tarifrevision, wobei die zahlreichste Gruppe dieser interfraktionellen Vereinigung 87 Zentrumsmitglieder bildeten, denen 75 Deutsch- und Freikonservative und nur 27 Nationalliberale folgten.

Die Mehrheit der Reichstagsabgeordneten in einer schutzzöllnerischen Sammlungsbewegung zu vereinen war das Werk des Freiherrn v. Varnbüler, der sich vom württembergischen Minister und Partikularisten des Jahres 1866 zum freikonservativen Bismarckianer entwickelt hatte. Seiner parlamentarischen Aktion folgte am 25. Oktober Bismarcks öffentliches Bekenntnis zur Zolltarifrevision. Zu ihrer Vorbereitung wurde auf seinen Antrag hin am 12. Dezember vom Bundesrat eine Kommission unter Vorsitz von Varnbüler eingesetzt, dem Bismarck schon am 15. Dezember ein längeres und schließlich auch veröffentlichtes Schreiben, den „Weihnachtsbrief", sandte, in dem er die Ziele seiner protektionistischen Zoll- und Finanzpolitik darlegte.[33]

Im Unterschied zur interfraktionellen Vereinigung der schutzzöllnerischen Reichstagsabgeordneten war des Kanzlers Ziel zuvörderst eine Finanzreform, die direkte Steuern durch indirekte, angeblich weniger drückende ersetzen sollte. Nicht „Schutzzölle für einzelne Industriezweige" wollte Bismarck, sondern einen allgemeinen Schutzzoll, der sämtliche eingeführten Produkte betreffen sollte, mit Ausnahme der unentbehrlichen, in Deutschland nicht vorhandenen Rohstoffe, wie etwa Baumwolle. Dieser angebliche Verzicht auf Privilegierung einzelner Industrien vernebelte die Wirklichkeit. Nachdem der Kanzler indirekt alle Industrien aufgefordert hatte, sich am allgemeinen Gerangel um Einführung oder Erhöhung der Schutzzölle zu beteiligen, mußten die Produktionszweige am günstigsten abschneiden, die am besten organisiert waren und die engsten Verbindungen zu Bismarck hatten, und das waren nun einmal die Schwerindustriellen und die Großagrarier.

Die Schwerindustriellen, von denen die Roheisenproduzenten am wichtigsten waren, kannten sehr wohl Bismarcks persönliches Interesse an landwirtschaftlichen Zöllen; sie wollten aber auch für sich eine Tarifgestaltung, die die Roheisen verarbeitende Industrie durch Schutzzölle in die Lage versetzte, die Inlandpreise hochzuhalten und den Export durch Dumpingpreise zu erleichtern. Es gab Industriebranchen, die auf diese Weise in eine schutzzöllnerische Gemeinschaft geradezu hineingezwungen wurden.

Am 17. Februar 1879 bat der „Verein deutscher Eisen- und Stahlindustrieller" um eine Audienz beim Kanzler, „um unter Darlegung der hartbedrängten Lage der deutschen Eisenindustrie bei der Revision des deutschen Zolltarifs um die Wahrung unserer schwerbedrohten Interessen ehrerbietigst nachsuchen zu dürfen."[34] Keine Geringeren als der Generaldirektor Carl Richter von der oberschlesischen Königs- und Laurahütte, der Generalbevollmächtigte der Kruppschen Werke Meyer, schließlich der Berliner Maschinen- und Lokomotivenfabrikant Schwartzkopff waren die Initiatoren.

Wohlwissend, daß sie die Einführung landwirtschaftlicher Zölle unterstützen mußten, verfolgten sie, wie seit 1875, die Politik der Kontakte zwischen Industriellen und Grundbesitzern. Schwartzkopff nahm deshalb sogar Ende Februar 1879 am zehnten Kongreß deutscher Landwirte teil und verkündete dort unter dem lebhaften Beifall der versammelten Junker die Zustimmung des „Zentralverbandes deutscher Industrieller" zu den von ihnen begehrten Zöllen. Er versäumte dabei nicht, ein effektvolles „Hoch" auf das Bündnis zwischen Industrie und Landwirtschaft auszurufen. Das alles fand dankbares Echo bei Mirbach-Sorquitten, der erklärte: „Ich glaube, wir alle, die wir hier versammelt sind, haben keinen Grund, daran zu zweifeln, daß das Entgegenkommen der Industrie ein vollständig klares, ein unverbrüchliches Bündnis involviert."[35] Es setzte sich dann in den Verhandlungen über den Zolltarif zahlenmäßig meßbar in die Mirbachsche Formel um: „Eine Mark Roheisenzoll nur gegen eine Mark Roggenzoll.“[36]

Gegen das beginnende Zusammenspiel zwischen Schwerindustriellen, Grundbesitzern und Staatsmacht wandte sich als einer der ersten der Liberale Ludwig Bamberger, der während des Deutsch-Französischen Krieges ein publizistischer Helfer des Reichsgründers gewesen war und danach als international erfahrener Bankfachmann bei der Wirtschaftsgesetzgebung des neuen Reiches mitgewirkt hatte. Dem ökonomisch-politischen Kurswechsel Bismarcks allerdings opponierte er nun. In mehreren Auflagen veröffentlichte er seinen Vortrag über das „Schreiben des Reichskanzlers an den Bundesrath vom 15. December 1878 ...“.[37] Darin kritisierte er Bismarcks Ausführungen über die Entwicklung des Zollwesens in und um Preußen-Deutschland seit dem Jahre 1818 wie auch die Propagierung der indirekten Steuern, der Getreide- und Viehzölle, während er das Problem der Eisenzölle nur streifte.

Ludwig Bamberger sprach als weltmännischer Großbürger, der im internationalen Handel den „redlichen Wettkampf des friedlichen Verkehrs“ wünschte und nicht „den organisierten Krieg Aller gegen Alle“; dieser antijunkerliche Bankier war stolz auf „die wunderbare Leistungskraft des physikalischen Forschens und technischen Schaffens“, aber ohne Verständnis für die Schattenseiten des Industriekapitalismus und erst recht für die sich wehrenden Arbeiter.[38] In ungetrübtem Optimismus schloß er seinen Vortrag mit den Worten: „Die Verbündeten, auf die wir uns stützen, sie spotten aller Anderen, denn sie heißen: Seine Weltbezwingende Durchlaucht der Dampf und Ihre Welterweckende Durchlaucht die Elektrizität!“[39]

Bismarcks öffentlicher Brief an den Bundesrat und Bambergers Entgegnung waren die bemerkenswertesten Äußerungen im publizistischen Gefecht, das vor den parlamentarischen Beratungen stattfand. Der dem Reichstag im Frühsommer zugeleitete Zolltarif mit seinen 43 Hauptpositionen bestand aus einer Reihe von Schutzzöllen auf Eisen, Holz, Getreide und Vieh und von Finanzzöllen auf Kaffee, Tee und Weine. Die Schutzzölle sollten also die Einfuhr im Inland produzierter Rohstoffe, Industriefabrikate und Agrarprodukte drosseln, was zwangsläufig die Preise erhöhen mußte. Über die Einnahmen aus Zöllen und indirekten Steuern sollte der Staat möglichst ohne parlamentarische Einmischung und Kontrolle verfügen können. War es doch der politische Kern des

Bismarckschen Antiliberalismus, die gouvernementale Unabhängigkeit mit neuen Mitteln zu sichern, nun mit der Finanz- und Zollreform von 1879.

Was der Kanzler zu der initiierten Schutzzollpolitik sonst noch zu sagen hatte, brachte er am 2. Mai 1879 bei der Eröffnung der Reichstagsdebatte vor. Seine Darlegungen enthüllten vor allem ein von Rücksichten freies Besitzdenken. Hatte er dreißig Jahre zuvor, im Frühjahr 1849, noch unverhohlen und forsch bekannt: „Ich bin ein Junker und will auch Vorteile davon haben", dann nahm dieser Egoismus jetzt größere Dimensionen an, gab sich aber verklausuliert. Wenn er die Ersetzung direkter Steuern durch indirekte verlangte,[40] ging er sogleich zur Demagogie eines Interessenten über: „Wer", so erklärte er, „als Kaufmann, als Industrieller, als Handwerker sich ein Einkommen durch tägliche Arbeit verdient, der Gefahr laufen kann, daß es ihm morgen verringert wird, ... ist ungerecht besteuert, wenn gerade soviel von diesem Manne bezahlt werden soll wie von dem, der bloß die Schere zu nehmen und die Kupons abzuschneiden oder bloß eine Quittung zu schreiben braucht für den Pächter, der ihm das Pachtgeld bezahlt."[41] Das erinnert wieder an das Klischee vom Schaffenden und vom Raffenden, das, scheinbar einleuchtend, die tatsächlichen ökonomischen Zusammenhänge verdunkelt.

Ungeniert machte sich Bismarck dann zum Sprecher der Grundbesitzer, indem er die ungleiche Verteilung der Last zwischen beweglichem und unbeweglichem Vermögen beklagte.[42] Er konnte dabei durchaus mit Zahlen operieren; nur wenn sie nicht in sein Konzept paßten, verkündete er seinen Unglauben an die Statistik.[43] Er, der das jahrzehntelange Freihändlertum der Grundbesitzer miterlebt und mitgemacht hatte, tat nun, als ob es das nie gegeben hätte. Auch sonst ging er recht gewaltsam mit der Wahrheit um und behauptete, die Gesetzgeber hätten „auch schon früher" den inländischen Gewerbeproduzenten etwas besser zu behandeln getrachtet als den fremden, bei „den landwirtschaftlichen Produkten" aber sei es „gerade umgekehrt"[44] gewesen.

Kein Wunder, wenn das Eduard Lasker provozierte, der dem Kanzler „die Finanzpolitik eines Besitzers" vorwarf, worauf dieser auftrumpfend entgegnete: „Ja, ich kann dem Herrn Abgeordneten Lasker ebensogut sagen, er treibt die Finanzpolitik eines Besitzlosen; er gehört zu denjenigen Herren, die ja bei der Herstellung unserer Gesetze in allen Stadien der Gesetzmachung die Majorität bilden, von denen die Schrift sagt: sie säen nicht, sie ernten nicht, sie weben nicht, sie spinnen nicht, und doch sind sie gekleidet . . ." Diese Herren, „die weder Industrie, noch Landwirtschaft, noch ein Gewerbe treiben, es sei denn, daß sie sich vollständig damit beschäftigt fühlen, das Volk nach verschiedenen Richtungen hin zu vertreten und daß sie das das ganze Jahr lang tun", die verlören leicht „den Blick und das Mitgefühl für diejenigen Interessen, die ein Minister, der auch Besitz hat, also auch zu der misera contribuens plebs" gehöre und auch regiert werde, eben habe; denn dieser merke, wie die Gesetze auf den Regierten wirkten.[45] Merkwürdig war schon Bismarcks Ansicht, daß nur derjenige bei wirtschaftspolitischen Fragen mitreden könne, der unmittelbar betroffen sei.

Diese Betrachtungsweise brachte in Bismarcks Rede vom 2. Mai auch seltsame Ansichten über die Wissenschaft hervor, so wenn er meinte: „Unsere Chirurgie hat seit 2000 Jahren glänzende Fortschritte gemacht; die ärztliche Wissenschaft in Bezug auf die inneren Verhältnisse des Körpers, in die das menschliche Auge nicht hineinsehen kann, hat keine gemacht; . . . so ist es auch mit der organischen Bildung der Staaten. Die abstrakten Lehren der Wissenschaft lassen mich in dieser Beziehung vollständig kalt; ich urteile nach der Erfahrung, die wir erleben".[46]

In der Tat, Bismarck hielt sich, wichtige Zusammenhänge übersehend, derart an interessenbedingte Einzelerfahrungen, daß ihm agitatorisch eingängige Redewendungen genügten, wie etwa die vom „Schutz der einheimischen Arbeit" und von Deutschland als der „Ablagerungsstätte aller Überproduktion". Um die Politische Ökonomie, die sich immerhin seit über hundert Jahren entwickelt hatte, kümmerte er sich nicht im geringsten, wie überhaupt das systematische Studium im Unterschied zu seinen Jugendfreunden Motley und Keyserling nie seine Sache war.

Das haben auch andere mit bösem Blick erkannt, so etwa Gustav Freytag, der schon 1873 an v. Normann, den Sekretär des Kronprinzen, schrieb, Bismarck sei ein Mann, „der tatsächlich wenig gelernt hat".[47] Freytag verkannte dabei allerdings, daß sich Bismarck seine Bildung im Stile eines adlig-weltmännischen Kavaliers, ganz nach Belieben, sehr ichbezogen und dabei zweckbewußt, aneignete, salopp gesagt, wie es ihm gerade paßte. Dabei war er geistig nie ein Müßiggänger. Es war ehrlich, wenn er einmal betonte, er hätte es sich nie leicht gemacht. Tatsächlich hatte sich Bismarck während seiner monatelangen Landaufenthalter durch Gespräche und Lektüre von Denkschriften, Berichten und Aufsätzen durchaus informiert; er stand als Politiker in einem ständigen Denkprozeß, was ihm später sogar Bamberger bestätigen sollte, wenn er von der „unablässig überquellenden Denkarbeit" sprach.[48]

*

Die Verhandlungen um die Zollvorlage im Reichstagsplenum und in einer Kommission dauerten – mit kurzen Unterbrechungen – vom 2. Mai bis 12. Juli 1879. Es wurde mit einer Vehemenz und Ausdauer gestritten, daß man glauben konnte, hier stünde eine Frage von Jahrhundertbedeutung zur Debatte. Die Reden der Kommission sind kaum nachzuprüfen, aber im Plenum sprachen 155 Abgeordnete, Kommissare und Mitglieder des Bundesrates. Für den Geist des Schacherns um höhere oder niedrigere Zölle ist ein Brief von Kardorff bezeichnend, der selbstzufrieden berichtete: „Ich habe als Referent für den Zoll auf Leder glücklich operiert und gute Zollsätze für meine Artikel bekommen, besser als die Kommission sie beschlossen hatte".[49] Bismarck sprach in der zweiten Beratung nur zu Fragen des Holz- und Getreidezolles. Der Abgeordnete Flügge traf Ende Mai den Kern der Sache, wenn er meinte: „Meine Herren, man zweifelt ja mitunter, man muß sich besinnen, daß man sich in der Leipziger Straße befindet und nicht etwa in einer sonst auch sehr achtbaren Versammlung in der Burgstraße" – also in der Berliner Börse statt im Reichstag, der damals seinen Sitz noch in der Leipziger Straße hatte.

Zu den Befürwortern von Schutzzöllen gehörten auch jene 27 Nationalliberale, die bereits im Herbst 1878 die Erklärung der interfraktionellen „Freien Wirtschaftlichen Vereinigung" unterschrieben hatten. Der Führer der Nationalliberalen Partei, Rudolf Bennigsen, aber nahm eine halbherzige Mittelstellung ein; er und seine Freunde, so erklärte er, seien weder Schutzzöllner noch Freihändler und nur bereit, für einige Schutzzölle auf Industrie- und Agrarerzeugnisse einzutreten. Freilich, seine Position innerhalb des Reichstages wie auch in der Partei war sehr schwierig. In der Partei kriselte es allenthalben, und die verschiedenen geschäftlichen Bindungen der Mitglieder brachten auch verschiedene politische Konzeptionen hervor.

Das wurde auch deutlich, als Ludwig Bamberger, der Freihändler und Repräsentant der am Export interessierten Banken, auf das parlamentarische Podium trat und zu den Vorlagen sprach. Er hielt es für beängstigend, daß in Deutschland die schutzzöllnerischen Anschauungen stärker als in anderen Ländern überhandgenommen hätten. Vor einem Kampfzollsystem warnend, meinte er, jeder lasse jetzt den anderen seinen Schutzzoll machen und setze hinterher einen noch stärkeren darauf – und das „in einer Zeit, wo die ganze Welt von sozialistischen Bestrebungen durchwühlt ist“.[50] Bamberger wurde vom Führer der Fortschrittspartei, Eugen Richter, unterstützt, der offen die Interessen der Kleinindustrie und des Handwerks verteidigte, die billige Rohstoffe brauchten. In ähnlicher Weise griff Leopold Sonnemann aus der Fraktion der Deutschen Volkspartei die Schutzzollpolitik an.

Natürlich bekämpften die Sozialdemokraten die Schutzzölle; nur einer unter ihnen, der Abgeordnete Max Kayser, trat für Eisenzölle ein. Friedrich Engels, der nicht nur ein sozialistischer Theoretiker, sondern auch ein erfahrener Geschäftsmann war, hielt Schutzzölle für unangebracht, weil sich in Deutschland die Industrie unter dem Freihandel entwickelt habe und exportfähig geworden sei; für den Ausbau dieser Exportfähigkeit bedürfe die deutsche Industrie der „Konkurrenz des ausländischen Halbfabrikats auf dem inneren Markt“.[51] Umgekehrt sei die Lage bei der Eisenindustrie, „die viermal mehr produziert, als das Inland braucht, den Schutzzoll nur gegen das *Inland* benutzt, dagegen, wie die Tat beweist, im *Ausland* zu Schleuderpreisen losschlägt“.[52]

Wie es sich bereits bei der Bildung der „Freien Wirtschaftlichen Vereinigung“ angekündigt hatte, traten neben den Frei- und Deutschkonservativen auch die Zentrumsabgeordneten für die Zollvorlage ein. Am 3. Mai erschien Ludwig Windthorst sogar zu einer parlamentarischen Soiree Bismarcks. Er hatte überdies mit dem Kanzler zusammen den Paragraphen 7 des Zollgesetzes ausgehandelt, der in einem Antrag vom Zentrumsabgeordneten Freiherr v. Franckenstein am 20. Juni 1879 in die Tarifkommission des Reichstags eingebracht worden war. Diese sogenannte Franckensteinsche Klausel bestimmte, daß der Ertrag der Zölle und Tabaksteuer, der die Höhe von 130 Millionen in einem Jahr übersteigt, den einzelnen Bundesstaaten nach Maßgabe ihrer Bevölkerung überwiesen werden müsse. Damit sollte verhindert werden, daß die Zolleinnahmen, die nur einmal bewilligt wurden, den Geldbedarf des Reiches soweit deckten, daß die jährliche Budgetbewilligung des Reichstages hinfällig geworden wäre; doch die einzelnen Länder mußten ihre vom Reichstag festzulegenden Matrikularbeiträge weiterzahlen. Das Reich blieb der „Kostgänger“, wie Bismarck sich ausdrückte, der Einzelstaaten, deren

Finanzkraft durch die Überweisung der „überschüssigen“ Zolleinnahmen gestärkt wurde.

Gleich zu Beginn der Verhandlungen am 9. Juli erklärte Bennigsen im Namen seiner Fraktion, sie würde die Franckensteinsche Klausel ablehnen und, falls sie doch angenommen werden sollte, auch das gesamte Tarifgesetz. Er begründete dies mit dem Hinweis auf die Verfassungsänderung in einer Richtung, die den vom Zentrum angestrebten Partikularismus fördere.

Sofort ergriff Kardorff das Wort zur Verteidigung und gab damit Bismarck die Möglichkeit zu einer großangelegten Abrechnung mit der Nationalliberalen Partei und erst recht mit der Fortschrittspartei. Offensichtlich um den Liberalismus noch weiter einzuschüchtern, stürzte sich Bismarck auf dessen linken Flügel, die Fortschrittspartei, mit der massiven Anklage, sie würde den Reichsbestand geradesogut untergraben wie die Sozialdemokratie. Erst durch die „anhaltend große Unruhe und den lebhaften Widerspruch links“, so vermerkt der stenographische Bericht, milderte der Kanzler seine Anschuldigungen. Den Nationalliberalen selbst riet er „eine größere Bescheidenheit für die Zukunft“ an.[53] Nach einer herben Kritik an der „Sprachweise“ liberaler Presseorgane und Abgeordneter drückte er dennoch die Hoffnung aus, seine früheren „Kampfgenossen“ könnten auch wieder seine zukünftigen werden. Was Bismarck also sagte und tat, war weniger ein Bruch mit den Nationalliberalen als ein Versuch ihrer Disziplinierung. In diesem Sinne erwartete er eine „Aussonderung der disparaten Elemente“.[54]

Über das von ihm gewünschte Verhältnis von Regierung und Parteien äußerte er sich zweimal fast in der Form einer These: „Eine Fraktion kann sehr wohl die Regierung unterstützen und dafür einen Einfluß auf sie gewinnen, aber wenn sie die Regierung regieren will, dann zwingt sie die Regierung, ihrerseits dagegen zu reagieren“.[55] Und ein anderes Mal: Die „Regierung kann doch den einzelnen Fraktionen nicht nachlaufen, sondern sie muß ihre eigenen Wege verfolgen, die sie für richtig erkennt; in diesen Wegen wird sie durch die Beschlüsse des Reichstages berichtigt werden, sie wird der *Unterstützung* der Fraktionen bedürfen, aber der *Herrschaft* einer Fraktion wird sie sich niemals unterwerfen können!“

Damit drückte Bismarck seine Auffassung von einer konstitutionellen Monarchie aus und wies von diesem Standpunkt aus stets den Vorwurf zurück, er huldige dem Absolutismus. Sicherlich, eine Herrschaft der Parteien gab es im Bismarckschen Reich nicht, aber machtlos waren sie auch nicht, wie es sich gerade im kommenden Jahrzehnt zeigen sollte. Vorerst gab es jedoch eine Veränderung in der Parteienkonstellation.

Gut zwei Wochen nach Beginn der Zolldebatten trat am 20. Mai 1879 Max von Forckenbeck als Reichstagspräsident zurück, da er in Gegensatz zur antiliberalen Mehrheit des Parlaments gekommen war; aus gleichen Gründen gab auch sein Stellvertreter, Freiherr von Stauffenberg, sein Amt auf. An ihrer Stelle wurde der deutschkonservative von Seydewitz Präsident und Vizepräsident der Zentrumsabgeordnete von Franckenstein.

Nachdem am 12. Juli das ganze Zolltarifgesetz mit hundert Stimmen Mehrheit, nach kräftiger Mitwirkung der Zentrumspartei, angenommen worden war, mußte ein Ministerschub folgen. Auch wenn das Zentrum von hochrangigen Mitgliedern und vielen Wählern zur Schutzzollpolitik gedrängt worden war, verfolgte seine Führung den Nebenzweck, eine günstige Atmosphäre für die Entkrampfung des Kulturkampfes zu schaffen. Nach einem ungeschriebenen Gesetz der Politik mußte jetzt der antiklerikale Kampfminister Adalbert Falk gehen. Er reichte am 29. Juni, wenige Tage nachdem Bismarck der Franckensteinschen Klausel zugestimmt hatte, seinen Rücktritt als Kultusminister ein und begründete sein Abschiedsgesuch an den König mit der Rücksicht auf Bismarck, der durch seine Person in den Bemühungen um kirchenpolitischen Frieden nicht gehindert werden sollte.

An seine Stelle trat der Oberpräsident Robert v. Puttkamer, der sich beeilte zu erklären, daß er von seinem Vorgänger weit abweiche. Der aus einem weitverzweigten preußischen Junkergeschlecht stammende Puttkamer, wegen seines urtümlichen Konservatismus beliebt beim alten Kaiser, zeichnete sich äußerlich durch seinen schneeweißen, wallenden Backenbart aus, der seine Eitelkeit nur allzu deutlich verriet. Das mußte natürlich einen Bismarck zum Spott über seinen neuen Kultusminister und Standesgenossen reizen; so meinte er: „Das Passivum, welches dem Aktivum seiner Bartpflege entspreche, müsse irgendwo herauskommen". Und über Puttkamers Redelust ironisierte er: „Ein vorzüglicher Schwimmer, aber schade, er schwimmt in jeder Pfütze".[56] Einen so gearteten Mann konnte Bismarck doch nicht lange in diesem Amte ertragen; darum ließ er ihn schon 1881 zum Innenminister befördern, als der er den Haß und Hohn der Sozialdemokratie auf sich zog.

Im Vergleich zum Wechsel im Kultusministerium hatten der

Bismarck am Steuer

Rücktritt des nationalliberalen Finanzministers Hobrecht und des freikonservativen Landwirtschaftsministers Friedenthal keine sonderliche Signalwirkung. Der agrarische Protektionismus und das neue System der indirekten Steuern standen nun unter der bürokratischen Obhut von Lucius v. Ballhausen und einem Karl Hermann Bitter, dessen Unfähigkeit bald nicht mehr zu verheimlichen war.

Die Nationalliberale Partei, die mit dem Umschwung in der Finanz- und Zollpolitik politische Stützpunkte im Parlament und in der Regierung verloren hatte, ging einer schweren Krise entgegen, aus der eine im Sinne Bismarcks gewandelte Partei hervorgehen sollte. Der Kanzler wünschte dies um so mehr, als er wußte, daß aus dem Flirt mit dem Zentrum kein Bund werden könne. Denn, so schrieb er an den neuen Landwirtschaftsminister Lucius v. Ballhausen, „ich glaube kaum, daß das Centrum durch irgendwelche Concessionen jemals zu einer sicheren und dauernden Stütze irgend einer Regierung gewonnen werden könnte, selbst wenn das Maß der *möglichen* Concessionen für unsere Regierung ein größeres wäre“.[57] Im gleichen Brief erwähnte Bismarck die beiden konservativen Parteien, die Kompromisse „mit dem ehrlichen Theil der Nationalliberalen“ eingehen sollten, konzipierte also schon damals die spätere Parteienkonstellation im „Kartellreichstag“.

Betrachtet man nur die Handels- und Zollpolitik, so stellt sich leicht das problematische Urteil ein, daß mit dem Ausklang der siebziger Jahre die „liberale Ära“ im Bismarckschen Reich zu Ende gegangen sei. Manche Historiker stilisieren die Wende um 1878/79 sogar zu einer Neugründung des Reiches hoch.

Wie war die Sachlage jedoch wirklich? Die ökonomisch-sozialen Grundlagen blieben trotz aller monopolistischen Anzeichen und wirtschaftspolitischen Staatseingriffe immer noch die des Industriekapitalismus der freien Konkurrenz. Was der Liberalismus in seinem Interesse seit 1867 gesetzgeberisch festgelegt hatte, überdauerte die anderen Veränderungen in der politischen Sphäre. Darum konnte ein Ludwig Bamberger zu Recht immer wieder betonen, die deutsche Industrie würde trotz zollpolitischer Hemmnisse moderne und weltwirtschaftliche Dimensionen annehmen. Innerhalb der ökonomischen Strukturen ging nichts zu Ende. Was sich seit 1866 und 1871 etappenweise durchgesetzt hatte, entwikkelte sich auch in der großen Depression weiter; ein qualitativer Umschlag war noch lange nicht in Sicht.

Der Bismarcksche Staat wiederum war bei aller Mitwirkung des Liberalismus nie liberal. Schwerwiegend war die 1879 getroffene Entscheidung nicht deswegen, weil sich im Wesen des Staates etwas geändert hätte, sondern weil sich, obwohl es der historische und politische Fortschritt eigentlich erforderte, eben nichts geändert hatte. Hoffnungen auf eine stärkere Liberalisierung und Parlamentarisierung, die noch im Bereich der objektiven Möglichkeiten lagen, erfüllten sich nicht. Und da das Verhältnis zwischen Legislative und Exekutive nie liberal gewesen war, konnte man eine „liberale Ära“ auch nicht beenden. Indessen kehrte die bonapartistische Kanzlerherrschaft ab 1878 ihre konservativen Züge stärker als früher hervor. Unverkennbar war gleichfalls ein zunehmender Konservatismus innerhalb der regierenden Schichten, insbesondere der Beamten, bei weiterer Abmattung des Liberalismus. In den Jahren vor 1871 war das Bündnis zwischen Bürgertum und Großgrundbesitzern im historisch weiten, nationalpolitischen Sinne vorwärtsweisend gewesen, nach 1878 wurde es vorrangig profitorientiert und moralisch-politisch einengend. Die wirtschaftspolitischen Sonderinteressen der einzelnen Fraktionen der Bourgeoisie machten eine geschlossene Partei des Liberalismus unmöglich, da sich auch der Druck der Interessenverbände geltend machte.[58] In der zunehmenden parteipolitischen Zerfahrenheit im Bürgertum wurde das Signum von „Hochofen und Rittergut" vorherrschend. Dies alles haben jedoch weite Schichten des Volkes nicht einfach hingenommen. Die Reaktionsperiode der fünfziger Jahre war trotz vieler Repressionen auch nicht mehr möglich.

Bismarcks Kampf mit dem Parlament. Eine innenpolitische Niederlage

Der innen- und wirtschaftspolitische Umschwung von 1878/79 rief allenthalben Widerstände und Kräfteveränderungen innerhalb der Parteien hervor. Das ließ Bismarck immer neue Maßnahmen zur Schwächung des Parlaments planen und erproben, zumal der durch Aufrüstung bedingte Geldbedarf des Reiches die Bedeutung des Reichstages objektiv dennoch erhöhte. Bereits kurz nach Genehmigung des Zolltarifs brachte der Kanzler beim Bundesrat eine Vorlage ein, nach der der Reichstag den Etat für je zwei Jahre bewilligen und nur jedes zweite Jahr zusammentreten sollte; die Mehrheit des Reichstages lehnte dieses Projekt und 1882 einen ähnlichen Vorschlag jedoch ab.

Diese Vorstöße machten Bismarcks Ziel deutlich, den Reichstag durch das preußische Abgeordnetenhaus überspielen zu lassen. Friedrich Engels hatte bereits 1880 darüber gespottet, daß im Unterschied zum bonapartistischen Kaiserreich in Frankreich das hohenzollersche Herrschaftssystem der Reichsregierung gestattete, sich bei eventuellen Widerständen im Reich in die preußische Regierung zu verwandeln, „die bestimmt keinen Widerstand in ihren Kammern finden wird".[59]

In der Tat konnte sich die Regierung in Preußen wieder völlig auf die Konservativen stützen, nachdem diese sich seit 1876 mit Bismarck ausgesöhnt hatten und bei den Wahlen zum Abgeordnetenhaus 1882 schon wieder 115 Sitze erringen konnten. Allerdings kam den Junkern vor allem das Dreiklassenwahlrecht zugute, das sie bis zur Novemberrevolution von 1918 mit eiserner Stirn und polizeilicher Faust verteidigten. Im Reichstag mit seinem allgemeinen Wahlrecht waren sie längst nicht so stark; auch wenn es ihnen gelang, dort ihre Fraktionsstärke von 40 im Jahre 1877 auf 59 im Jahre 1881 zu erhöhen.

Der Versuch Bismarcks, den Reichstag – das deutsche Parlament – mit Hilfe des preußischen Abgeordnetenhauses lahmzulegen, gelang allerdings nicht. War die Reichstagsmehrheit auch bereit gewesen, Schutzzölle, die kalkulierbare Profite brachten, zu bewilligen, so wollte sie sich doch nicht ausschalten lassen. Zudem fand ihre Opposition immer mehr Rückhalt in einer sich langsam, aber doch sichtbar entwickelnden Bewegung im Volke. Da war sogar ein großbürgerlicher Widerstand gegen die Schutzzollpolitik aufgeflackert, der seinen Höhepunkt auf dem Berliner Städtetag im Mai 1879 mit dem berühmten Ruf Max von Forckenbecks „Zurück auf die Schanzen!" fand.

Im Juli 1879 stellte die Berliner „Volkszeitung" fest, „daß sich in Folge der Politik des Reichstages in allen großen Städten eine Diversion nach links vollzieht".[60] Die Auswirkungen der Zollerhöhung auf unmittelbar lebensnotwendige Artikel, wie Petroleum, Butter, Fleisch, Schmalz und Brot, machten sich bemerkbar, meinte das Blatt. Im selben Artikel hieß es, die Sozialdemokratie würde ihr Odium verlieren und „manchem als ein Schutzwall gegen den flagranten Angriff" der Reaktion erscheinen.

In vielen Großstädten, so in Hamburg, Dortmund, Leipzig und Berlin, wurden Ende des Jahres 1879 neue politische Vereine gegründet, die sich teils der Fortschrittspartei mit dem Ziel ihrer Radikalisierung anschlossen, teils, wie in Sachsen, schon weitergingen und dort den Kern einer Demokratischen Partei bildeten. In Berlin trat der „Verein Waldeck", eine Jugendgruppe der Fortschrittspartei, rege auf. In der Reichshauptstadt konstituierte sich auch eine „Freie Vereinigung der Fortschrittspartei", in der der Redakteur der „Volkszeitung", Dr. Adolph Phillips, über den Zusammenhang zwischen innerer und äußerer Politik und die Rolle des Militarismus sprach. Offen erklärten die Führer dieser „Freien Vereinigung", daß sie die Fortschrittspartei „nach links schieben" wollten.[61]

Um die Jahreswende 1880/81 standen in der bürgerlichen Opposition vor allem zwei Probleme im Mittelpunkt der Diskussion: die Verlängerung sowohl des 1874 für sieben Jahre abgeschlossenen Heeresetats (also des Septennats) als auch des Sozialistengesetzes, das 1878 nur mit einer Gültigkeitsdauer von zweieinhalb Jahren angenommen worden war. Wenn man sich auch in der Diskussion über die Rolle des Militarismus nicht einigen konnte, so griffen hier doch zum ersten Mal bürgerliche Politiker die außenpolitische Grundkonzeption Bismarcks an und sahen eine Ursache der Rüstungsschraube ohne Ende im Frankfurter

Frieden und der daraus folgenden außenpolitischen Konstellation.[62]

Auch in der Stellung zur Sozialdemokratie veränderte sich einiges bei den Linksliberalen: In der „Freien Vereinigung“ wurde die Ablehnung des Sozialistengesetzes gefordert, damit es möglich werde, mit den Sozialdemokraten politische und wirtschaftliche Vereinbarungen zu treffen.[63] Ähnliche Erörterungen gab es auch in Leipzig. All diese Diskussionen hatten einen so starken öffentlichen Widerhall, daß sich das offiziöse Organ des Kanzlers, die „Norddeutsche Allgemeine Zeitung“, gezwungen sah, dagegen aufzutreten und vor der „Rückkehr zu den Prinzipien von 1848“ zu warnen.

Auch Eugen Richter wandte sich gegen das, wie es ihm schien, volksaufwiegelnde Treiben der „Freien Vereinigung“ und war versucht, die Abgeordneten seiner Fortschrittspartei von ihr fernzuhalten, ja fast ein Verbot auszusprechen. Er konnte nur nicht so weit gehen, weil es für seine Parteikollegen nicht ratsam war, sich der Stimmung und den Wünschen ihrer Wähler ohne weiteres zu entziehen. Auf einer Veranstaltung der „Freien Vereinigung“ kurz vor Abschluß der Reichstagsdebatten sprach in den Berliner Reichshallen an der Leipziger Straße, wo nach Polizeiberichten zwölf- bis dreizehntausend Personen versammelt waren, die in Berlin renommierteste Persönlichkeit der Fortschrittspartei, Rudolf Virchow. Er plädierte für eine klare Abgrenzung von den Nationalliberalen und ein Zusammengehen mit den süddeutschen Demokraten und forderte gegenüber der „Gewalt in einem einzigen Manne“, daß die Rechte des Parlaments erweitert und die bürgerlichen Grundrechte in der Verfassung fixiert werden.[64] Jedoch auch er wollte nicht mehr, als das Vertrauen bei den Wählern erhalten, aber keineswegs die Bewegung im Volke weiterführen.

Da der außerparlamentarische Druck auf die Mehrheit der Abgeordneten nicht ausreichte, nahm am 6. Mai 1880 der Reichstag wiederum mit den Stimmen der Nationalliberalen, aber nicht mit denen des Zentrums, die zweite Septennatsvorlage an. Mit ihr wurde das parlamentarische Budgetrecht in Militärfragen erneut stark eingeschränkt, was im Kaiserreich eine Dauererscheinung bleiben sollte. Das Gesetz von 1880 erhöhte die Friedenspräsenzstärke des Heeres um 26000 auf 427000 und bestimmte für die Ersatzreserve 1. Klasse jährlich achtzehnwöchige Übungen, um die Ersatztruppenteile schlagkräftiger zu machen.[65] Mit dieser zusätzlichen Stärkung des Heeres reagierte Preußen-Deutschland auch auf die Trübungen im deutsch-russischen Verhältnis.

Während der Debatten im Bundestag und Reichstag hatte sich der Kanzler nie zu Wort gemeldet, aber natürlich bei der Ausarbeitung der Septennatsvorlage sehr wohl Einfluß genommen. Insbesondere war er darauf bedacht gewesen, daß das vom Kaiser und dem Generalstab gewünschte Aeternat, also der „eiserne", ein für allemal festgelegte Militäretat, vom Reichstag nicht verlangt würde; soviel Rücksicht mußte er immer noch auf die Nationalliberalen nehmen, zumal sich das Zentrum nach der ersten Annäherung in der Schutzzollfrage beim Militäretat wieder ablehnend verhielt. Überdies wollte er, wie schon 1874, im Interesse seiner bonapartistischen Kanzlerherrschaft die Heeresführung nicht allzu unabhängig werden lassen, also wenigstens alle sieben Jahre die Gelegenheit haben, den Reichstag und den Generalstab gegeneinander ausspielen zu können.

In all diese internen und öffentlichen Debatten drängte sich eine äußerlich unscheinbare, aber dennoch bemerkenswerte Episode. Als Bismarck 1874 die Militärfrage parlamentarisch durchzufechten hatte, war die Abrüstungsfrage überhaupt noch nicht in seinen Gesichtskreis getreten. 1880 hingegen meldete sich bei ihm eine schüchterne Stimme. Der freikonservative Reichstagsabgeordnete v. Bühler schickte dem Kanzler, sich fast entschuldigend, einen „politisch vielleicht verfehlten, aber menschlich gut gemeinten Antrag" auf Abrüstung. Wo seine Überlegungen ihren Ursprung hatten, berichtete er selbst in bewegender Weise: „Auf dem Schlachtfelde von Gravelotte, wo ich in der Nähe Euer Durchlaucht mitten unter Leichen stand, schwur ich, was an mir ist, beizutragen, um das Elend des Krieges zu verhindern. Möchten Euer Durchlaucht damals ähnliche Eindrücke empfangen und hochherzige Entschlüsse zum Wohle der Menschheit gefaßt haben".[66]

Es war wohl das erste Mal, daß Bismarck zur Abrüstung Stellung nehmen mußte. Ohne auf die menschliche Seite des „Antrags" einzugehen, antwortete er dem Abgeordneten am 2. März 1880: „Ich bin leider durch die praktischen und dringlichen Geschäfte der Gegenwart so in Anspruch genommen, daß ich nicht mit der Möglichkeit einer Zukunft mich befassen kann, die, wie ich fürchte, wir beide nicht erleben werden. Erst nachdem es Ew. Hochwohlgeboren gelungen sein wird, unsere Nachbarn für Ihre Pläne zu gewinnen, könnte ich oder ein anderer deutscher Kanzler für unser stets defensives Vaterland die Verantwortlichkeit für analoge Anregungen übernehmen. Aber auch dann fürchte ich, daß die gegenseitige Kontrolle der Völker über den Rüstungszustand der Nachbarn schwierig und unsicher bleiben, und daß ein Forum, welches sie wirksam handhaben könnte, schwer zu beschaffen sein wird".[67]

*

Die finanzielle Belastung der im zweiten Septennat beschlossenen Vermehrung und Ausbildungsreform des Heeres schätzte der Kanzler in einem Brief an den Kriegsminister zunächst auf etwa 25 Millionen.[68] Um diese und weitere Mittel zu beschaffen, beantragte Bismarck eine ganze Serie von Steuergesetzen im Reichstag: Stempelsteuer, Börsensteuer, Brausteuer. Diese indirekten Steuern, die der Bevölkerung aufgebürdet werden sollten, nahm der Reichstag aber nicht an, weder im Frühjahr 1880 noch im März 1881. Anstelle der geforderten 110 Millionen Mark Steuereinkünfte bewilligte er nur 15 Millionen.

Die projektierten Steuern und das vorgesehene Tabakmonopol sollten auch der Finanzierung der angekündigten Sozialgesetzgebung dienen, die zum Verdruß der Liberalen und zum Hohn der Sozialdemokraten als „Staatssozialismus" propagiert wurde. Die Wirklichkeit war bescheidener; da Bismarck nämlich mit der Mehrheit der Unternehmer, insbesondere mit den Schwerindustriellen, den Standpunkt teilte, daß eine umfassende Fabrik- und Arbeiterschutzgesetzgebung wirtschaftlich gar nicht tragbar sei, war er auf die Arbeiterversicherung verwiesen, also auf Vorsorge für Arbeiter, die durch Unfall verletzt, krank, invalid oder wegen Alter arbeitsunfähig geworden waren. Die erste Vorlage der Sozialversicherung wurde im Januar 1881 den gesetzgebenden Körperschaften vorgelegt und als „Patrimonium der Enterbten" im kommenden Wahlkampf angepriesen. In der Auseinandersetzung mit der Sozialdemokratie und den Gewerkschaften sollten, wie man damals sagte, die Peitsche des Sozialistengesetzes und das Zuckerbrot der Sozialversicherung benutzt werden.

Die Widerstände gegen die ausufernden Steuerprojekte und damit gegen die gesamte Innenpolitik veranlaßten Bismarck zu einem neuen Angriff gegen den Reichstag und dessen Parteien. Am 17. November 1880 machte er, der eben das preußische Handelsministerium übernommen hatte, auf dem Verordnungswege den Versuch, in Preußen einen Volkswirtschaftsrat aus Vertretern der Industrie, der Landwirtschaft, des Handwerks und der Arbeiter zu bilden, der dann zu einem Reichswirtschaftsrat erweitert werden sollte. Ludwig Bamberger hatte recht, wenn er das geplante Gremium seinen Wählern gegenüber als eine „Art von Neben- und Gegenparlament“[69] qualifizierte. Doch selbst die Besitzenden, von denen Bismarck die nötige Unterstützung in Wirtschaftsfragen erhoffte, waren über den Volkswirtschaftsrat keineswegs erbaut. Die großen Unternehmerorganisationen wollten – wie sie dies bei der Durchsetzung der wirtschaftspolitischen Wende gezeigt hatten – Druck auf die Regierung ausüben, aber nicht von ihr abhängig werden, nicht eingebunden sein in eine staatliche Institution. Erst recht wehrten sich die politischen Parteien, deren Abgeordnete am 10. Juni 1881 im Reichstag mit Zweidrittelmehrheit die finanziellen Mittel für das Nebenparlament verweigerten. Was Bismarck zum Leben erwecken wollte, blieb eine Totgeburt.

Das alles geschah wenige Monate vor den Neuwahlen zum Reichstag. Die Regierung hatte so unglücklich operiert, daß sich die Opposition mit reichlichen Argumenten im Wahlkampf zum Sprecher der allgemeinen Unzufriedenheit machen konnte. „Gegen Bismarck braut sich allmählich im Volk ein Wetter zusammen“,[70] meinte damals ein aufmerksamer Beobachter wie Theodor Fontane. Und mit leichtem Unbehagen stellte der Parlamentarier Eugen Richter fest: „Die Strömung kommt von unten, drängt von dort herauf“.[71] Diese Situation veranlaßte einige führende Köpfe der Fortschrittspartei, als Wahlparole „Für oder gegen Bismarck“ zu lancieren, was – wie auch die „Volkszeitung“ konstatierte – allgemein anerkannt wurde; nur Eugen Richter war für die Losung „Liberales oder diktatorisches Regiment“.

In dieser Atmosphäre allgemeiner Unzufriedenheit regten sich auch nationalliberale Oppositionelle aus der „Oberschicht der Gesellschaft“, wie gleichfalls Fontane bemerkte. Sie hatten sich bereits im August 1880 in der „Liberalen Vereinigung“ zusammengefunden, die dann nach einer Schrift von Ludwig Bamberger unter dem Namen Sezessionisten bekannt wurde. Den Kern der Gruppe bildeten neunzehn Reichstagsabgeordnete, unter ihnen Eduard Lasker, Ludwig Bamberger, v. Stauffenberg, v. Forckenbeck und Rickert. Dazu kamen jüngere Kräfte wie der Syndikus der Bremer Handelskammer Theodor Barth und Karl Schrader aus der Direktion der Berlin-Anhaltischen Eisenbahn und später der Deutschen Bank. Hinter den Sessionisten stand ein Teil des Bankkapitals, das Großbürgertum der Seestädte als Exponent des Handelskapitals, Versicherungsgesellschaften, die Konsumtionsmittelindustrie und Händler verschiedener Art. Ein Spiritus rector der liberalen Absatzbewegung von Bismarck war Georg Siemens, der Direktor der Deutschen Bank, in dessen Haus in der Berliner Tiergartenstraße zwei führende Sezessionisten wohnten und bei dem die entscheidenden politischen Fragen besprochen wurden.

Diese großbürgerliche Gruppe – vorwiegend die intellektuelle Potenz der Nationalliberalen Partei – konnte sich mit dem neuen wirtschaftspolitischen Kurs des Kanzlers nicht abfinden. Solche Männer wie Stauffenberg und Lasker drängte auch ihre politische Tradition angesichts des antiliberalen Kurses der Regierung in die Opposition.[72]

Der Rest der Nationalliberalen Partei versuchte, mit Bismarck weiter zusammenzuarbeiten, von diesem nicht unerwünscht, denn natürlich wußte er, daß mit dem Zentrum kein dauernder Bund zu knüpfen sei. Am 29. Mai 1881 beschlossen 197 Abgeordnete des Reichstages und einzelner Landtage die im wesentlichen von Rudolf von Bennigsen ausgearbeitete Erklärung,[73] wonach man trotz veränderter Stellung der Partei zur Regierung weiterhin bereit wäre, deren Vorschläge sachlich zu prüfen. Das gelte besonders für die Sozialgesetzgebung und die Herstellung eines friedlichen Verhältnisses zwischen Staat und katholischer Kirche; auch dürfe das Problem Schutzzoll und Freihandel nicht „zur Grundlage politischer Parteibildung" werden. In den kommenden Monaten mußte es sich zeigen, ob die kompromißlerische Kraftanstrengung der nationalliberalen Parlamentarier eine erfolgversprechende Wahlplattform zustande bringen konnte.

Auf andere Weise als in der Nationalliberalen Partei zeigten sich Widersprüche im Zentrum. Seit der Zustimmung zu den Schutzzöllen ließ sich dessen Zusammenarbeit mit den Konservativen zunächst gut an. Mit deren Unterstützung hatte man nach der Umbesetzung im Präsidium des Reichstages eine ähnliche im preußischen Abgeordnetenhaus zustande gebracht, indem im Oktober 1879 das Zentrum die 2. Vizepräsidentenstelle erhalten hatte, was die „Kreuzzeitung" befriedigt kommentierte: „Der Erfolg der Präsidentenwahl ist die erste Frucht der *Vereinigung der großen Rechten*".[74]

Selbst eine noch engere Bundesgenossenschaft schien auf der Basis der christlich-konservativen Weltanschauung trotz konfessioneller Differenzen zwischen Protestantismus und Katholizismus nicht ausgeschlossen. Immerhin waren die Deutschkonservativen schon 1876 bereit gewesen, sich mit dem Zentrum über die

Bekenntnisschule zu verständigen. Aber so weit wollte Bismarck weder den Konservativen noch den Ultramontanen willens sein; wußte er doch, daß bei allen politischen Überlegungen die religiöse Ideologie eine Sache ist und das materielle Interesse eine andere.

Der Schutzzoll, der eine Annäherung an die Regierung ermöglicht hatte, machte dem Zentrum auch einige Schwierigkeiten. Mußte doch die klerikal ausgerichtete „Kölnische Volkszeitung" schon am 19. Juli 1879 eingestehen, daß nach der Zustimmung zu den Getreidezöllen „in den Kreisen der Wähler die Billigung des Verhaltens der Fraktion nicht so allgemein und freudig ist". Auch der Zentrumspolitiker Bachem schrieb, daß die städtischen und proletarischen Anhänger seiner Partei sehr wenig Verständnis für die Notwendigkeit der Getreidezölle aufbrächten und sogar die Gefahr bestehe, daß Teile der Wähler abspringen könnten.[75] Darum beteuerte Schorlemer-Alst auf dem Katholikentag 1879, daß die Schutzzölle nicht nur für Großgrundbesitzer und Industrielle, sondern auch für das Wohl der arbeitenden Klassen gut seien. In den achtziger Jahren traten vor allem die Anhänger in den rheinischen Städten gegen die agrarische Tendenz der Zentrumspolitik auf, auch wenn sie sich nicht durchsetzen konnten. Gegen Spaltungstendenzen im Zentrum half immer noch der gemeinsame Glaube der Mitglieder.

Da sich aber die katholische Kirche mit der Regierung in Machtfragen nur schwer einigen konnte, war selbst der allmähliche Abbau des Kulturkampfes nicht einfach. Erleichtert wurde er nur durch eine neue politisch-ideologische Akzentuierung des Katholizismus, insbesondere seit Leo XIII. Der Antiliberalismus des Papsttums wurde gemildert, dafür trat der Antisozialismus stärker hervor; so in den Enzykliken vom 21. April 1878 und vom 28. Dezember des gleichen Jahres. Allerdings hatte das Zentrum 1878 dem Sozialistengesetz nicht zugestimmt aus Angst, daß dessen Paragraphen auch gegen streitbare Katholiken angewendet werden könnten, weshalb Bismarck noch 1880 klagte: „Was hilft uns die theoretische Parteinahme des römischen Stuhles gegen die Sozialisten, wenn die katholische Fraktion im Lande, unter lauter Bekennung in den Willen des Papstes, in allen ihren Abstimmungen den Sozialisten wie jeder anderen subversiven Tendenz öffentlichen Beistand leistet".[76]

In den folgenden Jahren traten die taktischen und politischen Bedenken gegenüber dem Sozialistengesetz immer mehr zurück. Bachem schrieb dazu: „Was die Zentrumspartei dem deutschen

Vaterlande gegenüber dem Liberalismus geleistet hatte, mußte sie in der Folgezeit in verstärktem Maße leisten gegenüber dem Sozialismus ... Je mehr die Zeit voranschritt, um so mehr rückte die letztere Aufgabe in den Vordergrund. Die neugewonnene Freiheit der Kirche mußte ihre wichtigste Bedeutung erweisen im Kampfe gegen die so rasch anwachsende Sozialdemokratie".[77] Und so stimmten dann auch immer mehr Zentrumsleute dem Sozialistengesetz zu, vornehmlich aus den Kreisen der Magnaten und Großgrundbesitzer.

Eine relativ sichere Stütze fand Bismarck in den Deutschkonservativen, die sich in den Wahlkampf gegen die Liberalen stürzten, nicht zuletzt zur Verteidigung der gerade durchgesetzten Zölle, die sie sehr wohl als Existenzfrage für die Junker erkannten. Dennoch gab es nicht eitel Eintracht zwischen den Konservativen und Bismarck, der ihr Verhalten in den siebziger Jahren nicht vergessen konnte, zumal Großgrundbesitzer der beschränktesten Art und ultrakonservative Draufgänger nun wieder in den größer gewordenen konservativen Parlamentsfraktionen des preußischen Abgeordnetenhauses und des deutschen Reichstages auftauchten.

Den Deutschkonservativen schloß sich im Wahljahr 1881 die Christlich-Soziale Partei des Berliner Hofpredigers Stoecker als eine selbständige Gruppe an. Gegründet im Januar 1878 als „Christlich-soziale Arbeiterpartei", hatte sie nach ihrer blamablen Niederlage bei den Reichstagswahlen im Juni 1878 den Hinweis auf die Arbeiter aus ihrem Parteinamen gestrichen, wohlwissend, daß bei diesen politisch für sie nichts zu holen war. Die neue Parteigruppierung orientierte sich von nun an auf die durch die Gründerzeit, die Krise und die Depression verstörten Kleinbürger, an die sie durch einen handfesten Antisemitismus herankommen wollte. Andere hatten da schon vorgearbeitet, so der Publizist Otto Glagau, der in einer Artikelserie in der weitverbreiteten „Gartenlaube" die skrupellose Profitsucht der Gründerzeit als Werk jüdischer Börsianer und Händler darstellte. Auch das gut katholische Zentrumsblatt „Germania" scheute nicht vor journalistischen Untergriffen zurück, um den angeblich jüdisch zersetzten und beherrschten Liberalismus besser angreifen zu können. Zu den protestantischen und katholischen Antisemiten gesellte sich der Historiker Heinrich v. Treitschke, der sich anschickte, in den „Preußischen Jahrbüchern" das moderne Dunkelmännertum pseudowissenschaftlich satisfaktionsfähig zu machen.

Bismarck selbst sah das Treiben der Antisemiten mit gemischten

Gefühlen. In seiner Rede vom 2. April 1881 über die Unfallversicherung der Arbeiter gab er zu verstehen, daß ihm die antisemitische Bewegung „nicht erwünscht" sei. Je näher jedoch die Reichstagwahlen heranrückten, desto geneigter war er, sie gegen den Liberalismus auszunutzen, auch wenn die Bedenken wegen ihrer sozialen Demagogie blieben. Das bewies das Diktat vom 14. Oktober 1881, das Bismarck für den Sohn Wilhelm bestimmte, der als Reichstagskandidat wahrlich eine politische Gratwanderung bei seiner Agitationstour vor sich hatte.[78] „Wenn Du sprichst", so hieß es da, „so müßtest Du allerdings Stoecker unterstützen, weil sein Gegner Fortschrittler ist: aber die Identifizierung mit Stoecker paßte der Regierung nicht, und es wird nie Glauben finden, daß Du etwas anderes als Regierungsmeinung aussprichst. Stoeckers Wahl ist dringend zu wünschen: einmal als Nichtwahl des Gegners, dann weil er ein außerordentlicher, streitbarer, nützlicher Kampfgenosse ist, aber sobald man für ihn eintritt, indossiert man der Wirkung nach alles, was er früher gesagt hat, resp. alle andern Antisemiten, und das kann doch en bloc nicht von mir kontrasigniert werden".

Es mag zutreffen, daß die nächste Umgebung des Kanzlers, Lothar Bucher, Moritz Busch und v. Thile, für Stoecker gestimmt hat.[79] Doch wenn auch die antisemitische Bewegung bei Wahlen zur Schwächung der Fortschrittspartei ausgenutzt wurde, letztlich blieb sie Bismarck „unbequem" und „inopportun"; er bekannte es offen: „Die Interessen des Geldjudentums sind eher mit der Erhaltung unserer Staatseinrichtung verknüpft und können der letzteren nicht entbehren."[80] Besonders mißliebig war Bismarck eine solche Vergiftung der Atmosphäre, die ein Zusammengehen der Konservativen mit den Nationalliberalen, das der Regierung angesichts der parlamentarischen Verhältnisse zeitweise als notwendig erschien, erschwerten.[81]

Was Stoecker persönlich betraf, so anerkannte Bismarck sein Agitationstalent: „... er ist ein tätiger, furchtloser, standhafter Mann und hat ein Maul, das nicht totzumachen ist".[82] Doch dieses Lob verriet zugleich, warum der Kanzler ihn von sich fernhielt. Nie habe er, so bemerkte Stoecker einmal, mit Bismarck ein Gespräch geführt, nie einen Brief an ihn geschrieben oder von ihm erhalten, nie sei er, wenn er als Abgeordneter in seinen Gesellschaften war, von dem Kanzler mit einer Unterhaltung beehrt worden.[83]

Kein Zweifel, die sichersten Parteigänger Bismarcks waren die

Freikonservativen. Unter Kardorffs und Varnbülers Führung hatten sie die neue Wirtschaftspolitik des Kanzlers angeregt und eifrig mit ihm dafür gefochten. Allerdings war vorauszusehen, daß diese Politik die Partei bei den Volksmassen verdächtig machte und sie im Wahlkampf nicht gut abschneiden würde.

*

Von allen diesen Parteien grundsätzlich unterschieden und der Regierung gegenüber feindlich eingestellt, fand sich die Sozialdemokratie in den ersten zwei Jahren nach dem Inkrafttreten des Ausnahmegesetzes ideologisch-politisch, organisatorisch und menschlich neu zusammen. Auf ihrem ersten illegalen Parteitag zu Wyden in der Schweiz 1880 strich sie als Konsequenz ihres illegalen Daseins das Wort „gesetzlich" zur Kennzeichnung ihrer Kampfmethode aus dem Parteiprogramm. Andererseits legte man in Wyden in der Auseinandersetzung mit halbanarchistischen Vertretern die Grundlagen für die sogenannte Antigeheimbundstaktik, also für die bewußte Verbindung von legaler und illegaler Arbeit.[84]

Ob es sich um die Organisierung legaler Wahlvereine, um die Verbreitung von Flugblättern, möglichst engen Kontakt mit der Bevölkerung in den Wohngebieten, das Verteilen von Wahlzetteln oder um die ständige Agitation in legalen Fachvereinen, in Arbeiterlokalen und an den Arbeitsstellen sowie um die Organisierung von Gesangsvereinen, Rauchklubs oder sonstigen Interessenverbänden handelte – immer setzte das illegale Beratung und Arbeit voraus. Natürlich übernahm man dabei vieles von dem, was die alten Geheimbünde in ihrer konspirativen Tätigkeit schon erprobt hatten. Je größer die Stadt aber war, desto besser mußte das illegale Vertrauensmännersystem organisiert sein. Das galt vor allem für Berlin und Hamburg.

Ein solch vielseitiges und immer gefährdetes Zusammenwirken in illegaler und legaler politischer Arbeit bedurfte einer losen und dennoch wirksamen Führung, deren wichtigste Organe die Reichstagsfraktion und das Zentralorgan in Zürich, „Der Sozialdemokrat", waren. Vonnöten war aber auch eine überlegene Persönlichkeit, fähig, die teils verschlungenen, teils weit auseinanderlaufenden Fäden in der Hand zu behalten.

Das war damals ohne Zweifel August Bebel. Obwohl von keinem Organ der Partei als Vorsitzender, Generalsekretär oder wie immer man es auch nennen mochte, gewählt, wurde er dennoch als

Bebel Anfang der achtziger Jahre

führend anerkannt, von manchen der Reichstagsabgeordneten nicht immer geliebt, aber dennoch respektiert. Seine Aktivität und seine menschlichen Beziehungen waren von erstaunlicher Vielseitigkeit. Er hatte Fühlung mit den Arbeitern in Versammlungen und Beratungen, bei Ausflügen, in der gemeinsamen Arbeit, in Wohnstuben und Wirtslokalen; als Geschäftsmann und Reisender kam er aber auch mit bürgerlichen Schichten zusammen, und im Parlament kreuzte er die Klinge mit den gegnerischen Politikern. Heute war er in Leipzig, morgen in Berlin, dann wieder in Zürich, im Erzgebirge und an der Küste. Mitunter griff er in örtliche Streitigkeiten ein, sei es in Meerane oder in Stuttgart; erst recht war er bei wichtigen Entscheidungen dabei, etwa in der Züricher Druckerei und Expedition des „Sozialdemokrat".

Bebel war kein Theoretiker, aber er hatte theoretischen Sinn. In der für die Partei immer noch entscheidenden Frage: Marx oder Lassalle, erfaßte er den entscheidenden Punkt: „Die Lassallesche Auffassung streift die Dinge an der Oberfläche und gestattet große Freiheit, die Marxsche Auffassung erfordert scharfes Denken und

Konsequenz im Handeln und, was die Hauptsache ist, scharfen Kampf gegen die Landläufigkeit. Das ist nicht jedermanns Sache und bringt nicht jeder fertig."[85] Bebels Bücher, Aufsätze und Reden vermittelten stärkende Zukunftsgewißheit, die heute bisweilen spöttisch als Utopie abgetan wird, aber auch stichfestes Faktenmaterial über die Gegenwart, das alles Phrasenhafte in der sozialdemokratischen Agitation einzudämmen vermochte. In den großen Debatten im Reichstag trat er ebenso wie sein vierzehn Jahre älterer Kampfgefährte Wilhelm Liebknecht fast immer auf. Aber in seinem Element war er dort nicht. So bekannte er seinem ältesten Freund und Organisator des illegalen Vertriebs des „Sozialdemokrat", Julius Motteler: „Ich habe manchmal einen tiefen Ekel vor der ganzen Parlamentsschwatzerei. Ich empfinde fast nach jeder Rede eine Art Katzenjammer, weil ich mir sagen muß, daß dort auf den Brettern, die die Welt bedeuten und von vielen sehr ernsthaft genommen werden, die Geschicke nicht entschieden werden." Und besonders an die Adresse des „roten Feldpostmeisters" sagte er schließlich: „Eure Arbeit ist wirksamer und notwendiger".[86]

Gerade weil Bebel kein Nur-Parlamentarier war, konnte er das Parlament nutzen, um die Massen zu überzeugen, zu sammeln und die Sozialdemokratie schließlich zur stärksten Partei im Deutschen Reich zu machen. So wurde der dem Volk entstammende August Bebel in den achtziger Jahren im wahrsten und umfassenden Sinn der eigentliche Gegenspieler des Fürsten Otto v. Bismarck.

Bald nach dem Parteikongreß von Wyden wandten die staatlichen Instanzen die härtesten Paragraphen des Sozialistengesetzes an. Am 28. Oktober 1880 wurde über Hamburg-Altona und Umgebung der kleine Belagerungszustand verhängt. Wies man zunächst 75 führende Sozialdemokraten aus, darunter 67 Familienväter, so erfolgte einige Monate später noch einmal eine Ausweisung von 30 Genossen. Darunter befanden sich so bekannte Funktionäre wie Ignaz Auer, der spätere Organisationssekretär der Partei, J. H. W. Dietz, der Verleger werden sollte, und Wilhelm Blos, ein bekannter Publizist. Eine besondere Maßnahme gegen die Partei war die Verhängung des kleinen Belagerungszustandes über Leipzig und Umgebung am 27. Juni 1881. Beschlagnahme von Wahlflugblättern, Verhaftungen, insgesamt etwa 600, und weitere Ausweisungen waren an der Tagesordnung. Zu den 31 Ausgewiesenen gehörten auch August Bebel und Wilhelm Liebknecht.

Wenn die grundsätzliche Verfolgung der Sozialdemokratie die Form einer massiven Wahlbehinderung annahm, so war die Regierung dahin auch durch die politische Gesamtlage geraten, in der sie sich befand: Die Nationalliberalen waren gespalten und unsicher; das Zentrum verhielt sich trotz Annäherung seines rechten Flügels an Bismarck noch immer distanziert; Sezessionisten und Fortschrittsparteiler erstarkten mit der Unzufriedenheit im Volke. Nur Frei- und Deutschkonservative standen hinter dem Kanzler.

Bismarck selbst mischte sich mit Hilfe des Regierungsapparates in den Reichstagswahlkampf auch der bürgerlichen und junkerlichen Parteien ein – gegen die linken Liberalen, für die Konservativen. Nachdem der Wahltag auf den 27. Oktober 1881 festgesetzt worden war, ließ er schon im Hochsommer Instruktionen über „die nunmehr zu eröffnende Wahl-Preßkampagne" erteilen. Zu diesem Zweck schrieb Herbert v. Bismarck am 6. Juli von Kissingen aus im Auftrag seines Vaters dem Chef des Reichskanzleramtes Christoph v. Tiedemann,[87] auf die unmittelbaren Helfer, den Pressedezernenten im Auswärtigen Amt Rudolf Lindau und den Journalisten Rößler hinweisend, daß die „Elaborate" des letzteren vor ihrer Veröffentlichung vorgelegt werden sollten, „damit er nicht unversehens danebenhaut". Diese Mahnung hing wohl mit der Erfahrung von 1875 zusammen, als Rößler mit seinem „Krieg-in-Sicht"-Artikel die Gemüter in Deutschland wie im Ausland erregt hatte.

Herbert v. Bismarck führte im einzelnen die auf Schutzzoll und Besteuerung bezogenen Themenkreise an, die als „Wahlpanier" zu behandeln seien; sie sollten „alle zwei Tage variiert und kürzer oder länger mit Polemik gegen die Feinde besprochen werden, und wenn es 30–40mal geschieht, so ist das für den dickfelligen Leser noch kaum genug; je öfter, desto besser". Er verlangte, daß sich die Redakteure der „Norddeutschen Allgemeinen Zeitung", der „Post" und des „Deutschen Tageblatts" ganz darauf konzentrierten, „alle Tage scharfe Angriffe in allmählich steigender Scala gegen Fortschritt und Freihandel zu bringen".

Verblieb alles das, was Herbert v. Bismarck anwies, vom grobschlächtigen Stil abgesehen, noch im Rahmen der Pressearbeit jeder Regierung, so nahm die direkte Wahlbeeinflussung bisweilen solche Formen an, daß sogar hohe Beamte und Militärs vor dem zurückschreckten, was der Kanzler ihnen zumutete. Einer, den er besonders aufs Korn nahm, war der Sezessionist Heinrich Rickert, der in Danzig kandidierte. Da er bei der Wahl von 1878 nur knapp gewonnen hatte, hoffte der Kanzler, er könnte dessen Wiederwahl 1881 verhindern. Deshalb sollten die Arbeiter der staatlichen Werft von beamteter Seite sozusagen in die Pflicht genommen werden, gegen Rickert und für den konservativen Kandidaten zu stimmen. Bismarck nahm die ganze Angelegenheit so ernst, daß er den Danziger Polizeipräsidenten anweisen ließ, über die dortige Lage einen längeren Bericht zu schreiben.[88] Über den Innenminister v. Puttkamer teilte er, wiederum von Kissingen aus, am 29. Juni dem Chef der Admiralität Albrecht v. Stosch mit: „Ich würde es für außerordentlich nützlich halten, ein konservatives Element zur Vertretung der Marine im Reichstag zu haben; wenn es dazu käme, so würden die natürlichen Sympathien der konservativen Parteien für jeden Theil der Wehrkraft des Vaterlandes sich in Bezug auf die Marine noch lebhafter kundgeben als wie bisher, wo die äußerste Linke des Liberalismus sich den Anschein gibt, als stände sie gerade der Marine näher als andere Parteien, ohne dieselbe dabei in sachkundiger Weise vertreten zu können, während es grade die conservativen Parteien wären, auf deren Unterstützung der Kaiser unter allen Umständen rechnete."[89]

Bereits dieser Brief legt die Vermutung nahe, daß Bismarck damals nicht allein die Wahl Rickerts verhindern, sondern auch den liberalisierenden und dem Kronprinzenkreis nahestehenden Admiral auf die Probe stellen und beim Kaiser kompromittieren wollte. Offensichtlich weigerte sich Albrecht v. Stosch, den leitenden Beamten der Werft zu erlauben, vor den Arbeitern im konservativen Sinne aufzutreten. Um die Werftleitung dennoch unter Druck setzen zu können, wurden der Regierungspräsident sowie der Oberpräsident, schließlich der Minister v. Puttkamer bemüht.[90] Noch wenige Tage vor der Wahl verlangte Herbert v. Bismarck von Varzin aus vom Innenminister, er solle im Auftrage „des Reichskanzlers" an die Admiralität die „amtliche Aufforderung" richten, den Korvettenkapitän v. Hippel zu ermächtigen, vor die Belegschaft zu treten, „damit nicht die Ungeheuerlichkeit geschehe, daß die im Königlichen Dienst befindlichen Werftarbeiter für den regierungsfeindlichen Fortschrittscandidaten ihre Stimme abgeben".[91] Ob und inwieweit die Admiralität reagierte, ist nicht aktenkundig. Jedenfalls nützten Bismarcks Anstrengungen nichts, denn Rickert wurde gewählt.

Die Wahlsituation der Konservativen Partei in der Reichshauptstadt war durch den starken Einfluß des christlich-sozial verbrämten Antisemitismus Adolf Stoeckers besonders geprägt. Rudolf

Lindau, der Pressedezernent im Auswärtigen Amt, unterrichtete darüber in Privatbriefen Herbert v. Bismarck und damit auch dessen Vater. Anfang Oktober glaubte Lindau zu wissen, „daß man den conservativen Wahlen den Stempel des Antisemitismus gar zu scharf aufdrücken wolle“.[92] Der „vornehmste Teil der Conservativen“, so fuhr er fort, „hält sich von der Antisemitenbewegung“ fern. Dabei werde das Wort des Kronprinzen, diese Bewegung sei eine Schmach für Deutschland, oft zitiert. Auch die Äußerung des Reichskanzlers, „daß ihm die Antisemitenbewegung nicht erwünscht sei“, fiel wieder in diesem Zusammenhang.

Ob es aber den Honoratioren der Konservativen Partei gefiel oder nicht, die Antisemiten bildeten in ihr die Stoßtrupps. Kurze Zeit vor dem Wahltag berichtete Rudolf Lindau, daß sämtliche Litfaßsäulen mit „ausschließlich conservativen Wahlaufrufen beklebt“ seien; auch würde „Berlin mit einer halben Million Flugblättern von den conservativen Wahl-Comités überschwemmt werden. Am Wahltag selbst sollte in jedem Wahllokal „ein conservativer Agent mit gesunden Augen“ sein, „der das Wählen überwacht und mit einer vollständigen Namensliste die Namen aller derjenigen bemerkt, die gewählt haben“. Lindau erging sich noch in vielen Einzelheiten über Schlepperdienste und ähnliches mehr.

Die Kraftanstrengung der Konservativen Partei in Berlin war also erheblich – um so mehr enttäuschte das Wahlergebnis. Trotz aller Stimmenzunahme konnten die Konservativen in keinem einzigen der Wahlkreise Berlins ein Mandat gewinnen, in allen siegten die Kandidaten der Fortschrittspartei. Stoecker selbst unterlag gegenüber Rudolf Virchow. Nur als Abgeordneter von Siegen gelang es ihm, in den Reichstag zu kommen. Der Mißerfolg der Konservativen war in der Provinz noch auffälliger.

Rudolf Lindau fühlte sich verpflichtet, diese Niederlage Herbert v. Bismarck gegenüber relativ ausführlich zu erklären, ohne allerdings die tieferen Gründe erfassen zu können.[93] Nach wie vor meinte er, die Antisemitenbewegung hätte der Konservativen Partei geschadet, weil sie selbst „im Beamtenstande und in der Armee viele Gegner“ habe. Die fortschrittlichen Agitatoren hätten begreiflich machen können, „daß man in Deutschland Judenhetze haben würde wie in Rußland, wenn die Liberalen unterliegen sollten“. Außerdem seien auf der Seite der Konservativen die Großgrundbesitzer und die Magnaten, die ihren Schutzzoll unter Dach und Fach hatten, indolent und geizig gewesen. Tröstlich für Lin-

Reichstagswahl am Abend des 27. Oktober 1881

dau war nur, daß die liberale Presse ihren Sieg mit mehr Mäßigung feiere, als er erwartet habe.

Im gesamten war die Wahl vom 27. Oktober 1881 eine deutliche Niederlage der Bismarckschen Politik. Lucius bezeichnete sie als ein „Plebiszit über Bismarcks Steuerreformpläne".[94] Die parlamentarischen Stützen des Kanzlers, die Reichspartei und der Rest der Nationalliberalen, wurden dezimiert. Die Freikonservativen verloren 29 Mandate und die Nationalliberalen 53. Führende Leute dieser Parteien kamen nicht einmal in die Stichwahlen, auch nicht Varnbüler und Bismarcks Sohn Wilhelm. Die geringere Wahlbeteiligung gegenüber 1878 zeigte, daß es der Regierung nicht gelungen war, bislang unerfahrene und indifferente Wähler an die Urne zu bringen. Hingegen bewies die Stimmenzunahme der Volkspartei und vor allem der Fortschrittspartei von 385000 auf 649000, daß die bürgerlichen und kleinbürgerlichen Wähler sich entschiedener gegen die Regierung stellten. Der erhebliche Gewinn der Sezessionisten, die vor allem die ehemaligen Wähler der Nationalliberalen Partei abgefangen hatten, machte die Abwendung beträchtlicher Teile des Großbürgertums von der Regierung deutlich.

Die Sozialdemokratie verlor zwar Stimmen, es waren rund

125000, sie gewann jedoch drei Mandate dank der Stichwahlen. Eindrucksvoll bewies sie ihre Lebenskraft insbesondere in ihren traditionellen Zentren Sachsen, Berlin, Hamburg, Elberfeld-Barmen, Frankfurt am Main und Nürnberg. Teilweise errang sie dort über vierzig Prozent der Wählerstimmen.[95]

Die immer noch bismarckfreundliche „Kölnische Zeitung", damals eines der bedeutendsten Blätter Deutschlands, kommentierte am 9. November 1881 die Wahlen und meinte: „So sehr auch Fürst Bismarck gezeigt hat, daß er über die Stimmung des Landes schlecht unterrichtet wird, so glauben wir doch, daß es seinem klaren Verstande nunmehr einleuchten muß, daß er ‚Regierungswahlen' im deutschen Reich nicht durchsetzen kann. Die heutige parlamentarische Lage ist gewiß zu beklagen, geschaffen aber hat sie der Reichskanzler; sie ist dessen eigenstes Werk. Das wird von keinem vernünftigen Politiker mehr geleugnet. Wenn er sich und anderen das nicht eingesteht, so will er täuschen oder wird getäuscht".[96]

In der Tat mußte sich jetzt in der Zeitspanne bis zur nächsten Wahl im Jahre 1884 zeigen, welche Konsequenzen Bismarck aus seiner Niederlage zog. Immerhin hatte er im selben Jahr 1881 beachtliche Erfolge in der Außenpolitik.

VII. Die Sicherheits- und Kolonialpolitik (1881–1885)

Außenpolitische Erfolge. Auf dem Höhepunkt

Am Tage nach dem Abschluß des deutsch-österreichischen Bündnisses in Wien, am 7. Oktober 1879, war in der „Kölnischen Zeitung“ unter dem Titel „Für den Frieden“ ein Artikel erschienen, der schon insofern Aufmerksamkeit fand, als das Blatt im Auswärtigen Amt als das honorigste in Deutschland galt.[1] Wurden in ihm doch insbesondere jene Artikel publiziert, die grundsätzliche Aspekte der Bismarckschen Außenpolitik wiedergaben, etwa Anfang April 1875 der über „Neue Allianzen“, jetzt im Herbst 1879 einer, der außenpolitisch neue Ziele setzte. Und in der Tat, der Aufsatz war zwar vom Pressereferenten Rudolf Lindau entworfen, von Bismarck aber selbst korrigiert und mit Zusätzen versehen worden.[2]

Er griff die panslawistische Partei in Rußland an, die mit einer Sicherheit von ihrer „Mission“ spräche, „ die komisch sein würde, wenn der zur Schau getragene Dünkel nicht der einer unskrupulösen und einflußreichen Fraktion wäre, welche großes Unheil anrichten kann“. Deutschland befände sich unter diesen Umständen in der Gefahr, zwischen Rußland und Frankreich, Österreich zwischen Rußland und Italien eingeklemmt zu werden. Darum sei das deutsch-österreichische Bündnis eine „Liga zur Sicherung gegen Kriegsgefahr“. Auch wenn Rußland in diesem defensiven Bündnis zunächst eine Unbequemlichkeit erblicken würde, könnte es doch wohl zu einer anderen Auffassung der Sachlage kommen. „Es würde sich der Wahrnehmung nicht für immer verschließen können, daß es mit erobernder Politik sich selbst am meisten schadet und daß es den Mächten zu Dank verpflichtet ist, welche es tatsächlich an der Entwicklung solcher Tendenzen verhindern, ohne ihrerseits seinem Besitzstand zu nahe zu treten.“ Wenn das deutsch-österreichische Bündnis daher die russische Politik verändere, „so würde das russische Volk in der Tat noch mehr positiven Vorteil aus dem Bündnis der beiden mitteleuropäischen Kaiserreiche ziehen, als die Alliierten selbst". Das Dreikaiserbündnis würde durch die engere Verbindung der beiden Mittelmächte nicht gestört, „es würde im Gegenteil erst zur rechten Autorität gelangen, wenn der Zar, gleich den beiden anderen Monarchen, sich in rein friedlichen Absichten demselben hingeben wollte".[3]

Damit war deutlich gesagt, worauf Bismarck hinauswollte: auf der Grundlage des vertraglich gesicherten Zusammengehens mit Österreich-Ungarn beabsichtigte er, Rußland wieder zur Annäherung zu bewegen und das Dreikaiserverhältnis als Basis seiner Außenpolitik zu erneuern. Um das noch eindringlicher zu machen, erschienen im gleichen Sinne im Laufe der kommenden Wochen noch in anderen Blättern Artikel, so einer am 2. Dezember 1879 in der „Post" unter dem anspruchsvollen Titel „Die Friedens-Epoche".

Mit Publikationen dieser Art paßte sich Bismarck auf seine Weise einer Entwicklung an, von der er bisweilen sagte, die Zeit der reinen Kabinettspolitik sei vorüber. Die verschiedenen Kräfte der modernen Gesellschaft beeinflußten die öffentliche Meinung. Wenn er sich nicht im Geiste des Liberalismus nach ihr richten wollte, mußte er sie zu formen versuchen. Angesichts der allgemeinen, von der Sozialdemokratie über die Liberalen, von den Klerikalen bis zu den Freikonservativen reichenden Abneigung gegen das zaristische Rußland, so verschieden motiviert und ausgeprägt sie sein mochte, mußte Bismarck gewissermaßen aus dem Kabinett heraustreten und seinen außenpolitischen Kurs publizistisch zu begründen bemüht sein. Beabsichtigte er doch zu dieser Zeit, die „Entente à deux" (also mit Österreich-Ungarn) solider zu machen, „um danach zur Entente à trois" (also einer, die Rußland einbezog) zurückkehren zu können.[4]

So äußerte er sich auch bei anderer Gelegenheit: „Es ist mir ... gelungen, auszuführen, was ich die erste Etappe meiner Sicherungspolitik nennen möchte, zwischen Österreich und den Westmächten eine Schranke aufzurichten. Trotz der Sommerwolken, die meines Erachtens verziehen, verzweifle ich nicht, die zweite Etappe zu erreichen, d. h. die Wiederherstellung des Dreikaiserbundes, des einzigen Systems, das meiner Meinung nach eine Maximaldauer des europäischen Friedens garantiert."[5]

Wie stand es nun mit den Chancen, Rußland wiederzugewinnen? Immerhin war es außen- und innenpolitischen Zwängen unterworfen, die es ihm früher oder später angeraten sein ließen, die alten Bande neu zu knüpfen. Verspürte doch das offizielle Frankreich keine Neigung, das von vielen Russen ersehnte Bündnis mit dem geschwächten Zarenreich einzugehen. In dieser Hinsicht waren die Überlegungen Bismarcks vor und während des russisch-türkischen Krieges durchaus realistisch, wenigstens vorerst. Und da der Berliner Vertrag die orientalischen Streitfragen, vor allem das Meerengenproblem, nicht gelöst hatte, dauerten die Spannungen im russisch-englischen Verhältnis auch nach 1878 unvermindert an. Der Zündstoff erhitzte sich sogar noch durch die ständig wachsende Rivalität beider Mächte in Mittelasien.

So war es durchaus verständlich, wenn Bismarck Mitte September 1879 seinen Botschafter in London, den Grafen Münster, auf jeden Fall sondieren ließ, „welches die Politik Englands sein würde, wenn wir fortfahren, uns den russischen Zumutungen zu versagen, und darüber mit Rußland in Zerwürfnis gerathen sollten“.[6] Die Antwort Disraelis, das heißt Lord Beaconsfields, war zwar nicht entmutigend, aber ungenügend und unbestimmt. Da nun Ende September der russische Diplomat Saburow während einer Sondermission deutsch-russische Allianzvorschläge machte, ließ Bismarck weitere Gespräche in London sistieren. Ein Zweierbündnis mit Rußland lehnte er zwar ab, doch er verstärkte seine Anstrengungen, es für den Österreich-Ungarn einschließenden Dreibund zu gewinnen.

Dieses Ziel verfolgte er um so mehr, als im April 1880 das konservative Kabinett Lord Beaconsfields durch den Ausgang der Parlamentswahlen gestürzt wurde und das liberale Kabinett Gladstone an seine Stelle trat, ein Regierungswechsel, der für Bismarck erneut bewies, wie unzuverlässig allianzähnliche Abmachungen mit einem parlamentarisch regierten England wären. Unvorbereitet traf es den deutschen Kanzler nicht, denn er war schon durch den Führer der Liberalen Lord Hartington vorgewarnt, der bereits während des Wahlkampfes ein Zusammengehen mit Deutschland als unmöglich bezeichnet hatte, weil es sich gegen Frankreich richten würde.[7]

Was Bismarck von der neuen Regierung in England am meisten befürchtete, legte er in einem Erlaß dar, der gleich nach dem Wahlsieg der Liberalen am 7. und 8. April 1880 an die Botschafter in Petersburg und Paris erging. Das Wahlergebnis sei „gleichbedeutend mit der Wiederaufnahme der antimonarchischen Kontinentalpolitik Lord Palmerstons, mit dem Unterschiede, daß Lord Palmerston die Mittel zur Bekämpfung des Kaisers Nikolaus außerhalb der Grenzen Rußlands sich zusammensuchen, zum Teil sie aus England selbst nehmen mußte, während eine von Gladstone inspirierte revolutionäre Politik die Verbündeten gegen den Thron des Kaisers Alexander in Rußland und den stammverwandten Nebenländern bereits unter der Fahne der panslawistischen Konföderation gesammelt vorfindet".[8] Selbst wenn Bismarck bald erkennen mußte, daß die schon von den Konservativen eingeleitete neue Phase der imperialistischen Expansion Englands es auch einer liberalen Regierung verbot, den Panslawismus auf dem Balkan gegen die österreichisch-ungarischen Interessen zu unterstützen, so befürchtete er doch, daß illusionäre Erwartungen bei den panslawistischen Parteien aufkommen könnten.[9]

Rückblickend auf das Jahr 1872 meinte er, daß sich das Programm des Einvernehmens zwischen den drei östlichen Monarchien kaum verändert habe, „denn nach wie vor bleibt es unsere Hauptaufgabe, den Frieden zu erhalten und zwischen den in Europa noch unerschütterten monarchischen Elementen als vermittelnder und verbindender Faktor zu wirken."[10] Neben der Bewahrung monarchischer Solidarität, die angesichts der Radikalisierung der Arbeiterbewegung in Europa und des krisenhaft erschütterten Zarismus am Ende des Jahrzehnts noch bedeutungsvoller geworden war, wollte Bismarck den Status quo Europas durch außenpolitische Kombinationen erhalten. Zwischen England und Deutschland strebte der Kanzler zwar kein Bündnis, aber ein gutes Einvernehmen an. Mehr noch: er förderte, wenigstens damals, gute Beziehungen zwischen London und Paris in der Erwartung, daß Frankreich sich dann nicht isoliert fühle und von einem revanchistischen Bündnis gegen Deutschland abgehalten werde.

Sein Bemühen, das Verhältnis zu Frankreich neu zu gestalten, fand günstige Voraussetzungen, denn seit 1877 hatte sich die Dritte Republik endgültig gegen die monarchistisch-klerikalen Rechtsparteien durchgesetzt. Unter den republikanischen Ministerien begannen immer mehr Kapitalgruppen, die an aktiver französischer Kolonialpolitik interessiert waren, Einfluß zu gewinnen; gerade sie waren wegen der dabei zu erwartenden internationalen Verwicklungen zu einer Entlastung des Verhältnisses mit Deutschland bereit. Dem kam Bismarck höchst bereitwillig entgegen, er befürwortete eine Verständigung mit Frankreich auf allen Gebieten mit Ausnahme Elsaß-Lothringens. So schrieb er in seinem Erlaß vom 8. April 1880 an seinen Botschafter in Paris, den Fürsten Hohenlohe-Schillingsfürst: „Unser Verständigungsgebiet mit Frankreich erstreckt sich von Guinea bis nach Belgien hinan und deckt alle romanischen Lande; nur auf deutsche Eroberungen braucht Frankreich zu verzichten, um uns befreundet zu bleiben ... das Streben Frankreichs nach vermehrter Einflußnahme auf die übrigen romanischen Staaten verletzt kein deutsches Interesse; ... Wenn daher Frankreich die Ausbreitung seiner politischen Operationsbasis als seinen Interessen entsprechend erachtet, so kann es dafür nicht nur auf unsere Enthaltung, sondern unter Umständen sogar auf unsere Rückendeckung rechnen, sofern nur unsere Stellung in Deutschland und unser einziger Anspruch, Herren im eigenen Hause zu sein, nicht gefährdet wird."[11]

Das war eine politische Konzeption, die Bismarck in den vergangenen Jahren gedanklich erarbeitet und an seine Mitarbeiter im Auswärtigen Amt weitergegeben hatte. Hatte doch auch Radowitz in diesem Sinne mit dem österreichisch-ungarischen Botschafter in Berlin gesprochen.

Ein gutes, aber vertragloses Einvernehmen mit beiden Westmächten war eine der Zielvorstellungen Bismarcks. Sie konnte allerdings nur dann dem Sicherheitsbedürfnis des Hohenzollernreiches dienen, wenn der Dreikaiserbund ein Gleichgewicht der europäischen Mächte möglich machte, das jedoch immer wieder durch die Interessengegensätze auf dem Balkan und im Nahen Orient gestört werden konnte, wie es sich in der zweiten Hälfte der achtziger Jahre zeigen sollte. Wie auch immer, die Neubildung des Dreikaiserbundes als Ergänzung des deutsch-österreichischen Zweibundes war für Bismarck so dringend geboten, daß er dafür auch politische und psychologische Schwierigkeiten in Petersburg wie in Wien zu überwinden bereit war.

*

Nach Bekanntwerden des österreichisch-deutschen Vertrages reagierten die herrschenden Kreise Rußlands schon deswegen mit Unruhe, weil der genaue Inhalt nicht publik wurde. Drei Phasen unterschied der österreichische Botschafter in Rußland, Kálnoky, im Petersburger Stimmungswandel: „Zuerst lebhaftes Aufschäumen des Unmuths und Ergießen von Gift und Ärger gegen Deutschland und gegen uns in zweiter Linie, dann, unter fortdauernder Nervosität und zeitweiligen Anfällen von Heftigkeit wachsendes Unbehagen über die eigene Isoliertheit. Endlich die letzte Phase, Beruhigung der Nerven, überlegtere Auffassung der Situation und wachsendes Einsehen, daß man sich akkomodieren könne und müsse, weil kein Ausweg vorhanden. In der letzten Phase befinden wir uns".[12]

Gortschakow, der, obwohl er sich seit 1880 meist in Baden-Baden aufhielt, immer noch verantwortlich war für die Außenpolitik, stemmte sich gegen eine Bindung an Deutschland. Er wollte eine Politik der freien Hand mit dem Fernziel eines russisch-französischen Bündnisses. Natürlich versuchte er, diese Haltung zu vertuschen und erklärte auf einer Durchreise in Berlin, Rußland könne gar keine äußere Politik mehr haben, sondern einzig nur eine innere. Dies wollte er auch seinem Kaiser sagen, wenn er nächstens in Petersburg vor ihn hinträte. Nach innen müßten alle Kräfte des Staates angestrengt werden zur Regelung der Finanzen, der Hebung des Nationalwohlstandes und zur Vertilgung des Sozialismus und Nihilismus.[13] In der Tat versuchte Gortschakow seinen Einfluß um die Jahreswende 1879 auf 1880 geltend zu machen, indem er auch bei den Vorträgen, die sein Vertreter Giers dem Zaren hielt, anwesend war.[14]

Auffallenderweise äußerte sich Gortschakows bisheriger Gegenspieler Schuwalow während eines Berliner Zwischenaufenthaltes Ende Dezember 1879 in ähnlichem Sinne. Wäre er in Rußland an der Macht, so meinte er, so würde er es abseits halten und es weder mit Österreich noch mit Deutschland verbinden. Wenn man im Innern Ordnung halte, dann wäre das Land mächtig und stark genug, um sich selbst zu genügen.[15]

Eine solche Bekundung außenpolitischer Abstinenz, ob sie nun ehrlich gemeint war oder nicht, war der Abgesang zweier Großmachtpolitiker, die bald ihr Wirkungsfeld verlassen mußten. Schuwalow, zuletzt russischer Botschafter in London, beendete 1880 seine politische Laufbahn; Gortschakow gab seine Ämter 1882, wenige Monate vor seinem Tode, auch formell auf.

Zu einer freiwilligen Isolierung, einer „splendid isolation", konnte sich der Zar aber doch nicht entschließen. Er brauchte neue Mitarbeiter, die den Mut aufbrachten, den einzig möglichen Weg zu gehen, um das Land aus seiner Stellung im Abseits wieder herauszubringen und die alte Freundschaft mit Deutschland neu zu festigen. Auch die innere Krise des Zarismus schien man nur mit Hilfe der monarchischen Solidarität in Europa bewältigen zu können. Die Frage war, welche konkrete Form das neue Verhältnis zu Deutschland annehmen sollte und welche Personen nun zur Aktion kämen.

Ein bislang wenig bekannter Mann war es, der jetzt auf die politische Szene Rußlands trat: Peter Alexander Saburow, fünfundvierzig Jahre alt, zwar nicht aus altem Adel, aber aus einer wohlhabenden Familie stammend und mit Wirtschaftsfragen wohlvertraut.[16] Als Gesandter in Athen hatte er mit Radowitz, der neben seiner Tätigkeit im Auswärtigen Amt dort den deutschen Gesandtschaftsposten einnahm, vertrauliche Beziehungen gehabt. Von daher war es nicht schwer, Kontakte mit Bismarck zu bekommen, den er im Juli 1879 in Kissingen mehrmals aufsuchte. Für den deutschen Kanzler eröffnete sich durch diesen gescheiten, agilen, auch englanderfahrenen Mann die Möglichkeit, seinen außenpolitischen Plan der Wiederanknüpfung an Rußland zu verwirklichen; Saburow wiederum konnte sich in diesen Kissinger Gesprächen mit wichtigen Gedankengängen Bismarcks vertraut machen. Damit erhielten die Denkschriften, die er für den Zaren ausarbeitete, besonderes Gewicht. Er, der bisher im zaristischen Diplomatenkorps einen zweiten Rang eingenommen hatte, wurde nun in einem bedeutsamen Augenblick als Sonderbeauftragter zu Bismarck geschickt und schließlich im Januar 1880 zum russischen Botschafter in Berlin ernannt.

Unmittelbarer Vorgesetzter Saburows war der stellvertretende Außenminister Nikolai Karlowitsch Giers,[17] ein verarmter baltischer Adliger, der früher das asiatische Departement im zaristischen Außenministerium geleitet hatte. Innenpolitisch war er ein Verfechter der Selbstherrschaft, ein Mann also wie geschaffen für die verstärkte Reaktion der achtziger Jahre. Außenpolitisch trat er sowohl für die antiliberale Solidarität der Monarchen Rußlands und Österreich-Ungarns ein als auch für ein Dreikaiserbündnis, das den Status quo garantierte. Das erforderte die Vermeidung eines Krieges mit seinen sozialen Risiken, den Verzicht auf Eroberung der Meerengen und damit die Verbesserung der Beziehungen mit der Türkei, die allerdings die Meerengen unter allen Umständen und insbesondere gegenüber der englischen Flotte geschlossen halten sollte. Schließlich strebte Giers die Aufteilung der wirtschaftlichen und politischen Interessensphären auf dem Balkan zwischen Rußland und Österreich-Ungarn an.

Da Saburow hinsichtlich der Meerengen insgeheim entgegengesetzte Ziele verfolgte, nämlich ihre Eroberung durch Rußland, waren die Bedenken von Giers gegen dessen Ernennung zum Botschafter in Berlin nicht grundlos. Doch vorerst paßte sich Saburow den Anschauungen seines Außenministeriums an. In mehreren Unterredungen mit Bismarck warf er Anfang Februar 1880 die

Frage eines „Schutz- und Trutzbündnisses“[18] zwischen Rußland und Deutschland auf. Als ihm klar wurde, daß die deutsche Regierung keine Abmachungen ohne oder gar gegen Österreich abschließen werde, wechselte Saburow sofort auf das Thema einer Dreierallianz mit Einschluß Österreich-Ungarns über. Am 6. Februar übermittelte der russische Botschafter in Berlin Bismarck einen Entwurf zu einem Dreikaiservertrag.[19]

*

Jetzt war Wien, das an einen Interessenausgleich mit Petersburg auf dem Balkan nicht glaubte, am Zuge. Hier hatte Bismarck noch stärkere Widerstände zu überwinden als in Rußland. Zunächst: Ähnlich wie in der russischen gab es auch in der österreichischen Diplomatie einen Personenwechsel. Dem zurückgetretenen Außenminister Andrássy folgte im Oktober 1879 der zweiundfünfzigjährige Freiherr v. Haymerle im Amt, der seines Vorgängers Widerwillen gegen die Dreikaiserentente teilte. Bedeutsamer für den deutschen Reichskanzler aber war der Wechsel in der österreichischen Botschaft. Schon Ende 1878 hatte Wien Károlyi als seinen Vertreter von Berlin nach London versetzen müssen, da Graf Beust dort nicht mehr erwünscht war. Während Károlyi von allen in Berlin akkreditierten Botschaftern Bismarck am nächsten stand, wie dieser gelegentlich bezeugte,[20] gewann der Nachfolger Imre Széchenyi so wenig Vertrauen, daß das Auswärtige Amt lieber mit einem unter Károlyi altgedienten Botschaftsrat verhandelte als mit dem Botschafter selbst.[21] So erschwerten auch personelle Umbesetzungen die Verhandlungen um den Abschluß des Dreikaiserabkommens.

Etwa um die gleiche Zeit, da Saburow bei Bismarck seine Bündnisangebote machte, wurde Graf Kálnoky definitiv zum österreichischen Botschafter in Petersburg ernannt. Bevor er diesen Posten antrat, kam er auf der Durchreise in Berlin zu einem längeren Gespräch mit Bismarck zusammen, in dem es um zentrale Fragen der Außenpolitik ging. Von beiden Seiten war es sorgfältig vorbereitet worden. Für seine Berliner Sondermission hatte Kálnoky Instruktionen, die Außenminister Haymerle vorher mit Kaiser Franz Joseph besprochen hatte. In guter Kenntnis des Bismarckschen Stils war empfohlen worden, ihn, „der seine Gedanken gern auf selbst gewähltem Wege ausspinne, unter allen Umständen ohne Unterbrechung ausreden zu lassen“.[22] Und wirklich wurde das „Gespräch“ zum Monolog des deutschen Kanzlers, in seiner ganzen Anlage offensichtlich vorher gründlich durchdacht.

Ausführlich berichtete Kálnoky darüber am 17. Februar 1880 aus Petersburg nach Wien.[23] Bismarck habe mit einem historischen Exposé begonnen und damit beweisen wollen, daß er trotz aller Spannungen im alten deutschen Bundestag und der militärischen Auseinandersetzungen von 1866 stets um eine Verständigung, ja um ein enges Bündnis bemüht gewesen sei. „Diesen Grundgedanken seiner Politik präzisierte er im Laufe seiner Ausführungen, indem er *das Festhalten der freundschaftlichen Beziehungen zu Rußland* als mit in dieses Programm gehörig erklärte".[24]

Mit seinen nach Kálnokys Empfinden erstaunlich ausführlichen Rückblicken auf die deutsch-österreichischen Beziehungen wollte Bismarck offenbar um das volle Vertrauen Österreichs in die Zuverlässigkeit seines deutschen Bundesgenossen werben. Der Kanzler hätte betont, „daß Österreich der natürliche und geeignetste Bundesgenosse für Deutschland" sei; deshalb wäre er „gegenüber dem König und den Generälen in Nikolsburg für die Integrität der österreichischen Monarchie" eingetreten.[25] Auch für Europa sei Österreich absolut notwendig.

Einen Angriff auf Rußland aber habe Bismarck auf jeden Fall ausgeschlossen. „Es ist für uns dort nichts zu holen. Polnische Untertanen haben wir ohnehin mehr als uns lieb ist, und nur die geographische ‚Bosheit' unserer Ostgrenze zwingt uns, an den selben festzuhalten".[26] So wie Deutschland wegen der Möglichkeit feindlicher Koalitionen beunruhigt gewesen sei, leide nun Rußland unter einem cauchemar de la coalition. Darum könne es „nur dem allgemeinen Friedensbedürfnisse zugute kommen, wenn Rußland von dieser Beunruhigung befreit werde, denn dann würde es ihm erleichtert, ernstlich zu einer gemäßigten Politik zurückzukehren und seinen Friedenswunsch auch zu bestätigen".[27] Kaiser Franz Joseph versah diese Stelle am Rande mit einem „Oho!".

England, so meditierte Bismarck weiter, würde die russischen Staatsmänner mit seinem herausfordernden Verhalten am meisten beunruhigen. Hier dürfe man ihm nicht zur Seite stehen. Im internationalen Spannungsfeld wäre auch Italien mit seinen Forderungen nach den sogenannten unerlösten Gebieten (Triest und Südtirol) als ein Unruhefaktor zu betrachten.

Resümierend meinte Kálnoky, der Kanzler habe durch das deutsch-österreichische Zweierbündnis „Rußlands Chauvinisten zur Besinnung gebracht, und Frankreich in seiner ablehnenden

Haltung gegenüber den russischen Verlockungen bestärkt". Dadurch sei er wieder ganz Herr der Situation geworden und halte den Augenblick für gekommen, dem eingeschüchterten Rußland und dessen bedrängtem Kaiser den Rückzug zu ermöglichen.

Kálnoky vermutete, daß die „vernünftigen" russischen Politiker dem Fürsten vorgestellt hätten, Rußland sei erst dann beruhigt und im Interesse des Friedens zu Konzessionen bereit, „wenn ihm die Furcht vor einer Coalition genommen sei, und dies wäre erst der Fall, wenn es die Sicherheit hätte, daß England keinen Halt für seine ‚herausfordernde und selbstsüchtige Politik' bei Deutschland und Österreich-Ungarn fände. Fürst Bismarck findet kein Interesse daran, England, dessen Haltung er ohnehin übermüthig findet, besonders in seinen rücksichtslosen Allüren zu bestärken. Er hat jetzt das Ziel vor Augen, Rußland zu beruhigen und hat Nichts dagegen, hält es vielleicht für heilsam, England etwas auf den Isolierschemel zu stellen, gegen welches er übrigens in seinen Äußerungen keinerlei Gereiztheit an den Tag legt".[28]

Um die besondere Stellung gegenüber Österreich-Ungarn zu unterstreichen, sprach Bismarck von der geradezu „physikalischen Notwendigkeit" für Deutschland, sich ihm anzuschließen; er benutzte hier einen Begriff, der bezeichnenderweise auch vom deutschen Botschafter in Wien im Gespräch mit Kálnoky gebraucht wurde. Prinz Reuß erläuterte, Deutschland müsse sich an Österreich halten, „weil dessen Stellung zwischen Rußland und Frankreich, wenn sich zu diesem ein mißgünstiges Österreich geselle, ganz unhaltbar wäre. Eben weil dies Gesetz ein physikalisches sei, würde es sich auch, wenn Bismarck einmal abträte, jedem seiner Nachfolger unabweislich aufdrängen."[29]

*

Nach seinen programmatischen Ausführungen während des Zusammentreffens mit Kálnoky hatte der Kanzler in dem darauffolgenden Jahr noch beträchtliche Mühe aufzuwenden, um das Habsburgerreich zur Erneuerung des Dreikaiserverhältnisses zu bewegen. In dieser nervenaufreibenden Zeit mußte er auch darüber wachen, daß die „Fühlfäden der Presse" nicht in die Verhandlungen eindrängen.[30] Der neue Leiter der österreichischen Außenpolitik, Freiherr v. Haymerle, war so voller Mißtrauen gegenüber Rußland, daß er ihm am liebsten den Zugang zur ganzen Balkanhalbinsel verwehrt hätte. Und es gab ja in der Tat vielfache und schwerwiegende Streitfragen zwischen Österreich und dem Zarenreich, so die von Rußland geförderte Vereinigung von Ostrumelien mit Bulgarien, die Sicherung Mazedoniens gegen bulgarische Annexionspläne, die österreichischen Positionen in Serbien. Ihretwegen wollte Haymerle, wie schon sein Vorgänger Andrássy, möglichst auf keine bündnisähnlichen Bindungen eingehen. „Die Rivalität wird doch immer bleiben, dagegen hilft ein Vertrag nicht",[31] gab der deutsche Kanzler gegenüber skeptischen Einwänden aus Wien zu, betonte aber dabei, daß man Rußland „mit Vertrag doch immer noch mehr als ohne"[32] vertrauen könne.

Den notwendigen Zusammenhalt der Kaisermächte gegen die „subversiven" Kräfte allenthalben, an die Berlin immer wieder erinnerte, konnte Wien freilich kaum negieren, nachdem der schwere Bombenanschlag der „Narodnaja Wolja" im Winterpalais im Februar 1880 die Zarenfamilie nur zufällig verfehlt hatte und ein Jahr später Alexander II. auf offener Straße ermordet worden war. Doch Haymerle beherrschte keineswegs die von Bismarck etwa zur Zeit der Pariser Kommune praktizierte Taktik, konservative Solidarität der Mächte mit der Austragung ihrer Interessenkonflikte untereinander zu verbinden. Es war recht plump, wenn er Anfang 1881 als Voraussetzung für das Dreikaiserabkommen einen neuen Zweibundvertrag vorschlug, der im aggressiven Sinne ausgelegt werden und Deutschland zum Gehilfen Österreichs degradieren konnte. Bismarck wies diese „Zumutung" zurück und präzisierte in einem Erlaß an den deutschen Botschafter in Wien vom 10. Februar 1881: „Wir wollen russischem Chauvinismus, der à la Louis XIV. gegen einen von uns auftreten könnte, mit aller Macht entgegentreten, aber für aggressive Zwecke uns gebrauchen lassen, das würde die öffentliche Meinung in Deutschland der Regierung nie verzeihen."[33]

Als Wien bis in den April 1881 hinein hartnäckig Schwierigkeiten machte, stellte Bismarck den österreichisch-ungarischen Politikern ein deutsch-russisches Separatabkommen in Aussicht und schlug überdies recht scharfe Töne an, um Österreich zum Einlenken zu bewegen.[34]

Schließlich fand der diplomatische Handel nach mühseligem Hin und Her doch ein Ende. Am 18. Juni 1881 wurde das Dreikaiserbündnis unterzeichnet, das für die Dauer von drei Jahren Deutschland, Österreich-Ungarn und Rußland zu wohlwollender Neutralität verpflichtete, falls einer der Vertragspartner in einen Krieg mit einer vierten Großmacht verwickelt würde. Deutschland sicherte sich dadurch die Neutralität Rußlands in einem deutsch-französischen Krieg, Rußland die Neutralität Deutschlands und Österreich-Ungarns in einem Krieg gegen England oder die Türkei. Außerdem verpflichteten sich die Kaisermächte zur Respektierung der gegenseitigen Interessen auf der Balkanhalbinsel und versprachen, Veränderungen im territorialen Besitzstande der europäischen Türkei nur auf der Grundlage gemeinsamer Absprachen vorzunehmen. Für Rußland war besonders bedeutungsvoll, daß die Vertragspartner für die Schließung der Meerengen des Bosporus und der Dardanellen eintraten. In einem Zusatzprotokoll erklärten die drei Mächte, eine etwaige Vereinigung Bulgariens und Ostrumeliens nicht verhindern zu wollen.

Das in Berlin vom deutschen Reichskanzler und vom russischen und österreichischen Botschafter unterschriebene Dreikaiserbündnis war im Vergleich zum Dreikaiserabkommen von 1873 nicht bloß ein Konsultativpakt, sondern ein dreiseitiger Neutralitätsvertrag, zweifellos ein Fortschritt, über dessen historische Tragfähigkeit sich Bismarck jedoch keine Illusionen machte; war doch der russisch-österreichische Balkangegensatz, der das Dreikaiserverhältnis fortwährend belastete, keineswegs beseitigt. Deshalb schrieb der Kanzler noch vor Abschluß der Verhandlungen seinem Botschafter in Wien, dem Prinzen Reuß, daß zwischen Österreich-Ungarn und Rußland die Interessenfrage nicht so läge, „daß wir Freundschaft und Liebe gegenseitig erwarten können, sondern wir wenigstens froh sind, wenn es nur gelingt, in *Frieden* mit einem Nachbar zu leben, mit dem der Krieg nicht nur ein Übel wie alle Kriege ist, sondern auch ohne jeden wünschenswerten Kampfpreis im Fall des Sieges“.[35] Die „Wahrscheinlichkeit eines solchen Krieges“[36] hätte sich eben vermindert. Aber die kurze Geltungsdauer des Dreikaiserbündnisses – nur auf drei Jahre – zeigte schon, daß man allerseits der Eintracht nicht recht zu trauen vermochte.

Die hohen vertragschließenden Herren, wenigstens soweit sie Rußland und Österreich-Ungarn vertraten, mißtrauten auch den inneren Kräften ihrer Länder. Nicht nur der Inhalt, sondern die bloße Existenz des Dreikaiserbündnisses wurde streng geheimgehalten. Hatte doch die russische Regierung Angst vor den Panslawisten, die nichts von einer Aufteilung der Interessensphären auf dem Balkan wissen wollten, und die österreichische Regierung fürchtete jene Magyaren, die sich als große Grundherren schon wegen slawischer Minderheiten russenfeindlich gebärdeten. Es war schon so: „Nur im Dunkeln, wo es niemand sah, reichte man sich noch die Hand“.[37]

Für das Deutsche Reich hatte sich die Lage nach dem Abschluß des Dreikaiserbündnisses merklich gebessert. Rußland war auf den Reichskanzler angewiesen, um Österreich-Ungarn in seinem Vordringen auf dem Balkan zu zügeln, wie auch Österreich auf das deutsche Gegengewicht zum russischen Expansionismus verwiesen war. Bismarck wurde der begehrte Vermittler in diesem Verhältnis, wenigstens so lange, wie die wirtschaftlich-soziale Entwicklung die Führungskräfte der drei Monarchien nicht in andere Bahnen lenkte.

Das Dreikaisereinvernehmen erlaubte Bismarck gegenüber den europäischen Mächten im Westen und Süden zunächst eine größere Handlungsfreiheit. Die Beziehungen zu England und Frankreich waren damals gewiß entspannt, dennoch empfahl der Kanzler seinen diplomatischen Vertretern, „Keime von Verstimmungen zwischen den genannten Mächten vorsichtig zu pflegen, ohne Absichtlichkeit erkennbar zu machen“.[38] Diese Verstimmungen wurzelten in dem damals aufkommenden Kolonialexpansionismus.

Um auch von dieser Seite her eine Allianzbildung gegen das Reich zu verhindern, nutzte Bismarck die kolonialen Rivalitäten der Großmächte und anderer Staaten aus. Einerseits begünstigte die deutsche Politik Frankreich bei der Verwandlung von Tunis in sein Protektorat und bei seinen auf Westafrika und Indochina gerichteten Expansionsbestrebungen, andererseits förderte Bismarck in Ägypten die separaten Aktionen Londons, ganz entgegen den französischen Aspirationen.

Der französische Griff nach Tunis war auch ein empfindlicher Schlag gegen die Mittelmeerpläne Italiens. Das führte dazu, daß sich die entscheidenden Kräfte der italienischen Politik entschlossen, dem Streben nach den „unerlösten“, im Habsburgerreich gelegenen Gebieten Südtirol und Triest vorläufig zu entsagen und eine Verständigung mit dem deutsch-österreichischen Machtblock zu suchen. Bereits im Sommer 1881 gab es Anzeichen dafür; und als dann im Januar 1882 der italienische Botschafter bei Bismarck vorsprach, wurde ihm beschieden, „daß der Schlüssel der Tür, die zu uns führt, für Italien in Wien zu finden sei“.[39] Dieser Hinweis war schon dadurch geboten, daß Wien die italienischen Verhältnisse natürlich besser übersah, sicherlich aber wollte der Kanzler hier auch Österreich stärker ins Spiel bringen.[40]

Im Vergleich zu den Verhandlungen über den *Dreikaiserbund* waren die über den österreichisch-deutsch-italienischen *Dreibund* rasch vorangekommen. Sie begannen Ende März 1882 in Wien, und bereits zwei Monate später war man sich über die einzelnen Vertragsbestimmungen einig, so daß das Bündnis am 20. Mai unterzeichnet werden konnte. Die drei Mächte sagten sich wohlwollende Neutralität zu, falls eine von ihnen in einen Krieg verwickelt würde. Diese Bestimmung, auf die Bismarck im Interesse Österreichs großen Wert legte, bezog sich unausgesprochen natürlich auf einen etwaigen Zusammenstoß mit Rußland, also mit einem Partner des Dreikaiserbündnisses.[41] Das Kernstück des Dreibundes bezog sich allerdings auf Frankreich. Deutschland und Österreich-Ungarn verpflichteten sich zur militärischen Unterstützung Italiens gegen einen französischen Angriff, und Italien versprach Unterstützung bei einem französischen Überfall. Auf ausdrücklichen Wunsch Italiens wurden bei Abschluß des Vertrages Ministerialerklärungen ausgetauscht, daß die Bestimmungen des Dreibundes nicht gegen England gerichtet sein sollten. Um Frankreich nicht ohne Not zu reizen und Rußland nicht zu beunruhigen, sollte der Inhalt des Vertrages geheimgehalten werden. Seine Dauer war auf fünf Jahre begrenzt.

Sonderliches Vertrauen in die aktive Hilfe der italienischen Armee hatte Bismarck nicht. Zwei Tage nach der Unterzeichnung in Wien gab er zu den Akten, „daß die diesseitige Diplomatie für die Redaktion der Aktenstücke nach Form und Inhalt keine Verantwortung trägt. Es kam für uns lediglich darauf an, dem uns verbündeten Österreich für den Kriegsfall die Sorge der Deckung seiner italienischen Grenze nach Möglichkeit abzunehmen.“[42]

Mit dem Abschluß des Dreikaiserbündnisses und des Dreibundes, der zwei wichtigsten Verträge in der ersten Hälfte der achtziger Jahre, erreichte Otto v. Bismarck den Höhepunkt seiner internationalen Autorität, die nicht so spektakulär war wie während des Berliner Kongresses 1878, aber doch solide begründet. Im April 1882 bekannte er, daß ihm die auswärtige Politik „auch keine einzige schlaflose Stunde“ bereite.[43] Er, der nicht zu eitler Überhebung neigte, behauptete sogar, Frankreich und England fragten Deutschland um Rat, Österreich täte nichts ohne Anfrage, Italien mache förmlich den Hof und selbst England komme entgegen.[44]

Damals existierte ein Nebeneinander verschiedener, einander überschneidender, zum Teil widersprechender und auf labiler Grundlage beruhender Verträge. Sie alle waren im Grunde zurückzuführen auf den deutsch-österreichischen Zweibund vom Herbst 1879. Von ihm aus erwuchsen alle Verträge wie Fangarme, die bis nach Oberitalien, über den Balkan bis zum Bosporus, bis zum Pruth und schließlich bis zur Newa reichten. Nirgends sonst in Europa stieß dieses komplizierte Verflechtungsgebilde auf ein anderes.

Erschütterungen in der Familie

Auf den Gipfeln ist es oft kalt, auch in der Politik. Im Jahrzehnt nach den drei siegreich geführten Kriegen wurde der Kreis derer, denen Otto v. Bismarck wirklich vertrauen konnte, kleiner, drängten sich mehr denn je Menschen mit karrieristischen Absichten berechnend vor. Der Kanzler wußte nur zu genau, daß er sich weniger denn je den Menschen erschließen durfte, am ehesten noch Lothar Bucher, von Johanna liebevoll „Büchelchen" genannt. In der Familie war seine unpolitische Frau für einen Gedankenaustausch denkbar ungeeignet, ganz zu schweigen von der Tochter Marie. Der Sohn Wilhelm zog sich gern zurück und übernahm in der Politik nur nebengeordnete Aufgaben; ein ruhiges Amt in der provinziellen Verwaltung sagte ihm am meisten zu. Wer blieb, war der älteste Sohn Herbert, dem Vater zugetan, politisch interessiert, überaus fleißig und zuverlässig, Otto v. Bismarcks Stütze und Hoffnung. Geradezu unerträglich mußte für den Vater mit seiner schwerer werdenden Bürde die Vorstellung sein, daß dieser ihm entfremdet werden könnte.

Diese Gefahr tauchte auf, als sich Herbert in die Fürstin Elisabeth v. Carolath-Beuthen, eine geborene Gräfin Hatzfeldt-Trachenberg, verliebte und eine eheliche Verbindung erwog, nachdem im April 1881 die Scheidung von ihrem ersten Mann ausgesprochen worden war. So wurde die Familie Bismarck in einer Zeit, da sich der physisch erschöpfte Kanzler innenpolitisch harten Kämpfen stellen mußte, von einer schweren Erschütterung erfaßt.

Die Beziehungen Elisabeth v. Caroliths zu Herbert v. Bismarck konnten unter gar keinem unglücklicheren Stern stehen, denn diese Frau verkörperte so ziemlich alles, was Otto v. Bismarck gegen eine familiäre Verbindung aufbringen konnte: Sie stammte, wie Philipp von Eulenburg, damals der Vertraute Herberts, zu berichten wußte, „aus einem Kreise, den der alte Kanzler seit zwanzig Jahren als feindlich bewertete: Gegner in politischen und konfessionellen Fragen, Gegner 1866, Gegner im Kulturkampf,

Gegner in der gesamten Lebensanschauung".[45] Eulenburg führte es noch detaillierter aus: „Aber es war ein Verhängnis, daß die Fürstin Elisabeth dem durch seine Exzentrizität bekannten Hause Hatzfeldt angehörte, daß sie auch durch ihre Schwester, die Gattin des bekannten Generalobersten Freiherrn Walter von Loë, dem Hause verwandt war, von dem ein Mitglied in dem Kulturkampf der grimmigste Feind Bismarcks war, daß sie ferner die Stiefschwester der Frau von Schleinitz, Gattin des Hausministers von Schleinitz, war, die mit ihrem Gatten zu den gehaßtesten Persönlichkeiten im Hause Bismarck gehörte."[46]

Die Fürstin war zudem Katholikin und als Hocharistokratin „ihr Leben lang gewohnt, sich keinerlei Beschränkungen in ihrer Lebensführung aufzuerlegen". Niemals hätte sie, so meinte selbst der mit ihr sympathisierende Eulenburg, „in Herberts Elternhaus den Ton uneleganter Schlichtheit getroffen . . ., der hier herrschte".[47] Und etwas maliziös, im Kern aber zutreffend, setzte er hinzu: „Der Hauch provinzieller Landedelleute aus kleiner Begüterung ist niemals aus dem Salon Bismarck gewichen. Darum trug der ganze Familienkreis den Stempel der Echtheit. Mochte man an dem Wesen dieses Kreises Geschmack finden oder nicht: niemand wird ihm den Vorzug des Echten und Unverfälschten abstreiten können." Johanna, die die Schlichtheit des Landjunkertums verkörperte, hätte sich niemals an eine selbstbewußt-elegante Schwiegertochter Elisabeth v. Carolath gewöhnen können.

Die Dame aus dem schlesischen, ehemals österreichischen Magnatentum wollte den Kanzlersohn für sich gewinnen und erwartete, daß Herbert um ihretwillen mit den Eltern breche und die Kraft aufbringe, „die Frau, die er liebte, gegen Hölle und Teufel sich zu erringen".[48] Indem Fürstin Elisabeth so die Tiefenschichten Herberts verkannte, die ihn menschlich mit dem Elternhaus und politisch aus verpflichtender Überzeugung mit dem Vater verbanden, beging sie den entscheidenden Fehler. Sie habe sich, wie Eulenburg ihrer fraulichen Eitelkeit fast entschuldigend zubilligte, „die realen Hemmnisse nicht völlig klar gemacht, die Herbert wie mit eisernen Klammern gefangen hielten".[49]

Während die Fürstin sich ganz ihrer Neigung zu dem ansehnlichen Kanzlersohn hingab und auf ihre Anziehungskraft vertraute, ging es bei Herbert v. Bismarck von Anfang an nicht ohne angst- und ahnungsvolles Vorgefühl ab. Dem damaligen Freund Philipp v. Eulenburg eröffnete Herbert im April 1881, er hätte schon vor fünf Jahren – also im Jahre 1876 –, als die Fürstin erst-

Herbert v. Bismarck

mals ihre Scheidung vor ihm erwog, nicht dringend dazu geraten: „Daß ich das ganze traurige Leben der armen Frau mit angesehen habe, ohne meinerseits dringend zur Scheidung zu raten, ist ja nur dadurch zu entschuldigen und zu erklären, daß ich das jetzige Verderben kommen sah, sobald solche Notlage eintreten würde“.[50]

Dennoch: trotz aller Ahnung des „Verderbens“ – den Sturm der Leidenschaften, der nun über Herbert hinwegbrauste und ihn sogar bedenklich knickte, hatte er doch nicht erwartet. Er fühlte sich in tiefstem Zwiespalt zwischen den drängenden Forderungen der von ihm geliebten Frau und der elementaren Gewalt, mit der die Ausbrüche seines Vaters ihm die ganze Unlösbarkeit seines Konfliktes verdeutlichten. Der damals sechsundsechzigjährige und gesundheitlich aufs schwerste angegriffene Otto v. Bismarck fühlte sich in seinem Lebensnerv getroffen und daher zum Eingreifen gedrängt.

Es muß für jeden engagierten Politiker zum schwerwiegenden Problem werden, wenn sich ein Familienangehöriger einem konträren Lebensbereich anschließen will. Wie dann erst bei einem Bismarck, dem Herbert so viel mehr war als nur der leibliche Sohn. Nachdem er sich während der vergangenen Jahre auf verschiedenen Gesandtschaftsposten mit der diplomatischen Praxis und der politischen Gedankenwelt seines Vaters vertraut gemacht hatte, war er gerade Anfang 1881 in die Politische Abteilung des Auswärtigen Amtes eingeführt worden.[51] Sichtbarer und intensiver denn je wurde Herbert des Vaters Stütze; der nervlich überreizte Kanzler mußte darum kämpfen, daß der Sohn ihm die schwerer werdende Bürde weiter tragen half und ihm das Refugium eines einträchtigen familiären Kreises erhalten blieb. Ohnehin von Natur aus mißtrauisch, konnte bei Bismarck wohl auch der Argwohn aufkommen, daß die Verbindung seines Sohnes mit Elisabeth v. Carolath von hocharistokratischen Gegnern interessiert gefördert worden sei.

Die Vielzahl der politischen und menschlichen Probleme, die sich plötzlich auftaten, trieb Bismarck zum Äußersten. Es ist glaubwürdig, daß er nahe am Nervenzusammenbruch war. Herbert berichtete am 28. April 1881 aus Berlin dem damaligen Freunde „Phili“ erschüttert: „Mein Vater hat mir unter schluchzenden Thränen gesagt, es wäre sein fester Entschluß, nicht weiter zu leben, wenn diese Heirath zu Stande käme, er hätte genug vom Leben, nur in der Hoffnung auf mich noch Trost bei all seinen Kämpfen gefunden, und wenn das jetzt ihm auch noch genommen würde, wäre es aus mit ihm ... Und von meiner Mutter, die seit einigen Jahren schon an dem Herzen leidet, haben mir zwei Ärzte, die wohl gar nicht einmal genau Bescheid über mich wissen, gesagt, daß ihr Zustand gefährlich wäre, daß sehr bald etwas geschehen müsse, und daß eine starke Gemütsbewegung gleich zum äußersten führen würde!“[52]

Schon zwei Tage später, am 30. April 1881, schrieb Herbert über seine unglückliche Lage weiter,[53] sein Vater hätte es für unvereinbar mit seinem „Ehrgefühl“ erklärt, „daß sein Name mit allem, was Hatzfeldt, Carolath, Loë etc. heißt, verschwägert würde, Herbert trüge den Namen schließlich nicht allein und er würde sich mit Zähnen und Nägeln dagegen wehren“.

Unerbittlich übte Bismarck zudem noch einen offiziellen Zwang und materiellen Druck aus, den er eigentlich nicht nötig gehabt hätte. Herbert schrieb darüber: „Dabei wird mir der Abschied aus dem Dienst verweigert, ich kann also ohne Konsens gar nicht heirathen (vor Ablauf von 10 Monaten geht es überhaupt gesetzlich nicht), und ich muß doch auch daran denken, daß ich der Fürstin garnichts bieten kann, denn nach den Majoratsstatuten, wie sie eben mit Genehmigung des Kaisers geändert sind, ist derjenige Sohn enterbt, der eine geschiedene Frau heirathet, und da mein Vater nichts hat außer dem großen Grundbesitz der beiden Majorate, so bleibt mir nichts, Pflichtteil gibt es bei Majoraten nicht".[54] Seine innere Zwangslage enthüllend, fuhr Herbert fort: „Dies wäre mir nun ja egal, wo ich doch in keinem Fall nach der Heirath lange leben könnte, denn der Bruch und das Verderben meiner Eltern würde mich umbringen; . . . mein lieber Phili, wie mich diese Unterredung mit meinem Vater erschüttert hat, dafür gibt es keine Worte, davon werde ich mich nie erholen, ich kann das nie vergessen, daß mein Vater um meinetwillen so aufgebracht ist".[55] Der Gedanke, er könnte das Ende seiner Eltern verschulden, war „entsetzlich" für den Sohn.

Herbert wußte zu genau, daß die Verzweiflungsausbrüche seines Vaters echt und keine Theatralik waren. Nicht mehr zwanzig Jahre alt, als ihn der Sturm der Liebesleidenschaft erfaßte, sondern über dreißig und im amtlichen Dienst stehend, konnte er ermessen, was sein Vater zu tragen hatte. Unmöglich also, sich dem Vielgeplagten zu widersetzen und die Bindungen ans Elternhaus zu lösen, die in der Familienatmosphäre und -tradition, in der politischen Überzeugung und im Respekt vor der historischen Leistung seines Vaters wurzelten. Was Herbert bewegte, war nicht die willenlose Unterwerfung unter ein väterliches Diktat, sondern letztlich die Einsicht in politische und menschliche Notwendigkeiten.

Andererseits litt er nicht allein unter dem Verzicht auf seine Liebe, sondern auch unter dem Vertrauensbruch gegenüber der Fürstin Elisabeth. Schrieb er doch einmal an Eulenburg: „Ich tue es ja nicht aus eigener Entschließung, denn das wäre mir ganz unmöglich, selbst gegen den geringsten Menschen; ich habe, so viel an mir lag, niemals jemanden in Stich gelassen, der mir vertraut hat, das widerstrebt meinem Charakter, und es mag die kleinste Sache und meinen Diener oder Tagelöhner betreffend sein, immer habe ich vor mir selbst das Bedürfnis, das in mich gesetzte Vertrauen nicht zu betrügen. Ich kann nichts vergessen, weder mir noch anderen, und daß ich gerade hier, wo mir alles daran lag, in unmögliche Situationen gebracht bin und auf das Härteste mich gezwungen sehe, anders zu handeln, als die arme Fürstin es nun schließlich erwartet hatte, das macht mich bitter und trocken im Herzen."[56]

Alle befanden sich in einer seelischen Zerreißprobe, am schwersten aber litt zweifellos Herbert. Er verstünde jetzt, so bekannte er, „wie den Leuten zu Mut war, die früher von 4 Pferden auseinandergerissen wurden".[57] Und zwei Tage später, am 8. Mai: „Ich könnte jetzt nie mehr auch nur einen Tag glücklich werden".[58] Sogar todessüchtige Äußerungen werden laut: „Nein, ich habe nur den einen Wunsch, nach der körperlichen Auflösung, ich fühle mich auch körperlich matt, elend und schmerzbehaftet – der Gedanke, daß es bald zu Ende gehen kann, tröstet mich!"[59]

Wenn die Fürstin Elisabeth in geradezu erstaunlicher Weise die tiefwurzelnden Bindungen Herberts ans Elternhaus nicht recht verstehen konnte, dann fragt man sich, woher das verbreitete Urteil stammt, daß diese Frau das ersehnte Glück gebracht haben würde. Immerhin war sie zehn Jahre älter als er, viele Probleme mußten für sie schon dadurch anders geartet sein; auch die Frage der Nachkommenschaft spielte, wie Herbert in späteren Jahren zu erkennen geben wird, keine unbeträchtliche Rolle in der Familie Bismarck.

Vielleicht war Otto v. Bismarck doch nicht der Unhold, der sich egoistisch-ungebärdig dem strahlenden Liebesglück des Paares entgegenstellte? Es liegt viel näher, in ihm den der Verzweiflung nahen Vater zu sehen, der um seine zuverlässige und zu dieser Zeit schon notwendige Stütze bangte. Wie schrieb er im Jahre 1886, als Herbert in einer monatelangen gesundheitlichen Krise darniederlag? „Übertreibe die Arbeit nicht ... Schone Dich um meinetwillen, wenn Du es nicht im eigenen Interesse tust; ich kann Deinen Beistand nicht missen. Es ist niemand in die Sachlage und in meine Absichten so eingeweiht, daß ein Ersatz möglich wäre. Ich will den Rest meiner Jahre und mich selbst pro patria einsetzen, aber ich habe keine Anlage zum Brutus, der seine Söhne und deren Jugend auf dem Altar des Staatsinteresses ausschlachtete. Vor allem schone und erhalte Dich. Lebend und gesund kannst Du dem Vaterlande große Dienste leisten und mir meine Aufgabe sehr erleichtern. Verdirbst Du Dich, so triffst Du nicht Dich allein".[60]

Ganz gewiß, Herbert v. Bismarck war aus dem Sturm der Leidenschaften nicht ohne schwere Verwundungen hervorgegangen. Die ihn näher kannten, bezeugen es: er wurde noch aufopferungsvoller in seiner Arbeit als früher, aber freudloser, melancholischer; seine Schroffheit gegenüber den Menschen nahm zu. Nachdem dieses Lebensdrama für ihn zu Ende gegangen war – ein Drama, dessen Abschluß schon am Anfang feststand, eigentlich war es nur ein explosiver fünfter Akt –, da schrieb er am 17. Juli 1881 aus Kissingen an Eulenburg, von dem er die Tröstung der tief gekränkten und schließlich für ihn verstummenden Fürstin erwartete: „Mir ist so dumpf und stumpf in der Seele, wie sollte das auch anders sein – der Rest des Lebens liegt vor mir wie eine endlose sandige Pappelallee in flacher Gegend, ich wate darin weiter trotz aller Müdigkeit, wenn ich auch genau absehe, daß es immer so bleiben wird, wie jetzt – aber wenn ich damit aufhöre und stillstehe, bleibt es ebenso, da folge ich dem mechanischen Schritt, so lange ich es aushalte. Ich suche möglichst viel zu arbeiten, aber das nimmt mich doch nicht ganz in Anspruch, es ist auch im Grunde immer dasselbe, viel Mühe, noch mehr Widerwärtigkeiten und am meisten Ekel vor der crapule von Menschengeschmeiß, mit der man sich herumschlagen muß oder die man leiten soll. Mein Vater hat wirklich recht, wenn er im Gefühl der Ermattung und Amtsmüdigkeit sagt: ‚Ich bin es müde, Schweine zu treiben'".[61]

In diesem schmerzerfüllten Bekenntnis, in dem Herbert fast die Bildkraft seines Vaters erreicht, zeichnen sich auch die Unterschiede ihrer Charaktere ab. Otto v. Bismarck war ein Mensch voll tiefer Widersprüchlichkeit, bei dem sich Hartes und Weiches oft kontrastreich verbanden, bei dem die Entschlossenheit, einen gordischen Knoten zu zerschlagen, sich zu warmherziger Empfindung für die Seinen gesellen konnte. Der Sohn Herbert aber war nicht nur ein Mensch in seinem Widerspruch, sondern einer, bei dem die Pole seines Wesens sich kaum zu berühren schienen. Seine Untergebenen, die unter seiner oft hochfahrenden, verletzenden Art litten, konnten sich wohl kaum vorstellen, daß er einmal, der Pflichtaufgabe der Politik ohne Bedauern entsagend, schreiben würde, er frage sich, wozu er sich den „Verletzungen seines Inneren" und „dem großen Lügengewebe, das alle Wahrheit fälscht", aussetzen solle; hätte das „Treiben dieser Verlogenheit" doch auch die letzten Lebensjahre seines Vaters verbittert.[62]

Wenn bei diesem aber auf Perioden der Enttäuschung und Ermattung immer wieder solche energischer aktiver Zielgerichtetheit folgten, so blieb die Grundstimmung bei Herbert pessimistisch. Familiäres Glück – kaum noch erhofft von ihm – hatte das Leben schließlich doch noch für ihn bereit, aber befriedigende Selbstverwirklichung in der Politik vermochte er nicht zu finden.

*

Wilhelm v. Bismarck

Herberts jüngerer Bruder Wilhelm v. Bismarck hat wie kein anderer erkannt, welche Last jenem bei der Zusammenarbeit mit dem Vater auferlegt war. Schrieb er ihm doch: „Glaube mir, das Leben mit Papa und ein fortwährender verantwortlicher Verkehr mit ihm ist für jemand, der ihn liebt und Unbequemlichkeiten von ihm fernhalten will, ungeheuer aufreibend. Er verlangt einen kolossalen Nervenverbrauch. Aber da Du mit ihm unvergleichlich besser eingearbeitet bist als ich, wirst Du diese Nervenwirkungen auch leichter zu vermeiden wissen".[63] Ganz offensichtlich: nicht nur Otto v. Bismarck hat seinen Sohn Bill als möglichen politischen Mitarbeiter in der Arbeit geprüft, auch dieser machte seine Erfahrungen mit dem Vater und zog Schlußfolgerungen daraus.

Nachdem Bill im dritten Erfurter Wahlkreis Mühlhausen–Langensalza 1878 bei der Nachwahl für den Reichstag als Freikonservativer kandidiert und ein Mandat errungen hatte, begleitete er seinen Vater im Sommer 1878 von Kissingen nach Gastein und hielt sich auch im Herbst des Jahres zu seiner Verfügung. Im Jahr darauf fuhr er mit ihm wiederum nach Gastein, als mit dem Leiter der auswärtigen Politik Österreich-Ungarns die entscheidenden Unterredungen vor Abschluß des deutsch-österreichischen Defensivvertrages geführt wurden. Damit war eigentlich schon die nähere Zusammenarbeit mit seinem Vater zu Ende. Bill übersiedelte von Berlin nach Straßburg, wo er dem Statthalter von Elsaß-Lothringen, dem Feldmarschall von Manteuffel, zugeordnet war. Seine spätere Tätigkeit lag im wesentlichen auf dem Gebiet der Verwaltung. Nach seiner Heirat mit der Kusine Sibylle v. Arnim-Kröchlendorff, der Tochter von Bismarcks Schwester Malwine, übernahm er den Landratsposten in Hanau. Von dort aus lobte man ihn – dem Vater zuliebe – als Regierungspräsidenten nach Hannover und schließlich als Oberpräsidenten nach Ostpreußen. Kein Avancement aus Notwendigkeit also, wie Otto v. Bismarck es immer für sich gewünscht hatte, sondern eindeutig eine sozusagen protokollarische Begünstigung.

Wilhelm v. Bismarck war in seiner Art durchaus intelligent. Ein guter Beobachter wie Arthur von Brauer erwähnte Bills „listige Augen, die hinter der Brille spöttisch funkelten“.[64] Im Unterschied zu Herbert aber war Wilhelm bequem, wobei man vielleicht seine frühe chronische Gichterkrankung nicht vergessen darf. Von sich selbst schrieb er 1887: „Ich bin nie Hofmann gewesen, habe mich stets als das Gegenteil von servil gezeigt und gelte bei Hofe wahrscheinlich als Frondeur“.[65] Wenn er sich auch politisch nicht allzu stark engagieren wollte, interessiert war er auf jeden Fall am Verlauf der Dinge. Davon zeugen die Briefe, die ihm der Bruder Herbert in reicher Fülle zu schreiben pflegte, denn die beiden kamen gut miteinander aus.

Mochte er sich sein Gichtleiden unverschuldet zugezogen haben, im Winterfeldzug 1871, wie der Vater meinte, die unbändige Eßlust des immer wieder enorm übergewichtigen und dabei eher als klein zu bezeichnenden Mannes war zu zügeln. An Wilhelm v. Bismarck übte der junge bayerische Arzt Dr. Ernst Schweninger zuerst seine Kunst, indem er dessen Körperfülle im wahrsten Sinne des Wortes „zu Leibe“ ging, eine geglückte diätetische Therapie, die der Arzt im Frühsommer 1883, wärmstens vom Grafen Wilhelm empfohlen, auch beim Kanzler anwenden wollte.

*

Ein eklatanter physischer Verfall Bismarcks im Frühjahr und Frühsommer 1881 wurde von vielen unbefangenen Augenzeugen

Otto v. Bismarck mit weißem Vollbart

wahrgenommen. Nach einem Besuch in der Familie am 27. Juni bemerkte die Freifrau von Spitzemberg in ihrem Tagebuch: „Spät erst kam der Fürst, recht matt aussehend und mit schneeweißem Stoppelbart; er hat hart ausgestanden in den letzten Wochen an Venenentzündungen und besonders an Hämorrhoiden".[66] Und nur drei Tage später, am 30. Juni, berichtete sie wieder, diesmal auch andere Ursachen als nur körperliche erwähnend: „Nochmals bei der Fürstin: ein erneuter Rückfall des Fürsten hat die Abreise verzögert. Sie sind arg gedrückt drüben: die Carolath'sche Angelegenheit, seine und neuestens auch ihre Gesundheit machen ihnen schwere Sorge. Sie soll wegen bedenklicher Herzschwäche nach Kreuth, wogegen sie sich mit Hand und Fuß, aber wohl vergeblich sträubt."[67] Der gesundheitliche Zusammenbruch in der Familie war um so bedenklicher, als der bisherige Hausarzt, Dr. Struck, zu dieser Zeit seinen Dienst aufkündigte. Offensichtlich hatte der überreizte Patient dem behandelnden Arzt so zugesetzt, daß dieser der undankbaren Aufgabe der Zähmung eines Widerspenstigen entsagte.

Die Zerrüttung von Bismarcks Gesundheit war nicht allein der Überarbeitung, der riesigen Anspannung in historisch aufgewühlter Zeit, den Widrigkeiten des Kirchen- und parteipolitischen Kampfes zuzuschreiben; vieles verschuldete der Kanzler selbst durch eine unvernünftige und oft unmäßige Lebensweise. Roon, Kriegsminister und Freund, hatte ihm schon in den sechziger Jahren seine Hauptsünden unmißverständlich vorgehalten: „Wenn Sie nun durch das liebe Karlsbader Wasser wirklich wieder zur gründlichen Reinigung Ihres inwendigen körperlichen Menschen gelangen – was Gott geben möge –, so dürfen Sie ohne Versündigung nicht wieder in Ihre alte Lebensweise zurückfallen: Schlafen bis Mittag, Wachen bis zum Morgengrauen, Arbeiten bei Nacht und Essen für zwei bis drei!“[68]

Vergeblich wurde ihm hier ins Gewissen geredet, Bismarck vermochte nicht, seiner „extravaganten Natur die regelrechte Lebensordnung eines ehrsamen deutschen Hausvaters aufzunötigen“.[69] Nichts änderte er in seinem Lebensstil, da konnte auch der längste Erholungsurlaub nicht helfen.

Helfen konnte hier nur ein Arzt, der keine Angst vor dem Patienten hatte. Und das war Dr. Schweninger, der mit ärztlicher Einsicht und menschlicher Energie den Zweikampf mit dem widerborstigen Kranken aufnahm. Bismarck zur Disziplin in seinem Lebensrhythmus zu zwingen war zunächst eine psychologische Aufgabe. „Schweninger“, so bemerkte Arthur v. Brauer, „wußte dem Kanzler Achtung abzuringen durch die Erfolge, die der Realist Bismarck erst an Bill, danach an sich selber leibhaftig vor sich sah, aber auch durch die Entschiedenheit, mit der er auf seinen Anordnungen bestand und sofort die Kabinettsfrage stellte, wenn der Patient nicht folgen wollte“.[70]

Drastisch reduzierte und kontrollierte er Bismarcks üppige Mahlzeiten und brachte es mit einfachen Mitteln – einem Glas Wasser abends, in das er etwas Baldrian gegeben hatte, einem feuchtwarmen Leibumschlag – zuwege, daß dieser nachts wieder schlafen konnte. Fürsorglich saß er mitunter nächtelang an seinem Bett und bewachte sogar den Schlaf. Dieser Arzt brachte es fertig, die unnormale Zeit- und Arbeitseinteilung des Fürsten gründlich zu verändern. Bismarck stand jetzt um 8 oder 9 Uhr auf und war etwa von 10 Uhr an in seinem Arbeitszimmer zu finden. Eine Stunde Bewegung war eingeplant, und abends sollte nicht mehr gearbeitet werden, wobei Schweninger letzteres doch nicht ganz durchsetzen konnte.

Dr. Ernst Schweninger, der Hausarzt
Bismarck nannte ihn später mit gutmütigem Spott seinen „schwarzen Tyrannen“

Zusehends erholte sich der Kanzler und wußte es seinem jungen Arzte zu danken, daß er ihn aus dem „Gesundheitsbankrott“[71] gerettet und ihm ein seit vielen Jahren nicht mehr gekanntes „relatives Gesundheitsgefühl“ verschafft hatte. Eineinhalb Jahrzehnte hielten sich der Arzt und der Patient die Treue, war das Verhältnis Bismarcks zu dem über dreißig Jahre Jüngeren auf den Ton gutmütiger Neckerei und witziger Selbstironie gestimmt, spottete Bismarck über seinen „schwarzen Tyrannen“ und gefiel sich in der Rolle des zum Gehorsam gezwungenen Untertanen. Weihnachten 1883 konnte Bismarck dem Kaiser seine wiedergewonnene körperliche Rüstigkeit melden und empfing darauf dessen Glückwünsche zur „Enthaltsamkeitskur“.

Selbst der Vollbart konnte fallen, den sich der Kanzler hatte wachsen lassen, um den empfindlichen Trigeminusnerv beim Rasieren nicht zu reizen. Philipp v. Eulenburg, der Bismarck noch im August 1883 elend und angegriffen vorfand, schrieb im Jahr darauf: „Der Fürst sah vortrefflich aus. Schlank, die Haut fest und das große Tritonenauge voller Geist und Leben“.[72] Auch Kurd v. Schlözer berichtete später bei einem Besuch aus Varzin: „Der Fürst ist brillant, jugendlich, elastisch, liebenswürdig; reitet jeden Tag zwei Stunden, schläft gut, prachtvoller Appetit“.[73]

Im März 1884 kam der Kanzler wieder nach Berlin und ging wie früher zu Fuß in den Reichstag und ins Schloß. Mit gestärkten Kräften konnte er seine Geschäfte erneut aufnehmen.

Beginn der kolonialen Expansion

Bereits in den siebziger Jahren gab es auch in Deutschland zahlreiche Vorschläge, wie und wo man Kolonien „erwerben“ könne; Bismarck jedoch ging aus außen- und innenpolitischen Gründen nicht darauf ein. Gebietserweiterungen außerhalb Europas, die geeignet waren, „Mißtrauen gegen die Friedlichkeit unserer Gesinnungen“ zu erregen, betrachtete er unmittelbar nach der Reichsgründung nicht als eine „Quelle ... der Stärke, sondern der Schwäche für Deutschland“.[74] Einer Verwirklichung kolonialer Expansionen stand damals auch die Zusammenarbeit mit den Nationalliberalen entgegen, bei denen die antikolonial eingestellten, freihändlerischen Gruppen sehr stark waren. Das öffentliche Interesse war in dieser Hinsicht gering.

Erst der wirtschaftspolitische Kurswechsel vom Freihandel zum Schutzzoll leitete 1879 eine koloniale Bewegung in Deutschland ein: Vereine entstanden, Propagandaschriften erschienen, in denen territoriale „Erwerbungen“ in Übersee als Absatzgebiete, hin und wieder auch schon als Rohstoffbasis, nicht zuletzt aber als Ziel von Auswanderern in den verlockendsten Farben geschildert wurden. Der industrielle Protektionismus schien nicht mehr zu genügen und sollte durch Kolonialexpansionismus ergänzt werden.[75]

Bereits im Oktober 1878 war in Berlin der „Zentralverein für Handelsgeographie und Förderung deutscher Interessen im Ausland“ gegründet worden. Der „Westdeutsche Verein für Kolonisation und Export“, einer der regionalen Zusammenschlüsse, zeigte schon in der Namensgebung die Wunschvorstellung und das interessenbedingte Motiv an. Export wurde mehr und mehr zum Schlag- und Klagewort vieler Industrieller. Da der durch die Überproduktion bedingten Depression der Binnenmarkt zu eng geworden war, wurde der Ruf nach der weiten Welt immer lauter. Wie es schien, eröffnete sich dort ein neuer Raum, wo man Handel treiben, vielleicht Vorteile erringen, Stützpunkte schaffen oder gar herrenlose Landgebiete, ganz gleich auf welche Weise, in Besitz nehmen – man nannte es „erwerben“ – konnte.

Aus dem Geschäftshunger wurde allmählich Landhunger, und zum Zupacken fand sich allemal eine moralische Rechtfertigung, entweder „christliches“ Missionieren oder pseudodarwinistisches Selektieren. Fontanes Worte: „Sie sagen Moral und meinen Kattun“ galten nicht nur für England, das allerdings kolonialer Vorreiter war. Seine weltpolitische Machtentfaltung, nicht sein innenpolitischer Liberalismus, wurde zum Vorbild deutscher Kolonialpropaganda. In einer 1879 erschienenen Schrift verwies man nicht allein auf Großbritannien, sondern auch auf die USA und Rußland und erging sich in kühnen Zukunftsträumen: „Unsere großartigen Erfolge in den Jahren 1870 und 1871, berechtigen sie uns denn nicht, die alte bescheidene, schüchterne und bedientenhafte Rolle endlich einmal gründlich beiseite zu legen, uns kühn und stolz unter die drei Bewerber um die künftige Weltherrschaft zu mischen . . .?“[76]

Bismarck folgte derartigen Höhenflügen nicht, sondern blieb auf dem Boden der Realitäten, galt doch seine vordringliche Sorge der militärischen und diplomatischen Sicherung des neuen deutschen Reiches auf dem europäischen Kontinent. Von Kolonien in Übersee wollte er zunächst überhaupt nichts wissen. Noch im Februar 1880 erklärte er mit deutlichem Bezug auf England über Kolonien: „Wir haben keine genügende Flotte, um sie zu schützen, und unsere Bürokratie ist nicht gewandt genug, die Verwaltung solcher Länder zu leiten“.[77] Damals wollte er nur, wie er schon 1879 im Reichstag durch seinen Staatssekretär hatte erklären lassen, darauf bestehen, daß die deutsche Schiffahrt und der deutsche Handel in Übersee die gleichen Rechte haben wie andere Interessenten.

Zur Weiterentwicklung des gesamten Außenhandels begann Bismarck im gleichen Jahre das deutsche Konsulatswesen um- und auszubauen. Von den Konsuln und Handelsspezialisten an den Gesandtschaften und Botschaften erwartete er, daß sie den Exportmöglichkeiten der deutschen Industrie größere Aufmerksamkeit schenkten, nicht zuletzt durch kritische Berichterstattung über Mängel bei der Warenausfuhr und bei der Nichteinhaltung von Lieferfristen. Soweit es sich also um den vielbeschworenen Export handelte, holte Bismarck die Diplomatie vom hohen Sockel herunter auf das profane Feld der geschäftlichen Konkurrenz.[78]

Damit bewegte sich der Kanzler immer noch auf der Linie des Wirtschaftsliberalismus. Er glaubte dies auch noch, als mit seinem Einverständnis Heinrich v. Kusserow, der zuständige Dezernent im Auswärtigen Amt, am 14. April 1880 im Reichstag die Samoa-Vorlage einbrachte, deren Vorgeschichte bis in die Gründerzeit reichte.

Das Hamburger Seehandelshaus Godeffroy & Sohn, das seit den fünfziger Jahren des 19. Jahrhunderts ein weitverzweigtes Netz von Handelsniederlassungen und Plantagen im Südseegebiet aufgebaut und sich eine beherrschende Stellung vor allem im Handel mit Samoa und den benachbarten Inselgruppen geschaffen hatte, stand infolge verunglückter Spekulationen in rheinisch-westfälischen Montanwerten vor dem Bankrott, als sich nach dem Börsenrausch die Wirtschaftskrise als hartnäckig erwies. Die Firma wurde in die „Deutsche Handels- und Plantagen-Gesellschaft der Südsee“ (DHPG) umgewandelt, deren Aktien zusammen mit den Plantagen zur Befriedigung der Gläubiger dem Londoner Bankhaus Baring Brothers & Co. verpfändet wurden. Adolf von Hansemann von der Disconto-Gesellschaft, der schon in den siebziger Jahren zusammengebrochenen Gründerzeitfirmen profitreiche „Hilfe“ geleistet, das heißt, sie zumeist vereinnahmt hatte, erkannte nun eine günstige Gelegenheit, vorteilhaft ins Überseegeschäft zu kommen.

Unter Mitwirkung von Bismarcks Bankier Bleichröder gründete Hansemann am 13. Februar 1880 die „Deutsche Seehandels-Gesellschaft“ (DSG), die auch das bankrotte Godeffroysche Unternehmen unter der Bedingung fortführen wollte, daß das Reich für die in die neue Gesellschaft anzulegenden acht bis zehn Millionen Mark zwanzig Jahre lang einen jährlichen Zuschuß zur Dividende bis zu drei Prozent des Grundkapitals zahle. Reichsmittel sollten also dazu herhalten, das Risiko des Überseegeschäftes abzuschwächen.

Im übrigen war Hansemann mit v. Kusserow verschwägert, und Godeffroy galt in dem sonst freihändlerischen Hamburg als Anhänger des Schutzzollsystems. Mochten diese persönlichen Konnexionen auch den Zugang zu Bismarck erleichtern, ausschlaggebend für diesen waren politische Überlegungen.[79] Daß Besitz und Handelsbeziehungen der Hamburger Firma in englische Hände geraten könnten, alarmierte ihn und veranlaßte ihn, zum Schutz des deutschen Überseehandels staatlich zu intervenieren. Auch handelsgeographische Überlegungen fanden bei ihm Gehör. Als ihm nämlich berichtet wurde, daß nach Vollendung des damals geplanten Panamakanals der Verkehr mit den Samoainseln in der Südsee wesentlich verkürzt werde, vermerkte er in einem Marginale: „Das ist die Hauptsache". Auch Herbert v. Bismarck hielt später in einer Aufzeichnung fest, daß die Samoainseln nach Eröffnung des Kanals an „Wert bedeutend gewinnen werden", und das sei von zweifellos hoher Bedeutung.[80]

Die Presse tat das Ihre, um die „finanzielle Förderung eines Unternehmens" zu propagieren, „welche die Erhaltung der in der Südsee gewonnenen kommerziellen Stellung bezweckt", so die offiziöse „Norddeutsche Allgemeine Zeitung". Das „Berliner Tageblatt" befürchtete sonst eine „Demütigung des Deutschen Reiches". Die „Kölnische Zeitung" hoffte ebenso wie das „Deutsche Handelsblatt", daß die Diskussion über die Samoafrage „einer durch volkswirtschaftliche Notwendigkeiten gebotenen Kolonialpolitik" Auftrieb gebe.[81] Hier ging man schon über das hinaus, was Bismarck bezweckte. Er wollte staatliche Finanzhilfe für den privaten Überseehandel und -besitz im Reichstag durchsetzen, aber noch keinen kolonialen Territorialstaat gründen und annektieren. Selbst bei diesen ersten Schritten auf der Kolonialbahn war er so zurückhaltend, daß er sich während der Debatten über die Samoa-Vorlage nicht in den Reichstag begab und die Dinge ohne ihn verhandelt wurden.

Die Anhänger des entschiedenen Wirtschaftsliberalismus, die im vergangenen Sommer im Kampf um Freihandel oder Schutzzoll eine schwere Niederlage erlitten hatten, gingen bald erneut ins parlamentarische Gefecht, mit Argumenten, die wirksamer geworden waren, weil sie den Welthandel durchaus bejahten und nur die staatliche Unterstützung privater Interessen, die als nationale ausgegeben wurden, ablehnten. Leute, die sich im Geschäftlichen auskannten, rechneten nun die Dinge durch, mochten sie auch als unpatriotische „Krämerseelen" beschimpft werden. Ludwig Bamberger zeigte sich wiederum als unermüdlicher, scharfsinniger Debattierer. Während manche Zeitungen in der Samoa-Vorlage hoffnungsvolle Perspektiven zu entdecken vorgaben, sah er in ihr nur ein „Versuchsfeld" für „koloniale Experimentalphysik".[82]

Sieht man von der sarkastischen Übertreibung ab, dann sind hier des Kanzlers Absichten durchaus erfaßt, denn Bismarck brauchte immer wieder anschauliche Erfahrungen und wollte in der Samoa-Angelegenheit ausprobieren, wie sich Staatssubventionen in bestimmten Fällen im Überseehandel auswirken, um dann eventuell weitergehen zu können. Er konnte vermuten, daß die Dynamik der Entwicklung die Dinge von privaten Überseebesitzungen zur staatlichen Gebietsherrschaft treiben würde. Was er verschwieg, sagte sein offiziöses Organ, die „Norddeutsche Allgemeine Zeitung", als sie in der Schlußphase der Reichstagsdebatten schrieb, die Samoa-Vorlage sei nur ein „Vorspiel deutscher Kolonialpolitik".[83]

Vorerst jedoch hatten die Kolonialinteressenten ihre Kräfte überschätzt; die Samoa-Vorlage wurde am 27. April 1880 im Reichstag nach heftigen Auseinandersetzungen mit den Stimmen der Fortschrittspartei, der linken Nationalliberalen, des Zentrums, vieler Konservativer und der Sozialdemokratie zu Fall gebracht. Dennoch: die Wirtschaftsliberalen hatten nur ein Nachhutgefecht bestanden. Zusammen mit den Frei- und Deutschkonservativen hatten immerhin die rechten Nationalliberalen unter Bennigsen für die Vorlage gestimmt; schon zeichnete sich jenes Parteienbündnis ab, das den späteren „Kartell-Reichstag" bilden sollte. Und die Stimmenthaltung von 140 Abgeordneten, die zwar für staatliche Zuwendungen an private Unternehmen keine Hand erheben wollten, aber nicht unbeeindruckt waren vom Gerede über „nationale Belange", konnte die Verfechter der Kolonialpolitik durchaus hoffen lassen.

Auf jeden Fall wurde das Interesse für die Samoa-Vorlage geschickt ausgenutzt, um ab 1880 den kolonialen Gedanken in der Öffentlichkeit propagandistisch hochzuspielen. Schon gründeten Kreise der Schwerindustrie, des Bankkapitals und der Aristokratie am 6. Dezember 1882 in Frankfurt/Main den „Deutschen Kolonialverein", der die koloniale Bewegung organisatorisch zusammenfassen und Regierung wie Reichstag so schnell wie möglich auf den Weg kolonialer Annexionen zwingen sollte. Alles, was Rang und Namen in der Welt der Industrie und Banken hatte, war im „Deutschen Kolonialverein" vertreten, so unter vielen Krupp, Hoesch, Kirdorf, Baare und Stumm, Kardorff und Henckel v. Donnersmarck, dann die Bankiers Georg Siemens, Hansemann, Bleichröder und Fürstenberg. Korporativ waren dem Kolonialverein der „Zentralverband deutscher Industrieller", der „Verein deutscher Eisen- und Stahlindustrieller" und der „Verein deutscher Eisenhüttenleute" beigetreten, ebenso 23 Handelskammern, 16 großstädtische Magistrate mit ihren Oberbürgermeistern und 15 Handelsvereine. Großen Einfluß hatten auch Magnaten wie Graf Frankenberg-Tillowitz,[84] Stolberg-Wernigerode, Arnim-Boitzenburg und Mirbach-Sorquitten. Von nationalliberaler Seite bekam der

Kolonialverein seinen Segen von Bennigsen, Hobrecht und vor allem von Johann Miquel, der zum Stellvertreter des Vereinspräsidenten, des Fürsten v. Hohenlohe-Langenburg, gewählt wurde. Zur großbürgerlichen und aristokratischen Prominenz von Wirtschaft und Politik gesellte sich die der Wissenschaft; da figurierten die Historiker Treitschke, Sybel und Ranke, die Geographen Ratzel und Alfred Kirchhoff, die Nationalökonomen Schmoller, Adolf Wagner und Nasse, schließlich der Altertumsforscher Schliemann.[85]

Fürst Hohenlohe-Langenburg stellte einen historischen Vergleich an, der aufschlußreich für den Geist dieser gesellschaftlich weitgefächerten Sammlungsbewegung war, indem er meinte, daß der „Deutsche Kolonialverein" – wie vor dreißig Jahren der Zollverein – eine Basis schaffen könne, „mit Hilfe welcher unsere Industrie jenseits der Meere in ungeahnter, selbständiger Weise erblüht".[86]

In dieser programmatischen Erklärung schwang schon mehr mit als reiner Ökonomismus; hier begann bereits der Mißbrauch des deutschen Patriotismus für die Zwecke eines weltpolitischen Expansionismus. Mit Hilfe des Kolonialenthusiasmus erstrebte man einen „nationalen Aufschwung", der oppositionelle Regungen in der Arbeiterklasse und im Kleinbürgertum überspielen und widerstreitende Kräfte im Reichstag regierungsfreundlicher stimmen sollte. Diesen Hoffnungen gab Fürst Hohenlohe-Langenburg Ausdruck, als er wenige Wochen vor der Gründung des Kolonialvereins am 29. September 1882 an den Saar-Industriellen Stumm schrieb: „Nach meiner Überzeugung wäre eine entsprechende Kolonisation der beste Ableiter für die sozialdemokratische Gefahr, die uns bedroht."[87]

So war es kein Wunder, daß Wilhelm Liebknecht einige Zeit später bei der Kritik des Kolonialismus im Reichstag erklärte, die herrschenden Klassen wollten „vor die Augen des Volkes eine Fata Morgana auf dem Sande und auf den Sümpfen Afrikas" zaubern,[88] also die soziale Frage einfach exportieren und die deutschen Arbeiter, so wie dies in England gelungen war, vom revolutionären Klassenkampfe ablenken. Für die Nutznießer und Ordnungshüter der herrschenden Gesellschaft war das um so mehr vonnöten, als sich im Jahre 1883 die langwährende Depression wieder einmal zu einer akuten Wirtschaftskrise zuspitzte.

In dieser ökonomisch und sozial angespannten Situation, als auch die Propaganda für Handels- und Kolonialexpansionismus weiter aufbrandete, schickte Bismarck am 24. April 1884 sein berühmtes Telegramm an den deutschen Konsul in Kapstadt und erklärte darin die Besitzungen des Bremer Großkaufmanns Lüderitz in Südwestafrika unter den Schutz des Reiches gestellt. Bereits am 1. Mai 1883 hatte Lüderitz mit einem Hottentottenhäuptling einen Kaufvertrag abgeschlossen, durch den er Angra Pequena (Kleine Bucht genannt) mit dem umliegenden Landgebiet an sich gebracht hatte; in einem zweiten Vertrag erweiterte er das Gebiet so, daß es den Umfang von Elsaß-Lothringen einschließlich Baden und Württemberg annahm. Hier war in den Augen Bismarcks ein königlicher Kaufmann am Werke, für den er durchaus bereit war einzutreten.

Lange bevor der Kanzler die offizielle Schutzerklärung für die Landkomplexe von Lüderitz im April 1884 telegraphisch nach Kapstadt richtete, hatte er seinen Sohn Herbert, der als Botschaftsrat in der Londoner Botschaft fungierte, beauftragt, beim dortigen Außenamt nachzufragen, ob im besagten Gebiet Südwestafrikas britische Hoheitsrechte bestünden. In London aber behandelte man diese Angelegenheit im Jahre 1883 monatelang mit der überheblichen Lässigkeit eines selbstbewußten Empire, das von den Kolonialplänen und -fähigkeiten eines Emporkömmlings wie des Deutschen Reiches wenig hielt. Natürlich hatte auch Bismarck wieder das Seine getan, um im diplomatischen Spiel von Fragen und Gegenfragen manches derart zweideutig zu formulieren, daß in London der Außenminister wie der Kolonialstaatssekretär in der Vorstellung lebten, der Partner in Berlin sei im Grunde an kolonialen Annexionen nicht ernsthaft interessiert, worauf sie die Dinge erst recht auf die lange Bank schoben.

Das wiederum machte das Kapland, das dem Lüderitzschen Gebiet benachbart war, nervös, zumal sich die dortige Regierung aus finanziellen Gründen zur Intervention außerstande fühlte. Deutlicher wurde Bismarck mit der auf England wie das Kapland hinzielenden Erklärung, daß er Hoheitsrechte nicht anerkennen könne, die nicht tatsächlich ausgeübt würden. Die besagte völkerrechtlich einseitige Erklärung des Schutztelegramms setzte dann allen Zweifeln, ob Bismarck den Weg der Kolonialpolitik wirklich beschreiten werde, ein Ende. Auf britischer Seite verwandelte sich der Zweifel an Deutschlands kolonialen Ambitionen in ein gerüttelt Maß Mißtrauen.

Jetzt blieb abzuwarten, ob die britische Regierung den Überraschungsstreich Bismarcks auch formell hinnehmen würde. Das geschah am 21. Juni 1884, nachdem der Streitfall in einer Kabi-

nettssitzung behandelt worden war. Bismarck hatte gut gezielt: von einem Landflecken an der Walfischbai abgesehen, konnte das Empire keine tatsächlich ausgeübten Hoheitsrechte in Südwestafrika geltend machen. Das von Lüderitz in Besitz genommene Gebiet war in der Tat noch keine staatlich verwaltete Kolonie, daher konnte Bismarck am 23. Juni in der Budgetkommission des Reichstages mit einiger Berechtigung erklären: „Wir wollen keine Treibhauskolonien, sondern nur den Schutz der aus sich selbst heranwachsenden Unternehmungen“.[89]

Als Herbert v. Bismarck im Londoner Außenministerium bemerkte, daß Deutschland „nach wie vor keine Kolonien im englischen Sinne, sondern nur unmittelbare Protektion unserer mit Charter zu versehenden Landsleute“ wolle, erwiderte ihm sachkundig Lord Granville: „Dann kommen Sie doch zu Kolonien, unsere haben fast alle ähnlich angefangen, Sie können sich dem schließlich nicht entziehen“.[90] Der englische Außenminister hatte schon seine Erfahrungen, auch wenn sich Herbert v. Bismarck mokierte ob der „haarspaltenden Definitionen über die Unterschiede einer Souveränitätserklärung, einer Flaggenaufziehung, einer Protektionsübernahme oder Chartererteilung“.[91] Am Ende lief doch alles auf Kolonien hinaus, in denen die angeblich schutzbedürftigen Kolonisten großen und kleinen Stils Herrschaft über die Eingeborenen ausübten. Der deutsche Kanzler sprach übrigens in ebendiesen Tagen während einer Reichstagsdebatte von der „Kolonialfrage im engeren Sinne“.[92]

Um einer Entwicklung zu Hoheitsgebieten unter deutscher Flagge Einhalt zu gebieten, stiftete der Kolonialminister Lord Derby die von London abhängige Kapregierung an, alle nicht unter deutschem Schutz stehenden Gebiete zwischen Kapland und Angola zu annektieren, was das dortige Parlament am 16. Juli auch deklarierte. Ehe es aber verwirklicht werden konnte, ließ Bismarck Kriegsschiffe entsenden, die zuerst im Süden und dann im Norden des begehrten Gebiets die deutsche Flagge hißten. Damit war Deutsch-Südwestafrika – das heutige Namibia – gegründet. Da die schwache Regierung in Kapstadt gegen die Deutschen nicht intervenieren konnte und auch England es wegen seiner in Ägypten aufgebrochenen Gegensätze zu Frankreich nicht wagte, nahm man die amtliche Mitteilung des Reiches vom 8. September 1884 über die deutsche „Besitzergreifung“ Südwestafrikas notgedrungen hin und machte sogar gute Miene zum bösen Spiel; Deutschland wurde als Nachbar der Kapkolonie willkommen geheißen.

Hartnäckig und unnachgiebig hatte Bismarck vorher verhandeln lassen und seinen Sohn Herbert deswegen in Sondermission nach England geschickt, um mit der britischen Regierung Gladstone–Granville übereinzukommen. Freilich, er sah sie mit dem Grundgebrechen behaftet, liberal zu sein, sagte ihr sogar republikanische und damit revolutionäre Tendenzen nach, die er bei Frankreich durchaus hinzunehmen bereit war, die ihm aber bei England ein Greuel waren. Doch nicht dies war Gegenstand diplomatischer Sondierungen; da ging es um nichts anderes als um Kolonien, die England als Gegenleistung für die deutsche Unterstützung seiner Interessen in Ägypten tolerieren sollte.

Die harte Gangart des Kanzlers ging sogar dem deutschen Botschafter in London, dem Grafen Münster, bisweilen zu weit, zumal er sachlich seiner „unvorgreiflichen Meinung nach" von den „ganz unpraktischen und unreifen Kolonisationsbestrebungen, welche zur Bildung von Vereinen geführt haben",[93] nichts wissen wollte. Nachdem Münster den Auftrag, bei der englischen Regierung zu erkunden, ob und unter welchen Bedingungen sie Helgoland an Deutschland abtreten würde, mit Übereifer ausgeführt hatte, mußte ihm Bismarck sehr bald in einem längeren Erlaß mahnend auseinandersetzen, daß von England an erster Stelle die „Erledigung unserer Beschwerden in der Südsee und Beachtung unserer Handelsinteressen ... in Afrika" gewünscht werde. Erst dann und nur „als ein Mittel, die öffentliche Meinung in Deutschland für eine England freundliche Politik zu gewinnen", sollte die Nordseeinsel zur Sprache kommen.[94] Gegen Ende des Erlasses betonte Bismarck noch einmal mit Nachdruck: Helgoland sei „im Vergleich mit der Stellung Englands zu dem gesamten überseeischen Handel Deutschlands" nur ein „nebensächlicher" Gegenstand. Er wäre im übrigen „begierig zu erfahren, weshalb das Recht zu kolonisieren, welches England im weitesten Maße ausübt, uns versagt sein sollte".[95] Graf Münster sollte ferner Lord Granville erläutern, daß die englische „Naivität des Egoismus" eine Verletzung des deutschen Nationalgefühls bedeutete.[96]

Enthielt der Erlaß an Münster im Juni 1884 noch Ermahnungen, so war der im August schon auf Zurechtweisung gestimmt. Leitmotiv war auch hier der „überseeische Handel", womit eben die Kolonialpolitik begänne. „Wenn wir dieses Recht nicht energisch vertreten", so hieß es da, „laufen wir Gefahr, durch Verdunklung desselben in eine inferiore Stellung zu geraten."[97] Danach wurde Bismarck noch deutlicher: „Die von Eurer Exzellenz beobachtete Schonung der englischen Empfindlichkeiten führt nur dazu, die englischen Ansprüche zu steigern und England in der irrigen Meinung zu bestärken, daß wir ohne Forderungen von Gegenseitigkeit auch ferner wie seit Jahren unsre Politik in den Dienst der englischen stellen werden, während England uns mit geringschätziger Rücksichtslosigkeit in allen Kolonialsachen behandelt."[98]

Schon Wochen vor dieser Kritik hatte der Kanzler seinen Londoner Botschafter angehalten, sich nicht „durch das Versteckspielen mit dem Kolonialamt und die Berufung auf die Selbständigkeit der englischen Kolonien" beeindrucken zu lassen.[99] Bei anderer Gelegenheit sprach er von zwei Souveränitäten in England, die eine sei durch Lord Granville, also den Außenminister, vertreten; er würde die deutsche Freundschaft in Ägypten und anderswo ausnutzen und glaube, sie sei durch Freundschafts*versicherungen* vergolten. „Die zweite Souveränität ist vertreten durch den Grafen Derby, der uns an den meisten Berührungspunkten feindlich entgegentritt, indem er entweder geradezu durch seine Agenten unsere Interessen schädigt oder doch die Beamten seines Ressorts nicht im Zaume hält."[100]

Bismarck wies Münster strikt an, nur mit dem Minister der Auswärtigen Angelegenheiten zu verhandeln, nicht mit dem Kolonialminister Lord Derby. Hier sei daran erinnert, daß der Kanzler bereits im Frühsommer 1875 der Londoner Botschaft den Kontakt mit Lord Derby über das Notwendigste hinaus verboten hatte, war dieser doch damals als Außenminister in einer unsachlichen und daher unhaltbaren bismarckfeindlichen Parlamentsrede aufgetreten. Eine weitere personalpolitische Parallele zwischen 1875 und 1884 ergab sich daraus, daß während der sogenannten Krieg-in-Sicht-Krise 1875 der damalige Pariser Times-Korrespondent, de Blowitz, die Atmosphäre im antibismarckschen Sinne beeinflußt hatte und ebendieser „Böhme" nun im Herbst 1884, wie Bismarck sogleich erkannte, erneut journalistisch bemüht war, die deutschen Beziehungen zu England und Frankreich zu trüben.[101] Auch kolonialpolitische Rivalitäten waren eben nicht zu trennen von den Kontroversen über die außenpolitischen Beziehungen zwischen den europäischen Großmächten.

Trotz aller Gegenkräfte konnte das Bismarcksche Deutschland auf dem Wege zur Kolonialmacht von einer relativ günstigen internationalen Konstellation profitieren. Gesichert durch das Dreikaiserbündnis und den Dreibundvertrag in Europa und im Wind-

Hissen der deutschen Flagge in Afrika

schatten der weltpolitischen Gegensätze, die zwischen England und Rußland, dem Empire und Frankreich sowie Frankreich und Italien aufgebrochen waren, nutzte Bismarck die Gunst der Stunde, um in schnellen Zugriffen während der Jahre 1884 und 1885 den überwiegenden Teil des deutschen Kolonialreiches vor 1914 zusammenzubringen.

Nach der Besitzergreifung Südwestafrikas hißte im Juli 1884 der Afrikaforscher und Generalkonsul in Tunis, Gustav Nachtigal, im Auftrage der deutschen Regierung die deutsche Flagge in Togo und Kamerun; dort hatte sich vor allem das Hamburger Handelshaus Woermann festgesetzt. Im Herbst 1884 „erwarb“ Karl Peters, der durch seine Grausamkeiten gegenüber den Eingeborenen als „Hängepeters“ bekannt wurde, im Auftrage der „Gesellschaft für deutsche Kolonisation“ weitere Gebiete in Ostafrika, für die der Gesellschaft am 27. Februar 1885 ein kaiserlicher Schutzbrief ausgestellt wurde. Einen solchen erhielt im Mai 1885 auch die Neuguinea-Kompanie, ein Zweigunternehmen der Disconto-Gesellschaft, für ihre Besitzungen im nordöstlichen Neuguinea und auf den vorgelagerten Inselgruppen in der Südsee.

Die kolonialpolitische Auseinandersetzung mit England war begleitet von einer taktischen Annäherung zwischen Deutschland und Frankreich, deren Interessen sich vorübergehend trafen. Auf der Londoner Ägyptenkonferenz im Juli 1884 stand die britische Regierung isoliert dem vereinten Widerspruch der Dreikaisermächte und Frankreichs gegenüber. Außerdem hatte sich Deutschland bereits im April 1884 dem französischen Protest gegen den englisch-portugiesischen Vertrag vom 26. Februar 1884 angeschlossen, der faktisch die Kongomündung an England auslieferte und früher oder später auch die vom belgischen König Leopold II. errichtete Kongokolonie unter englischen Einfluß gebracht hätte. Vom 15. November 1884 bis zum 26. Februar 1885 fand in Berlin die Kongokonferenz statt, zu der Deutschland und Frankreich ohne vorherige Verständigung mit der Kolonialmacht England eingeladen hatten. Das war der Höhepunkt der deutsch-französischen Kolonialentente. Auf dieser bislang größten Kolonialkonferenz waren vierzehn vornehmlich europäische Staaten und die USA vertreten. Wie 1878 wurde Bismarck zum Präsidenten gewählt, führte jedoch den Vorsitz nur in der Eröffnungs- und Schlußsitzung, ansonsten agierte ein Mitglied des Auswärtigen Amtes. Dabei spielten protokollarische Überlegungen hinein: auf einem Kongreß wie 1878 waren zumeist Ministerpräsidenten anwesend, auf der Konferenz von 1885 nur zweit- oder gar drittrangige Vertreter der verschiedenen Staaten.

Die Berliner Kongokonferenz wies Englands Anspruch auf eine Monopolstellung in Westafrika zurück; sie bestätigte vielmehr die Zollfreiheit des Handels in dieser Region, die Freiheit der Schiffahrt auf Kongo und Niger und führte zur internationalen Anerkennung des belgischen Kongostaates.[102]

Bald nach dem Februar 1885 führten die wachsenden internationalen Schwierigkeiten der englischen Politik zu einem Umschwung in London. Insbesondere hatten die Niederlagen im Sudan und die neue Welle der russischen Expansion in Mittelasien das Kabinett Gladstone schwer erschüttert. Die Zeit war reif dafür, daß der Reichskanzler seinen Sohn Herbert zum vierten Mal nach London entsandte, damit er die Möglichkeiten einer Wiederannäherung prüfte.[103]

Herbert v. Bismarck wohnte weder in der deutschen Botschaft noch in einem Hotel, sondern in der Londoner Wohnung seines Freundes Rosebery, des Lordsiegelbewahrers. Das erleichterte auch eine Reihe inoffizieller Gespräche, in denen sich Minister wie

Dilke, Joseph Chamberlain und Lord Hartington recht freimütig über ihre Kollegen aussprachen.[104] Schwierig waren, wenigstens anfänglich, die Verhandlungen mit dem Außenminister, Lord Granville. Der fast siebzigjährige Engländer neigte offensichtlich dazu, den sechsunddreißigjährigen Kanzlersohn allzu herablassend zu behandeln. Lord Granville habe die Manier, so meinte dieser, seinen Interlocutor so anzusprechen wie der Staatsanwalt den Angeklagten und lasse „einen selten mehr als fünf Worte oder einen Satz sprechen, ohne mit Einwürfen zu unterbrechen oder aufzustehen und an Nebentischen etwas niederzuschreiben". Aus diesem Grund müsse man „hart einsetzen, um ihn auf das Diskussionsfeld der Gleichberechtigung beider Seiten in politischer Unterhaltung zu bringen".

Hart einsetzen? Es war schon ein starkes Stück, wenn Herbert v. Bismarck dem englischen Außenminister erklärte: „Läge ihm an der Zustimmung der Kolonialbevölkerung und der französischen Presse gewisser Färbung mehr wie an Deutschlands Freundschaft, so möge er es doch endlich sagen, dann würden wir versuchen, ihm faktisch zu beweisen, wie unangenehm wir uns machen könnten". In England herrsche doch die Meinung vor, es „stände sich am besten, wenn große Kontinentalmächte sich bekriegten, und England unterdes seinem Handel nachginge". Verständlich, daß solche Äußerungen „lebhafte Gebärden und starke mit heftigen Protesten verbundene Entrüstungsrufe bei Lord Granville" hervorriefen.

Dieses gereizte Gespräch hatte seine Vorgeschichte. Am 27. Februar hatte Lord Granville im englischen Oberhaus zu verstehen gegeben, daß die deutsche Kolonialpolitik England in seiner Bewegungsfreiheit beeinträchtige und außerdem dem Fürsten Bismarck vorgeworfen, er habe der englischen Regierung wegen Ägypten den Rat erteilt, „to take it", was Bismarck am 2. März im Reichstag zu einer ausführlichen Stellungnahme zwang.[105] Da es Lord Granville mit der Wahrheit offensichtlich nicht so genau genommen hatte, oblag ihm daraufhin die Pflicht, am 6. März, einen Tag vor der ersten Unterredung mit Herbert v. Bismarck, im gleichen Oberhause eine Entschuldigung vorzubringen.[106]

Obwohl sich der Kanzlersohn nicht gerade durch diplomatische Geschmeidigkeit auszeichnete, gelang es ihm, möglicherweise dank seiner Bekanntschaften und teilweise freundschaftlichen Beziehungen mit englischen Ministern, nach vier weiteren Gesprächen mit Lord Granville die zwischen London und Berlin strittigen

Kolonialfragen durch einen Kompromiß zu bereinigen. England erkannte die deutschen Ansprüche in Kamerun und Togo, Ostafrika, Neuguinea und auch in Südwestafrika an, zwang Deutschland aber gleichzeitig, Ambitionen auf Betschuanaland und die St.-Lucia-Bai und damit die Hoffnung auf ein geschlossenes, vom Atlantischen bis zum Indischen Ozean reichendes Kolonialreich in Südafrika aufzugeben.

Die deutsch-englische Verständigung vom März 1885 zeigte wieder einmal Bismarcks politischen Stil, ja nicht den Bogen zu überspannen. Das schien um so mehr geboten, als vorauszusehen war, daß in Paris das Ministerium Jules Ferry wegen seiner kostspieligen und niederlagereichen Kolonialkriege in Indochina und seines begrenzten Zusammenspiels mit Bismarck bald gestürzt werden würde,[107] was am 30. März 1885 auch tatsächlich geschah.

Die gesicherte Stellung Deutschlands in Europa, zu der auch ein ungestörtes Verhältnis zu England gehörte, bedeutete dem deutschen Kanzler mehr als weitergehende kolonialpolitische Offensiven. Frankreich wie Deutschland konzentrierten ihre Aufmerksamkeit wieder auf die Möglichkeiten bündnispolitischer Umgruppierungen der Großmächte auf dem europäischen Kontinent. Bismarck bekannte ausdrücklich, daß Fragen der Kolonialpolitik für ihn hinter den Erfordernissen der europäischen Politik zurückstehen müßten: „Meine Karte von Afrika liegt in Europa. Hier liegt Rußland und hier liegt Frankreich, und wir sind in der Mitte. Das ist meine Karte von Afrika“.[108]

Noch in den neunziger Jahren versicherte Bismarck, er sei nie „Kolonialschwärmer“ gewesen. Es sei aber festgehalten, daß er sich ähnlich wie in die Schutzzollpolitik, für die er sich seit 1875 immer stärker interessiert und schließlich engagiert hatte, auch in die Kolonialbewegung hineinziehen ließ, ja, die in ihr zum Vorschein kommenden Interessen von Großindustriellen, Großbankiers und Großgrundbesitzern zum Gegenstand diplomatischer Aktivitäten machte. Mit offiziell geförderten Exportwünschen begann es, mit staatlich geschützten Handelsniederlassungen und Landbesitzungen setzte es sich fort und endete mit staatlich verwalteten Landnahmen, eben mit den „Kolonien im engeren Sinne“. Es sollte also die Flagge dem Handel, der Offizier dem Kaufmann folgen, wie damals die Kurzformel für den Kolonialexpansionismus lautete.

Bismarck wollte mit praktischem Weitblick „auf die tropischen

Kolonien hauptsächlich Wert" legen; auf Südwestafrika nur insoweit, als dort „Metallreichtum" festzustellen sei.[109] Sein Auge auf äquatoriale Gegenden richtend, dachte er an die dort wachsenden billigen Produkte wie Baumwolle, Kaffee, Kopra; vielleicht auch an die Ausbeute von Elfenbein. Doch kein Interesse zeigte er an solchen landwirtschaftlichen Kolonien, von denen aus womöglich Vieh in großer Zahl oder Tausende von Zentnern Wolle nach Deutschland exportiert werden könnten, also neue Konkurrenz für die ostelbischen Grundbesitzer entstünde.

Auf der anderen Seite wollte Bismarck an den Kolonialexpansionismus keineswegs im Geiste eines allzu genauen geschäftlichen Vorauskalkulierens herangehen; er nahm hier Unsicherheitsfaktoren und ungewisse Zukunftsaussichten durchaus in Kauf. In diesem Sinne waren für ihn die Kolonien doch auch ein Experimentierfeld, wie es ihm der linksliberale Ludwig Bamberger vorwarf. Von Torschlußpanik, wie manche Kolonialpropagandisten und -interessenten, für die die Deutschen bei der Kolonialbewegung zu spät gekommen waren, blieb Bismarck frei. Aber für vorsorgliche Besetzung von „herrenlosen Gebieten" war er am Ende doch, nach der Devise: Nehmen, was noch zu haben war. Anders ist die Schärfe seiner zeitweiligen Auseinandersetzungen mit England nicht zu erklären.

Noch vor dem Höhepunkt des Streits mit England schrieb Bismarck an den Botschafter, den Grafen Münster, daß die Kolonialfrage „schon aus Gründen der inneren Politik eine Lebensfrage für uns ist ... Die öffentliche Meinung legt gegenwärtig in Deutschland ein so starkes Gewicht auf die Kolonialpolitik, daß die Stellung der Regierung im Innern von dem Gelingen derselben wesentlich abhängt ... Der kleinste Zipfel von Neu-Guinea oder Westafrika, wenn derselbe objektiv auch ganz wertlos sein mag, ist gegenwärtig für unsere Politik wichtiger als das gesamte Ägypten", das für Deutschland „nur ein Mittel ist, den Widerstand Englands gegen unsere kolonialen Bestrebungen zu überwinden".[110] Da Bismarck jedoch in der Politik Rechner und kein Schwärmer war, hielt er mit der Kolonialpolitik von jenem Moment an inne, da die Beziehungen unter den Mächten auf dem europäischen Kontinent schwieriger und gefahrvoller wurden.

In den Jahren, da das Reich bündnis- und kolonialpolitische Erfolge errang, sich aber zugleich neue außenpolitische Schwierigkeiten vorbereiteten, mußte sich Bismarck einigen sozialen und politischen Problemen im Innern stellen.

VIII. Die Sozialversicherung. Veränderungen in den Parteien

Die Versicherungsgesetze – Bismarcks Lockungen

Am Beginn der achtziger Jahre entsprachen Inhalt und Umfang der sozialpolitischen Gesetzgebung keineswegs dem industriellen Aufschwung und dem Anwachsen der Arbeiter in Deutschland nach 1871. Die Schutzzollgesetzgebung, angeblich zum „Schutz der nationalen Arbeit" eingeführt, hatte die Lage der Arbeiter überhaupt nicht verbessert. Bereits bei der Debatte über das Sozialistengesetz 1878 hatte Bismarck angekündigt, daß es durch soziale Maßnahmen gegen unbestreitbare Übelstände ergänzt werden müsse. In die sozialpolitische Literatur freilich – etwa in die Schriften der liberalen Kathedersozialisten um Gustav Schmoller und Lujo Brentano – hatte er sich kaum vertieft. Hermann Wagener, seinem früheren konservativen Vertrauten und Berater, entfremdete er sich gegen Ende der siebziger Jahre,[1] und Rudolf Meyer, gleichfalls konservativer Ideologe und sozialpolitischer Publizist, mußte wegen Beleidigung Bismarcks, Camphausens und Falks in seiner Schrift „Politische Gründer und die Korruption in Deutschland" emigrieren.[2]

Sooft auch von Wissenschaftlern und Beamten mahnend auf die Notwendigkeit sozialpolitischer Gesetze hingewiesen worden war, Bismarck beunruhigten vor allem politische Alarmsignale wie der Ausgang einiger Reichstagwahlen. Gewannen doch im Jahre 1877, vor Erlaß des Sozialistengesetzes also, die sozialdemokratischen Kandidaten 9,1 Prozent der Stimmen, während die Freikonservativen und die Konservativen 9,7 Prozent erhielten. In der Reichshauptstadt votierten annähernd 40 Prozent der Wähler für die sogenannte Umsturzpartei. Nach der harten Repression der ersten Jahre des Ausnahmegesetzes gegen die Sozialdemokratie verloren im Jahre 1881 die Sozialdemokraten zwar an Stimmen, aber sie hatten auch ihre zähe Lebenskraft bewiesen. Es war deutlich geworden, daß sie auf diese Weise nicht zu schlagen waren.

Notwendiger denn je erschienen nun Konzessionen an soziale Bedürfnisse der Arbeiter. Doch diese allgemeine Erkenntnis genügte noch nicht; man mußte sich Klarheit verschaffen über Inhalt und Methode der sozialpolitischen Maßnahmen. In den Jahren der Hochkonjunktur wäre Bismarck – wie richtig beobachtet wurde – noch am ehesten bereit gewesen, den gesetzgebenden Körperschaften Fabrikgesetze von einiger Bedeutung vorzulegen.[3] Aber da leisteten liberale Beamte passiven Widerstand; versah doch damals einer der Vortragenden Räte, Stüve, die Notiz des Kanzlers, man müsse, um den Sozialismus zu bekämpfen, den berechtigten Teil seiner Forderungen erfüllen, mit dem Vermerk: „In diesem ist nichts berechtigt".[4] Als angesichts der seit Jahren anhaltenden Wirtschaftskrise die Unternehmer mit Klagen und Schutzzollforderungen bei Bismarck immer eindringlicher vorstellig wurden, erklärte sich dieser in einem Votum vom 30. September 1876 gegen einen weiteren Ausbau der Fabrikgesetzgebung – des Arbeiterschutzes also, wie man später zu sagen pflegte.[5] Und bei dieser Ablehnung blieb der Kanzler dann auch aus Angst vor zu großer Belastung der Unternehmer bis ans Ende seiner Amtszeit.

In dem für die Sozialpolitik zuständigen Handelsministerium arbeitete man weiterhin, wie der Vortragende Rat Theodor Lohmann einmal bemerkte, nach der Methode: Wasch mir den Pelz, aber mach mich nicht naß.[6] Es fehlten die weiten Blickrichtungen, die nur durch eingehende Studien der Ökonomie und Soziologie zu gewinnen waren; es gab keine theoretische Grundlage für die sozialpolitische Detailarbeit. Lohmann, der Sachkenntnis und Weitblick besessen hätte, um eine Sozialreform großen Stils in die Wege leiten zu können, war gegenüber dem bürokratischen, vom Geiste des Manchestertums beherrschten Apparat macht- und einflußlos.

Das Hilfskassengesetz von 1876 hatte nichts prinzipiell Neues gebracht, es reglementierte bloß und schaffte das Grundübel des überkommenen Kassensystems nicht ab, das einerseits in vielen und vereinzelten Kassen bestand, andererseits Kassenzwang vorschrieb, durch den die Arbeiter beispielsweise bei Orts- und Fabrikwechsel finanziell stark geschädigt werden konnten.[7] Da gab es die kommunalen Kassen, die auf Anordnung von Verwaltungsbehörden gegründet worden waren; dann die Fabrikkassen, meist mit finanzieller Hilfe und auf Initiative der Unternehmer ins Leben gerufen; die stärksten Traditionen hatten die Knappschaftskassen für die Bergleute; die jüngsten Gründungen waren die auf freiwilliger Vereinbarung beruhenden Kassen, die meist den Gewerkschaften angegliedert waren.

Am bedenklichsten für weitblickende bürgerliche Politiker[8] und aufreizend für politisch wache Arbeiter war der gewerkschaftsfeindliche Charakter des Hilfskassengesetzes von 1876, durch den die Angliederung von freien Hilfskassen an die Gewerkschaften erschwert und alles unter die bevormundende Kontrolle der Behörden gebracht werden konnte.[9] Und das geschah auch auf Betreiben Bismarcks.

Für die Sozialdemokratie war es daher ein leichtes, die unterschiedliche Behandlung der Fabrik- und Gewerkschaftskassen agitatorisch auszunutzen und eine Protestbewegung in Gang zu bringen unter der Losung: unbeschränkte Selbstverwaltung der Kassen durch die Arbeiter.

*

Da Bismarck Gegner einer umfassenden Fabrik- und Arbeiterschutzgesetzgebung war, mußte er – wenn er überhaupt etwas tun wollte – den Weg zur Arbeiterversicherung einschlagen. Und da wiederum bot es sich an, nicht mit der Kranken-, sondern mit der Unfallversicherung zu beginnen. War es doch längst überfällig geworden, das Haftpflichtgesetz von 1871 zu revidieren, das die Entschädigung für Heilkosten und Lohnverlust nur denen zubilligte, die imstande waren, die Schuld des Unternehmers oder seines Stellvertreters am jeweiligen Unfall nachzuweisen. Notwendige Folge einer solchen Regelung war eine endlose Zahl von Prozessen und damit auch eine Verhärtung der Gegensätze zwischen Arbeitern und Unternehmern. Am Ende waren beide Teile an einer Neuregelung der Unfallentschädigung interessiert: Der Arbeiter verlangte eine gewisse Sicherung, und der Unternehmer wollte den unangenehmen Prozessen entgehen.

Ende 1880 wurden nun zwei Entwürfe zur Unfallversicherung ausgearbeitet, der eine von Theodor Lohmann, der andere nach Rücksprache mit Bismarck von dem Bochumer Generaldirektor des Vereins für Bergbau und Gußstahlfabrikation, Louis Baare. Dieser war bereits zu Beginn der Schutzzollagitation mit Bismarck in Verbindung getreten und fühlte sich dadurch ermutigt, ein Promemoria über die Unfallversicherung bei ihm einzureichen, der ungeachtet aller Klagen über Ämterhäufung und Arbeitsüberlastung auch noch das preußische Handelsministerium wegen dessen Zuständigkeit für alle sozialpolitischen Gesetze übernommen

Kommerzienrat Louis Baare
Bochumer Generaldirektor des Vereins für Bergbau und Gußstahlfabrikation. Bismarcks sozialpolitischer Berater seitens der Unternehmer.

hatte. Dadurch konnte der Kanzler allerdings die Vorbereitungsarbeiten für die Versicherungsgesetze unmittelbar kontrollieren.

Louis Baare nahm seinen Auftrag so ernst, daß er für seinen Gesetzentwurf auf einer Sitzung fünfunddreißig Fabrikanten, Handelskammer- und Verbandspräsidenten zu Rate zog. In der Redaktionskommission waren solche einflußreichen Industrievertreter wie Bueck in seiner Eigenschaft als Generalsekretär des Wirtschaftlichen Vereins für Rheinland-Westfalen und Dr. Rentzsch, der Generalsekretär des Deutschen Eisen- und Stahlvereins in Berlin.[10] Louis Baare wollte zwar den Geltungsbereich der bisherigen Haftpflicht erweitern, aber die Haftpflichtleistungen dafür äußerst niedrig halten mit der Begründung, man dürfe die Arbeiter nicht zur Fahrlässigkeit, zum Simulanten- und Faulenzertum anregen. Nach seiner Ansicht werde der Arbeiter, der keine hohe Rente in Aussicht habe, vorsichtiger bei der Arbeit sein und sich die Rente oder die Unterstützung für seine Hinterbliebenen nicht fahrlässig oder absichtlich erwerben, indem er, lebensmüde geworden, vielleicht freiwillig in den Tod gehe, wenn er seine Familie versorgt wisse.[11]

Das war selbst dem liberalen Gewerkschafter Max Hirsch zuviel, der wahrhaftig nicht „klassenkämpferisch“ gesonnen war, aber Baare hier „nackten Standesegoismus“, „Inhumanität und Ungerechtigkeit“ vorwarf.[12] Dabei wollte Baare die Unternehmer finanziell sogar noch weiter entlasten, indem er ihnen nicht die gesamte Versicherungsverpflichtung auferlegte, sondern sie zu je einem Drittel auf den Unternehmer, den Arbeiter und die Gemeinde verteilt wissen wollte. Eine allgemeine Versicherungsanstalt unter Aufsicht oder gar Leitung des Staates hielt aber auch er „einer ernsten Erwägung für würdig“.

Angesichts so massiver und unverhohlener Interessenvertretungen der Industrie hatte es Theodor Lohmann schwer, amtliche Unabhängigkeit gegenüber den Unternehmern zu wahren.[13] Er, der seine Beamtenlaufbahn in Hannover begonnen und sich da auch als Kirchenpolitiker hervorgetan hatte, war sich mit Bismarck in der Ablehnung eines protestantisch-orthodoxen Staatskirchentums weitgehend einig. Aber anders als der Kanzler trachtete er danach, die Staatsverwaltung mit Selbstverwaltung zu verbinden. Als nach 1871 viele Intellektuelle die äußere Reichseinigung durch eine innere zu ergänzen versuchten und sich die Arbeiterfrage national und international aufdrängte, fühlte sich auch Lohmann vor beide Probleme gestellt. Seiner ganzen Herkunft und Lebenswelt nach war sein innerer Impuls nicht eine atheistisch-rationale Weltanschauung, wie es bei Rudolf Virchow der Fall war, sondern ein christlich-ethisches Rechtsbewußtsein, das jedoch die realen Bedingungen berücksichtigen wollte. Lohmann versuchte diese durch ein ausgiebiges Studium der nationalökonomischen und sozialpolitischen Literatur, aber auch durch praktische Inspektionen vor Ort kennenzulernen. Seiner Natur und Ausbildung nach wollte Lohmann die vielbeschworene „soziale Frage“ nicht durch einzelne Maßregeln, sondern durch umfassende Reformen bewältigen. Sie sollten von der Fabrik- oder Arbeiterschutzgesetzgebung bis zu Versicherungsgesetzen reichen.

Lohmann stand solchen Männern wie Louis Baare mit großem Mißtrauen gegenüber. In Anspielung an einen Artikel im „Berliner Tageblatt“ schrieb er im Januar 1881 in einem Brief an den Pastor Dr. Wyneken, Bismarck wolle sein Handelsministerium, soweit es „idealistische Aspirationen“ habe, zur Räson bringen und an die Stelle der Geheimräte die Kommerzienräte setzen.[14] Im Einklang mit den Unternehmern und im Gegensatz zu Lohmann lehnte der Kanzler die Arbeiterschutzgesetzgebung mit ihren Bestimmungen über die Sonntags-, Frauen- und Kinderarbeit in den Fabriken, Gefahrenschutz und Fabrikinspektionen immer entschiedener ab. Und während Lohmann dahin tendierte, die Arbeiter in einem möglichst hohen Maße an der Verwaltung der Versicherungskasse zu beteiligen, wollte Bismarck das Versicherungswesen weitgehend zu einer Sache des Staates machen. Ihm schwebte nach dem Vorbild Napoleons III. der Arbeiter als „Staatsrentner" vor.

*

Innere Zwiespälte bei tüchtigen Beamten waren Bismarck gar nicht recht. Darum schrieb er in einer Anlage zu dem „Entwurf des Herrn Baare", er enthielte zwar manche Bestimmung, durch die der amtliche Entwurf „in nützlicher Weise vervollständigt werden könnte", aber „in dubio, wo beide unvereinbar, ist an dem amtlichen festzuhalten, auch wenn ich zu den betreffenden Sätzen des Herrn Baare mein Einverständnis in margine bemerkt habe".[15] Trotz aller Friktionen hegte Bismarck weder Groll noch Mißtrauen gegen Lohmann, da dieser ja nichts für sich oder eine Partei erstrebte, also nicht „koalitionsfähig" und koalitionsgefährlich war.

Dort, wo der Kanzler keinen politischen Gegner sah, der zur Wirkung gelangen konnte, war es ihm durchaus möglich, eine strittige Sache mit Humor zu behandeln. Wie Lohmann in einem Privatbrief berichtete, hatte Bismarck ihm in einem späteren Gespräch vorgeschlagen, „ich brauchte mich ja für den Entwurf nicht verantwortlich zu machen. Er habe nichts dagegen, wenn ich sagen wolle, ich hätte etwas Besseres machen wollen, aber der dumme Minister hätte es so haben wollen".[16] Um überhaupt etwas zustande zu bringen, mußte Lohmann bei der Ausarbeitung der Gesetzesvorlage über die Unfallversicherung manche Konzessionen machen. An der Jahreswende 1880/81 wurde der amtliche Entwurf durch den Baareschen ergänzt[17] und umgearbeitet, dem Bundesrat zugestellt und nach neuen Änderungen am 8. März dem Reichstag vorgelegt.

In den Motiven[18] zur Vorlage hieß es, daß man die Sozialpolitik nicht nur aus Gründen der Humanität zu inaugurieren hätte, sondern auch als Aufgabe staatserhaltender Politik. Man müsse die Anschauung pflegen, daß der Staat nicht nur eine notwendige, sondern auch eine wohltätige Einrichtung sei. Soweit sozialistische Elemente in die Gesetzgebung eingeführt seien, handele es sich nicht um etwas ganz Neues, sondern „um eine Weiterentwicklung der aus der christlichen Gesittung erwachsenen modernen Staatsidee, nach welcher dem Staat neben der defensiven ... auch die Aufgabe obliege, durch zweckmäßige Einrichtungen und durch Verwendung der zu seiner Verfügung stehenden Mittel der Gesamtheit das Wohlergehen aller seiner Mitglieder und namentlich der Schwachen und Hilfebedürftigen positiv zu fördern".

Die Unfallvorlage sah nicht die Versicherung für alle Arbeiterberufe vor. Ausgeschlossen waren: die meisten Land- und Forstarbeiter, die Bauarbeiter, die im Kleingewerbe und in der See- und Flußschiffahrt Beschäftigten, schließlich die Eisenbahner. Ein entschiedener Fortschritt gegenüber dem bisherigen Haftpflichtgesetz war die Bestimmung, nach der man prinzipiell die Unterscheidung von verschuldeten und unverschuldeten Unfällen aufgab. Die Rente sollte bei voller Arbeitsunfähigkeit nur zwei Drittel des bisherigen Verdienstes betragen.

Die politischen Kernpunkte der Vorlage – zugleich die umstrittensten – betrafen die Reichsversicherungsanstalt und den Reichszuschuß. Die Reichsanstalt sollte die einheitliche Organisation und Kontrolle der Unfallversicherung gewährleisten. Bismarck legte großen Wert auf die Reichsanstalt und besonders auf den Reichszuschuß, weil dadurch die Fürsorge des Staates für die Arbeiter am besten zum Ausdruck käme,[19] eben das bonapartistische Staatsrentnertum.

Die erste Lesung des Gesetzentwurfs begann am 1. April 1881. Am zweiten Tag der Beratung griff Bismarck in die Debatte ein und begann mit einigen Florettstichen gegen Eugen Richter, den Sprecher der Fortschrittspartei. Dann steigerte er sich zu Säbelhieben gegen die „eloquenten Streber" und „gewerbsmäßigen Publizisten, die die ... unzufriedenen Arbeiter als Gefolge brauchen".[20] Doch noch verband er mit diesem Hauen und Stechen die Hoffnung, daß mit dem Fortgang der Sozialgesetzgebung „auch gemäßigte Sozialdemokraten milder in ihrem Urteil über die Regierung" gestimmt würden.

Das ideologische Leitmotiv der ganzen Rede war darauf abgestimmt, das Unfallversicherungsgesetz als Ausdruck des „praktischen Christentums" zu erklären. Von dem damaligen Modewort des Staatssozialismus rückte Bismarck in verklausulierter Form ab, weil er nicht in die Nähe der „verbrecherischen Lehren" und der „infernalen Elemente" gerückt werden wollte.

Den Liberalen warf er das „reine Manchestertum in der Politik" vor,[21] das nach der Maxime handle, „... jeder sehe, wie er's treibe, jeder sehe, wo er bleibe". Den Sezessionisten Ludwig Bamberger, der sich seit dem wirtschaftspolitischen Umschwung von 1879 bei vielen Gelegenheiten polemisch ins Zeug gelegt hatte und jetzt den künftigen „Ruin der privaten Versicherungsgesellschaften" beklagte, überspielte der Kanzler recht geschickt. Auf Bambergers Bemerkung, die Versicherungsgesellschaften würden sich um die Dankbarkeit ihrer Mitbürger bewerben, meinte er: „Ich habe immer geglaubt, sie bewürben sich um das Geld ihrer Mitbürger. (Heiterkeit) Wenn sie aber auch dafür die Dankbarkeit noch zu Buche bringen können, so ist das eine geschickte Operation. Daß sie aber als edle Seelen sich für die Arbeiterinteressen bei der Einrichtung ihrer Versicherungsinstitute auf Aktien zu opfern bereit waren, habe ich nie geglaubt, ich würde mich auch schwer davon überzeugen".[22] Das brachte Bismarck ein zustimmendes „Sehr gut" durch Bebel ein.

Während er so mit den liberalen Ideologen und Interessenvertretern scharfzüngig ins Gericht ging, übernahm er zugleich die Rolle eines Advokaten der Großindustriellen, der „Schlotbarone", wie die Sozialdemokraten zu sagen pflegten. Möglicherweise war er mitten in der wirtschaftlichen Depression hinsichtlich der von den Unternehmern zu tragenden Lasten wirklich von den Vorstellungen der schwerindustriellen Kreise um Louis Baare beeindruckt. Auf jeden Fall erklärte er zum Vorwurf, die ganze Vorlage wäre eine Subvention für die Großindustrie: „Wenn wir die Großindustrie, wie wir sie haben, fallen lassen, wenn wir es dahin kommen ließen, daß sie mit dem Auslande nicht mehr konkurrenzfähig bleibt, wenn wir ihr Lasten auferlegen wollten, von denen nicht bewiesen ist, ob sie dieselben tragen können, so würden wir damit vielleicht Beifall bei allen finden, die mit Ärger jeden sehen, der reicher ist als andere, namentlich als sie selbst. Aber bringen Sie die Großindustriellen zu Falle, was machen Sie dann mit den Arbeitern?" Mit demagogischer Treffsicherheit nennt Bismarck die von Eugen Richter ängstlich beschworene „Möglichkeit des Staatssozialismus", vor der man sich „wie vor einer ansteckenden Krankheit hüten müsse"[23], und mimt den Kühnen, der sich auch davor nicht fürchtet.

Am vierten Tag der Debatte kam auch August Bebel zu Wort.[24] Er betonte, daß man in den Motiven zur Gesetzesvorlage selbst zugegeben habe, daß die Sozialdemokraten deren eigentliche Urheber seien, und versprach der Regierung, alle ihre Gesetzentwürfe objektiv und sachlich zu prüfen. Gegen den vorliegenden Gesetzentwurf habe er allerdings erhebliche Bedenken. Seine Untauglichkeit sei begreiflich, da in den Motiven falsche Stand- und Gesichtspunkte vertreten würden. Die moderne Staatsidee sei nicht aus einer Weiterentwicklung christlicher Gesittung erwachsen, sie habe vielmehr ihren praktischen Ausdruck in der Großen Französischen Revolution von 1789 gefunden und stünde dem Christentum feindlich gegenüber. Die moderne Staatsidee sei es, die die Gleichberechtigung aller Staatsbürger vertrete, sie postuliere das Recht auf Arbeit und die Freiheit des Denkens. Das Christentum dagegen anerkenne höchstens die Gleichberechtigung in der Knechtschaft. Auch in seinen weiteren Ausführungen über Christentum und Arbeit polemisierte Bebel, als ob er mitten im Kulturkampf stünde.

Auf die einzelnen Gesetzesbestimmungen eingehend, gab Bebel zu, daß die Beseitigung der Unterscheidung von verschuldeten und unverschuldeten Unfällen entschieden ein Fortschritt sei. Dem stünden jedoch erhebliche Verschlechterungen in der Lage der verunglückten Arbeiter gegenüber, denen man bisher die volle Entschädigung zuerkannte, jetzt aber nur noch zwei Drittel des bisherigen Lohnverdienstes zubilligen wolle. Eine weitere Verschlechterung gegenüber dem früheren Haftpflichtgesetz sei die obligatorische Beitragspflicht der Arbeiter.

Bebel verlangte, daß der Unternehmer bei einem Unfall geradesogut zur Entschädigung verpflichtet sei wie dann, „wenn in der Maschinerie seines Betriebes etwas passiert“ und er es „aus der eigenen Tasche zu bezahlen hat“. Auch der Staat könne nicht herangezogen werden, Quoten für die Unfallversicherung der Arbeiter zu bezahlen. Die Unfallentschädigung müsse voll und ganz der Unternehmer tragen.

Daß die Industriellen die Lasten aus Gründen ihrer Konkurrenzfähigkeit nicht tragen könnten, ließ Bebel nicht gelten. Solche Prophezeihungen seien immer wieder gemacht worden, aber nie eingetroffen. Zudem hätten viele Unternehmer vorgesorgt und ihre Arbeiter privat versichert, um bei Unfällen Prozeßstreitigkeiten zu vermeiden. Damit sei bewiesen, daß die Industrie die vollen Lasten der Versicherung aufbringen könne.

Um die Konkurrenzfähigkeit der deutschen Industrie gegenüber dem Ausland zu wahren, könnte der Reichskanzler, der im Laufe der Jahre gerade durch seine auswärtige Politik seinen Hauptruhm erworben habe, durchaus einen Weg finden. Dauernder und größer als durch die glücklich gewonnenen Kriege könne sein Ansehen sein, wenn er jetzt seinen großen Einfluß auf alle Mächte nutzen würde, um friedliche Einrichtungen zum Besten und zum Wohle der Enterbten, wie er sich so trefflich ausdrückte, in allen Kulturländern herbeizuführen. „Also, meine Herren", hieß es bei Bebel weiter, „der Herr Reichskanzler soll die Regierungen der verschiedenen Länder, die vorzugsweise hier in Betracht kommen, wie die Schweiz, Frankreich, Belgien, England, Nordamerika, die also unsere besonderen Konkurrenzländer sind, auffordern zu einer internationalen Konferenz, in welcher völlig gleichmäßige und gemeinsame Festlegungen in bezug auf den Schutz der Arbeiter in Industrie, Handel und Gewerbe stipuliert werden."

Schließlich forderte Bebel die Ausdehnung der Haftpflicht auf alle Arbeiter und erklärte, daß sonst das Gesetz für die Sozialdemokratie unannehmbar wäre.

Übergehend auf die vorgesehene Reichsunfallbank, ging Bebel ruhig und sachlich analysierend auf fast alle wichtigen Argumente ein, die im Laufe der öffentlichen und parlamentarischen Diskussion von seiten der Liberalen gegen sie ins Feld geführt worden waren. Die Reichsunfallversicherungsanstalt fand in ihm den wärmsten Verteidiger. Bebel bestritt, daß sie schwerfällig und unübersichtlich arbeiten würde, und hob alle Vorteile einer solchen zentralisierten Institution hervor.

Ähnlich wie Theodor Lohmann intern, klagte Bebel öffentlich, man würde bei der Ausarbeitung von Gesetzen nicht mehr von einem prinzipiellen Standpunkt ausgehen, sondern von Erwägungen der momentanen Zweckmäßigkeit. Alle bürgerlichen Parteien und Fraktionen stimmten zwar in der Bekämpfung der Sozialdemokratie überein, aber sobald Fragen aufträten, „die ihr eigenes Interesse berühren, so tritt jede Fraktion mit denjenigen Gesichtspunkten an die Prüfung der Gesetze, welche sie auf Grund der Interessen der sozialen Schicht, aus der sie vorzugsweise ihre Mitglieder rekrutiert, gewissermaßen anzunehmen gezwungen ist. ... Da nun bei dieser Gesetzgebung der Interessengegensatz der verschiedenen Schichten in der eklatantesten Weise zum Ausdruck kommt und keine Fraktion stark genug ist, ihre Gesichtspunkte ausschließlich zum Ausdruck zu bringen, so ist sie genötigt, Kompromisse abzuschließen". Die Folge sei eine prinzipienlose Gesetzgebung.

Bebels Rede war und blieb die sachverständigste Stellungnahme zur ersten Unfallversicherungsvorlage seitens der Sozialdemokratie. Sie war durchdacht, sachlich, ohne matt zu wirken, und enthielt sich aller klugtuenden, aber wenig sagenden Spekulationen über Staatssozialismus und ähnliche Modebegriffe jener Zeit. „Das ist der richtige Ton der vornehmen, aber auf wirkliche Kenntnis der Sache gegründeten, ironischen Überlegenheit“, schrieb Engels über die Bebelrede.[25] „Die Kritik des Entwurfes war alles, was zu wünschen und zu sagen war. Ich soll Dir das alles auch ausdrücklich in Marxens Namen sagen. Es war die beste Rede, die wir noch von Dir gelesen, und die Debatte macht den Eindruck, daß der Drechsler Bebel der einzig gebildete Mann im Reichstag ist.“

Gewiß, August Bebel war Autodidakt. Doch er hatte sich, wie es im Wesen eines soliden Handwerkers lag, seine politische und historische Bildung relativ systematisch angeeignet und machte sie seiner Sache unmittelbar dienstbar. Seine großen Reden beruhten auf einem gründlichen Studium der Materie, über die er sprach, sie waren praxis- und theorienahe zugleich. Er wollte mit ihnen nicht nur im Reichstag wirken, ja, er sprach auch – wie ihm mitunter vorgeworfen wurde – zum Fenster hinaus, zu den Arbeitern und Handwerkern draußen, die darauf warteten, daß ihnen einer, der es redlich mit ihnen meinte, Argumente in die Hand gab, die sie in ihrem beruflichen Leben und ihrem politischen Wirken nutzen konnten.

In Pfennigheften wurden Bebels Reden für die vertrieben, die ihn nicht selbst erleben konnten, aber spürten, daß sich hier einer mit innerem Feuer und ernstem Bemühen für sie einsetzte. Bisweilen wird behauptet, daß der Gegenspieler Bismarcks der Zentrumsführer Windthorst gewesen sei. Das mag für den Bereich des Parlaments richtig sein; überblickt man jedoch das ganze Gesellschaftsleben der Zeit, so wird deutlich: August Bebel, der Mann von unten, war der wahre Gegenspieler Otto v. Bismarcks, der aus den zur Herrschaft vorgesehenen Schichten kam, also von oben.

In der konkreten Auseinandersetzung mit den Vorschlägen der Regierung und der gegnerischen Parteien entwickelte die Sozialdemokratie Forderungen, die die unmittelbaren Aufgaben der Arbeiterorganisationen erweiterten. Das war überhaupt ihre Stärke gegenüber den Anarchisten, die den Arbeitern nichts gaben als die allgemeine revolutionäre Phrase.[26]

Der oft gegenüber den Sozialdemokraten erhobene Vorwurf, sie wollten unzufriedene und hungernde Arbeiter, zeugte von profundem Unverständnis. Ignaz Auer, einer der bedeutendsten Organisatoren dieser Partei, hat in einer Reichstagsdebatte einmal mit Recht darauf hingewiesen, daß der am tiefsten stehende, hungernde und gedrückte Arbeiter am wenigsten geeignet sei, „weit aussehende Pläne zu verfolgen; er ist zu Putschen, zu Dummheiten unter Umständen zu bringen, wenn ihn die Verzweiflung dazu treibt, aber ausdauernd zu arbeiten für ein Ideal, dazu bedarf es schon einer gewissen Sicherheit in der Lebensstellung."[27] Und in der Tat: Der politisch aktivste Teil der Arbeiter ging aus der Schicht qualifizierter und traditionsreicher Berufe hervor. Die Sozialdemokratie konnte eine Abenteurerpolitik, die auch Bismarck ihr unterstellte, gar nicht verfolgen; sie wäre dabei zu einer einflußlosen Sekte geworden.

Nach der ersten Lesung wurde der Regierungsentwurf zur Unfallversicherung einer achtundzwanzigköpfigen Kommission, in der kein Sozialdemokrat vertreten war, überwiesen. Diese änderte die Vorlage in zwei wesentlichen Punkten: der vorgesehene Reichszuschuß wurde gestrichen, die geplante Reichsanstalt durch Landesversicherungsanstalten ersetzt. Das bewirkten Parteien und Gruppen, die in den vergangenen Jahren oft genug in hartem Gegensatz zueinander gestanden hatten: die Manchestermänner, insbesondere die an Privatversicherungen interessierten Abgeordneten in der Fortschrittspartei und in der sezessionistischen Gruppe, zum anderen die Partikularisten des kulturkämpferischen Zentrums.[28]

Da Bebel die Reichsversicherungsanstalt lebhaft befürwortet hatte, trug ihre Verwerfung durch die Kommissionsmehrheit erst recht dazu bei, daß die Sozialdemokratie den gesamten Gesetzentwurf ablehnte. So wurde der Kommissionsentwurf Mitte Juni vom Reichstag angenommen, jedoch im Hinblick auf die bevorstehenden Wahlen auf Betreiben Bismarcks vom Bundesrat wieder zu Fall gebracht. Bismarck versuchte nun, die Opposition der linken Liberalen und des Zentrums gegen seine „staatssozialistischen" Hauptprojekte – den Reichszuschuß und die Reichsanstalt – während des Wahlkampfes auszunutzen. Aber die Wähler entschieden, auch wegen seiner Schutzzoll- und Steuerpolitik, schließlich gegen ihn.

*

Der 1881 neu gewählte Reichstag wurde durch die in der Geschichte der Sozialpolitik berühmte „Kaiserliche Botschaft" vom 17. November eröffnet. Nach seiner offensichtlichen Wahlniederlage mußte Bismarck[29] seine politische und moralische Rückendeckung durch Thron und Hof vor der Öffentlichkeit demonstrieren. Die „Botschaft“ sollte zeigen, daß der stärkste Machtfaktor und Initiator der Gesetzgebung im Reich eben nicht der Reichstag, sondern der Kaiser und die von seinem Vertrauen getragene, vom Parlament unabhängige Regierung seien. Zugleich war sie eine geschickt verklausulierte Absage an die ursprünglichen Pläne einer staatlich monopolisierten Versicherungsorganisation und ein Einlenken in die Wünsche der liberalen Parteien und des partikularistischen Zentrums.[30]

Von diesen liberalen Fraktionen und dem Zentrum wurde die Kaiserliche Botschaft durch besondere parlamentarische Aktivität beantwortet. Im Dezember trat das Zentrum durch die Interpellation Hertling hervor.[31] Darin wurde gefragt, ob die Regierung gewillt sei, die bestehende Fabrikgesetzgebung durch möglichste Beseitigung der Sonntags- und Frauenarbeit, durch die Verhinderung der übermäßig langen Arbeitszeit der erwachsenen Arbeiter und durch Erweiterung des Fabrikinspektoriats weiter auszubilden. Propagandistisch war das gerade im Hinblick auf die katholischen Arbeiter in Schlesien und in Rheinland-Westfalen ein geschickter Schachzug.

Die Antwort Bismarcks, Anfang 1882, war in der Form konziliant, in der Sache ablehnend. Alle durch die Interpellation aufgeworfenen Fragen wären noch nicht spruchreif und könnten durch staatliches Eingreifen allein nicht gelöst werden. Man dürfe die Ziele nicht zu hoch stecken, damit die Grenzlinie, bis zu der man die Industrie belasten könne, ohne dem Arbeiter die Henne zu schlachten, die ihm die Eier legt, nicht überschritten werde.[32] Jede Verbesserung der Lage der Arbeiter sei mit einer Belastung der Industrie verbunden.

In dieser Rede machte Bismarck deutlich eine taktische Wendung, indem er sich von der Reichsversicherungsanstalt zurückzog; er nannte sie jetzt eine „bürokratische Einrichtung“,[33] an deren Stelle kooperative Gebilde treten sollten, die allerdings von den Unternehmern und nicht von den Arbeitern getragen sein müßten. Die entscheidende Schwäche der sozialpolitischen Position Bismarcks war seine Ablehnung der Arbeiterschutzmaßnahmen. Und das sollte so bleiben, solange er sich, wie man ihm vorwarf, von der Schwerindustrie, mit der er seit dem Umschwung in der Zollpolitik Ende der siebziger Jahre in enger politischer und persönlicher Fühlung stand, einseitig über die Wirkung der Arbeiterschutzgesetze[34] informieren ließ und sich deren Standpunkt zu eigen machte.[35]

Nach der Kaiserlichen Botschaft und der parlamentarischen Interpellation des Zentrums war es dringend geboten, dem Reichstag neue sozialpolitische Gesetzentwürfe vorzulegen. Im Mai 1882 standen die Kranken- und Unfallversicherungsgesetze sowie das Tabakmonopol auf der Tagesordnung.

Eine umfassende Besteuerung des Tabaks sollte – nach Bismarcks Eingeständnis vom Herbst 1881 – zu einem beachtlichen Teil die materielle Basis für die zu organisierende Arbeiterversicherung geben. Bekämpft wurde das staatliche Tabakmonopol sowohl von den Verbrauchern wie auch von den Produzenten und Händlern, von den Sozialdemokraten bis zu den Nationalliberalen; nachdem der von Bismarck selbst geschaffene Volkswirtschaftsrat es abgelehnt hatte, war vorauszusehen, daß es erst recht vor dem Reichstag keine Gnade finden würde. Eine große Mehrheit verwarf es schließlich im Juni.

Die Gesetzentwürfe über Unfall- und Krankenversicherung, die fast gleichzeitig an den Reichstag[36] kamen, waren auch sachlich miteinander verbunden. Die Unfallvorlage sah nur eine Entschädigung bei schweren Unfällen vor, deren Folgen die 14. Woche überschritten. Für die leichteren, das heißt für ungefähr 95 Prozent aller Unfälle, hatte die Krankenversicherung aufzukommen.[37]

Bei ihr sollte sich der Kreis der Versicherten vergrößern, indem die noch im Handwerk gegen Lohn beschäftigten Gesellen und Lehrlinge hinzukamen. Realistischerweise konnte die Versicherungsorganisation nicht einheitlich gestaltet werden. Neben den schon bestehenden Fabrik-, Knappschafts- und Hilfskassen waren die Gemeindekasse als kleinste Einheit und Sammelorganisation für alle im Gesetz vorgesehenen Berufe und die Ortskrankenkasse, die möglichst nach Berufsgruppen gegliedert sein sollte, vorgesehen.[38] Die Krankenunterstützung, die aus ärztlicher Behandlung und aus Krankengeld in Höhe des halben ortsüblichen Tageslohns bestand, wurde für höchstens 13 Wochen gewährt. Die Lasten sollten zu zwei Dritteln vom Arbeiter und zu einem Drittel vom Unternehmer getragen werden. Die Mitglieder der Hilfskassen, meist von Arbeitern gegründet und verwaltet, vielfach auch gewerkschaftsähnlichen, lokal begrenzten Fachvereinen angeschlossen, mußten die Lasten selbst tragen. Dadurch sollten die Hilfskassen in der Konkurrenz mit den anderen eine ungünstigere Position haben.

Für die Sozialdemokraten sprach in der Reichstagsdebatte der Breslauer Abgeordnete Julius Kräcker, ein früherer Sattler in den

Eisenbahnwerkstätten.[39] Aus unmittelbarer Erfahrung konnte er mit überzeugendem Material über die bürokratischen Schikanen bei der Einrichtung von Hilfskassen und über die Rechtlosigkeit der Arbeiter in den Fabrikkrankenkassen aufwarten.[40] Grundsätzlich verlangte er die Selbstverwaltung; wenn die Arbeiter die Beiträge zur Krankenversicherung schon selbst zu bezahlen hatten, so wollten sie dafür zumindest unabhängig von Unternehmern und Behörden sein.

Die parlamentarische Behandlung der beiden Gesetzesvorlagen war so langwierig, daß im Jahre 1882 kein sozialpolitisches Gesetz verabschiedet werden konnte. Die zweite Beratung der Krankenversicherungsvorlage begann erst im April 1883. Der Bericht der parlamentarischen Kommission schlug keine prinzipiellen Abänderungen des Regierungsentwurfs vor, wenn man von der Einbeziehung der Land- und Forstarbeiter in den Kreis der Versicherungspflichtigen absieht. Es blieb als organisatorischer Rahmen für die Lohnarbeiter die in der Regierungsvorlage vorgesehene Vielfalt von Krankenkassen. Das diesbezügliche Gesetz kam schließlich am 15. Juni 1883 zustande; es wurde schon deswegen als erstes der sozialpolitischen Gesetze der achtziger Jahre angenommen, weil die Krankenversicherung nicht so große Mittel erforderlich machte wie die Unfallversicherung, die neben vorübergehenden Leistungen auch dauernde Renten zu zahlen hatte.

Die Versicherungspflicht für die Arbeiter gab der Sozialdemokratie die Möglichkeit, für Kassen zu werben, in denen sie Einfluß gewinnen konnte. In fast allen größeren Orten hielten die sozialdemokratischen Abgeordneten im Laufe des Herbstes 1883 Versammlungen ab, in denen sie den Eintritt in die freien Hilfskassen empfahlen; August Bebel gab dazu eine Broschüre heraus.[41] Das erhebliche Anwachsen von freien Hilfskassen[42] war jedoch nicht allein dieser Agitation zu verdanken, sondern auch dem bemerkenswerten Druck, den gewerbliche Handwerksmeister ausübten. Sie stellten nämlich, um dem Beitragsanteil bei den Zwangskassen zu entgehen, nur noch Gesellen ein, die bei den freien Hilfskassen versichert waren.[43]

Wenn diese Kassen auch auf die Dauer dem vereinten Druck von Unternehmern und bürokratischen Institutionen nicht gewachsen waren, so eröffneten sie in den achtziger Jahren dennoch erste Möglichkeiten einer Arbeiterselbstbestimmung. Die Dinge, nun einmal in Bewegung gebracht, zeitigten oft nicht vorausgesehene Folgen. So mußte die Polizei der Sozialdemokratie, die an der

Versammlungsplakate

Spitze einer teilweise im Ergebnis des Krankenkassengesetzes in Gang gekommenen Bewegung stand, manches durchgehen lassen, was sie in den ersten Jahren des Sozialistengesetzes hart geahndet hätte. Selbst Bebel gestand ein, daß eine mildere Praxis des Sozialistengesetzes begonnen habe: „Das Krankenversicherungsgesetz giebt uns die Möglichkeit zu einiger Agitation und da bin ich denn erstaunt über das Maass von Redefreiheit, das ich genossen. Wesentlich schärfer konnte ich auch unter normalen Zuständen in Deutschland nicht sprechen", so schrieb er am 1. November 1883 an Friedrich Engels.[44]

Mit diesem Gewährenlassen einer ökonomistisch begrenzten Bewegung verband sich die Hoffnung auf Spaltung der Sozialdemokratie, stellte doch der Berliner Polizeipräsident bereits im Juni 1882 fest, daß sich „innerhalb der Partei zwei verschiedene Strömungen herausgebildet" hätten. Da könnten sehr wohl in ihr „die vernünftigeren und gemäßigteren Anschauungen sich Bahn brechen und allmählich die Oberhand gewinnen".[45] In ähnlichem Sinne, ja fast gleichlautend, hatte sich Bismarck neben wilden Ausfällen gegen die „infernalen Elemente" ein Jahr vorher im Reichstag ausgesprochen. Aus verschiedenen Gründen konnte jedoch sein politisches Kalkül und das seiner „Prätorianer“[46] nicht aufgehen. Die quantitativen Leistungen der Sozialversicherungen waren zu gering, so daß sie schon deswegen von niemandem als Ersatz für eine Arbeiterschutzgesetzgebung akzeptiert werden konnten, auch nicht von den Kompromißbereitesten innerhalb der Gewerkschafts- und Parteiorganisationen. Die unwürdigen Bedingungen des Ausnahmegesetzes waren dem Opportunismus nicht günstig. Nicht der rechte, sondern der linke Flügel der Sozialdemokratie wurde gestärkt. Hier wirkte eine bemerkenswerte Dialektik: Durch die „milde Praxis“ des Sozialistengesetzes im Gefolge der Hilfskassen- und Fachvereinsbewegung entstand – ungewollt von den Herrschenden und fast unerhofft von den Beherrschten – eine neue Konstellation, in der die Konzessionen seitens der Regierung und des Parlaments die Arbeiter zu systemüberwindenden Bestrebungen weiterführten. Das ahnte Bismarck, der bei Zugeständnissen sehr vorsichtig war. Man wußte, wo sie beginnen, aber nie, wo sie aufhören.

*

Noch war das Unfallversicherungsgesetz nicht unter Dach und Fach. Nachdem die Parlamentskommission eine erneute Umarbeitung verlangt hatte, war eine dritte Regierungsvorlage notwendig geworden, die im März 1884 endlich vor den Reichstag kam. Die Vorlage verzichtete auf das, was dem Zentrum unitarisch und den Liberalen staatssozialistisch erschien: auf den Reichszuschuß und die Reichsversicherungsanstalt. Der Kreis der Versicherten war zunächst so eingeengt, daß nicht viel mehr Arbeiterberufe als im Haftpflichtgesetz von 1871 versichert waren. Die Entschädigungssätze waren die gleichen wie die in der vorangegangenen Vorlage, das heißt, die vorgesehenen Renten betrugen bestenfalls zwei Drittel des Schadenersatzes. Schließlich sollten Fabrikanten (und nicht Arbeiter) Berufsgenossenschaften bilden, die sich über das ganze Reich erstrecken und alle Unternehmungen gleicher Betriebsart als Träger der Versicherung umfassen sollten. Ihr Zweck war jetzt ausschließlich, die persönliche Haftpflicht der Einzelunternehmer in eine Gesamtbelastung des ganzen Berufszweiges zu verwandeln.[47] Von dieser Art Zwangsgenossenschaften wollte Bismarcks bisheriger Hauptmitarbeiter in Sachen Sozialpolitik, Theodor Lohmann, nichts wissen, er hatte sich deshalb an der Ausarbeitung der dritten Vorlage über die Unfallversicherung schon nicht mehr beteiligt und war schließlich von seinem Amte zurückgetreten.

Dieses ganze, auch im Ministerium umstrittene Vorhaben war im Wahljahr 1884 für Bismarck jedoch so wichtig, daß er mit einer längeren Rede in die Reichstagsdebatte eingriff. Während er sich früher hinsichtlich des Begriffs Staatssozialismus distanziert verhalten hatte, bejahte er ihn jetzt mit erstaunlichem Nachdruck. Offenbar war er dabei beherrscht von dem Verlangen, sich mit der kurz vorher gebildeten Deutschen Freisinnigen Partei auseinanderzusetzen. Ihr Sprecher war Ludwig Bamberger, der das abschätzige Urteil des französischen Nationalökonomen Léon Say über „die sozialistischen Unternehmungen des Fürsten Bismarck“ absichtsvoll anführte.

Was Bismarck entgegnete, hatte nur der Form nach den Charakter eines theoretischen Exkurses; tatsächlich ging es ihm um einen politischen Schlagabtausch. Wenn man ihm sage, so konterte er, was hier vorliege, sei Sozialismus, so scheue er gar nicht davor zurück, dies zuzugeben. Es frage sich nur, wo die erlaubte Grenze des Staatssozialismus liege. „Ohne eine solche können wir überhaupt nicht wirtschaften. Jedes Armenpflegegesetz ist Sozialismus.“[48] Er verstieg sich sogar zu der Behauptung: „War nicht z. B. auch die Stein-Hardenbergsche Gesetzgebung gloriosen Angedenkens, an deren staatsrechtlicher Berechtigung, an deren Zweckmäßigkeit heutzutage niemand mehr zweifeln wird, staatssozialistisch?“ Es war schon etwas peinlich, diese Reformen, die Preußen ökonomisch, sozial und ideologisch auf den Weg des Liberalismus gebracht hatten, nun im Reichstag als Staatssozialismus charakterisiert zu hören. Dabei ging Bismarck noch weiter und wollte wissen, daß „der Staat gar nicht ohne einen gewissen Sozialismus bestehen“ könne. Es wäre ihm „ganz einerlei, ob diese Theorie Anklang“ fände oder nicht.

Müßig, eruieren zu wollen, wer ihm, um mit Goethes Egmont zu sprechen, diesen fremden Tropfen in seinem Blut eingegeben hatte. Was er damit verfolgte, war lediglich ein Affront gegen die Liberalen, die er hier links überholen wollte. Im übrigen war er zu dieser Zeit von der Vorstellung beherrscht, die Parteien verträten weniger politische Richtungen, als wirtschaftlich orientierte Interessenverbände. Hielt er doch ohnehin die Parteien, „die sich nach hoher Politik und politischen Programmen“ gruppierten, für überlebt.[49]

Was er hier öffentlich proklamierte, hatte er intern noch unverhohlener ausgesprochen. Er hätte die Absicht, „zu korporativen Genossenschaften zu gelangen, welche nach und nach für alle produktiven Volksklassen durchgeführt werden müßten, damit man eine Grundlage für eine künftige Volksvertretung gewinne, welche anstatt oder neben dem Reichstag ein wesentlich mitbestimmender Faktor der Gesetzgebung werde, wenn auch äußersten Falls durch das Mittel eines Staatsstreiches".[50] Das hatte er dem irritierten Lohmann als sein Hauptziel erklärt.

Dem Reichstag selbst billigte er zwar „eine richtig geübte parlamentarische Mitwirkung" zu, hielt jedoch „eine parlamentarische Herrschaft für schädlich und unmöglich".[51] Das Parlament solle Übel verhindern, aber regieren könne es nicht.

Alles, was Bismarck über Parteien und Parlament sagte, hing mit seinem Bemühen zusammen, die Macht des Kanzleramts gegenüber dem Reichstag zu stärken, der im Volke an Autorität gewonnen und Bismarck manche Abstimmungsniederlagen beigebracht hatte. Sein Intimus Lothar Bucher hatte immerhin zwei Jahre zuvor seine in den fünfziger Jahren veröffentlichte Schrift gegen den englischen Parlamentarismus in einer „vermehrten und verbesserten Auflage" neu herausgebracht unter dem alten Titel: „Der Parlamentarismus wie er ist". Der Tenor dieser Schrift war die Auffassung, daß ein Parlament, das regiert und eine Herrschaft über die Regierung ausübt, von Übel ist.

Im Grunde genommen war Otto v. Bismarcks Sozialpolitik zu dieser Zeit eng mit seiner Staatspolitik verbunden, die darauf ausgerichtet war, die Parteien in der kommenden Zeit so umzuwandeln, daß sie sich seinem System anpassen konnten.

Neue Parteikonstellationen

Die dritte Vorlage zur Unfallversicherung wurde am 27. Juni 1884 im Reichstag mit einer starken Majorität von Konservativen, Zentrum und Nationalliberalen gegen die Stimmen der Deutsch-Freisinnigen und der Sozialdemokraten angenommen. Gegner der Vorlage waren also zwei Parteien, die in ihren Grundauffassungen und Interessen einander diametral entgegengesetzt waren; zu den Befürwortern gehörten Parteien, die in ihrer jüngsten Vergangenheit hart miteinander in Fehde gelegen hatten. Die Deutsche Freisinnige Partei war eben erst, im März 1884, gebildet worden, zu der Zeit, als die Beratung der Unfallvorlage begann. Sie war durch den

Zusammenschluß der Sezessionisten und der alten Fortschrittspartei zustande gekommen. In denselben Wochen gab sich die Nationalliberale Partei in Heidelberg ein neues, bismarckfreundliches Programm.

Diese Neubildungen hatten sich seit den Reichstagswahlen von 1881 vorbereitet, in denen der allgemeine Linkstrend in der Stimmung des Volkes zum Ausdruck gekommen war. Das machte jenen Kräften innerhalb der Fortschrittspartei Mut, die eine demokratische Erneuerung anstrebten. So gab die „Volks-Zeitung" im Juni 1882 die Losung aus: „Von der Verteidigung zum Angriff" und bekämpfte den Geist der Defensive, den sogar ein solcher Mann wie Leopold Sonnemann ein gutes halbes Jahr vorher in einer Frankfurter Wahlversammlung bekundet hatte. Damals schlug er eine alle Schattierungen der Liberalen umfassende „Vereinigung zur Abwehr gegen die Reaktion" vor. Die von ihm formulierten sieben Punkte eines Aktionsprogramms zeigten schon in ihrem graphischen Bild ihren Defensivcharakter: *Gegen* jede Verfassungsverschlechterung; *gegen* ein mehrjähriges Militärbudget; *gegen* Beseitigung des Einnahmebewilligungsrechts; *gegen* Lebensmittelzölle und *gegen* neue Schutzzölle; *gegen* Verlängerung des Sozialistengesetzes; *gegen* das Tabakmonopol und schließlich *gegen* staatssozialistische Projekte aus indirekten Steuern.[52]

Dieser Themenkatalog gab zwar ein ziemlich vollständiges Bild dessen, was das am Freihandel interessierte Bürgertum, das Kleinbürgertum und die Arbeiterschaft bedrückte, aber der die Demokraten um die Berliner „Volks-Zeitung" gingen weiter zu offensiven Forderungen: Verantwortlichkeit der Regierung gegenüber dem Parlament; allgemeines, gleiches, direktes und geheimes Wahlrecht auch für die Einzelstaaten und Gemeinden; Sicherung der Vereins- und Versammlungsfreiheit durch Reichsgesetz; Bewegungsfreiheit der Arbeiter, um in Vereinen und Genossenschaften selbstätig die Verbesserung ihrer Lage herbeizuführen; allgemeine Volksschulerziehung und Nationalitätentoleranz; Abkürzung der Militärdienstzeit; Förderung der allgemeinen Abrüstung.

Es gab durchaus einige Chancen, mit diesen nicht bloß liberalen, sondern demokratischen Forderungen beachtlichen Anhang innerhalb der Fortschrittspartei zu finden. Hatte sich doch die Zahl der lokalen Vereine in den Jahren zwischen 1880 und 1884 mehr als verdoppelt, von 78 auf 169, auch der Anteil der kleinen Gewerbetreibenden und Handwerker in den Vorständen war zur gleichen Zeit von 10 auf 16 Prozent gestiegen. In die Reichstagsfraktion der

Fortschrittspartei kamen durch die Wahl von 1881 Lehrer, Redakteure und auch zwei Handwerker.[53] Solche Entwicklungen bereiteten einigen Führern der Fortschrittspartei, vor allem Eugen Richter und Albert Hänel, allerdings etwas Unbehagen.

Ihre offene und verdeckte Aktion gegen die demokratische Opposition in der Partei verstärkte sich, als einige ihrer Vertreter im Reichstag verschiedene Anträge der Sozialdemokraten unterstützten. Alarmiert aber waren beide, als sich aus Anlaß der Berliner Stadtverordnetenwahl ein Zusammenwirken zwischen linken Fortschrittlern und Sozialdemokraten abzeichnete – wenn dies auch nur gegen die konservativ-antisemitische Partei, die sogenannte „Bürgerpartei", gerichtet war. Eugen Richter und seine Vertrauten waren nun entschlossen, zum Gegenangriff auf die innerparteiliche Opposition überzugehen. Darum nahmen sie Kurs auf die Verbindung ihrer Partei mit der „Liberalen Vereinigung", den „Sezessionisten". Die Fusion mit ihnen zur Deutschen Freisinnigen Partei bedeutete die Liquidation der schon über zwanzig Jahre existierenden Fortschrittspartei.

Doch das nahm Eugen Richter in Kauf, obwohl er den Anschauungen der alten Fortschrittspartei verhaftet blieb, die schon bei ihrer Gründung nicht in die Nähe eines Radikalismus der Achtundvierziger Revolution gerückt und deshalb auch nicht als „demokratisch" bezeichnet werden wollte. Richter war ein so enger Geist, daß er neben seinem Antisozialismus nur noch zwei Prinzipien kannte: den Ausbau der konstitutionellen Monarchie, insbesondere der Rechte des Parlaments in Finanzfragen; und die Wirtschaftspolitik auf der Grundlage des Freihandels. Sein Unvermögen, neu aufkommende Fragen zu erfassen, wurde schon damals von vielen Zeitgenossen erkannt. Der sezessionistische Publizist Theodor Barth umschrieb dies später nur höflich: „Sein Geist widerstrebte der Universalität und suchte stets in der Beschränkung auf das Spezielle seine Befriedigung". Das führte dazu, daß Richter jeden politischen Kampf „wesentlich von Budgetgesichtspunkten führte".[54] Franz Mehring, der als Journalist den Fortschrittsführer über Jahrzehnte hinweg beobachten konnte, nannte ihn kurz und bündig einen „Rechenknecht" und „Banausen" und zog einen enthüllenden Vergleich: „Niemals sonst hat in unserem öffentlichen Leben ein Mann gestanden, der so gänzlich jeder ästhetischen und historischen Bildung ermangelte. Richter stand darin tief unter Männern wie Bennigsen und Miquel, tief auch unter Bismarck . . ."[55]

Von ganz anderem geistigen Format war Albert Hänel, Stiefsohn Heinrich Laubes, des Schriftstellers und späteren Leiters des Wiener Burgtheaters. Als Professor an der Universität in Kiel wurde Hänel ein bekannter Staatsrechtler, der sich schon 1861 der Fortschrittspartei angeschlossen hatte. Obwohl er sich bei ihrer Spaltung 1867 nicht von ihr trennte, neigte er dennoch zur nationalliberalen Taktik und gab sich immer wieder der Illusion hin, eine „große liberale Partei" könne doch noch geschaffen werden. Nur von seiner Ideologie geleitet, begriff er nicht, daß die wirtschaftspolitischen Interessen der einzelnen Fraktionen eine solche „Mischmaschpartei", wie Demokraten und Sozialdemokraten höhnten, unmöglich machten. Aber gerade diese mit Illusionen behafteten Anschauungen machten Albert Hänel geeignet, Verhandlungen über den Zusammenschluß der Fortschrittspartei wenigstens mit den Sezessionisten zu führen. Eugen Richter schickte ihn in dieser Sache gern vor, in seiner preußisch-provinziellen Enge wohl spürend, daß die führenden Sezessionisten, die ihrer ökonomischen Stellung, ihren weitverzweigten Beziehungen und ihrer hohen Bildung nach wirkliche Weltmänner waren, nicht gern mit ihm verhandeln würden.

Zur Gruppe der Sezessionisten gehörte in erster Linie Ludwig Bamberger, dem man seit 1870 immer wieder auf der politischen Bühne begegnete. Hochgebildet und mit den internationalen Problemen des Handels und der Finanzwirtschaft wohlvertraut, vermochte er die Interessen der exportierenden Fertigwarenindustrie, der mit ihr verbundenen Banken und der Versicherungsgesellschaften talentvoll zu vertreten. Im Grunde seines Herzens verehrte er Bismarck, trennte sich aber von ihm seit dessen Schutzzollpolitik und Hinwendung zu der auf Kohle und Stahl basierenden Schwerindustrie.

Eine besondere Stellung unter den Sezessionisten nahm Georg Siemens ein, der bald nach der Gründung der Deutschen Bank deren Direktor wurde. Nachdem er sich von der Nationalliberalen Partei getrennt hatte, wurde er der finanzkräftigste Protektor der Sezessionisten. In seiner großen Villa in der Tiergartenstraße 37 wohnten während ihres Berliner Aufenthaltes solche Männer wie der Danziger Heinrich Rickert und der Bremer Theodor Barth. Verbunden durch einen kulturvollen, weltoffenen Liberalismus, verkehrten im „Sezessionistenhaus" auch Ludwig Bamberger, Franz von Stauffenberg, Theodor Mommsen und Karl Schrader. Dieser, ursprünglich Mitglied der Direktion verschiedener Privateisenbahngesellschaften, wurde Berater der Deutschen Bank und später in ihrem Dienste Aufsichtsrat der Anatolischen Bahn. Sein großes Vermögen entsprach seinem ausgeprägten Selbstbewußtsein als Unternehmer; später machte er einige Anstrengungen, um den als Spießbürger angesehenen Eugen Richter aus der Führung der Freisinnigen Partei zu verdrängen.

Theodor Barth war als Berater innerhalb der Deutschen Bank besonders für amerikanische Angelegenheiten zuständig. Ansehen und Einfluß gewann er vor allem durch die Leitung der im Oktober 1883 gegründeten Wochenzeitschrift „Die Nation", die zu einem beachtlichen Teil durch Inserate der Deutschen Bank finanziert wurde.[56] Die Zeitschrift entwickelte sich zum „geistig bedeutendsten" Organ des Großbürgertums in Deutschland, wie Franz Mehring später feststellte.[57] Zu ihren Mitarbeitern gehörten Gelehrte wie Mommsen und Virchow, auch Anatole France und Bernhard Shaw schickten ihre Beiträge. Die Literatur- und Theaterkritik der „Nation" machte immer wieder auf Zola aufmerksam. Schließlich setzte sich Otto Brahm in dieser Zeitschrift für den jungen Gerhart Hauptmann ein. Kurz und gut: der Kreis der Sezessionisten zeigte sich aufgeschlossen gegenüber neuen Kulturentwicklungen im In- und Ausland. In diesem Sinne betrachtete er sich als Elite der Nation, was allerdings zu reduzieren war auf eine Elite der herrschenden Schichten.

Die Sezessionisten mit ihrer „Liberalen Vereinigung" hatten vor allem in Berlin ihre Zentren, ferner in den beiden Seestädten Danzig und Bremen. Von dort kam Theodor Barth, der von 1876 bis 1883 Syndikus der Handelskammer war. In Bremen wirkte auch Otto Gildemeister viele Jahre als Regierender Bürgermeister, er war aber auch Übersetzer von „Lord Byrons sämtlichen Werken", von Shakespeare-Dramen und Dantes „Göttlicher Komödie" und Leitartikler der „Weserzeitung"[58], an der in den Jahren 1883 und 1884 auch Franz Mehring mitarbeitete.[59] In Süddeutschland hatten die Sezessionisten nur in München einen bedeutsamen Stützpunkt. Dort wirkte Franz v. Stauffenberg, hochgebildeter Aristokrat und bayerischer Landtagsabgeordneter. Er war nicht unmittelbar mit einem Unternehmen verbunden und nahm seinen Liberalismus ernst; im Sozialistengesetz sah er „alle Gefahren und Consequenzen" auch für eine liberale Partei, ja für ihre „ganze Zukunft". Obwohl Franz v. Stauffenberg gelegentlich als liberale Galionsfigur benutzt wurde, fanden seine Ratschläge und Warnungen kaum Gehör.[60]

Die Position der Sezessionisten zu Bismarck und zu dem, was man schon damals als seine Kanzlerdiktatur bezeichnete, formulierte prägnant der Danziger Abgeordnete Rickert, wenn er in der geplanten liberalen Partei nicht eine „Partei wider Bismarck", sondern nur eine „Majorität gegen die jetzigen Pläne Bismarcks" schaffen wollte.[61] Obwohl sie in Bismarck durchaus das politische Genie achteten, waren für die Sezessionisten der Freihandel und die Abwehr der wirtschaftspolitischen Maßnahmen der Regierung entscheidend. Sie erstrebten die Vereinigung mit der Fortschrittspartei auch im Blick auf den bald zu erwartenden Thronwechsel. Eine große liberale Partei sollte eine parlamentarische Stütze werden für den vermeintlich liberalen Kronprinzen Friedrich Wilhelm, den späteren Friedrich III. Führende Sezessionisten pflegten in der Tat Beziehungen zum kronprinzlichen Hof, so der Berliner Oberbürgermeister Max von Forckenbeck, Franz von Stauffenberg, auch Karl Schrader; Ludwig Bamberger wurde 1888 sogar der geheime politische Berater der Kaiserin Viktoria.

Die „Liberale Vereinigung" ließ sich bei ihrem Streben nach Fusion mit der Fortschrittspartei auch von wahltaktischen Überlegungen leiten. Es war ihr bewußt, daß ihre Organisation der „mittleren Offiziere" und erst recht der unteren Chargen ermangelte. Der Überraschungssieg von 1881 konnte sich nicht wiederholen, wenn nicht eine aktionsfähige Organisation vorhanden war. So schrieb Stauffenberg: „. . . die Sache *muß* gemacht werden. Für *uns* liegen die Dinge so: bei Ablehnung gehen wir sicher zugrunde, denn unsere ganze Stellung kann nur vorübergehend haltbar sein."[62]

Die Verhandlungen über die Verbindung der beiden Parteien wurden in aller Heimlichkeit geführt. Daran waren insbesondere die beiden leitenden Männer der Fortschrittspartei, Richter und Hänel, interessiert, mußten sie doch so operieren, daß sie ihre eigene Partei in einem geeigneten Moment überrumpeln konnten. Selbst Rudolf Virchow wurde im unklaren gelassen. Im ausgehandelten Programmentwurf machte die Fortschrittspartei die meisten Konzessionen. Hier fehlte sogar die lange Zeit erhobene Forderung nach Ministerverantwortlichkeit. Statt dessen verlangte man umschreibend: „. . . ein aufrichtiges Zusammenwirken zwischen Regierung und der Volksvertretung unter wechselseitiger Achtung der ihnen anvertrauten Rechte, eine umsichtsvolle, auf unmittelbare Verständigung abzielende Vorbereitung der Vorschläge, welche der Gesetzgebung unterbreitet werden."[63] Genau besehen, war diese Auffassung eines konstitutionellen Verfassungslebens nahezu identisch mit der eines Bismarck, der gerade in jenen Wochen wieder einmal erklärte, er wolle die Mitwirkung des Reichstages, aber keine parlamentarische Regierung.

Da das Vorrechnen der Militärlasten – Posten für Posten und auf Heller und Pfennig – zum Expertenthema der parlamentarischen Attacken Eugen Richters gehörte, mußte es auffallen, daß programmatische Forderungen nach ihrer „Verminderung" nicht mehr erhoben wurden. Von jährlicher Bewilligung der Friedenspräsenzstärke des Heeres war auch nicht mehr die Rede. Wenn es im Programmentwurf hieß, die Wirtschaftspolitik solle „nicht Sonderinteressen auf Kosten der Gesamtheit begünstigen", dann zielte dies auf die einseitige Orientierung Bismarcks auf die Schutzzollinteressen der Schwerindustriellen hin. Natürlich wandte man sich auch gegen die „staatssozialistischen" Pläne des Kanzlers und schreckte mit dem roten Gespenst.

Verständlicherweise gab es innerhalb der Fortschrittspartei doch einige Widerstände, als die Vereinigungspläne nach und nach bekannt wurden. Viele Mitglieder waren schon durch den Verzicht auf den Namen „Fortschrittspartei" schockiert, der immerhin mit einigen Kampftraditionen verbunden war. Da der Programmentwurf jedoch in geschickter Weise verklausuliert war, konnten selbst die demokratisch gesinnten Mitglieder ihre Kritik keineswegs so leicht anbringen, zumal auch sie von dem Gedanken einer großen liberalen Partei fasziniert waren und sich in der Illusion wiegten, sie könnten innerhalb eines größeren Forums ihren Einfluß verstärken. Am 15. März 1884 tagten die Sezessionisten, am 16. die Fortschrittsparteiler. Beide nahmen die Fusion mit wenigen Gegenstimmen an.

Bismarck ließ in seiner offiziösen Presse recht scharf reagieren und setzte sich dann persönlich im Reichstag nicht mit dem Programm, sondern mit dem Namen der eben gebildeten Freisinnigen Partei auseinander;[64] denn es gäbe kaum ein Wort, mit dem mehr Mißbrauch getrieben werde als mit dem Worte „frei". Dabei habe es „immer noch mehr Zauber, wenn es vor irgend ein anderes Adjektiv gesetzt wird. (Heiterkeit) Meiner Erfahrung nach versteht jeder unter Freiheit nur die Freiheit für sich selbst und nicht die für andere, ... kurz, sie verstehen unter ‚Freiheit' eigentlich Herrschaft." In diesem Sinne interpretierte er auch die in den Jahrhunderten des Verfalls des Deutschen Reiches immer wieder beschworene „germanische Freiheit", worunter man verstanden habe: „Die

Freiheit der Fürsten vom Kaiser und die Herrschaft des Adels über die Leibeigenen! Sie wollten ihrerseits frei sein; das heißt, ‚frei sein' war bei ihnen und auch bei anderen mit dem Begriff ‚herrschen' identisch, sie fühlten sich nicht frei, wenn sie nicht herrschten. Deshalb hat mich dieses Wort überall, wo ich ‚frei' vor einem anderen Adjektiv lese, argwöhnisch gemacht, auch das Wort ‚freisinnig' . . . Kurz und gut, ich traue dem Worte nicht, (Heiterkeit) aus dem Grunde, weil keiner die Freiheit für alle will, jeder will sie für sich, aber nur so frei, daß die anderen ihm zu gehorchen und zu folgen haben."

Nach diesem historischen und moralisch-politischen Exkurs erklärte Bismarck, daß er sich gegen die Bezeichnung, die die neue Fraktion gewählt habe, verwahre und „sie amtlich nicht benutzen" werde. Er wollte auch freisinnig sein und wandte sich gegen den Anspruch der neuen Fraktion, diese Gesinnung für sich allein geltend machen zu wollen.

Bemerkenswert ist, daß schon einige Tage vor dieser Erklärung die „Norddeutsche Allgemeine Zeitung" vom 9. März in einem großen Artikel über die Fusion und das Programm die Bezeichnung „Freisinnige Partei" absichtsvoll vermied und nur von den „beiden Unterabteilungen der Fortschrittspartei" schrieb. Und auch die freikonservative „Post" sah in der Fusion die „Rückbildung zu der Fortschrittspartei der Konfliktszeit".[65]

Diese massive Demagogie, die die großbürgerlichen Herren von der sezessionistischen „Liberalen Vereinigung" einschüchtern sollte, nützte im Grunde den Managern der Parteifusion innerhalb der Fortschrittspartei, deren Mitglieder durch solche Attacken in der Hoffnung bestärkt wurden, die alten Traditionen seien nicht aufgegeben. Tatsächlich verlief die Entwicklung umgekehrt. Die großbürgerlichen Politiker gewannen zunehmend Einfluß auf die Politik der Freisinnigen Partei und schwächten die oppositionelle Haltung ab. Das Antidemokratische und Antisozialistische wurde verstärkt, man verdrängte die Demokraten allmählich aus vielen Positionen; nur eine Bastion blieb ihnen noch für ein knappes Jahrzehnt erhalten: die Berliner „Volks-Zeitung".

Fast gleichzeitig mit der Gründung der Deutschen Freisinnigen Partei leitete die Nationalliberale Partei mit der Heidelberger Erklärung vom 23. März 1884 eine neue Etappe ihrer Entwicklung ein. Bennigsen hatte sich 1883 aus dem parlamentarischen Leben zurückgezogen, damit demonstrierend, daß er weder Bismarck offen bekämpfen noch sich ihm unterwerfen wollte. Eine solche Verlegenheitslösung war für den einzelnen Politiker möglich, aber nicht für eine ganze Partei. Wenn die Nationalliberalen sich als Organisation nicht aufgeben wollten, mußten sie sich für oder gegen Bismarck entscheiden.

Tatsächlich versuchten seit 1882 vor allem süddeutsche Politiker, die in dem allgemeinen Differenzierungsprozeß des Bürgertums und damit des Liberalismus immer stärker nach rechts gedrängt wurden, die gesamte Nationalliberale Partei zu veranlassen, den Rechtsruck des Bismarckschen Regimes vorbehaltlos mitzumachen und wieder so etwas wie Regierungspartei zu werden. Es war der sehr bewegliche Miquel, der diese Bestrebungen unterstützte und die Heidelberger Erklärung der Nationalliberalen Süd- und Südwestdeutschlands inspirierte.[66]

Die Erklärung war, wie Bassermann 1910 feststellte, das „Bekenntnis zu Bismarck". Zwar traten die Nationalliberalen noch für die Erhaltung der Rechte des Reichstages ein, aber eine Anfechtung der Zoll- und Wirtschaftspolitik der Regierung hielten sie nun für „nachteilig und gefährlich".

Der 1. Allgemeine Delegiertentag der Nationalliberalen Partei, der am 18. März 1884 in Berlin stattfand[67], stimmte der Heidelberger Erklärung zu. Damit waren alle konstitutionellen Forderungen – 1877 war noch von Ministerverantwortlichkeit die Rede gewesen – aus dem Programm verschwunden. Dieser Rechtsruck der Nationalliberalen führte geradewegs zu dem Kartell von 1887, zur engsten Verbindung der Partei mit den Konservativen seit ihrem Bestehen.

Alle Fraktionen des Liberalismus vollzogen also im Frühjahr 1884 eine weitere Entwicklung nach rechts hin, jede auf ihre Weise; in einer politisch-taktischen Grundfrage war man sich jedenfalls einig: in der feindseligen Distanz zu allen demokratischen, erst recht sozialdemokratischen und auch außerparlamentarisch linksgerichteten Kräften. Die „Norddeutsche Allgemeine Zeitung" brauchte nicht mehr, wie noch Ende 1881, zu fürchten, daß die „liberale Bourgeoisie ... politische Verbündete in der Klasse ihrer wirtschaftlichen Erbfeinde, den Arbeiterklassen ..."[68], suchte und fände. Auch die kleinbürgerlichen Schichten verloren mehr und mehr das Vertrauen, das sie noch in den sechziger Jahren in die Fortschrittspartei gesetzt hatten.

*

Verständlich, daß die Sozialdemokratie in solchen legalen Arbeiterorganisationen wie den Fachvereinen und Hilfskassen ihre Tätigkeit verstärkte; zur Sozialdemokratie gingen auch viele im Geiste gesamtdeutscher und radikaler Traditionen von 1848/49 denkende und handelnde Anhänger der kleinbürgerlichen Demokratie über. Beobachtete man dies seit einiger Zeit in der Reichshauptstadt, so war eine solche Entwicklung im südwestdeutschen Baden fast noch ausgeprägter. Nach den Erfahrungen des Wahlkampfes von 1881 lehnten die dortigen Demokraten die schwäbischen Sonderbündeleien eines Karl Mayer, der Antipreußentum mit Antizentralismus gleichsetzte, endgültig ab.[69] Sie praktizierten damit, was Friedrich Engels in seinen Schlußfolgerungen zum „Deutschen Bauernkrieg" niederschrieb und gesperrt drucken ließ: „Wer nach den beiden deutschen Revolutionen von 1525 und 1848 und ihren Resultaten noch von Föderativrepublik faseln kann, verdient nirgend anders hin als ins Narrenhaus".[70]

Dem, was sich hier Anfang der achtziger Jahre beim Übergang radikal-bürgerlichen Demokratentums in die sozialistisch-proletarische Bewegung zu vollziehen begann, war ein Vierteljahrhundert früher eine Entwicklung von historisch ähnlichen Dimensionen vorausgegangen, als Männer wie Johann Philipp Becker und Wilhelm Liebknecht, verwurzelt in der Revolution von 1848, sich der „Internationalen Arbeiter-Association" anschlossen. Über biographische Entwicklungswege hinaus zeigte sich darin eine wichtige Traditionslinie. Natürlich brachten diese kleinbürgerlich-radikalen Demokraten auch ihre besondere Art des revolutionären Geistes in die Sozialdemokratie ein, sie bereichernd, mitunter aber auch belastend.

Wie überall, wo politische Traditionen, soziale Konnexionen, Bildungswege und Aktionsbereiche führender Männer differieren, entstanden Meinungsverschiedenheiten über Strategie und Taktik, über Theorie und Praxis des Sozialismus; das zeigte sich besonders in der Reichstagsfraktion.

Anlaß dazu gab immer wieder Bismarck, der mit der Sozialversicherung und ihrer ideologischen Präsentation lockte und auch Verwirrung stiftete. Der staatssozialistische Unsinn, in dem er sich zuletzt in seiner großen Reichstagsrede vom März 1884 erging, hatte politische Methode. Sie sollte zwischen den „wirtschaftlichen Erbfeinden", also den Vertretern der „Arbeiterklassen" und denen des liberalen Bürgertums, zusätzlich Gegensätze schaffen und die „gemäßigten Sozialdemokraten" verunsichern.

Grillenberger, ein Buchdruckereibesitzer und bekannter sozialdemokratischer Führer in Nürnberg, hatte noch in seiner Rede anläßlich der Interpellation des Zentrumsabgeordneten und späteren Reichskanzlers Hertling von den Abschlagszahlungen gesprochen, die Bismarck an die Arbeiter und den Sozialismus gemacht habe: er vertrat also die alte Theorie von den halb- oder ganzsozialistischen Maßnahmen der Regierung in abgeschwächter und modifizierter Form. Auch die Reichstagsrede der Sozialdemokraten Kayser[71] und Hasenclever[72] verrieten noch mehr oder weniger Überreste lassalleanisch-staatssozialistischen Denkens, ganz zu schweigen von den staatssozialistischen Auffassungen, die in legalen Arbeiterblättern vertreten wurden,[73] wie etwa im „Berliner Volksblatt" oder im Münchner „Recht auf Arbeit".

Während die Redakteure dieser beiden Organe, Wilhelm Blos und Louis Viereck, staatssozialistische Reformen um des Klassenfriedens willen propagierten, erklärten junge marxistische Ideologen wie Karl Kautsky und Eduard Bernstein, daß gerade der Klassenkampf die Voraussetzung für solche sozialen Reformen sei. Die beiden wandten sich auch gegen den einseitigen Angriff auf das System des Manchestertums und warnten davor, daß man vom Staate Reformen durch Abhängigwerden von Bismarck und den Konservativen erkaufte.

Während Eduard Bernstein als Chefredakteur des „Sozialdemokrat" zunächst nur national wirksam war, wuchs Karl Kautsky immer mehr in die Rolle einer international bedeutenden Persönlichkeit hinein. Die von ihm redigierte „Neue Zeit", die ab Januar 1883 legal in Stuttgart erschien,[74] zog als marxistische Monatsschrift im Laufe der folgenden Jahrzehnte Mitarbeiter aus fast allen europäischen Ländern an. Wer sich mit Theorie und Praxis der Arbeiterbewegung auseinandersetzen wollte, konnte nicht umhin, die „Neue Zeit" zu Rate zu ziehen, gleichgültig, ob in Paris, in Brüssel, Amsterdam, Stockholm, Mailand, Wien oder Belgrad, Petersburg oder sibirischen Verbannungsorten. Das alles war auch ein Teil deutscher Weltwirkung.

Im Grunde genommen waren die Jahre 1883 und 1884 eine Reaktion auf die Wende von 1878/79. Die neu- oder umgebildeten Parteien mußten jetzt Stellung nehmen zur Verlängerung des Sozialistengesetzes, das ihnen Antwort auf die Frage abverlangte, wie sie es denn mit dem Liberalismus hielten. Richter war anfänglich gegen eine Verlängerung, mußte sich jedoch den früheren Sezessionisten beugen. Er lieferte schließlich das Rezept, wie die Annahme ohne große Nachteile für die neugebildete Deutsche Freisinnige Partei zu bewerkstelligen sei: ein Teil der Sezessionisten sollte zustimmen, ein anderer der Abstimmung fernbleiben, gewissermaßen abkommandiert werden. So geschah es denn auch. Mit 189 zu 157 Stimmen wurde das Sozialistengesetz im Frühjahr 1884 verlängert. Jeder konnte nachrechnen, daß die Stimmen des Freisinns für eine Ablehnung ausgereicht hätten. Peinlich wirkte es, wie durch die „Abkommandierten" der politische Schein gewahrt werden sollte, ohne den antisozialistischen Zweck zu gefährden. So kam die Freisinnige Partei schon in den ersten Monaten ihres Bestehens ins Zwielicht.

Die Quittung für ihr Verhalten erhielt sie bei der Herbstwahl von 1884, wo die in ihr vereinigten Fortschrittsparteiler und Sezessionisten ein Drittel ihrer Mandate, nämlich 32, verloren und nur 67 Abgeordnete in den Reichstag bringen konnten. Besonders schwer wog die Tatsache, daß damit der Freisinn als einzige Partei Verluste hatte. Es waren fast 100000 Wählerstimmen, und das bei 11 Prozent höherer Wahlbeteiligung im Vergleich zur Wahl von 1881. Die Konservativen erhielten sogar Stimmengewinne. Die Verfolgung der Sozialisten und den Prinzipienverrat der Liberalen beantworteten die Arbeiterwähler eindeutig. Die Sozialdemokratie gewann über 230000 neue Wähler und konnte mit insgesamt fast 550000 Wählerstimmen jede 10. Stimme für sich verbuchen. Sie verdoppelte die Mandate und zog mit 24 Abgeordneten in den Reichstag. Das Zentrum, das zwar 100000 Stimmen gewann, aber einen Reichstagssitz verlor, bildete wiederum das Zünglein an der Waage zwischen Rechten und Linken im Reichstag. Die Mehrheitsverhältnisse wurden insgesamt durch die Wahlen nicht verändert. Das schuf für Bismarck in den kommenden Jahren neue innenpolitische Schwierigkeiten.

Sie wurden um so größer, als der ohnehin chronische Depressionszustand der Wirtschaft 1883 erneut in eine akute Krise geriet, die 1886 ihren Tiefpunkt erreichte. Bald setzte ein Preisverfall ein, der zunächst und vor allem den Bergbau und die Metallindustrie traf. Produktionseinschränkungen und damit Arbeitslosigkeit und sinkende Löhne wurden unvermeidlich. Wegen der sozialen Unsicherheit wanderten viele städtische und ländliche Arbeiter aus. In den Jahren 1883 bis 1888 verließen jährlich über 100000 Menschen das Deutsche Reich und suchten Zuflucht, Arbeit und Brot vornehmlich in den USA, wo sie ihre ursprüngliche Nationalität allmählich verloren. Die Auswanderung war ein Verlust für

Zwischendeck eines Auswandererschiffes

die Nation, aber auch ein Ventil. Die Unzufriedenheit der Zurückgebliebenen jedoch blieb und machte die Sozialpolitik zum Dauerthema aller gesellschaftlichen und politischen Kräfte.[75]

Immer wieder Streit mit dem Reichstag. Um den Arbeiterschutz

Einen Tag vor den Oktoberwahlen 1884 hatte Bismarck gegenüber Lucius v. Ballhausen spekuliert, „wenn sie über Gebühr oppositionell ausfielen, so würde das parlamentarische System um so schneller ruiniert und die Säbelherrschaft vorbereitet werden."[76] Wiederholt wünschte er einen Putsch der Sozialdemokraten herbei, um Anlaß zum Eingreifen zu bekommen.

Das waren Erwartungen, die Bismarck bisweilen schon in den fünfziger Jahren gegenüber radikal-demokratischen Gruppen gehegt hatte. Nach 1871 aber erschien ihm eine Pariser Kommune auf deutschem Boden eine günstige Gelegenheit, um mit den organisierten Arbeitern militärisch abrechnen zu können. Wohl ahnend, daß dies ebenso sanguinische wie vergebliche Hoffnungen sein könnten, dachte er noch an ein Zusammenspiel mit religiös gebundenen Arbeitern. Nur eine Woche nach der Wahl, am 4. November, richtete er an den Evangelischen Arbeiterverein in Herne freundliche Worte und pries die Sozialreform, die vom „Geiste der

Bismarck im Reichstag

Versöhnung und Ausgleichung der Klasseninteressen geleitet" sei.[77]

Zehn Tage später sprach er davon, daß „eine Reform der socialen Zustände nur durch die monarchische Gewalt erfolgen kann", weil sie allein „über den wechselnden und streitenden Parteien der Gegenwart steht".

Unabhängig von solchen Spekulationen führte Bismarck den Kleinkrieg gegen den Reichstag fort. So wurde Ende 1884 den Abgeordneten die Freifahrt auf der Bahn zwischen ihrem Wohnort und Berlin entzogen. Und selbst wenn die schutzzöllnerische Mehrheit des Reichstages im Mai 1885 den Weizen- und Roggenzoll verdreifacht und dazu die Viehzölle erhöht hatte, Bismarck verlangte noch mehr vom Parlament. Ständig verfolgte er das Ziel, den Geldbedarf des Reiches ausschließlich aus indirekten Steuern zu decken, um den Einfluß des Parlaments auf die Einnahmen des Reiches und der Länder weitgehend auszuschalten.

Anfang 1886 versuchte er daher, das Branntweinmonopol durchzusetzen. Danach sollten Reinigung, Verarbeitung und Verkauf des Branntweins vom Reich übernommen werden, das natürlich auch den Preis bestimmte. Die alten Brennereien konnten weiter produzieren, aber neue faktisch nicht errichtet werden. Zunächst rechnete Bismarck mit einem Reingewinn für das Reich –

und damit vor allem für die Ausrüstung des Heeres – von ungefähr dreihundert Millionen Mark.[78] Natürlich spielten hier auch handfeste Profite eine Rolle; während bisher die Brenner ungefähr 25 Mark am Hektoliter Rohspiritus verdienten, versprach ihnen das Monopol mindestens dreißig Mark. Darüber höhnte die „Germania“: „Nur nicht bescheiden“, und selbst die freikonservative „Post“, die gewöhnlich den Kanzler unterstützte, mußte zugeben: „Weniger wäre hier ohne Zweifel mehr gewesen“.[79] Die Mehrheit des Reichstages lehnte dann auch das Branntweinmonopol ab, Bismarcks Absichten durchkreuzend, kraft unkontrollierbarer Reichseinnahmen vom Parlament unabhängig zu werden.

*

Während der Agitation für den Eintritt in die von den Arbeitern verwalteten Hilfskassen kam immer wieder zur Sprache, daß eine ohnehin verbesserungswürdige Versicherung nur für Kranke nicht genüge; der Gesetzgeber müßte auch etwas tun für den Schutz der Gesunden und die Erhaltung ihrer Arbeitskraft. Das zeitigte Wirkung auf einige Fraktionen des Reichstages; insbesondere hielt es das Zentrum für angebracht, sozialpolitische Anträge zu stellen, bei denen es vor allem um das Verbot der Sonntagsarbeit ging.

Auch die Sozialdemokraten fühlten sich nach ihrem Wahlerfolg verpflichtet, Gesetzesvorschläge einzureichen, wozu sie auch von Friedrich Engels ermuntert wurden. Der von ihrer Fraktion am 29. Januar 1885 eingebrachte Arbeiterschutzgesetzentwurf enthielt vor allem die Forderung nach zehnstündigem Normalarbeitstag; sodann verlangte er das Verbot der Sonntags- und Feiertagsarbeit, auch das der Nachtarbeit bei Berücksichtigung betriebstechnisch notwendiger Ausnahmen; schließlich das Verbot der Frauenarbeit auf Hochbauten und unter Tage. Entgegen dem Herr-im-Hause-Standpunkt der Unternehmer sollte festgelegt werden, daß die Arbeitsordnung im Betrieb nur nach vorheriger Meinungsäußerung seitens der beschäftigten Arbeiter erlassen werden dürfte und an sichtbarer Stelle ausgehängt werden müßte.[80] Die von den Sozialdemokraten verlangte einheitliche Regelung des Fabrikinspektorats zielte auch darauf ab, den immer wieder betonten Mangel an Fabrikinspektoren zu beheben.

Nach Beendigung der ersten Lesung wurde der sozialdemokratische Gesetzentwurf der X. Kommission überwiesen, die auch die übrigen Arbeiterschutzanträge behandelte. Von all diesen Vorschlägen blieb nur einer, der dem Reichstag zur Debatte übergeben wurde. Es handelte sich um das Verbot der Sonntagsarbeit für die Arbeiter in Fabriken, in Werkstätten und auf Bauten. Am 9. Mai 1885 entspann sich darüber im Reichstag eine heiße Debatte, in die Bismarck nicht weniger als fünf Mal eingriff. Seinen Widerstand gegen das Verbot der Sonntagsarbeit begründete er im wesentlichen mit drei Argumenten. Einmal gäbe es zu viele Betriebe, in denen die Arbeit am Sonntag notwendig sei. Für ihn war „das Feld der Ausnahmen, die da gemacht werden können, ... unbegrenzt“.[81] Des weiteren wäre mit dem Verbot der Sonntagsarbeit entweder eine Lohnsenkung für die Arbeiter verbunden oder im Falle des Ausgleichs eine Belastung für die deutsche Industrie, die sie selbst oder zumindest ihre Exportfähigkeit bedrohe. Schließlich sei nicht ausgemacht, daß alle Arbeiter nach dem sonntäglichen Ruhetag wirklich geistig und körperlich erholt seien. Wenn Arbeiter den Sonntag ihren Vergnügungen gewidmet hätten, dann würde der Montag „blau“ – was der Reichstag mit Heiterkeit quittierte. Aus diesen Gründen müsse man sehr vorsichtig zu Werke gehen und sich der Lösung des vorliegenden Problems zunächst durch eine Enquête nähern. In der Tat kam nach den langen sozialpolitischen Debatten des Winters und Frühjahrs 1884/85 auch nichts anderes heraus. Der Antrag der Kommission wurde nicht einmal zu Ende beraten, da die Session bereits am 15. Mai geschlossen wurde.

Als sich die parlamentarische Kommission auf das Verbot der Sonntagsarbeit konzentrierte, hatte sie sich gewissermaßen auf den kleinsten gemeinsamen Nenner der Arbeiterschutzgesetzgebung geeinigt. Und selbst dagegen stemmte sich Bismarck und erreichte, daß mit der Enquête gleich alles begraben wurde – bis ans Ende seiner Amtszeit. Erst dann sollte es sich herausstellen, daß alles, was der Kanzler 1885 erreicht hatte, ein Pyrrhussieg war. Seine Argumente im Parlament und die in amtlichen Schriftstücken mehr oder weniger inspirierten waren nie überzeugend gewesen. Nicht ohne Demagogie hatte er von Verboten gesprochen, die die Arbeiter treffen würden, und Erregung gemimt über „das frivole Spiel mit dem Wohl des Arbeiters“. Selbst Männer des „Zentralverbandes deutscher Industrieller“ waren nicht so intransigent wie er; immerhin befürwortete der Geheime Finanzrat Jencke in einer Delegiertenversammlung des Zentralverbandes eine zwölfstündige Sonntagsruhe, von Sonntag morgen 6 bis Sonntag abend 6 Uhr.[82]

Viele vermuteten, daß sich Bismarck bei seinem hartnäckigen Widerstand gegen das Verbot der Sonntagsarbeit vom Egoismus des Großagrariers und Betreibers ländlicher Unternehmen leiten ließ. Hatte doch der Erzkonservative und religiöse Eiferer Kleist-Retzow während einer Sitzung des Reichstages für Bismarck recht unangenehme Dinge vorgebracht, indem er ungeniert darauf hinwies, daß im Gegensatz zum Rheinland und Westfalen die Sonntagsarbeit im Osten und Norden Deutschlands – und auch in den Varziner Papierfabriken – üblich sei.[83]

Sicherlich wollte Bismarck als besitzstolzer und gewinnheischender Gutsherr durch kein Verbot oder gar durch kontrollierende Gewerbeinspektoren auf seinen Fluren, in seinen Wäldern und Fabriken in Schranken gehalten werden. Das erschien ihm schier unerträglich. Es ging ihm jedoch um weit mehr. Wenn Arbeiter unter Berufung auf staatliche Bestimmungen, wie etwa das Verbot der Sonntagsarbeit, Lohnzuschlag verlangen sollten, fürchtete er nicht allein die finanzielle Aufrechnung, sondern den Anlaß für neue Bewegungen im sozialen Bereich.

Aus seiner Abwehr des Verbots der Sonntagsarbeit im besonderen und der Arbeiterschutzgesetzgebung im allgemeinen sprach nicht nur der interessierte Besitzer, sondern auch der machtbewußte Politiker. Als solcher fürchtete er den Arbeiter nicht als Staatsrentner, der von Versicherungssätzen profitierte, sondern als mündigen Bürger, der auf Einhaltung von Arbeiterschutzbestimmungen pochen und immer neue fordern könnte. In der Ablehnung von Fabrikgesetzen traf sich Bismarck mit der sonst ungeliebten Freisinnigen Partei, in der sich insbesondere die ehemaligen Sezessionisten als eifrige Gegner etwa des Normalarbeitstages und anderer Betriebsbestimmungen, selbst zugunsten von Frauen und Kindern, hervortaten.[84] Es waren nicht nur die Sozialdemokraten, die Bismarck manchesterliches Verhalten vorwarfen; auch von den Zentrumsabgeordneten und von Konservativen mußte er dies hören. Kleist-Retzow schrieb an seinen Sohn im Mai 1885, Bismarck nehme in der Frage der Sonntagsarbeit „eine sehr traurige, eigentlich manchesterliche Stellung“ ein.[85]

Genauso dachten die Beamten in der zuständigen Abteilung des Handelsministeriums. Theodor Lohmann hielt Bismarck entgegen, daß in keinem der Industriestaaten, die den Arbeiterschutz kannten, die von ihm befürchteten Folgen eingetreten wären. Als der Kanzler bezweifelte, daß bestimmte vom Reichsamt des Innern vorgeschlagene Beschränkungen in der Frauen-, Kinder-, Jugendlichen- und Sonntagsarbeit den Arbeitern wirklich so erwünscht seien, machte Lohmann darauf aufmerksam, daß alle sozialpolitischen Vorschläge, auch wenn sie nicht überall Zustimmung fänden, doch günstig auf die Stimmung der Arbeiter wirkten. Alle am öffentlichen Leben teilnehmenden Arbeiter seien für Arbeiterschutz. „Sie und alle Arbeiterführer incl. die sozialdemokratischen, legen darauf mehr Wert als auf die Arbeiterversicherung." Die Wirkung der Arbeiterversicherung würde durch die Ablehnung des Arbeiterschutzes seitens der Regierung beeinträchtigt. „Ohne ein Entgegenkommen auf diesem Gebiete wird eine Versöhnung der Arbeiter mit der bestehenden Ordnung auch bei weiterem Ausbau der Versicherungsgesetzgebung schwerlich zu erhoffen sein."[86]

Es ist schwer zu verstehen, daß Bismarck durch solche Männer, deren sachliche Kompetenz er durchaus schätzte, nicht beeindruckt gewesen sein solle, zumal Lohmann konkret und anschaulich argumentierte. Bismarck mache es, so meinte er, seinen Gegnern im Reichstag leicht, ihn mit mehr oder weniger weitgehenden Forderungen nach Arbeiterschutz zu überspielen und ihn bei den Arbeitern ins Unrecht zu setzen. Schließlich hatten die sozialpolitischen Experten im Handelsministerium ja auch ihre Verbindungen in einzelnen Regierungsbezirken; so machte die Provinzialregierung von Oppeln in Oberschlesien wiederholt darauf aufmerksam, daß die Arbeit in der Eisen- und Zinkindustrie zu schwer und zu gefährlich für Frauen sei und deshalb gesetzliche Beschränkungen notwendig wären. Wenn daher in den amtlichen Exposés von „Abwehr zukünftiger Gefahren" die Rede war und Bismarck mehrmals „Abwarten" an den Rand schrieb, so warnte Lohmann gerade davor: „Die Gefahr des Abwartens liegt darin, daß das Verbot der Nachtarbeit, das zur Zeit kaum in die Verhältnisse der Arbeiter und der Industrie eingreift, jetzt leichter durchzuführen ist als später bei größerer Ausdehnung. Eingebürgerte Mißstände sind schwerer zu beseitigen, als sie von vornherein zu verhindern."[87]

Das Abwartenwollen Bismarcks zeigte Unsicherheiten vor selbständigen Regungen der Arbeiter an; er wußte nicht, wie sich die Verhältnisse in der Schwer- und Großindustrie entwickeln würden. Großunternehmer und Magnaten wie Louis Baare und Wilhelm von Kardorff hatten ihm zwar einiges beigebracht, aber vom sozialen Leben und Umfeld in den verschiedenen Betrieben verstand er wenig. Da beurteilte er meist alles vom patriarchalischen Herrenstandpunkt aus, der sich allerdings in mancher Hinsicht mit dem Herr-im-Hause-Standpunkt vieler Industrieller traf.

Dann aber hatte er sogleich eventuelle Gefährdungen der Herrschaftsstruktur in dem von ihm geschaffenen Reich im Auge.

Gegenüber Informationen und Ratschlägen seiner Beamten war der Kanzler zurückhaltend, wenn nicht gar mißtrauisch. Als Theodor Lohmann 1881 über die Fabrikinspektoren mit ihm sprach, ging sein Unverständnis geradezu in Argwohn über. Alle technischen Beamten, so meinte er, besäßen den „gräulichsten Hochmut", sobald ihnen ein bestimmter Bereich unterstehe. „Das würde auch mit den Fabrikinspektoren nicht anders sein, und daneben hätten sie dann auch noch den Ehrgeiz, die Advokaten der Arbeiter zu spielen und dadurch die Autorität der Unternehmer zu untergraben."[88]

Bisweilen nahm des Kanzlers Befürchtung, daß im Verhältnis zwischen Unternehmern und Arbeitern diese das Übergewicht bekämen, skurrile Formen an. Als Pastor Bodelschwingh im Jahre 1885 mitteilte, er habe in Bielefeld einen Verein zur Hebung der sozialen Lage der Fabrikarbeiter ins Leben gerufen, der Arbeiterwohnungen, „Arbeiterheim" genannt, bauen solle, ließ er ihm durch den Chef der Reichskanzlei v. Rottenburg antworten, es scheine ihm bedenklich, „den Erwerb von Grund und Boden seitens der Arbeiter" zu begünstigen. „Indem der Arbeiter in der Nähe der Fabrik, in der er beschäftigt ist, Besitz erwirbt, wird er notwendig die Herrschaft über den ganzen Arbeitsmarkt gewinnen; sein Angebot wird das einzige sein, weil andere Arbeitskräfte mit ihm nicht werden konkurrieren können, und dadurch muß der Arbeitsgeber in ein Abhängigkeitsverhältnis geraten, welches um so bedenklicher erscheint, als die Neigung zu erhöhten Forderungen in dem Arbeiter durch das Bewußtsein, in seinem Besitz einen Rückhalt zu haben, gesteigert werden wird".[89]

Hier wird verschiedenes in enthüllender Weise deutlich. Zunächst: Der Arbeiter ist eine Gefahr, die durch Besitzerwerb nur noch größer wird, daher ist Vorsicht geboten vor ihm und vor Entwicklungen, die ihn beherrschend über den Arbeitsmarkt machen könnten. Zum anderen: Es ist bedenklich, den Arbeitgeber von ihm abhängig werden zu lassen, denn mit ersterem kann man sich ja wohl noch arrangieren, nicht aber mit dem Arbeiter, wenn er nun noch besitzgestärkt seiner Neigung zu erhöhten Forderungen nachgehen könnte. Wachsamkeit also, Niederhalten, Nichthochkommenlassen und Nicht-außer-Kontrolle-geraten-lassen – das und nichts anderes waren die sozialpolitischen Staatsweisheiten, mit denen Otto v. Bismarck hier aufzuwarten hatte.

Ganz gewiß, hier gingen soziale Entwicklungstendenzen über ihn hinaus; hier versagte jene imponierende Hellsichtigkeit, mit der er einst erkannt hatte, daß er dem Bürgertum für seine unternehmerischen Initiativen wirtschafts- und nationalpolitische Bedingungen durch eine Revolution von oben verschaffen mußte. Gegenüber der Arbeiterklasse wurden bei Bismarck nach 1871 historische Sichtbegrenzungen immer deutlicher; bisweilen, wie 1885, entstanden realitätsferne Gedankenkombinationen, die aber von Jahr zu Jahr folgenschwerer für ihn wurden.

Der Kanzler stieß viele mit seinem Widerstand gegen nahezu jede Maßnahme auf dem Gebiet des Arbeiterschutzes ab. Auch die gemäßigten, zum lassalleanischen Staatssozialismus neigenden Sozialdemokraten konnten ihm nun keineswegs mehr folgen. Selbst manche sozialreformerische Konservative zeigten sich nun bitter enttäuscht. So schrieb Hermann Wagener, ehemals sein Mentor in Sachen Sozialpolitik, an den bereits emigrierten Rudolf Meyer, der schon längst Kontakt mit Karl Marx und Friedrich Engels aufgenommen hatte:[90] „Daß alle unsere sogenannten Sozialreformen teils von einem falschen Prinzip ausgehen, teils auf halbem Wege stehenbleiben und deshalb keinen anderen Erfolg haben werden als den Kapitalismus, dessen Übermacht man angeblich brechen will, noch zu stärken und zu festigen.“[91] Und Rudolf Meyer meinte später rückblickend: „Bismarck hat die historische Bedeutung der Arbeiterklasse nicht verstanden und hat sie auf eine Linie mit den Steifleinenen gestellt (mit den Steifleinenen sind jene Beamten gemeint, die ihre Bürokragen mit unterlegter Leinwand stützten, E. E.), mit denen er umspringen konnte wie er wollte. Die Steifleinenen waren die Leute der Vergangenheit, die Arbeiter sind die Leute der Zukunft.“[92]

Otto v. Bismarck, der seine Erkenntnis in hohem Maße aus der lebendigen Anschauung schöpfte, konnte zwar mit den Landarbeitern umgehen und reden, auch auf plattdütsch. Er verstand sie, weil sie wie er mit Tieren und Pflanzen zu tun hatten, also mit organischen Objekten umgingen. Die städtischen Arbeiter jedoch blieben ihm fremd, die mit Anorganischem, mit Maschinen, Apparaturen und festen Stoffen werkten, mit für ihn „toten“ Dingen, von denen er meinte, daß man keine Beziehungen zu ihnen haben könnte.

Die neue Industriewelt: Unternehmer und Erfinder

Wenn Bismarck – sehr zum Unwillen der konservativen Sozialreformer Hermann Wagener und Rudolf Meyer – den Kapitalismus als ökonomisch-soziale Grundlage seines Reiches nicht nur hinnahm, sondern auch förderte, dann lag dies in der historischen Logik seiner national- und wirtschaftspolitischen Revolution von oben in den Jahren von 1866 bis 1871. Dennoch war er nie Diener der Unternehmer, sondern prüfte ihre wirtschaftspolitischen Forderungen stets unter dem Gesichtspunkt seiner möglichst unabhängigen Kanzlerschaft. Diejenigen, die ihn wegen der Einführung von Schutzzöllen auf Eisen bedrängten, sollten auch für möglichst viele indirekte Steuern und staatliche Monopole (Tabak und Branntwein) eintreten, deren Einführung die alljährliche Budgetbewilligung durch das Parlament erübrigt hätte. Da hielt es der Kanzler mit der Maxime: Eine Hand wäscht die andere.

Menschlich hielt Bismarck Distanz zu den städtischen Kapitalisten; immer und in erster Linie blieb er der Landedelmann, wenn auch mit der Autorität des Reichsgründers und des in den Fürstenstand Erhobenen. Er wußte sehr wohl, wer wem dankbar zu sein hatte und ging nicht zu den Unternehmern, immer waren sie es, die kamen. Unterbrach er während seiner Kanzlerschaft den üblichen Wechsel von Aufenthalt in der Residenz und Verweilen auf dem Landsitz, dann nur wegen diplomatischer Missionen oder der Erholung in Kurorten. Selten führten ihn seine Reiserouten in Gebiete mit rauchenden Fabrikschloten. Die Industrie- und Handelswelt war für ihn Gegenstand der großen Politik, aber selten lebendiger Anschauung.

Das Verhältnis der Unternehmer zu Bismarck – insbesondere der auf Kohle und Eisen basierenden Industrie – war da schon anders, wie die Verehrung des Kanzlers durch den oberschlesischen Hüttendirektor Wilhelm Kollmann zeigte.[93] Dieser gehörte nicht zu den herausragenden Persönlichkeiten der deutschen Wirtschaft wie Borsig, Krupp, Stumm, Siemens und Emil Rathenau; auch konnte er mit Bismarck nicht wie Pair zu Pair sprechen, wie das Wilhelm v. Kardorff und Henckel v. Donnersmarck möglich war. Aber gerade weil Kollmann als Techniker und als Fabrikant von der Pike auf gedient und sein Werk hochgebracht hatte, weil er gewissermaßen die normale Tüchtigkeit ohne Drang zum risikoreichen Pioniertum verkörperte, war alles, was er tat und sprach, bei aller individuellen Prägung repräsentativ, zumindest für die

Briefkopf der „Bismarckhütte“
Direktor Kollmann schreibt nicht direkt an Bismarck, sondern an dessen damaligen Sekretär Dr. Chrysander.

Unternehmer seines Industriezweiges. Kollmann begeisterte sich schon früh voller Dankbarkeit für den Reichsgründer. Bald nach dem 2. September 1873, dem hurrapatriotischen Sedantag, veranlaßte er, daß die „Kattowitzer Aktiengesellschaft für Eisenhüttenbetrieb“ in „Bismarckhütte“ umgetauft wurde. Oberschlesische Honoratioren betrachteten die „Bismarckhütte“ als „eine stetig flammende Bismarcksäule“ und meinten stolz, der Name des ersten Reichskanzlers habe sicher, „so weit die deutsche Zunge klingt, kein schöneres Denkmal als dieses Hüttenwerk“.[94]

Der Kanzler nahm anscheinend alles mit Gleichmut hin, nie fuhr er nach seiner „Bismarckhütte“. Kollmann selbst war erst nach 1890 gelegentlich Gast in Friedrichsruh.[95]

Bismarck hatte dem Kapitalismus nicht allein durch Schaffung der nationalstaatlichen Einheit und durch wirtschaftspolitische Gesetzgebung in dem Jahrzehnt nach 1866 gedient. Zweifellos wurde dadurch bei den Industriellen, Technikern und vielen Naturwissenschaftlern jener wirtschaftliche und patriotische Elan geweckt, der sie beflügelte, ja befähigte, die industrielle Revolution des 19. Jahrhunderts bis zu ihrem ersten Höhepunkt Mitte der achtziger Jahre weiterzuführen.[96] Man war sich bewußt, daß die deutsche Wirtschaft, gleichgültig ob bei freihändlerischer oder schutzzöllnerischer Handelspolitik, im internationalen Konkurrenzkampf nur bei wissenschaftsintensiver Produktionsentwicklung bestehen könne. Bismarck setzte also mit seiner Politik in der Reichsgründungszeit Potenzen frei, die die materiellen und menschlichen Produktivkräfte in der deutschen Industrie mächtig vorantrieben. Auch wenn das scheinbar unabhängig von ihm geschah und ihm sogar fremd blieb, es gehörte zu seiner Wirkung und zur Auswirkung des von ihm Geschaffenen.

*

Als sich der Kanzler den eisenschaffenden und -verarbeitenden Industriellen politisch näherte, blieb es außerhalb seines Gesichtskreises, daß diese die Metallurgie und den Maschinenbau mit Hilfe ihrer Ingenieure so kräftig entwickelten, daß man allmählich von einem Stahlzeitalter zu sprechen begann. Die quantitativ und qualitativ gesteigerte Stahlproduktion stand in Wechselwirkung mit der Vervollkommnung und Spezialisierung von Werkzeug- und Arbeitsmaschinen, die zunehmend in der modernen Großindustrie produziert wurden und produzierten. Dort verdrängte mehr und mehr die wissenschaftliche Durchdringung der Produktionsprozesse den noch handwerklich bedingten Empirismus. Die technischen Wissenschaften mit ihrem größer werdenden Korps von Ingenieuren bekamen eine Mittlerfunktion zwischen Mathematik und Naturwissenschaften einerseits und der sich konzentrierenden Produktion auf der anderen Seite.[97]

Auf dem Gebiete der Metallurgie waren die Deutschen vornehmlich die Nehmenden, vor allem hinsichtlich des Bessemer- und Thomas-Gilchrist-Verfahrens. Die Erfindung des englischen Ingenieurs Bessemer (1855) ermöglichte eine bedeutend ergiebigere Stahlproduktion als alle bisherigen Methoden der Umwandlung des Roheisens zu Stahl. Revolutionär am Bessemer-Verfahren erwies sich vor allem, daß es effektiver und der dadurch gewonnene Flußstahl (Stahl im flüssigen Zustand) viel reiner und gleichmäßiger war als der im Puddelofen erzeugte Schweißstahl (Stahl in teigigem Zustand). Dieser Flußstahl konnte nun auch legiert werden, wodurch seine Eigenschaften, je nach den Ansprüchen der Praxis, verändert werden konnten.[98] Zehn Jahre nach der Erfindung des Bessemer-Verfahrens wurde 1865 der Siemens-Martin-Ofen konstruiert, der gleichfalls Flußstahl – vor allem unter Verwendung des Altstahls (des Schrotts und der Abfälle von Schmiedeeisen) – zu erzeugen vermochte.

Trotz der riesigen Vorteile bei der Erzeugung von Flußstahl gegenüber der von Schweißstahl im Puddelofen konnte der letztere längere Zeit nicht völlig verdrängt werden. So baute beispielsweise die Gute-Hoffnungs-Hütte zu Oberhausen im Jahre 1872 zwar eine Bessemer-Anlage, errichtete aber zur gleichen Zeit über 30 neue Puddelöfen.[99] Ähnlich war es in anderen Werken; auch die „Bismarckhütte" bestand zunächst aus einem Puddelwerk mit fünfzehn Öfen.[100] Gerade weil der im Bessemer-Verfahren gewonnene Flußstahl in der mehrtausendjährigen Geschichte des Eisens eine revolutionäre Umwälzung darstellte, mußten, so scheint es, seine auch ihm nicht ersparten Kinderkrankheiten konservative Zurückhaltung nähren. Alles Revolutionäre hat es schwer, sowohl seine eigenen Unvollkommenheiten und Unsicherheiten wie auch die alteingefahrenen Methoden zu überwinden.

Durch seine Härte war der Bessemer-Stahl zwar für die Schienenherstellung besonders geeignet; aber die mit der Härte verbundene Sprödigkeit verursachte Schwierigkeiten in anderen technischen Anwendungsbereichen. Das kam zuweilen recht temperamentvoll zum Ausdruck, so wenn im Jahre 1883 in „Stahl und Eisen" zu lesen war: „Der Stahl, welcher zu Brückenbauten Verwendung finden soll, muß auch die entsprechende Bearbeitung vertragen können. Solange der Stahl noch bei jedem Rißchen und Krätzchen gleich aus der Haut fährt – solange mag er sich als Brückenträger anbieten wo der Pfeffer wächst. Bei uns zu Lande, wo schon die Haftpflicht blüht, taugt er *so* nicht. Es muß daher das Bestreben darauf gerichtet sein, für den Brückenbau einen Stahl zu erzeugen, der auch eine hausbackene Bearbeitung vertragen kann."[101]

Abgesehen von diesen Schwierigkeiten in verschiedenen Anwendungsbereichen des Flußstahls, erforderte das Bessemer-Verfahren phosphorfreie Erze, die nach Deutschland eingeführt werden mußten. Erst mit der Erfindung des Thomas-Gilchrist-Verfahrens 1879 wurde es möglich, die phosphorhaltigen Roheisenmengen nach dem gleichen Prinzip wie bei Bessemer zu verarbeiten. Jetzt konnten durch Verwendung basischer statt saurer Ausfütterung des Konverters als Ausgangsmaterial die phosphorhaltigen Minetteerze verwendet werden, die in den Grenzgebieten Lothringens reichlich vorhanden waren. Die Annexion der dort liegenden Erzgruben, die Bismarck im Frühjahr 1871 nur unter dem Druck der Interessenten betrieben hatte, zahlte sich knapp zehn Jahre später aus, gerade in der Zeit, da die deutsche Schwerindustrie mit dem Übergang zu den Schutzzöllen ihren internationalen Konkurrenzkampf verstärkte.

Kein stahlerzeugendes Land hat die Vorteile des Thomas-Verfahrens so systematisch ausgewertet und in die Praxis umgesetzt wie Deutschland. Bereits ein halbes Jahr nach seiner Erfindung führten es die großen Hütten- und Stahlwerke Rheinland-Westfalens rasch ein. Thomasstahl wurde 1882 in 25 Konvertern mit einer Kapazität von 152500 Tonnen und 1888 in 100 Hochöfen, die mit Konvertern für Minetteerze gekoppelt waren, produziert. Letztere besaßen ein Leistungsvermögen von 2,5 Millionen Tonnen, also fast 40 Prozent der gesamten deutschen Stahlproduktion.[102]

Unter den Bedingungen der Massenproduktion waren für die Bewertung der Qualität eines Stahls sowohl der Grad der Gleichmäßigkeit in ein und demselben Stück als auch die Beschaffenheit der verschiedenen zu einer Lieferung gehörenden Stücke[103] ein wichtiges Kriterium. Im Gesamtbild der Eigenschaften eines bestimmten Stahls waren Festigkeit, Zähigkeit, Härte und Reinheit, die durch die chemische Zusammensetzung bestimmt werden, entscheidend. Wissenschaftliche Prüfungsmethoden waren gefragt, was den Verein deutscher Eisenhüttenleute zwang, 1883 eine Chemikerkommission zu bilden. Von 1884 an organisierte der Technologe und Münchner Professor Johann Bauschinger Konferenzen, auf denen Stahlerzeuger, Stahlbenutzer und Wissenschaftler an den Hochschulen gemeinsam berieten. Daraus entstanden der deutsche und der internationale Verband für Materialprüfungen der Technik. So wurde relativ früh die technisch-wissenschaftliche Gemeinschaftsarbeit ausgebildet.

Wie so oft, begann auch damals nach der revolutionären Tat großer Erfindungen die aufopferungsvolle Kleinarbeit begeisterter Fachleute; sie alle mußten noch vorhandene sachliche und menschliche Schwierigkeiten überwinden, die die vielseitige Entwicklung der übrigen Bereiche der Technik und – in enger Verbindung damit – die steigenden Anforderungen der Praxis stellten. Je mehr die Technik vorankam, um so engmaschiger wurde das Netz der Wechselwirkungen zwischen den verschiedenen Bereichen der Produktion und der Wissenschaft, zwischen den verschiedenen Elementen der Produktivkräfte.[104]

*

Ähnlich wie auf dem Gebiete der Metallurgie erfolgte auch hinsichtlich der Kraftmaschinen ein qualitativer Umschwung. Die Dampfmaschine, die als entscheidende Kraftmaschine „die Mutter einer Legion von Arbeitsmaschinen, damit aber zugleich Herrin der Situation" in den Fabriken wurde,[105] wirkte um so sparsamer, je größer sie wurde. Im Unterschied zu vielen Arbeitsmaschinen, die relativ billig waren, vermochte nur das Kapital „die gewaltige Dampfmaschine zu beschaffen und zu betreiben, um welche herum sich der übrige Teil der Anlage ... herumgruppierte".[106] Die Zahl der Dampfmaschinen verdoppelte sich in Deutschland von 1879 bis 1895.[107]

In der Wärmeausnutzung, der Steuerung und der Geschwindigkeit verbesserte sich ständig die Konstruktion der Dampfmaschine. Galt in den fünfziger Jahren eine ortsfeste Maschine von einigen hundert Pferdekräften als groß, so waren an der Jahrhundertwende Einheiten von vielen tausend Pferdestärken keine Seltenheit mehr.[108]

Die Dampfmaschine wuchs gleichsam organisch in die Elektrotechnik hinüber, indem sie in den zentralen Kraftwerken die Dynamomaschinen antrieb, die den elektrischen Strom erzeugten. Die Dynamomaschine, an deren Entwicklung Werner Siemens entscheidenden Anteil hatte, stellt eine der bedeutendsten technischen Erfindungen dar; über ihre Tragweite schrieb Werner Siemens – Erfinder wie Geschäftsmann – an seinen Bruder Wilhelm: „Die Effekte müssen bei richtiger Konstruktion kolossal werden. Die Sache ist sehr ausbildungsfähig und kann eine neue Ära des Elektromagnetismus anbahnen. Magnetelektrizität wird hierdurch sehr billig".[109] Im Dienste der Elektrotechnik mußte bei der Dampfmaschine mit Kolbenantrieb die Gleichmäßigkeit und Schnelligkeit des Ganges verbessert werden, bis sie zur rotierenden Dampfmaschine, der Turbine, überging.[110] Mit dem Aufkommen der Elektroindustrie in den achtziger Jahren hörte die Dampfmaschine auf, Herrin in der industriellen Produktion zu sein. Immer zahlreicher wurden die Anwendungen des elektrischen Stromes. Zunächst vorwiegend zu Beleuchtungszwecken verwandt, nahm gegen Ende des Jahrhunderts die Umsetzung in Kraft und Wärme, schließlich auch die Verwendung für elektrochemische Zwecke zu.[111]

Im Jahre 1882 wurde anläßlich der elektrotechnischen Ausstellung in München die erste Fernübertragung von Elektrizität durch Gleichstrom vorgenommen. Mittels Drehstrom führte eine solche

Übertragung der Russe Dolivo-Dobrowolski, später technischer Direktor der AEG, mit Oskar v. Miller zusammen von Lauffen am Oberrhein nach Frankfurt a. M. im Jahre 1891 durch. Damit wurden für die Fortleitung elektrischer Energie weittragende Entwicklungsmöglichkeiten eröffnet.

Das erkannte Friedrich Engels schon nach den ersten Versuchen, indem er Bernstein 1883 darauf aufmerksam machte, daß die Übertragung von Elektroenergie auf große Entfernungen „die Industrie definitiv von fast allen Lokalschranken befreit, die Verwendung auch der abgelegensten Wasserkräfte möglich macht, und wenn sie auch am Anfang den Städten zugute kommen wird, muß sie schließlich der nächste Hebel werden zur Aufhebung des Gegensatzes von Stadt und Land".[112]

Mit dem Ausbau der Leitungsnetze, zuerst im städtischen Rahmen, begann der Siegeszug des Elektromotors. Er verdrängte zunächst die vielen kleinen unwirtschaftlich arbeitenden Dampfmaschinen. Da der Elektromotor im Unterschied zur Dampfmaschine den Einzelantrieb der Arbeitsmaschinen gestattete und relativ billig war, hatte er eine zweifache Wirkung: auf der einen Seite war jetzt auch für den Handwerksbetrieb eine Kraftmaschine erschwinglich, auf der anderen Seite erleichterte der wohlfeile und anpassungsfähige Elektromotor den Ausbau der Großbetriebe wie auch deren Umstellung in der Fertigung und Betriebsorganisation, je nach den technischen und ökonomischen Erfordernissen.

*

Vollzogen sich in der, wie ein Technikhistoriker einmal schrieb, „Gärung der Übergangszeit" von 1871 bis zur Jahrhundertwende Umwälzungen in der Metallurgie und im Charakter der Kraftmaschinen, ja der Energiequellen selbst, so wurden auch die Arbeitsmaschinen verbessert und vielseitiger. Der still wirkende Prozeß ihrer Umwandlung, der sich anfangs gehemmt vollzog, begann in der Schwerindustrie; die Ansprüche an die Walzwerke und ihre Betriebsmaschinen wurden um so größer, je härter und mächtiger die Stahlblöcke wurden, die zu bearbeiten waren.[113] Man stand vor der Aufgabe, solche Arbeitsmaschinen wie Scheren, Sägen, Dampfhämmer, hydraulische Pressen und viele andere maschinelle Einrichtungen den wachsenden Anforderungen in den Walzwerken anzupassen. In der Leichtindustrie beschleunigten sich beispielsweise bei wachsendem Verbrauch an Baumwolle die Spindelumdrehung und das Schlagen der Webschützen.

Die von Bismarck indirekt geförderte, aber ihm fremd gebliebene Industriewelt

Elektrische Zentrale Berlin

Schmiedehammer

Vor dem Azofarben-Laboratorium der Firma Friedrich Bayer in Elberfeld (1878)

Die Erfolge beim Bau von Arbeitsmaschinen waren auf eine „Wendung in der Auffassung des Maschinenerfinders“ zurückzuführen. Sie bestand, wie der berühmte Technologe Franz Reuleaux 1875 schrieb, darin, „daß nicht mehr die Maschine die Handarbeit oder gar die Natur nachzuahmen versucht, sondern bestrebt ist, die Aufgabe mit ihren eigenen, von den natürlichen oft völlig verschiedenen Mitteln zu lösen“. Und er setzte erklärend hinzu: „Lange Zeit hat man erfolglos versucht, die Nähmaschine hervorzubringen, indem man die Handnaht zu erzeugen sich abmühte; das gänzliche Verlassen dieses Weges, das Einführen neuer, der Maschine eigentümlicher Nähweisen, brach mit einem Male den Zauber und ließ die Nähmaschine in kurzer Zeit gelingen. Das Walzwerk mit seiner von der Hammerschmiederei so sehr abweichenden Arbeitsweise brachte die Schmiedeeisenerzeugung zur eigentlichen Entwicklung“.[114]

Zehn Jahre später stellte Reuleaux fest: „Man hat im letzten Jahrzehnt diejenige Gattung von Arbeitsmaschinen und ganze Reihen von solchen Maschinen eingeführt, welche die Bearbeitung eines Fabrikats sozusagen bis zur völligen Fertigstellung treiben, bei denen die Steuerung wie die Regulierung zum allergrößten Teil der Menschenhand abgenommen ist.“[115] Der Existenz und Verwendung solcher Maschinen entsprachen Veränderungen im industriellen Maschinenbau selbst. Seit den siebziger Jahren differenzierte und spezialisierte sich der Werkzeugmaschinenbau. Aus der Universaldrehmaschine entwickelten sich allmählich selbständige Maschinen für eine Teiloperation. Weitere Vervollkommnung der einzelnen Werkzeuge (Fräser, Meißel u. a.) auf der Grundlage der verbesserten Stahlqualität sowie der Werkzeugträger führten näher an die automatisierte Bewegung heran.

In den Gewerbezweigen, in denen sich die Erzeugung durch Einführung neuer Maschinen nicht steigern ließ, zerlegte man die Arbeitsvorgänge in eine Reihe von Handgriffen und Spezialarbeiten und paßte sie teilweise dem Tempo der Maschinenarbeit an. Das geschah vor allem in der Kleider- und Wäscheerzeugung, also in der aufkommenden Konfektionsindustrie.[116]

Der Übergangscharakter der Periode nach 1871, in der sich neue Erfindungen entweder im Kampf mit alten Produktionsmethoden durchsetzten oder kommende Umwälzungen sich bereits ankündigten, zeigte sich auch in der Entwicklung vom Gasmotor zum Benzin- und Dieselmotor, in der beginnenden Verwendung des Verbrennungsmotors. Revolutionierten die Automobil-Erfindungen von Daimler und Benz (1885 und 1886) im kommenden Jahrhundert das Verkehrswesen auf der Erde, so begann mit Otto Lilienthals experimentell-technischen Bemühungen die Eroberung des Luftraumes durch den Menschen. Seine Versuche, die ihre Auswirkungen erst im folgenden Jahrhundert hatten, zogen schon zu seinen Lebzeiten viele internationale Gäste an.

Durchdrungen von einer humanistischen Grundhaltung, schrieb Lilienthal kurz vor seinem Tode 1869: „Der Fortschritt der Kultur ist in hohem Grade davon abhängig, ob es dem Menschen jemals gelingen wird, das Reich der Luft in eine allgemeine, viel benutzte Verkehrsstraße zu verwandeln. Die Grenzen der Länder würden dann ganz ihre Bedeutung verlieren, weil man sie bis in den Himmel nicht absperren kann. Man kann sich kaum vorstellen, daß Zölle und Kriege dann noch möglich sind".[117] Mochte Lilienthal über die sozialen und politischen Folgen im Falle der Verwirklichung seiner Zukunftsträume recht utopische Vorstellungen gehabt haben, so blieben dennoch seine ethischen Impulse und seine kühnen Experimente, die er mit seinem Leben bezahlte, zukunftsweisend.

*

Neben der Entwicklung der Agrokulturchemie, die immer stärker über landwirtschaftliche Versuchsstationen Eingang in die Praxis fand, machte vor allem der Ausbau der Teerfarbenindustrie, also die Herstellung synthetischer Farbstoffe, die deutsche chemische Industrie dominierend. Die Produktion von Teerfarben ging zunächst von England aus, wo sie 1856 durch Perkin begründet worden war. Deutsche Forscher wie Hofmann und Baeyer aber entwickelten sie durch eigene Entdeckungen weiter. Den Vorsprung gewann die deutsche chemische Industrie dadurch, daß sie vom Werte der wissenschaftlichen Forschung von Anfang an überzeugt war und Theorie und Praxis systematisch zu verbinden verstand. Die chemische Industrie zog nicht allein die wissenschaftlichen Kräfte heran, die auf technischen Hochschulen und Universitäten ausgebildet waren, sie verwertete nicht nur deren Forschungsergebnisse, sondern übernahm auch selbst die Erforschung der für sie in Betracht kommenden Gebiete. Das bekräftigte auch ein Bericht der Deutschen Chemischen Gesellschaft, der auf Forscher wie Caro, Martius, Duisberg und viele andere hinwies. Sie „trugen den Geist wissenschaftlicher Forschung in die technische Praxis. An der Spitze von Mitarbeitern und Schülern schufen sie Laboratorien, welche der Technik dienten, indem sie die Wissenschaft pflegten. Nicht mehr wie früher war die Industrie die ausschließlich Empfangende, sie vermochte nun auch zu geben, die wissenschaftliche Forschung zu fördern und zu bereichern“.[118]

*

Natürlich hätte die Entwicklung der stofflichen Elemente der Produktivkräfte ohne die Ausbildung der menschlichen Produktivkraft nicht vonstatten gehen können. Da war es höchst bedeutungsvoll, daß der Erfinder von feudalbürokratischer Bevormundung befreit wurde. Seit Jahrzehnten forderten die Techniker, daß Patentrechte ohne Vorprüfungen durch inkompetente Bürokraten erteilt würden. Darüber hinaus sollte der Erfinder ausreichende Sicherheit erhalten, für eine gewisse Zeit finanziellen Nutzen aus seiner Arbeit ziehen zu können.[119] Ferner mußte der Unternehmer gesetzlichen Schutz vor Nachahmungen verlangen, sollte er in der Lage sein, den technischen Fortschritt für seinen Profit zu nutzen. Recht eindringlich verlangten hier der schon seit den fünfziger Jahren bestehende Verein deutscher Ingenieure und der 1874 gebildete, von Werner Siemens geleitete Patentschutzverein Abhilfe. In Werner Siemens vereinigte sich der Techniker und Wissenschaftler mit dem Unternehmer. Das allgemeine Drängen hatte schließlich Erfolg: Am 1. Juli 1877 trat das deutsche Patentgesetz in Kraft, das die wichtigsten Forderungen erfüllte. Die Dauer eines

Patents wurde auf 15 Jahre bemessen; die Patentschriften wurden der Öffentlichkeit zugänglich gemacht.[120]

Wissenschaftspolitisch unermüdlich, beteiligte sich Siemens 1879 an der Gründung des „Elektrotechnischen Vereins zur Förderung der wissenschaftlichen, technischen und gewerblichen Interessen". Und 1887 erreichte er endlich, daß die „Physikalisch-Technische Reichsanstalt" ihre Arbeit aufnehmen konnte, nachdem er bereits 1883 den Baugrund zur Verfügung gestellt und 1886 auf eigenes Risiko den Baubeginn noch vor der Entscheidung des Reichstages angeordnet hatte – ein Vorgehen, das Regierungskreise als Erpressung empfanden. Der erste Präsident der „Physikalisch-Technischen Reichsanstalt" war Hermann v. Helmholtz. Er und andere Naturwissenschaftler wie Magnus und Du Bois-Reymond waren mit Siemens, der bereits 1874 als Ordentliches Mitglied der Preußischen Akademie der Wissenschaften berufen worden war, eng befreundet und betrachteten ihn als ihresgleichen. Seiner liberalen Grundanschauung entsprach es, daß Werner Siemens seit 1866 Bismarck „mit kühler Bewunderung" gegenüberstand.[121]

Die Ausbildung der Techniker beurteilte ein kritischer Kopf wie Reuleaux günstig. Auf diesem Gebiet leisteten das staatliche Schul- und Hochschulwesen wie auch die Selbsthilfe der Ingenieure Beachtliches. So schenkte der „Verein deutscher Ingenieure" (VDI) der Ausbildung des Nachwuchses und den Bedingungen seiner ständigen Qualifizierung große Aufmerksamkeit[122] und kämpfte gegen eine gesellschaftliche Unterbewertung dieses Berufes an. Dem technischen Schulwesen standen von den neunziger Jahren an reiche Unterrichtsmittel, vor allem in Form von Laboratorien, zur Verfügung. Parallel mit dem Ausbau technischer Hochschulen und naturwissenschaftlicher Fakultäten an den Universitäten entstanden unzählige Zeitschriften und Handbücher. Die deutsche Sprache wurde zum vorherrschenden internationalen Verständigungsmittel in der Wissenschaft.[123]

Wie hoch auch das Niveau der deutschen Technik und Wissenschaft sein mochte, im praktischen Produktionsprozeß konnte selbst der erfindungsreichste Ingenieur ohne Mitwirken der Facharbeiter nicht erfolgreich sein. Gerade weil die maschinelle Produktion unter anderem auch die Tendenz hatte, die Geschicklichkeit des Arbeiters herabzumindern, gerade weil, wie Marx 1856 sagte, im Kapitalismus das reine Licht der Wissenschaft nur auf dem dunklen Hintergrund der Unwissenheit leuchtet, war es sowohl für den Industriellen wie auch für die Techniker unverzichtbar, zumindest einen Stamm von Facharbeitern in den Betrieben zu erhalten. Dafür sorgten Fortbildungsschulen verschiedener Art.

Aber auch die Gewerkschaften halfen, die menschliche Produktivkraft im engeren und weiteren Sinne aus- und weiterzubilden. Nicht wenige Verbände und Fachvereine pflegten eine ausgedehnte Bildungsarbeit, disziplinierten die Arbeiter, hielten Fachvorträge und -kurse. Es war nicht bloß ein Mittel der Tarnung, wenn unter dem Sozialistengesetz die Gewerkschaftszeitungen als Fachblätter mit Zeichenbeilagen, Konstruktionsbeschreibungen, Modellbögen, Auskünften über Materialsorten erschienen.[124] Pfuscharbeit war gerade bei klassenbewußten Arbeitern verpönt und wurde als Kampfmittel abgelehnt.

Das Bürgertum, das über wachsende Macht in der Wirtschaft und im Staat verfügte, hatte die größten Chancen zur allgemeinen wie zur technischen Bildung; es besaß geradezu das Bildungsmonopol auf den Hochschulen. So konnte es Techniker und Wissenschaftler ausbilden lassen, die nicht nur fachlich hervorragend waren, sondern auch politisch so geformt, daß sie der bestehenden Gesellschafts- und Staatsordnung ergeben blieben. Die Erziehung in diesem doppelten Sinne war nicht allein staatlichen Bildungsinstitutionen überantwortet, sondern auch den zahlreichen Fachvereinigungen. Der „Verein deutscher Ingenieure“ oder der „Verein deutscher Eisenhüttenleute“ waren nicht allein Verbände, die den in der Produktion tätigen Ingenieuren die neuesten technisch-wissenschaftlichen Erkenntnisse vermittelten, sondern sie auch in den Denkvorstellungen der etablierten, aber schon krisen- und katastrophenbedrohten Gesellschaft bestärkten.

*

Bismarck konnte die technische Entwicklung und von dieser Sicht her die internationale Konkurrenzfähigkeit der deutschen Industrie nicht sachkundig verfolgen; gerade in den achtziger Jahren bekundete er: „Ich selbst verstehe gar nichts mehr von Technik. Dieser Sinn geht mir vollständig ab.“[125] Dennoch bleibt es auffällig, daß er niemals das Bedürfnis hatte, mit bedeutenden Ingenieuren zusammenzukommen, um wenigstens von ihrer Mentalität her einen gewissen Einblick in eine ihm sonst verschlossene Welt zu bekommen.

Wie andere Beobachter aus der Umgebung des Kanzlers, stellte der einige Jahre in Friedrichsruh arbeitende Arthur v. Brauer fest, daß Bismarck keinen Menschen empfangen wollte, „mit dem zu reden er kein politisches Bedürfnis hatte".[126] Er verspürte kein Verlangen „nach Unterhaltung mit Genies oder Geistesgrößen, deren Begabung auf anderem Gebiet als dem der Politik lag".[127] Das wäre über seine Kräfte und Möglichkeiten gegangen. Er wollte, wenn er abends müde im Salon erschien, „seine behagliche Ruhe und nur solche Leute vorfinden, vor denen er sich keinen geistigen oder gesellschaftlichen Zwang auferlegen mußte".

Dieses Bedürfnis nach Schonung und Konzentration seiner Kräfte auf das Politische wurde immer stärker bei ihm, nicht nur, weil die vergangenen Jahrzehnte an ihm gezehrt hatten, sondern auch, weil die künftigen sich immer schwieriger gestalteten. Zu vieles kam zusammen, was er nicht mehr wie einst zu bewältigen vermochte, was ihm fremd blieb und doch mächtig anwuchs. Und dazu gehörte auch die Industriewelt, die ihm so viel verdankte, und die durch sie hervorgebrachten Arbeiter.

IX. Die Krise der Innen- und Außenpolitik

Soziale Nöte und politische Repressionen

August Bebel, den Arbeitern im Handwerk und in der Industrie verbunden, hatte mehr Gespür für die Entwicklungstendenzen der Zeit als sein Gegenspieler im Reichskanzleramt. In der 1883 gegründeten „Neuen Zeit" bemerkte er, daß gegenwärtig ein riesenhafter Aufschwung auf allen Gebieten der geistigen und materiellen Entwicklung stattfände.[1] Und schon drei Jahre später stellte er fest, daß die Qualifikation der Arbeiter in den vorangegangenen Jahren zugenommen habe, und folgerte, daß auch dadurch der deutsche Kapitalismus sein industrielles Übergewicht in der Welt erlangen könne.

Erst recht war Bebel nun bemüht, in Aufsätzen und Schriften die soziale Lage der Arbeiter zu untersuchen. Sein Interesse galt insbesondere den Berichten der Fabrikinspektoren, der Beamten also, die die wenigen Bestimmungen zum Schutz der Arbeiter zu überwachen hatten. Immer wieder ging es da um die Vermeidung von Überstunden, um die Begrenzung des Arbeitstages also, um das Verbot der Kinderarbeit und die gesetzliche Regelung der Arbeitszeit für Jugendliche und Frauen.

Die deutschen Fabrikinspektoren, deren Haltung Bebel mit der ihrer englischen Kollegen verglich, bezichtigte er der Voreingenommenheit gegenüber den Arbeitern, ferner weitschweifig verklausulierter Urteile und der Angst vor Unternehmern und Behörden. Immer wieder forderte er, daß das Fabrikinspektorat tatsächlich eine Schutzeinrichtung für die Arbeiter werde und zumindest die Einhaltung der wenigen Fabrikgesetze überwache. Eine so reformierte Institution sollte darüber hinaus dann auch quantitativ ausgebaut werden, damit sie nicht nur sporadisch die Betriebe kontrolliere.

Da Bebel in den Berichten der Fabrikinspektoren Angaben über die Höhe der Löhne vermißte, suchte er nach anderen Quellen. Die

Lohnstatistik war in Deutschland ganz ungenügend entwickelt; so war man gezwungen, auf indirektem Wege durch die Unfallversicherungszahlen zu Daten über die Durchschnittslöhne zu gelangen. Dabei kam Bebel zu dem Ergebnis, daß mehr als die Hälfte der Versicherten in ihrem Einkommen unter dem Durchschnitt lagen und die Differenz zwischen den unteren und oberen Einkommensgrenzen sehr groß war. Selbst innerhalb desselben Industriezweiges differierten die Jahresdurchschnittslöhne je nach den verschiedenen Regionen.[2] Bebels Untersuchungsmethode wurde noch in der Mitte unseres Jahrhunderts von Forschern angewendet.[3] Im ganzen bleibt es bei der zentralen Feststellung, daß trotz steigender Reallöhne die tatsächliche und drohende Armut, insbesondere die früh einsetzende Altersarmut, zu den Wesenszügen proletarischer Existenz gehörte.[4]

Was der Arbeiterführer Bebel in mühsamen Einzeluntersuchungen zutage förderte, sprachen Unternehmer wie Wilhelm Kollmann recht freimütig, wenn auch mit einem gewissen Unbehagen aus. So wünschte sich Kollmann schon in den siebziger Jahren die „Herren Gesetzgeber" bloß für sechs Wochen als Amtsvorsteher in seiner Region; sie würden „alsdann ganz andere Ansichten bekommen über das wirkliche Leben, wie es gegenwärtig in einem industriellen Bezirke sich abspielt".[5]

Kollmann konnte nicht übersehen, daß in Oberschlesien die arbeitenden Menschen „fast nur von Kartoffeln und Hering" lebten und ein kinderreicher Arbeiterhaushalt kaum einen Tisch besaß und „meist nur ein, höchstens zwei Betten", und die Leute auf der Diele schliefen.[6] Als Hüttendirektor ging es ihm auch um die physische Leistungsfähigkeit „seiner" Arbeiter; und da kam der international erfahrene Fachmann zu peinlich enthüllenden Vergleichen: „Oberschlesien hat einen sehr gewandten Arbeiterstand, aber er ist nicht so ausdauernd wie ein Wallone oder wie ein Arbeiter im Middlesnorough-Revier . . . So habe ich es nicht fertigbringen können, bei den Puddelöfen nur mit 2 Leuten zu arbeiten. Ich habe den 2 Leuten, mit denen ich zu arbeiten intendierte, denselben Gesamtlohn versprochen wie drei Puddlern, und es waren ordentliche Leute, aber sie haben es nicht ausgehalten. Solcher baumlanger starker Wallone im Distrikt von Lüttich oder ein Arbeiter bei Cockerill wendet eine Luppe von 2–3 Ztr. mit einer Hand herum, – das bringt unser Arbeiter nicht fertig".[7]

Von der Sorge um die Leistungsfähigkeit der Arbeiter abgesehen, ging es Kollmann auch darum, soziale Gefahren, die er herauf-

Der Hammerschmied von Constantin Meunier. 1886
Direktor Kollmann von der Bismarckhütte: „Solcher baumlanger starker Wallone im Distrikt von Lüttich ... wendet eine Luppe von 2–3 Ztr. mit einer Hand herum, – das bringt unser Arbeiter nicht fertig.“

ziehen sah, zu bannen, darum forderte er kategorisch: „Die Löhne müssen unbedingt erhöht werden“.[8] Doch dabei kam es heraus, daß durch ein System von Abfindungen dem Arbeiter praktisch kein Bargeld mehr blieb. So stellte der Landrat des Kreises Beuthen fast widerwillig fest, „daß die bare Löhnung auf der Bismarckhütte überhaupt eine verhältnismäßig geringe ist, weil die Arbeiter zumeist von der Hütte Wohnung und durch Vermittlung der Direktion Brot, Kartoffeln und teilweise auch die Nutznießung von Äckern erhalten, wofür sie dann Geldabzüge erleiden. Treten nun zu diesen mancherlei Geldabzügen auch noch bare Geldeinbußen hinzu, so muß das Schlußresultat der Löhnung allerdings gering erscheinen, und der unverständige Arbeiter wird ärgerlich, wenn er schließlich nur noch wenige Mark erhält“.[9] Am Ende war der Arbeiter in den Augen des Bürokraten eben doch „unverständig“.

Sicherlich waren die sozialen Verhältnisse in Oberschlesien im Vergleich zu anderen Gegenden in Deutschland, wie dies übrigens auch August Bebel auf Grund seines statistischen Materials feststellen konnte, besonders schlecht. Das Bestreben der Unternehmer, die Arbeiter auch außerhalb der Betriebsarbeit in Abhängigkeit zu halten, war dort besonders stark, noch ganz unverhohlen und ungebrochen von patriarchalischer Mentalität geprägt.

Die Absicht, die Arbeiter dem Betrieb zu verpflichten und der organisierten Arbeiterbewegung zu entziehen, hatten alle Unternehmer, unabhängig vom Betriebszweig und der geographischen Lage. Man denke an Krupp in Essen und Stumm an der Saar, die mit patriarchalischer Sozialpolitik in Gestalt von Arbeiterwohnungen, Pensionskassen und Konsumanstalten die Arbeiter im Geiste dankbarer Bescheidenheit von sich abhängig machen wollten.[10] Auch Siemens, der schon früh aus eigenem Antrieb Pensionskassen eingerichtet hatte und einsah, daß die tägliche Arbeitszeit im Interesse einer konzentrierten Leistung des Arbeiters reduziert werden müsse, wandte sich gegen alle staatlichen Versuche einer Arbeiterschutzgesetzgebung, die dem Arbeiter größere Bewegungsfreiheit ermöglicht hätte.[11] Die Bindung der Arbeiter an den Betrieb und die Entwicklung eines auf die Firma bezogenen „Korpsgeistes“ waren auch für weltmännische Industrielle wie Siemens ein wichtiges Anliegen. Das war es im Grunde genommen, was alle bürgerlichen Parteien von den Sezessionisten bis hin zu den Konservativen bei allen Differenzen im einzelnen einigte und eine umfassende Arbeiterschutzgesetzgebung zum Scheitern brachte, aber das Reich auch nicht zur Ruhe kommen ließ.

*

In der Tat: Nach dem Ende der sozialpolitisch ergebnislos verlaufenen Reichstagssession im Mai 1885 fanden in fast allen Bezirken Deutschlands Volksversammlungen statt, auf denen die sozialdemokratischen Abgeordneten über ihre Parlamentsarbeit berichteten. Parallel dazu organisierten die gewerkschaftlichen Fachvereine eine Petitionsbewegung für die vorläufig gescheiterte Arbeiterschutzgesetzgebung. Man müsse jenen entgegentreten, so schrieb das sozialdemokratische Zentralorgan, die wie Bismarck erklärten, die Masse der Arbeiter wäre ja mit den vorgeschlagenen Gesetzen gar nicht einverstanden. Das könnte am besten durch eine Unterschriftenflut zugunsten des im Parlament gescheiterten Gesetzentwurfs widerlegt werden.

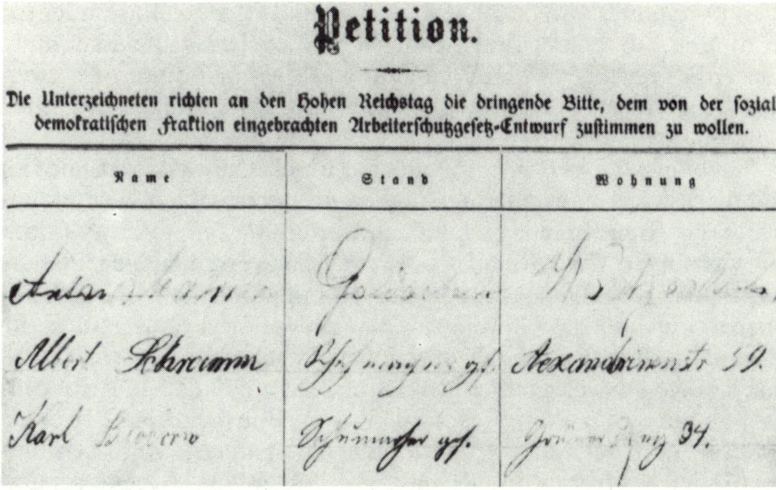

Petition.

Die Unterzeichneten richten an den Hohen Reichstag die dringende Bitte, dem von der sozialdemokratischen Fraktion eingebrachten Arbeiterschutzgesetz-Entwurf zustimmen zu wollen.

Name	Stand	Wohnung
[illegible]	[illegible]	[illegible]
Albert Schramm	[illegible]	Alexandrinenstr. 39.
Karl [illegible]	[illegible]	[illegible] 34.

Aufforderung zur Unterzeichnung der Petition wegen Einführung eines Arbeiterschutzgesetzes

Das Ergebnis der Petitionskampagne entsprach dann allerdings nicht den Erwartungen. Am Ende des Jahres waren, wie der „Sozialdemokrat" berichtete, nur etwa dreihunderttausend Unterschriften gesammelt worden.[12] Die Diskrepanz zwischen Hoffnung und Erfüllung war nicht so verwunderlich, wenn man bedenkt, daß der preußische Innenminister gerade im Mai 1885 durch ministeriellen Erlaß die Vereinsgesetzgebung zugunsten gewerkschaftlicher Verbände ausgelegt hatte. Danach wurde die Erörterung sozialpolitischer Fragen und besonders die der Begrenzung des Arbeitstages als Indiz für den „politischen Charakter" der Gewerkschaftsorganisation interpretiert: sie konnte jetzt dem Verbindungsverbot politischer Vereine unterworfen werden. Wer in dieser Atmosphäre eines politisch kälter gewordenen Windes seine Unterschrift unter die Petition setzte, offenbarte sich in nicht gefahrloser Weise den Behörden und Unternehmern.

Erwies sich das Petitionsrecht durch Einschüchterungsmaßnahmen als nahezu wirkungslos, so blieb der Streik als Kampfmittel für die Verbesserung der Lebenslage, selbst wenn er oft fehlschlug, immer noch unentbehrlich. Auch im Jahre 1885 ließen die Streiks nicht nach, vor allem nicht in Berlin, wo vom Juni ab wochenlang

12000 Maurer um Lohnerhöhung und den Zehnstundentag kämpften.[13] Es gelang ihnen zwar nicht, die offizielle Anerkennung dieser Forderungen von seiten aller Unternehmer zu erringen; ein großer Teil von ihnen bewilligte aber die Forderungen der Streikenden.

Nachdem die sozialdemokratische Reichstagsfraktion Ende des Jahres 1885 erneut den alten Arbeiterschutzgesetzentwurf, wenig verändert, eingebracht hatte, machte er eine wahre Odyssee durch die Sitzungen der Kommissionen und der verschiedenen Plenartagungen. Zwei Resolutionen der Kommission über die Fabrikinspektion und die Gewerbegerichte sowie die Enquête über die Sonntagsarbeit waren die spärlichen Ergebnisse der sozialpolitischen Reichstagsdebatten der Jahre 1885 und 1886. Die Resolutionen blieben wirkungslos, weil sie vom Bundesrat auf Betreiben Bismarcks abgelehnt wurden. Auch die späteren, vom Zentrum initiierten Debatten im Reichstag brachten die Arbeiterschutzgesetzgebung nicht voran, weil selbst die bescheidensten Beschlüsse, wie der über das immer wieder geforderte Verbot der Sonntagsarbeit, auf das starre Veto Bismarcks stießen.[14]

Mit dem Scheitern der sozialdemokratischen Bemühungen um Arbeiterschutzmaßnahmen ging die sogenannte milde Praxis des Sozialistengesetzes zu Ende. Die restriktive Auslegung der Gewerbeordnung im Frühjahr 1885 wurde am 11. April 1886 durch den Puttkamerschen Streikerlaß ergänzt, der besonders böses Blut machte. Er bezog sich auf die „in mehr als einer Beziehung gefährlichen Fachvereine“. Zwischen „strafgesetzlich zu ahndenden Delikten“ und „der erlaubten Ausübung des Koalitionsrechtes“ lägen Handlungen, die – so hieß es da –, „ohne gerade mit Notwendigkeit unter den Begriff von Straftaten zu fallen“, der Polizei „vollen Anlaß und Beruf“ gäben, sich ihnen „tatkräftig entgegenzustellen“. Auch wenn nur anzunehmen sei, daß Streiks „ihren wirtschaftlichen Charakter abstreifen und einen revolutionären annehmen“, seien die Machtmittel des Staates „mit Strenge“ anzuwenden.[15]

Was der Streikerlaß ankündigte, wurde in Berlin und anderen Orten in die Tat umgesetzt. Die Polizei löste den Fachverein der Maurer auf und wies die leitenden Organisatoren aus; auch die rührigen Arbeiterinnenvereine konnten nicht mehr lange bestehen. Der Streikerlaß fand seine Ergänzung durch einen zweiten, nach dem die Versammlungen in Berlin 48 Stunden vor Beginn genehmigt werden mußten. Die gerichtlichen Verfolgungen nahmen ebenfalls an Zahl und Bösartigkeit zu. Im Jahre 1882 wurden nur fünf Arbeiter zu Gefängnisstrafen verurteilt, im Jahre 1886 waren es hingegen 179. Führende Sozialdemokraten wie Bebel, Auer, Vollmar, Frohme und Viereck, also Angehörige des rechten wie des linken Flügels der Partei, mußten wegen angeblicher Geheimbündelei für 9 Monate ins Gefängnis.

Der preußische Innenminister v. Puttkamer mochte sich zu restriktiven und repressiven Maßnahmen durch Bismarck schon dadurch ermutigt gefühlt haben, daß dieser am 7. März 1886 in einer Sitzung des preußischen Ministerrats erklärt hatte, er kümmere sich nicht um die Verfassung des Reiches, sie solle in allen Fugen krachen; er rechne auf die Unterstützung seiner Kollegen, wenn er nötigenfalls die Verfassung breche. In einer anderen Sitzung des preußischen Staatsministeriums ließ er durchblicken, er habe das allgemeine Wahlrecht 1866 gegen Österreich mit der Absicht ausgespielt, es so früh wie möglich zu revidieren.[16]

Im Reichstag interpretierte der Kanzler dann zwanzig Jahre zurückliegende Ereignisse zur Rechtfertigung eines möglichen Staatsstreiches recht eigenwillig: „Was ist denn 1866 anderes geschehen als daß die Fürsten, die ihre Rechte verkannt sahen, in erster Linie der König von Preußen, eingriffen, den Zustand, der bis dahin bestanden hatte, unter dem Beifall aller Deutschen, wenigstens der Mehrheit von ihnen, beseitigten und andere Einrichtungen einführten?“[17]

Dem deutschen Botschafter in Petersburg, General von Schweinitz, gegenüber wurde Bismarck noch deutlicher, als er ihm am 17. April 1886, wenige Tage nach dem Puttkamerschen Streikerlaß, schrieb: „Es kann wohl dahin kommen, daß ich das, was ich gemacht habe, wieder zerschlagen muß; die Leute vergessen, daß dem jetzt bestehenden Bunde dasselbe passieren kann, was dem Frankfurter Bundestag 1866 geschehen ist; die Fürsten können von ihm zurücktreten und einen neuen bilden ohne den Reichstag. Den Prinzen Wilhelm kann man hierfür leicht haben, aber auch den Kronprinzen bringe ich dazu und den Kaiser auch“.[18]

Ernsthaft war Bismarck wohl kaum gewillt, das zu zerstören, was er geschaffen hatte. Das wäre mit zu viel Risiken für die Gegenwart und vielleicht noch mehr für die Zukunft verbunden gewesen. Aber verärgert war er schon über die negative Reaktion auf die Sozialversicherung und das ständige Pochen auf eine Fabrikgesetzgebung; nicht minder ungehalten war er über die Ablehnung des Branntweinmonopols durch den Reichstag.

Unter solchen Umständen schien ihm die Drohung mit einem Staatsstreich durchaus angebracht, um Opponenten in den Parteien gefügiger zu machen. Auf jeden Fall verstärkte er einen antiliberalen Kurs, vor allem natürlich gegen die Arbeiterorganisationen. Stand doch die Verlängerung des Sozialistengesetzes wieder zur Debatte. Am 2. April 1886 stimmten im Reichstag 169 Abgeordnete für eine zweijährige Verlängerung des Gesetzes, 137 votierten mit „Nein", und 4 enthielten sich der Stimme. Unter den 169 Ja-Stimmen befanden sich 27, die aus dem Zentrum kamen. Hätte die Zentrumsfraktion, wie früher, einheitlich gegen das Sozialistengesetz gestimmt, so wäre es schon damals gefallen.[19]

Polenpolitik und Rückzug aus dem Kulturkampf

In der Innen- und Sozialpolitik des Deutschen Reiches hatten sich in den Jahren 1885 und 1886 markante Widersprüche gezeigt. Einerseits kämpfte der Reichstag – nicht ohne Erfolg – um die Behauptung seiner Rechte gegenüber der Regierung, insbesondere in der Budgetfrage, andererseits fand er sich zu einem Übereinkommen in der Drosselung der staatlichen Sozialpolitik und bei der Repression gewerkschaftlicher und sozialistischer Bestrebungen bereit. Die politische Atmosphäre wurde zusätzlich belastet durch Maßnahmen der Regierung gegen die in Preußen lebenden Polen.

Wenn Bismarck nun daranging, den sogenannten Kulturkampf, so gut es ging, zu beenden, jedenfalls ein grundsätzliches Übereinkommen mit der Papst-Kirche zu finden, dann mußte er die Stellung der Polen im preußischen Staatsverband neu überdenken. Sicher war es reichlich übertrieben, wenn er gelegentlich behauptete, zuletzt noch in seinem Erinnerungswerk,[20] daß „überwiegend" der Polen wegen der Kulturkampf begonnen worden wäre. Zutreffend war nur, daß sich die Auflösung der Katholischen Abteilung im Kultusministerium und das Schulaufsichtsgesetz Anfang der siebziger Jahre auch gegen den „Polonismus" in den Provinzen Ost- und Westpreußen, Posen und Schlesien richteten. Der Kanzler ließ keinen Zweifel daran, daß er an diesen ersten Maßnahmen des Kulturkampfes festhalten werde;[21] in dieser Beziehung gab es für ihn keine Revision.

Es schien Bismarck aber erwiesen, daß die „Ultramontane Partei die polnischen Nationalgefühle ausbeutet",[22] die sich nun einmal gegen den preußischen Staat und das Deutsche Reich richteten. Unter diesen Umständen machte er sich Gedanken über die Vermehrung der polnischen Bevölkerung und über diejenigen, die die polnischen Bauern und Kleinstädter in einem Geiste erzogen, der Ultramontanismus und Polonismus vereinigte. Im kleinen Alltag des polnischen Lebens wurde ja unter anderem „evangelisches" Bekenntnis als „deutsches" Bekenntnis gewertet.[23] Die soziale Stütze jenes Ultramontanismus, der in Ostelbien, anders als im übrigen Reich, nationalistisch gefärbt war, sah Bismarck aber im polnischen Adel, der die Geistlichen als seine Werkzeuge benutzen würde. Wenn sich manche darüber wundern, daß Bismarck das Heraufkommen der nationaldemokratischen Bewegung in Polen unterschätzt habe, dann übersehen sie, daß er in den siebziger und achtziger Jahren den Polonismus vornehmlich unter dem Gesichtspunkt des Klerikalismus betrachtete. Und da waren eben der Adel und sein geistlicher Anhang die entscheidende Macht und nicht oder noch nicht die Nationaldemokratische Partei oder die gespaltene Sozialdemokratie.

Da Bismarck Vergleiche zog mit „seinen" Bauern und Landarbeitern in Pommern, die materiell und geistig in patriarchalischer Abhängigkeit lebten, war er auch vom ursprünglich harmlosen Wesen der polnischen Bevölkerung überzeugt, die nur durch ihren Adel und durch den Klerus gegen das Reich und das „deutsche Bekenntnis" aufgehetzt würden; die polnischen Adligen, die Herren über Leben, Geist und Seele ihres Landvolkes, waren und blieben in seinen Augen die Hauptfeinde. Später grollte er in einem Gespräch mit Maximilian Harden, daß in Polen überall der Bauernstand durch schrankenlose Adelstyrannei unterjocht gewesen sei; ja, so meinte er, „wo man den Polen als Herren kennengelernt hat, da ist man nach einer Erneuerung dieser Bekanntschaft überhaupt nicht begierig".[24]

Als Bismarck in seiner Eigenschaft als preußischer Ministerpräsident am 22. Februar 1885 den Innenminister anwies, keine Naturalisation „russischer Untertanen" polnischer Nationalität mehr zuzulassen, überdies mit ihrer Ausweisung in großer Zahl zu beginnen, verfolgte er damit zunächst das Ziel, den polnischen Adligen Arbeitskräfte und Einflußmöglichkeiten zu nehmen. Dreißigtausend Polen russischer Staatsangehörigkeit[25] waren in die preußischen Ostprovinzen gekommen, als eingesessene Polen in der Hoch-Zeit der Industrialisierung von dort nach der Reichshauptstadt, ins Ruhrgebiet und in andere Industriezentren zogen. Sie waren diesen in einer Art europäischer Ost-West-Wanderung gewissermaßen nachgerückt. Als man dies preußischerseits wieder rückgängig machen wollte, waren nicht allein komplizierte Verhandlungen mit russischen Behörden notwendig, es erregte auch solches politisches Aufsehen, daß eine allgemeine Pressepolemik und Protestbewegung einsetzte.

Ende November 1885 brachte die Fraktion der Polen im Reichstag, unterstützt von Abgeordneten der Freisinnigen Partei, des Zentrums, der Volkspartei und der Sozialdemokratie, eine Interpellation ein, in der der Kanzler gefragt wurde, ob die Reichsregierung gegen die Ausweisungen von Polen durch die preußische Regierung Maßnahmen erwäge.[26] Die Interpellation im Interesse einer nationalen Minderheit und des moralisch-politischen Ansehens Deutschlands war über ihren konkreten Inhalt hinaus aus zwei Gründen interessant und neuartig: ansonsten partikularistisch eingestellte Fraktionen taten sich mit antipartikularistischen zusammen, um die übergreifende Macht des Reiches gegenüber Preußen zu demonstrieren und um konstitutionelle Ansprüche des Parlaments zumindest andeutungsweise und zaghaft geltend zu machen.

Bismarck aber ging mit Hilfe einer sicherlich von ihm inspirierten Botschaft des Kaisers und Königs in die Attacke; er wies die Annahme der Interpellationsunterzeichner zurück, „als ob in Deutschland eine Reichsregierung bestände, die verfassungsmäßig in der Lage wäre, Schritte zu tun,“[27] um preußische Maßnahmen zu unterbinden. Der Reichstag habe sich um diese Fragen überhaupt nicht zu kümmern, da sie ins Hoheitsrecht Preußens fielen. Der Kanzler fügte hinzu, daß es dem Reichsparlament nicht zustehe, die „verschiedenen deutschen Landesherren“ womöglich „vor seine Schranken zu rufen“, und lehnte daher jegliche Beteiligung an der Diskussion ab, die somit ins Leere lief.

Als jedoch das Budget des Reichskanzlers beraten wurde, brachten der Freisinn und das Zentrum im Januar 1886 wiederum eine Resolution ein, die die Ausweisungen als nicht gerechtfertigt „und mit dem Interesse der Reichsangehörigen nicht vereinbar“ kritisierte. Bismarck veranlaßte zu seinen Gunsten den „Antrag Achenbach“,[28] den die Konservativen, Freikonservativen und Nationalliberalen im preußischen Abgeordnetenhaus stellten. Darin versprachen sie der Regierung, deren antipolnische Maßnahmen in den Ostprovinzen zu unterstützen, besonders auf dem Gebiet der Schule, der allgemeinen Verwaltung und der Niederlassung deutscher Landwirte und Bauern.

Nach dem parlamentarischen Gegenwind im Reichstag benutzte der Kanzler diesen Aufwind in Preußens Abgeordnetenhaus, um in seiner großen „Polenrede" vom 28. Januar 1886 Stellung zu nehmen zu den Ausweisungen wie auch zu den im „Antrag Achenbach" erwähnten Germanisierungsmaßnahmen. Überdies nutzte der Kanzler das Zusammenspiel zwischen Zentrum und Freisinn aus, um Windthorst anzugreifen. Er warf ihm vor, „absolut intransigent" zu sein, „gepanzert durch das dreifache Erz des Welfen, des Führers im Kulturkampf und seiner fortschrittlichen Sympathien. Der Herr Abgeordnete", so fuhr er fort, „würde meines Erachtens, wenn er nicht im Zentrum säße, keineswegs der konservativen Partei, sondern der fortschrittlichen angehören. Ich erinnere mich, daß er schon als er hannoverscher Minister war, von seinen Kollegen als das liberale Mitglied des Ministeriums bezeichnet wurde."[29] Indem Bismarck Windthorst als Fortschrittler denunzierte, wollte er ihn bei der Kurie in Mißkredit bringen und darüber hinaus die Zentrumspartei ausschließen aus der von ihm beabsichtigten regierungsfreundlichen Koalition, die dann im sogenannten Kartellreichstag 1887 zustande kommen sollte.

Da Bismarck zur Zeit seiner Rede, Ende Januar 1886, von der ursprünglichen Ausweisung der Polen nichtpreußischer Staatsangehörigkeit nun zur nationalistischen Germanisierungspolitik überging, wurde seine Sprache immer unerbittlicher. Nach der Reichsgründung sei die Zeit der Ruhe „auf polnischer Seite keine Zeit der Versöhnung und des Einlebens gewesen".[30] Drohend erklärte er: „Was nicht will deichen, das muß weichen; wer nicht mitarbeiten will an dem Staat zu seinem Schutz, der gehört nicht zum Staat, der hat keine Rechte an den Staat; er soll weichen aus dem Staat. So barbarisch sind wir nicht mehr, daß wir die Leute austreiben, aber es wäre eigentlich die gerechte Antwort gegen alle diejenigen, die den Staat und seine Einrichtungen negieren ..." Wenn die zwei Millionen Polen „ganz allein ständen, würde ich sie nicht fürchten ...; aber in der Anlehnung an andere Staaten, an andere Parteien, die auch den Staat negieren und die ihn auch bekämpfen, da bilden sie eine erschreckliche Macht, eine Majorität, von der ich für die weitere Entwicklung des Deutschen Reiches wenig Heil in Zukunft erblicken kann."[31] Bismarck fürchtete vor allem die Anlehnung polnischer Kreise an die österreichisch-ungarische Monarchie, denn das mußte notwendigerweise Komplikationen im Verhältnis zu Rußland hervorrufen, was er zu jener Zeit, da sich die österreichisch-russischen Gegensätze auf dem Balkan gefährlich verschärften, am allerwenigsten gebrauchen konnte. Unter Berufung auf eine Denkschrift des preußischen Generals v. Grolman aus dem Jahre 1832 bezeichnete der Kanzler die polnischen Edelleute in Posen als das „böse Prinzip der Provinz".[32] Hundert Millionen Taler wollte er ausgeben, um deren Güter aufzukaufen – „kurz und gut, um den Adel zu expropriieren (Oho!). Das klingt ungeheuerlich, aber wenn wir für eine Eisenbahn expropriieren und die Häuslichkeit stören, Häuser und Kirchhöfe durchbrechen, lediglich zur Bequemlichkeit der Eisenbahngesellschaft, wenn wir expropriieren, um eine Festung zu bauen, um eine Straße in der Stadt durchzuschlagen, wenn wir ganze Stadtviertel expropriieren, wie in Hamburg, um einen Hafen zu bauen, Häuser, die seit Jahrhunderten stehen, abbrechen, warum soll dann nicht unter Umständen ein Staat, um seine Sicherheit für die Zukunft zu erkaufen und die Unruhe loszuwerden, ... zu diesem Mittel schreiten? Es wird ja keine Ungerechtigkeit verlangt, es soll nach dem vollen Wert bezahlt werden, und die Herren würden vielleicht zum Teil sehr vergnügt sein mit dem Gelde, was sie dafür bekommen, sich in Galizien anzukaufen ... und es würden auch viele von ihnen vorziehen, mit diesem Vermögen sich nach dem Westen zu begeben, nach Paris oder nach Monaco. (Heiterkeit)"[33]

Mochte Bismarck damit auch zunächst die Lacher auf seine Seite bekommen, so sollte jedoch in der Allianz mit den Nationalliberalen und ihrem leitenden Kopf, Johannes Miquel, gesetzgeberisch etwas herauskommen, was sich in der Zukunft verhängnisvoll für die innere Festigkeit des Reiches auswirkte. Auf Grund eines preußischen Gesetzes vom Ende April 1886 wurde eine Ansiedlungskommission gebildet, der man die erwähnten hundert Millionen Taler zum Ankauf polnischer Rittergüter überwies.

Ursprünglich dachte Bismarck daran, die angekauften Güter in Domänen umzuwandeln. Um jedoch das sich herausbildende Kartell aus Konservativen, Freikonservativen und Nationalliberalen zu festigen, mußte er Miquels Vorschlag annehmen, nach dem auf dem erworbenen Boden deutsche Bauern anzusiedeln wären. Damit wurde der Nationalitätenkampf erst recht angefacht, zumal sich Bismarcks Ansicht, er könne die Polen durch die deutsche Schule und den preußischen Militärdienst mit dem Deutschtum versöhnen, als Illusion erwies. Mehr und mehr kamen sie unter den nationalistischen Einfluß der polnischen Kleriker oder Radikaldemokraten. So wurde auch der Rückzug aus dem Kulturkampf höchst problematisch.

Den Zusammenhang zwischen der polnischen Frage und dem Kulturkampf haben mehrere Personalentscheidungen Anfang 1886 noch einmal grell beleuchtet. Am 27. Januar, einen Tag vor der großen Polenrede Bismarcks, teilte Kardinal Ledóchowski von Rom aus dem Domkapitel in Posen mit, er werde dort seine Tätigkeit nicht wieder aufnehmen können; als seinen Nachfolger nannte er den Königsberger Propst und Militärpfarrer Julius Dinder. Ledóchowski wurde Kurienkardinal und verstärkte damit im Vatikan die deutschfeindliche Gruppierung. Aber das nahm Bismarck in Kauf, nachdem er durch den Papst die Nominierung eines Polen für den erzbischöflichen Stuhl in Posen verhindert hatte. Von dort aus sollte kein Kirchenfürst, der zudem noch den Titel eines „Primas von Polen“ führte, regieren, „der das, was wir Revolution nennen, der das, was die Polen Herstellung der Republik Polen nennen, mit wohlwollendem Auge ansieht“.[34]

Um möglichst viele Positionen im spannungsreichen Spiel zwischen Staat und Kirche günstig besetzen zu lassen, machte Bismarck in den gleichen Wochen, da er Ledóchowskis Rückkehr nach Posen verhinderte, einen weiteren Schachzug. Er ließ durch königlichen Erlaß den Bischof von Fulda, Georg Kopp, ins preußische Herrenhaus berufen; da dieser ohne vorherige Beratung mit seinen Amtsbrüdern die Berufung annahm, gelang Bismarck ein Einbruch in die Phalanx der durch den Kulturkampf erbitterten Bischöfe. Georg Kopp wurde, wie es in der Sprache der Zentrumsführer abschätzig hieß, einer von den „Staatskatholiken“ und ein Bismarck höriger „Staatsbischof“. Als solcher befürwortete er die Vorlage des antipolnischen Ansiedlungsgesetzes, die vom Abgeordneten- und Herrenhaus des preußischen Landtags beraten und beschlossen werden sollte. Salbungsvoll beendete Kopp seine Rede im Herrenhaus mit den Worten: „Ich habe die feste Zuversicht, daß aus dem Zusammenwirken so erleuchteter Faktoren, des Gerechtigkeitssinnes dieses Hauses und der Weisheit des anderen Hauses keine Resultate sich ergeben werden, denen zuzustimmen mir verwehrt sein würde.“[35]

Bischof Kopp wurde immer wieder von der Zentrumspresse bekämpft, vom deutschen Episkopat beargwöhnt, aber von Leo XIII. geduldet, ja bald sogar befördert. Im Einvernehmen mit der preußischen Staatsregierung ernannte ihn der Papst im August 1887 zum Fürstbischof von Breslau und 1893 zum Kardinal. Der „Staatskatholik“ machte eben doch seine Karriere.

Das Fernhalten des Kardinals Ledóchowski vom Posener Erz-

Papst Leo XIII.

bischofsstuhl und die Beförderung des Bischofs Kopp waren Zugeständnisse des Papstes in der Endphase eines mehrjährigen spannungsreichen Strebens nach einem Ausgleich der Interessen zwischen Kirche und Staat. Bald nachdem Leo XIII. sein Pontifikat 1878 angetreten hatte, erschien es ihm geboten, mit Bismarck allmählich zu einer Verständigung zu kommen. Anstelle der romanischen Donnerreden und gebieterischen Gottmensch-Allüren seines Vorgängers Pius IX. versuchte Leo XIII. mit diplomatischer Umsicht und Elastizität größtmögliche Bewegungsfreiheit für seine Kirche in den deutschen Staaten, vor allem in Preußen, wiederzuerlangen. Patientia, also Geduld, wurde das Leitwort des vatikanischen Staatssekretariats.

Von dem kirchlichen Interesse im engeren Sinne einmal abgesehen, geboten dem Papst auch die allgemeinen Zeitumstände Ende der siebziger Jahre konservative Solidarität; weckten doch die Erfolge der sozialistischen Bewegung in Deutschland, begleitet von anarchistischen Attentaten auf den Kaiser, alle konservativen Ängste. Das revolutionäre Verschwörertum in Rußland rief Bombenschrecken im wahrsten Sinne des Wortes hervor; und seitdem in

Frankreich die endgültig etablierte bürgerliche Republik erste Maßnahmen gegen den Klerikalismus traf, fehlte dem Papst auch diese Stütze. In Italien schließlich hielt zwar die Regierung an den dem Papst gegebenen Garantien für die Besitzungen der Kirche fest, verwehrte aber die Wiedererrichtung des 1870 liquidierten Kirchenstaats.

Den einzigen Ausweg aus dieser beklemmenden Situation bot ein Arrangement mit dem Deutschen Reich, das 1879 mit Österreich-Ungarn ein Bündnis eingegangen war – ein Bündnis, personifiziert im konservativen Zusammenwirken des protestantischen Kaiser Wilhelm mit der „Apostolischen Majestät", dem stockkatholischen Kaiser Franz Joseph.

Auch Bismarck suchte nach möglichst vielen Verbündeten im Kampf gegen alles, was ihm umstürzlerisch erschien; da war ihm auch Leo XIII. durchaus willkommen. In diese grundsätzlichen Bestrebungen mischte sich die taktische Überlegung, das Zentrum vielleicht doch noch in eine konservative Parteienkombination einbeziehen zu können. Immerhin war es ihm bei der Zoll- und Finanzreform gelungen, die katholische Partei durch Kompromißbereitschaft als Mehrheitsbeschaffer auf seine Seite zu bringen. Aber im gesamten verhielt sich das Zentrum unter der politischen Leitung von Windthorst wie immer recht aufsässig: in Preußen verweigerte es seine Zustimmung zur Verstaatlichung der Eisenbahnen und zu anderen Regierungsvorlagen, im Reich lehnte es die Militär- und Steuervorlage ab, und bei der Verlängerung des Sozialistengesetzes lockerte es zwar die Fraktionsdisziplin, indem es einigen aristokratischen Mitgliedern die Abgabe ihrer Ja-Stimme erlaubte, das Gros der Zentrumsabgeordneten aber demonstrierte Prinzipienfestigkeit in Sachen staatsbürgerlicher Freiheit und stimmte mit „Nein".

Schon früh wurde es Bismarck klar, daß der Papst dem kampferprobten und darum selbstbewußten Zentrum nicht ohne weiteres Anweisungen geben könne. Kirchenpolitisch verfolgte es nach wie vor das Maximalziel, den Status quo ante 1870 faktisch, wenn auch nicht vertragsmäßig, wiederherzustellen – und das ohne Gegenleistungen. Dabei konnte es sich einig fühlen mit einer starken Gruppe im Kardinalskollegium des Vatikans, die verständlicherweise immer noch im Kampfgeiste von Pius IX. lebte. Als am 1. August 1878 der Leo XIII. eng verbundene Kardinalstaatssekretär Franchi plötzlich starb, erschien das wie eine Warnung an allzu Kompromißwillige. Der Tod ereilte ihn, nachdem er dem neuen Erzbischof von Neapel in der Kirche Santa Maria dei Campitelli die Weihe gegeben und anschließend in der glühenden Hitze eine Orangeade getrunken hatte. „Intra und extra muros des Vatikans wurde vielfach an eine Vergiftung geglaubt", so berichtete der mit der päpstlichen Umgebung wohlvertraute Graf v. Hutten-Czapski.[36]

Allein schon solche Vermutungen ließen die von tiefem Mißtrauen erfüllte Atmosphäre erkennen und die ihr zugrunde liegenden Spannungen im Kurienbereich. Bismarck hat seinen Verdacht, es könnte damals ein Verbrechen geschehen sein, in „Erinnerung und Gedanke" mit der Meisterschaft diplomatischer Stilkunst umschrieben: Den „plötzlichen Tod des Cardinal-Staatssekretärs Franchi" erwähnend, setzte er kommentierend hinzu: „Von Rußland hat man gesagt: gouvernement absolu tempéré par le régicide. (Absolute Regierung, gemildert durch Königsmord. E. E.) Ist ein Papst, der in der Nichtachtung der in der Kirchenpolitik concurrirenden Organe zu weit ginge, vor kirchlichen ‚Nihilisten' sicherer als der Czar?"[37]

Wenige Tage vor dem mysteriösen Tode des Kardinalstaatssekretärs hatte der päpstliche Nuntius in München, Masalla, den Reichskanzler in Kissingen aufgesucht, wo er sich nach dem Berliner Kongreß zur Kur aufhielt. Bald danach schickte Bismarck König Ludwig II. von Kissingen aus einen politischen Situationsbericht, in dem er zu dem Schluß kam: „Die hiesigen Verhandlungen mit dem Nuntius können das Stadium der Rekognoszierung nicht überschreiten; sie haben mir die Überzeugung gewährt, daß ein Abschluß noch nicht möglich ist; ich glaube aber vermeiden zu sollen, daß sie gänzlich abreißen, und dasselbe scheint der Nuntius zu wünschen. In Rom hält man uns offenbar hilfsbedürftiger als wir sind".[38] Rekognoszierung bedeutete, daß sich beide Seiten Zeit ließen, um das Terrain zu sondieren, ob und inwieweit von der einen oder anderen Seite Konzessionen gemacht werden könnten.

Einige Monate nach diesem mehr privaten Brief schrieb Bismarck wiederum an den Bayernkönig, diesmal in einer amtlichen Denkschrift, es ließe sich schwer ermessen, wie lange der jetzige Zustand der Kirchengesetzgebung dauern werde. Jedenfalls, so meinte er, sei das Interesse, „welches der Staat an einem Friedensschluß hat", nicht so groß, „daß es irgendwelche erheblichen Opfer rechtfertigte. Der ganze Schaden, welcher der Dynastie und dem Staate von ihren klerikalen Gegnern zugefügt werden könnte, ist geschehen und kann nicht größer werden. ... Die Waffen der Aufwiegelung in Parlament und Presse haben den Zweck, das katholische Volk der Dynastie zu entfremden, nur in geringem Maße erreicht und sind jetzt abgestumpft".[39]

Mochte Bismarck hier einiges vereinfacht und allzu günstig für Preußen und das Reich dargestellt haben, sicher hatte er aber mehr Handlungsfreiheit, wenigstens im Bereich der Regierung und des Hofes, als der durch die innere Situation am Vatikan und die Quertreibereien des Windthorstschen Zentrums stark gebundene Papst. Des Kanzlers taktische Devise lautete deshalb: „... einstweiliger beidseitiger Verzicht auf *prinzipielle* Konzessionen des anderen Teiles, unter wohlwollendem Verkehr auf dem *prinzipiell* nicht streitigen Gebiete".[40]

Damit wollte Bismarck eben doch aus dem „Stadium der Rekognoszierung" in das gegenseitiger Zugeständnisse treten. Die Zeit, da der Wiener Nuntius und spätere Kardinalstaatssekretär Jacobini mit Bismarck liebenswürdig-unverbindlich sprach, wie einst im September 1879 in Gastein, ging allmählich zu Ende. Die vertraulichen Detailgespräche in Wien zwischen dem Botschafter Reuß und Nuntius Jacobini brachten die Forderungen und Gegenforderungen der Verhandlungspartner schließlich doch zutage. Von 1880 ab wurden innerhalb der folgenden drei Jahre sogenannte „Milderungsgesetze" verabschiedet, die die härtesten Auswirkungen der Maigesetze von 1875 beseitigten. Nachdem in Preußen 4604 katholische Pfarreien nicht besetzt gewesen waren, blieben nach dem ersten Milderungsgesetz von 1880 nur noch 130 Pfarreien unversorgt. Ein späteres Gesetz ermöglichte die Begnadigung und die Rückkehr durch den Staat abgesetzter Bischöfe. Das Kulturexamen für die angehenden Geistlichen blieb zwar formell, war aber praktisch außer Kraft gesetzt. Auch sonst wurde das kirchliche Leben erleichtert.

Im Jahre 1882 wurde Kurd von Schlözer – von 1859 bis 1861 Bismarcks Adlatus in Petersburg, dann Legationsrat in Rom in den Jahren 1863 bis 1866 – zum Gesandten Preußens beim Vatikan ernannt. Aber eine Nuntiatur in Berlin wollten weder der Kaiser noch der Kanzler zugestehen. Dieser meinte, Preußen hätte mit den Milderungsgesetzen ohnehin Konzessionen „gratis gemacht". Bismarck hatte bis jetzt befolgt, was er im April und Mai bei verschiedenen Gelegenheiten als Devise der preußischen Kirchenpolitik ausgegeben hatte: Abrüsten, aber nicht die Waffen vernichten; die Waffen beiseite legen, aber wohlgeölt.[41]

Er war allerdings bereit, dem Papste billige Anerkennungen zu zollen, die diesem als früherem Oberhaupt des Kirchenstaates doch teuer waren. Wenn der Kanzler des Deutschen Reiches in einem offiziellen Brief den „Gefangenen im Vatikan" mit Sire ansprach, so galt dies nach damaligen Gepflogenheiten als die für einen weltlichen Monarchen gültige Formel. Und als dann gegen Ende 1885 in dem unbedeutenden Kolonialstreit zwischen Deutschland und Spanien wegen der Karolineninseln in der Südsee Bismarck die Sache so arrangierte, daß der Papst als Schiedsrichter von beiden Staaten anerkannt wurde, da herrschte irdische Seligkeit im Vatikan. Der Papst erschien auf der Weltbühne doch wie ein ihr angemessener Herrscher. Damit war zwar der ehemalige Kirchenstaat dem Königreich Italien mit der Hauptstadt Rom nicht wieder entrissen, aber solche Gesten des protokollarischen Prestiges wirkten wie politischer Sauerstoff, der den Papst in der Höhenluft der internationalen Diplomatie leichter atmen ließ.

Während der parlamentarischen Auseinandersetzungen über die sogenannten Milderungsgesetze und in der Zeit der diplomatischen Gespräche schälte sich als prinzipiell wichtigster Punkt für eine langwährende Einigung zwischen Staat und Kirche die allgemeine Anzeigepflicht bei Besetzungen kirchlicher Stellen heraus. Diese Pflicht zuzugestehen, war der Papst schon Anfang 1880 in allgemeiner Form bereit gewesen. Doch Bismarck bestand auf einer bedeutsamen Ergänzung, nämlich nicht allein „Anerkennung der Anzeigepflicht bei Übertragung geistlicher Ämter", sondern auch „des staatlichen Einspruchsrechtes".[42] Gegen dieses Einspruchsrecht staatlicher Instanzen wehrte sich die Kirche bis in das Jahre 1886 hinein, da sie von einem, wie sie glaubte, großenteils feindselig gesinnten Beamtentum nicht abhängig werden wollte.[43]

Und dennoch: jetzt war nach den Jahren gesetzgeberischer Provisorien, diplomatischer Avancen und personeller Entscheidungen wie im Fall des Kardinals Ledóchowski und des Bischofs Kopp die Zeit gekommen, dauerhafte „Friedensgesetze" zu beschließen. Auch wenn sich Bismarck in den Hof- und Regierungskreisen freier fühlte als der Papst im Vatikan, hatte er doch parlamentarische Schwierigkeiten in beiden Häusern des preußischen Landtages zu überwinden. Immerhin waren durch den Kulturkampf die Geister so geprägt worden, daß das Zentrum und manche protestantisch eifernden Konservativen nur schweren Herzens mitmachten und die sonst fügsam gewordenen Nationalliberalen in der romfeindlichen Ulrich-von-Hutten-Pose verharrten und ihre Zustimmung bis zuletzt verweigerten.

Die Vorlage für das erste „Friedensgesetz" ging – entgegen allem parlamentarischen Brauch – zuerst dem preußischen Herrenhaus Mitte Februar 1886 zu. Der kurz vorher zu dessen Mitglied ernannte und auch in der Polenfrage mit der Regierung kooperierende Bischof Kopp wirkte bei der Revision der Kulturkampfgesetze, zusammen mit dem katholischen Fürsten Hatzfeldt-Trachenberg, als Mittler zwischen Bismarck und der Kurie. Der Papst fühlte sich jedoch nicht in der Lage, schon vor der endgültigen Verabschiedung des „Friedensgesetzes" durch das Parlament die von Bismarck gewünschte uneingeschränkte Anzeigepflicht, mit der das staatliche Einspruchsrecht verbunden war, formell anzuerkennen; statt dessen gab er nur ein allgemeines Versprechen, indem er dem nach Rom gesandten Fürsten Hatzfeldt auftrug: „. . . sagen Sie dem Fürsten Bismarck, er soll Vertrauen zu mir haben".[44]

Mühsam war es, alle parlamentarischen Widerstände zu überwinden; daher griff Bismarck am 12. und am 13. April in die Debatte des Herrenhauses ein. Zwei Grundgedanken waren bemerkenswert. Rückblickend auf das Jahr 1875, erklärte er sich „für die Richtung und für die Tendenz der Maigesetze als Kampfgesetze" verantwortlich, nicht aber für alle Einzelheiten. Ferner: Mit den Kulturkampfgesetzen habe man keine dauernde Institution schaffen wollen, „die mit verfassungsartigem Ansehen den Preußischen Staat beherrschte. Sie waren eben Kampfmittel, um zum Frieden zu gelangen. Wie dieser Friede beschaffen sein würde, hat damals mitten im Kampf keinem vollständig klar vorgeschwebt."[45]

Nicht aus konfessionellen, sondern aus politischen Gründen war Bismarck, wie er noch einmal betonte, in den Kampf mit der katholischen Kirche eingetreten. In seinen Augen verkörperte sie eine politische Macht, ausgeübt mit Hilfe der Religion in der Vergangenheit wie in der Gegenwart. Darum war er auch der Überzeugung, „daß der tausendjährige Kampf des Priestertums mit dem Königtum sich durch einzelne Resolutionen einzelner Häuser nicht zu einem definitiven Frieden wird umgestalten lassen, daß der definitive Frieden – sagen wir: nicht nur zwischen einem Deutschen Kaiser und der katholischen Kirche, sondern der Frieden zwischen König und Priester immer die Zirkelquadratur bleiben wird, der man nahekommt, die man aber nicht vollständig erreichen kann".[46] Das blieb seine Grundansicht, die er noch in seinem Erinnerungswerk zum Ausdruck brachte.[47]

Taktisch war Bismarcks Rede darauf angelegt, bei der Revision der Kulturkampfgesetze den direkten Verhandlungskontakt mit der Kurie hervorzuheben. Er wollte hier die Parteien möglichst weitgehend ausschalten, insbesondere natürlich die katholische Partei. „Ich halte den Papst für deutschfreundlicher als das Zentrum. Der Papst ist eben ein weiser, gemäßigter und friedliebender Herr. Ob man das von allen Mitgliedern der Reichstagsmajorität sagen kann, lasse ich dahingestellt sein. (Heiterkeit)“[48]

Das Zentrum rückte er wieder einmal in die Nähe der Deutsch-Freisinnigen Partei, die er nach wie vor als „Fortschrittspartei“ bezeichnete. Mit dieser bewußten Verzeichnung gab Bismarck beiden Parteien ein linkes Ansehen, das sie in Wirklichkeit gar nicht hatten. Er führte auch, nicht ohne Demagogie, jene Sprachregelung ein, nach der die das rechte Spektrum bildenden Parlamentsfraktionen mit der Bezeichnung „nationale Parteien“ versehen wurden, was bis weit ins zwanzigste Jahrhundert hinein Schule machte, nicht nur in Deutschland.

Das „Friedensgesetz“, das am 21. Mai 1886 – übrigens gegen die Stimmen der Nationalliberalen – zustande kam, schaffte das staatliche „Kulturexamen“ ab, anerkannte die päpstliche Disziplinargewalt über die Geistlichen und hob den königlichen Gerichtshof für kirchliche Angelegenheiten auf. Knabenkonvikte, Gymnasialkonvikte, Konvikte für die Studenten der Theologie, Prediger- und Priesterseminare durften wieder errichtet werden. Dem Kultusminister waren nur Statuten, Lehrpläne sowie Namen der Leiter und Lehrer an diesen Anstalten bekanntzugeben, während Auswahl und Anstellung der Kirche überantwortet blieben. Schließlich wurden die Niederlassungen krankenpflegender Orden wieder erlaubt. Erst ein Jahr später, im April 1887, ließ man die kirchlichen Orden in Preußen mit Ausnahme des durch Reichsgesetz ausgeschlossenen Jesuitenordens wieder zu.

Nach der Annahme des „Friedensgesetzes“ von 1886 löste der Papst sein Versprechen ein und wies die Bischöfe an, bei neuanzustellenden Geistlichen der Anzeigepflicht gegenüber den staatlichen Stellen nachzukommen.

Im wesentlichen war damit die Revision der sogenannten Kulturkampfgesetzgebung abgeschlossen; jedoch blieben Bestimmungen in Kraft, die zu jenen in Reserve gehaltenen „wohlgeölten“ Waffen gehörten, so etwa das Schulaufsichtsgesetz, der Kanzelparagraph, das Jesuitengesetz. Der Kirchenaustritt blieb weiterhin erleichtert, und an der Einführung der Zivilehe konnte nicht mehr gerüttelt werden. Beides aber war für die Entwicklung eines freien gesellschaftlichen Lebens bedeutungsvoll.

Auch wenn sich die Beziehungen des Staates zur katholischen Kirche ohne sonderliche Friktionen normalisierten, ging in der Gesellschaft der Kulturkampf im eigentlichen und engen Sinne des Wortes auch nach dem „Friedensgesetz" von 1886 und seinen ergänzenden Bestimmungen von 1887 weiter: im Bereich der Wissenschaften und Künste, in den gesellschaftlichen und individuellen Beziehungen.[49]

Trotz alledem schotteten sich die beiden Konfessionen nicht ghettohaft gegeneinander ab, wie es andernorts, etwa in Nordirland, der Fall war. Die gegenseitige Toleranz, selbst gegenüber Nichtchristen, machte Fortschritte, und diese waren unerläßlich im weiterführenden Prozeß der modernen Industriegesellschaft.

Die bulgarische Krise im internationalen Spannungsfeld und der Zerfall des Dreikaiserbündnisses (1885/86)

Die außenpolitischen Komplikationen des Kanzlers fielen mit innenpolitischen Schwierigkeiten zusammen. Der Erlaß des preußischen Innenministers Robert v. Puttkamer an die Polizeiorgane, die Fachvereine der Arbeiter wieder stärker zu maßregeln und keine Zurückhaltung mehr zu üben, zeigte im April 1886 das Ende der „milden Praxis" in der Anwendung des Sozialistengesetzes an. Die Mehrheit des Reichstages hatte zwar eine Woche vor diesem Erlaß – als „Streikerlaß" bekanntgeworden – der Verlängerung des Ausnahmegesetzes erneut zugestimmt, aber entgegen der Regierungsvorlage nur für zwei Jahre. Selbst innerhalb der Nationalliberalen Partei war Kritik laut geworden, und zunehmend gerieten auch bürgerliche Abgeordnete angesichts der Ausweitung der repressiven Polizeiwirtschaft in Unruhe. Das Bismarcksche Sozialistengesetz war immer schwerer im Reichstag durchzubringen.

Auch das Ende Mai gegen die Stimmen der nationalliberalen Fraktion angenommene „Friedensgesetz" führte zwar zu einem Ausgleich mit der Papstkirche, wie prekär er auch immer sein mochte, aber zu keiner dauerhaften Zusammenarbeit mit dem Zentrum. Die Beziehungen der großen bürgerlichen Parteien zu Bismarck waren recht labil geworden.

Die Unsicherheiten, denen der Kanzler ausgesetzt war, vermehrte noch der bevorstehende Thronwechsel. Schwanden doch seit 1885 zusehends die Kräfte des bald neunzigjährigen Wilhelm I. Der Thronfolger, Friedrich Wilhelm, stand im Rufe eines liberalen Mannes und pflegte persönlichen Kontakt mit einigen freisinnigen Parteiführern wie Bamberger, Stauffenberg und Forckenbeck. Mochten auch seine liberalen Ambitionen von zweifelhafter Natur sein, was Bismarck übrigens bald erkannte, eine Änderung an der Spitze eines monarchistisch-halbkonstitutionellen Systems, wie es in Deutschland nun einmal bestand, konnte der in der Krise befindlichen Vorherrschaft des Kanzlers gefährlich werden. Man mag Bismarck zugute halten, daß es ihm nicht allein um seine persönliche Macht ging. Viel zu sehr fühlte er sich der von ihm mitgeprägten Gesellschafts- und Staatsordnung auch innerlich verpflichtet; gerade deshalb aber befürchtete er Entwicklungen an der Staatsspitze, die der Cliquenwirtschaft Tür und Tor öffnen könnten.

Zur Abwendung innenpolitischer Gefahren diente Bismarck oft auch seine außenpolitische Kabinettspolitik, wohl wissend, daß sowohl die Liberalen im Parlament als auch die Gegner innerhalb des monarchischen Staatsgefüges und in der Heeresführung vor einer offenen Konfrontation mit ihm zurückschreckten, eben weil sie seine Außenpolitik als erfolgreich ansahen.

*

Erst aus dem deutsch-österreichischen Zweibund vom Herbst 1879 war das im Juni 1881 abgeschlossene Dreikaiserbündnis zwischen Deutschland, Österreich-Ungarn und Rußland erwachsen. Doch selbst wenn es als dreiseitiger Neutralitätsvertrag im Vergleich zum Dreikaiserabkommen von 1873, das nur ein Konsultativpakt gewesen war, ein Fortschritt in den Beziehungen war, machte sich Bismarck über die historische Tragweite keine Illusionen. Seine Skepsis war allein schon durch die kurze Gültigkeitsdauer von nur drei Jahren angebracht. Der russisch-österreichische Balkangegensatz war und blieb stark, aber auch gegen das Deutsche Reich richteten sich die Angriffe der Panslawisten.

So hatte der russische General Skobelew, der sich während des russisch-türkischen Krieges insbesondere beim Donauübergang und in den mittelasiatischen Kämpfen gegen die Turkmenen ausgezeichnet hatte, Mitte Februar 1882 in einer Ansprache vor serbischen Studenten in Paris alle Slawen zu einem Bündnis mit Rußland und Frankreich gegen Deutschland und Österreich aufgefordert und die Losung ausgegeben: „Der Weg nach Konstantinopel führt durch das Brandenburger Tor".[50]

Diese Brandrede Skobelews in Paris und danach in Warschau beantwortete Bismarck damit, daß er den schon seit 1880 mehrfach von der Türkei vorgebrachten Wunsch nach Unterstützung beim Wiederaufbau ihres Heeres erfüllte und preußische Offiziere nach Konstantinopel entsenden ließ, unter ihnen den Major Colmar Freiherr v. d. Goltz, der dort zu einer legendären Figur werden sollte. Österreich-Ungarn hatte bereits 1881 mit Serbien einen Vertrag abgeschlossen, der formell wie ein Bündnis aussah, tatsächlich aber diesen Balkanstaat zum Satelliten des Habsburgerreiches machte. Am 30. Oktober 1883 wurde dann in Wien ein geheimer Bündnisvertrag zwischen Österreich-Ungarn und Rumänien unterzeichnet, dem auch die deutsche Regierung beitrat. Hier konnte man Rumäniens Groll wegen der russischen Annexion Bessarabiens ausnutzen.

In denselben Wochen, da Skobelew seine furiose Kampagne gegen Deutschland begann und die Pose des panslawistischen Kreuzritters gegen die moslemische Türkei annahm, wurde Saburow, der Petersburger Botschafter, ohne offiziellen Auftrag in Berlin vorstellig und schlug die Verlängerung des Dreikaiserbündnisses in dem Sinne vor, daß Deutschland und Österreich ein Vorgehen Rußlands gegen die türkischen Meerengen gewähren sollten. Es ist unwahrscheinlich, daß sich Saburow und Skobelew verständigt hatten, aber sie waren auf dasselbe Traumziel fixiert: Konstantinopel.

Saburow, der zu den wenigen gehörte, die das streng geheime Dreikaiserbündnis kannten, glaubte offenbar, waghalsig auf eigene Faust operieren zu können. Im Mai 1884 fand während der Krönungsfeierlichkeiten in Moskau eine Beratung statt, in der der Außenminister Giers über die Anhänger von Saburow siegte. Allzu unverhohlen die Zerschlagung des Osmanischen Reiches anzustreben, hätte nach der von Bismarck genehmigten türkischen Militärmission bedeutet, Deutschland an die Seite Englands zu treiben. Und das war aus zwei Gründen für Rußland äußerst gefährlich: einmal stieß es in Mittelasien ohnehin mit England zusammen, zum anderen war die prorussische Stimmung ausgerechnet in Bulgarien schon bis an die Grenze der Feindseligkeit abgekühlt.

Giers reiste nach Deutschland und Österreich und kam schließlich in Friedrichsruh mit Bismarck zusammen, der dessen Vorschlag, Saburow als Botschafter durch den bislang in Paris akkreditierten Fürsten Orlow zu ersetzen, wohlwollend aufnahm. Im März 1884 wurde das Dreikaiserbündnis, von unbedeutenden Veränderungen abgesehen, um weitere drei Jahre verlängert. Herbert v. Bismarck schrieb damals: „Unsere friedlichen Beziehungen also noch durch einige Jahre glücklich durchzubringen, ist meines Erachtens unberechenbarer Gewinn“.[51] Das sollte auch durch das Treffen der drei Kaiser in Skirniewice Mitte September 1884 demonstrativ bekundet werden.

Anders als im Frühjahr 1875, als Journalisten und Diplomaten über die „Krieg-in-Sicht“-Krise zwischen Deutschland und Frankreich laut und leise spekuliert hatten, waren genau zehn Jahre später die kriegsgefährlichen Spannungen zwischen England und Rußland doch ernst zu nehmen; immerhin stießen russische Armee-Einheiten im Januar und Februar 1885 mit afghanischen Truppenteilen zusammen und bedrohten damit die Grenze zu Indien, der englischen Kronkolonie. Die Lage spitzte sich in den Aprilwochen und bis in den Mai hinein derart zu, daß das englische Parlament einen großen Kriegskredit bewilligte und die Regierung die Reserve und die Miliz mobilisierte.[52]

London verhandelte mit dem türkischen Sultan über die Öffnung der Meerengen am Bosporus und an den Dardanellen für englische Kriegsschiffe, die im Schwarzen Meer operieren sollten, und ließ den englisch-indischen Generalstab Operationspläne ausarbeiten. Bald war in der englischen Presse zu lesen, ein europäischer Souverän könnte im afghanischen Konflikt eine Schiedsrichterrolle übernehmen. Damit war die Aufmerksamkeit natürlich sogleich auf den deutschen Kaiser gelenkt. Und als dann in der „Times“ mit „einem gewissen Ungestüm an Deutschland die Zumutung gerichtet wurde, in dem afghanischen Konflikte als Friedensstifter aufzutreten“, wie sich Bismarck ausdrückte, legte dieser am 27. Mai 1885 in einem ausführlichen Schreiben an Kaiser Wilhelm I. die Sachlage kritisch dar.[53]

Die deutsche Politik habe nichts getan, um Kriegsaussichten zwischen Rußland und England zu fördern. Aber „wenn wir diese Enthaltsamkeit ... üben, so sind wir doch der deutschen Nation schuldig, alles zu vermeiden, was dahin führen könnte, daß wir England die russische Feindschaft abnehmen, indem wir sie uns selbst aufladen.“[54] Um dies herbeizuführen, würde schon der *„leiseste“* direkte oder indirekte Druck auf Rußland genügen“.[55] Aus diesem Grunde habe sich Berlin „sorgfältig enthalten, auch nur die geringste Äußerung nach Petersburg gelangen zu lassen, welche als eine Pression oder auch nur als Wink hätte gedeutet werden können, daß Eure Majestät wünschten, Rußland möge Frieden halten".[56] Es müsse alles vermieden werden, was angetan wäre, „Rußland friedfertig gegen England zu stimmen", aber auch „das mühsam beseitigte Mißtrauen gegen uns wieder zu wecken und zu beleben und die russische Politik dazu zu bestimmen, ihre Spitze wieder ausschließlich gegen Westen zu richten".[57]

Bismarck war überdies durch verschiedene Pressestimmen in Rußland und England beunruhigt, die sich für ein Bündnis dieser beiden Länder aussprachen. „Käme diese englisch-russische Allianz zustande mit ihrer angeblich christlichen und antitürkischen, in der Tat panslawistischen und radikalen Richtung", schrieb der Kanzler, „so wäre derselben die Möglichkeit gegeben, sich jederzeit nach Bedürfnis durch Frankreich zu verstärken, wenn die russisch-englische Politik bei Deutschland Widerstand fände; es wäre die Basis für eine Koalition gegen uns gegeben, wie sie gefährlicher Deutschland nicht gegenübertreten kann".[58] Es war, als ob Bismarck die Mächtekonstellation von 1914 vorausgeahnt hätte.

Während er Rußlands Handlungsfreiheit in Mittelasien weder direkt noch indirekt störte, tat er alles, um England durch die internationale Diplomatie in seinen Flottenmanövern zu behindern – ohne Drohgebärde, immer unter Berufung auf internationale Verträge. Bereits Mitte April 1885 regte man von Berlin aus die französische Regierung an, dem Berliner Vertrage entsprechend in Konstantinopel gegen eine eventuelle Öffnung der Meerengen Einspruch zu erheben. Bismarck machte die türkische Regierung darauf aufmerksam, daß eine russische Intervention unvermeidlich sei, falls sie englische Kriegsschiffe passieren lasse.[59] Das mußte die Pforte wohl oder übel respektieren, denn nicht nur Bismarck, sondern auch die Partner des Dreikaiserbündnisses, sogar Frankreich und nach einigem Zögern auch Italien brachten es ultimativ vor. Die entschiedene Haltung der meisten europäischen Regierungen in der Meerengenfrage behinderte die entscheidende militärische Kraft Englands, die Flotte, in einem Krieg gegen Rußland.

Englands isolierte Stellung im Streit mit Rußland und die militärisch und ökonomisch mangelhafte Vorbereitung auf beiden Seiten bewirkten, daß die internationale Krise mit einem Protokoll über die Nordgrenze Afghanistans zum vorläufigen Abschluß kam.[60] Bismarck hatte während der russisch-englischen Krise 1885 erreicht, daß sich die Beziehungen zu keinem der beteiligten Länder verschlechtert hatten: das Dreikaiserbündnis hatte funktioniert;

die zaristische Regierung war von Bismarck vertragsgemäß und bereitwillig in der Meerengenfrage unterstützt und Frankreich für gemeinsame Schritte in Konstantinopel gewonnen worden; durch die Konzilianz während der diplomatischen Gespräche mit der englischen Regierung blieben die relativ guten Beziehungen zu London erhalten. Überdies konnte Bismarck hinsichtlich einer möglichen Allianz zwischen Rußland und England beruhigt sein. Einmal waren beide mit den Festlegungen über die strittigen Grenzen Afghanistans nicht zufrieden, dann häuften sich die russisch-englischen Differenzen auch in Persien, und schließlich kam Anfang Juni 1885 ein neues Kabinett in England an die Regierung, dessen Premier Salisbury von Bismarck als Gegner Rußlands angesehen wurde.

*

Der russisch-englische Konflikt war noch nicht völlig beigelegt, als auf dem Balkan schon eine neue internationale Krise heranreifte, die Bismarck noch vor weit schwierigere Aufgaben stellte. Am 18. September 1885 erschütterte Ostrumelien ein von langer Hand vorbereiteter Aufstand; die Bulgaren – unter ihnen auch Mazedonier – verjagten den türkischen Generalgouverneur mit seinen Beamten und proklamierten die Vereinigung Ostrumeliens mit dem nördlich gelegenen Fürstentum Bulgarien. Am 20. September mußte sich der bulgarische Regent Alexander v. Battenberg, der Stimmung im Lande folgend, wohl oder übel entschließen, auch die Herrschaft über Ostrumelien zu übernehmen.[61]

Als Sohn aus der sogenannten morganatischen (dem Stande nach nicht ebenbürtigen) Ehe des Prinzen Alexander von Hessen mit einer polnischen Gräfin hatte er wie alle seine männlichen Geschwister vom hessen-darmstädtischen Großherzog, der sein Großvater war, den Titel eines Prinzen von Battenberg erhalten. Hinsichtlich seines Standes erhöhte ihn auch der Umstand, daß sein Vater der Bruder der russischen Zarin war. So genoß er die dynastische Gunst, Neffe des Zaren Alexander II. und Großneffe Alexanders III. zu sein. Es alexanderte da also schon ganz beachtlich. Doch davon abgesehen: hatte die verwandtschaftliche Herkunft des Battenbergers schon kosmopolitische Züge, so pflegte das Haus Hessen-Darmstadt darüber hinaus seine internationalen Beziehungen mit auffälligem Eifer.

Der Prinz Alexander v. Hessen, der Vater des Battenbergers also, hatte sich in der österreichischen Armee schon 1859 im oberitalienischen Feldzug hervorgetan und dort seinen militärischen Rang als Korpskommandant erworben, ehe er wieder nach Darmstadt zurückkehrte. Sein Sohn diente in der russischen Armee und machte im Gefolge des Zaren Alexander II., seines Onkels, den russisch-türkischen Krieg von 1877/78 mit, um dann nach diesem prinzlichen Etappendasein in der preußisch-deutschen Armee seine weitere Offizierskarriere zu suchen. Einer seiner Brüder trat in die englische Flotte ein und brachte es bis 1913 sogar zum Ersten Seelord.

Die Verwandtschaft mit dem Zaren Alexander II. war wohl ausschlaggebend dafür, daß Alexander v. Battenberg, erst zweiundzwanzigjährig, am 29. April 1879 auf russisches Betreiben hin in Sofia von den Notabeln zum Fürsten von Bulgarien gewählt wurde.[62] Anfangs hatte sich der Zar gern mit dem Nimbus des „Befreiers" aus türkischer Knechtschaft geschmückt; sehr bald aber wurde deutlich, daß Petersburg Bulgarien zum Vasallenstaat machen wollte, so unverschleiert sogar, daß es zwei russische Generäle als bulgarische Minister einsetzte.

Alexander v. Battenberg war als regierender Fürst in Bulgarien geradezu in einen Hexenkessel innerer Rivalitäten und Großmachtintrigen gekommen. Das veranlaßte ihn, der wie alle Battenbergs gierig nach Konnexionen war, immer wieder in europäischen Hauptstädten danach Ausschau zu halten. Als er im Frühjahr 1884 nach Berlin und Wien kam, wußte er allerdings nicht, daß Bismarck dabei war, die schwierigen Verhandlungen über die Erneuerung des Dreikaiserbündnisses zu einem guten Ende zu bringen. So konnte er kaum einen ungünstigeren Zeitpunkt finden, um vom deutschen Reichskanzler Unterstützung gegen russische Übergriffe zu erlangen. Zudem war dem Kanzler noch zu Ohren gekommen, daß der junge Fürst in der Familie des deutschen Kronprinzen verkehrte und dort bei der Kronprinzessin ein williges Ohr für seinen Verlobungswunsch mit der siebzehnjährigen Tochter des Hauses, der Enkeltochter des Kaisers also, gefunden hatte.

Bismarck, der keine politischen Mißverständnisse in Rußland aufkommen lassen wollte und sehr wohl den fast pathologischen Haß Alexanders III. gegen den widerspenstig gewordenen Großneffen kannte, war alarmiert. Die politischen Konstellationen waren für Otto v. Bismarck entscheidend, nicht Gefühlsbeziehungen junger Menschen, von denen er ohnehin meinte, daß sie „in *dem* Alter für große politische Entschließungen der Monarchen nicht maßgebend wären".[63] Unser „Herr", so erinnerte er einmal den Sohn, wäre ja „Seinerseits auch nicht gefragt worden . . ., wen er heirathen wollte".[64] Und außerdem verdächtigte Bismarck den Fürsten, wie er dem deutschen Botschafter in Wien schrieb, ein Streber und Störenfried zu sein, dessen Heiratsbestrebungen die deutsche Politik geradezu bedrohten. Diese dürfe sich nicht „für dynastische Pläne des Hauses Battenberg" einsetzen.[65]

Bismarck war nach wie vor gewillt, in Bulgarien „den russischen Einflüssen freien Spielraum zu lassen", und meinte gegenüber den Klagen über die „Malicen" und „Niederträchtigkeiten" russischer Agenten: „Ursprünglich hat Fürst Alexander das bulgarische Fürstentum nicht anders als im Sinne einer russischen Statthalterschaft übernommen; wenn er es mit anderen Absichten übernahm, so hat er sich zu früh demaskiert und mit seinem unruhigen Umhertasten nach türkischen, griechischen, russischen, bulgarisch-liberalen und englisch-dynastischen Anlehnungen sich selbst das Terrain verdorben".[66] Für Bismarck war „die Verstimmung des russischen Hofes gegen den Fürsten" durchaus berechtigt.

Über die Unterredung mit dem Kanzler hat Alexander v. Battenberg eine Aufzeichnung hinterlassen. Danach hätte Bismarck mit mitleidsloser Offenheit erklärt, daß eine Heirat mit der Hohenzollern-Prinzessin nicht zugelassen werden würde; solange er Kanzler sei, werde sie jedenfalls nicht stattfinden. Und was Battenbergs politische Stellung betraf, so stellte er den fürstlichen Ratsucher vor sehr harte, geradezu zynische Alternativen: „Ich finde überhaupt, daß es Zeit wäre, daß Sie sich darüber klarwerden: Deutscher oder Bulgare? Bisher waren Sie Deutscher, und das muß mit Ihrem Abgang enden. An Ihrer Stelle wäre ich vielleicht auch Deutscher geblieben, denn ich begreife, daß es einen ehrlichen, geraden Charakter, wie den Ihren, anwidern muß, mit Orientalen umzugehen. Wenn Sie aber in Bulgarien bleiben wollen, so ergeben Sie sich auf Gnade oder Ungnade an Rußland, nehmen Sie, wenn es sein muß, sogar eine antideutsche Haltung ein!"[67]

Auf Gnade oder Ungnade sich Rußland ergeben? Bismarck konnte kaum unverblümter sein Unverständnis für das Unabhängigkeitsstreben des bulgarischen Volkes zu erkennen geben, das allein schon wegen der Flucht türkischer Bauern und Beys, die herrenloses Land hinterlassen hatten, soziale Umschichtungen bewältigen mußte. Er sah in Bulgarien nur ein internationales „Kompensationsobjekt" und gab daher dem Battenberger den Rat, „die Stellung, die er dem Kaiser Alexander II. verdankte, an den Kaiser Alexander III. für möglichst hohen Preis zu verkaufen".[68]

Dieser unverfrorenen und auch noch dem Botschafter in Wien mitgeteilten „Empfehlung“, die darauf abzielte, Unbequemlichkeiten für die deutsche Regierung aus der Welt zu schaffen, konnte der Battenberger nicht folgen, wenn er sich nicht politisch selbst aufgeben wollte. Er tat, was unter den gegebenen Verhältnissen in diesem umstrittenen Balkanland möglich war: Er „vertheidigte russische Interessen, wo es ging“, wie sein Hofprediger Adolf Koch aus Darmstadt später schrieb,[69] unterstützte aber auch bulgarische Bestrebungen. Ob immer sachgerecht, sei dahingestellt. Jedenfalls wurde es ihm, ein Jahr nach dem Gespräch mit Bismarck, unmöglich, gegen die Verschwörung in Ostrumelien und die politische Vereinigung der Bulgaren zu opponieren, wenn er nicht verjagt werden wollte.

So aber, wie sich die nationale Bewegung entwickelt hatte, war ein vereinigtes Bulgarien mit selbständigen Ambitionen für den Zaren unannehmbar; er wollte ein ausschließlich von ihm beherrschtes, vom Westen möglichst abgeschottetes Balkanland. Deshalb wandte sich die russische Diplomatie sofort gegen die bulgarische Einigung von 1885 und verlangte die Herstellung der alten, dem Berliner Vertrage entsprechenden Verhältnisse. Diese Forderung war völkerrechtlich exakt, falls man außer Acht ließ, daß in einem Zusatzprotokoll zu dem geheimen Dreikaiserbündnis von 1881 festgelegt worden war, die drei Regierungen würden sich gegebenenfalls einer Vereinigung der zwei wichtigsten Territorien nicht widersetzen. Zu dieser geheimen Vereinbarung stand also die nationale Aktion der Bulgaren keineswegs im Widerspruch. Um so dreister war der russische Appell an die Teilnehmerländer des Berliner Kongresses, gegen Bulgariens Vereinigung einzuschreiten. Die Botschafter dieser Länder in Kontantinopel kamen zwar zu einer Beratung zusammen, die aber wochenlang zu keinen sichtbaren Resultaten führte.[70]

Als in dieser Zeit des diplomatischen Leerlaufs und gleichzeitig sichtbarer Erfolge der nationalbulgarischen Bewegung die russische Regierung den Sturz des Battenbergers betrieb, warnte Bismarck vor einer spektakulären Depossedierung, natürlich nicht aus Sympathie für den Fürsten und die bulgarische Unabhängigkeit. Vielmehr war er besorgt, es könnten sich aus einer solchen Aktion internationale Verwicklungen ergeben. Die Hauptkontrahenten in diesem umstrittenen Balkanland waren, wie eh und je, Rußland und Österreich. Der alte machtpolitische Gegensatz hatte jetzt sehr konkrete Formen angenommen.

Mitte der achtziger Jahre wurde nämlich um die Konzession für Eisenbahnlinien in Bulgarien gerungen. Österreichisch-ungarische Kapitalgruppen, unterstützt von deutschen Banken, setzten sich für eine West-Ost-Strecke von Wien über Belgrad und Sofia nach Konstantinopel ein, die ihnen die Erschließung Serbiens, Bulgariens und anderer Balkanländer außerordentlich erleichtern mußte. Die von der Petersburger Regierung dagegen geforderte Nord-Süd-Strecke hätte Bulgarien in weitgehendem Maße auch wirtschaftlich an Rußland gebunden und überdies im Falle eines Krieges gegen die Türkei erhebliche militärische Bedeutung erlangt. Der politische und ökonomische Konkurrenzkampf – von internationalen Spekulanten zu einem Profitgeschäft mit Millionenbeträgen ausgenutzt[71] – wurde von der bulgarischen Seite geradezu handstreichartig für die österreichischen Interessen entschieden. Bulgarische Strohmänner unterboten buchstäblich wenige Minuten vor Ablauf der für die Konzessionserteilung gestellten Frist die russischen Kalkulationen. Alle Ränke und Erpressungsversuche vermochten die gegen Rußland gerichtete Konzessionserteilung nicht zu verhindern.[72] Die Vereinigung Nordbulgariens mit Südbulgarien (Ostrumelien) erleichterte den Ausbau der Orientlinie in Richtung Konstantinopel, was die russische Erbitterung gegen den Battenberger noch steigerte.

Die Vergrößerung des nationalstaatlichen Territoriums der Bulgaren berührte nicht allein die Großmachtinteressen; auch Griechenland und die Türkei mobilisierten ihre Streitkräfte, wurden jedoch von den Großmächten zur Zurückhaltung ermahnt. Anders gestaltete sich das Verhältnis zwischen Serbien und Bulgarien. Glaubte doch der serbische König Milan, der bisher mit dem Battenberger befreundet war, die Gelegenheit für die Verwirklichung eigener nationalistischer Großmachtträume nutzen zu können und forderte im „Interesse des Gleichgewichts" auf dem Balkan bulgarisches Territorium als „Kompensation".[73]

*

Der überfallartige Einmarsch serbischer Truppen in Bulgarien am 14. November 1885 zwang die auf dem Balkan konkurrierenden Staaten, Farbe zu bekennen. Sowohl Rußland als auch Österreich wußten von den serbischen Annexionsgelüsten, unternahmen aber nichts dagegen, weil sie einen Erfolg Milans wünschten. Giers, der russische Außenminister, hoffte dabei, den Battenberger loszuwerden; daher waren die russischen Offiziere bereits vor dem serbischen Überfall aus der bulgarischen Armee abberufen worden. Selbst bei einem serbischen Sieg schien Giers nichts zu riskieren, denn, wie Bismarck bemerkte, „die endgültige Entscheidung über die Situation“ hänge nicht von „den bulgarischen Erfolgen, sondern von den Entschließungen der Mächte“[74] ab. Kálnoky wiederum, der Außenminister in Wien, erlaubte die Finanzierung des serbischen Angriffs durch dortige Banken in der Hoffnung, dadurch Serbien noch enger an Österreich binden und den russischen Einfluß in Bulgarien zurückdrängen zu können.

Nach anfänglichen Erfolgen der Serben ging wider alle Erwartungen die Initiative auf die bulgarische Armee mit ihren jungen Offizieren über. Getragen vom Elan der nationalen Einigungsbewegung, drang sie in schnellem Vormarsch auf die serbische Hauptstadt Belgrad vor. Das zwang die österreichische Regierung, die ja die Serben zum Krieg ermuntert hatte, sich an die Vertreter der Großmächte zu wenden, damit sie durch ihr Machtwort den Krieg beendeten und ein Debakel des serbischen Königs Milan verhüteten. Mit der massiven Drohung, österreichische Truppen würden eine Fortsetzung der bulgarischen Offensive verhindern, rettete Kálnoky die serbische Regierung, verschlechterte aber damit zugleich in gefährlicher Weise die Beziehungen zu Rußland, das in Bulgarien zwar gern den Battenberger verjagt, aber nicht Habsburg festgesetzt haben wollte.

Gerade darum wandte sich Bismarck gegen das einseitige Vorgehen der österreichischen Regierung, die im Sog akuter Machtinteressen ohne vorherige Verständigung mit Petersburg gegen Verpflichtungen verstoßen hatte, die im Dreikaiserabkommen festgelegt worden waren. In erster Linie aber ging es dem Kanzler nicht um völkerrechtliche Bestimmungen, sondern um die politische Zweckbestimmung: die Verbindung des reichsdeutschen Sicherheitsbedürfnisses mit der konservativen Solidarität der drei Kaisermächte. Angesichts all der Balkanturbulenzen und Großmachtintrigen gab er Wien den höchst aufschlußreichen, prägnant in einer Sentenz zusammengefaßten Rat: „Die abwartende Ruhe ist schwerer als ein rascher Entschluß, aber auch nützlicher“.[75]

Trotz allem war die Einmischungspolitik der Habsburgermonarchie noch biegsam im Vergleich zum autokratischen Starrsinn des Zarismus. Gleich nach der Vereinigung von Süd- und Nordbulgarien erklärte Alexander III. in einem Schreiben an Generalstabschef Obrutschew apodiktisch: „Von jetzt ab müssen die Slawen Rußland dienen, nicht wir ihnen“.[76] Doch nach dem Sieg

Battenbergs und seiner Armee über Serbien konnte die russische Regierung in Bulgarien erst recht nicht mehr schalten und walten, wie sie wollte; nun war dieses Balkanland nicht mehr, wie Österreich und England 1878 befürchtet hatten, ein Aufmarschgebiet für russische Truppen gegen Konstantinopel, sondern eine Barriere gegen deren Vordringen.

Battenberg war klug genug, seine Erfolge nicht allzu provozierend auszubeuten; er nahm direkte Verhandlungen mit dem Sultan auf, der theoretisch immer noch sein Landesherr war. Die Botschafterkonferenz, die in Konstantinopel über die durch Bulgariens Vereinigung verletzte Integrität des Berliner Vertrages beraten sollte, kam jetzt erst recht nicht voran. Man wartete ab, bis die bilateralen Gespräche zwischen dem Battenberger und dem Sultan und dann die serbisch-bulgarischen Friedensverhandlungen beendet waren. Anfang März 1886 wurde der Friedensvertrag unterzeichnet; einen Monat später kam eine Übereinkunft mit dem Sultan zustande, die dessen Gesicht einigermaßen wahrte und die Revision des Berliner Vertrages verschleierte. Das erlaubte der Botschafterkonferenz, die Abmachungen am 5. April 1886 zu ratifizieren. Indem der bulgarische Regent als türkischer Generalgouverneur für Ostrumelien bestallt wurde – angeblich für fünf Jahre, tatsächlich für unabsehbare Zeit –, war eine einheitliche Regierung beider Bulgarien sanktioniert.

*

Da in die Ereignisse in und um Bulgarien als Verfechter entgegengesetzter Interessen Österreich und Rußland schier unlösbar verstrickt waren, wurde das Dreikaiserbündnis, dessen Gültigkeitsdauer ohnehin im Juni 1887 ablaufen sollte, mehr und mehr in Frage gestellt.

Alexander III. erwog jedenfalls schon, sich von Österreich abzukehren und Frankreich hinzuwenden, wenn auch noch nicht zielgerichtet auf ein Bündnis mit der französischen Republik. Es wurde bereits als eine Sensation empfunden, als der Zar mit seiner Gattin und anderen Mitgliedern der kaiserlichen Familie im Winter 1885 auf einem großen Ball in der französischen Botschaft erschien, die zum ersten Mal seit der Gründung der III. Republik ein russischer Herrscher betrat.

Der französische Botschafter, General Félix Antoine Appert, zur Zeit der Unterdrückung der Kommune Militärgouverneur und von erzkonservativer Gesinnung, war im übrigen wie geschaffen dafür, mit dem Herrscher aller Reußen ins Geschick zu kommen, wenn er auch schwer erträglich war für die im Januar 1886 gebildete Regierung Freycinet, die auf einem Kompromiß zwischen den gemäßigten und den radikalen Republikanern beruhte. Immerhin hatten die Republikaner bei den vorausgegangenen Wahlgängen ihre liebe Not gehabt, das Übergewicht über die Monarchisten zu bekommen. Die herausragende Figur in der Regierung war der Kriegsminister, General Boulanger, der an Revanche gegenüber Deutschland dachte und dabei vom radikalen Flügel der Republikaner und seinem führenden Kopf, Clémenceau, unterstützt wurde, auch weil er sich gegen die monarchistische Gesinnung vieler Offiziere wandte.[77]

Unter diesen Umständen war es wohl eine Konzession an die „Radikalen“, als Freycinet recht abrupt den französischen Botschafter Félix Antoine Appert von seinem Petersburger Posten abberief, worauf der Zar allerdings aufgebracht reagierte. Es gab auch ansonsten genug Anlaß zu einer Verstimmung über die französische Regierung, so wegen der Toleranz gegenüber russischen Emigranten in Paris oder der Ausweisung regierender Familien Frankreichs und deren erbberechtigter Nachkommen. Wahrscheinlich kam des Zaren Ansicht über den Zustand der russisch-französischen Beziehungen am deutlichsten in einem Leitartikel des nationalistischen „Swet“ zum Ausdruck, in dem es hieß: „Aber Rußland kann kein Bündnis mit einem Frankreich eingehen, das in die Hände einer Gruppe von Rechtsanwälten gefallen ist, die ihre Macht entgegen seinen Interessen und ausschließlich zu ihrem eigenen Vorteil ausüben – und die außerdem von Deutschland unterstützt werden, eben weil (wie die Deutschen wissen) nichts Frankreich so schwächen kann wie die Rote Republik“.[78]

Man erinnerte sich also in Petersburg an die erbitterten Auseinandersetzungen in den siebziger Jahren, als Harry v. Arnim, deutscher Botschafter in Paris, in Frankreich ein konservatives Regime wünschte, der Reichskanzler hingegen eine innerlich zerrissene und dadurch bündnisunfähige Republik, von der er gesagt hatte, „die röteste“ sei „uns günstig“.[79]

Vieles deutete aber darauf hin, daß geheime Kontakte zwischen französischen und russischen Generalstäblern weiterhin gepflegt wurden. Im April 1886 erschien in Paris eine Broschüre mit dem provozierenden Titel: „Avant la bataille“, verfaßt von dem pensionierten Offizier Hippolyte Barhélemy, einem Freund des Kriegsministers Boulanger. Der Autor hielt die französische Armee der deutschen jetzt für ebenbürtig, wenn nicht gar für überlegen und sah so den Tag der Rache nahe. Im Vorwort verkündete der Dichter-Soldat Paul Déroulède auch schon, daß die Schlacht unvermeidlich sei, und steigerte sich zum Fanfarenruf: „Die Annäherung von Frankreich und Deutschland ist notwendig, aber durch die Waffen; ja, gewiß, sie wird nützlich und ertragreich sein, aber durch den Sieg".[80] Déroulède, der immerhin eine halbe Million Mitglieder der „Ligue des Patriotes" hinter sich hatte, bereiste im Hochsommer 1886 Rußland. Die Mission war insofern etwas heikel, als die französisch-russischen Freundschaftskundgebungen nicht so aufdringlich sein durften, daß der Zar in seiner Außenpolitik unter den Druck der öffentlichen Meinung geriet, und das noch zu einer Zeit, da die diplomatischen Gespräche zwischen Petersburg und Paris nicht gut vorankamen.

Dennoch: Katkow, der Star der politischen Publizistik in Rußland, empfing Déroulède und veröffentlichte am 30. Juli einen aufsehenerregenden Leitartikel in den „Moskowskie Wjedomosti", in dem er gegen die Auffassung anging, die russische Monarchie dürfe sich nur mit den kaiserlichen Monarchien in Österreich und Deutschland verbünden, nicht aber mit Frankreich, das im Ruf einer chaotischen Demokratie stünde.[81] Es gab jedoch immer noch Diskrepanzen zwischen Rußlands Verlangen, Frankreich möge den Vormarsch auf Konstantinopel und Galizien erleichtern, und der französischen Vorstellung, Rußland könne bei der Rückeroberung Elsaß-Lothringens Beistand leisten. Hauptgegner der französischen Revanchisten war Deutschland; der russische Expansionismus aber richtete sich vor allem gegen Interessensphären Österreichs.

Michael Katkow war übrigens selbst beteiligt an industriellen, stark protektionistischen Unternehmungen Zentralrußlands und galt als Vordenker wie Sprecher der neu aufkommenden Industrie. Kein Wunder also, wenn die von ihm beeinflußten Blätter weiter unbeirrt Stellung gegen den Dreikaiserbund nahmen. Der Zar soll sie eifrig gelesen haben, ohne allerdings mit seiner Umgebung darüber zu sprechen. Er empfing auch Katkow nicht, der ihn noch in drei Briefen zu beeinflussen versuchte;[82] der „erhabene Souverän" liebte nun einmal „keine dialektischen Turniere", wie der deutsche Botschafter von Audienzen bei ihm dem Reichskanzler zu berichten wußte.[83] Katkow starb im August 1887, fast siebzigjährig, wahrscheinlich auch verbittert über die Blamage in Bulgarien.

Dort hatten zwar russische Agenten Alexander v. Battenberg in der Nacht vom 20. zum 21. August 1886 gefangennehmen und Anfang September zum Verzicht auf die fürstliche Herrschaft zwingen können, aber dennoch keine dem Zaren willfährige Regierung zustande gebracht, zumal der Fürst vor dem Verlassen des Landes noch eine Regentschaft unter der Führung Stambulows eingesetzt hatte, die sich auch nicht von zaristischen Sonderbeauftragten im Generalsrang in ihren Handlungen bestimmen ließ. Die Einmischung Rußlands war zu offensichtlich und zu grobschlächtig, als daß ein zur Selbstbestimmung erwachtes Volk dieses Statthalterregime ertragen hätte.

Die Vorgänge in Bulgarien erschütterten die gesamte politische Szenerie in Rußland. Bernhard v. Bülow – der spätere Reichskanzler –, damals noch Botschaftsrat in Petersburg, berichtete, daß große Teile der Intellektuellen Rußlands aufgebracht seien, weil die „seit 25 Jahren wie ein unumstößliches Dogma betrachtete panslawistische Idee sich als großartiger Humbug entlarvte". Ihnen sei „zumute wie dem Don Quichotte, als die für eine Göttin gehaltene Dulcinea sich als Viehmagd entpuppte".[84]

Aber nicht nur in den Redaktionsstuben und Debattierzirkeln war man ergrimmt; auch in den Kabinetten und Salons der Regierung und des Hofes erregte man sich und suchte nach neuen außenpolitischen Kombinationen. Immerhin war es ja das zweite Mal seit dem Ausgang des russisch-türkischen Krieges, daß sich ein Sieg Rußlands in eine Niederlage verwandelte. In Petersburg war man geneigt, den Sündenbock für die politischen Mißgeschicke in Berlin zu suchen, aber dennoch mußten die Verantwortlichen miteinander reden. Wenn auch die Zuversicht geschwunden war, daß der Dreikaiserbund erhalten werden könne, auf jeden Fall mußte versucht werden, die österreichfeindlichen Stimmungen in Rußland zu beschwichtigen. Und hier fühlte sich Bismarck nach wie vor als Vermittler im Interesse des Reiches und der konservativen „Ordnungsmächte".

In dem langen Gespräch, das Herbert v. Bismarck mit dem Großfürsten Wladimir, dem Bruder des Zaren, im November 1886 führte, machte er ihn sehr eindringlich auf die nationalrevolutionären Gefahren auf dem Balkan und die konservative Ordnungsrolle der habsburgischen Monarchie aufmerksam. In „enger Anlehnung an das Diktat" seines Vaters legte er dar, „daß ein Kampf Rußlands mit Österreich, welcher etwa zur Niederlage des letzteren führen würde, für Rußland doch die bedenklichsten Folgen haben könnte. In Österreich überwögen unter den verschiedenen Bevölkerungen die republikanischen Elemente. Die Italiener und Südslawen seien längst mit äußerstem politischen Radikalismus durchsetzt, aber auch unter den Ungarn, Tschechen, Polen und Rumänen seien revolutionäre Stimmungen verbreitet und würden nur niedergehalten durch das Band, welches die Person des Kaisers von Österreich um alle diese Stämme schlänge". Nach einem von Österreich verlorenen Kriege würde ein im Balkan zur Herrschaft gelangender Radikalismus Rußlands eigene Völker anstecken, „und den schwersten Nachteil davon werde die russische Dynastie haben".[85]

Nachdem Herbert v. Bismarck solchermaßen mehr oder weniger berechtigte Zukunftsangst geweckt hatte, versicherte er die russische Regierung erneut der deutschen Unterstützung bei den anderen Mächten, wenn es sich um die Wiederherstellung ihres „berechtigten Einflusses in Bulgarien handle."[86] Vor einer Truppenentsendung in dieses Land warnte er jedoch im höheren Auftrage, denn das „Hauptziel" der deutschen Politik sei es, „einen Konflikt zwischen Österreich und Rußland zu vermeiden". Die drei Kaiser hätten an die Revolution doch mehr zu verlieren, als sie voneinander gewinnen könnten, wobei er immer das Ziel im Auge hatte, die Erhaltung und Festigung der Dreierallianz zu fördern; das Angsttrauma Bismarcks blieb die Möglichkeit eines russisch-französischen Bündnisses. Der Abgesandte des Reichskanzlers versäumte bei dieser Gelegenheit auch nicht, die scharfe Sprache der russischen Presse gegen andere Mächte rügend zu erwähnen.

Es war ein Stellvertretergespräch, das hier geführt wurde, denn wenn Herbert v. Bismarck als Sohn des deutschen Kanzlers auftrat, so agierte der Großfürst Wladimir als Bruder des Zaren. Wladimir gehörte allerdings zu den Hofkreisen, die für gute Beziehungen zum Deutschen Reich eintraten, ohne das Habsburgerreich schwächen zu wollen, und war mit dieser Auffassung in der Minderheit; die Mehrheit am Hofe und in der Regierung war – um es kurz zu sagen – zwar für Deutschland, aber gegen Österreich.

Ganz anders als Großfürst Wladimir verhielt sich der russische Botschafter Paul Schuwalow, als Herbert v. Bismarck ihn in seinem Berliner Amtssitz aufsuchte.[87] Das Gespräch verlief streckenweise in burlesken Formen. Schuwalow ließ „eine Flasche Champagner nach der andern in sein Kabinett kommen". Der anwesende Botschaftsrat Graf Murawiew wiederum, der sein Entsetzen über die „Ausbrüche seines Chefs“ in verzweifeltem Augenaufschlagen und Händeringen unterm Tisch erkennen ließ, wollte wiederum „seine wachsende Nervösität durch eiliges Hinunterstürzen beträchtlicher Massen des schäumenden Weines“ ertränken. Allerdings bewahrte Murawiew so viel Übersicht, daß er nach einer Stunde die Frau des Botschafters herbeiholte, die die Herrschaften „mit Vorwürfen über die leidige Politik zum Familienbakkarat“ abholte.

Im Wein liegt Wahrheit. Paul Schuwalow äußerte das, was in ihm rumorte, und Herbert v. Bismarck resümierte: „... sein Respekt sowie seine Furcht vor Katkow sind ins Unglaubliche gestiegen, und neben diesen Empfindungen beherrscht ihn nur noch eine maßlose Wut gegen Österreich; die Ausbrüche letzterer wechselten nur ... mit gerührt und innig klingenden Apostrophen an mich, die Österreicher doch sitzen zu lassen und uns dauernd auf eine Allianz nur mit Rußland einzurichten“. Alle Eskapaden Schuwalows gegen Österreich, das von der Karte Europas verschwinden und seine deutschen Provinzen ans Reich abzugeben hätte, endeten mit dem Diktum: „... donc laissez nous chier sur l'Autriche“. Der halbbetrunkene Schuwalow hatte sich zu solchen provokatorischen Ungeheuerlichkeiten und vulgären Ausdrucksweisen hinreißen lassen, daß Herbert v. Bismarck sich dagegen verwahren mußte: „Ich hielt es notwendig, hier doch mit einigem Ernst die monarchischen Interessen der drei Kaiser zu betonen und auf die Gefährlichkeit der südslawischen Republikaner hinzuweisen. Außerdem wies ich die Bemerkung wegen der deutschösterreichischen Provinzen mit Entrüstung zurück und erklärte, meinerseits nun auch einmal in den Kasernenton fallend, unter dem lauten Beifall des Grafen Murawiew, daß wir abgesehen von allem andern schon mehr als genug Katholiken im Reich und ultramontanes Gesindel im Reichstag hätten“.[88] Man mochte zu Windthorst stehen, wie man wollte, aber daß die von ihm geführte Fraktion als „ultramontanes Gesindel“ bezeichnet wurde, war schon ein starkes Stück, zumal gerade in dieser Zeit mit dem Vatikan über die „Friedensgesetze“ zum Abbau des Kulturkampfes verhandelt wurde.

Zwei Tage nach diesem alkoholisch erhitzten Gespräch hielt sich Paul Schuwalow in Varzin beim Reichskanzler auf, der zwar nach wie vor Bulgarien als Interessen- und Herrschaftssphäre Rußlands ansah, aber wie bereits sein Sohn vor einer militärischen Besetzung des Landes warnte. Deutschland könne auf keinen Fall versprechen, im Falle eines österreichisch-russischen Krieges neutral zu bleiben, erklärte Bismarck: „Wenn wir neutral blieben in solchem uns so unerwünschten Kriege unserer beiden Freunde, so liefen wir Gefahr, demnächst beide zu Gegnern zu haben ... das Schicksal Bulgariens und selbst die orientalische Frage sei für uns nach wie vor kein Grund, irgendwelchen Krieg zu führen. Unser Interesse aber an der Erhaltung Österreichs und unserer guten Beziehungen mit ihm sei allerdings groß genug, um uns sehr gegen unsern Willen zum Kriege zu nötigen, wenn die österreichische Monarchie ernstlich bedroht sei“.[89]

Alle gelegentlichen Spekulationen russischer Politiker erwiesen sich damit als illusionär. Aber auch Berlin erlebte seine Enttäuschung. Als der deutsche Geschäftsträger in Petersburg, Bernhard v. Bülow, vertraulich mit dem russischen Außenminister einen Erlaß Bismarcks, der unter Umständen auch dem Zaren zur Kenntnisnahme vorgelegt werden könnte, besprach, bekundete Giers zwar lebhaft das gute Einvernehmen zwischen Deutschland und Rußland, nannte aber „so wenig als möglich“ Österreich. Sein Schweigen wurde noch beredter, als er „zu den Ausführungen des Erlasses über die Nützlichkeit der Drei-Kaiser-Entente als Schutzwall gegen die Revolution“ nichts sagte, obwohl Bernhard v. Bülow „wiederholt das Gespräch auf diesen Punkt zurücklenkte“.[90] Es war endgültig klar geworden, daß das Dreikaiserbündnis nicht mehr zum Leben erweckt werden konnte.

Bismarck erkannte die Ursachen der zunehmenden Schwierigkeiten der deutschen Beziehungen zu Rußland. Die Presseorgane Katkows waren für ihn „eine Art Nebenregierung“, die letzten Endes die Interessen protektionistischer Industriekreise vertrat. Eine weitere Quelle der antideutschen Stimmung in der russischen Gesellschaft sah er in der „materiellen Not der Grundbesitzer“.[91] Aber gerade darauf konnte er angesichts der auch in Deutschland immer noch anhaltenden Agrarkrise keine Rücksicht nehmen. So versuchte er denn, durch politische Konzessionen einen Ausgleich zu schaffen. In diesem Sinne schrieb Herbert v. Bismarck in seiner Eigenschaft als Staatssekretär im Auswärtigen Amt schon Ende November 1886 an den deutschen Botschafter in Petersburg: „Je mehr wir voraussehen müssen, daß wir auf handelspolitischem Gebiete zu Kampfzöllen kommen, um so mehr ist es notwendig, daß wir keine Geheimnisse daraus machen, was wir auf politischem Gebiet an sehr viel Wichtigerem konzedieren können: Wir würden nicht gut tun, letzteres zu verschweigen, und ich habe sogar dem englischen Botschafter schon gesagt, nicht nur Bulgarien, sondern auch Konstantinopel wäre uns vollkommen gleichgültig".[92] Einige Zeit später knüpfte der Reichskanzler an solche Konzessionen allerdings die Bedingung, daß Deutschland „der Neutralität Rußlands einem französischen Angriffe gegenüber sicher" wäre.[93]

*

Mit der Auflösung des Dreikaiserbundes nach der bulgarischen Krise und mit der Suche nach neuen Beziehungen zwischen den Kaisermächten entstanden nicht allein in Rußland Differenzen in den regierenden Kreisen und kamen kritische Stimmen aus der Publizistik; auch in Deutschland wurde Bismarcks Außenpolitik mehr denn je angezweifelt und vernehmlich kritisiert.

Innerhalb des Auswärtigen Amtes trat in der Person des Vortragenden Rates Friedrich v. Holstein ein gefährlicher Opponent auf.[94] Im Jahre 1837 als einziger Sohn eines verabschiedeten preußischen Offiziers und der Tochter einer reichen Gutsbesitzerfamilie geboren, hatte er sich durch Privatunterricht und Auslandsreisen eine gediegene Bildung erwerben können. Wegen „schwacher Brust und allgemeiner Körperschwäche" vom Militärdienst befreit, war er auf den Zivildienst verwiesen. Mit dreiundzwanzig Jahren begann er seine diplomatische Laufbahn, als er im Dezember 1860 als Attaché an die Preußische Gesandtschaft in St. Petersburg kam, die zu dieser Zeit Bismarck leitete. Er tat sich so hervor, daß ihn Bismarck während des Deutsch-Französischen Krieges in den diplomatischen Stab seines Hauptquartiers aufnahm und auch mit delikaten Missionen betraute. Nach 1870 war Holstein schließlich zweiter Sekretär der Deutschen Botschaft in Paris unter Graf Harry v. Arnim, gegen den er, als dessen unversöhnlicher Streit mit dem Reichskanzler ausbrach, als Belastungszeuge auftreten mußte. Nicht das aber war es, was ihn von der Gesellschaft isolierte, wie oft behauptet wurde, sondern er selber schloß sich ab durch eine früh ausgeprägte und schon von seinem Vater besorgt beobachtete Eigenbrötelei.

Holstein war das Kunstprodukt einer lebensfernen Ausbildung und eines rein diplomatischen Dienstes, ohne Erfahrung in der Innenpolitik und ohne Erfolg im Geschäftsleben, in dem er sich von 1868 bis 1870 versucht hatte. Menschen und Mächte lernte er vornehmlich durch Akten kennen. In den siebziger und den frühen achtziger Jahren pflegte Holstein vertrauten Umgang mit der Fa-

Der Vortragende Rat Friedrich v. Holstein

milie Bismarck, zog sich aber ab Herbst 1884 trotz wiederholter Einladungen zurück; das war in einer Zeit, in der der Kanzler angesichts des nahen Thronwechsels auf besonders starke innenpolitische Opposition stieß. Holstein knüpfte damals Fäden zum kronprinzlichen Hofe und begann von der Undankbarkeit des Hauses Bismarck zu reden.

Sachkundig, aktenerfahren, arbeitsam, aber grundfeige und sein Leben lang verantwortungsscheu, kämpfte er nie mit offenem Visier, sondern mit den Mitteln mehrfach abgesicherter Intrige. So konnte Bismarck sagen, er sei „nur im souterrain“[95] zu gebrauchen, und Maximilian Harden prägte später das bleibende Wort von der „Grauen Eminenz“. Holstein war in seinem Streben nach Einfluß leicht verletzbar, wenn ihm Erreichbares entrückte. Gern wäre er gewesen, was Bismarck war, und wußte doch zu seinem Unglück, was ihm ewig verschlossen bleiben mußte.

Das außenpolitische Krisenjahr 1886 gab Holstein den sachlichen Vorwand, vom „Bismarckianer“ zum Abtrünnigen zu werden – immer noch im Hintergrund und Untergrund. Als Konservativer sah zwar auch er im „Zurückstauen der Revolution“ die

„größte aller Aufgaben".[96] Doch Bismarcks Politik gegenüber Rußland wollte er nicht mehr mitmachen. So erklärte er am 13. Januar 1886, nach der prorussischen Reaktion des Reichskanzlers auf den bulgarisch-ostrumelischen Umsturz: „Zum ersten Mal seit 25 Jahren habe ich Mißtrauen gegen die Bismarcksche auswärtige Politik".[97] Holstein erkannte wohl, daß auch krampfhaftes Bemühen den Dreikaiserbund nicht am Leben erhalten konnte; im Unterschied zum Großfürsten Wladimir und Botschafter Schuwalow wollte er ihn nicht durch eine deutsch-russische Allianz ersetzen, sondern durch eine weitere Annäherung an Österreich und darüber hinaus an England. Das aber lief auf einen antirussischen Mächteblock hinaus, der einen großen Krieg auslösen konnte mit einem in den Augen Bismarcks doppelten Risiko: einem Zweifrontenkrieg gegen Rußland und Frankreich und darüber hinaus revolutionären Umwälzungen nicht nur auf dem Balkan.

Während Holstein die preußisch-deutsche Politik eindeutig festlegen wollte, war Bismarck bemüht, die krisenhaft gewordenen vertraglichen Bindungen des Deutschen Reiches auf neue Weise zu knüpfen und zugleich ein hohes Maß an Selbständigkeit sowohl gegenüber Österreich als auch Rußland zu wahren, beide je nach Umständen zu Zurückhaltung und gegenseitiger Verständigung mahnend. Sicherlich konnte eine der Lieblingsvorstellungen des Kanzlers, die Aufteilung der Interessensphären auf dem Balkan – russische Dominanz in Bulgarien und österreichische in Serbien –, nicht in Erfüllung gehen. Dennoch verkannte Holstein das Wesen der Bismarckschen Außenpolitik, als er schon 1884 notierte: „Er liebt überhaupt das Provisorium in allen Dingen, weil es elastischer ist, mehr als das Definitivum".[98] Das war keineswegs so, denn dem Kanzler war in hohem Maße an einer definitiven Erhaltung des bestehenden Kräfteverhältnisses zwischen den bestehenden Staaten und Klassen gelegen. Dieses glaubte er allerdings außenpolitisch durch Aufrüstung, zugleich aber durch anpassungsfähige Elastizität erreichen zu können, wobei es schon damals fraglich war, ob in der Atmosphäre des Wettrüstens der europäische Frieden und die nationale Unabhängigkeit gesichert werden könnten. Wie immer man das auch beurteilen mochte, jedenfalls war Bismarck nicht bereit, internationale Beziehungen, so krisenhaft sie auch sein mochten, ohne Not abzubrechen, am wenigsten die zu Rußland.

Dabei erwuchs ihm noch eine andere Opposition, verkörpert durch den Generalquartiermeister Graf Alfred v. Waldersee,[99] einem nach Herkunft und Geburtsort geradezu prädestinierten Militär. Der Vater des 1832 in Potsdam Geborenen war ein Offizier, der dem Prinzen von Preußen und späteren Kaiser Wilhelm I. nahestand, 1856 kommandierender General in Posen wurde und fünf Jahre später zum Gouverneur in Berlin avancierte. Die Mutter stammte aus der Familie des Generals Freiherr v. Hünerbein, der in der höfischen Umgebung der Königin Luise amtierte. Schon in seinen Jugendjahren bewegte sich Alfred v. Waldersee in den Kreisen von Ministern, hohen Militärs und Staatsbeamten, allenfalls noch märkischer Junker. Verheiratet war er mit der aparten Tochter eines amerikanischen Großkaufmanns, die ein großes Vermögen mitbrachte. Mit dieser transatlantischen Erweiterung seines sozialen Status vertrugen sich durchaus ein extremer Konservatismus und eine mitunter demonstrative Frömmigkeit.

Waldersee begann seine Laufbahn im Kriege 1866 als Adjutant beim hochkonservativen Prinzen Carl; 1870 wurde er schon ein Beauftragter Bismarcks, insbesondere in den Tagen der Niederschlagung der Pariser Commune. 1873 erhielt er den Posten des Generalstabschefs des 10. Armeekorps in Hannover, wo ihm einflußreiche Leute in Berlin förderlich waren. Auf Übungsreisen des Generalstabs und während Kaisermanövern tat er sich so hervor, daß er auch Moltke für sich gewinnen konnte. 1881 zum Generalquartiermeister ernannt, übernahm er als Vertreter des alten Moltke faktisch die Geschäfte des preußisch-deutschen Generalstabschefs. Waldersee war der Typ eines ehrgeizig politisierenden Generals, der sich gelegentlich schon als Nachfolger Bismarcks sah.[100] Da er ohnehin in Zukunft mit einem Zweifrontenkrieg als etwas Unvermeidlichem rechnete, wollte er die deutsche Politik „ganz neu basieren“[101] und drängte darauf, dem Bündnis mit Österreich eine antirussische Zielrichtung zu geben. Wieder war da jene Eingleisigkeit, die Bismarcks politischer Überzeugung und Methode so zuwiderlief. Keineswegs wollte sich der Kanzler vom Generalstab zu einem Krieg gegen Rußland zwingen lassen, wußte er doch viel zu gut, daß rein militärische Überlegungen nur allzu leicht in gefährlicher Weise Imponderabilien außer acht ließen.

Was Bismarck trotz aller Spannungen bei neuen Entscheidungsfindungen in der Regierungssphäre doch stets zustande gebracht hatte, die Einheitlichkeit der deutschen Außenpolitik, geriet jetzt und in den kommenden Jahren in Gefahr. Auch dies kündigte die Krisis seiner Kanzlerherrschaft an, zumal die interne Kritik ihr Korrelat in der Publizistik fand.

Der politisierende General Graf Alfred v. Waldersee

Weiterhin wurde opponiert, als die „Norddeutsche Allgemeine Zeitung" zur erzwungenen Abdankung des Battenbergers den regierungsamtlichen Kommentar lieferte: „Deutsche Interessen werden durch diese und andere bulgarische Bewegungen nicht berührt". Alles war dazu angetan, die deutsche Öffentlichkeit mit Mißmut, ja sogar Empörung zu erfüllen. Zunächst entdeckte man, daß der aus seinem bulgarischen Monarchensitz banditenhaft herausgeholte und außer Landes verwiesene Battenberger auch einen deutschen Offiziersrang hatte. Der freisinnigen und ultramontanen Presse, die Bismarck beschuldigte, in Bulgarien „einen russischen Faustschlag ins deutsche Antlitz" nicht abgewehrt zu haben,[102] schlossen sich, wenn auch nicht in so drastischer Form, nationalliberale Zeitungen an. So stellte die „Nationalliberale Correspondenz" fest, daß die offiziöse Sprachregelung „in weiten, auch sonst keineswegs oppositionellen Kreisen Befremden hervorgerufen" habe.[103] Und die „Nationalzeitung" erklärte, „bei allem Vertrauen zu der diplomatischen Kunst des Kanzlers nicht auf ein selbständiges Urteil über die auswärtigen Fragen" verzichten zu wollen.[104]

Schließlich kamen Interessenten der Schwerindustrie und des Bankkapitals zu Wort, die nicht mehr mit der Bismarckschen Konzeption abgegrenzter und gegenseitig respektierter Einflußssphären übereinstimmten. Selbst die regierungsfreundliche „Kölnische Zeitung" lehnte die „alten Schlagworte von Macht- und Interessensphären" ab und betonte: „Keine österreich-ungarische oder russische Zollschranken hindern Deutschland, neben den anderen Mächten auch für seine Industrie auf der Balkanhalbinsel nach neuen Absatzgebieten zu suchen".[105]

Eine Sonderstellung in der öffentlichen Meinung nahm die demokratische und sozialdemokratische Presse ein. Etwa im Herbst 1886 begann die demokratische Berliner „Volkszeitung" die offiziöse Presse als „Kosakenpresse" zu bezeichnen und deren prorussische Haltung zu verurteilen. Die „Volkszeitung" hielt den Krieg gegen Rußland früher oder später für unvermeidlich, deshalb hätte man den Russen in Bulgarien gemeinsam mit allen europäischen Mächten entgegentreten müssen.[106] Ähnliche, wenngleich nicht so scharf pointierte Auffassungen vertraten linksliberale Blätter und Zeitungen des Zentrums. Die „Frankfurter Zeitung" erklärte sich zunächst enthusiastisch für die Bulgaren, ab September 1886 aber – gegen den Willen ihres Gründers Leopold Sonnemann – ebenso begeistert für die Bismarcksche Rußlandpolitik. Sonnemann nannte es unerträglich, daß die „Frankfurter Zeitung" die zweifelhafte Ehre haben könnte, „in der Norddeutschen Allgemeinen Zeitung gelobt und als klassischer Zeuge für die von der gesamten öffentlichen Meinung getadelte Politik des Reichskanzlers zitiert zu werden".[107] Das Umschwenken der „Frankfurter Zeitung" war schon nicht mehr vereinzelt; bald zeigte es sich in der gesamten bürgerlichen Presse, die sich durch die von der Regierung hochgespielte „französische Gefahr" beeindrucken ließ. Schon wurden neue Militärforderungen laut, die Septennatswahlen und der Kartellreichstag kündigten sich an.

Anders als die Linksliberalen und die bürgerlichen Demokraten machten die Sozialdemokraten nie einen grundsätzlichen Unterschied zwischen der Innen- und Außenpolitik Bismarcks. Immer wieder betonten sie das Undemokratische der reichsdeutschen Außenpolitik, das Sich-gegeneinander-Ausspielen der Großmächte auf Kosten der nationalen Selbständigkeit der Völker im Zaren- und Habsburgerreich, insbesondere aber das Wettrüsten, das die nationale Unabhängigkeit Deutschlands nicht sicherte, sondern auf die Dauer gefährdete.

Über Bismarcks Balkanpolitik 1885/86 sagte August Bebel rückblickend im Reichstag: „Die Stellung, die damals Deutschland – oder richtiger: nicht Deutschland, sondern der Reichskanzler – gegen Bulgarien und Rußland eingenommen hat, gehört zu den traurigsten Episoden der deutschen Geschichte. (Unruhe rechts) Das Wort von dem ‚Wettkriechen' vor Rußland stammt nicht aus sozialdemokratischen Kreisen, meine Herren, das hat ein gut reichsfreundlich gesinntes Blatt, die ‚Kölner Zeitung' zuerst ausgesprochen".[108]

Bereits im September 1886 hatte Engels an Bebel über die damalige außenpolitische Wende geschrieben: „Für Bismarck und Wilhelm war die Alternative die: entweder Widerstand gegen Rußland und dann die Aussicht auf russisch-französische Allianz und Weltkrieg oder Gewißheit einer russischen Revolution durch Allianz von Panslawisten und Nihilisten; oder aber Nachgeben gegen Rußland, d. h. Verrat an Österreich. Daß Bismarck und Wilhelm nicht anders handeln konnten, als sie gehandelt haben – scheint mir von *ihrem* Standpunkt aus klar, und der große Fortschritt ist eben der, daß die Unverträglichkeit der Hohenzollernschen Interessen mit denen Deutschlands jetzt klar und überwältigend zutage tritt. Das Deutsche Reich wird in Lebensgefahr gebracht durch seine preussische Grundlage".[109]

Das war ein Grundtenor, der die Frage der nationalen Sicherheit in Zusammenhang brachte mit der demokratischen Umwälzung des Reiches. Der Kampf gegen den Militärstaat trat in eine neue Phase ein.

Das Heer im politischen Kräftespiel. Der Kartellreichstag

Die Erschütterungen des vom Reich eingegangenen Bündnissystems durch die moralisch-politische Blamage Rußlands in Bulgarien mußte gerade jene innenpolitischen Gegner Bismarcks irritieren, die ihm bislang auf außenpolitischem Gebiet vertraut hatten. Überdies waren die Opponenten in einem Reichstag konzentriert, der seit Jahren nach des Kanzlers Empfinden – besonders bei Fragen der Zölle und Steuern – „Obstruktionspolitik" betrieb. Wie sollte er nun mit diesem schwierigen Reichstag fertig werden? Der Versuch, ihm ein Gegengewicht oder Nebenparlament in Gestalt des Volkswirtschaftsrates zu schaffen, war bereits gescheitert. So dachte Bismarck von Zeit zu Zeit an staatsstreichähnliche Verfassungsänderungen, die den Reichstag „austrocknen" oder verkümmern lassen könnten.

Exemplarisch für diese Gedankengänge war die Rede, die er bereits am 14. Juni 1882 nach der Ablehnung des Tabakmonopols im Reichstag gehalten hatte.[110] Unverhohlen erklärte er damals: „Ich würde ... keinen Augenblick anstehn, die Sprache des Absolutismus zu reden, wenn ich mich überzeugen müßte – wovon ich bisher nicht überzeugt bin –, daß Absolutismus und Patriotismus übereinstimmend sind, daß die deutsche Nationalität, die deutsche Unabhängigkeit nach außen und innen Schutz und Würdigung nur bei den Dynastien findet, und namentlich bei meinem Herrn, dem König von Preußen. Kurz und gut, wenn ich optieren müßte zwischen meinem Vaterlande und der parlamentarischen Majorität, so kann meine Wahl niemals zweifelhaft sein."[111]

Es war der gemäßigte Liberale Bennigsen, der ihm damals entgegentrat und vor einem antiparlamentarischen Staatsstreich warnte, ausgehend von dem verfassungspolitischen Verständnis, daß Reichsgründung und Reich durch die „Verbindung des monarchischen Gedankens mit parlamentarischen Institutionen" die „Gewähr einer ruhigen und gedeihlichen politischen Entwicklung" garantierten.[112] Dabei sprach sich Bennigsen entschieden gegen die Herauslösung des auf den Reichstag bezogenen Teils der Reichsverfassung aus. Den gesamtstaatlichen Boden wollte auch das Großbürgertum, das er vertrat, nicht verlassen, zumal damit die „Bahn für Umwälzungen aller Art" geöffnet würde. So meinte Bennigsen deutlich: Wenn „mit der Hilfe der deutschen Dynastien an die Stelle der deutschen Verfassung und der jetzigen konstitutionellen Einrichtungen mit Beseitigung des Parlaments etwas anderes gesetzt würde, dann ist die Bahn frei für jede Revolution, dann ist durch den Vorgang revolutionärer Art von oben die Bahn legitimiert und frei für jedes mögliche umwälzende Experiment von unten".[113]

Vergleicht man insgesamt die verklausulierten Worte Bismarcks mit den Argumenten Bennigsens und bringt sie in Zusammenhang mit dem, was beide Politiker in den Jahren zuvor oder auch später über das Verhältnis von Parlament und Monarchie, über Absolutismus und Konstitutionalismus gesagt haben, dann verliert der parlamentarische Schlagabtausch auf der Reichstagstribüne im Sommer 1882 seine Dramatik. Der Liberale und der Bonapartist trafen sich im Grunde doch auf der mittleren Ebene wie eh und je.

Es war nicht bloß polemische Abgrenzung gegenüber dem verstorbenen Linksliberalen Eduard Lasker, wenn Bismarck später von der Reichstagstribüne aus v. Bennigsen als seinen „politischen und persönlichen Freund“ anerkannte.[114] Mochte aus Bismarck auch immer wieder der Junker und Royalist sprechen, so sagte ihm doch der seit Jahrzehnten trainierte politische Verstand, daß er den Bogen nicht überspannen, also ein wirtschaftlich und wissenschaftlich hochentwickeltes Bürgertum politisch nicht noch mehr entrechten dürfe; auf der anderen Seite erkannte Bennigsen die Unmöglichkeit, die liberale Parlamentsherrschaft nach englischem Vorbild ohne revolutionäre Erschütterungen zu erreichen.

Man machte sich gegenseitig auf letzte, gefährliche Konsequenzen aufmerksam, vor denen man schließlich zurückschreckte und nach Arrangements suchte. Gedanken über Staatsstreiche kamen Bismarck natürlich immer wieder, aber ernsthafte Pläne in dieser Hinsicht hatte er nicht. Es ist kein einziges Beispiel über einen konkret geplanten oder vorbereiteten Staatsstreich bekannt! Im Gegenteil, er hütete sich davor nicht allein wegen der gesellschaftspolitischen Imponderabilien, die er ebenso wie Bennigsen kannte; er wußte auch, daß er einen Staatsstreich sogar um der Erhaltung seiner Kanzlerherrschaft willen vermeiden mußte, beruhte sie doch nun einmal auf dem wohlerwogenen Ausbalancieren der verschiedenen Staatsinstitutionen und Parteien.

Den Reichstag, der immerhin die nationalstaatliche Einheit deutlich repräsentierte, „auszutrocknen“, ganz und gar saft- und kraftlos zu machen, hätte Bismarck in bedenkliche Abhängigkeit von den deutschen Fürsten und dem ihm durchaus nicht immer genehmen preußischen Partikularismus gebracht. Den Reichstag zu schwächen, das bedeutete auch, die Konservativen zu stärken gegenüber den Liberalen, und das war keineswegs im Sinne des Kanzlers, zumal er mit den Herrschaften um die „Kreuzzeitung“ immer wieder seine Mühsal hatte. Mochte Bismarck auch ständig in Konflikte mit dem Reichstag geraten und dabei gegen ihn recht schikanöse Maßnahmen treffen, seine grundsätzliche Einstellung zu ihm hat sich nie geändert – von der Ausarbeitung der Verfassung des Norddeutschen Bundes im Jahre 1867 bis zu der des Reiches 1871 und schließlich zu seiner programmatischen Jenaer Rede 1892.

Schon 1872 meinte der urkonservative Albrecht v. Roon gegenüber dem skeptisch fragenden Moritz v. Blanckenburg: „Deine Zweifel, daß Bismarck die Reichsverfassung in unserm Sinne reformieren wolle, teile ich und glaube, daß er es überhaupt nie gewollt hat. Die Rolle des Großveziers gefällt ihm je länger je mehr . . .“[115] So ähnlich äußerte sich Roon auch noch drei Jahre später.[116] Was die Jugendfreunde schon früh erkannt hatten, bestätigte Bismarck in den politischen Krisenmonaten 1886/87, als er angesichts „der bedenklichen Waffe der Gerüchte“ über mögliche Änderungen des Wahlrechts dezidiert und in Erinnerung an die Proklamation vom April 1866 fast feierlich erklärte: „Ich bekenne mich vor der Nation als den schuldigen Urheber dieses Wahlrechts, und ich habe es als mein Kind gewissermaßen zu vertreten. Ich gebe deshalb dem Abgeordneten die von ihm verlangte Versicherung voll und unumwunden: Im Schoße der verbündeten Regierungen ist von einer Anfechtung des gültigen Wahlgesetzes in keiner Weise die Rede.“[117] Über diese Versicherung hinaus gab er der „absoluten Monarchie“, wie erneut 1892 in Jena, eine Absage: „Ich halte dieselbe überhaupt für eine unmögliche Einrichtung, denn dann regiert entweder der Bürokrat oder der Generaladjutant oder irgend jemand, der das Geschäft nicht kennt. Ich halte es für unbedingt notwendig, daß die Monarchie temperiert werde . . . durch die Freiheit der Presse, durch die Notwendigkeit und Unentbehrlichkeit der Zustimmung zu jeder Änderung des gesetzlichen status quo“. Es sollten also „Vertreter des Volkes und eine freie Presse imstande“ sein, „ohne Furcht und ohne Rücksicht den König und seine Regierung auf jeden irrtümlichen Weg, den er einschlägt, aufmerksam zu machen“.[118]

Von dieser Position aus wollte er „nach dem Ziele hinarbeiten, andere Wahlen und andere Majoritäten zu erlangen. Andere Einrichtungen, andere Wahlgesetze, alles das erstreben wir nicht; das ist auf gesetzmäßigem Wege nicht zu erlangen, und wir sind gesonnen, auf gesetzmäßigem Wege zu bleiben“.[119] Bismarcks Waffe gegenüber einem unbequemen Reichstag war also nicht der Staatsstreich, sondern das Plebiszit. Darunter verstand man damals eine Wahl, in der nach napoleonischem Muster das Volk durch jeweils zugkräftige, Vorurteile ausnutzende Parolen geistig und administrativ dazu gebracht wurde, regierungsgenehme Majoritäten zu beschaffen. Im Verlaufe seiner Kanzlerherrschaft benutzte Bismarck im wesentlichen zwei Mittel zur Erreichung seiner Ziele: den Sozialistenschreck und nationale Bedrohungsängste. Mit dem Sozialistenschreck war 1886 nichts mehr anzufangen; das hatten die immer schwieriger werdenden Verhandlungen um die Verlängerung des Ausnahmegesetzes schon gezeigt. Es blieb also nur die Drohung mit einer Kriegsgefahr.

Überraschend, weil lange vor Ablauf des bestehenden Militärgesetzes, ließ Bismarck Ende November 1886 im Parlament eine neue Vorlage einbringen, die mit ihrer Forderung des Septennats – das heißt siebenjähriger Gültigkeit – und erheblichen materiellen Mehrbelastungen von ihm zum Scheitern bestimmt war. Ganz offensichtlich suchte er nach einem geeigneten Vorwand für die Auflösung des Reichstages; danach wollte er solche Fragen wie die Sicherheit des Reiches – Krieg oder Frieden – mit demagogischer Emphase in den Mittelpunkt einer neue Wahlkampagne stellen. Von den aufgeschreckten Wählern erwartete er dann eine ihm ergebene Mehrheit im Reichstag. Mit Hilfe der „patriotischen Erregung" sollte vor allem die Domestizierung der Nationalliberalen Partei erzwungen und deren Zusammenarbeit mit den beiden konservativen Parteien zuwege gebracht werden; weiter dachte der Kanzler an eine Spaltung des Zentrums und an eine Schwächung der Sozialdemokraten wie auch der Freisinnigen.

Schon am 28. Oktober 1886, also einen Monat vor der Einbringung der Gesetzesvorlage, vermerkte der Generalquartiermeister Waldersee in seinem Tagebuch: „Wir beabsichtigen erhebliche Verstärkungen für die Armee, aber eigentlich erst im April 1888; jetzt will nun der Kanzler schon zum April 1887 die Forderungen gestellt haben ..."[120] Die Militärs selber also, die die Situation in Europa, insbesondere zwischen Deutschland und Frankreich, übersahen, hatten es gar nicht so eilig. Bismarcks Absicht, die Militärvorlage für seine politische Machtstellung auszunutzen, lag auf der Hand.

Die Regierung verlangte eine Erhöhung der Friedenspräsenzstärke des Heeres auf über 469000 Mann (ohne Einjährigfreiwillige). Die Infanteriebataillone sollten um 31 vermehrt, 15 Infanterieregimenter um je ein Bataillon erweitert, ein neues Jägerbataillon geschaffen und außerdem die Eisenbahntruppen, die Mannschaften des Trains und die Feldartillerie vergrößert werden.

Nach einem schon 1871 festgelegten Schlüssel sollte die Friedenspräsenzstärke des Heeres ein Prozent der Bevölkerung betragen. Da sich die Einwohnerzahl aber inzwischen vergrößert hatte – wie die Volkszählung von 1885 ermittelte –, ergab sich eine Erhöhung der bisherigen Stärke um zehn Prozent. Der versierte

Moltke in Zivil am Schreibtisch. 1886

Budgetrechner von der Fraktion der Freisinnigen, Eugen Richter, stellte bereits am 26. November 1886 fest, daß die Verwirklichung des Gesetzes jährlich 24 Millionen Mark Mehrausgaben, also eine enorme Erhöhung der Steuerbelastungen, zur Folge haben würde. Die „Volkszeitung“ meinte sogar, die Vorlage werde auf das Volk wirken „wie ein Aderlaß auf einen Schwindsüchtigen“.[121]

Was Bismarck als politisches Scheidewasser unter den Parteien des Reichstages dienen sollte, das Septennat, wurde von den konservativen und freikonservativen Presseorganen sogar noch überboten, indem sie das Aeternat, die Ewigkeitsdauer, verlangten, also die Gültigkeit des Militärgesetzes ein für allemal. Das war nun in der Tat zuviel. Mit Rücksicht auf die Nationalliberalen, die zumindest den Schein der parlamentarischen Mitsprache in Heeresfragen wahren mußten, ließ Bismarck daher die Initiatoren dieser Kampagne am 6. Oktober durch die „Norddeutsche Allgemeine Zeitung“ zurückpfeifen, nein, an ein Aeternat sei nicht gedacht.

Die oppositionellen Reden Richters und Windthorsts während der ersten Lesung der Heeresvorlage im Reichstag Anfang Dezember 1886 bestärkten den Kanzler in der Hoffnung, die Ablehnung des Septennats und der damit verbundenen hohen Finanzbelastungen könnten zur willkommenen Reichstagsauflösung führen. So schnell und so einfach ging allerdings die Rechnung nicht auf; Freisinn und Zentrum einigten sich nämlich im folgenden Monat darauf, „jeden Mann und jeden Groschen“ auf drei Jahre zu bewilligen und sperrten sich nur noch gegen das Septennat.

Jetzt war die Zeit gekommen, da Bismarck in die Debatten eingreifen mußte; vom 11. bis 14. Januar 1887 sprach er mehrmals und ausführlich – nicht zuletzt über das Verhältnis zu Rußland und Österreich. Er schilderte in seiner Rede die „Freundschaft mit Rußland“, die über „jeden Zweifel erhaben“ sei, so hoffnungsvoll, daß er kurze Zeit danach dem preußischen Gesandten in München amtlich mitteilen mußte, er habe in seiner Rede am 11. Januar die Beziehungen zu Rußland günstiger dargestellt, als er sie in der Tat beurteilte: „Das Bild, welches ich von denselben gegeben habe, entspricht im großen und ganzen der Wirklichkeit, solange man die Auffassung des Kaisers Alexander für unwandelbar ansehen darf. Dieselben können aber durch innere sowohl wie durch auswärtige Vorgänge beeinflußt und verschoben werden. Die Elemente, welche im Innern Rußlands auf Krieg drängen, sind mächtig, und Kaiser Alexander legt ihnen mehr Gewicht bei, als mit unserem Interesse verträglich ist. Die Haltung der Presse, auch solcher, die vom Kaiser gelesen wird, die Stimmung der einflußreichen Moskauer Gesellschaft mit der Zeitung Katkows an der Spitze wirken an sich mächtig auf die Entschließungen des Kaisers“.[122]

Das waren recht dunkle Tönungen, die Bismarck seiner internen Darstellung gab. Seine Sorgen bezogen sich allerdings weniger auf die bilateralen Beziehungen zu Rußland als auf die Friedensgefährdung, die aus den „wirklich rivalisierenden und miteinander konkurrierenden Interessen“ von Rußland und Österreich resultiere.[123]

In der Rede vom 11. Januar ging Bismarck besonders ausführlich auf Frankreich ein. Es lag ihm zunächst daran, schon im Interesse des Wahlkampfes zur Wachsamkeit zu mahnen, aber auch Deutschlands Friedenswillen gegenüber dem westlichen Nachbarn deutlich und wiederholt zum Ausdruck zu bringen. Zunächst umriß er Frankreichs Gefährlichkeit aus jahrhundertelanger Tradition und überkommenem Revanchegeist, seine ständigen Aufrüstungen wie seinen waffentechnischen Erfindergeist und seine militärische Erfahrung. Es entsprach nicht nur Bismarcks Mentalität, sondern auch dem allgemeinen Zeitgeist, vermeintlichen oder wirklichen Gefahren nicht mit irgendwie gearteten Abrüstungsbemühungen, sondern mit Aufrüstung zu begegnen. So erklärte er, die „Kalamität, daß der Krieg ausbrechen könnte, wird vielleicht gefördert, wenn der Krieg leicht erscheint, wird verhindert, wenn der Krieg schwer erscheint. Je stärker wir sind, desto unwahrscheinlicher ist der Krieg. Die Wahrscheinlichkeit eines französischen Angriffs auf uns, die heute nicht vorliegt, tritt ein, wenn unter dem Eintritt einer anderen Regierung als die heutige Frankreich irgendeinen Grund hat, zu glauben, daß es uns überlegen sei. Dann, glaube ich, ist der Krieg ganz sicher".[124] Und da Frankreich eben ein rein parlamentarisches Regime habe, so könne leicht eine Regierung ans Ruder kommen, die kriegerisch-revanchesüchtig sei.

Auf jeden Fall: Von seiner Regierungsrede ging keine scharfmacherische Stimmung aus. Bismarck ging in seiner Rede auch auf die Präventivkriegsfrage ein und erklärte: „Wir haben unsererseits ja nicht nur keinen Grund, Frankreich anzugreifen, sondern auch ganz sicher nicht die Absicht. Der Gedanke, einen Krieg zu führen, weil er vielleicht späterhin unvermeidlich ist und späterhin unter ungünstigeren Verhältnissen geführt werden könnte, hat mir immer fern gelegen, und ich habe ihn immer bekämpft. (Bravo!) ... Mein Rat wird nie dahin gehen, einen Krieg zu führen deshalb, weil er später doch geführt werden muß".[125]

Diese Meinungsäußerung war nicht nur taktischer Natur, etwa gegen die Präventivkriegsforderungen gerichtet, wie sie Generäle um Waldersee erhoben, sie drückte eine prinzipielle Überzeugung aus, an der Bismarck immer festhielt. Mag er auch hier und da einiges gesagt haben, was dem zu widersprechen scheint, dergleichen blieb ein absichtsvolles politisches Manöver, was allerdings nicht ausschließt, daß der Kanzler angesichts einer akuten Kriegsgefahr und einer überlegenen Koalition gegen Deutschland präventiven Maßnahmen zugestimmt hätte. Aber eine solche Situation war in den achtziger Jahren nicht gegeben, und Bismarck versuchte mit allen diplomatischen Mitteln, solchen Konstellationen vorzubeugen; immer wieder war ihm daran gelegen, überzeugungsstark, weil selbst überzeugt, die „Saturiertheit" des Reiches zu betonen.

Es blieb in der weiteren Parlamentsdebatte die Frage, mit welcher Begründung der Kanzler den Reichstag doch noch auflösen könnte. Sieben oder drei Jahre Gültigkeitsdauer des Heeresgesetzes waren schließlich kein Streitpunkt, der den Aufwand einer vorzeitigen Neuwahl gerechtfertigt hätte. So blieb ihm nichts anderes übrig, als den ganzen Streit in Erinnerung an den Heeres- und Verfassungskonflikt Anfang der sechziger Jahre so hochzuspielen, daß die Opposition nicht kapitulieren konnte. Im Interesse einer wirksamen Wahlparole proklamierte Bismarck: „Wenn wir auflösen, so ist es nicht wegen der Zeitfrage, sondern wegen der Prinzipienfrage, ob das Deutsche Reich durch ein Kaiserliches oder durch ein Parlamentsheer geschützt werden soll. Das schreiben wir auf unsere Fahne bei der Auflösung . . .“[126]

Damit hatte Bismarck die entscheidende Einschränkung im Mitspracherecht des Reichstages, nämlich die in Heeresfragen, bezeichnet. Kein Gerede der bürgerlichen Opposition half mehr; Bismarck hatte die Purpurmappe bereits vor sich liegen; und als am 14. Januar in zweiter Lesung der Reichstag „jeden Mann und jeden Groschen“ auf nur drei Jahre bewilligte, erfolgte die Auflösung. Die Neuwahlen wurden auf den 21. Februar 1887 festgelegt, in die Faschingszeit, daher blieben sie als Faschings- oder Septennatswahlen in Erinnerung, so stark sogar, daß Gerhart Hauptmann seine berühmte Diebskomödie „Der Biberpelz“ mit der Vorbemerkung versehen konnte: „Ort des Geschehens: Irgendwo um Berlin; Zeit: Septennatskampf gegen Ende der achtziger Jahre.“

*

Für den Wahlkampf blieben nur fünf Wochen. Während Bismarck in seiner Reichstagsrede alles hektisch Aufreizende vermied, schreckten seine Wahlverbündeten und -helfer mit einer unmittelbaren Kriegsgefahr. Das Pferdeausfuhrverbot nach Frankreich,[127] besorgte Worte des Kaisers[128] und die Einberufung von 73000 Reservisten zu Übungen in Elsaß-Lothringen[129] sollten den Ernst der Lage zeigen. Höhepunkt war ein Artikel, der am 31. Januar unter der Überschrift „Auf des Messers Schneide“ in jener „Post“ erschien, die schon 1875 falsche Alarmsignale gegeben hatte. Inspiriert von Bismarck, wurde gemeldet, Frankreich rüste fieberhaft, und der Krieg stehe vor der Tür.[130] Wie es wirklich war, schrieb der Stellvertretende Generalstabschef Waldersee am 15. März in sein Tagebuch: „Je mehr ich über die Kriegsgefahren nachdenke, die der Kanzler für gut befindet jetzt vorzuführen, desto fester wird meine Ansicht, daß alles Komödie ist“.[131]

Die regierungstreue Kampagne verfolgte zwar in erster Linie innenpolitische Ziele; aber sie hatte auch außenpolitische Wirkung. Mit Recht erklärten die Sozialdemokraten, daß jede Vermehrung der Rüstung in einem Lande eine entsprechende Steigerung im anderen zur Folge habe. „Der Sieg der Militärpartei in Deutschland heißt Stärkung der Kriegspartei in Frankreich“.[132] Darüber hinaus begegnete die Sozialdemokratie der scheinbaren Alternative „Kaiserliches oder Parlamentsheer“ mit der Frage: „Gilt in Deutschland der Wille des Reichskanzlers mehr als der Wille der Volksvertretung?“

Im Bewußtsein, daß es Bismarck im wesentlichen nicht um die Militärvorlage ging, sondern um einen neuen Reichstag und um entsprechende Wahlmanipulation, gab die sozialdemokratische Führung bereits vor der Hauptwahl Hinweise, wie man sich zur bürgerlichen Opposition in den Stichwahlen verhalten möge. Abgeordnete des Zentrums und des Freisinns sollten unterstützt werden, wenn sie gegen das Sozialistengesetz und die Abschaffung des allgemeinen Wahlrechts für den Reichstag zu stimmen bereit wären. Die Militärvorlage wurde mit Recht nicht einmal erwähnt.

Schwer waren die Bedingungen, unter denen die Sozialdemokratie kämpfen mußte: Versammlungsverbote und -auflösungen, Verhaftungen, zum Beispiel in Danzig, Prozesse – am 21. Januar wurden in einem Geheimbundprozeß in Frankfurt mehrere Sozialdemokraten verurteilt –, Verhängung des kleinen Belagerungszustandes mit Ausweisungen. August Bebel und andere wurden erst im August 1887 aus dem Gefängnis entlassen.

Der Wahlaufruf der Deutschen Freisinnigen Partei konzentrierte sich nur auf die Frage: Septennat oder Triennat? Eine solche Alternative konnte wenig überzeugen und schon gar nicht begeistern. Schlimmer für die Freisinnigen aber war noch, daß sie, im Wahlkampf besonders unter den Angriffen Bismarcks stehend, ihre Kräfte geradezu widersinnig zersplitterten. Die Sozialdemokratie war es schließlich, die für den Freisinn 16 Mandate rettete, darunter den Parlamentssitz Rudolf Virchows. Und dennoch verkündete Eugen Richter, seine Partei müsse einen „großen Teil“ ihrer Kräfte gegen links wenden. So verweigerte der Freisinn in den Stichwahlen zehn aussichtsreichen Sozialdemokraten die Stimme.

Das Zentrum wollte aus zwei Gründen dem Septennat nicht sofort zustimmen: einmal versuchte es, seine Weigerung als ein

Druckmittel im zwar gemilderten, aber noch keineswegs beendeten Kulturkampf zu benutzen, und zum anderen mußte es auf seine immer noch durch die schikanösen Maßnahmen aufgebrachten Stammwähler Rücksicht nehmen. Bismarck intervenierte deshalb beim Papst und erreichte, daß dieser durch den Kardinalstaatssekretär Jacobini über den Nuntius in München die Zentrumsführer Franckenstein und Windthorst anweisen ließ, man solle für das Septennat stimmen; eine zweite Note vom 18. Januar sollte dem Zentrum die Gründe dafür erläutern. Aber selbst die Veröffentlichung der Noten des Kardinalstaatssekretärs, die Windthorst geschickt zu interpretieren verstand, nützten dem Kanzler wenig. Die Reichstagsfraktion des Zentrums, der Unterstützung durch die einfachen Parteimitglieder bewußt, blieb bei ihren scharfen Tönen im ursprünglichen Wahlaufruf.

Die Anhänger Bismarcks wiederum sahen in der Militärvorlage und dem darum entbrannten Kampf ihre große Chance. Bereits am 18. Oktober 1886 hatte die „Konservative Korrespondenz" den Plan des Kanzlers dargelegt. Sie hoffe, daß es gelinge, „die konservative, die freikonservative und die nationalliberale Partei in ehrlicher Bundesgenossenschaft auf den Boden eines in großen, allgemeinen Zügen gehaltenen positiven Reformprogramms zu stellen und sie zu bestimmen, die trennenden Momente für den Augenblick in den Hintergrund treten zu lassen".[133] In der Tat vereinbarten die Vorstände der drei Parteien bereits am 15. Januar 1887 – einen Tag nach der Reichstagsauflösung – das sogenannte Kartell, das ein Gegeneinander dieser Parteien im Wahlkampf ausschließen sollte.[134] Man einigte sich auf unbedingte Unterstützung der Regierung und wollte Stichwahlen untereinander vermeiden. Die Wahlaufrufe der drei Parteien variierten die Regierungslosungen. Die Freikonservativen gingen so weit zu erklären: „Der Ausfall der Wahlen bedeutet Krieg oder Frieden".[135] Die Nationalliberalen verkündeten, daß die „äußeren Gefahren" nur durch eine Zustimmung zur Regierungspolitik beseitigt werden könnten.[136] Rudolf v. Bennigsen, der sich jahrelang zurückgezogen hatte, stieg wieder in die Parteipolitik ein, nahm ein Mandat an und beteiligte sich an den Kartellverhandlungen.[137]

Im Wahlkampf kannten die Kartellparteien und die Regierungsbeamten keine Hemmungen. Neben den hochgespielten Pferdeankäufen durch die Franzosen wurden Gerüchte über die Konzentrierung französischer Truppen an der Ostgrenze Frankreichs verbreitet. Bilderbogen wurden verteilt, auf denen französische

Soldaten deutschen Bauern das letzte Vieh wegnehmen und Frauen mißhandeln; ein Festungsplan kam in Umlauf, der Frankreich in großer Übermacht zeigte; Gerüchte über ein preußisches Kreditgesetz für eine Kriegsanleihe führten zu Kursstürzen in Berlin und Paris. Man versuchte mit allen Mitteln, Panik zu erzeugen, die dem Kartell Stimmengewinne bringen sollte. Die Regierung hatte überdies dafür gesorgt, daß sich die Beamten keineswegs zurückhielten in der Wahlbeeinflussung, die ohnehin Innenminister Puttkamers Spezialität war. Kein Wunder also, daß der „Sozialdemokrat" das ganze Treiben mit bitterem Sarkasmus bedachte: „Es war keine Wahl, es war ein Kesseltreiben, es war ein Überfall, eine moralische und physische Vergewaltigung, ein Plebiszit im schlechtesten napoleonischen Sinne . . ."[138]

Die Wahlbeteiligung war nach dieser Propagandawelle und der in den Mittelpunkt gestellten Frage Krieg oder Frieden sehr hoch. 77,5 Prozent Wahlbeteiligung waren bisher in Deutschland noch nicht erreicht worden; 1878 waren es 63,3 Prozent gewesen. Offensichtlich hatte man sogar bisher politisch indifferente Menschen an die Wahlurnen gebracht und sie in der Mehrzahl für die Kartellparteien gewonnen. Dennoch ergaben sich aufschlußreiche Diskrepanzen: Für die Kartellparteien wurden insgesamt ca. 3,6 Millionen Stimmen abgegeben, während auf die anderen Parteien ca. 4 Millionen kamen. Also hätte nach einem Proportionalwahlsystem das Kartell nicht die absolute Mehrheit der Mandate erreicht. Das gelang nur durch die Persönlichkeitswahl und die ungerechte Wahlkreiseinteilung.

Einen bewundernswerten Erfolg errang die Sozialdemokratie. Ihr entschiedener und aufopferungsvoller Kampf gegen die Bismarcksche Innen- und Außenpolitik brachte ihr über 760000 Stimmen, das waren 10,1 Prozent aller Wähler, also über 200000 mehr als im Jahre 1884. Allerdings konnten die Sozialdemokraten wegen der die Arbeiterbezirke benachteiligenden Wahlkreiseinteilung und wegen des Verhaltens des Freisinns bei den Stichwahlen nur elf Mandate erreichen.

Während das Zentrum Stimmen und Mandatszahlen annähernd halten konnte, verloren die Freisinnigen trotz höherer Wahlbeteiligung als einzige Partei an Stimmen, die Zahl ihrer Mandate ging um die Hälfte zurück. Es war eine beschämende Niederlage für die Herren von der Tiergartenstraße.

Die „großen Gewinner" waren die Nationalliberalen, die noch einmal zur stärksten Partei des Reichstages aufrücken konnten:

1884 verfügten sie über 50 Sitze, 1887 über 99. Die Konservativen gewannen nur 2 Sitze, hatten somit insgesamt 80, und die Freikonservativen konnten ihre Abgeordnetenzahl von 28 auf 41 erhöhen. Die Kartellparteien besaßen demnach mit 220 Abgeordneten die absolute Mehrheit. Bismarck hatte sein unmittelbares Ziel erreicht; ob er allerdings wirklich, wie viele behaupteten, auf dem Höhepunkt seiner Macht stand, mußten die nächsten Jahre zeigen.

*

Kurz nach dem Zusammentritt des neuen Reichstages bewilligte die Kartellmehrheit am 11. März 1887 die Militärvorlage. Die offiziöse Presse sprach zunächst befriedigt davon, daß Deutschland „stark und kriegsgerüstet" sei. Doch bereits am 15. Februar 1887 hatte Waldersee seinem Tagebuch anvertraut, „daß die Vermehrung unserer Armee den Stein schnell ins Rollen bringen" werde[139] – womit er die weitere Zuspitzung der internationalen Situation meinte. Ende des Jahres 1887 legte die Regierung einen Gesetzentwurf vor, der die bestehende Heeresverfassung revidierte.[140] Durch die bessere Eingliederung der Ersatzreserve in das Heeressystem und durch die Verlängerung der möglichen Dienstzeit vom 42. auf das 45. Lebensjahr, auf insgesamt 25 Jahre also, wurde eine wesentliche Erhöhung der Kriegsstärke des Heeres erreicht.

Diese neue Organisation legte den Grundstein für die Ausbildung eines Reservesystems, wie es bisher nicht möglich gewesen war.[141] Mit großer Genugtuung vermerkte Waldersee in seinem Tagebuch: „Die wohl gleich nach Neujahr eintretende Bewilligung des Landsturmgesetzes führt uns ansehnliche Menschenmassen zu".[142] In der Tat: Im Falle eines Krieges verfügte Deutschland nach diesem Gesetz über ca. 3,5 Millionen Soldaten.[143] Damit war eine wesentliche organisatorische Grundlage für das spätere Massenheer geschaffen.

*

Die neuen Heeresgesetze forderten natürlich schwere Opfer vom Volk. Zur Finanzierung der neuen Organisation diente auch das Anleihegesetz vom 10. Februar 1888, das den Reichskanzler ermächtigte, einen Kredit von 278 Millionen Mark aufzunehmen. Die Kartellmehrheit ging noch weiter; sie nutzte ihren Wahlsieg aus, indem sie der Bevölkerung weitere Zoll- und Steuerbelastungen zumutete.

Kardorff konnte seine Position als freikonservativer Führer zwischen Nationalliberalen und Konservativen sehr wohl stärken. Bereits am 10. März 1887 hatte er an seine Frau geschrieben: „Ich habe in den letzten Tagen viel zu tun gehabt mit Besprechungen über die Brennereisteuerfrage, in der Bennigsen und Helldorf mich baten, die Führung zu übernehmen, einige wenige Vertreter der Nationalliberalen, Deutschkonservativen und der Reichspartei zu versammeln, um die Grundsätze einer möglichen Spiritussteuer festzustellen und dann Bismarck zu bitten, das vom Finanzministerium auszuarbeitende Projekt erst uns vertraulich zur Durchsicht mitzuteilen"; Bismarck habe das „bereitwillig zugesagt".[144]

Nach diesen hoffnungsvollen Vorbesprechungen ging es zügig weiter. Am 3. April erhielt der Reichstag eine Zollpetition ostelbischer Junker, in der die Erhöhung der Kornzölle gefordert wurde.[145] Am 5. Mai leitete man dem Reichstag den Entwurf eines Branntweinsteuergesetzes zu, und am 25. Mai wurde die Zuckersteuervorlage erstmalig behandelt. Am 1. und 2. Dezember 1887 fand dann die erste Lesung einer Getreidezollvorlage statt.

Das Branntweinsteuergesetz führte zu einer Erhöhung der Steuereinnahmen auf diesem Gebiet von 35,3 Mill. Mark im Jahre 1880/81, auf 135,3 Mill. Mark im Jahre 1889/90. Dabei war das Gesetz so geschickt angelegt, daß nicht nur dem Staate ansehnliche Summen, sondern auch den Großbrennern, vornehmlich den Junkern, im Jahresdurchschnitt 41,5 Millionen Mark Extragewinn zuflossen.[146] Am 12. Juni 1887 schrieb Kardorff über sein unrentabel gewordenes Gut mit fast entwaffnender Ehrlichkeit an seine Frau: „Daß wir Wabnitz nicht verkauften, ist doch gut gewesen – wenn auch die Wintersaaten dieses Jahr mäßig stehen –, das Branntweinsteuergesetz hilft mächtig und wird auch bald Güterpreise tüchtig hinaufschrauben".[147] Es verband sich also private Interessenpolitik mit einer vorgeblich gemeinnützigen Staatspolitik, und das blieb nicht vereinzelt.

Auch das bisherige System, das den Zuckerrübenproduzenten ansehnliche Prämien gebracht hatte, genügte der Regierung nun nicht mehr. Der Zucker wurde jetzt pro Doppelzentner mit 12 Mark besteuert – die Regierung hatte ursprünglich nur 10 Mark gefordert. August Bebel errechnete, daß die neue Zuckersteuer ca. 69 Mill. Mark einbrachte, wovon allein ca. 18 Millionen in die Taschen der Großgrundbesitzer flossen.[148]

Außerordentlich belastend auf das Leben der Werktätigen wirkte sich die Erhöhung der Getreidezölle aus. Diese Zölle sollten in

Abwehr des billigen Importgetreides die Preise und den Gewinn der Großgrundbesitzer steigern. Wurde 1879 für einen Doppelzentner Roggen 1 Mark Zoll erhoben, so waren es 1885 schon 3 und seit Ende 1887 5 Mark. Die Getreidezölle verteuerten den Brotpreis – läßt man andere Lebensmittel zunächst außer acht – für den Arbeiter um ein Viertel bis ein Drittel. Auf Kosten der Bevölkerung sollten also die Junker begünstigt werden.

Am 15. Juni 1887 wußte Kardorff seiner Frau mitzuteilen: „... Zucker- und Branntweinsteuer glücklich unter Dach und Fach gebracht, wie ich sie für richtig halte. Bismarck sehr vergnügt".[149] Das war die Zufriedenheit eines Politikers, der sich jetzt endgültig von der liberalen Wirtschaftspolitik abgekehrt hatte, um die Grundbesitzer vor ihrem wirtschaftlichen Ruin und damit ihrer gesellschaftlichen Entmachtung zu bewahren. Er ließ sich dabei auch von der Überzeugung leiten, daß er beim Ausbalancieren der verschiedenen Klassen und Schichten um seiner Kanzlerschaft willen die Junker lebensfähig erhalten mußte.

Eng verbanden sich hier persönliche Interessen mit denen altpreußischer Traditionen und der Bewahrung gegenwärtiger Machtverhältnisse. Was sich seit dem Bestehen des Reiches schon abgezeichnet hatte, gewann nun eindeutige Konturen; es zeigten sich vor allem die Zusammenhänge zwischen der Rüstung, die materielle Belastungen des Volkes brachte, und internationalen Spannungen, die immer wieder neue Anstrengungen Bismarcks notwendig machten.

Der Rückversicherungsvertrag. Gegen Präventivkrieg und Revolutionsgefahr

Bismarck war es zwar gelungen, durch inszenierte Kriegspanik eine konservativ-nationalliberale Mehrheit im neugewählten Reichstag zustande zu bringen, er hatte aber damit außerhalb Deutschlands Mißtrauen erweckt und Gegenkräfte mobilisiert. So notierte der Moskauer Generalgouverneur Fürst Golizyn am 28. Januar 1887 in seinem Tagebuch, daß die russische Regierung auf allen Eisenbahnen kontraktlich gesicherte Waggons für den Truppentransport bereitstellen lasse.[150] Drei Wochen später, am 20. Februar, erschien in der Brüsseler Zeitung „Le Nord" ein von der russischen Diplomatie inspirierter Artikel, der in larmoyanter Weise die Befürchtung ausdrückte, eine erneute Niederlage Frankreichs könne Rußland zu einer schrecklichen Zukunft verurteilen.[151]

Der deutsche Kanzler aber konnte nun angesichts der ihm genehmen Parlamentsmehrheit im „Kartellreichstag" auf den pseudopatriotischen Furor, den er während des Wahlkampfes durchaus gebraucht hatte, verzichten. Nur im April 1887, als der französische Grenzkommissar Schnäbele auf deutschen Boden gelockt und dort unter Wortbruch verhaftet worden war, erreichte die deutsch-französische Spannung noch einmal einen kritischen Punkt. Der Kriegsminister Boulanger forderte im französischen Ministerrat, Bismarck ein Ultimatum zu stellen und französische Truppen an die Grenze zu bringen. Was da als „Schnäbele-Affaire" lautstark in die Zeitungen und danach in die Geschichtsbücher einging, gehört in den Bereich eines üblen Agentenkampfes, der abgebrochen wurde, sobald Bismarck die Freilassung des Guillaume Schnäbele veranlaßt hatte, wohlwissend, daß dieser keineswegs unschuldig war. Ende Mai 1887 schied dann der Kriegsminister Boulanger, der zum Synonym französischer Revanchebestrebungen geworden war, aus der Regierung; das entspannte die Lage weiter.[152]

Trotz allem blieben angesichts der sich rasch verändernden Kräfteverhältnisse zwischen den europäischen Staaten noch Besorgnisse genug. Die Bereitschaft, über eine europäische Abrüstung auch nur zu diskutieren, war noch längst nicht herangereift; so begegneten die Regierenden der europäischen Unsicherheit mit den üblichen Mitteln: zunächst mit Aufrüstung, dann mit Bemühungen um neue Bündniskombinationen. Es war nicht nur das Deutsche Reich, das sich durch die eben beschlossene Rüstungsvermehrung hervortat. Vergleicht man die Truppenzahlen der stehenden Heere und die potentielle Kriegsstärke derjenigen, die sich als Kontrahenten in absehbarer Zeit gegenüberstehen konnten, dann ergab sich ein Bild, das durchaus nicht nach deutscher Hegemonie aussah; Frankreich allein war im Jahre 1886 um annähernd 90000 Mann numerisch stärker als Deutschland. Und auch die potentielle Kriegsstärke der Franzosen und Russen war, zusammengenommen, der der verbündeten Österreicher und Deutschen überlegen.[153]

Von diesen „Ziffergruppierungen", wie sich Bismarck einmal kritisch ausdrückte, ließ er sich aber kaum leiten, als er in der großen Rede vom 11. Januar 1887 mehrfach versicherte, das Deutsche Reich werde, solange er Kanzler sei, Frankreich niemals angreifen. In einem Erlaß an den deutschen Botschafter in Petersburg, wenige Tage nach den Septennatswahlen, führte er diesen Gedanken weiter aus: „Wenn Sie wieder eine Gelegenheit finden, die Frage der Großmachtstellung Frankreichs mit russischen Staatsmännern zu besprechen, so können Sie letztere über unsere Stellung zu derselben vollkommen beruhigen. Wir haben einmal durchaus kein Bedürfnis, Frankreich anzugreifen; *wenn* wir aber bei einem Angriffe Frankreichs auf uns siegreich bleiben sollten, so irrt Herr von Giers, wenn er annimmt, daß wir nicht das gleiche Interesse an der Aufrechterhaltung von Frankreichs Großmachtstellung haben, wie Rußland. Frankreichs Fortbestehen als Großmacht ist *für uns* ebenso Bedürfnis, wie das jeder andern der Großmächte, allein schon aus dem Grunde, weil wir für gewisse Fälle eines maritimen Gegengewichtes zur See gegen England bedürfen."[154] Weiterhin legte er dar: „Die russische Annahme, als ob wir Frankreichs Großmachtsstellung dauernd vernichten wollten, ist also eine kurzsichtige; wir brauchen Frankreich in den politischen Konstellationen nach Umständen sogar mehr, als Rußland desselben zu bedürfen glaubt. Wenn wir von Frankreich angegriffen würden und siegten, so würden wir doch nicht an die Möglichkeit glauben, eine Nation von 40 Millionen Europäern von der Begabung und dem Selbstgefühl wie die Franzosen vernichten zu können."[155] Schließlich versicherte Bismarck, bei einem deutschen Sieg über Frankreich würde sich eine „schonende Behandlung empfehlen, grade wie Österreich gegenüber 1866".[156]

Immer wieder ging es Bismarck um die Erhaltung eines europäischen Gleichgewichts, dem galten alle seine Verhandlungen mit den maßgeblichen Regierungen im Winter 1886/87. Und es gelang ihm im ersten Halbjahr 1887 noch einmal, ein kunstvoll geknüpftes Gewebe verschiedener Koalitionen zustande zu bringen. Am 20. Februar 1887 wurden neben der Verlängerung des Dreierbundes zwischen Deutschland, Österreich-Ungarn und Italien, also des Vertrages von 1882, noch zwei geheime Zusatzprotokolle unterzeichnet. So sah das österreichisch-italienische Abkommen territoriale Veränderungen auf dem Balkan nur bei gegenseitigen Kompensationen vor, wobei sich letztere auf den Bereich der türkischen Küsten und Inseln bezogen.

Fast zur selben Zeit kam die von Bismarck geförderte sogenannte Mittelmeerentente zum Abschluß. In einem Gespräch mit dem englischen Botschafter Sir Edward Malet am 3. Februar 1887 hatte der Kanzler bemerkt,[157] daß das Reich jede Annäherung zwischen

Italien und England begrüßen und die Zurückhaltung Lord Salisburys „in allen auswärtigen Fragen“ bedauere. Bismarck drückte sich im weiteren Verlauf des Gesprächs noch deutlicher und direkter aus; wenn England sich von jeder Beteiligung an der europäischen Politik zurückzöge, hätten die Deutschen keinen Grund, den französischen Wünschen in Ägypten oder den russischen im Orient ihre Förderung vorzuenthalten. Die Interessen der deutschen Nation „würden weder durch Frankreich in Ägypten noch durch Rußland in Konstantinopel Schaden leiden können“.[158]

Lord Salisbury reagierte darauf am 5. Februar in einer Unterredung mit Graf Hatzfeldt und erklärte sich zu einer Übereinkunft mit Italien bereit, nachdem er sich vergewissert hatte, daß Bismarck die englischen Wünsche in Ägypten weiterhin unterstützen werde.[159] Am 12. Februar 1887 wurden zwischen Rom und London Noten ausgetauscht; beide Kabinette versicherten, sich gegen Angriffe Dritter im Mittelmeerraum unterstützen zu wollen und gemeinsam für den Status quo im Mittelmeer, in der Adria, in der Ägäis und im Schwarzen Meer einzutreten.

Dieser nicht vertraglich fixierten, sondern lediglich auf Notenaustausch beruhenden englisch-italienischen Entente trat am 23. März 1887 die österreichisch-ungarische Regierung gleichfalls durch Notenwechsel bei. Die drei Mächte erklärten ihre übereinstimmenden Interessen im Orient, wo sie „das gleiche Bedürfnis haben, dort solange wie möglich den ‚status quo‘ aufrechtzuhalten, die Ausdehnung einer Macht zum Schaden der anderen zu hindern und folglich gemeinsam zu handeln, um diese Hauptgrundsätze ihrer Politik zur Geltung zu bringen“.[160] Am 4. Mai 1887 trat dieser Mittelmeerentente auch noch Spanien bei.

Damit hatte Bismarck England an die Seite Österreichs und Italiens gebracht, wenn auch nur mit lockerer Bindung. Salisbury konnte seiner Königin schreiben, die englische Note lasse offen, wie weit die englische Unterstützung für Italien gehen solle.[161] Für ihn war die Verständigung zu dritt die weitestgehende Zusicherung, „welche ein parlamentarischer Staat überhaupt erteilen könne“.[162]

Von welchen Überlegungen Bismarck bei seiner Förderung der Mittelmeerentente ausging, umriß er in seinem Februarerlaß an Graf Hatzfeldt, als er schrieb: „Österreich ist nach seiner gegenwärtigen Lage kaum stark genug, um allein seine Balkaninteressen gegen Rußland wahrzunehmen. Die Freundschaft Italiens wäre geeignet, die Ungleichheit zu vermindern und Österreichs Selbstvertrauen zu stärken. In sehr viel höherem Maße aber würde letzteres der Fall sein, wenn hinter Italien England stände und die Wahrscheinlichkeit, daß die englische Flotte der italienischen zur Seite stehen würde. Solange letzteres nicht der Fall ist, wird die Überlegenheit der französischen Marine Italien davon abhalten, daß es sich auf Beteiligung an den Gefahren einläßt, denen Österreich ausgesetzt sein kann."[163]

Aus diesem Abwägen der Kräfteverhältnisse entsprang Bismarcks Hauptanliegen: Österreich sollte, falls es in einen Orientkonflikt mit Rußland geriete, durch Italien und England gedeckt werden, ohne daß Deutschland zum Eingreifen gezwungen wäre. „Wir müssen suchen, die Hände einstweilen frei zu behalten", schrieb Herbert v. Bismarck am 11. März 1887 an den Botschafter in London, „damit wir nicht gleich hineingezogen werden, wenn es wegen orientalischer Fragen mit Rußland zum Bruch kommt, weil wir alle unsere Kräfte gegen Frankreich brauchen werden."[164]

Am gleichen Tage setzte der Reichskanzler dem Botschafter in Wien auseinander, warum Österreich-Ungarn, wenn es sich weiterhin um die bulgarischen Angelegenheiten kümmere, „Englands Hilfe im Hintergrunde" benötige.[165] Die Möglichkeit einer solchen Hilfe, selbst wenn sie militärisch nicht sofort wirksam sein könnte, genüge schon, um Rußland „von einem provozierenden Vorgehen" abzuhalten. Und so schloß Bismarck: „Wenn dabei Frankreich durch uns in Schach gehalten ist, so wird durch solche Kombination ein Gleichgewicht hergestellt, in welchem wir die beste Bürgschaft des Friedens erblicken."

Dieses In-Schach-Halten Frankreichs schloß allerdings eine aggressive Variante nicht aus. Bereits im September 1886 schrieb Graf Rantzau an seinen Schwager Herbert v. Bismarck: „Der Papa besprach neulich schon die Eventualität eines Krieges zwischen Österreich–England–Türkei einer- u. Rußlands andererseits, bei dem wir stillhalten oder den Franzosen entre nous die Hosen stramm ziehen würden."[166] Ein Jahr später, im Oktober 1887, schrieb Bismarck darüber unumwunden an Rantzau: Bei der Sicherheit, mit der Deutschland den deutsch-französischen Krieg voraussehen muß, „wird es für uns notwendig sein, in dem Falle des russisch-oesterreichischen Krieges unsererseits Frankreich anzugreifen, so daß dann ein orientalischer Krieg von Oesterreich, Italien, wahrscheinlich England und den Balkanstaaten, verbündet gegen Rußland, und in Westeuropa ein deutsch-französischer Krieg gleichzeitig geführt werden würden".[167] Selbst im Brief an den Kronprinzen vom Mai 1887, in dem Bismarck vor einem Präventivkrieg gegen Rußland warnte, bemerkte er, es sei anzunehmen, „daß ein deutsch-französischer Krieg geführt werden kann, ohne daß wir gleichzeitig zum Kampf gegen Rußland genötigt würden“.[168]

So deutlich hier auch über die Möglichkeit eines kriegerischen Alleingangs gesprochen wurde, er sah sie stets im Zusammenhang mit einem Orientkonflikt, in den Rußland mit den Mächten der Mittelmeerentente verwickelt wäre. Diese Spekulationen über Zukunftsentwicklungen seiner diplomatischen Kombination gehörten jedoch nicht zur Dominante seiner außenpolitischen Strategie, die vor allem auf die Verhinderung eines Zweifrontenkrieges und die Vermeidung des möglicherweise einen europäischen Brand auslösenden Angriffskrieges gerichtet war.

*

Auf jeden Fall wollte Bismarck ein russisch-französisches Bündnis vermeiden und trotz aller Interessenkonflikte die Solidarität der Monarchien gegen nationale und soziale Bewegungen stärken; deshalb lag ihm viel an einem schriftlichen Übereinkommen mit Rußland als einem Ersatz für das gescheiterte Dreikaiserabkommen.

Als am 6. Januar 1887 der russische Botschafter in Berlin, Paul Schuwalow, und dessen Bruder Peter, der bis 1879 Botschafter in London und auf dem Berliner Kongreß 1878 der aktivste Bevollmächtigte Rußlands gewesen war, in einem Gespräch mit Bismarcks Sohn Herbert überraschend weitreichende Vorstellungen hinsichtlich eines deutsch-russischen Vertrages entwickelten, zeigte sich der Kanzler verständlicherweise sofort hellwach. Immerhin hatte Peter Schuwalow erklärt: „Ich bin überzeugt, daß sich innerhalb 24 Stunden eine schriftliche, bindende Erklärung in Form eines Vertrages von ihm (gemeint war Zar Alexander III.) erreichen läßt, daß er sich in französisch-deutsche Händel niemals einmischen wird, einerlei, ob Frankreich Deutschland angreift, oder ob Sie Frankreich mit Krieg überziehen und ihm 14 Milliarden Kontribution auferlegen, ja selbst einen preußischen General als Gouverneur nach Paris setzen“. Das war dann allerdings dem erfahrenen Bismarck doch zuviel der großen Worte, und er setzte ein großes Fragezeichen an den Rand der Aufzeichnung seines Sohnes.[169]

Tatsächlich hatten die Brüder Schuwalow, wie sich bald herausstellte, weit mehr versprochen, als sie halten konnten. Bereits am

24. Januar, nach einer erneuten Unterredung mit dem russischen Botschafter, hielt es Bismarck für angezeigt, die preußischen Gesandten in München, Dresden, Stuttgart und Karlsruhe zu informieren, er habe aus taktischen Erwägungen die deutsch-russischen Beziehungen in seiner Reichstagsrede vom 11. Januar günstiger dargestellt, als sie seien.[170] Petersburg hüllte sich in Schweigen, ein beredtes Zeugnis dafür, daß die Schuwalows zu weit gegangen waren.

Vielfach täuschten die beiden Brüder durch ihr sanguinisches Temperament Lebendigkeit des Geistes vor; tatsächlich waren sie einseitig und eng denkende Draufgänger, während der vielfach unterschätzte Außenminister Giers subtiler in seinen Überlegungen und umsichtiger in seinem Vorgehen war, auch gegenüber der habsburgischen Donaumonarchie. Konnte man einem Paul Schuwalow seine unflätige Ausdrucksweise über Österreich während der sektdurchtränkten Unterredung in der Berliner Botschaft noch nachsehen, so war es schlechterdings unsinnig, wenn er Bismarck immer wieder in eine antiösterreichische Position drängen wollte, worüber dieser seinen Botschafter in Wien ausführlich unterrichtete: „Graf Schuwalow gehört, ebenso wie sein Bruder, zu denjenigen russischen Staatsmännern, denen die Abneigung gegen Österreich, ich weiß nicht aus welchem Grunde, das leitende Motiv für ihre Politik ist . . . Gewiß ist, daß er die Versuche, uns von Österreich zu trennen, in verschiedener Form, aber immer mit gleicher Pression während unserer Besprechungen im letzten Jahre wiederholt erneuert und in Petersburg die Hoffnung auf einen Erfolg in dieser Richtung bei seinen wiederholten Besuchen daselbst so lange aufrechtzuerhalten gesucht hat, daß schließlich, als meine direkten Mitteilungen an Herrn v. Giers über die Erfolglosigkeit solcher Bestrebungen keinen Zweifel mehr ließen, dies in Petersburg als eine Enttäuschung und als eine Schädigung der Autorität des Botschafters gewirkt zu haben scheint.“[171]

Der Reichskanzler war zwar stets bereit, Wien zu zügeln, etwa in der bulgarischen Frage, aber niemals hätte er eine existentielle Bedrohung des Habsburgerreiches zugelassen. Dem Grafen Schuwalow setzte er „wiederholentlich“ auseinander: „. . . nach der Stimmung der öffentlichen Meinung in Deutschland müsse man unser defensives Bündnis mit Österreich, ebenso wie es bis zum Jahre 1866 vertragsmäßig bestanden habe, als ein dauerndes ansehen, und kein deutscher Reichskanzler würde es angesichts unserer öffentlichen Meinung auf sich nehmen können, das gegenwärtige, seit nunmehr acht Jahren bestehende Verhältnis mit Österreich freiwillig zu lösen."[172]

Anfang 1887 wuchs wieder einmal die antideutsche Pressekampagne in Rußland an, vor allem die Unzufriedenheit mit dem wirtschafts- und handelspolitischen Verhältnis zwischen Rußland und Deutschland widerspiegelnd; nicht ohne Grund, denn im März 1887 gab der Unterstaatssekretär v. Berchem zu, daß „unsere Rücksichtnahme auf Landwirtschaft und Industrie uns in jeder Annäherung an Rußland äußerst enge Grenzen zieht".[173]

Der Zar blieb nicht unbeeindruckt von den Stimmungen in der Presse, so daß in dieser Zeit mit ihm über Vertragserneuerung mit Deutschland schwer zu reden war. Gegenüber hohen Beamten des Außenministeriums meinte er, früher habe er die nationale Abneigung gegen Deutschland nur auf Katkow zurückgeführt, jetzt sei er überzeugt, daß „ganz Rußland" davon erfaßt sei. Deshalb lehnte er nicht allein das Dreikaiserverhältnis ab, sondern sprach sich zunächst auch gegen einen Zweibund mit Deutschland aus, weil er das Vertrauen des eigenen Landes zu seiner Außenpolitik nicht untergraben wollte.[174] Offensichtlich setzte er die Opposition protektionistisch eingestellter Industrieller und Agrarier wie die ihrer Ideologen mit der von „ganz Rußland" gleich. Ärgerlich nannte daraufhin der Kabinettschef und Vertraute v. Giers, Graf Lamsdorff, den jammernden und starrsinnigen Zaren in seinem Tagebuch einen „erlauchten Schwachkopf".

Das Petersburger Außenministerium lehnte zwar die hochfliegend-undurchdachten Pläne der Schuwalows ab, war aber auch ungehalten, weil es des Zaren wegen den deutschen Reichskanzler auf eine Äußerung über die Erneuerung des im Juni ablaufenden Vertrages „zu Dreien oder auch zu Zweien" warten lassen mußte. Bismarck wies trotz seiner Ungeduld den Botschafter in Petersburg an, von sich aus das Thema nicht zu berühren, um den Eindruck zu vermeiden, als ob das deutsche „Bedürfnis zu derartigen Abmachungen dringender wäre als das Rußlands".[175] Dennoch, bloßes Warten war seine Sache nicht. So erging Mitte Februar 1887 an Radowitz, den Botschafter in Konstantinopel, die Instruktion, „bis auf weiteres in allen russisch-englischen Streitfragen nicht, wie dies bisher geschehen ist, die russische Auffassung aktiv zu befürworten und noch weniger der englischen entgegenzutreten, sondern volle Zurückhaltung und Unparteilichkeit zu beobachten".[176] Ein deutlicher Wink für Petersburg!

Erst im April 1887 erhielt Schuwalow den Auftrag zu weiteren

Bündnisverhandlungen mit Bismarck. Am 11. Mai 1887 legte der russische Botschafter den offiziellen Entwurf eines Zweimächtevertrages vor, der sich wesentlich vom Januarprojekt unterschied. Der Artikel 1 war, vermutlich unter dem Einfluß Schuwalows, so abgefaßt, daß Berlin für ein Neutralitätsversprechen Rußlands in einem deutsch-französischen Konflikt verpflichtet wurde, durch strenge Neutralität die österreichisch-ungarische Monarchie praktisch Petersburg auszuliefern. Hartnäckig machte Bismarck immer wieder deutlich, daß er Österreich-Ungarn nicht preisgeben werde. Um den russischen Botschafter davon zu überzeugen, zeigte ihm der Kanzler den bisher geheimgehaltenen Text des deutsch-österreichischen Zweibundvertrages von 1879.

Am 18. Juni 1887 wurde nach langwierigen, zuletzt noch durch eine überraschende Zusatzforderung Schuwalows nahezu gefährdeten Verhandlungen jenes Abkommen zwischen Rußland und Deutschland unterzeichnet, das allgemein als Rückversicherungsvertrag in die Geschichte eingegangen ist. Sein Hauptteil bestand in der gegenseitigen Zusage wohlwollender Neutralität für den Fall, daß eine der beiden vertragschließenden Parteien von einer dritten Großmacht angegriffen werde, also beispielsweise Deutschland von Frankreich oder Rußland von Österreich-Ungarn. Diese Zusage sollte jedoch nicht rechtskräftig werden bei einem Angriff etwa Deutschlands auf Frankreich oder Rußlands auf Österreich-Ungarn.[177] Der Vertrag enthielt weitere Bestimmungen über den entscheidenden Einfluß Rußlands in Bulgarien, die deutsche Unterstützung russischer Politik in Bulgarien sowie in der Meerengenfrage. Seine Gültigkeit belief sich auf drei Jahre.

Die Geheimhaltung des Rückversicherungsvertrages veranlaßte den deutschen Botschafter in Petersburg, v. Schweinitz, zu der Frage: „Warum wird diese von Rußland so dringend und ängstlich verlangt? Nur deshalb, weil der Kaiser Alexander glaubt, daß ein Bündnis mit uns vorteilhaft für seine äußere Politik, scheinbarer Deutschenhaß aber notwendig für seine äußere Popularität und Sicherheit in Innern ist. Wir dürfen also kaum hoffen, daß nach Erneuerung des Abkommens die panslawistische Agitation“ aufhört. In einer Randbemerkung notierte Bismarck: „... auf den möglichen Bruch der russischen Freundschaft in Folge revolutionären Druckes oder Aufruhrs müssen wir mit und ohne Vertrag gefaßt bleiben.“[178]

Dem ohnehin schon geheimen Rückversicherungsvertrag wurde noch ein „ganz geheimes Zusatzprotokoll“ beigegeben, das ausdrücklich die Wiedereinsetzung des Battenbergers in Bulgarien ausschloß, aber auch die „wohlwollende Neutralität" und die „moralische und diplomatische Unterstützung" durch Deutschland versprach, wenn der Zar es für notwendig hielt, den „Schlüssel seines Reiches" in der Hand zu behalten. Das zielte auf die Besitzergreifung eines Teiles oder des ganzen Meerengenbereichs zwischen Schwarzem Meer und Mittelmeer hin. Diese vertraglichen Festlegungen waren sicherlich schwer zu vereinbaren mit der von Deutschland geförderten, auf dem Status quo basierenden Mittelmeerentente zwischen England, Italien und Österreich. Aber es gab keinen völkerrechtlichen Widerspruch, denn einmal war das Reich der Mittelmeerentente nicht beigetreten, zum anderen bestand diese nur in einem Notenaustausch, der im Ernstfall, wie Lord Salisbury seiner Queen versichern konnte, sehr weitherzig auszulegen war, und überdies waren die auf die Meerengen bezüglichen Bestimmungen des Zusatzprotokolls durch gewundene Ausdrucksweise und unbestimmt gehaltene Bilder, wie „Schlüssel zum Reich", so vage umschrieben, daß sie juristisch nicht relevant waren.

Bismarck fühlte sich hier mit einigem Recht von keinen Skrupeln geplagt; sah er doch in dieser nahezu saloppen Art der vertraglichen Formen und Formulierungen einen Ausdruck seines seit zehn Jahren immer wieder bekundeten Desinteresses am Nahen Orient. Wenn dort schon Konflikte zwischen europäischen Mächten ausbrächen, dann sollten sie ohne militärisches Engagement des Reiches ausgetragen werden. Bismarcks Hauptsorge galt der Stabilisierung der Lage in Zentraleuropa.

Von russischer Seite aus unterschrieb Paul Schuwalow den Rückversicherungsvertrag, von deutscher Seite aus Herbert v. Bismarck, der tags darauf seinem Bruder Bill schrieb, der Vertrag sei „ziemlich anodyn", also von geringer Bedeutung; aber immerhin bilde er „eine Art Druck auf den Zaren" und würde den Deutschen „im Ernstfall die Russen wohl doch 6–8 Wochen länger vom Halse" schaffen. Das sei doch etwas wert.[179] Otto v. Bismarck meinte darüber hinaus dem Kaiser gegenüber: „Wäre Rußland für die nächste Zukunft ganz ohne Vertrag mit uns oder mit Österreich, so würde uns jede Kontrolle der Bahnen, welche die russische Politik gehen könnte, fehlen."[180]

Natürlich versuchte auch Rußland, seine Interessen beim Vertragspartner durchzubringen. Über das Ansinnen Schuwalows, Deutschland möge in Bulgarien etwas für Rußland tun, etwa durch eine Initiative in Konstantinopel, schrieb Herbert v. Bismarck ungehalten an seinen Schwager: „Diese dummdreiste, dickfellige anspruchsvolle Bauernmanier, jahrelang *immer* dieselbe Phrase zu wiederholen, kann einen wirklich exasperieren. Am liebsten wäre ich dem alten Heuchler saugrob geworden. So beschränkte ich mich aber darauf, ihm trocken zu sagen, die Russen hätten ihre eigenen Agenten, um bei dem Sultan zu wirken; ... wir könnten *unterstützen* aber nicht vorangehen. Schuwalow zog darauf schweigend und achselzuckend mit seinem üblichen innigen und seufzenden Händedruck ab ..."[181]

So waren die Beziehungen der beiden Unterzeichner des Rückversicherungsvertrages unter der Oberfläche aristokratischer Kollegialität und deutsch-russischer Kameraderie von beiden Seiten her keineswegs ohne Hintersinn und nicht ohne Theatralik.

*

Es war das letzte Neutralitätsabkommen, das Bismarck abschloß. Der europäischen Öffentlichkeit blieb es lange unbekannt; man wußte nur vom Ende des Dreikaiserbundes im Sommer 1887. Schon deshalb war es nicht verwunderlich, daß die russische Presse weiterhin im antideutschen Sinne schrieb. Nach dem Ableben Katkows am 1. August begab sich Déroulède von der französischen Patriotenliga nach Moskau, wo er an den zahlreichen Trauergottesdiensten teilnahm. Nach dem geradezu demonstrativen Aufwand, der Déroulède Gelegenheit bot, sich in Szene zu setzen, suchte er auch andere Städte auf, in denen er sich propagandistisch hervortat; er reiste bis nach Nishni-Nowgorod, wo der Gouverneur ihm ein Bankett gab. Die dort gehaltenen profranzösischen Reden wurden pressefrisch in Westeuropa bekannt. In Petersburg hatte der Außenminister Giers den Franzosen nicht empfangen; dafür war Déroulède Ehrengast auf einem Diner, das eine dem russischen Oberkommando nahestehende Zeitung im Hause eines Generals veranstaltete.[182]

Ganz offensichtlich, das regierungsamtliche Rußland war keineswegs immer zurückhaltend während der russisch-französischen Freundschaftbekundungen, die variationsreich von Trauerfeiern und Kranzniederlegungen bis zu feucht-fröhlichen und redseligen Banketten reichten. Warum auch? Hatte doch der Zar schon Ende Mai, als der Rückversicherungsvertrag noch nicht unterzeichnet war, einen Ukas erlassen, der Ausländern in Russisch-Polen finanzielle Belastungen ihres Grundbesitzes und Beschränkungen bei

Neuerwerbungen auferlegte. Das traf deutsche Großgrundbesitzer wie Industrielle, auch solche von Rang und Namen wie die Henckel v. Donnersmarcks, die Radziwills, die Ratibors und die Hohenlohes.[183] Auch die Anstellung deutscher Verwalter auf polnischen Gütern wurde verboten.

Das löste in Deutschland eine heftige Zeitungskampagne aus, auf die Bismarck Einfluß nahm. In ihr vermischte sich der Protest gegen die Russifizierung des gewinnbringenden Eigentums mit der Forderung nach erneuter Erhöhung von Agrarschutzzöllen, die die Regierung als antirussische Maßnahme Ende November 1887 im Reichstag durchsetzte.

Politisch ernster war die deutsche Polemik gegen den Kauf und Verkauf russischer Wertpapiere. Nach einer Schätzung vom Januar 1887 befanden sich solche im Wert von mehr als zwei Milliarden Rubel in deutscher Hand,[184] mehr als die Hälfte der Gesamtverschuldung Rußlands im Ausland. Indem die deutsche Presse dies zur Sprache brachte, wurden die Notierungen der russischen Wertpapiere an den Börsen schwächer und sank der Wert des Rubels.

Raschdau, Leiter der Wirtschaftsabteilung im Auswärtigen Amt, versorgte die Presse mit Informationen und schrieb später darüber: „Dieser Kampf wurde von unserer Seite jetzt planmäßig geführt, während die Leser dessen eigentliche Bedeutung zunächst nicht voll verstanden. Sie vermuteten eine vorübergehende Verstimmung, während das grundsätzliche Ziel vorlag, einer feindseligen Regierung die Mittel zu entziehen, mit denen sie ihre, gegen uns gerichtete Rüstung förderte ... Wir aber wollten durch unser Versagen auf seine (d. h. Rußlands – E. E.) Friedfertigkeit einwirken."[185] Voller Mißtrauen hielt Herbert v. Bismarck am 1. November 1887 dem russischen Botschafter vor, es sei wohl nicht ausgeschlossen, daß der Rückversicherungsvertrag abgeschlossen worden sei, „um uns die Hände zu binden, bis Rußland mit seiner Bewaffnung und Flotte fertig sei".[186]

Das erklärte der Kanzlersohn, kurz bevor der deutsche Finanzkrieg gegen Rußland zum sogenannten Lombardverbot vom 10. November 1887 führte. In ihm wurde der Deutschen Reichsbank untersagt, russische Wertpapiere als Pfand für Kredite anzunehmen. Im Auswärtigen Amt nahm man sogar einen Abfluß russischer Wertpapiere nach Frankreich in Kauf,[187] worüber die Berliner Bankiers wegen des rentablen Rußlandgeschäfts begreiflicherweise nicht erbaut waren.

Selbst Gerson Bleichröder, Bismarcks Finanzberater und gelegentlich auch politischer Vermittler, konnte gegenüber den amtlichen Direktiven nichts ausrichten. Schon Ende 1886, als er auf die Möglichkeit einer russischen Anleihe in Paris und auf deren politische Konsequenzen hinwies, ließ ihm der Chef der Reichskanzlei, Franz v. Rottenburg, sagen: „Daß finanzielle Beziehungen nicht nothwendig politische Intimitäten zur Folge haben, ist uns ad oculos demonstrirt. Wir müßten mit Rußland annähernd zusammengeschweißt sein, wenn das richtig wäre.“[188] Bismarck billigte die Entscheidung Rottenburgs, die an Rußland interessierten deutschen Kapitalanleger nicht zu unterstützen.

Die weitverbreitete Vorstellung, daß Bismarck die gesamtwirtschaftlichen und politischen Rückwirkungen der Börsen- und Finanzvorgänge der Jahre 1887/88 nicht berücksichtigt und deshalb blindlings den Weg zum russisch-französischen Bündnis selbst geebnet hätte, bedarf doch einiger Korrekturen.[189] Das Verhältnis von Politik und Geschäft war verwickelter.

*

Zur internationalen Spannung jener Zeit trug auch die Habsburgermonarchie in erheblichem Maße bei. Ein Jahr nach der erzwungenen Abdankung des Battenbergers wurde am 14. August 1887 der sechsundzwanzigjährige Ferdinand zu Sachsen-Coburg-Gotha in Trnowo gekrönt. Während Wien gemeinsam mit Rom und London für den von Petersburg nicht akzeptierten Fürsten Ferdinand entschieden Partei ergriff, verharrte Bismarck in dieser Frage auf dem prorussischen Standpunkt und ließ sich nicht vom Finanzkrieg beeinflussen. Am 16. August erklärte die offiziöse „Norddeutsche Allgemeine Zeitung“ die Regierungsübernahme des Coburgers in Sofia für unrechtmäßig.[190] Das entsprach dem Geist des Rückversicherungsvertrages und hätte den Zaren beruhigen können. Dennoch blieb er mißtrauisch gegenüber Bismarck, zumal dieser grundsätzlich am Bündnis mit Österreich festhielt. Die französische Regierung tat das Ihrige, um Alexander III. weiterhin gegen Deutschland einzunehmen; sie spielte ihm gefälschte Briefe des deutschen Botschafters in Wien und des Prinzen Ferdinand zu, aus denen hervorgehen sollte, daß Bismarck heimlich doch Ferdinand unterstützte.[191] Alle diese Dokumente konnten zwar nach einigen Wochen als Fälschungen erwiesen werden, sie trugen aber doch dazu bei, daß Rußland wegen der bulgarischen Frage Kriegsbereitschaft demonstrierte. So verlegte die Armeeführung Einheiten aus dem Landesinnern an die russisch-österreichische Grenze in Galizien, unter anderen die 13. Kavalleriedivision aus dem Moskauer in den Warschauer Militärbezirk.

Auch wenn Rußland mit diesen Maßnahmen keineswegs zum Angriff rüstete, sondern sein Generalstab angesichts des langsamen Aufmarsches der russischen Armee durch rechtzeitige Truppenbewegungen in die Nähe der Grenze nur für den Ernstfall vorbereitet sein und zugleich Österreich vor allzu ostentativem Eingreifen in Bulgarien warnen wollte, reale Kriegsgefahr bestand nicht, aber ein Kriegsgespenst ging um – in der Diplomatie, in Militärkreisen und bald auch in der Presse. Gefährlich konnte die Lage nur dann werden, wenn die Generalstäbe in Wien und Berlin davon ausgingen, daß der Krieg in naher Zukunft ohnehin unvermeidlich sei und daher die beiden verbündeten Mächte sobald wie möglich losschlagen sollten – vielleicht schon im Winter, spätestens im Frühjahr 1888.

Die Frage des Präventivkrieges führte in dieser Situation zu internen Auseinandersetzungen in der Armee. Am stärksten exponierte sich dabei Alfred v. Waldersee, sekundiert vom Kriegsminister Verdy du Vernois und vom Chef des Militärkabinetts Albedyll, nicht zuletzt von v. d. Goltz, Oberstleutnant in türkischen Diensten.[192] Diese militärische Gruppe gehörte zur Anti-Bismarck-Fronde jener rechtsextremistischen Kreise der Konservativen, deren Fühler bis in die Ministerien reichten; mit ihr sympathisierte auch Holstein im Auswärtigen Amt, der meinte, Bismarcks „Friedenskarren“ bleibe früher oder später ja doch im Sande stecken.[193]

Für die Anhänger des Präventivkrieges blieb es unverständlich, wenn Bismarck versicherte, die Russen brauchten nicht mißtrauisch zu sein, „solange er am Ruder sei, werde Deutschland sich nie von der strengsten Neutralität Rußland gegenüber entfernen.“[194] Das verbissene Hinsteuern Waldersees auf den Krieg war Bismarck absolut konträr. „Es ist, als wenn er vom Gänsesteiß gegessen hat“, sagte er von Waldersee. „Mit jedem, der durchreist, spricht er über kriegerische Operationen, bald gegen Rußland, bald gegen Frankreich, zwischendurch bespricht er auch mal die Möglichkeit, daß man genötigt sein könnte, die Neutralität der Schweiz zu verletzen“.[195]

Die Grundanschauung der Präventivkriegsbefürworter formulierte treffend v. d. Goltz, der im November 1886 aus Konstantinopel an Waldersee schrieb: „Ganz stimme ich mit Ew. Exzellenz darin überein, daß das allzu lange Erhalten des Friedens uns nicht günstig ist. Wir kommen dadurch in Gefahr, für die Entscheidung die Initiative zu verlieren und sie unseren Gegnern zu überlassen."[196]

Bismarck riet zwar Österreich, seine Truppen an der galizischen Grenze zu verstärken, um vor russischen Überraschungen gesichert zu sein, lehnte aber alle Vorschläge Wiens ab, die auf einen gemeinsamen Präventivkrieg gegen Rußland hinausliefen. Ohne die Einzelheiten der Gespräche zwischen den Generalstäben in Wien und Berlin zu kennen, fühlte sich der Kanzler gezwungen, Waldersee zu verbieten, sich in politische Angelegenheiten einzumischen;[197] vergeblich, Waldersee intrigierte weiter.

Wieder und wieder betonte Bismarck Deutschlands Saturiertheit nach 1870; die Vermeidung eines Angriffskrieges wurde zur Dominante seiner Außenpolitik, und am allerwenigsten war er für eine Aggression gegen Rußland zu gewinnen. Das begründete er unter anderem in einem Erlaß an den Botschafter in Wien,[198] in dem er gegen die Vorstellung polemisierte, Rußland könnte „zertrümmert" werden, und betonte: „Ein derartiges Ergebnis liegt aber auch nach den glänzendsten Siegen außerhalb aller Wahrscheinlichkeit. Selbst der günstigste Ausgang des Krieges würde niemals die Zersetzung der Hauptmacht Rußlands zur Folge haben, welche auf den Millionen eigentlicher Russen griechischer Konfession beruht. Diese würden, auch wenn durch Verträge getrennt, immer sich ebenso schnell wieder zusammenfinden wie die Teile eines zerschnittenen Quecksilberkörpers. Dieses unzerstörbare Reich russischer Nation, stark durch sein Klima, seine Wüsten und seine Bedürfnislosigkeit wie durch den Vorteil, nur *eine* schutzbedürftige Grenze zu haben, würde *nach* seiner Niederlage unser geborener und revanchebedürftiger Gegner bleiben, genau wie das heutige Frankreich es im Westen ist. Dadurch wäre für die Zukunft eine Situation dauernder Spannung geschaffen, welche wir gezwungen werden können, auf uns zu nehmen, wenn Rußland uns oder Österreich angreift, welche aber freiwillig herbeigeführt zu haben, ich nicht auf meine Verantwortung nehmen möchte."[199]

Bei seiner Warnung vor einem Angriff auf Rußland ließ sich Bismarck nicht von Emotionen leiten, sondern von der Anerkennung der Vitalität der russischen Nation; sie wäre „wie eine elementarisch vorhandene Gefahr zu behandeln, gegen die wir Schutzdeiche unterhalten, die wir aber nicht aus der Welt schaffen können. Durch einen *Angriff* auf das heutige Rußland würden wir seinen

Zusammenhalt festigen; durch Abwarten *seines* Angriffs aber können wir seinen inneren Verfall und seine Zersetzung möglicherweise früher erleben als seinen Angriff, und zwar um so früher, je weniger wir es durch Bedrohung hindern, tiefer in die orientalische Sackgasse hineinzugehen."[200]

In diese Sackgasse ging Rußland, wie es Bismarck während der Förderung der Mittelmeerentente erhofft hatte, allerdings nicht. Für das nach industrieller Modernisierung strebende Zarenreich war nicht die Türkei, sondern das Deutsche Reich als Militär- und Industriemacht die hemmende oder gar gefährliche Konkurrenz. Frankreich aber bot sich als Gegengewicht und späterer Bündnispartner geradezu an; um so wichtiger war es für Deutschland, den Draht nach Rußland nie abreißen zu lassen.

Niemals blieb Bismarck ganz frei von der Angst, „ein großer Krieg, der ganz Europa umfaßte", könnte doch ausbrechen. Er würde, wie Herbert v. Bismarck damals als Staatssekretär des Auswärtigen Amtes dem Botschafter in Wien schrieb, „nach Ansicht Seiner Durchlaucht eine allgemeine Kalamität sein: er möchte ausfallen wie er wollte, so würden alle Beteiligten schwer dadurch geschädigt werden".[201]

Was hier im Sommer 1887 offiziell geschrieben wurde, hatte Friedrich Engels im Frühjahr, ohne Kenntnis der diplomatischen Vorgänge, gegenüber Bebels Frau Julie ganz privat im gleichen Sinne gesagt: „Daß die Zeit der lokalisierten Kriege vorüber, wußte natürlich, außer den gescheuten Leuten, die Europa regieren, jedes Kind, aber die großen Staatsmänner finden das erst jetzt aus, und vor einem Weltbrand haben sie doch einige Angst, denn der ist unberechenbar und wächst selbst der preußischen und russischen Armee über den Kopf. Und darin liegt für mich noch die einzige Garantie für den Frieden, die wir haben."[202]

*

In geradezu frappierender Übereinstimmung, was die Eventualität sozialer Umwälzungen anbelangte, befanden sich in diesen Jahren zwei solche ideologische Gegenspieler wie Engels und Bismarck, der im November 1887, eine Aussprache Kaiser Wilhelms mit Zar Alexander III. vorbereitend, auseinandersetzte: „In der Politik haben wir ebensosehr mit den *Parteien* wie mit den *Nationen* zu rechnen. Der Kampf geht heute nicht so sehr zwischen Russen, Deutschen, Italienern, Franzosen wie zwischen der Revolution und der Monarchie ... In der Zeit, in der wir leben, mehr noch als zu irgendeiner anderen geschichtlichen Epoche fordert es das Interesse der großen Monarchien, den Krieg zu vermeiden, weil heute die Nationen stets geneigt sind, ihre Regierungen für etwa erlittene militärische Rückschläge verantwortlich zu machen.“ Scharf umriß es der Kernsatz seiner Aufzeichnungen: „Der Krieg, sei er nun siegreich oder nicht, wird die Revolution in mehr als einem Lande entfesseln.“[203]

Auch hier lagen die Ansichten von Friedrich Engels gar nicht so weit ab, wenn er 1886 erklärte: „Eine russische Revolution fürchtet Bismarck mehr als alles. Mit dem russischen Zarismus fällt auch die preußisch-bismarcksche Wirtschaft.“[204] Und im Dezember 1887 entwarf Engels dann sein berühmtes Zukunftsbild eines künftigen Krieges, der nur noch ein Weltkrieg sein könnte, „und zwar ein Weltkrieg von einer bisher nie geahnten Ausdehnung und Heftigkeit. Acht bis zehn Millionen Soldaten werden sich untereinander abwürgen und dabei ganz Europa kahlfressen, wie noch nie ein Heuschreckenschwarm. Die Verwüstungen des Dreißigjährigen Krieges zusammengedrängt in drei bis vier Jahre und über den ganzen Kontinent verbreitet; Hungersnot, Seuchen, allgemeine, durch akute Not hervorgerufene Verwilderung der Heere wie der Volksmassen; rettungslose Verwirrung unseres künstlichen Getriebs in Handel, Industrie und Kredit, endend im allgemeinen Bankerott; Zusammenbruch der alten Staaten und ihrer traditionellen Staatsweisheit, derart, daß die Kronen zu Dutzenden über das Straßenpflaster rollen und niemand sich findet, der sie aufhebt; absolute Unmöglichkeit, vorherzusehn, wie das alles enden und wer als Sieger aus dem Kampf hervorgehen wird; nur ein Resultat absolut sicher: die allgemeine Erschöpfung und die Herstellung der Bedingungen des schließlichen Siegs der Arbeiterklasse.“[205]

Aus dieser Zukunftsaussicht zog Engels aber nicht, wie manche Sozialisten seiner Zeit, etwa Jules Guesde in Frankreich, den Schluß, die Arbeiterparteien sollten Kurs auf den Krieg nehmen. Ganz im Gegenteil: Das menschliche Elend des Krieges sah er als so schwerwiegend an, daß es auch nicht als Voraussetzung für eine künftige revolutionäre Situation erwünscht sein könnte.

*

Alexander III., für dessen Treffen mit dem deutschen Kaiser Bismarck die Gespräche sorgfältig vorbereitet hatte, kam am 18. November 1887 nach Berlin. Die russische Motivierung des Besuches war fast beleidigend. Die Erkrankung seiner Kinder, so ließ man verlautbaren, habe den Zaren verhindert, von Kopenhagen aus, wo er bei seinen königlichen Schwiegereltern monatelang geweilt hatte, zur See heimzufahren, weshalb er den Landweg über Berlin nehmen müsse. Bismarck war nicht einmal ganz sicher gewesen, ob er vom erlauchten Herren, der überdies aus der antideutschen Atmosphäre des dänischen Hofes kam, überhaupt empfangen werden würde. Da sich jedoch der Kanzler „auf Befehl des Kaisers" von Friedrichsruh nach Berlin begeben hatte, konnte der Zar ihn schwerlich übergehen.

Es gelang Bismarck, die „Ferdinand-Dokumente" – jene angeblichen Briefe zwischen dem deutschen Botschafter in Wien und dem neugewählten bulgarischen Fürsten, die Bismarcks geheime Sympathien für den Coburger beweisen sollten – überzeugend als Fälschungen zu widerlegen.[206] Der Kanzler gab bei dieser Gelegenheit dem Zaren auch Einblick in den Text des Zweibundvertrages von 1879, nach dem Deutschland nur bei einem russischen Angriff verpflichtet war, Österreich beizustehen.

Eigentlich hätte der Zar also beruhigt sein können; dennoch war das Zirkular, das die russische Regierung nach dem Zarenbesuch erließ, bewußt kühl gehalten; es läge „kein Grund zu einem Bruch zwischen Rußland und Deutschland" vor.[207] In Petersburg erklärte der Zar dem französischen Botschafter dann, sein Wunsch sei die Fortdauer der ausgezeichneten Beziehungen zwischen Frankreich und Rußland. Und der russische Botschafter in Berlin, Paul Schuwalow, der immerhin den Rückversicherungsvertrag selber unterschrieben hatte, bekräftigte die Zarenworte noch im Januar 1888 seinem französischen Kollegen gegenüber: „Seien Sie unbesorgt, wir lassen uns nicht zähmen (domestiquer), die Zeit der Illusionen ist vorbei. Wir sind uns des Wertes unserer *Handlungsfreiheit* bewußt."[208] Wohlgemerkt, Handlungsfreiheit! Dieses Stichwort hatte Schuwalow – bewußt oder halb bewußt – von Katkow übernommen. Es bezeichnete im Grunde genommen die Vorstufe zu Bündnisbeziehungen mit Frankreich.

Die gespenstische Aufgeregtheit am Jahresende 1887 hatte sich zwar weitgehend gelegt, aber sie hatte doch die Möglichkeit einer Neugruppierung der europäischen Mächte angezeigt. Darauf reagierte das Bismarcksche Reich mit einer neuen Wehrvorlage, die im Dezember 1887 dem Reichstag zuging. Während man in der Heeresreform von 1861 bemüht gewesen war, ältere Familienväter möglichst vom Frontdienst zu dispensieren, spielte dies 1887 keine Rolle mehr. Die Landwehr mit ihren älteren Jahrgängen wurde jetzt in zwei Aufgebote eingeteilt, wobei das erste vom 27. bis 32. Lebensjahr grundsätzlich zur Ergänzung des Dienstheeres bestimmt war. Weil somit auch Männer vom 32. bis zum 39. Lebensjahr – das zweite Aufgebot – frontdienstpflichtig wurden, erhöhte sich das deutsche Kriegsheer um rund 700000 Soldaten.[209] Das Zeitalter der Massenheere erhielt durch dieses Gesetz eine neue Dimension.

Noch bevor Bismarck zur Begründung der Wehrvorlage im Reichstag das Wort ergriff, hatte er die Veröffentlichung des deutsch-österreichisch-ungarischen Bündnisvertrages gleichzeitig in Berlin, Wien und Budapest veranlaßt. Damit sollte der defensive Charakter des Bündnisses für Freund und Feind offensichtlich werden. Schwierig war es jedoch, die Vermehrung der Kriegsreserve in Deutschland als Friedensmaßnahme zu begründen. Das aber war Bismarcks Absicht in seiner großen Rede am 6. Februar 1888, die er entgegen seinen sonstigen Gewohnheiten schriftlich ausgearbeitet hatte. In der Geschliffenheit der Form und der zweckgerichteten Argumentation war sie eine seiner großen rhetorischen Leistungen.

Die Einzelheiten der Wehrvorlage zu begründen, überließ er den Fachleuten. Es ging ihm um die „Beurteilung der Gesamtlage Europas", darum, das politische Ziel hervorzuheben, das er im Frieden mit den Nachbarn, „namentlich aber mit Rußland" sah.[210] So war es verständlich, daß sich seine Rede in weiten Partien wie eine historische Lektion über die deutsch-russischen Beziehungen im 19. Jahrhundert anhörte und auch heute noch so wirkt.

Was er da ausführte, war nicht allein an die regierenden Kreise des Zarenreiches gerichtet, sondern auch an die deutsche Öffentlichkeit, die über den Expansionsdrang Rußlands im allgemeinen und die russischen Truppenbewegungen an die österreichischen und deutschen Grenzregionen im besonderen beunruhigt war. Auf die aktuellen Beweggründe, die für diese Truppenverschiebungen bestimmend sein konnten, ging Bismarck nicht ein; er hob vielmehr grundsätzliche Gedankengänge der russischen Staatsräson hervor. Das Kabinett in Petersburg sei überzeugt, daß „das Gewicht der russischen Stimme in dem diplomatischen Areopag von Europa um so schwerer wiegen wird, je stärker Rußland an der europäischen Grenze ist, je weiter westlich die russischen Armeen stehen. Rußland ist als Verbündeter und als Gegner um so schneller bei der Hand, je näher es seinen westlichen Grenzen steht mit seinen Haupttruppen oder wenigstens doch mit einer starken Armee."

Die Rede Bismarcks gipfelte schließlich in den Worten: „Wir Deutsche fürchten Gott, aber sonst nichts in der Welt", – in dem „Lebhaften Bravo!", das darauf folgte, scheint der zweite Teil des Satzes ebenso untergegangen zu sein, wie er meistens in der historischen Erinnerung eliminiert ist; er lautete: „und die Gottesfurcht ist es schon, die uns den Frieden lieben und pflegen läßt".[211]

Auf gemalten, geschnitzten und gehäkelten Spruchtafeln und -bändern schmückten die durch die Kürzung des Satzes martialischer gewordenen Worte „Wir Deutsche fürchten Gott, aber sonst nichts in der Welt" jahrzehntelang die „guten Stuben" braver Bürger und Staatspensionäre und taten eine von Bismarck in diesem Sinne nicht einmal beabsichtigte Wirkung. Er selbst war es, der angesichts der Überfülle von Geschenken, mit denen ihn übereifrige Damen mit diesem Ausspruch selbst auf gestickten Pantoffeln zu erfreuen versuchten, abwehrend auf plattdeutsch reagiert haben soll: „Hätt ick dat Wort man nich seggt."

In der Tat, eine Brandrede war es nicht, die Bismarck an diesem 6. Februar 1888 gehalten hatte. Indem er immer wieder versicherte, daß das Reich nach wie vor den Frieden mit seinen Nachbarn wünsche, und zwar nicht nur mit Rußland, sondern auch mit Frankreich keine Händel suche und es „nie angreifen wolle",[212] distanzierte er sich von allen Präventivkriegsstrategen. Es gäbe aber in der deutschen Politik kein „Nachlaufen" oder gar ein „Wettkriechen vor Rußland". Unter Beifall fügte er hinzu: „Die Zeit ist vorbei; um Liebe werben wir nicht mehr, weder in Frankreich noch in Rußland."[213]

Bismarck glaubte nicht „an eine unmittelbar bevorstehende Friedensstörung"[214], aber er wollte das Reich vor einem möglichen Zweifrontenkrieg in der Zukunft materiell und moralisch gerüstet wissen. Das war der eigentliche Sinn dieser Grundsatzrede, die von allen bürgerlichen Parteien akzeptiert wurde. Auf Antrag des Zentrumsabgeordneten Freiherr zu Franckenstein und, ihm folgend, der Führer der Konservativen, Nationalliberalen, aber auch der Freisinnigen, wurde das Anleihegesetz zur Kostendeckung der Wehrvorlage an eine Kommission verwiesen, wo es nicht beiseite gelegt wurde wie so viele andere Vorlagen. Vielmehr ließ die demonstrative Begeisterung des gesamten Bürgertums, die Bismarck zu entfachen verstand, das parlamentarische Räderwerk ziemlich rasch arbeiten: Bereits am 8. und 10. Februar wurden die Militärvorlage sowie das Anleihegesetz definitiv en bloc angenommen.

X. Bismarcks Herrschaft im Niedergang

Der Kanzler im Dreikaiserjahr

Nach seinem triumphalen Erfolg im Februar 1888, als der Reichstag die Militär- und die dazugehörige Anleihevorlage nahezu einstimmig angenommen hatte, geriet der Kanzler in schwierigere Situationen als je zuvor. Sie waren vorauszusehen gewesen, denn Wilhelm I. war hochbetagt, und schon zu seinen Lebzeiten wurde jahrelang gestritten und intrigiert um die einzuschlagende Politik des Nachfolgers.

Als Bismarck dann am 9. März 1888 dem Reichstag das Ableben des fast 91jährigen Kaisers Wilhelm I. mitteilen mußte, verzeichnete das stenographische Protokoll nur seine feierlichen Worte der Würdigung,[1] aber spiegelte kaum etwas wider von seiner inneren, nur schwer gemeisterten Erregung. Schließlich hatte er ein Vierteljahrhundert mit dem Verstorbenen regiert, an brisanten Wendepunkten der Politik, während dreier entscheidungsschwerer Kriege, nach denen sich nicht nur Deutschland neu gestaltete, sondern auch Europas Kräfteverhältnisse veränderten. Das lange Zusammenwirken der beiden Männer hatte, obwohl sie in ihrer Mentalität sehr verschieden waren, Bindungen zwischen ihnen geschaffen, die die Erschütterung des Überlebenden verständlich machten.

Wilhelms politisches Grunderlebnis im aufnahmefähigen Alter von sechzehn Jahren waren die Befreiungskriege gewesen. Schon von daher war seine Erziehung als Offizier vorgezeichnet; preußisch-hohenzollersches Staatsbewußtsein, das sich in legitimistischer Solidarität mit anderen Dynastien zu verbinden suchte, erfüllte ihn. Seinem Charakter nach war er, wie er selbst eingestand, „ledern", gehörte also nicht zu jenem Offizierskreis der Clausewitznaturen, die im Geiste der deutschen Klassik noch bis in die Restaurationszeit hinein dachten und wirkten. In die Geschichte ging er zunächst als „Kartätschenprinz" ein, der 1849 die preußischen Truppen gegen die badisch-pfälzischen Aufständischen befehligt hatte.

Bismarcks Grunderlebnisse hingegen waren die Ereignisse von 1847 bis 1850: Revolution, Gegenrevolution und Unterwerfung Preußens unter das österreichisch-russische Diktat von Olmütz. Hier trafen sich der Junker Bismarck und Prinz Wilhelm. Aber während dieser von Natur her trocken war und wenig beweglich blieb, war Bismarck musisch, literarisch gebildet und politisch hochsensibel, fähig, neue Konstellationen zu erkennen und zu meistern. Wie stets beim Zusammenleben oder -wirken ungleicher Naturen, hat der nur durchschnittlich begabte Wilhelm den hochbegabten Bismarck nie richtig erkannt, während dieser seinen „Herrn" zu durchschauen und allen eigenen Widerständen und äußeren Einflüssen zum Trotz zu „suggerieren" und zu manipulieren verstand.

Wilhelm befand sich von Anfang an in einem merkwürdigen Spannungsverhältnis zu Bismarck. Dieser hatte schon recht, als er einmal meinte, die hohen Herren wüßten im Grunde immer recht gut, welche Leute für sie nützlich wären. Aber dennoch erschien Bismarck dem Kaiser so ungewöhnlich und mitunter genialisch waghalsig, daß er ihm an brisanten Wendepunkten der Politik stets schier unerträglichen Widerstand leistete.

Der Vergleich Bismarcks mit Wilhelm I. macht deutlich, was der Minister stets bewerkstelligen mußte, um den meist widerstrebenden Souverän zum Mitgehen zu bewegen; Wilhelm wiederum konnte mit naiver Offenheit klagen: „Es ist schwer, unter Bismarck Kaiser zu sein."[2]

Im Oktober 1876 legte der nervlich überreizte und erschöpfte Bismarck die Vielzahl der monarchischen Widerstände dem Unterstaatssekretär Adolf Scholz in voller Erregung dar:[3] „Wer jemals die intime Geschichte der letzten Jahre zu schreiben hätte, würde finden, daß mein Hauptverdienst darin bestanden habe, der Schild des Landes gegen seinen eigenen Herrn zu sein und es vor unseligem Tun oder Nichttun desselben zhüten." Nichts schien Bismarck in seiner Aufrechnung zu vergessen: „Zu Kindern, Reservisten, Generalen und anderen kann der Kaiser gut sprechen; in der auswärtigen Politik war und ist's leider anders. Ich traf ihn im September 1862 mit unterzeichneter Abdikationsurkunde; 1863 wollte er partout zum Fürstenkongreß, ich bot alles dagegen auf, es wollte nicht helfen! ... Die Zeit im Frühjahr und Sommer 1866 werde ich nie vergessen, wo ich Woche für Woche die Penelopearbeit zu verrichten hatte, immer von neuem bei ihm aufzubauen, was er immer wieder fallen ließ; denn ein so tapferer, furchtloser Degen er ist, ein so ängstlicher Politiker ist er doch! Und als er in den Krieg eingetreten war und die Erfolge hatte, da war wieder kein Halten. Er und die Generale und alle wollten weiter nach Ungarn – ohne Sinn und Ziel, nur für die Cholera! ... Ich habe in meinen Familienakten eine Kabinettsorder aus jenen Tagen, die beginnt mit den Worten: ‚Nachdem Mich Mein Ministerpräsident im Angesicht des Feindes verlassen, nachdem Mein Sohn, den Ich zu Rathe gezogen, Meinem Ministerpräsidenten beigetreten ist, so habe Ich diesen schmachvollen Frieden genehmigt, aber Ich protestire vor Gott und der Geschichte dagegen, daß Mich eine Schuld trifft an diesem schmachvollen Frieden.' – Das war der Frieden von Prag! ... Und in Versailles, wie hat er sich da gegen ‚Kaiser' und ‚Reich' gesträubt – er wollte alles fernerhin als König von Preußen tun, wie sehr das auch die anderen Menschen ärgern möchte. Was habe ich da aufbieten müssen, um ihn zum Nachgeben zu bringen!" Und als nun Kaiser und Reich proklamiert waren, „wie böse war er auf mich! Ich stand vor ihm mitten im Saal, aber er tat, als sähe er mich nicht, als kenne er mich nicht; er ging dicht an mir vorüber, mit allen sprach er, mit mir nicht ein Wort!"

Der emotionale Ausbruch hatte seinen Anlaß im Streit um den Abschluß des nachhaltig wirkenden Bündnisses zwischen Österreich und Deutschland. Der deutsche Kaiser, so beschwerte sich Bismarck, ließe sich vom Zaren Alexander II., diesem „schlauen glatten Sarmaten", einfangen. „Der hat ihm nun gesagt: Die Königin Luise – meine Großmutter – Deine Mutter usw., damit war er gefangen worden, damit hat er sich sein Olmütz und ein viel tolleres als jenes bereiten lassen. Und nun will er von nichts sonst wissen, will ganz allein in seinem Eigenwillen beharren, die Interessen des Landes preisgeben! Und ganz allein steht er diesmal! Der Kronprinz ist mit uns, ja selbst die Kaiserin – diese zum ersten Mal, seit ich Minister bin, auf der Seite meiner Politik; denn 1864 war sie noch augustenburgisch, 1866 hat sie den Kaiser auf den Knien gebeten, von dem Kriege abzustehen – immer, immer war sie gegen mich, nur jetzt nicht." Grollend stieg es in Bismarck hoch, in welch hartem Ringen er dem Kaiser ständig die Zustimmung zu seiner Politik abgewinnen mußte.

Ein Jahr später, im November 1880, gestand er seinem damaligen Hausarzt Dr. Cohen,[4] er könne dem Kaiser nicht einmal „für alles und jedes die Gründe auseinandersetzen". Nicht nur, was er dem Kaiser sage, auch wie er's ihm sagen müsse, koste „entsetzlich Zeit". Bismarck muß es mit umwerfender Charakterisierungskunst geschildert haben: „Die Hofsprache selbst sei umständlich, er könne nicht einfach sagen: Majestät sind auf dem Holzwege, oder: es ist einfach Blech, was Eure Majestät sagen, oder: Euer Majestät haben von der Politik Ansichten eines Quartaners, sondern das müsse alles in gut gesetzten Redensarten angedeutet werden. Das koste aber sehr viel Zeit. Die Leute, die immer von Kanzlerkrisis sprechen und spotten, wissen nicht, was dazu gehört, mit einem alten Olympier wie dem Kaiser achtzehn Jahre lang auszukommen. Seit Schleswig-Holstein habe er ihm alles schrittweise abringen müssen, und meist gelinge es nur, wenn man immer den Kabinettsrevolver zur Hand habe."

Bismarck, der persönliche Verletzungen im allgemeinen nur schwer verzeihen konnte, fand bei Wilhelm deswegen immer wieder den Weg zur Versöhnung, weil er wußte, daß dieser es ihm „nicht aus bösem Willen, sondern aus Unverständnis und geringer Sachkenntnis" schwer machte,[5] aber verläßlich war er nach einmal getroffenen Entscheidungen. Und auch der Kaiser deckte immer wieder die Zwistigkeiten mit begütigenden Worten zu und brachte es fertig, dem aufgebrachten Kanzler in entwaffnender Weise zu schreiben, sie hätten doch nie eine erhebliche Differenz in den siebzehn Jahren gemeinsamen Wirkens gehabt, worauf Bismarck dann allerdings wieder lachen konnte „über dieses bequeme Gedächtnis". Unübertroffen in seiner naiven Offenheit war Wilhelm, als er auf ein Rücktrittsgesuch seines Kanzlers bekümmert einwandte: „Soll ich mich in meinen alten Tagen blamiren?"[6]

*

Manches wäre Bismarck mit seiner ausgeprägten Fähigkeit, die Menschen zu nehmen, ihre Schwächen zu erkennen und auszunutzen, leichter geworden, wenn er es mit dem Kaiser allein zu tun gehabt hätte. Aber da war noch die hohe Gemahlin, die Kaiserin Augusta, frühere Weimarer Prinzessin, die Wilhelm heiraten mußte, nachdem ihm sein Vater Friedrich Wilhelm III. die Liebesbeziehung mit Elisa Radziwill endgültig verboten hatte.[7] Augusta war geltungsbedürftig und mischte sich ständig über ihren Gemahl und die Höflinge in die Politik ein, womit sie Bismarcks gesamtes ministerielles Leben schwer belastete.

Ihre Aversion gegen Bismarck rührte noch aus den Revolutionstagen von 1848 her, als sie, nicht ohne Grund, in ihm den Verbündeten der Kamarilla um die Brüder Gerlach gesehen hatte. Was ihr damals vorschwebte, war eine vom Monarchen frei gewährte Verfassung, eine deutsche Bundesreform unter preußischer Hegemonie mit Ausschluß Österreichs. Das von der Kamarilla akzeptierte Diktat von Olmütz, das diese Bundesreform verhinderte, war ihr moralisch wie ein zweites Jena erschienen, wobei sie in Unkenntnis dessen war, daß auch Bismarck hier seine ersten Bedenken kamen.

Wenn Augusta von einem parlamentarischen Regime nichts wissen wollte, so war sie in dieser Grundfrage einig mit dem König wie auch mit Bismarck. Doch im übrigen gab es schwerwiegende Differenzen, zumal sie sich, wie Bismarck in seinem Erinnerungswerk meinte, mehr von gewissen Abneigungen als von positiven Zielen leiten ließ: „Die Abneigungen richteten sich gegen Rußland, gegen Louis Napoleon, mit dem Beziehungen zu unterhalten ich im Verdacht stand, gegen mich, wegen Neigung zu unabhängiger Meinung und wegen wiederholter Weigerung, Ansichten der hohen Frau bei ihrem Gemahl als meine eigenen zu vertreten.“[8]

Natürlich war Augusta 1862 gegen Bismarcks Berufung zum preußischen Ministerpräsidenten gewesen, wie sie sich auch gegen den Krieg von 1866 stellte, den mit Frankreich lehnte sie ebenfalls ab, und schließlich leistete sie Widerstand im Kulturkampf.[9] Augustas offene Parteinahme für die urkonservativen Deklaranten von 1876 scheint Bismarck besonders übelgenommen zu haben.

Die beiden Kaiserinnen Augusta und Viktoria vergleichend, meinte Bismarck, daß bei letzterer „niemals dieselbe kampfbereite Entschiedenheit wie bei der Kaiserin Augusta“ gewesen sei, „die sich auch in der Wahl der Mittel freier bewegte“.[10] Das war noch recht vornehm und zurückhaltend ausgedrückt. Immerhin scheute Augusta nicht davor zurück,[11] Wilhelm von der Wendeltreppe aus, die das Bibliothekszimmer in der unteren Etage des Alten Palais mit ihren Räumen verband, zu belauschen, um sich Informationen zu beschaffen, die Wilhelm ihr vorenthielt; sie soll auch ein Hörrohr gebraucht haben, das von ihrem Schlafzimmer in Wilhelms Arbeitsraum reichte. Erkrankungen des Kaisers nutzte sie aus, um ihren Einfluß während der Pflege stärker geltend zu machen, weswegen Bismarck einmal lakonisch über das Befinden des Kaisers geäußert haben soll: „Ich weiß ja immer, wie es mit ihm steht. Wenn er sich krank fühlt, ist er liberal, fühlt er sich gesund, ist er reaktionär.“[12]

Mit Wohlbehagen servierte Augusta dem Kaiser die Kritik der

Bildnis der Kaiserin Augusta im phantasievollen Orientalinnenlook

Morgenzeitungen an der Regierungspolitik. Daraus entstanden die von Bismarck gefürchteten „Frühstückszettel". Wilhelm notierte auf einem Blatt in spitzen Formulierungen seine Fragen an den Kanzler, oder er empfing – von Augusta entsprechend präpariert – seinen Regierungschef in gereizter Stimmung. Augusta und Bismarck betrachteten einander als den jeweils bösen Geist an der Seite des Monarchen. Da war Aussöhnung nicht möglich.

Sympathisch ist sie wohl nicht gewesen, diese Augusta, die dem Kaiser „schreckliche Szenen" gemacht haben soll, wenn er ihr die verlangten Summen für die Hofhaltung verweigerte.[13] Sie liebte ausgefallene Toiletten und sah in den jährlich vier großen Schloßbällen offenbar Höhepunkte ihres Lebens. Von ihrem Dienstpersonal und dem Hofstaat wurde sie gefürchtet. „Es gibt niemand in ihrer Umgebung", so schrieb ihr Vorleser, „der nicht die Grausamkeit ihres Hochmuts und die Launen der gelangweilten Fürstin zu spüren bekommen hätte."[14]

Liberal, wie man ihr oft nachsagte, war sie nicht, eher neigte sie einem aufgeklärten Absolutismus zu, der sich fortschrittsgläubig gab. Vom höfischen Glanz des Ancien régime ließ sie sich allzusehr blenden. Am Hofe mokierte man sich über ihre Betonung alles Fremden und Ausländischen, wobei sie einheimischen Traditionen fernblieb, vor allem aber denen des preußischen Landadels. Obwohl sie die Tochter des Großherzogs von Sachsen-Weimar war, hatte sie keine Beziehung zur klassischen deutschen Literatur, auch in Privatbriefen schrieb sie französisch.

Während Bismarck in „Erinnerung und Gedanke" seine Aversion gegenüber Augusta kaum verbarg, umschrieb er in anscheinend abgeklärter Weise die zahlreichen Differenzen und Spannungen mit Wilhelm I. – absichtsvoll gegen Wilhelm II. gerichtet. Dabei verband er seine Darstellung der Vergangenheit mit prononciertem, überzeugungstreuem Royalismus.[15] Es sei „eine Eigenthümlichkeit royalistischer Gesinnung, daß ihren Träger, auch wenn er sich bewußt ist, die Entschließungen des Königs zu beeinflussen, das Gefühl nicht verläßt, der Diener des Monarchen zu sein. Der König selbst rühmte eines Tages ... die Geschicklichkeit, mit welcher ich seine Intentionen zu errathen und – wie er nach einer Pause hinzusetzte – zu leiten wüßte. Solche Anerkennung benahm ihm nicht das Gefühl, daß er der Herr und ich sein Diener sei, ein nützlicher, aber ehrerbietig ergebener." Auf der andern Seite hatte Wilhelm „das königliche Gefühl, daß er es nicht nur vertrug, sondern sich gehoben fühlte durch den Gedanken, einen angesehenen und mächtigen Diener zu haben".[16] Das zielte ganz offenkundig auf den jungen, selbstherrlichen Wilhelm II. hin, dem jeder Anflug von Großmut fehlte.

Tatsächlich hinderte sein grundsätzlicher und tiefsitzender Royalismus Bismarck mehr und mehr, die Krise seines Regimes zu überwinden und darüber hinaus die hohenzollersche Grundlage des Reiches als schwere Zukunftsbelastung für die Nation zu erkennen.

*

Als Bismarck dem Deutschen Reichstag das Ableben Wilhelms I. offiziell mitteilte, kündigte er zugleich die Übertragung der deutschen Kaiserwürde auf den Kronprinzen Friedrich Wilhelm an, der den Titel Friedrich III. annahm. Es war weder in Deutschland noch in Europa ein Geheimnis, daß dieser Nachfolger schwerkrank war.

Merkwürdig, aber verglichen mit anderen hellsichtigen Voraussagen Bismarcks nicht ungewöhnlich, daß dieser schon im Juni 1882 gesprächsweise gegenüber Moritz Busch geäußert haben soll, auf einen langlebigen Kaiser könne ein kurzlebiger folgen, und es

Kaiser Wilhelm I. (oben) und Kaiser Friedrich III. (unten)

käme ihm so vor, als ob das beim Kronprinzen der Fall wäre.[17] Eine nachträgliche Erfindung von Busch? Wahrscheinlich nicht, denn Bismarck hatte in dieser Hinsicht sogar bei nahestehenden Menschen – etwa bei seinem Sohn Wilhelm – eigentümliche Vorahnungen. Auf jeden Fall mußten sich ihm beim hohen Alter Wilhelms I. zwangsläufig Gedanken über die Nachfolge aufdrängen, so scheinbar entrüstet er das bei anderen mitunter vermerken mochte.[18] Wer wollte ihm diesbezügliche Überlegungen verübeln, wo doch sein Kanzleramt eng und lange mit dem des Monarchen verbunden war. Auch den Kronprinzen Friedrich Wilhelm kannte Bismarck seit Jahrzehnten, und er wußte eher als andere, daß er von diesem für seine Kanzlerposition nichts zu befürchten hatte.

Mit seinem geübten Blick hatte er das Schattendasein Friedrichs III. schon erfaßt, ehe es recht ins Licht gerückt worden war. Die Kaiserin Augusta, Friedrichs III. Mutter, war schon früh voller Sorge gewesen. Sie, die den am 18. Oktober 1831 in Potsdam geborenen Prinzen Friedrich Wilhelm gern nach ihrem Bilde geformt hätte und deshalb der militärischen Erziehung des Vaters nicht überlassen wollte, vertraute einst Roon an, daß „Charakterstärke und Geistesstärke“ des Sohnes, „namentlich Stärke und Logik des Gedankens“, nicht auf gleicher Höhe stünden. Und auch der militärische Erzieher meinte, die „höhere geistige Entwicklung“ sei wohl erst „einem späteren Lebensalter vorbehalten“.[19] Daran konnte auch der berühmte Philologe und Archäologe Ernst Curtius, der zur Erziehung herangezogen worden war, nichts ändern.

Nach dem Schock der 48er Revolution versuchte Friedrich Wilhelm, mit Hilfe seiner Mutter Augusta und den Politikern der linkskonservativen Wochenblattpartei einige Schlußfolgerungen zu ziehen; beeinflußt wurde er dann auch von seiner Frau, der englischen Prinzessin Viktoria, und deren Vater, dem englischen Prinzgemahl, dem aus Coburg stammenden Prinzen Albert und dessen Kreis. Friedrich Wilhelm wollte und sollte gemäßigt liberale Tendenzen englischer Provenienz in Preußen durchsetzen, ohne dabei der hohenzollerschen Krongewalt wesentlich Abbruch zu tun. Sein schwächlicher „Kronprinzenliberalismus“, der ihn nach der Neuen Ära 1862 die aufgebrochenen Konflikte nicht einmal in ihrer vollen Tragweite erkennen ließ, manövrierte ihn an den Rand des historischen Geschehens.

Mitunter fand Friedrich Wilhelm nicht nur scharfe Worte gegen den Sozialismus, sondern äußerte sich auch gegen Bürokratie,

Despotismus, Pfaffenherrschaft und Antisemitismus. Im Jahre 1866 half er Otto v. Bismarck zu verhindern, daß Wilhelm I. unbedacht als Sieger gen Wien zog; und auch im Januar 1871 stand er ihm bei, den störrisch gegen den Titel „Deutscher Kaiser“ aufbegehrenden Vater umzustimmen. Doch im gleichen Jahr klagte er auch gegenüber seiner Schwiegermutter, der englischen Königin Victoria, Bismarck sei „allmächtig“, und in Wahrheit sei er der Kaiser.[20]

Im neuen Reich wurde der Kronprinz Protektor der Königlichen Museen in Berlin und konnte sich so mit der Förderung von Wissenschaft und Kunst schmücken. Nach Nobilings Attentat auf Wilhelm I. am 2. Juni 1878 kam er für sechs Monate – stellvertretend – an die Staatsspitze, wo er die Reichstagsauflösung am 11. Juni 1878 verfügen mußte.

Mancherlei hatte der Kronprinz über die „soziale Frage“ gelesen, ohne zu eigener Meinung gelangen zu können.[21] Nach dem Wahlsieg der Sozialdemokratie im Jahre 1884 stellte der stets scharf beobachtende Holstein vom Auswärtigen Amt fest, daß der Kronprinz durch den „mehr und mehr vordrängenden vierten Stand“ in Verlegenheit käme.[22] Und er setzte treffend hinzu: „Für diesen Casus reichen seine Formeln nicht aus.“ Am Ende wandte sich der zum Kaiser gewordene Friedrich III. im Geiste seiner Freisinnigen gegen die staatliche Sozialpolitik, die er als „sozialinterventionistisch“ bezeichnete.[23]

So verbrauchte er sich denn im Laufe der Jahre, noch ehe er recht gebraucht worden war. Klug urteilte Roggenbach über ihn, daß nach seiner Inthronisation vieles von den Händen abhänge, „in die der neue Regent fallen“ werde.[24] Auch die Sozialdemokraten wußten die überhöhten Erwartungen an den „liberalen Kronprinzen“ auf das realistische Maß zu reduzieren.

Bismarck erkannte, daß er zunächst die möglichen Berater des Kronprinzen von ihren Positionen entfernen müsse, die Stosch und Forckenbeck, oder „Forchow und Wirckenbeck“ – wie er statt „Virchow und Forckenbeck“ spottete;[25] dann erst konnte er den unsicher schwankenden Kronprinzen energisch lenken. Und da brachte der Kanzler mit seiner reichen politischen Erfahrung allerdings einiges zuwege: Im Frühjahr 1883 schied eine Stütze des Kronprinzen, Admiral v. Stosch, aus dem Amte,[26] General Mischke, ebenfalls dem Kronprinzen nahestehend, mußte durch Zutun Waldersees gehen.[27] Dann wurde des Kronprinzen Sekretär Normann durch Hugo v. Radolinski, eine Vertrauensperson Bismarcks, ersetzt. Den Wahlerfolg der Sozialdemokraten im Oktober 1884 konnte der Kanzler geschickt als Sozialistenschreck benutzen, und so gerieten denn Friedrich Wilhelm und seine Viktoria immer mehr in die erfahrenen Hände Bismarcks, der zu Recht in „Erinnerung und Gedanke“ behaupten konnte: „Es war ein weitverbreiteter Irrtum, daß der Regierungswechsel von Kaiser Wilhelm zu Kaiser Friedrich mit einem Ministerwechsel, welcher mir einen Nachfolger gegeben haben würde, verbunden sein müßte.“[28]

Der Kronprinz akzeptierte die beiden wichtigsten Forderungen Bismarcks: keine Parlamentsregierung und keine ausländischen Einflüsse. Was also sollten die kronprinzlichen Berater mit ihren Ansichten, die Engels „konfus liberal-konservativ-manchesterlich“[29] nannte, einem Bismarck nun noch entgegensetzen?

Sogar Sympathisanten Friedrich Wilhelms schrieben ihn ab, noch ehe er zum Zuge gekommen war. „Verbrauch der Lebenskraft“ nannte es Gustav Freytag. Und wieder war es Roggenbach, der voraussah, daß der Kronprinz Bismarcks Stellung keinesfalls erschüttern wollte: „Das ist eine Tatsache, die allein schon dem künftigen Regimente den Charakter eines Schattendaseins verleiht.“[30] Das Ende war vorgezeichnet, noch ehe ein rechter Anfang gemacht war, nicht allein durch die schwere und qualvoll verlaufende Krankheit des Kronprinzen, der – bereits vom Tode gezeichnet – am 12. März 1888 ans Ruder kam. Auch politisch war Friedrich III. im Grunde genommen nicht zu retten. Mit seinem halbherzigen Monarchenliberalismus war er schlechterdings kein wirklicher Gegenspieler Bismarcks, zumal er sich auf höchst diffuse und uneffektive Kräfte stützte.

Bismarck rügte seine „geringe Kenntnis von Staatsgeschäften“, auch habe er wenig Interesse dafür, und es fehle ihm an Mut.[31] Noch unverhohlener äußerte er sich gegenüber der Freifrau von Spitzemberg: „Daß Kaiser Friedrichs Liberalismus seiner unglaublichen politischen Schwachköpfigkeit entsprang, muß den Leuten erst noch klar werden. Er war ja ein ganz guter Mensch, wenn er nicht von Eitelkeit betört, von Leidenschaft verblendet, von anderen beeinflußt war.“[32]

Bismarck liebte Frauen nicht, die sich „in Politik einmischen“;[33] er hatte da seine Erfahrungen, vor allem mit der Kaiserin Augusta. Doch verglichen mit ihr, erschien ihm die Frau des Kronprinzen, die 99-Tage-Kaiserin Viktoria, leichter zu behandeln. Als er die abhängige und unterwürfige Stellung ihres Mannes ihr gegenüber gewahrte, gab es für ihn nur eines: Er mußte sie, die „mittlere Viky“, zu „behandeln“ versuchen. Sie sei eine „wilde Frau“, meinte er einmal; „wenn er ihr Bild ansehe, so grause ihm oft vor der ungebrochenen Sinnlichkeit, die aus ihren Augen spreche“.[34] Und nachdem er sie so im April 1888 gewissermaßen mit männlichen Blicken getestet hatte, verwundert es schon nicht mehr, wenn er im Juni erzählte, „er verkehre mit der Kaiserin Friedrich wie ein verliebter Greis“.[35]

Die verblüffende Unverfrorenheit dieser zweckgerichteten Menschenbehandlung wird nur durch entwaffnende Offenherzigkeit gemildert. Mitunter war Bismarck seinem Ziel nahe, das Vertrauen der Kaiserin zu gewinnen. Vergegenwärtigt man sich, daß als einziger bedeutender Akt der kurzen Regierung Friedrichs III. die Entlassung v. Puttkamers gilt,[36] dann muß dies, wenn man Bismarck glauben darf, als politische Leistung wohl doch etwas geringer beurteilt werden, wenn Viktoria dem Beschwerde führenden Kanzler angeboten haben soll: „Wollen Sie Puttkamer wieder ernannt haben? Der Kaiser tut es gleich!“ Bismarck, der die Angelegenheit als „irreparabel“ ansah und deshalb das Angebot ablehnte, erwähnte dies – übrigens am Todestag Friedrichs – als Beweis für die „Wandelbarkeit“ und den „gänzlichen Mangel an politischem Verständnis der hohen Frau“.[37]

Gewiß, es gab auch Ansätze eigenen Handlungswillens des Kaisers, so, als Friedrich III., beeindruckt von der Niederlage der Puttkamerschen Expatriierungsvorlage im Reichstag und den sozialdemokratischen Enthüllungen über die Methoden des preußischen Innenministers bei der Verfolgung der Sozialisten – Bebel und Singer sprachen darüber in den Reichstagsreden vom 27. und 28. Januar 1888 –, sich weigerte, die Gesetze über die Verlängerung der Legislaturperioden des Reichstages und die des Sozialistengesetzes zu bestätigen.[38] Aber schon eine Amnestieverordnung Friedrichs III., die auch Sozialisten einschließen sollte, scheiterte an Bismarcks Widerstand. Bismarck und Puttkamer setzten im April sogar die Vertreibung der sozialdemokratischen Redakteure, Verleger und Drucker aus der Schweiz durch.

Den Zusammenschluß der Kartellparteien; die Verhinderung der Heirat der Prinzessin Viktoria mit dem Battenberger, dem ehemaligen Fürsten von Bulgarien; eigene Rücktrittsandrohungen, falls diese Ehe zustande käme – alle Trümpfe spielte der Kanzler aus und engte so die Wirkungsmöglichkeiten des Schattenkaisers immer mehr ein. Dies und die dabei ungenutzten Möglichkeiten der Deutsch-Freisinnigen wurden im „Sozialdemokrat“ scharf kritisiert. Auch die linksliberale Presse ging nun auf Distanz angesichts des inszenierten Kesseltreibens gegen das Kaiserpaar, das immer handlungsunfähiger wurde und nicht einmal Bamberger im Charlottenburger Schloß empfangen durfte.

Neben dem politischen Fiasko nahm das physische Leiden Friedrichs III. seinen qualvollen Verlauf.[39] Hoffnungslos an Kehlkopfkrebs erkrankt, ständig in Gefahr, seine Sprechfähigkeit zu verlieren, was schließlich nach einer Operation auch wirklich geschah, siechte Friedrich III. bis zu seinem schweren Ende dahin – ein illusorischer Hoffnungsträger der Liberalen, auch er ein von Bismarck in zunehmendem Maße Manipulierter, der einer machtbewußten Hohenzollerntradition vergeblich liberale Keime implantieren wollte, bestenfalls ein Indikator, der Bewegungen in der politischen Atmosphäre anzeigte und bürgerliche Alternativen halbherzig andeutete.

*

Nach dem für Friedrich III. erlösenden Tod am 15. Juni 1888 wurde sein Sohn, der neunundzwanzig Jahre alte Wilhelm II., Nachfolger auf dem deutschen Kaiserthrone. Er war nur etwas über neun Jahre jünger als der Kanzlersohn Herbert v. Bismarck und schien diesem also vom Alter her nicht so fernzustehen; aber ganze vierundvierzig Lebensjahre war der Kanzler älter als sein Monarch, und was für Jahre waren das gewesen. Das mußte bei jedem Monarchenwechsel problematisch sein, doppelt brisant aber war es bei Wilhelm II., bei dem sich zudem noch besondere Traditionslinien kreuzten. War er doch der Enkel der englischen Königin Victoria und des ersten deutschen Kaisers.

Schon seine Geburt war äußerst kompliziert verlaufen. Zeitlebens behielt er davon einen verkrüppelten Arm; medizinische Sachverständige halten auch gewisse Gehirnschädigungen nicht für ausgeschlossen. Auf jeden Fall scheinen angeborene Gebrechen auch die Psyche des Heranwachsenden beeinflußt zu haben. Der verkürzte, bewegungslose Arm – im allgemeinen und nach Möglichkeit sorgfältig verborgen – war ihm wahrscheinlich ein schmerzlich empfundener Makel, seiner Mutter aber eine bleibende Kränkung.

Bereits früh gab Wilhelm durch heftig-unbeherrschte Reaktionen Anlaß zur Sorge. Er sollte durch den strengen calvinistischen Erzieher Hinzpeter gezügelt werden, vergeblich, denn Wilhelm

Wilhelm II. in bevorzugter pompöser Aufmachung

fühlte sich von allem angezogen, was seinem übersteigerten Selbstgefühl entgegenkam. Er liebte es, mit den Potsdamer Gardeoffizieren herumzurenommieren, sich feiern zu lassen, als starker Mann zu posieren. Der Freundschaft war er nicht fähig, nur ordinärer Zechkumpanei.

Seine stark englisch orientierte Mutter dominierte den schwächeren Vater, worauf der Sohn mit Verachtung für beide reagierte. Peinlich und beschämend war es, in welch respektlos-abwertender Weise sich Wilhelm über den Vater äußerte und die Mutter beschimpfte. „Daß unser Familienschild befleckt und das Reich an den Rand des Verderbens gebracht ist durch eine englische Prinzessin, die meine Mutter ist, das ist das Allerfurchtbarste!“[40]

Im aufnahmefähigen Alter prägte ihn eine Zeit, in der nach dem Urteil Friedrich Nietzsches der deutsche Sieg den deutschen Geist exstirpierte. Siegerpathos allüberall, am schlimmsten bei den alljährlichen Sedanfeiern. Wohin sollte Wilhelm nun gehen?

Am meisten beeindruckte ihn das Militär, dem auch der Großvater stets verbunden blieb, jener Wilhelm I., der als Sieger dastand mit seinem imponierenden Reichskanzler an der Seite. Wenn

Prinz Wilhelm sich anfangs zu Bismarck hingezogen fühlte, dann gewiß nicht, weil er ihn verstand oder zu verstehen versuchte, mehr schon, weil er ihn als starke Gegenfigur zu seinen Eltern empfand. Soweit von einer fortwirkenden Tradition bei Wilhelm die Rede sein konnte, war es die der Hohenzollern mit ihrem Gottesgnadentum; auf dieser Linie trafen sich sogar der Großvater wie der politisch ansonsten zur Seite geschobene Vater.

Noch als Kronprinzessin schrieb Viktoria an ihre Mutter im August 1886 besorgt über Eigenmächtigkeiten ihres Sohnes Wilhelm und politische Reisearrangements, ohne daß vorher der kronprinzliche Hof auch nur benachrichtigt wurde: „Wir sind ziemlich entsetzt über die Nachricht, daß Wilhelm dem Zusammentreffen der Kaiser in Gastein beigewohnt hat und nach Skierniewice zum Kaiser von Rußland gehen will. Es ist vielleicht nicht wahr, aber da solche Dinge immer zwischen dem Kaiser und Wilhelm, ohne uns um Rat zu fragen oder zu benachrichtigen, ausgemacht werden, kann es möglich sein; ... Wilhelm ist ebenso blind und grün wie verschroben und hitzig in politischen Dingen.“[41] Vor seiner Unreife hatte schon vorher sein Vater, damals auch noch Kronprinz, sogar offiziell gewarnt.

Was aber hielt Bismarck, dieser sonst so scharfsinnige Menschenkenner, vom jungen Wilhelm? Mit berechnendem Hintersinn hatte er schon im Januar 1882[42], als er auf einen langlebigen Kaiser einen kurzlebigen für möglich hielt, gesagt: „Der dann daran käme, ist aber ganz anders, der will selber regieren, ist energisch und entschieden, gar nicht für parlamentarische Mitregenten, der reine Gardeoffizier ... Der ist gar nicht erfreut, daß sich sein Vater mit den Professoren einläßt, mit Mommsen, Virchow und Forckenbeck, und vielleicht entwickelt sich aus dem einmal der rocher de bronze, der uns fehlt.“

Wie konnte Bismarck in diesem Thronanwärter einen ehernen Felsen sehen, wenn er an die Macht käme? Wilhelm besaß eine Eigenschaft, die auch kluge Männer zunächst irreführen konnte: Er faßte alles ungeheuer rasch auf; das verdeckte, daß er im Grunde genommen nichts wirklich tief begriff. Er reagierte überdies stets hitzig und temperamentvoll; das täuschte vitale Tatkraft vor, wo nur ein Strohfeuer entbrannte. Schließlich war er ja sehr jung und erschien noch lernfähig, was er gerade nicht war.

Bismarck, der Mißtrauische, täuschte sich gründlich in zweierlei Hinsicht. Einmal glaubte er nicht, daß der junge Mann, der noch 1888 mit Beteuerungen der Anhänglichkeit und Verehrung für den

Kanzler nicht sparte, ihn, den erfahrenen, erprobten und in der Welt respektierten Politiker, von seinem Spezialgebiet, der Außenpolitik, seinem „Altenteil“ – wie er es immer nannte –, verjagen könnte; zum anderen aber hielt er es für möglich, daß Wilhelm II. das machen würde, wovor Wilhelm I. und erst recht Friedrich III. zurückgeschreckt waren: die gefürchtete Sozialdemokratie, mit der man nicht fertig wurde, militärisch niederschlagen, so, wie Bismarck es in einem gefährlich falschen Analogieschluß zur Reichsgründung und speziell zur Pariser Kommune für notwendig hielt. Die soziale Frage sei nicht mit Rosenwasser zu lösen, so meinte er, hierzu gehörten Blut und Eisen. Und gegebenenfalls skrupellos vorzugehen, gerade das traute Bismarck dem Prinzen zu.

Frühzeitig versuchte der Kanzler, ihn auf eine solche Generalabrechnung vorzubereiten, unter anderem in einem langen Schreiben vom 6. Januar 1888, über das der Sohn Herbert hell begeistert seinem Schwager Rantzau berichtete: „Ich habe eben Papas Brief an Prinz Wilhelm gelesen und bin noch ganz unter dem Eindruck der mächtigen und erhabenen Sprache dieser prachtvollen Staatsschrift. Es wird schon jetzt sehr auf den Empfänger wirken, zum vollen Durchbruch und Verständnis aber erst nach vielleicht 10 Jahren, nach mancherlei Prüfungen, Anrennungen und Enttäuschungen kommen ... Es tut mir fast leid, daß ich dem Prinzen nicht ein Dutzend privatissima an der Hand des Briefes geben kann – vielleicht ist es aber besser so, daß dies Ganze aus einem Guß ohne Kommentar bleibt.“[43] Beide Bismarcks, Vater wie Sohn, kämpften zu dieser Zeit also noch um politischen Einfluß auf den Thronfolger Wilhelm, sie hatten noch Hoffnung. Das Januarschreiben 1888, die „Staatsschrift“, war im übrigen die wohlüberlegte Antwort auf zwei Schreiben des Prinzen Wilhelm an Bismarck, eines war der „Entwurf einer Proklamation an die deutschen Bundesfürsten“, verfaßt Ende November 1887.

Bismarck war sich der Brisanz dieses Entwurfes, vorgesehen für eine Proklamation, die nach dem Tode Kaiser Wilhelms I. und des Kronprinzen Friedrich Wilhelm den deutschen Fürsten überreicht werden sollte, sehr bewußt und bat deshalb, das Dokument „ohne Aufschub zu verbrennen“ – schließlich lebten ja die hohen Herren noch. Dennoch waren ihm diese Überlegungen und der Adressat so wichtig, daß er sich an die Niederschrift machte trotz physischer Beschwerden, wie er schrieb, „von Schmerzen und Schlaflosigkeit so matt, daß ich nur schwer die täglichen Eingänge bewältige, und jede Arbeitsanstrengung steigert diese Schwäche“.[44]

Im wesentlichen bestärkte er Wilhelm darin, die Sicherheit des Reiches und seiner monarchischen Institutionen in der Einigkeit der Fürsten zu sehen. „Wir wären in der Vergangenheit von nur 17 Jahren der Parlamentsherrschaft schon verfallen, wenn die Fürsten nicht fest zum Reich gestanden hätten", sie würden nicht wieder Anlehnung beim Ausland suchen, „solange der Kaiser der stärkere ist". Ein gefestigtes Königtum wollte Bismarck nicht nur im Verhältnis zu den Fürsten, sondern auch gegenüber den Massen haben.

Bismarck, bereits in eine krisenhafte Situation geraten, verlangte ein „Königthum, dessen Träger entschlossen ist, nicht nur in ruhigen Zeiten arbeitsam mitzuwirken an den Regierungsgeschäften des Landes, sondern auch in kritischen lieber mit dem Degen in der Faust auf den Stufen des Thrones für sein Recht kämpfend zu fallen, als zu weichen". Mit ähnlich großen Worten hatte er 1862 auch Wilhelm I. beeindruckt. „Einen solchen Herrn läßt kein deutscher Soldat im Stich", so tönte er weiter, „und wahr bleibt das alte Wort von 1848: ‚Gegen Demokraten helfen nur Soldaten' ... Es gibt Zeiten des Liberalismus und Zeiten der Reaction, auch der Gewaltherrschaft", so heißt es an anderer Stelle beziehungsvoll, der Prinz aber möge sich nicht an Vereine und jene binden, die sich absichtsvoll an ihn drängen würden, Vereine seien „als Werkzeuge zum *Angreifen* und *Zerstören* des Bestehenden wirksam zu verwenden, aber nicht zum Bauen und Erhalten ... Zum positiven Schaffen und Erhalten lebensfähiger Reformen ist bei uns *nur* der König an der Spitze der Staatsgewalt auf dem Wege der *Gesetzgebung* befähigt."

Entschlossen den Bundesrat gegen die Opposition im Parlament stärkend, die Position des Kaisers „an der Spitze der Staatsgewalt" betonend – das ist hier Bismarcks Programm, eines, das zum Scheitern verurteilt war, und zwar bei allen: beim künftigen Kaiser und den Fürsten, bei den Parteien, beim Volke.

Die Zersetzung der bismarckfreundlichen Parteienkonstellation, des sogenannten Kartells, hatte sich bereits am 28. November 1887 gezeigt, als sich im Hause des Grafen Waldersee rechtskonservative Politiker unter dem Vorwand trafen, Mittel für die Berliner Stadtmission beschaffen zu wollen. Zugegen waren dabei neben dem Gastgeber der Hofprediger Stoecker, der Chefredakteur der „Kreuzzeitung" v. Hammerstein, der urkonservative Kleist-Retzow, einige Nationalliberale und schließlich Prinz Wilhelm mit seiner Gattin. Diese Versammlung erregte in der Öffentlichkeit großes Aufsehen; wurde doch jetzt offensichtlich, daß „die Stoekkerei sich an die Sohlen des Prinzen Wilhelm anzuheften sucht", wie die „Post" am 24. Dezember 1887 schrieb.[45] Bismarck hatte also sehr wohl Grund, den Prinzen zu warnen, „sich vor der Thronbesteigung schon die Fesseln irgendwelcher politischer oder kirchlicher Vereinsbeziehungen aufzuerlegen".[46] Er warf Stoecker vor, als Politiker Priester zu sein und als Priester Politik zu treiben. Auch wenn es Bismarck vorerst gelang, den Prinzen zu zügeln, es wirkten immer mehr bismarckfeindliche Einflüsse auf ihn ein.

Man muß im Hause Bismarck viel über den Prinzen Wilhelm gesprochen haben, denn die ansonsten so unpolitische Johanna schrieb am Tage der Thronfolge, dem 15. Juni 1888, ihrem Sohn Bill: „Gott gebe dem lieben Papa Kraft zur Durchführung der wohl nicht leichten Sachen, die nun kommen, und rüste den jungen Kaiser aus mit Weisheit, Klarheit und Ruhe vor Allem. Mir ist schrecklich bange vor seiner Heißspornigkeit und seiner großen *inneren* Jugend, die viel mehr ist als seine Jahre. Gott möge uns nicht verlassen!"[47]

Zu den „nicht leichten Sachen", vor denen Johanna schon im voraus bangte, gehörte jene Affäre vom Herbst 1888, als Auszüge aus dem Kriegstagebuch veröffentlicht wurden, das Friedrich III. während der Jahre 1870/71 geführt hatte. Kein Zweifel, die Exzerpte waren echt, das wußten alle Betroffenen sehr genau. Der damalige Kronprinz hatte darin Bismarcks Langmut gegenüber den dynastischen Egoismen der deutschen Fürsten kritisiert und mehr moralische „Pression" gegenüber Württemberg und Bayern erwartet. Statt vieler Reservatrechte hatte er offenbar im unitarischen Sinne eine „freisinnige" Monarchie gewollt. Nur – diese Enthüllungen kamen Bismarck höchst ungelegen in einer Zeit, in der er den Bundesrat als Vertretung der „verbündeten Fürsten" erhöhen wollte gegenüber dem Reichstag, der ihm immer wieder Opposition machte.

Natürlich griffen die Freisinnigen in ihrer Presse die kritischen Bemerkungen des damaligen Kronprinzen, der die Bismarcksche Verfassung ein „künstlich hergestelltes Chaos" genannt hatte, begierig auf. Da entschloß sich der Kanzler zu einer Gegenaktion. Im offiziellen „Reichs- und Staatsanzeiger" ließ er einen an den jungen Kaiser gerichteten Immediatbericht[48] veröffentlichen, in dem die Vermutung ausgesprochen wurde, das publizierte Tagebuch sei eine Fälschung. Um dem Nachdruck zu geben, wurde auch flugs der Urheber dieser Veröffentlichung, der keineswegs liberale, sondern hochkonservative Professor Heinrich Geffcken verhaftet und vor Gericht gestellt.

Mit dieser Aktion gegen einen früheren Vertrauten Kaiser Friedrichs III. war man nun allerdings zu weit gegangen. Abgesehen davon, daß das Reichsgericht Geffcken am 5. Januar 1889 freisprach, erregte der Angriff Bismarcks nahezu alle Kreise der Öffentlichkeit. Die Konservativen sahen, wie die Kreuzzeitung am 19. Januar 1889 schrieb, das „monarchische Gefühl" tief verletzt und appellierten damit an den für solche Töne doch sehr empfänglichen Wilhelm II. Die Linksliberalen triumphierten; das Tagebuch Friedrichs wurde faktisch, wie es der Berliner „Börsen-Courier" vorhersagte, der beste Wahlaufruf für die Deutsche Freisinnige Partei.

Wilhelm II. war über diese Reaktionen in der Öffentlichkeit doch einigermaßen erschrocken und reagierte in einer für ihn sehr typischen Weise. Nachdem er zunächst gegen Geffcken gegiftet hatte und ihm dessen Bestrafung nicht scharf genug sein konnte, schwenkte er unter dem Druck der Öffentlichkeit und wahrscheinlich auch einiger Berater um. Er fühlte sich vom Kanzler irregeführt, was die Entfremdung zwischen den beiden ungleichen Partnern noch förderte.

In einem für ihn charakteristischen Vergleich soll Bismarck im Dezember 1889 geäußert haben: „Der neue Gutsherr kommt mit dem alten Gutsinspektor nicht gut aus."[49] Zwei Monate zuvor hätte er sich allerdings lobend über den Kaiser gegenüber Waldersee ausgesprochen, was dieser als „sicherlich nicht ganz ehrlich" kommentierte.

Es kam mit dem neuen Kaiser eine Verlogenheit in die Beziehungen der Regierenden, ein Schmierenkomödiantentum, bei dem bald jeder jedem etwas vormachte. Vieles ist inzwischen enthüllt worden, treffsicher aber hat wieder einmal Otto v. Bismarck über Wilhelm II. gesagt: „Das furchtbar Gefährliche im Charakter des Kaisers ist, daß er dauernd keinem, momentan jedem Einfluß zugänglich ist und alles sofort zur Tat werden läßt, somit jede Stetigkeit aufhört."[50]

In seinem unruhig flackernden Geist glaubte Wilhelm II. das Hohenzollerntum erst recht in hellen Strahlenglanz rücken zu können, der Hohenzollernkrone weitere Ruhmesperlen hinzufügen zu müssen.[51] Dabei wollte er imperial und zugleich modern sein, war flottenbegeistert und redete oberflächlich in alles hinein. Seine hektische Lebendigkeit ließ mitunter Initiative vermuten, wo nur Besserwisserei war und geistige Vielseitigkeit imitiert wurde. Voll beifallsgieriger Unrast reiste er herum, den „Reisekaiser“ nannte ihn der Volksmund. Immer weniger gab es eine zielbewußte Stetigkeit des Regierens. Das war um so verhängnisvoller, als alle Bevölkerungsschichten reger und die Beziehungen zwischen den Nationen dynamischer, aber auch spannungsreicher wurden.

Schriftsteller in Opposition. Arbeiterbewegung im Erstarken

Die Berliner „Volkszeitung“ hatte recht, als sie, trotz der Selbstauflösung der Demokratischen Partei in Norddeutschland und der Umwandlung der Deutschen Volkspartei Schwabens in eine linksliberale Partei, im Jahre 1887 bemerkte, die bürgerliche Demokratie könne nicht für immer verschwinden;[52] schließlich wäre sie verwurzelt in „jenen mittleren Schichten der Nation“, die die aufkommende Industriewelt zwar einschränkte, denen sie aber auch Chancen gab. Kraft zu einer politisch eigenständigen Gesamtorganisation im demokratischen Sinne fand das Kleinbürgertum nicht mehr, wohl aber entstanden einzelne Gesellschaften, nicht selten mit pazifistischem Charakter, erschienen Zeitungen und entwickelte sich eine literarische Kultur. Alles war formloser denn je, doch zeitbezogen-lebendig.

Die sozialen Spannungen der Zeit wurden intensiv von jungen, meist aus dem Kleinbürgertum stammenden Schriftstellern erlebt, die in den achtziger Jahren politisch, sozial und kulturell desillusioniert worden waren. Hatte doch die Hochstimmung der Gründerzeit geistig zur Stagnation geführt. Die „bleischwere Atmosphäre“ an den Hochschulen tat ein übriges, um diese Jungen in die Opposition zu drängen und für demokratische und vage sozialistische Vorstellungen aufnahmebereit zu machen. In einem „Offenen Brief an den Fürsten Bismarck“[53] hatten die Brüder Heinrich und Julius Hart in den „Kritischen Waffengängen“ 1882 den kulturellen Niedergang beklagt und mehr Förderung für die Künste verlangt. Zu einer Zeit, als er nach eigenem Urteil „bedenklich“ mit der Sozialdemokratie sympathisierte, schrieb Arno Holz 1884 sein „Buch der Zeit“, das den kapitalistischen Industrialisierungsprozeß und die Verarmung der Arbeiter in den großen Städten widerspiegelte.

Die „soziale Frage“ bewegte und erregte die Gemüter und brachte manches geistige Konglomerat aus Sozialkritik und sozialistischen Utopien hervor, mit denen junge Autoren auf gesellschaftliche Zwänge, materielle Nöte der unteren Klassen und Schichten, provozierenden Reichtum und fehlenden geistigen Spielraum reagierten. Bei Holz knüpfte sich Revolutionserwartung sogar an eine von unten kommende Erlösergestalt, die kein „veilchenblauer Werther“, sondern ein „blutiger Messias“ sein sollte.

Gerhart Hauptmann, der Begabteste der jungen Generation – man nannte sie „Naturalisten“ –, bezog in seine Dramen neue soziale Schichten ein und belebte dabei Anfang der neunziger Jahre in seinem historischen Schauspiel „Die Weber“ den aufrührerischen Geist aus der Zeit des Vormärz.

Die opponierenden Schriftsteller der achtziger Jahre, hineingezogen in die gesellschaftlichen Konflikte im preußisch-deutschen Reich, befanden sich nicht nur sozial in einer Zwischenposition, sie standen auch politisch-ideologisch im Widerstreit. Einerseits zog sie die unter dem Sozialistengesetz erstarkende Arbeiterbewegung an, andererseits konnten sie sich von ihren Kindheitseindrücken aus der „großen Zeit“ der Reichsgründung und des imponierenden Reichsgründers schwer lösen.

Hermann Bahr hat das widerspruchsvolle Verhältnis von partieller Hinneigung zur Sozialdemokratie und gleichzeitiger Bismarckverehrung charakterisiert: „Wir schwärmten für Bismarck und hatten den Zürcher ‚Sozialdemokrat‘ abonniert, den eben unseres geliebten Bismarcks Polizei so streng verboten hatte, daß man ihn jedes Mal, nachdem er über die Schweizer Grenze geschmuggelt worden, aus einer anderen unverdächtigen kleinen deutschen Stadt in einem jedes Mal die Handschrift, das Format und die Farbe wechselnden Couvert erhalten mußte. Ich zog noch am siebzigsten Geburtstag des eisernen Kanzlers in den Farben meiner Wiener Burschenschaft durch die Wilhelmstraße mit, schwang begeistert meine Fackel zum Fenster, in dem der Gewaltige stand, hielt auf dem Commers die rituell ‚flammende‘ Rede und war wenige Monate später schon bei der Polizei ‚notiert‘, weil ich an verbotenen Zusammenkünften mit Bebel, Liebknecht und Vollmar teilnahm ...“[54]

Diese sozialdemokratischen Sympathien, mitunter auch vorübergehende Parteizugehörigkeit junger Schriftsteller, waren nicht ohne Irritationen und Unsicherheiten. Max Halbes streng katholische Familie hatte unter der Kulturkampfatmosphäre gelitten, und von München her brachte Halbe Widerwillen gegen alles mit, „was norddeutsch, was preußisch war"; dennoch wurde er schließlich „mit einigen Vorbehalten ... Bismarckianer in der Politik", wie er selbst bekannte.[55] Hermann Sudermann hatte mit Jubel den Beginn der siebziger Jahre erlebt, fühlte sich aber als Student „spinnefeind" einer Entwicklung, „die der deutsche Geist gegen Ende der 70er Jahre genommen hatte". Er beargwöhnte „Bismarck als Verderber des deutschen Bürgerstolzes". Doch obwohl er ihn deswegen zu hassen vorgab, gestand er zugleich, daß er „unter der Wucht seiner Erscheinung ja doch in die Kniee" bräche. Hochtrabend wurde der Kanzler als persönlicher Feind und „Feind des Volkes", als „der große Verderber" bezeichnet, dann aber hieß es wieder: „Mein Haß gegen ihn wagte sich erst wieder hervor, wenn er nicht mehr da war. Solange ich ihn vor mir sah, war das menschliche Übergewicht seiner äußeren Erscheinung und seines inneren Gefüges so stark, daß kein anderes Gefühl als das der menschlichen Unterwerfung in mir aufkommen konnte."[56]

Sehr deutlich zeigten sich bei diesen Schriftstellern die politisch-moralischen Auswirkungen einer von oben vollzogenen Reichseinigung, die bürgerliche Forderungen erfüllte und daher positive Impulse auslöste, aber auch demokratische Entwicklungen wesentlich hemmte. Mit dieser inneren Zwiespältigkeit, die die naturalistische Bewegung in ihrer Aufschwungphase einige Zeit überspielen konnte, war sie den konfliktreichen neunziger Jahren nicht mehr gewachsen. Die jugendlich-unausgegorene Rebellion, die unter dem Eindruck des imponierenden Kampfes der Sozialdemokratie während der Zeit des Ausnahmegesetzes ein gutes Stück nach links geraten war, blieb auf halbem Wege stecken und gelangte nur bis zu einer individuell sehr verschiedenen Annäherung an die Arbeiterbewegung.

Ganz anders aber ging der Entwicklungsweg solcher begabter Redakteure wie Franz Mehring und Georg Ledebour, die Ende der achtziger Jahre an der Berliner „Volkszeitung" arbeiteten, über die August Bebel 1886 anerkennend an Friedrich Engels schrieb: „Wir haben in ganz Deutschland nur noch ein einziges bürgerliches Blatt, das mit einiger Mannhaftigkeit selbst für uns kämpft, das ist die Berliner Volkszeitung. Die ganze übrige Presse, die Frankfurter Zeitung einbegriffen, ist erbärmlich und verschlechtert sich mit jedem Jahre."[57] Beide Redakteure traten nach 1890 zur Sozialdemokratie über. Ledebour war neben seiner Tätigkeit als Redakteur auch Parlamentarier und ein beliebter Versammlungsredner.

Ein Volkstribun war Franz Mehring nicht, aber dafür ein brillanter Publizist, Marx-Forscher, vertraut mit der deutschen Klassik und einfühlsam bestrebt, die junge naturalistische Schriftstellergeneration zu fördern, indem er ihre Dramen kritisch-engagiert rezensierte.

Auch Theodor Fontane hatte nicht nur als Theaterkritiker sicheres Gespür für neue Entwicklungstendenzen. Er blieb allerdings mit seiner literarischen Spätreife als Siebzigjähriger und seiner Aufgeschlossenheit für die Jungen eine Einzelerscheinung. Zwiespältig blieb sein Verhältnis zu Bismarck, den er als Reichsgründer bewunderte und der für ihn eine der interessantesten Figuren war und blieb, wenn er auch besonders in den neunziger Jahren immer kritischer wurde: „Seine aus jedem Satz sprechende Genialität entzückt mich immer wieder, schmeißt immer wieder meine Bedenken über den Haufen, aber bei ruhigem Blute sind die Bedenken doch auch immer wieder da. Nirgends ist ihm ganz zu trauen.“[58]

Zunehmend skeptisch wurde der alte Fontane gegenüber der historischen Rolle der Junker; dem Besitzbürgertum aber war und blieb er stets tief abgeneigt. Neue Bewegungen sah er von unten kommen: „Alles Interesse ruht beim vierten Stand. Der Bourgeois ist furchtbar, und Adel und Klerus sind altbacken, immer wieder dasselbe. Die neue, bessere Welt fängt erst beim vierten Stande an. Man würde das sagen können, auch wenn es sich bloß erst um Bestrebungen, um Anläufe handelte. So liegt es aber nicht. Das, was die Arbeiter denken, sprechen, schreiben, hat das Denken, Sprechen und Schreiben der altregierenden Klassen tatsächlich weit überholt. Alles ist viel echter, wahrer, lebensvoller. Sie, die Arbeiter, packen alles neu an, haben nicht bloß neue Ziele, sondern auch neue Wege.“[59]

*

Zehn Jahre bevor Theodor Fontane dies niederschrieb, war der preußische Innenminister Puttkamer mit seinem Streikerlaß vom April 1886 noch in der Illusion befangen, die Polizei könnte die Tätigkeit der jungen, ungefestigten Gewerkschaftsbewegung lahmlegen; vergebens, die Streikkämpfe um die gewerkschaftlichen Organisationen nahmen an Zahl und Umfang zu. Die Maurer etwa, gegen die sich der Puttkamersche Erlaß in erster Linie richtete, führten 1886 in mindestens dreizehn Orten Streiks durch. Es war wie eine Kettenreaktion, die auch auf andere Berufe übergriff.

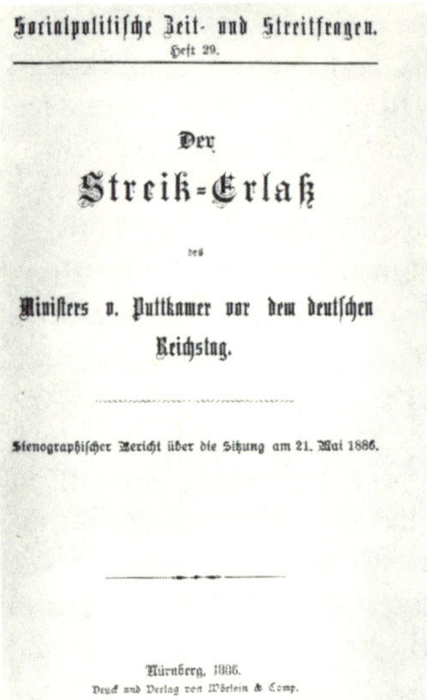

Socialpolitische Zeit- und Streitfragen.
Heft 29.

Der
Streik-Erlaß
des
Ministers v. Puttkamer vor dem deutschen
Reichstag.

Stenographischer Bericht über die Sitzung am 21. Mai 1886.

Nürnberg, 1886.
Druck und Verlag von Wörlein & Comp.

Titelseite einer sozialdemokratischen Schrift mit dem Protokoll der Reichstagsdebatte am 21. Mai 1886
Eines von vielen Beispielen, wie Parlamentsarbeit für die sozialdemokratische Agitation und die Organisierung der Arbeiter genutzt wurde.

Am Ende des Jahres 1886 bestanden in Deutschland fünfunddreißig gewerkschaftliche Zentralverbände oder zumindest lose Zentralorganisationen. Mit ihren rund 2300 Zweigvereinen und mehr als 81000 Mitgliedern überschritten die Freien Gewerkschaften damals den Entwicklungsstand, den sie vor Erlaß des Sozialistengesetzes mit 50000 Mitgliedern erreicht hatten.[60]

Da die Arbeiter im Jahre des Konjunkturaufschwungs 1887 manches durch betriebliche Vereinbarungen erreichen konnten, nahmen die Lohnbewegungen zunächst ab, sie wurden jedoch in der darauffolgenden Zeit wieder kräftiger und zahlreicher. Der ökonomische Interessenkampf, ob in den beiden größten Städten Deutschlands, Berlin und Hamburg, oder in den Provinzstädten und -gemeinden, war so elementar, daß er zwar mitunter einzudämmen, aber nicht mehr aufzuhalten war.

Die Unzufriedenheit mit den sozialen Verhältnissen bekundeten Arbeiter und mit ihnen viele Kleinbürger auch politisch. Von Wahl zu Wahl hatte sich die Zahl der Stimmen für die Sozialdemokratie erhöht und war damit deren Selbstbewußtsein gewachsen. Der 21. Oktober 1888, der zehnte Jahrestag des Sozialistengesetzes, wurde geradezu gefeiert. Neben illegalen Zusammenkünften, Versammlungs- und Flugblattaktionen zeigten rote Fahnen in vielen Städten, bisweilen selbst an öffentlichen Gebäuden angebracht, die Lebenskraft der verfemten Partei.

Immer noch begegnete Bismarck der „sozialen Frage" nur mit den grobschlächtigen, wenig bewirkenden Mitteln von Zuckerbrot und Peitsche; weder fähig noch willens, zwischen den verschiedenen Richtungen innerhalb der deutschen und internationalen Arbeiterbewegung zu unterscheiden, sah er in ihr nur eine einzige Bürgerkriegspartei, die sich zu etwas ähnlichem wie die Pariser Kommune entwickeln könnte und deswegen mit Blut und Eisen niederzuwerfen wäre. Mit dieser Haudegensicht konnte Bismarck allerdings die ständigen Veränderungen im sozialen und politischen Beziehungsgeflecht der weltweiten Arbeiterbewegung überhaupt nicht erfassen. Weder wußte er etwas von den Verbindungen, die zu der beginnenden marxistischen Bewegung in Rußland entstanden, noch von den durch die Emigranten geförderten Beziehungen mit den Arbeitern in den USA. „Ein Blick in die Neue Welt"[61] – so hieß bezeichnenderweise ein von Wilhelm Liebknecht geschriebener vielgelesener Bericht über eine Propagandareise, die er mit Marxens Tochter durch die USA unternommen hatte.

Die spektakulären Erfolge der Sozialdemokratie bei den Wahlen mußten allerdings auch geistig verarbeitet werden, bargen sie doch die Gefahr in sich, daß die Partei, die sich als entschiedener Gegner des in die Überlebenskrise geratenen Bismarckregimes verstand, in eben den parlamentarischen Kretinismus geriet, den man 1848 den Abgeordneten in der Paulskirche vorgeworfen hatte.

Der letzte Parteitag der deutschen Sozialdemokratie vor dem Fall des Sozialistengesetzes – er fand im Oktober 1887 in St. Gallen in der Schweiz statt – billigte zwar die bisherige parlamentarische Tätigkeit, warnte jedoch vor einer Überschätzung des Parlamentarismus. Vor allem August Bebel sprach darüber, und auch Wilhelm Liebknecht bekräftigte: „Der eigentliche Schwerpunkt unserer Tätigkeit liegt nicht in dem Parlament."[62]

Gleichsam in Ergänzung dazu beriet der Parteitag erneut über den Anarchismus, zumal für diesen die Nichtbeteiligung an Wahlen schon ein Axiom war. Über den anarchistischen Kult der Gewaltpolitik sagte die Resolution: „Die Gewalt ist ebensogut ein reaktionärer als auch ein revolutionärer Faktor; ersteres sogar häufiger als das letztere." Die Sozialdemokratie verwarf die

Methode des individuellen Terrors, eine Haltung, die weiterwirkte. Der Parteitag lehnte den Anarchismus als „un- und antirevolutionär“ ab, wie revoluzzerhaft er sich auch gebärden mochte; man distanzierte sich aber auch von der übertriebenen „lächerlichen Spießbürgerangst vor den Anarchisten“.[63]

All das hing mit einem herausragenden Ereignis in der internationalen Arbeiterbewegung zusammen. Die Chicagoer Anarchistenführer hatten am 1. Mai 1886 die erste große Demonstration für den Achtstundentag organisiert und waren nach einem von der Polizei organisierten Bombenanschlag verhaftet, vom Gericht zum Tode verurteilt und dann auch gehängt worden, was ganz offenkundig ein bewußter Justizmord war. Die Schlußworte der zumeist deutschen Angeklagten waren von beeindruckender Würde. Bebel wies daher die Redaktion des Zentralorgans an: „Die Spiessche Rede ist so, daß sie im ‚Sozialdemokrat‘ abgedruckt werden *muß*, sie ist ein ausgezeichnetes Agitationsmittel ... auch verdienen die Leute, daß man *ausdrücklich den Mut anerkennt, mit dem sie ihre Verurteilung aufnahmen.*“[64] Politisch ausschlaggebend für Bebel war, daß es sich bei den deutschamerikanischen Anarchisten in Chicago um keine sektiererischen Verschwörer handelte, sondern um Menschen, die an jenem 1. Mai Arbeitermassen zu einen und zu mobilisieren verstanden hatten – für die internationale Forderung nach dem Achtstundentag.

Angesichts des empörenden Justizmordes und der Mißachtung der Menschenrechte konnte es nur vorbehaltlose Solidarität geben. Der Marxist Joseph Dietzgen übernahm die Redaktion des verwaisten Blattes der Chicagoer Anarchisten; und der alte Freund Marxens, Friedrich Albert Sorge, der gegen den Bakuninschen Anarchismus in der Ersten Internationale angekämpft hatte, erklärte angesichts der Chicagoer Ereignisse: „Meine Kritik schwieg in dem Augenblicke, als die Leute in Chicago ihre Haut zu Markte trugen, und ich verteidige sie und helfe ihnen, solange sie von den grausamen und feigen Bourgeoisbehörden gemaßregelt und gebüttelt werden ... Schande über denjenigen unter uns, der das nicht tut!“[65]

Die Konfrontation in Chicago brachte das zum Ausdruck, was allerorts in der Welt zum sozialpolitischen Generalthema geworden war: das Verlangen der sich organisierenden Arbeiter nach Fabrikgesetzen, vor allem nach dem „Normalarbeitstag“. Der Achtstundentag wurde zu einer Hauptforderung der gesamten Arbeiterbewegung. So initiierte der Parteitag zu St. Gallen auch die

Einberufung eines internationalen Arbeiterkongresses, der über eine Arbeiterschutzgesetzgebung beraten sollte.

*

Soweit der deutsche Reichskanzler das, was da vor sich ging, überhaupt zur Kenntnis nahm, schätzte er es nur als eine Angelegenheit der Arbeiterführer ein, nicht als eine der Massen. Anstelle des die Wirtschaft angeblich schädigenden und im Reichstag von der sozialdemokratischen Fraktion vergeblich beantragten Arbeiterschutzes sollte im November 1887 eine andere Sozialpolitik eingeleitet werden.[66] Bismarck ließ eine Gesetzesvorlage über Alters- und Invalidenversicherung veröffentlichen, die erst ein Jahr später vor das Plenum des Reichstags kam und von der regierungsfreundlichen Presse als „Krönung der Sozialreform" gepriesen wurde. Wie die Arbeiter darauf reagierten, zeigte sich bald.

Selbst wenn man zugestehen wollte, daß die dem Parlament vorgelegte Alters- und Invalidenversicherung zumindest ein Anfang sei, waren die vorgesehenen Leistungen geradezu beschämend minimal. Die Versicherung sah eine Altersrente erst vom siebzigsten Lebensjahr an vor – viele der Arbeiter erreichten dieses Alter gar nicht.[67] Der nachweisbar Erwerbsunfähige mußte zudem fünf Beitragsjahre lang bis zur Auszahlung seiner Invalidenrente warten.

Die Jahresrenten waren auf hundertzwanzig Mark durchschnittlich festgelegt, bei der Invalidenrente auf den Höchstbetrag von einhundertfünfzig Mark. Weibliche Personen würden nur zwei Drittel der Renten erhalten. Die Lasten der Versicherung sollten zu je einem Drittel vom Reich, von den Versicherten und von den Unternehmern getragen werden. Der vorgesehene Reichszuschuß war im Parlament besonders umstritten.

Nach mehreren Kommissionberatungen, Abänderungen und kleinen Verbesserungen blieb es im Reichstag bis zuletzt ungewiß, ob die Alters- und Invalidenversicherung überhaupt zustande kommen würde. Zwei große Fraktionen waren gespalten, die des Zentrums und die der Konservativen. Windthorst, der älteste der Zentrumsabgeordneten, und die ihn stützenden Vertreter der jüngeren Generation wie Hertling, Bachem und Lieber lehnten den angeblich „staatssozialistischen" Reichszuschuß ebenso ab wie die Ausdehnung der Versicherung über den Kreis der Industriearbeiter hinaus. Windthorst verstieg sich zu der Behauptung, jeder, der für die Vorlage stimme, sei – wissend oder unwissend – ein vollendeter

Sterbetafel

der

Allgemeinen Kranken- u. Sterbekasse der Metallarbeiter.

Nr. 23554. Oskar Frederiksen, Schlosser, geb. 20. März 1867, gest. 20. Mai 1888 an Lungenschwindsucht in Kiel.

Nr. 11650. Gustav Jabusch, Heizer, geb. 11. Febr. 1847, gest. 19. Mai 1888 an Lungenschwindsucht in Hannover.

Nr. 24611a. Leopold Fromhold, Schmied, geb. 15. Nov. 1849, gest. 3. Juni 1888 an Lungenschwindsucht in Mainz.

Nr. 11579b. Friedrich Hennicke, Former, geb. 2. Aug. 1858, gest. 30. Mai 1888 an Lungenschwindsucht in Fermersleben.

Nr. 3837b. Johann Brück, Hilfsarbeiter, geb. 7. Juni 1849, gest. 29. Mai 1888. Ueberfahren. Gießen.

Nr. 23213a. Richard Feistel, Heizer, geb. 14. Dez. 1866, gest. 22. Mai 1888. Ertrunken. Breslau.

Nr. 13271b. Adolf Knust, Gürtler, geb. 4. Oktober 1848, gest. 24. Juni 1888 an Lungenschwindsucht in Berlin 3.

Nr. 15610b. August Knappe, Knopfarbeiter, geb. 24. Mai 1849, gest. 25. Mai 1888 an Lungenschwindsucht in Berlin 3.

Nr. 24229a. Hermann Krause, Arbeiter, geb. 27. Febr. 1858, gest. 26. Mai 1888 an Kehlkopf- und Lungenschwindsucht in Berlin 3.

Nr. 6202b. Julius Faßbauer, Schlosser, geb. 3. April 1852, gest. 1. Juni 1888 an Gehirnerweichung in Berlin 3.

Nr. 13691. Gustav Stamm, Schleifer, geb. 2. Nov. 1851, gest. 8. Juni 1888 an Lungenschwindsucht in Torp.

Nr. 14758b. Friedrich Jaspert, Scheerenschmied, geb. 3. April 1868, gest. 12. Juni 1888 an Typhus in Torp.

Nr. 13088. August Eilhorn, Schleifer, geb. 17. Febr. 1844, gest. 10. Mai 1888 an Lungenschwindsucht in Torp.

Sterbetafel der Allgemeinen Kranken- und Sterbekasse der Metallarbeiter

Sozialdemokrat.[68] Gäbe der Staat den Reichszuschuß, so werde bald mehr und schließlich alles von ihm verlangt werden zur materiellen Sicherstellung der arbeitenden Klassen. Dabei stützte sich die Windthorstgruppe weniger auf das katholische Bürgertum als auf militante Gemeindepfarrer und Kapläne.[69]

Eine kleine Gruppe um den Vorsitzenden der Zentrumsfraktion Freiherrn zu Franckenstein begnügte sich mit partikularistischen Zugeständnissen hinsichtlich der Organisation der Versicherung und gab dann bei der Abstimmung über das Alters- und Invalidengesetz den Ausschlag.

Bei den Konservativen opponierte ein agrarischer Flügel gegen die Einteilung der Rentenempfänger in verschiedene Lohnklassen und trat für eine Einheitsrente ein. Diese Abgeordneten befürchteten eine Massenabwanderung von Landarbeitern aus dem agrarischen Osten in den industriellen Westen mit seinen höheren Löhnen und Sozialleistungen.[70]

Ludwig Bamberger von der Freisinnigen Partei warnte in ähnlicher Weise wie Windthorst vor Zukunftsentwicklungen. Sicherheit werde nicht nur verlangt werden gegen Alter und Invalidität, sondern auch gegen Arbeitslosigkeit, für den Normalarbeitstag und so weiter, und kein Abgeordneter werde sich schließlich in Wählerversammlungen der allgemeinen Pression entziehen können. Am Ende stünde dann doch der Sozialismus. „Meine Herren", meinte Bamberger, „der Sozialismus ist seiner Natur nach demokratisch. Er geht aus von dem Prinzip nicht bloß des formellen Rechts, sondern der materiellen Gleichheit der Lebensbedingungen, und diese materielle Gleichheit der Lebensbedingungen verträgt sich nicht mit der hohen Stellung einer glänzenden Monarchie, verträgt sich nicht mit dem Prestige einer hohen Aristokratie, ohne die eine solche Monarchie nicht meint leben zu können und vielleicht nicht leben kann."[71]

Republikaner war er also längst nicht mehr, der Sprecher der Freisinnigen; er plädierte vielmehr für einen vom Bismarckschen unterschiedenen und mehr dem englischen angenäherten Monarchismus. Im rhetorischen Schwung Bambergers, des geheimen Beraters der Kaiserin-Witwe Viktoria, klang so etwas wie ein Nachruf auf Friedrich III. mit, der sich auch gegen einen „sozialen Staatsinterventionismus" ausgesprochen hatte.

Bismarck griff gleichfalls in die Debatte ein und hielt seine letzte Reichstagsrede;[72] eine seiner besten war sie nicht. Auf keine der prinzipiellen Erörterungen eines Windthorst und Bamberger ging er ein. Sosehr die beiden Oppositionellen ihre Argumente auch demagogisch zugespitzt hatten, sie spürten die innere Dynamik der sozialen Auseinandersetzungen und wollten möglichst viel dem freien Spiel der Kräfte überlassen und möglichst wenig dem Staate. Bismarck antwortete ihnen nicht sachlich, sondern mit bissigen Bemerkungen.

Das Wichtigste war ihm, die Bedenken der Konservativen gegen die Gesetzesvorlage auszuräumen, um ein Scheitern des letzten Sozialversicherungsgesetzes zu verhindern; eingestandenermaßen dachte er dabei an die bevorstehenden Wahlen. Des langen und breiten wartete er mit Betrachtungen aus seinem ländlichen Erfahrungsbereich auf, in der Vorstellung, den gutsherrlichen Patriarchalismus auf die staatliche Ebene heben zu können. Fremd und fern blieb ihm die ökonomische und sozialpsychologische Problematik der städtischen Arbeiter.

Im Angriff auf die Sozialdemokratie unterschied er, wie bei ihm üblich, zwischen den sozialistischen Führern, die auf Unzufriedenheit bauten, und den Massen, „welche mit irgend etwas unzufrieden sind". Mit irgend etwas? Womit die Arbeiter tatsächlich unzufrieden waren, fragte er nicht, und er wußte es auch nicht. Für ihn war die Sozialdemokratie eine Partei, die „mit uns im Kriege" lebt, und so ließ er ein Reizwort nach dem anderen fallen: „Losschlagen", „Bürgerkrieg", „Massentritt der Arbeiterbataillone". Bismarck wollte schrecken und war zweifellos selbst erschrokken.

Im wesentlichen begriff er die „soziale Frage" bei der Sozialdemokratie ebensowenig wie die „religiöse" im Kulturkampf. Nur die Gefährdung des Reiches hatte er im Auge, wobei es außerhalb seiner Vorstellung lag, daß die Sozialdemokratie den Nationalstaat im Grunde nicht gefährden, sondern ihn durch Demokratisierung stärken und für die Zukunft sicherer machen wollte. Auf den sozialen Krieg eingestimmt, hielt Bismarck, wie in der Zeit der Pariser Kommune, eine „Bluttaufe" für unerläßlich.

Der Nürnberger Sozialdemokrat Karl Grillenberger, der den Gesetzentwurf im einzelnen scharf kritisiert hatte und des Kanzlers letzte Ziele wohl erkannte, ging daraufhin zum Rednerpult und attackierte Bismarck: „Sie wollen die Arbeiter provozieren, daß sie zu Putschen greifen sollen, damit Sie sie niederwerfen und ihnen soviel Blut abzapfen können (Unruhe rechts), daß dieselben auf 50 Jahre nicht mehr aufstehen könnten."[73] Dann verwahrte er sich gegen den Vorwurf, die Sozialdemokraten wären gegen gute Arbeitergesetzgebung und gegen jegliche sozialpolitische Gesetze. Grillenberger wollte warnen, nicht zuletzt den forsch auftretenden jungen Kaiser, denn die Frage, wie man sich zu der erstarkenden Arbeiterbewegung stellen sollte, wurde in hohem Grade aktuell.

*

Am 24. Mai 1889 wurde mit knapper Mehrheit das Alters- und Invalidenversicherungsgesetz angenommen; im gleichen Monat brach ein großer Bergarbeiterstreik aus, der nacheinander alle deutschen Reviere erfaßte. In seinen Dimensionen bisher einmalig in der deutschen Geschichte des 19. Jahrhunderts, kam dieser Streik für die Öffentlichkeit wie für die Regierung und für alle Parteien überraschend. Selbst August Bebel bekannte öffentlich, die Sozialdemokratie hätte den Ausbruch dieses Streiks nicht erwartet.[74] Ihr Einfluß auf die Bergarbeiter an der Ruhr, an der Saar und in Oberschlesien war ohnehin verhältnismäßig gering. Nur im sächsischen Kohlerevier hatte sie im „Verband Sächsischer Berg- und Hüttenarbeiter" starke Positionen.

Nach dem Konjunkturaufschwung von 1887 mit seiner Produk-

In einem Steinkohlenbergwerk. Die Aufnahme aus dem Jahre 1890 macht den hohen Anteil an körperlicher Arbeit deutlich.

tions- und Preissteigerung mußten sich die Bergarbeiter wehren, denn ihre harten Arbeits- und Lebensbedingungen aus den Krisenjahren hatten sich bislang nicht geändert. Lohnaufbesserungen wurden kaum gewährt, und Arbeitszeitreduzierungen gab es nicht. Die Grubenverwaltungen waren an Willkürmaßnahmen gewöhnt, besonders an das berüchtigte „Wagennullen", bei dem die Aufsichtsbeamten die Förderleistung bei zu viel Fremdmaterial im Hunt nicht anerkannten.

Aus der als immer empörender empfundenen Lage der Bergarbeiter ergaben sich ihre Forderungen: fünfzehnprozentige Lohnerhöhung, Abschaffung der Überschichten, Achtstundenschicht einschließlich der Ein- und Ausfahrt, Verbesserung der Arbeitsbedingungen. Erst nachdem die Zechenverwaltungen alles negiert und schroff abgelehnt hatten, begann der große Streik, zunächst sporadisch und in Teilstreiks, begleitet von den Sympathien jener Kleinbürger, deren Kunden die Bergarbeiter waren. In den Tagen vom 14. bis 20. Mai befanden sich in Oberschlesien 7000, in Niederschlesien 13000, in Sachsen 10000, im Saar- und Aachener

Versammlung streikender Bergleute

Bezirk 20000 und im Ruhrgebiet bei einer Gesamtbelegschaft von 120000 Mann 90000 Bergleute im Streik.[75]

Die erste Reaktion der Behörden war die Entsendung von Militär in die Streikgebiete. Am 10. Mai 1889 berichtete die „Nationalzeitung": „Seit heute morgen sind derart viele Truppen im Ruhrkohlenrevier zusammengezogen, daß man glauben sollte, es fänden Frühjahrsmanöver statt." Es kam zu Zusammenstößen zwischen Soldatentrupps und Bergarbeitern, in Bottrop forderten sie drei Tote und vier Verwundete, in Bochum drei Tote und sechs Verwundete. In einem Befehl des kommandierenden Generals v. Albedyll hieß es: „Fliegende Kolonnen sollen unter der Bevölkerung das Gefühl hervorrufen, daß jederzeit und aus jeder Richtung Truppen auftauchen können." Vom Mißtrauen des Generals gegenüber den Truppen wie der Bevölkerung zeugte die Anweisung im gleichen Befehl: „Unterbringung der Truppe gesondert von der Zivilbevölkerung".[76]

Aber selbst einem Albedyll schien die mit Arroganz gepaarte Furcht der Kohleherren und Grubendirektoren wie der Vertreter des Staates in Gestalt der Ober- und Regierungspräsidenten auf die Nerven zu gehen. Schon am 11. Mai eröffnete er dem Generalstabschef Waldersee: „Ich bekomme fast alle zehn Minuten ein Telegramm, worin der Umsturz aller Dinge erklärt wird, wenn nicht sofortige militärische Hilfe komme, und es ist absolut gar nichts geschehen, was einer Eigentumsbeschädigung auch nur ähnlich sähe."[77]

Selbst wenn die sozialdemokratischen Organisationen nichts mit der Auslösung des Riesenstreiks zu tun hatten, halfen sie sogleich, die Streikenden und ihre Familien materiell zu unterstützen. Bebels Autorität bewirkte, daß Gelder von Arbeitervereinen Nordamerikas hereinkamen. Solidarisch zeigte sich die Zeitung „Sozialdemokrat", die über den Streikverlauf ausführlich berichtete und für materielle und moralische Hilfsbereitschaft warb; in den Streikkomitees halfen Sozialdemokraten.

Besonders in Westfalen brachte dieser Arbeitskampf das Zentrum in Verlegenheit, da dort bislang die Bergarbeiter zum festen Wählerstamm gehört hatten. Natürlich ermahnte man zur Ruhe und Besonnenheit und fühlte sich mit den Nationalliberalen wie mit verschiedenen Regierungsstellen im Wunsche einig, den Streik mit einem passablen Kompromiß so bald wie möglich zu beenden. Da kam auch der Gedanke auf, eine Deputation zum Kaiser zu schicken; sie bestand aus drei Mann, zwei von ihnen waren Sozialdemokraten.

Zwar wurde die Deputation auf Empfehlung preußischer Minister vom Kaiser empfangen, doch sie kam gar nicht dazu, die Lage der Bergarbeiter sachlich darzulegen, weil Wilhelm II. sie nach einer moralpaukenden und gegen die Sozialdemokratie wetternden Rede sogleich wieder entließ, was die Erbitterung nur noch steigerte.

Nun mußten andere versuchen, vermittelnd einzugreifen. Teils aus eigenem Antrieb, teils von seinen nationalliberalen Fraktionskollegen angeregt, verhandelte der Reichstagsabgeordnete und Vorsitzende des „Bergbaulichen Vereins", Friedrich Hammacher, mit der Deputation – ohne vorherige Absprache mit den anderen Unternehmern, deren hartnäckigen Herr-im-Hause-Standpunkt er damit durchkreuzte. Nach langen Debatten, an denen auch zwei deutsch-freisinnige Abgeordnete teilnahmen, kam das sogenannte Berliner Protokoll zustande, das für die endgültige Vereinbarung eine angemessene Lohnerhöhung, die achtstündige Schicht – zusätzlich eine Stunde Ein- und Ausfahrt –, die Wahl von Vertrauensausschüssen und die Verbesserung einiger Arbeitsbedingungen vorsah. Hammacher, der nationalliberale Großbürger, war so beeindruckt von der Sachkenntnis der Bergarbeiter als Verhandlungspartner, daß er die Gespräche mit ihnen „zu den lehrreichsten" seines Lebens zählte.[78]

Die Grubenherren allerdings verziehen ihm seine Verhandlungen mit den „kontraktbrüchigen“ Arbeitern niemals. Ein halbes Jahr später wurde er nicht wieder in das Vorstandsgremium gewählt, nicht einmal einen Ehrenvorsitz gestand man dem Begründer des „Bergbaulichen Vereins“ zu. Zudem hatten die Unternehmer Festlegungen in dem von Hammacher ausgehandelten „Berliner Protokoll“ wieder rückgängig gemacht; die Arbeiterausschüsse wurden generell abgelehnt, und die Regelung der Überschichten und der Arbeitszeit kam auch nicht wie vorgeschlagen zustande.

Verglichen mit den Opfern, die er gefordert hatte, waren die Ergebnisse des Bergarbeiterstreiks bescheiden und wenig gesichert, dennoch erschütterte er die Parteien und Organisationen, nicht zuletzt die Sicherheit der Staatsverwaltung. Geheimrat Lohmann schrieb damals an einen Freund, daß seit dem Bergarbeiterausstand das Gefühl, in eine sozialpolitische Sackgasse geraten zu sein, unter der hohen Beamtenschaft um sich greife.[79]

Vor allem aber veränderte sich das Verhältnis von elementarer und organisierter Bewegung unter den Bergarbeitern. Darüber schrieb Engels am 23. Januar 1890 an Bebel: „Eine bisher indifferente, der Agitation größtenteils unzugängliche Schicht der Arbeiterklasse wird durch den Kampf um ihre nächsten Interessen aus der Lethargie aufgeschüttelt, wird von den Bourgeois und der Regierung direkt in die Bewegung hineingejagt, und das heißt, wie die Sachen heutzutage liegen und wenn wir nicht die Sache mit Gewalt überstürzen wollen – uns in die Arme gejagt.“[80] In einem Brief an den „Labour Leader“ hatte Engels bereits im Juni 1889 hervorgehoben, es seien Arbeiter aufgerüttelt worden, die „bis jetzt gute Untertanen, patriotisch, gehorsam und religiös“ waren und auch „die besten Soldaten für die Infanterie des 7. Armeekorps“[81] abgegeben hätten. In der Tat, bei den Reichstagswahlen im Februar 1890 vermehrte die Sozialdemokratie ihre Stimmenzahl im Wahlkreis Dortmund-Hörde um das Achtfache, in Bochum und Essen um das Siebenfache.[82]

Das Selbstbewußtsein der Bergarbeiter war nach dem vielwöchigen politischen Anschauungsunterricht während der Streikbewegung erstarkt. Schon im August 1889 beschlossen 200 Delegierte in Dortmund, eine einheitliche Bergarbeiterorganisation für das Ruhrgebiet zu gründen, die die Vorstufe für einen gesamtdeutschen Bergarbeiterverband werden sollte, dessen Traditionen weiterwirkten – bis zum heutigen Tage.

Nach den Bergarbeitern standen die Maurer mit 72000 Streikenden an zweiter Stelle. Am regsten waren die 20000 Maurer in Berlin, deren Streik im Mai begann und rund zwei Monate dauerte. Sie konnten damit die neunstündige Arbeitszeit durchsetzen, wenn auch nicht für lange Dauer.

Nächst den Bauarbeitern zeigten die Textilarbeiter mit 47000 und die Metallarbeiter mit über 17000 Streikenden die größte Streikaktivität. Immer neue Arbeiterberufe wurden in die Bewegung hineingezogen: Zimmerer, Lithographen, Kürschner, Schuhmacher, Holzarbeiter, Töpfer. Wie bei den Bergarbeitern wurden auch hier Streiks zum Ausgangspunkt für die Herausbildung von Gewerkschaftsorganisationen, wenn auch bisweilen nur auf lokaler Ebene. Bis 1889 waren die Freien Gewerkschaften auf 41 Berufsorganisationen mit 122000 Mitgliedern in 2226 Ortsvereinen angewachsen; 34 Gewerkschaftszeitungen hatten eine Auflage von mehr als 90000 Exemplaren.[83] Nicht nur zahlenmäßig erstarkten die Gewerkschaften; in den Arbeitskämpfen gewannen die Mitglieder Erfahrungen in der Organisation, in der Streiktaktik und bei der Erprobung ihrer Kräfte.

So erweiterte die Arbeiterbewegung das Spektrum der Gesellschaft und den Beziehungsreichtum der in der Produktion tätigen Menschen.

*

Wie aber stand nun Bismarck zu den Ereignissen vom Frühsommer 1889? Sicherlich kam der Streik für ihn ebenso überraschend wie für alle anderen. Ungewöhnlich für den Kanzler war nicht allein die Dimension des Ausstands, sondern auch die politische Atmosphäre, die er schuf. Da geschah manches, was er nicht mehr erfassen, geschweige denn beherrschen konnte. Immerhin hatten die Bergarbeiter, wie aufgebracht und erbittert sie auch immer waren, keine Anstalten gemacht, an der bestehenden Gesellschaftsordnung und der Staatsmacht im Stile der Pariser Kommune zu rütteln. So gab es keinen Anlaß, bürgerkriegsähnlich dreinzufahren.

Im Gegensatz zum Kaiser und den Ministern war Bismarck jedoch an einer schnellen Beendigung des Streiks nicht interessiert. Es werde zur Nachahmung reizen, meinte er, wenn Lohnverbesserungen „auf dem Wege der Arbeitseinstellung rasch und leicht“ erreicht würden.[84] Ein andermal erklärte er seinen preußischen Ministerkollegen, Lohnerhöhungen könnte man den Unternehmern wohl zumuten, und auch sonst wäre manches verbesserungsfähig, aber es dürfe keine Mißachtung der staatlichen Autorität geduldet werden.[85] Das war seine Hauptsorge. Darum fürchtete er, ein Erfolg des Bergarbeiterstreiks könnte die Feinde des Staates ermutigen.[86]

In Gegenwart des Kaisers und angesichts der bevorstehenden Beratung über die Verlängerung des Ausnahmegesetzes legte Bismarck dar, er müsse es „als politisch nützlich ansehen, wenn die Beilegung dieses Streiks und seiner traurigen Folgen nicht zu glatt und rasch erfolge, letztere sich vielmehr der liberalen Bourgeoisie fühlbarer machten. Dieselbe gehe immer von der Voraussetzung aus, unter der Sozialdemokratie leide die Regierung mehr als der Bürger, und wenn die Bewegung ernsthaft werde, unterdrücke die Regierung sie doch nötigenfalls mit Gewalt, vorbeugende Gesetze seien also gar nicht nötig." Deshalb sei es das beste, meinte Bismarck am 25. Mai, den Brand sich ausbrennen zu lassen, statt ihn mit Gewalt zu ersticken.[87]

Wahrscheinlich dachte Bismarck ähnlich wie General Albedyll, der nichts von einer weiteren Truppenkonzentration im Streikgebiet und am allerwenigsten von Artillerie etwas wissen wollte und deshalb fragte: „Was sollen wir denn tun, wenn wirklich der Teufel los ist, wenn wir solcher Lumperei wegen uns schon so echauffieren?"[88]

Nicht die gespannten Beziehungen der Armeeführung unter Waldersee und Albedyll zu Bismarck spielten bei der gouvernementalen Zurückhaltung eine Rolle, sondern die wohlüberlegte Absicht, das Besitzbürgertum politisch gefügiger zu machen; ein geradezu klassischer Versuch des Ausspielens von Arbeitern und Bürgern im Interesse des bonapartistischen Regimes.

Selbst als der Kanzler einigen Zugeständnissen an die Bergarbeiter beistimmen mußte, widersetzte er sich sozialpolitischen Schutzbestimmungen, die leicht auf andere Arbeiterschichten übertragen werden konnten. Insbesondere lehnte er die Kontrolle der Arbeitsordnungen ab, da sie ein „starker Eingriff in die Privatbeziehungen" wäre.[89] Nicht zu Unrecht fürchtete er dabei wohl, daß die Gesindeordnung auf den Gütern einmal näher in Augenschein genommen werden könnte.

Im Grunde genommen paßte ihm der ganze Arbeiterschutz nicht; daher reagierte er auf Enquêten über die Lage der Arbeiter fast immer mit Bedenken oder mit Ablehnung. Es kümmerte ihn wenig, was sich auf diesem Gebiet etwa in England abspielte – so der große Dockerstreik –, die Parteiströmungen im französischen

Sozialismus nahm er ebensowenig zur Kenntnis wie die Einigung der österreichischen Sozialdemokratie in Hainfeld 1888/89. Das war nicht mehr seine Welt.

*

Bereits der Parteitag in St. Gallen 1887 hatte eine internationale Zusammenkunft angeregt. Die deutsche Sozialdemokratie lud daher holländische, belgische, französische und Schweizer Sozialisten für den 28. Februar 1889 nach Den Haag ein, von wo man für den 14. bis 21. Juli 1889 einen internationalen Kongreß nach Paris einberief. Der Arbeiterschutz im allgemeinen und der Achtstundentag im besonderen sollten vorrangig zur Diskussion stehen.

Nach vergeblichen Bemühungen deutscher Sozialdemokraten – vor allem Wilhelm Liebknechts – um eine Einigung aller Richtungen, wurden am 100. Jahrestag des Sturms auf die Bastille, am 14. Juli 1889, in Paris zwei internationale Kongresse mit jeweils derselben Tagesordnung eröffnet. Auf der Versammlung der den Marxismus ablehnenden sogenannten Possibilisten waren neben 524 französischen Delegierten 82 ausländische Vertreter; zu dem Kongreß, der schließlich zur Gründung der Zweiten, der Sozialistischen Internationale führte, kamen neben 173 französischen 354 ausländische Delegierte, unter ihnen waren 82 Deutsche.

Natürlich lag es in diesen Julitagen nahe, eine Parallele zwischen den Arbeiterkongressen von 1889 und dem Bastillesturm von 1789 zu ziehen: „Am Jahrestag eines so revolutionären Ereignisses wie des Bastillesturms Arbeiterschutzgesetze beraten", so schrieb damals der „Sozialdemokrat", „ist das nicht der Gipfel der Spießbürgerei? Wer sich von der Revolutionslegende emanzipiert und dafür die Geschichte der Revolutionen und revolutionären Bewegungen studiert, ihr Wesen begriffen hat, der weiß, daß es auf die schwungvollen Worte blutwenig ankommt, daß pompöse Programme nur selten von pompösen Aktionen begleitet wurden, daß aber ganz erhebliche Reformforderungen den Anstoß gegeben haben zu den gewaltigen revolutionären Erhebungen, welche die Geschichte kennt. Und wer die Arbeiterfrage des 19. Jahrhunderts studiert und begriffen hat, der weiß auch, daß für das moderne Proletariat der Normalarbeitstag eine Forderung von mindestens ebenso großer Wichtigkeit ist wie für das Bürgertum des vorigen Jahrhunderts die Abschaffung der Steuerprivilegien der Feudalstände."

Von hier ging es aus, daß, auch nach dem Vorbild nordamerikanischer Arbeiter, der Achtstundentag zu einer Forderung der internationalen Arbeiterbewegung wurde, für die sie alljährlich am 1. Mai demonstrierte.

Mit der Gründung der Zweiten Internationale führte der Arbeiterkongreß von Paris zu einer neuen Art von Weltoffenheit und gab Impulse zur Schaffung von genossenschaftlichen, gewerkschaftlichen und politischen Arbeiterorganisationen, nicht zuletzt dazu, den Parlamentarismus sowie alle Einrichtungen der bürgerlichen Demokratie den Interessen der politischen Selbstbestimmung der Menschen nutzbar zu machen.

Was da vor sich ging, betraf Bismarcks System ganz erheblich und ging dennoch am Kanzler innerlich vorbei; zu groß war die Diskrepanz zwischen dem objektiven Geschehen und seinem eigenen Weltbild geworden. Das ständige Drängen nach Fabrikgesetzen nahm er nur indirekt wahr, im amtlichen Reflex, als Gegenstand von Kabinettsberatungen oder diplomatischen Anträgen, wenn etwa die schweizerische Regierung die Einberufung einer internationalen Arbeiterschutzkonferenz vorschlug. Kein Zweifel, hier überholten ihn die Ereignisse. Doch das Jahr 1889 forderte ihn auch noch einmal auf seinem ureigenen Gebiet: der Außenpolitik.

Um die außenpolitische Perspektive

Die innen- und außenpolitische Unruhe kumulierte Mitte Mai 1889 wieder einmal so stark, daß Herbert v. Bismarck zu mitternächtlicher Stunde in bedrückter Stimmung seinem Bruder Bill schrieb: „Ich bin in letzter Zeit ganz besonders gehetzt und erschöpft gewesen, so daß ich zum Schreiben nicht kam . . . Yankees, Russen, Türken, Wohlgemuth, Streik in Westfalen, Hofansprüche – alles hagelt auf mich ein, abgesehen von den laufenden Sachen; ich wollte, ich wäre nur über die nächsten 3 Wochen erst glücklich hinweg. Auf Papa reflektiert das alles auch, er ist schlaflos, matt und unlustig.“[90]

Als Staatssekretär des Auswärtigen Amtes war Herbert v. Bismarck mit Affären belastet, die schon kommende schwere Krisen anzeigten. Als die Schweizer Behörden den deutschen Polizeiinspektor Wohlgemuth wegen organisierter Lockspitzeleien verhafteten, verlagerte sich die Auseinandersetzung mit der Sozialdemokratie wieder einmal aufs außenpolitische Gebiet. Bismarck ging in furchteinflößenden Noten so weit, die Neutralität der Schweiz in Frage zu stellen. Damit hatte er überzogen, denn der Schweizer Bundesstaat ließ ihn wissen, daß die Neutralität des Landes keineswegs die Souveränität beeinträchtige.[91] Was er wirklich mit seinem drohenden Gebaren bezweckt hatte, sagte er nach seiner Entlassung höchst freimütig dem Redakteur Dr. Reichardt: „Wir wollten einfach erlangen, daß die Schweizer mit unseren Sozialdemokraten weniger freundlich umgehen und das haben wir vollkommen erreicht. Daß man sich einmal hierbei so stellt, als wollte man die ganze Schweiz auffressen, das ist eben so. Aber das sind die Dummköpfe, die nicht wissen, wie's gemacht wird."[92]

Zu mancherlei diplomatischen Zwischenfällen in jenen Monaten kam ein Konflikt im fernen Samoa, der Pazifikinteressen der USA verletzte. Der deutsche Konsul in Apia hatte in Rivalitäten verfeindeter Stämme gewaltsam eingreifen lassen, um eine deutsche Verwaltung zu installieren. Dagegen protestierten die Amerikaner, und es blieb Bismarck nichts anderes übrig, als schließlich im Juni 1889 zu einer Samoa-Konferenz nach Berlin einzuladen, die zu einem Interessenausgleich führte.[93]

Internationale Konflikte beschwor herauf, was sich in Afrika abspielte. Die beginnende deutsche Kolonialherrschaft hatte bereits mit Unruhen von Eingeborenen zu tun; es ging um südwestafrikanisches Damaraland und um Gebiete in Ostafrika. Zudem war im Frühjahr 1888 ein in Diensten des Khediven stehender deutschstämmiger Abenteurer, der sich den Namen Emin-Pascha zugelegt hatte, im südlichen Sudan durch den Mahdi-Aufstand von jeder Verbindung mit Ägypten und Europa abgeschnitten worden. Angeblich um ihn zu entsetzen, war unter Führung des berüchtigten Carl Peters eine Expedition in Sansibar gelandet, die sich in den südlichsten Teilen der ehemaligen ägyptischen Provinzen festsetzen wollte, um dort eine deutsche Kolonie zu gründen. Ein provisorisches Emin-Pascha-Komitee erklärte im Juli 1888, das zu okkupierende Gebiet sei der „Schlüssel für die handelspolitische Erschließung des eigentlichen Herzens von Afrika" und das ganze Unternehmen „eine Tat von heute noch unabsehbarer handelspolitischer und zivilisatorischer Tragweite". Gestützt wurde das Komitee von einigen Banken und auch Politikern aus den sogenannten Kartellparteien.[94]

Natürlich muß man fragen, warum Ende der achtziger Jahre das Interesse an Kolonien erneut so wach wurde, aber Bismarck Zurückhaltung übte, ja sogar Abneigung zeigte.[95] In allen Industrieländern war seit den siebziger Jahren der Drang nach dem Ausbau alter und dem Erwerb neuer Kolonien erstarkt. Man verlangte nach Rohstoffen, nach Kapitalanlagen, nach billigen Arbeitskräften und unerschlossenen Gebieten zugunsten der eigenen Wirtschaft. Das war es, was zählte, und nicht der christliche Missionseifer, der nur das Begehren verbrämen und rechtfertigen sollte. So zeigten sich auch deutsche Geschäftsinteressenten und ihre Ideologen Ende der siebziger Jahre rege, um das von England und Frankreich in Jahrhunderten Erreichte wenigstens in begrenztem Umfange nachzuholen. Nach ihren ersten Erfolgen bis 1884 wurden sie Ende 1888 erneut mobil. Die Kontinuität ihrer Bestrebungen war zwar nicht unterbrochen, aber jetzt fühlten sie sich durch neue wirtschaftliche Bedingungen angetrieben.

Im Konjunkturaufschwung von 1888/89 stand der wachsende Inlandsbedarf und -absatz im Widerspruch zum Rückgang des Exports. Hatte es in den Jahren von 1880 bis 1888 nur geringe Differenzen zwischen der Ein- und Ausfuhrquote gegeben, so änderte sich dieses Verhältnis im Jahre 1889 zuungunsten der Ausfuhr beträchtlich: diese betrug 3167 Millionen Mark, die Einfuhr dagegen 4015 Millionen Mark.[96] Unter diesen Umständen wurde der seit Mitte der siebziger Jahre anhebende Ruf nach Export immer lauter.

Noch blieb es im Rahmen der ökonomischen Konkurrenz auf dem Weltmarkt, wenn das „Kollegium der Ältesten der Kaufmannschaft“ in Berlin im Jahresbericht für 1889 schrieb: „Die deutsche Kapitalkraft und leistungsfähige Industrie ist . . . weit entfernt, ihre Mitbewerbung im Auslande auf die Dauer einzuschränken. Ein gewichtiger Faktor in der allgemeinen wirtschaftlichen Bewegung der Welt zu bleiben, ist ein dringendes und immer dringender werdendes Bedürfnis des Deutschen Reiches.“[97] Schon vorher hatte die „Korrespondenz der Kaufmannschaft“ verlangt, Kapital und Industrie in Deutschland sollten das Ziel ansteuern, sich nicht nur mit der Ausfuhr von Fabrikaten und dem Abschluß von Anleihen zu begnügen, sondern *„ihr Augenmerk auch auf die Errichtung und den Erwerb dauernder Anlagen in fremden Ländern“*[98] richten; dadurch könnte der finanzielle und kommerzielle Einfluß behauptet und ausgebaut werden. Hier ging es also schon um Kapitalexport. Mit ihm begann der systematische Aufbau eines Bankensystems im Ausland, das den Außenhandel auf dem europäischen und dem überseeischen Markt von der Abhängigkeit von englischen Banken befreien sollte.

Von jeher war Bismarck für eine Förderung des deutschen Exports, er war keineswegs grundsätzlich gegen Kapitalausfuhr und gegen Investitionen im Ausland. Als die Deutsche Bank am 24. September 1888 von der türkischen Regierung die Bau- und Betriebskonzession für Eisenbahnlinien im kleinasiatischen Territorium erlangt hatte und einige Monate später das südosteuropäische Teilstück der sogenannten Orientbahn finanziell kontrollieren konnte, genehmigte der Kanzler das Konzessionsgesuch, wenn auch mit dem charakteristischen Vorbehalt: „Da ist zu unterscheiden zwischen Befürwortung bei der Konzessionierung und zwischen Unterstützung nach der Konzessionierung bei Krieg, Gewalt und Ungerechtigkeit. Ersteres ja, zweites nein; das Risiko des Unternehmens fällt auf die Unternehmer, nicht auf das Reich."[99] Ansonsten ließ er die Interessen der Deutschen Bank bei der türkischen Regierung durch den Botschafter Radowitz vertreten und im Jahre 1889 die Bemühungen der Industriellen um Aufträge durch den diplomatischen Dienst unterstützen.[100]

Im übrigen aber blieb er dabei: Das Deutsche Reich ist politisch am Nahen Osten nicht interessiert. Überhaupt hätten „die wirtschaftlichen und die politischen Beziehungen großer Staaten an sich miteinander nichts zu tun", so meinte auch Herbert v. Bismarck im Juli 1888 gegenüber dem russischen Außenminister Giers.[101] Diese These begründeten die Bismarcks mit Erfahrungen in den Beziehungen zwischen Preußen und dem vorreformerischen Rußland in der ersten Hälfte des 19. Jahrhunderts. Falsch wurde sie erst durch die Verabsolutierung, indem die relative Selbständigkeit von Wirtschaft und Politik als totale angesehen wurde, was auf die Leugnung des Zusammenhanges zwischen den beiden Bereichen hinauslief. Letzteres war bisweilen der Regierung dienlich, die bei der Erfüllung von Wirtschaftsinteressen die Sicherheitsinteressen des Reiches nicht gefährdet wissen wollte.

Schon in der Gründungsphase der deutschen Kolonien, vor allem in Südwestafrika, achtete der Kanzler darauf, daß die Staatsgewalt den „Kaufleuten" den Vorrang ließ und sie dann erst anderen Interessenten gegenüber, zu denen vor allem England gehörte, absicherte. „Als ich Kanzler war", so erklärte Bismarck später dem Chefredakteur der Hamburger Nachrichten, „haben wir uns mit dem Reichsschutz immer erst eingestellt, sobald der deutsche Händler oder Kolonisator in fremden Gebieten ein Objekt von genügender Größe und Wichtigkeit erworben hatte; vorausgeeilt sind wir ihm niemals."[102]

Ende der achtziger Jahre empfand er immer stärker die Diskrepanz zwischen seiner europäischen Sicherheitspolitik und dem Besitz- und Herrschaftsstreben der Kolonialinteressen.[103] So bemerkte er dem Kolonialeiferer Eugen Wolf gegenüber: „Ihre Karte von Afrika ist ja sehr schön, aber meine Karte von Afrika liegt in Europa. Hier liegt Rußland und hier . . . liegt Frankreich, und wir sind in der Mitte, das ist meine Karte von Afrika."[104] In einem anderen Gespräch sagte er: „Die Freundschaft Lord Salisburys ist mir mehr wert als zwanzig Sumpfkolonien in Afrika."[105] So zwanglos das auch in Unterhaltungen formuliert erschien, der Kanzler umriß damit entscheidende Aspekte der damaligen außenpolitischen Problematik.

Hier deutete sich bereits der Unterschied an zwischen einer Europapolitik, die Bismarck vertrat, und jener „Weltpolitik", die seine Nachfolger bis zur Katastrophe betreiben sollten. Eben im letzten Jahr der Bismarckschen Kanzlerschaft versuchte man, die mit dem Kolonialexpansionismus zusammenhängende „Weltpolitik" historisch-politisch zu begründen. So erklärte Carl Peters im Februar 1889: Die Emin-Pascha-Expedition „ist von weltgeschichtlicher Bedeutung . . ., durch die Schlachten bei Königgrätz und Sedan ist Deutschland zur herrschenden Macht in Europa geworden; es fängt an hineinzugreifen in den Wettkampf bei der Zivilisierung Afrikas. Soll Deutschland anderen Nationen nachstehen . . .? Deutschland ist in die Reihe der Weltmächte getreten."[106] Andere verwiesen auf die Entdeckung und Gewinnung Amerikas, wo Deutschland angeblich den Anschluß versäumt habe. Deshalb verlangten sie in oft hektischer Weise ein Nachholen. Der Landtagsabgeordnete und Schriftführer des Emin-Pascha-Komitees, Otto Arendt, verkündete im August 1888: „Vor vier Jahren hatte Deutschland nicht das mindeste Interesse auf dem ostafrikanischen Kontinent, heute ist es dort die erste Macht neben England, und es würde nur eines tatkräftigen Zugreifens bedürfen, um auch England in den Schatten zu stellen und ein großes deutsches Kolonialreich am indischen Weltmeer zu begründen . . ., eine weltgeschichtliche Entscheidung steht in Zentralafrika bevor."[107]

Auch wenn Bismarck das Emin-Pascha-Komitee und seine Aktivitäten mit Rücksicht auf die nationalliberale Kartellpartei tolerieren mußte, sah er es nicht ungern, daß die deutsche Expedition unter Carl Peters bei der Landung in Sansibar Ende März 1889 sogleich auf englischen Widerstand stieß.[108] Schon vorher hatte der

Kanzler Salisbury vertraulich mitteilen lassen, die deutsche Regierung habe mit dem Unternehmen nichts zu schaffen.[109] Weniger die großen Worte und Eigenmächtigkeiten der Leute um Carl Peters brachten Bismarck in eine kritische Lage als vielmehr deren Unterstützung durch nationalliberale Abgeordnete aus dem Regierungslager und durch regierungsfreundliche Blätter wie u. a. die „Kölnische Zeitung“ und die Bremer „Weser-Zeitung“.

Einzelaktionen auf dem afrikanischen Kontinent waren schon nicht mehr Hauptgegenstand der öffentlichen Diskussion. Es ging um die Grundlagen der weiteren Außenpolitik, um die Frage, wie die Kolonialexpansion mit der Sicherheitspolitik des Reichs zu vereinbaren sei. Etwa seit Anfang 1887 hatte Bismarck angesichts der Veränderungen in der internationalen Situation koloniale Annexionen nicht mehr genehmigt. Wegen dieser Zurückhaltung kam dann 1889 in nationalliberalen Blättern Kritik auf, gegen die er sich wehren mußte.

Von Bismarck veranlaßt, verfaßte v. Rottenburg, der Chef der Reichskanzlei, eine Direktive an die offiziöse „Norddeutsche Allgemeine Zeitung“, in der es hieß, das Emin-Pascha-Komitee habe die Regierung niemals in seine wahren Absichten eingeweiht. Wäre dies geschehen, so hätte der Kanzler seine Bedenken geltend gemacht, die hauptsächlich darin bestünden, daß England zu Recht in dem Unternehmen einen Einbruch in seine Interessensphäre erblicke. Weiterhin hieß es: „Die Freundschaft Englands ist für uns aber von sehr viel größerem Werte als alles, was die Expedition günstigen Falles erreichen könnte; wir haben ihr zuliebe Größeres geopfert. Entweder beabsichtigt die Expedition Anknüpfungen von Handelsbeziehungen . . ., so muß sie denn alle Gefahren selbst tragen, oder sie will im Sudan Annektierungen vornehmen; dann ist ihr Unternehmen ein strafbares, wenn es auch nach unseren Gesetzen nicht verfolgt werden kann. Wenn Herr Peters die Absicht hat, mit seinen oder mit Hilfe der Waffen Emin Paschas dem ägyptischen Reiche eine Provinz zu entreißen, die demselben nach den Verträgen zugehört, so ist dies ein kriminelles Unternehmen. Herr Peters ist dann ein flibustier . . .“, also ein Freibeuter.[110]

Obwohl die von Rottenburg niedergeschriebene und weitergeleitete Direktive vom Auswärtigen Amt in Inhalt und Ton gemäßigt wurde und der Artikel in der „Norddeutschen Allgemeinen Zeitung“ an Schärfe verloren hatte, schwoll die nationalliberale und freikonservative Zeitungskritik fast zu einer antibismarckschen

Pressekampagne an. Der Berliner Korrespondent der „Kölnischen Zeitung“ warf dem Kanzler vor, er würde, um die britische Freundschaft zu erkaufen, deutsche „Patrioten“ nicht gegen „britische Vergewaltigung“ schützen und überhaupt das Verständnis für die Erfordernisse der deutschen Kolonialpolitik verloren haben.[111] Die „Münchener Allgemeine Zeitung“ klagte, die Zukunft des Reiches wäre belastet, „wollten wir die Wärmegrade der englischen Freundschaft mit Breitengraden in Afrika erkaufen“.[112] Während Miquel, der Führer der Nationalliberalen, noch im Juli 1888 meinte, daß „eine öffentliche oppositionelle Haltung unsererseits gegen die Maßregeln der Reichsregierung ganz unzulässig“ sei,[113] wurde diese Reserve im Jahre 1889 offensichtlich aufgegeben.

Selbst Beobachter im Ausland nahmen die antibismarcksche Entrüstungskampagne ernst. Die „Wiener Neue Freie Presse“ stellte fest, daß hinter dem Emin-Komitee die Nationalliberale Partei stehe, die sich gegen Bismarck erhoben habe. Der Streit um die Expedition gehöre zu den wichtigsten Angelegenheiten des Deutschen Reiches, zu den inneren wie den äußeren. Die Nationalliberalen drohten deutlich mit dem Austritt aus dem Kartell. In der Tat, auch von der Außenpolitik her wetterleuchtete es.

*

In der ersten Phase deutscher Kolonialgründungen bestand noch der Dreibund, und das Verhältnis des Reichs zu Frankreich war entspannt, in kolonialpolitischer Hinsicht sogar gut. Die außenpolitische Stellung Deutschlands war damals solider denn je. Ab 1887 änderte sich die Lage zusehends im negativen Sinne: Der Dreibund war wegen der Balkangegensätze zwischen Österreich-Ungarn und Rußland aufgelöst, der antideutsche Revanchismus in Frankreich belebte und organisierte sich wieder; die Beziehungen zu Petersburg verschlechterten sich trotz des geheimen Rückversicherungsvertrages derart, daß für Deutschland die Gefahr eines Zweifrontenkrieges gegen Frankreich und Rußland näherrückte. Angesichts solcher Entwicklungen in Kontinentaleuropa war Bismarck über die neue und kräftigere Welle des deutschen Kolonialexpansionismus so besorgt, daß er von „Interessenfragen“ liberaler und konservativer Partei-, Handels- und Industriekreise sprach, die als unvereinbar mit den „Lebensfragen“ des von ihm gestalteten Reichs, ja der Nation überhaupt, erschienen.[114] Nicht allein daß er wegen ohnehin fragwürdiger Unternehmen in Afrika keine neuen Belastungen mit England, der See- und wirklichen Weltmacht, zulassen durfte, er mußte darüber hinaus mit ihr ein möglichst enges Verhältnis anstreben.

Von all diesen Überlegungen ausgehend, beauftragte er in einem Erlaß vom 11. Januar 1889 den Botschafter in London, den Grafen v. Hatzfeldt, bei Lord Salisbury, dem Premier und Außenminister, wegen eines Vertragsabschlusses zwischen Deutschland und England zu sondieren; beide Mächte könnten „sich für einen begrenzten Zeitraum zu gemeinschaftlicher Abwehr eines französischen Angriffes auf eine von beiden verpflichten“.[115] Um einen Krieg wirksam verhindern zu können, sollte der Vertrag nicht geheim bleiben, vielmehr „dem englischen Parlament zur Genehmigung vorgelegt und dem Deutschen Reichstage öffentlich mitgeteilt“ werden.[116]

Zunächst war der vorgeschlagene Vertrag als Warnung an die französische Regierung gedacht, die unter Umständen versucht sein könnte, ihre damalige Überlegenheit in der Infanteriebewaffnung in einem Waffengang mit Deutschland auszunutzen.[117] Gegenüber einer solchen Möglichkeit mußte ein verantwortlicher Reichskanzler um so mehr Sorge tragen, als die Vorstellung weit verbreitet war, der französische Kriegsminister Boulanger, das Idol aller Revanchisten, würde bald die ganze Regierungsgewalt an sich reißen. Wie sehr das Bündnisangebot eine als nah erscheinende Kriegsgefahr bannen sollte, ging schon aus der vorgeschlagenen Vertragsdauer hervor: Maximal drei Jahre waren vorgesehen. Es ging Bismarck „nicht um das Stärkersein im Falle des Krieges, sondern um das *Verhindern* des Krieges“.[118]

Darüber hinaus mahnte er, es sei seines Erachtens „nicht nützlich für England, die Politik der Enthaltung so weit zu treiben, daß alle kontinentalen Mächte, namentlich Deutschland, sich darauf einrichten *müssen*, ihre Zukunft ohne Rechnung auf England sicherzustellen“.[119] Durchaus bemüht, England aus seiner „splendid isolation“ etwas herauszuführen, sprach der Kanzler schließlich vom Vertrauen auf Salisbury, auch wenn dieser die Gangbarkeit des von ihm „vorgeschlagenen Weges auf englischem Terrain“ verneinen müsse.[120] Bismarck rechnete also durchaus mit der Ablehnung seines Bündnisangebotes.

In der Tat, nach einer zweimonatigen Bedenkzeit erklärte der englische Premierminister dem deutschen Sonderbeauftragten Herbert v. Bismarck: „Einstweilen lassen wir die Sache auf dem Tisch liegen, ohne ja oder nein zu sagen: das ist unglücklicherweise alles, was ich zur Zeit tun kann.“[121] Er berief sich auf den englischen Parlamentarismus, der „seine Regierung zu solcher Impotenz verdamme".[122] Trotzdem wolle er „möglichst demonstrativ ... Hand in Hand" mit Deutschland gehen. Entscheidend für London wie für Berlin war, daß der Gesprächsfaden nicht abriß und weitere Möglichkeiten eines diplomatischen Zusammenspiels erhalten blieben.

Das hatte Bismarck im Auge gehabt, als er schon Ende Januar 1889 im Reichstag erklärt hatte: „Ich betrachte England als den alten und traditionellen Bundesgenossen, mit dem wir keine streitigen Interessen haben – wenn ich sage ‚Bundesgenossen', so ist das nicht in diplomatischem Sinne zu fassen; wir haben keine Verträge mit England; – aber ich wünsche die Fühlung, die wir seit nun doch mindestens hundertfünfzig Jahren mit England gehabt haben, festzuhalten, auch in den kolonialen Fragen."[123]

Es ergab sich eine solch widersinnige Situation, daß dieselben Liberalen, die ansonsten ein Bündnis mit England schon aus ideologischen Gründen begrüßt hätten, alle Möglichkeiten guter Beziehungen gerade im Jahre 1889 durch ihren forcierten Kolonialexpansionismus ungemein erschwerten, wenn nicht gar zunichte machten.

*

Der Bündnisvorschlag Bismarcks an England hatte keine Klausel über eine gemeinschaftliche Abwehr gegen russische Angriffe enthalten. Auch wenn der Rückversicherungsvertrag – von wenigen Personen in Berlin und Petersburg abgesehen – unbekannt geblieben war, wußten Freunde und Feinde der deutschen Regierungspolitik, daß Bismarck den „Draht nach Rußland" nicht abreißen lassen wollte; mochte er ihn auch durch regierungsamtliche Maßnahmen, wie etwa das Lombardverbot vom November 1887 und Zollerhöhungen, gelegentlich stark belasten.

Die Kreise des Bankkapitals um Bleichröder und Hansemann, von jeher am Rußlandgeschäft interessiert und deshalb mit den finanziellen Restriktionsmaßnahmen der Jahre 1887 und 1888 nicht einverstanden, bildeten im Mai 1889 ein Konsortium, das russische Eisenbahnobligationen im Werte von etwa 210 Millionen Mark zu neuen, günstigeren Bedingungen übernahm und auf den Finanzmarkt bringen wollte.[124] Bismarck förderte diese sogenannte Konversionsanleihe, um deren Zulassung an der Berliner Börse nachgesucht werden mußte, da sie in seinen Augen eine diplomatisch günstigere Atmosphäre für die 1890 fällige Verlängerung des Rückversicherungsvertrags schaffen konnte. Nach seinen neuesten Erfahrungen über das Verhältnis von Geschäft und Politik sah er sich veranlaßt, den finanzpolitischen Druck auf Rußland abzuschwächen.

Die um den Generalstabschef Waldersee gruppierte Fronde der Präventivkriegsstrategen fühlte sich durch die beabsichtigten Finanzgeschäfte alarmiert, weil sie befürchtete, daß das nach Rußland fließende Kapital für strategische Eisenbahnbauten verwendet würde. Solche Argumente beeindruckten auch Männer aus der amtlichen Umgebung Bismarcks wie Bötticher, den Stellvertreter des Reichskanzlers, und Rottenburg, den Chef der Reichskanzlei, ja, sie machten sogar Bismarcks Sohn Herbert zeitweilig schwankend. Nicht verwunderlich also, daß der leicht erregbare, in der Offiziersmentalität befangene junge Kaiser zu einem Befehl zu bewegen war – wahrscheinlich von Waldersee –, in dem der Kanzler dringend ersucht wurde, das russische Geschäft unter allen Umständen zu verhindern.[125] Der Kanzler sollte auf den Börsenvorstand einwirken und in der offiziösen Presse Stimmungsmache gegen die russische Anleihe veranlassen.

Das alles lehnte er kategorisch ab. Gegenüber den militärtechnischen Auswirkungen des russischen Konversionsgeschäfts, die er im übrigen als nicht so ernst ansah, waren für Bismarck die politischen Gesichtspunkte maßgebend; danach bemühte er sich, das europäische Beziehungsgeflecht zu erweitern und durch diplomatischen Ausgleich, in den England und möglichst auch Frankreich einbezogen werden sollten, die Sicherheit des Reiches zu gewährleisten.

In einem Brief vom 26. Juni 1889 an Karl-Heinrich v. Bötticher verwahrte er sich gegen „innere und äußere Reichsfeinde, welche augenblicklich in der Kriegsgefahr und in Verstimmungen zwischen Deutschland und Rußland ihr Interesse sehen".[126] Die „Hamburger Nachrichten" ließ er gegen die „Kriegstreiberei" und „Nebenpolitik" jener Militärs polemisieren, welche die „offizielle Staatspolitik" schädigten; hervorgehoben wurde noch einmal sein von jeher gültiges Prinzip: „Es sollte dem leitenden Staatsmann überlassen bleiben, das Schiff des Staates zu steuern."[127]

Bismarck konnte zwar die Zulassung der russischen Wertpapiere an der Berliner Börse durchsetzen, aber nicht verhindern, daß auf Anordnung des Kaisers die „Norddeutsche Allgemeine Zeitung" und die „Post" dagegen eine Pressekampagne starteten. Damit war die von ihm angestrebte Verbesserung der politischen Atmosphäre zwischen Berlin und Petersburg weitgehend zunichte gemacht. Man sprach von einer „Konversionskrise", die auch das Zerwürfnis zwischen dem jungen Kaiser und dem alten Kanzler schon als irreparabel anzeigte. Bismarck ließ Wilhelm II. wissen, „daß Allerhöchste Befehle politischer Natur und von so bedeutender Tragweite, wie sie in einer offenen Parteinahme gegen Rußland bei der heutigen europäischen Situation liegen würde, eine vorgängige Erörterung der Frage zwischen Sr. M. und dem verantwortlichen Minister, namentlich dem des Auswärtigen, erfordern".[128]

Den Rat des Kanzlers mißachtend, provozierte Wilhelm II. Rußland zusätzlich durch einen Besuch in Konstantinopel im November 1889. Der Kaiser war von vornherein in unerschütterlicher Überheblichkeit davon überzeugt, daß Bismarck ja doch „ein Russe" wäre, was er im August 1889 in einer Audienz dem österreichisch-ungarischen Sektionschef v. Szögyényi im Kasinostil hinwarf.[129] Man kann Waldersee durchaus glauben, wenn er in seinen „Denkwürdigkeiten" notierte, daß die Konversionskrise der „entscheidende Wendepunkt" im Verhältnis des Kaisers zum Kanzler gewesen sei: „Er hatte seitdem im Herzen mit Vater und Sohn Bismarck gebrochen."[130]

Das Schlimmste leistete sich Wilhelm II., als er, gleichfalls im August, während einer Unterredung mit dem österreichischen Generalstabschef v. Beck in Gegenwart von Waldersee und Kriegsminister v. Verdy in eklatanter Opposition zu Bismarck bramarbasierend versicherte: „Aus welch innerer Ursache Sie mobilisieren, ob wegen Bulgarien oder sonst – der Tag Ihrer Mobilisierung ist auch der Mobilisierungstag für meine Armee, und da können die Kanzler sagen, was sie wollen."[131] Beklemmend ist das, wenn man sich der Vorkriegswochen und -tage des Jahres 1914 erinnert. Weltenweit voneinander entfernt waren die Unterschiede im Verantwortungsbewußtsein zwischen dem Reichsgründer Bismarck und dem Reichszerstörer Wilhelm.

Die Krise in der politischen und militärischen Spitze der Monarchie zog weite Kreise. Eine solche übergescheite Wetterfahne wie Johannes Miquel, der Führer der Nationalliberalen, schwenkte nun zu den stärkeren Bataillonen über. Er machte sich alle Argumente der junkerlich-militärischen Gefolgschaft Waldersees zu eigen, indem er vorgab, daß die Zeit gegen das Deutsche Reich laufe und es daher besser sei, 1890 loszuschlagen als 1891.[132] Die stärkste Partei des politischen Kartells, das Bismarck 1887 gefördert hatte, nahm jetzt Kurs gegen ihn. Das veranlaßte Waldersee, mit ihr Kontakte aufzunehmen, auf die Miquel erfreut reagierte, indem er ihm schrieb, es sei bemerkenswert, „daß ein Militär in Ihrer hohen Stellung zugleich ein so einsichtiger Staatsmann ist, der auch in politischen Dingen ein selbständiges Urteil hat".[133] Damit verstärkte sich die Phalanx der Politiker, die zusätzliche Reibungsflächen mit den ausländischen Konkurrenten schufen und damit die Bismarckschen Bemühungen um das politische Gleichgewicht zwischen den Mächten Europas durchkreuzten. Was sich hier vollzog, verstärkte nicht allein die politische Krise in der Gegenwart, sondern sollte auch die Zukunft des Reiches belasten.

Es brauchten sich nur noch die innenpolitischen Konflikte auszuweiten, damit die Interessengemeinschaft von Kaiser, Militärpartei und Teilen des liberalen Großbürgertums gegen Bismarck gefährlich für seine Stellung wurde.

Zerfall und Verlust der Macht

Seit Jahren waren die Arbeiter der Meinung, daß man sich nicht mit Abschlagzahlungen für Kranke, Invalide und Altersschwache begnügen dürfte, sondern auch den Schutz der Gesunden in den Fabriken fordern müßte. Dieses elementare Verlangen war im großen Bergarbeiterstreik von 1889 immer wieder laut geworden. Nicht verwunderlich also, daß sich die Redner während der Parlamentsdebatten darauf beriefen, als es um die Verlängerung des Sozialistengesetzes ging, die der wichtigste Beratungsgegenstand während der am 22. Oktober 1889 eröffneten Reichstagssession war.

Noch während der Verhandlungen darüber fand vom 18. November bis 30. Dezember 1889 in Elberfeld ein Monstreprozeß statt, in dem 87 Personen – darunter auch August Bebel – geheimer Verbindungen bezichtigt wurden. Man beschuldigte insbesondere die Reichstagsfraktion, das koordinierende Zentrum für die Verbreitung des „Sozialdemokrat" zu sein. Doch schließlich mußte das Landgericht die Vorwürfe für nicht erwiesen erklären; 43 Angeklagte wurden daraufhin freigesprochen, die anderen erhielten Strafen von 14 Tagen bis zu 6 Monaten Gefängnis. „Ich denke, es ist der letzte große Geheimbund-Prozeß, den sie in Deutschland aufspielen",[134] schrieb Bebel bereits am 1. Dezember und behielt damit recht.

Der Ausgang dieses Prozesses dämpfte manchen Eifer für die

Verlängerung des Sozialistengesetzes, zumal die dem Reichstag zugegangene Vorlage eine unbegrenzte Geltungsdauer vorschlug und die bürgerlichen Parteien angesichts all der harten Restriktionen auch an Auswirkungen auf die bevorstehenden Reichstagswahlen denken mußten. Für die Nationalliberale Partei war der Paragraph 28 über die Polizeibefugnis, sozialdemokratische Agitatoren aus ihrem Wohnort verweisen zu können, besonders peinlich. Zu alledem waren diese Maßnahmen auch politisch kurzsichtig, denn die Ausgewiesenen ließen sich vielfach dort nieder, wo die Sozialdemokratie bislang noch nicht Fuß gefaßt hatte. Bei wachsender Unzufriedenheit über die politischen Zustände und Unsicherheiten darüber, welche Veränderungen sich an der Staatsspitze vollziehen könnten, wollten sich die Nationalliberalen im Wahlkampf nicht dem Odium aussetzen, einem der unliberalsten Gesetzesparagraphen zugestimmt zu haben.

Sie waren ohnehin in die staatspolitische Krise hineingezogen worden. Die einen befürworteten die Beschränkung der Koalitionsfreiheit für Arbeiter und sogar Einschränkungen des Wahlrechts, andere, so Hammacher und Oechelhäuser, zogen aus der Streikbewegung entgegengesetzte Schlußfolgerungen und wollten eine zeitgemäßere Regelung der Verhältnisse zwischen Lohnempfängern und Unternehmern, um so die Arbeiterbewegung vielleicht am ehesten auf gemäßigtere Bahnen zu lenken. Die Illusion, der Sozialdemokratie in ihrer Wirksamkeit durch ein Ausnahmegesetz ernstlich beikommen zu können, hatten sie inzwischen aufgegeben.

Die Mehrheit der Nationalliberalen Partei erklärte sich nur dann bereit, für ein unbefristetes Sozialistengesetz zu stimmen, wenn es durch Verzicht auf die Ausweisungsbefugnis gemildert würde. Damit war die Einheitlichkeit zwischen den drei Kartell- oder Koalitionsparteien in Frage gestellt. Nur die Freikonservativen mit Kardorff, der bislang als die „Seele der Kartells" gegolten hatte, standen geschlossen hinter Bismarck.

Viel hing deshalb von der Konservativen Partei ab, deren Mehrheit unter dem Einfluß von Helldorf-Bedra stand. Er war im „Wettrennen um den armen Mann", wie man in den achtziger Jahren zu sagen pflegte, durchaus für Zugeständnisse auf dem Gebiet des Arbeiterschutzes eingetreten, vor allem für mehr Fabrikinspektoren. Bismarck hatte den konservativen Parteiführer schon Ende November 1889 nach Friedrichsruh eingeladen, wo Helldorf zu verstehen gab, daß eine Einigung mit der Nationalliberalen Partei nur durch eine Abschwächung der Regierungsvorlage möglich wäre. Gerade das aber wollte Bismarck nicht, der eher an eine härtere Gangart gegenüber der Sozialdemokratie dachte; für ihn näherte sich wieder einmal die Zeit für Blut und Eisen; der zufällig anwesende deutsche Botschafter in Petersburg, v. Schweinitz, tröstete sich damals nur mit dem Gedanken – wie er in seinen Denkwürdigkeiten schrieb –, „daß der Fürst eigentlich immer recht gehabt habe und daß es also vielleicht am besten sei, wenn die Sozialistenfrage bald zu einer gewaltsamen Lösung gebracht würde“.[135]

Noch hatte der Kanzler eine solche Autorität, daß die Konservativen auch nach langen parlamentarischen Beratungen ohne sein Einverständnis keinen Kompromiß mit den Nationalliberalen einzugehen wagten. Doch weder von den zuständigen Regierungsbeamten noch von Bismarck selbst erhielten sie Hinweise, wie sie sich um der Eintracht der Kartellparteien willen verhalten sollten. Nicht einmal vertraulich konnten sie in Erfahrung bringen, wie die Regierung auf ein abgemildertes und von der Reichstagsmehrheit angenommenes Sozialistengesetz reagieren würde. Anscheinend wollte man noch die Kronratssitzung abwarten, die der Kaiser zum 24. Januar 1890, einen Tag vor der Schlußabstimmung im Reichstag, ohne vorherige Verständigung mit dem Kanzler einberufen hatte.

Zunächst dozierte der Kaiser im Kronrat über die ihm von seinen privaten, also nicht verantwortlichen Beratern beigebrachten Auffassungen vom Arbeiterschutz, die dann in den „Februarerlassen“ ihren Niederschlag finden sollten. Was das Sozialistengesetz betraf, erklärte Wilhelm II., die Ausweisungsbefugnis sei nicht so bedeutend, daß man auf ihr bestehen müsse und damit das Kartell zwischen den regierungsfreundlichen Parteien gefährden dürfe. Dem widersprach Bismarck mit Schärfe: Nachgiebigkeit hätte „verhängnisvolle Folgen“. Wenn der Kaiser „in einer so wichtigen Frage“ anderer Meinung sei, dann wäre er als Kanzler „wohl nicht mehr recht an seinem Platz“. Sollte das Gesetz nicht in der von der Regierung vorgeschlagenen Form beschlossen werden, so müsse man sich „ohne dasselbe behelfen und die Wogen höher gehen lassen“. Ein „Zusammenstoß“ sei dann allerdings nicht auszuschließen.[136]

Nach diesen Ausführungen im Kronrat forderte Bismarck die Minister mit scheinliberaler Geste zu Meinungsäußerungen auf, eben jene Herren, die er drei Stunden vor Beginn der Kronratssitzung zu einer Ministerbesprechung eingeladen hatte, auf der sie und die Ressortchefs zu einer gemeinsamen Haltung gegenüber Wilhelm II. verpflichtet worden waren. Natürlich wußte er, daß sie nach einer solch kurzen Zeitspanne ihr Wort halten mußten und nur – wenn auch in Gegenwart von Majestät in vorsichtigen Formulierungen – erklären konnten, daß die Regierung weiterhin auf der Ausweisungsbefugnis bestehe.[137]

Noch einmal vermochte sich Bismarck durchzusetzen. Die Konservativen wußten nun, woran sie waren; anderntags nahmen sie des Kanzlers intransigent harte Position ein, bei der es darum ging, das Sozialistengesetz zu Fall zu bringen und danach die Lage zu verschärfen. So kam es denn, daß die Konservativen gegen das von den Nationalliberalen abgemilderte Sozialistengesetz stimmten, zusammen mit dem Zentrum, den Freisinnigen und – grotesk genug – mit den Sozialdemokraten. Eine schier widersinnige Majorität war es, die das Sozialistengesetz scheitern ließ.

*

Von Ende Mai 1889 bis Ende Januar 1890 – nur mit kurzen Unterbrechungen im August, als Kaiser Franz Josef in Berlin weilte und Bismarck mit dem Grafen Kálnoky konferierte, und im Oktober, als Kaiser Alexander III. die Hauptstadt besuchte –, also nahezu acht Monate lang, war der Reichskanzler nicht in Berlin gewesen. Wahrscheinlich lebte er während seines Friedrichsruher Aufenthaltes in der Hoffnung, daß der Sohn Herbert in Berlin den Verlauf des politischen Geschehens schon aus der Nähe verfolgen werde und er selbst durch sein Fernsein die Reibungsflächen mit dem jungen Kaiser vermindern könnte. Dieser sollte so wenig wie möglich das Gefühl haben, vom alten Kanzler bevormundet zu werden.[138]

Nun kam Bismarck gegen Ende Januar nach Berlin zurück, und die Dinge ließen sich in den kommenden sechs Wochen schlechter an als eh und je. Noch glaubte er, durch eine von ihm selbst vorgeschlagene Ämterreduzierung – er ließ sich vom Ministerium für Handel und Gewerbe entbinden – das Übrige vielleicht in der lenkgewohnten Hand behalten zu können. Mitnichten! Nachdem er schon in der Nachmittagssitzung des Kronrats vom 24. Januar Widerspruch gegen die von Bötticher entworfenen Arbeiterschutzprojekte angemeldet hatte, erließ der Kaiser am 4. Februar zwei diesbezügliche Erlasse, die ohne des Kanzlers Gegenzeichnung veröffentlicht wurden.

Der eine Erlaß bezog sich auf die Vorbereitung einer Konferenz der Regierungen von Deutschland, Frankreich, England, Belgien und der Schweiz, die sich über jene Bedürfnisse der Arbeiter, die in den vergangenen Streiks zum Ausdruck gekommen waren, verständigen sollten. Die internationale Arbeiterschutzkonferenz tagte zwar vom 15. bis 29. März in Berlin, hinterließ aber nichts als „ein inhaltsarmes Protokoll und einige leere Resolutionen", wie die „Neue Zeit" kommentierte.[139]

Der zweite „Februarerlaß" war an die Minister für öffentliche Arbeiten und für Handel und Gewerbe gerichtet. Neben dem „weiteren Ausbau der Arbeiterversicherungsgesetzgebung" sollten die bestehenden Vorschriften der Gewerbeordnung über die Verhältnisse der Fabrikarbeiter überprüft werden, „um den auf diesem Gebiet laut gewordenen Klagen und Wünschen, soweit sie begründet sind, gerecht zu werden". Es sei eine der Aufgaben der Staatsgewalt, „die Zeit, die Dauer und die Art der Arbeit so zu regeln, daß die Erhaltung der Gesundheit, die Gebote der Sittlichkeit, die wirtschaftlichen Bedürfnisse der Arbeiter und ihr Anspruch auf gesetzliche Gleichberechtigung gewahrt blieben".

Damit war eine umfangreiche Arbeiterschutzgesetzgebung angekündigt, die Maximalarbeitstag, Sonn- und Feiertagsruhe, Arbeitsschutzbestimmungen, Beschränkung der Frauenarbeit, Verbot der Kinderarbeit und anderes mehr einschloß.[140] Es wurden auch Arbeiterausschüsse zur Interessenvertretung bei Verhandlungen mit den Unternehmern in Aussicht gestellt. Daß Wilhelm II. unter dem Einfluß politisch so unerfahrener Männer wie seines Erziehers Hinzpeter, des Grafen Douglas und des Malers August v. Heyden vorübergehend vom sozialen Kaisertum entflammt war, kränkte Bismarck ganz besonders. Noch am 4. Februar 1890 erklärte er in einer parlamentarischen Soiree, er sei an den am gleichen Tag unterzeichneten Erlassen „schuldlos". Überdies spürte er, daß es Wilhelm II. weniger um die Lage der Arbeiter ging als darum, sich in seinem übersteigerten Selbstgefühl von seinem Kanzler zu distanzieren. Machte doch die kaiserliche Ankündigung einer umfangreichen Arbeiterschutzgesetzgebung die nochmalige Vorlage eines verschärften Sozialistengesetzes unmöglich und erst recht die Herbeiführung einer Situation, in der – wie Bismarck es wünschte – die sozialdemokratische Frage zu einer militärischen wurde.

Es konnte auch nicht im Sinne Bismarcks sein, daß sich der König von Sachsen und der Großherzog von Baden, die anläßlich der Totenfeier für die im Januar 1890 verstorbene Kaiserin Augusta nach Berlin gekommen waren, auf Bitten des Kaisers geneigt zeigten, einen Gesetzentwurf über den Arbeiterschutz im Bundesrat einzubringen. Nichts war dabei vorher mit dem Kanzler abgesprochen – wieder ein Affront.

Der zunehmende Gegensatz zwischen dem Kaiser und dem Kanzler wurde allmählich auch durch die Presse publik, besonders durch die der Deutschen Freisinnigen Partei. Isoliert war aber der Kanzler noch nicht. Selbst wenn sich der Nationalliberale Miquel und der Zentrumsmann v. Huene für die Februarerlasse ausgesprochen hatten, es stellte sich bald heraus, daß Wilhelm II. mit diesen politisch zu weit gegangen war; die Erlasse fanden, wie der Generalstabschef Waldersee vermerkte, „erheblichen Widerstand bei allen Großindustriellen und überhaupt wohl beim Großkapital“.[141] Die Börse reagierte mit einem Fall der Kurse und die Presse mit kritischen Kommentaren.

Die „Post“, die schon seit einigen Jahren zum Sprachrohr von Kardorff und Stumm geworden war, meinte, daß die Erlasse „den wahren Vaterlandsfreund zum tiefen Ernst stimmen“ müßten, mit ihnen sei „eine Bahn beschritten worden, auf der große Schwierigkeiten, vielleicht Gefahren“ aufkommen könnten. Ähnlich reagierte die „Rheinisch-Westfälische Zeitung“. Die „Kölnische Zeitung“ traf sich mit Bismarcks Meinung, als sie schrieb, die Erlasse würden „hochfliegende Hoffnungen“ erwecken und „das Machtbewußtsein, den Großmachtkitzel der Arbeitermassen steigern“.[142]

In der Tat nannte der „Sozialdemokrat“ am 15. Februar triumphierend die kaiserlichen Erlasse „eine Kapitulation vor der Schlacht“ und setzte auseinander, daß die Arbeiter möglichen Zugeständnissen der Regierung im Geiste des alten Hildebrandsliedes begegnen sollten: „Mit dem Speere soll man Gaben empfangen, Spitze gegen Spitze“.

Wenn anfangs beide Erlasse den in Deutschland und in Europa entstehenden Bewegungen von unten und von oben – also von den Arbeitern und von der Regierungsebene her – entgegenzukommen schienen, so änderte sich dieses Bild sehr rasch. Hatte die Presse schon angezeigt, daß das große Industrie- und Bankkapital grundsätzlich wenig konzessionsbereit war, so wurde dies durch Anzeichen der konjunkturellen Trendwende zu Beginn des Jahres 1890 noch deutlicher.[143] Der Generaldirektor von Krupp, Jencke, und der „Saar-König“ Stumm vermochten Wilhelm II.

rasch umzustimmen, so daß dieser in wesentlichen Punkten von seinen Erlassen schon zur Zeit ihrer Publikation abrückte.[144]

Man bereitete nun alles vor, um die Dinge zu verwässern. Am 9. Februar wurden unter anderen Fürst Pleß von der Henckel-Donnersmarck-Hütte, Stumm, Krupp und Jencke zu Mitgliedern des Staatsrates ernannt. Am 11. Februar 1890 eröffnete Wilhelm II. dann den Staatsrat, der mit „sachkundiger Besonnenheit", wie der Kaiser erklärte, „Zweckmäßigkeit, Ausführbarkeit und Tragweite" des sozialpolitischen Programms vom 4. Februar prüfen sollte.[145] Miquel vollzog die rasche Wendung des Kaisers schnell und konsequent mit, woraufhin er im Staatsrat zum Referenten in der sozialpolitischen Angelegenheit gewählt wurde, Jencke zu seinem Korreferenten. So konnte man die Erlasse trotz aller öffentlichen Proklamation schließlich wirkungslos machen.

Im Machtkampf zwischen dem Kaiser und Bismarck war nun eine geradezu paradoxe Situation eingetreten: im sozialpolitischen Bereich waren sie einander sogar nähergekommen, aber gerade dadurch hatte sich der Monarch so viel politische Rückendeckung bei der Groß- und insbesondere der Schwerindustrie verschafft, daß er nun leichter auf sein Ziel zugehen konnte, den unbequemen Kanzler loszuwerden. Dessen war sich Bismarck auch bewußt, als er am 8. Februar in einer Audienz bei Wilhelm II. sagte: „Ich fürchte, daß ich Eurer Majestät im Weg bin".[146] Majestät widersprach dem nicht, schwieg zunächst und stellte dann die enthüllende Frage: „Aber die Militärforderungen werden Sie doch noch durch den Reichstag bringen?"[147]

Im Grunde war Bismarck mit dem vom Kaiser beim Kriegsminister General Verdy du Vernois angeregten Plan einer Heeresvergrößerung nicht einverstanden,[148] sie erschien ihm militärisch nicht notwendig und seiner gerade damals betonten Politik des Ausgleichs mit den europäischen Mächten störend. Dennoch übernahm er den kaiserlichen Auftrag und entwickelte schon im Gespräch seinen Plan gegen den Reichstag, von dem aus finanziellen Gründen Widerstand zu erwarten war. Bismarck ging es nicht so sehr ums Heer, sondern um einen Konfliktkurs, bei dem der Kaiser wieder von ihm abhängig werden könnte.

Die Audienz am 8. Februar hatte die Dinge noch in der Schwebe gelassen. Bei Bismarcks Vorschlag, als preußischer Ministerpräsident zurücktreten zu wollen, hatte der Kaiser nur schweigend genickt.

Mit Lucanus, dem Leiter des kaiserlichen Zivilkabinetts, hatte der Kanzler dann eine Order besprochen, die seinen Teilrücktritt am Abend des 20. Februar, also der Reichstagswahl, verkünden sollte. Ein unabänderlicher Entschluß war es aber auch nicht, wie er anderntags in der preußischen Staatsministerialsitzung erkennen ließ, eher ein Test, wie die Minister reagieren würden. Und die beschworen ihn keineswegs zu bleiben.

Als der bayerische Gesandte Graf Lerchenfeld die Aufhebung der Personalunion von Reichskanzler und preußischem Ministerpräsidenten mit dem Argument widerrief, dadurch könnte die Stabilität des Reiches beeinträchtigt werden,[149] nutzte der Kanzler diese Situation aus, um in einer weiteren Unterredung mit dem Kaiser den bereits verabredeten Teilrücktritt als verfrüht zu erklären, worauf Wilhelm II. mit der keineswegs ermutigenden Bemerkung reagierte: „Da bleibt also bis auf weiteres alles beim Alten".[150]

Auch die Stimmung der Presse war kühl geblieben, als der Kanzler einiges von seinen Rücktrittsabsichten an die Öffentlichkeit gebracht hatte. Ein fast fünfundsiebzigjähriger Staatsmann, so meinte man, könne nicht weiter der Leiter aller wichtigen Ressorts im Reich und in Preußen bleiben. Die angesehene Zeitschrift „Die Nation" stellte nur sachlich fest: „Der bisher politisch mächtigste Mann Deutschlands besitzt keine Gefolgschaft, auf die er sich stützen könnte".[151] Ja, schwer war es gewesen, an diese Machtfülle zu kommen, noch schwerer, sie zu verlieren.

*

Inzwischen war auch das Parteienbündnis zwischen den Freikonservativen, Deutschkonservativen und Nationalliberalen – das sogenannte Kartell – durch den Fall des Sozialistengesetzes, die Februarerlasse und die bekanntgewordenen Spannungen zwischen Bismarck und dem Kaiser brüchig geworden.

Die von Kardorff inspirierten Freikonservativen bemühten sich in ihrem Wahlaufruf um die Weiterführung der alten Kartellpolitik; sie plädierten für die „nationale Politik des vom Fürsten Bismarck beratenen deutschen Kaisers", für vermehrten Arbeiterschutz, aber auch Schutz der Unternehmer vor den „Ausschreitungen" der Arbeiter. Die Deutschkonservativen erwähnten Bismarck in ihrem Wahlaufruf überhaupt nicht mehr. Die Rüstungspolitik sollte fortgesetzt und die Sozialdemokratie auch mit repressiven Mitteln bekämpft werden.

In dem von Miquel ausgearbeiteten Wahlaufruf vermieden die

Nationalliberalen einen Angriff auf den Kanzler, sie anerkannten seine bisherige Außenpolitik, orientierten sich aber vorsichtig auf den Kaiser und verlangten eine weitere Verfolgung der Kolonialpolitik. Ihr Aufruf erinnerte an den behutsamen Ausbau der Sozialgesetzgebung, aber auch an die Bereitschaft, „unerläßliche Machtmittel" gegen den sozialdemokratischen „Umsturz" anzuwenden.

Das Zentrum, das nicht im auseinanderdriftenden Kartell war, rechnete auf gute Wahlchancen. In seiner schon frühzeitig veröffentlichten Proklamation vermied es eine Option zwischen Kaiser und Kanzler. Wie dies schon Reichensperger während der Debatte über das Sozialistengesetz getan hatte, erklärte die Parteiführung nochmals die christliche Erziehung für das beste Mittel gegen den Sozialismus. Natürlich forderte sie auch die Beseitigung der letzten Kulturkampfgesetze; hauptsächliche Arbeiterschutzforderungen waren das Verbot der Sonntagsarbeit und die Einschränkung der Frauen- und Kinderbeschäftigung. Zur Sozialpolitik des Zentrums gehörte die Sorge um die Existenz des Handwerkerstandes. Den alten Ruch der „Reichsfeindschaft" wollte man loswerden, deshalb verkündete die Zentrumsführung, daß sie für „die volle Wehrhaftigkeit des Reiches" eintreten werde und an den „Grundlagen der Verfassung" festhalte. Mit diesem Wahlaufruf bereiteten sich Windthorst und seine Getreuen für alle Fälle auch auf Umstellungen im politischen Schachspiel kommender Koalitionsverhandlungen vor.

Der Wahlaufruf der Deutschen Freisinnigen Partei zeigte Differenzierungen innerhalb des Großbürgertums an. Sein Autor war Karl Schrader, der Mitdirektor der Deutschen Bank. Hauptforderungen waren die Neuordnung des Reichshaushaltes, die Verkürzung der Militärdienstzeit, der endgültige Verzicht auf das Sozialistengesetz, die Regelung des Vereins- und Versammlungsrechts und erhöhte Einflußmöglichkeiten des Reichstages. Wirtschaftspolitisch forderte man die Beseitigung oder zumindest Senkung der Zölle und Steuern auf Lebensmittel und die „Rückkehr zu einer Zollpolitik, welche durch feste Tarifverträge dem Handel und der Industrie einen lohnenden Verkehr mit allen zivilisierten Ländern sichert".[152] Das war als Wahlparole zugkräftig wie auch exportorientiert, also gegen die Interessen der Junker gerichtet. In der Sozialpolitik verlangten die Freisinnigen eine „ausreichende Arbeiterschutzgesetzgebung" sowie den Ausbau der privaten Arbeiterversicherung anstelle der „staatlichen Zwangseinrichtungen".

Hinsichtlich der aktuellen Optionsfrage zwischen Kaiser und Bismarck erklärte sich die Freisinnige Partei „als eine Stütze und Helferin der kaiserlichen Bestrebungen".

Schon wird in den Wahlproklamationen deutlich, wie man sich entweder der Stellungnahme zu Bismarck entzieht oder beginnt, für den Kaiser zu optieren. Die Zwistigkeiten in der Führungsspitze teilten sich den Wählern mehr oder weniger mit – in der Art, wie das Sozialistengesetz fiel, in der Uneinigkeit und mangelnden Initiative der Kartellparteien. Unzufriedenheit herrschte zudem über das Steigen der Getreide- und Fleischpreise nach der letzten großen Getreidezollerhöhung; sie reichte bis zur Empörung, als der Großgrundbesitz beim letzten Branntweinsteuergesetz allzu offensichtlich begünstigt wurde. Die Kartellparteien, die „Lebensmittelverteuerer", befanden sich in der Defensive. Aber auch das kaiserliche Arbeiterschutzprogramm war so abgeschwächt worden, daß es bei den Wählern kaum noch Anklang finden konnte.

So brachten die Wähler, die im Vergleich zu 1887 in geringerer Zahl an die Urnen gingen, sowohl Bismarck wie dem Kaiser eine Niederlage bei. Die Nationalliberalen verloren über eine halbe Million Stimmen und 57 Mandate, sie verfügten nur noch über 42 Abgeordnete. Die Fraktion der Freikonservativen – Bismarck anhängend – halbierte sich auf 20 Abgeordnete. Die Konservativen büßten nahezu eine Viertelmillion Stimmen ein, verloren aber wegen der Wahlkreiseinteilung zugunsten agrarischer Gebiete nur 7 Mandate. Insgesamt gingen die drei Kartellparteien ihrer dominierenden Stellung verlustig, die sie während der letzten drei Jahre eingenommen hatten.

Die Zentrumspartei verlor zwar fast 175000 Stimmen, gewann jedoch – wiederum durch die ungerechte Wahlkreiseinteilung – 8 Mandate hinzu und konnte mit 106 Abgeordneten die bei weitem stärkste Reichstagsfraktion bilden.

Sieger unter den bürgerlichen Parteien wurde die Süddeutsche Volkspartei, die erneut 10 Reichstagssitze einnahm. Die Freisinnigen gewannen 34 neue Sitze und überflügelten mit ihren 66 Abgeordneten die Fraktion der Nationalliberalen. Da sie sozial und politisch recht heterogen waren, konnte man nur bedingt von einer Linksschwenkung im Liberalismus sprechen.

Überragender Sieger war die Sozialdemokratie, die mit ihren 1,4 Millionen Wählerstimmen zur außerparlamentarisch stärksten Partei wurde; sie konnte aber nur mit 35 Abgeordneten in den Reichstag einziehen. Mit diesem Wahlergebnis steigerte sie noch ihren durch den Fall des Sozialistengesetzes errungenen Triumph über Bismarck. Nicht bloß ihre städtischen Schwerpunkte konnte sie verstärken, sie gewann auch Zustrom in ländlichen Gebieten, wenn auch noch lange nicht im ostelbischen Bereich. Wieder beeindruckte diese Partei durch ihre Verbindung von Zukunftsorientierung mit dem Kampf ihrer Mitglieder für die Gegenwartsinteressen der Arbeiter.

Obwohl die Kartellparteien „schlechte" Wahlen befürchtet hatten, waren sie dann doch von deren Ergebnis schockiert. Ihr Wahlfiasko schrieben die Freikonservativen und Nationalliberalen aber nicht ihrer Politik zu, sondern dem allgemeinen, gleichen, direkten und geheimen Stimmrecht. Darüber fielen die „Kölnische Zeitung", die „Nationalzeitung" und die „Hamburger Nachrichten" in „fassungsloser Wut" her, wie die freisinnige „Nation" feststellte. Wilhelm v. Kardorff hielt die Abschaffung des allgemeinen Wahlrechts für notwendig, was sich aber, wie er hinzufügte, „ohne Bismarck kaum machen ließe".[153]

In der kaiserlichen Umgebung warf Philipp zu Eulenburg die Frage auf: „Wie wäre ein Antrag sämtlicher Bundesfürsten auf Revision des Wahlmodus unter Führung des Kanzlers? Ich gebe zu, daß es sich hierbei um einen Staatsstreich handeln und das Schießen kaum vermieden werden könnte, aber ich glaube fast, daß der Fürst dafür zu haben sein würde, denn im Grunde krankt er doch an seinem Wahlrecht".[154]

All diese reaktionären Stimmungen unter Parteiführern und in höfischen Kreisen kamen neu formulierten Verfassungsinterpretationen Bismarcks entgegen. Danach war das Deutsche Reich nicht ein Bund der Einzelstaaten, sondern der Souveräne.[155] Diese Auffassung formulierte er zunächst in einer Audienz beim Kaiser am 1. März 1890 und erläuterte sie anderntags weiter in der preußischen Staatsministerialsitzung. Dort spekulierte er, es „könnten nötigenfalls die Fürsten und die Senate der freien Reichsstädte den Beschluß fassen, von dem gemeinschaftlichen Vertrage allseitig zurückzutreten. Auf diese Art würde es möglich sein, sich von dem Reichstage loszumachen, wenn die Wahlen fortgesetzt schlecht ausfallen sollten".[156] Schließlich erwog Bismarck sogar, ob die Niederlegung der Kaiserwürde seitens des Königs von Preußen die fortgesetzte Opposition des Reichstags matt setzen könnte.

Ähnliche Staatsstreichgedanken hatten auch Eulenburg und Waldersee. Im militärischen Bereich gab es dazu sogar einen konkreten Plan, nämlich den vom Kriegsminister Verdy du Vernois am

12. März dem Kanzler vorgelegten „Entwurf eines Erlasses an die Generalkommandos, betr. die Überwachung der sozialdemokratischen Bestrebungen".[157] Da war alles festgelegt, bis hin zu den „Räumlichkeiten für Arrestanten", die „in unauffälliger Weise vorzubereiten" seien. Bismarck gab dazu bereits am 13. März sein „volles Einverständnis". Anders aber stand es mit der politischen Vorbereitung des Staatsstreichs. Sehr bald stellte sich heraus, daß das von Bismarck beim Kaiser und im preußischen Staatsministerium Vorgetragene im Grunde genommen rein spekulativ war.[158]

Es wäre ohnehin – das wußte Bismarck sehr genau – ein hoffnungsloses Unterfangen gewesen, Wilhelm II. zu bewegen, auf den Glanz der Kaiserwürde, die er erst so kurze Zeit und doch so sehr genoß, im Zuge einer gewagten Staatsstreichaktion auch nur vorübergehend zu verzichten. Und die Bundesfürsten, die es in ihren Ländern zumeist mit einem auf modernem Niveau stehenden Industriekapitalismus und seinen neuen Klassenstrukturen zu tun hatten, konnten sich gleichfalls auf keine unwägbaren Verfassungsmanipulationen einlassen. Warum sollte zum Beispiel der König von Sachsen in einem Land mit einem beträchtlichen Anteil von Sozialdemokraten ohne Not die Lage verschärfen? Für den Senat der Freien und Hansestadt Hamburg war gleichfalls Vorsicht geboten. Auch der Großherzog von Baden, Regent des liberalen Musterländles mit einem immer noch bestehenden Grenzlandbewußtsein, war gar nicht in der Lage, ein Unternehmen Bismarcks zu unterstützen, das die durch die Reichseinheit gewährte Sicherheit Süddeutschlands gefährdete. Schon 1889 hatte er die von Berlin geforderten Grenzrepressalien gegen die Schweiz verweigert. Müßig, eruieren zu wollen, ob sich andere Bundesfürsten, wie etwa die in Württemberg, Bayern und in thüringischen Ländern, zu Handlangern von Staatsstreichen bereit gefunden hätten. Auch wenn Bismarck seine Vorstellungen juristisch begründete, waren sie politisch so nebulös, daß im Frühjahr 1890 von Berlin aus nicht einmal Sondierungen gemacht, geschweige denn Absprachen getroffen wurden. Im Grunde wollte doch auch Bismarck nichts weniger als das von ihm geformte Reich durch Risiken gefährden.

Warum also sein rhetorisches Zündeln? Wie nicht selten, hatte Bismarck, um etwas zu erreichen, alles absichtlich überzogen. Rationeller Kern seiner drohenden Redereien war das Bemühen, eine verschärfte Repressionspolitik – im Rahmen der bestehenden Verfassung – zu fördern. Durch Vorlagen über eine Heeresvergrößerung und eine Verschärfung des Sozialistengesetzes wollte er den Kampf mit dem neu gewählten Reichstag aufnehmen und ihn durch den Kaiser auflösen lassen – einmal, auch zweimal, wenn es sein mußte – und Wahlen unter moralisch-politischem Druck der Regierung durchführen, ähnlich denen von 1878 und 1887. Sie konnten den Charakter von bonapartistischen Plebisziten annehmen. Doch auch dafür war die Zeit um.

Nachdem Bismarck am 2. März im preußischen Staatsministerium den Entwurf eines Sozialistengesetzes, der die Befugnis zur Expatriierung von Sozialdemokraten und „verschärfte Strafbestimmungen für die Arbeiter, welche andere zum Streiken zwingen wollen", in Aussicht gestellt hatte,[159] kam für ihn am 4. März die Enttäuschung. Der Kaiser verweigerte ihm die Ermächtigung, einen solchen Gesetzentwurf im Bundesrat einzubringen. Helldorf, der die Freikonservativen und Nationalliberalen noch einmal zu einem Kartell zusammenbringen wollte, hatte Wilhelm II. beschworen, auf die Vorlage eines neuen Sozialistengesetzes zu verzichten: sie sei eine ganz nutzlose Provokation, eine Politik, die Skandale heraufbeschwöre, während Ruhe nötig sei, und die alles zerstöre, was der Kaiser anstrebe. Auch andere Parteiführer und Zeitungsorgane waren zu der Einsicht gekommen, daß das Sozialistengesetz wirkungslos sei, weshalb man, wie die freikonservative „Post" schrieb, „eine Zeitlang" ohne es auskommen müsse.

Bismarcks politische Isolierung machte solch schnelle Fortschritte, daß er am 10. März den fast verzweifelten Versuch unternahm, eine neue politische Kombination in die Wege zu leiten. Vermittelt durch Bleichröder, hatte er eine nahezu zweistündige Unterredung mit seinem bisherigen parlamentarischen Erzfeind Windthorst, der nun einmal die stärkste Reichstagsfraktion repräsentierte. In diesem Gespräch wurden auch politische Kompromisse erwogen, deren Chancen jedoch Windthorst am Ende für gering einschätzte. Noch am Abend jenes 10. März bekannte er dem schlesischen Zentrumsabgeordneten Felix Porsch: „Ich komme vom politischen Sterbebett eines großen Mannes".[160]

Nachdem diese Unterredung bekanntgeworden war, opponierten verständlicherweise zunächst die Nationalliberalen, die sich unter Führung Miquels seit längerer Zeit langsam von Bismarck entfernten und auf den Kaiser orientierten mit der Absicht, ihn womöglich zu beeinflussen. Hans Delbrück, nach Treitschke zum

Herausgeber der „Preußischen Jahrbücher" avanciert, meinte, die Regierung würde, falls sie die Unterstützung nicht bei den rechten Liberalen, sondern beim Zentrum suchte, „die zuverlässigsten Elemente der nationalen Staatsbildung zerstören".[161] Auch die Konservativen befürchteten, in Abhängigkeit vom Zentrum zu geraten, das ohnehin Schwierigkeiten bei der Militärgesetzgebung machen würde; sie lehnten Bismarcks neue Kombinationen ab und ließen dies den Kaiser wissen.

*

Des Kanzlers politische Isolierung war nach dem 10. März offensichtlich geworden. Nun war die Zeit für den Kaiser gekommen. Am frühen Morgen des 15. März 1890 erschien er in der Amtswohnung Herbert v. Bismarcks im Auswärtigen Amt und ließ, flegelhaft wie die junge Majestät nun einmal war, den alten Bismarck vorzeitig wecken und sich in Eile ankleiden. Dann folgte die letzte amtliche Aussprache zwischen Wilhelm II. und Bismarck, der sich, aufs Äußerste gereizt und dennoch die in langjähriger Routine geschulte Form wahrend, nach Kräften gegen die kaiserlichen Vorhaltungen wehrte.

Zunächst warf ihm Wilhelm Eigenmächtigkeit wegen des Empfangs von Windthorst vor. Ganz im Geiste seiner absolutistischen Ambitionen verlangte der Kaiser, daß der verantwortliche Kanzler ihn vorher über Gegenstand und Ziel von Verhandlungen mit Parteiführern unterrichtete und seine Zustimmung einhole. Gegen diese Forderung, die auch persönlich unverschämt war, verwahrte sich Bismarck unter Berufung auf Geist und Praxis der Verfassung.

Um Verfahrensfragen des Konstitutionalismus ging es auch bei der Auseinandersetzung über eine Ordre von 1852, die dem Ministerpräsidenten die Möglichkeit gab, den Immediatverkehr der Minister mit dem König zu kontrollieren – spöttisch sprach man, nachdem Bismarck diese Ordre erneut in Erinnerung gebracht hatte, von der „Ministersperre". Natürlich wollte der Kanzler damit die zahlreichen Ohrenbläsereien bei dem dafür nur allzu empfänglichen Kaiser unterbinden und die Minister wieder stärker unter seine Leitung bringen.

Am meisten aufbringen mußte den Kanzler, daß ihm der Kaiser Fehleinschätzung des Verhältnisses mit Rußland vorwarf, ausgerechnet zu der Zeit, als am 17. März der russische Botschafter Graf Paul Schuwalow bei Bismarck mit der Vollmacht zur Erneuerung des Rückversicherungsvertrages erschien. Letzteres könnte allerdings von Bismarck zweckdienlich arrangiert worden sein. In den kommenden drei Tagen rückte die Außenpolitik und insbesondere das Verhältnis zu Rußland in den Mittelpunkt der internen Auseinandersetzungen. Am 17. März schickte Wilhelm die Bismarck zugegangenen Berichte des deutschen Konsulats in Kiew zurück und legte – unverschlossen, also für die Beamten lesbar[162] – ein ebenso beleidigendes wie sachunkundiges Handschreiben bei, in dem es hieß: „Die Berichte lassen auf das klarste erkennen, daß die Russen im vollsten strategischen Aufmarsch sind, um zum Kriege zu schreiten. Und muß ich es sehr bedauern, daß ich so wenig von den Kiewer Berichten erhalten habe. Sie hätten mich schon längst auf die furchtbar drohende Gefahr aufmerksam machen können! Es ist die höchste Zeit, die Oesterreicher zu warnen, und Gegenmaßregeln zu treffen. Unter solchen Umständen ist natürlich an eine Reise nach Krasnoe meinerseits nicht mehr zu denken!“[163]

Indem er von einer militärischen Warnung an Wien eindringlich abriet, antwortete der Kanzler unverzüglich am 17. März 1890: „Unsere Beziehungen zu Rußland sind besonders seit dem Oktoberbesuch des Zaren und zufolge der Mitteilungen, welche Graf Schuwalow bei seiner heutigen Rückkehr über die Stimmung und die Absichten in betreff der zukünftigen Beziehungen zu Rußland gemacht hat, bisher so gute und klare, daß sie ein Mißtrauen in höchstdessen Absichten nicht rechtfertigen: In Österreich wird man aber über russische militärische Maßnahmen sicherere Nachrichten haben, als sie die Informationen des Konsuls in Kiew zu geben vermögen“.[164]

Unaufhaltsam rollte das Rad nun das letzte Stück des Abhanges hinab. Noch am Vormittag dieses 17. März ließ der Kaiser durch den Chef des Militärkabinetts, General v. Hahnke, dem Kanzler fast in Befehlsform mitteilen, er möge sofort sein Entlassungsgesuch einreichen und am Nachmittag zur Entgegennahme des Abschieds ins Schloß kommen. Bismarck wehrte sich gegen dieses verletzende Drängen; er beanspruchte angemessene Zeit, um eine seiner historischen Rolle und Persönlichkeit gemäße Begründung seines Abschieds schreiben zu können.

Diese Verzögerung steigerte noch die Ungeduld im Schloß, die schon angstvoll wurde, als der in Berlin anwesende Großherzog von Baden vom Gerücht sprach, beide Bismarcks könnten den Rücktritt von ihren Ämtern mit dem kaiserlichen Handschreiben über Rußland begründen und dies publik machen.[165] So entschloß man sich noch am Abend des 17. März, nicht den Chef des Militär-, sondern den des Zivilkabinetts, Lucanus, erneut zu Bismarck zu schicken und das Entlassungsgesuch anzumahnen. Der Gründer des Reichs, wie ein säumiger Untertan behandelt, ließ ausrichten: Seine Majestät könne ihn ja jederzeit entlassen; der Kaiser von Österreich sage auch, wenn er sich von einem Minister trennen wolle: „Wir haben befunden ..."[166] Zur Rücksichtslosigkeit gegenüber dem alten Kanzler kam noch die Schmierenkomödie. Der kaiserliche Beauftragte mußte sondieren, ob Bismarck den Herzogtitel annehmen würde. Während also Bismarck hinter den Kulissen ohne Anstand bedrängt wurde, sollte er auf offener Bühne vor aller Welt durch kaiserliche Huld erhöht werden. Er lehnte das Anerbieten höflich, aber entschieden ab.

Anderntags, am 18. März 1890, schickte der Kanzler abends 8 Uhr sein Abschiedsgesuch ab, das – wie er stets betonte – kein Entlassungsgesuch, sondern im Grunde das Gegenteil eines solchen war. Kein Wort ist darin zu finden von angegriffener Gesundheit, von schwächer werdenden Kräften oder allgemeiner Amtsmüdigkeit. Eindeutig sind die vom Kaiser verlangten Bedingungen genannt, unter denen er sein Amt nicht mehr ausführen könne. Da ist vor allem die Rede von der Regelung der ministeriellen Verantwortlichkeit nach der Ordre vom 8. September 1852, die Bismarck als entscheidend für die Stellung des Ministerpräsidenten zum Staatsministerium ansieht. „In der absoluten Monarchie", so hieß es da, „war eine Bestimmung, wie die Ordre von 1852 enthält, entbehrlich u. würde es auch heut sein, wenn wir zum Absolutismus, ohne ministerielle Verantwortlichkeit zurückkehrten; nach den zu Recht bestehenden verfassungsmäßigen Einrichtungen aber ist eine präsidiale Leitung des Minister-Collegiums auf der Basis des Prinzips der Ordre von 1852 unentbehrlich".[167]

Nachdem Bismarck diese deutliche Unterscheidung vom Absolutismus genannt hat, betont er, daß bei jedem seiner Nachfolger das Bedürfnis für die Verantwortlichkeit noch stärker sein würde, „weil ihm nicht sofort die Autorität zur Seite stehen wird, die mir ein langjähriges Präsidium u. das Vertrauen der beiden hochseligen Kaiser bisher verliehen hat". In diesem nur scheinbar sachlichen Hinweis sind gleich zwei Speerspitzen gegen Wilhelm II. versteckt; die eine zielt auf die Betonung seiner erworbenen Autorität hin, die andere auf die Haltung der beiden vorhergehenden Kaiser ihm gegenüber, die – unausgesprochen, aber zwischen den Zeilen deutlich lesbar – der jetzige Souverän offensichtlich aufgegeben hat.

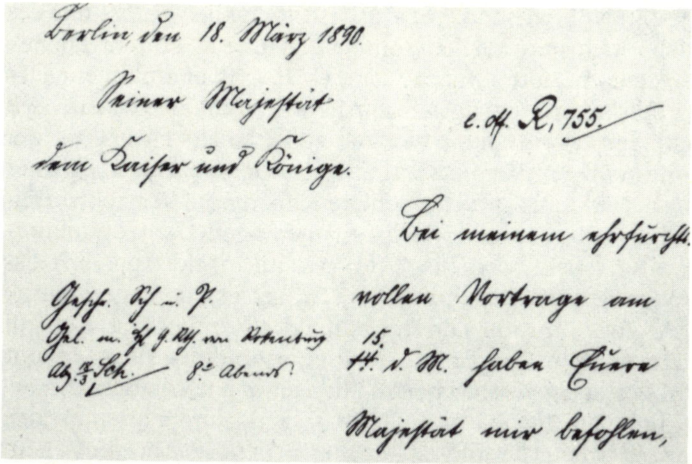

Berlin, den 18. März 1890.

Seiner Majestät
dem Kaiser und Könige.

Bei meinem ehrfurchts-
vollen Vortrage am
15. d. M. haben Eure
Majestät mir befohlen,

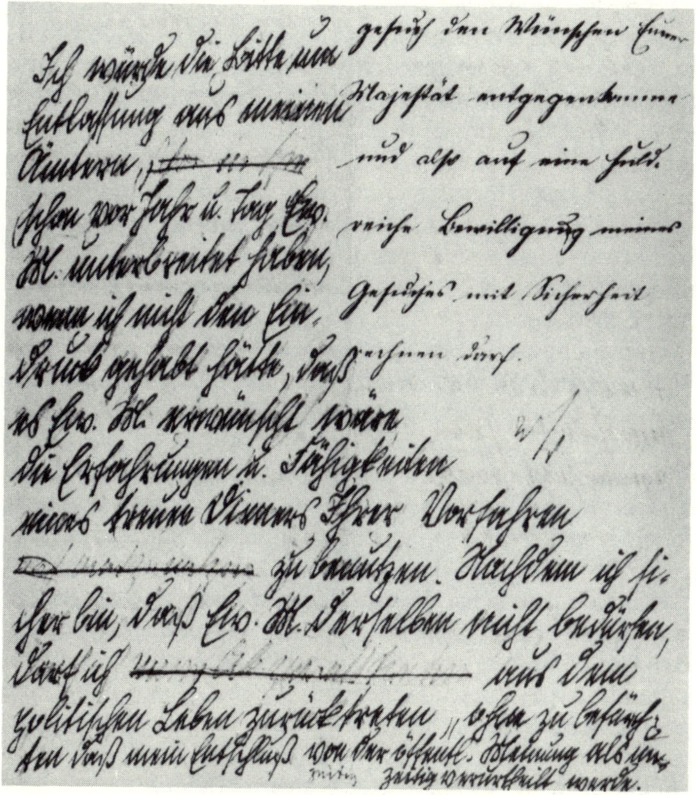

Ich würde die Bitte um
Entlassung aus meinen
Ämtern
schon vor Jahr u. Tag Ew.
M. unterbreitet haben,
wenn ich nicht den Ein-
druck gehabt hätte, daß
es Ew. M. erwünscht wäre
die Erfahrungen u. Fähigkeiten
eines treuen Dieners Ihrer Vorfahren
zu benutzen. Nachdem ich si-
cher bin, daß Ew. M. derselben nicht bedürfen,
darf ich aus dem
politischen Leben zurücktreten, ohne zu befürch-
ten daß mein Entschluß von der öffentl. Meinung als un-
zeitig verurtheilt werde.

gesuch dem Wunsche Eurer
Majestät entgegenkomme
und also auf eine huld-
reiche Bewilligung meines
Gesuches mit Sicherheit
rechnen darf.

Abschiedsgesuch Bismarcks vom 18. März (zwei Ausschnitte)

Daß Majestät, wohlwissend, der Kanzler könne bei Aufhebung der Ordre nicht Ministerpräsident bleiben, dennoch den gegebenen „Befehl aufrechterhalten" habe, setzt Otto v. Bismarck mit beabsichtigter Betonung hinzu. Auch hinsichtlich seiner „dienstlichen Berechtigungen" beruft er sich auf die notwendige Übernahme der „verfassungsmäßigen Verantwortlichkeit". Geradezu auffallend ist es, wie oft der überaus sprachmächtige Kanzler die Worte „verfassungsmäßig" und „Verantwortlichkeit" gebraucht.

Der zweite Aspekt, den Bismarck geltend macht, ist die Richtung der auswärtigen Politik. Hierbei erwähnt er das „Allerhöchste Handbillet", das ihm mit der Rückgabe der Berichte des Konsuls in Kiew zugegangen war. Er sah sich außerstande, die Ausführung der von Majestät vorgeschriebenen Anordnungen zu übernehmen, wenn er nicht die Beziehungen zu Rußland, „unter ungünstigen Verhältnissen erlangt" und von „großer Bedeutung für die Gegenwart", in Frage stellen wolle.

Mit der wohlbedachten Einschränkung, daß er erst „nach gewissenhafter Erwägung der Allerhöchsten Intentionen", zu deren Ausführung er bereit sein müßte, wenn er „im Dienste bliebe", nicht anders könne, als um seine Amtsentlassung zu bitten, beendet Bismarck den sachlichen Teil seiner Argumentation. Erst nachdem er als Kanzler den Eindruck gewonnen habe, daß Majestät der „Erfahrungen u. Fähigkeiten eines treuen Dieners Ihrer Vorfahren" nicht mehr bedürfen, könne er zurücktreten, ohne daß sein Entschluß von der öffentlichen Meinung als „unzeitig" empfunden werde.

So wie man nicht einen einzigen Hinweis auf reduzierte Kräfte findet – womit Bismarck in früheren, nicht so ernst zu nehmenden Entlassungsgesuchen an Wilhelm I. gewöhnlich nicht sparte –, fällt auch kein Wort über die Meinungsverschiedenheiten in bezug auf die Sozialdemokratie, der gegenüber sich in schon wieder enthüllend konträrer Weise der Kaiser als milde und verständnisvoll zu zeigen beliebte, während Bismarck ans Durchgreifen denkt. [168] In der Außenpolitik aber, wo Bismarck höchst vorsichtig und Zukunftsbelastungen möglichst vermeidend mit den Nachbarländern umgehen will, riskierte Wilhelm II. bedenkenlos Konflikte.

Am 20. März 1890 überbrachten die beiden Kabinettchefs Lucanus und General v. Hahnke – gelegentlich mit Güldenkranz und Rosenstern in Shakespeares „Hamlet" verglichen – Bismarck seine Entlassung in zwei kaiserlichen Briefen im üblichen blauen Umschlag; zugleich wurde ihm der nicht gewünschte und nie benutzte

Der Nachfolger Bismarcks, General Leo v. Caprivi

Titel eines Herzogs von Lauenburg verliehen, obendrein wurde er heuchlerisch zum Generalobersten der Kavallerie mit dem Range eines Generalfeldmarschalls ernannt. Noch am gleichen Tag ernannte der Kaiser den kommandierenden General des X. Korps in Hannover, Leo v. Caprivi, als Nachfolger Bismarcks zum Reichskanzler und preußischen Ministerpräsidenten.

Wilhelm II. blieb sich stets treu: einerseits übertriebene Gunstbezeigungen und für die Öffentlichkeit bestimmte Telegramme, Äußerungen, als ob ihm schier das Herz breche ob Bismarcks Weggang; andererseits hielt er noch am Abend des 20. März im königlichen Schloß eine Rede an die Generale, in der er den scheidenden Kanzler als ungehorsamen Minister anklagte. General Paul Bronsart v. Schellendorf, der frühere Kriegsminister, fand es „gräßlich", wie er in seinem Tagebuch schrieb,[169] daß der Kaiser auch nicht ein Wort des Bedauerns oder der Anerkennung, sondern nur Worte des Zorns oder des Hohns für den Kanzler hatte. Anschließend wurden Bier und Champagner gebracht, als ob ein freudiges Ereignis gefeiert werden müßte. Selbst alte Bismarckgegner, wie der ehemalige badische Minister Franz v. Roggenbach, waren peinlich berührt von der Diskrepanz zwischen dem öffentlich Verkündeten und dem tatsächlichen Geschehen. Anfang April schrieb er an seinen Freund, den General Stosch: „Die Huldbeweise und klagenden Telegramme kontrastieren mit den Tatsachen, man hört Bemerkungen über Mangel an Aufrichtigkeit, die nicht erwünscht sein können“. Ungehalten und mißtrauisch war Roggenbach auch über „die Zurückhaltung der Denkschrift und Rechtfertigung des Fürsten Bismarck“. Das alles zeigte an, „wie tief das Niveau der politischen Zustände gesunken“ sei.[170]

Es war ein schweres Ringen gewesen, das vom 24. Januar, als der Kronrat zusammentrat, bis zum 18. März, dem Tag des Entlassungsgesuchs, zwischen dem Kanzler, dem Kaiser und seinen Beratern, den Parteien, dem Reichstag, den Ministern, Staatssekretären und nicht zuletzt in Bismarcks eigener Brust vor sich gegangen war. Als einer der ersten hatte Herbert v. Bismarck den unheilbaren Bruch zwischen Kaiser und Kanzler erkannt und dem Vater geraten, Kompromisse abzulehnen und den Abschied zu nehmen, so wie er selbst es zu tun beabsichtigte; seit langem war er amtsmüde und erschöpft von allzu großer Arbeitslast, nun erleichtert, die schwere Bürde abwerfen zu können. Nicht so der Vater; mochte Herbert ihn zum Rücktritt ermutigen, Bill ihm raten, mit Menschenverachtung zu reagieren, Johanna ein ländliches Idyll erhoffen und auch der Hausarzt Schweninger meinen, es wäre wohl gut für seinen Patienten, entlastet zu sein. Sie alle kannten gewisse Seiten seines Wesens, wußten von Stimmungen des Überdrusses, hatten Äußerungen der Resignation gehört, sahen ihn leiden unter den vielfachen Zerwürfnissen. Aber bei all ihrer richtigen Sicht von Teilaspekten unterschätzten sie seine tiefwurzelnde Leidenschaft für die Politik, seine unruhevolle Sorge um den Bestand des so hart erkämpften Reiches.

Es war eben doch etwas anderes, ob Herbert, der seit Jahren in die Welt gestreuten Verdächtigungen leid, er solle als Nachfolger in der Dynastie Bismarck aufsteigen, sich menschenverachtend zurückzog und schließlich den Stammsitz Schönhausen bewirtschaftete, oder ob Otto v. Bismarck, inzwischen dem ausschließlichen Landleben entfremdet, erklärte, „außer Politik langweile ihn Alles“.[171]

*

Als Bismarck stürzte, reagierte das Ausland mit Achtung für den Scheidenden und mit Sorge, was nun wohl kommen könnte. Besonders ausgeprägt war dies in Frankreich. Der Geschäftsträger in Paris, v. Schoen, berichtete am 25. März, die bisher der deutschen Politik eher unfreundlich gesinnte Presse stimme nach dem Abgang des Kanzlers nahezu einmütig darin überein, „das Ereignis als ein für Frankreich keineswegs erfreuliches zu bezeichnen, und zollt, teils widerstrebend und verdeckt, teils offen und gern der Friedenspolitik des gewesenen Reichskanzlers eine verspätete Anerkennung. Die Zukunft erscheint ihr nunmehr besorgniserregend, die Befürchtung liegt nahe, daß die deutsche Politik kriegerischen Verwicklungen zustrebe oder zugetrieben werde, daß europäische Fragen sich zu unlösbaren Knoten verschlingen könnten, nachdem die kundige Hand des Meisters zur Lösung fehle".[172]

Natürlich mußte der deutsche Geschäftsträger – so verlangte es das Ritual – auch lobende Stimmen über die „erhabene Person Seiner Majestät" Wilhelm II. und dessen Entschluß, „die bisher innegehaltene Friedenspolitik fortzusetzen", in byzantinistischer Weise erwähnen; doch er fügte hinzu: „Indessen sind damit nicht alle Befürchtungen beseitigt. Die vorherrschende Ansicht ist auch in den Kreisen der Regierung die, daß nunmehr ein Zustand, in welchen man sich leidlich eingelebt hatte, vorüber sei, und daß man nunmehr vor dem Ungewissen und Unbekannten stehe. Am Quai d'Orsay hat man, wie ich wahrzunehmen in der Lage gewesen, die Zuversicht, bei Deutschland auch künftighin dem aufrichtigen Wunsch friedlichen Nebeneinanderlebens zu begegnen".[173]

Mit bemerkenswerter Offenheit berichtete der Militärbevollmächtigte Oberst v. Villaume aus Petersburg an Wilhelm II., der Rücktritt des Fürsten Bismarck habe, „soweit ich es feststellen konnte, und abgesehen von den wie immer höchst kindischen Folgerungen und Betrachtungen der Presse, hier überall einen deprimierenden Eindruck hervorgerufen, der jedoch in seinen Wirkungen eine viel gerechtere Würdigung Deutschlands zu Folge gehabt hat, als dies bisher der Fall war".[174] Die früheren Anfeindungen und Verdächtigungen gegenüber Bismarck „waren plötzlich vergessen; man sah es ein, daß man in ihm nicht einen Feind, sondern einen Freund Rußlands verloren hatte und beklagte in ihm den Mann, der fast drei Jahrzehnte lang die sicherste Bürgschaft guter Beziehungen zwischen den beiden benachbarten Reichen gewesen sei und in gewisser Weise den Frieden zwischen beiden garantiert habe"; Villaume hatte die Courage, offen zu

„Der Lotse verläßt das Schiff." Karikatur auf Bismarcks Entlassung, aus der Londoner satirischen Zeitschrift „Punch" 1890.

schreiben: „Nun fehlt den Russen plötzlich in ihren Zukunftsberechnungen dieser sichere Faktor; an seine Stelle ist ‚das Ungewisse, Geheimnisvolle der neuen Ära', wie sie es nennen, getreten, und dieses Dunkel der Zukunft erzeugt bei ihnen ein großes Unbehagen; das Selbstvertrauen und die bisherige Überzeugung, die Geschicke Europas zu lenken, sind geschwunden ... Bei dieser Gelegenheit werden die nach dem Hinscheiden des hochseligen Kaisers, Wilhelm I., Majestät, hier eifrig kolportierten und ziemlich allgemein geglaubten Gerüchte über Ew. Majestät russenfeindliche Gesinnung und kriegerische Absichten wieder aufgewärmt".[175]

Zieht man das Fazit all dessen, was aus dem Ausland bekanntwurde, so bleibt es unzweifelhaft: gerade dort begann man Bismarck in den Tagen seiner Entlassung günstiger zu beurteilen als in Deutschland, das noch zu schwer das Gewicht seiner harten Innenpolitik trug. Die Deutsch-Freisinnigen frohlockten, aber so in Verkennung Wilhelms II., daß der „Sozialdemokrat" ihnen entgegenhielt: „Wartet doch ab, Hohenzollernabsolutismus für Kanzlerabsolutismus, das ist ein sehr zweifelhafter Gewinn".[176] Auch wenn der Begriff des Absolutismus das in Deutschland bestehende Regime nur ungenau kennzeichnete und agitatorisch überspitzt war, so gab es für die Sozialdemokratie – im Unterschied zu den Freisinnigen – nicht die Alternative Wilhelm II. oder Bismarck, sondern nur die grundsätzliche Bekämpfung des sozialen und politischen Gesamtsystems der Hohenzollernmonarchie, die die Zukunft der Nation schwer belastete.

Die nationalliberalen und freikonservativen Blätter gaben sich nach Bismarcks Entlassung vorsichtig und achselträgerisch. Das preußische Abgeordnetenhaus ging über das Geschehen mit Schweigen hinweg; nur im Herrenhaus äußerte der Präsident Worte der Anerkennung und des Dankes, während sich der Reichstagspräsident mit einer geschäftsmäßigen Mitteilung begnügte.[177] Die Hof- und Regierungskreise boten „ein ganz widerwärtiges Schauspiel" des ängstlichen Distanzierens von beiden Bismarcks, wie Széchenyi, der österreichisch-ungarische Botschafter, und nicht nur er,[178] berichtete. Der französische Botschafter Herbette bemerkte zu Brauer, dem badischen Bundesratsbevollmächtigten, mit Ironie: „Es scheint, Sie haben zu viele Genies in Deutschland; leihen Sie uns doch diese!"[179]

Wie aber reagierte das Volk auf Bismarcks Entlassung? Auf der Straße bemerkte man zunächst gar nichts; das Ereignis wurde nicht einmal, wie im allgemeinen üblich, durch eifrige Zeitungsjungen mit Extrablättern publik gemacht. Anders war es am Tage der Abreise des Exkanzlers am 29. März. In trotzigem Triumphgefühl blieben die Sozialdemokraten in den Arbeitervierteln des Nordens und Ostens der Hauptstadt, auch demokratische Handwerksmeister und -gesellen verspürten keine Lust, ihre Werkstätten zu verlassen. Aber sonst strömten viele Menschen in das Regierungsviertel und säumten, dicht gedrängt, die Straßen vom Reichskanzlerpalais bis zum Lehrter Bahnhof, alle Fenster und Balkone waren besetzt. Das Schaubedürfnis wurde durch eine Eskadron Gardekürassiere befriedigt, die Bismarck, dem neu ernannten Generaloberst – protokollarisch exakt, wie der kaiserliche Hof nun einmal war –, militärische Ehren zu erweisen hatte. Der offene Wagen, in dem Bismarck in Uniform und neben ihm der Sohn Herbert in Zivil saßen, kam nur mühsam voran. Am Lehrter Bahnhof schwoll die Begeisterung zu einer patriotischen Ovation an mit dem Absingen des Deutschlandliedes und der „Wacht am Rhein"; es war wie ein Nachklang der preußisch-deutschen Reichsgründung.

XI. Rastlos im Ruhestand

Vom Regieren zum Frondieren

Nun war Otto v. Bismarck in Friedrichsruh; nach Belieben konnte er seinen Aufenthalt auch nach Varzin verlegen, wo seine erschöpften Nerven stets Erholung gefunden hatten. Kam er nun zur Ruhe, wie seine Frau Johanna, die ihn besser als alle anderen zu kennen glaubte,[1] es immer voraussehen wollte, konnte er nun nach ihren Wünschen einem „recht schönen, friedlichen, glücklichen Lebensabende" entgegensehen? Das konnte nur meinen, wer seine tiefe politische Leidenschaft gänzlich verkannte.

Erstaunlich, daß selbst der Sohn Herbert den Vater falsch eingeschätzt hatte und verwundert wahrnahm, wie diesen die Landwirtschaft gar nicht mehr sonderlich berührte, sondern weiterhin das, was er jahrzehntelang betrieben hatte: die Politik. Mehr denn je las Otto v. Bismarck Zeitungen, die Zahl der Abonnements nahm sogar noch zu; abgeschnitten von den internen Informationsquellen, wie er jetzt war, mußte ihm vorwiegend die Presse Aufschlüsse über den weiteren Verlauf der Dinge geben. Die Politik war ihm zum Lebensinhalt geworden, zum Entfaltungsbereich aller in ihm angelegten Kräfte. Nur der Hausarzt Schweninger begriff schließlich, daß Bismarck, nach Maximilian Harden eine „vulkanische Natur",[2] nicht abrupt von der Unrast der Politik zur privaten Existenz eines Landedelmannes übergehen konnte und durfte.

Die Bismarck gehörenden Ländereien, im wesentlichen konzentriert auf Schönhausen an der Elbe, das hinterpommersche Varzin und den Sachsenwald um Friedrichsruh, hatten im Laufe der Jahrzehnte fürstliche Ausmaße angenommen. Aus Anlaß seines 70. Geburtstags im Jahre 1885 wurde dem Jubilar das Rittergut II in Schönhausen, das zu Beginn des 19. Jahrhunderts an einen bürgerlichen Besitzer verkauft worden war, wieder als Geschenk übereignet, finanziert durch eine in der Öffentlichkeit sehr umstrittene „Bismarckspende". So war also das im 16. Jahrhundert be-

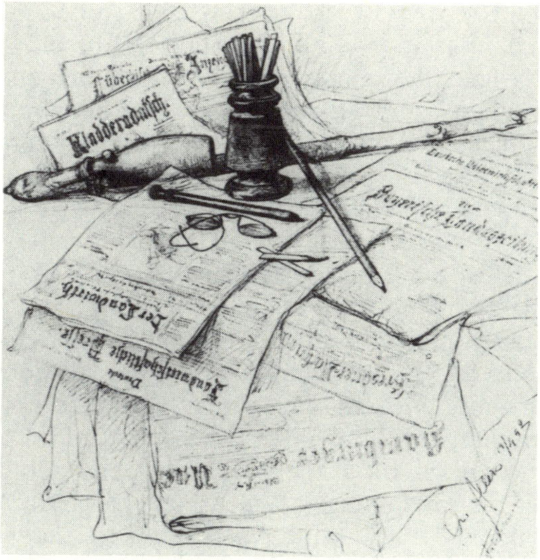

Bismarcks Zeitungslektüre in Friedrichsruh

gründete Stammgut wieder ein geschlossener Komplex. Die Eichen- und Buchenwälder um Varzin hatte Bismarck von einer königlichen Dotation gekauft, die ihm nach 1866 zuteil geworden war; nach 1871 brachte ihm eine weitere Dotation den Sachsenwald ein. Zum großen Grundeigentum kamen noch kleinere Güter, die in Lauenburg und in Pommern angekauft worden waren, schließlich auch das Reinfelder Elterngut seiner Frau Johanna, das der Familie 1871 durch Erbschaft zufiel. Herbert schätzte in den neunziger Jahren den Wert des Bismarckschen Grundbesitzes, abzüglich der Schulden, auf „höchstens 11–12 Millionen".[3]

Dem Umfang und Wert der Ländereien entsprach keineswegs die Ertragslage. Manche der kleineren Güter brauchten jährlich Zuschüsse. Besser stand es mit den für Rittergüter typischen Einrichtungen wie Brennereien und Sägewerken. Die Defizite der landwirtschaftlichen Betriebe waren nicht allein auf die internationale Agrarwirtschaftskrise zurückzuführen. Bismarck selbst wirtschaftete – im Unterschied zu den vierziger Jahren, als er sich darauf konzentriert hatte, die väterlichen Güter in Kniephof und Schönhausen wieder rentabel zu machen – in seinen Riesenbesitzungen recht sachwidrig herum, insbesondere im letzten Jahrzehnt seines Lebens. Die Berichte seiner Oberförster las er wie eh und je sorgfältig durch, was ihn dann immer wieder veranlaßte, in beschämender Weise für Stempelsteuerbefreiung und gegen angeblich zu hohe Ansetzung der Gebäude- und Gewerbesteuer zu kämpfen, mit dem preußischen Fiskus um die Kostenbeteiligung an der Renovierung eines Schulhauses zu prozessieren und bei Rechtsanwaltshonoraren herumzufeilschen.[4] Erst recht knauserte er bei Löhnen und Gehältern; Pensionierungen behandelte er bisweilen mit herzloser Willkür. Selbst der Friedrichsruher Amtsvorsteher und Oberförster wurde noch 1897 ein Opfer des kleinlichen Landbesitzerabsolutismus. Von Bismarcks geliebtem Varzin wanderten immer mehr unzufriedene Landarbeiterfamilien aus, so daß der Mangel an Tagelöhnern schließlich fühlbar wurde.[5] Der junkerliche „Stallärger" im weiteren Sinn des Wortes hörte so nie auf.

Die feudale Hartherzigkeit schloß keineswegs patriarchalische Fürsorge aus, sozusagen als notwendiges Gegenstück. Bismarck unterstützte durchaus beim Kriegsminister das Gesuch einer armen Witwe um Freistellung ihres Sohnes vom Militärdienst oder kümmerte sich um einen beinamputierten Polizeiwachtmeister. Zum althergebrachten Herrschaftssystem gehörte es auch, daß seine Kutscher, Diener und Stubenmädchen im Testament mit Summen zwischen 100 Mark und einem Jahresgehalt bedacht wurden.[6] Neben der Fürsorge achtete man auf die Zucht in der bis 1918 existierenden Gesindeordnung.

Weil Bismarck sich um vielerlei im einzelnen kümmerte und zu wenig an andere delegierte, war er nicht imstande, die Verwaltung seines Riesenbesitzes souverän zu leiten. Vor allem Herbert bekümmerte es, wenn sein Vater „unlustig oder gelangweilt wurde oder gar nicht zuhörte" bei Vorschlägen zu Reformen oder Verbesserungen der Verwaltung.[7] Er interessierte sich im Grunde nur fürs Zeitungslesen und, wie der Sohn einmal ärgerlich meinte, für „das Spielen mit der Pseudopolitik".[8]

Selbst die überlegten Reformvorschläge eines erfahrenen Großunternehmers, des seit 1870 politisch wie persönlich vertrauten Grafen Henckel-Donnersmarck, konnten nichts bewirken; der Ratgeber erntete Undank. Bismarck wollte nicht „in böhmisch-schlesische Gesellschaftsverhältnisse hineingetrieben" werden.[9] Diese Begründung war sehr aufschlußreich: Bismarck konnte sich von der Praxis der pommerschen und altmärkischen Rittergüter mit ihrem überschaubaren und begehbaren Areal nicht lösen. Weit mehr als der Ackerbau lag ihm der Wald mit seinen knorrigen

Bäumen und seinem Wild. Vom preußischen Junkertum geprägt, wehrte er sich gegen das aus dem Habsburgerreich stammende, aber modern gewordene Magnatentum, obwohl nur mit dessen Methoden der fürstliche Riesenbesitz verwaltet werden konnte. So blieb vieles im Sachsenwald ungeordnet und vernachlässigt.

Herbert v. Bismarck zog sich bald auf den Stammsitz in Schönhausen zurück, von wo aus er allerdings ständig Kontakt mit Friedrichsruh unterhielt. Er konnte sich von Berlin erst etwas später als der Vater lösen, den er bei seinem triumphalen Abschied bis zum Lehrter Bahnhof begleitete. Der Kaiser hatte nach Otto v. Bismarcks Entlassung den Sohn mit der einstweiligen Leitung des Auswärtigen Amtes beauftragt und erwartete von ihm gehorsames Verbleiben – ein allerdings zu übergescheiter Schachzug, um in der Öffentlichkeit ein gewisses Einvernehmen mit den Bismarcks vorzutäuschen. Dem widersetzte sich Herbert; schon am 21. März reichte er sein Entlassungsgesuch ein, von dem er trotz drängender Interventionen hochrangiger Persönlichkeiten der Diplomatie und des Hofes nicht abging, so daß es am 26. März vom Kaiser bewilligt werden mußte. Am 10. April verließ dann auch Herbert Berlin, um dort nie wieder Amtsgeschäfte zu übernehmen. Da er diese auch immer nur als „verdammte" Pflicht und Schuldigkeit – vor allem seinem Vater gegenüber – und oft bis zur Erschöpfung erfüllt hatte und niemals aus innerem Drang oder aus Berufung, fühlte er sich wirklich von schwerer Bürde befreit.

*

Es waren keine drei Wochen seit dem Abschied von der Reichshauptstadt vergangen, da empfing der Exkanzler am 15. April den Eigentümer der bisher als nationalliberal bekannten „Hamburger Nachrichten", Dr. Emil Hartmeyer. Ebenso begeisterungsfähig wie geschäftstüchtig, wollte dieser „das gesamte weiße Papier" seiner Zeitung Bismarck zur Verfügung stellen.[10] Eigentlicher Verbindungsmann zum Altkanzler sollte der politische Redakteur der „Hamburger Nachrichten", Hermann Hofmann, sein, ein Journalist in den vierziger Jahren, in ständiger Schulden- und Ehekrise und darum erst recht gezwungen, seine anpassungsfähige Feder in den Dienst des großen Mannes zu stellen. Um seine Instruktionen entgegenzunehmen, soll er anfänglich mehrmals in der Woche von Hamburg nach Friedrichsruh gefahren sein.

Da die „Hamburger Nachrichten" vorläufig aber noch nicht das für ihn wünschenswerte Echo im In- und Ausland gefunden hatten,

Blick auf das Arbeitszimmer des Fürsten in Friedrichsruh

war Bismarck erst recht geneigt, schon am 16. April eine wichtige Abordnung zu empfangen und in der zweiten Aprilhälfte in rascher Folge ausländische Journalisten zu Gesprächen einzuladen, die für die Öffentlichkeit bestimmt waren.

Mit der Abordnung des Zentralverbandes deutscher Industrieller meldete sich bei ihm jener Interessenverband, der das außerparlamentarische Machtpotential für die Schutzzollpolitik in der zweiten Hälfte der siebziger Jahre und in den achtziger Jahren für die Mehrheit im „Kartellreichstag" zwischen Nationalliberalen, Freikonservativen und Konservativen gewesen war. Das war eine politische Kombination, die Bismarck als fast ideal erschien, damals und auch weiterhin. In seinen Augen verkörperte sie am besten das Bündnis zwischen Großgrundbesitz und Schwerindustrie.

Wie die Abordnung des Zentralverbandes auch zustande gekommen sein mochte, ein historischer Zufall war sie nicht. Diesen mächtigen Herren also deutete Bismarck, ungeachtet des Amtsgeheimnisses, einige Gründe seiner Entlassung an. In einer kurzen Rede erwähnte er die Differenzpunkte zwischen ihm und dem Kaiser: die Frage jener Kabinettsorder, die übrigens sein Nachfolger Caprivi bald wieder einführen mußte; dann den Empfang Windthorsts und schließlich die in seinen Augen opportunistische

Sozialpolitik. Er schloß mit der Bemerkung, daß „das jetzige Vorgehen der Regierung zur Züchtung von Sozialdemokraten führen" würde.[11]

Sieben Tage später formulierte er es noch schärfer in einem Interview mit einem Korrespondenten der „New York Herald Tribune": „Nein, dieser Kampf der Klassen wird niemals aufhören. Ihn lösen zu wollen, wäre dasselbe, wie das Problem der Quadratur des Kreises lösen zu wollen".[12] Auch ein Arrangement auf der Grundlage eines festen Arbeitslohnes hielt Bismarck für illusorisch, weil jedes Zugeständnis weitere Forderungen hervorrufen würde. „Es ist überflüssig", behauptete er, „eine endgültige Lösung dieser Frage mit Ausschluß eines jeden künftigen Kampfes für möglich zu halten".[13] Alles in allem sprach hier aus ihm ein sozialer Darwinismus härtester Art. Der Junker in ihm kannte und verstand bestenfalls noch die Industrie*herren*, aber nicht die Industrie*arbeiter*.

Zu dieser klassenkämpferischen Haltung Bismarcks kam noch ein junkerliches Unverständnis gegenüber dem proletarischen Städter, dem angeblich die bäuerliche Eigenschaft der Landerhaltung abgehe, „denn mit Pflaster- und Backsteinen kann man nicht verwachsen, das sind keine organischen Wesen. Das Land ist das Volk".[14] Bismarck hatte keine Vorstellung davon, wie sich der an eine strenge Fabrikordnung gebundene Arbeiter zu seinem Arbeitsgegenstand und Arbeitsmittel verhielt. Einerseits bestand hier schon durch die Eigentumsformen ein Entfremdungsverhältnis, andererseits erwachte im Arbeitsprozeß schließlich doch das Bedürfnis, die Maschine oder das Werkzeug in den Griff zu bekommen, also zu beherrschen, und damit etwas von der Entfremdung aufzuheben.[15] Außerdem kam dem auf konkrete Anschauung eingestellten Landedelmann kaum in den Sinn, daß in der von Branche zu Branche verschiedenen Gemeinschaftsarbeit und bei der Konzentration der Arbeiter in den Betrieben das Verlangen nach solidarischem Zusammenwirken entstehen könnte und die von ihm verpönte Arbeitersolidarität nicht lediglich das Produkt sozialdemokratischer Hetzer war.

Schon am Tage nach dem Gespräch mit dem New-Yorker Journalisten empfing Bismarck den Mitarbeiter des Pariser „Matin", der seinen bürgerlichen Familiennamen Durant Morimban in den klangvolleren Schriftstellernamen Henri des Houx umbenannt hatte; auch im republikanischen Frankreich war etwas Adelsflair empfehlenswert. Bismarck, der sich wenig darum kümmerte, welchen Ruf sein Gegenüber genoß,[16] erging sich in Erinnerungen an Frankreich, an Napoleon III., und brachte das fast ausschließlich von ihm bestrittene Gespräch immer wieder auf das Leitmotiv: Deutschland ist saturiert und hätte, wenn es nach ihm gegangen wäre, auf Lothringen verzichten können; es habe nach keiner Richtung hin Expansionsgelüste und keinerlei Angriffsabsichten auf Frankreich. Die Erbfeindschaft zwischen Deutschen und Franzosen müsse aufgegeben werden. Alles, was Bismarck hier und einen Monat später dem Redakteur Judet vom Pariser „Petit Journal" sagte, entsprach durchaus seinen internen Erlassen, die er seit den siebziger Jahren an die deutschen Auslandsvertreter gerichtet hatte. Hier gab es in der Tat keine Widersprüche.

Verständlicherweise lenkte Bismarck sehr bald das journalistische Interesse auch auf die kritisch gewordenen Beziehungen Deutschlands zu Rußland und lud Ende April den Berliner Korrespondenten der „Nowoje Wremja", Ignatijew Lwow ein, noch ehe der russische Außenminister Giers Einspruch erheben konnte. Bismarck erging sich in historischen Reminiszenzen über die deutsch-russischen Beziehungen vom Krimkrieg an bis zum Berliner Kongreß, wo er so russisch gewesen wäre, wie ein Deutscher nur sein konnte. Er bejahte nur einen Verteidigungskrieg und versicherte dabei, „in anderer Weise mit Rußland kämpfen, wäre gefährlicher als mit irgend jemand sonst".[17] Das war und blieb seine Grundüberzeugung bis an sein Lebensende.

Gegenüber Ignatijew Lwow äußerte sich Bismarck auch zu Österreich. Offensichtlich im Hinblick auf die Balkandifferenzen meinte der Exkanzler: In Wien „ist der wirkliche russische Schwerpunkt, und dahin muß man schauen". Darum seien die russischen Interessen in Wien, nicht in Berlin konzentriert. Auf das deutsch-österreichische Verhältnis eingehend, erklärte er: „Sie fragen mich, was uns die Existenz Österreichs nütze. Ich sage dafür, wozu Ihnen die Existenz Frankreichs nötig ist".[18] Die gegen Bismarck erhobenen Vorwürfe, er habe das Bündnis mit Österreich als zweitrangig behandelt, waren unbegründet. Vielmehr war er besorgt, daß Deutschland durch den Verzicht auf den Rückversicherungsvertrag mit Rußland, also durch das Lockern oder gar Abreißen des Drahtes dorthin, von Österreich und seinen hegemonialen Balkanambitionen abhängig werde. Wilhelm II. begriff nur den indirekten Angriff auf seine Person, aber nichts von der Sache, um die es ging, weshalb er nach der Veröffentlichung des Interviews in Gardeoffiziersmanier losdonnerte: Österreich könne „ihm nicht dankbar genug sein, daß er Bismarck an die Luft gesetzt habe".[19] Eines wurde allerorts erfaßt: In den rasch aufeinanderfolgenden Aprilgesprächen äußerte sich der entlassene Kanzler für die Öffentlichkeit über grundsätzliche Fragen der deutschen Innen- und vor allem der Außenpolitik. Was er da sagte, war sowohl ein Resümee seiner bisher verfolgten Grundgedanken als auch eine Mahnung an die neue Regierung Caprivi.

Zu dessen Person äußerte er sich gegenüber Judet am 22. Mai 1890 in durchaus positiver Weise: „Vor meinem Nachfolger habe ich die allergrößte Hochachtung; er ist ein vorzüglicher General, vielleicht der beste, den wir haben. Schade, daß er zur Politik übergegangen ist; als er den Posten übernahm, hat er selbst gesagt, er träte in eine Dunkelkammer ein".[20] Und zwei Wochen später, im Gespräch mit dem Berichterstatter Kingston vom „Daily Telegraph", bezeichnete Bismarck seinen Nachfolger als „einen trefflichen Soldaten, einen Mann von bemerkenswerter Intelligenz und mannigfachem Wissen, vor allem einen vollendeten Gentleman".[21] Er sei gewiß, fuhr er fort, „daß Caprivis Ernennung zum Reichskanzler eine vollständige Überraschung für ihn war, daß er sie annahm, einem hohen und loyalen Pflichtgefühl folgend, und daß er gänzlich frei von anmaßendem persönlichem Ehrgeiz ist. Er hat einen klaren Kopf, ein gutes Herz, eine großmütige Natur und eine große Arbeitskraft. Alles in allem ein Mann ersten Ranges".

Für Bismarck, der in der Regel sparsam war mit anerkennenden Worten, war es kaum möglich, ein höheres Lob auszusprechen, wenngleich auffällt, daß sich alles Rühmenswerte auf den Soldaten, den ehrenwerten und gebildeten Mann bezog, nicht eigentlich auf den Politiker, der nach eigenem Geständnis zur Politik wie in eine „Dunkelkammer" gegangen war. Was Bismarck bewog, wird im Gespräch mit Judet deutlich. Er baute darauf, daß Caprivi in der vorgefundenen Politik nicht viel ändern könne und als Militär weiter in der vorgezeichneten Richtung marschieren würde, denn, so Bismarcks Überzeugung: „... ein Wechsel in der äußeren Politik ist unmöglich. Die Furchen sind so tief, daß die Räder darin weiterlaufen müssen".[22]

Kurz darauf erfuhr er, daß schon am Tage nach diesem Gespräch Caprivi – wahrscheinlich ermuntert durch Männer wie Eulenburg und Holstein – einen Zirkularerlaß an alle deutschen Botschaften und Gesandtschaften geschickt hatte, in dem Bismarcks Presseäußerungen „als Stimmungen und Anschauungen" gekennzeichnet wurden, die nicht der Politik der gegenwärtigen

Regierung entsprächen und ihnen „ein aktueller Wert nicht beigelegt werde."[23] Gegen den Versuch, ihn zu desavouieren, wußte sich Bismarck schon zu wehren; ungleich mehr beunruhigte ihn, daß er in dem Runderlaß Symptome sehen mußte für außenpolitische Kursänderungen. In der Tat bemerkte Caprivi am 27. Mai in seinem Gespräch mit dem österreichisch-ungarischen Vertreter von Széchenyi, als er über das „Treiben des Fürsten Bismarck" klagte, es habe sich doch seit dem Regierungswechsel „so manches verschoben".[24]

Offenbar befürchtete der neue Kanzler, daß dem wichtigsten Verbündeten, der Donaumonarchie, Zweifel über die Zuverlässigkeit des Reiches aufkommen könnten. Da Caprivi drauf und dran war, den Rückversicherungsvertrag mit Rußland endgültig aufzukündigen, was am 4. Juni 1890 auch tatsächlich geschah,[25] war Berlin gezwungen, noch näher an Wien zu rücken und sich damit von dessen Balkanpolitik abhängig zu machen. Überdies mußte sich das Reich jetzt England nähern, und zwar als Bedürftiger. Zu allem Überfluß erklärte Caprivi im Auftrage des Kaisers dem englischen Botschafter Sir Edward Malet, daß Deutschland weder einen Bündniswechsel, also eine Abkehr von Österreich, noch eine Annäherung an Rußland wolle.[26] Diplomatisch ungeschickter ging es kaum. Naiv bekannte Caprivi, daß er nicht vorhabe, wie ein Jongleur mit mehreren Bällen zu spielen.[27]

Einer umsichtigen Sicherheitspolitik, die sowohl Rußland wie Österreich einzubeziehen verstand und sich dabei um ein gutes, zumindest passables Einvernehmen mit England bemühte, war er nicht fähig, zumal er unter dem Druck expansionistischer Kräfte von Industrie und Banken stand. Somit wurde der Kanzler-General zu einem jener Biedermänner, die oft genug in der Geschichte wider ihren Willen zu Komplizen auf einem verhängnisvollen Wege werden.

Der scharfsinnige Kurd v. Schlözer, der als Gesandter am Vatikan ein geschickter Vermittler zwischen Leo XIII. und Bismarck und zugleich der bestgehaßte Mann des Zentrums wurde, gab ein vernichtendes Urteil über Caprivi ab. Er sei „von einer geradezu stupenden Unkenntnis in nicht-militärischen Fragen", verstehe einen auch gar nicht, „weil er so gut wie nie aus dem Berliner Kreis herausgekommen und ohne Menschenkenntnis ist. Man kann ebenso gut irgendeinen Bataillonskommandeur zum Kanzler machen. Was nützt mir da alle sogenannte Bravheit des Charakters!"[28]

Schlözer schrieb diese Beobachtungen am 3. September nieder, als Bismarck noch relativ milde gestimmt war gegenüber seinem Nachfolger, obwohl ihm dessen Runderlaß vom 23. Mai schon durch seinen Schwiegersohn v. Rantzau, den Gesandten in Holland, bekannt sein mußte.[29] In wirklichem oder gespieltem Gleichmut bemerkte er darüber: „Von den gegen mich gerichteten Nadelstichen rede ich nicht, ich vermag sie zu ertragen; doch hätte ich Caprivi für gescheiter gehalten, ich muß das immer wiederholen. Indessen rede ich nicht weiter mehr davon. Es sind aber schon andere Fehler gemacht worden, die mir Besorgnis erregen, und man scheint noch anderes vorzuhaben, was einen Bruch mit meiner lange und mühsam aufrechterhaltenen Politik bedeuten würde. Ich würde dann wohl nicht schweigen."[30]

Schon kam ihm der erste Verdacht auf, daß die Außenpolitik der neuen Regierung nicht mehr, wie er noch Ende Mai gemeint hatte, in der von ihm vorgezeichneten Bahn verlaufe, genauer gesagt, daß der Rückversicherungsvertrag mit Rußland gefährdet sei. Es mußte ihn quälen, daß er in einer so schicksalsschweren Angelegenheit nicht nur ohne Einfluß war, sondern auch ohne Kenntnis der Sachlage blieb.

Der oft gegen ihn erhobene Vorwurf, er habe mit den öffentlichen Äußerungen seiner Ansichten gegen die ungeschriebenen Gesetze der Diplomatie verstoßen,[31] ging darüber hinweg, daß es sein schwer erkämpftes Lebenswerk war, was er verteidigte.

*

Einen besonderen, zu Unrecht wenig beachteten Platz nahm sicherlich das Gespräch mit dem Redakteur Memminger am 16. August 1890 ein, das Bismarck selbst angeregt hatte, aufmerksam geworden durch das Eintreten der in Würzburg erscheinenden „Neuen Bayrischen Landeszeitung" für ihn während der Zeit seiner Entlassung. Ganz offensichtlich haben Bismarck Memmingers Worte wohlgetan, „daß ein bayrischer Bauer einen alten treuen Oberknecht nicht zum Hause hinauswirft, daß aber die Familie Bismarck aus dem Kanzlerpalais ausgeboten wurde wie jemand, der den Hauszins schuldig geblieben ist".[32] Sogar Johanna, die kaum Zeitungen las, soll sich darüber gefreut haben; war sie doch als Hausfrau besonders betroffen gewesen, als man im März die Räumung der Berliner Dienstwohnung mit unanständiger Hast forciert hatte.

So lud der Exkanzler denn bei seinem Aufenthalt in Kissingen

Anton Memminger zu einem langen und offensichtlich gedanklich gut vorbereiteten Gespräch ein; auszugsweise wurde es in Memmingers Blatt veröffentlicht, nach Bismarcks Tod unter dem nicht unberechtigten Titel „Ein Kolleg beim Fürsten Bismarck" vollständig abgedruckt. Es trägt alle Zeichen der Authentizität.

Bismarck zeigte wegen der früheren Inhaftierung Memmingers wegen Körperverletzung, über die er wohl unterrichtet war, nicht die geringsten Berührungsängste, ganz im Gegenteil: „Nun ja", soll er gesagt haben, „daß Sie öfter gebrummt haben, schadet Ihnen in meinen Augen gar nicht, ich habe auch brummen müssen, wenn auch nicht so schlimm wie Sie. Ein schlechter Wein das, der nicht gärender Most war ...", und „selbst das Einsperren gehört zur politischen Erziehung".[33]

Natürlich beabsichtigte Bismarck etwas mit diesem Anton Memminger, der ein ähnlich knorriger Typ wie sein Hausarzt Ernst Schweninger war. Als der Redakteur offenherzig bekannte: „Aber auch wir Bayern müssen immer mit einem frommen Seitenblick nach Ihrem Staatsanwalt schielen", gab er ihm den Rat, die Schmeichler und Heuchler in der Umgebung des Kaisers zu kennzeichnen, ohne den Kaiser dabei zu beleidigen, weil das dessen Erkenntnisprozeß verhindern könnte: „Sagen Sie die Wahrheit, der Kaiser wird sie von der Presse wohl eher ertragen, als er sie von mir ertragen konnte".[34] Und dann charakterisierte er so deutlich und prägnant seine Feinde, wie eben nur er selbst es vermochte: „... das hochgeborene Hofgesinde, die geheimräthliche Bureaukratie, mächtige Parteien wie das Zentrum und Judentum oder Freisinn. Die Herren am Hofe haben mich niemals als Vollblutjunker anerkannt, ich bin in den Augen dieser Leute immer der Sohn einer Bürgerlichen und ein Revolutionär gewesen; denn konservativ sein heißt bei diesen Herrschaften nichts lernen und nichts vergessen, nichts ändern und nichts wandeln".

Bemerkenswerter als die auch andernorts geäußerten Ansichten Bismarcks über die aktuelle Politik war in diesem Gespräch all das, was der Exkanzler aus der Fülle seiner reichen politischen und menschlichen Erfahrungen ausschüttete: „Die Diplomatie ist kein Schusterstuhl, auf dem man sitzt, den Knieriemen angespannt und einen Fleck aufs Loch setzt. Die Diplomatie ist kein Handwerk, das man mit den Jahren erlernt und auf der Walze weiter ausbildet. Die Diplomatie ist eine Kunst".[35] Und: „Schmeichler ... sind immer das größte Unglück für Staatslenker und Könige gewesen". Die Geschichte, meinte Bismarck, wäre ihm dazu dagewesen, aus ihr etwas zu lernen. „Wiederholen sich auch nicht die Ereignisse, so wiederholen sich doch Zustände und Charaktere, an deren Anblick und Studium man seinen eigenen Geist anregen und bilden kann“.[36]

Der drohenden Entwicklung, daß die Zentralgewalt in Berlin beim Mangel eines Widerspruchs bis zur Willkürherrschaft erstarken könnte, „muß ein Gegengewicht in einem selbstbewußten Volke geschaffen werden, denn das Volk der Denker ist noch klein und noch kleiner das Volk der lauten Denker. Alles schmachtet nach Gnadenbezeigungen oder Gnadentritten“. Es gäbe sogar Fürsten aus alten Häusern, „welche nicht zu den Wirbelgeschöpfen gehören“.[37] Hinsichtlich der Bürokratie erschien ihm die Lage noch schlimmer als die in Bayern: „Wenn bei Ihnen allerdings ein Teil der Geistlichkeit alle selbständigen Regungen des Volkes unter dem Weihwedel untertunken will, so ist doch in einem Teil der alten, selbstbewußten, volkstümlichen und praktisch geschulten Beamtenschaft ein Gegengewicht gegeben. Bei uns in Preußen schlägt alles die Augendeckel um die Wette nach den Füllhörnern des Ministeriums auf und nieder“.[38]

Eine merkwürdige Konstellation: Bismarck, dem so vielfach und nicht ohne Grund vorgeworfen wurde, daß sich unter seiner machtvollen Persönlichkeit die Menschen schwer entfalten könnten – litt doch selbst der Sohn Herbert unter der zu starken Dominanz des Vaters –, suchte jetzt nach standfesten Personen und einer eigenständigen Presse.

Im übrigen sollte Memminger mit Sicherheit kolportieren, daß Bismarck sich nicht das Recht auf eine freie Meinungsäußerung nehmen lasse, am allerwenigsten ließe er es sich von „jenen kleinlichen Professionspolitikern verkümmern, welche kaum die Höschen getragen haben, als ich schon europäische Politik getrieben habe. Und wovon soll ich als Politiker, der ich diesen Beruf vierzig Jahre lang getrieben habe, denn anders reden als von Politik, die mich immer beschäftigt hat?“ Das war zweifellos nicht nur zu Memminger gesagt, sondern über diesen zum Fenster hinaus und für spätere Zeiten.

Gäste, Gespräche, Gewohnheiten

Es ist auffallend, daß Bismarck nach seiner Entlassung, vor allem zu Beginn der neunziger Jahre, vornehmlich Männer empfing, die im öffentlichen Leben wirkten, über publizistische Organe verfügten und im In- und Ausland politische Stimmungen zu beeinflussen vermochten. Da waren – um nur einige aus einer langen Reihe zu nennen – der Regierungsrat Heinrich v. Poschinger, der sich als erster Herausgeber von Bismarckschen Quellenmaterialien hervortat,[39] dann, ernsthafter zu bewerten, der Gymnasiallehrer Horst Kohl, dem ob seines Fleißes, seiner Akribie und selbstlosen Arbeit im Familienarchiv die Bismarckforscher auch heute noch zu danken haben.[40] Hans Blum, der Sohn des in der Wiener Brigittenau standrechtlich erschossenen Achtundvierzigers Robert Blum, wurde gleichfalls als apologetischer Geschichtsschreiber der Bismarckzeit in Friedrichsruh vorgelassen.

Daneben besuchten den alten Bismarck Universitätshistoriker wie der Österreicher Heinrich Friedjung, die Deutschen Dietrich Schäfer, Heinrich Sybel und Erich Marcks. Es kamen der Schriftsteller und langjährige Direktor des Wiener Burgtheaters Dr. Wilbrandt und der Publizist Maximilian Harden, ein Mitkämpfer gegen Caprivi und Wilhelm II. Mehrmals und mit Vorliebe wurde der Schriftsteller Sidney Whitman eingeladen, der sich tagelang in Friedrichsruh aufhielt. Auch Politiker stellten sich ein, wenn auch oft mit Rückversicherung bei Wilhelm II., unter ihnen Waldersee, der Reichskanzler Hohenlohe, aber auch auf persönlichen Wunsch der württembergische Staatsminister Freiherr v. Mittnacht und der badische Bundestagsgesandte v. Brauer.

Was machte Bismarck im kleinen geselligen Kreis und ganz privat so anziehend? Worin bestand seine Fähigkeit, Gäste für sich einzunehmen, gleich, mit welcher Meinung und Erwartung sie sich ihm auch näherten? Der erste Eindruck, der nahezu alle Besucher frappierte, war der einer mächtigen, respektgebietenden Gestalt, bei der der Kopf verhältnismäßig klein wirkte. Zu den kräftigen Gliedern gehörte eine wohlgeformte Männerhand, deren Gestik die Rede begleitete und die Worte sichtbar betonte. Neben Johannas Bedauern, daß Lenbach diese „so schöne Hand" nicht gemalt habe, steht auch Schweningers Urteil über „die sprechende, überaus reizvolle Bewegung seiner wundervollen Hand".[41]

In keinem Verhältnis zur Wucht seiner Erscheinung stand die „dünne, fast schüchtern klingende Stimme".[42] Immer wieder wird berichtet, daß er mit einer „eigentümlichen, suchenden, pausierenden Langsamkeit"[43] gesprochen habe. Selbst wenn seine Sprechweise dadurch oft stockend wurde, er rang um den adäquaten Ausdruck, um ein Höchstmaß an sprachlicher Präzision und Anschaulichkeit, mit der er die Dinge dann im wahrsten Sinne des Wortes ins Bild zu setzen verstand. Die „loddrigen Worte“ mochte er nicht, er suchte mit künstlerischer Sensibilität nach den treffenden Begriffen und Vergleichen. Bisweilen hätte er den Eindruck erweckt, als ob er bei seinem pausierenden Sprechen die „Gedanken ausscheide, die ihm im Wege liegen“.[44] Keine Spur war da von zungenfertiger Behendigkeit; alles wurde mit urwüchsiger sprachlicher Gestaltungskraft suchend und wägend hervorgebracht, dann aber stand es da – unvergänglicher als alle Bismarckdenkmäler.

Der Kanzler verstand überdies, die Menschen in ihrer Eigenart zu erfassen und sich auf sie einzustellen. Über eine Begegnung mit ihm schrieb der französische Botschafter Vicomte de Gontaut-Biron in seinen Erinnerungen: „Beim Anblick dieses Riesen möchte man glauben, einen seiner Ahnen, der Goten, vor sich zu haben. Er empfing mich mit einem Ausdruck von Liebenswürdigkeit, wie er wohl selten so rauhe Züge verklärt. Seine Sprechweise ist langsam und betont, mit einem gewissen Stocken, aus dem man sehr mit Unrecht auf einen zögernden Charakter schließen würde“.[45] Mehrfach betonte der französische Botschafter, daß Bismarck von der „größten Höflichkeit“ war und in „liebenswürdigster Weise“ parlierte. Auch der Sekretär des italienischen Ministerpräsidenten Francesco Crispi, Edmund Mayors, der im Oktober 1887 in der Gefolgschaft seines Chefs in Friedrichsruh weilte, nannte den Fürsten den „wunderbarste(n) Plauderer, den man sich vorstellen kann“. Er sei „ein geborener Künstler“.[46]

Schlicht, natürlich, unprätentiös, ganz im Stile einfacher Landedelleute, so ging es immer in Bismarcks Hause zu – ganz gleich, ob er nun Bundestagsgesandter, preußischer Ministerpräsident, Kanzler oder Exkanzler war –, und das überraschte und beeindruckte seine Besucher, die nicht selten etwas Hehres, Ungewöhnliches erwartet hatten und schließlich einen Menschen vorfanden, der ungezwungen über Weltereignisse plauderte, die Großen dieser Welt freimütig mit all ihren Schwächen charakterisierte und sich mit unverhohlenem Vergnügen den Genüssen von Küche und Keller hinzugeben verstand.

*

„Auf den üppigen Komfort habe ich nie viel gegeben“, so meinte er einmal, „mein bester Komfort war meine Küche, auf die habe ich immer ein gutes Stück gehalten und ebenso auf einen wohlbestellten Keller“.[47] Und, so in einem Gespräch mit dem Schriftsteller Whitman in Friedrichsruh, „überhaupt sei gutes Essen und Trinken ein erblicher Zug in seiner Familie“.[48] Seine vitale Eßlust hatte allerdings zwei Seiten, eine, die besonders Anfang der achtziger Jahre zu einer ernsten gesundheitlichen Gefährdung geführt hatte, und eine, die man mit erheiterndem Staunen gewahrte.

Drastisch schränkte nach Bismarcks „Gesundheitsbankrott“ der damals dreiunddreißigjährige Arzt Ernst Schweninger die allzu reichhaltigen Mahlzeiten des Kanzlers ein und zwang ihn zur Räson. Als Bismarck ihm einmal eröffnete, er habe in dessen Abwesenheit – ungeachtet des strikten Verbots – „eine Dreimännerportion Buttermilch getrunken“, kündigte ihm Schweninger sofort auf und wollte abreisen. Erst als der Patient seinen Sündenlohn durch eine heftige Gallenkolik bekam, blieb der Arzt bei ihm. Von da an war Bismarck gewarnt und parierte; Schweninger sei der erste Arzt gewesen, der ihn behandelt habe, bekannte er einmal, die übrigen habe er behandelt.[49] „Es wurde mir schwer, meine Gewohnheiten zu ändern“, gestand er später, „aber er hat es durchgesetzt. Ich esse und trinke nur, was er für gut hält“. Im Grunde mochte Bismarck Schweningers energische Art; mit Respekt frozzelte er über ihn, er sei „so grob, wie nur ein Altbayer sein kann, von da stammt er auch her“,[50] sein „schwarzer Tyrann“.

Dankbar und aus eigener Erfahrung von Schweningers Fähigkeiten überzeugt, verhalf Bismarck ihm, der wegen eines fatalen Sittlichkeitsvergehens aus der Münchner Fakultät entfernt worden war, zur Rehabilitierung und zum akademischen Lehrstuhl. Schweninger zeigte sich erkenntlich, indem er dem Altkanzler schließlich seinen Schüler, Dr. Chrysander, als Hausarzt wie als Privatsekretär empfahl, als ihm selbst die Aufgaben über den Kopf wuchsen und er als Betreuer des Fürsten allzuviel Zeit seines unruhigen Lebens auf der Eisenbahn verbringen mußte.

Gedarbt hat Bismarck dennoch nicht, trotz gelegentlichen Klagens: „Wenn man viel geistig arbeitet, muß man wieder Ersatz schaffen für den aufgebrauchten Spiritus. Auch mein Arzt Schweninger ist dieser Ansicht, nur meinen Magen hat er mir viel zu gering geeicht“.[51] Die vielen Gäste, die Bismarck bei sich empfing, staunten nicht wenig über seinen kräftigen Appetit. „Man muß wirklich einen guten Magen haben, um beim Tisch mit dem Fürsten gleichen Schritt halten zu können“, meinte ein Besucher.[52] Auch der Sohn des Reichskanzlers Fürst Chlodwig zu Hohenlohe bemerkte bei seinem Besuch in Friedrichsruh noch im März 1895:

„Lustig war es nun, zu beobachten, wie der Fürst seinen Heißhunger nicht zu bezähmen wußte und von der Austernschüssel sich eine Auster nach der anderen herunterholte, noch ehe sein Nachbar zur Rechten, der Großherzog, damit fertig werden konnte“.[53]

Und die Getränke aus dem oft mit geschenkten Weinen bestens bestückten Keller standen dem Essen kaum nach. Natürlich gelang es ihm auch immer wieder, bei Ausfahrten einige Flaschen Bier in den Kutschbock schmuggeln zu lassen und gelegentlich – etwa in der angenehmen Gesellschaft der Freifrau v. Spitzemberg – ein kleines Picknick im Walde, ganz außer der Reihe, einzuschieben. Zu seiner Freude an gutem Essen und Trinken hat Bismarck sich mit heiterer Selbstironie in mancherlei Anekdoten bekannt: „Ich speiste einmal bei Kaiser Wilhelm II. Ich hatte in meinem Glase Champagner, dessen Geschmack mir verdächtig war. Als der Mundschenk wieder um die Tafel ging, versuchte ich einen Blick auf die Etikette der Flasche zu werfen, aber es war unmöglich, da um dieselbe eine Serviette gewickelt war. Ich wollte gerade den Kaiser nach dem Namen der Sorte fragen, da verriet Seine Majestät, daß es in der Tat deutscher Schaumwein wäre. ‚Ja‘, sagte der Kaiser, ‚ich trinke ihn aus Sparsamkeit, da ich eine große Familie habe; und ich habe ihn aus demselben Grunde meinen Offizieren empfohlen. Außerdem trinke ich ihn aus Patriotismus.‘ Darauf erwiderte ich dem Kaiser: ‚Bei mir, Majestät, macht der Patriotismus kurz vor dem Magen halt.‘“[54] Es gab kaum etwas, weder im täglichen Leben noch in der hohen Politik, was Bismarck nicht irgendwann einmal in zwangloser Plauderei mit Selbstironie und Mutterwitz zum besten zu geben wußte.

*

Künstlerische Anschauungskraft gewann seine Sprache besonders aus den Bereichen, mit denen sein Herz verbunden war: aus ständig gesuchter und geliebter Naturnähe. Bismarck war sich dessen bewußt, daß er für die Schönheit der Räume eigentlich kein Auge hatte. Ein heller, sonniger und bequem möblierter Raum sei „für ihn ein Bedürfnis; erfülle er diese Voraussetzungen, so habe er, für seine Person, keine weiteren Wünsche“.[55] Ganz anders aber verhielt er sich zu Wald und Auen, zum Wild und zu seinen Hunden. Da gab es Prägungen von der Kindheit her. Das hat Sidney Whitman klug beobachtet: „Sorgfältig gepflegte Rasenplätze ... waren ganz und gar nicht nach seinem Geschmack. Er bevorzugte die weite Waldlandschaft, welche die Deutschen ‚Hain' nennen, eine natürliche Lichtung im Walde, die mit ihrer Tiefe und ihrem Schatten, ihrem freien und wilden Wachstum der Einbildungskraft reichen Spielraum bietet. Aus der Unterhaltung fand ich bald heraus, daß die Bäume für den Fürsten mehr als den gewöhnlichen Reiz unbeseelter Dinge besaßen. Liebevoll beobachtete er ihr Wachstum ... Seine Phantasie verlieh ihnen ein Leben, das er nicht gern verkürzen wollte".[56] Bismarck bezeichnete sich selbst als „Baumnarr", und die großen Bäume waren ihm in der Tat „Ahnen".

Längst hatte er die einst so leidenschaftlich betriebene Jagd aufgeben müssen; er fand auch kein Vergnügen mehr daran, wie er sagte, den Tieren ein Loch in ihr hübsches Fell zu bohren. Zwar sah man ihn 1893 noch im Pferdesattel, doch auch damit sollte es bald zu Ende sein, weil die Kraft seiner Unterschenkel erlahmte. Vom Walde allerdings, in dem er sich niemals einsam gefühlt hatte, nahm er zuallerletzt Abschied, lange noch ließ er sich mit der Kutsche ausfahren und entspannte sich in der Natur.

Die Freifrau v. Spitzemberg hat von Bismarcks Naturschwärmerei und fast sentimentaler Tierliebe gesprochen.[57] Dazu gehörten auch Bismarcks Hunde, seine berühmten Deutschen Doggen, deren Charakter er genau kannte und deren treue Ergebenheit ihn immer wieder rührte. Noch auf seinem Sterbebett fragte er, ob es schon lange her wäre, daß Sultl tot sei. In verzweifelte Selbstvorwürfe war er einst – es war im Oktober 1877 gewesen – ausgebrochen, weil er seinen Hund kurz vor dessen Hinscheiden gezüchtigt hatte.

Immer wieder erzählte er auch die Geschichte von jenem häßlichen Hunde Cyrus, den ihm Wilhelm II. zum Geburtstage als Ersatz für den verstorbenen Tyras geschenkt hatte; der sachunkundige Minister Bötticher hatte den Kauf für Majestät vorgenommen. Als „abscheulich und dumm" hatte der bayerische Redakteur Memminger den Hund angesehen und sich durch diese Offenherzigkeit noch mehr Bismarcks Sympathien erworben, denn der Kanzler war gewohnt, daß es „verrückte Damen" gab, „welche Haare von diesem Vieh zu besitzen wünschten, um sie in goldener Kapsel als treues Andenken und Talisman statt eines Glückschweinchens mit sich herumzutragen".[58] Schrecklich hatte das Tier ausgesehen, so des Exkanzlers Beschreibung: „Auf einem klapperdürren Gestelle, aus dem die Rippen herausguckten wie aus einem gestrandeten Schiff die Spanten, saß ein unförmiger

Kopf wie das Skelett eines sündflutlichen Auerochsen, und auf dem wackeligen Hintersteven saß eine blutige Rute, wie eine zerfetzte Flaggenstange. Ich wollte die Hände überm Kopf zusammenschlagen, denn ich dachte unwillkürlich an ein böses Omen für die Politik des neuen Kurses, und meine trübe Ahnung hat sich leider ein wenig bestätigt." Trotz alledem, Otto v. Bismarck hat auch dieses Tier behalten, die schöne Hündin Rebekka, Beckchen genannt, wurde ihm beigesellt. Cyrus und Rebekka sollten seine letzten Hunde sein. Die Kreise um ihn wurden enger.

*

In jüngeren Jahren hatte er gern Musik gehört und sich vor allem Beethoven, aber auch Schumann, Mozart, Chopin und Mendelssohn von Johanna und später von Keudell, einem Vertrauten des Hauses und begabten Pianisten, vorspielen lassen. Auch Ludwig Bergers kurzen feurigen Satz (op 12, Nr. 3) soll er geliebt haben. Richard Wagner hingegen war nicht nach seinem Geschmack. Er könne seinen Werken zwar ein lebhaftes, wenn auch zuweilen mit Neigung zur Opposition gemischtes Interesse entgegenbringen, so schrieb er ihm.[59] Auch ein Zusammentreffen mit Richard Wagner schuf keine Annäherung. Der Meister der Töne hätte wohl nicht genug Elogen geerntet, wäre nicht zur Entfaltung gekommen und daher enttäuscht gegangen, berichtete Bismarck.[60]

Opernhäuser und Konzertsäle suchte Bismarck ohnehin nicht gern auf. Er liebte – auch hier wieder der Landadlige – die Hausmusik. Noch im Sommer 1896 lud er den berühmten Geiger Joseph Joachim nach Friedrichsruh ein, der mit dem Hamburger Musikdirektor und Cellisten Spengel vornehmlich Beethovensche Sonaten vorspielte.[61] Möglicherweise hat Robert v. Keudell, der mit Joachim befreundet war, dessen Friedrichsruher Hauskonzert vermittelt.[62]

Zur Lektüre aber, die Bismarck ein Leben lang begleitet hatte, griff er bis zuletzt. Es ist ein leichtes, ihm aufzulisten, wen er alles nicht zur Kenntnis genommen habe. Doch da soll man zurückhaltend sein; wo ist der Politiker, der sich mit fünfundsiebzig Jahren vornimmt, Schillers Dramen „jetzt noch einmal in der Reihenfolge ihrer Entstehung" zu lesen?[63] Bismarck begann wirklich mit den „Räubern", berührt und ans eigene Schicksal erinnert bei der „ergreifenden Stelle", wo Franz den alten Moor ins Grab zurückschleudert mit den Worten: „Was? Willst du denn ewig leben?"

„Daher kommt auch die große Einbildung, weil keine rechte Bildung da ist", so war Bismarcks Meinung. „Wir Alten haben doch wenigstens ein bißchen Latein gelernt und kennen unsere deutschen Klassiker".[64] Das beweisen auch die zahlreichen Zitate und literarischen Anspielungen in Bismarcks Briefen, Reden, Gesprächen. Sein Bildungsschatz war parat, stets zitierfähig und anwendungsbereit. Manche Klassikerausgaben ließ er sich mehrfach schenken, um sie an seinen verschiedenen Wohnorten immer greifbar zu haben. Natürlich kannte er Goethe, Chamisso, Heine, Schwab; intensiv hatte er sich in der Jugend mit Byron befaßt, und tief bewegt hatte ihn sein Leben lang Shakespeare. Als Lord Sutherland ihn Anfang August 1890 fragte, ob er denn immer noch Shakespeare lese, antwortete er: „. . . ja, gewiß", und ließ sich sogleich eine Hamletausgabe aus dem Zimmer seines Sohnes kommen.[65] Er könne nicht „wie Banquos Geist an Macbeths Tisch"[66] im Reichstag erscheinen, sagte er im Februar 1891 zu Maximilian Harden. Noch nach 1894 hätte er der Gräfin v. Eickstedt-Peterswaldt erklärt: „Ich habe heute im Julius Cäsar gelesen, habe dabei alles andere vergessen, höchst interessant, merkwürdig passend auf die Jetztzeit mit nationalliberalem Brutus".[67] Zur gleichen Gesprächspartnerin soll er – auch das ist durchaus glaubwürdig nach Aussage und Diktion – über Schiller gesagt haben: „Die Räuber sind das erste Trauerspiel, das ich je gesehen. Reif ist er eigentlich erst im Wallenstein geworden. Er hat für alle Länder, nicht nur für Deutschland geschrieben". Dem Geheimrat von Rottenburg, der Bismarck im März 1890 in Berlin die Verleihung des Schwarzen Adlerordens an Herrn v. Bötticher meldete, entgegnete Bismarck spontan: „Du hast's erreicht, Octavio!" Noch im Oktober 1897 verglich sich Otto v. Bismarck in schlafloser Nacht mit Gustav Schwabs Reiter über den Bodensee und nannte als Unterschied: jener „wußte es nicht, daß er über das Eis ritt, und ich wußte es".[68]

Dann wieder zitierte er im Gespräch mit der Freifrau v. Spitzemberg Chamisso: „Ich bin der Zeiten ohnmächtiger Sohn, nicht wir machen, was wir machen, wir werden geschoben, sind Werkzeuge".[69] Zahlreich und ständig sind die Auseinandersetzungen Otto v. Bismarcks mit dem von ihm erworbenen und stets aufs neue in Besitz genommenen literarischen Bildungsgut. Auffallend ist immer wieder die Anwendung auf politisches Geschehen, daher auch der hauptsächliche Bezug auf Schiller und Shakespeare. Natürlich, das ist schließlich nicht verwunderlich, hatte er kein

Verhältnis zu Gerhart Hauptmann oder zu Sudermann, deren Namen er aber gehört hatte. Nur Bildungsbeflissene sind Allroundkenner; Charaktere haben ausgeprägte Neigungen, wählen aus, stoßen ab – sehr oft ungerecht –, was ihnen nicht gemäß ist. Es gab allerdings seit der Kanzlerschaft kaum noch eine Ausweitung der Lektüre bei Bismarck, nur noch vertiefte Beziehungen zu bereits Erworbenem.

Es gibt keinen Zweifel, daß es neben der Beziehung zur Natur vor allem die zur Literatur war, die Bismarcks sprachliche Ausdrucksfähigkeit zu hohem literarischen Rang steigerte, in eben dem Maße, wie seine starke Persönlichkeit und seine differenzierte Empfindungsfähigkeit sich die Dinge im wahrsten Sinne des Wortes „zu eigen" machen konnte.

*

Die Zeit nach seiner Entlassung warf in besonderem Maße die Frage auf, wo Bismarck nun neben seinen ländlichen Refugien auch seine seelischen finden würde. Von seinem alten Freund, dem Grafen Alexander Keyserling, im Juni 1890 gefragt, ob er noch die glaubensvolle, persönliche Stellung zu Christus einnehme, habe Bismarck ihm erwidert, daß er leider während der Kämpfe der letzten Jahrzehnte dem Herrn ferner gerückt sei, „gerade jetzt in der schweren Zeit, die er durchlebe, empfinde er diese Ferne schmerzlichst", er hoffe aber, in der Zurückgezogenheit und im Zusammenleben mit Johanna wieder in ein innigeres Verhältnis zu Christo zu kommen.[70] Das war sicherlich ein Wunsch von ihm. Wie aber stand es wirklich damit?

Bekanntlich hatte er jahrelang die religiösen „Loosungen und Lehrtexte" für jeden Tag des Jahres, die ihm in früheren Zeiten alljährlich Hans v. Kleist-Retzow zu schenken pflegte, mit seinen Anstreichungen und Randbemerkungen versehen, so etwa am Tage des Nobiling-Attentats auf den Kaiser, als er am 2. Juni 1878 die Losung fand: „Fürchtet euch nicht vor denen, die den Leib töten und die Seele nicht mögen töten", sie anstrich und die Worte hinzufügte: „Schufte aber sind sie".[71]

Seit der zweiten Hälfte der achtziger Jahre aber gingen die Anstreichungen in den christlichen Losungen merklich zurück, und in der Zeit nach seiner Entlassung waren die Randbemerkungen noch spärlicher und nicht mehr auf Religiöses, sondern auf Persönliches bezogen, so etwa, wenn er an seinem 76. Geburtstag, am 1. April 1891 also, hinter die vorgefundenen Losungsworte: „Wer

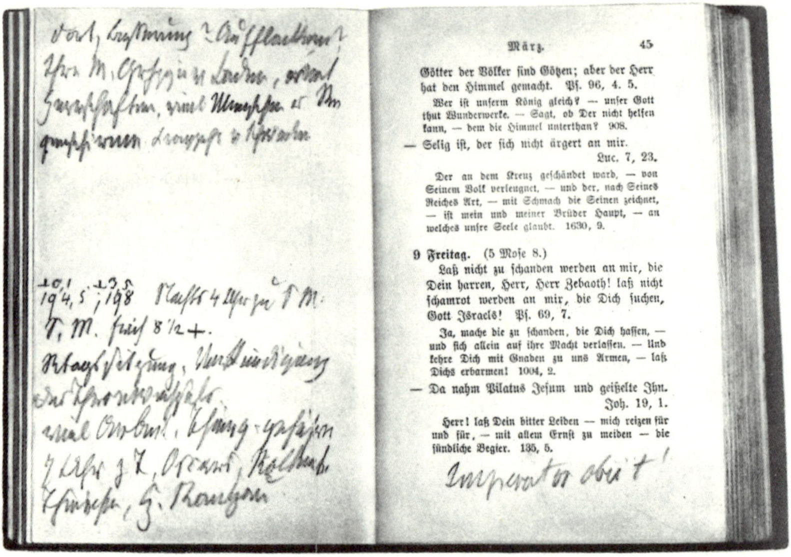

März. 45

Götter der Völker sind Götzen; aber der Herr hat den Himmel gemacht. Ps. 96, 4. 5.

Wer ist unserm König gleich? — unser Gott thut Wunderwerke. — Sagt, ob Der nicht helfen kann, — dem die Himmel unterthan? 908.

— Selig ist, der sich nicht ärgert an mir. Luc. 7, 23.

Der an dem Kreuz geschändet ward, — von Seinem Volk verleugnet, — und der, nach Seines Reiches Art, — mit Schmach die Seinen zeichnet, — ist mein und meiner Brüder Haupt, — an welches unsre Seele glaubt. 1630, 9.

9 Freitag. (5 Mose 8.)

Laß nicht zu schanden werden an mir, die Dein harren, Herr, Herr Zebaoth! laß nicht schamrot werden an mir, die Dich suchen, Gott Israels! Ps. 69, 7.

Ja, mache die zu schanden, die Dich hassen, — und sich allein auf ihre Macht verlassen. — Und kehre Dich mit Gnaden zu uns Armen, — laß Dichs erbarmen! 1004, 2.

— Da nahm Pilatus Jesum und geißelte Ihn. Joh. 19, 1.

Herr! laß Dein bitter Leiden — mich reizen für und für, — mit allem Ernst zu meiden — die sündliche Begier. 135, 5.

„Loosungen und Lehrtexte“ vom 8. und 9. März 1888 mit Randbemerkungen Bismarcks

lebet im Herrn / Der stirbet auch gern / Und fürchtet sich nicht . . .“ mit eigener Hand schrieb: „lieber noch nicht“.

Das Schwächerwerden religiöser Bindungen verriet doch einiges vom Wesen der Bismarckschen Gläubigkeit, die bezeichnenderweise in den Jahren des Konflikts und der Reichsgründungszeit am lebendigsten gewesen war. Damals hatte er auf Gottes Beistand zur Unterstützung seiner politischen Aufgaben gebaut. War es doch stets die Klarheit seines Wollens gewesen, aus der das Gottvertrauen bei ihm erwuchs. Sein Christentum war ein ausgesprochen aktives, es war ihm vonnöten bei praktischem politischem Wirken. Nun aber, wo nach seiner Entlassung Verunsicherungen bei ihm entstanden über den Bestand des so schwer erkämpften Reiches, wo er offenbar nicht mehr gebraucht wurde und ihn neben Verbitterung nicht selten auch Melancholie heimsuchte, kamen ihm auch Zweifel, ob der Verlauf der Dinge wirklich noch Gottes Wille sei.

Er mag es scherzhaft ausgedrückt haben, aber da er sich mehrfach in dieser Richtung äußerte, muß man es im Kern schon ernst nehmen, wenn er im März 1893 gegenüber der Freifrau v. Spitzemberg äußerte, er habe „eben oft das Gefühl, daß unser Schöpfer und Herr nicht immer alles selbst tut, sondern die Führung gewisser Gebiete anderen, seinen Ministern und Beamten, überläßt, die dann Dummheiten machen."[72] Ein andermal sprach er davon, daß die kleine Erde vielleicht einen falschen „Oberpräsidenten" erwischt habe,[73] der dann den Willen Gottes nicht immer erfülle. Oder, was schon erstaunliche Ahnungen verriet:[74] „Es kann ja sein, daß Gott für Deutschland noch eine zweite Zeit des Zerfalles und darauf eine neue Ruhmeszeit vorhat, auf einer neuen Basis der Republik, das aber berührt uns nicht mehr."[75]

Immer war Otto v. Bismarcks Gottesvorstellung von ganz individueller Prägung, sie bedurfte keiner kirchlichen Vermittlungen. Was er in den neunziger Jahren sagte, zeugte weniger von Religiosität als von menschlicher und politischer Verunsicherung, die sich in einer fast blasphemischen Sicht vom Walten Gottes äußerte.

*

Sicherer war der Rückhalt, den er dort fand, wo er es ein Leben lang erhofft, gewünscht und erstrebt hatte: bei seiner Frau und im Kreis der Familie. Da war zunächst seine Johanna, mit der er fortan – wie er scherzhaft äußerte – als „Zweisiedler" lebte. Von den tieferen Ursachen der Entlassung ihres Mannes und seiner Isolierung im Amt verstand sie wenig. Aber sie kannte seine sorgenvolle Unruhe und geriet in brodelnden Zorn auf den jungen, unreifen Kaiser, dem sie alles zuschob. Bismarck selbst meinte einmal: „. . . das Alter des Methusalem würde nicht ausreichen, um die Gefängnisstrafen abzusitzen, deren sich meine Frau täglich wegen Majestätsbeleidigungen schuldig zu machen pflegt."[76]

In ihrem leidenschaftlichen Eifer für ihren Gatten vertrieb Johanna sogar einige Gäste, die sich von ihrer Stellung her ihre Invektiven nicht einfach anhören durften; wurde doch sogar der Sohn Herbert gebeten, seine Mutter zu zügeln. Man konnte ja schließlich die alte Dame nicht noch nach Spandau bringen lassen. Auch ein Freund des Hauses, Arthur v. Brauer, machte da im Sommer 1890 bei einem Besuch in Friedrichsruh seine Erfahrungen. Behutsam riet er bei einer Ausfahrt in den Sachsenwald zu mehr Zurückhaltung und argumentierte wohlbedacht in der einzigen Weise, bei der sie zugänglich war. Er hielt ihr vor, daß die Vergrößerung der Kluft zwischen dem Kaiser und ihrem Gatten dessen Gesundheit schaden könnte.[77] Das wirkte, nichts anderes.

Aber noch im Januar 1894, als durch den Grafen v. Moltke eine Pseudoversöhnung mit dem Kaiser eingeleitet werden sollte, blieb

Johanna v. Bismarck (oben)
und Familienbild (unten)

Dr. Chrysander. Fürstin Herbert Gräfin zu Rantzau Prof. Fürstin Joh. Frau Prof. Franz v.
Fürst Herbert Bismarck. Tocht. Bismarcks. E. Bismarck. Lenbach. Lenbach.
Bismarck. Graf Wilh. Bismarck. Schweninger. Fürst Bismarck.
Graf zu Rantzau, 3 Kinder und Hauslehrer.

Johanna dabei: „Ich bin nicht milde, ich kann nicht vergeben und will es nicht“.[78]

Otto v. Bismarck verübelte es allen, die ihm in völliger Verkennung seines Wesens und Wirkens von der Beschäftigung mit der Politik abraten wollten, bei Johanna aber nahm er es mit souveränem Gleichmut hin, wenn sie über die „dumme“ oder auch die „alte duslige Politik“ schimpfte. Die „unpolitische Creatur“, als die sie sich schon in den Brautbriefen bezeichnet hatte, war sie auch an der Seite eines Mannes geblieben, der die höchsten politischen Ämter eingenommen hatte. Es war schon merkwürdig: „Und drinnen waltet die züchtige Hausfrau, die Mutter der Kinder“ – das war Johanna, mehr denn je; nach über vier Jahrzehnten Ehe kannte sie wie sonst niemand alle Eigenheiten des gutsherrlichen Lebensstils ihres Mannes – von denen des Staatsmannes wußte sie nichts. Das hätte auch sein Gutes gehabt, hat Bismarck einmal gesagt, es wäre eine ganz andere Luft zu Hause gewesen.

Drei erwachsene Kinder hatten die Bismarcks nun; das bedeutete natürlich immer wieder Veränderungen im familiären Bereich. Die Tochter Marie, einst dem früh verstorbenen Wend zu Eulenburg anverlobt, hatte den Legationsrat Graf Kuno zu Rantzau geheiratet, der ein fleißig-biederer Zuarbeiter seines Schwiegervaters wurde. Aus dieser Ehe kamen die beiden ersten Enkel der Bismarcks. Doch bewegender waren für Otto v. Bismarck die männlichen Nachfolger, zuerst des Sohnes Wilhelm und dann vor allem des ältesten Sohnes Herbert – da spielte die Stammhalterfrage eine große Rolle.

Marie wäre bloß leiblich Bismarcks Kind gewesen, meinte Frau v. Spitzemberg, „geistig probierte sie gar nicht, mit ihm zu leben, teilte nichts von seinen Interessen, nichts von seinen Bestrebungen“.[79] Natürlich ärgerte das auch Bismarck, der bekannte, mit Marie oft hart zusammengeraten zu sein,[80] denn sie hätte für ihren natürlichen Verstand einen merkwürdig engen Interessenkreis: „Mann, Kinder, wir erfüllen sie, aber sonst fast kein Mensch, geschweige die Menschheit interessierten sie. Sie ist innerlich essentiell faul, darin liegt es“. Dabei war sie dem Vater durchaus zärtlich zugetan und wie die Mutter bereit, blind für ihn Partei zu ergreifen. Aber es war alles bei ihr noch enger als bei Johanna, bei der auch herzerfrischende Deftigkeit sein konnte und eine schlichte Beurteilung der Menschen unabhängig von Rang und Stellung. Die allgemeine Tierliebe der Familie schlug bei Marie in eine betuliche Beschäftigung mit ihren Meerschweinchen um, bis auch dem Vater die „Meerschweinerei" zu viel wurde. Während die Brüder sich Sorge machten wegen der anscheinend früh beginnenden Fettsucht bei Marie,[81] rühmten die Besucher ihre „stattliche" Erscheinung, an der auch Schweningers Behandlungsmethoden scheiterten.

Der jüngste Sohn Bismarcks, Wilhelm, meist Bill genannt, galt durchaus als begabt, aber fleißig war er nicht und schon gar nicht ehrgeizig. Am liebsten wäre er, nachdem er in die Verwaltungslaufbahn eingeschwenkt war, immer Landrat in Hanau geblieben, wohin er 1885 kam. Drei Jahre später, im Dezember 1888, war er – dem Kanzler zuliebe – zum Regierungspräsidenten von Hannover ernannt worden, und im März 1895 wurde ihm – wieder des Vaters wegen – die Oberpräsidentschaft von Ostpreußen übertragen. Das war das höchste Amt für ihn, aber er beabsichtigte um die Jahrhundertwende, es aufzugeben, um sich – im 48. Lebensjahr! – nach vollendetem Umbau des Hauses ganz nach Varzin zurückzuziehen. Möglicherweise war es auch seine geschwächte Gesundheit, die ihn vor allzu belastenden Aufgaben zurückweichen ließ.

Im Juli 1885 hatte Wilhelm zu aller Überraschung seine Kusine Sibylle von Arnim geheiratet, die Tochter von Bismarcks Schwester Malwine. Daß Otto v. Bismarck die etwas exzentrische Sibylle nicht sehr mochte, war bekannt, doch weder er noch Johanna äußerten ein Wort gegen diese Verbindung. Einmal schien beiden der unglücklich-schmerzhafte Liebeskonflikt Herberts mit Elisabeth v. Carolath noch auf der Seele zu liegen, zum anderen wollte man wohl auch das Verhältnis zu Malwine nicht belasten. Stand doch Bismarck dieser Schwester zeitlebens nahe, davon zeugen seine vielen Briefe an „Malle", in denen er sich vertrauensvoll und herzlich aussprach. Die spärlichen Briefe der Schwester wirken dagegen ausgesprochen nichtssagend.

Ein wenig Verwunderung ruft das unveränderlich enge Verhältnis zu seiner Schwester doch hervor, wenn man die keineswegs wohlwollenden Urteile über Malwine aus Bismarcks näherer Umgebung kennt, nicht zuletzt von Johanna, die mit Malwine nicht zurechtkam und immer gottfroh war, wenn diese das Haus wieder verließ. Arthur v. Brauer, ein durchaus wohlmeinender Gast im Hause, beschreibt die verehelichte Malwine v. Arnim so: Sie war „eine ehrgeizige Weltdame, die sich in jüngeren Jahren gern den Hof machen ließ, in älteren die geistreiche Frau spielte. Sie war nicht frei von Pose und sonnte sich gern im Ruhm des Bruders. In den achtziger Jahren erschien sie fast nur zu Familienfesten in

Malwine v. Arnim, die Schwester Bismarcks

Berlin. Wenn dann am Abend der Salon sich füllte, saß sie in eleganter Toilette steif in einer Ecke und lorgnettierte die Eintretenden. Wer ihr vorgestellt wurde, bekam ein kurzes würdevolles Nicken des Kopfes als einzigen Gegengruß. Sie verbreitete eine eisige Atmosphäre um sich, die seltsam abstach von dem freien Sichgehenlassen, das im Hause Bismarck Ton war. Man sah ihr an, daß ihr die Gesellschaft und ihr Treiben nicht vornehm genug dünkte. Daß dem so war, verdachte sie ihrer Schwägerin, die wohl auch gelegentlich Bemerkungen darüber zu hören bekam".[82]

Nein, sie war damit nicht im Recht; denn selbst wenn Johanna Anstalten machen wollte, den Kreis der Gäste zu erweitern, pflegte Bismarck abzuwehren. Als er noch im Amte war, wollte er keine zusätzlichen Menschen und Probleme zur Fülle derer haben, die ihn ohnehin im Übermaß beschäftigten. Und als er dann außer Dienst war, konnte er sie erst recht nicht mehr verkraften. Es blieb also beim kleineren Kreis der Familienangehörigen und der Vertrauten, und beide Ehepartner waren zufrieden damit.

Die unsichtbaren Fäden, die Otto v. Bismarck dennoch mit der Schwester verbanden, könnten von der gemeinsamen mütterlichen

Seite her gekommen sein, denn ein Abglanz von Louise Mencken lag allerdings auf Malwine, die eleganter war als Johanna, geistig anspruchsvoller, auch wenn sie diesem Anspruch selbst keineswegs gerecht zu werden vermochte. Den Bruder mag sie unbewußt an die Mutter erinnert haben, mit der er sich in der letzten Lebenszeit schließlich besser als die anderen Geschwister verstanden hatte. Nicht alles ist erklärbar, authentisch nachzuprüfen; es gibt auch seelische Zwischenbereiche, die mitschwingen können in menschlichen Beziehungen.

Die Vermutung mag nicht abwegig sein, daß der sich sonst nur auf die Tradition seines väterlichen Geschlechts berufende Bismarck in seiner Schwester die mütterliche Ahnenreihe mit ihren Gelehrten und Diplomaten insgeheim personifiziert sah. Schließlich vereinigten sich in ihm die gelehrt-höfischen Menckens und die junkerlichen Bismarcks.

Anders als mit der Schwester Malwine lockerten sich im Laufe der Jahre die Beziehungen zu seinem Bruder Bernhard, dem er in seinen Jugendjahren sehr nahegestanden hatte. Im lokalen Bereich, von wo Otto v. Bismarck seinen Ausgang genommen hatte, blieb Bernhard sein Leben lang verhaftet. Die Brüder sahen sich im Äußeren sehr ähnlich, nur daß Bernhard in allen Körperformen kleiner geraten war. So schien es auch im Geistigen zu sein. Im übrigen meinte Frau v. Spitzemberg nach dem letzten Zusammentreffen mit Bernhard, er „war ein gar munterer, redseliger alter Herr", und er wäre ja schließlich ein „naher Verwandter und Jugendgenosse" gewesen.[83]

So muß es Bismarck auch empfunden haben, als er am 8. Juli 1893 das Telegramm seiner Schwägerin erhielt, daß Bernhard am Vortage „entschlafen" sei. Als Vertreter der Familie schickte er Herbert zur Beerdigung; wieder war einer gegangen, den er seit langem kannte – Bismarck war doch tief berührt.

Eine besondere Stellung in der Familie nahm von Anfang an Herbert v. Bismarck ein, der älteste Sohn und Hoffnungsträger des Vaters. Ihm war es zeitlebens bitter angekommen, Nachkomme eines großen Mannes zu sein. Historisch und politisch interessiert, wie er war, hätte er durchaus ein respektabler Politiker werden können, wenn die Meßlatte, an der man ihn von Anfang an maß, nicht immer zu hoch angelegt worden wäre. Stets wurde hämisch und unberechtigt beargwöhnt, er wolle seinen Vater im Amt ablösen und damit die Dynastie der Bismarcks begründen. In wachsendem Maße menschenverachtend, focht er dagegen schließlich

Herbert v. Bismarck

gar nicht mehr an. Statt dessen mühte er sich mit rastlosem Arbeitseifer, den Vater zu entlasten; nervliche Überanstrengungen, die seine Reizbarkeit und heftig-barsche Reaktionen noch steigerten, waren die Folge. Ganz beiläufig schrieb er da etwa im Herbst 1885 an den Schwager Rantzau, daß er abends „mitunter etwas zusammenklappe".[84] Oder er bekannte dem Bruder Bill im September 1886: „Wenn ich alle Kräfte zusammenreiße in ‚Zukunftsanlehn', so denke ich, ich werde so lange vorhalten, als Papa im Amte ist".[85] Das klingt wahrlich nicht nach ehrgeiziger Nachfolgerschaft, eher schon nach Überforderung. Und das war es auch in hohem Maße.

Mit einiger Erleichterung zog sich Herbert im Jahre 1890 nach Schönhausen zurück, es war im Gegensatz zu seinem Vater auch ein innerer Abschied vom politischen Leben. Herbert wollte nicht mehr. Einiges von der Problematik seines Lebens klingt in dem Brief an, den er am 3. April 1891 aus Friedrichsruh an Plessen schrieb: „Solange ich in der alle Kraft verzehrenden Dampfmaschine des hohen Dienstes mein Schwungrad drehen mußte, war jede Regung von Individualität zurückgedrängt, ich lebte nur in den Gedanken des Monarchen und meines Vaters, unter welchen beiden Zeichen die Politik, d. h. das Interesse am Vaterlande, für mich zusammengefaßt war; es bedarf einer gewissen Zeit, um sich anderen Geleisen zu adaptieren, wenn man so ausschließlich in den alten Curs eingefahren war, wie ich, aber die geringe Freude, welche ich an der jetzigen stümperhaften Politik habe, erleichtert mir den Übergang in eine unabhängige Selbständigkeit, welche ich bisher eigentlich nie besaß: vielleicht bin ich zu alt und abgeledert, um eine solche noch wirklich zu erlangen, aber versuchen muß ich es doch."[86]

Das schrieb Herbert mit noch nicht zweiundvierzig Jahren, nach herkömmlichen Vorstellungen eigentlich auf dem Gipfel seines Schaffens. Ein Hauch von Tragik liegt auf seinem Leben, in dem sich in merkwürdiger Parität Charakterzüge seines Vaters wie seiner Mutter auswirkten.

Deswegen verstand auch keiner so wie Herbert die Situation Johanna v. Bismarcks, die sich in aufopferungsvoller Hingabe für ihre Familie verzehrte. Schon 1887 mahnte Herbert mit aller Eindringlichkeit: „So müssen wir doch unsere ganze liebende Sorgfalt darauf richten, Mamas schwache Lebenskraft zu pflegen und zu stärken. Weil sie nur aus Pflichtgefühl und Selbstverleugnung zusammengesetzt ist, hat sie sich zeit ihres Lebens zu viel zugemutet: sie hat sich den Wahn konstruiert, als sei sie nur dazu da, ihren Mann und ihre Kinder zu bedienen, sie hat sich ja künstlich sozusagen eine Kammerjungfern-Rolle gegenüber uns allen geschaffen, und sie hat das Gefühl, als ob sie einen Raub begeht, wenn sie je an sich denkt... Diese übertriebene Rücksichtnahme und Selbstkasteiung macht es für Papa ja auch sehr schwer, da Mama ihn nie erraten läßt, was ihr persönlich lieb sein könnte, und alle seine Anfragen in der Richtung verneint..."[87]

Herberts Urteil über die Mutter – an Rantzau am 2. Juli 1887 geschrieben – wurde schon tags darauf vom Vater bestätigt. Alles, was Herbert schriebe, wäre richtig, hatte Bismarck gemeint, aber es wäre nicht so leicht, manches bei ihr durchzusetzen.[88]

Herberts Bindung an den Vater aber war für Außenstehende kaum vorstellbar. „Ohne Dich würde Nacht ringsum sein", schrieb er ihm am 23. Juli 1896, „ich hänge mit allen Fasern meines Denkens und Lebens so an Dir und bin von frühester Jugend mit allen Geistes- und Herzensregungen so mit Dir verwachsen, wie mit keinem anderen Menschen: dagegen tritt alles andere zurück..."[89] Und im gleichen Brief heißt es: „Ich möchte Alles darum geben, wenn ich Dir die trüben Stimmungen und die Mattigkeit nehmen könnte, die alle Lebensfreude beeinträchtigen. Wie ich Dir heute morgen sagte, bist Du der einzige helle Lichtpunkt für mich in dem traurigen lakaienhaften heutigen Deutschland ..."

Vieles war in Herbert angelegt: des Vaters Arbeitsenergie, Zuverlässigkeit im Dienst, historisch-politisches Interesse; der Mutter sorgender Blick für den Kreis der Familie, Aufmerksamkeit und Hingabe für Verwandte und nahe Freunde. Doch überall fehlte auch etwas: des Vaters Meisterhand bei politischen Kombinationen, die Leidenschaft für seinen politischen Beruf, die Fähigkeit, einen großen Kreis von Menschen klug und auch energisch zu beherrschen; der Mutter schlichtes Wesen, dem Herberts oft zynische Menschenverachtung fremd war. Wenn Johanna urwüchsig-deftig, wenn auch maßlos in ihren Übertreibungen, ihren Ängsten und ihrem Zorn sein konnte, glitt Herbert oft ins Grob-Verletzende gegenüber seinen Mitarbeitern ab, konnte schroff und rücksichtslos sein.

Vielfache politische Spannungen, die er schon in jungen Jahren miterlebt hatte, herbe Enttäuschungen, wo er auf Freundschaft und Hilfe vertraut hatte, dazu noch die Vielzahl unwürdiger menschlicher Verhaltensweisen gegenüber seinem Vater nach dessen Entlassung, das alles ließ die bittere Welle der Menschenverachtung und des Zynismus bei ihm noch ansteigen; bekannte er doch selbst, „die Menschen in ihrer Kläglichkeit besonders kennengelernt" zu haben.[90] So lernten ihn nur wenige Vertraute als einen Mann kennen, der in den Beziehungen zur Welt vor allem „Verletzungen seines Innern" fürchtete.[91]

Herbert wollte und konnte sich weiterer Verantwortung entziehen, obwohl ihn die Dinge auch fernerhin interessierten. Sein Vater aber mußte sich, da es um sein Lebenswerk ging, ungleich betroffener fühlen vom politischen Geschehen.

Veränderungen in Ökonomie und Politik

Als Bismarck von der politischen Bühne herabstieg ins Parterre, wie er sich einmal ausdrückte, veränderte sich vieles im Staatsapparat, in den Parteien und in den Beziehungen der verschiedenen Interessenschichten, nicht zuletzt im Verhältnis Deutschlands zu den europäischen Mächten.

Anders als die Politik der regierenden Kreise, nahm die Industrie eine imponierende Entwicklung. Der Anteil des Deutschen Reiches an der Weltindustrieproduktion, der 1880 noch 13 Prozent betragen hatte, erhöhte sich auf 14 Prozent im Jahre 1890 und erreichte nach der Überwindung des Konjunkturtiefs von Ende 1890 bis 1893 18 Prozent im Jahre 1900. Damit hatte Deutschland fast die gleiche Industrieproduktion wie England erreicht und die Frankreichs weit überholt. Das Wachstumstempo wurde nur von den USA übertroffen, die um die Jahrhundertwende 31 Prozent erlangten. Die dritte Position hinter den USA hatte Deutschland auch in der Produktion von Steinkohle und Roheisen, während in der Stahlproduktion die Englands bereits übertroffen wurde.[92]

Fast noch beeindruckender als das Produktionsaufkommen der deutschen Industrie war ihre Modernität. Da fielen die rasche Einführung des Thomasverfahrens und das systematische Arbeiten an der Verbesserung der Stahlqualität auf. Aber das gehörte immer noch in den Bereich der sozusagen klassischen Schwerindustrie, die vor allem durch den Eisenbahnbau gefördert worden war. Mit den Leistungen der deutschen Naturwissenschaften rückten seit den neunziger Jahren die Elektroindustrie, der Motorenbau und die Großchemie an die Weltspitze.

Überall hatte sich der Trend zur Verbindung mit den Großbanken und seit Ende der achtziger Jahre zur Bildung aller Arten von Monopolen verstärkt. Da gab es unter großen Firmen Absprachen über das Produktionssortiment und -volumen, über Preise, über Absatzgebiete. Das alles beeinträchtigte die freie Konkurrenz. Die stabilsten Monopole entstanden seit Ende der achtziger Jahre in der Eisenindustrie und im Kohlebergbau. In der Elektrobranche war die Bildung des AEG-Konzerns ein hervorstechendes Beispiel für die Verschmelzung von Bank- und Industriekapital. Die Wirtschaftszeitschrift „Der deutsche Ökonomist" kam schon Ende 1880[93] zu dem Schluß, daß es kaum einen Industriezweig ohne Kartelle und Syndikate gäbe.

Die deutsche Industrie festigte ihre nationale und internationale Stellung auch dadurch, daß sie die früher überlegene Landwirtschaft überrundete, sowohl bei der Nettoinlandsproduktion als auch bei der Zahl der Beschäftigten, die sich immer weiter zuungunsten der Landwirtschaft veränderte.[94]

Die Entwicklung zum Industriestaat hin war so unverkennbar, daß sich Bismarck immer wieder veranlaßt sah, die Interessen der Landwirtschaft publizistisch zu verteidigen, so 1891, als der Han-

Bismarck besichtigt neue Landmaschinen

delsvertrag mit Österreich zur Diskussion stand. Er sah in ihm bedenkliche Veränderungen seiner bisherigen Außenpolitik angebahnt, nämlich die Verwandlung des Bündnisses mit Österreich-Ungarn in eine einseitige, mit antirussischen Akzenten versehene Abhängigkeit von der Donaumonarchie. Ohnehin sollte es sich in den neunziger Jahren klarer als früher zeigen, daß in der Handelspolitik alle Fäden der Sozial-, Innen-, Wirtschafts-, Militär- und Außenpolitik zusammenliefen. Von welchem Interessenstandpunkt aus die Fragen von Industrie, Landwirtschaft und Handel auch entschieden werden sollten, es bedurfte gerade in diesem Deutschland, das durch das späte Zustandekommen seiner nationalstaatlichen Einheit im weltwirtschaftlichen und politischen Konkurrenzkampf einen schweren Stand hatte, einer besonders umsichtigen Leitung des Staates. Dieses neudeutsche Reich konnte sich am allerwenigsten schwerwiegende politische Fehler erlauben. Doch wie unsicher die gouvernementale Tätigkeit wurde, zeigten schon die Tatsachen, daß Caprivi bloß vier Jahre und sein Nachfolger Fürst zu Hohenlohe-Schillingsfürst nur bis zur Jahrhundertwende Kanzler waren, während Bismarck 28 Jahre lang die Regierung zunächst in Preußen und dann im Reich geleitet hatte.

*

Der Sturz des Reichsgründers hatte sich ohne äußere Verfassungsänderungen vollzogen. Die Institutionen des Reichskanzleramtes, die Personalunion von Reichskanzler und preußischem

Ministerpräsidenten blieben ebenso wie die Reichsinstitutionen und die Regierungsämter in Preußen formell in gleicher Gestalt bestehen. Ohne Struktur- und mit relativ geringen Personalveränderungen vollzogen sich doch Verlagerungen des politischen Gewichts innerhalb der obersten Staatsorgane, Änderungen in Form und teilweise auch Inhalt ihrer Führungstätigkeit. Die sachlichen und persönlichen Gegensätze, vor allem im preußischen Staatsministerium, die sich durchkreuzenden Ressortinteressen und die divergierenden Bestrebungen der Minister wurden zum Tauziehen zwischen den Herrschenden.

Hohenlohe war schon im Sommer 1890 in Berlin aufgefallen, „daß niemand mehr Zeit hatte und alle in größerer Hetze sind als früher, zweitens, daß die Individuen geschwollen sind. Jeder einzelne fühlt sich. Während früher unter dem vorwiegenden Einfluß des Fürsten Bismarck die Individuen eingeschrumpft und gedrückt waren, sind sie jetzt alle aufgegangen wie Schwämme, die man ins Wasser gelegt hat. Das hat seine Vorzüge, aber auch seine Gefahren. Der einheitliche Wille fehlt."[95]

Die divergierenden Tendenzen innerhalb des Staatsministeriums in Preußen und in der Reichsführung unter Caprivi erleichterten es den hohen Militärs, aus den politischen Zügeln, die Bismarck ihnen mit Mühe und Not angelegt hatte, auszubrechen. Der militärische Machtapparat wurde wesentlich stärker als zuvor „Staat im Staate". Der Generalstab emanzipierte sich vollständig von jeder Einflußnahme der Regierung, auch von der des Kriegsministers, und nahm zunehmend Einfluß auf die deutsche Gesamtpolitik. „In den zwei Strömungen, die in den leitenden Berliner Kreisen herrschten, hat die militärische die Oberhand", schrieb Hohenlohe 1891.[96]

Nun gab es keinen Bismarck mehr, der die Kämpfe zwischen den verschiedenen Fraktionen noch bremsen konnte. Sie wurden gleichsam nach dem freien Spiel der Kräfte ausgetragen, wobei diejenigen, die schon feste Positionen im Staatsapparat hatten, wie die Junker, und die ökonomisch Stärksten, die Großunternehmer, sich in entscheidenden politischen Fragen durchsetzten.

Während sich in der Außenpolitik die Ziele veränderten und weniger auf Sicherung des Reiches und seines inneren Ausbaus als auf Ausnutzung seines Kräftepotentials für Weltmachtpolitik gerichtet waren, ging es in der Innenpolitik um zwei entscheidende Fragen: einmal um ein neues Kräfteverhältnis zwischen Großbürgern und Junkern und ihren jeweiligen Fraktionen; zum anderen um die Strategie und Taktik gegenüber der sich differenzierenden Arbeiterbewegung.

Bismarcks Politik hatte sich, vor allem in seinen letzten Kanzlerjahren, auf das „Kartell“ der Konservativen, Freikonservativen und der Nationalliberalen Partei gestützt. Das „Kartell“ setzte voraus, daß die Ultras innerhalb der Konservativen Partei gezügelt wurden und die Liberalen auf ihr ureigenes Anliegen, die Parlamentsherrschaft, verzichteten. Diese Gegensätze, die Bismarck bislang mit harter Hand, aber auch ausgleichend gebändigt hatte, brachen nun auf.

In alles spielte schon die Arbeiterbewegung hinein und beeinflußte die strategischen wie die taktischen Erwägungen. Schon 1886 hatte Friedrich Engels geschrieben, was heute „noch den preußischen Staat und seine Grundlage, die in den Schutzzöllen besiegelte Allianz von Großgrundbesitz und industriellem Kapital zusammenhält, ist lediglich die Angst vor dem seit 1872 riesig an Zahl und Klassenbewußtsein gewachsenen Proletariat“.[97]

Auch Caprivi hielt die Arbeiterfrage für die „erste, wichtigste Frage unserer Zeit“, die Frage, „die für das Ende des Jahrhunderts, vielleicht für Jahrzehnte des nächsten Jahrhunderts, die herrschende sein wird“.[98] Daher beabsichtigte er, alle Fraktionen der Regierenden gegen die Arbeiterbewegung auf einer mittleren Linie zu sammeln, um angesichts bereits sichtbarer außenpolitischer Konflikte möglichst große innenpolitische Stabilität zu gewinnen. Deshalb bemühte er sich auch, die von Bismarck beargwöhnten „Reichsfeinde“ – das Zentrum, die Polen, die Welfen, die Freisinnigen – einzubeziehen. Unmißverständlich erklärte Caprivi: „Es wird, solange ich die Ehre habe, an dieser Stelle zu stehen, kein Gesetz hier eingebracht werden, keine Maßregel vorgeschlagen werden, die nicht von dem Standpunkt geprüft worden ist, wie wirkt sie auf die sozialdemokratische Frage ein.“[99]

*

Seit dem Fall des Sozialistengesetzes konnte die Arbeiterbewegung wieder freier wirken, wenn ihr auch in der erneut errungenen Legalität genug Fußangeln des „gemeinen Rechts“ in den Weg gelegt wurden.

Am 12. Oktober 1890 trat der „Siegesparteitag“ der Sozialdemokratie in Halle zusammen, seit 1877 zum ersten Mal wieder auf deutschem Boden. Siebzehn Gastdelegierte aus dem Ausland waren gekommen, unter ihnen aus London Marx’ Tochter Eleonor

Marx-Aveling, dann der Führer der österreichischen Sozialdemokratie Victor Adler, und der französische Marxist Jules Guesde. Der internationale Einfluß der „Sozialdemokratische Partei Deutschlands" – so der jetzt offiziell angenommene Name – war unverkennbar.

Ein neues Parteiprogramm stand noch nicht zur Debatte, obwohl es allgemein als notwendig empfunden wurde. Vordringlicher erschien ein neues Organisationsstatut, das die Erfahrungen aus der Illegalität ebenso berücksichtigen sollte wie den Aufbau einer legalen Massenpartei. Die Tochter von Marx berichtete Engels von ihren Eindrücken;[100] die Kraft der Sozialdemokratie hielt sie für imponierend, und sie fand viel Lob für August Bebel. Doch glaubte sie in der deutschen Partei eine philiströsere Richtung wahrzunehmen als in der französischen. Die Reichstagsfraktion hielt sie wie viele andere Kritiker für verbürgerlicht.

Wie immer in solchen Situationen, riefen neue Bedingungen für die Partei auch Auseinandersetzungen über die künftige Taktik hervor. Eine linke Opposition der „Jungen" entstand, deren Zentren Berlin, Dresden und Magdeburg waren. Engels sprach von einer „Literaten- und Studentenrevolte",[101] die sich auch gegen den „Autoritarismus" der Parteiführung richtete. Im Angriff auf Bebel trafen sich dabei die Wortführer von links mit denen von rechts. Gerade dadurch fühlte sich Friedrich Engels, den die „Jungen" zunächst für sich vereinnahmen wollten, zur Stellungnahme gezwungen. Er konstatierte bei ihnen „einen krampfhaft verzerrten Marxismus" und in taktischer Hinsicht ein „rücksichtsloses Hinwegsetzen über alle tatsächlichen Bedingungen des Parteikampfes, ein todesverachtendes ‚Nehmen von Hindernissen' in der Phantasie, das zwar dem ungeknickten Jugendmut der Verfasser alle Ehre macht, das aber bei seiner Übersetzung aus der Vorstellung in die Wirklichkeit imstande wäre, auch die stärkste, nach Millionen zählende Partei zu begraben unter dem selbstverdienten Gelächter der ganzen feindlichen Welt."[102] In der Tat arbeiteten diese „Jungen" in ihrem Radikalismus, ohne es zu wollen, den extremen Kräften in die Hände, die nur nach einem Vorwand suchten, um die sozialdemokratische Frage militärisch lösen zu können, wie es auch Bismarck noch nach seiner Entlassung immer wieder zur Sprache brachte.

Nachdem Bebel auf Massenversammlungen der Sozialdemokratie aufgetreten war, blieben die wenigen Wortführer der „Jungen", die ein Mandat für den Hallenser Parteitag erlangt hatten, isoliert.

Hinfort konnten sie in der Gesamtpartei keinen nennenswerten Einfluß mehr gewinnen.

Nachhaltiger wirkten innerhalb der Sozialdemokratie Revisionsbestrebungen von rechts. Ihr erster Wortführer war Georg v. Vollmar, der ursprünglich bayerischer Offizier und päpstlicher Carabinier étranger gewesen war, sich 1874 der antilassalleschen Sozialdemokratischen Arbeiterpartei zugewandt und dann lange Zeit Neigungen zu einem anarchistischen Radikalismus gezeigt hatte. In seinen Reden im Sommer 1891 im Eldorado-Palast zu München ging Vollmar davon aus, daß mit dem Sturz Bismarcks der „grundsätzliche Widerstand gegen jede Art von Veränderungen und Reform" gebrochen sei. Die Sozialdemokratie müsse „vom Theoretischen mehr ins Praktische, vom Allgemeinen mehr ins Einzelne" gehen.[103] Er entwickelte dazu ein „positives Aktionsprogramm" über Weiterführung des Arbeiterschutzes, ein wirkliches Vereinsrecht, Zurückhaltung des Staates bei Lohnkämpfen, Gesetzgebung hinsichtlich industrieller Ringe (Monopole) und Beseitigung der Lebensmittelzölle. Es waren Forderungen, die durchaus ernsthaft eine Diskussion verlangten. Doch wenn Vollmar sogleich hinzufügte, auf diesem Wege wüchse das Alte, also der preußisch-deutsche Staat, „allmählich, viel zu langsam für den hochfliegenden Sinn, aber sicher in das Neue hinein", dann mußten Politiker wie August Bebel und Theoretiker wie Karl Kautsky alarmiert sein. Es empörte sie, daß Vollmar damit Illusionen über die Reformfähigkeit des Wilhelminischen Deutschland weckte und somit die Partei ungenügend oder gar nicht auf Krisensituationen orientierte und vorbereitete.

Die von der Presse als Anzeichen einer grundlegenden Wandlung der Sozialdemokratie zur Reformpartei gewerteten Reden Vollmars veranlaßten dann auch die „Jungen", sich erneut zu Wort zu melden, wobei sie in einigen Großstädten Gehör fanden, in denen durch die Teuerung bei Getreide und Brot und die mit der Wirtschaftskrise verbundene Arbeitslosigkeit große Mißstimmung herrschte.

Dies alles ließ es als dringend geboten erscheinen, das längst überlebte Gothaer Programm von 1875 durch ein neues zu ersetzen.

*

Bereits 1875 hatte der Entwurf des Gothaer Programms in Marx einen scharfsinnigen und scharfzüngigen Kritiker gefunden. Um aber einen unzeitgemäßen Bruch mit den Lassalleanern zu vermeiden, waren seine „Randglossen" nur wenigen Mitgliedern der Parteileitung bekanntgemacht worden. Im Vorfeld der Diskussion um das Parteiprogramm 1891 jedoch hielt es Engels für angebracht, die „Randglossen" dem von Karl Kautsky geleiteten theoretischen Parteiorgan „Neue Zeit" zur Veröffentlichung zu geben; nicht einmal August Bebel hatte er vorher verständigt. Durch diesen „Überraschungsangriff" wurde den Mitgliedern der Sozialdemokratie zum ersten Mal die ganze Diskrepanz zwischen Lassalleanismus und Marxismus deutlich gemacht.

Das rief Unruhe und Bewegung hervor. Um die Gemüter zu beschwichtigen, erklärte Wilhelm Liebknecht deshalb im „Vorwärts", daß zwar die meisten Adressaten des Marxschen Briefes von 1875 dem theoretischen Teil der Kritik „in der Hauptsache" zugestimmt hätten, daß es aber gegolten habe, „zu wählen zwischen einem wissenschaftlichen Konzil oder einem sozialistischen Einigungskongreß". Und im übrigen: „Die trennenden Stichwörter: ‚Hie Marx! Hie Lassalle!' sind für uns unmöglich geworden – die deutschen Sozialdemokraten sind keine Marxianer, keine Lassalleaner – sie sind Sozialdemokraten".[104]

Engels hatte durch seinen publizistischen Vorstoß erreicht, daß die theoretischen Probleme der sozialistischen Zielsetzung nicht mehr wie 1875 verdrängt oder überspielt werden konnten. Davon abgesehen kam es ihm darauf an, das nächste Etappenziel zu bezeichnen: „Wenn etwas feststeht, so ist es dies, daß unsere Partei und die Arbeiterklasse nur zur Herrschaft kommen kann unter der Form der demokratischen Republik ... Aber das Faktum, daß man nicht einmal ein offen republikanisches Parteiprogramm in Deutschland aufstellen darf, beweist, wie kolossal die Illusion ist, als könne man dort auf gemütlich-friedlichem Weg die Republik einrichten".[105] Zunächst, so meinte er, müsse die Arbeiterklasse „die versäumte Arbeit der Bourgeoisie nachholen". Sie hätte die „Forderungen der Konzentration aller politischen Macht in den Händen der Volksvertretung" zu verwirklichen.

Eine weitere Version des Programmentwurfes, der Engels sehr nahestand und deren erster Teil von Karl Kautsky, der zweite von Eduard Bernstein erarbeitet worden war, wurde gleichfalls in der „Neuen Zeit" veröffentlicht. Sie bildete schließlich die Grundlage für das Programm, das der Erfurter Parteitag im Oktober 1891 annahm und das im Sinne der marxistischen Gesellschaftskonzeption formuliert war.

Zu den nächstliegenden Forderungen gehörten das allgemeine, gleiche und direkte Wahl- und Stimmrecht, das nicht nur für die Reichstagswahlen, sondern für alle Vertretungen in Staat, Provinzen und Gemeinden gelten sollte, ohne Unterschied des Geschlechts und für alle Reichsangehörigen über zwanzig Jahre. Das hätte für Preußen vor allem die Abschaffung des Dreiklassenwahlrechtes bedeutet und wäre der Prüfstein dafür gewesen, ob und inwieweit die herrschenden Schichten reformwillig und -fähig wären.

Zum demokratischen Wahlrecht gehörte die volle Koalitions-, Versammlungs- und Meinungsfreiheit. Man verlangte unter anderem auch eine Volkswehr und Entscheidungsrecht über Krieg und Frieden durch die Volksvertretung. Alles in allem ging es um Forderungen, die auf eine demokratische Alternative zum Hohenzollernstaat hinausliefen.

Die französisch-russische Entente Fragen der Abrüstung

So, wie der gesamte Rückversicherungsvertrag geheimgehalten worden war, blieb auch der am 4. Juni 1890 vom Auswärtigen Amt ausgesprochene Verzicht, ihn zu verlängern, der Öffentlichkeit unbekannt. Für Bismarck aber war sehr wohl ersichtlich, daß die neue Reichsleitung auf Distanz zu Rußland ging. Aus seinen Befürchtungen wegen dieser politischen Kursänderung machte er so wenig einen Hehl, daß er die entsprechenden Artikel der „Hamburger Nachrichten" gar nicht mehr eigens zu inspirieren brauchte, damit sie in seinem Sinne lagen; so hieß es denn auch am 18. Juli 1890, Deutschland solle zwischen Österreich und Rußland vermitteln, dabei aber die österreichischen Interessen auf der Balkanhalbinsel nicht so unterstützen, daß die deutsche Politik von Österreich-Ungarn abhängig werde. Man warnte vor einem Bruch mit Rußland und rügte die antirussische Einstellung der meisten deutschen Presseorgane.[106]

In der Tat, so unpopulär eine Bindung Deutschlands an das zaristische Rußland war – aus verschiedenen Motiven –, von den Sozialdemokraten über die Freisinnigen, das katholische Zentrum bis in konservative Kreise hinein, so populär war ein enges Verhältnis zu Österreich-Ungarn. Die Öffentlichkeit hatte noch nicht erfaßt, in welche gefährliche Abhängigkeit von der Balkanpolitik der Donaumonarchie Deutschland geraten könnte. Vier Tage nach dem Artikel in den „Hamburger Nachrichten", der einiges Aufsehen erregte, gab Bismarck der „Nowoje Wremja" ein Interview, in dem er sich erneut für die deutsch-russische Freundschaft aussprach: „Zu einem Streit zwischen Deutschland und Rußland gibt es keinen ernsthaften Grund, und wenn er entstünde, so wäre es ein Streit um des Kaisers Bart."[107]

So nichtig waren allerdings die deutsch-russischen Gegensätze auch wieder nicht. Aber selbst wenn die ostelbischen Grundbesitzer die agrarische Konkurrenz Rußlands und viele russische Industrielle das ökonomische und technologische Übergewicht Deutschlands fürchteten, ein Ausgleich schien trotz aller Friktionen immer wieder möglich. Gewiß war auch Bismarck die Vorstellung, am Ende könnte doch noch ein Krieg mit Rußland kommen, nicht fremd; gerade das veranlaßte ihn jedoch, alles zu dessen Vermeidung zu tun. Schicksalhaft war ein deutsch-russisches Waffenkreuzen für ihn keineswegs, im Unterschied zu Caprivi und seinen Beratern im Auswärtigen Amt.

Diese ließen den „Draht nach Rußland" in verhängnisvoller Weise abreißen und bemühten sich – gleichsam als Ersatz – um eine enge Verbindung mit England. Am 1. Juli 1890, also knapp vier Wochen nach dem endgültigen Verzicht auf den Rückversicherungsvertrag, wurde das deutsch-englische Kolonialabkommen in Berlin unterzeichnet. Es regelte die Grenzen deutscher und englischer Kolonialgebiete in Afrika, übertrug England das Protektorat über Sansibar und Pemba, legte die Abtretung von Kolonialgebieten an England und an Deutschland fest und überließ die Insel Helgoland dem Deutschen Reich. Voller Stolz auf den Abschluß dieses Vertrages, glaubte die Regierung Caprivi, diese begrenzte Lösung begrenzter Fragen könnte zu weittragenden Kombinationen im Verhältnis Deutschland–England führen.

Eigentlich hätten Mitarbeiter des Auswärtigen Amtes wie Holstein, der Bismarcks Verhandlungen mit England ein ganzes Jahrzehnt miterlebt hatte, gegen eine Überschätzung solcher Abkommen gefeit sein müssen. Hatte der Kanzler doch viel Kraft und Umsicht aufgewandt, um England mehr oder weniger dem Dreibund anzunähern. Bismarcks Kritik am Vertrag mit England war im Grunde nur davon geleitet, den Gegensatz zu Rußland nicht zu verschärfen und es nicht zu einem Vertragsabschluß Petersburgs mit Paris kommen zu lassen.

Eine weitere grundsätzliche Überlegung diktierte Bismarck im März 1891 für sein Erinnerungswerk: „Wenn man aber bei uns mehr Gewicht auf die Freundschaft Englands legt als England auf die unserige, so wird damit die Selbstüberschätzung Englands uns gegenüber und die Überzeugung, daß wir uns geehrt fühlen, wenn wir ohne Gegenleistung für englische Zwecke ins Feuer gehn können, befestigt."[108]

Wie immer zeigte sich Bismarcks Abneigung gegen starre Alternativen der außenpolitischen Orientierung und der diplomatischen Methodik. Seine Nachfolger aber wollten klare Verhältnisse in einer Situation schaffen, die außenpolitisch noch keineswegs festgefahren war. In ihrem Wahn, alles überschaubar und einsichtig zu machen, forcierten sie so den Gang der diplomatischen Schritte gegenüber England und brachen ohne Not eine immer noch gangbare Brücke nach Rußland ab. Das machte es ihnen unmöglich, das Hauptanliegen der deutschen Sicherheitspolitik zu erfüllen: die Vermeidung der russisch-französischen Entente.

Bismarck konnte nur noch hinnehmen, was mit dem Besuch eines französischen Flottengeschwaders in Kronstadt und der Anhörung der allenthalben noch als revolutionär empfundenen „Marseillaise" durch den Zaren im Sommer 1891 begann, sich fortsetzte mit einer russisch-französischen Militärkonvention 1892 und endete mit dem Bündnis von 1893.

*

Diese seit 1871 von Marx und Engels befürchtete Entente veranlaßte Friedrich Engels, in der französischen wie in der deutschen Arbeiterpresse zu einem Zweifrontenkrieg, in den Deutschland geraten könnte, Stellung zu nehmen. Er ließ keinen Zweifel darüber, daß die Annexion Elsaß-Lothringens ein Unrecht gewesen war und die Französische Republik gegenüber dem Hohenzollernreich die Revolution vertrat, eine bürgerliche allerdings, aber immerhin eine Revolution.[109] Doch wenn Frankreich zusammen mit dem zaristischen Rußland in den Krieg ziehen sollte, „würde es seine ganze revolutionäre Geschichtsrolle verleugnen und dem Bismarckschen Kaiserreich erlauben, sich als Vertreter des westlichen Fortschritts aufzuspielen gegenüber orientalischer Barbarei."[110]

Das Reich mit seiner fortgeschrittenen ökonomischen und sozialen Entwicklung würde dann „einfach um seine Existenz" kämpfen müssen, aber auch die deutsche Sozialdemokratische Partei wäre in der gleichen Lage, denn: „Das sozialistische Deutschland nimmt in der internationalen Arbeiterbewegung den vordersten, den ehrenvollsten, den verantwortungsvollsten Posten ein; es hat die Pflicht, diesen Posten gegen jeden Angreifer bis auf den letzten Mann zu behaupten."[111] Ein „zerstückeltes Deutschland wäre ... außerstande, die ihm in der europäischen geschichtlichen Entwicklung zukommende Rolle durchzuführen."[112] Schon weil ein „Kampf auf Leben und Tod" zu befürchten war, dürften die deutschen Sozialisten nicht auf die Unwägbarkeiten eines Krieges setzen, „statt den sicheren Triumph des Friedens abzuwarten." Mehr noch: „... kein Sozialist, von welcher Nationalität auch immer, kann den kriegerischen Triumph weder der heutigen deutschen Regierung wünschen noch den der französischen Republik, am allerwenigsten den des Zaren, der eins wäre mit der Unterjochung Europas. Und deshalb sind die Sozialisten in allen Ländern für den Frieden."[113]

Wer auf dem Boden der radikalen Demokratie für den Frieden eintrat, mußte auch eine Reorganisation der Heere und eine fortschreitende Abrüstung anstreben. Gegen die Umgruppierungen im europäischen Bündnissystem und ihnen entsprechende Heeresreorganisationen und -vermehrungen opponierten auch liberale Intellektuelle. Berta v. Suttners Roman „Die Waffen nieder!" und die seit Februar 1892 von ihr herausgegebene Monatsschrift gleichen Titels regten die im November gegründete Deutsche Friedensgesellschaft an. Danach veröffentlichte Ludwig Quidde, ein anerkannter Geschichtsforscher und zuletzt Leiter des „Preußischen Historischen Instituts" in Rom,[114] anonym die Broschüre „Der Militarismus im heutigen deutschen Reich. Eine Anklageschrift". Doch alle diese Initiativen, die eine linksbürgerliche Friedensbewegung ins Leben rufen sollten, blieben vorerst noch auf zu enge Kreise beschränkt.

Am Ende des Jahres 1892 brachte die Regierung Caprivi eine Heeresvorlage ein, die die Friedenspräsenzstärke des deutschen Heeres um etwa 72000 auf rund 492000 zu erhöhen beabsichtigte.[115] Die geforderte Heeresvermehrung war so beträchtlich, daß sie alle seit 1875 durchgeführten übertraf. Dies stieß auf eine solch heftige Opposition im Reichstag, daß dieser aufgelöst wurde und Neuwahlen notwendig waren. Im Ergebnis gewannen zwar die

Gegner der Militärvorlage mit 4,3 Millionen Stimmen gegen 3,2 Millionen, aber durch die ungerechte Wahlkreiseinteilung und die Stichwahlmanipulationen kam eine Abgeordnetenmehrheit zustande, die die Militärvorlage mit 201 gegen 185 Stimmen schließlich annahm. Lediglich für die Wehrpflichtigen brachte das Gesetz insofern eine Erleichterung, als die Dienstzeit für Fußtruppen von drei auf zwei Jahre herabgesetzt wurde.

Außerparlamentarisch ging die stärkste Opposition von der Sozialdemokratie aus. Zur Unterstützung ihrer Versammlungskampagne veröffentlichte Friedrich Engels in den ersten Märztagen 1893 eine bald auch als Broschüre erscheinende Artikelserie unter dem Titel „Kann Europa abrüsten?“.

Das System der stehenden Heere, so konstatierte er, sei in Europa in einem solchen Grade auf die Spitze getrieben, „wo es entweder die Völker durch die Militärlast ökonomisch ruinieren oder in einen allgemeinen Vernichtungskrieg ausarten muß.“[116] Während sich jeder Großstaat in Europa in Anstrengungen erschöpfte, den anderen in Kriegsmacht und Kriegsbereitschaft zu überbieten, verlangten die Volksmassen, die „fast ausschließlich die Masse der Soldaten zu stellen und die Masse der Steuern zu bezahlen haben“, die Abrüstung. Sie sei möglich und sogar verhältnismäßig leicht durchführbar, und Deutschland habe mehr als ein anderer zivilisierter Staat zu ihrer Durchführung „die Macht wie den Beruf“. Dazu wartete Engels mit militärpolitischen Details auf; der eigentliche Wert seiner Schrift indessen lag darin, daß sie die Alternative einer Friedenspolitik zu einer bloßen Sicherheitspolitik aufzeigte, deren Mittel Bündnisse und starke Heere waren. Angesichts der bestehenden Kräfteverhältnisse reagierte August Bebel mit Skepsis und schrieb an Engels: „Deinen Abrüstungsvorschlag kann ich nur als ein Mittel ansehen, daß wir einen praktischen Weg wissen; für durchführbar von denen, die ihn durchführen sollen, halte ich ihn nicht.“[117]

Ganz gewiß hat Bismarck diese Schrift nicht zur Kenntnis genommen; doch er reagierte auf die Caprivische Militärvorlage. Seine Opposition gegen die Herabsetzung der dreijährigen Dienstzeit auf zwei Jahre mag noch eine Reminiszenz aus der Zeit des preußischen Verfassungskonflikts gewesen sein. Ernster zu nehmen war jedoch seine Ablehnung der „rage des nombres“, der Sucht, die Zahl der Soldaten zu erhöhen, während er die Qualität der Offiziers- und Unteroffizierskorps für entscheidend hielt. Bismarck wollte Caprivis Erwägung eines eventuellen Zweifrontenkrieges gar nicht erst in der Debatte haben, weil es Aufgabe der Diplomatie sei, diese Situation zu verhindern.[118] Immer wieder mußte der Altkanzler mit Sorge und von verschiedenen Seiten her den Mangel einer durchdachten und koordinierten Außenpolitik seiner Nachfolger wahrnehmen.

Gerade in den neunziger Jahren stand die Frage der Abrüstung weit mehr als früher zur Diskussion. Wenige Wochen nach seiner Entlassung legte Bismarck dazu bei einem Besuch des französischen Journalisten Henri des Houx dar: „Es ist wahr, daß die großen Heere eine Last sind. Es ist ... eine andere Form des Krieges: wo man mit Goldstücken aufeinander losschlägt ... Es ist eine Versicherungsprämie, welche die Nationen für die Aufrechterhaltung des Friedens zahlen. Sie ist schwer, ruinös, zugestanden; aber was ist sie im Vergleich zu der Zerstörung, welche selbst ein glücklicher Krieg mit sich bringt? Entwaffnung ist eine Chimäre: Man wird mißtrauisch sein und niemals an die Loyalität des Nachbarn glauben ... Man muß also mit dem Übel leben; vielleicht wird es einmal in der Zukunft geheilt werden."[119] Obwohl Bismarck die Entwaffnung zu dieser Zeit für ein Hirngespinst hielt, ließ er doch für künftig einiges offen. Die gleiche Haltung nahm er einen Monat später in einem Gespräch mit dem Journalisten Judet ein, als er ihm sagte: „Solange die Abneigung gegen Kriegsrüstungen nicht stärker ist als andere Gefühle und Interessen, wird eine Entwaffnung nicht möglich sein."[120]

Warnungen und Spannungen. Die Reise nach Wien

Während der ersten zwei Jahre nach seiner Entlassung, in denen er durch Interviews und von ihm beeinflußte Leitartikel in die Tagespolitik einzugreifen versuchte, entstand Bismarcks Memoirenwerk „Erinnerung und Gedanke". Mochte er auch schon früher an etwas Ähnliches gedacht haben; er konnte es erst realisieren, als er von seinen amtlichen Verpflichtungen entbunden war. Schon im April 1890 überlegte er, wer sein Adlatus dabei sein könnte. Nachdem er zunächst an Poschinger und Busch gedacht hatte, entschied er sich schließlich für den Mann, der in der Tat am besten dafür geeignet war und selbstlos genug, die schwere Bürde auf sich zu nehmen: Lothar Bucher, dessen untrügliches Gedächtnis der Arbeit ebenso zustatten kam wie seine Kenntnis vieler Interna des politischen Geschehens; dennoch schien auch er die ganze Mühsal der Auf-

In verdrossener Erwartung. Lothar Bucher, der die Diktate Bismarcks zu „Erinnerung und Gedanke“ aufnahm, ins reine schrieb und ordnete, hatte seine Not mit dem oft widerstrebenden Autor.

gabe unterschätzt zu haben, als er sich im Mai 1890 nach Friedrichsruh begab.

Lothar Bucher, von Natur aus zurückhaltend und verschwiegen, hat dem Freunde Moritz Busch mitunter sein Leid geklagt, wenn Bismarck wieder einmal zu eigenwillig, sprunghaft und unbeständig arbeitete. Das Hauptproblem war offenbar, daß er beständig die Historie mit tagespolitischen Reflexionen vermischte.[121] Bismarck grollte und plauderte, war oft arbeitsunwillig, durch ständige Zeitungslektüre abgelenkt, dann wieder offenherzig und auch listenreich. So entstand, von Bucher oft mit Ärger und Verdrossenheit stenographisch aufgenommen, mühselig geordnet und vergeblich zu systematisieren versucht, ein in jeder Hinsicht fragmentarisches Werk. Es folgt weder einer kontinuierlichen Chronologie, noch gründet es auf einer quellenkritischen Analyse, geschweige denn auf einer geschichtstheoretischen Gesamtsicht.

Schon einer der ersten Rezensenten des Memoirenwerkes, Friedrich Meinecke, bemerkte, daß Bismarck bedeutende Aktionen wie die Vorgeschichte des Krieges von 1866, die Luxemburgische

Frage und die wirtschaftspolitische Wende von 1879 kaum gestreift habe.[122] Doch all das Lückenhafte in der geschichtlichen Darstellung wird leicht übersehen, weil sie angereichert ist mit einer Fülle von erhellenden Episoden, scharfsinnigen Beobachtungen und einprägsamen Menschenbildern, wiedergegeben in kräftiganschaulicher Sprache. Der Autor ist unübertrefflich, wenn er mit Künstleraugen Personen und Situationen erfaßt und darstellt und wenn immer wieder gescheite Erkenntnisse aus seiner reichen Lebenserfahrung aufblitzen. Der Berichtsfluß wird nur schwächer, wenn Bismarck Zusammenhänge verschleiert oder verdreht, etwa bei seinen Ausführungen über die spanische Thronfolgekandidatur, bei denen Lothar Bucher, der es genau wissen mußte, besonders gelitten haben soll wegen der allzu krassen Diskrepanz zwischen dem tatsächlichen Geschehen und der absichtsvollen Beschreibung.

Erstaunlich, mit welchem Geschick der Autor durch hohes Lob auch Kritisches durchscheinen läßt. So werden in dem Kapitel über Wilhelm I. auch die Schwächen dieses ersten deutschen Kaisers in konzilianter Weise angedeutet. Was als Tadel auf Wilhelm II. gemünzt ist, wird als rühmenswerte Eigenschaft Wilhelms I. hervorgehoben: „Er hatte das königliche Gefühl, daß er es nicht nur vertrug, sondern sich gehoben fühlte durch den Gedanken, einen angesehenen und mächtigen Diener zu haben."[123] Bei der Kaiserin Augusta, die ständig gegen ihn opponiert hatte, verschweigt Bismarck nicht den alten Groll. Wahrscheinlich wüßte man heute kaum noch etwas über v. Bötticher, den Stellvertreter des Reichskanzlers und Vizepräsidenten des preußischen Staatsministeriums, wenn Bismarck ihm nicht in seinem Werk ein Kapitel gewidmet hätte, aus dem hervorgeht: wirkliche oder vermeintliche Untreue kann er nicht verzeihen.

„Erinnerung und Gedanke" bleibt eine Geschichtsquelle, aus der man nur mit kritischer Vorsicht schöpfen kann; neben präzis zutreffenden Charakterisierungen stehen solche, in denen bewußt verzeichnet wird, und es gibt auch Kapitel, in denen sich Bismarck von seiner Phantasie leiten läßt und Erlebnisse schildert, die in dieser Form gar nicht stattgefunden haben, zum Beispiel sein Zusammentreffen als angeblich von allen isolierter Ministerpräsident mit dem Kronprinzen Friedrich in Nikolsburg.

Nach Lothar Buchers Tode im Oktober 1892 wurde das Memoirenwerk eigentlich nicht mehr fortgesetzt, sondern nur noch ergänzt und stilistisch überarbeitet. Verständlicherweise fand es

Bismarck in Alltagskleidung

immer ein großes Leserpublikum, auch jener Teil, der erst nach der Novemberrevolution erscheinen konnte. „Erinnerung und Gedanke“ ist auch heute noch mit Gewinn zu lesen, wenn auch ein kritisch erläuternder Kommentar vonnöten sein mag, will man den Leser nicht manchen literarisch-politischen Verführungen überlassen.

*

Im Laufe des Jahres 1892 waren für Bismarck die Fragen der Außenpolitik notgedrungen zurückgedrängt und die der Innenpolitik zu einem Hauptthema geworden. Seine Kritiken am Amtsnachfolger Caprivi waren natürlich zugleich verhaltene Angriffe auf Wilhelm II., dem er – für viele erstaunlich – demonstrativ den Reichstag als konstitutionelles Korrektiv entgegenstellen wollte. Im übrigen ließ sich Bismarck im Frühjahr 1891 in einem Weser-Elbe-Kreis von den Nationalliberalen als Reichstagskandidat vorschlagen und gewann auch gegenüber einem Sozialdemokraten in einer Stichwahl; öffentlich aufgetreten aber ist er nicht ein einziges Mal.

Es konnte nicht ausbleiben, daß ihm die Freisinnigen und die süddeutschen Demokraten[124] vorhielten, seine Wahl widerspreche seiner früheren Politik, die Bedeutung des Parlaments zu verringern. Man ging sogar so weit, von seinem „Canossagang" zu sprechen, was so überzogen war, daß Bismarck leicht auf sein langjähriges Bemühen verweisen konnte, eine gewisse Balance zwischen Krone und Parlament zu halten. So, wie es 1862 nötig gewesen wäre, das Gewicht der Krone zu mehren, so müsse jetzt das Parlament gestärkt werden. Es ging ihm also immer um die jeweils für erforderlich erachteten Korrektive.

Die Spannungen zwischen Bismarck und dem unsteten Kaiser nahmen zu und wurden auch im Ausland wahrgenommen. Der französische Botschafter sagte über Wilhelm II., er sei „der Reihe nach reaktionär, pietistisch, kriegerisch, humanitär, tolerant, pazifistisch, antistöckerisch und antibismarckisch, ein Schiff ohne Kompaß".[125] Daß das Volk über den „Reisekaiser" spottete, gehörte noch zum Harmlosesten. Schwerer wog, als Wilhelm II. im November 1891 vor Rekruten in forscher Offenheit erklärte, daß sie gegebenenfalls auf ihre eigenen Brüder schießen müßten. Man hat dem Kaiser diesen Satz jahrzehntelang nicht vergessen, bis in die zwanziger Jahre des künftigen Jahrhunderts hinein. Drei Monate nach dieser Entgleisung passierte ihm schon wieder einer seiner vielen politisch so enthüllenden Ausrutscher mit der Frage: „Doch wäre es dann nicht besser, daß die mißvergnügten Nörgler lieber den deutschen Staub von ihren Pantoffeln schütteln und sich unsern elenden und jammervollen Zuständen auf das schleunigste entzögen?"[126]

Das veranlaßte den Dirigenten Hans v. Bülow, der das Berliner Philharmonische Orchester zum Weltruhm gebracht hatte, zu einer wohlüberlegten, aufsehenerregenden Demonstration. Als er nämlich im März 1892 aus Gesundheitsgründen sein Abschiedskonzert gab, dirigierte er die Beethovensche „Eroica", und nachdem sich am Schluß der Beifall gelegt hatte, trat Bülow in ganz ungewöhnlicher Weise noch einmal mit einer politischen Rede voller Anspielungen auf den Kaiser vor die Konzertbesucher. Er nehme sich das Recht heraus, so erklärte er, die „Eroica", die ursprünglich Napoleon zugeeignet werden sollte, nun Bismarck, „dem Beethoven der deutschen Politik", zu widmen. Des Kaisers Vorschläge wegen der „Nörgler" pantomimisch illustrierend, zog er daraufhin ein seidenes Tuch aus seinem Frack, staubte damit seine Schuhe ab und verließ nach diesem Eklat das Podium.[127]

*

Nach dem Eklat vom März 1892 im Konzertsaal fuhr der Dirigent Hans v. Bülow nach Friedrichsruh, um dem Altreichskanzler zum Geburtstag am 1. April zu gratulieren. Der Zeichner Allers formte den Zigarettenrauch zum beziehungsvollen Wort „Eroica".

Der Sommer 1892 brachte für die Bismarcks ein erfreuliches, zunächst ganz persönliches Familienereignis. Der Sohn Herbert, bereits zweiundvierzigjährig, sollte nun doch noch ein spätes Glück mit der jungen ungarischen Gräfin Marguerite Hoyos finden. Als ersten hatte Herbert seinen Bruder Wilhelm eingeweiht und ihm gelöst-glückliche Briefe, wie sie selten bei ihm waren, geschrieben. Zunächst sollte die Hochzeit, die für Ende Juni vorgesehen war, am Wohnsitz der Brauteltern, in Fiume, stattfinden. Dann aber entschloß man sich doch für Wien, das einmal den Bismarcks die Reise leichter machte und zum andern auch gewissen Prestigebedürfnissen Rechnung trug. Eine Hochzeit in der Kaiserstadt der Habsburger, im Palais des reichen „Onkel Pálffy" der Braut, war auf jeden Fall repräsentativer.[128]

Jede Reise des opponierenden Bismarck aber mußte in der gereizten Stimmung, die ohnehin herrschte, zu einem Politikum werden. Auf diplomatischem Parkett agierte Reichskanzler Caprivi wieder einmal mit ressentimentgeladenem Ungeschick. Er sandte nämlich am 9. Juni an den deutschen Botschafter in Wien, den Prinzen Reuß, einen folgenschweren Erlaß, in dem er, auf die Spannungen zwischen Bismarck und dem Kaiser Bezug nehmend, Reuß und den übrigen Botschaftsangehörigen nahelegte, einer Einladung zur Hochzeit auszuweichen. Damit wurde geradezu eine Kettenreaktion von Peinlichkeiten eingeleitet. Der fatale Erlaß wurde auch noch den preußischen Vertretungen an den Höfen in Dresden, München, Stuttgart, Weimar und Karlsruhe zur Kenntnis gebracht. Damit war er schon kein geheimes Dokument mehr, als er schließlich am 7. Juli im Reichsanzeiger veröffentlicht wurde. Otto v. Bismarck fand sogleich das Stichwort dafür: Uriasbrief; ein heimtückisches Schreiben also, in Anspielung auf eine Legende im Alten Testament.

Wenn es um Grobschlächtigkeiten ging, konnte Kaiser Wilhelm II. natürlich nicht zurückbleiben. Er erklärte sogleich dem österreichischen Militärattaché, Bismarck sei ein Rebell und gehöre auf die Festung Spandau; er agitiere auch ständig gegen Deutschlands Bindung an Österreich und bevorzuge Rußland,[129] so denunzierte er ihn weiter und zudem noch unzutreffend. Im Handschreiben an Kaiser Franz Joseph wiederholte Wilhelm II. seine Vorwürfe und schlug dem über vierzig ereignisschwere Jahre regierenden Monarchen Österreichs gegenüber einen unangemessenen Ton an, wenn er über seinen ehemaligen Kanzler schrieb: „Als Hauptnummer seines Programms hat er sich eine Audienz bei Dir ausgedacht". Damit wurde Franz Joseph geradezu gezwungen, eine den gesellschaftlichen Gepflogenheiten entsprechende Visite zu verweigern. Ungeniert zog Wilhelm II. durch seine diplomatischen Demarchen die Wiener Hofburg und drei deutsche Höfe in den Streit mit Bismarck hinein. Es wurde ein Pyrrhussieg für ihn. Alles, was von den internen Vorgängen an die Öffentlichkeit drang, stärkte das Ansehen Bismarcks.

Als dieser am 18. Juni seine Reise nach Wien antrat, begannen schon am Anhalter Bahnhof die Huldigungen, und während seines Aufenthaltes in Dresden tönten ihm auf der Fahrt vom Bahnhof zum Hotel Bellevue Jubelrufe wie in Berlin entgegen, sogar ein Fackelzug war vorbereitet worden. Berührt von dieser patriotischen Welle und beunruhigt durch den Dilettantismus der Regierenden in Berlin, sagte Bismarck ahnungsvolle Worte, die er in ihrer Zukunftsträchtigkeit nicht einmal voll erkennen konnte: „Diese Einheit ist unverbrüchlich, und ich gebe Ihnen die Versicherung, daß diese Einheit zu zerstören noch viel schwerer sein und viel mehr Blut kosten würde, als damals, wo wir sie geschaffen".[130]

In Wien angekommen, begrüßte ihn auch dort eine begeisterte Menge und der Akademische Gesangsverein. Dann aber erfuhr er, daß sein Audienzgesuch abgelehnt worden wäre. In der ersten Erregung darüber dachte Bismarck sogar daran, Caprivi vor die Pistole zu fordern. Auch wenn er davon schließlich Abstand nahm, der Bruch war unheilbar geworden, und der Skandal wurde noch vergrößert durch die erzwungene Absage des Prinzen Reuß als deutscher Botschafter bei der Hochzeitsfeier.

Persönlich mochte Bismarck erbittert sein, aber politisch lief das Wasser vollströmend auf seine Mühle. So konnte er die Hochzeit seines ältesten Sohnes durchaus in heiterer Stimmung verleben. Noch zwei Tage danach blieb er in Wien, überall mit Ovationen bedacht, die allerdings nicht immer frei waren von großdeutschen Bekundungen der antisemitischen Schönerer-Partei.

Das Interview, das Bismarck der „Neuen Freien Presse" gab, entsprach in seinem historisch-politischen Inhalt durchaus seiner Grundhaltung. Mit vollem Recht wies er den Vorwurf der Österreichfeindlichkeit zurück. Deutschland sei saturiert, betonte er erneut, es könne von keinem Krieg Gewinn erwarten und habe sich deshalb, auch im österreichischen Interesse, mit Erfolg bemüht, zu Rußland guten Kontakt zu pflegen. Seine Nachfolger aber hätten den Draht nach Rußland abreißen lassen und damit Vertrauen verspielt; das betonte er zweimal mit Nachdruck. Schärfe kam in dieses Interview durch die Bemerkung hinein, er habe „gar keine persönlichen Verpflichtungen mehr" gegen die jetzigen Persönlichkeiten und gegen seinen Nachfolger. „Alle Brücken sind abgebrochen." Auch der Dank für die herzliche Aufnahme durch die Wiener Bevölkerung war unverkennbar eine indirekte Kritik am Wiener Hof und der deutschen Botschaft.[131]

Die kluge Freifrau v. Spitzemberg meinte zu den Wiener Ereignissen in ihrem Tagebuch: „... wenn wir Staatsmänner am Ruder hätten und einen nicht vom Haß und Eifersucht verblendeten jungen Herrn, hätten sie gemerkt, daß sie es gegen Bismarck immer verspielen und klug geschwiegen; Reuß wäre ruhig zu Herberts Hochzeit (gegangen), und dem österreichischen Kaiser hätte mans überlassen, wie er es anfangen will, um Bismarck zu empfangen, ohne seinen kaiserlichen Bundesgenossen vor den Kopf zu stoßen. Daß der Fürst jetzt im Gefühle seiner Überlegenheit weitergeht als er sollte und darf, ist klar, jedoch: ‚Wär' ich besonnen, wär' ich nicht der Tell!'"[132]

Die erste Station auf Bismarcks Rückreise war München, wo er

Villa Lenbach in München.
Haupteingang des Quergebäudes.
Auf dem Balkon
Fürst und Fürstin Bismarck

Bismarck und Professor Schweninger in Kissingen bei einem Ausgang, begrüßt vom Publikum

Bismarck und die deutsche Studentenschaft

durch den Bürgermeister und die Gemeinderäte schon auf dem Bahnhof empfangen wurde. Auch hier geleitete das Ehepaar Bismarck ein Fackelspalier bis zur fürstlichen Villa des Malers Lenbach, wo es sich vom 23. bis zum 26. Juni aufhielt. Für die Weiterfahrt von München aus stellte die bayerische Regierung einen dekorierten Extrazug zur Verfügung. Dann ging es triumphal weiter nach Augsburg und Würzburg bis nach Kissingen.

Während der Juniwochen hielten sich Bismarck und seine Frau dort auf, Bismarck absolvierte nicht nur seine Kur, sondern war auch durch politische Gespräche, Empfänge und Kundgebungen in Anspruch genommen. Einer Einladung der Stadt und Universität Jena folgend, die ihm eine von Bürgermeister Singer und vom berühmten Ernst Haeckel angeführte Delegation überbracht hatte, begab er sich am 30. Juli nach Thüringen. Jena wurde nach Wien zum politischen Höhepunkt seiner Rundreise. Es war wie überall: jubelnde Sängerschaften, Abordnungen der städtischen Prominenz. Die Bismarcks übernachteten im „Bären", wo einst Luther abgestiegen war. Da bot es sich natürlich an, den Reformator ecclesiae mit dem Reformator Germaniae zu vergleichen.

Aufsehen erregten dann die zwei Reden Bismarcks, eine vor einer Abordnung der Universität, die andere auf dem Jenaer Marktplatz, in denen er sich für eine Stärkung des Parlaments und gegen „absolutistische Ideen und Velleitäten" aussprach, die im

Zentrum Europas ein „gefährliches Experiment" seien.[133] Er sei nie in seinem Leben Absolutist gewesen, bekannte Bismarck, gab aber zu: „Vielleicht habe ich selbst unbewußt dazu beigetragen, den Einfluß des Parlaments auf sein jetziges Niveau herunterzudrücken, aber ich wünsche nicht, daß er auf die Dauer auf demselben bleibt."[134]

Die große Ansprache auf dem Jenaer Markt begann er mit einem Exkurs über die deutsche Nationalbewegung und die drei Einigungskriege. Jetzt, nach der Bildung des Nationalstaates, sei aber Frieden geboten. Nun brauche das Reich „ein starkes Parlament als Brennpunkt des nationalen Einheitsgefühls". Diese Formulierung blieb bei Bismarck nicht vereinzelt, sondern drückte einen Hauptgedanken aus, den er weiter erläuterte: „Ohne einen Reichstag, der vermöge einer konstanten Majorität, die er in seinem Schoße birgt, imstande ist, die Pflicht einer Volksvertretung dadurch zu erfüllen, daß sie die Regierung kritisiert, kontrolliert, warnt, unter Umständen sogar führt, ... ohne einen solchen Reichstag bin ich in Sorge für die Dauer und die Solidität unserer nationalen Institutionen ... Wir können heutzutage nicht mehr einer rein dynastischen Politik leben, sondern wir müssen nationale Politik treiben, wenn wir bestehen wollen".[135]

Aus allen Äußerungen Bismarcks in jener Zeit ging unverkennbar hervor, daß er unter „konstanter Mehrheit" jene verstand, die dem „Kartellreichstag" von 1887 bis 1890 entsprach. Nach wie vor schwebte ihm ein Bündnis von Deutschkonservativen, Freikonservativen und Nationalliberalen vor, bei dem letztere die dominierende Partei bilden sollten. Aus diesem Grunde hatte er sich wohl auch für den Reichstag als Kandidat von den Nationalliberalen aufstellen lassen, die seit der Heidelberger Erklärung von 1884 den konservativsten Teil des Bildungs- und Besitzbürgertums repräsentierten.

Wenn der Freisinnige Theodor Barth am 30. Juli 1892 in seiner Wochenschrift „Die Nation" Bismarck ziellose Kritik und Mangel an politischen Ideen vorwarf und dafür eine beifällige Randbemerkung des Kaisers erntete,[136] dann sprach dies nicht gerade für seinen politischen Scharfsinn. Gewiß bedeutete Bismarcks besonders prononciertes Eintreten für eine Stärkung des Reichstags in seiner Jenaer Rede keine wirkliche Alternative im Sinne der Parlamentarisierung des Reiches, aber es war der ernsthafte Versuch, auf ein Korrektiv zu orientieren gegenüber absolutistischen Gelüsten und unkontrollierbaren Einflüssen auf den Kaiser.

Der Spannungszustand zwischen dem Kaiser und dem Exkanzler hatte nach der politischen Rundreise von 1892 eine solche Intensität erreicht, daß dies dem Monarchen in der öffentlichen Meinung immer abträglicher wurde. Bismarck erhielt von 1891 bis 1893 nicht einmal einen Geburtstagsgruß vom Monarchen, wurde weder zum 90. Geburtstag Moltkes nach Berlin eingeladen, noch im April 1891 zu dessen Totenfeier gebeten; das alles mochte noch wenig besagen gegenüber einer Verhaftungsandrohung seitens des Kaisers, die dieser immerhin vor der hohen Generalität im Juni 1891 aussprach. „Suprema lex regis voluntas" – der Wille des Königs wäre das höchste Gesetz – hatte der Kaiser zudem ins Goldene Buch der Stadt München eingetragen.[137] Er vermied keine Geschmacklosigkeit.

Der Konflikt wurde für den Kaiser bedenklich, als Bismarck Ende August 1893 in Kissingen ernstlich erkrankte und sich neben Ischias und Gürtelrose, Atemnot und Nervenschmerzen auch noch eine Lungenentzündung einstellte. Da gerieten die kaiserlichen Berater nun doch in Unruhe, wenn sie an die politischen Folgen eines Ablebens Bismarcks ohne vorausgehende Versöhnung dachten. Daß Wilhelm bei der Beerdigung dann auf jeden Fall dabeisein müßte, erkannten sie schon als zwingende, aber unter den bestehenden Beziehungen überaus fatale Notwendigkeit. Mitglieder des Hofes und der Regierung machten sich Gedanken, was noch zu Lebzeiten Bismarcks geschehen könnte, zumal sie die wachsende Zahl von Besuchern, die nach Friedrichsruh pilgerten, argwöhnisch beobachten mußten.

Vor allem Philipp Eulenburg war es, der sich um Annäherungen bemühte, um des Kaisers beschädigtes Renommee aufzubessern und ihm aus seiner prekären Lage herauszuhelfen. Baron v. Holstein hingegen reagierte panikartig-erschreckt auf eine mögliche Wiederkehr Bismarcks, und Caprivi war ziemlich in Sorge. Schließlich kam es doch zu jenem Überraschungsbesuch des nach Friedrichsruh geschickten Grafen Cuno Moltke, der im Januar 1894 einen Brief des Kaisers und eine Flasche Wein zu überreichen hatte. Spöttisch nannte man sie später lacrimae Caprivi, und Bismarck leerte die Flasche sinnigerweise gemeinsam mit dem eingefleischten Kaisergegner Maximilian Harden. Nun fühlte sich der Kaiser wieder in der Vorhand. Aber auch Bismarck machte den ganzen „Klimbim", die „Schaumschlägerei", mit, nüchtern und kühl berechnend. War es doch auch für ihn nicht ganz unwichtig, daß man Friedrichsruh „aus der Acht"[138] nahm und seine Anhänger entlastet wurden, die man fortan nicht mehr ohne weiteres als „Oppositionelle“ ansehen konnte.

Der nun fällige Besuch Bismarcks in Berlin – nur wenige Tage nach Cuno Moltkes Mission – fand am 26. Januar 1894 statt; an die vier Jahre hatte der Altkanzler also den Monarchen nicht gesehen. Der „Versöhnungsrummel“ an jenem Tage, an dessen Abend Bismarck wieder zurückfuhr, war groß; drei- bis vierhunderttausend Menschen jubelten dem Besucher aus dem Sachsenwald zu. „Solche Begeisterung“, meinte die Gräfin Eichstedt, „habe ich in Berlin nicht erlebt und nicht für möglich gehalten“, und die Gräfin Radziwill krönte ihre Schilderung mit der Feststellung: „Ein bißchen mehr, und es war schon Wahnsinn.“[139] Auch der Kaiser profitierte vom Einlenken. Die hohen Herren inszenierten das Spektakel eines Happy-Ends ihrer Konflikte, wenn auch Tieferblickende nicht zu täuschen waren.

Der Gegenbesuch des Kaisers in Friedrichsruh erfolgte am 19. Februar 1894 und vollzog sich nach den ebenso bösartigen wie banalen Verhaltensweisen, die Wilhelm II. immer gegenüber dem entlassenen Bismarck anzuwenden pflegte. Entweder er erzählte seine längst bekannten Anekdötchen und ging damit jedem politischen Gespräch absichtsvoll aus dem Wege, oder er betrachtete Bismarck lediglich als Militär und sprach mit ihm nur über Detailfragen der Armee, etwa die Infanterieausrüstung und ähnliches mehr. Zu bühnenwirksamen Effekten brachte es der Souverän dabei, als er anläßlich des 80. Geburtstages des Kanzlers am 26. März 1895[140] eine Abordnung mit Truppen aller Waffengattungen in Friedrichsruh präsentierte und dabei lautstark in einer Ansprache verkündete: „Das ist der Tag der Armee.“ Und Bismarck? Er verfuhr nach dem Prinzip: Auf einen Schelmen anderthalbe und entgegnete ihm: „Das Beste an mir und meiner Lebensbetätigung ist immer der preußische Offizier gewesen“.[141] So spielten beide Komödie, wohlwissend, daß sie einander anlogen.

„Man überschätzt meinen Ehrgeiz, aber man unterschätzt mein Selbstgefühl“, hatte Bismarck einmal gesagt. Schon von daher war es ihm schlichtweg unmöglich, die Kränkungen durch Wilhelm II. zu verzeihen; sie waren aber – was noch schwerer wog – nicht allein persönliche Invektiven, sondern sollten auch schwerwiegende politische Kursänderungen bemänteln.

Nur allzubald bröckelte auch der mühsam angeklebte Putz wieder ab und legte die untergründigen tiefen Risse frei. Mochten sich kleine, verlogene Gunstbezeugungen fortsetzen, sie waren keines-

Verlogener Versöhnungsrummel
Bismarck am 26. Januar 1894 vor dem Berliner Schloß. Er fuhr bereits am Abend wieder nach Friedrichsruh zurück.

falls das Wesentliche. Noch im Jahre 1897 fanden die kaiserlichen Unverschämtheiten gegenüber dem bereits Todkranken unrühmliche Gipfelpunkte. In der Kaiserrede vom 26. Februar 1897, gehalten vor dem Brandenburgischen Provinziallandtag, huldigte Wilhelm II. seinem Großvater in größenwahnsinniger Weise.[142] Man hätte ihn im Mittelalter heiliggesprochen, so erklärte er, „Pilgerzüge aus allen Ländern" wären gekommen, „um an seinen Gebeinen Gebete zu verrichten". Alle seine Ratgeber wären nur „Handlanger und Pygmäen" in der Ausführung „Seines Erhabenen Wollens" gewesen.

Das war denn doch zuviel; in diesem Götzenbild erkannte überhaupt niemand mehr den eher simplen Wilhelm I. wieder. Von überallher kamen die Proteste, aus dem Süden, aus Sachsen, aus Berlin. Diese Überzogenheiten konnten sogar die bismarckfeindlichen Blätter nicht mitmachen. Da empörte sich auch der alte Fontane, der am 6. April 1897 über diese Rede schrieb: „Ich bin kein Bismarckianer, das Letzte und Beste in mir wendet sich von ihm ab, er ist keine edle Natur; aber die Hohenzollern sollten sich *nicht* von ihm abwenden, denn die ganze Glorie, die den alten Wilhelm umstrahlt – und die noch dazu eine *reine* Glorie ist, weil das Häßliche davon an Bismarcks Händen kleben blieb –, die ganze

Der Handlanger
Karikatur auf die Kaiserrede, die Bismarck herabsetzen sollte.

neue Glorie des Hauses verdankt das Hohenzollerntum dem genialen Kraftmeier im Sachsenwald. ‚Es wächst das Riesenmaß der Leiber hoch über Menschliches hinaus.' Und das Riesenmaß seines Geistes stellt noch wieder das seines Leibes in Schatten. Und *der* soll Werkzeug gewesen sein oder Handlanger oder gar Pygmäe! Wie kann man die Geschichte *so* fälschen wollen. Es ist der sprichwörtliche Undank der Hohenzollern, der einen hier anstarrt."[143]

Im übrigen war auch am 1. April 1897 kein Glückwunschtelegramm gekommen; zu einem eher beleidigenden Besuch stellte sich der Kaiser im Dezember 1897 aber wieder in Friedrichsruh ein. Kein Wunder, daß Bismarck die Fünfmarkstücke umdrehte, um das falsche Gesicht nicht sehen zu müssen, und noch auf dem Sterbebette vom „dummen Jungen" sprach.

Vielleicht ist es das größte Übel machtgestärkter Selbstherrlichkeit, daß sie alles im Umkreis in den Sog der Verlogenheit und Falschheit, des Mitlügens, des partiellen Lügens, zumindest aber des graduell verschiedenen Verschweigens der Wahrheit zieht. Otto v. Bismarck, der auf den verschlungenen Wegen seines diplomatischen Lebens gewiß nicht ein Wahrheitsfanatiker sein konnte, meinte einmal in einem besinnlichen Gespräch, er hätte es aber immer denen übelgenommen, die ihn zum Lügen gezwungen hätten.

Was sich nach seiner Entlassung zwischen ihm und Wilhelm II. abgespielt hatte, das waren gerade dort, wo sich Versöhnungen anzubahnen schienen oder gar zelebriert wurden, Höhepunkte scheinheiliger Farcen. Trotz alledem, es war Bismarcks monarchistische Grundhaltung, seine tiefwurzelnde Überzeugung, das monarchische Fundament nicht angreifen zu dürfen, was alle seine Attacken letztlich unwirksam machte.

XII. Ein Leben erlischt – ein Zeitalter geht zu Ende

Abschiednehmen

Schon am 2. Juli 1887 hatte der besorgte Herbert an den Schwager Rantzau geschrieben: „Wenn Mama sagt, sie müsse doch bald sterben, so ist es ja eben das, was wir verhüten wollen, insoweit menschliches Bemühen und Voraussicht dazu beitragen können. Abgesehen von dem trostlosen Schmerz, den der Tod der geliebten einzigen Mama über uns alle bringen würde, würde ja auch Papas Existenz dadurch vollständig gebrochen und der ganze Haushalt vernichtet werden“.[1]

Von Jugend auf war Johanna von schwacher Gesundheit gewesen, Otto v. Bismarck bedauerte einmal, daß sie fast nie das Gefühl völligen körperlichen Wohlbefindens gehabt habe. Vor allem ihr Asthmaleiden, verbunden mit zunehmender Kurzatmigkeit, machte ihr mehr zu schaffen, als sie zugeben wollte. Johanna war zudem blutarm und fröstelte fast immer, trotz des warmen Schals oder des grauen Pelzkragens, den sie zu tragen pflegte. Natürlich waren die junkerlichen Landsitze mit ihren vielen Außenwänden und Korridoren in kühlen Jahreszeiten kaum überall zu erwärmen und voller Erkältungsgefahren für die Bewohner. Selbst wegen der Eventualität von Erkrankungen der Ihren ständig in Sorge, weigerte sich Johanna mit zunehmendem Eigensinn, ihren familiären Wachtposten zu verlassen und sich aufgrund dringender ärztlicher Ratschläge einige Wochen im Jahr um die Erhaltung und Regenerierung ihrer eigenen Kräfte zu kümmern.

Immer mehr erfaßte Otto v. Bismarck ihretwegen Unruhe, wie der Schriftsteller Sidney Whitmann Mitte Oktober 1891 in Varzin wahrnahm: „Was ihm jedoch am meisten zu Herzen ging, war der Gesundheitszustand seiner Gemahlin“. Und er hätte leise und traurig hinzugefügt: „Wenn sie abberufen wird, so möchte ich nicht hier bleiben“ – wobei mit „hier“ ganz offensichtlich die „doktorlose Einsamkeit“ von Varzin gemeint war.[2]

Noch einmal erfreute sich auch Johanna an der Seite ihres Mannes jener triumphalen Reise zu Herberts Hochzeit, um so mehr, als beide der Schwiegertochter Marguerite zugetan waren. Otto v. Bismarck hatte in einem Brief an die Mutter der Braut, die Gräfin Alice Hoyos, über Sinn und Glück des familiären Lebens geschrieben: Er und Herbert hätten beide bisher in der Politik ein kämpfendes Leben geführt, aber im Hause um so mehr festen und tiefen Frieden gesucht und gefunden. „Ich bin sicher, daß auch Herbert an der Hand Ihrer Tochter dieser tröstlichen Sicherheit nicht entbehren wird, wenn er auch wieder in die Politik verfallen sollte.“[3]

Dann aber verdunkelten immer längere Schatten Bismarcks Leben. Einen Brief an die Schwester hatte Otto v. Bismarck am 6. Juli 1894 in banger Vorahnung als „etwas lebensmüder“ Bruder unterschrieben und gemeint: „Johannas Melancholie darf ich nicht durch Zusatz von meinem Trübsinn steigern; ihre Lebensfähigkeit ist ohnehin gering und von psychischen Eindrücken abhängig.“[4] Bange erkannte er es: „. . . ihr Lebenslicht flackert“. Fast ein Jahrzehnt war Johanna jünger als er, und er hatte immer gemeint, er hätte „die Vorhand“; nun kam es ganz anders.

Am 11. April 1894 feierten sie noch Johannas siebzigsten Geburtstag, sie war matt und elend; oft konnte sie sich nur schwer bewegen. Als das Ehepaar dann im August 1894 Varzin aufsuchte, geschah etwas, was Otto v. Bismarck mit seinem Glauben an Vorbedeutungen als „böses Omen“ ansah: ein alter Kastanienbaum vor der Einfahrt brach zusammen und versperrte den Weg. Tags darauf soll Bismarck zum Oberförster Westphal gesagt haben: „Wir werden wohl nicht alle, die wir gestern herkamen, Varzin lebendig wieder verlassen.“ Da wußte er natürlich schon, wie es um Johanna stand, die nun auch noch an Wassersucht litt.

Herbert schrieb am 20. November 1894 an den Bruder[5]: „Schweningers Brief drückt mich ganz nieder.“ Es konnte gar nicht anders sein bei ihm, er fuhr nach Varzin und stand am Kopfende von Johannas Sterbebett, um sie durch sein plötzliches Erscheinen nicht zu erschrecken; er war bei ihr in ihrer letzten Stunde. Als der Vater am Morgen das Sterbezimmer betrat, so berichtete Herbert seinem Schwager Ludwig v. Plessen, wurde er „übermannt von einem Weinkrampf und konnte sich gar nicht beruhigen. Jetzt kämpft er tapfer.“[6] Am 6. Dezember schrieb Herbert noch einmal über seine Mutter: „Grade in unseren Verhältnissen war sie uns viel unentbehrlicher, als es in anderen Familien vielleicht der Fall gewesen sein würde – wir waren so darauf eingelebt, daß sie unser Mittelpunkt war – u. eine liebevollere Mutter hat es nie gegeben." Das bekannte einer der liebevollsten Söhne.[7]

Annähernd fünfzig Jahre ehelicher Gemeinsamkeit! Es mußte Bismarck schon hart ankommen. Wenn er jetzt noch im Dienste wäre, würde er arbeiten, so meinte er, und schrieb noch am Todestage Johannas einen Brief an den Fürsten Chlodwig zu Hohenlohe-Schillingsfürst, in dem er auf dessen Reichskanzlerschaft Bezug nahm.[8] Am offensten aber sprach er sein Leid gegenüber der Schwester aus, drei Wochen nach Johannas Tod, die „über das Gefühl der Verödung noch kein Gras" hätten wachsen lassen.[9] Die Angehörigen veranlaßten ihn, aus dem schwer erreichbaren Varzin abzureisen, und er wußte doch: „Ich reise also und werde mich unter Menschen noch einsamer fühlen wie hier ... Was mir blieb, war Johanna, der Verkehr mit ihr, die tägliche Frage ihres Behagens, die Bestätigung der Dankbarkeit, mit der ich auf 48 Jahre zurückblicke". Im Sommer 1895 meinte er in einem Brief an Bill, er „vegetiere in Frieden weiter".[10] Das war nicht nur ein Selbstzeugnis; auch ein Außenstehender wie Graf Moltke bestätigte nach einem Besuch im Januar 1895, daß Bismarcks intensiver Wille zum Leben nachgelassen habe.[11]

Es wäre verwunderlich, wenn sich dies alles nicht auch auf seine Gesundheit ausgewirkt hätte. Sie „bröckelt rapide ab", schrieb Bismarck am 16. Juni 1895 seinem Schwager Oskar v. Arnim-Kröchlendorf. Vor allem das seit Mitte der achtziger Jahre überaus schmerzhafte Gesichtsreißen plagte ihn immer mehr. Wahrscheinlich waren es Trigeminusneuralgien, die zu den größten Qualen im „Hexensabbath" seiner physischen Leiden gehörten. Es kam noch mancherlei dazu. Es „gehe bergab", meinte er im Februar 1896.[12] Und im Sommer 1897 grollte er Tirpitz gegenüber, der ihn nach Kiel zur Schiffstaufe einlud, er wolle nicht „als Ruine vor der Öffentlichkeit stehen".[13]

Seine Gebrechen machten Bismarck immer reizbarer; Chrysander wurde kaum fertig mit seinem widerborstigen Patienten, nur Schweninger vermochte ihn noch vorübergehend zur Räson zu bringen. War er abgereist, brachte Bismarck seine Umgebung wieder durcheinander. Es war nur verständlich gewesen, wenn Rantzau schon am 16. März 1895 Herbert unterrichtet hatte, daß am folgenden Tage „die Bude hermetisch abgeschlossen" werde.[14] Wollte man doch Otto v. Bismarcks Kräfteverfall nicht der Neugier oder gar berechnendem Kalkül aussetzen. Er hatte nicht gelebt wie die anderen Menschen, aber er starb wie die meisten anderen auch: durch Kräfteverfall und die Zunahme von Erkrankungen.

Die Lebensflamme erlosch nicht rasch bei ihm, sondern flakkerte immer wieder auf, so noch am 15. Dezember 1897,[15] als ihn Kaiser Wilhelm II. zum letzten Male besuchte und sich ungehörig wie immer benahm. „Es ist furchtbar", flüsterte Graf Moltke Tirpitz zu, als Wilhelm wieder seine Anekdötchen erzählte und Bismarck keines ernsthaften politischen Gespräches würdigte. Noch einmal zeigte ihm der Exkanzler den Meister, als er ihm scheinbar mit Nonchalance sagte: „Majestät, solange Sie dies Offizierskorps haben, können Sie sich freilich alles erlauben; sollte das nicht mehr der Fall sein, so ist das ganz anders."[16]

Es war Bismarck noch vergönnt, daß ihm Herbert im September 1897 glücklich den ersten männlichen Nachkommen aus seiner Linie ankündigen konnte. Das war die letzte Freude, die Herbert dem Vater machen durfte; nun blieb nur noch der letzte Dienst für ihn am 30. Juli 1898. Trotz einer besorgniserregenden Erkrankung seines kleinen Sohnes – Herbert war am Sterbebett seines Vaters, als es mit ihm zu Ende ging. Er berichtete darüber am 31. Juli 1898: „Gestern morgen war das Athmen noch schlechter, um 10 1/2 sprach er mit mir u. streckte die Hand nach mir aus, die ich hielt bis er einschlief... gegen 11 war Alles für uns aus, ich habe den besten, treusten Vater u. großartigsten edelsten Geist der Welt verloren!"[17]

Überhöhungen und Superlative lagen ganz und gar im Stile des Johanna-Sohnes Herbert, doch unabhängig vom Widerstreit der Wertungen, hier ging es um menschliche Bewährungen und ums Verläßlichsein, um die „tröstliche Sicherheit", die Bismarck in der Familie gesucht und gefunden hatte.

Vertanes Erbe

Es war das alte England gewesen, das die neue Zeit in der zweiten Hälfte der siebziger Jahre geradezu demonstrativ kenntlich machte. Schon 1875 erwarb es die Suezkanalaktien; 1877 veranlaßte der Premierminister Disraeli seine Königin, den Titel „Kaiserin von Indien" anzunehmen; und 1879 erhandelte derselbe Premier auf dem Berliner Kongreß die Insel Zypern. Die ersten Pfeiler der Brücke vom Mutterland nach Indien waren erkennbar.

Demgegenüber war Deutschland zu dieser Zeit trotz aller seiner industriellen Fortschritte noch im Rückstand. Doch gerade die Reichsgründung hatte so viele ökonomische, soziale und geistige Kräfte freigesetzt und entwickelt, daß in den achtziger Jahren alte europäische Vormächte wie England und Frankreich eingeholt, teilweise auch überholt werden konnten. Es regten sich Erfindergeist und Innovationskraft und eine nicht minder kräftige Dynamik in allen Zweigen der Naturwissenschaften, als hätte sich die allgemeine Unrast der Zeit in die schöpferische Unruhe der Wissenschaftler umgesetzt.

In der Wirtschaft verstärkten sich international die Tendenzen zur Konzentration der Produktion und des Kapitals, damit auch zur Bildung von monopolartigen Vereinigungen; die Zusammenarbeit von Bank- und Industriekapital wurde vielfach so eng, daß bald von einer Finanzoligarchie gesprochen werden konnte; schließlich erweiterte sich der Warenexport zum Kapitalexport; ins unmittelbar Politische aber reichte die Aneignung von Kolonien durch europäische Großmächte.

Den ökonomischen Gesetzmäßigkeiten konnten sich weder Bismarck noch seine Nachfolger entziehen. Mußte der unumgänglich gewordenen wirtschaftlichen Expansion die politische folgen? Das sollte künftig überaus folgenschwere Bedeutung gewinnen.

Daß das hochorganisierte Wirtschaftsgefüge des Reiches auch territorialen Expansionismus mit all seinen politischen Gefahren hervorbringen konnte, erfuhr Bismarck schon in seiner Kanzlerzeit; daher mahnte er ständig zu Vorsicht und Umsicht. Deutschland lag nun einmal geographisch in der Mitte Europas, dessen war er sich schon als junger Mann sehr bewußt gewesen, wenn er immer wieder vor der Landkarte stand – nachdenkend, erwägend. Er verlor das erst recht nicht aus dem Blick, wo es nicht mehr ums Zusammenfügen, sondern ums Zusammenhalten des Geschaffenen ging. Oft gab er zu bedenken, daß man die Interessen der Industrie und des Handels nicht ohne weiteres mit denen der Außenpolitik gleichsetzen könne. Selbst wenn er beide Gebiete mitunter allzu strikt voneinander trennte, lag in seiner Auffassung ein Korn Wahrheit insofern, als der Politiker mit anderen Gegebenheiten rechnen muß als der Unternehmer, der stärker ökonomischen Zwangsläufigkeiten unterworfen ist. Der Staatsmann hat gewisse Handlungsfreiheiten, kann zwischen Alternativen entscheiden, die sich dann allerdings folgenschwer aufs Ganze auswirken.

Bismarcks Politik war darauf gerichtet, der territorialen Saturiertheit Deutschlands Rechnung zu tragen. Ihm lag vor allem an einer von der Friedenssicherung ausgehenden Gleichgewichtspolitik der europäischen Großmächte. Es sollte bewahrt werden, „was wir mühsam unter dem bedrohenden ... Gewehranschlag des übrigen Europa ins Trockene gebracht haben."[18] Das bedeutete keinen Verzicht auf Selbst- und Machtbewußtsein des Deutschen Reiches, wenn die Maße gewahrt blieben. Das Reich sollte sich nicht aufspielen wie jemand, „der plötzlich zu Geld gekommen ist und nun, auf die Taler in seiner Tasche pochend, jedermann anrempelt."[19] Statt dessen ging es dem Kanzler darum, „das Vertrauen nicht nur der mindermächtigen europäischen Staaten, sondern auch der großen Mächte zu erwerben."[20]

Es war ein bedenkliches Zeichen der Zeit, daß alle Mahnungen Bismarcks zur Mäßigung überhört oder als lästig empfunden wurden. Sicherlich schwang bei all den kritischen Interventionen, zu denen er sich nach seiner Entlassung immer wieder gedrängt fühlte, persönlicher Groll über Wilhelm II. und den Byzantinismus hoher Ministerialbeamter mit; dennoch darf man ihm glauben, wenn er in einem Tischgespräch bekannte: „Nicht die Treulosigkeit und der Abfall einzelner schmerzt mich, sondern die gänzliche Verstummung des Gesamtvolkes, das nicht zu erkennen vermag, daß, was mich zur Kritik treibt, keine persönliche Mißstimmung, keine Rache oder gar der Versuch, wieder zur Macht zu gelangen ist, sondern die Sorge, die schwere Sorge, die mir manche Nachtruhe raubt, um die Zukunft des mit so teuren und schweren Opfern gegründeten Reiches."[21] Ein andermal sprach er von der „Gedankenjagd des Nachts" und davon, daß es seinen Schlaf störe, wenn sie „das Gebäude, an welchem ich gebaut und gebostelt, wieder abbröckeln".[22]

So bismarckbegeistert die heranwachsende Elite der Aristokratie und des Bürgertums auch sein mochte oder sich gab, sie ließ sich von der imperialistischen Emphase doch hinreißen und wurde zweifelsüchtig am Alten im Sachsenwald. Das brachte, stellvertretend, der junge Graf Kessler zum Ausdruck, der Bismarck mit anderen Kommilitonen 1891 in Kissingen aufsuchte: „Je länger man zuhörte, um so stärker zwang sich einem die Erkenntnis auf, daß, was er sagte, sich an eine Generation wandte, die der Vergangenheit angehörte ... Er bot uns jungen Deutschen als Lebenszweck ein politisches Rentnerdasein, die Verteidigung und den Genuß des Erworbenen; unser Schaffensdrang ging leer aus ... Er war, wie schmerzlich in die Augen sprang, kein Anfang, sondern ein Ende, ein grandioser Schlußakkord – ein Erfüller, kein Verkünder!“[23]

Gegenüber dem lockenden Tatendrang, der im imperialen Zeitalter gefordert erschien, verfing des Alten hellwache Gleichgewichtspolitik nicht mehr. Bismarck wurde verehrt, aber nicht mehr gehört; allzu viele vernahmen nicht mehr, was er sagte, mißverstanden ihn, weil sie es so wollten, oder taten ihn leichtfertig als unmodern ab.

Der neudeutsche Aktionismus hatte sich Anfang der neunziger Jahre um die Gunst Englands bemüht als Ersatz für die getrübten Beziehungen zu Rußland. Er richtete sich aber schließlich mit der Forcierung des Schlachtflottenbaus gegen grundlegende Machtinteressen des alten Empire. In beiden Fällen verstieß man gegen die Politik des Gleichgewichts in Europa, was bei Bismarck wachsende Zukunftsängste über den Bestand des Reiches hervorrief. Anglophil war er nie, schon wegen des parlamentarischen Systems im Inselreich. Wenn er sich 1889 um allianzähnliche Bindungen mit England bemüht hatte, dann war das keineswegs gegen Rußland gerichtet gewesen, das im europäischen Gleichgewichtssystem niemals fehlen durfte. Nach dem ergebnislosen Zwischenspiel äußerte sich Bismarck in den neunziger Jahren mehrmals recht unfreundlich über den britischen Kolonialexpansionismus. Aber selbst wenn er während der Auseinandersetzungen zwischen den Engländern und den Buren Partei für die letzteren nahm, wollte er den britischen Löwen nicht reizen, wie das Kaiser Wilhelm unbekümmert und ungehemmt mit seinem provokatorischen Telegramm an Ohm Krüger, den Präsidenten des Burenstaates, tat.

*

Als Bismarck im Laufe des Jahres 1897 immer hinfälliger wurde, war er den taktischen Manövern des zum Staatssekretär des Reichsmarineamtes beförderten Admirals Alfred Tirpitz nicht mehr voll gewachsen und stimmte einer begrenzten Erweiterung der Marine zu, aber er wies die Vorstellung, „eine achtbare Flottenstärke“ könne Deutschland für Rußland und andere Mächte bündnisfähig machen, „beinahe zornig von der Hand“.[24] Sein Mißtrauen gegen den Bau von Großkampfschiffen war unverkennbar, aber seine physische Kraft reichte nicht mehr aus, um seinen Einwänden in der Öffentlichkeit den nötigen Nachdruck zu verschaffen.[25]

Dennoch wurde der Altkanzler in August Bebels Reichstagsrede vom 11. Dezember 1897 als ungewöhnlicher Kronzeuge genannt: „Ich stimme mit dem Fürsten Bismarck sehr selten überein, aber in dem Einen hat er unzweifelhaft recht, daß er vor einigen Monaten durch sein Organ in Hamburg verkünden ließ, er sei der Meinung, daß die Schaffung einer Flotte, wie sie jetzt geplant wäre, außerordentlich Bedenkliches hätte, denn die Entscheidung in einem zukünftigen Kriege könne nur durch die Landarmee erfolgen und nicht durch die Flotte."[26]

Als Tirpitz nach dem Tode Bismarcks seine gefährliche Politik fortsetzte, fühlte sich auch Rosa Luxemburg am 12. Dezember 1899 in der „Leipziger Volkszeitung" zu der Warnung veranlaßt, die neue und erweiterte Flottenvorlage sei „ein folgenschwerer, für die Geschichte Deutschlands höchst bedeutsamer Wendepunkt."

In der Tat fühlte sich Großbritannien zwischen 1903 und 1907 gezwungen, dem antideutschen Lager beizutreten und zusammen mit Rußland und Frankreich die Tripelentente zu bilden. Deutschland konnte durchaus ohne Schlachtschiffgeschwader auf die Weltmärkte gelangen, aber es ließ von seinem Imponiergehabe zur See und seinen „undefinierten globalen Ansprüchen" nicht ab. Die ständig anwachsenden deutschen Seestreitkräfte belasteten die ohnehin „weltweit überstrapazierte" britische Flotte, waren sie doch schon dadurch eine Bedrohung, daß ihre Stützpunkte ausnahmslos an der Nordsee lagen, gegenüber der englischen Küste.[27]

Harter Wettkampf um Absatzmärkte und Auslandsinvestitionen war durchaus normal für die Wirtschaft im imperialen Zeitalter, doch es bestand kein determinierter Zusammenhang zwischen dem, was sich in dieser Sphäre abspielte, und einer Politik der Rüstung zur See und auf dem Lande. Der gegen die alte Seemacht gerichtete Navalismus des immer noch jungen Reiches war schlechterdings parvenühaft und – was schlimmer war – abenteuerlich; er widersprach in eklatanter Weise dem Geiste Bismarcks und dessen politischem Stil.

Noch ein halbes Jahr vor seinem Hinscheiden ließ Bismarck seine Meinung zur angekündigten „Weltpolitik" veröffentlichen; Deutschland sollte sich auf überseeische Unternehmungen, so hieß es in den „Leipziger Neuesten Nachrichten"[28], nur dann einlassen, wenn dadurch kein Konflikt mit anderen Großmächten entstünde. Das Bedürfnis, überall dabeizusein, widerspräche dem realen Interesse Deutschlands; es komme nicht darauf an, „der Eitelkeit der Nation oder der Herrschsucht der Regierungen zu schmeicheln". Bismarck wollte nichts wissen von einem „Wirtschaften auf Prestige".[29]

Englands Hinwendung zu Rußland – für die meisten Zeitgenossen überraschend – und die Herausbildung der Tripelentente ließen Deutschlands prekäre Lage schließlich in neuen Dimensionen erscheinen. Bismarcks Hauptsorge hatte sich vorwiegend auf das russisch-französische Bündnis bezogen und die damit verbundene Möglichkeit eines bedrohlichen Zweifrontenkrieges. Die gefürchtete Ost-West-Einklammerung erweiterte sich aber ab 1903 durch England zur Gefahr einer Einkreisung.

Was Bismarck ständig und mit Sorge kritisiert hatte, die Kündigung des Rückversicherungsvertrages mit Rußland und damit den Verzicht auf die Zügelung der österreichischen Balkanexpansion, zeigte sich jetzt in seinem vollen, katastrophalen Ausmaß. Rußland wurde allmählich bereit für ein antideutsches Einvernehmen mit der kriegsentscheidenden Weltmacht England. Es sollte sich bewahrheiten, was Engels schon 1893 erklärt hatte: „Im nächsten Kriege entscheidet England."[30]

*

In eben dieser Zeit, in der sich für jeden, der sehen wollte, das deutsche Verhängnis schon abzuzeichnen begann, steigerten die tonangebenden Schichten in Staat und Gesellschaft, die Geschäftsleute und der Mittelstand, die freischaffenden und beamteten Akademiker, Staatsangestellte und Lehrer, nicht zuletzt die Studenten, ihre Bismarckbegeisterung ins Kolossalische. Waren sie in den neunziger Jahren noch in Scharen nach Friedrichsruh gezogen, hatten sie den Altkanzler sogar in Bad Kissingen aufgesucht, so gaben sie ihrem Bedürfnis nach Heldenverehrung im neuen Jahrhundert im Bau von Feuersäulen für nächtliche Illuminationen Ausdruck, in der Errichtung trutziger Bismarcktürme auf Höhen und Hügeln und in der Gestaltung von Denkmälern, die ihn fast immer als Militär zeigten oder wie in Hamburg als stilisierten überdimensionalen Recken. Gründlicher konnte Bismarck gar nicht mißverstanden werden.

Aber es wurden in dieser Zeit auch kritische Stimmen laut, die sich gegen Bismarck und sein Erbe wandten. So behauptete der Historiker Hans Delbrück in den von ihm geleiteten „Preußischen Jahrbüchern", Fürst Bismarck wäre vor allem wegen Staatsstreichabsichten entlassen worden. Bei diesem publizistischen Angriff ist nicht allein die unberechtigte Anklage gegen Bismarck bemerkenswert, sondern mehr noch die positive Wertung des Kaisers. Delbrück stimmte damit nur den Chor derer an, die zur Freude Wilhelms II. die Ideen des Fürsten Bismarck mit dem Jahre 1890 für erschöpft hielten, eine Version, der der ehemalige Mitarbeiter Bismarcks in der Reichskanzlei und nunmehrige Kurator der Bonner Universität v. Rottenburg lebhaft zu widersprechen wußte. Hatte er doch noch im Winter 1889/90 den Kanzler aufgesucht und von ihm Gedanken etwa darüber gehört, daß man die höheren Beamten zu „gebildeten Europäern" erziehen müsse. Beim Auswärtigen Dienst hielt der Kanzler für wünschenswert, daß der Eintritt in denselben „von einer praktischen Beschäftigung in einem Handelsgeschäft, in der Industrie oder in der Landwirtschaft abhängig gemacht würde."[31]

Delbrücks dubiose „Enthüllung" ging übrigens in die gleiche Richtung wie die Haltung der Reichstagsmehrheit 1895, als eine Glückwunschadresse zum 80. Geburtstag Bismarcks abgelehnt wurde. Den Ausschlag gab dabei das Zentrum, das dem ehemaligen Kanzler jene Ehrung versagte, die es 1885 dem regierenden Bismarck zu seinem 70. Geburtstage noch erwiesen hatte, zu einer Zeit also, als der Kulturkampf noch nicht durch die beiden „Friedensgesetze" beigelegt worden war. Der Kaiser tat zwar empört über die Haltung des Reichstages, aber er wußte sehr wohl, daß seine Stellung gegenüber Bismarck dadurch verbessert wurde.

Auch wenn die bürgerlichen Parteien den unsteten Wilhelm II. bisweilen kritisierten, war ihr Motiv – bis in die Reihen des Freisinns hinein – eben nicht die Stärkung des Reichstags, sondern die bessere Wahrung der kaiserlichen Macht.[32] Der geringe Eifer dieser Parteien, wesentliche Fortschritte in der Parlamentarisierung des Reichs zu erringen, hatte nichts mehr zu tun mit der Furcht vor der harten Hand Bismarcks, die schließlich 1895 nicht mehr das Steuer hielt. Nicht mehr durch ihn war man eingeschüchtert, sondern durch die Furcht vor den Kräften von unten.

Diese meldeten sich allerdings bei den Sozialdemokraten zu Wort, die Forderungen erhoben nach Abrüstung, nach Entmilitarisierung und nach Parlamentarisierung im Reich, in den Ländern und in den Gemeinden; es ging ihnen also um eine demokratische Umgestaltung des Reiches. Bismarck aber sah in dieser Partei nur „vaterlandslose Gesellen", Gefährder seines Lebenswerkes, „Reichsfeinde". So waren die Gräben und Wasser tief zwischen ihnen, unüberbrückbar das gegenseitige Mißtrauen.

Immer mehr geriet Bismarck in die Isolierung; es scheint ihm mitunter bitter angekommen zu sein, letztlich doch ohne Testamentsvollstrecker seines politischen Erbes zu bleiben. So tröstete er sich einmal, nicht eitel, aber sich seiner historischen Leistung bewußt, damit[33]: „Auf Titel und Orden habe ich niemals großen Wert gelegt, so wenig wie auf Denkmäler, die man mir errichtet hat und errichten will; ich will weder ein Schaustück sein noch mich versteinert oder am wenigsten bei Lebzeiten als Mumie sehen. Mir genügt mein einfacher Name, und ich hoffe, daß er auch in der Zukunft genügen wird, die vielleicht weniger auf hohe Titel als auf erfolgreiche Taten sehen wird."

Der Parteienstreit über Bismarcks Wirken hat sich zwar von Generation zu Generation verändert, aber er ist geblieben. Gegen neuerdings auftauchende Meinungen, die Reichsgründung wäre vielleicht besser unterblieben und man hätte es bei der Kleinstaaterei lassen sollen, sind handfeste Tatsachen anzuführen: Bismarck vollstreckte 1864–1871 durch seine Revolution von oben nicht allein das nationalstaatliche Testament der deutschen Revolution von 1848/49, sondern bewegte sich auch im Strom der allgemeinen Geschichte seiner Zeit. Es sei an das erinnert, was bereits in der Einleitung über die nationalen Einigungskämpfe in Europa und Amerika gesagt worden ist. Man vollzog in ihnen nur politische Konsequenzen aus der industriellen Revolution. Darum blieben alle jene Länder, denen die nationalstaatliche Einigung im 19. Jahrhundert nur unvollständig oder gar nicht gelang, ökonomisch rückständig, jedenfalls relativ gesehen. Alle nostalgischen Rückblicke im Sinne von „hätte" und „wäre" sind historisch abwegig.

Nach 1871 betrieb Bismarck eine Politik des europäischen Gleichgewichts, beruhend auf dem Prinzip der territorialen Saturiertheit des neugegründeten Reiches. Dem Sicherheitsbedürfnis auf dem Kontinent ordnete er auch den kolonialen Expansionismus unter, dem er mehr unter dem Druck von Interessenten und Ideologen eine Zeitlang nachgab. Er warnte jedoch vor einer „Weltpolitik", die mächtige Gegenbündnisse heraufbeschwören könnte und schließlich auch heraufbeschwor.

Auf der Negativseite im historischen Wirken Bismarcks blieben seine Feindschaft gegenüber allen demokratischen Kräften, insbesondere in der Arbeiterbewegung, und sein eingefleischter Royalismus, der ihn am Ende lähmte gegenüber Wilhelm II. So konnte dieser zur Symbolfigur einer nicht nur von Unternehmern, Bürokraten und Militärs, sondern auch von bürgerlichen Parteien getragenen Politik der Herausforderung anderer traditioneller Mächte werden. Damit wurde das bedeutendste politische Erbe Bismarcks, Umsicht im europäischen Kräftespiel walten zu lassen, schlechterdings vertan. Diese Tragik einer reichentwickelten Persönlichkeit wurde zur Tragik der deutschen Nation.

Abkürzungsverzeichnis

AVPR	Archiv der Außenpolitik Rußlands
BA	Fürstlich von Bismarck'sches Archiv Friedrichsruh
Bismarcks Sturz	Gustav Seeber u. a., Bismarcks Sturz. Zur Rolle der Klassen in der Endphase des preußisch-deutschen Bonapartismus 1884/85 bis 1890, Berlin 1977
H. v. Bismarck, Privatkorrespondenz	Staatssekretär Graf Herbert von Bismarck. Aus seiner politischen Privatkorrespondenz. Hrsg. u. eingeleit. v. Walter Bußmann unter Mitwirkung von Klaus-Peter Hoepke, Göttingen 1964 (Deutsche Geschichtsquellen des 19. u. 20. Jahrhunderts)
Brauer	Arthur v. Brauer, Im Dienste Bismarcks. Persönliche Erinnerungen, hrsg. v. Helmut Rogge, Berlin 1936
Eyck	Erich Eyck, Bismarcks Leben und Werk, Bd. 3, Erlenbach-Zürich 1944
GP	Die große Politik der europäischen Kabinette 1871–1914. Sammlung der Diplomatischen Akten des Auswärtigen Amtes. Im Auftrage des Auswärtigen Amtes hrsg. v. Johannes Lepsius, Albrecht Mendelssohn-Bartholdy, Friedrich Thimme, Reihe 1, Bd. 1–6: Die Bismarckzeit (1871–1890), Berlin 1922–1927
GW	Otto v. Bismarck, Die gesammelten Werke (Friedrichsruher Ausgabe), Berlin 1924–1935
Hank	Manfred Hank, Kanzler ohne Amt. Fürst Bismarck nach seiner Entlassung, München 1980 (Zitiert wurde nach dieser 2. Auflage, die leichter zugänglich ist. Die Quellennachweise sind aber nur in der 1. Auflage, einem Dissertationsdruck, angegeben.)
Huber/Huber	Ernst Rudolf Huber/Wolfgang Huber, Staat und Kirche im 19. u. 20. Jahrhundert. Dokumente zur Geschichte des deutschen Staatskirchenrechts, Bd. 2: Staat und Kirche im Zeitalter des Hochkonstitutionalismus und des Kulturkampfes 1848–1890, Berlin 1976
HZ	Historische Zeitschrift
IISG	Internationaal Instituut voor Sociale Geschiedenis Amsterdam

MEW	Karl Marx/Friedrich Engels, Werke, Berlin 1955ff.
A. O. Meyer	Arnold Oskar Meyer, Bismarck. Der Mensch und der Staatsmann, Stuttgart 1949
ÖStA	Österreichisches Staatsarchiv Wien
PA	Politisches Archiv des Auswärtigen Amtes Bonn
Parteienlexikon	Lexikon zur Parteiengeschichte. Die bürgerlichen und kleinbürgerlichen Parteien und Verbände in Deutschland (1789–1945), 4 Bde., hrsg. v. Dieter Fricke, Leipzig 1983–1986
Seeber, Zwischen Bebel und Bismarck	Gustav Seeber, Zwischen Bebel und Bismarck. Zur Geschichte des Linksliberalismus in Deutschland 1871–1893, Berlin 1965
Stenographische Berichte	Stenographische Berichte über die Verhandlungen des Deutschen Reichstages
Tagebuch der Baronin Spitzemberg	Das Tagebuch der Baronin Spitzemberg geb. Freiin v. Varnbüler. Aufzeichnungen aus der Hofgesellschaft des Hohenzollernreiches, hrsg. v. Rudolf Vierhaus, Göttingen 1960
Stribrny	Wolfgang Stribrny, Bismarck und die deutsche Politik nach seiner Entlassung (1890–1898), Paderborn 1977
Wentzcke	Deutscher Liberalismus im Zeitalter Bismarcks, Bd. 2: Im Neuen Reich 1871–1890, hrsg. v. Paul Wentzke, Bonn 1926
Wolter, Bismarcks Außenpolitik	Heinz Wolter, Bismarcks Außenpolitik 1871–1881. Außenpolitische Grundlinien von der Reichsgründung bis zum Dreikaiserbündnis, Berlin 1983
ZfG	Zeitschrift für Geschichtswissenschaft
ZGAOR	Zentrales Staatliches Archiv der Oktoberrevolution Moskau
Ziekursch	Johannes Ziekursch, Politische Geschichte des neuen deutschen Kaiserreiches, Bd. 2: Das Zeitalter Bismarcks (1871–1890), Frankfurt a. M. 1927
ZStAM	Zentrales Staatsarchiv Merseburg
ZStAP	Zentrales Staatsarchiv Potsdam

Anmerkungen

I. Einleitung

1 GW, Bd. 14, S. 467.
2 Ebenda, S. 474.
3 Ebenda, S. 474.
4 Ebenda, S. 468.
5 August Bebel, Aus meinem Leben, Erster Teil, Stuttgart 1910, S. 132.
6 Karl Radek, W. I. Lenin, in: Lenin. Reden und Aufsätze über Lenin, Neuß 1989, S. 75f.

II. Epochenwechsel

1 La Commune 22. März 1871, zit. nach: Albert v. Holleben, Die Pariser Kommune 1871 unter den Augen der Deutschen Truppen, Berlin 1897, S. 50 f.
2 Bismarck an die Gattin am 27. 2. 1871, in: GW, Bd. 14, S. 816; vgl. auch Otto Becker, Bismarcks Ringen um Deutschlands Gestaltung, hrsg. u. ergänzt v. Alexander Scharff, Heidelberg 1958, S. 825.
3 Bismarck an die Gattin am 27. 2. 1871, in: GW, Bd. 14, S. 816.
4 Bismarck an die Gattin am 16. u. 22. 11. 1870, in: GW, Bd. 14, S. 800.
5 Vgl. Eberhard Kolb, Der Weg aus dem Krieg: Bismarcks Politik im Krieg und die Friedensanbahnung 1870/71, München 1989, S. 113 ff.
6 Der Vorbote, Zentralorgan der Sektionsgruppe deutscher Sprache der internationalen Arbeiterassoziation, Genf, 6. Jg., 1871, S. 12 u. 14.
7 MEW, Bd. 21, S. 448.
8 MEW, Bd. 17, S. 273.
9 Augsburger „Allgemeine Zeitung" vom 30. Juli 1870; vgl. Josef Becker, Baden, Bismarck und die Annexion von Elsaß und Lothringen, Zeitschrift f. Geschichte des Oberrheins, 115, 1967, S. 178.
10 Vgl. Lothar Gall, Zur Frage der Annexion von Elsaß-Lothringen 1870, in: HZ, 206, 1968, S. 278, 281 ff., 300 f., 307 ff.; und Becker.
11 Vgl. Gustav Seeber, Die Bourgeoisie und das Reich . . ., in: Die großpreußisch-militaristische Reichsgründung, hrsg. v. Horst Bartel und Ernst Engelberg, Berlin 1971, Bd. 2, S. 140 ff.

12 GW, Bd. 6b, S. 522 ff. u. S. 560 ff.
13 Vgl. Ursula E. Koch, Berliner Presse und europäisches Geschehen 1871. Eine Untersuchung über die Rezeption der großen Ereignisse im ersten Halbjahr 1871 in den politischen Tageszeitungen der deutschen Reichshauptstadt, Berlin 1978, S. 323 ff.
14 Kaiser Friedrich III. Das Kriegstagebuch von 1870/71, hrsg. v. Heinrich Otto Meisner, Berlin–Leipzig 1926, S. 67.
15 GW, Bd. 6b, S. 449.
16 Moritz Busch, Graf Bismarck und seine Leute während des Krieges mit Frankreich. Nach Tagebuchblättern, Bd. 1, Leipzig 1878, S. 133.
17 GW, Bd. 6b, S. 499.
18 Busch, Graf Bismarck, S. 135; vgl. auch Robert v. Keudell, Fürst und Fürstin Bismarck, Berlin–Stuttgart 1901, S. 457.
19 GW, Bd. 6b, S. 457 f., S. 499.
20 Busch, Graf Bismarck, S. 31 ff.
21 Betr. Herny, dazu ZStA Merseburg, Rep. 92, Nachlaß Busch 28.
22 GW, Bd. 6b, S. 450; ferner v. Donnersmarck, Eine Unterredung mit Bismarck im August 1870, in: Erinnerungen an Bismarck, hrsg. v. Erich Marcks u. Karl Alexander v. Müller, Stuttgart–Berlin 1915, S. 87 f.
23 Bismarcks großes Spiel. Die geheimen Tagebücher Ludwig Bambergers, Frankfurt a. M. 1932, S. 179; ferner S. 164, 166, 174 u. 245 f. (betr. Renards bedenkenlose Holzgeschäfte).
24 Vgl. vor allem Heinz Wolter, Das lothringische Erzgebiet als Kriegsziel der deutschen Großbourgeoisie im deutsch-französischen Krieg 1870/71, ZfG 19, 1971, S. 34 ff., besonders S. 49 f.
25 Wolter, Außenpolitik, S. 33.
26 Pol. Arch. Bonn, I A. A. a 23; vgl. ferner Becker, Baden, Bismarck und die Annexion, S. 181.
27 GW, Bd. 11, S. 165.
28 Becker, S. 193.
29 GW, Bd. 6b, S. 493 f.
30 Ebenda, S. 520.
31 MEW, Bd. 21, S. 446.
32 GW, Bd. 11, S. 170.
33 Prosper Lisagaray, Der Pariser Kommune-Aufstand, neu hrsg. v. Traute Feigl, Berlin 1956, S. 49.
34 Vgl. Rudolf Herrnstadt, Die Entdeckung der Klassen, Berlin 1965, S. 284.
35 GW, Bd. 8, S. 81.
36 GW, Bd. 7, S. 389.
37 GW, Bd. 14, S. 816.
38 Adolphe Thiers, Notes et souvenirs, Paris 1903.
39 Vgl. Lisagaray, S. 62.
40 Erich Kundel, „Der Bürgerkrieg in Frankreich“ – ein zeitgenössischer Report über das reaktionäre Komplott der deutschen und Versailler Regierung zur Vernichtung der Pariser Kommune, in: Marx-Engels-Jahrbuch, Bd. 9, Berlin 1981, S. 102.
41 Angaben nach Hans Herzfeld, Deutschland und das geschlagene Frankreich 1871–1873, Berlin 1924, S. 31. Bei Herzfeld findet sich ohne nähere Quellenangabe das Datum 25. 3. 1871, während Bismarck in einem zusammenfassenden Überblick über die deutsche Unterstützung vom 28. 6. 1871 (vgl. GP,

Bd. 1, S. 52 ff.) als Termin für dieses deutsche Zugeständnis den 28. 3. 1871 angibt.
42 GP, Bd. 1, S. 24 f.
43 Ernst Engelberg, Das Problem des Militarismus, in: ZfG, 4, 1956, S. 1139.
44 Dictionnaire de Biographie Française, Bd. 9, Paris 1961, S. 55 f.
45 Hans Goldschmidt, Bismarck und die Friedensunterhändler, Berlin–Leipzig 1929, S. 79, 100.
46 Ebenda, S. 107.
47 GP, Bd. 1, S. 14.
48 Goldschmidt, S. 107.
49 Ebenda.
50 Eberhard Kolb, Der Pariser Commune-Aufstand und die Beendigung des deutsch-französischen Krieges, in: HZ, 215, 1972, S. 292.
51 Vgl. Hans Herzfeld, S. 44 f.; vgl. ferner Kolb, Der Pariser Commune-Aufstand, S. 289 f.
52 Goldschmidt, S. 140.
53 Der General Appert, Generalberichterstatter im Kriegsrat, beziffert die Zahl der Füsilierten auf 17000. Vgl. Maurice Choury, La Commune au coeur de Paris d'après les documents in édits de la Préfecture de police, les Archives nationales, les Archives historiques de l'armée et lessources imprimées, Paris 1967, S. 416.
54 Ebenda: „C'est la peur de la peste qui met fin à l'holocauste: ‚Il ne faut tout de même pas que ces miserables qui nous ont fait tant de mal de leur vivant puissent nous en faire encore aprés leur mort', écrit une feuille versaillaise."
55 Ebenda.
56 Ebenda.
57 Alfred v. Waldersee, Denkwürdigkeiten, Bd. 1, Berlin 1927, S. 137; vgl. ferner Kundel, S. 152.
58 Ursula E. Koch, Berliner Presse und europäisches Geschehen 1871. Eine Untersuchung über die Rezeption der großen Ereignisse im ersten Halbjahr 1871 in den politischen Tageszeitungen der deutschen Reichshauptstadt, Berlin 1978, S. 389 (Einzelveröff. d. Historischen Kommission zu Berlin, Bd. 22).
59 Gustave Doré, Das graphische Werk, ausgewählt von Gabriele Forberg, Bd. 2, München 1976, S. 1395–1406.
60 MEW, Bd. 33, S. 299 f.
61 August Bebel, Ausgewählte Reden und Schriften, Bd. 1, 1863–1878, Berlin 1970, S. 150 f.
62 Der Social-Demokrat, 16. März 1873.
63 MEW, Bd. 17, S. 542 f.
64 MEW, Bd. 17, S. 313 ff., 491–610, 613, insbes. S. 623 f.
65 MEW, Bd. 17, S. 622.
66 Zitiert nach: Heinz Helmert/Karl Schmiedel, Zur Kriegspolitik und Strategorie des preußischen Generalstabes 1870/71 ..., in: Die großpreußisch-militaristische Reichsgründung 1871, hrsg. v. Horst Bartel u. Ernst Engelberg, Berlin 1971, Bd. 2, S. 97.
67 GP, Bd. 1, S. 37.
68 A. Gregor, Die Montanindustrie in Elsaß-Lothringen, phil. Diss. München 1909, S. 9.
69 Vgl. Heinz Wolter, Bismarcks Außenpolitik 1871–1881. Außenpolitische Grundlinien von der Reichsgründung bis zum Dreikaiserbündnis, Berlin 1983, S. 80 f.

70 Bismarck an die Gattin am 9. 1. 1871, in: GW, Bd. 14, S. 810.
71 GW, Gespräche, Bd. 8, S. 14.
72 Johanna v. Bismarck an Frau v. Eisendecher am 25. 3. 1871, in: Johanna von Bismarck. Ein Lebensbild in Briefen (1844–1894), Stuttgart–Berlin 1915, S. 242 f.
73 Paul Bronsart v. Schellendorff, Geheimes Kriegstagebuch 1870/71, hrsg. v. Peter Rassow, Bonn 1954; vgl. auch Eberhard Kessel, Bismarck und die „Halbgötter". Zu den Tagebüchern von Paul Bronsart v. Schellendorff, in: HZ 181, 1956, S. 249ff.
74 Bismarck an den Bruder am 23. 7. 1871, in: GW, Bd. 14, S. 821.
75 Bismarck an Kaiser Wilhelm I. am 11. 6. 1871, in: GW, Bd. 14, S. 819.
76 Bismarck an Kaiser Wilhelm I. am 30. 9. 1871, in: GW, Bd. 14, S. 826.
77 Eduard Heyck, Johanna von Bismarck. Ein Lebensbild in Briefen, S. 262.
78 Johanna v. Bismarck an Frau v. Eisendecher am 7. 5. 1872, in: Ebenda, S. 252.
79 GW, Bd. 9, S. 263.
80 Johanna v. Bismarck an den Sohn Wilhelm am 29. 5. 1877, in: Johanna v. Bismarcks Briefe an ihren Sohn Wilhelm und ihre Schwägerin Malwine v. Arnim-Kröchlendorff geb. v. Bismarck. Im Auftrag der Gräfin Wilhelm Bismarck herausgegeben von Wolfgang Windelband, Berlin 1924, S. 40.
81 Johanna v. Bismarck an den Sohn Wilhelm am 31. August 1883, in: Ebenda, S. 49.
82 GW, Bd. 9, S. 581.
83 Denkwürdigkeiten des Botschafters General v. Schweinitz, hrsg. v. Wilhelm v. Schweinitz, Bd. 2, Berlin 1927, S. 270.
84 A. O. Meyer, S. 450.
85 Graf Alexander Keyserling. Ein Lebensbild aus seinen Briefen und Tagebüchern, zusammengestellt von seiner Tochter Freifrau Helene v. Taube von der Issen, Bd. 1, Berlin 1902, S. 549.
86 Ebenda, S. 635.
87 Johanna v. Bismarck an den Sohn Wilhelm am 28. 5. 1878, in: Johanna v. Bismarcks Briefe an ihren Sohn Wilhelm, S. 43.
88 GW, Bd. 8, S. 18.
89 GW, Bd. 8, S. 28.
90 Briefwechsel von John Lothrop Motley, Berlin 1890, Brief aus Varzin vom 27. Juli 1872, S. 366.
91 Johanna v. Bismarck an Moritz v. Blanckenburg am 5. 9. 1870, in: Eduard Heyck, Johanna von Bismarck, S. 229.
92 Johanna von Bismarck an Marie Meister am 25. 9. 1870, in: Ebenda, S. 234.
93 Johanna von Bismarck an Frau v. Eisendecher am 20. 1. 1871, in: Ebenda, S. 238.
94 Johanna von Bismarck an Frau v. Eisendecher am 28. 9. 1871, in: Ebenda, S. 250.
95 Johanna von Bismarck an Frau Lasius am 29. 7. 1892, in: Ebenda, S. 336.
96 Johanna v. Bismarck an ihren Sohn Wilhelm am 2. Dezember 1891, in: Johanna v. Bismarcks Briefe an ihren Sohn Wilhelm, S. 88.
97 Ebenda, Friedrichsruh, 3. Mai 1878, S. 43.
98 Die Brautbriefe der Fürstin Johanna von Bismarck, hrsg. von Fürstin Herbert von Bismarck, Stuttgart–Berlin 1931, 22. Februar 1847, S. 48.
99 Graf Alexander Keyserling, Ein Lebensbild aus seinen Briefen und Tage-

büchern, zusammengestellt von seiner Tochter Freifrau Helene von Taube von der Issen, Bd. I, Berlin 1902, S. 552.
100 Die Brautbriefe der Fürstin Johanna v. Bismarck, Ende April 1847, S. 104.
101 Bismarck an den Bruder am 23. 7. 1871, in: GW, Bd. 14, S. 821.
102 Johanna von Bismarck an Frau Meister am 20. 5. 1870, in: Heyck, Johanna v. Bismarck, S. 224.
103 Tagebuch der Baronin Spitzemberg, S. 375.
104 GW, Bd. 8, S. 611.
105 Vgl. Joh. Penzler, Graf Wilhelm Bismarck, Berlin–Stuttgart 1902, S. 158f.
106 GW, Bd. 8, S. 18.
107 Aus dem im Friedrichsruher Archiv vorhandenen Kriegstagebuch, S. 77; zitiert nach: Graf Herbert Bismarck. Aus seiner politischen Korrespondenz, hrsg. v. W. Bußmann, Göttingen 1964, S. 11.
108 Ebenda, S. 14.
109 Ebenda, S. 81.
110 Wolfgang Windelband, Herbert Bismarck als Mitarbeiter seines Vaters, in: Derselbe, Gestalten und Probleme der Außenpolitik, Berlin–Essen–Leipzig 1937, S. 175.
111 BA, Bismarck an Herbert v. Bismarck 15. 10. 1875.
112 Bismarck an John Lothrop Motley am 6. 7. 1872, in: GW, Bd. 14, S. 835.
113 Briefwechsel von John Lothrop Motley, Bd. II, Berlin 1890, Varzin, 25. Juli 1872, S. 362 f.
114 Motley, 2. Bd., Berlin, 1. August 1872, S. 372, Motley an seine Frau.
115 Motley, 2. Bd., An seine Tochter, Wien, 20. Juni 1866, S. 256.
116 John Lothrop Motley, Mortons Hope or the memoirs of a provincial, New York 1839.
117 Motley, 2. Bd., Varzin, 25. Juli 1872, S. 363.
118 Motley, 2. Bd., S. 363 f.
119 Motley, 2. Bd., S. 364.
120 Graf Alexander Keyserling, Ein Lebensbild, S. 549.
121 Ebenda.
122 GW, Bd. 8, S. 43.
123 Stenographische Berichte, 3. 4. 1871, S. 130.
124 Ebenda, S. 107; vgl. E. Schmidt-Volkmar, S. 34.
125 Ernst Rudolf Huber, Deutsche Verfassungsgeschichte seit 1789, Bd. 3, Stuttgart 1962, S. 758.
126 Vgl. ebenda, S. 855.
127 Walther Peter Fuchs, Bundesstaaten und Reich. Der Bundesrat, in: Innenpolitische Probleme des Bismarck-Reichs, hrsg. v. O. Pflanze, München–Wien 1983, S. 245 (Schriften des Historischen Kollegs, Bd. 2).
128 Zitiert nach: Fuchs, S. 248.
129 Stenographische Berichte, 9. 12. 1870.
130 Vgl. Ludwig Bamberger, Deutschland und der Sozialismus, Leipzig 1878, S. 29; vgl. ferner: Gustav Seeber, Die Bourgeoisie und das Reich. Zur politischen Konzeption der Bourgeoisie in den 70er Jahren, in: Die großpreußisch-militaristische Reichsgründung 1871, Bd. 2, S. 156 f.
131 Vgl. Engelberg, Bismarck. Urpreuße und Reichsgründer, S. 710.
132 Eduard Lasker am 4. 12. 1874 im Reichstag.
133 Bismarck an Graf Julius Andrássy am 3. 9. 1879, in: GW, Bd. 14, S. 904, Anm. 5.

134 Bismarck an den Bruder am 23. 7. 1871, in: GW, Bd. 14, S. 821.
135 Bismarck an Graf Friedrich zu Eulenburg am 7. 2. 1872, in: GW, Bd. 14, S. 827.
136 Bismarck an Graf Albrecht v. Roon am 13. 12. 1872, in: GW, Bd. 14, S. 844.
137 Karl Bachem, Vorgeschichte, Geschichte und Politik der deutschen Zentrumspartei, 9 Bde., Köln 1927ff.
138 Parteienlexikon, Bd. 4, S. 555.
139 Margaret L. Anderson, Windthorst. Zentrumspolitiker und Gegenspieler Bismarcks, Düsseldorf 1988.
140 Vgl. Bachem, Vorgeschichte, Bd. 3.
141 Parteienlexikon Bd. 4, S. 556.
142 Zitiert nach: David Blackbourn, Die Zentrumspartei und die deutschen Katholiken während des Kulturkampfes und danach, in: Innenpolitische Probleme des Bismarck-Reiches, S. 79.
143 BA, Bestand B, Denkschrift Hermann Wageners v. 10. 6. 1869.
144 Hermann v. Petersdorff, Kleist-Retzow. Ein Lebensbild, Stuttgart–Berlin 1907, S. 461.
145 Neue Preußische (Kreuz-) Zeitung, 28. 5. 1872.
146 Neue Preußische (Kreuz-) Zeitung, 4. 1. 1873.
147 Neue Preußische (Kreuz-) Zeitung, 11. 5. 1872. Vgl. auch Wolfgang Schröder, Junkertum und preußisch-deutsches Reich. Zur politischen Konzeption des Junkertums und ihre Widerspiegelung in der Kreuzzeitung 1871–1873, in: Die großpreußisch-militaristische Reichsgründung 1871. Voraussetzungen und Folgen, hrsg. v. Horst Bartel u. Ernst Engelberg, Berlin 1971, Bd. 2, S. 226 ff.
148 Vgl. Walter Bußmann, Das Zeitalter Bismarcks, Konstanz 1956, S. 156.
149 ÖStA, P.A. III, Karton 105, Károlyi an Andrássy, 2. 11. 1872.
150 Ebenda.
151 ÖStA Wien, P.A. III, Karton 105, Münch an Andrássy, 14. Dezember 1872.
152 Bundesarchiv Koblenz, Nachlaß Goldschmidt, der Abschriften von Originalbriefen enthält, die inzwischen verlorengingen. Nr. 25, Roon an Moritz v. Blanckenburg, 11. Dezember 1872.
153 Bundesarchiv Koblenz, Nachlaß Goldschmidt, Nr. 26, Roon an Blanckenburg, 27. 11. 1875.
154 GW, Bd. 14, S. 856 f. (20. 11. 1983).
155 Parteienlexikon, Bd. 3, S. 746.
156 Ebenda, S. 749.
157 Bismarcks großes Spiel. Die geheimen Tagebücher Ludwig Bambergers, hrsg. v. E. Feder, Berlin 1932, S. 179.
158 Parteienlexikon, Bd. 3, S. 750.
159 Felix Salomon, Die deutschen Parteiprogramme, H. 1, Berlin–Leipzig 1912, S. 125.
160 Vgl. Gustav Seeber, Zwischen Bebel und Bismarck. Zur Geschichte des Linksliberalismus in Deutschland 1871–1893, Berlin 1965.
161 Hermann Schulze-Delitzsch, Schriften u. Reden, Bd. 5, Berlin 1913.
162 Felix Salomon, Die deutschen Parteiprogramme, Berlin–Leipzig 1912, S. 116.
163 Oskar Klein-Hattingen, Geschichte des deutschen Liberalismus, Bd. 1, Berlin 1911, S. 466.
164 Parteienlexikon, Bd. 3, S. 411.
165 Ernst v. Eynern an Heinrich v. Sybel am 14. 2. 1872, in: Wentzcke, S. 43.
166 Statistisches Jahrbuch für das Deutsche Reich 1886, S. 160ff.

167 August Bebel, Aus meinem Leben. 1. Teil, Stuttgart 1910, S. 330.
168 Social-Demokrat, 26. 3. 1871.
169 MEW, Bd. 31, S. 241.
170 MEW, Bd. 33, S. 39 f.
171 MEW, Bd. 35, S. 269 f.; vgl. ferner Friedrich Engels' Briefwechsel mit Karl Kautsky, hrsg. v. Benedikt Kautsky, Wien 1955, S. 50 f.
172 MEW, Bd. 22, S. 236.
173 Vgl. Wilhelm Treue, Gesellschaft, Wirtschaft und Politik Deutschlands im 19. Jh., in: Bruno Gebhardt, Handbuch der deutschen Geschichte, hrsg. v. Herbert Grundmann, 9. Aufl. Stuttgart 1970, S. 515.
174 Rudolph v. Delbrück, Lebenserinnerungen 1817–1867, Bd. 1, Leipzig 1905, S. 38.
175 Ebenda, S. 202.
176 Helmut Böhme, Deutschlands Weg zur Großmacht. Studien zum Verhältnis von Wirtschaft und Staat während der Reichsgründungszeit 1848–1881, Köln–Berlin 1966, S. 256.
177 Bismarck an die Gattin am 17. 12. 1870, in: GW, Bd. 14, S. 800.
178 Karl Helfferich, Geschichte der deutschen Geldreform, Leipzig 1898.
179 Bismarcks großes Spiel, Bamberger Tagebücher, S. 305.
180 GW, Bd. 11, S. 214 f.
181 Vgl. Helfferich, Geschichte der deutschen Geldreform,
182 Rolf Weber, Ludwig Bamberger. Der liberale Parlamentarier und Publizist, in: Gestalten der Bismarckzeit, hrsg. v. Gustav Seeber, Berlin 1978, S. 243 ff.
183 Ebenda, S. 251 f.
184 Gustav Seeber, Eduard Lasker. Rechtsstaatstheorie und Klassenkompromiß, in: Gestalten der Bismarckzeit, S. 166.
185 Ebenda, S. 153 f.; nach Zählung bei Richard W. Dill, Der Parlamentarier Eduard Lasker und die parlamentarische Stilentwicklung der Jahre 1867 bis 1884, phil. Diss. Erlangen 1956, S. 20 u. 188.
186 GW, Bd. 12, S. 412.
187 Maximilian Müller-Jabusch, So waren die Gründerjahre, Düsseldorf 1957, S. 33.
188 Vgl. MEW, Bd. 25, S. 453.
189 Max Wirth, Geschichte der Handelskrisen, Frankfurt a. M. 1890, S. 468.
190 Fritz Stern, Gold und Eisen. Bismarck und sein Bankier Bleichröder, Berlin 1980, S. 333.
191 Ebenda.
192 Manfred Pohl, Ausgewählte Dokumente zur Geschichte der Deutschen Bank. Die Gründung der Deutschen Bank, in: Beiträge zu Wirtschafts- und Währungsfragen und zur Bankgeschichte, Nr. 21, Mainz 1986, S. 79 ff.
193 Beiträge zu Wirtschafts- und Währungsfragen und zur Bankgeschichte, Mainz 1984, S. 403.
194 Schreiben des provisorischen Verwaltungsrates der Deutschen Bank an den Bundeskanzler Grafen v. Bismarck v. 8. Februar 1870, in: Manfred Pohl, Ausgewählte Dokumente, S. 89 f.
195 Karl Helfferich, Georg von Siemens, Ein Lebensbild aus Deutschlands großer Zeit, 3 Bde, Berlin 1921–1923.
196 Vgl. Engelberg, Bismarck. Urpreuße und Reichsgründer, Berlin 1985, S. 364.
197 Walther Däbritz, David Hansemann und Adolph v. Hansemann, hrsg. v. Deutsche Bank, Düsseldorf 1954, S. 22 ff. u. 27 ff., 142 f.

198 Vgl. Böhme, Deutschlands Weg zur Großmacht, S. 315; ferner Hans Herzfeld, Johannes v. Miquel, Bd. 1, Detmold 1938.
199 Vgl. Der Bund der Kommunisten. Dokumente und Materialien, Bd. 3, Berlin 1984, S. 335; August Bebel, Aus meinem Leben, 1. Teil, Berlin 1910, S. 58.
200 Vgl. MEW, Bd. 33, S. 229.
201 Hans-Joachim Schoeps, Bismarck und seine Zeitgenossen, Frankfurt a. M.–Berlin–Wien 1972, S. 202.
202 Georg W. Hallgarten, Imperialismus vor 1914, München 1963, Bd. 2.
203 Otto Glagau, Der Börsen- und Gründungsschwindel in Deutschland, Leipzig 1877, Bd. 2, S. 543 f.
204 Gustav Seeber, Eduard Lasker, in: Gestalten der Bismarckzeit, hrsg. v. Gustav Seeber, Berlin 1978, S. 168 f.
205 Zitiert nach: Fritz Hellwig, Carl Ferdinand Freiherr von Stumm-Halberg, Heidelberg–Saarbrücken 1936, S. 106.
206 Zitiert nach: Kardorff, S. 96.
207 GW, Bd. 14, S. 828.
208 GW, Bd. 8, S. 84.
209 GW, Bd. 8, S. 68.
210 Rudolph Meyer, Politische Gründer und die Corruption in Deutschland, Leipzig 1877.
211 Ebenda.
212 Ebenda.
213 Vgl. Hans Mottek / Walter Becker / Alfred Schröter, Wirtschaftsgeschichte Deutschlands, Bd. 3, Berlin 1975, S. 79.
214 August Sartorius v. Waltershausen, Deutsche Wirtschaftsgeschichte 1815 bis 1914, Jena 1923, S. 246.
215 ÖStA Wien, P.A. X, 63, Bl. 284, Chotek an Beust am 31. 5. 1871.
216 PA Bonn, IAA a, Nr. 39, Bd. 1, Schweinitz an Bismarck am 27. 5. 1871.
217 Heinz Wolter, Bismarcks Außenpolitik 1871–1881. Außenpolitische Grundlinien von der Reichsgründung bis zum Dreikaiserbündnis, Berlin 1983, S. 92.
218 PA Bonn, IAA a, Nr. 39, Bd. 1, Runderlaß Thiles am 24. 7. 1871.
219 GW, Bd. 8, S. 24 f.
220 Heinrich Lutz, Zur Wende der österreichisch-ungarischen Außenpolitik 1871. Die Denkschrift des Grafen Beust für Kaiser Franz Joseph vom 18. Mai, in: Mitteilungen des Österreichischen Staatsarchivs 25, 1972, S. 169–184.
221 Ebenda, S. 179.
222 Ebenda.
223 Ebenda, S. 180.
224 Ebenda, S. 181.
225 Ebenda, S. 183.
226 Ebenda, S. 182.
227 PA Bonn, IAA a, Nr. 42, Runderlaß Bismarcks am 24. 8. 1871.
228 ÖStA Wien, P.A. III, 104, Bl. 131, Beust an Münch am 16. 9. 1870 (1871).
229 Heinrich v. Poschinger, Aktenstücke zur Wirtschaftspolitik des Fürsten Bismarck, Bd. 1, Berlin 1890, S. 161, Bismarck an Itzenplitz am 21. 10. 1871.
230 Vgl. ebenda, S. 160 ff., 164 ff.; vgl. GW, Bd. 6c, S. 10.
231 Wentzcke, S. 57–61.
232 PA Bonn, IAA a, Nr. 39, Bd. 4, Bismarck an Reuß am 10. 5. 1872.
233 Friedrich Ferdinand Graf v. Beust, Aus drei Viertel-Jahrhunderten. Erinnerungen und Aufzeichnungen, Bd. 2: 1866–1885, Stuttgart 1887, S. 486.

234 Ebenda, S. 485.
235 AVPR Moskau, FK 1871, delo 17, Berichte aus Berlin, 20. 7./1. 8. 1871, 28. 7./9. 8. 1871, 12./24. 8. 1871.
236 AVPR Moskau, FK 1871, delo 17, Berichte aus Berlin, Bl. 412, Bericht Oubrils v. 1./13. 10. 1871.
237 ÖStA Wien, P.A. III, 104, Bl. 133, Münch an Beust am 29. 7. 1871.
238 PA Bonn, IAB i, Nr. 46, Bd. 1, Reuß an Bismarck am 20. 11. 1871.
239 AVPR Moskau, FK 1871, delo 19, Bl. 75, Briefentwurf an Oubril am 5./17. 10. 1871; vgl. auch PA Bonn, IAB g, Nr. 11, Bd. 26, Bl. 154, Pruel an Bismarck am 6. 10. 1871.
240 PA Bonn, IAA I, Nr. 60, Bd. 3, Bl. 57, Schweinitz an Bismarck am 21. 10. 1871.
241 ÖStA Wien, P.A. III, 104, Bl. 11, Károlyi an Andrássy am 13. 1. 1872; ferner 105, Bl. 11 ff., Károlyi an Andrássy am 18. 5. 1872.
242 ÖStA Wien, P.A. III, 105, Bl. 11, Károlyi an Andrássy am 18. 5. 1872.
243 Winifred Taffs, Conversations between Lord Odo Russel and Andrássy, Bismarck and Gorchakov in September 1872, in: The Slavonic Review, VIII (1929/30), S. 703, Depesche Russels an Granville am 12. 9. 1872; vgl. auch Wilhelm I. an Bismarck am 6. 8. 1872 und Bismarck an Wilhelm I. am 12. 8. 1872, in: Kaiser Wilhelm I. und Bismarck. Anhang zu den Gedanken und Erinnerungen von Fürst Otto v. Bismarck, hrsg. v. Horst Kohl, Bd. 1, Stuttgart–Berlin 1901, S. 224 f.
244 Neue Preußische (Kreuz-) Zeitung, Nr. 183 v. 8. 8. 1872.
245 Taffs, Conversations Russel, S. 704.
246 Ebenda, S. 705.
247 ZStA Merseburg, HA Rep. 51, J Lit.P, Nr. 509 b, Bd. 17, Bl. 80, 89, Wilhelm I. an Augusta am 29. 7. 1872 u. 26. 8. 1872.
248 Zitiert nach: Walter Reichle, Zwischen Staat und Kirche. Das Leben und Wirken des preußischen Kultusministers Heinrich v. Mühler, Berlin 1938, S. 421.
249 Johannes Saß, Hermann von Thile und Bismarck, in: Preußische Jahrbücher, 217, 1929, S. 267, Thile an Balan am 5. 7. 1866.
250 ZStA Merseburg, HA Rep. 51, T Lit.P, Nr. 11, Bd. 30, Augusta an Wilhelm I. am 20. 9. 1872.
251 GP, Bd. 1, S. 155.
252 GP, Bd. 1, S. 156.
253 GP, Bd. 3, S. 407; vgl. Gustav Adolf Rein, Die Revolution in der Politik Bismarcks, Göttingen–Berlin–Frankfurt a. M. 1957, S. 178 ff., besonders S. 194, 197, 204.
254 Vgl. Wolter, Bismarcks Außenpolitik 1871–1881, S. 126.
255 GW, Bd. 6 c, S. 37.
256 Gerhard Kratzsch, Harry v. Arnim. Bismarcks Rivale und Frondeur. Die Arnim-Prozesse 1874–1876, Göttingen 1974, S. 123.
257 Vgl. Wolter, Bismarcks Außenpolitik 1871–1881, S. 125 f.
258 GW, Bd. 6 c, S. 34 ff.
259 ÖStA Wien, P.A. XL, 332, Interna, Nachlaß Langenau, Bd. 21.
260 Denkwürdigkeiten des Fürsten Chlodwig zu Hohenlohe-Schillingsfürst, hrsg. v. Friedrich Curtius, Stuttgart–Leipzig 1907, Bd. 2, S. 98; vgl. auch Robert Lucius von Ballhausen, Bismarck-Erinnerungen, Stuttgart–Berlin 1902, S. 29.
261 ÖStA Wien, P.A. III, 106, Bericht Károlyis vom 14. 6.1873.

III. Staat und Kirche. Disharmonisches Zusammenspiel mit den Liberalen

1 GP, Bd. 2, S. 135.
2 Zitiert wird im folgenden nach der autorisierten Übersetzung, die im Anzeigeblatt für die Erzdiözese Freiburg Jg. 9, 1865, S. 1 ff. u. S. 11 ff., veröffentlicht worden ist, wieder abgedruckt in: Ernst Rudolf Huber/Wolfgang Huber (Hrsg.), Staat und Kirche im 19. u. 20. Jahrhundert. Dokumente zur Geschichte des deutschen Staatskirchenrechts, Bd. II, Staat und Kirche im Zeitalter des Hochkonstitutionalismus und des Kulturkampfes 1848–1890, Berlin 1976, S. 395 ff.
3 Enzyklika des Papstes vom 9. November 1846, zitiert nach: Erich Schmidt, Bismarcks Kampf mit dem politischen Katholizismus, Hamburg 1942, S. 41.
4 Vgl. Schmidt, S. 152.
5 Vgl. MEW, Bd. 18, S. 594.
6 Huber/Huber, S. 396–399.
7 Vgl. Schmidt, S. 136 f.
8 Johannes B. Kißling, Geschichte des Kulturkampfes im Deutschen Reiche, Freiburg i. Br. 1911, Bd. 1, S. 335.
9 Sybel an Lasker am 25. 12. 1874, in: Paul Wentzcke (Hrsg.), Deutscher Liberalismus im Zeitalter Bismarcks. Eine politische Briefsammlung, Bd. II: Im Neuen Reich 1871–1890, S. 112.
10 Sybel an Lasker am 2. 1. 1875, in: ebenda, S. 114.
11 Vgl. Ernst Engelberg, Bismarck. Urpreuße und Reichsgründer, Berlin 1985, S. 607.
12 Kißling, Bd. 1, S. 258 u. 260.
13 GW, Bd. 6 b, S. 21. Siehe ferner die von Bismarck verfaßten oder paraphierten Erlasse an die preußischen Vertreter bei der römischen Kurie: GW, Bd. 6, S. 185; Bd. 6 a, S. 344 ff.; Bd. 6 b, S. 59 f., 141 f., 290 f., 295 f., sowie Bd. 14, S. 754.
14 Vgl. Walter Reichle, Zwischen Staat und Kirche. Das Leben und Wirken des preußischen Kultusministers Heinrich v. Mühler, Berlin 1938, S. 142 f.
15 Vgl. Huber/Huber, S. 416.
16 Siegfried von Kardorff, Bismarck im Kampf um sein Werk, Berlin 1943, Bd. 1, S. 28 ff.
17 ÖStA Wien, P.A. III, Karton 108, v. Seiller an Andrássy, 18. Sept. 1875. Vgl. Karton 107, Münch an Andrássy, 3. Juli 1873.
18 GW, Bd. 6 b, S. 295 f.
19 Ebenda, S. 88.
20 Ebenda.
21 Ebenda, S. 91.
22 Veröffentlicht in deutscher Sprache in der Augsburger „Allgemeinen Zeitung“
23 E. Schmidt, S. 311.
24 Hubert Jedin, Kleine Konziliengeschichte, Freiburg i. Br. 1959, S. 112 f.
25 GW, Bd. 6 b, S. 197–200.
26 Ebenda, S. 295.
27 Ebenda, S. 198.
28 H. Jedin, S. 115.
29 Ebenda, S. 119.

30 Ebenda, S. 120.
31 GW, Bd. 6 b, S. 285.
32 Vgl. A. O. Meyer, S. 454.
33 GW, Bd. 6 b, S. 409.
34 Siegfried v. Kardorff, Bismarck im Kampf um sein Werk, Berlin 1943, S. 16.
35 GW, Bd. 6 b, S. 514.
36 Ebenda, S. 527.
37 Vgl. Heinrich Bornkamm, Die Staatsidee im Kulturkampf, In: HZ, Bd. 170, 1950, S. 289 f.
38 Vgl. die Darstellung bei Erich Schmidt-Volkmar, Der Kulturkampf in Deutschland 1871–1890, Göttingen 1962, S. 36, dort auch Anmerkung 108.
39 F. Vigener, Ketteler. Ein deutsches Bischofsleben des 19. Jahrhunderts, München 1924,
40 ÖStA Wien, Bericht Kálnokys, 30. 6. 1871.
41 Vgl. Moritz Busch, Tagebuchblätter, Bd. 2, Leipzig 1899, S. 589.
42 Georg Franz, Kulturkampf: Staat und katholische Kirche: Mitteleuropa von der Säkularisation bis zum Abschluß des preußischen Kulturkampfes, München 1954, S. 157 ff., 163.
43 Ebenda.
44 ÖStA Wien, P.A. III, Karton 104. Die Niederschrift, die Lang sofort nach der Unterredung in seinem Hotel fast wörtlich zu Papier gebracht hatte, wurde am 11. Juli 1871 ans Wiener Auswärtige Amt geschickt. Vgl. ferner Erika Weinzierl-Fischer, Bismarcks Haltung zum Vatikanum und der Beginn des Kulturkampfes nach den österreichischen diplomatischen Berichten aus Berlin 1869–1871, in: „Mitteilungen des Oesterreichischen Staatsarchivs", 10. Band, Wien 1957, S. 302 ff.
45 GW, Bd. 6 c, S. 6.
46 Walter Reichle, S. 335, vgl. S. 223 ff.
47 Ebenda, S. 407 f.
48 Preußische Jahrbücher 29, 1872, S. 231 f.
49 Walter Reichle, S. 310, 322 u. 325.
50 Ebenda, S. 333 f. Die Hervorhebungen stammen von Mühlers Hand.
51 Freiherr Ferdinand v. Beust, Aus drei Viertel-Jahrhunderten, Stuttgart 1881, Bd. 2, S. 480.
52 Huber/Huber, Bd. 2, S. 527 f.
53 Schmidt-Volkmar, S. 72.
54 ÖStA Wien, Bericht Münchs, 22. 11. 1871.
55 GW, Bd. 6 c, S. 11; Schmidt-Volkmar, S. 77, Anm. 81.
56 Erich Foerster, Adalbert Falk, Gotha 1927, S. 36.
57 GW, Bd. 6 c, S. 46.
58 Huber/Huber, Bd. 2, S. 530.
59 Stenographische Berichte, Sitzung am 8. 2. 1872.
60 Ebenda, S. 677.
61 Ebenda, S. 673.
62 Ebenda.
63 GW, Bd. 11, S. 247; ferner Schmidt-Volkmar, S. 81.
64 GW, Bd. 11, S. 238.
65 Ebenda.
66 Ebenda, S. 227.
67 Ebenda, S. 230.
68 Ebenda, S. 231.

69 Foerster, S. 105; 106–107.
70 GW, Bd. 11, S. 255.
71 Ebenda, S. 256.
72 Bundesarchiv Koblenz, Nachlaß Goldschmidt, Nr. 25 (24. 11. 1871).
73 Foerster, S. 167.
74 Huber/Huber, S. 532f.
75 Reichle, S. 328.
76 Vgl. Folkert Meyer, Schule der Untertanen. Lehrer und Politik in Preußen 1848–1900, S. 41 ff.
77 Schmidt-Volkmar, S. 101.
78 Ebenda, S. 102 f.
79 GW, Bd. 6 c, S. 20.
80 Vgl. ÖStA, P.A. III, 106.
81 Die Vorgeschichte des Kulturkampfs 1870–1872, hrsg. v. Adelheid Constabel, Berlin 1956, S. 263 f. – GW, Bd. 14, S. 833.
82 K. Biedermann an E. Lasker am 1. 7. 1872, in Wentzcke, S. 53.
83 E. Lasker an B. Oppenheim am 1. 7. 1872, in: ebenda, S. 55.
84 Karl Ludwig Aegidi an H. v. Treitschke am 14. 5. 1872, in: S. 51.
85 GW, Bd. 11, 8. 2. 1893.
86 Wentzcke, S. 51ff.
87 Schmidt-Volkmar, S. 104; Kißling, Bd. 2, S. 111.
88 Vgl. Huber/Huber, S. 594 ff. Gesetz über die Vorbildung und Anstellung von Geistlichen v. 11. 5. 1873; S. 502 ff. Gesetz über die kirchliche Disziplinargewalt und die Errichtung des kgl. Gerichtshofs für kirchliche Angelegenheiten v. 15. 5. 1873; S. 610 ff. Gesetz über die Grenzen des Rechts zum Gebrauch kirchlicher Straf- und Zuchtmittel v. 13. 5. 1873; S. 610 ff. Gesetz betreffend des Austritts aus der Kirche v. 14. 5. 1873.
89 GW, Bd. 13, S. 284 f., 186.
90 Huber/Huber, S. 612 f.
91 Frhr. v. Mittnacht, Erinnerungen an Bismarck, Stuttgart–Berlin 1904, S. 58.
92 Karl v. Normann an Gustav Freytag, 10. 11. 1873, in: Wentzke, S. 91.
93 GW, Bd. 11, S. 378.
94 Ebenda, Bd. 14, S. 861 f.
95 Ebenda, Bd. 11, S. 392.
96 Ebenda, S. 395.
97 Ebenda, Bd. 6 b, S. 288 f.
98 Ebenda, S. 295.
99 Ebenda, S. 399.
100 Huber/Huber, S. 656 ff. (Gesetz betreffend die Einstellung der Leistungen an Staatsmitteln für die römisch-katholischen Bistümer und Geistlichen v. 22. 4. 1875).
101 Ebenda, S. 659.
102 Ziekursch, S. 254.
103 GW, Bd. 11, S. 389.
104 Ebenda, S. 396.
105 Ebenda, S. 401.
106 Heinrich v. Treitschke, Die Maigesetze und ihre Folgen, in: Preußische Jahrbücher 32, 1873, S. 709.
107 Brief an H. v. Berchem, 26. Febr. 1874, zitiert nach: Joseph Hansen, Gustav v. Mevissen, Bd. 1, Berlin 1906, S. 771; vgl. ebenda, S. 759 ff.

108 Franz Mehring, Ultramontanes, in: Leipziger Volkszeitung 29. 8. 1898.
109 GW, Bd. 6 c, S. 43 f.
110 Zitiert nach: Foerster, S. 163.
111 ÖStA Wien, P.A. III, Schreiben Münchs, 25. Sept. 1872, Karton 105.
112 Schmidt-Volkmar, S. 132.
113 ÖStA Wien, Károly an Andrássy, 13. 6. 1874.
114 Zitiert nach: Schmidt-Volkmar, S. 146, Anm. 110.
115 Rudolf Virchow, Über die Aufgaben der Naturwissenschaften im Neuen nationalen Leben Deutschlands, in: Virchow. Werk und Wirkung, hrsg. v. F. Boenheim, Berlin 1957, S. 254 ff.
116 Ebenda, S. 261–264.
117 Ebenda, S. 263.
118 Ebenda, S. 247.
119 Ebenda, S. 265.
120 Ebenda, S. 264.
121 Ebenda, S. 262.
122 David Friedrich Strauß, Voltaire, hrsg. v. Rudolf Marx, Leipzig o. J., S. LXXXVII.
123 Ebenda, S. CVII.
124 Friedrich Nietzsches Werke (Kröners Taschenausgabe Bd. 2) Leipzig 1922, S. 4.
125 Ebenda, S. 73.
126 Ebenda, S. 50 f.
127 Ebenda, S. 244.
128 Ebenda, S. 245.
129 Ebenda, S. 279.
130 Ebenda, S. 180.
131 Wilhelm Liebknecht, Wissen ist Macht – Macht ist Wissen, Leipzig 1875.
132 August Bebel, Chartistentum und Sozialismus!, in: August Bebel, Ausgewählte Reden und Schriften, Bd. 1, Berlin 1970, S. 283 ff.

IV. Mannigfache Krisen

1 Fritz Stern, Gold und Eisen. Bismarck und sein Bankier Bleichröder, Frankfurt a. M.–Berlin 1978, S. 234.
2 Manfred Ohlsen, Der Eisenbahnkönig Bethel Henry Strousberg. Eine preußische Gründerkarriere, Berlin 1987, S. 221, 263, 267 f.
3 Max Wirth, Geschichte der Handelskrisen, Frankfurt a. M. 1890, S. 655 f.
4 MEW, Bd. 37, S. 489.
5 Vgl. Adolf Soetbeer, Die fünf Milliarden. Betrachtungen über die Folgen der großen Kriegsentschädigung für die Wirtschaftsverhältnisse Frankreichs und Deutschlands, Berlin 1874 (Deutsche Zeit- und Streitfragen, H. 33).
6 Hans Blum, Das Deutsche Reich zur Zeit Bismarcks, Wien 1897, S. 160.
7 Ebenda.
8 Manfred Pohl, Die Deutsche Bank in der Gründerkrise (1873–1876), in: Beiträge zu Wirtschafts- und Währungsfragen und zur Bankgeschichte, Mainz 1984, S. 292.
9 Ohlsen, S. 23 ff.
10 Ebenda, S. 261 ff.; ZStAM 2.2.1., Nr. 29542, Bl. 31 ff.

11 Blum, S. 161 f.
12 Jürgen Kuczynski, Die Geschichte der Lage der Arbeiter unter dem Kapitalismus, Bd. 12, S. 28.
13 Hans-Ulrich Wehler, Bismarck und der Imperialismus, Köln 1969, S. 184 f.
14 Stern, Gold und Eisen, S. 237; BA, Bleichröder an B. 27. 7. 1874.
15 Wehler, Bismarck und der Imperialismus, S. 72 f.
16 Hans Mottek, Wirtschaftsgeschichte Deutschlands, Bd. III, S. 162 f.; Wehler, Bismarck und der Imperialismus, S. 72.
17 Klaus Tenfelde, Sozialgeschichte der Bergarbeiterschaft an der Ruhr im 19. Jahrhundert, Bonn–Bad Godesberg 1977, S. 139 ff.
18 Otto Hué, Die Bergarbeiter. Historische Darstellung der Bergarbeiter-Verhältnisse von der ältesten bis in die neueste Zeit, Bd. 1, Stuttgart 1910.
19 Hans Mottek, Die Gründerkrise, in: Jahrbuch für Wirtschaftsgeschichte, Teil I, 1966, S. 102 f.; ferner derselbe, Die Krisen und die Entwicklung des Kapitalismus, Berlin 1982, S. 14; Hans Rosenberg, Große Depression und Bismarckzeit. Wirtschaftsablauf, Gesellschaft und Politik in Mitteleuropa, Berlin 1967, S. 46 ff.
20 MEW, Bd. 36, S. 216.
21 Franz Reuleaux, Briefe aus Philadelphia, Braunschweig 1877, S. 4.
22 Rosenberg, Große Depression, S. 169 („zyklische Tiefkonjunktur"); vgl. Mottek, Krisen und Entwicklung des Kapitalismus, S. 9.
23 Hans Mottek, Einleitende Bemerkungen – Zum Verlauf und zu einigen Hauptproblemen der industriellen Revolution in Deutschland, in: Hans Mottek/Lothar Blumberg/Heinz Wutzmer/Werner Becker, Studien zur Geschichte der industriellen Revolution in Deutschland, Berlin 1960, S. 61 ff.
24 Manfred Pohl, Die Deutsche Bank in der Gründerkrise (1873–1876), in: Beiträge zu Wirtschafts- und Währungsfragen und zur Bankgeschichte, Nr. 1–20, Mainz 1984, S. 291 ff.
25 Ebenda, S. 299 f.
26 Statistisches Jahrbuch für das Deutsche Reich 1874, Berlin 1874, S. 17.
27 Vgl. Felix Pinner (Frank Fassland), Deutsche Wirtschaftsführer, Berlin 1924, S. 176.
28 Vgl. Franz Mehring, Bleichröders Kommis, in: Die neue Zeit, 16, 1898, Bd. 1, S. 705 f.
29 Stern, Gold und Eisen, S. 237.
30 Bleichröder an Bismarck, 7. 11. 1875, BA Friedrichsruh.
31 Robert Lucius v. Ballhausen, Bismarck-Erinnerungen, Stuttgart 1920, S. 75.
32 Gerhard Schulze, Zentralverband Deutscher Industrieller, in: Parteienlexikon, Bd. 4, S. 512.
33 Vgl. Kurt Jany, Geschichte der Kgl. Preußischen Armee , Bd. 4, Berlin 1933, S. 268.
34 Vgl. Eckart Kehr, Zur Genesis des königlich-preußischen Reserveoffiziers, in: Derselbe, Der Primat der Innenpolitik, hrsg. v. Hans-Ulrich Wehler, Berlin 1965, S. 53 ff.
35 Vossische Zeitung, 15. 6. 1871.
36 Heinrich Abeken, Ein schlichtes Leben in bewegter Zeit, Berlin 1898.
37 Vgl. Ludwig Hahn, Fürst Bismarck. Sein politisches Wirken und Leben, Bd. 2, Berlin 1878, S.
38 ZStA Potsdam, Reichsamt des Innern, Militaria, Gen. Nr. 59, vol. I, fol. 80 ff., 25. 11. 1872 Schreiben Bismarcks.

39 Ebenda, fol. 180, Schreiben Bismarcks vom 28. 2. 1873.
40 Vgl. Ludwig Hahn, Fürst Bismarck. Sein politisches Wirken und Leben, Bd. 2, Berlin 1878.
41 Magdeburger Zeitung v. 23. 3. 1876.
42 Vgl. Ludwig Hahn, Fürst Bismarck, Bd. 2, Berlin 1878, S. 675 ff.
43 Hans Herzfeld, Johannes v. Miquel, Detmold 1938, S. 279 f.
44 Hermann Oncken, Rudolf v. Bennigsen, Bd. 2, Stuttgart–Leipzig 1910, S. 259 f.
45 Vgl. Wentzke, S. 102 f.
46 Bundesarchiv Koblenz, Nachlaß Goldschmidt Nr. 26, Wehrenpfennig an Lamay am 18. 6. 1876.
47 Oskar Klein-Hattingen, Die Geschichte des deutschen Liberalismus, Bd. 2, Berlin-Schöneberg 1912, S. 149.
48 Denkwürdigkeiten aus dem Leben des General-Feldmarschalls Kriegsminister Albrecht Graf v. Roon, Bd. 2, Breslau 1892, S. 631.
49 Robert Lucius von Ballhausen, Bismarck-Erinnerungen, Berlin 1920, S.
50 Archiv Vnešnej Politiki Rossii Moskau, Fond Secretny Archiv, Op. 467, delo 15, Bericht von Strémoouchow an Gortschakow vom 18. 4. 1873.
51 Ebenda, Post Scriptum.
52 PA Bonn, IAB c, Nr. 78, Bd. 2, Bismarck an Wilhelm I. im Juni 1873.
53 PA Bonn, IAA, Nr. 40.
54 GP, Bd. 1, S. 220.
55 Ebenda, S. 220 f.
56 Ebenda, S. 221.
57 Hajo Holborn, Bismarcks europäische Politik zu Beginn der siebziger Jahre und die Mission Radowitz, Berlin 1925, S. 13.
58 Vgl. ÖStA Wien, P.A. X, 66, Bl. 11, Langenau an Andrássy am 23. 1. 1874.
59 Ebenda, Bl. 19 f. – Zitat Bl. 20 f.
ÖStA Wien, P.A. XL, 332, Nachlaß Langenau, „Mein Wirken als Gesandter in St. Petersburg“ von F. Freiherr v. Langenau, o. D.
60 GW, Bd. 11, S. 204.
61 GP, Bd. 1, S. 235.
62 Stenographische Berichte über die Verhandlungen des Deutschen Reichstages, II. Legislaturperiode, 1. Session, 1874, Bd. 1, S. 80.
63 Vgl. Briefwechsel des Botschafters General v. Schweinitz, hrsg. v. Wilhelm v. Schweinitz, Bd. 2, Berlin 1928, S. 102.
64 GP, Bd. 1, S. 235; vgl. auch GW, Bd. 15, S. 360 ff.
65 Ernest Lavisse/Alfred Rambaud, Histoire Générale, T. XII: Le monde contemporain 1870–1900, Paris 1904[2], S. 22 ff.
66 Ebenda, S. 24 f.
67 GP, Bd. 1, S. 239 f.
68 Ebenda, S. 240.
69 Vicomte de Gontaut-Biron, Meine Botschafterzeit am Berliner Hofe 1872–1877, Berlin 1909, S. 397.
70 GP, Bd. 1, S. 240.
71 Ebenda, S. 241.
72 Ebenda, S. 240.
73 PA Bonn, IAB o, Nr. 37, Bd. 5, Reuß an Bülow am 17. 8. 1874.
74 PA Bonn, IAB o, Nr. 37, Bd. 3, Bismarck an Auswärtiges Amt am 30. 7. 1874.
75 PA Bonn, IAB o, Nr. 37, Bd. 6, Bismarck an Philipsborn am 25. 8. 1874.

76 Georg Rosen hatte bereits in den vierziger Jahren im Auftrag der Berliner Akademie der Wissenschaften die Sprachen kaukasischer Völker analysiert und als erster Deutscher eine persische Grammatik verfaßt, türkische Texte übersetzt und im Jahre 1866 eine zweibändige „Geschichte der Türkei" (1826–1856) veröffentlicht.
77 Zitiert nach: Brauer, S. 72.
78 ZGAOR, Fond 828, Nr. 423–432.
79 Horst Müller-Link, Industrialisierung u. Außenpolitik. Preußen-Deutschl. u. das Zarenreich von 1860–1890, Göttingen 1977, S. 24: Vergleich der Produktion in Deutschland zu der in Rußland: Steinkohlenproduktion 1871: 12 Millionen Tonnen zu 0,8; Eisenerzförderung 1875: pro Kopf 110,9 kg zu 16,2; und solchermaßen die Unterschiede in der Produktion von Roheisen, Gußwaren, Walzeisen und Stahl.
80 Ebenda, S. 28 u. 33.
81 Ebenda, S. 32 f.
82 AVPR, Fond Secretny Archiv (FSA), delo 16, Gortschakow an den Zaren, 19. April 1873, Bl. 5.
83 AVPR, Fond Kancelerija (FK), Opis Nr. 470, Oubril an Gortschakow, 19./31. Jan. 1874; vgl. 2./14. Februar 1874.
84 zitiert nach: Hans Philippi, Die Botschafter der europäischen Mächte am Berliner Hofe 1871–1914, in: Oswald Hauser (Hrsg.), Vorträge und Studien zur preußisch-deutschen Geschichte, Köln 1983, S. 235 (Neue Forschungen zur Brandenburgisch-preußischen Geschichte, Bd. 2).
85 Ebenda, S. 234.
86 Ebenda.
87 Ebenda, S. 236.
88 Ebenda, S. 237.
89 ÖStA, P.A. XV, 332, Nachlaß Langenau, Mein Wirken als Gesandter in St. Petersburg, Bl. 42.
90 Zitiert nach: ÖStA Wien, P.A. X, Langenau an Andrássy am 9. 10. 1874.
91 AVPR Moskau, Oubril an Gortschakow 22. 1./3. 2. 1875 u. 12./24. 2. 1875.
92 Holborn, Bismarcks europäische Politik.
93 Ebenda, S. 104.
94 Ebenda, S. 133, Radowitz an Bismarck am 20. 2. 1875.
95 Ebenda, S. 140.
96 Ebenda, S. 145.
97 Ebenda.
98 Ebenda, S. 138.
99 ÖStA Wien, P.A. X 68, Rußland, Bl. 37 f.; 13. 2./1. 3. 1875; siehe ferner Zentrales Archiv der UdSSR, Gortschakow an Oubril, 30. 1. 1875.
100 AVPR Moskau, Oubril an Gortschakow 26. März/17. April 1875.
101 ÖStA Wien, P.A. X, 68, Rußland, Bl. 51.
102 Aufzeichnungen und Erinnerungen aus dem Leben des Botschafters Joseph Maria v. Radowitz, hrsg. v. Hajo Holborn, 2 Bde., Stuttgart–Berlin–Leipzig 1925.
103 ZGAOR Moskau, Fond 828, 1460, Nr. 1, Bl. 309, Gortschakow an Oubril, 13. 3. 1875:
à Mr Oubril /:Berlin:/
St Petersbourg, le 13. Mars 1875

Personelle et très secrète
Ceci, mon cher Oubril, est strictement pour Nous seul. – Vous savez, que nous avons éprouvé quelque surprise de l'envoi de Radowitz pour un si court laps de terme et sans qu'il ait été motivé par unse négociation spéciale quelconque. – Je me suis refusé, dès le premier moment, à croire à un simple mouvement nevreux du Prince de Bismarck provoqué par un léger mécontement contre Alvensleben. –

Ici, à mon égard, Radowitz a été irréprochable et de formes et de principes, mais tous deux nous sommes restés sur le terrain des idées générales. –

Il parait que cela ne remplissait pas, aux yeux de Radowitz, l'objet de sa mission. –

Il s'est annoncé comme l'homme de l'Orient étant spécialement à même d'élucider les questions qui s'y rattachent. – C'est à ce point de vue qu'il a particulierèment recherché des entretiens avec Strémoouchow, également une spécialité Orientale. –

Les petits détails montenegrins et Serbe ont été vite épuisés. Sans articuler de propositions quelconques, Radowitz cherchait évidemment à élargir l'horizon de la discussion. – Alors on lui répondait que nous n'avions en vue que le repos de l'Orient, comme élément de la paix générale. – Et l'on n'est pas sorti de cette thèse! – Je sais, par des voies confidentielles, qu'en quittant St Petersbourg il a échappé à Radowitz de dire que Stremoouchow lui avait glisée entre les mains comme une anguille. –

Maintenant une conclusion conjecturale. Mr de Bismarck aurait – il eu en vue, en nous envoyant un homme aussi retors et de sa confiance intime, de découvrir si nous n'avions pas quelque conviction on arrière-pensée personelle à l'êgard de l'Orient? – S'il en avait saisi une, Radowitz n'aurait-il pas été chargé de nous assurer du concours complet et absolu de l'Allemagne dans tout se qui concerne l'Orient, en stipulant un concours également complet, de notre part, dans ce qui intéresse l'Allemagne en Occident? –

Une combinaison semblable répondrait à l'horizon large dans lequel Mrs de Bismarck aime à se mouvoir et expliquerait la mission de son confident politique. –

Tout cela, mon cher Oubril, n'est simplement qu'une conjecture personelle, l'effort d'un homme qui cherche à percer des ténèbres. – Il est très possible que ma conjecture ne soit pas confirmée pas les faits, que j'attribue des intentions qui n'auraient pas existé. – Tout de même, je n'ai pas voulu Vous Laisser ignorer une pensée que j'aurai sans scrupule, échangée avec Vous dans Votre Cabinet et en causerie intime. –

104 ÖStA Wien, P.A. III, 119, Bl. 145.
105 ÖStA Wien, P.A. X, Bl. 29, Langenau an Andrássy am 21. 2. 1875.
106 Holborn, Bismarcks europäische Politik, S. 93 (Anhang mit Aktenpublikation).
107 Bismarck an Graf Károlyi am 28. 5. 1875, in: GW, Bd. 14, S. 868.
108 ÖStA Wien, P.A. III, 109, Bl. 14, Andrássy an Károlyi am 21. 3. 1875.
109 Ebenda, Bl. 42, Andrássy an Károlyi am 31. 3. 1875.
110 Ebenda.
111 AVPR Moskau, Oubril an Gortschakow, 2./14. 2. 1874.
112 Martin Winckler, Zur Zielsetzung und zu den Methoden der Nordschleswig-Politik Graf Julius Andrássys (1871–1878), in: Zeitschrift der Gesellschaft für Schleswig-Holsteinische Geschichte, Bd. 85/86 (1961), S. 251.

113 GW, Bd. 8, S. 140.
114 Karl Ludwig Aegidi an Heinrich Kruse am 4. 4. 1875, in: Deutscher Liberalismus im Zeitalter Bismarcks, Bd. 2: Im Neuen Reich 1871–1890, hrsg. v. Paul Wentzcke, Bonn 1926, S. 124.
115 Kölnische Zeitung v. 5. 4. 1875, abgedruckt in: Peter Wolffram, Die deutsche Außenpolitik und die großen deutschen Tageszeitungen (1871–1890), phil. Diss. Leipzig 1936, S. 70 ff.
116 Die Geheimen Papiere Friedrich von Holsteins, hrsg. v. Norman Rich und M. H. Fisher, Bd. 1, Göttingen 1956, S. 12; GW, Bd. 8, S. 141.
117 GP, Bd. 1, S. 254.
118 Ludwig Hahn, Fürst Bismarck. Sein politisches Wirken und Leben, Bd. 2, Berlin 1878, S. 775.
119 Ebenda.
120 Ebenda, S. 622.
121 Kurt Meine, England und Deutschland in der Zeit des Überganges vom Manchestertum zum Imperialismus 1871 bis 1876, Berlin 1937, S. 145 f.
122 GP, Bd. 1, S. 252 f.
123 GP, Bd. 1, S. 268 f.
124 GW, Bd. 8, S. 141 f.
125 ÖStA Wien, P.A. III, 108, Károlyi an Andrássy am 17. 4. 1875.
126 Vgl. Robert Lucius v. Ballhausen, Bismarck-Erinnerungen, Stuttgart–Berlin 1920, S. 72; Die Grenzboten, 34, 1875, I. Sem, Bd. 2, S. 175.
127 Ludwig Hahn, Fürst Bismarck, Bd. 2, S. 777.
128 Vgl. A. Z. Manfred, Obrazavanie russko-francuzskogo sojuza, Moskau 1975.
129 ÖStA Wien, P.A. III, 109, Károlyi an Andrássy am 29. 5. 1875.
130 GP, Bd. 1, S. 275; vgl. S. 277.
131 Documents Diplomatiques Francais 1871–1914, Serie I, Bd. 2, Paris 1930.
132 Vgl. GP, Bd. 1, S. 277, Anm., Vicomte de Gontaut-Biron, Meine Botschafterzeit am Berliner Hofe 1872–1877, Berlin 1909.
133 AVPR Moskau, FSA, opis 467, delo 467 18, Bl. 42; Bericht Oubrils am 8./20. 4. 1875.
134 Vgl. Wolter, Bismarcks Außenpolitik, S. 183.
135 Abgedruckt in: Ludwig Hahn, Fürst Bismarck. Sein politisches Wirken und Leben, Bd. 2, Berlin 1878, S. 773.
136 Kurt Meine, England und Deutschland in der Zeit des Überganges vom Manchestertum zum Imperialismus 1871 bis 1876, Berlin 1937, S. 159.
137 Ebenda, S. 163 f.; vgl. Karl Klingenfuß, Beust und Andrássy und die Kriegsgefahr von 1875, in: Archiv für Politik und Geschichte, 7(1926).
138 Der Artikel ist auch aufbewahrt in den „Akten betr. die politischen Beziehungen Deutschlands zu Frankreich vom 5. April bis 31. Mai 1875", PA Bonn, Frankreich Nr. Bc–83, Bd. 1, Bl. 53.
139 Eyck, Bd. 3, S. 170.
140 Schulthess Europäischer Geschichtskalender, Jg. 1875, S. 123 f.
141 Zitiert nach: Martin Winckler, Der Ausbruch der „Krieg-in-Sicht"-Krise vom Frühjahr 1875, in: Zeitschrift für Ostforschung, 1965, S. 671 f.
142 Vgl. Meine.
143 Ebenda.
144 Wolter, Bismarcks Außenpolitik, S. 187.
145 Meine, S. 167, 174.
146 Vgl. Wolter, Bismarcks Außenpolitik, S. 187.

147 ÖStA Wien, P.A. III, 109.
148 ÖStA Wien, P.A. X, 68; Langenau an Andrássy am 14. 4. 1875.
149 ÖStA Wien, P.A. III, 108; Károlyi an Andrássy am 15. 5. 1875.
150 Ebenda, Bl. 289.
151 Vgl. Walter Bußmann, Das Zeitalter Bismarcks, Konstanz 1956, S. 132. Der französische Text der Depesche: „L'empereur quitte Berlin parfaitement convaincu des dispositions conciliantes qui y regnent et qui assurent le maintien de la paix."
152 ÖStA Wien, P.A. III, 109, Károlyi an Andrássy am 15. 5. 1875.
153 ÖStA Wien, P.A. III, 109, Andrássy an Károlyi 17. 12. 1875.
154 Bismarck an Graf Károlyi am 28. 5. 1875, in: GW, Bd. 14, S. 869.
155 ÖStA Wien, P.A. III, 109, Bl. 22 u. 33.
156 ÖStA Wien, P.A. III, 109, Bl. 120 f.; Károlyi an Andrássy am 16. 6. 1875.
157 Ludwig Hahn, Fürst Bismarck, Bd. 2, S. 778 f.
158 Archiv des Auswärtigen Amtes Bonn, IAA. Bc 83, Bd. 2, Bl. 121.
159 GP, Bd. 1, S. 290.
160 Meine, S. 101.
161 Staatssekretär v. Bülow an den deutschen Geschäftsträger Frhr. von der Brincken am 4. 8. 1875; vgl. Holborn, S. 47 f.; Meine, S. 185.
162 Hermann Oncken, Das Deutsche Reich und die Vorgeschichte des Weltkrieges, Bd. 2, Berlin 1933.
163 Bismarck an Handelsminister Itzenplitz am 17. 11. 1871, in: Aktenstücke zur Wirtschaftspolitik des Fürsten Bismarck, hrsg. v. Heinrich v. Poschinger, Bd. 1, Berlin 1890, S. 166.
164 Zitiert nach: Friedrich Pospiech, Julius Motteler, der „rote Feldpostmeister", Kampfgefährte von Wilhelm Liebknecht, Esslingen 1977, Anhang I, Nr. 4; vgl. ferner: Stenographische Berichte über die Verhandlungen des Deutschen Reichstages, 2. Legislatur-Periode, I. Session 1874, 2. Bd., Berlin 1874, S. 961–965.
165 Vgl. Dieter Fricke, Handbuch zur Geschichte der deutschen Arbeiterbewegung 1869 bis 1917, Bd. 1, Berlin 1987, S. 103.
166 Der Leipziger Hochverratsprozeß vom Jahre 1872, neu hrsg. v. Karl-Heinz Leidigkeit, Berlin 1960.
167 Vgl. Jürgen Kuczynski, Die Geschichte der Lage der Arbeiter unter dem Kapitalismus, Bd. 3: Darstellung der Lage der Arbeiter in Deutschland von 1871 bis 1900, Berlin 1962.
168 Annemarie Lange, Berlin zur Zeit Bebels und Bismarcks. Zwischen Reichsgründung und Jahrhundertwende, Berlin 1976, S. 122 ff.
169 Maximilian Müller-Jabusch, So waren die Gründerjahre, Düsseldorf 1957, S. 47.
170 Paul Kampffmeyer/Bruno Altmann, Vor dem Sozialistengesetz. Krisen-Jahre des Obrigkeitsstaates, Berlin 1928, S. 100.
171 Wilhelm Berdow, Alfred Krupp, Bd. 2, Berlin o. J., S. 362.
172 Ebenda, S. 260 f.
173 Heinrich Herkner, Die Arbeiterfrage, Berlin 1908, S. 195–197; vgl. auch Werner v. Siemens, Lebenserinnerungen, Berlin 1919, S. 270 ff.
174 Sammlung sämtlicher Drucksachen des Deutschen Reichstages, I. Legislatur-Periode, IV. Session 1873, Bd. II, Berlin 1873, Nr. 91.
175 Rudolph Meyer, Der Emanzipationskampf des vierten Standes, Bd. 1, Berlin 1874, S. 362.

176 Aktenstücke zur Wirtschaftspolitik des Fürsten Bismarck, hrsg. v. Heinrich v. Poschinger, Bd. 1, Berlin 1890, S. 185.
177 Stumm beantragte sie mehrere Male im Reichstag, so im September 1878, im Februar 1879 und 1880. Die Resolution des Zentralverbandes über die Alters- und Invalidenversicherung vgl. Henry Axel Bueck, Der Zentralverband Deutscher Industrieller und seine dreißigjährige Arbeit von 1876–1906, Bd. 3, Berlin 1909, S. 23.
178 Ebenda, S. 65 f.
179 Vgl. Hans Schleier, Sybel und Treitschke, Berlin 1965.
180 Gustav Schmoller, Die sociale Frage und der preußische Staat, in: Preußische Jahrbücher, 33 (1874), S. 342.
181 Bundesarchiv Koblenz, Nachlaß Goldschmidt, Nr. 25.
182 Preußische Jahrbücher, 33 (1874); vgl. Hans Schleier, Sybel und Treitschke, Berlin 1965, S. 153, 172, Anm. 3.
183 Kampffmeyer/Altmann, Vor dem Sozialistengesetz.
184 Ebenda, S. 134.
185 August Bebel, Aus meinem Leben, 2. Teil, Stuttgart 1911, S. 316.
186 MEW, Bd. 34, S. 131.
187 Engels an Bebel am 12. 10. 1875, in: MEW, Bd. 34, S. 159.
188 Walter Bußmann (Hrsg.), Staatssekretär Graf Herbert v. Bismarck. Aus seiner politischen Privatkorrespondenz, Göttingen 1964, S. 83 f. Holstein an Herbert v. Bismarck am 2. 9. 1875: „Wird er sich plötzlich zu vollständiger Gleichgültigkeit bringen können? Zweitens, kann er nicht, wie das bisher geschah (diesen Sommer), nur die großen Sachen berücksichtigen und die kleineren andren überlassen?“
189 Dieter Fricke, Bismarcks Prätorianer. Die Berliner politische Polizei im Kampf gegen die deutsche Arbeiterbewegung (1871–1894), Berlin 1962, S. 35.
190 Ebenda, S. 35 f.
191 GW, Bd. 11, S. 433.
192 GW, Bd. 11, S. 434.
193 Bundesarchiv Koblenz, Nachlaß Goldschmidt, Nr. 26, Schmoller an Treitschke 5. 8. 1874.

V. Kriegswolken aus dem Orient

1 Aufzeichnungen und Erinnerungen aus dem Leben des Botschafters Joseph Maria von Radowitz, hrsg. v. Hajo Holborn, Bd. 1, S. 334.
2 Ziekursch, S. 51 f.
3 Vgl. Wolter, Bismarcks Außenpolitik.
4 GP, Bd. 1, S. 208, Bülow an Alvensleben 8. 12. 1875.
5 PA Bonn, IAA a, Nr. 50 conf. Bd. 1, Bl. 12, Bismarck am 11. 8. 1875.
6 PA Bonn, IAB q, Nr. 114, Bd. 1, Bemerkung Bismarcks zum Memorandum Bülows 1. 8. 1875.
7 GP, Bd. 2, S. 87.
8 Ebenda, S. 88.
9 Ebenda.
10 Ebenda, S. 69.
11 Ebenda, S. 123.
12 Ebenda, S. 177 f.

13 Ebenda, S. 30.
14 AVPR Moskau, FK 1875, delo 20, Bl. 683, Gortschakow an Oubril 30. 12. 1875/11. 1. 1876.
15 AVPR Moskau, FK 1876, delo 21, Bl. 36 f., Gortschakow an Oubril 20. 3./1. 4. 1876.
16 ÖStA Wien, PA III, 109, Bl. 16, Andrássy an Franz Joseph, Mai 1876.
17 PA Bonn, IAB q, Nr. 114, Bd. 39, Schweinitz an AA, 17. 8. 1876.
18 GP, Bd. 2, S. 32.
19 Ebenda, S. 33 f.
20 Ebenda, S. 35.
21 Ebenda, S. 38.
22 Ebenda, S. 41.
23 PA Bonn, IAB a, Nr. 114, adh. III, Bd. 4, Diktat Bismarcks v. 13. 9. 1876.
24 Ebenda, Bd. 7, Bülow an Bismarck am 3. 10. 1876.
25 GP, Bd. 2, S. 53.
26 Ebenda, S. 54.
27 Ebenda.
28 ÖStA Wien, P.A. I, 453, Geh. Akten 10b, vier Berichte Münchs, besonders Bl. 225 ff. u. 343 ff.
29 Ebenda, Bl. 226
30 ÖStA Wien, P.A. III, 110, Bl. 535–543, Károlyi an Andrássy 28. 11. 1876.
31 ÖStA Wien, P.A. I, 453, Bericht D.
32 Ebenda, Bericht B, Bl. 343.
33 GP, Bd. 2, S. 75.
34 Ebenda, S. 76.
35 Ebenda.
36 Ebenda.
37 Heinrich v. Poschinger, Fürst Bismarck und die Parlamentarier, Bd. 1, Breslau 1894, S. 18.
38 ÖStA Wien, P.A. III, 110, Károlyi an Andrássy, 4. 12. 1876.
39 GW, Bd. 11, S. 475.
40 Ebenda, S. 476 f.
41 Ebenda, S. 473.
42 Ebenda, S. 476.
43 ÖStA Wien, P.A. III, 110, Károlyi an Andrássy 9. 12. 1876.
44 Robert Lucius v. Ballhausen, Bismarck-Erinnerungen, Stuttgart–Berlin 1920, S. 99.
45 ÖStA Wien, P.A. III, 110, Károlyi an Andrássy 9. 3. 1877.
46 ZStAM, Hausarchiv, Rep. 51, E. 40, Brief Nr. 52 Louis Schneider an P. V. Walujew, 27. 8. 1876; vgl. auch Karl Stählin, Die Briefe Louis Schneiders an den russischen Domänenminister Walujew, in: HZ, 155, 1936, S. 296 ff.
47 Horst Müller-Link, Industrialisierung und Außenpolitik. Preußen Deutschland und das Zarenreich von 1860 bis 1890, Göttingen 1977, S. 38 f.
48 Ziekursch, S. 49–82.
49 Vgl. M. Pokrowski, Geschichte Rußlands, Leipzig 1929, S. 177 ff.
50 Astrid v. Borcke, Die Ursprünge des Bolschewismus. Die jakobinische Tradition in Rußland und die Theorie der revolutionären Diktatur, München 1977, S. 375 ff.
51 Ziekursch, S. 70; Eduard v. Wertheimer, Graf Julius Andrássy. Sein Leben und seine Zeit, Bd. 3, Stuttgart 1913, S. 9.

52 Zitiert nach: Hans Goldschmidt, Mitarbeiter Bismarcks im außenpolitischen Kampf, in: Preußische Jahrbücher, 235 (1934), S. 35.
53 Ebenda.
54 ÖStA Wien, P.A. III, 111, 1. 9. 1877, Bl. 405. Der wohl geheimdienstlich tätige Graf Wolkenstein berichtete nach Wien, sein Gewährsmann, ein in Berlin „akkreditierter Vertreter einer Großmacht", habe sich gegenüber dem deutschen Kaiser Wilhelm nach dessen Kritik an der russischen Armeeführung die Bemerkung erlaubt, die beruhigte Stimmung und das gute Aussehen des deutschen Reichskanzlers sei wohl darauf zurückzuführen, daß offensichtlich würde, wie der in der Zukunft „mögliche Alliierte Frankreichs", eben Rußland, in Folge seines Kampfes einem Schwächezustand entgegengehe. Dieser Unterstellung nun wäre der Kaiser mit dem Ausrufe begegnet: ‚Vraiment, je crois que c'est là, à peu de choses près, le sentiment du Prince de Bismarck.'"
55 ÖStA Wien, P.A. III, 111, Privatbrief Károlyis an Andrássy 27. 10. 1877.
56 Broschüre: Die Grausamkeit der Russen in Bulgarien und Armenien im Jahre 1877. Nach authentischen Documenten von Dr. L. Bernhard, Berlin: Verlag von Albert Abelsdorff 1878.
57 ÖStA Wien, P.A. III, 112, Bl. 173, Károlyi an Andrássy 23. 2. 1878.
58 ÖStA Wien, P.A. III, 113, Andrássy an Károlyi 28. 1. 1878.
59 Ebenda, Andrássy an Károlyi 25. 1. 1878.
60 ÖStA Wien, P.A. III, 112, Telegramm Károlyis an Andrássy 25. 1. 1878.
61 Vgl. Eva Maria Baum, Bismarcks Urteil über England und die Engländer, phil. Diss. München 1936, S. 48 f.
62 Ziekursch, S. 79.
63 ÖStA Wien, P.A. III, 112, Károlyi an Andrássy 23. 2. 1878.
64 ÖStA Wien, P.A. III, 113, Telegramm Andrássys an Károlyi 17. 5. 1878.
65 GP, Bd. 2, S. 154.
66 GW, Bd. 11, S. 525.
67 Ebenda, S. 526.
68 Vgl. ÖStA Wien, P.A. III, 112, Károlyi an Andrássy 15. 2. u. 2. 3. 1878.
69 H. v. Bismarck, Privatkorrespondenz, S. 88.
70 ÖStA Wien, P.A. III, 112, Károlyi an Andrássy 23. 2. 1878; vgl. GW, Bd. 11.
71 GP, Bd. 2, S. 272.
72 GP, Bd. 2, S. 312.
73 Denkwürdigkeiten des Botschafters Generals v. Schweinitz, hrsg. v. Wilhelm v. Schweinitz, Bd. 2, Berlin 1928, S. 24.
74 ÖStA Wien, P.A. III, 113, Bl. 424.
75 Vgl. Wolter, Bismarcks Außenpolitik, S. 267.
76 Neue Preußische Zeitung (Kreuz-)Zeitung v. 30. 6. 1875 bis 3. 7. 1875.
77 Ebenda, 2. 7. 1875.
78 Ebenda, 3. 7. 1875.
79 GW, Bd. 11, S. 435.
80 ÖStA Wien, P.A. III, 111, Károlyi an Andrássy am 17. 2. 1877.
81 Zitiert nach: Parteienlexikon, Bd. 4, S. 512.
82 Zitiert nach: Ludolf Parisius, Deutschlands politische Parteien und das Ministerium Bismarck, Berlin 1878, S. 219.
83 Eugen Richter, Die Fortschrittspartei und die Sozialdemokratie, Berlin 1878, S. 31.
84 GW, Bd. 11, S. 409.
85 GW, Bd. 11, S. 411.

86 GW, Bd. 11, S. 411.
87 GW, Bd. 11, S. 412.
88 GW, Bd. 11, S. 412.
89 GW, Bd. 11, S. 412 f.
90 GW, Bd. 11, S. 410.
91 Vgl. Ziekursch, S. 303.
92 Ebenda, S. 305 f.
93 GW, Bd. 11, S. 489.
94 Denkwürdigkeiten des Generals und Admirals v. Stosch, Briefe und Tagebücher, hrsg. v. Ulrich v. Stosch, Stuttgart–Leipzig 1909, S. 109.
95 ÖStA, P.A. III, 111, Bl. 244, Károlyi an Andrássy am 15. 4. 1877.
96 Ebenda, Bl. 248 f.
97 H. v. Bismarck, Privatkorrespondenz, S. 87.
98 Holstein an Herbert v. Bismarck, am 2. 9. 1875, in: ebenda, S. 82.
99 Zitiert nach: Ludwig Hahn, Fürst Bismarck. Sein politisches Wirken und Leben, Bd. 3, Berlin 1881, S. 319.
100 Zitiert nach: ebenda, S. 320.
101 Zitiert nach: ebenda, S. 320 ff.
102 Zitiert nach: ebenda, S. 322.
103 Vgl. Hans-Ulrich Wehler, Das Kaiserreich 1871–1918, Göttingen 1972, S. 79. Die Parteien hatten gegenüber der Exekutive eine höchst beschränkte Macht, aber im gesellschaftlichen und politischen Leben wuchs ihr Einfluß, so daß von einer „Ohnmacht der Parteien“ nicht gesprochen werden kann.
104 Moritz Busch, Tagebuchblätter, Bd. 2, Leipzig 1899, S. 428.
105 GW, Bd. 14, S. 890.
106 ÖStA Wien, PA III, 111, Bl. 317 ff., 2. Bericht Károlyis v. 26. 5. 1877.
107 Ebenda.
108 Ebenda, Bl. 248 f., Károlyi an Andrássy am 15. 4. 1877.
109 Ebenda, Bl. 251.
110 Hans Goldschmidt, Das Reich und Preußen im Kampf um die Führung. Von Bismarck bis 1918, Berlin 1931, S. 23, 54.
111 Hermann Oncken, Rudolf von Bennigsen. Ein deutscher liberaler Politiker, Bd. 2, Stuttgart–Leipzig 1910, S. 303 f.
112 GW, Bd. 11, S. 536.
113 Konrad Breitenborn, Im Dienste Bismarcks. Die politische Karriere des Grafen Otto zu Stolberg-Wernigerode, Berlin 1984.
114 Siegfried v. Kardorff, Wilhelm v. Kardorff. Ein nationaler Parlamentarier im Zeitalter Bismarcks und Wilhelms II. 1828–1907, Berlin 1937, S. 139 ff.
115 Ebenda, S. 141.
116 Bismarcks großes Spiel. Die geheimen Tagebücher Ludwig Bambergers, hrsg. v. Ernst Feder, Frankfurt a. M. 1932, S. 330; vgl. Walter Vogel, Bismarcks Arbeitsversicherung, Braunschweig 1951, S. 135 ff.
117 Kardorff an Tiedemann am 8. 4. 1878, in: S. v. Kardorff, S. 142.
118 Kardorff an seine Gattin am 11. 4. 1878, in: ebenda.
119 Ebenda.
120 Ebenda.
121 Ziekursch, S. 332.
122 Franz Mehring, Geschichte der deutschen Sozialdemokratie, Bd. 2, Berlin 1960, S. 493 (Gesammelte Schriften, Bd. 2).
123 Ziekursch, S. 322 f.

124 (Ignaz Auer) Nach zehn Jahren, London 1889, S. 33 f.
125 Ziekursch, S. 327.
126 ZStAM, Rep. 77, Tit. 500, Nr. 45, Vol 2, Bericht v. 13. 6.1878.
127 ZStAM, Rep. 77, Tit. 500, Nr. 45, Vol 5, Bl. 23 ff.
128 Lothar Rathmann, Bismarck und der Übergang Deutschlands zur Schutzzollpolitik 1873/75–1879, in: ZfG, 4, 1956, 5, S. 920 ff.
129 Helmut Böhme, Deutschlands Weg zur Großmacht, Köln–Berlin S. 504.
130 Rathmann, S. 921.
131 Vgl. Bruno Bauer, Das preußisch-russische Verhältnis, in: Die Wage, Jg. 1878, S. 496.
132 GP, Bd. 2, S. 213.
133 PA Bonn, Akten betr. den Zusammentritt des Kongresses in Berlin zur Beratschlagung über den Vertrag von San Stefano (Türkei I A B q 128 ff.); vgl. auch die Sammlung Radowitz (PA Bonn), die zahlreiches Material über das Presseecho enthält.
134 Vgl. Iselin Gundermann, Berlin als Kongreßstadt 1878, Berlin 1978, S. 38.
135 Alexander Novotny, Quellen und Studien zur Geschichte des Berliner Kongresses 1878, Bd. 1, Graz–Köln 1957, S. 96, Bericht Andrássys v. 24. 6. 1876.
136 ÖStA Wien, P.A. I, 468, Liasse XXI,1; vgl. Neue Bismarck-Gespräche, hrsg. v. Helmut Krausnick, Hamburg 1940, S. 56.
137 Zitiert nach: Wolfgang Windelband, Bismarck und die europäischen Großmächte 1879–1885, Essen 1940, S. 56.
138 Ludwig Hahn, Fürst Bismarck, Bd. 3, Berlin 1881, S. 292.
139 Zitiert nach: Manfred Müller, Die Bedeutung des Berliner Kongresses für die deutsch-russischen Beziehungen, Leipzig 1927, S. 83.
140 GP, Bd. 2, S. 154.
141 Wolter, Bismarcks Außenpolitik 1871–1881, S. 275.
142 Vgl. Windelband, S. 67; GP, Bd. 2, S. 31, 71.
143 ÖStA Wien, P.A. III, 112 (Berichte 1878), Bl. 173 d, 173 b.
144 Neue Bismarck-Gespräche, S. 56.
145 Ebenda, S. 57.
146 Vgl. Der Berliner Kongreß 1878. Protokolle und Materialien, hrsg. v. Imanuel Geiss, Boppard am Rhein 1978.
147 Denkwürdigkeiten des Botschafters General v. Schweinitz, Bd. 2, Berlin 1927, S. 48.
148 PA Bonn, I ABi Nr. 53, Bd. 24, Schweinitz an Bülow am 13. 12. 1878.
149 Zitiert nach Müller, Bedeutung des Berliner Kongresses, S. 80, Bülow an Hatzfeldt am 14. 10. 1878.
150 Denkwürdigkeiten des Botschafters General v. Schweinitz, Bd. 2, S. 41 f.
151 GP, Bd. 3, S. 6.
152 Zitiert nach: S. D. Skazkin, Konec avstro-russko-germanskogo sojuza, Moskau 1974, S. 90 f., Gortschakow an Nowikow am 2. (14.) 2. 1879.
153 Schweinitz, Denkwürdigkeiten, Bd. 2, S. 42.
154 Zitiert nach: Windelband, S. 58.
155 Vgl. Wolter, Bismarcks Außenpolitik, S. 290 f.; GP, Bd. 3, S. 88.
156 PA Bonn, Rußland 65 secr. Bd. 4, Bl. 87.
157 Eyck, S. 320.
158 Ebenda, S. 289.
159 GP, Bd. 3, S. 10, 14 ff.; Bd. 4, S. 5; Bd. 5, S. 102.
160 GP, Bd. 3, S. 16.
161 GP, Bd. 3, S. 17.

162 GP, Bd. 3, S. 20.
163 GP, Bd. 3, S. 18 f.
164 GP, Bd. 3, S. 19.
165 GP, Bd. 3, S. 30.
166 GP, Bd. 3, S. 34.
167 GP, Bd. 3, S. 36.
168 GP, Bd. 3, S. 41 f.
169 GP, Bd. 3, S. 42.
170 GP, Bd. 3, S. 57.
171 GP, Bd. 3, S. 56.
172 GP, Bd. 3, S. 85.
173 GP, Bd. 3, S. 85.
174 Aufzeichnungen und Erinnerungen aus dem Leben des Botschafters Joseph Maria von Radowitz, hrsg. v. Hajo Holborn, Bd. 2, Stuttgart–Berlin–Leipzig 1925, S. 100.
175 Vgl. Eyck, S. 333 f.
176 Windelband, S. 89; Eyck, Bismarck, Bd. 3, S. 333.
177 GP, Bd. 3, S. 111.
178 Vgl. Wolter, Bismarcks Außenpolitik 1871–1881, S. 302 f.
179 GP, Bd. 3, S. 27.

VI. Der Umschwung in der Innen- und Außenpolitik

1 Zitiert nach: Herbert Schwab, Aufstieg und Niedergang der Nationalliberalen Partei. Zur Geschichte des Nationalliberalismus in Deutschland von 1864 bis 1880, phil. Habil. Jena 1968, S. 473.
2 August Bebel, Aus meinem Leben, 3. Teil, Stuttgart 1914, S. 15.
3 Der Kampf der deutschen Sozialdemokratie in der Zeit des Sozialistengesetzes 1878–1890. Die Tätigkeit der Reichs-Commission, hrsg. v. Leo Stern. Quellenmaterial bearb. v. Herbert Buck, Berlin 1956, S. 1015; Stenographische Berichte über die Verhandlungen des Reichstages, 3. Legislaturperiode, 2. Session 1878, Bd. 4, S. 1591 ff.
4 Zitiert nach: Schwab, Aufstieg und Niedergang der Nationalliberalen Partei.
5 Vgl. Rudolf Morsey, Die oberste Reichsverwaltung unter Bismarck 1867–1890, Münster/Westf. 1957, S. 242 ff.
6 Siehe vor allem sein Hauptwerk „Das Staatsrecht des Deutschen Reiches", 3 Bde., Freiburg 1876–1882; eine kleinere Ausgabe erschien 1883.
7 GW, Bd. 11, S. 611 f.
8 GW, Bd. 11, S. 611.
9 GW, Bd. 11, S. 605.
10 GW, Bd. 11, S. 606.
11 GW, Bd. 11, S. 607.
12 GW, Bd. 11, S. 611.
13 GW, Bd. 12, S. 3.
14 PA Bonn, I ABi. 53, Bd. 23; v. Berchem an v. Bülow am 29. 9. 1878, Anlage Auszug aus dem „Golos" v. 27. 9. 1878.
15 Franz Mehring, Geschichte der deutschen Sozialdemokratie, Bd. 2, Berlin 1960, S. 515.
16 Vgl. August Erdmann, Christliche Arbeiterbewegung, Stuttgart 1908, S. 90 ff.

17 Mehring, Geschichte der Sozialdemokratie, Bd. 2, S. 515.
18 Dieter Fricke, Handbuch der Geschichte der deutschen Arbeiterbewegung 1869–1917, Bd. 1, S. 526; Horst Bartel, Wolfgang Schröder, Gustav Seeber, Heinz Wolter, Der Sozialdemokrat 1879–1890, Berlin 1975.
19 ZStAM, Rep. 77, Tit. 500, Nr. 46, Vol. 5, Bl. 2.
20 Georg Neuhaus. Die berufliche und soziale Gliederung der Bevölkerung im Zeitalter des Kapitalismus.
21 Wilhelm Röpke, Die deutsche Frage, Erlenbach–Zürich 1945, S. 201f.
22 Zitiert nach: Paul Kampffmeyer/Bruno Altmann, Vor dem Sozialistengesetz, Berlin 1928, S. 160.
23 Adolf Braun, Die Gewerkschaft vor dem Kriege, Berlin 1921, S. 20.
24 Georg Gärtner, Karl Grillenberger, Nürnberg 1930, S. 17f.
25 August Bringmann, Geschichte der deutschen Zimmererbewegung, Stuttgart 1903, Bd. 1, S. 116.
26 Alphons Thun, Die Industrie am Niederrhein, Leipzig 1879, S. 117f., 145f.
27 Wilhelm Stieda, Die Entstehung und Zustände der Hausindustrie, Leipzig 1889, S. 57–59.
28 Heinrich Bürger, Die Hamburger Gewerkschaften und deren Kämpfe, Hamburg o. J. S. 123f.
29 Ebenda.
30 Emma Ihrer, Die Arbeiterinnen im Klassenkampf, Hamburg 1898, S. 23.
31 Ernst Heilmann, Geschichte der Chemnitzer Arbeiterbewegung, Chemnitz 1911, S. 73f.
32 Geschichte der Berliner Arbeiterbewegung, Bd. 1, Berlin 1988, S. 252ff., bes. S. 254.
33 Ludwig Hahn, Fürst Bismarck, Bd. 3, Berlin 1881, S. 586f.
34 ZStAP, Reichskanzlei Nr. 2140.
35 Bericht über die Verhandlungen des Zehnten Congresses Deutscher Landwirte zu Berlin am 24. u. 25. 2. 1879, Berlin 1879, S. 34ff.
36 Vgl. Lothar Rathmann, Bismarck und der Übergang Deutschlands zur Schutzzollpolitik 1873/75–1879, in: ZfG, 4, 1956, S. 944ff.
37 Ludwig Bamberger, Schreiben des Reichskanzlers an den Bundesrath vom 15. Dezember 1878, Berlin 1879 (Volkswirtschaftliche Zeitfragen 1).
38 Rolf Weber, Ludwig Bamberger. Der liberale Parlamentarier und Publizist, in: Gestalten der Bismarckzeit, hrsg. v. Gustav Seeber, Berlin 1978, S. 243ff.
39 Bamberger, Schreiben des Reichskanzlers.
40 GW, Bd. 11, S. 536.
41 GW, Bd. 12, S. 62f.
42 GW, Bd. 12, S. 63.
43 GW, Bd. 12, S. 65.
44 GW, Bd. 12, S. 65.
45 GW, Bd. 12, S. 71.
46 GW, Bd. 12, S. 71.
47 Gustav Freytag an Karl Normann am 13. 7. 1873, in: Wentzke, S. 84.
48 Ludwig Bamberger, Bismarck posthumus, Berlin 1899, S. 339.
49 Siegfried v. Kardorff, Wilhelm Kardorff. Ein nationaler Parlamentarier im Zeitalter Bismarcks und Wilhelms II. 1828–1907, Berlin 1936, S. 152.
50 Oskar Klein-Hattingen, Die Geschichte des deutschen Liberalismus, Bd. 2, Berlin 1912, S. 312f.
51 MEW, Bd. 34, S. 424.

52 MEW, Bd. 12, S. 424.
53 GW, Bd. 12, S. 120.
54 GW, Bd. 12, S. 122.
55 GW, Bd. 12, S. 121f.
56 Eyck, S. 295.
57 GW, Bd. 14, S. 910.
58 Seeber, Zwischen Bebel und Bismarck, S. 108f.; vgl. Hans Rosenberg, Große Depression und Bismarckzeit, Berlin 1967.
59 MEW, Bd. 19, S. 175.
60 Volkszeitung (Berlin) v. 10. 7. 1879.
61 Seeber, Zwischen Bebel und Bismarck, S. 61.
62 Volkszeitung (Berlin) v. 25. 1. 1880.
63 Vgl. Seeber, Zwischen Bebel und Bismarck, S. 65f.
64 Ebenda, S. 67.
65 Harald Müller, Vom zweiten zum dritten Septennat, phil. Diss. B, Humboldt-Universität Berlin 1970.
66 Ludwig Hahn, Fürst Bismarck, Bd. 4, Berlin 1886, S. 446.
67 Ebenda, S. 446f.
68 GW, Bd. 6c, S. 158.
69 Zitiert nach: Lothar Gall, Bismarck. Der weiße Revolutionär, Berlin 1980, S. 604.
70 Theodor Fontane, Briefe, Bd. 2, Berlin 1963, S. 134.
71 Seeber, Zwischen Bebel und Bismarck, S. 69f.
72 Seeber, Zwischen Bebel und Bismarck, S. 110.
73 Vgl. Hermann Oncken, Rudolf v. Bennigsen, Bd. 2, Berlin 1909, S. 466.
74 Neue Preußische (Kreuz-) Zeitung v. 1. 11. 1879.
75 Karl Bachem, Vorgeschichte, Geschichte und Politik der Deutschen Zentrumspartei, Köln 1927.
76 GW, Bd. 6c, S. 177.
77 Vgl. Bachem, Bd. 4, S. 7f.
78 GW, Bd. 14, S. 937.
79 Moritz Busch, Tagebuchblätter, Bd. 3, Berlin 1899, S. 54.
80 Zitiert nach: Walter Frank, Hofprediger Adolf Stoecker und die christlich-soziale Bewegung, Berlin 1928, S. 116.
81 Christoph v. Tiedemann, Aus sieben Jahrzehnten, Bd. 2, Leipzig 1909, S. 417.
82 Busch, Tagebuchblätter, Bd. 3, S. 55.
83 Walter Frank, Hofprediger Adolf Stoecker und die christlich-soziale Bewegung, Berlin 1928, S. 141.
84 Ernst Engelberg, Revolutionäre Politik und rote Feldpost, Berlin 1958, S. 139ff.
85 August Bebel an Motteler am 21. 12. 1884, IISG.
86 August Bebel an Motteler am 13. 6. 1886, IISG Amsterdam.
87 Bundesarchiv Koblenz, Herbert v. Bismarck an Christoph v. Tiedemann am 6. 7. 1881.
88 Bundesarchiv Koblenz, Kl. Erw. 303, Bd. 19, Bl. 134–138.
89 Ebenda, Bl. 129.
90 Vgl. ebenda, Bl. 139ff.
91 Ebenda, Bl. 131.
92 BA, B 71, Rudolf Lindau an Herbert v. Bismarck am 7. 10. 1881.
93 BA, B 71, Rudolf Lindau an Herbert v. Bismarck am 30. 10. 1881.
94 Robert Lucius v. Ballhausen, Bismarck-Erinnerungen, Stuttgart–Berlin 1920.

95 Horst Bartel, Wolfgang Schröder, Gustav Seeber, Illustrierte Geschichte des Sozialistengesetzes, Berlin 1980, S. 98.
96 BA, B 71, Zeitungsausschnitt, den Lindau an Herbert v. Bismarck schickte.

VII. Die Sicherheits- und Kolonialpolitik

1 BA, B 71, Rudolf Lindau an Herbert v. Bismarck am 29. 11. 1882.
2 Wolfgang Windelband, Bismarck und die europäischen Großmächte 1879–1885. Auf Grund unveröffentlichter Akten, Essen 1940, S. 103.
3 Zitiert nach: Ebenda, S. 104.
4 Ebenda.
5 Ebenda.
6 GP, Bd. 4, S. 4f.
7 Wolfgang Windelband, Bismarck und die europäischen Großmächte 1879–1885. Auf Grund unveröffentlichter Akten, Essen 1940, S. 120.
8 Ebenda, S. 157.
9 Ebenda.
10 Ebenda, S. 158.
11 GP, Bd. 3, S. 385f.
12 ÖStA Wien, P.A. I, 454, Liasse II, Bl. 216, Károlyi an Haymerle am 5. 11. 1879.
13 ÖStA Wien, P.A. III, 119, Bl. 392, Széchényi an Haymerle am 20. 12. 1879.
14 Windelband, S. 129.
15 ÖStA, P.A. III, 119, Bl. 407.
16 Johann Saß, Hermann von Thile und Bismarck, in: Preußische Jahrbücher 217, 1929, S. 237.
17 Sigrid Kumpf-Korfes, Bismarcks „Draht nach Rußland“. Zum Problem der sozial-ökonomischen Hintergründe der russisch-deutschen Entfremdung im Zeitraum von 1878 bis 1891, Berlin 1968, S. 22ff.
18 GP, Bd. 3, S. 144.
19 GP, Bd. 3, S. 146f.
20 Saß, S. 222.
21 Saß, S. 226.
22 Zitiert nach: H. Krausnick, Neue Bismarck-Gespräche, Hamburg 1940, S. 11.
23 ÖStA Wien, P.A. I, 454, Bl. 339ff.
24 Krausnick, S. 14.
25 Ebenda, S. 15.
26 Ebenda, S. 17.
27 Ebenda, S. 20.
28 ÖStA Wien, P.A. I, 454, Bl. 341.
29 ÖStA Wien, P.A. I, 454, Bl. 375.
30 GP, Bd. 3, S. 153.
31 GP, Bd. 3, S. 151, Anm. 6.
32 GP, Bd. 3, S. 152.
33 Zitiert nach: Windelband, S. 232.
34 Windelband, S. 266; Bismarck an Reuß am 25. 4. 1881.
35 GP, Bd. 3, S. 152f.
36 GP, Bd. 3, S. 159.
37 Ziekursch, S. 132.
38 GP, Bd. 3, S. 160.

39 GP, Bd. 3, S. 208.
40 ÖStA Wien, P.A. I, 454, Bl. 339ff.
41 Ziekursch, S. 139ff.
42 GP, Bd. 3, S. 247.
43 Kurt Eberhard, Herbert Bismarcks Sondermission im London der Jahre 1882–1889. Sein Beitrag zum Ausgleich der deutsch-englischen Spannungen, phil. Diss. Erlangen 1949, S. 27.
44 Ebenda.
45 Aus fünfzig Jahren. Erinnerungen, Tagebücher und Briefe aus dem Nachlaß des Fürsten Philipp zu Eulenburg-Hertefeld, hrsg. v. Johannes Haller, Berlin 1923, S. 85.
46 Ebenda, S. 87.
47 Ebenda, S. 106.
48 Ebenda, S. 99.
49 Ebenda, S. 90.
50 Ebenda, S. 91.
51 Konrad Canis, Herbert von Bismarck. Außenpolitik und Kanzlerherrschaft in den 80er Jahren, in: Gestalten der Bismarckzeit, Bd. 2, hrsg. v. Gustav Seeber, Berlin 1986, S. 325ff., besonders S. 327.
52 Eulenburg-Hertefeld, Aus fünfzig Jahren, S.92.
53 Ebenda, S. 93.
54 Ebenda, S. 93.
55 Ebenda, S. 93.
56 Ebenda, S. 101; Graf Herbert v. Bismarck, hrsg. v. W. Bußmann, S. 18.
57 Ebenda, S. 95.
58 Ebenda, S. 96.
59 Ebenda, S. 96.
60 Zitiert nach: Windelband, S. 171f.
61 Eulenburg-Hertefeld, Aus fünfzig Jahren, S. 102.
62 BA Kasten D 35, Herbert v. Bismarck an Ludwig Plessen am 13. 10. 1898.
63 Bundesarchiv Koblenz, Nachlaß Goldschmidt, Bd. 236, S. 259.
64 Brauer, S. 140.
65 H. v. Bismarck, Privatkorrespondenz, S. 56.
66 Das Tagebuch der Baronin Spitzemberg, S. 192.
67 Ebenda.
68 A. O. Meyer, S. 500.
69 Ebenda.
70 Brauer, S. 146.
71 GW, Bd. 15, S. 379.
72 Eulenburg-Hertefeld, Aus fünfzig Jahren, S. 117–119.
73 Zitiert nach: A. O. Meyer, S. 505; vgl. Kurd v. Schlözer, Letzte Römische Briefe 1882–1894, Stuttgart 1924, S. 67.
74 ZStAP Reichsamt des Innern, Bd. 5266, Bl. 13, zitiert nach: Manfred Nußbaum, Vom Kolonialenthusiasmus zur Kolonialpolitik der Monopole, Berlin 1962, S. 21.
75 Vgl. Heinz Wolter, Bismarcks Außenpolitik, Berlin 1963, S. 322; Fritz Ferdinand Müller, Deutschland–Sansibar–Ostafrika, Berlin 1959, S. 35–97.
76 Ernst v. Webern, Die Erweiterung des deutschen Wirtschaftsgebiets und die Grundlegung zu überseeischen deutschen Staaten. Ein dringendes Gebot unserer wirtschaftlichen Notlage, Leipzig 1879, S. 70.

77 Ziekursch, S. 156 f.
78 Hans-Ulrich Wehler, Bismarck und der Imperialismus, Köln 1969, S. 321 f.
79 Besonderen Wert auf die persönlichen Konnexionen legt Hallgarten und gibt dazu interessante Informationen. Vgl. Wolfgang Hallgarten, Imperialismus vor 1914, 2 Bde., München 1963.
80 Wehler, Bismarck und der Imperialismus, S. 216.
81 Zitiert nach: ebenda, S. 217.
82 Zitiert nach: ebenda, S. 219.
83 Ebenda, S. 221.
84 Egbert v. Frankenberg, Tradition im Kreuzverhör. Meine Familie in drei Jahrzehnten, Berlin 1987[3], S. 144–186.
85 Wehler, Bismarck und der Imperialismus, S. 165 ff.
86 Zitiert nach: ebenda, S. 167.
87 Fritz Hellwig, Carl Ferdinand Freiherr v. Stumm-Halberg 1836–1901, Heidelberg–Saarbrücken 1936, S. 336.
88 Stenographische Berichte über die Verhandlungen des Deutschen Reichstags, 6. Legislaturperiode, I. Session 1884/85, Bd. 3, S. 1540.
89 Zitiert nach: A. O. Meyer, S. 574.
90 GP, Bd. 4, S. 67.
91 GP, Bd. 4, S. 69.
92 GW, Bd. 12, S. 479.
93 GP, Bd. 4, S. 53.
94 GP, Bd. 4, S. 59.
95 GP, Bd. 4, S. 60–62.
96 GP, Bd. 4, S. 61.
97 GP, Bd. 4, S. 77.
98 GP, Bd. 4, S. 78.
99 GP, Bd. 4, S. 61.
100 GP, Bd. 4, S. 92.
101 GP, Bd. 4, S. 92.
102 Klaus J. Bade, Imperial Germany and West Africa. Colonial Movement, Business Interests, and Bismarck's „Colonial Policies", in: Bismarck, Europa and Africa. The Berlin Africa Conference 1884–1885 and the Onset of Partition, ed. by Stig Förster, Wolfgang J. Mommsen and Ronald Robinson, London 1988, S. 121 ff.
103 Vgl. Kurt Eberhard, Herbert Bismarcks Sondermission; H. v. Bismarck, Privatkorrespondenz, S. 38.
104 Ebenda, S. 37 f.; GP, Bd. 4, S. 100–107, besonders S. 100 f., 102 f., 105.
105 GW, Bd. 13, S. 5–7.
106 GP, Bd. 4, S. 102.
107 Hans Goldschmidt, Die kolonialpolitische Entente mit Frankreich, in: Preußische Jahrbücher, 236, 1934, S. 236 ff.
108 GW, Bd. 8, S. 646.
109 GW, Bd. 13, S. 13.
110 GP, Bd. 4, S. 96 f.

VIII. Die Sozialversicherung. Veränderungen in den Parteien

1 BA, Hermann Wageners Rechtfertigungs- und Abschiedsbrief an Bismarck v. 4. 9. 1879.
2 Walter Vogel, Bismarcks Arbeiterversicherung. Ihre Entstehung im Kräftespiel der Zeit, Braunschweig 1951, S. 85 ff.
3 Ebenda, S. 158.
4 Vgl. Hans Rothfels, Theodor Lohmann und die Kampfjahre der staatlichen Sozialpolitik (1871–1905). Nach ungedruckten Quellen bearbeitet, Berlin 1927, S. 27. Der von Lothar Machtan und Florian Tennstedt 1990 edierte Briefwechsel Theodor Lohmanns stand bei der Erarbeitung dieses Kapitels noch nicht zur Verfügung.
5 Vgl. ebenda, S. 33, 36.
6 Lohmann an Friedrichs am 20. 5. 1872, in: Archiv für Politik und Geschichte, 11, 1926, S. 288.
7 Max Schippel, Sozialdemokratisches Reichstagshandbuch, Berlin 1901/02, S. 838.
8 Vgl. die Haltung Lohmanns bei Rothfels, S. 42 f.
9 §§ 6, 15, 16, 29/Abs. 1.
10 75 Jahre Industrie- und Handelskammer zu Bochum, Bochum 1932, S. 43 f.
11 Vogel, Bismarcks Arbeiterversicherung, S. 40.
12 Ebenda.
13 Ebenda, S. 92 ff.
14 Rothfels, S. 92.
15 75 Jahre Industrie- und Handelskammer, S. 48.
16 Lohmann an Wyneken am 4. 12. 1881, in: Rothfels, S. 59. f.
17 GW, Bd. 6 c, S. 209 ff.
18 Sammlung sämtlicher Drucksachen des Reichstages, 4. Legislaturperiode, IV. Session 1881, Bd. 1, Berlin 1881, Nr. 41, Anl. 2, S. 17.
19 GW, Bd. 6 c, S. 209 ff.
20 GW, Bd. 12, S. 236.
21 GW, Bd. 12, S. 238.
22 GW, Bd. 12, S. 243.
23 GW, Bd. 12, S. 245 f.
24 Stenographische Berichte, 4. Legislaturperiode, IV. Session 181, Bd. 1, Berlin 1881, S. 744 ff., 29. Sitzung, 4. 4. 1881.
25 Engels an Bebel am 28. 4. 1881, in: MEW, Bd. 35, S. 184.
26 Über die Stellung der deutschen Anarchisten zur Bismarckschen und zur Sozialpolitik überhaupt sind folgende Artikel in der Londoner „Freiheit“ aufschlußreich: vom 14. 5. 1881 („Bettelsozialismus“), 4. 6. 1881 („Weiteres über den Bettelsozialismus“); 16. 7. 1881 („Zur Taktik der revolutionären Arbeiterpartei“); 10. 9. 1881 („Der Sozialismus im Dienste Preußens“).
27 Stenographische Berichte, Bd. 63, S. 1517 (1. 6. 1881).
28 Henry Axel Bueck, Der Zentralverband Deutscher Industrieller 1876–1901, Bd. 2, Berlin 1909, S. 123, 126.
29 Stenographische Berichte, Bd. 66, S. 485 f. (9. 1. 1882).
30 Stenographische Berichte 17. 10. 1881.
31 Drucksachen des Reichstages 1881/1882, Nr. 42.

32 Stenographische Berichte, 1881/82, Bd. 66, S. 487.
33 Ebenda, S. 485.
34 Ernst Cahn, Bismarck als Sozialpolitiker, Tübingen 1924, S. 25 f.
35 Vgl. das Urteil Lohmanns, in: Rothfels, S. 74.
36 Drucksachen des Reichstages, Nr. 14 u. 19.
37 Vgl. Staatssekretär v. Boetticher am 15. 5. 1882, in: Stenographische Berichte 1882/1883, S. 204.
38 Ebenda.
39 Vgl. Theodor Müller, 45 Führer aus den Anfängen und dem Heldenzeitalter der Breslauer Sozialdemokratie, Breslau 1925, S. 36.
40 Stenographische Berichte, 15. 5. 1882.
41 August Bebel, Wie verhalten sich die Arbeiter gegenüber dem neuen Krankenversicherungsentwurf, Nürnberg 1883.
42 Schippel, Sozialdemokratisches Reichstagshandbuch, S. 842.
43 Vgl. Florian Tennstedt, Vom Proleten zum Industriearbeiter. Arbeiterbewegung und Sozialpolitik 1800 bis 1914, Köln 1983, S. 316.
44 August Bebel, Ausgewählte Reden und Schriften, Bd. 2/2, Berlin 1978, S. 120.
45 Zitiert nach: Rudolf Knaack/Wolfgang Schröder, Gewerkschaftliche Zentralverbände, Freie Hilfskassen und die Arbeiterpresse unter dem Sozialistengesetz. Die Berichte des Berliner Polizeipräsidenten vom 4. 9. 1886 und 28. 5. 1888, in: Jahrbuch für Geschichte, 22, 1981, S. 355.
46 Dieter Fricke, Bismarcks Prätorianer. Die Berliner politische Polizei im Kampf gegen die deutsche Arbeiterbewegung 1871–1898, Berlin 1962.
47 Vgl. Tennstedt, S. 237.
48 GW, Bd. 12, S. 422 f.
49 GW, Bd. 12, S 424.
50 Lohmann an Wyneken am 5. 10. 1883, zitiert nach: Vogel, S. 159.
51 GW, Bd. 12, S. 419.
52 Volkszeitung v. 16. 3. 1881.
53 Vgl. Seeber, Zwischen Bebel und Bismarck, S. 100 f.
54 Ebenda, S. 106.
55 Vgl. Die Neue Zeit, 24. Jg., 1905/06, Bd. 1, S. 802.
56 Seeber, Zwischen Bebel und Bismarck, S. 117.
57 Franz Mehring, Politische Publizistik 1894 bis 1904, Berlin 1964, S. 18 (Gesammelte Schriften, Bd. 14).
58 Otto Gildemeister, Aus den Tagen Bismarcks. Politische Essays, Leipzig 1909.
59 Thomas Höhle, Franz Mehring. Sein Weg zum Marxismus 1869–1891, Berlin 1958², S. 161 ff.
60 Seeber, Zwischen Bebel und Bismarck, S. 120, 137.
61 Ebenda, S. 124.
62 ZStA Potsdam, NL Bamberger, Nr. 192, Bl. 12, Stauffenberg an Bamberger, ohne Datum.
63 Seeber, Zwischen Bebel und Bismarck, S. 131.
64 GW, Bd. 12, S. 426.
65 Zitiert nach: Seeber, Zwischen Bebel und Bismarck, S. 132.
66 Vgl. Hans Herzfeld, Johannes von Miquel, Bd. 2, Detmold 1938, S. 11 f.
67 Parteienlexikon, Bd. 3, S. 418.
68 Zitiert nach: Eduard Bernstein, Die Geschichte der Berliner Arbeiterbewegung, Bd. 2, Berlin 1907, S. 78.
69 Ernst Engelberg, Das Verhältnis zwischen kleinbürgerlicher Demokratie und

Sozialdemokratie in den achtziger Jahren des 19. Jahrhunderts, in: Innenpolitische Probleme des Bismarck-Reiches, hrsg. v. Otto Pflanze, München 1983, S. 38.

70 MEW, Bd. 7, S. 413.
71 Stenographische Berichte, 30. 4. 1883.
72 Stenographische Berichte, 23. 4. 1883.
73 Wilhelm Blos, Denkwürdigkeiten eines Sozialdemokraten, Bd. 2, München 1914, S. 109.
74 Das geht aus dem Generalregister der Neuen Zeit (1883–1902) deutlich hervor.
75 Gustav Seeber u. a., Deutsche Geschichte, Bd. 5: Der Kapitalismus der freien Konkurrenz und der Übergang zum Monopolkapitalismus im Kaiserreich von 1871 bis 1897, Berlin 1988, S. 247.
76 GW, Bd. 8, S. 514.
77 GW, Bd. 14, S. 956.
78 GW, Bd. 13, S. 116.
79 Oswald Schneider, Bismarcks Finanz- und Wirtschaftspolitik. Eine Darstellung seiner volkswirtschaftlichen Anschauungen, München 1912, S. 259.
80 Robert Lucius v. Ballhausen, Bismarck-Erinnerungen, Stuttgart 1920, S. 364.
81 GW, Bd. 13, S. 54.
82 Parteienlexikon, Bd. 4, S. 521.
83 Vogel, S. 163.
84 Seeber, Zwischen Bebel und Bismarck, S. 150 f.
85 Arnold Oskar Meyer, Johanna v. Bismarck, in: Pommersche Lebensbilder, Bd. 1, Stettin 1934, S. 138 f.
86 Vogel, S. 164.
87 Vogel, S. 165.
88 Archiv für Politik und Geschichte, 7, 1926, S. 301.
89 Zitiert nach: Vogel, S. 168.
90 MEW, Bd. 36, S. 57, 85.
91 Vogel, S. 170.
92 Vogel, S. 170.
93 Gerhard Schulze, Wilhelm Kollmann, Hüttendirektor und strammer Bismarckianer, in: Gestalten der Bismarckzeit, Bd. 2, hrsg. v. Gustav Seeber, Berlin 1986, S. 192 ff.
94 Ebenda, S. 192.
95 BA, – Gästebuch.
96 Gustav Seeber u. a., Deutsche Geschichte, Bd. 5: Der Kapitalismus der freien Konkurrenz und der Übergang zum Monopolkapitalismus im Kaiserreich von 1871 bis 1897, Berlin 1988, S. 268.
97 Ebenda, S. 277.
98 Vgl. Ernst Hermann Schulz, Triebkräfte in der Entwicklung des Stahls, in: Stahl und Eisen, 69. Jg. 1949, S. 660.
99 Derselbe, Die Stahlqualität als Faktor in der westfälischen Eisenindustrie (Vortragsreihe der Gesellschaft für westfälische Wirtschaftsgeschichte, H. 9), Dortmund 1957, S. 9.
100 Schulze, Wilhelm Kollmann, S. 194.
101 Vgl. Stahl und Eisen, 3. Jg. 1883, S. 63; vgl. ferner E. H. Schulz/W. Bischof, Zusammensetzung und Festigkeit von Brückenbaustählen in der Zeit von 1870 bis 1880, in: Stahl und Eisen, 73. Jg., 1953, S. 1583.
102 J. G. Vogt, Die illustrierte Welt der Erfindungen, Bd. 1, Leipzig 1903, S. 623.

103 Schulz, Stahlqualität, S. 3 f.
104 Conrad Matschoß, Ein Jahrhundert deutscher Maschinenbau, Berlin 1919, S. 89, 91.
105 Franz Reuleaux, Die Maschine in der Arbeiterfrage, Minden i. W. 1885, S. 10 (Soziale Zeitfragen, H. 2).
106 Ebenda, S. 19.
107 Vgl. Statistik des Deutschen Reiches, N.F. Bd. 119, S. 119.
108 Conrad Matschoß, Geschichte der Dampfmaschine, Berlin 1901, S. 247 f.
109 Franz Pahl, Werner von Siemens, Leipzig 1898, S. 65.
110 Matschoß, Geschichte der Dampfmaschine, S.269, 274.
111 John D. Bernal, Die Wissenschaft in der Geschichte, Berlin 1961, S. 401 f.
112 Engels an Bernstein am 1. 3. 1883, in: MEW, Bd. 35, S. 445.
113 Conrad Matschoß, Ein Jahrhundert deutscher Maschinenbau, S. 93.
114 Franz Reuleaux, Theoretische Kinematik. Grundzüge einer Theorie des Maschinenwesens, Braunschweig 1875, S. 521.
115 Derselbe, Die Maschine in der Arbeiterfrage, Minden i. W. 1885, S. 12 f.
116 Emil Franzel, Geschichte unserer Zeit 1870–1950, München 1951, S. 15 f.
117 Zitiert nach: Gerhard Halle, Otto Lilienthal, Düsseldorf 1956, S. 176.
118 Zitiert nach: Hermann Schultze, Die Entwicklung der chemischen Industrie in Deutschland seit dem Jahre 1875, Halle 1908, S. 162; vgl. ferner Bernal, S. 453.
119 Wolfgang Jonas, Die Geschichte des Vereins deutscher Ingenieure, Habil.-Schrift, Berlin 1962, S. 146.
120 Ebenda, S. 162 f.
121 Zitiert nach: Gisela Buchheim, Werner von Siemens. Wissenschaftler – Techniker – Unternehmer, in: Gestalten der Bismarckzeit, hrsg. v. Gustav Seeber, Bd. 2, Berlin 1986, S. 362, ferner S. 368 f.
122 Jonas, Geschichte des Vereins deutscher Ingenieure, S. 93.
123 Bernal, S. 406 f.
124 Vgl. Geschichte der Produktivkräfte in Deutschland in drei Bänden, Bd. 2: Produktivkräfte in Deutschland 1870–1917/18, Berlin 1985, S. 356 ff.
125 Vgl. Max Klemm, Was sagt Bismarck dazu? Ein Wegweiser durch Bismarcks Geistes- und Gedankenwelt, Bd. 2, Berlin 1924, S. 337.
126 Arthur v. Brauer, Im Dienste Bismarcks, Persönliche Erinnerungen, Berlin 1936, S. 135.
127 Ebenda, S. 136.

IX. Die Krise der Innen- und Außenpolitik

1 Vgl. August Bebel, Ausgewählte Reden und Schriften, Bd. 2/1, Berlin 1978, S. 206ff.
2 Horst Handke, Untersuchungen August Bebels zur Lage der arbeitenden Klasse, in: Jahrbuch für Wirtschaftsgeschichte, 1977, Teil III, S. 100f.; Jürgen Kuczynski, Geschichte der Lage der Arbeiterklasse unter dem Kapitalismus, Bd. 3, Berlin 1962; derselbe, Geschichte des Alltags des Deutschen Volkes 1600 bis 1945. Studien 4: 1871–1918, Berlin 1982, S. 343, 365.
3 Vgl. F. Grumbach/H. König, Beschäftigung und Löhne in der deutschen Industriewirtschaft 1888 bis 1954, in: Weltwirtschaftliches Archiv, 79, 1957.
4 Vgl. Jürgen Kocka, Industrialisierung und Arbeiterbewegung in Deutschland

vor 1914, in: Industrialisierung, sozialer Wandel und Arbeiterbewegung in Deutschland und Polen bis 1914, Braunschweig, S. 75f.; Hans Mottek/Walter Becker/Alfred Schröter, Wirtschaftsgeschichte Deutschlands, Bd. 3: 1871 bis 1945, Berlin 1975, S. 178f.

5 Gerhard Schulze, Wilhelm Kollmann. Hüttenmann und strammer Bismarckianer, in: Gestalten der Bismarckzeit, hrsg. v. Gustav Seeber, Bd. 2, Berlin 1986, S. 197.

6 Ebenda, S. 195.

7 Vgl. ebenda.

8 Ebenda, S. 197.

9 Ebenda, S. 204f.

10 Vgl. Felix Pinner (Frank Fassland), Deutsche Wirtschaftsführer, Charlottenburg 1924, S. 74; vgl. ferner Heinrich Herkner, Die Arbeiterfrage, Berlin 1908, S. 195–197.

11 Gisela Buchheim, Werner von Siemens. Wissenschaftler – Techniker – Unternehmer, in: Gestalten der Bismarckzeit, Bd. 2, S. 366.

12 Der Sozialdemokrat v. 17. 12. 1885.

13 Vgl. Autorenkollektiv u. Ltg. v. Wolfgang Schröder, Geschichte der revolutionären Berliner Arbeiterbewegung, Bd. 1: Von den Anfängen bis 1917, Berlin 1987, S. 286f.

14 Handwörterbuch der Staatswissenschaften, 3. Aufl., Bd. 7, Jena 1911, S. 562.

15 Zitiert nach: Schröder, Berliner Arbeiterbewegung, S. 287.

16 Robert Lucius v. Ballhausen, Bismarck-Erinnerungen, Stuttgart 1920, S. 335.

17 GW, Bd. 13, S. 128.

18 Denkwürdigkeiten des Botschafters General von Schweinitz 1822–1901, Bd. 2, Berlin 1927, S. 317f.

19 Vgl. Werner Pöls, Sozialistenfrage und Revolutionsfurcht in ihrem Zusammenhang mit den angeblichen Staatsstreichplänen Bismarcks, Hamburg–Lübeck 1960, S. 75 (Historische Studien 377).

20 GW, Bd. 15, S. 333.

21 Hans Wendt, Bismarck und die polnische Frage, Halle 1922, S. 46f.

22 Ebenda, S. 50.

23 GW, Bd. 13, S. 161.

24 GW, Bd. 8, S. 265.

25 Vgl. Joachim Mai, Die preußisch-deutsche Polenpolitik 1885/87, Berlin 1962, S. 39.

26 Wendt, S. 93.

27 Schulthess Europäischer Geschichtskalender 1885, S. 153ff.

28 Vgl. Wendt, S. 93.

29 GW, Bd. 13, S. 167.

30 GW, Bd. 13, S. 157.

31 GW, Bd. 13, S. 159.

32 GW, Bd. 13, S. 146.

33 GW, Bd. 13, S. 163.

34 Zitiert nach: Wendt, S. 47.

35 Zitiert nach: Siegfried v. Kardorff, Bismarck im Kampf um sein Werk, Berlin 1943, S. 76.

36 Bogdan v. Hutten-Czapski, Sechzig Jahre Politik und Gesellschaft, Bd. 1, Berlin 1936, S. 69.

37 GW, Bd. 15, S. 333.

38 GW, Bd. 14, S. 894.
39 GW, Bd. 6c, S. 146.
40 GW, Bd. 6c, S. 145.
41 A. O. Meyer, S. 546.
42 Zitiert nach: Georg Franz, Kulturkampf. Staat und katholische Kirche in Mitteleuropa von der Säkularisation bis zum Abschluß des preußischen Kulturkampfes, München 1954, S. 260.
43 Ebenda, S. 268f.
44 A. O. Meyer, S. 550.
45 GW, Bd. 13, S. 183.
46 Ebenda, S. 184.
47 GW., Bd. 15, S. 338f.; vgl. Franz, Kulturkampf, S. 275f.
48 Ebenda, S. 189.
49 Vgl. Seeber, Bismarcks Sturz.
50 Zitiert nach: Ziekursch, S. 135.
51 Herbert v. Bismarck, Privatkorrespondenz, S. 219.
52 Vgl. dazu GP, Bd. 4, S. 119, und Felix Rachfahl, Deutschland und die Weltpolitik, Bd. 1, Stuttgart 1923, S. 498.
53 GP, Bd. 4, S. 124.
54 Ebenda, S. 125.
55 Ebenda, S. 126.
56 Ebenda.
57 Ebenda.
58 Ebenda, S. 125.
59 GP, Bd. 4, S. 113ff.
60 GP, Bd. 4, S. 120, und Rachfahl, S. 504ff.
61 Colmar Frhr. v. d. Goltz, Denkwürdigkeiten, 1843–1916, hrsg. v. Friedrich Frhr. v. d. Goltz und Wolfgang Foerster, Berlin 1929, S. 125; George F. Kennan, Bismarcks europäisches System in der Auflösung. Die französisch-russische Annäherung, Frankfurt a. M. – Berlin–Wien 1981, S. 149ff.
62 Rachfahl, S. 255.
63 Otto v. Bismarck an den Sohn Herbert am 14. 5. 1884, in: H. v. Bismarck, Privatkorrespondenz, S. 237f.
64 Ebenda, S. 237.
65 GP, Bd. 3, S. 345.
66 Ebenda.
67 George F. Kennan, Bismarcks europäisches System in der Auflösung. Die französisch-russische Annäherung, Frankfurt a. M.–Berlin–Wien 1981, S. 139f.
68 GP, Bd. 3, S. 347.
69 Adolf Koch, Fürst Alexander von Bulgarien. Mittheilungen nach persönlichen Erinnerungen, Darmstadt 1887, S. 114.
70 GP, Bd. 5, S. 13.
71 Vgl. Paul Dehn, Deutschland und Orient in ihren wirtschaftlichen Beziehungen, Teil 1, Leipzig 1884, S. 68f.
72 Vgl. George W. F. Hallgarten, Imperialismus vor 1914, Bd. 1, München 1963, S. 239ff.
73 Paul Dehn, Deutschland nach Osten, Bd. 1: Land und Leute der Balkanhalbinsel, München–Leipzig 1886, S. 53.
74 GP, Bd. 5, S. 27.

75 GP, Bd. 5, S. 36f.
76 Zitiert nach: Kennan, S. 175.
77 Ernest Lavisse/Alfred Rambaud (Hrsg.), Histoire Générale, T. XII: 1871–1900, Paris 1904, S. 35.
78 Zitiert nach: Kennan, S. 195.
79 GW, Bd. 8, S. 126.
80 Zitiert nach: Kennan, S. 196f.
81 Vgl. Kennan, S. 206, 178.
82 Vgl. Sigrid Kumpf-Korfes, Bismarcks „Draht nach Rußland". Zum Problem der sozial-ökonomischen Hintergründe der russisch-deutschen Entfremdung im Zeitraum 1878 bis 1891, Berlin 1968, S. 90ff.
83 Vgl. GP, Bd. 5, S. 92.
84 GP, Bd. 5, S. 69.
85 GP, Bd. 5, S. 76, 78.
86 Ebenda, S. 81.
87 Ebenda, S. 65ff.
88 Ebenda, S. 66f.
89 GP, Bd. 5, S. 78 nach einem Diktat Bismarcks.
90 GP, Bd. 5, S. 104.
91 GP, Bd. 5, S. 109f.
92 GP, Bd. 6, S. 102.
93 GP, Bd. 5, S. 119.
94 Vgl. Die Geheimen Papiere Friedrich v. Holsteins, hrsg. v. Norman Rich, M. H. Fisher, Werner Frauendienst, Bd. 1, Göttingen 1956, S. XIIIff., und Helmut Krausnick, Holsteins Geheimpolitik in der Ära Bismarck 1886–1890, Hamburg 1942, S. 13ff.
95 Die Geheimen Papiere Holsteins, Bd. 1, S. IX.
96 Die Geheimen Papiere Holsteins, Bd. 2, S. 181.
97 Ebenda, S. 303.
98 Ebenda, S. 170.
99 Konrad Canis, Alfred von Waldersee. Außenpolitik und Präventivkriegsplanung, in: Gestalten der Bismarckzeit, hrsg. v. Gustav Seeber, Berlin 1978, S. 404ff. Dieser Aufsatz ist ein Vorläufer der umfangreichen Monographie: Bismarck und Waldersee. Außenpolitik und Generalstab 1882–1890, Berlin 1980.
100 Canis, Alfred von Waldersee, S. 421.
101 Denkwürdigkeiten des General-Feldmarschalls Alfred Grafen von Waldersee, hrsg. v. Heinrich Otto Meisner, Stuttgart–Berlin 1925, S. 305.
102 Berliner Tageblatt v. 26. 8. 1886; vgl. auch Carl-Christoph Schweitzer, Die Kritik der westlich-liberalen Oppositionsgruppen an der Außenpolitik Bismarcks von 1863–1890, phil. Diss. Freiburg i. Br. 1950.
103 Zitiert nach: Stenographische Berichte, 6. Legislaturperiode, 4. Session, 1886/87, Bd. 1, S. 392.
104 Nationalzeitung v. 30. 8. 1886, Nr. 502.
105 Kölnische Zeitung v. 28. 12. 1885, Nr. 359.
106 Volkszeitung v. 14. 11. 1886, Nr. 268.
107 Geschichte der Frankfurter Zeitung, Frankfurt a. M. 1911, S. 513.
108 Stenographische Berichte, 7. Legislaturperiode, 2. Session, 1887/88, Bd. 1, S. 601.
109 MEW, Bd. 36, S. 524.

110 GW, Bd. 12, S. 390.
111 Ebenda.
112 Hermann Oncken, Rudolf v. Bennigsen, Bd. 2, Stuttgart–Leipzig 1910, S. 487.
113 Ebenda, S. 487f.
114 GW, Bd. 12, S. 412.
115 Blank an Roon am 7. 12. 1872, in: Bundesarchiv Koblenz, Nachlaß Goldschmidt, Nr. 25.
116 Roon an Blank am 11. 12. 1872, in: Ebenda.
117 GW, Bd. 13, S. 269.
118 GW, Bd. 13, S. 272f.
119 GW, Bd. 13, S. 277.
120 Denkwürdigkeiten des General-Feldmarschalls Grafen v. Waldersee. Bd. 1, Stuttgart–Berlin 1923.
121 Volkszeitung (Berlin) v. 26. 11. 1886, Nr. 278.
122 GP, Bd. 5, S. 117.
123 GW, Bd. 13, S. 212.
124 GW, Bd. 13, S. 216.
125 GW, Bd. 13, S. 213f.
126 GW, Bd. 13, S. 227.
127 GW, Bd. 6c, S. 349.
128 Schulthess Europäischer Geschichtskalender 1887, S. 63ff.
129 Ebenda, S. 78.
130 Ebenda, S. 76f.
131 Denkwürdigkeiten des General-Feldmarschalls Grafen v. Waldersee, Bd. 1, Stuttgart–Berlin 1923, S. 281.
132 Der Sozialdemokrat v. 11. 3. 1887.
133 Heinrich Heffter, Die Opposition der Kreuzzeitungspartei gegen die Bismarcksche Kartellpolitik in den Jahren 1887 bis 1890, phil. Diss. Leipzig 1927, S. 83.
134 Karl Wippermann, Deutscher Geschichtskalender 1887, S. 71f.
135 Ebenda, S. 71ff., 80ff.
136 Ebenda.
137 Hermann Oncken, Rudolf v. Bennigsen. Ein deutscher liberaler Politiker, Bd. 2, Stuttgart–Leipzig 1910, S. 535ff.
138 Der Sozialdemokrat v. 4. 3. 1887.
139 Waldersee, Denkwürdigkeiten.
140 August Bebel, Die Sozialdemokratie im Deutschen Reichstag, Berlin 1909, S. 302ff.
141 Vgl. Eckart Kehr, Klassenkämpfe und Rüstungspolitik im kaiserlichen Deutschland, in: Eckart Kehr, Der Primat der Innenpolitik. Gesammelte Aufsätze zur preußisch-deutschen Sozialgeschichte im 19. und 20. Jahrhundert, hrsg. v. Hans-Ulrich Wehler, Berlin 1970, S. 87ff.
142 Waldersee, Denkwürdigkeiten.
143 Der Weltkrieg 1914 bis 1918. Bearb. im Reichsarchiv. Kriegsrüstung und Kriegswirtschaft, Bd. 1, Berlin 1930, S. 10, und Anlagen zum Bd. 1, Berlin 1930, Tabellen, S. 4, 9, 11, 18.
144 Siegfried v. Kardorff, Wilhelm v. Kardorff. Ein nationaler Parlamentarier im Zeitalter Bismarcks und Wilhelms II. 1828–1907, Berlin 1936, S. 195.
145 Schulthess Europäischer Geschichtskalender 1887, S. 109f.
146 Bebel, Sozialdemokratie im Deutschen Reichstag, S. 324.
147 Kardorff, Wilhelm v. Kardorff, S. 199.

148 Bebel, Sozialdemokratie im Reichstag, S. 330.
149 Kardorff, Wilhelm v. Kardorff, S. 201.
150 Vgl. Kennan, S. 337.
151 Vgl. Frederic H. Seager, The Boulanger affaires, Ithaca–New York 1969.
152 Ziekursch, S. 201.
153 Vgl. Kennan, S. 474f.
154 GP, Bd. 6, S. 177.
155 GP, Bd. 6, S. 177f.
156 GP, Bd. 6, S. 178.
157 GP, Bd. 4, S. 300ff. Mitteilung des Reichskanzlers in einem Erlaß an den deutschen Botschafter in London.
158 GP, Bd. 4, S. 301.
159 GP, Bd. 4, S. 303.
160 Bernhard Schwertfeger, Die Diplomatischen Akten des Auswärtigen Amtes 1871–1914. Ein Wegweiser durch das große Aktenwerk der Deutschen Regierung, 1. Teil, Berlin 1924, S. 285.
161 Vgl. GP, Bd. 4, S. 305 f.
162 Vgl. Walter Bußmann, Das Zeitalter Bismarcks, Konstanz 1956, S. 202.
163 GP, Bd. 4, S. 301.
164 GP, Bd. 4, S. 322.
165 GP, Bd. 4, S. 324.
166 Herbert v. Bismarck, Privatkorrespondenz, S. 376.
167 PA Bonn, Deutschland Nr. 137 secr. Bd. 1, Aufzeichnung Rantzaus v. 19. 10. 1887.
168 GP, Bd. 4, S. 306.
169 GP, Bd. 5, S. 212 f.
170 GP, Bd. 5, S. 212 f.
171 GP, Bd. 5, S. 265.
172 Ebenda, S. 68.
173 Zitiert nach: Helmut Böhme, Politik und Ökonomie in der Reichsgründungs- und späten Bismarckzeit, in: Das kaiserliche Deutschland, Politik und Gesellschaft 1870–1918, hrsg. v. Michael Stürmer, Düsseldorf 1970, S. 45.
174 Hans Hallmann (Hrsg.), Zur Geschichte und Problematik des deutsch-russischen Rückversicherungsvertrages von 1887, Darmstadt 1968, S. XXII (Wege der Forschung Bd. XIII.).
175 GP, Bd. 5, S.
176 GP, Bd. 5, S. 119.
177 Bernhard Schwertfeger, Die Diplomatischen Akten des Auswärtigen Amtes 1871–1914. Ein Wegweiser durch das große Aktenwerk der Deutschen Regierung, 1. Teil, Berlin 1924, S. 315.
178 GP, Bd. 5, S. 221.
179 Herbert v. Bismarck, Privatkorrespondenz, S. 457.
180 GP, Bd. 5, S. 267.
181 Herbert v. Bismarck, Privatkorrespondenz, S. 461.
182 Vgl. Kennan, S. 370 ff.
183 GP, Bd. 5, S. 330.
184 Joachim Mai, Das deutsche Kapital in Rußland 1850–1894, Berlin 1970, S. 195.
185 Zitiert nach: Kennan, S. 378.
186 GP, Bd. 5, S. 311.

187 Zitiert nach: Kennan, S. 378.
188 Zitiert nach: Fritz Stern, Gold und Eisen. Bismarck und sein Bankier Bleichröder, Frankfurt–Berlin 1978, S. 537.
189 Vgl. Kennan, S. 377 ff.
190 Vgl. Canis, Bismarck und Waldersee, S. 213.
191 Kennan, S. 381 f.
192 Heinrich Heffter, Die Kreuzzeitungspartei und die Kartellpolitik Bismarcks, Leipzig 1927, S. 148.
193 Krausnick, S. 149, besonders S. 161.
194 Die Geheimen Papiere Holsteins, Bd. 2, S. 250.
195 Ebenda, S. 333.
196 Aus dem Briefwechsel des Generalfeldmarschalls Alfred Grafen v. Waldersee, hrsg. v. Heinrich Otto Meisner, Bd. 1, Berlin–Leipzig 1928.
197 Canis, Bismarck und Waldersee, S. 225.
198 GP, Bd. 6, S. 225.
199 Ebenda, S. 303.
200 Ebenda.
201 GP, Bd. 5, S. 260.
202 MEW, Bd. 36, S. 202.
203 GP, Bd. 1, S. 317 ff.
204 MEW, Bd. 36, S. 554.
205 MEW, Bd. 21, S. 350.
206 Canis, Bismarck und Waldersee, S. 320.
207 Vgl. Eyck, Bd. 3, S. 49 f.
208 Ebenda.
209 Harald Müller, Vom zweiten zum dritten Septennat, phil. Diss B, Berlin 1970, S. 228 f., 293; vgl. Arnold Oskar Meyer, Bismarck, Stuttgart 1949, S. 608.
210 GW, Bd. 13, S. 327.
211 GW, Bd. 13, S. 330.
212 GW, Bd. 13, S. 343.
213 Ebenda.
214 GW, Bd. 13, S. 347.

X. Bismarcks Herrschaft im Niedergang

1 GW, Bd. 13, S. 348 f.
2 Zitiert nach: Karl-Heinz Börner, Wilhelm I. Deutscher Kaiser und König von Preußen. Eine Biographie, Berlin 1984, S. 221.
3 GW, Bd. 8, S. 331 ff.
4 Ebenda, S. 384.
5 Ebenda, S. 605.
6 GW, Bd. 15, S. 438.
7 Vgl. Börner, Wilhelm I., S. 45 f.
8 GW, Bd. 15, S. 162 f.
9 Ebenda, S. 334, 337.
10 Ebenda, S. 379.
11 Vgl. Börner, Wilhelm I., S. 268.
12 Maria v. Bunsen, Kaiserin Augusta, Berlin 1940, S. 177.
13 Vgl. Börner, Wilhelm I., S. 268.

14 Zitiert nach: ebenda, S. 269.
15 GW, Bd. 15, S. 438.
16 Ebenda.
17 GW, Bd. 8, S. 452.
18 Ebenda, S. 441.
19 Harald Müller, Friedrich III. Ein Schattenkaiser, in: Gestalten der Bismarckzeit, hrsg. v. Gustav Seeber, Bd. 2, Berlin 1986, S. 400.
20 Ebenda, S. 408.
21 Ebenda, S. 409.
22 Die Geheimen Papiere Friedrich v. Holsteins, hrsg. v. Norman Rich und M. H. Fisher, dt. Ausgabe v. Werner Frauendienst, Bd. 2, S. 103.
23 Vgl. Müller, Friedrich III., S. 415.
24 Roggenbach an Stosch am 10. 12. 1880, in: Im Ring der Gegner Bismarcks. Denkschriften und politischer Schriftwechsel Franz Roggenbachs mit Kaiserin Augusta und Albrecht v. Stosch 1865–1869, hrsg. v. Julius Heyderhoff, Leipzig 1943, S. 209, ferner S. 212.
25 Tagebuch der Baronin Spitzemberg, S. 202.
26 Müller, Friedrich III., S. 412.
27 Ebenda.
28 GW, Bd. 15, S. 445.
29 Engels an Schlüter am 17. 3. 1888, in: MEW, Bd. 37, S. 38.
30 Roggenbach an Stosch am 27. 5. 1886, in: Im Ring der Gegner Bismarcks, S. 242.
31 GW, Bd. 8, S. 524 ff., besonders S. 526.
32 GW, Bd. 8, S. 643.
33 GW, Bd. 8, S. 624.
34 GW, Bd. 8, S. 611.
35 GW, Bd. 8, S. 613.
36 Otto Hintze, Die Hohenzollern und ihr Werk. Fünfhundert Jahre vaterländischer Geschichte, Berlin 1915, S. 677.
37 GW, Bd. 8, S. 614.
38 Müller, Friedrich III., S. 416.
39 Rainer Loysa/Karl-Heinz Noack, Ein Kehlkopfkarzinom vor einhundert Jahren. Medizinische und politische Aspekte der Krankheit Friedrichs III., in: HNO-Praxis, 13(1988), S. 303 ff.; John C. G. Röhl, Der Mythos der verpaßten liberalen Chance. Krankheit und Tod Friedrichs III., in: Frankfurter Allgemeine Zeitung vom 15. 6. 1988, S. 10.
40 John C. G. Röhl, Deutschland ohne Bismarck. Die Regierungskrise im zweiten Kaiserreich 1890–1900, Tübingen 1969, S. 23.
41 Briefe der Kaiserin Friedrich, hrsg. v. Frederick Ponsoby, Berlin 1929, S. 240.
42 GW, Bd. 8, S. 452f.
43 H. v. Bismarck, Privatkorrespondenz, S. 497.
44 GW, Bd. 6c, S. 382ff.
45 Schulthess Europäischer Geschichtskalender 1887, S. 200.
46 GW, Bd. 6c, S. 395.
47 Johanna von Bismarcks Briefe an ihren Sohn Wilhelm und ihre Schwägerin Malwine v. Arnim-Kröchlendorff, geb. v. Bismarck, Berlin 1924, S. 76.
48 GW, Bd. 6c, S. 395.
49 GW, Bd. 8, S. 675.
50 GW, Bd. 9, S. 124.

51 Vgl. Michael Balfour, Der Kaiser. Wilhelm II. und seine Zeit, Frankfurt a. M.–Berlin–Wien 1979; John C. G. Röhl, Kaiser, Hof und Staat. Wilhelm II. und die deutsche Politik, München 1987.
52 Volkszeitung (Berlin) v. 12. 3. 1887.
53 Heinrich Hart, Julius Hart „Offener Brief an den Fürsten Bismarck", in: Kritische Waffengänge, Zweites Heft, Leipzig 1882.
54 Hermann Bahr, in: Mit Gerhart Hauptmann, Berlin 1922, S. 59f.
55 Max Halbe, Sämtliche Werke, Bd. 1: Scholle und Schicksal. Die Geschichte meiner Jugend, Salzburg 1938, S. 282.
56 Hermann Sudermann, Das Bilderbuch meiner Jugend, Stuttgart–Berlin 1922, S. 385.
57 August Bebel an Friedrich Engels am 12. 10. 1886, in: August Bebels Briefwechsel mit Friedrich Engels, hrsg. v. Werner Blumenberg, London 1965, S. 294; vgl. ferner Thomas Höhle, Franz Mehring. Sein Weg zum Marxismus. 1869–1891, Berlin 1956.
58 Theodor Fontane an August v. Heyden am 5. 8. 1893, in: Theodor Fontane, Briefe, hrsg. v. Christfried Coler, Berlin 1963, S. 427.
59 Theodor Fontane an James Morris am 22. 2. 1896, in: ebenda, S. 480.
60 Horst Bartel/Wolfgang Schröder/Gustav Seeber, Das Sozialistengesetz 1878 bis 1890, Berlin 1980, S. 217 ff.
61 Wilhelm Liebknecht, Ein Blick in die Neue Welt, Stuttgart 1888[2].
62 Bericht über die Verhandlungen des Parteitages der Deutschen Sozialdemokratie. Abgehalten zu Schönenwegen bei St. Gallen vom 2. bis 6. Oktober 1887, St. Gallen 1887, S. 41.
63 Ebenda, S. 67.
64 August Bebel an Schlüter (undatiert), IISG Amsterdam.
65 Sorge an Schlüter, IISG Amsterdam.
66 Berliner Volkstribüne, 1887, Nr. 16.
67 Vgl. Sigrid u. Wolfgang Jacobeit, Illustrierte Alltagsgeschichte des deutschen Volkes. Bd. 2: 1810–1914, Jena–Leipzig–Berlin 1987, S. 128; Statistisches Bundesamt Wiesbaden (Hrsg.), Bevölkerung und Wirtschaft 1872–1972, Stuttgart 1972, S. 109 ff.
68 Stenographische Berichte des Reichstags 1888/1889. Vgl. die Rede des Konservativen v. Manteuffel in der Generaldiskussion der dritten Lesung. Er versuchte den oppositionellen Teil der Fraktion zu beschwichtigen (S. 1782 ff.); dagegen die Rede von Holtz, der für die oppositionellen Konservativen und für die Generalversammlung westpreußischer Landwirte sprach (S. 1794 ff.).
69 Margaret L. Anderson, Windhorst. Zentrumspolitiker und Gegenspieler Bismarcks, Düsseldorf 1988, S. 394.
70 Stenographische Berichte des Reichstags, 7. Legislaturperiode, 4. Session, 1888/89, Bd. 2, S. 1142 f.
71 Ebenda, Bd. 3, S. 1837, 1839.
72 GW, Bd. 13, S. 395.
73 Stenographische Berichte des Reichstags 1888/89, Bd. 1, S. 139 ff.
74 Der Sozialdemokrat v. 8. 6. 1889, Nr. 23; vgl. auch Bismarcks Sturz. Zur Rolle der Klassen in der Endphase des preußisch-deutschen Bonapartismus 1884/85 bis 1890, von einem Autorenkollektiv unter Leitung von Gustav Seeber, Berlin 1977, S. 279 f.
75 Wilhelm Kulemann, Die Berufsvereine, I. Abt., 2. Bd., Deutschland II, Jena 1908, S. 326; vgl. Otto Hue, Die Bergarbeiter. Historische Darstellung der

Bergarbeiterverhältnisse von der ältesten bis in die neueste Zeit, Bd. 2, Stuttgart 1913, S. 354 ff.; Klaus Tenfelde, Sozialgeschichte der Bergarbeiterschaft an der Ruhr im 19. Jahrhundert, Bonn 1981^2, S. 509 ff.; Franz-Josef Brüggemeier, Leben vor Ort. Ruhrbergleute und Ruhrbergbau 1889–1919, München 1983.

76 ZStAM, Rep. 77, Tit. 2523, Bd. 1, Bl. 70f.

77 Aus dem Briefwechsel des Generalfeldmarschalls Alfred v. Waldersee, hrsg. v. Heinrich Otto Meisner, Bd. 1, Berlin–Leipzig 1928, S. 288.

78 Vgl. Seeber, Bismarcks Sturz, S. 278; vgl. ferner Alex Bein, Friedrich Hammacher, in: Rheinisch-Westfälische Wirtschaftsbiographien, Bd. 2, Münster 1932, S. 127 f.

79 Rothfels, Lohmann,

80 MEW, Bd. 37, S. 350.

81 MEW, Bd. 21, S. 376.

82 Vgl. Heinrich Gemkow, Friedrich Engels Hilfe beim Sieg der deutschen Sozialdemokratie über das Sozialistengesetz, Berlin 1957, S. 164 f.

83 Vgl. Wolfgang Schröder, Klassenkämpfe und Gewerkschaftseinheit, Berlin 1965, S. 46, 241.

84 ZStA Merseburg, Rep. 77, Tit. 2523, Nr. 1, Bd. 3, Bl. 67, 69.

85 Ebenda, Bd. 2, Bl. 88.

86 Ebenda, Bd. 3, Bl. 66, 69.

87 Ebenda, Bd. 4, Bl. 88; vgl. Thomas Parent, Der Kaiser und der Bergarbeiterstreik, in: 1889. Bergarbeiterstreik und wilhelminische Gesellschaft, hrsg. v. Karl Ditt/Dagmar Kift, Hagen 1989, S. 184 f. (Westfälisches Industriemuseum, Schriften, Bd. 6).

88 General v. Albedyll an Graf Waldersee am 11. 5. 1889, in: Aus dem Briefwechsel des General-Feldmarschalls Alfred Grafen v. Waldersee, Bd. 1, hrsg. v. Heinrich Otto Meisner, Stuttgart–Berlin 1928, S. 289.

89 ZStAM, Rep. 77, Tit. 2513, Nr. 1, Bd. 1, Bl. 80.

90 H. v. Bismarck, Privatkorrespondenz, S. 533.

91 Vgl. Bismarcks Sturz, S. 299; ausführlich Hansjörg Renk, Bismarcks Konflikt mit der Schweiz. Der Wohlgemuth-Handel von 1889. Vorgeschichte, Hintergründe und Folgen, Basel–Stuttgart 1972.

92 GW, Bd. 9, S. 64.

93 Vgl. Bismarcks Sturz, S. 298; vgl. auch Wehler, Bismarck und der Imperialismus, S. 398 ff.

94 Vgl. Bismarcks Sturz, S. 302; vgl. auch Fritz Ferdinand Müller, Deutschland – Zansibar – Ostafrika. Geschichte einer deutschen Kolonialeroberung 1884 bis 1890, Berlin 1959; Carl Peters, Die deutsche Emin-Pascha-Expedition, München–Leipzig 1891.

95 Vgl. Bismarcks Sturz, S. 295.

96 Die Nation v. 12. 7. 1890, S. 607 f.

97 Bericht über den Handel und die Industrie von Berlin im Jahre 1889, Berlin 1890.

98 Vgl. Bismarcks Sturz, S. 292.

99 ZStA Potsdam, Auswärtiges Amt, Nr. 11793, Bl. 23 (Marginale Bismarcks zum Memorandum Berchems 25. 8. 1888).

100 Ebenda, Nr. 8159, B. 51 ff. Radowitz an Bismarck am 1. 9. 1888; Berchem an Radowitz am 6. 9. 1888.

101 GP, Bd. 6, S. 324.

102 Hermann Hofmann, Fürst Bismarck 1890–1898, Bd. 1, Stuttgart 1922, S. 126.

103 Bismarcks Sturz, S. 298; Konrad Canis, Bismarck und Waldersee. Die außenpolitischen Krisenerscheinungen und das Verhalten des Generalstabes 1882–1890, Berlin 1980, S. 264, 280.
104 GW, Bd. 8, S. 646.
105 Lebenserinnerungen und politische Denkwürdigkeiten von Hermann Frhr. v. Eckardstein, Leipzig 1919, Bd. 1, S. 307.
106 Zitiert nach: Bismarcks Sturz, S. 303.
107 Zitiert nach: ebenda, S. 303.
108 Vgl. ebenda, S. 304.
109 Fritz Ferdinand Müller, Deutschland – Zansibar – Ostafrika, S. 466.
110 Ebenda, S. 468.
111 Vgl. Bismarcks Sturz, S. 305 f.
112 Ebenda, S. 306.
113 GW, Bd. 6 c, S. 391.
114 Vgl. Maximilian v. Hagen, Bismarck und England, Stuttgart 1941, S. 106, 117.
115 GP, Bd. 4, S. 400.
116 GP, Bd. 4, S. 401 f.
117 Vgl. Konrad Canis, Bismarck und Waldersee, Berlin 1980.
118 GP, Bd. 4, S. 401.
119 GP, Bd. 4, S. 402.
120 Ebenda.
121 GP, Bd. 4, S. 405: „Meanwhile we leave it on the table, without out saying yes or no: that is unfortunately all I can do at present".
122 GP, Bd. 4, S. 406.
123 GW, Bd. 13, S. 382 f.
124 Vgl. Kumpf-Korfes, Bismarcks „Draht nach Rußland", S. 164 ff.
125 Ludwig Raschdau, Unter Bismarck und Caprivi, S. 79.
126 GW, Bd. 6 c, S. 415.
127 Vgl. Heffter, Die Kreuzzeitungspartei und die Kartellpolitik Bismarcks, phil. Diss. Leipzig 1927.
128 GW, Bd. 6 c, S.415.
129 ÖStA Wien, P.A. I, 468, Liasse XXI Varia betr. Deutschland 1881–1895. Die Aufzeichnungen über eine Audienz des Sektions-Chefs v. Szögyeny bei dem deutschen Kaiser, August 1889.
130 Denkwürdigkeiten des General-Feldmarschalls Alfred Grafen v. Waldersee, hrsg. v. Heinrich Otto Meisner, Bd. 2, Stuttgart–Berlin 1925, S. 55.
131 Zitiert nach: Helmut Krausnick, Holsteins Geheimpolitik in der Ära Bismarcks 1886–1890, Hamburg 1942, S. 264.
132 Vgl. Holstein an Waldersee am 2. 7. 1889, in: Aus dem Briefwechsel des Generalfeldmarschalls Alfred Grafen von Waldersee, hrsg. v. Heinrich Otto Meisner, Bd. 1, Berlin–Leipzig 1928, S. 303.
133 Miquel an Waldersee am 22. 7. 1889, in: ebenda, S. 317.
134 August Bebel an Friedrich Engels am 11. 2. 1889, in: August Bebels Briefwechsel mit Friedrich Engels, hrsg. v. Werner Blumenberg, The Hague 1965.
135 Denkwürdigkeiten des Botschafters General von Schweinitz 1882–1901, hrsg. v. W. v. Schweinitz, Bd. 2, Berlin 1927, S. 392.
136 Georg v. Eppstein, Fürst Bismarcks Entlassung, Berlin 1920, S. 157 ff.
137 Bismarcks Sturz, S. 327, 329.
138 Ernst Gagliardi, Bismarcks Entlassung, Tübingen 1927, S. 19, 51.
139 Neue Zeit, Jg. 1890/1891, Bd. 1, S. 435.

140 Bismarcks Sturz, S. 341.
141 Denkwürdigkeiten des General-Feldmarschalls Albrecht Grafen von Waldersee, hrsg. v. Heinrich Otto Meisner, Bd. 2, Stuttgart–Berlin 1925, S. 100 f.
142 Die Post v. 8. 2. 1890; Kölnische Zeitung v. 6. 2. 1890.
143 Bismarcks Sturz, S. 344.
144 Fritz Hellwig, Carl Ferdinand Frh. v. Stumm-Halberg 1836–1901, Heidelberg–Saarbrücken 1936, S. 396 ff.
145 Europäischer Geschichtskalender 1890, S. 32.
146 GW, Bd. 15, S. 505.
147 Ebenda.
148 Heinrich v. Poschinger, Neue Tischgespräche und Interviews, Bd. 1, Stuttgart–Leipzig–Berlin–Wien 1895, S. 232 f.
149 Hugo Graf Lerchenfeld-Koefering, Erinnerungen und Denkwürdigkeiten 1843–1925, Berlin 1935, S. 359 f.
150 Wilhelm Schüßler, Bismarcks Sturz, Leipzig 1921, S. 118.
151 Die Nation v. 22. 2. 1890.
152 Bismarcks Sturz, S. 348.
153 Waldersee, Denkwürdigkeiten, Bd. 2, S.10.
154 Vgl. John C. G. Röhl, Deutschland ohne Bismarck. Die Regierungskrise im zweiten Kaiserreich 1890–1900, Tübingen 1969, S. 52 f.; vgl. ferner Gagliardi, S. 193.
155 GW, Bd. 6 c, S. 433 f.
156 Egmont Zechlin, Staatsstreichpläne Bismarcks und Wilhelms II. 1890–1894, Stuttgart–Berlin, S. 180–184; vgl. ferner Gagliardi, S. 73, 305.
157 Bismarcks Sturz, S. 371 f.
158 Vgl. Franz Johannes v. Rottenburg, Eine falsche Anklage gegen den Fürsten Bismarck in den Memoiren des Fürsten Chlodwig Hohenlohe, in: Deutsche Revue, 31(1906).
159 Zechlin, S. 181.
160 Margaret Lavinia Anderson, Windhorst. Zentrumspolitiker und Gegenspieler Bismarcks, Düsseldorf 1988, S. 401 f.
161 Bismarcks Sturz, S. 381.
162 Ebenda, S. 352.
163 Vgl. GP, Bd. 6, S. 364.
164 GP, Bd. 6, S. 365.
165 A. O. Meyer, S. 653; Helmut Krausnick, Holsteins Geheimpolitik in der Ära Bismarcks 1886–1890, Hamburg 1942, S. 283; Zechlin, S. 82.
166 A. O. Meyer, S. 654.
167 GP, Bd. 6d, S. 436.
168 In „Erinnerung und Gedanke“ findet man übrigens hinsichtlich der Sozialdemokratie noch den Zusatz: „Ich nahm noch die Gelegenheit wahr, den Chefs des Zivil- und des Militärkabinetts Lucanus und Hahnke zu sagen, daß der Verzicht auf den Kampf gegen die Sozialdemokratie und die Erregung von unerfüllbaren Hoffnungen derselben mich mit schwerer Besorgniß erfüllt haben.“ GW, Bd. 15, S. 525.
169 A. O. Meyer, S. 654.
170 Vgl. Im Ring der Gegner Bismarcks. Denkschriften und politischer Briefwechsel Franz v. Roggenbachs mit Kaiserin Augusta und Albrecht v. Stosch 1865–1896, hrsg. v. Julius Heyderhoff, Leipzig 1943, S. 349.
171 Vgl. BA, D 18, Herbert v. Bismarck an Wilhelm v. Bismarck am 1. 5. 1890.

172 GP, Bd. 6, S. 366.
173 GP, Bd. 6, S. 367.
174 GP, Bd. 6, S. 368.
175 GP, Bd. 6, S. 368 f.
176 GP, Bd. 5, S. 5 f.; Egon Cäsar Conte Corti, Alexander von Battenberg. Sein Kampf mit dem Zaren und Bismarck, Wien 1920, S. 204.
177 Hank, S. 1.
178 Zitiert nach: Wilhelm Schüßler, Bismarcks Sturz, Leipzig 1921, S. 270; Bericht v. 19. 3. 1890.
179 Brauer, S. 318.

XI. Rastlos im Ruhestand

1 Johanna v. Bismarck an Wilhelm v. Bismarck am 25. 3. 1887, in: Johanna v. Bismarcks Briefe an ihren Sohn Wilhelm und ihre Schwägerin Malwine v. Arnim-Kröchlendorff, geb. v. Bismarck, hrsg. von Wolfgang Windelband, Berlin 1924.
2 GW, Bd. 9, S. 116.
3 Hank, S. 13.
4 Ebenda, S. 16.
5 Ebenda, S. 15.
6 Ebenda, S. 17.
7 Zitiert nach: ebenda, S. 14.
8 Ebenda.
9 Zitiert nach: ebenda, S. 15 f.
10 Ebenda, S. 73.
11 GW, Bd. 13, S. 408.
12 GW, Bd. 9, S. 10.
13 GW, Bd. 9, S. 10.
14 GW, Bd. 9, S. 90.
15 Sigrid und Wolfgang Jacobeit, Illustrierte Alltagsgeschichte des deutschen Volkes, Bd. 2: 1810–1900, Leipzig–Jena–Berlin 1987.
16 Vgl. Hank, S. 69.
17 GW, Bd. 9, S. 22.
18 GW, Bd. 9, S. 20.
19 Zitiert nach: Stribrny, S. 24.
20 Zitiert nach: ebenda, S. 32 f.
21 Zitiert nach: ebenda, S. 42.
22 Zitiert nach: ebenda, S. 32 f.
23 Vgl. Brauer, S. 351.
24 Szechenyis Bericht, zitiert nach: Stribrny, S. 26.
25 Vgl. Heinrich Otto Meisner, Der Reichskanzler Caprivi. Eine biographische Studie, in: Zeitschrift für die gesamte Staatswissenschaft, 111, 1955, S. 669–752.
26 Zitiert nach: Stribrny, S. 27.
27 Ebenda, S. 29.
28 Kurd v. Schlözer, Letzte Römische Briefe, 1882–1894, Berlin–Leipzig 1924, S. 158.
29 Brauer, S. 351.

30 Stribrny, S. 27.
31 Ebenda.
32 GW, Bd. 9, S. 82.
33 Ebenda, S. 84.
34 Ebenda, S. 85.
35 Ebenda, S. 84.
36 Ebenda, S. 90.
37 Ebenda, S. 92.
38 Ebenda, S. 91.
39 Vgl. Hank, S. 58 ff.
40 Vgl. ebenda, S. 62 ff.
41 A. O. Meyer, S. 715.
42 GW, Bd. 9, S. 100.
43 GW, Bd. 9, S. 105.
44 GW, Bd. 9, S. 347.
45 GW, Bd. 8, S. 23 f.
46 GW, Bd. 9, S. 584.
47 GW, Bd. 9, S. 82.
48 GW, Bd, 9, S. 210.
49 Vgl. A. O. Meyer, S. 502 f.
50 GW, Bd. 9, S. 70.
51 GW, Bd. 9, S. 82.
52 GW, Bd. 9, S. 378.
53 GW, Bd. 9, S. 416.
54 GW, Bd. 9, S. 210.
55 GW, Bd. 9, S. 136.
56 GW, Bd. 9, S. 136.
57 Tagebuch der Baronin Spitzemberg, S. 239.
58 GW, Bd. 9, S. 80.
59 GW, Bd. 9, S. 815.
60 GW, Bd. 9, S. 305.
61 Andreas Moser, Joseph Joachim. Ein Lebensbild, Bd. 2, Berlin 1910, S. 316.
62 Ebenda.
63 GW, Bd. 9, S. 51 f.
64 GW, Bd. 9, S. 91.
65 GW, Bd. 9, S. 77.
66 GW, Bd. 9, S. 118.
67 GW, Bd. 9, S. 449.
68 GW, Bd. 9, S. 488.
69 GW, Bd. 8, S. 644.
70 GW, Bd. 9, S. 54.
71 Arnold Oskar Meyer, Bismarcks Glaube im Spiegel der „Losungen und Lehrtexte", München 1933, S. 6.
72 GW, Bd. 9, S. 324.
73 Meyer, Bismarcks Glaube, S. 62 f.
74 GW, Bd. 9, S. 325.
75 Ebenda.
76 Zitiert nach: Hank, S. 26.
77 Brauer, S. 359.
78 Zitiert nach: ebenda, S. 276.

79 Tagebuch der Baronin Spitzemberg, S. 375.
80 Ebenda, S. 249.
81 Herbert v. Bismarck an Wilhelm v. Bismarck 7. 9. 1886, in: H. v. Bismarck, Privatkorrespondenz, S. 373.
82 Brauer, S. 143.
83 BA, N 23, Diverses 1892, Spitzemberg an Bismarck 9. 5. 1893.
84 H. v. Bismarck, Privatkorrespondenz, S. 319.
85 Ebenda, S. 373.
86 BA, D 35, Herbert v. Bismarck an Ludwig Plessen am 3. 4. 1891.
87 H. v. Bismarck, Privatkorrespondenz, S. 458 f.
88 Ebenda, S. 460.
89 Ebenda, S. 65.
90 BA, D 35, Herbert v. Bismarck an Ludwig Plessen am 1. 6. 1901.
91 BA, D 35, Herbert v. Bismarck an Ludwig Plessen am 13. 10. 1898.
92 Hans-Ulrich Wehler, Das deutsche Kaiserreich 1871–1918, Göttingen 1983, S. 49.
93 Der deutsche Ökonomist, 29. 12. 1888.
94 Wehler, Kaiserreich, S. 48.
95 Denkwürdigkeiten des Fürsten Chlodwig zu Hohenlohe-Schillingsfürst, Stuttgart–Leipzig 1906, Bd. 2, S. 470.
96 Ebenda, S. 476.
97 Rudolf Arndt, Die Reden des Grafen von Caprivi im Deutschen Reichstag, Preußischen Landtag und bei besonderen Anlässen 1883–1893, Berlin 1894, S. 115.
98 Ebenda, S. 121.
99 Ebenda, S. 122.
100 Vgl. Gustav Mayer, Friedrich Engels. Eine Biographie, Haag 1934, Bd. 2, S. 480.
101 Ebenda, S. 478.
102 MEW, Bd. 22, S. 68 f.
103 Georg v. Vollmar, Über die nächsten Aufgaben der deutschen Sozialdemokratie, München 1891, S. 6.
104 Vorwärts vom 13. 2. 1891; Abdruck des Leitartikels auch in: Die Neue Zeit, 9. Jg., 1890/1891, 1. Bd., S. 683ff.
105 MEW, Bd. 22, S. 235.
106 Stribrny, S. 38.
107 Ebenda, S. 39.
108 GW, Bd. 15, S. 552; vgl. Stribrny, S. 61.
109 MEW, Bd. 22, S. 253.
110 MEW, Bd. 22, S. 253.
111 MEW, Bd. 22, S. 255.
112 MEW, Bd. 22, S. 254.
113 MEW, Bd. 22, S. 256.
114 Vgl. Reinhard Rürup, Ludwig Quidde, in: Deutsche Historiker, hrsg. v. Hans-Ulrich Wehler, Göttingen 1973, S. 358 ff., besonders S. 375.
115 Gustav Seeber u. a., Deutsche Geschichte, Bd. 5: Der Kapitalismus der freien Konkurrenz und der Übergang zum Monopolkapitalismus im Kaiserreich von 1871 bis 1897, Berlin 1988, S. 377 ff.
116 MEW, Bd. 22, S. 372, 373.
117 August Bebel, Briefwechsel mit Friedrich Engels, S. 670.
118 Vgl. Stribrny, S. 167.

119 GW, Bd. 9, S. 17.
120 GW, Bd. 9, S. 33.
121 GW, Bd. 15, S. IX.
122 Friedrich Meinecke, Die Gedanken und Erinnerungen Bismarcks, in: HZ, 82, 1899, S. 283.
123 GW, Bd. 15, S. 438.
124 Hank, S. 278.
125 Ebenda.
126 Reden Kaiser Wilhelms II., hrsg. v. Johannes Penzler, Bd. 1, Leipzig 1897, S. 208.
127 Vgl. Hans v. Bülow, Briefe, Bd. 8: 1886–1894, Leipzig 1908, S. 378 ff.
128 BA, D 15, Herbert v. Bismarck an die Schwester Marie am 10. 5. 1892.
129 Stribrny, S. 124.
130 GW, Bd. 13, S. 444.
131 GW, Bd. 9, S. 218.
132 Tagebuch der Baronin Spitzemberg, S. 304.
133 GW, Bd. 13, S. 469.
134 GW, Bd. 13, S. 470.
135 GW, Bd. 13, S. 474.
136 Vgl. Stribrny, S. 161 f.
137 Hank, S. 255.
138 Hank, S. 284.
139 Ebenda.
140 A. O. Meyer, S. 703.
141 Ebenda.
142 Reden Kaiser Wilhelms II., Bd. 2, S. 40.
143 Theodor Fontane, Briefe, hrsg. v. Ch. Coler, Bd. 2, S. 495 f.

XII. Ein Leben erlischt – ein Zeitalter geht zu Ende

1 H. v. Bismarck, Privatkorrespondenz, S. 458.
2 GW, Bd. 9, S. 150.
3 BA, A 12.
4 Bismarck an die Schwester am 6. 7. 1894, in: GW, Bd. 14, S. 1014.
5 BA, D 18, Herbert v. Bismarck an den Bruder Wilhelm am 20. 11. 1894.
6 BA, D 35, Herbert v. Bismarck an Ludwig Plessen am 29. 11. 1894.
7 BA, D 35, Herbert v. Bismarck an Ludwig Plessen am 6. 12. 1894.
8 Bismarck an Ch. zu Hohenlohe-Schillingsfürst am 2. 11. 1894, in: GW, Bd. 14, S. 1016.
9 Bismarck an die Schwester am 19. 12. 1894, in: GW, Bd. 14, S. 1017.
10 Bismarck an den Sohn Wilhelm am 30. 7. 1895, in: GW, Bd. 14, S. 1021.
11 Bismarck an den Schwager Oscar am 16. 6. 1895, in: GW, Bd. 14, S. 1020.
12 GW, Bd. 9, S. 454.
13 GW, Bd. 9, S. 477.
14 BA, F 6.
15 GW, Bd. 9, S. 488. 16 GW, Bd. 9, S. 489.
17 BA, D 35, Herbert v. Bismarck an Ludwig v. Plessen am 31. 7. 1898.
18 GW, Bd. 13, S. 559.
19 Fürst Bismarck nach seiner Entlassung, hrsg. v. Johannes Penzler, Bd. 2, Leipzig 1897, S. 245.

20 GW, Bd. 15, S. 422.
21 GW, Bd. 9, S. 209.
22 GW, Bd. 9, S. 113.
23 Hank, S. 432.
24 GW, Bd. 9, S. 478.
25 Vgl. Stribrny, S. 269, 334.
26 Stenographische Berichte, 9. Legislaturperiode, 5. Session, 1897/98, 1. Band, Berlin 1898, S. 160, 11. 12. 1897.
27 Eric J. Hobsbawm, Das imperiale Zeitalter 1875–1914, Frankfurt a. M.–New York 1989, S. 397 ff., besonders S. 400.
28 Fürst Bismarck nach seiner Entlassung, hrsg. v. Johannes Penzler, Bd. 2, Leipzig 1897, S. 420f.
29 Herbert Hofmann, Fürst Bismarck 1890–1898, Bd. 1, Leipzig 1913, S. 125 f.
30 MEW, Bd. 22, S. 398.
31 Franz v. Rottenburg, Eine falsche Anklage gegen den Fürsten Bismarck, in: Deutsche Revue, 31, 1906, S. 283.
32 Elisabeth Fehrenbach, Wandlungen des deutschen Kaisergedankens 1871–1918, München–Wien 1969, S. 227.
33 GW, Bd. 9, S. 89.

Bibliographie

Bibliographien, Bismarck-Lexika

Born, Karl Erich (Hrsg.), Bismarck-Bibliographie. Quellen und Literatur zur Geschichte Bismarcks und seiner Zeit, bearb. von Willy Hertel unter Mitarbeit von Hansjoachim Henning, Köln–Berlin 1966.

Gall, Lothar (Hrsg.), Das Bismarck-Problem in der Geschichtswissenschaft nach 1945, Köln–Berlin 1971, S. 427–445 (Neue Wissenschaftliche Bibliothek, 42).

Klemm, Max, Was sagt Bismarck dazu? Ein Wegweiser durch Bismarcks Geistes- und Gedankenwelt, 2 Bde., Berlin 1924.

Stolberg-Wernigerode, Albrecht Graf zu, Bismarck-Lexikon. Quellenverzeichnis zu den in seinen Akten, Briefen, Gesprächen und Reden enthaltenen Äußerungen Bismarcks, Stuttgart–Berlin 1936.

Bismarcks Schriften und Briefe

Kohl, Horst (Hrsg.), Die politischen Reden des Fürsten Bismarck 1847–1897. Historisch-kritische Gesamtausgabe, 14 Bde., Stuttgart 1892–1905.

Bismarck, Otto Fürst v., Die gesammelten Werke (Friedrichsruher Ausgabe), 15 Bde., Berlin 1924–1935.

Bismarck, Otto v., Werke in Auswahl. Jahrhundert-Ausgabe zum 23. September 1862, 8 Bde., hrsg. v. Gustav Adolf Rein u. a., Darmstadt 1962–1980.

Hahn, Ludwig (Hrsg.), Fürst Bismarck. Sein politisches Leben und Wirken, 5 Bde., Berlin 1878–1891.

Poschinger, Heinrich v. (Hrsg.), Fürst Bismarck als Volkswirth, 3 Bde., Berlin 1889–1891 (Dokumente zur Geschichte der Wirtschaftspolitik in Preußen und im Deutschen Reich, 1, 3 und 5).

Poschinger, Heinrich v. (Hrsg.), Aktenstücke zur Wirtschaftspolitik des Fürsten Bismarck, 2 Bde., Berlin 1890/1891 (Dokumente zur Geschichte der Wirtschaftspolitik in Preußen und im Deutschen Reich, 2 und 4).

Kohl, Horst (Hrsg.), Fürst Bismarck. Regesten zu einer wissenschaftlichen Biographie des ersten deutschen Reichskanzlers, 2 Bde., Leipzig 1891–92.

Poschinger, Heinrich Ritter v. (Hrsg.), Fürst Bismarck und die Parlamentarier, 3 Bde., Breslau 1894–1896.

Bismarck-Jahrbuch, hrsg. v. Horst Kohl, 6 Bde., Berlin 1894–1899.
Poschinger, Heinrich Ritter v. (Hrsg.), Fürst Bismarck. Neue Tischgespräche und Interviews, 2 Bde., Stuttgart–Leipzig–Berlin–Wien 1895–1899.
Bismarcks Briefe an General Leopold v. Gerlach, neu hrsg. v. Horst Kohl, Berlin–Stuttgart 1896.
Poschinger, Heinrich Ritter v. (Hrsg.), Fürst Bismarck und der Bundesrat, 5 Bde., Stuttgart–Leipzig 1897–1901.
Poschinger, Heinrich Ritter v. (Hrsg.), Bismarck-Portefeuille, 5 Bde., Stuttgart–Leipzig 1898–1900.
Poschinger, Heinrich Ritter v. (Hrsg.), Fürst Bismarck und die Diplomaten 1852–1890, Hamburg 1900.
Kaiser- und Kanzler-Briefe. Briefwechsel zwischen Kaiser Wilhelm I. und Fürst Bismarck, hrsg. v. Johannes Penzler, Leipzig 1900.
Anhang zu den Gedanken und Erinnerungen von Otto Fürst von Bismarck, hrsg. v. Horst Kohl, 2 Bde., Stuttgart 1901.
Bismarcks Briefwechsel mit dem Minister Freiherrn v. Schleinitz 1858–1861, Stuttgart–Berlin 1905.
Bismarck, Herbert Fürst v. (Hrsg.), Fürst Bismarcks Briefe an seine Braut und Gattin, Stuttgart 1914[4].
Kohl, Horst (Hrsg.), Briefe Otto v. Bismarcks an Schwester und Schwager Malwine von Arnim, geb. v. Bismarck, und Oskar v. Arnim-Kröchlendorff 1843–1897, Leipzig 1915.
Petersdorf, Hermann v. (Hrsg.), Bismarcks Briefwechsel mit Hans Hugo v. Kleist-Retzow, Stuttgart 1919.
Die politischen Berichte des Fürsten Bismarck aus Petersburg und Paris (1859–1862), hrsg. v. Ludwig Raschdau, 2 Bde., Berlin 1920.
Neue Bismarck-Gespräche. Vier unveröffentlichte politische Gespräche des Kanzlers mit österreichisch-ungarischen Staatsmännern sowie ein Gespräch Kaiser Wilhelms II., hrsg. v. Helmut Krausnick, Hamburg 1940.
Bismarck, Otto v., Briefe, hrsg. v. Hans Rothfels, Göttingen 1955.
Rothfels, Hans, Bismarck und der Staat, Stuttgart 1958[3].
Sempell, Charlotte, Unbekannte Briefstellen Bismarcks, in: HZ 207 (1968), S. 609–616.
Wolter, Heinz (Hrsg.), Otto v. Bismarck. Dokumente seines Lebens 1815–1898, Leipzig 1986.
Seeber, Gustav u. *Wolter, Heinz* (Hrsg.), Bismarck und die Revolution, Berlin 1989.

Quellensammlungen, Briefe, Memoiren

Abeken, Heinrich, Ein schlichtes Leben in bewegter Zeit, hrsg. v. Hedwig Abeken, Berlin 1898.
Die auswärtige Politik Preußens 1858–1871. Diplomatische Aktenstücke, hrsg. v. d. Historischen Reichskommission, 10 Bde., Oldenburg 1933–1941.
Bamberger, Ludwig, Gesammelte Schriften, 5 Bde., Berlin 1894–1898.
Bamberger, Ludwig, Erinnerungen, hrsg. v. Paul Nathan, Berlin 1899.
Bamberger, Ludwig, Bismarcks großes Spiel. Die geheimen Tagebücher Ludwig Bambergers, hrsg. v. Ernst Feder, Frankfurt 1932.

Bennigsen, Rudolf v., Reden, hrsg. v. Walther Schultze u. Friedrich Thimme, Bd. 1, Halle 1911.
Bernhardi, Theodor v., Aus dem Leben Theodor von Bernhardis, 9 Bde., Leipzig 1898–1906.
Im Kampfe für Preußens Ehre. Aus dem Nachlasse des Grafen Albrecht v. Bernstorff und seiner Gemahlin Anna, geb. Freiin v. Koenneritz, hrsg. v. Karl Ringhoffer, Berlin 1906.
Beust, Friedrich-Ferdinand Graf v., Aus drei Viertel-Jahrhunderten. Erinnerungen und Aufzeichnungen, 2 Bde., Stuttgart 1887.
Bismarck, Herbert Graf v., Graf Herbert Bismarck. Aus seiner politischen Privatkorrespondenz, hrsg. v. Walter Bußmann, Göttingen 1964 (Deutsche Geschichtsquellen des 19. und 20. Jahrhunderts, 44).
Busch, Moritz, Tagebuchblätter, 3 Bde., Leipzig 1899.
Dalwigk zu Lichtenfels, Reinhard Frhr. v., Die Tagebücher des Freiherrn Reinhard v. Dalwigk zu Lichtenfels aus den Jahren 1860–1871, hrsg. v. Wilhelm Schüßler, Stuttgart–Berlin 1920 (Deutsche Geschichtsquellen des 19. Jahrhunderts, 2).
Delbrück, Rudolf v., Lebenserinnerungen 1817–1867, 2 Bde., Leipzig 1905.
Documents diplomatiques français (1871–1914), Sér. 1 (1871–1900), 16 Bde., Paris 1929–1959.
Duncker, Max, Politischer Briefwechsel, hrsg. v. Johannes Schultze, Stuttgart 1923.
Eckhardstein, Hermann Freiherr v., Lebenserinnerungen und politische Denkwürdigkeiten, 3 Bde., Leipzig 1919–1921.
Ernst II., Herzog v. Sachsen-Coburg-Gotha, Aus meinem Leben und aus meiner Zeit, 3 Bde., Berlin 1888–1889.
Eulenburg-Hertefeld, Philipp Fürst zu, Philipp Eulenburgs politische Korrespondenz, hrsg. v. John C. G. Röhl, 2 Bde., Boppard 1976–1979 (Deutsche Geschichtsquellen des 19. und 20. Jahrhunderts, 52).
Faber, Karl-Georg, Die nationalpolitische Publizistik Deutschlands von 1866 bis 1871. Eine kritische Bibliographie, 2 Bde., Düsseldorf 1963 (Bibliographien zur Geschichte des Parlamentarismus und der politischen Parteien, 4, 1 u. 2).
Fenske, Hans (Hrsg.), Der Weg zur Reichsgründung 1850–1870, Darmstadt 1977 (Quellen zum politischen Denken der Deutschen im 19. und 20. Jahrhundert, Freiherr-vom-Stein-Gedächtnisausgabe, 5).
Fenske, Hans (Hrsg.), Im Bismarckschen Reich 1871–1890, Darmstadt 1978 (Quellen zum politischen Denken der Deutschen im 19. und 20. Jahrhundert, Freiherr-vom-Stein-Gedächtnisausgabe, 6).
Kaiser Friedrich III., Das Kriegstagebuch von 1870/71, hrsg. v. Heinrich-Otto Meisner, Berlin–Leipzig 1926.
Kaiser Friedrich III., Tagebücher von 1848 bis 1866, hrsg. v. Heinrich Otto Meisner, Leipzig 1929.
Großherzog Friedrich I. von Baden und die deutsche Politik von 1854 bis 1871, Briefwechsel, Denkschriften, Tagebücher, hrsg. v. Hermann Oncken, 2 Bde., Stuttgart 1927 (Deutsche Geschichtsquellen des 19. und 20. Jahrhunderts, 22 u. 23).
Großherzog Friedrich I. von Baden und die Reichspolitik 1871–1907, hrsg. v. Walter Peter Fuchs, 2 Bde., Stuttgart 1968/1975 (Veröffentlichungen der Kommission für Geschichtliche Landeskunde in Baden-Württemberg, Reihe A, 15 u. 24).
Geiss, Imanuel (Hrsg.), Der Berliner Kongreß 1878. Protokolle und Materialien, Boppard 1978 (Schriften des Bundesarchivs, 27).
Gerlach, Ernst Ludwig von, Aufzeichnungen aus seinem Leben und Wirken 1795–1877, hrsg. v. Jakob von Gerlach, 2 Bde., Schwerin 1903.

Gerlach, Ernst Ludwig v., Von der Revolution zum Norddeutschen Bund. Politik und Ideengut der preußischen Hochkonservation 1848–1866, hrsg. v. Hellmut Diwald, 2 Teile, Göttingen 1970 (Deutsche Geschichtsquellen des 19. und 20. Jahrhunderts, 46).

Gerlach, Leopold von, Denkwürdigkeiten aus dem Leben Leopold von Gerlachs, 2 Bde., Berlin 1891–1892.

Hatzfeldt, Paul Graf v., Botschafter Paul Graf v. Hatzfeldt. Nachgelassene Papiere 1838–1901, hrsg. v. Gerhard Ebel u. Michael Behnen, 2 Bde., Boppard 1976 (Deutsche Geschichtsquellen des 19. und 20. Jahrhunderts, 51).

Hohenlohe-Schillingsfürst, Chlodwig Fürst zu, Denkwürdigkeiten, hrsg. v. Friedrich Curtius, Stuttgart–Leipzig 1906.

Holstein, Friedrich von, Die geheimen Papiere Friedrich von Holsteins, hrsg. v. Norman Rich, M. H. Fisher u. Werner Frauendienst, 4 Bde., Göttingen–Berlin–Frankfurt 1956–1963.

Huber, Ernst Rudolf (Hrsg.), Dokumente zur deutschen Verfassungsgeschichte, Bd. 1 u. 2, Stuttgart 1961–1964.

Keudell, Robert v., Fürst und Fürstin Bismarck. Erinnerungen von 1846 bis 1872, Berlin–Stuttgart 1901.

Lasker, Eduard, Aus Eduard Laskers Nachlaß, Teil 1: Fünfzehn Jahre parlamentarischer Geschichte (1866–1880), hrsg. v. Wilhelm Cahn, Berlin 1902.

Lassalle, Ferdinand, Gesammelte Reden und Schriften, hrsg. v. Eduard Bernstein, 12 Bde., Berlin 1919.

Loë, Walther Frhr. v., Erinnerungen aus meinem Berufsleben 1849–1867, Stuttgart 1906.

Lohmann, Theodor, Die nachgelassene Korrespondenz des Sozialpolitikers Theodor Lohmann, Bd. 1: 1850–1883, hrsg. v. Lothar Machtan u. Florian Tennstedt, Wiesbaden 1990.

Lucius von Ballhausen, Robert Frhr., Bismarck-Erinnerungen, Stuttgart–Berlin 1920.

Manteuffel, Otto Frhr. v., Unter Friedrich Wilhelm IV. Denkwürdigkeiten des Ministers Otto Freiherr v. Manteuffel, hrsg. v. Heinrich von Poschinger, 3 Bde., Berlin 1901.

Miquel, Johannes v., Reden, hrsg. v. Walther Schultze und Friedrich Thimme, 4 Bde., Halle 1911–1914.

Mittnacht, Hermann Frhr. v., Erinnerungen an Bismarck, Stuttgart–Berlin 1904[3].

Mittnacht, Hermann Frhr. v., Erinnerungen an Bismarck. Neue Folge (1877–1889), Stuttgart–Berlin 1905[5].

Moltke, Helmuth Graf v., Gesammelte Schriften und Denkwürdigkeiten, 8 Bde., Berlin 1891–1893.

Oncken, Hermann (Hrsg.), Die Rheinpolitik Kaiser Napoleons III. 1863–1870 und der Ursprung des Krieges von 1870/71. Nach den Staatsakten von Österreich, Preußen und den süddeutschen Mittelstaaten, 3 Bde., Stuttgart–Berlin–Leipzig 1926.

Oldenburg, Karl, Aus Bismarcks Bundesrat. Aufzeichnungen des Mecklenburg-Schwerinschen 2. Bundesratsbevollmächtigten Karl Oldenburg aus den Jahren 1878–1885, hrsg. v. Wilhelm Schüßler, Berlin 1929.

Les origines diplomatiques de la guerre de 1870–1871. Recueil de documents publié par le Ministère des Affaires étrangères, 6 Bde., Paris 1910–1912.

Orloff, Nikolai Fürst, Bismarck und die Fürstin Orloff. Ein Idyll in der hohen Politik. Mit unveröffentlichten Briefen Bismarcks und der Fürstin Orloff, München 1936.

Die Große Politik der europäischen Kabinette von 1871–1914. Sammlung der diplomatischen Akten des Auswärtigen Amtes, hrsg. v. Johannes Lepsius, Albrecht Mendelssohn-Bartholdy u. Friedrich Thimme, 40 Bde., Berlin 1922–1927.
Poschinger, Heinrich v. (Hrsg.), Preußen im Bundestag 1851–1859. Dokumente der Königlich Preußischen Bundestagsgesandtschaft, 4 Bde., Leipzig 1882–1885 (Publikationen aus den königlich preußischen Staatsarchiven, 12, 14, 15 u. 23).
Poschinger, Heinrich v., Aus großer Zeit. Erinnerungen an den Fürsten Bismarck, Berlin 1905.
Quellen zur deutschen Politik Österreichs 1859–1866, hrsg. v. Heinrich Ritter v. Sbrik, 5 Bde., Oldenburg 1934–1938.
Radowitz, Josef Maria v., Aufzeichnungen und Erinnerungen aus dem Leben des Botschafters 1839–1890, hrsg. v. Hajo Holborn, 2 Bde., Stuttgart 1925.
Raschdau, Ludwig, Unter Bismarck und Caprivi. Erinnerungen eines deutschen Diplomaten aus den Jahren 1885–1894, Berlin 1928.
Richter, Eugen, Im alten Reichstag, 2 Bde., Berlin 1894/1896.
Roon, Albrecht Graf v., Denkwürdigkeiten aus dem Leben des Generalfeldmarschalls Kriegsministers Grafen von Roon. Sammlung von Briefen, Schriftstücken und Erinnerungen, 3 Bde., Breslau 1897[4].
Rosenberg, Hans, Die nationalpolitische Publizistik Deutschlands. Vom Eintritt der neuen Ära in Preußen bis zum Ausbruch des deutschen Krieges. Eine kritische Bibliographie, 2 Bde., München–Berlin 1935.
Schloezer, Kurd v., Petersburger Briefe 1857–1862, hrsg. v. Leopold v. Schloezer, Stuttgart–Berlin 1922.
Schloezer, Kurd v., Letzte römische Briefe 1882–1894, hrsg. v. Leopold v. Schloezer, Berlin–Leipzig 1924.
Scholz, Adolf v., Erlebnisse und Gespräche mit Bismarck, hrsg. v. W. v. Scholz, Stuttgart 1922.
Schweinitz, Hans Lothar v., Denkwürdigkeiten des Botschafters General v. Schweinitz, hrsg. v. Wilhelm v. Schweinitz, 2 Bde., Berlin 1927.
Schweinitz, Hans Lothar v., Briefwechsel des Botschafters General v. Schweinitz, hrsg. v. Wilhelm von Schweinitz, Berlin 1928.
Das Tagebuch der Baronin Spitzemberg, geb. Freiin von Varnbüler. Aufzeichnungen aus der Hofgesellschaft des Hohenzollernreiches, hrsg. v. Rudolf Vierhaus, Göttingen 1976[4] (Deutsche Geschichtsquellen des 19. und 20. Jahrhunderts, 43).
Stosch, Albrecht v., Denkwürdigkeiten des Generals und Admirals Albrecht v. Stosch. Briefe und Tagebuchblätter, hrsg. v. Ulrich v. Stosch, Stuttgart–Leipzig 1904.
Tiedemann, Christoph v., Aus sieben Jahrzehnten. Erinnerungen, 2 Bde., Leipzig 1905/1909.
Tirpitz, Alfred v., Erinnerungen, Leipzig 1919.
Unruh, Hans Victor v., Erinnerungen, hrsg. v. Heinrich v. Poschinger, Stuttgart 1895.
Waldersee, Alfred Graf v., Denkwürdigkeiten des Generalfeldmarschalls Alfred Grafen v. Waldersee, hrsg. v. Heinrich Otto Meisner, 3 Bde., Stuttgart–Berlin 1923–1925.
Waldersee, Alfred Graf v., Aus dem Briefwechsel des Generalfeldmarschalls Alfred Graf v. Waldersee, hrsg. v. Heinrich Otto Meisner, Stuttgart 1928.
Wentzcke, Paul u. *Heyderhoff, Julius*, Deutscher Liberalismus im Zeitalter Bismarcks. Eine politische Briefsammlung, 2 Bde., Bonn 1925–1926 (Deutsche Geschichtsquellen des 19. Jahrhunderts, 18 u. 24).
Wilhelm II., Ereignisse und Gestalten aus den Jahren 1878–1918, Berlin 1922.

Allgemeine Darstellungen

Abel, Wilhelm, Agrarkrisen und Agrarkonjunktur. Eine Geschichte der Land- und Ernährungswirtschaft Mitteleuropas seit dem hohen Mittelalter, Hamburg–Berlin 1978[3].
Aubin, Hermann u. *Zorn, Wolfgang* (Hrsg.), Handbuch der deutschen Wirtschafts- und Sozialgeschichte, Bd. 2, Stuttgart 1976.
Bachem, Karl, Vorgeschichte, Geschichte und Politik der deutschen Zentrumspartei. Zugleich ein Beitrag zur Geschichte der katholischen Bewegung, sowie zur allgemeinen Geschichte des neueren und neuesten Deutschland 1815–1915, 9 Bde., Köln 1927–1932.
Böhme, Helmut (Hrsg.), Probleme der Reichsgründungszeit, 1848–1879, Köln–Berlin 1968 (Neue Wissenschaftliche Bibliothek, 26).
Böhme, Helmut, Deutschlands Weg zur Großmacht. Studien zum Verhältnis von Wirtschaft und Staat während der Reichsgründungszeit 1848–1881, Köln 1972[2].
Bondi, Gerhard, Deutschlands Außenhandel 1815–1870, Berlin 1958 (Deutsche Akademie der Wissenschaften zu Berlin, Schriften des Instituts für Geschichte, R. 1, 5).
Brandenburg, Erich, Die Reichsgründung, 2 Bde., Leipzig 1922[2].
Bußmann, Walter, Das Zeitalter Bismarcks, Konstanz 1968[4] (Handbuch der Deutschen Geschichte, neu hrsg. v. Leo Just).
Bußmann, Walter, Zwischen Preußen und Deutschland. Friedrich Wilhelm IV., Berlin 1990.
Conze, Werner u. *Groh, Dieter*, Die Arbeiterbewegung in der nationalen Bewegung. Die deutsche Sozialdemokratie vor, während und nach der Reichsgründung, Stuttgart 1966.
Craig, Gordon A., Germany 1866–1945, Oxford 1978.
Gall, Lothar, Europa auf dem Weg in die Moderne 1850–1890, München 1985.
Hamerow, Theodore S., Restoration, Revolution, Reaction. Economics and Politics in Germany 1815–1871, Princeton 1958.
Hamerow, Theodore S., The Social Foundations of German Unification, 2 Bde., Princeton 1969/1972.
Henderson, William O., The Zollverein, London 1968[3].
Henning, Hansjoachim, Das westdeutsche Bürgertum in der Epoche der Hochindustrialisierung 1860–1914. Soziales Verhalten und soziale Strukturen, Teil 1, Wiesbaden 1972 (Historische Forschungen, 6).
Hillgruber, Andreas, Bismarcks Außenpolitik, Freiburg 1972.
Hoffmann, Walther G. u. a., Das Wachstum der deutschen Wirtschaft seit der Mitte des 19. Jahrhunderts, Berlin–Heidelberg–New York 1965.
Huber, Ernst Rudolf, Deutsche Verfassungsgeschichte seit 1789, Bd. 2 und 3, Stuttgart 1960–1963.
Kuczynski, Jürgen, Die Geschichte der Lage der Arbeiter unter dem Kapitalismus, Bd. 1–3, Berlin 1961ff.
Kuczynski, Jürgen, Geschichte des Alltags des deutschen Volkes. Studien, Bd. 3 u. 4, Berlin 1981 u. 1982.
Landes, David S., Der entfesselte Prometheus. Technologischer Wandel und industrielle Entwicklung in Westeuropa von 1750 bis zur Gegenwart, Köln 1973.
Mann, Golo, Deutsche Geschichte des neunzehnten und zwanzigsten Jahrhunderts, Frankfurt a. M. 1958.
Marcks, Erich, Der Aufstieg des Reiches. Deutsche Geschichte von 1807–1878, 2 Bde., Stuttgart 1936–1943.

Messerschmidt, Manfred, Militär und Politik in der Bismarckzeit und im Wilhelminischen Deutschland, Darmstadt 1975 (Erträge der Forschung, 43).
Nipperdey, Thomas, Die Organisation der deutschen Parteien vor 1918, Düsseldorf 1961 (Beiträge zur Geschichte des Parlamentarismus und der politischen Parteien, 18).
Nipperdey, Thomas, Deutsche Geschichte 1800–1866. Bürgerwelt und starker Staat, München 1983.
Pokrowski, M. N., Historische Aufsätze, Wien–Berlin 1928.
Rosenberg, Hans, Große Depression und Bismarckzeit. Wirtschaftsablauf, Gesellschaft und Politik in Mitteleuropa, Berlin 1967.
Schmidt, Walter u. a., Deutsche Geschichte, Bd. 4: Die bürgerliche Umwälzung von 1789 bis 1871, Berlin 1984.
Seeber, Gustav u. *Noack, Karl-Heinz* (Hrsg.), Preußen in der deutschen Geschichte nach 1789, Berlin 1983.
Seeber, Gustav u. a., Deutsche Geschichte, Bd. 5: Der Kapitalismus der freien Konkurrenz und der Übergang zum Monopolkapitalismus im Kaiserreich von 1871 bis 1897, Berlin 1988.
Sell, Friedrich C., Die Tragödie des deutschen Liberalismus, Stuttgart 1953.
Sheehan, James J., German Liberalism in the Nineteenth Century, Chicago–London 1978.
Spree, Reinhard, Die Wachstumszyklen der deutschen Wirtschaft von 1840 bis 1880, mit einem konjunkturstatistischen Anhang, Berlin 1977 (Schriften zur Wirtschafts- und Sozialgeschichte, 29).
Sbrik, Heinrich v., Deutsche Einheit. Idee und Wirklichkeit vom Heiligen Reich bis Königgrätz, Bd. 3 und 4, München 1942.
Sybel, Heinrich v., Die Begründung des Deutschen Reiches durch Wilhelm I., 7 Bde., München 1889–1894.
Wehler, Hans-Ulrich, Bismarck und der Imperialismus, Köln 1969.
Wehler, Hans-Ulrich, Krisenherde des Kaiserreichs 1871–1918. Studien zur deutschen Sozial- und Verfassungsgeschichte, Göttingen 1979^2.
Wehler, Hans-Ulrich, Das deutsche Kaiserreich 1871–1918, Göttingen 1983^5.
Wehler, Hans-Ulrich, Deutsche Gesellschaftsgeschichte, Bd. 2: 1800–1848, München 1988.
Zechlin, Egmont, Bismarck und die Grundlegung der deutschen Großmacht, Stuttgart 1960^2.
Ziekursch, Johannes, Politische Geschichte des neuen deutschen Kaiserreiches, 3 Bde., Frankfurt/Main 1925–1930.
Zunkel, Friedrich, Der rheinisch-westfälische Unternehmer 1834–1879. Ein Beitrag zur Geschichte des deutschen Bürgertums im 19. Jahrhundert, Köln–Opladen 1962 (Dortmunder Schriften zur Sozialforschung, 19).

Das Bismarck-Bild in der deutschen Geschichtsschreibung

Gall, Lothar (Hrsg.), Das Bismarck-Problem in der Geschichtsschreibung nach 1945, Köln–Berlin 1971 (Neue Wissenschaftliche Bibliothek, 42).
Gall, Lothar, Bismarck in der Geschichtsschreibung nach 1945, in: Aretin, Karl Otmar Freiherr v. (Hrsg.), Bismarcks Außenpolitik und der Berliner Kongreß, Wiesbaden 1978, S. 131–158.

Hallmann, Hans (Hrsg.), Revision des Bismarckbildes. Die Diskussion der deutschen Fachhistoriker, 1945–1955, Darmstadt 1972 (Wege der Forschung, 285).
Heuss, Theodor, Das Bismarck-Bild im Wandel. Ein Versuch, in: Bismarck, Otto v., Gedanken und Erinnerungen, Reden und Briefe, Berlin 1951, S. 7–27.
Mommsen, Wilhelm, Der Kampf um das Bismarck-Bild, in: Universitas 5 (1950), S. 273–280.
Noack, Ulrich, Das Werk Friedrichs des Großen und Bismarcks als Problem der deutschen Geschichte, Würzburg 1948 (Würzburger Universitätsreden, N. F. 7).
Ritter, Gerhard, Das Bismarckproblem, in: Merkur 4 (1950), S. 657–676.
Schnabel, Franz, Das Problem Bismarck, in: Hochland 42 (1949), S. 1–27.
Schüßler, Wilhelm, Der geschichtliche Standort Bismarcks, in: Ders., Um das Geschichtsbild, Gladbeck 1953, S. 99–141.
Sbrik, Heinrich Ritter v., Die Bismarck-Kontroverse. Zur Revision des deutschen Geschichtsbildes, in: Wort und Wahrheit. Monatsschrift für Religion und Kultur 5 (1950), S. 918–931.
Zmarzlik, Hans-Günther, Das Bismarckbild der Deutschen – gestern und heute, Freiburg 1967.

Bismarck-Biographien

Crankshaw, Edward, Bismarck. Eine Biographie, München 1983.
Eyck, Erich, Bismarck. Leben und Werk, 3 Bde., Erlenbach–Zürich 1941–1944.
Gall, Lothar, Bismarck. Der weiße Revolutionär, Frankfurt a. M.–Berlin–Wien 1980.
Hillgruber, Andreas, Otto v. Bismarck. Gründer der europäischen Großmacht Deutsches Reich, Göttingen–Zürich–Frankfurt 1978.
Jerusalimski, Arkadij S., Bismarck. Diplomatie und Militarismus, Berlin 1970.
Kent, George O., Bismarck and His Times, Carbondale–Edwardsville (Illinois) 1978.
Lehmann, Max, Bismarck. Eine Charakteristik, Berlin 1948.
Lenz, Max, Geschichte Bismarcks, Leipzig 1913[4].
Ludwig, Emil, Bismarck. Geschichte eines Kämpfers, Berlin 1926.
Marcks, Erich, Bismarck. Eine Biographie 1815–1851, Stuttgart 1951[21].
Meyer, Arnold Oskar, Bismarck. Der Mensch und Staatsmann, Stuttgart 1949[2].
Mommsen, Wilhelm, Bismarck. Ein politisches Lebensbild, München 1959.
Palmer, Alan, Bismarck. Eine Biographie, Düsseldorf 1976.
Pflanze, Otto, Bismarck and the Development of Germany. The Period of Unification 1815–1871, Princeton 1963.
Reiners, Ludwig, Bismarck, München 1970.
Richter, Werner, Bismarck, Frankfurt a. M. 1971[2].
Schaefer, Dietrich, Bismarck. Ein Bild seines Lebens und Wirkens, 2 Bde., Berlin 1917.
Sempell, Charlotte, Otto von Bismarck, New York 1972.
Stürmer, Michael, Bismarck. Die Grenzen der Politik, München–Zürich 1987.
Taylor, Alan J. P., Bismarck. Mensch und Staatsmann, München 1981[4].
Valentin, Veit, Bismarck und seine Zeit, Leipzig–Berlin 1918.
Vallotton, Henry, Bismarck, Paris 1962.
Verchau, Ekhard, Otto v. Bismarck. Eine Kurzbiographie, Berlin 1969.

Studien über einzelne Fragen

Augst, Richard, Bismarcks Stellung zum parlamentarischen Wahlrecht, Leipzig 1913.
Baumgarten, Otto, Bismarcks Religion, Göttingen 1922.
Bußmann, Walter, Wandlung und Kontinuität in Politik und Geschichte, hrsg. v. Werner Pöls, Boppard a. Rh. 1973.
Engelberg, Ernst, Zur Entstehung und historischen Stellung des preußisch-deutschen Bonapartismus, in: Klein, Fritz u. Streisand, Joachim (Hrsg.), Beiträge zum neuen Geschichtsbild, Berlin 1956, S. 236–251.
Fehling, Maria, Bismarcks Geschichtskenntnis, Stuttgart–Berlin 1922.
Fischer-Frauendienst, Irene, Bismarcks Pressepolitik, Münster 1963.
Franz, Günter, Bismarcks Nationalgefühl, Leipzig 1926.
Gall, Lothar, Bismarck und der Bonapartismus, in: HZ 223 (1976), S. 618–637.
Gall, Lothar, Bismarck und England, in: Aspekte der deutsch-britischen Beziehungen im Laufe der Jahrhunderte, Stuttgart 1980, S. 46–59 (Veröffentlichungen des Deutschen Historischen Instituts London, 4).
Geuss, Herbert, Bismarck und Napoleon III. Ein Beitrag zur Geschichte der preußisch-französischen Beziehungen 1851–1871, Köln–Graz 1959.
Gollwitzer, Heinz, Der Cäsarismus Napoleons III. im Widerhall der öffentlichen Meinung Deutschlands, in: HZ 173 (1952), S. 23–75.
Griewank, Karl, Das Problem des christlichen Staatsmannes bei Bismarck, Berlin 1953.
Hammer, Karl/Hartmann, Peter Claus (Hrsg.), Der Bonapartismus. Historisches Phänomen und politischer Mythos, Zürich/München 1977 (Francia, Beiheft 6).
Kaehler, Siegfried A., Zur Deutung von Bismarcks „Bekehrung“, in: Ders., Studien zur deutschen Geschichte des 19. und 20. Jahrhunderts. Aufsätze und Vorträge, hrsg. v. Walter Bußmann, Göttingen 1961, S. 90–104.
Kardorff, Siegfried v., Bismarck im Kampf um sein Werk, Berlin 1943.
Kissinger, Henry A., Der weiße Revolutionär. Reflexionen über Bismarck, in: Gall, Lothar (Hrsg.), Das Bismarck-Problem in der Geschichtsschreibung nach 1945, Köln–Berlin 1971, S. 392–428 (Neue Wissenschaftliche Bibliothek, 42).
Kober, Heinz, Studien zur Rechtsanschauung Bismarcks, Tübingen 1961 (Tübinger Studien zur Geschichte und Politik, 13).
Lenz, Max, Bismarcks Religion, in: Ders., Kleine Historische Schriften Bd. 1, München–Berlin 1922[2], S. 360–382.
Maatz, Helmut, Bismarck und Hannover 1866–1898, Hildesheim 1970.
Machtan, Lothar u. *Milles, Dietrich*, Die Klassensymbiose von Junkertum und Bourgeoisie. Das Verhältnis von gesellschaftlicher und politischer Herrschaft in Preußen-Deutschland 1850–1878/79, Frankfurt a. M.–Berlin–Wien 1980.
Mann, Golo, Bismarck, in: Die Neue Rundschau, 1961, S. 431–448.
Mayer, Gustav, Bismarck und Lassalle. Ihr Briefwechsel und ihre Gespräche, Berlin 1928.
Meyer, Arnold Oskar, Bismarcks Glaube im Spiegel der „Losungen und Lehrtexte“, München 1933.
Muralt, Leonhard v., Bismarcks Verantwortlichkeit, Göttingen 1955.
Noell von der Nahmer, Robert, Bismarcks Reptilienfonds. Aus den Geheimakten Preußens und des Deutschen Reiches, Mainz 1968.
Rein, Gustav Adolf, Die Revolution in der Politik Bismarcks, Göttingen 1957.

Ritter, Gerhard, Die preußischen Konservativen und Bismarcks deutsche Politik 1858–1876, Heidelberg 1913.
Rothfels, Hans, Bismarck und das 19. Jahrhundert, in: Schicksalswege deutscher Vergangenheit. Festschrift für Siegfried A. Kaehler, Düsseldorf 1950, S. 233–248.
Rothfels, Hans, Bismarck. Vorträge und Abhandlungen, Stuttgart 1970.
Schieder, Theodor, Das Deutsche Kaiserreich von 1871 als Nationalstaat, Köln 1961.
Schmoller, Gustav, Vier Briefe über Bismarcks sozialpolitische und volkswirtschaftliche Stellung und Bedeutung, in: Ders., Charakterbilder, München–Leipzig 1913, S. 27–76.
Schoeps, Hans-Joachim, Bismarck über Zeitgenossen, Zeitgenossen über Bismarck, Frankfurt–Berlin–Wien 1972.
Seeber, Gustav (Hrsg.), Gestalten der Bismarckzeit, 2 Bde., Berlin 1978–1986.
Seeberg, Reinhold, Das Christentum Bismarcks, Berlin 1915.
Stern, Fritz, Gold und Eisen. Bismarck und sein Bankier Bleichröder, Frankfurt–Berlin–Wien 1978.
Thadden-Trieglaff, Reinhold v., Der junge Bismarck. Eine Antwort auf die Frage: War Bismarck Christ?, Hamburg–Berlin 1950.
Vossler, Otto, Bismarcks Ethos, in: HZ 171 (1951), S. 263–292.
Weber, Rolf, Kleinbürgerliche Demokratien in der deutschen Einheitsbewegung 1863–1866, Berlin 1962.
Wendt, Hans, Bismarck und die polnische Frage, Halle 1922 (Historische Studien, Bd. 9).
Wolff, Helmut, Geschichtsauffassung und Politik in Bismarcks Bewußtsein, München–Berlin 1926.

Bis zu Bismarcks Berufung zum preußischen Ministerpräsidenten

Augst, Richard, Bismarck und Leopold v. Gerlach. Ihre persönlichen Beziehungen und deren Zusammenhang mit ihren politischen Anschauungen, Leipzig 1913.
Bigler, Kurt, Bismarck und das Legitimitätsprinzip bis 1862, Winterthur 1955.
Dahlmann, Ingeborg, Bismarck in Frankfurt, Masch. Diss. Erlangen 1949.
Engelberg, Ernst, Über mittelalterliches Städtebürgertum. Die Stendaler Bismarcks im 14. Jahrhundert, Berlin 1979.
Engelberg, Ernst, Ein Adelsgeschlecht. Bismarcks in der brandenburgisch-preußischen Geschichte 1272–1815 (noch unveröffentlicht).
Kronenberg, Wilhelm, Bismarcks Bundesreformprojekte 1848–1866, Masch. Diss. Köln 1953.
Lange, Friedrich Wilhelm, Bismarck und die öffentliche Meinung Süddeutschlands während der Zollvereinskrise 1850–1853, Masch. Diss. Gießen 1922.
Lenz, Max, Bismarcks Plan einer Gegenrevolution im März 1848, Berlin 1930.
Meyer, Arnold Oskar, Bismarcks Kampf mit Österreich am Bundestag zu Frankfurt (1851–1859), Berlin 1927.
Mittelstädt, Annie, Der Krieg von 1859. Bismarck und die öffentliche Meinung in Deutschland, Stuttgart 1904.
Mombauer, Hans, Bismarcks Realpolitik als Ausdruck seiner Weltanschauung. Die Auseinandersetzung mit Leopold v. Gerlach 1851–1859, Berlin 1936.

Müller, Conrad, Bismarcks Mutter und ihre Ahnen, Berlin 1909.
Nolde, Boris, Die Petersburger Mission Bismarcks 1859–1862. Rußland und Europa zu Beginn der Regierung Alexanders II., Leipzig 1936.
Rein, Gustav Adolf, Bismarcks gegenrevolutionäre Aktion in den Märztagen 1848, in: Die Welt als Geschichte 13 (1953), S. 246–262.
Schmidt, Georg, Schönhausen und die Familie v. Bismarck, Berlin 1897.
Schmidt, Georg, Das Geschlecht von Bismarck, Berlin 1908.
Schmidt, Walter u. a., Illustrierte Geschichte der deutschen Revolution 1848/49, Berlin 1973.
Valentin, Veit, Geschichte der deutschen Revolution 1848/49, 2 Bde., Berlin 1930–1931.
Wertheimer, Eduard v., Bismarck im politischen Kampf, Berlin 1929.

Bismarck in den sechziger Jahren (1863–1870)

Anderson, Eugene N., The Social and Political Conflict in Prussia 1858–1864, Lincoln (Nebr.) 1954 (University of Nebraska Studies, N. F. 12).
Bartel, Horst u. *Engelberg, Ernst* (Hrsg.), Die großpreußisch-militaristische Reichsgründung 1871. Voraussetzungen und Folgen, Bd. 1, Berlin 1971.
Becker, Otto, Der Sinn der dualistischen Verständigungsversuche Bismarcks vor dem Kriege 1866, in: HZ 169 (1949), S. 264–289.
Becker, Otto, Bismarcks Ringen um Deutschlands Gestaltung, hrsg. und ergänzt v. Alexander Scharff, Heidelberg 1958.
Besler, Gerhard, Preußische Kirchenpolitik in der Bismarckära. Die Diskussion in Staat und evangelischer Kirche um eine Neuordnung der kirchlichen Verhältnisse Preußens zwischen 1866 und 1872, Berlin–New York 1980 (Veröffentlichungen der Historischen Kommission zu Berlin, 49).
Börner, Karl Heinz, Die Krise der preußischen Monarchie von 1858–1862, Berlin 1976.
Burckhardt, Helmut, Deutschland, England, Frankreich: Die politischen Beziehungen Deutschlands zu den beiden westeuropäischen Großmächten 1864–1866, München 1970.
Craig, Gordon A., Die preußisch-deutsche Armee 1640–1945. Staat im Staate, Düsseldorf 1960.
Craig, Gordon A., Königgrätz, Wien–Hamburg 1966.
Dehio, Ludwig, Bismarck und die Heeresvorlagen der Konfliktszeit, in: HZ 144 (1931), S. 31–47.
Dehio, Ludwig, Beiträge zu Bismarcks Politik im Sommer 1866, in: Forschungen zur brandenburgischen und preußischen Geschichte 46 (1934), S. 147–165.
Dietrich, Richard (Hrsg.), Europa und der Norddeutsche Bund, Berlin 1968.
Eisfeld, Gerhard, Die Entstehung der liberalen Parteien in Deutschland 1858–1870. Studie zu den Organisationen und Programmen der Liberalen und Demokraten, Hannover 1969.
Franz, Eugen, Der Entscheidungskampf um die wirtschaftspolitische Führung Deutschlands 1856–1867, München 1933 (Schriftenreihe zur bayerischen Landesgeschichte, 12).
Frauendienst, Werner, Das Jahr 1866. Preußens Sieg, die Vorstufe des Deutschen Reiches, Göttingen 1966.

Friedjung, Heinrich, Der Kampf um die Vorherrschaft in Deutschland 1859–1866, 2 Bde., Stuttgart 1916[10].

Gall, Lothar, Der Liberalismus als regierende Partei. Das Großherzogtum Baden zwischen Restauration und Reichsgründung, Wiesbaden 1968 (Veröffentlichungen des Instituts für Europäische Geschichte Mainz, 47).

Groote, Wolfgang v./Gersdorff, Ursula v. (Hrsg.), Entscheidung 1866. Der Krieg zwischen Österreich und Preußen, Stuttgart 1966.

Gugel, Michael, Industrieller Aufstieg und bürgerliche Herrschaft. Sozioökonomische Interessen und politische Ziele des liberalen Bürgertums in Preußen zur Zeit des Verfassungskonfliktes 1857–1867, Köln 1975.

Hess, Adalbert, Das Parlament, das Bismarck widerstrebte. Zur Politik und sozialen Zusammensetzung des preußischen Abgeordnetenhauses der Konfliktzeit (1862–1866), Köln–Opladen 1964.

Hildebrand, Klaus, Die deutsche Reichsgründung im Urteil der britischen Politik, in: Francia 5 (1977), S. 399–424.

Isler, Rudolf, Diplomatie als Gespräch. Bismarcks Auseinandersetzung mit Österreich im Winter 1862/63, Winterthur 1966.

Kaminski, Kurt, Verfassung und Verfassungskonflikt in Preußen 1862 bis 1866. Ein Beitrag zu den politischen Kernfragen von Bismarcks Reichsgründung, Königsberg 1938.

Kessel, Eberhard, Gastein, in: HZ 176 (1953), S. 521–544.

Lange, Karl, Bismarck und die norddeutschen Kleinstaaten im Jahre 1866, Berlin 1930.

Langewiesche, Dieter, Liberalismus und Demokratie in Württemberg zwischen Revolution und Reichsgründung, Düsseldorf 1974 (Beiträge zur Geschichte des Parlamentarismus und der politischen Parteien, 52).

Lenz, Max, König Wilhelm und Bismarck in ihrer Stellung zum Frankfurter Fürstentag, Berlin 1929.

Lipgens, Walter, Bismarcks Österreich-Politik vor 1866. Die Urheberschaft des Schönbrunner Vertragsentwurfes vom August 1864, in: Die Welt als Geschichte 10 (1950), S. 240–262.

Lutz, Heinrich, Österreich-Ungarn und die Gründung des Deutschen Reiches. Europäische Entscheidungen 1867–1871, Berlin 1979.

Michael, Horst, Bismarck, England und Europa, vorwiegend von 1866–1870, München 1930.

Nirrnheim, Otto, Das erste Jahr des Ministeriums Bismarck und die öffentliche Meinung, Heidelberg 1908 (Heidelberger Abhandlungen zur mittleren und neueren Geschichte, 20).

Richter, Adolf, Bismarck und die Arbeiterfrage im preußischen Verfassungskonflikt, Stuttgart 1935.

Schieder, Theodor, Die kleindeutsche Partei in Bayern in den Kämpfen um die deutsche Einheit 1863–1871, München 1936.

Schieder, Theodor u. *Deuerlein, Ernst* (Hrsg.), Reichsgründung 1870/71. Tatsachen – Kontroversen – Interpretationen, Stuttgart 1970.

Schüßler, Wilhelm, Bismarcks Kampf um Süddeutschland 1866, Berlin 1929.

Stadelmann, Rudolf, Das Jahr 1865 und das Problem von Bismarcks deutscher Politik, München 1933 (Beihefte der Historischen Zeitschrift, 29).

Wandruszka, Adam, Schicksaljahr 1866, Graz–Wien–Köln 1966.

Winkler, Heinrich August, Preußischer Liberalismus und deutscher Nationalstaat. Studien zur Geschichte der Deutschen Fortschrittspartei 1861–1866, Tübingen 1964.

Deutsch-französischer Krieg und Reichsgründung 1871

Becker, Josef, Baden, Bismarck und die Annexion von Elsaß und Lothringen, in: Zeitschrift für die Geschichte des Oberrheins 115 (1967), S. 1–38.
Becker, Josef, Zum Problem der Bismarckschen Politik in der spanischen Thronfrage 1870, in: HZ 212 (1971), S. 529–607.
Bonnin, Georges (Hrsg.), Bismarck and the Hohenzollern Candidature for the Spanish Throne. The Documents in the German Diplomatic Archives, London 1957.
Dittrich, Jochen, Bismarck, Frankreich und die spanische Thronkandidatur der Hohenzollern. Die „Kriegsschuldfrage" von 1870, München 1962.
Doeberl, Michael, Bayern und die Bismarcksche Reichsgründung, München 1925.
Gall, Lothar, Zur Frage der Annexion von Elsaß und Lothringen 1870, in: HZ 206 (1968), S. 265–326.
Groote, Wolfgang u. *Gersdorff, Ursula v.* (Hrsg.), Entscheidung 1870. Der deutsch-französische Krieg, Stuttgart 1970.
Goldschmidt, Hans, Bismarck und die Friedensunterhändler 1871, Berlin–Leipzig 1929.
Hofer, Walter (Hrsg.), Europa und die Einheit Deutschlands. Eine Bilanz nach 100 Jahren, Köln 1970.
Howard, Michael, The Franco-Prussian War. The German Invasion of France 1870–71, New York 1961.
Kolb, Eberhard (Hrsg.), Europa vor dem Krieg von 1870, München 1987.
Kolb, Eberhard, Bismarck und das Aufkommen der Annexionsforderung 1870, in: HZ 209 (1969), S. 318–356.
Kolb, Eberhard, Der Kriegsausbruch 1870. Politische Entscheidungsprozesse und Verantwortlichkeiten in der Julikrise 1870, Göttingen 1970.
Kolb, Eberhard, Der Weg aus dem Krieg. Bismarcks Politik im Krieg und der Friedensanbahnung 1870/71, München 1989.
Lipgens, Walter, Bismarck, die öffentliche Meinung und die Annexion von Elsaß und Lothringen 1870, in: HZ 199 (1964), S. 31–112.
Lipgens, Walter, Bismarck und die Frage der Annexion 1870. Eine Erwiderung, in: HZ 206 (1968), S. 586–617.
Lord, Robert H., The Origins of the War of 1870. The Documents from German Archives, Cambridge (Mass.) 1924.
Morsey, Rudolf, Die Hohenzollernsche Thronkandidatur in Spanien, in: HZ 186 (1958), S. 573–588.
Rall, Hans, König Ludwig II. und Bismarcks Ringen um Bayern, München 1973.
Valentin, Veit, Bismarcks Reichsgründung im Urteil englischer Diplomaten, Amsterdam 1937.

Deutsche Innenpolitik nach 1871

Bade, Klaus J., Bevölkerung, Arbeitsmarkt und Wanderung im Wandel vom Agrar- zum Industriestaat, in: Ploetz, Das deutsche Kaiserreich 1867/71 bis 1918. Bilanz einer Epoche, hrsg. v. Dieter Langewiesche, Freiburg–Würzburg 1984, S. 73–80.
Bade, Klaus J., „Kulturkampf" auf dem Arbeitsmarkt: Bismarcks „Polenpolitik" 1885–1890, in: Innenpolitische Probleme des Bismarck-Reiches, hrsg. von Otto Pflanze, München 1983, S. 121–142.
Bartel, Horst/Schröder, Wolfgang/Seeber, Gustav, Das Sozialistengesetz 1878 bis 1890. Illustrierte Geschichte des Kampfes der Arbeiterbewegung gegen das Ausnahmegesetz, Berlin 1980.
Binder, Hans-Otto, Reich und Einzelstaaten während der Kanzlerschaft Bismarcks 1871–1890. Eine Untersuchung zum Problem der bundesstaatlichen Organisation, Tübingen 1971 (Tübinger Studien zur Geschichte und Politik, 29).
Booms, Hans, Die deutsch-konservative Partei. Preußischer Charakter, Reichsauffassung, Nationalbegriff, Düsseldorf 1954 (Beiträge zur Geschichte des Parlamentarismus und der politischen Parteien, 3).
Bornkamm, Heinrich, Die Staatsidee im Kulturkampf, in: HZ 170 (1950), S. 41–72 und S. 273–306.
Constabel, Adelheid (Hrsg.), Die Vorgeschichte des Kulturkampfes. Quellenveröffentlichungen aus dem Deutschen Zentralarchiv, Berlin 1956.
Förster, Erich, Adalbert Falk, Gotha 1927.
Franz, Georg, Kulturkampf. Staat und katholische Kirche in Mitteleuropa von der Säkularisation bis zum Abschluß des preußischen Kulturkampfes, München 1954.
Fricke, Dieter, Handbuch der Geschichte der deutschen Arbeiterbewegung 1869–1917, 2 Bde., Berlin 1987.
Fricke, Dieter, Bismarcks Prätorianer. Die Berliner politische Polizei im Kampf gegen die Arbeiterbewegung 1871–1898, Berlin 1962.
Goldschmidt, Hans, Das Reich und Preußen im Kampf um die Führung. Von Bismarck bis 1918, Berlin 1931.
Hardach, Karl Willy, Die Bedeutung wirtschaftlicher Faktoren bei der Wiedereinführung der Eisen- und Getreidezölle in Deutschland 1879, Berlin 1967.
Herzfeld, Hans, Johannes v. Miquel, 2 Bde., Detmold 1938.
Kissling, Johannes B., Geschichte des Kulturkampfes im Deutschen Reich, 3 Bde., Freiburg 1911–1916.
Kratzsch, Gerhard, Harry v. Arnim. Bismarck-Rivale und Frondeur. Die Arnim-Prozesse 1874–1876, Göttingen–Frankfurt–Zürich 1973.
Lill, Rudolf, Die Wende im Kulturkampf. Leo XIII., Bismarck und die Zentrumspartei 1878–1880, Tübingen 1973.
Maenner, Ludwig, Deutschlands Wirtschaft und Liberalismus in der Krise von 1879, in: Archiv für Politik und Geschichte 9 (1927), S. 347–382 u. S. 456–488.
Morsey, Rudolf, Die oberste Reichsverwaltung unter Bismarck 1867–1890, Münster 1957 (Neue Münstersche Beiträge zur Geschichtsforschung, 3).
Oncken, Hermann, Rudolf v. Bennigsen, 2 Bde., Stuttgart–Leipzig 1910.
Pack, Wolfgang, Das parlamentarische Ringen um das Sozialistengesetz Bismarcks 1878–1890, Düsseldorf 1961 (Beiträge zur Geschichte des Parlamentarismus und der politischen Parteien, 20).

Pöls, Werner, Sozialistenfrage und Revolutionsfurcht in ihrem Zusammenhang mit den angeblichen Staatsstreichplänen Bismarcks, Hamburg–Lübeck 1960 (Historische Studien, 377).
Rathmann, Lothar, Bismarck und der Übergang zur Schutzzollpolitik 1873/75–1878, in: ZfG, 1956, S. 899ff.
Röhl, John C. G., Staatsstreichpläne oder Staatsstreichbereitschaft? Bismarcks Politik in der Entlassungskrise, in: HZ 203 (1966), S. 610–624.
Rothfels, Hans, Theodor Lohmann und die Kampfjahre der staatlichen Sozialpolitik (1871–1905). Nach ungedruckten Quellen bearbeitet, Berlin 1927.
Rothfels, Hans, Prinzipienfragen der Bismarckschen Sozialpolitik, Königsberg 1929.
Schmidt-Volksmar, Erich, Der Kulturkampf in Deutschland 1871–1890, Göttingen–Berlin 1962.
Seeber, Gustav, Zwischen Bebel und Bismarck. Zur Geschichte des Liberalismus in Deutschland 1871–1893, Berlin 1960.
Seeber, Gustav, Preußisch-deutscher Bonapartismus und Bourgeoisie, in: Jahrbuch für Geschichte 16 (1977), S. 71–118.
Sonnemann, Rolf, Die Auswirkungen des Schutzzolls auf die Monopolisierung der deutschen Eisen- und Stahlindustrie 1879–1892, Berlin 1960.
Stoltenberg, Gerhard, Der deutsche Reichstag 1871–1873. Ein Beitrag zur Geschichte des deutschen Parlamentarismus, Düsseldorf 1955.
Stürmer, Michael, Staatsstreichgedanken im Bismarckreich, in: HZ 209 (1969), S. 566–617.
Stürmer, Michael (Hrsg.), Das kaiserliche Deutschland: Politik und Gesellschaft 1870–1918, Düsseldorf 1970.
Stürmer, Michael, Bismarckstaat und Cäsarismus, in: Der Staat 12 (1973), S. 467–498.
Stürmer, Michael, Regierung und Reichstag im Bismarckstaat 1871–1880. Cäsarismus oder Parlamentarismus, Düsseldorf 1974 (Beiträge zur Geschichte des Parlamentarismus und der politischen Parteien, 54).
Ullmann, Hans-Peter, Industrielle Interessen und die Entstehung der deutschen Sozialversicherung 1880–1889, in: HZ 229 (1979), S. 574–610.
Vogel, Walter, Bismarcks Arbeiterversicherung. Ihre Entstehung im Kräftespiel der Zeit, Braunschweig 1951.
Vossler, Otto, Bismarcks Sozialpolitik, in: HZ 167 (1943), S. 336–357.
Weber, Christoph, Kirchliche Politik zwischen Rom, Berlin und Trier 1876–1888. Die Beilegung des preußischen Kulturkampfes, Mainz 1970.
Winkler, Heinrich August, Vom linken zum rechten Nationalismus. Der deutsche Liberalismus in der Krise von 1878/79, in: Geschichte und Gesellschaft 4 (1978), S. 5–48.
Zechlin, Egmont, Staatsstreichpläne Bismarcks und Wilhelms II. 1890–1894, Stuttgart 1929.

Deutsche Außenpolitik nach 1871

Albers, Detlef, Reichstag und Außenpolitik von 1871–1879, Berlin 1927.
Aretin, Karl Otmar Frhr. v. (Hrsg.), Bismarcks Außenpolitik und der Berliner Kongreß, Wiesbaden 1978.
Bade, Klaus J. (Hrsg.), Imperialismus und Kolonialmission. Kaiserliches Deutschland und koloniales Imperium, Wiesbaden 1982.
Bade, Klaus J., Das Kaiserreich als Kolonialmacht: Ideologische Projektionen und historische Erfahrungen, in: Die Deutsche Frage im 19. und 20. Jahrhundert, hrsg. v. Josef Becker und Andreas Hillgruber, München 1983, S. 91–108.
Bade, Klaus J., Die „Zweite Reichsgründung" in Übersee: Imperiale Visionen, Kolonialbewegung und Kolonialpolitik in der Bismarckzeit, in: Die Herausforderung des europäischen Staatensystems, hrsg. v. Adolf M. Birke u. Günter Heydemann, Göttingen–Zürich 1989, S. 183–216.
Bade, Klaus J., Imperial Germany and West Africa: Colonial Movement, Business Interests, and Bismarck's „Colonial Policies", in: Bismarck, Europe and Africa. The Berlin Africa Conference 1884–1885 and the Onset of Partition, ed. by Stig Förster, Wolfgang J. Mommsen, Ronald Robinson, Oxford 1988, S. 121–147.
Becker, Otto, Bismarcks Bündnispolitik, Berlin 1923.
Canis, Konrad, Wirtschafts- und handelspolitische Aspekte der deutschen Außenpolitik zu Beginn der 80er Jahre des 19. Jahrhunderts, in: Jahrbuch für Geschichte 16 (1977), S. 139 ff.
Canis, Konrad, Bismarck und Waldersee. Außenpolitik und Generalstab 1882–1890, Berlin 1979.
Deuerlein, Ernst, Der Bundesratsausschuß für auswärtige Angelegenheiten 1870–1918, Regensburg 1955.
Fellner, Fritz, Der Dreibund. Europäische Diplomatie vor dem 1. Weltkrieg, Wien 1960.
Gall, Lothar, Die europäischen Mächte und der Balkan im 19. Jahrhundert, in: HZ 228 (1979), S. 551–571.
Gall, Lothar, Bismarck und England, in: Aspekte der deutsch-britischen Beziehungen im Laufe der Jahrhunderte, Stuttgart 1980, S. 46–59.
Geiss, Imanuel, German Foreign Policy 1871–1914, London–Boston 1976.
Grube, Jochen, Bismarcks Politik in Europa und Übersee. Seine Annäherung an Frankreich im Urteil der Pariser Presse (1883–1885), Bern 1975 (Europäische Hochschulschriften. Reihe 3 Geschichte, Bd. 53).
Hallgarten, Georges W. F., Imperialismus vor 1914. Die soziologischen Grundlagen der Außenpolitik europäischer Großmächte vor dem ersten Weltkrieg, 2 Bde., München 1963.
Haselmayr, Friedrich, Diplomatische Geschichte des Zweiten Reiches von 1871–1918, Bd. 1: Von russischer Freundschaft zu russischem Groll (1871–1878), München 1955.
Herzfeld, Hans, Deutschland und das geschlagene Frankreich 1871–1873, Berlin 1924. Die deutsch-französische Kriegsgefahr von 1875, Berlin 1922.
Hildebrand, Klaus, Von der Reichseinigung zur „Krieg in Sicht"-Krise. Preußen-Deutschland als Faktor der britischen Außenpolitik 1866–1875, in: Das kaiserliche Deutschland. Politik und Gesellschaft 1870–1918, hrsg. v. Michael Stürmer, Düsseldorf 1970.

Hillgruber, Andreas, Die „Krieg in Sicht"-Krise 1975. Wegscheide der Politik der europäischen Großmächte in der späten Bismarckzeit, in: Gedenkschrift Martin Göhring. Studien zur europäischen Geschichte, hrsg. v. Ernst Schulin, Wiesbaden 1968, S. 239 ff.
Hillgruber, Andreas, Kontinuität und Diskontinuität in der deutschen Außenpolitik von Bismarck bis Hitler, Düsseldorf 1969.
Hillgruber, Andreas, Bismarcks Außenpolitik, Freiburg 1972.
Hillgruber, Andreas, Die gescheiterte Großmacht 1871–1945, Düsseldorf 1980.
Hink, Helma, Bismarcks Pressepolitik in der bulgarischen Krise und der Zusammenbruch seiner Regierungspresse 1885–1890, Frankfurt a. M. 1977.
Holborn, Hajo, Bismarcks europäische Politik zu Beginn der siebziger Jahre und die Mission Radowitz, Berlin 1925.
Jeismann, Karl Ernst, Das Problem des Präventivkrieges im europäischen Staatensystem mit besonderem Blick auf die Bismarckzeit, Freiburg–München 1957.
Jerusalimski, A. S., Die Außenpolitik und die Diplomatie des deutschen Imperialismus Ende des 19. Jahrhunderts, Berlin 1954.
Kratzsch, Gerhard, Harry von Arnim. Bismarck-Rivale und Frondeur. Die Arnim-Prozesse 1874 bis 1876, Göttingen–Frankfurt–Zürich 1974.
Kennan, George F., Bismarcks europäisches System in der Auflösung. Die französisch-russische Annäherung, Frankfurt a. M.–Berlin–Wien 1981.
Krausnick, Helmut, Holsteins Geheimpolitik in der Ära Bismarck 1886–1890, Hamburg 1942.
Kumpf-Korfes, Sigrid, Bismarcks „Draht nach Russland". Zum Problem der sozialökonomischen Hintergründe der russisch-deutschen Entfremdung im Zeitraum von 1878–1891, Berlin 1968 (Quellen und Studien zur Geschichte Osteuropas, 16).
Langer, William L., European Alliances and Alignments 1871–1890, New York 1931, 1962².
Lutz, Heinrich, Von Königgrätz zum Zweibund. Aspekte europäischer Entscheidungen, in: HZ 217 (1973), S. 347 ff.
Malettke, Klaus, Die Beurteilung der Außen- und Innenpolitik Bismarcks von 1862–1866 in den großen Pariser Zeitungen, Lübeck 1966 (Historische Studien, 399).
Medlicott, William N., Bismarck, Gladstone and the Concert of Europe, London 1956.
Medlicott, William N., The Congress of Berlin and after. A Diplomatic History of the Near Eastern Settlement 1878–1880, London 1938, 1963.
Melville Ralph u. *Schröder, Hans-Jürgen* (Hrsg.), Der Berliner Kongreß von 1878. Die Politik der Großmächte und die Probleme der Modernisierung in Südosteuropa in der zweiten Hälfte des 19. Jahrhunderts, Wiesbaden 1982.
Möhrke, Claus Dietrich, Deutsche Presse und öffentliche Meinung während der orientalischen Krise 1875–1879. Eine Untersuchung über das Verhältnis von Staat, Presse und Außenpolitik im Bismarck-Reich, phil. Diss. Münster 1954.
Molok, A. I., Germanskaja intervencija protiv Parizkoj Kommuny, Leningrad 1939.
Müller, Manfred, Die Bedeutung des Berliner Kongresses für die deutsch-russischen Beziehungen, Leipzig 1927.
Müller-Link, Horst, Industrialisierung und Außenpolitik. Preußen-Deutschland und das Zarenreich von 1860–1890, Göttingen 1977.
Noack, Ulrich, Bismarcks Friedenspolitik und das Problem des deutschen Machtverfalls, Leipzig 1928.

Novotny, Alexander, Der Berliner Kongreß und das Problem der europäischen Politik, in: HZ 186 (1958), S. 285 ff.
Plehn, Hans, Bismarcks auswärtige Politik nach der Reichsgründung, München–Berlin 1920.
Puntila, L. A., Bismarcks Frankreichpolitik, Göttingen–Frankfurt–Zürich 1971.
Richter, Günter, Friedrich v. Holstein. Ein Mitarbeiter Bismarcks, Lübeck–Hamburg 1966.
Ritter, Gerhard, Die deutschen Militär-Attachés und das Auswärtige Amt. Aus den verbrannten Akten des Großen Generalstabes, Heidelberg 1959.
Rogge, Helmuth, Holstein und Hohenlohe. Neue Beiträge zu Friedrich v. Holsteins Tätigkeit als Mitarbeiter Bismarcks und Ratgeber Hohenlohes, Stuttgart 1957.
Rothfels, Hans, Bismarcks englische Bündnispolitik, Stuttgart 1924.
Rothfels, Hans, Bismarck, der Osten und das Reich, Stuttgart 1960[2].
Saß, Johannes, Hermann v. Thile und Bismarck, in: Preußische Jahrbücher 222 (1930), S. 255 ff.
Schweitzer, Carl Christoph, Die Kritik der westlich-liberalen Oppositionsgruppen an der Außenpolitik Bismarcks von 1862–1890, phil. Diss. Freiburg i. Br. 1950.
Skaskin, S. D., Konec avstro-russko-germanskogo sojuza, Moskau 1974[2].
Schüßler, Wilhelm, Deutschland zwischen Rußland und England. Studien zur Außenpolitik des Bismarckschen Reiches 1879–1914, Leipzig 1943[3].
Stamm, Heinrich, Graf Herbert v. Bismarck als Staatssekretär des Auswärtigen Amtes, phil. Diss. Braunschweig 1978.
Steinmetz, Hanns Otto, Bismarck und die deutsche Marine, Herford 1964.
Waller, Bruce, Bismarck and the Crossroads. The Reorientation of German Foreign Policy after the Congress of Berlin 1878–1880, London 1974.
Wertheimer, Eduard von, Graf Julius Andrássy. Sein Leben und seine Zeit, 3 Bde., Stuttgart 1910–1913.
Wertheimer, Eduard v., Der Prozeß Arnim, in: Preußische Jahrbücher 222 (1930), S. 117 ff., 274 ff.
Winckler, Martin, Bismarcks Bündnispolitik und das europäische Gleichgewicht, Stuttgart 1964.
Winckler, Martin, Der Ausbruch der „Krieg in Sicht"-Krise vom Frühjahr 1875, in: Zeitschrift für Ostforschung, 1965, S. 671 ff.
Windelband, Wolfgang, Bismarck und die europäischen Großmächte 1879–1885, Essen 1940.
Wittram, Reinhard, Bismarcks Rußlandpolitik nach der Reichsgründung, in: HZ 186 (1958), S. 261 ff.
Wittram, Reinhard, Bismarck und Gorcakov im Mai 1875, in: Nachrichten d. Akademie der Wissenschaften in Göttingen, phil.-hist. Klasse, Jg. 1955, Nr. 7, S. 221 ff.
Wolffram, Peter, Die deutsche Außenpolitik und die großen deutschen Tageszeitungen 1871–1890, phil. Diss. Leipzig 1936.
Wolter, Heinz, Die Anfänge des Dreikaiserverhältnisses. Reichsgründung, Pariser Kommune und die internationale Mächtekonstellation 1870–1873, in: Die großpreußisch-militaristische Reichsgründung 1871, hrsg. v. Horst Bartel u. Ernst Engelberg, Bd. 2, Berlin 1971, S. 235 ff.
Wolter, Heinz, Zum Verhältnis von Außenpolitik und Bismarckschem Bonapartismus, in: Jahrbuch für Geschichte 16 (1977), S. 117 ff.
Wolter, Heinz, Die Stellung der deutschen Sozialdemokratie zum Aufstand in Bosnien und der Herzegowina und zur Politik der europäischen Großmächte

während der Orientkrise 1875 bis 1878, in: Jahrbuch für Geschichte der sozialistischen Länder, 21/2, 1977, S. 11 ff.
Wolter, Heinz, Alternative zu Bismarck. Die deutsche Sozialdemokratie und die Außenpolitik des preußisch-deutschen Reiches 1878–1890, Berlin 1970.
Wolter, Heinz, Harry v. Arnim. Rivalisierender Diplomat und konservativer Frondeur, in: Gestalten der Bismarckzeit, hrsg. v. G. Seeber, Berlin 1978, S. 278 ff.
Wolter, Heinz, Bismarcks Außenpolitik 1871–1881. Außenpolitische Grundlinien von der Reichsgründung bis zum Dreikaiserbündnis, Berlin 1983.

Nach Bismarcks Entlassung

Gagliardi, Ernst, Bismarcks Entlassung, 2 Bde., Tübingen 1927–1941.
Grundmann, Siegfried, Der gegenwärtige Stand der historischen Kritik an Bismarcks Gedanken und Erinnerungen, Berlin 1925 (Historische Studien, 162).
Hank, Manfred, Kanzler ohne Amt. Fürst Bismarck nach seiner Entlassung 1890–1898, München 1977.
Held, Walter, Caprivi und Bismarck, Diss. Leipzig 1931.
Hofmann, Hermann, Fürst Bismarck 1890–1898, 3 Bde., Stuttgart 1913–1914.
Meisner, Heinrich Otto, Der Reichskanzler Caprivi. Eine biographische Skizze, in: Ztschr. f. d. gesamte Staatswissenschaft, 111 (1955), S. 669–752.
Mommsen, Wilhelm, Bismarcks Sturz und die Parteien, Stuttgart 1924.
Penzler, Johannes, Fürst Bismarck nach seiner Entlassung. Leben und Politik des Fürsten seit seinem Scheiden aus dem Amte, 7 Bde., Leipzig 1897–1898.
Röhl, John C. G., Deutschland ohne Bismarck. Die Regierungskrise im zweiten Kaiserreich 1890–1900, Tübingen 1969.
Röhl, John C. G., Kaiser, Hof und Staat. Wilhelm II. und die deutsche Politik, München 1987.
Schüßler, Wilhelm, Bismarcks Sturz, Leipzig 1922[3].
Seeber, Gustav u. a., Bismarcks Sturz. Zur Rolle der Klassen in der Endphase des preußisch-deutschen Bonapartismus 1884–1890, Berlin 1977.
Stribrny, Wolfgang, Bismarck und die deutsche Politik nach seiner Entlassung (1890–1898), Paderborn 1977.

Personenregister

Auf die vollständige Aufführung aller erwähnten Personen wurde verzichtet; maßgebend für die Aufnahme waren die historische Bedeutung und die Rolle in der Lebensgeschichte Bismarcks.

Abbildungsnachweis

Archiv des Autors (53); Fürstlich von Bismarck'sches Archiv Friedrichsruh (4); Dietz-Verlag Berlin (15); Landesbildstelle Berlin (1); Museum für Deutsche Geschichte Berlin (5); Staatliche Museen Berlin, Nationalgalerie (1); Dr. Karl-Heinz Noack, Berlin (6); Seemann-Verlag Leipzig (1); Universitätsbibliothek Berlin (16); Prof. Dr. Hermann Weber, Mainz (3).

ISBN 3-05-001099-1

Erschienen im Akademie-Verlag Berlin, DDR - 1086 Berlin, Leipziger Str. 3–4

Satz: Union Druckerei Berlin
Druck: Mohndruck, Gütersloh
Buchbinder: Lüderitz & Bauer, Berlin
LSV 0268
Bestellnummer: 755 253 1 (9335)